KB143362

저먼
지니어스

THE GERMAN GENIUS
by Peter Watson

Copyright ⓒ Andrew Nurnberg Associates Ltd., 2010
Korean Translation Copyright ⓒ 2015 by GEULHANGARI Publishing Co. Ltd., 2015
All rights reserved.

이 책의 한국어판 저작권은 EYA(에릭양 에이전시)를 통해 Andrew Nurnberg Associates Ltd.와 독점 계약한 ㈜글항아리에 있습니다. 저작권법에 의해 한국 내에서 보호를 받는 저작물이므로 무단전재 및 복제를 금합니다.

유럽의
세 번째 르네상스,
두 번째 과학혁명,
그리고 20세기

저먼 지니어스

피터 왓슨 지음 박병화 옮김

German Genius

글항아리

일러두기

1_ •는 원주, *는 옮긴이주 및 편집자주이다.
2_ 인명은 국립국어원 표기를 따랐으며, 독일 태생이나 미국/영국으로 망명 간 학자의 경우 영미식 표기를 따랐다. 단, 발터 벤야민Walter Benjamin이나 한나 아렌트Hannah Arendt같이 외국어 표기법에 맞지 않으나 이미 그 이름이 굳어진 경우엔 보편적인 표기를 따랐다.
3_ 단행본, 장편, 신문 및 정기간행물 등은『 』, 단편, 논문, 미술작품, 영화 등은「 」로 표기했다.

1

2

3

Rainer Maria Rilke
1875 1926
110
DEUTSCHLAND

4

5

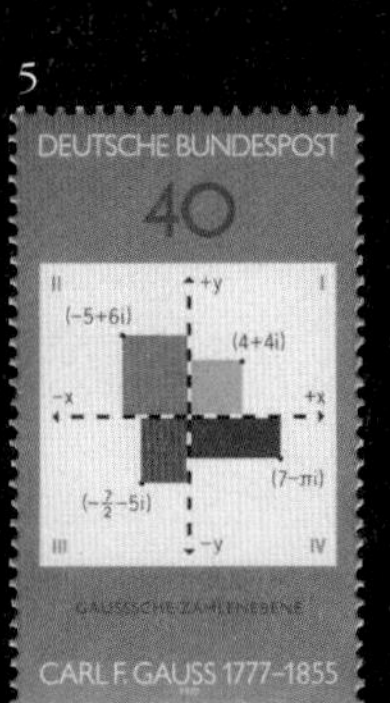

6

7

8

9

10

11

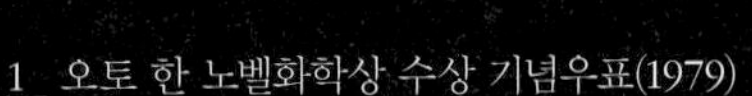

1_ 오토 한 노벨화학상 수상 기념우표(1979)
2_ 알베르트 슈바이처 탄생 100주년 기념우표(1975)
3_ 라이너 마리아 릴케 탄생 125주년 기념우표(2000)
4_ 카를 프리드리히 싱켈 탄생 200주년 기념우표(1981)
우표 속 건물은 싱켈이 설계한 베를린구박물관이다.
5_ 카를 프리드리히 가우스 탄생 200주년 기념우표(1977)
6_ 루트비히 포이어바흐 탄생 200주년 기념우표(2004)
7_ 루트비히 미스 반데어로에 탄생 100주년 기념우표(1986)
8_ 게오르크 빌헬름 헤겔 탄생 200주년 기념우표(1970)
9_ 헤르만 헤세 탄생 101주년 기념우표(1978)
10_ 요한 폰 헤르더 탄생 250주년 기념우표(1994)
11_ 카를 바르트 탄생 100주년 기념우표(1986)

『유겐트Jugend』 지 표지(1986)

게오르크 히르트가 발행하던 아르누보풍의 잡지. 아르누보(art nouveau, '새로운 예술'을 뜻하는 프랑스어)는 자연에서 유래된 아름다운 곡선을 디자인 모티브로 삼았는데 가령 공작의 형태나 파도, 포도넝쿨의 줄기, 백조, 꽃봉오리 등이 그것이다. 아르누보는 독일에서 '유겐트슈틸Jugendstil'로 불렸으며, 유겐트는 청춘을 뜻한다.

Madame Adèle

— 68 —

『짐플리치시무스Simplicissimus』 지 5호

『짐플리치시무스』는 독일의 정치풍자 주간지로, 뮌헨에서 창간되어 1896년부터 1964년까지 발행되었다. 『베네치아에서의 죽음』 『마의 산』 등으로 유명한 소설가 토마스 만은 『짐플리치시무스』에 글을 쓰기 시작하면서 작가로서의 경력을 쌓아나갔으며, 여기서 원고 검토하는 일을 맡기도 했다.

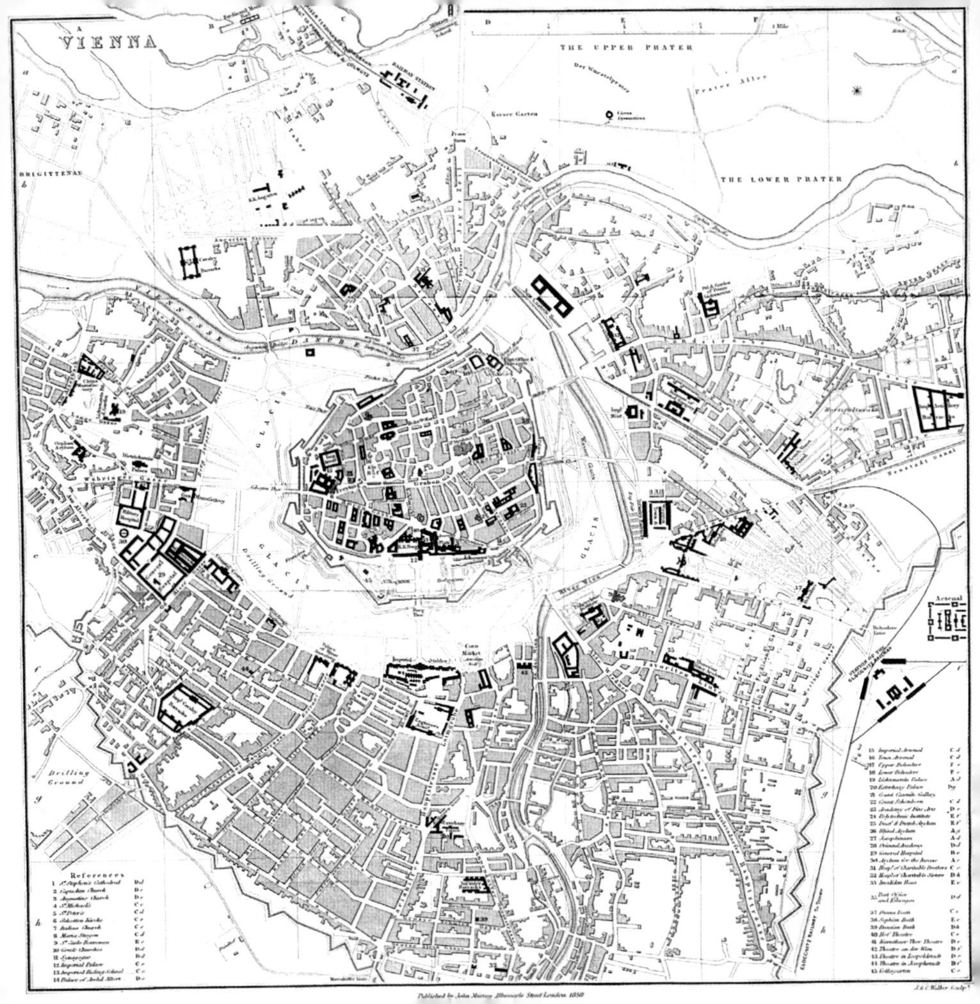

VIENNA
THE UPPER PRATER
Prater Allee
Kayser Garten
Circus Gymnasticus
THE LOWER PRATER
BRIGITTENAU
Railway Station
Cavalry Barracks
DANUBE
Graben
GLACIS
Drilling Ground
Imperial Stables
Corn Market
Arsenal
Horticultural Society
Neustadt Canal
Belvedere Lines
Drilling Ground
Artillery Barracks
References
1 St. Stephen's Cathedral D d
2 Capuchin Church D e
3 Augustine Church D e
4 St. Michael's C e
5 St. Peter's C d
6 Schotten Kirche C e
7 Italian Church C e
8 Maria Stiegen C d
9 St. Carlo Borromeo E e
10 Greek Churches D d
11 Synagogue D d
12 Imperial Palace C e
13 Imperial Riding School C e
14 Palace of Archd. Albert D e
15 Imperial Arsenal C d
16 Town Arsenal C d
17 Upper Belvedere F e
18 Lower Belvedere F e
19 Lichtenstein Palace A d
20 Esterhazy Palace D g
21 Count Czernin's Gallery
22 Count Schönborn C d
23 Academy of Fine Arts D e
24 Polytechnic Institute E f
25 Deaf & Dumb Asylum E f
26 Blind Asylum A g
27 Josephinum A d
28 Oriental Academy D d
29 General Hospital B e
30 Asylum for the Insane A e
31 Hospl. of Charitable Brothers C e
32 Hospl. of Charitable Sisters D h
33 Invaliden Haus E e
35 Post Office and Exchanges D d
37 Dianna Bath C e
38 Sophien Bath E e
39 Russian Bath D h
40 Hof Theatre C e
41 Karnthner Thor Theatre D e
42 Theatre an der Wien D f
43 Theatre in Leopoldstadt D e
44 Theatre in Josephstadt B f
45 Volksgarten C e
Published by John Murray, Albemarle Street London 1850
J. & C. Walker Sculpt.

카스파르 다비트 프리드리히 – 「산 위의 십자가」(1808)
캔버스에 유채, 115×110cm, 노이에 마이스터 갤러리(드레스덴) 소장.

카스파르 다비트 프리드리히는 4년 뒤(1812) 동명의 그림을 한 점 더 그렸다. 그 그림에도 십자가에 못 박힌 그리스도가 등장하는데, 그를 둘러싼 것은 (이 그림과 마찬가지로) 오직 자연뿐이다.

빌헬름 광장에 있는 괴팅겐 대학 대강당, 1837.

정식 명칭은 괴팅겐 게오르크 아우구스트 대학교Georg-August-Universität Göttingen로, 1734년 대영제국 국왕이자 하노버 선제후였던 조지 2세에 의해 설립됐다. 독일의 대학 문화뿐만 아니라 지식 풍토까지 바꾸어놓은 네 곳의 대학 중에서도 영향력이 컸던 괴팅겐 대학은 신학부의 전통적인 검열권을 제한하고 교수신문을 발행한 최초의 대학이었다. 또 세미나 제도를 정교하게 다듬었는데, 이러한 개혁 조치들은 곧 사상과 저술, 출판의 자유로 이어졌고 학문의 발전을 끌어냈다. 괴팅겐 대학 학생 및 교수 중 유명한 인물로는 카를 프리드리히 가우스, 막스 베버, 위르겐 하버마스, 베르너 하이젠베르크 등이 있다.

도이치 극장 내부 모습, 1912.

1_ 프리츠 랑, 「메트로폴리스」(1927) 포스터.
2_ 로베르트 비네, 「칼리가리 박사의 밀실」(1919) 포스터.
「칼리가리 박사의 밀실」은 독일 표현주의 영화의 효시이자 대표작 중 하나다. 표현주의 영화는 1920년대 독일에서 일어난 영화적 경향으로, 강한 조명, 기하학적이거나 왜곡된 형상, 짙은 분장 등 비현실적이고 인위적인 요소를 강하게 드러낸다. 이 영화가 큰 성공을 거두자 이후 수년 동안 표현주의적 양식을 차용한 영화들이 만들어지면서 하나의 영화적 사조를 형성하게 되었는데, 「메트로폴리스」도 그중 하나였다.

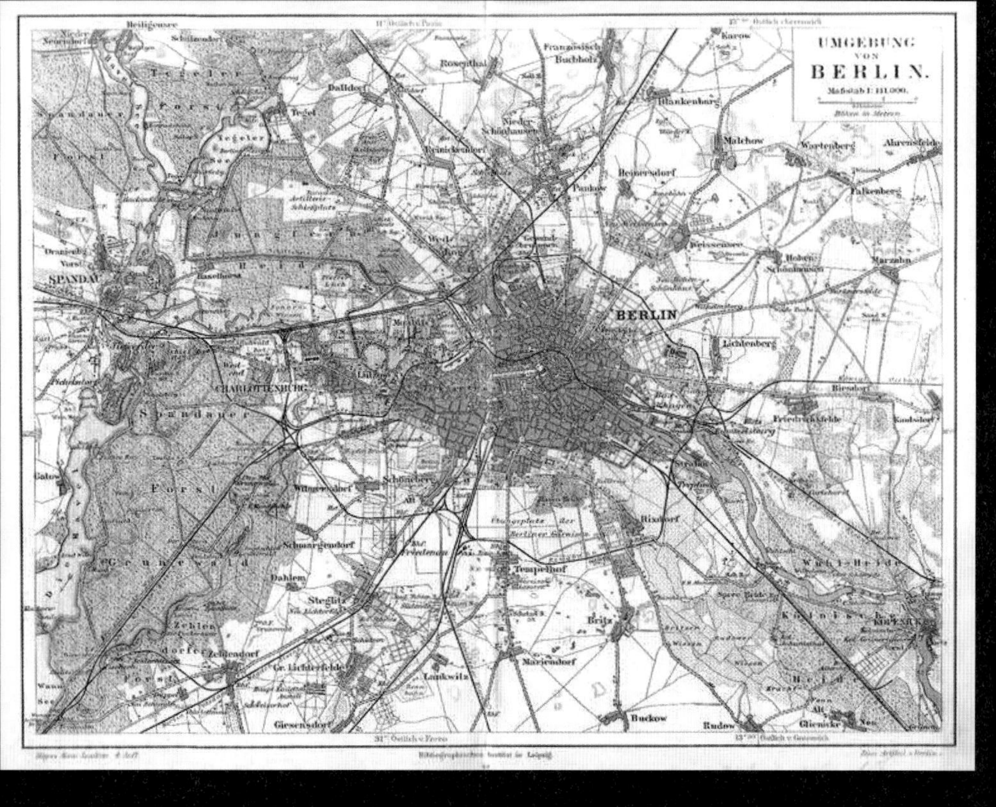

1885년 베를린과 그 주변 도시.
"습지에 세워진 베를린은 제방과 운하, 무너질 듯한 목교木橋가 종횡으로 교차하여 신흥 국가의 세련된 수도로서의 면모는 도무지 찾아볼 수 없었다. 그런 가운데 슈프레 강의 섬에 자리잡은 고성古城과 같이 베를린 최초의 대건축가인 안드레아스 슐뤼터(1659~1714)가 복구한 기념비적인 건물도 몇 있었다. 도시 북쪽에는 기쁨의 정원이라는 뜻인 루스트가르텐이 있었다."

1_ 퇴폐 미술전 포스터(1938)

2_ 뮌헨 분리파 전시회 포스터(1897)

아래는 프란츠 폰 슈투크가 디자인한 포스터로, 그는 뮌헨 분리파를 주도했으며 1886~1891년에 잡지 『유겐트』 디자인 작업을 하기도 했다.

Critik
der
reinen Vernunft

von
Immanuel Kant
Professor in Königsberg.

Riga,
verlegts Johann Friedrich Hartknoch
1781.

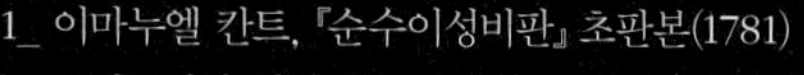

1_ 이마누엘 칸트, 『순수이성비판』 초판본(1781)

2_ 프리드리히 실러, 『돈 카를로스』 초판본(1787)

이 희곡은 같은 해 함부르크에서 초연되었고, 80년 뒤(1867) 이탈리아 작곡가 주세페 베르디가 이 희곡을 바탕으로 오페라를 만들어 파리오페라극장에서 공연했다.

Dom Karlos
Infant von Spanien

von
Friedrich Schiller.

Leipzig,
bei Georg Joachim Göschen
1787.

1_ 카를 마르크스, 『자본론』 초판본(1867)

19세기 후반부터 20세기 후반에 이르기까지 거의 100여 년 동안 가장 큰 영향력을 발휘한 사상 중 하나가 바로 마르크스주의다. 마르크스가 없었다면 레닌이 있었을까? 스탈린이나 마오쩌둥은? 러시아 혁명은? 총 3권으로 이루어진 『자본론』은 마르크스의 사상을 집대성한 저서였다. 마르크스 생전에 발행된 것은 제1권뿐(1867), 제2권(1885)과 제3권(1894)은 그가 죽은 뒤 엥겔스가 편집하여 발행했다.

2_ 요한 볼프강 폰 괴테, 『젊은 베르테르의 슬픔』 초판본(1774)

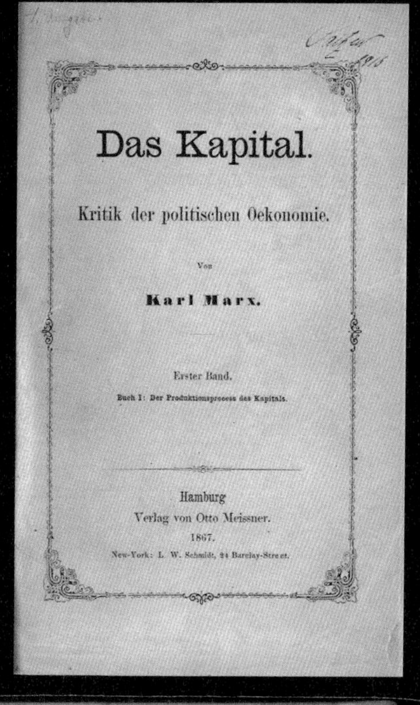

Das Kapital.

Kritik der politischen Oekonomie.

Von

Karl Marx.

Erster Band.

Buch I: Der Produktionsprocess des Kapitals.

Hamburg
Verlag von Otto Meissner.
1867.
New-York: L. W. Schmidt, 24 Barclay-Street.

Die Leiden
des
jungen Werthers.

Erster Theil.

Leipzig,
in der Weygandschen Buchhandlung.
1774.

그리엔슈타이들 카페의 정경, 1897년경.

빈에 최초의 카페가 들어선 것은 1685년이었다. 그후 빈에는 수많은 카페가 생겨났는데 1819년에는 150곳, 1910년에는 1202곳이나 되었다. 빈의 카페는 19세기 말 예술인들의 문화 활동 공간이 됨으로써 유명해졌다. 1897년, 그리엔슈타이들 카페 주인이 건물을 헐고 재건축을 결정하자 신문에 이를 애석해하는 글이 실리기도 했다. 오늘날 여전히 남아 있는 그리엔슈타이들 카페는 1990년에 재개장한 것이다.

구스타프 클림트, 「법학」(1903~1907)

빈 대학 강당 천장을 장식하기 위해 그려진 이 작품은 '법학' '의학' '철학'을 주제로(대학 측에서 요구했다) 한 연작 중 하나로, 엄청난 논란을 일으킨 끝에 결국 전시되지 못했다. 클림트를 적대시한 수많은 평론가 중 한 사람이었던 카를 크라우스는 "자기 생각의 창백한 주형에 화려한 색깔을 이미 칠해버린 이 화가는 '법학'을 그리려 했지만 법학이 아니라 형법의 상징을 그렸다"고 비꼬기도 했다. 1945년 5월 나치 독일이 무조건 항복을 선언하기 직전, 나치 친위대가 세 작품 전부를 파괴해버리는 바람에 이 작품은 현재 어디에서도 볼 수 없게 됐다.

Wechsellied zum Tanze.
Tempo di Menuetto, con moto.
Singstimmen
Tempo di Menuetto, con moto.
Pianoforte.
poco marc.
Die Gleichgültigen.
Alt.
Bass.

1_ 루트비히 판 베토벤(1770~1827), 2_ 헤르만 헤세(1877~1962), 3_ 막스 플랑크(1858~1947)
4_ 리하르트 바그너(1813~1883), 5_ 알베르트 아인슈타인(1879~1955), 6_ 프리드리히 셸링(1775~1854),
7_ 게오르크 지멜(1858~1918), 8_ 지그문트 프로이트(1856~1939), 9_ 이마누엘 칸트(1724~1804)

1_ 아널드 쇤베르크(1874~1951), 2_ 카를 프리드리히 가우스(1777~1855), 3_ 고트홀트 에프라임 레싱(1729~1781),
4_ 프리드리히 실러(1759~1805), 5_ 카스파르 다비트 프리드리히(1774~1840), 6_ 토마스 만(1875~1955),
7_ 베르너 하이젠베르크(1901~1976), 8_ 카를 프리드리히 싱켈(1781~1841), 9_ 레오폴트 폰 랑케(1795~1886)

독일과 서구 열강 사이의 균열은 언제나 역사가의
중요한 주제가 될 수밖에 없다.
하요 홀보른

독일어로 '천재'라는 말에는 특별한 의미가 함축되어 있다.
때로는 악마적이고 신비로운 힘과 에너지라는 의미를 지닐 때도 있다.
천재는—예술가든 과학자든—특수한 취약성, 불안정성, 끊임없이 위험하고
종종 불안한 혼란에 가까운 삶을 사는 것으로 간주된다.
프리츠 슈테른

지리적으로 볼 때, 미국은 문명국가 중에서 우리와 가장 멀리 떨어져 있다.
하지만 지적·문화적으로 본다면 우리와 가장 가깝고 가장 비슷하다.
아돌프 폰 하르나크

1898년에, 최근 역사에서 가장 결정적인 의미를 지닌 사건이 무엇인지 묻는
질문에 비스마르크는 "미국이 영어를 사용한다는 것"이라고 대답했다.
니컬러스 오스틀러

독일 건축가들이 물리적 지평선을 변화시킨 것보다 독일 사상가들이
우리의 지적 지평을 더 급격하게 변화시켰다.
앨런 블룸

독일 잠수부는 더 깊이 잠수하지만 더 많은 진흙을 묻히고 나온다.
위컴 스테드

제2차 세계대전 기간과 그 이후에 태어난 사람들(독일인)에게 1933년
이전의 독일 문화사는 그들이 결코 알지 못하는 사라진 나라의 역사다.
키스 불리번트

많은 미국인에게 독일은 궁극적인 악의 상징으로,
문명의 허약함을 끔찍하게 상기시키는 나라로 남아 있다.
다이드레 베르거

그들 자신이나 의지, 마음의 깊은 분열과 화해하지 못해 행동의 능력을
상실한 독일인은 바로 그들 자신의 삶에 대한 능력을 상실한다. 그들은
하늘을 바라보며 정의를 꿈꾸다 지상에서의 뿌리를 잃고 만다. (…) 이렇게
되면 결국 독일인에게 남는 것이라고는 내면으로 향하는 길밖에 없을 것이다.
아돌프 히틀러

나치스는 독일인이 아니다.
빅토르 클렘페러

프랑스인에게 애국심은 마음을 따뜻하게 하여 국가에 대한 애정을 키우고
확대시키는 역할을 한다. 그리하여 프랑스인은 이 애정 속에서 자신과
가까운 사람뿐만 아니라 프랑스 전체, 자신의 문화를 지닌 나라 전체를
품는다. 반대로 독일인의 애국심은 마음을 편협하게 하고 추위 속의
가죽처럼 움츠러들게 하는 역할을 한다. 독일인은 외국인을 혐오하고
더 이상 세계시민이 아니라 단순히 독일인으로 남기를 바란다.
하인리히 하이네

영국인은 독서를 좋아하고 프랑스인은 음식 맛보는 걸 좋아하며
독일인은 생각하기를 좋아한다.
쿠르트 투콜스키

오늘날 주도적인 사상이 모두 1780년에서 1830년 사이 독일에서 나왔다고
말한 사람은 프랑스인인 (이폴리트) 텐이었다.
존 듀이

지구는 불길에 휩싸여 있다. (…) 오직 독일인에게서만 세계사적인 성찰이 나올 수 있었고 독일인만이 그들이 찾아내고 보존한 독일적인 요소를 제공했다.

마르틴 하이데거

우리는 다른 어느 나라보다도 독일에서 천재와 전통 사이의 분업을 본다.
젊은 반역자와 지칠 줄 모르는 현학자의 부류가 그토록 상식적이고
그토록 극단적인 곳은 어디에도 없다.

조지 산타야나

독일인보다 더 갈가리 찢긴 국민은 생각할 수 없다.
일하는 사람들은 있어도 인간은 보이지 않는다.
주인과 하인, 젊은이와 신중한 사람은 있어도 인간은 보이지 않는다.

프리드리히 횔덜린

카스파르 다비트 프리드리히를 좋아한다고 말한 사람은 누구나 지난
수십 년 동안 독일 역사를 제대로 비판하지 못했다는 비난을 받았다.

플로리안 일리스

독일적인 것이든 아니든, 가톨릭이든 프로테스탄트든, 기독교든 기독교가
아니든 나치즘이 서구 전통에서 덕을 입은 것은 아무것도 없다.

한나 아렌트

독일인이 겪은 고난과 유대인의 고난은 같지 않다. (…)
하지만 두 민족이 고통을 당한 것은 사실이다.

스티브 크로쇼

여러 면에서 오늘날 미국인의 지적 생활은 영국인보다 독일인에 더 가깝다.

앙리 페이르

독일어는 불행하게도 아주 하찮은 생각을 무척이나 심오한 것처럼
열변을 토하게 하고 반대로 다양한 의미는 한 가지 말 뒤로 숨긴다.
에르빈 파노프스키

독일인은 외국인 때문에 타락하지 않았다. 잡종이 되지도 않았다.
독일인은 그 어느 나라 사람보다도 그들 특유의 순수성을 지켰다.
그리고 시간이 흐르면서 이 순수성에서 느리고 조용히 발전할 수 있었다.
행복한 독일인은 원형을 훼손하지 않은 사람들이다.
에른스트 모리츠 아른트

프로이트는 독일어에 더 능숙했다.
프랭크 커모드

죽음은 독일 출신의 거장이다.
파울 첼란

이 사회(독일)에 의문을 품기 시작하면 누구나 여기서 빠져나와
자신에게 의문을 품기 시작할 것이다.
랄프 다렌도르프

독일의 문제가 독일만의 문제인 경우는 드물다.
랄프 다렌도르프

현대 문화의 잘못을 지적하는 위대한 분석가는
대개 영국인이나 프랑스인이 아니라 독일인이나 오스트리아인이라는
흥미로운 사실은 언제나 나에게 충격을 주었다.
프리츠 링거

연합군이 (제2차 세계대전에서) 승리한 것은 우리 독일 과학자들이
그들이 보유한 독일 과학자보다 더 우수했기 때문이다.
이언 제이컵스 경, 윈스턴 처칠의 군사보좌관

제2차 세계대전의 결과, 독일인으로 존재하는 것은
냉혹한 국제질서 속에서 생겨난 오명이 되었다.
기껏해야 선한 행동으로 이 오명을 희석하는 것이 최선이었다.
콘라트 야라우슈

독일 유대인의 문화적 유산은 독일인이다.
바버라 존, 베를린 외국인 담당위원

설령 어떤 의문을 품는다 하더라도
독일인은 이제 완전히 정상적인 사회에서 살아가는 보통 사람들이다.
마르틴 발저

독일에는 음악이 지나치게 많다.
로맹 롤랑

그리고 세계는 마침내 독일 정신으로 치유될지도 모른다.
에마누엘 가이벨

독일인이 그들의 역사를 대하는 방식은 단지 독일을 위해서만이 아니라
유럽 전체를 위해서도 결정적인 의미를 띠게 될 것이다.
하인리히 아우구스트 빙클러

여기는 할리우드라는 생각을 해야죠. 독일어로 말해요.
오토 프레민저, 헝가리계 이주민에게

독일 문학 전체가 미국에 정착했다.

토마스 만

아 가련한 독일인들! 우리는 '유명할' 때도 근본적으로 고독하다.
우리 독일인 같은 존재는 없을 것이다.

토마스 만

독일인이 독일어를 쓰고 내가 영어를 쓰는 한 우리 사이에는 진정한 대화가
가능하다. 단순히 좌우가 바뀐 거울 이미지로 표현해서는 안 될 것이다.

W. H. 오든

히틀러는 "독일인의 마음을 비춰주는 거울이며 (…) 들리지 않는
독일인의 영혼에서 나오는 속삭임을 확대시켜주는 확성기"였다.

카를 융

나는 하이델베르크에서 캘리포니아 출신 학생이 하는 말을 들었다.
그는 독일어 형용사 하나를 격변화시키느니 차라리 술 두 잔을
사양하는 편이 쉽다고 말했다.

마크 트웨인

오늘날까지 우리는 18세기와 19세기에, 우리가 이탈리아 르네상스라고
부르는 창조정신의 폭발만큼 놀라운 현상이 일어났다는 사실을
거의 깨닫지 못하고 있다. 그것은 바로 독일 르네상스로,
30년 전쟁에 의해 훼손된 문화의 부흥이었다.

노엘 애넌

아무도 나치가 아니며 나치였던 사람도 없다.
(…) 그것은 음악으로 표현될 수밖에 없다.

마사 겔혼

독일은 서구의 일부가 아니다.
하지만 독일은 서구 없이는 아무것도 할 수 없다.
그레고르 쉴겐

독일은 아마 오늘날 세계에서 가장 성숙한 나라일 것이다.
마크 마젤

제3제국에 대한 기억은 나치 과거와 시간적으로 멀어지면서 강렬해졌다.
헤르만 뤼베

'독일인은 어떤 사람들인가?'라는 물음이 그들 사이에서
결코 사라지지 않는 것이 독일인의 특징이다.
프리드리히 니체

두 차례의 세계대전에 패한 독일이 전 세계적으로
광대한 마음의 영토를 침략한 것으로 보였다.
에리히 헬러

독일인이 되지 않고서 음악가가 되는 일이 가능할까?
토마스 만

미국인과 영국인은 영어를 쓰지만
그들 자신이 아는 것 이상으로 독일적인 사고를 한다.
피터 왓슨

1989년은 유럽의 무척이나 암울했던 세기에 가장 빛나는 순간이었다.
프리츠 슈테른

차례

제3부 교육받은 중간계층의 출현: 근대적 번영의 동력과 주체

제4부 근대 정신의 참상과 기적

제5부 제국의 노래: 히틀러와 "투쟁의 정신무장"

제6부 히틀러를 넘어서: 역전된 조건 하에서 지속된 독일 전통

서장

눈을 멀게 한 빛:
히틀러, 홀로코스트
그리고 '사라지지 않는 과거'

—

2004년 런던에 살고 있던 독일인 형제는 역사적으로 유익한 사건 중 하나를 바탕으로 현재 그들이 거주하는 나라를 예리하게 관찰했다. 이 같은 관찰은 두 형제가 각자 영향력 있는 위치에서 명확한 태도를 취함으로써 가능했던 일이지만 두 사람이 전혀 다른 직업에 종사했기 때문에 그 파장은 생각 외로 컸다.

토마스 마투제크는 런던 주재 독일대사였다. 바로 이 해에 마투제크는 제2차 세계대전이 끝난 지 거의 60년이 지났는데도 영국의 역사교육은 여전히 나치 시대에 초점을 맞추고 있다며 공개적으로 불만을 드러냈다. 그는 많은 영국인이 제3제국에 대해 '강박관념'을 갖고 있지만 "실제로 독일을 아는 사람은 아주 드물다"는 것을 알게 되었다고 말했다. 영국의 역사 교과 과정은 "균형이 맞지 않고" 전후 독일의 성공에 대해서는 아무런 언급이 없으며, 독일 통일도 등한시하고 독일 역사의 다른 측면을 얼버무리고 넘어간다는 것이다. 마투제크는 『가디언』 지와의 대담에서 자신은 "A-레벨 Advanced Level General Certificate of Education*에서 가장 많이 선택하는 상위

*영국에서 만 18세에 치르는 대학 입학시험.

세 가지 주제 중 하나가 나치스 문제라는 사실을 알고 깜짝 놀랐다"고 말했다.[1] 당시 독일 시사주간지 『슈피겔』의 런던 특파원이었던 그의 동생 마티아스 마투제크는 한술 더 떴다. 마티아스는 괴테와 실러, 베토벤의 나라인 독일을 나치가 통치한 12년의 기간으로 제한하는 것은 터무니없는 일이라고 말했다. 그러면서 영국인의 특징을 규정하는 것 중 하나는 이제 "나치 독일에 대한 저항"이라고 가시 돋친 농담을 했다. 마티아스의 비외교적인 발언은 두 형제 사이를 '얼어붙게' 하는 원인이 되었지만 이와 거의 동시에 독일 외무장관인 요슈카 피셔조차 영국 교사들이 "3세대나 지난" 독일의 '거위걸음goose stepping'* 이미지를 영속화시킨다고 비난했다.

이런 불만을 드러낸 사람이 마투제크가 처음은 아니다. 마투제크의 전임자인 게프하르트 폰 몰트케는 영국 주재 독일대사로 부임하기 전 1999년에 한 인터뷰에서 "이 나라의 역사교육은 1945년에 멈춰 있다는 인상을 받는다"고 말했다. 그러면서 영국의 젊은이들이 독일어를 배우거나 독일을 방문하는 일을 망설이는 것이 유감스럽다고 말하기도 했다.[2]

독일 정부는 적어도 영국이 갖고 있는 독일 이미지에 대해 관심이 있는 듯하다. 2003년 7월 런던에 있는 독일문화원에서 독일의 '고착된 이미지'를 어떻게 개선할 수 있을지를 논의하기 위한 회의가 열렸다. 말하자면 최근 퀘벡이나 오스트레일리아가 성공리에 이미지를 쇄신한 것처럼 독일을 여행이나 공부, 사업 또는 어학 학습에 매력적인 방문지로 홍보하기 위한 방안을 타진하는 회의였다. 그 한 주 전에는 영국 방송프로그램 가이드 주간지인 『라디오 타임스』에서 조사했는데, 무려 13개 프로그램이 6일 내내 "제2차 세계대전과 관련된 주제를 다루었다"는 사실이 알려졌다. 또 회의에 앞서 이뤄진 여론조사에서는 독일의 젊은이들 중 81퍼센트가 영국의 유명 인사 이름을 알고 있는 데 반해 영국 젊은이 60퍼센트는 독일의 유명 인사

*군대 등에서 무릎을 굽히지 않고 다리를 높이 들어 걷는 걸음으로 독일에서 시작되었다.

를 알지 못하는 것으로 드러났다."[3] 2004년 10월 독일 정부는 비용을 직접 부담해 영국의 역사교사 20명을 독일로 초청해 일급 호텔에 투숙케 하면서 이 문제에 대해 토론하게 했다. 초대받은 교사 한 명은 "아이들은 나치 시대에 흥미를 보입니다. 많은 일이 일어났고 폭력적인 사건도 많았으니까요"라고 말했다. 이 교사의 생각은 "이에 비해 전후의 독일 역사는 '약간 무미건조'하다"는 것이었다. 뉴캐슬에서 온 교사는 자신이 가르치는 학생들이 "편견이 심하고 무관심하다"고 생각하며 말을 이었다. "학생들은 대체로 독일인 모두가 일광욕 의자를 훔치는 나치스라고 생각해요. 정말 풍자만화 같은 관점이죠. 혹 학생들에게 진지하게 질문을 던진다면 이들이 독일에 대해 아무런 견해도 갖고 있지 않다는 사실을 알 수 있을 겁니다."[4]

독일 정부가 분명히 관심을 보일 만한 몇 가지 증거가 있다. 2004년 7월에 실시한 조사를 보면 독일인의 97퍼센트가 기초적인 영어 지식을 갖고 있고, 이 가운데 25퍼센트는 영어가 유창한 데 비해 영국 대학생 중 수준을 막론하고 독일어 지식을 보유한 사람은 22퍼센트에 불과하며 유창하게 구사하는 학생은 단 1퍼센트에 지나지 않았다. 또 독일 젊은이 중 52퍼센트가 영국 방문 경험이 있는 데 반해 영국 젊은이 가운데 독일에 가본 사람은 37퍼센트에 지나지 않음을 알려주었다. 2003년의 여행 동향 조사는 영국에 거주하는 사람이 1년에 6000만 회의 외국여행을 했지만 독일을 찾은 숫자는 전체의 3퍼센트에 지나지 않았다. 이것은 벨기에를 여행지로 택한 수치와 같고, 미국으로 간 숫자의 절반, 프랑스의 6분의 1, 스페인의 7분의 1에 그치는 수치였다. 독일을 여행지로 택하는 관광객 수는 4년 이상 정체 상태에 있으며 네덜란드와 이탈리아, 그리스로 가는 여행자 수에 미치지 못한다.[5]

어쩌면 상황은 전부터 더욱 악화되고 있었는지도 모른다. 1986년의 여론조사에서는 응답자의 26퍼센트가 유럽에서 영국에 가장 우호적인 나라로 독일을 꼽았는데 1992년에는 이 수치가 12퍼센트로 떨어졌다. 또 1977

년에 "나치즘이나 이와 비슷한 세력"이 독일에서 다시 권력을 잡을지 여부를 묻는 질문에 23퍼센트는 가능성이 있다고 답했고, 61퍼센트는 가능성이 없다고 답했다. 그런데 1992년에 와서는 흐름이 역전되었다. 가능성이 있다는 대답은 53퍼센트로 늘어났고 없다는 대답은 31퍼센트로 줄어든 것이다.[6] 2005년 5월 『데일리 텔레그래프』 지의 사설은 유럽 전승기념일VE day이 60주년이 되었는데도 여전히 "우리는 제2차 세계대전에 고착된 국민이며 이런 경향은 더욱 굳어지고 있다"는 결론을 내렸다.[7]

이런 경향이 단기간에 변할 것 같지는 않다. 2005년 11월에 발표된 영국의 2000개 공·사립학교를 대상으로 실시한 다른 조사를 보면, 2004년 가을 영국 정부가 외국어를 선택과목으로 바꾼 이후에 14세가 된 수천 명의 학생이 '좀더 쉬운' 과목을 선호해 독일어를 포기한 사실이 드러났다. 조사 대상이 된 학교 중 과반수는 그 전년도에 독일어 수업 시간을 줄였다고 답했다. 2007년에 발표된 또 다른 조사를 보면 영국의 각급 교육기관에서 독일어 수업은 1998년 이후 25퍼센트가량 줄었고 런던에서 독일어와 관련해 수여된 학사학위는 58퍼센트나 줄었다.[8]

마투제크 대사가 이런 결과를 반겼을 리는 없다. 그러나 그는 이런 변화가 외국인 혐오에서 비롯된 것이라고는 생각지 않았으며 오히려 독일에 대한 무지에 원인이 있다고 보았다. 그는 독일이 영국의 최대 무역 상대국이라는 사실을 감안할 때 이러한 현상은 잠재적으로 '위험한' 변화라고 지적했다. 그는 "10대 학생들이 스페인어는 쉽고 독일어는 어렵다고 생각한다"면서 14세 학생에게 외국어 과목을 포기할 것인지를 묻는 것은 위험한 일이라고 경고했다. 또 "학생들은 대개 독일의 미술관이나 성보다 스페인의 해변을 떠올린다"는 말도 덧붙였다.

영국 교육의 '불균형'에 대한 독일대사의 관심은 2005년 크리스마스 때 비롯된 것이다. 당시 영국 교육과정평가원QCA의 연례보고서는 중등학교의 역사교육은 "계속 히틀러가 지배하게 될 것이다. (…) 14세 이후의 역사교육은 폭이 점점 더 좁아져왔고 '히틀러화'되었다. 14세 이후의 역사교육은 앞으로도 계속 튜더 왕조나 20세기의 독재 같은 주제가 지배할 것이다"라는 결론을 내렸기 때문이다. 교육과정평가원은 이후 "20세기 독일에 대해 좀더 균형 잡힌 이해"를 하도록 전후 역사교육의 기준을 제시했다.[9]

그러므로 마투제크 대사가 영국 학교의 역사교육이 "균형을 잃었다"고 한 것은 옳은 말이었다. 그러면 그가 이것을 나치 독일에 대한 영국의 '강박관념'과 연관시킨 것도 옳았을까? 마투제크 대사는 독일의 예를 들면서 다음과 같이 말했다. "사람들은 독일에서 휴가를 보내려고 하지 않는다. 청소년 교류는 일방적이다. 젊은 세대는 사이가 점점 더 멀어지고 있으며 소통의 기회도 줄어들고 있다. 왜 이런 현상이 벌어졌는지는 추측만 할 수 있을 뿐이다. 수많은 영국인과 대화하다보면 늘 듣는 대답 중 하나가 어느 나라든지 정체성 형성의 과정을 살펴볼 필요가 있다는 말이다." 1940년 영국은 실제로 강력한 적과 대치 상태에 있었으며 최대한 영국적인 강점을 끌어모으려고 했다. 마침내 영국은 이 강점을 발휘할 수 있었다. 집단심리에서 과거를 돌아보고 스스로 할 수 있다고 생각하는 것은 매우 중요한 문제다.

"서부를 정복한 것이 미국 신화의 일부이듯이 영국과 나치즘의 패배에도 같은 원리가 적용된다. 나치즘의 패배는 뒤이어 영국 제국이 무너지게 했으며, 이것은 분명히 일부 사람에게는 가슴에 한이 맺히는 일이었을 것이다. 이는 독일에 대한 강박관념으로 이어졌으며 늘 흥미로운 양상을 띤 것은 아니었다. 우리는 텔레비전 코미디 쇼 「아빠의 군대Dad's Army」나 「폴티 타워Fawlty Towers」처럼 노골적으로 흥미를 유발하는 상투적인 고정관념과 좀더 깊은 성찰에서 나온 관점을 구분해야 한다. 독일 아이들이 독일을 모르는 영국 아이들에게 늘 얻어맞으며 학대받는다는 소리를 들을 때 유머는 지속될 수 없다."

여기서 다시 독일대사는 또 다른 연구 결과를 지적하고 있다. 2004년 영국에서 실시된 조사에서는 10세에서 16세 사이의 영국 소년들에게 '독일' 하면 무엇이 연상되는가라는 질문을 던졌을 때, 78퍼센트는 제2차 세계대전이 떠오른다고 답했고 50퍼센트는 히틀러를 언급한 사실이 드러났다. 특히 12세 이상을 대상으로 한 애버딘 대학의 연구에서 조사 대상으로 선발된 아이들은 독일인이라는 걸 미리 알려주고 한 사람의 사진을 보여주었을 때, 2주 전 국적을 언급하지 않고 같은 사진을 보여주었을 때보다 더 부정적인 반응을 보였다.

마투제크는 이런 반응이 영국이 당면한 문제라고 말한다. "다른 나라에서는 이 같은 태도가 일반적인 현상이 아니다. 독일의 이웃 국가 중에서 영국보다 훨씬 더 심한 고통을 당한 나라는 많다. 그러나 러시아나 폴란드, 체코의 아이들에게서는 이런 반응을 찾아볼 수 없다. 독일은 9개국과 국경이 맞닿아 있어 끊임없이 타협할 수밖에 없는 상황이며 섬나라인 영국보다 접촉이 훨씬 더 많을 수밖에 없다."[10]

동생인 마티아스는 더 단호한 견해를 보여준다. "영국인은 마치 히틀러 집단을 단독으로 제압한 것처럼 행동한다. 그리고 마치 매일 저녁 다시 전투를 벌이려는 듯이(즉 텔레비전 프로그램에서) 우리를 계속 나치스로 취급한다. 영국인은 나치 차원의 마법에 걸렸다." 독일 태생으로 버밍엄 에지배스턴 선거구의 영국 하원의원인 기젤라 스튜어트는 마투제크가 "영국인이 아직도 나치 시대에 사로잡혀 있다고 한 것은 아주 올바른 지적"이라고 말했다.[11]

2006년 런던 퀸메리 대학의 현대사 교수인 존 램즈던은 1890년 이후 독일과 영국의 관계에 대한 연구서라고 할 『전쟁을 언급하지 말라Don't Mention the War』를 출간했다. 여기서 램즈던은 이 기간 양국 사이에 몇 차례 마찰이 있었지만—20세기 전환기, 제1차 세계대전으로 치닫던 시기, 전쟁 도중—바이마르 공화국의 독일은 높이 평가했고, 제2차 세계대전 기간에는 이전의 갈등에서 보여준 것과 같은 수준의 혐오감은 보이지 않았다는

(이때는 민족보다는 이데올로기의 충돌이었다) 결론을 내렸다. 1945년 이후 전쟁 영화와 소설이 갈등에 계속 불을 붙였고 특히 대처 정부의 지원으로 이런 분위기가 지속되었다. 당시는 "영국이 1945년 이후 그 어느 때보다도 통치자들에게서 반독일적인 편견을 더욱 공공연히 경험할 때"였다.[12] 램즈던은 독일의 패배가 "영국인이 정체성을 확립하고 어떻게 여기까지 왔는지 인식하는 데 필수적인 것처럼 보였다"는 결론을 내렸다.[13]

이런 강박관념은 쉽사리 사라질 것 같지 않다. 2005년 7월 바이에른 추기경인 요제프 라칭거가 교황에 선출되었다. 다음 날 런던의 타블로이드판 신문 『선』 지는 1면을 '히틀러유겐트에서 교황이 되기까지'라는 제목으로 화려하게 장식했다. 몇몇 다른 타블로이드판 신문도 이와 비슷한 반응을 보였으며 『데일리 미러』는 새 교황이 전쟁 기간에 보인 행동을 추적하며 교황의 고향인 마르크틀 암 인에 사는 84세 여성의 말을 인용했다. 이 여성은 히틀러유겐트에 등록하는 것 외에 선택의 여지가 없었다는 교황의 주장과 반대로 "저항이 가능했다"고 말했다. 그러면서 자신의 오빠는 양심적 병역거부자로서 신념을 지키다가 다하우 수용소로 끌려갔다는 말도 덧붙였다.[14]

베를린에서는 대중적 신문인 『빌트』의 칼럼니스트 프란츠 요제프 바그너가 이를 보고 격분했다. 영국의 여러 타블로이드판 신문사에 보내는 공개서한에서 바그너는 "악마가 여러분의 뉴스 편집실로 숨어들어간 것처럼 보입니다. (…) 영국의 대중지를 읽는 독자는 누구나 분명히 히틀러가 교황이 되었다고 생각할 것입니다"라는 경고를 보냈다.

이 모든 사건은 영국이 나치스에 사로잡혀 있다거나 영국 학교의 역사교육이 1933~1945년 기간에 지나치게 집중되어 균형을 잃고 있다는 마투제크 대사의 두 주장이 모두 옳다는 인상을 준다.

제3제국에 대한 이런 관심은 단순히 영국 교육의 불균형에 그치는 것이 아니라 12년 동안의 독재 기간에 집착하게 함으로써 현대 독일의 실상에 대해 무지하게 만드는 결과를 가져왔다. 마투제크가 말한 대로 이런 결과는 나치즘을 패배시킨 것이 영국의 자기 정체성의 일부가 되었다는 판단과 맞물린다. 이뿐만 아니라 이제는 나치 시대가 빈의 빈민가 출신인 히틀러가 취임하면서 독일에 대한 영국인의 인상을 전례 없이 충격적인 방법으로 해체하기 시작함으로써 결국 그들의 마음을 닫게 만들었던 그 시절을 넘어 그 이전의 뛰어난 나라 독일을 돌아보지 못하게 하는 하나의 방해 요소나 장애물, 심지어 반사경으로 여기는 훨씬 더 폭넓은 정서가 존재한다. 물론 러시아인이나 폴란드인, 체코인이 영국인처럼 (특정 시기의 과거에) 집착한 것은 아닐지라도 (독일에 대한) 이런 무지는 다른 국가에도 똑같이 적용되는 현상이다.

어디로 시선을 돌리든 여전히 히틀러가 역사를 만들고 동시에 역사를 왜곡하는 현상은 존재한다.

2006년 2월 20일 제2차 세계대전 전문가로서 저술활동을 해온 영국 역사가 데이비드 어빙은 홀로코스트를 부정한 죄목으로 오스트리아 빈에서 3년의 징역형을 언도받았다.• 그는 이 재판이 있기 16년 전인 1989년에 오스트리아에서 행한 두 차례의 연설에서 법을 위반한 사실을 인정했다. 당시 어빙은 히틀러가 홀로코스트를 알고 있었다는 것과 또 유대인 수백만 명이 학살당한 것은 사실이 아니라고 부인한 바 있다. 이후 어빙은 2005년 11월 다시 오스트리아로 입국하다가 체포된 것이었다. 오스트리아에서는 1946년 이후로 홀로코스트를 부정하는 것 자체가 범죄였다. 이 문제와 관련해 어빙이 법을 위반한 것은 이때가 처음이 아니었다. 그는 이미 캐나다에서 남아프리카에 이르기까지 10여 개국에서 이런 견해를 퍼뜨리다가 추방되기도 했다. 2000년에 어빙은 미국인 교수 데버러 립스태트가 저서 『홀

• 독일에서도 '아우슈비츠 거짓말'—홀로코스트가 거짓이라거나 사망자 수가 과장되었다는 주장—을 하면 법으로 처벌받는다.

로코스트 부인하기Denying the Holocaust』에서 어빙 자신을 악질적인 장본인의 한 명으로 지목했다는 이유로 고소했다가 패소해 파산 지경에 내몰렸다. 그는 소송비용으로 들어간 300만 파운드를 마련하느라 런던 중심가에 있는 현대식 저택을 팔아야만 했다.[15]

어빙의 재판이 있기 두 달 전쯤 이란 대통령 마무드 아마디네자드는 600만 명의 유대인이 나치의 손에 처형되었다는 것을 믿을 수 없다고 주장하면서 홀로코스트는 하나의 '신화'에 불과하다고 말했다. 중동의 선동적인 정치 맥락을 감안한다면 아마디네자드 대통령의 발언을 데이비드 어빙의 주장과 동일한 비중으로 볼 수는 없을 것이다. 사람들은 정치인의 발언과 역사가의 발언을 같은 수준의 진실로 대하지는 않기 때문이다(불행하게도). 하지만 비슷한 시기에 벌어진 두 사건은 이미 60년이나 지난 지금에 와서도 홀로코스트가 여전히 중요한 쟁점이라는—앞으로도 계속—사실을 대변해준다. 만일 영국인이 겉으로 보이는 것처럼 히틀러에 집착하고 있다면 그것은 마찬가지로 홀로코스트에 집착하고 있다고 말할 수 있지 않을까?

언뜻 보면 이런 발언은 논쟁을 유발할 뿐 아니라 그 자체가 몰이해로 보이기도 한다. 아무리 오랜 시간이 지났다고 해도 600만 명을 학살한 것이, 단순히 특정 인종 집단을 대상으로 했다는 이유로 논쟁과 기억의 핵심에서 사라지는 일이 있을 수 있을까? 하지만 여기에는 그 이상의 문제가 숨겨져 있다. 홀로코스트 문제가 제2차 세계대전이 끝난 직후 수년 동안 논란의 핵심이 아니었다는 사실에는 꽤나 중요한 의미가 담겨 있다. 홀로코스트가 쟁점이 된 것은 최근 몇십 년 동안의 일이다. 앞으로 논의하겠지만, 이런 '쟁점화'(강박관념이 아니라면)는 더욱이 과거에 대한 우리의 시각을 왜곡하는 형태로 진행되고 있다. 특히 미국에서 그렇다.

신중하고 분별력 있는 연구서인 『미국인의 삶에 담긴 홀로코스트The Holocaust in American Life』에서 저자인 피터 노빅은 '어떻게 홀로코스트가 우리 삶에 그토록 큰 문제로 대두되었는가'라는 문제를 검증하고 있다. 노빅은 일반적으로 말해서 역사적 사건은 발생한 직후에 논의가 가장 활발하고 40년쯤 지나면 "기억의 저편으로 사라지며 대개 역사학자만 희미한 기억을 더듬으면서 사건 주위를 맴돈다"는 관점에서 논지를 전개한다. 그는 이런 진단이 베트남 전쟁에서는 들어맞지만 "홀로코스트 문제에서는 시간의 리듬이 전혀 달라 제2차 세계대전이 끝나고 처음 20년 동안은 거의 논의되지 않았다"고 지적한다. 그러다가 1970년대부터 "미국인의 공공 담론에서, 특히 유대인들 사이에서, 그리고 문화 부문에서 대대적으로 논란의 중심에 들어오기 시작했다"는 것이다.[16] 노빅은 최근 수년 동안 '홀로코스트 생존자'들이 "단순한 동정심이 아니라 감탄과 경외감마저 불러일으키며" 명예로운 존칭이 되었다고 말한다. 이것은 전쟁 직후에는 결코 볼 수 없었던 현상이며 당시 홀로코스트 생존자의 지위는 명예와는 거리가 먼 것이었다. 노빅은 유럽 내의 미국인 사회 지도자 한 명이 뉴욕의 동료에게 보내는 편지에서 진실의 일단을 엿볼 수 있는 구절을 하나 인용했다. "그들은 적자생존과는 전혀 관련이 없습니다. (…) 대개 하층계급의 유대인들로서 교활하고 동물적인 본능으로 끔찍한 운명에서 빠져나올 수 있었지요. 좀더 교양 있는 상류계층은 이 운명에 굴복한 것입니다."[17] 노빅은 시오니즘 운동에 미칠 부정적인 영향을 고려해서 이러한 비극적 견해를 폄하한 사람은 다름 아닌 다비드 벤구리온*이었다고 말한다. 미국에서는 1946, 1947, 1948년에 잇따라 대표적인 유대인 기구들이 (유대인참전용사회를 포

*이스라엘 정치가·시오니즘 지도자로 1948년 5월 이스라엘공화국의 성립과 함께 총리가 된 인물.

함해) 뉴욕 시에 홀로코스트 추모기념관을 세우자는 제안을 만장일치로 거부했다. 그런 기념관이 들어서면 미국인들이 유대인을 희생자로 보는 결과를 가져올 것이며, "기념관 자체가 유대인의 허약함과 방어력 부재에 대한 영구적인 기념비"가 될 것이라는 이유에서였다. 전쟁이 끝나고 처음 몇 년 동안 홀로코스트는 "오늘날보다 훨씬 더" 역사화되었다. 홀로코스트를 나치 독일의 패배와 더불어 끝난 '단 한 차례의' 끔찍한 역사적 사건으로 치부했다는 뜻이다. "전후에 홀로코스트는 그것을 생각함으로써 얻을 수 있는 영원한 진실과 교훈이라는 초월적인 지위에 오르지 못했다. 홀로코스트는 끝났고 완료된 사건이기 때문에 그 끔찍한 심연을 들여다봄으로써 생겨나는 고통을 보상해줄 실용적인 이득은 없었다." 네이선 글레이저는 1957년에 출간된 1950년대 유대인을 학술적으로 조사한 자신의 저서 『미국 유대인American Judaism』에서 홀로코스트가 "미국 유대인의 내면생활에 미친 영향은 놀라울 정도로 미미했다"는 점에 주목했다.[18]

제2차 세계대전 직후 "각종 보고서와 증언, 사진, 뉴스, 영화 등 당시 드러난 모든 정황을 보면 나치의 잔혹 행위에 초점을 맞춘 전시 구상과 일치했다. 이 같은 잔혹 행위는 '주로' 제3제국의 적국을 향한 것이었다. '유대인'이나 '유대교'라는 말은 부헨발트 수용소의 실상을 소개한 에드워드 머로의 (끔찍하고 전율을 일으키는) 라디오 프로그램에 등장하지 않는다. 수용소 때문에 골치를 앓던 드와이트 아이젠하워 장군은 "입법자나 뉴스 편집자"가 나치가 "정치범"을 억류했던 이 현장을 방문해주기를 바란다고 말했다. 유대인에 대한 언급은 없었다. 다른 보고서를 보면 "정치범, 노예 노동자, 다양한 국적의 민간인들"이라는 언급이 보인다. 여기서도 유대인이라는 말은 보이지 않는다. 다른 보고서에는 "이들이 다른 사람들보다 더 열악한 대우를 받았다"는 언급이 보이기는 한다. "하지만 강제수용소를 해방시키면서 제출한 보고서에는 나치스 희생자의 '일원' 이상으로 유대인을 취급했다는 말은 전혀 없다. (…) 이 말은 오늘날처럼 유대인을 '홀로코스트'와 결부시킬 만한 요인이 전혀 없었다는 뜻이다."[19]

이런 태도가 바뀌기 시작한 것은 1961~1962년의 아이히만 전범재판과 1967년에 일어난 중동의 6일 전쟁, 그리고 무엇보다 이스라엘이 (단기간에) 마치 패배한 것처럼 보였던 1973년 10월의 제4차 중동전쟁이 일어난 이후부터라고 노빅은 말한다. "이 과정에서 부분적으로 미국 문화에는 '홀로코스트'라 부르는 뚜렷한 현상이 등장했다. 이것은 단순히 일반적으로 나치가 저지른 야만성의 한 부분으로서가 아니라 별개의 위상을 지닌 사건으로 받아들여졌다."[20] 이제 홀로코스트라는 말은 온갖 공포를 묘사하는 언어가 되었다.

노빅은 이후 홀로코스트가 신성시되어 비판을 허용치 않는 위치로 올라섰다고 말한다. 완전히는 아니더라도 거의 허용하지 않았다는 말이다. 이스라엘의 소설가이자 홀로코스트 생존자 두 명이 사랑에 빠진 이야기를 다룬 『물결을 스치며, 바람을 스치며Touch the Water, Touch the Wind』의 저자이기도 한 아모스 오즈는 "우리는 우리 죽음에 대해 영원히 애통해해야 하는 존재인가?"라는 물음을 제기하며 기억해야 할 의무와 동시에 망각할 권리도 있는 것이 아닌가라고 생각한 사람이었다. 아랍인 반란Intifada*이 일어난 첫해에, 어릴 적 아우슈비츠에 억류당한 경험이 있던 이스라엘의 유명한 철학자 예후다 엘카나는 「망각에 대한 호소A Plea for Forgetting」를 발표했다. 엘카나가 볼 때 "전 세계가 우리에게 반대하고" 유대인은 "영원한 희생자"라는 홀로코스트의 '교훈'은 "비극적이면서도 역설적인 히틀러의 승리"였다. 엘카나는 이 교훈이 요르단 강 서안에서 이스라엘의 잔인성을 부추기고 팔레스타인과의 평화에 소극적인 태도를 취하게 한 원인이라고 보았다.[21] 홀로코스트를 둘러싼 감정상의 변화는 1998년 유대인의 정체성을 나타내는 다양한 행위의 우선순위를 묻는 미국 유대인의 여론조사에서 절

---

*1987년 팔레스타인이 가자 지구와 요르단 강 서안 지구의 이스라엘 점령 지역에서 일으킨 반란.

정에 이르렀다. 이해에 '홀로코스트에 대한 기억'이 처음으로 문항에 포함되었고(포함된 자체로 중요성이 드러난) 응답자들은 '시나고그(유대교 사원) 참례'나 '유대인 휴일 엄수'보다 훨씬 더 높은 비율로 홀로코스트에 대한 기억을 꼽았다.[22]

이뿐만 아니라 노빅은 1970년대 이후 홀로코스트가 단순히 유대인의 기억이라는 차원을 넘어서 미국인의 기억이 되었다고 보았다. 제2차 세계대전에 대한 미국인의 지식을 측정한 1995년의 여론조사에서 응답자의 97퍼센트는 홀로코스트가 무엇인지 안다고 답해 진주만 사건이나 미국이 일본에 두 차례나 원자폭탄을 투하한 것을 안다는 대답을 능가했고, 소련이 미국 편에서 전쟁을 치렀다는 것을 안다는 49퍼센트의 대답보다도 훨씬 더 높은 수치를 보였다.[23] 2002년까지 공립학교에서 홀로코스트에 대한 교육을 법으로 지정한 주州가 점점 더 늘어났다.

노먼 핑켈스타인은 노빅보다 한층 더 신랄했다. 2000년에 출간되어 나름대로 호평을 받은 핑켈스타인의 『홀로코스트 산업Holocaust Industry』은 독일에서 대대적인 관심(그리고 비판)을 불러일으켰지만 미국에서는 비교적 시큰둥했다. 자신의 어머니가 마이다네크 수용소에 감금된 적이 있고 체스토호바와 스카르지스코 수용소에서 노예 노동을 하기도 했던 핑켈스타인은 미국 유대인들을 비난했다. 이들이 홀로코스트를 이용하고, 주로 이스라엘에 이익이 되는 쪽에서 자신들의 목적을 위해 강제수용소에서 고통당한 사람의 수와 생존자 수를 과장하면서 "홀로코스트를 강매하는 상인"이 되었다는 이유에서였다. 핑켈스타인은 "추악한 방식"이라는 표현을 쓰며 배상 요구에 근거해서 이를 집행하는 관리들의 급여와 보수가 막대한 액수에 이르며 때로는 청구액 이상으로 과다 지출된 내용을 상세하게 지적했다. 여기서 핑켈스타인이 주로 제기하는 내용을 보면 홀로코스트에 대한 관심이 '최근의' 현상이라는 사실이 다시 분명하게 드러난다.[24]

역사가 논쟁

홀로코스트는 얼마나 극단적이고 독특한 사건이었을까? 이것은 독일인들 스스로는 대응하기가 어려운 민감한 문제다. 노빅이 보여준 대로 미국에서는 홀로코스트가 해를 거듭할수록 중요하게 부각된 데 비해 독일에서는 똑같은 강도로 상반된 입장에서 쟁점화하는 시도가 있었고 그 범위나 비중, 특이성을 깎아내리려는 시도도 있었다. 크리스토퍼 마이어는 유일하게 미국 역사가로서 이 주제가 어떻게 독일 학계를 극단으로 몰고 갔는지에 대해 견해를 밝혔다.

분열은 1980년대 '역사가 논쟁Historikerstreit*'이라고 알려진 사건에서 처음 모습을 드러냈다. 이 사건은 헬무트 디발트, 에른스트 놀테(하이데거의 제자), 안드레아스 힐그루버 등 각자 나름대로 탄탄하고 본격적인 역사관을 제시했던 유명 역사학자들이 주도한 매우 험악한 논쟁이었다. 논쟁이 전개되면서 대략 다음과 같은 쟁점이 부각되었다.

- 파시즘은 스탈린주의의 틀에서 형성된 전체주의가 아니라 스탈린주의에 대한 '반응'으로 나온 것이라는 주장이 제기되었다.
- 아우슈비츠는 그 자체로 독특한 사건이 아니라 굴라크Gulag**의 복제판일 뿐이다. 이미 20세기에 다른 대량학살이 있었다.
- 집단 처형장에서 죽은 사람은 유대인보다 아리아인이 더 많았다.
- 폴란드인과 루마니아인도 독일인과 똑같이 반유대주의자였다.
- 전쟁에서 최악의 상태는 러시아 침공과 유대인 말살을 의도한 히틀러 한 사람 때문에 일어난 것이다.

*1986~1987년에 홀로코스트와 서독의 역사적 정체성을 둘러싸고 벌어진 일련의 논쟁.
**1930~1955년에 있었던 소련의 강제수용소.

이런 주장에 대한 명쾌한 대답은 얼마든지 있다. 적어도 크리스토퍼 마이어가 냉정하게 말한 대로 "최종적 해결The Final Solution*이 부기簿記의 문제가 되어서는 안 된다."[25] 하지만 그 속을 들여다보면 이 이상의 문제가 있는 것은 아닐까? 역사가 논쟁은 전쟁이 끝난 지 40년이 지나 비로소 표면화되기 시작한 좀더 심층적이고 규명하기가 까다로운 문제가 있다는 징후는 아닐까?

이렇게 생각하는 사람들이 있었다. 독일 철학자 위르겐 하버마스는 "최근까지 지난 수십 년 동안 자신이 당한 고통을 말할 수 없었던 사람들의 기억이 축적되어왔다. 하지만 우리는 사실 아직도 세계에 구원의 힘이 있다고 믿어도 되는지 알지 못한다"라는 말을 했다. 하버마스의 생각은 역사가 논쟁에서 "기억을 가둬놓았던 수문水門"이 마침내 열렸고 "이 때문에 (독일) 대중은 과거가 단순히 사라지는 것이 아니라는 점을 깨달았다"는 것이었다. 1986년 독일의 한 역사 저널에서 헤르만 루돌프는 독일인이 과거에 비해 전쟁에 더 많은 관심을 기울인다는 점에 동의했다. 루돌프는 이 관심이 "앞으로 약화되지 않을 것은 분명하다"면서 "오히려 이제 더 이상 제3제국을 역사 기록으로 다룸으로써 암담하고 기괴한 기념비 같은 우리 자신의 과거로 가는 길을 차단하면 안 되는 것인가라는 반대편 의문이 제기되었다"고 덧붙였다.[26]

이러한 인식에 어떤 문제가 있을까? 영국 케임브리지 대학의 역사교수 리처드 에번스는 역사가 논쟁을 설명하면서 제2차 세계대전 이후 독일에서는 "나치에 대한 언급이 거의 없었다"고 말했다. 그는 또 다음과 같이 지적했다. "학교에서 나치를 가르치는 일도 아주 드물었다. 다수가 나치 단체에 가입한 경제계에서도 아무런 언급이 없었다. 정계에서조차 나치의 배경과 관련해, 그것이 공론장에서 당혹스러운 주제로 취급되지 않는 한 큰 오명

*나치 독일에 의한 유대인의 계획적 말살.

은 없었다."[27]

서독에서는 1960년 이스라엘에서 있었던 아이히만 재판과 1964년의 아우슈비츠 재판과 더불어 독일의 과거사를 좀더 강도 높게 직시하려는 욕구가 비로소 나타나기 시작했다.[28] 이것은 미국에서 홀로코스트에 대한 관심이 커진 것과 꽤나 비슷했다.

지금 우리가 논의하는 맥락에서 역사가 논쟁이 중요한 것은 이것이 히틀러와 홀로코스트의 강박관념에 대한 증거일 뿐 아니라 이것을 잊거나, 좀더 적절히 말하면 잊지 않는 특정 유형의 증거이기도 하기 때문이다. 독일에서 실시된 여론조사를 보면 스스로가 독일인임을 자랑스럽게 생각하는 독일인은 20퍼센트에 지나지 않는다. 이는 미국인임을 자랑스럽게 여기는 미국인이 80퍼센트에 이르고 영국인임을 자랑스럽게 여기는 영국인이 50퍼센트인 것과 큰 대조를 보인다. 역사가인 미하엘 슈튀르머는 독일인이 그들 자신에 대한 역사를 회복해야만 다시 자부심을 가질 수 있다고 주장했다. 그는 또 독일인은 "과거의 죄에 사로잡혀 있고" 이 강박관념이 일종의 민족적 정체성을 발전시키는 데 방해가 되었으며 이런 배경은 암암리에 정치적, 문화적 결과를 낳았다고 덧붙였다. 슈튀르머는 독일을 "계속해서 치료받는 환자로 봐야 한다"는 생각에 분노를 표했다.[29] 역사학자 크리스토퍼 마이어가 말한 대로 "이런 논쟁은 끝이 없었고 기력만 탕진시켰을 뿐이다."[30]

이런 측면은 예닝거 사건으로 더욱 선명해졌다. 1988년 11월 '수정의 밤 Kristallnacht'* 50주년 기념식에서 행한 연설에서 연방대통령에 이어 공식 서열 2위인 서독 연방의회 의장인 필리프 예닝거가 자신은 홀로코스트를 역사적인 사건으로 생각하고 있고 반드시 특이한 사건은 아니라고 보며 더욱

*1938년 11월 9일 나치 대원들이 독일 전역의 수만 개에 이르는 유대인 가게를 약탈하고 250여 개의 유대교 회당에 방화했던 날을 말한다.

이 많은 독일인은 '방관자'였을 뿐 직접적인 책임은 없었던 사건으로 본다고 말했다. 물론 미국인을 포함해 많은 사람은 이 발언이 용감하다고 생각했지만 또 다른 많은 이에게서 분노를 자아내기도 했다. 결국 예닝거는 사임할 수밖에 없었다.[31]

이와 똑같은 기억의 틀은 미술 분야에서도 되풀이된다. 나치가 유대인 주인으로부터 약탈한, 노老대가와 인상파 화가의 작품 같은 수천 점의 그림이 경매시장에서 버젓이 유통되고 있으며 1945년 직후부터 이런 행태가 자행되어왔다는 사실이 뒤늦게 드러난 것은 1990년대 중반의 일이었다. 경매 목록에는 그림의 출처가 이미 오랫동안 공개적으로 인쇄되어 있었고 헤르만 괴링의 손에서 이름난 중개상으로 넘어왔다는 등 유명한 나치스에게서 취득했다는 설명이 있었지만 이를 주목한 사람은 60년 동안 아무도 없었다. 이러한 사실은 두 명의 러시아 미술사가가 모스크바에 은닉된 그림, 베를린에서 파손되었다고 생각했던 그림들을 발견한 이후에야 비로소 밝혀졌는데, 이 사건은 홀로코스트에 대한 감정을 격화시켰다. 이는 스위스 은행의 휴면계좌에도 똑같이 적용된다. 집단 처형장으로 끌려간 유대인이 보유하고 있던 엄청난 액수의 예금이 스위스에서 '재발견'된 것은 1990년대 후반이었다. 아마 누구라도 이런 불법행위가 있었다는 사실을 훨씬 더 일찍부터 감지할 수 있었을 것이다(스위스가 이전의 청구를 거부했던 이유 중 하나는 청구권자의 사망증명서가 없다는 것이었다. 마치 친위대가 강제수용소에서 사망증명서를 발급하기라도 한 것과 같은 핑계였다).

2006년 3월 스위스에서 발행된 책 『감시와 의문Observe and Question』은 제2차 세계대전 기간에 스위스 당국이 중립국 스위스로 넘어오려는 수천 명의 유대인을 받아들이지 않았다는 혐의를 제기했다. 스위스 민족주의자들은 이 책의 배포를 차단하는 데 서명하기도 했다. 여기서도 드러나듯이 이런 정보는 훨씬 더 일찍 드러날 수도 있었다.

벨기에에도 같은 주장을 적용할 수 있다. 벨기에 총리는 홀로코스트에서 벨기에가 맡은 역할에 대해 벨기에 유대인 사회에 공식적인 사과를 했지만 이것은 2002년에 들어와서의 일이었다. 1116쪽에 달하는 『순종적인 벨기에Submissive Belgium』라는 정부 지원을 받은 보고서에서 내린 결론은 2007년 2월 브뤼셀에 있는 의회청사 앞에서 낭독되기도 했는데, 여기에는 벨기에의 고위 공무원들이 "민주주의라고 하기에는 부끄러운" 방법으로 행동했다는 대목이 들어 있었다. 보고서에는 제2차 세계대전 중 런던으로 망명한 벨기에 정부가 벨기에 공무원들에게 여러 측면에서 경제적 파국을 막기 위해 나치 점령군에게 협조하라고 권고했으며, 한술 더 떠 "유대인 처형과 강제수용소로 이송하는 일에 협력"하라고 권고했다는 기록이 나와 있다. 보고서는 계속해서 전후에 (배상과 관련된) 많은 재판이 군사법정에서는 "지나치게 복잡해서 다룰 수 없다"고 여겨졌으며, "벨기에 당국이 유대인 처형과 이송에 대한 책임을 져야 한다는 청구는 모두 기각되었다"고 지적했다. 여기서도 다시 과도한 지체 현상을 볼 수 있다.[32]

이미 1946년부터 홀로코스트를 부인하는 행위를 불법화했음에도 불구하고 오스트리아 역시 제2차 세계대전에서 맡았던 역할을 받아들이는 데 문제가 있었다. 물론 이것은 단순히 히틀러가 독일인이 아니라 오스트리아인이었다는 사실 때문만은 아니었다.• 베우제츠와 소비버, 트레블링카에 있던 집단 처형장 직원의 40퍼센트와 대부분의 지휘관은 오스트리아 사람이었다. 아이히만 자신을 포함해 아이히만 휘하 직원의 80퍼센트도 마찬가지였다. 이토록 달갑잖은 통계에도 불구하고 전후 오스트리아의 최초 대통령이자 원로 사회주의 지도자인 카를 레너 박사는 오스트리아에 유대인 사업가가 들어갈 "자리는 없다"고 강조했다. 또한 레너는 "현재 분위기로

•2006년 홀로코스트 부인 처벌법으로 데이비드 어빙을 투옥한 것은 이례적인 일이었다. 똑같은 사례에 적용할 만한 통계로서 당시와 가장 가까운 2004년의 경우를 보면 오스트리아에서 홀로코스트를 부인한 죄로 기소된 사람은 724명이나 되었다. 이 숫자에 대해서는 두 가지 해석이 가능하다. 하나는 오스트리아가 법령을 성실하게 적용하고 있음을 보여준다는 점이고, 다른 하나는 제2차 세계대전이 끝난 지 60년이 지났는데도 그런 법이 아주 절실함을 보여주는 것일 수 있다.

볼 때 오스트리아가 유대인들이 독점적인 가족 기업을 다시 세우는 것을 허용할 것"이라고 생각하지는 않았다. 1947에서 1948년 사이에 미국이 실시한 조사를 보면 빈 시민의 4분의 1가량은 유대인이 나치즘 치하에서 "마땅히 받을 만한 대우"를 받았다고 생각했으며, 40퍼센트는 "유대인의 특징"이 반유대주의에 책임이 있다고 생각하는 것으로 드러났다. 수십 년 동안 오스트리아인은 그들 자신을 나치의 "최대 희생자"로 자처했으며, 이런 인식을 바탕으로 유대인의 배상 요구를 거부했다. 대부분이 그런 요구는 부정한 방법이라고 생각했기 때문이다(물론 1943년에 열린 연합군 회의에서 오스트리아가 '최대 희생자'라는 생각을 받아들이기는 했지만 이후 오스트리아 합병 당시 친위대가 밀고 들어갈 때 오스트리아 지원자도 끼어 있었다는 사실이 밝혀졌다).

이런 일화 중에 아마 가장 터무니없고도 당혹스러운 것은 1965년 잘츠부르크에서 영화 「사운드 오브 뮤직」을 촬영할 때 일어난 일일 것이다. 당시 시 당국은 레지덴츠 광장을 배경으로 갈고리 십자가(만卍) 기를 게양하는 것을 허용하지 않았다. 시 당국은 잘츠부르크 시민은 결코 나치스를 지원한 일이 없다고 주장하며 강경하게 나왔다. 그러다 제작진이 생생한 사실을 담은 뉴스 영화의 화면도 삽입할 것이라는 설명을 듣고 나서야 비로소 뜻을 굽혔다.[33]

오스트리아의 유명 정치인 중에 적어도 세 명이—한스 욀링거, 프리드리히 페터, 쿠르트 발트하임—과거 친위대원이었거나 독일군 장교였다는 사실이 드러났다(대체로 나치 추적자인 사이먼 비젠탈이 밝혀낸 사실이며 비젠탈은 애쓴 보람도 없이 이 일로 살해 협박을 받았다). 1991년 7월이 되어서야 비로소 사회주의자인 연방총리 프란츠 브라니츠키가 오스트리아의 '공동 책임'을 인정했지만 때늦은 감이 없지 않았다. 외르크 하이더의 집권 중 극우파인 자유당FPÖ의 인기가 높아졌다는 것은 오스트리아가 자신의 과거를 진지하게 돌아보려는 시도가 순전히 거짓임을 보여주었다. 당시 홀로코스트가 어떤 경우에도 소련의 굴라크와 다르지 않았다고 주장하는 자유당의 선전은 홀로코스트를 부인하는 태도에 가까웠다. 오스트리아로 들어온 이주민에 대한 자유당의 태도는 나치와 같은 생물학적 인종주의를 부활시킨다는 인상을 주었다.

이 모든 일은 마우어바흐에서 일어난 사건으로 뒷받침되었다. 1997년 10월 말 빈의 크리스티 경매장에서는 마우어바흐 수도원의 미술품 거래가 있었다. 이 수도원은 오스트리아 수도에서 서쪽으로 30분 거리의 조용한 마을에 있는 카르투지오 수도회의 낡은 건물에 있었다. 오스트리아 유대인에게서 약탈한 약 8400점의 미술품이 1960년대부터 이 수도원에 보관되어 있었던 것이다. 오스트리아 당국으로서는 명예롭지 못한 씁쓸한 사건이었다. 1945년부터 1969년까지 오스트리아 정부는 홀로코스트 생존자를 찾기 위한 어떤 노력도 하지 않았다. 거기서 한때 미술품 전시를 담당한 사람은 과거에 미술품 압수를 총지휘한 바로 그 인물이었다. 또 다른 두 가지 이유로 오스트리아 정부가 통과시킨 법 때문에 유대인 재산은 확인이 불가능해졌다. 이때 '홀로코스트 미술품' 상당수는 오스트리아 대사관의 장식용으로 각국에 흩어져 있었다. 소유권 청구가 성공을 거둔 적도 한 번 있었는데, 청구권자는 과거에 '압류된' 그림 한 점을 수년 동안 보관해준 대가로 미화 8000달러를 지불해야 했다. 정당한 소유자에게 반환된 작품은 3.2퍼센트에 지나지 않았다. 그것도 미국의 『아트뉴스』 지가 마우어바흐에 보관된 작품에 어떤 조치가 취해진다는 사실을 폭로한 이후의 일이었다.[34]

비시 정부의 비공개 문서

—

프랑스는 양차 세계대전 사이에 폴란드와 루마니아, 독일에서 몰려든 유대인 망명자들에게 문호를 개방할 만큼 좀더 자유로운 나라였다. 하지만 전쟁 이후에는 암울한 시기와 관련된 악령과 싸워야 했다. 홀로코스트 문제에서 프랑스의 역할과 관련된 고전적이면서도 방어적인 입장 표명은 1992년 프랑수아 미테랑 대통령에게서 나왔다. 미테랑은 놀라우리만치 태연한 어조로 1940년부터 1944년까지 프랑스의 비점령 지역을 통치한 친독 비시 정권의 독일 협력자들은 "불법적"이고 "정상을 벗어난" 세력으로서 "오늘날의 프랑스와는 아무런 관계가 없다"고 선언했다. 미테랑은 "프랑스 국민과 국가는 홀로코스트와 관련이 없다"고 말했다.[35]

이 말에서 암시되듯 제2차 세계대전 기간에 프랑스가 보여준 친독일 협력 행위에 대해서는 그 나름의 기억 유형이 있었다. 앙리 루소는 이 유형을 '홀로코스트 증후군'이라고 불렀다. 루소는 저서 『홀로코스트 증후군The Vichy Syndrome』에서 제기한 견해, 즉 프랑스의 패배나 독일군의 점령 자체보다 프랑스인의 상호 분열이 더 깊은 상처를 남겼다는 것이 "대부분 사실로 판명됐다"고 생각했다. 비시 정권과 관련된 강박관념의 연도별 '체온'*도표를 정치적 사건과 도서 출판, 영화 상영 등에 따라 측정하면서 루소는 1945년부터 1953년의 기간을 '비상 난국'으로, 1954년부터 1979년의 기간을 비교적 '안정된' 시기로, 그리고 다시 줄곧 '비상 난국'이 지속된 것으로 분류했다(이 책은 1991년에 출간되었다).[36] 이러한 기억 유형은 미국의 홀로코스트에 대한 기억과 다르지 않다.

프랑스의 친독 협력 행위의 실제 범위는—열광적인 부분까지도—1981년 미카엘 마뤼스와 로버트 팩스턴의 기념비적인 저서 『비시 정권과 유대인Vichy France and the Jews』이 발표되면서 완전히 드러났다. 이 책은 "거의 의심할 여지 없이" 비시 정권이 유대인 처형 문제에서 독일이 요구한 것 이상으로 대응했다는 사실적 근거를 제시했다. 그에 따르면 전쟁 기간에 약

---

*이 책의 2개 장에는 제목과 증후군의 '체온 곡선'에 '강박관념'이라는 말이 들어가 있다.

7만5000명의 유대인이 프랑스에서 추방되었으며 그 대다수는 프랑스 경찰에게 체포당한 것이었다. 이 가운데 생존자는 3000명에 불과했다.

이후 1991년 11월, 프랑스인으로 나치 추적자이자 강제 추방된 프랑스 유대인 자녀모임 대표인 세르주 클라르스펠트가 프랑스 보훈처 지하실에서 이른바 유대인 파일을 찾아냈다고 주장하는 일이 일어났다. 1940년의 인구 실태조사 때 파리 경찰이 편찬했다고 하는 이 자료는 프랑스에 거주하는 모든 유대인을 파악하기 위해 활용된 것으로 보였다. 이후 역사 전문가로 구성된 위원회가 실제 파일은 1948년에 파기되었음을 확인했다. 하지만 이 사건은 비시 정권과 관련된 공식 문서에 일반인이 접근하는 문제를 둘러싸고 의구심을 불러일으켰다. 이런 의구심은 1994년 소니아 콩베가 저서『기밀문서』에서 프랑스 정부가 비시 정권과 관련된 역사 자료에 일반인의 접근을 제한하는 조치를 취한 것을 비난하면서 더 짙어졌다. 콩베는 해당 기금의 부족과 "추문을 회피하려는 특정한 시도"까지 겹쳐 역사 기록에 대한 접근이 제한되었다고 단언했다.[37]

1990년대 초반 프랑스에서 열린 '인류에 대한 범죄crime's against humanity'를 둘러싼 네 차례의 재판도 이런 상황을 호전시키지는 못했다. 과거 리옹을 관할한 게슈타포* 대장인 클라우스 바르비는 1992년 44명의 유대인 아동을 체포해 아우슈비츠로 보냈다는 혐의로 재판을 받았다. 프랑스 민병대장 출신인 폴 투비에는 1994년 리옹 부근의 리외라파프에서 유대인 살해를 주도했다는 이유로 베르사유에서 재판을 받았다. 1998년에는 모리스 파퐁이 보르도 지역에서 유대인 2000명의 추방을 지휘했다는 혐의로 재판을 받고 유죄선고를 받았다. 그때까지 파퐁은 성공적인 사회생활을 하며 출세 가도를 달리고 있었다. 가장 주목을 받은 것은 게슈타포와 협력하며 1942년 7월 파리에서 악명 높은 유대인 검거 조직을 결성했다는 혐의

*나치의 비밀경찰.

를 받은 르네 부스케 사건이었다. 당시 1만3000명의 유대인이 벨디브 벨로드롬 경기장에 집합해 프랑스의 임시수용소를 거쳐 아우슈비츠로 끌려갔다. 이 재판이 큰 논란을 불러일으킨 까닭은 벨디브 사건에서 부스케가 맡은 역할은 일찍이 1978년에 보고되었지만 프랑스의 법체계가 이 사건을 처리하는 데 12년이나 걸렸다는 사실 때문이었다. 부스케는 재판을 받기 전, 1993년에 암살당했다.

프랑스 대통령이었던 프랑수아 미테랑이 직접 관련된 추문도 있었다. 1994년에 나온 대통령 평전에서 피에르 페앙은 미테랑이 비시 정권에서 공무원으로 재직할 당시 프랑스 레지스탕스 지도자로도 활동했다는 사실을 폭로했다. 실제로 미테랑이 1943년에 수개월 동안 두 가지 직책을 동시에 수행했다는 것이었다. 그동안 미테랑은 자신이 비시 정권과 연관되었다는 사실을 계속해서 부인했다. 따라서 페앙이 폭로한 사실은 세상을 당혹스럽게 만들었다. 어찌 보면 당혹을 넘어서는 것이었다. 이 폭로는 그동안 비시 정권과 관련된 미테랑의 발언으로 경건한 체했던 프랑스의 모습이 거짓이었음을 보여주었다. 1995년이 되어서야 프랑스 정부는 홀로코스트에서 프랑스가 맡았던 역할에 대해 사죄했다. 사건이 일어난 지 이미 반세기가 지난 다음이었고 독일과 오스트리아보다 더 늦은 인정이었다.[38]

이 사건을 배경으로 1990년대 중반 미국 법정에서는 제2차 세계대전 기간에 유대인의 역경을 이용해 이득을 본 프랑스 기업(프랑스 철도청SNCF과 다수의 은행 등)을 대상으로 각종 기록이 제출된 가운데 일련의 재판이 열렸다. 이 재판이 열리고 나서 미국 법정에서는 스위스 은행을 상대로 홀로코스트 당시 재산권을 주장하는 소송이 줄을 이었다. 프랑스 관련 소송은 기각되었지만 1997년 3월 알랭 쥐페 총리가 이끄는 프랑스 정부는 관련 혐의를 조사하기 위한 마테올리위원회를 설치해 이 같은 관심에 대응했다. 위원회는 국비로 120명의 전문 연구원을 고용하고 비시 정권 기간에 유대인이 겪은 실상을 다룬 12종의 보고서를 완성했다. 그 결과 2000년에 출범을 선포한 추모재단은 당시까지 유대인 원소유주에게 반환되지 않은 총 자산가치를 24억 프랑(미화 3억4200만 달러)으로 추정했다. 이 추모재단은 프랑스 최대의 자선재단이다.[39]

끝으로 유럽에서는 2007년에 총선을 치른 폴란드를 살펴볼 필요가 있다. 그 당시에는 제2차 세계대전이 주요 쟁점이었는데, 대통령 및 총리 후보에 출마한 레흐와 야로스와프 카친스키 쌍둥이 형제가 이 문제를 쟁점화시켰다. 두 형제는 유럽연합의 새 회원국이라는 지위를 이용해 폴란드를 국수주의적인 방향으로 몰고 가면서 독일과 러시아에 시비를 걸었다. 한 참관인이 표현한 대로 "제2차 세계대전에서 미해결된 모든 문제를 마무리 지으려는" 듯한 태도였다. 특히 두 사람은 나치가 그토록 많은 사람을 살육하지 않았다면 폴란드 인구는 훨씬 더 늘어났을 것이기 때문에 배상 요구와 관련해 "독일은 양보할 도덕적 의무가 있다"고 주장했다.[40] 하지만 여기서도 사정은 마찬가지였다. 1941년 5월 폴란드 예드바브네에서 시민은 물론 급우들까지 가담해 자행한 수백 명의 유대인 학살 사건은 1949년의 재판에서 주요 쟁점이 되었는데, 2000년에 가서야 얀 그로스의 『이웃들Neighbours』이 발표되면서 세계의 이목을 끌었다. 폴란드에서도 기억의 유형은 같았던 것이다.

이처럼 최근의 모든 사건에서 확인되듯이 히틀러와 나치즘, 홀로코스트는 역사적 망각과 동화同化라는 모든 일반 규칙에서 벗어난다. 공식적인 사과와 배상, 나치스에 대한 재판은 1990년 이전보다 그 이후에 더 두드러진 현상이었다.

사형집행인의 노래

–

1996년에 발간된 대니얼 골드하겐의 『히틀러에 기꺼이 동조한 집행자들:

평범한 독일인과 홀로코스트Hitler's Willing Executioners: Ordinary Germans and the Holocaust』만큼 홀로코스트에 대한 기억을 둘러싼 흙탕물의 예를 극명하게 드러낸 것도 없다. 대서양 양쪽에서 베스트셀러가 된 이 책은 저자 자신이 제기한 주장대로 "어떻게 해서 독일인이 다른 유럽인들보다 더 반유대주의적 편견으로 대량학살을 범하게 되었는가에 대한 완전히 새로운 답변"이었다. 골드하겐에 따르면 독일인이 그렇게 한 까닭은 "그들이 강요받았다거나, 독일적인 순종의 미덕으로 인해 원하는 것이면 무엇이든 가장 광적으로 행했기 때문이 아니었다. 또 이들이 전우라는 동류 집단에게서 받는 압박감 때문도 아니었고 야심만만한 출세주의자이기 때문도 아니었다. 또 이들이 기계 속 톱니바퀴처럼 자동으로 행동하는 민족이기 때문도 아니었고 명령에 불복하면 죽음의 위협을 받기 때문도 아니었다."[41] 골드하겐은 그 대신 독일인이 수백만 명의 유대인을 살육한 것은 이들이 그렇게 하는 것을 즐겼기 때문이라고 말했다. 이들의 정신과 감정이 수십 년 또는 지난 수백 년 동안 독일의 정치문화에 만연한 살인적이고 압도적인 유대인 혐오감에 사로잡혔기 때문에 이런 짓을 즐겼다는 것이다. 골드하겐은 "유대인에 대한 폭발 직전의 혐오감"을 19세기 독일의 '문화적 기준'으로 특징짓고, 이 현상에 "판에 박힌 일"로서 사회적 표현이 주어졌다고 생각했다. 그는 1861년부터 1895년 사이에 독일에서 발간된 19종의 출판물을 분석해 이 출판물들이 유대인의 육체적 멸종을 불러왔다는 것을 알게 되었다. 그리고 그 스스로 독일의 근대적 반유대주의를 새로운 유형으로 '재개념화'했으며, 예상되는 반유대주의는 "사회의 도덕적인 구조에 융화되었을 뿐만 아니라 독일의 문화, 정치적인 삶과 대화에 깊이 뿌리박혀 있다"고 보았다.[42]

1997년에 발간된 이 책의 문고판 후기에서 골드하겐은 양장본에 대한 반응을 언급했다. 그는 자신의 저서가 언론과 학계 양쪽에서 신랄한 공격을 받았지만 이들의 주장은 "거의 전적으로 극단적인 비난과 책 내용에 대한 그릇된 설명"으로 점철되었다면서 다음과 같이 덧붙였다. "비평가들은 진지한 주장을 제기하지도 않았고 그들의 주장을 뒷받침할 만한 근거를 제시하지도 못했다. (···) 그들은 내가 제시한 견해와 관련된 증거가 없기 때문에 그렇게 한 것이 아니다." 골드하겐은 다른 한편으로 대중은 이 책을 인정하고 독일과 오스트리아에서는 최고의 베스트셀러가 되었다고 말했다. 또한 그가 제기한 문제를 토론하기 위해 열린 일련의 공개토론회에서 비평가들이 많은 핵심 쟁점을 인정했다고 주장했다.[43]

양장본의 표지를 장식하기 위해 서평에서 멋진 문장을 고르는 것은 있을 수 있는 일이다. 표지의 기능은 책을 판매하는 데 있기 때문이다. 하지만 진지한 주장을 펼치면서 핵심 쟁점을 토론할 때 객관적인 형평성과 설득력 있고 실질적인 지적을 하는 비평을 무시하는 것은 전혀 다른 문제다. 대니얼 골드하겐이나 그의 저서와 관련해서 볼 때 그가 핵심 사항을 누락시킨 부분이 많고 불편한 자료를 분명히 묵살했다는 것은 의심할 여지가 없는 사실이다.

전문 역사학자들이 지적한 첫 번째 문제점은 골드하겐의 이론이 그의 주장과 상관없이 전혀 새로운 것이 아니라는 것이었다. 이 책의 핵심 내용은 '101 예비 경찰대Reserve Police Battalion 101' 대원들에 대한 검증이라고 할 수 있다. 주로 나이 든 독일인을 중심으로 구성된 이들은 장기간에 걸쳐 동유럽 점령지역을 돌아다니며 3만8000명의 유대인을 사살했다는 것이다. 이 책이 발간된 시점으로부터 그리 오래지 않은 1992년에 채플힐에 있는 노스캐롤라이나 대학의 크리스토퍼 브라우닝은 저서 『보통 사람들Ordinary Men』에서 바로 이 부대를 연구하고 전혀 다른 결론을 내린 바 있다. 브라우닝은 '보통 사람들'이 학살 행위에 가담한 것은 사실이지만 이들이 유대인을 인도받은 뒤 계속해서 사살하라는 명령을 받았을 때 어떤 충격에 휩싸이고 어떻게 경악했는지에 대해서도 지적하고 있다. 이들의 지휘관이었던 빌헬름 트라프 소령은 대원들의 반응을 보고 불안해진 나머지 사살 작전에서 빠지고 싶다는 대원들의 요구를 허락했다. 그 결과 휘하의 장교 한 사

람이 전속되는 일도 있었다.[44]

골드하겐의 또 다른 주장, 독일인이 중세 이래로 극심한 반유대주의 성향을 보였다는 주장도 사방에서 비난의 화살을 받았다. 골드하겐과 잘 아는 사이이자 엄격하면서도 공정한 관점을 지닌 비평가 중 한 사람인 리처드 에번스는 "만일 독일 대중이나 지도자들이 골드하겐이 말하듯이 반유대주의자였다면 19세기 내내 독일 전역에서 어떻게 유대인이 사실상 동등한 시민권을 입법 장치로 보장받을 수 있었겠는가?"라고 반문했다. 프리츠 슈테른은 19세기 '독일 유대인의 신분 상승'을 "유럽 역사에서 매우 주목할 만한 사회적 도약의 하나"로 묘사했다. 제1차 세계대전이 발발하기 전, 프랑스와 러시아에서는 독일에서보다 반유대주의적인 분위기가 더 강했다. 프랑스에서는 드레퓌스 사건으로 30여 개 소도시에서 반유대인 폭동이 일어났으며, 러시아에서는 문서상으로 기록된 690회의 집단 학살로 3000명 이상이 살해당했다고 보고되었으며 10만 명이 집을 잃었다. 제정 러시아에서는 유대인에게 "울타리를 두른 정착지Pale of Settlement"에서 거주해야 한다는 조치가 내려지기도 했다. 에번스는 이와 반대되는 일화 하나를 소개한다. 1920년대 후반에 함부르크의 주점과 여관을 감시한 보고서에는 사민당의 일반 지지자들 사이에 반유대주의 정서는 "사실상 없었다"는 사실이 밝혀졌다는 것이다. 더욱 중요한 것은 반유대주의가 1930~1933년에 치러진 선거에서 나치스를 지지하는 중요한 요인이 아니었다는 사실이다. 독일의 소도시 노르트하임을 심층 연구한 윌리엄 앨런은 1928년부터 나치 선전 전략에서 당 강령의 반유대주의적인 측면은 실제로 경시되었다는 사실을 발견했다. 이것은 반유대주의가 유권자들에게 인기가 없었다는 사실을 반증한 것이다. 만일 독일의 보통 사람들이 골드하겐이 주장하는 대로 살기등등했다면 하인리히 힘러가 "최종적 해결"을 비밀리에 수행할 필요가 있었을까? 왜 힘러는 언젠가 "독일인은 모두 보호하고 싶어하는 유대인을 한 사람씩 갖고 있다"는 불평을 했단 말인가?[45]

골드하겐은 독일에서 반유대주의가 성행했다는 강력한 증거로서 유대인이 '제례용 살인ritual murder'* 혐의로 여러 차례 고발되었다는 예를 들며 페터 풀처가 쓴 『독일에서 정치적 반유대주의의 등장』에서 "독일과 오스트리아 제국에서 1867년부터 1914년까지 이런 재판이 12건이나 열렸다"는 문장을 인용하고 있다. 하지만 그가 인용한 이 구절은 완전한 문장이 아니다. 그는 다음에 이어지는 "이 가운데 11건의 재판은 배심재판이었음에도 실패하고 말았다"는 문장을 빠뜨렸다.[46] 또 골드하겐은 토마스 만을 거론하며 만이 오랫동안 반나치 활동을 했음에도 "법관 조직에서 유대인이 사라진 것은 (…) 큰 불행이 아니다"라고 쓴 것은 만이 "(그들과) 어떤 공통되는 기반을 발견했기 때문"이라고 말했다. 이에 대해 프리츠 슈테른은 토마스 만이 유명한 유대인 가문의 딸인 카티아 프링스하임과 결혼한 사실을 지적하면서 위에서 인용한 문장에서 골드하겐이 누락시킨 바로 다음 문장을 소개했다. 만은 유대인을 "비밀스럽고 불안을 조성하며 치열하다"고 특징지은 자신의 생각에 불쾌감을 표현한 것이었다.[47]

이에 못지않게 골드하겐의 학자적 자질에 타격을 가한 것은 몇몇 독일어 구절의 본뜻을 오역했다는 점이었다. 한 문장에서 골드하겐은 투입부대Einsatzkommando의 한 대원이 쓴 시를 언급하면서, 이 사람은 "아주 기쁜 마음으로 시를 쓰며 '해골 타격'이라는 표현을 하는데 이것은 의심할 바 없이 이들이 유대인 희생자들을 보며 희열을 느꼈다는 의미"라고 썼다. 물론 이 시가 극단적인 반유대주의 성향을 보인 것은 사실이지만 그가 인용한 구절은 사실 '호두까기'를 의미한 문장이었다.[48] 에번스는—그는 같은 생각을 한 다수의 사람 중 하나였다—골드하겐의 저서가 "학자 정신의 충격적인 결여"로 왜곡되었으며 "가식적인 독단의 언어"로 쓰였다는 결론을 내리

*유대인들이 기독교도 소년을 납치해 죽이고 그 피로 유월절의 누룩 없는 빵을 만들어 먹었다는 근거 없는 전설.

곤 "새로운 이론임을 강조하는 책에서 흔히 볼 수 있듯이 불안한 자만심"을 무심코 드러냈다고 덧붙였다.[49]

『히틀러에 기꺼이 동조한 집행자들』은 정확하게 노빅이 지적하고 있는 사실을 그대로 따르고 있다. 우리의(또는 골드하겐의) 역사 인식에서 희미해지고 있는 관심과는 전혀 상관없이 홀로코스트의 의미(특이성)는 이제 매우 중요해졌고 단지 히틀러 한 사람이나 그의 측근들, 친위대에서 비롯된 것이 아니라 보통 사람들을 포함해 독일인 전체가 가담했다고 생각할 정도로 심각해졌다. 그리고 이런 생각은 긴 역사를 거치면서 독일이 다른 어떤 나라보다 훨씬 더 반유대주의적이었다는 판단에서 나온 것이다. 이런 판단은 독일에서 홀로코스트가 거의 불가피했다는 생각을 하도록 만든다.

이런 생각은 동시에 우리가 검증과 비판을 위한 시간을 가져야 하고 (누구보다) 독일인이 어디서 과오를 범했는지 검토할 필요가 있음을 환기시켜 준다. 모든 것을 아우르는 이론으로 과거를 단순화시켜 이해하려는 메타역사Meta-History* 서술은 야코프 부르크하르트가 말한 대로 "단순화의 위험"을 안고 있다.

'골드하겐 사건'은 역사가 얼마나 왜곡될 수 있는지를 잘 보여준다. 골드하겐이 저지른 왜곡과 누락을 감안할 때 그가 홀로코스트를 전후로 한 과거를 볼 능력이 있는지, 그가 적어도 결론을 미리 정해놓고 자신의 이론에 들어맞는 '사실'을 찾은 것은 아닌지 의심스럽다. 골드하겐의 설명이 영국의 타블로이드판 신문 기사처럼 엉성한 것은 아니라 해도 어떤 강박관념에 빠져 있다는 점에서는 그와 다를 바 없다. 프리츠 슈테른이 본 대로 "이 책은 과거의 편견, 즉 유대인을 중심으로 미국인들 사이에 깔려 있는 잠재적인 반독일 정서를 새롭게 부추기고 거기에 다시 불을 지폈다. 동시에 유대인은 홀로코스트를 기념하는 문제에 특별한 관심이 있다고 생각하는 독일

*역사 자체의 논리 구조, 개념 체계, 한계, 발전 가능성을 연구하는 이론.

인의 감정이 그들을 과거에 계속 매어두고 있다."[50] 독일 역사학자인 K. D. 브라허가 말한 것처럼 독일에서 일어난 현대적인 발전상은 모두 과거 제3제국에서 일어난 사건과 불가피하게 연결되어 있고 대부분의 사람이 볼 때 그 이전의 독일은 단순하게 존재하지 않는다고 말할 수 있다.

이 모든 것에 크게 실망한 두 명의 영국인, 이언 커쇼와 스티브 크로쇼가 본 또 다른 관점이 있다. 역사란, 특히 텔레비전 시대에는 사실에 대한 문제만큼이나 인식에 대한 문제이기도 하다. 독일에 대한 전 세계의 잘못된 인식 중 하나는 대개 다른 서방 국가에서 1968년의 사건을 무시한 것과 관련이 있다. 프라하의 봄이나 1968년 5월에 파리와 프랑스의 여타 지역에서 발생한 학생 소요, 미국 대학에서 일어난 학생 연좌시위는 대체로 잘 기억하고 있다. 하지만 같은 해 독일에서 발생한 사건은 잘 기억하지 못한다. 전혀 기억하지 못하는 것처럼 보이기도 한다. 이와 관련된 사건들은 이 책 41장에서 자세히 언급할 것이다. 여기서는 단지 1968년 독일에서 새로운 자녀 세대(68세대)가 부모 세대의 '갈색'* 과거와 나치 가담 사실을 직시했다는 것만 지적하고자 한다. 이런 상황은 독일에서는 진정한 지각 변동으로서 전후 세대가 국민에게 눈을 부릅뜨고 과거를 돌아볼 것을 강요한 진지하고 준엄한 노력을 의미했다. 많은 독일인은 그들이 새로운 단계로 "옮겨가는 중"이며 과거의 충격을 딛고 일어섰다고 믿었다. 물론 모든 사람이 그렇게 생각한 것은 아니다. 바더마인호프Bader-Meinhof**의 과격한 행동은 1970년대에 오랫동안 여파를 미쳤고 역사가 논쟁은 1980년대까지도 분출되지 않았다. 독일 소설가들은 여전히 20세기 전반에 일어난 전쟁을 묘사하고 있었다. 나이 든 세대의 독일인들은 젊은 세대의 폭동이 허상을 좇는 것이며, 젊은 세대가 '경제 기적'을 일으킨 구세대—갈색 과거를 지녔든

*갈색이란 말은 나치 돌격대SA의 갈색 제복에서 나온 말로 여기서는 나치스 잔재를 뜻한다.

**독일 적군파 지도자였던 안드레아스 바더와 울리케 마인호프를 지칭하는 것으로 68운동의 연장선상에서 사회혁명을 주도한 테러리스트 중에 가장 유명했다.

그렇지 않든—의 성공에 샘을 낸 것이라고 말한다. 하지만 커쇼와 크로쇼는 이런 인식이 좀더 전문적인 지식을 갖춘 비평가들에게 가혹한 비판을 받았음에도 골드하겐의 저서가 대중에게 환영을 받는 '골드하겐 현상'을 설명하는 데 도움이 된다고 믿는다. 두 사람은 이 책이 나치스의 '손자 세대'라고 할 새로운 세대가 과거를 받아들이는 데 도움을 주었다고 말한다. "과거의 독일에 대한 온갖 공격을 받아들이는 태도는 현대의 독일인에게 끔찍한 과거를 직시하여 반성하게 해주고 과거의 악령을 중화시키는 데 도움되는 기준을 제시한다. 한발 물러나서 보면 골드하겐은, 독일 자체의 논의에서 심판이 아니라 선수가 되었다. 그의 주장 하나하나는—옹호할 수 있든 없든—독일인에 대한 그 어떤 의미 부여 문제를 떠나 독일인에 대한 강경한 자세 그 자체가 문제였다." 2002년에 제3제국에 대한 한 가족의 토론을 사회학적으로 분석한 『할아버지는 나치가 아니었다』라는 책이 출간되었다. 이 책은 독일 아이들이 "불안할 정도로" 조부모가 나치에 연루된 "증거가 뚜렷하고 그들이 그것을 인정하는데도" 그 증거를 머릿속에서 애써 "지워내려"는 경향이 있음을 보여주었다.[51]

동시에 구세대는 전쟁에 점점 더 많은 관심을 보이게 되었다. 독일 제2텔레비전ZDF과 기도 크노프의 다큐멘터리 영화를 중심으로 독일 텔레비전을 연구한 불프 칸슈타이너는 많은 프로그램 중에서 "최종적 해결"을 다룬 프로그램이 1964년에는 연간 100분 미만이었던 데 비해 1995년에는 1400분 이상으로 늘어났음을 보여주었다. 특히 1987년 이후에 부쩍 관심이 늘어났다. 칸슈타이너는 독일에서 1980년대와 1990년대에 독일인이 "그들의 역사를 되찾고 재창조한" 현상으로서 '기억 혁명'이 일어났고, 1995년을 전후해 "나치 과거에 대한 재포장"이 이뤄졌으며 정상화라는 "파악하기 어려운 목표"가 "실존하는 현실"이 된 아우슈비츠 해방 50주년 이후에 홀로코스트에 대한 새로운 방향 설정이 이뤄졌다고 말한다. 이 같은 판단은 본질적으로 "제3제국에 대한 기억은 나치 과거와 시간적으로 멀어지면서 더욱 강렬해졌다"고 말한 헤르만 뤼베의 지적과 맥락을 같이한다. 여기서도 알 수 있듯이 전환점이 된 결정적인 10년은 1990년대라고 할 수 있다.

독일 내부에서 과거를 직시하는 데 시간이 지체된 이유는 시드니 대학의 역사학자로서 '세대별 분석'을 시도한 더크 모지스의 연구로 설명이 가능해졌다. 41장에서 좀더 자세히 논하겠지만, 모지스는 엄청난 참고문헌을 인용하면서 독일에서 '45세대'라고 알려진 사람들은 1920년대 후반에 태어나 1930년대 제3제국 시절에 사회화를 겪고 1945년 당시 막 성인이 된 세대로서 나치즘 외에 다른 사회정치적 경험은 전무했다고 말한다. 이들은 나치스의 잔혹 행위에 대해 개인적으로 책임감을 느끼지는 않았지만(당시 자신들은 무척 어렸기 때문에) 이후 가정생활과 일이라는 '사적 영역'으로 물러나면서 아버지 세대에 대한 경쟁 심리는 미해결 상태로 남았다. 히틀러와 "정서적으로 가까웠던" 이들은 국가 재건에 혼신을 다했고 나치 시대에 일어난 일에 대해서는 재건이라는 임무에 방해를 받지 않으려고 대개 침묵했다. 모지스는 이런 심리가 1960년대의 국민이 대체로 나치즘 말기 수년 동안 생존했던 국민과 일치한다는 뜻이며, 계급적이고 권위적인 기질이 지속되면서 이 '침묵하는 다수'가 "나치즘의 희생자보다는 그들 자신의 고통을 기억했다"는 것을 의미한다고 말했다. 모지스는 이뿐 아니라 젊은 세대 대부분은 교육받은 중산층이 "맹렬한 기세로" 이 같은 병리를 구현한 것으로 느꼈다고 말했다. 모지스는 이런 현상이 1967년의 정신분석가인 알렉산더와 마르가레테 미처리히 부부가 함께 집필한 『애도 능력의 부재』에서 제시한 그림과 일치한다고 말했다. 미처리히 부부는 독일은 이후에도 '현상유지 심리'에 빠져 나치즘에서 일어난 범죄의 과오를 받아들일 능력이 없었다고 주장했다. 과오를 인정하면 "지속적인 생존에 필요한 자존감"이 무너질 정도로 자신들의 죄와 수치심을 받아들여야 하기 때문이라는 것이다.

'심리적' 설명이 그럴듯해 보이긴 한다. 동시에 포츠담 군사연구소에서도

'독일과 제2차 세계대전'에 대한 일련의 연구를 진행했는데, 2007년에 발행된 제9권을 보면 이 주제에 대한 두 가지 새로운 시각이 소개된다. 먼저 이 꼼꼼한 프로젝트(9권은 1074쪽이나 된다)는 제3제국 치하에서 "거의 모든 독일인이" 유대인에게 무슨 일이 벌어지고 있는지 알고 있었다는 사실을 의심하지 않았다. 제시된 증거는 매우 뚜렷했다. 함부르크의 공개경매에서는 유대인 3만 가구에서 나온 재산이 10만 명의 응찰자에게 팔렸고, 브레멘의 교도소에 억류된 재소자들은 전체 주민이 보는 가운데 노동을 했다. 그들은 특히 명백한 폭격 피해를 조사하기 위해 동원되었는데, 줄무늬 죄수복을 입고 있었기 때문에 '얼룩말'로 불렸다. 또 쾰른의 라인 강변에 정박한 선박에는 공습이 끝나자마자 폭격 피해를 조사하기 위해 동원된 유대인들이 가득 타고 있었다. 뒤셀도르프에서는 시장이 나서서 억류된 유대인들은 더 열심히 일해야 한다는 말을 하기도 했다. 역사가들은 전후 독일에 제3제국의 범죄에 가담한 과거의 나치스를 보호하려는 "집단적인 침묵"이 있었다고 결론 내렸다. "1945년 이전에는 거의 모든 사람이 어떤 방식으로든 나치 정권의 수혜자"였기 때문이라는 것이다. 동시에 맥스 헤이스팅스가 이 책의 서평에서 결론을 내린 것처럼 포츠담 군사연구소의 연구는 대부분 전쟁이 끝나고 한참 지나서 태어난 독일의 새로운 세대에게 "주목할 만한 기여"를 했다. 이 전후 세대는 드디어 제3제국에 관해 완전히 객관적인 그림을 그릴 수 있게 되었고 그렇게 함으로써 다른 나라에서는 거의 불가능한 방식으로 부모 세대에 대한 판결을 내릴 수 있게 되었다.[52]

독일의 잘못된 노선 전환

홀로코스트가 역사 기술은 물론 우리가 과거를 이해하는 데도 영향을 미치는 궁극적인 의미가 하나 있다. 일반적으로 나치, 특히 홀로코스트는 아주 극단적이고 또 굉장히 독특해서(놀테, 힐그루버, 디발트 교수 등이 말하는 것은 언급할 필요도 없고) 일부에서는 과거 250년 동안의 역사적 사건을 홀로코스트를 위한 서막으로 보는 경향도 있다. 마치 홀로코스트가 현대 독일에서 발생한 모든 사건과 사상의 정점(골드하겐이 암시하듯이)이라는 식이다. 이런 생각은 또 다른 효과를 불러일으켜 이것이 발판이 되거나 또는 나치즘이나 홀로코스트의 특징 때문에 현대 독일사가 불가피하게 국내외 정책의 유형과 결과, 정당정치, 외교와 군사 분야를 포함한 '정치적' 역사로 보이는 측면이 있다. 여기서도 홀로코스트가 있었다는 사실 자체는 의미를 좁히고 제한하는 영향을 미친다.

이 같은 측면을 보여준 가장 중요한 예는 독일 역사가 한스울리히 벨러의 저술이다. 1989년부터 2003년까지 발행된 4권짜리의 방대한 연구서에서 벨러는 독일이 1933년 "야만성의 늪에 빠진" 원인을 다른 역사학자들이 종종 주장하듯이 유럽의 중심에서 사방으로부터 위협받는 지정학적 위치 때문이 아니라 '존더베크Sonderweg'*라는 특수 노선에서 찾아야 한다는 견해를 제시했다. 존더베크는 19세기 중반부터 20세기 중반까지 독일 사회가 밟아온 근대화 과정을 말한다(독일의 유명한 역사가인 레오폴트 폰 랑케는 독일의 존더베크가 일찍이 1833년부터 진행되었다고 말한 적이 있다).[53] 이 설명에 따르면 독일은 일정 단계에서 "잘못된 노선 전환"을 했다고 한다. 중세에 제국이 분열되면서 궤도 이탈이 시작되었다는 견해가 있는가 하면 마르틴 루터를 비난하는 견해도 있다. 루터가 로마 교황청과 격렬하게 대립한 것이 치명적인 전환점이었다는 것이다. 또 이마누엘 칸트를 시작으로 독일 철학자들이 자유의 개념을 오직 좁고 합리적인 의미에서 사상 영역으로 제한함으로써 정치적 자유의 비중을 격하시켰다는 견해도 있다.

---

*존더베크는 여느 유럽 국가와 달리 독일 또는 독일어권 국가에서 진행된 근대화의 독특한 과정을 의미하는 용어로 독일이 걸어온 특유의 발전의 길에 대해서는 많은 논란이 있다.

벨러는 좀더 그럴듯하게 독일 역사에 등장하는 사건과 정치의 특징을 살펴봐야 한다고 말했다. 무엇보다 근본적인 것은 30년 전쟁(1618~1648)으로 독일이 입은 참화라고 할 수 있다. 이 전쟁으로 사회 기반 시설은 황폐해졌고 국민 다수가 목숨을 잃었으며 이때 입은 피해를 복구하는 데는 여러 세대의 노력이 있어야 했다. 이뿐만이 아니었다. 예를 들어 17세기에 영국 의회 지도자들이 스튜어트 왕조를 쓰러뜨릴 때 프로이센의 소도시들과 지방 영지는 대선제후大選帝侯, Great Elector*에게 예속되어 있었다.[54] 후대에 와서 1848년, 독일의 시민계급은 귀족들로부터 정권을 빼앗는 데 실패했다. 예컨대 1640년의 영국과 1789년의 프랑스에서 일어난 정치 변동이 독일에서는 실현되지 못한 것이다. 이 사건은 A. J. P. 테일러가 말한 "역사의 물줄기를 돌리는 데 실패한" 유명한 역사적 전환점이었다. 혁명의 실패로 독일의 귀족계급은 사회정치적 지배 권력을 계속해서 유지했다. 귀족들은 1866년부터 1871년까지 진행된 통일 과정에서 (프로이센의 주도 아래) 보수적인 '위로부터의 혁명'을 거치면서 영향력을 굳힐 수 있었다. 물론 산업화가 지배계층을 좀더 압박하는 사회 변화를 유발하기는 했지만 귀족은 군부와 공무원 사회, 제국의 행정 각 분야에서 주요 권력을 독점함으로써 계속해서 정계를 장악했다. 이 같은 귀족계급의 책략은 귀족을 흉내 내려는 "시민계급의 봉건화", 이를테면 결투, 작위 쟁탈 그리고 가장 결정적으로는 민주주의와 의회주의에 대한 거부로 더욱 강화되었다. 존더베크의 세 번째 측면은 대기업 분야에서 엿볼 수 있다. 1873년부터 1896년까지 이어진 '대공황'의 여파로 대기업은 기업 상호 간에(카르텔), 그리고 점점 더 간섭이 심해지는 정부와 동맹관계를 모색했다.[55] 벨러는 이런 전략이 독일을 자유 경쟁의 자본주의(프랑스와 영국, 미국 등 다른 나라에서 전개된)에서 "조직화된 소수독점 자본주의"로 변화시켰다고 말한다.

---

*프리드리히 빌헬름의 별칭.

벨러의 해석은 인상적이면서도 일관된 것이었다. 그의 주장은 논란을 불러일으켰지만 매우 바람직한 의미에서 도발적인 생각이면서도 민감한 연구였다. 동시에 많은 연구를 부추기기도 했다. 독일의 역사학자들은 벨러에게 빌레펠트를 중심으로 독일 중간계층의 역사에 대한 포괄적인 연구 프로젝트의 기반을 세웠다는 찬사를 보냈다.

존더베크는 독일 내에서뿐 아니라 독일 바깥에서도 흥미를 끈 이론이었으며, 초기에 제기된 비판 가운데는 외국에서 나온 것도 있었다. 이런 비판은 부분적으로 벨러가 영국의 정치 발전을 예로 들었기 때문에 제기된 것이다. 영국 내에서는 정작 왜 이 나라가 "유럽의 환자"인가를 놓고 논란이 들끓을 때 영국의 근대화 과정을 "정상적인 것"으로 묘사했기 때문이다. 따라서 영국의 근대사 교수 두 명이(둘 모두 미국 대학에서 강의했다) 저서 『독일 역사의 특이성』을 통해 존더베크 이론에 대한 전면적인 공격을 시도한 것은 전혀 놀랄 만한 일이 아니었다. 데이비드 블랙번과 지오프리 엘리 두 사람은 근대화로 가는 보편적인 과정은 없다고 주장했다. 모든 나라는 저마다 독특하게 혼합된 요인을 바탕으로 그 나라 특유의 경험을 한다는 것이다. 그 요인들은 모든 나라에 똑같이 있는 것으로 서로 다른 비율과 상호 관계가 독특한 혼합을 만들어낸다. 이들은 또 독일의 기업이 무수한 근대적 기술을 개발한 사실을 지적하면서(17~20장 참고) 실용적이면서도 개혁적인 성공을 거듭한 이런 기업이 어떻게 낙후될 수 있는가라는 의문을 제기했다. 학문 분야에서도 똑같은 이치가 적용된다. 세포생물학과 사회학, 비유클리드 기하학, 양자물리학, 특히 미술사에서 보듯 19세기 독일에서 수많은 분야의 학문이 파생되었는데 어떻게 독일 교수들을 순응주의자라고 할 수 있느냐는 말이었다.[56]

처음에 벨러는 이런저런 비판을 받아들이지 않았다. 하지만 역사서의 다음 권을 쓰면서 그는 자신의 이론을 돌연 수정했다. 어느 비평가의 말대로 벨러의 이론은 열두 분야의 요인으로 대체되면서 "독일 제국의 경험은 서유럽 국가들 중에서 독특한 것이었다"는 식으로 바뀌었다. 이 요인들은 군부와 입법부, 공무원, 노동운동, 귀족 세력 등 엄밀히 말해 정치적 분야를 대상으로 하긴 했지만 벨러는 추가로 가톨릭교회와 교육받은 중간계층, 이른바 '교양시민계급Bildungsbürgetum'의 역할을 중요한 요인으로 꼽았다. "이렇게 (벨러는) '존더베크' 이론의 핵심, 즉 정치뿐만 아니라 사회도 근대화에 실패했다는 주장을 포기하게 된다. 전체적인 논제는 이제 정치 분야로 집중되었다."[57]

벨러의 의미심장한 역사서에서 제기된 많은 쟁점은 뒤에서 다시 짚겠지만 염두에 두어야 할 것은 그의 이론을 성공적인 것으로 판단하든 그렇지 않든 그의 이론이 근대화로 가는 독일의 '정치적' 노선을 나치즘과 홀로코스트의 극단성 및 대재앙으로 이어진 독일 역사의 특수한 노선으로 설명하려는 시도였다는 점이다. 다시 리처드 에번스의 말에 따르면 벨러가 물론 이 같은 시도를 바탕으로 자신이 본 역사를 왜곡한 것은 아니었지만 골드하겐과 놀테, 힐그루버, 그리고 영국 학교의 역사교육 과정에 대한 공개적인 비난과 같은 고발이라고 할 일단의 중요하고 적절한 자료를 누락시켰다.[58]

히틀러와 홀로코스트는 세계적으로 사람들의 마음을 강하게 사로잡고 있다. 완곡히 말하면 우리가 독일 역사에서 중요한 측면을 거부하고 있다는 것이다. 우리는 홀로코스트를 잊어서는 안 된다. 새삼 강조할 필요도 없는 말이다. 하지만 우리는 과거와는 다른 시각으로 보는 법도 배울 필요가 있다. 미국의 유대인 역사학자인 찰스 마이어는 다음과 같이 썼다. "(홀로코스트를 생생하게 기억함으로써) 역사에서 혜택을 보려는 노력은 약점을 수반한다. (…) 니체는 역사가 삶에 방해되는 것을 두려워했다. (…) 지나친 기억이 문제가 되지 않겠는가?"[59] 마이어는 또 단순한 수사가 아니라 "아우슈비츠를 물신숭배의 대상으로 삼는 길"을 허용함으로써 홀로코스트가 유대인의 자산이 된 것은 아닌지 물었다.[60]

독일의 문화적 존더베크

—

마르틴 발저의 행위가 보여주듯이 독일의 과거와 결정적인 단절을 한다는 것은 있을 수 없다. 하인리히 뵐이나 귄터 그라스와 더불어 독일에서 아주 뛰어난 전후 소설가 중 한 명이었던 발저는 1998년에 행한 연설에서 아우슈비츠를 '도덕 클럽'으로 삼아 끊임없이 독일의 과거를 환기시키는 사람들을 질책했다. 그러면서 비록 자신은 "결코 희생자들의 아픔을 외면하지는 않겠지만" 오히려 개인적인 영역에서 비통해하고 과거를 돌아보고 싶다고 주장했다. 이 말에 공감을 표한 많은 사람은 이후에 나온 발저의 소설 『어느 비평가의 죽음』을 읽고 비통한 마음을 가눌 길이 없었다. 이 작품이 반유대주의라고 비난을 받았기 때문이다. 또 다른 일화들을 보면 나치 과거가 끊임없이 방해가 된다는 것을 알 수 있다. W. G. 제발트나 베른하르트 슐링크 같은 훨씬 더 젊은 현대 소설가들의 작품은 전쟁 또는 전쟁의 기억에 대한 방식을 다루면서 여전히 사람들의 삶에 영향을 주고 있다(42장 참고). 2008년 『프랑크푸르터 알게마이네 차이퉁』의 일요판 문예란 편집자이자 특집란 담당자인 폴커 바이더만은 『분서된 책』을 출간했다. 1933년 5월 10일에 있었던 악명 높은 아우토다페auto da fe*에서 나치가 불사른 책의 저자들을 자세하게 설명하는 책이었다. 이와 거의 동시에 무공훈장으로 철십자 훈장을 재도입하자는 안이 철회되었다. 이 훈장이 나치와 아주 밀접한 연관이 있었기 때문이다. 또 2008년 초에는 극우파가 자신들의 목적을 위해 이용하는 것을 막기 위해 『나의 투쟁』 결정판을 출간하려는 계획도 나왔다. 『포쿠스Focus』 지가 지적한 대로 독일은 "결백을 주장할 권리와 기억의 의무" 사이에서 끝없는 줄타기를 하고 있다.[61]

이것이 사실이며 아마 예측 가능한 미래의 시점까지도 계속해서 사실로

---

*이단자의 화형이란 뜻으로 여기서는 분서 사건을 말한다.

남을 것이다. 그렇기는 해도 또 이것이 모든 사람의 마음에 들지는 않겠지만 이제 히틀러와 홀로코스트(쇼아Shoah)를 넘어서 과거를 돌이켜볼 때라는 것이 이 책에서 주장하는 요지다. 현대 독일에는 제3제국보다 훨씬 더 많은 내용이 담겨 있으며 그것 말고도 이 역사에서 배워야 할 교훈이 무척이나 많다. 저 찬란한 바흐의 음악에서부터 현재 교황의 신학에 이르기까지 우리 주변은 독일에서 태동한 사상으로 가득 차 있다.

위에서 제기된 논의는 영국에 관한 한, 왜 독일과 독일의 업적을 별로 중시하지 않고 인정하지 않는지 다른 이유가 있다는 관찰을 바탕으로 다듬어져야 할 것이다. 니컬러스 보일(1946~)이 지적했듯이 영어권 독자들은 비교 가능할 만큼 동시대에 나온 그들 자신의 문학이 부족하기 때문에 독일 문학의 평가에서 도움을 받지 못하고 있다. "독일의 문화적 전성기—대략 1780년부터 1806년까지—에 해당되는 시기에 영어권에서는 이렇다 할 문학적 성과가 없었고 당연히 프랑스도 마찬가지였다."[62] 또 하나의 요인은 프랑스 대혁명과 나폴레옹 전쟁의 여파로 발생한 1790년대의 혼란이 유명한 독일인들의 수많은 업적에서 관심을 돌리게 했다는 점이다. 독일에서 구체제ancien régime가 사라지고 이 자리에 산업자본주의가 배제된(어쨌든 19세기 중반까지는) 빅토리아 시대 중산층의 변형으로서 "명백히 혁명의 여파라고 할 독일 특유의" 사회가 들어섰다는 사실은 이해에 방해가 되는 깊은 골이 생겼음을 의미했다. 앞으로 논의하겠지만, 여기서 갈라진 틈은 결코 완전히 봉합되지 못한 상태로 나치의 극단주의가 기승을 부리며 이해를 더욱 악화시키는 요인이 되었다.

히틀러와 홀로코스트를 제외한다 해도 전통적인 독일 역사는 대체로 일방적인 면만 기술되어왔다. 여기서 말하는 역사란 초기에는 독일의 사상이었다(12장 참고). 레오폴트 폰 랑케에서 프리드리히 마이네케에 이르기까지 위대한 독일 역사학자들은 모두 독일 민족국가를 실현하고 유지하는 것이 '기나긴' 19세기(1789~1914)의 '큰 화두'였다고 주장한다. 이 기간에 독일에서 일어난 정치적 변화를 감안한다면 왜 그토록 많은 역사가가 이런 관점을 견지해야 했는지 적어도 부분적으로는 이해할 수 있다. 하지만 좀 더 근본적인 의미에서 이런 견해는 반쪽짜리 그림에 지나지 않는다는 점을 분명히 해두어야 한다. 정치적 담론이 펼쳐지는 동안 이에 못지않게 극적이고 중요하며 인상적인 주장이 등장했다. 독일 역사학자 토마스 니퍼다이(1927~1992)는 음악과 대학, 과학이 19세기에 독일을 이룬 3대 업적이라고 결론지었다. 빙켈만의 획기적인 저서 『고대미술사』가 나온 1754년부터 에르빈 슈뢰딩거가 노벨물리학상을 수상한 1933년까지 독일은 지적인 측면으로 보자면 서구의 열등 국가에서 강대국으로 올라서면서 프랑스나 영국, 네덜란드, 나아가 미국보다도 사상의 영역에서 더 큰 영향력을 발휘하게 되었다. 이 놀라운 변화가 바로 이 책 『저먼 지니어스』의 주제라고 할 수 있다.

하지만 비독일인들에게는 상황이 보기보다 더 복잡하기 때문에 주의를 당부해야 할 것이다. 이 책은 영국과 프랑스, 이탈리아, 네덜란드, 미국의 평범한 독자들이 '문화'라고 이해하는 것에서 이룩한 독일의 업적을 검증한 것이다. 우선 독일인들 사이에서 문화라는 개념은 전통적으로 다른 나라 사람이 이해하는 문화와 굉장히 다르다는 점을 알아두는 것이 중요하다. 사실 이처럼 문화에 대한 다른 이해 방식을 바탕으로 독일의 실제적인 '존더베크'가 이뤄졌다고 주장하는 사람들도 있다. 그러므로 논의를 더 전개하기 전에 이 차이를 알아두는 것이 이해에 도움이 될 것이다.

이 차이는 베를린자유대학 사회학 교수이자 프린스턴고등연구소에서 여러 해 동안 활동한, 말하자면 두 연구 기관에 동시에 관여한 볼프 레페니스가 최근에 아주 철저하게 탐구했다. 레페니스는 『독일 역사에서 문화의 유혹』(2006)에서 노르베르트 엘리아스의 『독일인들』* 가운데 나오는 다음

*이 책은 엘리아스가 죽기 1년 전인 1989년에 독일어로 출간되었다. 영어판은 1996년 출간.

의 말을 인용하며 논지를 펼치고 있다. "독일어에 깊이 뿌리박힌 의미로 볼 때 '문화'는 비정치적이고 어쩌면 반정치적이기까지 한 독일 중산층 엘리트 사이에서 반복되는 감정의 편견이다. 즉, 정치와 국사國事가 자신들의 굴욕과 결핍된 자유의 영역을 대표한다면, 문화는 그들 자신의 자유와 자부심의 영역을 대표한다는 편견의 증후군이었다. 18세기에, 부분적으로는 19세기까지 포함해 '문화'라는 중산층의 개념에 담긴 반정치적 편견은 귀족적인 군주정치를 직접 겨냥한 것이었다. (…) 이후 단계에서 이러한 반정치적 편견은 민주주의 국가의 의회정치에 대한 것으로 대상이 바뀌었다."[63] 이런 현상은 '문명'과 '문화'를 구분하려는 독일적인 강박관념에서 그 모습을 드러냈다. "독일어의 일상적 의미로 볼 때 '문명Zivilisation'은 실제로 유용한 무언가를 뜻하지만 이것은 오직 인간의 외적인 모습과 인간 존재의 표면으로 이뤄진 '2등급'의 가치를 뜻할 뿐이다. 독일인들이 그들 자신을 해석하고 그들 자신의 업적과 존재에 담긴 자부심을 가장 잘 드러내는 말은 '문화Kultur'다." 이어서 레페니스는 다음과 같이 덧붙인다. "영어나 프랑스어의 문화라는 개념이 정치·경제·기술·스포츠 그리고 도덕적이고 사회적인 사실까지도 포함하는 반면 독일어로 문화라는 개념은 본질적으로 지적, 예술적, 종교적 사실을 가리킨다. 그리고 이런 영역에 속하는 사실을 한쪽으로 분류하고 정치적, 경제적, 사회적 사실을 다른 쪽으로 분류하며 뚜렷이 구분짓는 경향이 있다."[64]

특히 19세기 들어 과학은 그 본질적인 특성상 자연스럽게 공학과 무역, 산업과 동맹관계를 형성했다. 동시에 과학은 엄청난 성공을 이뤘음에도 예술가, 철학자, 신학자들로부터 하찮은 취급을 받았다. 영국이나 미국 같은 나라에서는 대체로 과학과 예술이 공동으로 지적 엘리트 그룹을 형성하며 동전의 양면으로 여겨졌다면 19세기 독일에서는 전혀 달랐다.

'문화'와 '문명'에 대한 이런 구분은 그다음의 대립 개념이라고 할 '정신'과 '권력'의 구분으로, 즉 지적·정신적인 노력의 영역과 권력과 정치적인 지배의 영역을 구분하는 풍토로 더욱 두드러지게 나타났다.

바꿔 말하면 독일은 전통적으로 C. P. 스노가 1950년대의 영국을 언급하면서 특징지은 "두 문화"의 사고방식 때문에 훨씬 더 많은 고민을 했다고 볼 수 있다. 스노가 특징지은 두 문화란 '문학적 지식인들literary intellectuals'의 문화와 자연과학자들의 문화를 말한다. 그는 이 문화 사이에서 "심각한 상호 불신과 이해 부족"을 엿볼 수 있다고 주장했으며 문학적 지식인들은 정부와 상류사회 양쪽에서 권력을 통제한다고 말했다. 이것은 이를테면 고전과 역사, 영문학 지식을 갖춘 사람만 제대로 교육받았다고 생각한다는 의미였다. 이런 구분을 독일에서도 완전히 똑같이 적용할 수 있는 것은 아니다. 독일에서 사회학자와 정치인은 '문화'와 반대되는 '문명'의 측면에서 과학자와 한 부류로 취급당했다. 하지만 이런 측면은 같은 혈통으로서 더 뿌리 깊은 관계라고 할 수 있다.

이뿐만이 아니다. 레페니스는 독일에서 '문화'의 호소력은 일상 정치에 대한 경멸을 수반하며 "'독일 정신'에 깊이 뿌리박힌 비정치적 본질"에 대한 믿음을 기초로 하고 있다고 말한다. 그는 또 이런 믿음을 바탕으로 독일이 '문화국가Kulturnation'로서 19세기 후반 이후 단순하게 '문명화'된 서구사회보다 우월하다는 인식을 키웠다고 주장한다. 정치에 대한 '이상한 무관심'의 결과는 다른 어느 나라보다 독일에서 더 두드러지게 나타났다고 레페니스는 말한다. 정치를 훼손해가며, 정치를 대신한 형태로 문화에 몰두하는 현상은 "찬란했던 18세기와 19세기의 바이마르에서부터, 비록 눈에 띄게 약화된 형태이기는 해도 공산주의 몰락 이후 두 개의 독일이 다시 통일된 지금까지 독일의 전 역사 과정에서 두드러진 특징으로 자리잡았다"는 것이다.[65] 독일의 문화적 업적으로서 독일 문화가 존더베크를 거쳤다고 하는 믿음은 "언제나 시인과 사상가의 나라에서 자부심의 핵심이었다. 내면세계는 독일 관념론과 바이마르의 고전주의 문학, 정치적 국가보다 100여 년 앞서 나온 고전주의와 낭만주의 음악으로 형성된 것이다. 이런 요인들은 정치에 등을 돌리고 문화적이며 사적인 세계로 침잠하는 개인에게 특별한 품위를 부여했다. 문화를 정치에 대한 고상한 대체물로 본 것이다."[66] 이밖에도 독일의 내향성을 정치에 대한 "이상한 무관심"으로 보는 사람이 많다. 또 일부에서는 한술 더 떠 이런 무관심이 두 차례의 세계대전 중 어느 쪽이든 "악몽 같은 결과"를 낳은 배경이라고 주장하기도 한다. 독일인은 존 로크가 아니라 토머스 홉스를 받아들인 것이다. 벨러가 주장한 대로 이런 추정을 토대로 독일 역사에는 특수 노선이 있었으며, 이 노선은 정치적이 아니라 문화적인 것이라고 본 것이다. 카를 람프레히트는 일찍이 1891년에 펴낸 저서 『독일사』에서 이런 견해를 피력했다.[67]

미국의 뛰어난 독일 역사학자 고든 크레이그도 이와 똑같은 경향을 주목했다.[68] "독일 제국에서 예술가의 소외는 (…) 대부분 아집에 차 있다. 현실세계, 권력과 정치의 세계에 대하여 독일 예술가는 프랑스인과는 대조적으로 언제나 양면적인 태도를 보였다. 독일 예술가는 (…) 정치에 참여하거나 심지어 정치에 대한 글을 쓰는 것까지도 자신의 직업적 명예를 손상시키는 일이며 예술가에게는 외부세계보다 내면세계가 더 진정한 것이라는 믿음 때문에 불안해했다. (…) 1870~1871년*의 사건에서도 이 같은 무관심은 흔들리지 않았다. 프랑스에 대한 승리와 독일 내 여러 국가의 통일은 문학과 음악, 회화의 걸작을 위한 영감을 제공하지 못했다……." 크레이그는 19세기 말의 자연주의 작가와 화가들을 언급하면서 다음과 같이 덧붙인다. "이들은 결코 제국 체제 고유의 정치적 위험에 관심을 돌린 적이 없다. 실제로 빌헬름 2세 치하에서 이 같은 위험성이 확연해졌을 때 (…) 독일 소설가와 시인 대다수는 눈을 돌리고 현실세계가 복잡해질 때마다 그들에게 늘 피난처가 되었던 '내향성의 세계Innerlichkeit'로 물러났다."[69]

1914년 10월 4일 제1차 세계대전이 발발한 지 두 달이 지났을 무렵, 93

---

*보불전쟁의 승리와 독일 통일, 독일 제국의 탄생으로 이어지는 시기.

명의 독일 지식인은 "문명화된 세계를 향한" 93인 선언으로 알려진 선언문을 발표했다. 이 선언문에서 이들은 외국의 빗발치는 공격에 맞서 독일 제국의 행위를 옹호했다. 화가인 막스 리베르만과 실험심리학의 창시자인 빌헬름 분트 등이 포함된 이들 지식인은 이 전쟁을 독일 군국주의에 대한 옹호가 아니라 무엇보다 독일 문화에 대한 공격 때문에 빚어진 것으로 본다는 점을 분명히 했다. "외국에서 이해하지 못하는 것은 바로 독일 군국주의와 독일 문화를 서로 분리할 수 없다는 사실이다. (…) 선언문에 서명한 지식인들은 '문화민족Kulturvolk'의 구성원으로서 전쟁에 임할 것을 서약한 것이다. 이들에게 괴테와 베토벤, 칸트의 유산은 독일의 영토만큼이나 신성한 것이었다. (…) 독일 통일을 완수한 것은 정치가 아니라 문화였다." 93인의 서명자는 독일 사상이 유럽 정신에 필수 요소라고 말했다. "정확하게 프랑스나 영국 같은 나라에 적합한 가치나 이상과는 전혀 다르다는 이유에서였다. 독일인들은 문화와 문명 사이에는 결코 좁혀질 수 없는 차이가 있다고 주장했다."[70]

좀더 최근에 와서 많은 독일인이 바이마르 공화국을—독일 최초로 민주주의 정권을 수립하려고 한 시도로서—독일의 정치적 이상에 대한 배신으로 간주했다. 토마스 만은 「전쟁에 대한 생각」(1918)이라는 글에서 민주주의 정신은 "정치적 경향보다 도덕적 경향을 지닌 독일인에게 전적으로 낯선 것이다. 선거권이나 의회제도의 적법한 절차보다 형이상학과 시, 음악에 관심 있는 독일인들에게는 칸트의 『순수이성비판』이 인권선언보다 더 급진적인 행동이었다"라고 썼다. 이후 토마스 만은 자신이 미국에서 망명생활을 하던 제2차 세계대전 말기의 주제로 돌아왔다. 그는 비스마르크의 등장과 황제의 역할, 바이마르 공화국, 나치운동 등 독일의 정치적 승리가 모두(비단 나치스뿐만 아니라) 문화적 궁핍으로 이어졌다고 믿었다.[71] 훗날 만은 어조를 바꿔 의회에서 행한 연설에서 "내향성과 낭만주의의 반혁명은 독일인을 현대 민주주의에 부적합하게 만든 사회정치의 영역으로부터

사변적인 영역을 참담하게 분리시키는 결과로 이어졌다"고 말했다.[72]

비독일인들이 볼 때 이런 말은 어딘가 낯설고, 심하게 표현하면 비현실적인 것으로 들린다. 비독일인으로서 서구 사람들이 보는 '문화'의 관점은 T. S. 엘리엇이 『문화의 정의에 대한 노트』(1948)에서 간결하게 잘 표현하고 있다. 이 책에서 엘리엇은 "문화라는 말에는 (…) 한 민족의 특수한 행위와 관심이 모두 포함된다. 더비 경마일Derby Day과 헨리 리개터Henley Regatta,* 카우즈 요트 경주, 축구 결승전, 개 경주, 핀볼, 웬슬리데일 치즈, 양배추 토막 내기, 식초에 담근 홍당무, 19세기의 고딕식 교회, 엘가의 음악 등 모든 것이 문화에 포함된다"라는 유명한 말을 했다. 이것들 중 어떤 것도 반드시 참여자 측면에서 본 특수한 '내향성'이나 그에 합당할 정도의 대단한 교육을 암시하는 것은 아니다. 이런 것들은 문화에 대한 독일적인 개념보다 계급적인 성격이 훨씬 더 약하고 인간사에 관해 더 보편적인 관점이라고 할 수 있다. 적어도 제2차 세계대전까지 독일 엘리트 계층에서 말하는 '문화'란 독일 외의 서구사회에서는 전통적으로 문학과 연극, 그림, 음악, 오페라, 신학, 철학같이 '고급문화'라고 부르는 것이었다.[73]

그러나—여기서 이 '그러나'가 중요한데—이런 특징을 독일에 대한 비판으로 삼으려는 것은 아니다. 어쩌면 인간의 지적 활동에 대한 이해 방식의 차이를 구성하는 것이 결정적인 핵심이고 교훈을 주는 차이인지도 모른다. 적어도 이 같은 차이에서 마땅히 교훈을 얻어야 할 것이다. 예를 들어 다음의 발언을 생각해보자.

"20세기는 독일의 시대여야 했다." 이것은 미국 학자인 노먼 캔터가 한 말이다. 캔터는 나치 정권이 페르키 에른스트 슈람이나 에른스트 칸토로비치 같은 대표적 역사학자에게 미친 파괴적인 영향을 언급하면서 이 말을 했다. 다음으로 프리츠 슈테른의 『아인슈타인의 독일 세계』에는 "20세기는

---

*템스 강에서 열리는 보트 경기.

독일의 시대일 수도 있었다"는 문장이 나온다. 이것은 레몽 아롱이 1979년 물리학자 알베르트 아인슈타인과 오토 한, 리제 마이트너의 탄생 100주년 기념 전시회를 위해 베를린을 방문했을 때 슈테른에게 한 말이다. 캔터와 아롱이 20세기가 독일의 시대여야 했다거나 독일의 시대일 수도 있었다고 단언한 것은 세계 최고 수준이라고 할 독일의 사상가, 예술가, 작가, 철학자, 과학자, 기술자들이 1933년이라는 시점이 찾아왔을 때 실제로 "그런 과정을 밟았다면" 통일된 지 얼마 되지 않은 국가를 새롭고 꿈에도 생각지 못할 만큼 높은 수준으로 탈바꿈시켰을 것이라는 의미였다. 1933년 1월, 히틀러가 총리가 되었을 때 독일은 지식의 측면에서 의심할 여지 없이 세계적인 강국이었다. 아마 경제 규모에서는 미국에 필적할 수 없었을 것이다. 당시에도 미국은 인구가 훨씬 더 많았다. 하지만 삶의 다른 모든 면에서는 독일이 앞서갔다. 국적을 막론하고 어떤 역사가든 1932년 말에 현대 독일의 지적 역사서를 펴냈다면 그 내용 대부분은 승리의 역사였을 것이다. 1933년까지 독일은 영국과 미국을 합친 숫자보다 더 많은 노벨상 수상자를 배출했다. 독일이 스스로를 지적으로 단결한 방식은 대성공을 거두었다.[74]

하지만 독일 천재는 전성기에 흐름이 중단되고 말았다. 왜 이런 일이 벌어졌는지는 전 세계가 알고 있다. 하지만 독일인들이 왜, 어떻게, 이처럼 찬란한 업적을 이뤄냈는지에 대해서는 제대로 알려져 있지 않다. 맞다, 사람들은 독일이 나치 치하에서 엄청난 인재人才를 잃어버린 것을 안다(한 통계에 따르면 1939년까지 망명하거나 집단 처형장으로 끌려간 작가와 예술가, 음악가, 과학자의 수는 6만 명에 이른다). 하지만 독일 사람들조차 그들의 조국이 1933년까지 지식의 측면에서 지배적인 강대국이었다는 사실을 잊은 듯 보인다.

앞서 언급한 더크 모지스의 저서가 보여주듯이 히틀러와 홀로코스트가 방해가 되었다. 키스 불리번트도 다음과 같이 정확하게 지적한다. "제2차 세계대전 기간과 이후에 태어난 사람들에게 1933년 이전의 독일 문화사는 그들이 결코 알지 못하는 잃어버린 나라의 역사다."

나는 오늘날 생존한 사람들 중에서 1933년 이전의 독일의 우수성에 대한 이런 근본적인 핵심을 파악하는 사람이 많다고 생각하지는 않는다. 물론 전문가는 제외하고 말이다. 이와 반대로 나치가 저지른 엄청난 잔혹 행위는 특히 제2차 세계대전 이후의 독일을 연구하는 영어권 학문에 깊이와 정확성을 제공한 배경이 되었다. 이 책을 위한 조사의 일환으로 나는 워싱턴 D. C.에 있는 독일역사연구소를 방문했다. 이와 비슷한 연구소는 런던과 파리, 워싱턴 등지에 있다. 워싱턴연구소는 귀중한 독일어 및 영어 도서와 정기간행물을 소장한 도서관 외에도 자체의 출판 프로그램을 운영한다. 이 프로그램에는 방대한 저술인 『북아메리카의 독일 연구: 학자 안내서』도 포함된다. 1165쪽에 달하는 이 책은 대략 1000명의 학자를 소개하는 프로젝트다. 연구 주제는 독일어로 된 전쟁소설에서부터 캔자스의 독일어 방언 지도책, 독일 사회의 정밀한 연구, 1800년부터 2000년까지 수도 베를린과 워싱턴의 비교에 이르기까지 다양하다. 적어도 미국 학자들 사이에서는 독일을 주제로 한 연구열이 높다. 하지만 이러한 열기는 거꾸로 일반 대중 사이에서는 독일 문제에 대한 무지가 광범위하게 퍼져 있다는 핵심적인 사실을 대변할 따름이다.

우리는 20세기가 미국의 시대라는 말을 흔히 듣는다. 하지만 진실은 좀더 복잡하며 이 책에서 제시하려는 목표와 마찬가지로 좀더 흥미롭다. 이 책의 의도는 비독일어권과 독일어권 사람들의 인식에 전쟁이나 대량학살과 관계된 역사적인 이유로 지난 반세기 동안 무시되었거나 언급이 회피된 인물들의 이름과 업적을 되살려주는 것이다.

이 책은 또 독일 천재에 관한 책이다. 독일 천재가 어떻게 탄생하고 어떻게 번성했는지, 우리가 알거나 인정하는 것 이상으로 어떻게 우리 삶을 형성해주었는지에 대해서, 뿐만 아니라 어떻게 히틀러 때문에 파멸했는지에 대해서 짚어볼 것이다. 그러나—여기서도 다시 '그러나'가 결정적인 의미를 갖는다—동시에 이들의 업적을 문화, 과학, 산업, 상업, 학문 분야에서 완전히 인정한 적이 한 번도 없었던 전후 분단된 두 개의 독일에서 독일 천재가 종종 무시를 받으며 살았을 뿐 아니라 독일적인 사고방식 속에서 어떻게 영국과 미국의 문화가 형성되었는지에 대해서도 알아볼 것이다. 미국인과 영국인은 영어를 쓰지만 그들은 그들 자신이 아는 것 이상으로 독일적인 사고를 한다.

내가 사용한 '독일어'란 의미를 간단히 설명하면 이렇다. 나는 이 말을 토마스 만이 "독일어권"이란 말을 할 때의 의미로 쓴 것이다. 토마스 만은 독일 외에도 독일어를 쓰는 다른 나라—오스트리아, 스위스 일부, 헝가리와 체코슬로바키아, 폴란드 일부—에서 제 집 같은 편안함을 주는 문화권이라는 의미로 이 말을 썼다. 분명히 과거 한때, 빈-부다페스트-프라하를 축으로 하는 독일어권 또는 독일적 사고권이 있었다. 또 한때는 덴마크와 네덜란드, 발트 해 연안 국가 일부도 과학자나 작가들이 베를린과 빈, 뮌헨, 괴팅겐 같은 도시를 지식의 중심지로 보던 당시 독일어권 내에서 영향을 받았다. 지그문트 프로이트와 에드문트 후설, 그레고어 멘델은 모두 오늘날 체코 공화국에 속하는 모라비아 출신이었지만 이들은 각자 독일어로 말하고 생각하고 글을 썼으며 압도적으로 독일어를 쓰는 전통에서 생존했다. 에반겔리스타 푸르키네도 체코 사람이었고 체코어 운동을 펼치기도 했지만 과학 활동에서는 독일어로 글을 썼고 거의 전적으로 독일어 신문과 잡지에 글을 기고했다. 그가 벌인 지적 활동의 핵심인 세포의 특성 분야는 독일 과학자들이 두각을 나타낸 영역이었다. 카를 에른스트 베어는 에스토니아인이었지만 독일어로 글을 썼고 괴팅겐 대학에서 근무했다. 19세기 전반기의 독일 생물학사를 연구한 티머시 르누아르는 베어를 이 가운데 핵심적인 인물로 꼽고 있다. 상트페테르부르크에서 덴마크 이주민 부모 사이에서 태어난 게오르크 칸토어는 11세 때 프랑크푸르트로 이주해 취리히와 베를린, 괴팅겐 대학에서 공부했고 할레 대학에서 학생들을 가르쳤다. 고전사회학의 창시자 중 한 사람인 카를 만하임은 부다페스트에서 태어났지만 게오르크 지멜에게 많은 영향을 받았고 중요한 저서는 대부분 하이델베르크와 프랑크푸르트 대학을 중심으로 독일에서 독일어로 썼다. 해럴드 숀버그(1915~2003)에게 "독일 예술 가곡을 최고 수준으로 끌어올렸다"는 평가를 받은 후고 볼프는 스티리아의 빈디슈그라츠에서 태어났는데 이곳은 이후 유고슬라비아의 슬로베니그라데츠였다가 현재는 슬로베니아 땅이 되었다. 나는 죄르지 루카치가 말한 것과 같은 원칙을 적용하고 싶다. 루카치는 스위스의 소설가인 고트프리트 켈러에 대해 말하기를 제네바 출신인 루소가 프랑스 작가인 것과 마찬가지로 켈러도 독일 작가라고 했다.[75]

나는 물론 저서에 '프랑스 천재'나 '영국 천재' 또는 '미국 천재'라는 제목을 붙일 수 없다고 말할 생각은 추호도 없다. 얼마든지 이런 제목이 있을 수 있다. 뉴질랜드나 덴마크, 트리니다드 같은 작은 나라에도 나름대로 천재는 있다(어니스트 러더퍼드, 닐스 보어, V. S. 나이폴 등). 하지만 내가 말하는 요점은, 이들이 현대 사상의 발전에 기여한 바는 잘 알려져 있다는 것이다. 프랑스의 계몽주의와 토머스 홉스, 존 로크, 데이비드 흄, 애덤 스미스, 존 스튜어트 밀 같은 영국의 경험론자, 미국의 실용주의자들이 걸어온 중요한 노선은 잘 다져져 있다. 반면 근대 독일 문화사는 일반 독자들에게 훨씬 덜 알려져 있다. 이 같은 불균형을 바로잡는 데 이 책이 작으나마 어떤 계기가 되었으면 하는 바람이다.

제1부

독일적 삶의 대전환

제1장

독일 정신의 출현

1747년 봄 어느 일요일 저녁, 궁정 악사들이 정기 연주회를 위해 모여들고 있었다. 시종 한 사람이 프로이센의 프리드리히 대왕(재위 1740~1786)에게 이날 포츠담 성문에 도착한 방문객의 명단을 올렸다. 명단을 훑어본 대왕이 갑자기 큰 소리로 외쳤다. "여러분, 바흐가 이곳에 왔소!" 전하는 바에 따르면 그때 대왕의 목소리에는 '흥분한 기색'이 역력했다고 한다.[1]

작곡가 요한 제바스티안 바흐(1685~1750)는 당시 62세로, 프로이센 왕립 교회의 수석 하프시코드 연주자인 아들 카를을 만나기 위해 라이프치히에서 마차를 타고 130킬로미터를 달려온 참이었다. 카를이 포츠담에 부임하자 프로이센의 왕은 카를에게 바흐를 만나고 싶다는 뜻을 전했다. 하지만 두 사람의 성격이 대조적인 것을 잘 아는 카를은 선뜻 만남을 주선하려 하지 않았다. 마침내 바흐와 프리드리히 대왕이 만났을 때, 카를은 자신의 판단이 옳았음을 깨달았다. 세계관이 전혀 달랐던 두 사람은 만나자마자 부딪쳤기 때문이다.[2]

바흐는 음악이 히브리적인 것이라고 믿는 정통 루터파 신자였다. 당시는 홀아비 신세였지만 두 아내와의 사이에 스무 명의 자녀를 둔 가정적인 사람이었다. 이에 비해 "정략결혼을 한 프리드리히는 자녀도 없었고, 양성애 성향에다 인간을 혐오하는 기질까지 있었다"고 제임스 게인스는 둘의 만남을 묘사했다. 게인스는 "프리드리히가 종교는 모두 똑같다고 한 발언 때문에 종교적으로 관용을 베푼 것처럼 알려졌는데, 사실은 길을 잘못 든 칼뱅주의자였다"고 말한다. 바흐는 독일어로 글을 쓰고 독일어로 말했다. 하지만 위엄 어린 대왕의 궁정에서는 누구든 프랑스어를 써야만 했다. 프리드리히는 자신이 "독일어로 쓰인 책을 절대 읽지 않는 것"[3]을 자랑스러워하기까지 했다.

두 사람은 음악적 취향도 달랐다. 바흐는 교회음악을 옹호하는 대표적인 인물로, 특히 카논canon*과 푸가fugue[영], fuga[이]**라는 "박식한 대위법"으로 유명했다. 고대의 기법인 카논과 푸가는 차츰 정교한 형태로 발전했는데, 당시 많은 음악가는 스스로 "신성神聖한quasi-divine 예술의 관리인"임을 자처하기도 했다. 그러나 프리드리히는 이런 주장을 한물간 것으로 폄하했다. 그가 볼 때 대위법counterpoint***은 케케묵은 기법이었다. 프리드리히 대왕은 스스로 조롱해 마지않던 "교회 냄새가 나는"[4] 음악을 추방했다.

이처럼 서로 대조적인 기질을 지녔음에도 포츠담에 도착한 인사 명단에서 바흐의 이름을 알아본 프리드리히 대왕은 이날 저녁 시종을 시켜 바흐를 궁정에 들이도록 지시했다. 그에게 옷을 갈아입을 틈조차 주지 않은 것이다. 바흐는 긴 마차여행으로 지친 몸을 이끌고 궁정에 당도했다. 대왕은 그에게 길고 복잡한 모티프를 주면서 3부로 이뤄진 푸가로 만들라고 요청

---

*엄격한 모방 원칙에 따른 대위법 음악 형식 및 작곡 기법.

**하나의 성부聲部가 주제를 나타내면 다른 성부가 그것을 모방하면서 대위법에 따라 쫓아가는 악곡 형식.

***일정한 기법적·미적 기준에 따라 2개 이상의 선율을 결합하는 기술. 또는 그 음악을 가리킨다.

했다(요청이라는 말을 쓸 수 있다면 말이다). 피곤한 데다 시간도 없었지만 바흐는 즉석에서 "거의 상상하기 어려운 재능"을 발휘해 왕의 요구에 따랐다. 그 뛰어난 솜씨에 궁정 오케스트라에 소속된 음악의 대가들도 하나같이 "경이감에 사로잡혔다."[5] 하지만 프리드리히는 시큰둥한 표정을 지었다. 어쩌면 바흐의 탁월한 솜씨에 약간 실망했는지도 모른다. 대왕은 다시 바흐에게 이 주제를 6성부聲部의 푸가로 바꿀 수 있는지 물었다. 바흐로서는 대왕의 명에 따를 수밖에 없었다. 하지만 그 자리에서 바로 할 수 있는 것은 아니었다. 바흐는 돌아가서 이 주제를 6성부로 바꾼 뒤 대왕에게 악보를 보내드리겠다고 제안했다.

포츠담에서의 만남이 있은 지 두 달이 지난 7월, 자존심 강한 바흐는 6성부의 푸가를 완성한 즉시 왕궁으로 보냈다. 프리드리히 대왕이 이 악보를 연주하도록 했다는 증거는 없지만, 두뇌 회전이 빠르고 빈틈없는 대왕이 만일 연주를 들었다면 적잖이 모욕감을 느꼈을 것이다. 왜냐하면 이 작품에는 어느 역사가가 묘사한 대로 "프리드리히가 지지하는 가치를 낱낱이 부정하는 공격성"[6]이 담겨 있었기 때문이다. 무엇보다도 이 음악은 다분히 종교적이었다. 사실 음악적 분위기가 우울한 편인데도 악보에는 대왕의 기운이 치솟고 있음을 표현했다는 주석이 달려 묘하게 풍자적인 성격을 띠었다.[7] 또 대위법은 물론 곳곳에 교회 냄새를 풍기는 여러 형식이 들어 있기도 했다. 이를 알아본 음악학자들은 이 '헌정 음악'에서 바흐가 뜻을 전혀 굽히지 않았으며, 왕에게 도전해 왕을 꾸짖고 심지어 조롱하고 있다는 결론을 내렸다. 바흐의 메시지는 "왕의 모든 법에 우선하는 상위의 법이 있고, 이 법은 결코 변하지 않으며 당신이나 우리가 모두 이 법의 심판을 받으리라"[8]는 것이었다.

1747년, 두 사람이 주고받은 미묘한 신경전에는 재치와 함께 신랄한 풍자가 담겨 있었다. 한마디로 전혀 다른 두 세계 사이의 날카로운 충돌을 대변했던 것이다. 이로부터 3년 뒤 바흐가 세상을 등졌다. 그의 생애 최대의 업적이라고 할 수 있는 「미사 B단조」는 바흐가 세상을 떠나기 수개월 전에 완성됐다. 이 곡은 서양 음악의 위대한 걸작 중 하나다(평론가인 해럴드 숀버그의 표현을 빌리면 "어마어마한" 걸작이다). 바흐 자신은 이 곡이 연주되는 것을 전혀 들어보지 못했다고 한다. 바흐의 죽음과 「미사 B단조」를 끝으로 예술적이고 영적이며 지적인 문화가 모두 종말을 고했다. 바로크는 반反종교개혁의 기치를 내건 교회의 필수 양식이었다. 가톨릭교회의 위대한 개혁가 중 한 사람인 가브리엘레 팔레오티 추기경은 이를 한마디로 압축했다. 시각예술에서 바로크의 목적은 "사람들의 영혼에 불을 붙여 신앙심이 깊은 신자들의 눈에 화려한 볼거리를 선사하고, 교회가 지상의 천국이라는 이미지를 심어주었다"는 것이다. 이것은 바흐가 음악(비록 프로테스탄트적 음악이었지만)에서 추구한 목적과 크게 다르지 않았다. 이런 세계관과 미학이 바흐의 죽음과 함께 사라진 것이다.

바로크 열기가 차츰 식어갈 무렵, 그 자리에 새로운 믿음과 새로운 경향, 새로운 사고방식이 들어섰다. 이러한 개혁적인 사고에는 과거 1000년 동안 또는 거의 2000년 동안 표현되었던 어떤 것에도 뒤지지 않는, 뿌리 깊고 혁명적인 사상을 되살린 것도 있었다. 이 새로운 사조는 유럽 전체를 거의 뒤바꿔놓았으며 북아메리카도 예외는 아니었다. 이들 중 일부는 특이하게도 오로지 독일에서 전개되었고, 다른 어느 곳보다 독일에서 널리 받아들여졌다.

하버드 대학의 역사학자인 스티븐 오즈먼트가 지적한 대로 18세기 중엽(1763)까지 독일어를 쓰는 국가들은 '유럽의 중심'을 이뤘다. 유럽의 심장이라 할 수 있는 이들 나라의 지정학적인 위치는 중세 이래 국제무역의 요충지 역할을 해왔다. 예를 들어 16세기 초에 독일의 자유시들(아우크스부르크, 울름, 쾰른, 함부르크, 브레멘, 뤼베크)은 이탈리아와 스위스의 자유시에 버금가는 시민 문화를 자랑했다. 역사학자인 팀 블래닝(1942~)이 지적했듯이, 이 당시 뉘른베르크는 알브레히트 뒤러, 파이트 슈토스, 아담 크라프트, 페터 피셔, 한스 작스를 배출했다. 그러나 17세기에 들어서자 독일어권 국가들은 유럽의 중심이라는 지정학적 위치 때문에 오히려 유럽 열강(프랑스, 러시아, 스웨덴, 오스트리아-헝가리의 합스부르크 왕가, 영국)이 각축을 벌이는 전쟁터로 변질되고 말았다. 가톨릭과 프로테스탄트 간의 극심한 갈등에서 빚어진 30년 전쟁은 주로 독일 영토 안에서 벌어졌다. 전쟁의 양상은 굉장히 참혹해 어디서나 끔찍한 광경이 목격되었다. 예컨대 필립 빈센트가 당시 기록한 『독일의 통곡The Lamentations of Germany』을 보면, "아이들을 잡아먹는 크로아티아인"이나 "코와 귀를 잘라서 모자 띠를 만들고" 그 외에도 요리를 담는 접시에 대한 묘사가 나온다. 전쟁 말기에 이르러 기력이 다한 참전 당사국들은 베스트팔렌 조약(1648)이라는 평화적인 대안을 내놓았다. 새로운 정치 현실을 규정하는 해법으로서 규모와 비중이 전혀 다른 나라들을 합친 느슨한 연방국가라는 제도를 결성한 것이다. 7명(나중에는 9명)의 선제후選帝侯(신성로마제국의 황제이며 법정 상속인인 왕을 선출하는 의례적인 업무를 담당하는 선거후選擧侯)와 종교적·세속적 지위를 지닌 94명의 군주, 103명의 백작, 40명의 고위 성직자, 51개의 자유시, 군주와 동등한(또는 제한된) 주권을 행사하는 약 1000명의 기사까지 저마다의 권력을 주장하고 나섰다. 그러다보니 인구가 고작 20만 명밖에 안 되는 지역을 집단적으로 통치하기도 했다.[9] 이런 어려움 속에서도 두드러진 변화가 있었는데, 독립적인(주로 프로테스탄트 지역) 독일 공국公國들이 지난 역사의 중심축인 오스트리아의 합스부르크 왕가에서 점차 벗어났다는 사실이다. 새롭게 인정된 영토 주권 덕분에 이들 공국은 외교권 및 자주권을 획득하고 자기 군대를 보유할 수 있게 되었다. 바이에른과 브란덴부르크-프로이센, 작센, 뷔르템베르크는 오스트리아의 그늘(이름에 걸맞는 군대를 보유한 것은 브란덴부르크-프로이센뿐이었지만)에서 벗어났다.[10] 법률가이자 '30년 전쟁'이란 표현을 처음 쓴 사무엘 푸펜도르프는 과거의 신성로마제국을 가리켜 정치적·구조적인 면에서 "괴물국가monstrosity"라고 묘사하기도 했다.[11] 인구의 구성비도 급격히 붕괴되어, 예컨대 뷔르템베르크에서는 1622년의 44만5000명에서 1639년에 9만7000명으로 줄어들었다. 갈가리 찢긴 독일 지역의 국가들은 이제 라인 강에서 거룻배를 타고 수로를 이용할 때도 평균 9.6킬로미터마다 국경 통과세를 거둬들였다.[12] 또 새 항로가 발견되어 무역로가 북대서양으로 옮겨가는 바람에 독일의 경제는 더욱 위축되었다.

그러나 새로운 질서는 오래가지 않았다. 이후 200여 년 동안 중부 유럽의 정치적·문화적·사회적 발전 가운데 가장 중요한 것은 브란덴부르크-프로이센의 부상浮上으로 신新질서의 토양에서 자라난 세포라고 할 수 있다. 1700년까지만 해도 합스부르크 왕가의 오스트리아는 인구가 900만으로 '독일 민족의 신성로마제국Holy Roman Empire of the German Nation' 내에서 가장 강력한 주도권을 쥐고 있었다. 당시 프로이센은 인구가 채 300만 명도 안 되었고, 영토 크기로 보면 유럽에서 열한 번째에 지나지 않았다. 하지만 18세기 중반에 들어서자 프로이센은 유럽에서 세 번째로 강한 군대를 보유함으로써 오스트리아를 위협하는 세력으로 발돋움했다.[13] 이러한 변화에는 베스트팔렌 조약이 한몫했다고 볼 수 있다. 왜냐하면 이 조약으로 프로이센은 포모제(포메라니아)과 마그데부르크, 민덴, 슐레지엔 등의 영토를 얻었기 때문이다. 또 프로이센이 발전할 수 있었던 것은 장수를 누리며 눈부신 업적을 쌓은 역대 통치자들의 공로 덕분이기도 했다. 하지만 프로이센 자체나 다른 국가들이 볼 때 프로이센의 특징과 형태에 있어서 결정적인 중요한 변화는 기독교의 새로운 모습이었다. 현재 우리가 알고 있는 독일의 정체성은 17세기 후반과 18세기 전반에 형성된 경건주의Pietism를 파악하지 않고서는 제대로 이해할 수 없다.

경건주의와 프로이센 정신

프리드리히 대왕이 역사가들의 이목을 집중시키는 데에는 그럴 만한 이유가 있다. 프리드리히는 개성이 뚜렷했을 뿐만 아니라 군사적인 용맹과 카리스마를 갖춘 군주였다. 지적이고 예술적인 감각을 지녔으며, 다음 몇 장에서 주제로 다룰 '독일 르네상스'를 촉진하는 데 기여한 인물이기도 했다. 그가 역사적으로 중요한 역할을 했다는 사실은 의심할 여지가 없다. 하지만 최근 학계에서는 그보다는 그의 부친인 프리드리히 빌헬름 1세(재위 1713~1740)에 더 초점을 맞추고 있다. 프리드리히 빌헬름 1세의 업적과 그가 착수한 개혁이 없었다면, 프리드리히 대왕은 자신의 찬란한 위업을 이루기 힘들었을 것이다.

1740년 프리드리히가 28세의 나이로 권좌에 올랐을 때, 프로이센에는 다른 유럽 국가들에서 볼 수 있는 제도적인 특징이 없었다. 이러한 점은 성실하게 자기 의무를 다하는 관리들에게는 더할 수 없는 강점으로 작용했다. "사치스런 궁정에서 군림하며 겉만 화려한 유럽의 여느 군주들과 달리, 프로이센 국왕은 평소에도 군복을 입고 검소와 절약이라는 윤리적 기강을 널리 확립했다." 프로이센의 관료사회는 유럽의 다른 국가들보다 수준 높은 정직과 능률에 대한 서약으로 유명했다.[14]

1950년대에 독일의 역사가인 카를 힌리히는 프로이센의 '국가 봉사 이데올로기'의 원천은 경건주의 운동의 결실로 볼 수 있다고 주장했다. 그는 경건주의와 프리드리히 빌헬름 1세가 추진한 주요 정책 사이의 몇 가지 중요한 연관성을 집중적으로 조명했다. 이 주제를 핵심적으로 다룬 저서 『프로이센 정신과 경건주의』는 힌리히가 죽은 다음에야 빛을 볼 수 있었는데, 책의 내용은 완결된 논제라기보다 일련의 에세이가 뒤섞인 것이었다. 최근에(2001) 리처드 고스럽은 이 책의 미흡한 점에 대해 지적하기도 했다. 고스럽의 주장에 대해서는 다시 짚어볼 작정이다.[15]

경건주의가 처음 모습을 드러낸 것은 1670년 무렵이다. 이때 루터파 교회의 부패된 실상을 참다못한 신도들이 경건주의에서 특히 강조하는 계율에 매혹되기 시작했다. 초기의 경건파 신도들은 "성직자 계급에 맞선 모든 신도의 성직자 정신과 함께, 교리의 권위에 맞선 내면의 빛inner light,* 머리가 아닌 가슴의 종교 (…) 그리고 학문적인 논쟁이 아니라 실천적인 자선을 강조함으로써" 루터가 본래 주장한 '순박한 단순성'으로 돌아가는 길을 모색하고 있었다.[16] 한편 권력자들이 무엇보다 경건주의를 매력적으로 여긴 데에는 다른 이유가 있다고 봐야 할 것이다. 그중에서도 중요한 요인은 '내면의 빛'을 강조하는 개혁교회Reformed church가 교황이 세속적인 권리를 대부분 상실한 베스트팔렌 조약 이후에 출현했다는 사실에서 찾을 수 있다. 정통파에 가깝고 좀더 조직화된 과거의 교회보다 개혁교회는 정치적인 위협이 훨씬 덜했기 때문이다. 한층 더 '내면화된' 신앙심의 변화가 나타나자 권력자들은 평신도들에게 좀더 엄격한 도덕적 계율을 부과하는 방식으로 신앙고백을 활용할 수 있었다. 경건주의와 프리드리히 빌헬름의 목표가 일치한 것이다.

경건주의는 '강제적인 도덕주의intrusive moralism'로 유명한 영국의 청교도 정신에서 큰 영향을 받았다. 청교도 정신은 '지상에서' 한 선행은 최후의 심판 날에 맞이할 결과에 도움이 된다고 주장했다. 청교도의 가르침에 따르면, "하느님은 사람들이 지상에서 선행을 이루기를 바라며" 이것이야말로 신이 자신을 드러내는 방식이라는 것이다. 프리드리히 빌헬름은 공식적으로는 경건파 신도가 아니었지만 경건주의 신앙과 다를 바 없는 감수성과 근면정신 속에서 성장했다. 상호 보완적이라고 판단한 국왕은 1713년부터 1740년에 걸쳐 경건파 신도들이 자신의 마음속에 품은 야망을 실현할 수 있도록 전례 없는 기회를 부여했다. 이런 방법으로 국왕은 자신의 영토

*마음속에서 느끼는 그리스도의 빛.

안에서 합법적으로 행정 조직과 군대, 경제 정책의 기초를 다질 수 있었다. 니퍼다이는 이 방식이 또 다른 효과를 낳았다고 보았다. 말하자면 인간 본성에 대해 본질적으로 비관적인 프로테스탄트 신앙이 국왕의 조치로 보수화되었으며 근대정신에 역행했다는 것이다. 이런 태도는 중대한 결과로 이어졌다.[17]

이 새로운 접근 방식에 주목한 최초의 인물이 바로 1635년 알자스에서 태어난 필리프 야코프 슈페너다. 슈페너의 주장은 1685년에 간행된 『경건한 소망』에 나와 있다.[18] 하지만 프로이센을 변화시킨 경건주의 형식을 구상한 사람은 아우구스트 헤르만 프랑케(1663~1727)였다. 1690년대에 프랑케는 당시 새로 설립된 할레 대학 신학부의 교수직 두 자리에 경건파 출신이 임용되도록 베를린 권력층을 설득했다. 18세기의 할레 대학은 괴팅겐 대학과 더불어 독일의(궁극적으로는 전 세계의) 학문과 학업에 대한 생각을 변화시킨 기관이다. 뤼베크 출신인 프랑케는 라이프치히 대학의 교수직을 맡지 못하게 되자 할레 대학의 근동近東(당시에는 오리엔트라고 불린) 언어학 교수로 부임했다. 그는 1695년부터 국가의 역할을 경건주의의 목표 안에서 재정립하도록 하는 지위와 기회를 부여받았다.[19]

프랑케는 일찍이 자신이 겪었던 신앙의 위기와 '거듭남'의 변화로 말미암아 '정신 수양'과 기도, 성서 읽기, 마음에서 우러난 회개, 매일의 반성이 지적 이론이나 교리의 논쟁보다 진실한 신앙생활에 더 중요한 바탕이 된다고 확신했다. 그는 고립된 생활 속에서는 경건한 마음을 찾을 수 없다고 주장했다. 이웃을 사랑하라는 성서의 명령을 수행하려면 "실천적인 자선 행위로 사회를 개선하는 노력을 해야 한다"는 것이었다.[20] 사실 그는 직업적인 노동 역시 이웃에 대한 봉사를 우선으로 해야 한다고 생각했다.[21] 프랑케가 시도한 접근 방식은 신학적으로 매우 대담한 것이었다. 그는 천지창조가 "더 나은 결과를 이룰 수 있고", 더욱이 이런 개선이야말로 구원을 추구하는 일의 중심 강령이 되어야 한다고 주장해 자신의 행동주의를 정당화

했다.[22]

프랑케의 발상은 30년 전쟁이 남긴 긴 여파 속에서 발전해갔다. 비록 널리 퍼진 것은 아니었지만 언젠가 이런 생각이 빛을 발하리라고는 누구도 확신하지 못했다.[23] 이러한 현실적 상황이야말로 금욕주의와 함께 신의 권위에 대한 무조건적인 복종을 학생들에게 주입하기 위해 고안된 엄격한—매우 엄격한—관리가 왜 프랑케가 생각한 교육 제도의 주된 특징인지를 설명하는 데 도움이 된다. 동시에 프랑케는 좀더 세속적이고 실용적인 교육을 강조했다. 그 결과 경건파 학교의 학생들은 "이웃을 위해 무언가 유용한 것을 생산하는" 능력을 갖추게 되었다.[24] 이 같은 개혁에 근본적인 책임을 맡은 제도적 장치는 바로 프랑케가 비로소 '가르치는 지위'를 얻게 되었다고 여겼던 성직자들이었다. 할레 대학의 졸업생들은 대부분 북독일의 도시에서 인적 네트워크를 형성했다.[25]

지식의 중앙집권화와 새로운 집단의식

지금까지 프리드리히 빌헬름 1세가 1713년에 왕위에 올랐을 때의 교육적 상황에 대해 살펴봤다. 프리드리히 빌헬름 자신도 개종하여 프랑케의 생각과 크게 다를 바가 없었다. 그는 즉위하자마자 할레 대학 신학부 졸업생들의 대표적인 후원자가 되어 '할레 경건주의'의 영향력을 자신의 우월적 지위와 동일하게 여겼다.[26]

이런 생각을 좀더 확고하게 다지기 위해 국왕은 교회와 학교뿐 아니라 프로이센의 전체 국가 기관과 사회 기구를 동원할 필요가 있었다. 이러한 흐름 속에서 '국가 경건주의State Pietism'가 싹텄다.[27] 그는 또 자신의 구상을 장려하고자 1729년에 프로이센의 루터교 목사들은 모두 할레 대학에서 적어도 2년 동안 공부해야 한다는 포고령을 선포했다. 이는 지식을 중앙집권화하는 놀라운 조치였다. 1725년에 할레 경건파의 주요 인물인 아브라함 볼프와 게오르크 프리드리히 로갈이 쾨니히스베르크 대학 교수가 되었다. 경건파가 유입되자 동북부 독일에 소재한 교회의 성격이 영구적으로 바뀌었다.[28]

뿐만 아니라 군대와 관료사회에도 경건주의의 영향이 확산되었다. 군대 내 교회는 1718년에 재조직되었으며, 마침내 100여 명의 목사가 연대를 단위로 군목軍牧에 임명되었다.[29] 군목들은 많은 수의 무지한 병사와 이들의 부인을 대상으로 읽기와 쓰기를 가르쳤으며, 성서를 통해 경건주의 신앙과 가치를 주입했다. 또 군대의 교회에서는 병사의 자녀까지 가르쳤는데, 1720년대에 이르자 수백 개의 연대 학교가 설립되었다(프리드리히 빌헬름은 교육 효과를 보장하기 위해 군목들에게 글을 깨치지 못한 사람에게는 견진성사堅振聖事를 주지 말라고 명령했다).[30] 명예Ehre에 대한 개념도 바뀌었다. 명예는 이제 오직 군사 분야의 업적만 반영하는 것이 아니었다. 장교에게 명예는 이웃들에게 광범위하게 도움이 되는 의무의 실천을 가리켰다. 말하자면 병참 장교는 훈련 교관이나 회계관의 자질을 갖춰야 했다. 중요한 것은 한 사람의 장교가 이웃 외에도 부하들에게 얼마나 많은 도움을 줄 수 있는가 하는 점이었다.

마찬가지로 관료사회에도 똑같은 문화가 스며들었다. 30년 전쟁의 여파로 새로 독립한 지방의 군주들은 프랑스식 궁정생활을 유지하기 위해 더 많은 돈이 필요했다. 이런 사정은 군주로서 효율적인 행정 관리를 위해 상대적인 관료 제도가 필요했음을 뜻한다.[31] 마침내 독일 땅에서 '공무원직Beamtenstand'이 만들어졌다. 1693년에는 사법司法 조직에서 승진을 위한 시험 제도가 도입되었다. 그러다가 1727년에 국왕은 관방학官房學, cameralism*

*16~18세기 절대주의 시대의 독일과 오스트리아에서 생겨난 행정 사상. 국가 통치에 필요한 행정 기술 및 지식을 보급하는 목적을 지닌 학문이다.

분야에 교수직 두 자리를 신설했다. 한 곳은 할레 대학에 두었고, 또 한 곳은 오더 강변의 프랑크푸르트였다. 이 두 군데가 독일의 대학 역사에서 이 분야 최초의 교수 자리였다. 강의는 프로이센의 국가 경제, 재정, 정치 제도에 대한 기술적이고 법률적인 측면에 대해 다루었다. 한스 로젠베르크는 1958년 자신의 저서인 『프로이센의 경험The Prussian Experience』에서 이 문제를 기술했는데, 관료정치, 귀족정치, 독재정치를 골자로 한 것이었다. 동시에 국왕은 능력주의meritocracy의 강력한 주창자로서 하급 관리에게도 최고위급 세무직이나 부서장으로 승진할 기회가 열려 있음을 끊임없이 강조했다.[32] 이런 환경에서 관료계층은 교육으로 민간의 수준을 끌어올린다는 전투적인 이데올로기의 옹호자가 되었다. 1742년에 왕립위원회는 1660개에 이르는 학교를 설립하거나 보수했다는 보고서를 제출했다(더 이상 과장해서는 안 된다. 모든 국민을 대상으로 한 공교육은 적어도 19세기 중반까지는 이뤄지지 않았다).

한 가지 더 중요한 것은, 프리드리히 빌헬름 1세와 경건주의자들이 시간을 두고 펼쳐나간 교육 증진 사업이 전혀 새로운 집단의식을 만들어냈다는 사실이다. 교육자인 월터 돈(1961~)의 표현에 따르면 프로이센 사람들은 "근대 유럽에서 최고로 단련된 국민"이었다.[33] 프리드리히 대왕은 선왕의 군사적, 관료적, 교육적, 경제적인 구조를 그대로 이어받을 만한 분별력이 있었다. 1786년에 대왕이 서거할 때까지 국가 경건주의는 문화의 핵심을 이뤘다. 경건주의의 기반은 나폴레옹의 무자비한 약탈에서도 살아남을 만큼 강력하다는 것을 증명했다. 이로부터 100년 뒤 전기작가인 슈테판 츠바이크는 경건주의를 예찬하는 글을 쓰기도 했다.

대학의 융성: '독일적 삶의 대전환'

공무원 사회뿐만 아니라 독일의 대학도 두드러진 독일적 특성을 지니게 되었다. 장기적인 효과를 불러온 실체는 '인텔리겐치아intelligentsia'라는 특수 계층이었다. 18세기 독일의 대학은 여러 중요한 측면에서 영국의 대학과 차이를 보였다. 우선 이 시기 독일은 50개 대학을 보유함으로써 옥스퍼드와 케임브리지 대학 단 두 곳뿐이었던 영국과 극명한 대조를 이뤘다. 물론 대부분의 대학이 소규모였지만(1419년 설립 당시 학생 수가 500명이었던 로스토크 대학은 이때 74명으로 줄어들었으며, 파더본 대학은 불과 45명이었다) 이처럼 규모가 작고 지방 대학이라는 특성으로 말미암아 가난한 집안의 학생도 능력만 있으면 독일에서 고등교육을 좀더 쉽게 받을 수 있었다.[34]

하지만 18세기로 접어들면서 교수법은 오히려 뒷걸음질쳤다. 교수법의 기준은 새로운 사고가 아닌 규정된 진리를 가르치는 것이었다. 교수들에게서 더는 새로운 지식이 창출되길 기대할 수 없었고, 특히 인문학부와 철학부가 크게 침체되었다. 대다수 가톨릭계 대학에서는 신학과 철학만 가르쳤다. 더욱이 대학은 새로운 형태의 '귀족학교Ritterakademie'*가 되어야 한다는 압력을 받고 있었다. 명문가의 자녀를 위해 세워진 귀족학교는 좀더 유행을 좇는 교육 과정을 제공해 수학과 현대어, 사회 예절, 군사학 그리고 겉핥기식의 과학을 가르쳤다. 학문적 깊이보다 세속적 넓이만 강조한 모양새였다. 과학 연구는 새로 설립된 왕립과학아카데미에서 주로 수행하고 있었다(프랑스의 유형을 따른 이런 아카데미는 1700년 베를린, 1742년 괴팅겐, 1759년 뮌헨에 세워졌다). 뿐만 아니라 독일의 대학은 세속적인 요구를 하는(매우 실용적인) 군주들의 지시에 따랐다. 따라서 옥스퍼드나 케임브

*17~18세기의 귀족 자제들을 위한 기숙학교. Ritter는 'knight'를 의미한다.

리지처럼 고전문학과 수학 연구에 몰두하는 학자들의 자율적인 사회가 아니었다.[35]

역설적으로 1700년을 전후하여 많은 국민은 독일의 대학이 무너지고 있다고 생각했다. 그러자 17세기 말과 18세기 전반에 새로운 대학 네 곳이 문을 열어 독일의 지식 풍토를 바꿔놓았다. 이들 대학은 프로이센의 할레 대학(1694), 슐레지엔의 브레슬라우 대학(1702), 하노버의 괴팅겐 대학(1737), 바이로이트의 프랑켄 후작이 세운 에를랑겐 대학(1743)이었다. 1386년에 설립된 하이델베르크 대학도 중요한 몫을 했지만, 신설 대학은 아니었다.

할레 대학을 제외하면 괴팅겐 대학은 그 어느 대학보다도 영향력이 컸다. 괴팅겐 대학의 설립을 주도한 인물은 게를라흐 아돌프 폰 뮌히하우젠(남작)이다.[36] 1688년에 태어난 뮌히하우젠은 외국으로 나가 위트레흐트에서 공부했고, 이후 이탈리아에서 그랜드투어grand tour*를 했다. 좀더 '세련된' 사고를 하려면 독일을 떠나야 했다. 이런 체험은 뮌히하우젠에게는 불행하게 여겨질 수도 있겠지만, 어쨌든 대학 개혁에 대한 꿈을 심어주는 계기가 되었다. 1728년 하노버(왕국)의 추밀원 의원에 오른 뮌히하우젠은 대학 설립을 호소하기 시작했다. 이런 노력이 커다란 결실을 맺어 그는 새로운 기관의 '감독관Kurator'으로 임명되었다. 뮌히하우젠은 곧 대단한 영향을 미친 것으로 드러난 몇 가지 개혁적인 제도를 도입했다.[37]

맨 먼저 뮌히하우젠은 신학의 역할이 상대적으로 하찮은 것에 지나지 않는다는 사실을 들어 주위 사람들을 설득했다. 괴팅겐 대학은 신학부의 전통적인 검열권을 제한한 최초의 대학이다. 역사가 토머스 하워드가 독일의 대학 연구에서 말했듯이(2006), "이 조치가 역사적으로 얼마나 중요했는지는 이루 말할 수 없다." 바로 그 때문에 대학에서 신앙고백의 시대가

*17세기 중반~19세기 초반에 유럽의 상류층 자제들 사이에서 유행한 유럽 여행.

종말을 고한 것이다. 이러한 조치에 대해 (역사학자인) 괴츠 폰 젤레는 "무게중심이 종교에서 국가로 이동한 독일적 삶의 대전환"이라고 규정했다.[38] 이런 계몽적인 조치로 말미암아 괴팅겐 대학의 사상과 저술, 출판의 자유는 독일의 어느 대학과도 견줄 수 없을 만큼 크게 발전했다.

뮌히하우젠은 신학부와 철학부가 누리던 상대적 가중치를 결정적으로 뒤바꿔놓았다. 전통적으로 철학은 교수나 학생들에게 드러내놓고 소홀히 취급받던 분야였으며, 좀더 가치 있는 학부로 가기 위한 '대기실'에 지나지 않았다. 뮌히하우젠은 철학은 역사와 언어, 수학처럼 "기초가 부족한 학생들에게 학업을 보충하는 것 이상의 역할을 하는" 분야라고 주장하며 '철학적'인 과목의 중요성을 높이 평가했다.[39] 마침내 괴팅겐 대학 철학부에서는 논리학과 수학, 윤리학 같은 전통적인 과목 외에도 '경험철학'과 자연법, 물리학, 정치학, 박물학,* 이론 및 응용수학(측정학, 군사학, 건축학), 역사, 지리, 예술, 근대 언어의 강좌를 개설했다. 이 같은 '철학적' 과목 외에도 괴팅겐 대학은 유럽의 어느 기관에서나 활용할 수 있는 궁정 교양 분야에서 최고 수준의 훈련 기회를 제공했다. 무도舞蹈와 펜싱, 미술, 승마, 음악, 외국어 회화가 여기에 해당된다.•[40] 세간에서는 젊은 귀족들 사이에 대학 교육을 받으려는 새로운 욕구와 '학업과 학문'에 대한 선호가 싹트는 것을 주목했다. 학문이야말로 '중요한 직책'으로 나아가는 지름길이었기 때문이다. 역사와 문헌학,** 고전문학이 푸대접을 받던 부속 학문의 그늘에서 벗어나 독립된 학문으로 존중받기 시작한 것도 괴팅겐 대학에서였다. 역사와 고전문헌학이 괴팅겐 대학에서 극적인 발전을 보였으며, 자매 과목이라 할 수 있는 '고고학' 또한 탁월한 '독일적 과학'이 되었다.[41] 요한 마티아스 게

---

*동물·식물·광물 등 자연물의 종류·성질·분포·생태 등을 연구하는 학문. 좁은 뜻으로는 동물학·식물학·광물학·지질학의 총칭이다.

**어떤 민족이 남긴 모든 종류의 문헌을 연구해 그 민족, 특히 옛 시대의 문화를 알리는 학문.

•예를 들어 승마 교관은 대학 내 서열이 조교수보다 높을 정도였다.

스너(1691~1761)와 그 후계자인 크리스티안 고틀로프 하이네(1729~1812)는 고전문학의 경험 토대를 바꾸어놓은 주역들이다. 이들은 문법 위주의 교육에서 벗어나 고대 세계가 지닌 창조적 에너지의 사례로 텍스트 자체의 이해를 중시했다. 그럼으로써 새로운 학문의 목표는 문화와 시민생활, 종교의 실체를 드러낼 수 있는 고전문학에 대한 평가가 되었다. "무엇보다 지금까지 무시해왔던 그리스 고전문학에 초점이 맞춰졌다."[42] 괴팅겐 대학이 보여준 또 다른 개혁 조치로는 최초의 교수신문 발행을 들 수 있다.[43]

괴팅겐 대학은 또 세미나 제도를 정교하게 다듬고 발전시켰다. 세미나는 더할 나위 없이 중요한 개혁이었다. 앞으로 살펴보겠지만 세미나는 근대적인 개념의 연구와 근대적인 박사학위PhD, 학구적이고 과학적인 '학문 분야'와 과목의 성립을 유도하는 데 원동력이 되었다. 또한 대학이 강의와 연구가 균등하게 분리된 '학부'라는 근대 조직으로 변모하는 데 바탕을 마련해주었다. 프랑케가 할레 대학에 맨 처음 도입한 세미나는 지식과 학습의 개념에서 근본적인 변화를 일으킴으로써 중요한 측면에서 강의와 구별되었다. 결정적인 차이는 중세 후반의 지식 개념인 '사이언티아scientia'와 후기계몽주의의 발상에서 나온 과학이라는 의미의 '비센샤프트Wissenschaft'에 있다. 스콜라 철학과 아리스토텔레스 논리학은 사유에는 단 하나의 올바른 방법만이 존재한다는 말을 액면 그대로 받아들였다. 그때까지는 올바로 사용할 경우 삼단논법의 추론과 논쟁, 용어의 올바른 정의 그리고 '논지의 명확한 정리'를 거치면 어떤 학문 분야에도 적용할 수 있는 방법이 있다고 믿었다.[44] 다른 관심 분야라 해도 반드시 다른 방법론이 요구되는 것은 아니라고 생각한 것이다. 왜냐하면 모든 것은 올바른 이성right reason으로 접근하고 이해할 수 있으며, 논리학을 연구함으로써 파악할 수 있다고 믿었기 때문이다. 따라서 강의의 주된 목표는 학생이 보편적 이성general reason을 습득하도록 돕는 것이었다.

하지만 세미나에는 무엇보다 소수 인원이 참가했으며 비판이 장려되었다. 지식은 고정된 것이 아니라 변하기 쉬운 것으로 여겨졌으며, 이런 풍토는 새로운 지식이 출현하는 밑거름이 되어주었다. 세미나를 주관하는 교수는 정체된 지식을 재생산하는 것이 아니라 담당하는 학생들의 기호, 판단, 지적 능력을 향상시키는 것을 목표로 삼았다.

세미나 제도는 차근차근 발전해나갔다. 세미나에서는 교수敎授 형식을 더욱 심오하게 구체화시켜 아이디어와 지식의 교류를 중시했다. 그리하여 학생들은 이전보다 더 능동적으로 참여했다. 일정한 기준에서 미리 선이 그어진 자료를 수동적으로 익히는 과거의 행태는 점차 능동적으로 단련하는 참여 형태로 바뀌었다. 독일에서 시작된 초기의 세미나는 토론과 평가의 기회를 주기 위해 보고서를 사전에 제출할 것을 요구했다.[45] 이 제도 덕분에 독창성을 중시하는 풍토가 조성되어 연구 개념이 발전한 것이다. 앞으로 좀더 상세히 논의하고 확인하겠지만, 이런 흐름은 독창적인 연구를 예술의 형식으로 간주하던 낭만주의 시대에 이르러 절정을 맞았다. 괴팅겐 대학의 일부 세미나에서는 실습 분위기가 조성되어 다른 학생들이 토론을 준비할 수 있도록 일주일 전에 각자 보고서를 제출해야만 했다.

이런 흐름에 발맞춰 18세기 후반과 19세기 전반에 '비센샤프트(과학)'란 용어가 처음으로 근대적인 개념을 얻게 된 것도 바로 괴팅겐 대학에서였다. 괴팅겐 대학의 분위기에서 '비센샤프트'는 과학과 학습, 지식, 학문에 생기를 불어넣는 역할을 했다. 또 연구의 기초가 된 요소를 포함해 지식은 전수되는 것이라기보다 스스로 발견할 수 있는 역동적인 과정이라는 생각이 담겨 있었다.[46] 세미나에 제출할 보고서를 작성하는 훈련은—당시 새로운 과학 분야의 경향으로 형성된—학위 논문과 일반 논문을 확연하게 구분짓는 계기가 되었고 박사학위의 기준도 세워주었다. 학위 논문이 본질적으로 학식의 과시였던 반면(학생에게는 관련 분야에서 비중이 덜한 여러 저자의 글을 적절히 배치하고 조합할 것을 요구했다), 일반 논문은 가설을 세우기 위한 또는 가설을 시험하기 위한 단편적인 연구에 불과했다. 마침내 박사가 독일의 공무원 조직에서 인정받는 학위가 되자 자연히 박사학위의 우월성이 보증되었다. 이에 대해서는 뒤에서 상세히 알아볼 것이다.[47]

세미나의 발전과 박사학위의 변모는 고전문헌학 및 성서 비평의 진화와 더불어 실로 큰 효과를 발휘했다. 이를 토대로 촉진된 신인문주의 neohumanism는 교육받은 사람의 이미지를 재정립하는 데 도움을 주었다. 또한 최초의 '대학 개혁 운동'이라는 외적인 변화(프랑케 주도하의 할레 대학)와 '교양Bildung'*의 개념으로 표현되는 내적인 변화를 가져왔다.[48] 이 책에서는 앞으로 교양에 대해 깊이 다룰 것이다. 달리 적절한 말로 옮기기가 어려운 이 말은 본질적으로 개인의 내적인 발전과 함께 교육과 지식으로 자신을 완성하는 과정을 가리키며 사실상 세속적인 자기완성의 모색이며 지식과 도덕의 측면에서 진보나 품위를 나타내는 말이다. 지혜와 자기실현이 혼합된 상태라고 부를 수도 있다.

할레 대학과 괴팅겐 대학의 주도로 유행한 신교육은 독일 사회에 새로운 계층이 출현하는 기반을 마련했으며, 이런 현상은 이후 적지 않은 주목을 받았다. 이 계층은 팀 블래닝이 표현한 대로, 하나의 계급이 되기에는 규모가 아주 작았지만 관료정치와 교회, 군대, 교수사회, 전문직에서 우월한 지위를 누림으로써 독일 사회에서 지배적인 세력으로 자리잡았다. 독일 문화의 부흥을 설명하는 데 있어 다른 어느 집단보다 유익한 이 새로운 계층은, 스스로를 전통적이고 좀더 상업적인 중산층과 구분했다.[49] 이 계층이 각종 사회 조직에 불러일으킨 생각은 진취적이고 합리적이며 능률사회를 지향하는 한편, 통제사회적인 것으로서 19세기 역사 전반에 중요한 영향을 미쳤다.[50] 토머스 하워드가 말한 대로 이런 영향은 19세기 전반기에 독특한 형태를 띤 국가의 기초를 수립하는 데 기여했다. "누군가가 묘사했

---

*형성하다, 만들다, 그리다는 뜻을 지닌 bilden의 명사형. 교양은 교육, 교양, 자아 형성, 자기실현이라는 다양한 의미가 내포되어 있다.

듯이 문화국가Kulturstaat, 후견국가Erziehungsstaat로서 가부장적인 의무 속에서 국민이 '적절한 시민'이 되도록 국민을 격려하고 교육하는 목표가 포함된 형태였다. (…) 또 국민 개개인은 자신의 열망이 신생 민족국가가 지향하는 수준 높고, 도덕적으로 진지한 목표와 일치해야 한다는 것을 알고 있었다." 하워드는 1871년 이후에 '문화프로테스탄트 정신Kulturprotestantism' 또는 '교육프로테스탄트 정신Bildungsprotestantism'이 독일 제국의 '시민-종교적 기초'가 되어주었다고 말한다.[51]

이 모든 현상에서 알 수 있는 사실로 미루어볼 때 독일의 인텔리겐치아는 다른 나라의 지식계급과 뚜렷한 차이를 보였다. 프랑스의 인텔리겐치아는 왕당파 정권과 대립했으며, 또 정도가 심해 결국 전통적인 권력 집단을 공격하기에 이르렀다. 러시아의 인텔리겐치아는 주로 귀족으로 이뤄졌으며, 영국에서는 인텔리겐치아라는 용어나 개념이 20세기에 접어들 때까지 존재하지도 않았다. 정부 부서의 곳곳에 대학 교육이 필요했던 독일에서는 인텔리겐치아가 모든 사회계층에서 배출되었다. 당시 독일에는 런던이나 파리에 필적할 만한 대도시가 없었다는 사실도 이와 무관하지 않다. 이런 배경에서 전국에 흩어진 독일의 인텔리겐치아는 다른 어느 곳보다 실용적인 정부 부처에 들어가는 것을 꿈꾸었다. 영국과 미국의 사회학자들은 독일에서 인텔리겐치아의 독특한 현상이 나타난 원인으로 "실용적인 정부 부서와 관청에서 멀리 떨어진 상황"을 꼽지만, 이런 견해는 명백히 독일의 실상과는 맞지 않는다.[52]

독서혁명, 새로운 공론장 그리고 민족주의의 출현

크리스티안 슈바르트가 쓴 『독일 연대기』를 보면, 1775년 5월까지만 해도 "독일은 분명히 대도시일 것"이라 생각하는 나폴리 여자를 만나는 이야기가 나온다. 또 오스트리아 계몽주의의 거목이라고 할 수 있는 요제프 폰 조넨펠스도 어느 편지에서 당시 실상을 다음과 같이 생생하게 전하고 있다. "프랑스인들이 독일의 전통이나 지성, 사회, 기호, 그 밖에 독일 땅에서 꽃피운 모든 것을 볼썽사납다거나 경멸하며 또 그런 투로 글을 쓰는 습관이 몸에 배어 있는 것만은 분명하다. 프랑스인이 말하는 '튜턴족의' '게르만적인' '독일적인'이라는 프랑스어 형용사는 '조잡한' '볼품없는' '교양 없는' 등의 어휘와 동의어다."[53]

17세기 후반과 18세기 전반까지 최고 학력을 지닌 독일인도 프랑스의 문학과 예술 문화가 독일보다 우수하다고 생각했다. 마찬가지로 독일인이 영국의 정치적 자유와 의회 제도를 부러워한 것도 사실이다. 하지만 이런 현상은 어디까지나 경건주의가 변화를 불러오고, 여러 지방의 통치자들이 강력한 힘을 얻거나 독일의 대학이 급격한 변화를 겪기 전의 일이다. 이 시기 유럽에서는 정치, 경제, 사회, 지식 분야에서 엄청난 변화가 일어났다. 그중에서도 유독 독일어 사용 지역에서 변화의 파장이 유례없이 강력했기 때문에 18세기가 저물기 전에 독일의 문화가 프랑스와 영국의 선진 문화를 따라잡았다는 생각이 널리 퍼졌다. 일부 분야에서는 이들 나라를 넘어섰다고까지 생각하기에 이르렀다.[54]

첫 번째 변화의 징후는 독서혁명이다. 독서혁명은 부분적으로 검열 제도의 점진적인 폐지 또는 완화와 관계있다. 독일은 자치적인 여러 나라로 이뤄졌기 때문에 검열이 유난히 취약했는데 이것은 통계나 전하는 이야기로 미뤄볼 때 입증할 수 있는 사실이다. 다음은 18세기 후반에 쓰인 글이다. "독일에서만큼 독서 열풍이 일어난 나라도 없으며, 지금처럼 독서에 애착을 드러낸 적도 없다. (…) 궁정의 방이며 직조공의 일터마다 높고 낮은 수준의 각종 책이 보이는데, 교양이 없는 사람이라면 있을 수 없는 현상이다. 상류계층은 벽걸이보다 책으로 방 안을 장식한다."[55]

비록 도서 발행이 30년 전쟁 이후 심한 몸살을 앓기는 했지만, 미국의 역사가 로버트 단턴(1939~)은, 1764년의 신간 도서 목록을 살펴볼 때 라이프치히의 연간 발행 도서는 평균 1200종으로 전쟁 이전의 수준을 회복했다고 말했다. 이 수치는 1770년(헤겔과 횔덜린이 태어난 해)에 1600종, 1800년에는 5000종으로 늘어났다. 독서는 18세기의 또 다른 현상으로 촉진되기도 했는데 바로 대여 도서관이 출현한 것이다. 비록 대출 기간이 제한되어 있기는 했지만 이런 도서관 덕분에 독자들은 어떤 책이든 읽을 수 있었다. 1800년 무렵에 대여 도서관은 라이프치히에 9곳, 브레멘에 10곳, 마인 강변의 프랑크푸르트에 18곳이 생겼다. 사회학자 위르겐 하버마스(1929~)는 18세기 말의 독일에는 독서 조합이 270개나 있었다고 전한다. 게다가 '독서벽' 또는 '독서독毒'이라는 새로운 '질병'을 묘사한 사람도 있다.[56] 19세기 전반에 이르자 프로이센과 작센의 문자해독률은 뉴잉글랜드를 제외하고는 타의 추종을 불허할 만한 수준이었다.[57]

자국어 사용이 눈에 띄게 늘어난 것도 독서혁명을 부른 원인이 되었다. "인쇄물에서 라틴어가 지배적이던 현상이 무너진 것도 18세기였다." 독일에서 라틴어로 쓰인 도서의 발행 비율은 1600년의 71퍼센트에서 1700년에 38퍼센트로 줄었고, 1800년에는 4퍼센트로 급감했다.•[58] 또 같은 기간에 독일인의 취향에도 두드러진 변화가 일어나 신학 도서의 비율이 1625년에 46퍼센트이던 것이 1800년에는 6퍼센트로 줄었다. 반면 철학 도서는 19퍼센트에서 40퍼센트로 늘어났으며 순수문학도 5퍼센트에서 27퍼센트로 증가했다. 더욱이 여러 정치적 현실에서 비롯된 독일의 지방분권 문화는—다시 팀 블래닝의 표현을 빌리면—"탁월한 정기간행물의 나라"를 만드는 데 한몫 거들었다.[59] 프랑스에서 정기간행물 발행이 1745년의 15종에서 1785년에 82종으로 늘어난 데 비해 독일에서는 260종에서 1225종으로 늘었다(물론 다수의 프랑스 간행물이 독일보다 발행 부수가 많았지만 독

•18세기 프랑스에서는 포르노그래피조차 라틴어로 발행되었다.

일의 정기간행물은 다른 어느 나라보다 앞서서 목판화를 삽화로 집어넣었다). “헤겔은 매일 신문을 읽는 것이 현대인의 아침 기도를 대신한다는 유명한 말을 남겼다. 그런데 이 말에 앞서, 오스트리아에서는 신문이 식자층의 ‘필수품’이 되었다며 1806년에 경찰국장이 토로할 정도였다.” 독서혁명은 “도덕적인 정기간행물”이 늘어남으로써 각종 사건에 대해 더욱 비판적으로 접근하는 계기가 되어주었다.[60]

라틴어에서 해방된 것은 독일만이 아니었으며, 독일어도 이와 더불어 발전했다. 1700년, 독일의 위상은 최악의 수준으로 곤두박질쳤다. 프랑스 태양왕*의 위세가 절정에 이른 1679년, 고트프리트 라이프니츠(1646~1716)는 『자신의 이성과 언어를 좀더 잘 단련하도록 독일인에게 보내는 권고』라는 소책자를 펴냈다. 라이프니츠는 평소 과학과 철학의 저술에서 라틴어나 프랑스어를 써왔는데, 이와 달리 이 책자는 독일어로 쓰였다.[61] 새로 발간된 몇몇 정기간행물에서 이 철학자의 간곡한 권유를 진지하게 받아들였다. 그중에서도 특히 1720년대에 취리히의 정신적 지도자인 요한 야코프 보드머(1698~1783)와 요한 야코프 브라이팅거(1701~1776)가 주축이 된 동인同人에서 이 책자를 발행한 것이다.[62] 『풀 베는 인부의 이야기』로 알려진 이 간행물은 특히 독일어에 정성을 쏟았다. 보드머와 브라이팅거는 몇 차례의 시행착오를 거쳐 독일어를 경쾌한 언어로 다듬었고, 좀더 다정하고 즐거우며 설교조의 인상을 주지 않도록 하는 데 성공했다. 이들의 주장은 (매우 중요한 관점이기도 하다) 독일어가 여성에게 좀더 호감을 주도록 발전해야 한다는 것이었다.

이런 개혁이 실행되기까지는 다른 사람의 공로도 있었다. 할레 대학의 크리스티안 토마지우스(1655~1728)는 라틴어 대신 독일어로 강의하는 최초의 교수가 되었다.[63] 쾨니히스베르크 토박이인 요한 크리스토프 고트셰

*절대주의의 화신인 루이 14세를 가리키는 말.

트(1700~1766)는 라이프치히로 이주한 뒤 시학詩學 교수에 이어 철학 교수가 되었는데, 독일 사회의 언어적 통합에 심혈을 기울였다. "언제나 언어의 순수함과 정확성이 장려되어야 한다. (…) 슐레지엔이나 마이센, 프랑켄 또는 니더작센의 방언이 아니라 고지高地 독일어Hochdeutsch*만 사용해야 하며, 그래야 독일 전역에서 소통될 것이다." 라이프치히에서 처음 틀이 잡힌 독일 사회의 유형은 몇몇 다른 도시에서도 나타났다.[64] 고트셰트는 소설과 희곡의 발전에도 심혈을 기울였다. 똑같은 방법으로 1751년에는 크리스티안 겔러트가 서간체 형식의 유명한 논문을 발표했다. 젊은 사람들, "특히 여성들에게" 글쓰기에 자연스러운 문체를 닦아주고, "교양 있고 부드러운 감정을" 제대로 표현하는 데 독일어가 나긋나긋하지 않다거나 딱딱하다는 "오해가 퍼지는 것"을 막으려는 의도에서였다.[65] 이어 독일에서 서간체 형식의 소설이 등장했다.

독서혁명의 최종 효과는 자의식 확산으로 나타났다. 미국의 정치학자 베네딕트 앤더슨(1936~)은 인쇄물이 일용품으로서 "완전히 새로운" 동시성의 사고를 낳았다고 말한다. 사람들은 독서를 함으로써 다른 모든 사람도 똑같이 경험하고 똑같이 생각한다는 사실을 깨닫는다는 것이다. "우리는 (…) '수평적이고 세속적인 시간'의 공동체가 가능한 시점에 이르렀다." 이렇듯 공권력은 본질적으로 몰개성화한 국가 권력의 도움을 받으며 강화되었다.[66] 이러한 발전은 애초에 생각했던 것보다 훨씬 더 중요한 의미를 지니게 되었다. 앤더슨은 그 이유에 대해 인쇄물에 쓰인 언어가 자국어이고, 언어가 민족주의 의식을 토대로 하고 있기 때문이라고 말한다. '상상의 공동체'라는 새로운 형태를 만들어내기 위해 언어가 변화하는 데서 작용하는 '인쇄물 자본주의print-capitalism'가 근대국가를 여는 무대가 된 것이다. 이런 무대에서 '민족문학'은 중요한 요소였다.[67] 괴테의 「쇠손Iron Hand을 가진 괴

*현재의 표준 독일어.

츠 폰 베를리힝겐」은 자유를 주제로 쓴 희곡으로 제국기사단Reichsritter*의 쇠퇴와 몰락을 그리고 있다. 작가 스스로가 이 희곡의 주제는 "독일 정신의 출현"이라고 말하기도 했다.•68 토마스 니퍼다이는 이 모든 배경이 19세기의 독일을 "학파의 나라the land of schools"로 이끌었다고 말한다.

아무리 소설과 신문, 정기간행물, 서간문의 종수가 늘어났다고 해도 과거에 어떤 형태로든 존재하던 것이라고 할 때, 이 모든 것이 원인이 되어 전혀 새로운 문화이자 지적인 매체가 음악 분야에 등장했다. 바로 대중 음악회였다. 1800년 무렵 대중 음악회는 모든 형태의 예술을 대신할 만큼 성행했으며 "음악 자체를 위한 주요한 매체"69가 되었다. 더욱이 음악회는 궁정이나 교회를 벗어나 야외에서 열렸기 때문에 작곡가들은 자신의 음악 형식과 구성을 마음껏 펼칠 수 있었다. "그 결과 음악계를 지배한 것은 교향곡과 교향곡 연주회 및 연주회장이었다. 이처럼 음악회의 자연스러운 발전이 두드러진 현상은 많은 역사가가 이를 프랑스 혁명에 비견되는 문화혁명으로 표현하는 계기가 되었다. 이러한 문화의 혁명적인 변화 속에서 새로 일어난 시민계급은 그동안 봉건 엘리트의 전유물이었던 문화의 보호장벽을 무너뜨렸다."70 이로 인해 악기와 악보 판매가 급증했고 음악 교사의 수요도 덩달아 늘어났다. 독일인 전체가 주요 수혜층이 되는 선순환 현상이 일어난 것이다.

18세기의 첫 25년 동안 연주회는 주로 동네 맥주홀 음악실에서 열리곤 했지만 차츰 형식을 갖춘 음악회로 발전했다. 블래닝의 말에 따르면 이런 현상은 특히 프랑크푸르트와 함부르크, 뤼베크, 라이프치히에서 성행했으

---

*신성로마제국에서 황제 직속의 자유 귀족 조직.

•19세기 후반에 황제인 빌헬름 2세는 자신을 '독일인 1번'이라고 표현했지만 "그는 자신이 '자신과 다를 바 없는 많은 사람 중 한 사람'이고 원칙적으로 자신도 독일 동포들에게 배반자가 될 수 있음을 은연중에 내비쳤다. 프리드리히 대왕 시절이라면 상상도 할 수 없는 말이다."

며, 이로써 4개 도시의 상업적인 특성이 자리잡는 계기가 되었다. 연주회의 발전은 시민계급의 확대와 맞물린 것이었다. 1780년대에 들어서면서는 연주회장이 이전과 비교도 안 될 만큼 늘어났다.

이 모든 현상은 음악의 소비와 관련이 있었다. 한편 음악의 개혁, 특히 교향곡의 형식에서 기악의 개혁이 만하임과 아이젠슈타트, 잘츠부르크, 베를린, 빈 등 궁성을 중심으로 한 거주지에서 일어났다. 이들 지역의 청중은 주로 국가 관리들로 '시민계급'보다는 귀족이 많았다. 음악적인 대화를 주고받는, 교육 수준이 높은 빈 귀족은 무엇보다 개혁에 거부감이 없었다. 블래닝은 프란츠 요제프 하이든과 볼프강 아마데우스 모차르트, 루트비히 판 베토벤이 나름대로 독특한 예술 형식을 발전시킬 수 있었던 것은 이런 흐름에 기인한다고 해석하고 있다. 모차르트는 1784년 2월 26일에서 4월 3일까지 37일 동안 빈에서 22차례나 자선공연을 열었다.[71] 이들 공연은 양적인 규모에서 개혁이 요구되는 때에 음악이 새로운 형식으로 진화하는 데 도움을 줬다고 할 수 있다.

19세기에 들어오자 순수한 기악으로서의 교향곡은 특별히 독일적인 예술 형식으로 간주되었다. 칸트는 기악이 목소리와 가사가 없는 음악이라며 꺼렸다. 기악은 단순한 여흥 수단이며 문화가 아니라 '장식용 벽지'에 지나지 않는다는 이유에서였다. 하지만 6장에서 자세히 다룰 텐데, 교향곡의 발달은 음악을 '듣는' 새로운 길을 열어주었다. 사람들이 기악을 심오한 철학적 깊이를 갖춘 장르라고 생각하기 시작한 것이다. 결정적으로 음악의 반주에 맞춰 성서의 구절을 자국어로 읽는 데서 기악은 더욱 빛을 발했다. 이런 흐름은 이탈리아에 이어 오스트리아의 가톨릭 지역으로 퍼져나갔다. 독일의 프로테스탄트 지역에서는 성서 이야기에 맞춰 음악을 작곡하는 '히스토리아historia'라는 양식이 루터파의 전통으로 자리잡았다(무엇보다 헨델의 오라토리오가 대표적인 예다). 이 장르의 중요성은 대중음악을 '존중하는' 풍토를 만들었다는 데서 찾을 수 있다. "오라토리오는 교훈적이었고 자선기금을 모금하는 데 적합했다. 대중음악은 맥주홀의 '음악실'이나 댄스홀 같은 데서 듣는 것이라는 케케묵은 생각을 말끔히 지워버렸다. (…) 바로 여기서 지금까지도 강렬하게 남아 있는 음악의 신성화 현상이 시작되었다고 할 수 있다."[72]

독일어가 발달하고 독서와 교육 수준이 높아지는 것과 동시에 음악 또한 독일이 문화적으로 뒤처져 있다는 이미지를 완전히 변화시켰다. 요한 파헬벨이라든가 게오르크 필리프 텔레만, 요한 제바스티안 바흐, 게오르크 프리드리히 헨델 등이 입증했듯이 걸출한 작곡가가 등장한 사실을 무시할 수 없다. 팀 블래닝이 인용한 『음악의 애국자』라는 간행물은 1741년 브라운슈바이크에서 발행되었는데, 다음과 같이 자긍심을 드러내고 있다. "과거에 독일인의 교사 역할을 했던 이탈리아인이 이제는 존경스러운 독일 작곡가를 부러워하고, 이들에게 은밀히 배워야 하는 것이 아닌가? 독일의 기질을 촌스럽다고 비웃던 콧대 높고 교만한 파리 사람들이 이제는 함부르크의 텔레만에게 가르침을 받아야 하는 것 아닌가?"[73]

독일의 모세

독일이 정치적, 문화적으로 유럽의 강대국이 되는 데 기여한 또 다른 요인으로 프리드리히 빌헬름 1세의 아들인 프리드리히 대왕의 공적을 빼놓을 수 없다. 오늘날 프리드리히 대왕에 대한 일반적인 평가는, 그가 분열증 환자로 끊임없이 군주 독재정치에 전념한 한편, 적어도 이론적으로는 문화와 정치적 자유를 지향하는 자유주의자로서 존 로크를 평생 찬미했다는 것이다. 사실 프리드리히가 지닌 이런 양면성은 18세기의 정치적 진화를 반영하는 것에 지나지 않는다. 그가 거느린 정부는 당시 유럽이나 북아메리카의 정치체제에 비해 보수적이었고 자유와 평등은 질서라는 조건 안에서 최고로 성취할 수 있다는 독일적 사고를 반영한 것이었다. 이런 질서는 군주의 지휘 아래서 확립된 권위로 유지되었다.

프리드리히는 유럽의 잣대로 보면 보수주의자였지만 엄청난 변화를 몰고 온 인물이다. 1740년에 즉위한 이후 수많은 전투에서 프리드리히가 거둔 승리는(아버지에게 물려받은 강력하고 우수한 군대 덕분이기는 했지만 프리드리히에 의해 군대가 더욱 강성해졌다) 시민사회의 개혁과 맞물려 프로이센을 독일 최고의 선진 국가로 키워 유럽의 강대국 반열에 올려놓았다.[74]

프리드리히의 어머니인 조피 도로테아는 하노버의 공주이자 영국 왕 조지 2세의 누이였다. 남편의 경건주의와 남성적인 세계가 아무리 능률적이라고 해도 도로테아의 구미에는 결코 맞지 않았다. 그녀는 자식들이 이런 분위기에 억눌리지 않기를 간절히 바랐다. 프리드리히의 교육은 처음에는 위그노* 군인들이 맡았다. 이들은 수학과 경제학, 프로이센의 법률과 현대사뿐 아니라 요새 축성과 전술학 등 군사학도 가르쳤다. 그럼에도 프리드리히의 어머니는 아들을 위해 수천 권의 장서를 갖춘 도서관을 마련해야 한다고 주장했다. 그 결과 프리드리히는 10대에 이미 프랑스와 영국, 독일 순으로 유명 작가들의 작품을 섭렵할 수 있었다(당시 중요도는 대강 이런 순서였다).[75]

프리드리히는 왕위에 오르자마자 베를린에 예술과학아카데미를 설립했다. 프랑스의 저명한 수학자인 피에르 드 모페르튀이가 이끄는 이 아카데미의 목표 중 하나는 베를린에 최고의 지성인들을 끌어 모아 프리드리히 주변에 학자 집단을 이루는 것이었다. 그날그날의 정무는 베를린 교외에 있는 샬로텐부르크 궁을 중심으로 돌아가는 반면 프리드리히 휘하의 학자들 모임은 베를린 서남쪽인 포츠담 호반에 특별히 지은 상수시Sanc Souci 궁

*프랑스의 프로테스탄트인 칼뱅파 교도를 이르는 말.

에서 이뤄졌다. 왕은 여기서 볼테르와 프랑스 백과사전의 편찬자 중 한 사람인 장 르 롱 달랑베르와 같은 대학자와 여흥을 즐기며 토론했다.[76] 프리드리히는 자신이 읽고 싶은 책이 있으면 항상 다섯 권씩 구입해 포츠담과 상수시, 샬로텐부르크, 베를린, 브레슬라우에 마련한 도서관에 비치하도록 했다.[77]

요즘 사람이 생각하면 놀랄 일이지만 프로이센의 국왕과 대신들은 언제나 프랑스어로 대화를 나누었다(볼테르가 자신의 집에 보낸 편지를 보면, 프로이센 궁정에서 독일어를 쓰는 것을 본 적이 없다고 한다).[78] 프리드리히는 독일어의 문학적인 가치를 인정하기에는 아직 때가 이르다고 느꼈으며, '야만스럽다'는 이유로 독일어 사용을 꺼렸다. 1780년에는 한술 더 떠 독일어를 공공연히 비난하는 글까지 썼으며 자신이 읽고 싶은 책이 있으면 먼저 프랑스어로 번역하도록 했다. 그는 직접 시와 정치, 군사전술학, 철학 분야의 논문을 쓰는가 하면, 대표적인 학자들과 주고받은 편지가 수백 통—수천 통은 아니라고 해도—이나 되었다(볼테르와 42년에 걸쳐 주고받은 편지만 해도 645통이었으며 이는 책으로 세 권이나 되는 분량이다).[79]

그럼에도 프리드리히는 당대 문화의 거대한 흐름을 이해하지 못했다. 그는 모차르트를 무시했고 하이든의 음악을 가리켜 "귀를 어지럽히는 소음"이라며 받아들이지 않았다. 괴테의 『젊은 베르테르의 슬픔』이 발표된 이듬해인 1775년에는 볼테르에게 독일 문학은 "부풀려진 문장이 뒤엉킨 것"에 지나지 않는다며 불만을 토로했다. 프리드리히는 새로운 형식을 경멸했으며—예를 들면 '시민극drama bourgeois'—「니벨룽겐의 노래」와 같은 중세 독일의 서사시에도 진저리를 쳤다.[80] 악명 높은 수상록 『독일 문학에 대하여, 비난받아 마땅한 결함, 그 원인과 해결 방법』에서 프리드리히는 독일이 물질적으로는 번성하고 있고 30년 전쟁의 폐허에서 회복되고 있지만, 독일 문화는 여전히 후유증을 벗어나지 못했다고 주장했다. 그가 편 논지는 독일에 필요한 것은 천재이며, 천재가 모습을 드러낼 때까지 독일인은 계속해서 고전과 프랑스 작가의 번역물에 의존해야 한다는 것이었다. 그는 독일의 문화 수준이 프랑스에 비해 250년 정도 뒤떨어져 있다고 여겼다. 프리드리히는 "짐은 약속의 땅을 멀리서 보면서도 자신은 그곳에 들어가지 못했던 모세와 같다"고 말하기도 했다.[81]

이처럼 프리드리히 자신은 비관적이었지만, 독일의 많은 예술가와 지식인은 독일 문화에 결정적으로 시동을 걸어 프로이센을 강대국의 지위에 오르도록 단련한 것은 바로 국왕이라고 확신했다. 괴테조차 프리드리히의 성향으로 인해 프랑스 문화가 독일에 유입된 것이 독일인에게 '고도의 혜택'을 주었으며, 독일이 발전하는 자극제가 되었다고 생각했다. 다른 사람들도 대체로 같은 생각이었다.

여느 왕들과 달리 프리드리히가 거의 전무후무할 만큼 공론장에 진입했다는 사실을 주목할 필요가 있다. 괴테 자신도 민감하게 반응했지만 단순히 독일 문학에 대해 쓴 책자를 발간함으로써 프리드리히는 당대의 어떤 지식인도 해내지 못한 지적인 논쟁에 불을 당겼다.[82] 더욱이 프리드리히는 "번성한 민족 문화에 대해 정부가 미치는 영향은 어느 정도인가?" "대중을 기만하는 것이 방책이 될 수 있는가?" 또는 "프랑스어를 유럽 공통의 언어로 만든 요인은 무엇이며, 프랑스어는 이런 지위를 누릴 만한 자격이 있는가?"와 같은 야심찬 질문을 던졌다. 또한 아카데미에 연례적인 현상 논문 제도를 만들어 다른 사람들도 비판적인 정신으로 무장해 공론장에 뛰어들도록 장려했다(헤르더가 수상했다).

문학과 지식 분야에서 역설적으로 이뤄낸 프리드리히의 업적은 군사와 정치 영역에서 더욱 빛을 발한다. 전투마다 그가 거둔 수많은 승리를 발판으로 프로이센은 유럽 열강의 대열에 합류했다. 이런 위상은 제1차 세계대전이 끝날 때까지 이어졌다(엄밀하게 말하면 나폴레옹이 지배한 1806~1813년을 제외하고). 프리드리히가 거둔 승리는 정부의 다른 부문에도 활력을 불어넣었다. 전략적으로 경제 발전에 전념하는 기관이 생겨났고 언론의 자유가 신장됐으며 강력범의 수가 줄었고 진보적인 프로이센 법전이 편찬되었다. 프리드리히는 모든 국민이 필수적으로 교육을 받아야 한다고 주장했으며, 부분적으로 종교적 관용을 촉구했다. "프리드리히 집권 말기에 신흥 중산층과 시민사회가 비약적인 발전을 거듭하자 독일의 지식인들은 미국과 프랑스의 혁명을 가리켜 뒤늦게 프로이센을 따라잡으려는 노력으로 보았다."[83]

46년에 걸친 프리드리히의 통치는 의심할 여지 없이 프로이센의 국력 신장에 도움을 주었다. 문화와 지적인 측면으로 보면 1750년에 바흐가 세상을 떠난 뒤부터 1786년에 프리드리히가 서거할 때까지 독일은 14세기에서 16세기까지 일어난 이탈리아의 르네상스에 필적할 만한 독일의 르네상스를 이뤘음을 증명했다.

제2장

'교양',
그리고 완전성에 대한
타고난 충동

종교와 언어, 대학, 공론장의 변화와 더불어 독일 자체의 이미지와 국가 위상의 변화 등 독일에서 특수한 발전이 전개되는 동안 유럽(북아메리카도) 또한 극심한 변화를 겪고 있었다. 어쩌면 기독교 신앙이 전파된 후 사상적으로 가장 중요한 변화였는지도 모른다. 바로 종교적 회의론이 대두된 것이다.[1]

아이작 뉴턴이 『자연철학의 수학적 원리』에서 이전의 코페르니쿠스, 케플러, 갈릴레이가 발견한 사실을 확인하고 체계화한 1687년부터 찰스 다윈이 『종의 기원』을 발표한 1859년까지의 기간은 어쨌든 서구 사상사에서 매우 독특한 시기였다. 다윈이 전개한 인간에 대한 생물학적 이해가 아직 등장하지 않은 이 시기에 종교적인 삶의 목표(내세의 구원)가 "아직 이것을 대신할 만한 모델이 없었음에도 불구하고" 의문시되었다. 독일의 황금기가 이 두 시기 사이에—1687년에서 1859년 사이—대대적으로 진행되어 중대한 결과를 가져올 수밖에 없었다. 이런 결과는 그 어느 곳보다도 독일에 커다란 영향을 미쳤다. 좀더 지적인 표현을 쓰자면, 독일은 바로 이 결정적이고 독특한 변혁기에 형성되었다. 무엇보다 중요한 것은 이 변혁기에 역사주의가 발달하고 생물학이 융성한 것이다.

우리가 논의의 출발점으로 잡은 시기에서 50년 전인 17세기 말에도 유럽에 기독교를 믿지 않는 풍토가 있다고 느끼는 사람이 적지 않았다. 프로테스탄트와 가톨릭은 수십만 또는 수백만의 상대편을 죽이며 서로 수긍하지 못하는 주장만 늘어놓았다. 이때 케플러와 갈릴레이가 관찰한 것이 하늘에 대한 관념을 바꿔놓았다. 또 신대륙의 발견이라는 엄청난 사실로 대서양 맞은편에 사는 유럽 사람들은 자신들과는 다른 관습과 신앙에 흥미를 갖게 되었다. 신은 획일성보다 다양성을 선호하며, 기독교와 영혼 및 내세에 대한 관심과 같은 기독교 교리는 이것 없이도 살아가는 사람들이 많으므로 결정적인 요소가 아니라는 점이 분명해졌다. 인쇄술의 발명으로 성서를 자국어로 번역하고 이것이 널리 보급되면서 그동안 축적된 많은 전통을 성서에서 찾아볼 수 없다는 사실을 평신도들이 알게 된 것도 바로 16세기와 17세기에 벌어진 일이다. 또 구약성서의 원전이 히브리어가 아니라 아람어Aramaic*로 쓰였다는 사실이 밝혀지면서 성서 자체도 좀더 체계적인 비판에 맞닥뜨렸다. 히브리어가 아니라는 사실은 모세가 하느님의 말을 받아 적을 수 없었다는 것으로 구약이 "영감을 받아 기록한" 것이 아니라는 의미였다.

성서를 믿지 않는 사람이 점점 늘어나면서 지구의 나이를 성서에 기초해 계산한 것조차 신뢰의 기반을 잃었다. 새로 출현한 지질학은, 지구가 성서에서 말하는 6000년과는 비교도 안 될 만큼 오래되었다는 사실을 암시했다. 또 런던왕립학회의 로버트 훅은 화석을 관찰한 뒤 지금은 더 이상

---

*셈어에 속하는 언어로 시리아 문자를 쓴다. 서방파 방언에는 구약성서의 아람어나 사마리아어, 또 예수가 쓰던 크리스트 팔레스티나 아람어 등이 있다.

존재하지 않는 동물의 흔적이라고 주장했다. 여기서 드러난 사실도 지구가 성서에 나오는 것보다 훨씬 더 오래되었다는 주장을 뒷받침했다. 화석에서 확인한 동물 종種은 성서가 쓰이기 전에 출현했다가 멸종한 것이었다. 이런 사실은 천지창조의 의미에 대한 중대한 도전이었다.

이런 모든 사실로 말미암아 불신의 본질(또는 불신에 대한 이성) 자체 때문에 끊임없이 변하는 세계가 등장할 수밖에 없었다. 이런 불신은 실제로 합리적 초자연주의rational supernaturalism, 이신론deism, 理神論,* 회의론skepticism, 완전한 무신론atheism이라는 뚜렷한 네 단계를 거쳐 자라났다.

가장 중요한 단계는 이신론적 사고였다. 이신론은 영국에서 처음 등장해 유럽 대륙과 아메리카로 퍼져나갔다. '이신론자deist'라는 말은 제네바의 종교학자인 피에르 비레가 신을 믿되 예수 그리스도는 믿지 않는 사람을 묘사하기 위해 처음으로 쓴 표현이다. 아메리카와 아프리카 등지에서 이뤄진 인류학적 발견은, 모든 인간은 신앙심을 지니지만 예수를 모르는 사람들이 다른 대륙에 존재한다는 사실을 강조할 뿐이었다. 이신론자는 새로운 과학의 영향을 받기도 했다. 과학을 통한 새로운 발견으로 신의 모습이, 예컨대 고대 유대교에서 말하는 임의의 형상이 아니라 코페르니쿠스와 갈릴레이, 뉴턴 등 과학자들이 밝혀낸 법칙의 창조자임을 암시했다. 신의 개념에 주된 변화를 이끌어낸 것은 이신론자들이었다. 아마 기원전 6세기에 윤리적인 일신론一神論이 발전한 이래 가장 큰 변화일 것이다. 신은 '신성한 임의성divine arbitrariness'을 상실했으며 이제는 법을 만들고 법을 지키는 신으로 간주되었다.

무신론자는 대체로 프랑스인이었으며 기계론자**로 알려졌다(뉴턴의 지적 유산에 따라 이들은 기계론적 세계관에서 영감을 얻었다). 볼테르는,

*계몽주의 시대에 등장한 철학론으로 성서를 비판적으로 연구하고 계시를 부정하거나 역할을 현저히 후퇴시켜 기독교 신앙을 오로지 이성적인 진리에 한정시킨 합리주의 종교관.

**모든 현상을 자연적 인과관계와 역학적 법칙으로 설명하려는 세계관을 가리켜 기계론이라 한다.

이 세계는 '자연법natural law'*이 다스린다는 것을 과학이 보여준다고 생각한 사람이었다. 볼테르가 생각한 자연 법칙은 모든 사람, 모든 나라에 적용되며 똑같이 자연법으로 다스린다는 것이었다. 자신의 저술에서 궁극적으로 과학적 사고가 종교적 사고를 대신할 것으로 확신했던 그는 인간이 더 이상 원죄를 속죄하면서 삶을 이어갈 필요가 없다고 주장했다. 그 대신 정부 기구와 교회, 교육을 개혁하고 지상에서 삶을 개선하기 위해 노력해야 한다는 것이었다. 볼테르는 "금욕적 체념의 자리에 대신 일과 목표가 들어서야 한다"고 말했다.

과학의 발전을 바탕으로 새롭게 나타난 태도는 과학의 발견을 읽을 수 있는 사람이 점점 더 늘어난 사실과 맞물려 있다. 즉 진보에 대한 낙관적 사고가 갑자기 모든 사람의 마음을 사로잡은 것이다. 이런 흐름은 또한 종교적 믿음이 변화하는 원인이며 변화의 징후이기도 했다. 미셸 드 몽테뉴와 볼테르 같은 인물이 나타나기 전까지 기독교도의 삶이란 일종의 지적인 림보limbo**였다. 말하자면 기독교도는 지상에서 교회가 정한 선행의 삶을 살려고 노력했으며, 천지창조의 완전무결성과 뒤이은 낙원 추방, 이후 타락의 과정이라는 관념을 받아들인 것이다. 독실한 신자는 '내세'에서만 노력의 결실을 맛본다고 생각했다.

경건주의는 물론 내세에 대한 '종교적인' 반응이었다. 경건주의는 '현세'에서 실천할 수 있는 (도덕적인) 보답을 강조했다. 하지만 시간이 지나면서 전혀 다른 성숙한 반응이 나타났다. 이런 반응은, 만일 세계의 나머지를 다스리는 (상대적으로) 단순한 법칙이 있다면—데카르트와 뉴턴, 라이프니츠, 라부아지에, 린네 같은 사람이 접근할 수 있는—분명히 인간의 본

---

*모든 인간에게 공통으로 부여된 권리 또는 정의의 체계를 뜻하는 철학 용어. 사회의 규율이나 실정법이 아니라 자연에서 유래한다.

**로마 가톨릭 신학에서, 비록 벌을 받지는 않았지만 하느님과 함께 영원히 천국에 사는 기쁨을 누리지 못하는 영혼이 머무는 천국과 지옥 사이의 경계 지대를 이르는 말.

성 자체는 똑같이 단순하고 접근 가능한 보편적인 법칙으로 다스려져야 한다는 생각이었다.

이런 생각과 더불어 한층 더 깊은 변화가 일어났다. 영혼의 개념이 정신으로 대체되면서 사람들은 점차 정신이 의식 및 언어와 관련 있다고 받아들였다. 현 세계와 정신의 관계는 영혼과는 대조적이며, 부도덕성이나 다음 세상의 중요한 역할도 정신과 관계가 있다고 생각했다. 바꿔 말하면 이런 생각은 신학을 생물학으로 대체한 것이다(생물학이란 용어는 1802년까지 등장하지 않았다). 앞으로 자세히 살펴보겠지만, 볼썽사나운 신조어를 쓰는 것이 허용된다면 세계에 대한 '생물학화biologification'가 전면 등장한 것도 독일에서였다.

이런 접근 방식에 일차적으로 책임이 있는 인물은 1690년에 『인간 오성론An Essay Concerning Human Understanding』을 저술한 영국의 존 로크다. 1671년에 초고를 집필한 로크는 '영혼soul'이 아니라 '정신mind'이라는 단어를 썼다. 그는 사고의 원천은 '타고난' 또는 '종교적(계시적)' 기원에 있지 않고 경험과 관찰에 있다고 말했다. 더욱이 로크는 행동의 동기가 영혼에 작용하는 초월적 힘에서 나오는 것이 아니라 정신 형성에 도움을 주는 경험, 즉 본성에 기초한다고 주장했다. 이런 주장에 동요된 사람들은 신과 도덕적인 가치를 분리할 수밖에 없었다. 그는 도덕성은 가르침으로 얻는 것이지 타고나지 않는다고 주장했다. 그의 주장 가운데 가장 중요한 것은, 아마 '나'라는 자아의 개념은 영혼에 관계된 신비로운 실체가 아니라 "감각과 경험으로 이뤄진 열정의 결합체"라는 말일 것이다. 이 말은 심리학이 태동하는 데 핵심 요소가 되었다. 물론 당시에는 심리학이라는 용어가 없었지만 말이다.

로크의 주장을 계기로 심리학이 등장하고 영혼 개념이 (점차) 정신으로 대체되면서 뇌에 대한 연구가 활발해졌다. 수없이 뇌를 해부한 토머스 윌리스는 뇌실(대뇌피질이 접힌 뇌의 중심부)에는 피가 공급되지 않기 때문에 일부에서 믿는 것처럼 영혼이 들어설 자리는 없어 보인다고 말했다. 정신착란에 대해서도 감정성 정신병Gemütskrankheit으로 설명하는 사람이 갈수록 늘어났다. 즉 신체의 일부인 뇌의 '기능 부전'으로 이해한 것이다. 생물학화의 흐름은 더욱 뚜렷해졌다.

이런 믿음의 변화는 극단적인 주장을 담은 한 저술에서 구체화되었다. 1747년에 발간된 『인간기계Man a Machine』에서 프랑스의 외과의사인 쥘리앵 라메트리는 인간의 생각은 "똑같이 전기 작용을 하는" 물질적인 특성이라고 주장했다. 이 주장은 결정론determinism*과 유물론, 무신론에 불을 지폈는데, 이 모든 분야에서 일어난 논란으로 말미암아 라메트리는 궁지에 몰렸다. 그렇지만 인간의 본성과 동물의 본성은 연속선상에 있으며, 인간의 본성도 자연의 물리적 특성과 똑같다는 라메트리의 견해는 엄청난 파장을 일으켰다. 라메트리는 또 '비물질적인 실체'는 없다고 주장해 영혼의 존재에 대한 불신을 가중시켰다. 그에 따르면, 물질은 자연의 힘에 따라 활력을 얻으며 스스로 조직력이 있다. 이런 점에서 그는 신이 존재할 자리는 없다고 말했다.

이 책은 끝없는 논란과 거센 반발을 불러일으켰고 이런 반발도 독일에서 가장 먼저 일어났다.

역사주의의 출현

독일에는 국가 전체의 지적인 삶에 지속적인 영향을 미친 특별한, 두 가지 중요한 관심 분야가 있었다. 이 분야는 물론 미학과 천재의 개념에서 형성

*이 세상의 모든 일은 일정한 인과관계에 따른 법칙에 의해 결정되는 것으로, 우연이나 선택의 자유에 따른 것이 아니라는 이론.

된 회화繪畫도 있지만 바로 역사와 생물학이다.

최근에 리처드 고스럽이 경건주의 저자와 저술을 다수 발굴해 중요한 의미를 부여한 것과 마찬가지로 페터 한스 라일은 17세기와 18세기의 독일 역사가들을 새롭게 조명했다(2005). 이 작업을 진행하면서 라일이 분명히 밝힌 것은 프랑스와 영국, 스코틀랜드의 계몽주의enlightenment와는 구분되는 독일의 '계몽주의Aufklärung'야말로 바흐가 사망한 시점에 이르기까지 영예로운 업적을 수없이 남겼으며, 이 업적은 어쩌면 프리드리히 대왕 시대까지 이어졌을 거라는 사실이었다.

라일은 독일의 계몽주의가 '서방'의 계몽주의보다(말하자면 프랑스와 영국, 스코틀랜드보다) 늦게 등장했으며 따라서 "이웃 나라에서 계몽주의를 빌려올 수 있었고 또 실제로 빌려왔다"고 지적한다. 비록 볼테르와 흄에게서 빌려오기는 했지만 라일이 표현한 대로 '계몽주의자들Aufklärer'은 특별히 독일에서의 지적인 삶과 관련된 문제를 기술하기 위해 계몽주의를 선별적으로 받아들였다. 이런 문제는 주로 라이프니츠 철학에서 영향을 받았다.[2] 라이프니츠에 따르면 물리적인 영역과 정신적인 영역은 모두 '변화'하는 특성이 있다. 이런 특성은 21세기에도 예외 없이 적용되는 것이긴 하나, 당시에는 이전의 생각과 커다란 차이가 있다고 여겨졌다. 이를테면 기독교도의 세계관에는 그리스인들이 주변 환경을 보는 것과 같은 완벽하게 정적인 상태static state는 들어 있지 않지만 말이다. 림보 속의 세계는 경건주의자를 비롯한 기독교도의 관점에서 볼 때 내세의 완전성에 다가가기 위한 대기 상태였다. 더욱이 이 부분은 우리가 거듭 주목할 필요가 있는 것으로, 라이프니츠가 마음에 그린 변화는 목적론적teleological인 것이었다. 즉 이 변화는 "특별한 목표를 지향하는" 발전으로 이해되었으며, 이 목표는 변화를 겪는 자연의 실체 속에 막연하게 깃든 것이었다.

바로 이 점이 핵심이다. 유럽에서는 17세기 후반에서 18세기 전반에 걸쳐 이 변화를 받아들였고, 특히 독일에서 두드러졌다. 그러나 이 변화에 특정한 '방향'이 내포돼 있을 거라는 기대는 있었지만 이 변화가 어떤 방향인지 또 무엇을 내포하고 있는지 아는 사람은 아무도 없었다. 뿐만 아니라 방향에 대한 발견이 이뤄진다고 해도 이제는 교회 바깥에서의 문제였다.

일단 변화의 원칙이 받아들여지자 역사 개념도 변했다(앞으로 살펴보겠지만 정치에 대한 이해도 변했다). 대략 18세기 중엽까지 독일 역사가들이 보인 기본적인 태도는 역사의 주된 목표가 신의 의지에 맞서는 인간의 무능력함을 확인하는 것이라고 주장한 지그문트 바움가르텐의 입장과 비슷했다. 바꿔 말하면 기독교의 진실을 강조하는 것이 주된 목표였던 셈이다.[3] 1726년 할레 대학을 나온 역사학자이자 법률가인 요한 다비트 쾰러는 "최고의 연대학자年代學者*들은 태초의 시점이 대홍수가 일어나기 1657년 전이며, 그리스도의 탄생으로부터 3947년 전 10월 26일이라고 못 박는다"고 발표했다. 이어 쾰러는 "당시 중국인들과 마찬가지로 고대 이집트인이나 칼데아인**은 태초의 세상이 수천 년 더 오래된 것으로 생각했지만, 고대에 명리를 좇아 만들어진 이교도의 허황된 이야기책보다는 성서가 더 믿을 만한 것은 분명하다"고 주장했다.[4]

하지만 1760년이 되자 좀더 뚜렷하고 중요한 변화가 나타났다. 기독교의 특별한 일화를 뒷받침하기 위해 역사를 활용하는 대신 일부 사상가(독일에서는 신해석제창자neologist로 알려진)가 정통 교리와 이신론, 경건주의 신앙 사이에서 새롭게 방향을 설정하려는 시도를 했다. 신해석제창자들은 교리의 중요성을 부인하지는 않았지만 교리가 보편타당하다는 해석도 받아들이지 않았다. 예를 들어 이들은 다른 기독교 정신을 거부하지 않고도 기독교의 연대기를 포기할 수 있다고 보았다. 이런 생각은 회의론이 발달하는 데 중요한 이정표가 되었다.[5] 독일 신해석제창자들의 주장에 따르면,

*과거 사건의 시간적 배경을 밝히는 학문.

**칼데아는 바빌로니아 남부를 가리키는 고대 지명을 말한다.

성서란 서로 다른 시대에 서로 다른 상황에 대한 반응에서 작성한 기록을 모은 것으로 봐야 한다는 것이었다. 오늘날에는 이들의 태도를 인류학적 접근으로 볼 수 있다. 신해석제창자들은 신의 명령이 이 기록 모음에 전해졌다는 것을 받아들이기는 했지만, 그 전달 행위가 특수한 상황에 반응하는 인간 대행자에 의해 이뤄진 것이라고 생각했다. 이 기록이 갖는 중요성은 성서가 언제나 도덕적인 법을 표현하고 있지만, 메시지는 교회 역사가인 요한 잘로모 젬러가 말하듯 '지역' 또는 '지방의' 방언으로 쓰였다는 사실과 관련이 있다. 이런 논리에서 "전혀 이해할 수 없는 언어로 쓰인 신의 메시지를 뉴턴 시대의 언어로 전달한 기록은 부적절하다"는 것이다. 마찬가지로 18세기에 사는 사람들이 6일 만에 천지를 창조했다는 말을 액면 그대로 받아들이는 것은 시대착오적이라고 말했다. 단지 "이 기록은 원시 유목민이 파악한 신의 위엄을 표현한 것"[6]이라는 것이 그 이유였다.

요한 다비트 미하엘리스(1717~1791)는 이런 견해를 확대했다. 미하엘리스는 고대 이스라엘인들이 그들의 신성한 지식을 전달하는 방식은 18세기 유럽인들의 방식과 많이 달랐다고 주장했다. 모세 시대의 이스라엘인들에게는 연대기가 상대적으로 중요하지 않았다는 것이다. 대신 모세는 "자기 민족에게 중요한 기억과 신의 메시지를 드러내는 사건만" 기록하고 그들에게 선별적인 족보를 남겼다. 나머지는 중요하지 않았기 때문이다.[7] 미하엘리스는 더욱이 성서가 서로 다른 시대와 환경에서 살았던 개인의 기록을 모은 것이라는 사실을 감안하면 서로 모순이 발생하는 것은 당연하다고 보았다. 신해석제창자들은 이렇게 대담한 운동을 펼치며 성서의 모순이 실제로는 성서의 보편타당성을 입증하는 것이라고 단언하여 성서에 대한 비난을 뒤집었다.

상상력이 풍부한 학자들은 새로운 시각으로 연대기를 이해하려고 했다. 예를 들어 요한 크리스토프 가테러(1727~1799)는 성서에 등장하는 사람들의 나이를 인간의 타락과 결부시켰다. 가테러의 연구에 따르면, 성서의 연대기에 등장하는 사람의 수명은 여섯 단계로 구분된다. 인간의 수명은 평균 900~969세(대홍수까지), 600세, 450세, 239세(바벨탑을 쌓을 때), 120세(모세 시대), 70~80세(다윗 시대 이후)로 계속 줄어들었다. 가테러는 수명의 변화란 가설적이지만 자연의 역사에 역행한다고 설명했다. 이에 따르면, 지구는 하느님이 '완벽하게' 창조한 아담이 원죄를 지은 뒤로 시간이 흐르면서 현재의 불완전한 상태로 변해왔다는 것이다. "아담 직후의 후손이 살던 시대는 공기가 훨씬 깨끗해 건강에 이로웠고, 대지는 더 풍족하고 기름졌으며, 과실과 채소는 더 크고 탐스럽고 영양분이 더 많았다"고 했다. 가테러는 바로 이것이 당시 사람들이 오래 산 이유이며, 대홍수가 있기 전까지는 이후의 그 어느 시대보다도 지구에 많은 사람이 살았던 이유라고 말했다.[8]

페터 한스 라일이 지적한 대로, 이런 방식으로 기독교의 천지창조 신화에 대한 연대기는 나머지 역사의 분석에서 분리되고 또 '밀봉'되었다.[9] 이로써 사람들이 신앙심을 유지한 한편, 성서의 연대기 바깥에서 역사에 대한 이해가 발달하는 길도 열린 셈이었다. 학자들은 비록 성서 시대 이래 진행된 역사의 실제 과정에 대해서는 의견이 갈렸지만, 발전과 진화(아직 다윈이 말하는 진화는 아니었다)를 겪은 중간 시대가 "있었다는 데는 동의"했다. 그리고 부지런한 역사가라면 이에 접근할 수 있다는 것도 받아들였다. "역사주의의 출현은 근대의 위대한 지적 혁명 중 하나다."[10]

역사가들에게 중요한 의미가 있는 17세기의 지적 혁명에는 자연법의 개가도 포함된다. 자연법은 부분적으로 천문학, 물리학, 수학 분야에서 거둔 성과—코페르니쿠스, 케플러, 갈릴레이, 뉴턴의 발견—와 관계가 있다. 또 부분적으로는 신대륙과 아프리카, 그 밖의 지역에서 이룬 생물학적, 인류학적 발견 덕분이기도 했다. 뉴턴과 다른 과학자들이 발견한 법칙 외에도 새로 발견한 신대륙의 '원시' 부족이 기독교에 대해서는 모르지만 똑같이 종교적인 생활을 하고 시민사회를 이루며 살아간다는 사실이 전해졌다.

그러자 인간사에는 중력처럼 당연히 존재하는 어떤 기본적인 질서(법칙)가 반드시 있으며, 뉴턴과 같은 과학자가 이 비밀을 밝혀낼 필요가 있다는 생각이 점점 커졌다. 그럼으로써 자연법이 "질서를 잡아주는 힘"[11]으로 이해되었다.

'자연'과 '자연적'이라는 말의 의미가 어느 시대고 명확한 것은 아니었다. '원시 부족'을 알지 못했던 대부분의 고전적인 사상가에게 자연 상태는 건전한 시민사회에서의 삶과 같은 말이었다. 한편 기독교도는 늘 자연 상태state of nature(이 자체도 '순수한 자연 상태'와 '타락한 자연 상태'로 구분된다)와 은총 상태state of grace를 구분했다. 하지만 토머스 홉스와 휘호 흐로티위스) 같은 사람은 만물의 기원을 새롭게 설명하기 위해 자연의 개념을 재규정하려고 했다. 특히 홉스 자신은 시민사회 이전에 존재한 자연 상태에 관심을 기울였다. 여기에도 변화와 발전, 진화가 포함된다.[12]

라일은 특히 괴팅겐 대학에서 가르친 독일 학자 세 명을 거론했는데, 이들은 모두 홉스로부터 영향을 받았으며 사회의 진화를 설명하기 위해 자연법을 받아들였다. 미하엘리스는 원시사회는 "가정과 비슷한" 소규모 국가의 집합체라고 생각했다.[13] 선출된 재판관이 다스리는 이 소규모 국가는 부패라고는 전혀 몰랐기 때문에 단순히 '어버이'와 같은 권위로 다스릴 수 있었다는 것이다. 미하엘리스는 이어 이들의 경험은 신성한 시詩에서 종종 표현되었다고 주장했다. 고트프리트 아헨발(1719~1772)은 소규모 국가들 사이에 "계약이 이뤄짐으로써" 지속적으로 더 큰 국가가 나타났다고 주장했다. 계약의 목적은 서로의 행복을 최대한 보장하기 위함이었다. 계약으로 맺은 협정에서 국가의 특징을 드러내는 기초적인 헌법의 형태가 다듬어졌다. 아헨발의 동료 요한 슈테판 퓌터(1725~1807)는 가정과 국가 사이에 또 다른 형태의 사회 조직이 있다고 여겼다. 그는 이를 게마인데Gemeinde(사람들의 느슨한 집단), 또는 폴크Volk(가정 또는 게마인데의 집합)라고 불렀으며, 이런 조직은 권력과는 아무런 상관이 없다고 생각했다.

이들 세 사람의 생각은 그 어떤 것도 만족스럽지는 않았지만 시민사회의 형성에 대해 좀더 향상된 수준에서 설명하는 계기가 되었다. 역사학자인 아우구스트 폰 슐뢰처(1735~1809)는 이 새로운 사고를 다음과 같이 정리했다. "인류가 출현한 이래(우리는 그 시작을 알 수도 없고 합리적으로 재구성할 수도 없지만) 사회 조직은 세 가지 기본 형태로 발달했다. 즉 가정적häuslich 조직, 시민bürgerlich 집단 그리고 국가사회Staatsgesellschaft다." 슐뢰처가 볼 때 국가의 형성은 역사시대와 선사시대를 가르는 분기점이었다. 여기서도 천지창조에 대한 성서적 설명은 밀봉되었다. 성서 이야기는 오직 이스라엘 민족에게만 적용되었으며, 이 때문에 계몽주의자들은 전체로서 인류를 다스리는 기본 원리는 자연법이라고 주장하기에 이르렀다.[14]

이런 생각을 바탕으로 역사는 점점 새로운 기능을 갖게 되었다. 이 기능이란 과거의 사회가 어떻게 발달해왔는가를 발견함으로써 미래의 진전을 알아야 한다는 것이었다.[15]

예술은 어떤 지식을 전했는가?

사회가 점차 발전해왔다면 과연 어떤 힘이 변화를 몰고 왔을까? 일정 수준에서는 자연법이 작용했을 수도 있지만 계몽주의자들을 사로잡은 것은 완전성이란 만물에 깃든 정적인 특성이 아니라는 생각이었다. 그 대신 계몽주의자들은 '정신의 힘'으로 완전성을 얻을 수 있다고 여겼다. 이들에게 정신mind(이 자체도 비교적 새로운 개념이었지만)은 단순히 감성의 수동적인 반사체가 아니라 "무엇엔가 홀린 타고난 창조적 에너지였다. (…) 계몽주의자들은 역사의 동력을 점점 더 인간의 정신 행동에서 찾았다."[16]

경험과 창조의 관계를 다룬 '과학'은 '미학美學'이라고 불렸는데, 이 말은 1739년에 알렉산더 바움가르텐(1714~1762)이 처음 사용했다. 미학과 역사의 연결고리는 계몽주의자들이 "완전성의 능력을 좀더 높은 단계에서 이해하도록 도약시키는 가능성이라고 추정한" 두 가지 분야였다. 바로 "천재적 특성과 정신현상학이 역사 발전에 대한 이해도를 높여주는 주된 요소였다."[17]

계몽주의 철학자 크리스티안 볼프(1679~1754)의 '수제자'였던 바움가르텐은 이 분야를 스스로 연구해 밝혀낸 최초의 인물이었다. '예술이 전한 지식의 유형'이 바로 바움가르텐이 품은 의문이었다. 바움가르텐은 틀림없이 감각이야말로 이성과 마찬가지로 완전성의 능력을 지니고 있을 거라고 생각했다. 하지만 이 완전성이 수학의 완전한 방식과 같다고는 생각지 않았다. 바움가르텐은 한 장의 그림이나 한 편의 시가 "완전성의 이미지를 감각적으로 재현한" 것으로 보았다. 완전성은 창조 행위로 얻을 수 있는 것이며, 예술작품의 완전성은 "다양한 인상과 복잡한 통각痛覺을 순수한 이미지로 불러내 개별적인 전체성으로 조합하는"[18] 독특한 능력에 달려 있다고 생각했다. 바움가르텐은 시詩가 (다른 예술 형식을 포함해) 진리 표현의 형식에서 철학(우리가 과학이라고 부르는 것까지 포함해)보다 우월하지 않다면 적어도 그와 동등한 능력이 있다는 요한 보드머의 주장에 동의했다. 시는 역사와 밀접한 관련을 맺고 있기 때문에 더욱 그러했다. 보드머의 생각은 사실 중요한 통찰이었다. 왜냐하면 한 민족이 간직하고 있는 독특하고 두드러진 정수精髓는 시적이고 신화적인 전통에 가장 탄탄한 뿌리를 내리고 있음을 암시하기 때문이다.[19]

보드머의 눈에는 예술가가 '현명한 창조자'인 프로메테우스의 형상처럼 보였다. 자신의 꿈으로 "동시대인들이 새로운 틀에서 생각하고 행동하게" 하고, 자신의 시대를 인식하고 변화와 개선을 시도하는 존재가 바로 예술가이기 때문이다. 보드머는 또 목적론적인 요소도 받아들였다. 천재의 창조 행위는 모두 이전보다 나은, 좀더 완벽하게 세계를 이해하는 길을 열어줌으로써 우리를 현재에서 벗어나게 하여 의식을 확대하기 때문이라는 것

이다.[20]

라일은 사실상 1760년까지 이러한 완전성의 능력인 라이프니츠적 사고가 독일 미학의 중심 개념 중 하나가 되었다고 말한다. 모제스 멘델스존(1729~1786)은 바로 이런 경향에 따라 자신의 생각을 독특하게 정리한 인물이다. 1755년 완전성의 능력이라는 발상을 예술적인 이해에 적용한 그는 "건강하고 멋지며 아름답고 실용적인 기쁨은 모두 완전성의 사고에서 나온다"고 주장했다. 그는 또 인간의 '육체적 본성이 지닌 완전성'과 '내면적 본성이 지닌 완전성'을 구분했고 육체적 완전성은 어느 정도 갖췄다고 생각했지만 내적 완전성은 아직 얻지 못했다고 보았다. "내면적인 인간만으로는 불완전하다. (…) 인간은 개선을 위해 끊임없이 노력해야 한다"는 것이었다. '유대인 소크라테스'라고 불린 멘델스존은 영혼 속에는 오직 미美와 관련된 능력을 담당하는 특수한 기능이 있다고 주장했다. 미에 대해 반응하고 미를 알며 미를 깨닫지만 분석적인 방법으로는 절대 얻을 수 없는 기능이라고 설명했다. 이런 관점에서 볼 때 인간을 좀더 높은 문화로 이끄는 것은 바로 영혼이었다.

계몽주의 미학자들에게 있어서 모든 예술적 창조와 역사적 창조는, 독일의 이신론 철학자인 헤르만 라이마루스(1694~1768)가 '준선準線 개념 notion directrix'•으로 언급한 것처럼 완전성에 대한 타고난 충동이다. 더욱이 완전성에 대한 생각은 개인적인 창조를 모두 하나로 이어주었다. 완전성은 "내적 생활과 외적 생활 사이에 조화를 이루는 것"으로 정의되었으며, 이런 점에서 걸작품은 바로 정신과 자연의 조화인 셈이다.

창조적 천재라는 계몽주의자의 발상은 발전을 거듭했다. 천재적인 자질 속에서 개인과 보편성이 하나로 합쳐진 것이다. 천재는 예언자적 능력을 지

• 원뿔 곡선을 한 정점에서의 거리와, 정해진 한 직선으로부터의 거리의 비가 일정한 점의 자취로 정의할 때 그 정해진 직선을 이르는 수학 용어.

닌다는 생각이 점점 확산되었고, 계몽주의자들은 1760년까지 광범위한 분야에서 천재성의 정확한 본질을 파악하려는 물결에 휩쓸렸다. 프리드리히 가브리엘 레제비츠(1729~1806)는 1760년에 발표한 『천재성 시론試論』에서 천재의 특징은 '직관적인 지식anschauende Erkenntnis'에 있다고 주장했다. 또한 보편적인 지식과 개인적인 지식을 동시에 파악하는 능력이 바로 천재의 특성이라고 정의했다. 그는 본질적으로 천재의 출현 자체가 완전한 지식의 형태라고 주장했다. 이렇게 단언한 레제비츠는 천재가 신성한 지식의 '표본'임을 암시했다.[21]

진화를 거듭한 천재 개념은 수많은 분파를 낳았다. 우선 역사적 변화는 정신적 변화의 결과를 암시한다는 시각이 나타났다. 하지만 여기에는 천재 정신의 출현이 누구나 알 수 있다거나, 예측할 수 있는 것이 아니기 때문에 변화가 자동으로 일어나는 것은 아니라는 생각이 뒤따랐다. 그리고 당연히 (어쨌든 신앙심이 깊은 사람에게는) 완전성의 이미지는 모두 궁극적으로 불완전할 수밖에 없기 때문에 비록 방향이 암시되어도 목적지에는 결코 다다를 수 없다는 판단이 바탕에 깔려 있었다. "역사와 마찬가지로 예술도 무한한 미래의 가능성을 지니고 있었다."[22]

사회복지 사업가인 이자크 이젤린은 1768년에 개정판이 나온 『인류 역사에 대하여』에서 역사의 특징을 자연을 극복하기 위한 인간 정신의 투쟁으로 보았다. 또한 이젤린은 인간의 전형적인 행동 유형을 세 가지로 분류했다. 즉 감각의 지배를 받는 인간, 상상력의 지배를 받는 인간, 이성의 지배를 받는 인간 유형에 따라 역사를 세 단계로 구분했다. 다시 말해 미개 국가(감각), 단련된 국가(상상력), 성숙하고 조화로운 인간의 국가(이성)로 나누었다. 이로써 이젤린은 독일적인(말하자면 영국이나 미국과 반대된다는 의미로) 자유 개념에 기여했다. 자유는 지식으로 얻을 수 있는 것이라고 본 그가 관심을 두었던 것은 정치적인 외적 자유와 대조되는 내적 자유였다.• 더욱이 이젤린에게 미래의 실현은, 다른 계몽주의자들처럼 의식적인 행위로만 가능한 것이었다. 미래는 단순히 발생하는 것이 아니라 만들어지고 촉진되고 힘을 받아 실현되는 것이다. 이런 발전을 기본적으로 대행하는 존재가 바로 천재들이었다.[23] 여기에 독일의 지성사에서 강력한 분파를 이룬 두 가지 사고가 있었다.

시詩와 수학

역사주의적 접근 방식의 중심에는 자연 현상과 역사 현상은 근본적으로 다르다는 확신이 자리잡고 있었다. 이에 따라 사회과학과 인문과학이 자연과학과 본질적으로 다르다는 견해가 계속해서 대두되었다.[24] 계몽주의자들은 나아가 합리적이거나 추상적인 이해와는 다른 측면에서 도덕적이거나 직관적인 이해를 구분했다. 이들은 인간이 외부세계를 탐험하는 데 합리적 사고가 가장 적합하다면 직관적 사고는 인간세계를 탐구하는 데 이바지한다고 믿었다. 이런 관점에서 볼 때 수학이 합리적 사고의 이상적인 형태를 대표한다면 시詩는 직관적 사고의 이상적인 선언이라고 할 수 있다. 외부세계와 정신세계 '양쪽'과 관계있는 역사는 두 가지 모두를 바탕에 두어야 한다. 계몽주의자들이 볼 때 천재는 사색하는 대철학자보다 위대한 시인에 더 가까웠다. "시는 성찰에 앞서며 성찰을 능가한다. (…) 위대한 시인은 사람들에게 비범한 수준으로 당대의 진실을 직관적으로 재현한다."[25] 한편 역사가의 임무는 한 국민의 민족적 특질을 신성하고 창조적인 기록에 따라 연구하는 것이었다. 계몽주의자들은 역사의 이해가 시인과 예술가의 업적과 동등하다고 여겼다. 사람들이 역사를 이해하면 "다른 사람의 인간성을 이해하여 자신의 인간성을 이해하는 수단"을 얻을 수 있다고 생각해

• 영어로 자유는 freedom과 liberty 두 가지가 있지만 독일어로는 Freiheit 하나밖에 없다.

서였다.[26]

시적인 접근이 중요하다는 사고는 낭만파 운동의 핵심이었다. 그리고 인문과학과 자연과학의 차이는 독일에서 오늘날까지도 계속해서 중요한 관심 분야가 되고 있다. 18세기 후반에는 시가詩歌의 중요성이, 비록 단명했지만 강렬한 빛을 발산한 질풍노도Sturm und Drang 운동*으로 집중 조명을 받았다. 질풍노도란 말은 이 운동의 일원이자 상당히 젊은 프리드리히 막시밀리안 클링거가 쓴 희곡 제목에서 따온 것이다. 일원들 모두가—클링거 외에 요한 게오르크 하만, 요한 고트프리트 폰 헤르더, 요한 하인리히 메르크, 요한 미하엘 라인홀트 렌츠—아주 젊다는 특징이 있었다(1770년에 렌츠는 19세, 클링거는 18세였다). 불안정한 기질을 가졌던 이들은 인습적인 사고방식과 행동 기준을 무시했으며 침착성이 결여되어 있었고, 불만, 심지어 부적응의 특질까지 보였다. 본질적으로 중산층이었던(전부 대졸이었다) 이들은 작품에서 근대 국가와 상업적 기업을 모조리 경멸했다. 이들은 육체적인 운동을 강조하고 자연 속에서 기쁨을 누렸다(야생적일수록 더 좋다). 다시 말해 '세련된' 사회를 공격했고 인생은 비극적이면서도 유쾌하다고 믿었으며 자신들의 직관에 따라 행동했다.

질풍노도 운동을 미숙하게 보거나 따분하게 여길 수도 있지만, 나이가 든 뒤에 이들 대부분은 대작을 내놓았다. 또 나자레파Nazarener**에서 알 수 있듯이 초기 그룹의 정체성은 이들에게 다른 방법으로는 얻을 수 없는 자신감을 심어주었다.

역사주의적 성향을 보이는 계몽주의자들이 결정적으로 기여한 것은 '교양국가Bildungsstaat'라는 개념을 탄생시킨 것이었다. 교양국가란 인간의 내면생활을 풍요롭게 하는 것을 주된 이상으로 삼는 국가를 말한다.[27]

---

*18세기 말 독일 낭만주의 문학 운동. 1770년부터 1790년까지 전개되었다.

**1809년에 독일의 젊은 화가들이 중세의 예술정신으로 되돌아가자는 취지로 만든 모임.

근대 생물학의 기원

자연에 대한 새로운 사고로 인해 18세기 유럽의 사상적 혁명의 바탕이 된 분파가 태동했는데, 여기서도 독일 저술가들이 앞장섰다. 극작가인 고트홀트 에프라임 레싱, 모제스 멘델스존, 수학자인 요한 줄처, 토마스 압트는 하나같이 기계론적 접근 방식의 맹점을 비판하면서, 아주 격렬하게 생물계에 주목했다. 이들은 생물계에서 뉴턴식의 법칙으로 본 초超시간적인 자연은 완전히 부적절하고 불충분하다고 느꼈으며, 스스로 '직접적' 또는 '경험적'인 이해라고 부르는 차원의 생물체 연구가 이뤄져야 한다고 주장했다. 예를 들어 수학적 경험과는 달리 사람, 동물, 식물에 대한 경험은 직접적이라는 말이다. 그 이해 수단이라고 할 수 있는, 레제비츠가 말한 직관적인 지식은 18세기 후반 지식에 대한 주요한 접근 방식이 되었다. 미학자들은 검증을 위한 영속적인 구도의 규칙을 연구하는 대신 예술 창조의 과정에 주목했다. 법률가들은 시민사회 기구에 대한 항구적인 법을 찾는 노력을 포기하고, 그 대신 사회 속에서 법률의 발전에 초점을 맞췄다. 이 중 가장 중요한 것은 아마 자연과학자들이 성장과 발달에 눈을 돌린 일일 것이다.[28] 이런 사실은 역사주의가 근대사회를 여는 데 기초가 된 대대적인 지적 혁명이었다는 점을 보여준다.

"생물학biology이라는 말은 19세기의 산물이다." 오늘날 우리가 알고 있는 생물학은 17세기까지만 해도 자연의 역사와 의학, 두 가지뿐이었다. 18세기에 접어들자 자연의 역사는 동물학과 식물학의 두 갈래로 나뉘었다. 물론 린네(1707~1778)*와 라마르크(1744~1829)**가 등장하기 전까지는

*스웨덴 식물학자이자 곤충학자. 그가 제창한 생물 학명 표기법인 '이명법二名法'은 1758년 이래 지금까지도 널리 쓰이고 있다.

**프랑스의 박물학자·진화론자. 진화에서 환경의 영향을 중시하고 습성의 영향을 받는 용불용설을 제창했다.

두 분야를 구분하지 않은 사람이 많은 게 사실이었다. 그리고 거의 동시에 의학이 해부학, 생리학, 외과의학, 임상의학으로 분화되었다. 우선 해부학과 식물학은 기본적으로 내과 의사가 담당하는 분야였다(내과 의사는 인체를 해부하고 약초를 수집했다). 동물은 주로 자연신학natural theology*의 측면에서 연구했다.[29] 주목할 만한 사실은 15세기와 16세기, 17세기의 이른바 과학혁명은 사실상 물리학 분야에서만 일어났으며 생물학에는 거의 영향을 미치지 않았다는 점이다.[30]

18세기 훨씬 이전에 고대 그리스인들은 자연 속에는 어떤 목적(예정된 목표)과 목적을 이루는 과정이 있다고 생각했다. 17세기와 18세기에 들어와 이런 이상ideal은 자연의 단계scala naturae, 즉 인간으로 완결되는 '존재의 거대한 사슬the Great Chain of Being'이라는 관념으로 정립되었다. 어디서나 뚜렷한 환경에 대한 유기체의 다양한 적응으로 오직 신만 창조할 수 있는 자연계에 '조화harmony'가 깃들어 있다는 생각이 더욱 굳어진 것이다. 개체의 발달에서 엿보이는 명백히 목표 지향적인 과정은 도저히 무시할 수 없을 만큼 뚜렷했다. 특히 칸트가 인정한 대로 거기에는 목적인目的因, final cause**이 담겨 있는 것이 틀림없었다.

이 개념은 우주의 목적론cosmic teleology으로 알려졌다. 즉 우주는 신이 예정해놓은 일정한 목표를 향해 나아간다는 것이다. 자연선택natural selection***이라는 메커니즘이 등장할 때까지 많은 생물학자가(라마르크도 이중 한 사람이었다) "좀더 높은 완전성을 향해" 생물체를 몰고 가는 비물리적(비물질적) 힘을 지닌 존재가 있다는 생각을 받아들였다.[31] 이런 생각

*신의 계시에 의하지 않고 인간 이성에 의거한 신학 이론.

**아리스토텔레스가 말한 운동의 네 가지 원인 가운데 하나. 목적이 있음으로써 그것을 실현하기 위한 운동이 일어나므로 목적을 운동의 원인으로 보았다.

***생물의 종種은 자연선택의 결과, 환경에 적합한 방향으로 진화한다고 하는 다윈의 이론.

은 정향진화설orthogenesis*이라고 알려졌다. 라이프니츠와 린네, 헤르더 그리고 영국의 거의 모든 과학자가 이런 생각을 공유했다. 몇몇 학자는 19세기 중반까지도 이렇게 생각했다.

따라서 16세기 중반에서 19세기 중반까지는 두 학설이 공존했다. 물리학자들은 천지창조의 시점에 신이 이 세계의 진행을 주재하는 영속적인 법칙을 만들었다고 믿었다(본질적으로 이신론의 관점). 이에 반해 신앙심이 깊은 박물학자는—자연계와 친숙한—생물체의 다양성과 무궁무진한 적응 능력을 볼 때, 수학에 기초한 갈릴레오와 뉴턴의 법칙은 무의미하다고 결론내렸다.[32] 독일은 두 번째 생각을 가진 사람들이 모인 대표적인 지역 중 하나였다.

(오늘날의 용어로) 생물학 분야에서 새로운 관찰의 시대를 연 것은 이른바 독일 생물학의 아버지라 불리는 오토 브룬펠스(1488~1534), 히에로니무스 보크(1498~1554), 레온하르트 푹스(1501~1566)와 같은 학자들의 노력 덕분이다. 약초 연구는 중세 후반 내내 인기가 있었는데, 그로 말미암아 수많은 본초서本草書가 간행되었다. 이후 탐험 시대에 신대륙 발견과 더불어 대대적인 항해가 이뤄짐으로써 세계 전역에 분포한 엄청난 식물과 동물이 유럽에 알려졌다.[33] 독일의 생물학자들은 끝없이 신화와 비유만 반복하는 중세식 저술에서 탈피해 자연 속에서 실제로 자라는 식물을 관찰하여 묘사했다. 살아 있는 식물을 매우 사실적으로 그려낸 공로를 인정받아 이들의 위상은 해부학에서 베살리우스(1514~1564)가 차지하는 위치와 맞먹었다. 특히 구어체 독일어로 상세히 기술된 히에로니무스 보크의 묘사는 그가 관찰한 것이 선명하게 그려지는 것이었다. 더욱 중요한 것은 보크가 과거의 본초서처럼 알파벳순으로 정리하지 않고 "서로 관련이 있거나 계통상 가까운 또는 서로 닮은 모든 식물에 대해 개별적인 특성을 지적하고 한

*생물은 형태적 특징에서 일정한 방향을 향해 변화한다는 진화 학설.

데 모으는" 자신만의 방식으로 기술했다는 점이다.[34] 독일의 본초서는 이 새로운 분류 원칙을 도입했기 때문에 그 가치가 돋보였다. 초기의 이런 분류 전통은 1623년에 카스파르 바우힌(1560~1624)이 6000종의 식물을 12권의 책에 72부로 나누어 정리한 『식물도감Pinax』을 펴냄으로써 절정에 이르렀다.[35] 연관성이 있는 식물은 공통된 특성에 따라 한곳에 모았고, 각각의 식물에 속屬을 지정하고 속을 정하지 못할 경우 종種을 지정했다. 이뿐만 아니라 『식물도감』에서는 외떡잎식물을 분리하고 9과科 또는 10과의 쌍떡잎식물을 한데 모으기도 했다. 이때는 번식이 결정적인 요인이라는 사실도 이미 알고 있었다.

콘라트 게스너와 안드레아 체살피노에서 린네에 이르기까지 생물학자들은 모두 과실果實 분류의 중요성을 인식하기는 했지만 열매에 적용할 특성이 무척 많아 분류 방법이 논란거리가 되었다.[36] 논쟁은 끊임없이 이어졌지만 16세기와 17세기에 처음으로 알려진 식물의 종이 어마어마하게 늘어나는 바람에 분류에 별 도움이 되지 않았다. 1542년에 레온하르트 푹스는 500종을, 1623년에 바우힌은 6000종을 언급했지만 1682년이 되자 존 레이가 1만8000종에 이르는 목록을 작성했다.[37] 어느 때보다 정리와 분류의 필요성이 절실했지만 뒤죽박죽인 자료가 엄청났다. 이즈음 주위 학자들이 모두 본질주의essentialism*에 매달리고 있었을 때, 라이프니츠는 반대로 각 종 간의 연속성을 주장하고 나섰다. 독일 태생의 하버드 대학 생물역사학자인 에른스트 마이어(1904~2005)는 자연의 단계와 다양한 생물체 사이의 연결고리(초기의 식물 분류에서 드러난 대로)에 주목한 라이프니츠가 린네의 연구를 수용하여 궁극적으로 진화론적인 사고가 형성되는 데 도움을 주었다고 주장했다.

*각 종은 불변의 본질eidos이라는 특징이 있으며 뚜렷한 불연속성으로 다른 종과 구분된다는 이론.

여기서 핵심이 되는 인물이 바로 여러 내부 기관의 작용을 알아보기 위해 광범위한 동물 실험을 시작한 알브레히트 폰 할러(1708~1777)였다. 할러는 생리적 기능을 주재하는 '영혼'이 있다는 증거는 찾지 못했지만, 연구를 진행하면서 신체 기관은 무생물계에서는 볼 수 없는 어떤 특성(예컨대 과민성 같은)이 있다고 확신했다.[38] 현대인들에게는 원시적인 말로 들릴 수도 있다. 하지만 할러가 이야기한 과민성이라는 개념은 그가 활력론자 vitalist*가 아니었다는 사실에 비춰볼 때 중요한 것이다. 그는 유기물과 무기물이 다르다는 걸 알았지만 그 차이는 신비롭게도 자연의 과정이었지 초자연적인 것은 아니었다. 이런 생각은 18세기 말과 19세기 초에 독일에서 자연을 인식하는 풍토에 도움을 주었으며, 자연을 오로지 기계론적으로 이해하는 뉴턴의 후계자들에 대해 강한 반발심을 갖는 계기가 되었다. 물론 기계론자라고 해서 프랑스의 조르주 뷔퐁(1707~1788)과 스위스의 샤를 보네(1720~1793)와 같은 18세기 생물학자의 역할까지 외면한 것은 아니다.[39] 특히 쾨니히스베르크의 이마누엘 칸트가 차지하는 중요한 역할을 외면할 수 없었기에 이들 세 명이 관심의 대상이 되었을 가능성이 있다.

이를 주도한 인물은 요한 프리드리히 블루멘바흐(1752~1840)였다. 블루멘바흐의 실험과 관찰은 커다란 영향을 끼쳤기 때문에, 19세기 전반에 독일의 중요한 생물학자들 중 절반 정도가 블루멘바흐에게 배웠거나 영감을 얻었다. 알렉산더 폰 훔볼트, 카를 프리드리히 킬마이어, 고트프리트 라인홀트 트레비라누스, 하인리히 프리드리히 링크, 요한 프리드리히 메켈, 요하네스 일리거, 루돌프 바그너가 바로 그들이다. 이들 중 몇몇에 대해서는 뒤에서 다시 다룰 것이다. 프리드리히 셸링과 칸트는 블루멘바흐가 근대의 "매우 박식한 생물 이론가 중 한 사람"이라는 데 의견을 같이했다.[40]

블루멘바흐의 기본 이론은 『형성충동과 번식 현상에 대하여』에 잘 나

*생명 현상의 발현은 자연법칙으로는 파악할 수 없는 원리에 지배되고 있다는 이론.

와 있다. 요점만을 간추린 이 책에서 그는 정자가 어떻게 "특별히 과민성을 유발하는 희미한 냄새로 영원한 잠을 자는" 생식 물질을 깨우는지 고찰했다.[41] 또 자손에게서 종종 어버이의 특질을 혼합한 형태가 나타나는 것을 관찰하면서 "왜 후손은 언제나 본래의 조상과 다른가?"라는 결정적인 의문을 풀었다. 블루멘바흐는 부분적으로는 반대로 생각하기도 했지만 유전과 진화로 방향을 잡아나갔다. 그가 볼 때 세계 곳곳에 사는 모든 사람은 캅카스 인종Caucasian race*의 변종이었다.

칸트와 셸링에게 큰 영향을 미친 블루멘바흐의 중심 사고 중 하나는, 생물학의 영역에도 일종의 '뉴턴식 힘'이 존재한다는 것이다. 이 힘이 바로 블루멘바흐가 '형성충동Bildungstrieb'이라고 부른 유기체 조직의 동인動因이다.[42] 그는 몇몇 작은 개체를 실험하고 난 뒤 이러한 착상을 하게 되었는데 이 개체가 "눈에 띄는 구조의 변화 없이도" 잘린 부분을 재생할 수 있다는 사실을 발견했다. 재생된 부분은 항상 본래보다 더 작았으며, 더욱이 이런 현상은 아주 보편적이었다. 심각한 자상刺傷을 입은 사람의 상처를 관찰한 블루멘바흐는 회복된 부위가 결코 이전의 건강한 살갗처럼 완전하지 못하고, 언제나 기능이 저하된다는 점을 확인했다. 그는 다음과 같은 결론을 내렸다. "첫째, 살아 있는 모든 유기체 안에는 유기체가 살아 있는 동안 계속해서 활동하는 타고난 충동이 있다. 이 충동으로 유기체는 나름대로 제한된 형태를 받아들이고 이 형태를 유지하며, 만일 이 형태가 파괴될 경우 가능한 한 회복한다. 둘째, 모든 유기체는 개체 전체의 일반적인 특질이나 이 개체의 특징적인 힘과 구분되는 충동을 갖고 있다. 이 충동은 모든 세대가 번식하고 영양을 공급하는 동기로 작용한다. 나는 이것을 형성충동이라고 부른다."[43]

---

*백인의 기원을 캅카스에서 찾은 블루멘바흐의 견해로 흔히 캅카스인을 백인과 동일시하는 풍조가 지금도 남아 있다.

블루멘바흐는 형성충동이 목적론적인 특징을 지니며, 유기체의 물질 구조 속에 '내재'한다고 믿었다. 어찌 보면 형성충동은 구체적으로 설명할 수 없고 단순히 신비로운 과정에 대한 명칭일 수도 있다. 하지만 바로 이 점이 칸트의 관심을 끌었다. 왜냐하면 칸트는, 자연이 어떻게든 유기체를 구성하기 위해 기계론적인 수단을 사용한다 해도 인간은 결코 이 과정을 이해할 수 없다고 역설했기 때문이다. 심지어 이론적인 견해로도 파악할 수 없다는 것이 그의 주장이었다. 칸트가 주목한 문제점은 인간의 이해로는 인과관계의 '직선적인' 이해가 바탕을 이루는 과학 이론밖에 만들지 못한다는 데 있었다. 이와 달리 유기체 영역에서는 "원인과 결과가 서로 의존적일 수밖에 없기 때문에 둘을 떼어놓고 생각하기란 불가능하다. (…) 바로 이것이 '목적인'의 관념을 내포한 목적론적인 설명이다." 칸트는 기계론적인 수단으로 기능적인 유기체를 만드는 것은 불가능하다고 확신했다. 예를 들어 화학적인 결합으로 유기체를 만들 수는 없는 노릇이다. 칸트는 유산流産에서 힌트를 얻었다. 유산은 유기체 안에서 '목적'과 비슷한 무언가가 작용한다는 강력한 증거였다. "왜냐하면 기능적인 유기체를 구성하는 목적은 언제나 유기체의 생성과 생성의 실패에서 뚜렷하게 드러나기 때문이다." 그러므로 칸트에게 있어 생명과학이 물리학과 다른 일련의 원칙에 따른다는 것은 자명했다.[44]

요한 크리스티안 라일(1759~1813)은 1779년에서 1780년까지 괴팅겐 대학에서 공부하는 동안 젊은 시절의 블루멘바흐와 교류했다. 초기의 독일 생물학자들을 연구한 티머시 르누아르는 라일이 어쩌면 블루멘바흐보다 더 독창적이었는지도 모른다고 말한다(1987). 칸트식 틀 안에서 생명력이라는 자신의 개념을 소개한 라일의 논문 「생명력에 관하여」는 1795년에 창간된 전문지 『생리학 논집』 제1권에 실렸다. 라일도 각각의 유기체는 "목표 지향적인 조직"임을 보여주었으며, 이것은 유기체 간의 화학적 유사성으로 확인된다고 믿었다. "마치 소금 결정의 핵Kern이 기본 형태가 정육면체여야 한다는 특별한 규칙에 따라 소립자를 끌어당기는 것과 같은" 현상이라는 것이었다.[45] 이런 생각은 블루멘바흐와 칸트의 중간 입장을 취한 것으로 일종의 혼합형 이론이었다. 라일은 모체 속에 있는 생식세포가 "발달 과정 없이 잠을 자는데, 자체의 과민성Reizbarkeit이 아주 미약해서인 것 같다. 아버지는 아마 생식 물질에 자신의 정액을 추가하는 방법으로 잠자는 생식세포에 동물적인 힘을 높여주는 것으로 보인다"고 말했다.[46]

카를 프리드리히 킬마이어(1765~1844)는 슈투트가르트에서 괴팅겐으로 옮겨간 뒤 1786년에서 1788년까지 블루멘바흐 문하에 있었다. 킬마이어는 식물화학의 기초를 다지는 데 기여했는데, 이것은 유기화학의 시작이었다고 말할 수 있다. 그는 비교동물학을 가르치면서 자신이 '동물계의 물리학'이라고 이름 붙인 분야에 관심을 쏟았다. 그의 목표는 조류와 양서류, 어류, 곤충, 벌레를 해부하고 비교하여 유기체 조직의 비밀을 밝히는 것이었다. 킬마이어는 또한 동물의 형태 사이에서 유사성을 확립하기 위해 발생학적 기준을 활용하는 길을 열기도 했다. 그는 발생학적 발달 과정을 통해 "동물 조직의 체계가 개별 유기체의 외부에 존재하면서 유기체의 생명과 효율성이 유지되도록 작용하는 힘"이 있다고 추정할 수 없다는 사실을 확인했다. 사실 어떤 '초물질적인' 조직의 힘이 있을 필요는 전혀 없었다. 블루멘바흐와 마찬가지로 킬마이어는 존재의 거대한 사슬이라는 전통적인 발상에는 관심이 없었다. 대신 그는 종種은 비록 방법이 다르더라도 다른 종으로 변한다고 확신했다. "나비가 애벌레에서 나오듯 많은 종이 다른 종에서 나타난 것이 분명하다. (…) 이 종들은 처음에는 발달 단계에 머무르다가 시간이 지나면 비로소 독립적인 종의 지위를 얻었다. 발달 단계가 변화한 상태라고 말할 수도 있다. 한편 다른 종은 처음부터 지상에 생존했다. 하지만 이들의 원시적인 조상은 멸종한 것으로 보인다." 킬마이어는 또 작은 유기체가 큰 유기체보다 더 많은 자손을 낳는 경향에 주목했고, 여기서 구조와 행동에 특성을 부여하는 종 특유의 '내적인 힘'이 있다고 결론내

렸다.[47]

18세기 후반 생물학의 영역에서 이들 과학자와 철학자에게 적용되는 세 가지 결론 내지 믿음이 있었다.[48] 첫째, 물리학이 무생물의 영역, 즉 "물질의 가장 보편적인 현상을 연구하고 더 이상 다른 것으로 축소될 수 없는 현상의 특징"을 다루었듯이 유기체의 문제를 다루는 것은 동물학과 식물학이라는 새로운 분야였다.[49] 둘째, 이들은 생명력Lebenskraft 또는 형성 충동이 모든 유기체의 조직을 형성하는 원칙이라고 확인했다(또는 추정했다). 셋째, 칸트는 인간의 이성은 유기체 안에 깃든 이 '자연의 과정' 또는 '목적론적 동인'을 발견하기에는 불충분하다는 점을 강조했다.

진화론의 등장

기계론적 사고와 활력론적 사고 사이에 벌어진 논쟁은 18세기와 19세기 내내 이어졌으며, 심지어 20세기에 들어서도 20년 넘게 지속되었다. 하지만 에른스트 마이어가 지적했듯이, 린네의 『자연의 체계Systema naturae』가 10판째 발행된 1758년부터 다윈의 『종의 기원』이 발표된 1859년까지는 이른바 변화의 시기였다. 라마르크는 이 변화의 기간인 1809년에 변형 이론theory of transformation을 발표했다. 이 이론은 환경에 대한 적응 능력(후천적 특성도 유전된다)과 더불어 "완전성을 지향하는 유기체의 고유한 경향"을 강조한 것이다. 또 '하향식 분류'가 사라지고 '상향식 분류'로 대체된 것도 이 시기에 일어난 일이었다. '하향식 분류'란, 이런저런 이론가들이 실제로 자연을 구성하는 것이 무엇인지를 밝힐 때 유기체의 영역을 자신의 견해로 드러난 유기체의 내적인 논리에 따라 분류하는 것이다. 또는 종은 특유의 물질eidos을 반영하는 본질로 구분된다는 믿음에 따라서 분류하거나 체계화했다. '상향식 분류'는 더 이상 축소할 수 없는 기본 구성 요소로서 종에 대한 관찰이 우선이었다. 그런 다음 상위 분류 집단으로 올라가면서 다른 유기체와의 유사성을 관찰하고 요약했다.[50]

하지만 분류라는 생각 자체도 진화하고 있었다. 수 세기 동안 자연의 단계, 즉 완전성의 단계라는 개념이 사실상 다양성에 질서를 부여하는 유일한 인식 수단이었다. 하지만 이 생각은 동물학자보다 식물학자에게 더 인기가 없었다. 왜냐하면 조류藻類에서 현화식물顯花植物(꽃식물의 아계亞界)에 이르기까지 보이는 일반적인 발달 현상을 제외하면 완전성을 지향하는 어떤 경향도 식물에서는 거의 관찰할 수 없기 때문이다. 이밖에 다른 분류 방법도 시도되었다. 완전성의 정도가 덜하거나 더한 이웃 유기체와의 인근성에 따라 유기체에 완전성의 등급을 매긴 것이다.[51] 이즈음 유사성은 (종류를 막론하고) 중요한 인과관계를 반영한다는 확신이 있었다. 프리드리히 셸링과 로렌츠 오켄 같은 독일 연구자들은 특히 유사성을 인근affinity과 상사相似, analogy의 두 가지로 구분했다. "펭귄은 오리와 인근관계이지만 수상 포유류와는 상사관계가 있다. 매는 앵무새나 비둘기와 인근성을 보여주지만 포유류 중에서 육식류와 상사관계가 있다." 이러한 개념의 재정립은 좀 별나 보이지만 뒤이어 나타난 생물역사학에서 결정적인 역할을 했고 비교해부학을 지배한 상동相同, homlogy과 상사라는 착상을 한 리처드 오언(1804~1892)에게 절대적인 영향을 미쳤다.

분류에 대한 생각에서 이러한 발전이 없었다면 진화론은 아마 제대로 뻗어나가지 못했을 것이다. 하지만 아직도 갈 길이 멀다. 진화의 커다란 문제점은 낙하하는 돌이나 끓는 물과 같이 잘 알려진 물리 현상처럼 사람이 직접 관찰할 수 없다는 데 있었다. 사실 진화는 추측만 가능할 뿐, 기껏해야 화석이나 성층成層 구조와 같은 증거만 제시할 수 있었다.[52]

사실 진화론의 빛이 처음으로 희미하게 비치던 라이프니츠의 『프로토게아Protogaea』(1694)에서 1809년 마침내 라마르크의 이론이 꽃을 피우기까지는 무척 오랜 세월이 걸렸다. 평생을 진화 연구에 매달려온 조르주 뷔퐁처럼 라마르크도 프랑스인이었다. 다윈은 물론 영국인이었다. 그런데 진화론은 특히 독일에서 인기가 높았다.[53] 몇몇 역사가의 연구가 이뤄지면서 진화론이 확산되었다. 헨리 포토니에, 오토 하인리히 신데볼프, 오즈바이 템킨, 이 세 사람은 하마터면 기억 속에서 지워질 뻔했던 초기 독일 진화론자의 이름을 되살려냈다. 블루멘바흐와 라일, 킬마이어 외에도 프리드리히 티데만, 라이네케, 포크트, 타우셔, 발렌슈테트도 있었다. 진화 현상에 몰두한 이들 모두에게는 놀라운 일일지 모르지만, 자연선택이라는 개념을 떠올린 사람은 영국인인 찰스 다윈이었다. 아울러 다윈을 위해 무대를 만들어 준 사람들 중에서 특히 빈의 식물학자인 프란츠 웅거(1800~1870)를 주목해야 한다. 웅거는 단순한 수상 및 해양식물이 매우 복잡한 변종들보다 앞서 존재했으며, 모든 종류의 식물에는 분명히 본래의 생식세포가 있고, 새로운 종은 틀림없이 이미 존재하던 종에서 유래하며, 모든 식물은 '발생 방식'에서 서로 연결되어 있다고 주장했다. 웅거의 제자 가운데에는 그레고어 멘델도 있었다.[54]

이처럼 18세기 후반의 독일에서는 회의론과 이신론, 경건주의 그리고 완전성에 대한 충동—역사학과 예술, 생물학에서—모두 세계와 내면을 바라보며 또 과거와 동시에 미래를 내다보는 방법을 찾기 위해 힘을 집중했다. 암중모색과 실험적인 시도를 거듭하면서, 어쩌면 그것이 무엇인지도 모른 채, 인류에 대한 신학적 개념을 생물학적 이해로 대체한 것은 이러한 변화의 시기에 일어났다.

일찍이 이런 사고를 한 영향력 있는 인물 중 한 사람이 빌헬름 폰 훔볼트(1767~1835)였다.[55] 훗날 훔볼트는 베를린 대학의 설립에 도움을 주기도 했는데, 베를린 대학은 아주 중요한 기관이어서 독일 문화사에서 하나의 독립된 장을 차지할 정도였다. 그는 블루멘바흐의 제자로 무엇보다 형성과 형성충동에 관심이 많았다.[56] 훔볼트는 자연이 에너지와 활동의 주체인 개별적인 중심체로 이뤄졌으며, 각 중심체는 자신의 활동 속에서 고유한 특성을 드러낸다고 생각했다. 여기서 핵심이 되는 것은 활동(순수한 운동)이었다. 고전물리학에서는 동작을 항상 어떤 외부의 힘이 작용한 결과로 보았다. 하지만 많은 사상가가 생명 체계에 대한 설명으로 뉴턴식 과학을 적용하는 것에 불만을 품었으며, 그들 자신이 "자연의 살아 있는 질서"라고 부른 것에 더욱 관심을 쏟았다. 자연의 질서에서 정지해 있는 것은 없고, "자연발생적인 동작"은 생명이 있는 자연의 모든 부분이 끊임없이 운동하고 있으며 더욱이 "이 운동이 우연한 것이 아님"을 의미하는 것이었다. 이들이 볼 때 물질은 자체의 내재적인 운동 원칙을 갖고 있었다. "기계론적 개념의 힘(자력, 전기, 중력)과 달리 이 내재적인 힘은 하나의 방향을 가지고 작용하는 것으로 여겼다. 이 힘은 자기실현Vervollkommnung에 대한 목표를 내포하고 있었다."[57]

물질에 대한 개념이 바뀌면서 자연도 새롭게 규정해야 했다. 새로운 시각으로 볼 때 자연에는 어떤 핵심적인 '내적 원칙'이 있었다. "자연의 목적인은 오직 직관으로만 알 수 있는 것이지 결코 투명하게 모습을 드러내지 않는다."[58] 본질적으로 블루멘바흐의 견해에서 나온 훔볼트의 탁견은, 물질이 자체의 본성을 지닌 보편적이고 개별적인 여러 힘Kräfte으로 이뤄졌다는 것이었다. 이 내재적인 질적 특성 중에서 가장 중요한 것은 형성과 번식Zeugung, 습성Trägheit/Gewohnheit이라는 보편적인 힘이었다. 바로 이런 특성이 국가를 구성하는 개인을 만들기 때문에 국가는 유기체와 유사한 특성을 지닌다는 것이었다. "현실은 스스로 실현하기 위해 노력하는, 활동적인 힘과 생각으로 정의되었다. 그러므로 형태를 갖출 필요가 있었다."[59]

18세기의 신조어인 형성의 근본 개념은 생물학과는 별도로 마르틴 루터에 의해 성서의 중요한 두 구절에서 '모습'을 뜻하는 형상Bild으로 사용되기도 했다.

하느님이 이르시되 우리 형상을 따라 우리 모양대로 우리가 사람을 만들고. (…) 하느님이 자기 형상 곧 하느님의 형상대로 사람을 창조하시되 남자와 여자를 창조하시고.(창세기 1:26~27)

우리가 다 수건을 벗은 얼굴로 거울을 보는 것 같이 주의 영광을 보매 그와 같은 형상으로 변화하여 영광에서 영광에 이르니 곧 주의 영으로 말미암음이니라.(고린도후서 3:18)

물론 이런 발상은 경건주의자들에게 받아들여졌다. 경건주의자에게는 이런 생각이 오직 종교적인 의미를 지닌 것이었지만, 프리드리히 빌헬름 1세와 프리드리히 대왕 시대에 형성Bildung 개념은 개인의 완성이라는 이상을 잃지 않은 상태에서 세속화되었다. "종교와 성서의 권위를 드러내기를 거부하는 사람에게도 형성(교양)은 문화를 매개로 세속적 구원의 수단이 되었다."[60] 더욱이 교양은 공론장이 급속히 팽창하는 나라에서는 누구에게나 열려 있었다(1장 참조).

교양Bildung은 "자신이 시민계급이라기보다는 세련되고 학식이 있으며, 특히 자기주도적self-directing이라고 생각하는 신흥 집단의 문화였다. (…) 교양을 갖춘 남녀는 단순히 학식만 아니라 고상한 취미도 갖고 있었다. 그들은 주변 세계를 지적으로 파악했으며, 기존의 것에 순응하게 하는 압력에 맞춰 자기 주도적인 능력을 갖춘 사람이었다."[61] 교양은 본질적으로 경건주의가 세속화된 형태였다. 교양과 경건주의는 모두 라이프니츠와 크리스티안 볼프가 생각한 완전성의 개념을 구체화했다.

또 훔볼트 같은 사람에게 교양은 한편으로는 생물학적인 힘이었고, 또 한편으로는 정신적인 필요성과 함께 중력과 같이 자연세계의 일면을 의미하는 것이기도 했다. 나아가 교양은 경건주의에서 나온 것으로 종교라는 부대적附帶的인 의미까지 있었다. 말하자면 경건주의자가 "천지창조를 개선하여" 현 세계에서 실제로 이웃을 도울 때 신에게 더 가까이 다가가듯이,

교양은 자의식을 개선하고 완전성에 더 가까이 다가가기 위해 개인이 자신에게 영향을 끼치는 내면의 과정이었다. 천재라는 개념도—창조적인 능력으로 신성한 지혜와 완전성에 대한 시각을 제공하는 개인—위대한 업적을 이뤄내는 연구 과정에서 자신을 수양한다는 의미였다. 또한 세련된 개인에게는 지상에서 신성한 지혜에 접근할 수 있다는 기대를 부여했다.

이런 생각은 『수학적 원리』와 『종의 기원』, 회의론과 다윈의 진화론 사이에 있던 변화의 시기에만 존재할 수 있었던 절충적 사고였다. 역사적, 예술적, 생물학적인 인식에 바탕을 둔 이런 세계관은 완전성을 향한 노력의 틀 안에서 수많은 독일 사상가를 길러냈다. 이들 중 적지 않은 사람이 경건파 목사의 아들이기도 했다.[62]

이런 방식의 교양은 회의론이 남긴 가장 독창적인 부산물이었다.

제2부

세 번째 르네상스:
회의론과 진화론 사이의 시기

제3장

빙켈만, 볼프, 레싱:
그리스 정신의 세 번째 부흥과
근대 학문의 기원들

이탈리아의 르네상스는 독일적인 사고에 잘 맞았다. 르네상스를 명쾌하게 정리한 야코프 부르크하르트(1818~1897)는 『이탈리아 르네상스의 문화』(1878)를 저술한 인물로, 스위스 바젤에서 태어났지만 베를린 대학에서 공부했다. 그는 베를린에서 당대의 이름난 역사학자인 레오폴트 폰 랑케의 세미나에 참여했다. 부르크하르트는 1843년 바젤로 돌아가 바슬러 차이퉁 신문사에서 편집 일을 하면서 대학에서 강의를 시작했다. 하지만 저널리즘에 실망해 신문사를 그만두고 오직 역사 연구에만 매달렸다. 이후 그의 첫 번째 저서인 『콘스탄티누스 대제의 시대』(1853)를 발표했고 뒤이어 이탈리아 미술작품에 대한 역사적 안내서인 『치체로네Der Cicerone』(1855)를 출간했다. 두 작품 모두 높은 평가를 받아 부르크하르트는 1855년 취리히 공과대학이 개교할 때 건축 및 미술사 분야의 교수 자리를 얻었다. 3년 뒤 바젤 대학으로 돌아온 그는 남은 생애를 이곳에서 보내며 베를린 대학에서 랑케의 후임으로 오라는 초청도 거절했다. 1860년에 부르크하르트가 쓴 가

장 유명한 저서가 나온 것도 바젤에서였다.[1]

부르크하르트 이전에도 다른 작가와 역사가들이 르네상스를 소개했다. 페트라르카(1304~1374)는 적어도 지면상으로는 '암흑시대'의 개념을 최초로 인식한 인물이었다. 그가 태어나기 대략 1000년 전부터 역사는 쇠퇴하기 시작했다. 예수 그리스도가 등장하기 이전에 고대의 역사와 시, 철학은 지극히 높은 삶의 형식이며 문명의 '빛나는 표본'이었다. 볼테르, 사베리오 베티넬리, 프랑스의 역사가인 쥘 미슐레, 그리고 1859년에 저서 『고대정신의 부활 또는 인문주의의 제1세기』를 펴낸 뮌헨 대학 역사학 교수인 게오르크 포크트 등이 한결같이 이탈리아 르네상스를 주목했다. 하지만 부르크하르트의 아이디어는 어떤 영향도 받지 않은 독창적인 것이었다.

부르크하르트는 이전의 어떤 학자들보다 명석하고 완벽하게 르네상스를 이해했다.[2] 이탈리아 르네상스가 고대 정신의 재발견 수준을 훨씬 능가한다는 것을 분명히 일러준 사람도 부르크하르트였다. 개인의 발전이 포함된 르네상스는 근대정신의 특징이 최초로 나타난 현상이었다. 그는 사회가 이제 과거에는 결코 볼 수 없었던 자의식 강한, 따라서 세속적인 실체라고 주장했다.

케임브리지 대학 관념사史 교수인 피터 버크가 강조한 대로, 『이탈리아 르네상스의 문화』에 대해 적지 않은 비판이 있었다. 버크는 점점 전문화되던 르네상스 이전 150년 동안의 역사를 되돌아보며 "과장이나 성급한 일반화, 그 밖에 약점을 지적하기는 쉽다"고 말했다. 그러나 부르크하르트의 견해에 대해서는 어느 정도 결점이 있음에도 "그의 생각을 대신할 만한 것을 찾기 어렵다"고 인정했다. 아마 부르크하르트의 견해를 수정한 중대하고 유일한 해석을 꼽는다면, 20세기 초에 수십 년 동안 하버드 대학에서 역사학 교수를 지낸 찰스 호머 해스킨스일 것이다. 해스킨스의 논점은 14세기와 15세기 이탈리아 르네상스의 원인을 밝힌 것으로, 이탈리아에서 플라톤학파가 부활한 것은—사실 이런 방식의 고대 정신의 부활로는—서양에서 두 번째라는 설명이었다. 플라톤 대신 아리스토텔레스의 재발견과 관련이 있는 첫 번째 부활은 12세기에 일어났다. 예를 들면 새로운 법학이라는 특징을 띤 것으로, 이것은 라틴어의 사용이 확대되고 대학이 발달하며 학문에서 회의론이 조직적으로 성장할 때 지식을 공유하는 통일된 법률 체계였다. 세속적인 알베르투스 마그누스와 토마스 아퀴나스의 철학과 더불어 백과전서식 연구서가 등장하면서 신학과 인문과학에서 통일된 사상이 형성되었다. 모든 지식과 신앙의 변화를 종합하기 위해 발간된 백과전서식 논문집은 특히 자기표현과 개성을 장려했다. 이중에서 가장 의미심장한 변화라면 오늘날 과학이라는 개념을 탄생시킨 실험적 방법론이 출현한 일일 것이다. 일반 대중까지는 아니더라도 역사가들에게는 르네상스가 한 번이 아니라 두 차례에 걸쳐 일어났는데, 두 번째보다 첫 번째가 오히려 더 중요했다.

이런 배경과 달리 부르크하르트가 쓴 책을 자세히 살펴보면 좀더 흥미로운 관찰을 할 수 있다.[3] 그에 따르면, 이탈리아 르네상스는 다음과 같은 특징적 요소를 지니고 있었다. 즉 고대 정신의 부활, 플라톤 저술의 재발견, 기독교 근본주의가 등장하기 이전의 "문화의 원천과 토대로서 (…) 존재의 목표와 이상으로서" 고대 그리스와 로마 문명이 있었다. 고전의 부흥은 원전비평이 확산되는 계기가 되었고, 이에 따라 언어 연구가 발달했다. 또 새로운 연구 방법이 등장하면서 문헌학이 중심 역할을 하게 되었다. 교황 레오 10세가 로마의 라 사피엔자 대학을 개편한 것도 르네상스 전성기(1513)였다. 부르크하르트는 피렌체 사람들이 과학을 발전시키고 "골동품을 연구하는 것을 삶의 주된 목표로 삼았다"고 말했다. 이전에 역사 기술記述이라 불리던 논문이 문학과 연구라는 두 형태로 나뉘면서 신선한 느낌을 주었다. 철학 분야에서 피렌체의 플라톤학파는 사상과 문학, 특히 미학에 커다란 영향을 미쳤다. 시詩도 고대 그리스와 로마가 모범이 되었고 모방 심리를 자극하기도 했지만, 철학적 지식을 겸비한 시인들은 상상력이 풍부한 작품을 창작했다. 자연사 분야에서는 식물학(최초의 식물원이 등장했고)과 동물학(최초로 외국 동물을 모아 관리했다)이 발전한 것을 꼽을 수 있다. 미술 분야에도 "다재다능한" 인물들이 등장해 레온 바티스타 알베르티와 레오나르도 다빈치 등은 다양한 분야에서 빛을 발한 거장들이었다.

부르크하르트는 그 외에도 전쟁에 대한 태도와 믿음이 이탈리아 르네상스에서 변화했다고 지적하기도 했다. '미술작품으로서의 전쟁'이란 장에서 부르크하르트는 "전쟁에는 성찰의 산물이라는 성격이 있다"고 말했다. 단테와 페트라르카 이후의 이탈리아에서는 애국주의와 민족주의의 돌풍이 일었다. "단테와 페트라르카는 당대 이탈리아인들이 모두 지향해야 할 최고의 목표는 공동의 이탈리아라고 소리 높이 외쳤다."

끝으로 부르크하르트는 음악에 대한 이탈리아 르네상스의 특징으로 "오케스트라의 전문화, 새로운 악기와 음향의 추구, 그리고 이런 경향과 맞물려 특정한 악기나 특정 분야의 음악에 전력을 기울인 음악대가virtuoso 계층이 형성된 것"이라고 강조했다. 이 모든 현상이 인문주의humanism의 개가로 이어졌다. 지속적으로 신에게 관심을 기울이지 않고도 인간에게 가능성이 있다는 영광스런 인식이 표출된 것이다.

어둠은 불빛 아래에서 가장 진하다는 군대 속담이 있다. 이 말은 여기서도 적용되며 이 장의 첫 번째 논제가 될 것이다. 다시 말해 부르크하르트는 자신의 지적, 역사적 상상력의 불빛으로 14세기와 15세기의 이탈리아를 밝히면서도 자신도 그 일부인 문화에 그림자를 드리웠다. 여기서 논의할 내용은 18세기 중반이 시작될 무렵, 유럽에서 세 번째 고전 부흥이 일어났으며, 이것이 미술과 과학의 번성(르네상스)으로 이어졌다는 사실이다. 군사 분야에서도 대대적인 성찰과 개혁이 있었으며, 이 모든 것이 유례없이 철학의 부활을 자극했다. 이런 흐름은 또 학자이자 다재다능한 인물이었던 괴테와 실러가 보인 시적 발전을 포함해 새로운 미학 이론(앞장에서 이미 소개한)의 격동기를 몰고 왔다. 이 현상에는 들끓는 애국주의와 함께 독일을 통일할 것에 대한 요구가 뒤따랐다. 다른 특징으로 음악과 인문주의의 독일식 표현인 후마니테트Humanität가 있다. 모차르트에서 아널드 쇤베르크에 이르기까지 음악의 대가들은 모두 독일인이었다. 전혀 새롭게 변모한 베를린 대학(1810년 설립)에서 가장 강력하게 형성된 과학, 교양, 내향성의 연결고리는 독일식 인문주의 사상을 가장 명확하게 구현했다(이 모든 내용은 뒤에서 논의할 것이다).

이탈리아 르네상스 시기에 교황 레오 10세가 로마의 라 사피엔자 대학을 개편한 것과 마찬가지로, 독일에서도 학문에 대한 완전히 새로운 생각이 나타나 근본적으로 근대세계를 형성하며 발전해나갔다. 문학과 학문 연구에도 새로운 형태가 나타났으며 여기서 철학이 다시금 핵심을 이뤘다. 골동품 연구의 현대적인 변형이라 할 수 있는 고고학이 신화적인 시대를 경험한 것도 이때였다. 제3차 르네상스는 의심할 여지 없이 독일적인 현상이었다.

고전적인 고고학의 아버지와 미술사의 기초자

아리스토텔레스를 기반으로 한 르네상스는 기독교도들이 이베리아 반도를 되찾기 위한 레콘키스타Reconquista* 이후에 톨레도, 리스본, 세고비아, 코르도바 등지에서 아랍어로 번역된 아리스토텔레스의 저작이 재발견되면서 촉발되었다고 볼 수 있다. 또 플라톤학파의 부흥에는 터키(오스만튀르크)의 점령 직전에 콘스탄티노플을 방문해 무려 238권이나 되는 그리스

*8세기부터 15세기에 걸쳐 이슬람교도에게 점령당한 이베리아 반도 지역을 탈환하기 위해 일어난 기독교도의 국토회복운동.

어 필사본을 갖고 돌아온 지오반니 아우리스파와 같은 학자가 지대한 공로를 세웠다. 그렇다면 18세기에 이르러 이와 똑같은 명예는 카를 베버(1767~1832)와 요한 요아힘 빙켈만(1717~1768)에게 돌아가야 한다. 두 사람 중 빙켈만이 더 잘 알려지기는 했지만, 최근 학계에서는 스위스 출신 경호대의 공병이었던 베버의 공로에 더 주목한다. 베버는 헤르쿨라네움, 폼페이, 스타비아와 특히 로마 귀족의 대저택 등 나폴리의 남부 지역을 발굴할 때 세밀한 부분까지 살피는 능란한 솜씨로 작업을 능률적으로 마무리했다. 빙켈만이 다진 고대 미술에 대한 기초는 이런 노력을 기울인 베버의 공로로 완성되었다고 할 수 있다.[4]

1717년 프로이센의 슈텐달에서 구두 수선공의 아들로 태어난 빙켈만은 온 식구가 단칸방에서 살았다. 이마저도 아버지의 작업실을 겸한 것이었다. 빙켈만은 공부를 하겠다며 부모를 졸랐지만 그의 집안 형편으로는 어림도 없었다. 갖은 노력 끝에 베를린으로 간 그는 크리스티안 토비아스 담밑에서 가르침을 얻었다. 담은 "그리스어 연구가 완전히 무시당하던 시절에 라틴어보다 그리스어를 중시한, 당시 독일에서 몇 안 되는 사람 중 하나였다."[5] 빙켈만은 이어 할레 대학과 예나 대학으로 옮겨가 가정교사 생활을 하면서 의학과 철학, 수학을 공부했다.[6] 그는 밤늦도록 그리스 문헌을 읽고는 낡은 코트를 입은 채 의자에서 자다가, 새벽 4시에 다시 일어나 책을 읽었다고 한다.[7] 여름철에는 다리에 줄을 맨 나무토막을 얹고 벤치에서 잠을 잤다. 몸을 조금만 움직여도 나무토막이 떨어져 잠을 깨우도록 한 것이었다.

빙켈만이 미술과 고대 유물에 대해 관심을 갖게 된 것은 드레스덴(독일의 어느 도시보다 미술에 대해 자부심이 강한)의 뷔나우 백작에게서 연구조수(요즘 표현으로) 자리를 얻은 뒤였다. 그러나 그의 운명에 결정적인 전환점이 된 것은 드레스덴에서 교황의 사절을 만난 일일 것이다. 이들이 빙켈만에게 로마에서 일할 기회를 주었고 빙켈만 역시 가톨릭으로 개종했기

때문이다.[8]

빙켈만은 1755년에 로마로 갔다. 빙켈만이나 그와 비슷한 사람들 눈에는 로마의 고대 미술품 중에서 조각상이 가장 고귀한 것으로 보였다.[9] 빙켈만은 로마 교외에 별장을 가진 알레산드로 알바니 추기경의 일을 도우면서 도서관에서 고대 문헌을 모으는 일을 했다. 하지만 빙켈만은 이 일보다는 헤르쿨라네움과 폼페이를 몇 차례 방문해 이를 널리 알린 공적으로 곧 명성을 얻었다.

헤르쿨라네움과 폼페이를 발굴한 사람은 1738년 에스파냐의 공병대원이었던 알쿠비에르다. 이것은 부르봉 왕조 샤를 7세의 명령으로 나폴리 남부의 이탈리아 해안에 있는 포르티치 여름궁전 부지를 사전에 조사하고 건축 계획을 세우는 과정에서 이뤄졌다. 결코 우연히 일어난 일은 아니었다. 레시나 인근에 거주하는 주민들은 오랫동안 우물을 깊이 파서 식수를 얻어왔는데, 지하에 고대 폐허가 묻혀 있다는 것을 잘 알고 있었다. 그래서 르네상스 이후 땅 밑에서 고대 유물을 발견하는 일이 이따금 있었다. 알쿠비에르는 샤를 왕에게서 "굴을 파서 무엇이 있는지 조사하라"는 지시를 받았다.[10]

발굴은 1738년 10월에 시작됐다. 분출된 화산 용암이 굳어져 15미터 두께로 쌓여 있는 곳도 몇 군데나 되었다. 11월이 되어 대리석으로 조각한 헤라클레스 상이 발견되었다. 이어 이듬해 1월 중순에 안니우스 맘미아누스 루푸스의 명문銘文이 발견되어 신전으로 추정되던 건축물이 실제로는 극장이었음이 밝혀졌다.[11] 새로 알려진 사실은 굉장히 중요했다. 왜냐하면 신전이 아니라 극장이 있었다는 것은 이곳이 도시의 일부였음을 암시하기 때문이었다. 이 도시가 바로 헤르쿨라네움Herculaneum이라는 것은 루푸스가 자신의 극장 이름을 테아트룸 헤르쿨라넨세Theatrum Herculanense라고 명명한 데서 확인되었다. 인근의 폼페이에 대한 발굴은 1748년에 시작되었다.

빙켈만은 헤르쿨라네움과 폼페이를 두 차례에 걸쳐 조사했다. 비록 빙켈만의 답사가 환영을 받지는 못했지만(발굴자들은 자신의 기술을 빙켈만이 도용할까봐 걱정했다) 빙켈만은 발굴 정책의 후원을 얻어 베수비오 화산 인근의 도시에서 큰 성과를 거두었다. 또 로마 귀족의 저택에서 더 중요한 것들을 찾아낼 수 있었다.[12]

세 번째로 그리스 정신의 부활을 이끌어내는 데 매우 중요한 업적으로 입증된 빙켈만의 저술은 이처럼 동시다발적으로 일어난 경쟁과 떠들썩한 발견이 배경이 되었다. 빙켈만의 첫 번째 저작은 나폴리 남부에서 발견한 것들에 대한 일련의 공개서한이었다. 두 번째는 빙켈만의 주저라고 할 수 있는 『고대 미술사』(1764)이며, 세 번째는 『미발표 고대 유물』(1767)이었다. 하지만 E. M. 버틀러가 지적한 대로 "빙켈만의 대표작은 그 무엇과도 견줄 수 없는 훌륭한 것이다. 왜냐하면 미술품을 인류 발달에 있어 유기적인 것으로 다룸으로써(이런 방식을 취한 것은 빙켈만이 최초다) 미술 연구에 일대 혁명을 일으켰기 때문이다."[13]

『고대 미술사』는 2부로 구성되어 있다. 1부는 좀더 개념적인 것으로 미술 자체의 현상과 '정수'를 검증하고 있다. 빙켈만은 대체로 1부에서 시대적 또는 인적 배경이 다른 미술품을 비교하고 있다. 2부에서는 특히 로마 시대 초기부터 쇠퇴한 후기 및 제국의 몰락에 이르기까지 그리스 미술의 전통이 끼친 영향에 집중했다. 빙켈만은 인상적인 결말에 이를 때까지 미술사의 '궤적'을 아름다운 필치로 추적하고 있다.

빙켈만은 비록 자신이 발견한 것들을 플리니(23~79)의 저술과 합치시키려고 최선의 노력을 기울이기는 했지만(79년에 나온 플리니의 『자연의 역사』는 지리에 대한 것뿐만 아니라 고대미술사에도 큰 관심을 보이고 있다), 자신의 주장을 뒷받침하기 위해 주로 나폴리 남부에서 새로 발굴한 조각상에 의존했다. 플리니는 고대 그리스에서 가장 뛰어난 예술가들은 기원전 5세기~기원전 4세기에 걸작을 창작했다고 주장했다. 그는 그리스의 조각가들이 페이디아스(기원전 480~기원전 430)가 최고의 권위를 누리던 기원전 5세기 중반에 고전적인 완성도에 이르렀다고 보았으며 알렉산더 대왕 이후 "미술 창작은 차츰 활력을 잃고 쇠퇴했다"고 말했다. 하지만 빙켈만은 나폴리 남부에서 발견한 것을 토대로 플리니의 견해를 수정했다. 빙켈만은 고도로 소박한 '초기 고전기' 양식이 페이디아스와 같은 예술가와 관계가 있다면, "아름답거나 우아한 후기 고전기 양식은 프락시텔레스와 리시포스 같은 후기의 대가와 관련이 있다"고 주장했다. 빙켈만은 한 양식에서 다른 양식으로 발전해간 과정, 즉 고대의 '딱딱한 특징'에서 '소박한 초기 고전기'를 지나 지나치게 정교하고 우아한 '후기 고전기'를 거쳐 쇠퇴하기까지를 진화의 단계로 파악했다. 이런 관점은 전 과정이 유기적이면서도 명쾌하며 일관된 체계로서 대부분 완벽한 대칭 현상을 이룬 것을 암시했다.[14]

빙켈만이 초기 그리스 걸작에 비해 뒤떨어졌다고 할 로마의 복제품을 증거로 사용한 것은 큰 문제가 되지 않았다. 문제는 고전기 학자들이 고대 미술의 융성과 쇠퇴에 대해 불분명한 태도를 보인 데 비해 빙켈만은 일련의 발전 단계를 명확하게 규정했다는 데 있었다. 여기서 더욱 중요한 것은, 고대 미술의 고전기가 다른 역사가들이 말하는 그리스의 황금기, 즉 기원전 5세기 초에 끝난 페르시아 전쟁에서부터 기원전 4세기 말의 마케도니아의 그리스 침략에 이르는 시기와 일치한다고 주장했다는 점이다. 이전에는 고대 유물을 언제나 아이코노그래피iconography*나 주제에 따라 분류했지만, 빙켈만은 제작된 시대와 관련지어 양식에 따라 분류했다. 이런 방식 때문에 감정鑑定에 대한 관점도 변했다.

빙켈만의 또 다른 개혁은 역사와 미학을 혼합했다는 점이다. "여기서 전통의 핵심을 완전성에 이르렀다고 추정되는 역사적인 영광의 순간과 일치시킨 것이다." 이처럼 빙켈만은 미술적 '완전성'을 역사적으로 특정한 시기

*고대 그리스와 로마 미술의 초상肖像을 연구하는 학문. 주로 초상의 주인공을 판정한다.

와 연결지었다. 그는 이전에는 존재하지 않았다는 것에 중요한 의미를 부여해 미술사를 바꿔놓았다. 이런 방식은 또 빙켈만 자신의 시대에는 어떤 진정한 부활도 거의 기대할 수 없다고 암시함으로써 미술사에 일시적인 관심을 불러일으켰다.[15]

이 가운데 바티칸에 있는 라오콘 군상群像에 대한 묘사가 가장 유명하다. "이 그리스 걸작품이 지닌 일반적이고 지배적인 특징은, 자세와 표현의 두 가지 면에서 우러나는 고귀한 단순함과 고요한 위대함*이다. 바닷물이 아무리 사납게 요동쳐도 바다 깊은 곳은 언제나 평온하듯이, 그리스인에 대한 표현은 아무리 강렬한 열정을 품었다고 해도 위대하고 위엄에 찬 정신을 평온하게 보여준다."[16] 이런 분석은 이후의 어떤 표현보다(아무리 적절하다고 해도) 훨씬 광범위한 영향을 미쳤다. 라오콘 상은, 특히 플리니가 언급한 것과 관련해 이것이 1506년에 로마에서 발굴되었을 때, 과거와 직접 연관이 있는 여러 요소에 그 중요성이 있다. 현재 바티칸에 있는 이 고전기의 대리석 상은 트로이 신관神官인 라오콘과 그의 두 아들이 사나운 뱀에게 공격을 받는 모습을 조각한 것이다. 많은 사람이 이를 두고 지나치게 긴장한 모습이라고 생각했다. 이에 대해 오늘날 우리가 어떤 반응을 보이든 간에 빙켈만은 이것을 고통을 '드러내는 힘'으로 보았다. 빙켈만의 해석이 매우 독창적이고 또 통렬했기 때문에 그는 하룻밤 사이에 전국적인 유명 인사가 되었다. "프로이센에서 프리드리히 대왕을 제외하면, 라이프니츠와 괴테 시대 사이에는 빙켈만이 독일에서 가장 유명한 인물이 되었다." 라오콘 상 자체가 이미 찬미의 대상이 되었으며 곳곳에서 화제를 몰고 다녔다.[17]

빙켈만이 주장한 것 중에서 고대와 근대 문화를 구분짓는 역사적 차이

*이 표현은 번역으로는 제대로 전달되지 않는다. 이 구절은 독일어인 edle Einfalt, stille Grö e가 더 잘 어울린다.

가 있다는 관점은 헤르더, 괴테, 프리드리히 빌헬름 슐레겔, 아우구스트 빌헬름 슐레겔, 그리고 헤겔에게 영향을 미쳤다. 말하자면 근대 문화는 사실상 "고대 그리스 문화의 총체성, 그리스 문화의 소박한 단순성과 흔들리지 않는 중심, 아무런 매개물 없이 자체의 본성과 연관된 그리스 문화에 대한 안티테제(반명제)"라는 것이다.[18] 우리가 동의하든 동의하지 못하든 빙켈만의 업적은, 미美를 단순한 장식품이 아니라 존재의 중심에 놓고 진지하게 생각했다는 점이다. 우리가 그리스의 이상이 우리 삶에 스며들어 영향을 준다는 점을 인정한다면, 빙켈만은 무엇보다도 위대한 미술 창작의 필요조건을 재생산할 수 있는 희망을 암시했다. 바꿔 말해 우리도 완전성에 도달할 수 있다는 것이었다.[19]

이 모든 것은 무척이나 자극적이었다. 조지 산타야나(1863~1952)의 방식으로 말한다면 "조각상의 감긴 눈은 너무도 순수했고, 접힌 대리석 주름은 너무도 순결했다."[20] 흉내 낼 수 없는 빙켈만의 스타일, 고결한 미의 힘이라는 빙켈만의 착상과 상관없이 그의 저술에서는 좀더 의미심장한 면을 엿볼 수 있다. 빙켈만은 그리스인의 삶이 지닌 다른 측면, 즉 비극적인 고통, 음란, 주지육림의 주신제酒神祭, 니체가 "디오니소스적"이라고 부른 모든 것을 완전히 무시했다. 그 이유는 오로지 빙켈만이 그리스 정신에서 찬미한 스토아 철학에 금욕주의의 특징이 있다는 것 때문이었다. 빙켈만이 볼 때 그리스 미술은 바로크식의 과잉이나 로코코식의 '향락과 방탕'과는 반대되는 것이었다. 빙켈만과 신흥 중산계급의 관점에서 로코코의 특징은 귀족의 퇴폐적인 생활이나 프랑스식 궁정 문화와 연관이 있었으며, 이는 프리드리히 대왕이나 독일의 지배 계층이 혐오하는 것이었다. 빙켈만은 황금기의 모든 시인과 사상가에게 모범이 되었으며, 이들이 국왕의 그림자 속에서 무언가를 성취하는 데 도움을 주었다. 말하자면 독일의 문화와 문화기관을 재편하도록 한 것이다. 그리스가 "힘도 없고 거의 쇠퇴한 국가"라는 사실에서 독일 교양시민Bildungsbürger의 마음을 사로잡는 영향력 있는 문화

유산으로 작용한 것으로 보인다. 거기에는 독일 자신의 고통과 똑같은 것이 담겨 있었기 때문이다.[21]

헨리 햇필드(1875~1962)는 "빙켈만이 주도한 '그리스 정신의 부활'이 독일 문학의 흐름을 대대적으로 변화시켰다"고 말했다. 그는 또 만약 빙켈만의 교훈과 본보기가 없었다면 레싱에서 현대에 이르기까지 대부분의 문호가 다른 방식으로 썼을 것이라고 지적했다. 빙켈만은 토머스 제퍼슨에 이르기까지 서구 역사 전반에 영향을 미쳤다고 해도 과언이 아니다. 그는 단순히 고전 고고학의 창시자라고 추앙받았을 뿐만 아니라 역사주의의 아버지 가운데 한 사람으로 인정받았다. 빙켈만은 헤르더의 역사관이 형성되는 데 도움을 주었으며, 헤르더는 빙켈만의 시각으로 역사를 기술했다. 친親그리스 정신Philhellenism이 학식을 갖춘 중산층이라고 할 교양 시민의 특징을 규정하는 배경으로 받아들여진 것이다. 그는 또 대학뿐 아니라 관료사회에도 영향을 끼쳤다. 헤겔이 볼 때 "빙켈만은 새로운 기관을 열고, 인간의 정신을 위해 사물을 완전히 새로운 시각으로 바라본 인물 중 하나였다."[22] 일부에서는 "1871년까지 그리스 선호 사상Graecophilia이 국가(독일) 유산의 일부가 되었다"고 말하기도 했다.[23] 괴테에게는 빙켈만이 콜럼버스와 같은 존재였다.

빙켈만이 트리에스테에서 칼에 찔려 잔인하게 살해된 사건은(토마스 만이 쓴 『베니스에서의 죽음』의 배경 중 하나가 된) 전 유럽의 지식인에게 충격을 주었으며, 그의 찬란한 업적에 어두운 종지부를 찍었다.[24]

독일에 가해진 그리스 문화의 폭력성

빙켈만의 명성은 그의 사후에도 식을 줄 몰랐다. 그에 대한 비판으로 가장 주목할 만한 것은, 아마 1777년에 고대 문화에 대한 빙켈만의 연구를 검증할 목적으로 카셀에 설립된 고대아카데미 내의 경쟁심에서 비롯되었을 것이다. 이 아카데미의 크리스티안 고틀로프 하이네는 고대 예술이 기원전 5세기에서 기원전 4세기까지 고전기의 단계에 따라 쇠퇴했다는 빙켈만의 주장은 관련 증거가 없다고 강력하게 비판했다. 그럼에도 불구하고 빙켈만의 견해는 건재했는데, 제2차 세계대전의 그림자가 어른거리던 1935년에 E. M. 버틀러가 발표한 『독일에 가해진 그리스 문화의 폭력성』에서 처음으로 입증되었다고 할 수 있다. 이 책은 레싱과 괴테, 실러, 횔덜린, 카를 프리드리히 싱켈, 카를 고트하르트 랑한스, 하인리히 슐리만, 프리드리히 니체, 슈테판 게오르게에 끼친 빙켈만이나 그리스의 영향을 검증하는 저술이다.[25] "만일 내가 어쩔 수 없이 1700년 이후의 독일 문학사를 써야 한다면 나는 이런 시각에서 쓸 수밖에 없다. 왜냐하면 내가 볼 때 그리스에 대한 빙켈만의 관점은 18세기 후반과 19세기 전체를 통틀어 독일 문학의 발달에 핵심적인 역할을 했기 때문이다. (…) 그리스는, 어떻게 알려졌든 그리스의 사상과 기준, 문학 형식과 형상, 그리스의 꿈과 비전을 전해주면서 근대 문명의 전체적인 흐름에 깊은 변화를 몰고 왔다. 그리스 정신이 개가를 이룬 최고의 사례는 바로 독일이다. 독일인은 노예처럼 그리스를 모방했다. 독일인은 그리스 문화에 완전히 사로잡혔다." 하지만 버틀러는 이런 식의 편파적인 현상을 건전하게 생각하지 않았다. "오직 자국 문화에 내심 불만을 품은 사람들 사이에서만 외국의 이상에 집착하는 태도가 오랫동안 이어졌다"는 것이다.[26] 한편 헨리 햇필드는 이런 주장에 동의하지 않았다. 햇필드는 저서 『독일 문학에 담긴 미학적 이교도 정신』(1964)에서 "『파우스트』에서 『마의 산』에 이르기까지, 빙켈만에서 릴케까지, 괴테에서 슈테판 게오르게까지 독일의 대작가 대다수가 상당히 '그리스 문화에 심취한 자 Hellenist'였다"고 말했다.[27]

'다재다능한' 인물들의 귀환

빙켈만이 독일의 페트라르카에 견줄 만한 존재였다면 르네상스 시대의 인물로 북방의 마르실리오 피치노(1433~1499)*에 비견될 만한 사람은 고트홀트 에프라임 레싱(1729~1781)이다. 피치노는 철학을 비롯해 기독교 정신, 천문학, 마술, 수학에 이르기까지 모든 주제에 대해 글을 썼다. 레싱은 일반적으로 독일 근대문학의 기초를 다졌다고 여겨진다. 그는 골동품 연구가, 철학자, 문헌학자, 신학자로서 독일에서의 세 번째 르네상스에 특징을 부여한 최초의 "다재다능한 인물"이었다고 말할 수 있다. 레싱은 무엇보다 우리가 탐험하려는 18세기 독일에서—또 전 유럽에서—새로운 것, 새로운 세계에 대한 상징이었다. 이런 시각은 레싱이 독일의 유명 작가 중 글을 써서 생계를 유지한 최초의 인물이었다는 사실에서 여실히 입증된다.

1729년에 드레스덴 동북쪽 카멘츠에서 태어난 레싱은 열두 자녀를 둔 목사의 아들이었다. 형제 중 다섯은 어렸을 때 죽었다(당시에는 이런 일이 흔했다).[28] 레싱은 어려서부터 유난히 책을 좋아해서 여섯 살 때 손에 새장을 그려주겠다는 제안을 거절하고 책을 그려달라고 말했다는 일화가 전해진다. 그는 1746년에 라이프치히 대학에 입학했다. 당시 '작은 파리'로 알려졌던 라이프치히는 유행의 중심지로서 출판업이 성행했다. 라이프치히는 요한 크리스토프 고트셰트가 독일학회에서 독일어 순화 개혁을 추진한 곳이기도 하다.[29]

자신의 목소리로 글을 쓴 창조적인 독일 작가 1세대가 등장한 때가 바로 1750년 무렵이라는 사실을 떠올릴 필요가 있다. 이들 중 가장 유명한 사람은 레싱보다 조금 앞선 프리드리히 고틀리프 클롭슈토크(1724~1803)다. 1748년 클롭슈토크는 세 편으로 구성된 최초의 종교 서사시인 「메시아」를

*이탈리아의 의사, 인문주의자, 철학자.

발표했다.[30] "놀라울 정도로 힘차고 자기 단련과 풍부한 상상력"을 보여주는 이 세 편의 서사시는 독일 독자들에게 엄청난 반향을 불러일으켰다. 오늘날의 정서에 비춰 볼 때 이 작품은 18세기 중엽의 천재 이론이라는 배경에서 신성神性에 대한 천재의 관점으로 읽어야 한다.[31] 고전적인 형식을 갖춘 「메시아」는 실제 이야기를 곳곳에 배치해 종교에서 과학으로 그리고 추상적인 철학으로 주제를 바꿔나간다. 전체적인 흐름은 시인도 메시아처럼 열광과 믿음을 불러낼 수 있음을 보여주려는 목적—단 하나의 목적—이 탁월한 언어로 뒷받침되어 있다.

클롭슈토크 역시 다재다능한 인물이었다. 그는 괴테와 같은 젊은 작가에 대해 느낀 강렬한 인상을 담은 「독일 학자 공화국」(1774)이라는 논문에서 '학문 공화국'에 대한 자신의 비전을 전파하고 있다. 무엇보다 그리스어의 헬리콘 산Helicon*에 해당되는 독일어 Hain(숲)과 grob(거친)라는 비유에서 클롭슈토크의 표현을 읽어낼 수 있다.[32] 이런 발상에 고무된 괴팅겐 대학의 수많은 젊은 작가는 '숲의 시사詩社, Hainbund'라는 모임을 결성하고 여기서 자연과학과 사회과학, 문학, 예술을 똑같은 수준에 놓고 토론했다.

비록 레싱이 고트셰트와 클롭슈토크에게 관심을 갖기는 했지만—부분적으로는 자극을 받기도 했다—정작 레싱을 극장에 소개한 사람은 그리 유명하지 않은 사촌 크리스틀로프 밀리우스였다. 레싱이 초기에 쓴 여러 편의 희곡은, 그가 난도질하듯이 쓴(종종 명문도 등장한다) 기사와 희곡을 다루기 위해 야심차게 창간한 계간지 때문에 그늘에 갇혀 있었다. 그 결과 레싱은 신문 『베를리니셰 프리빌레기어르테 차이퉁』(나중에 『포시셰 차이퉁』으로 유명해진)의 비평란 기자 자리를 얻었다.[33] 고정 수입원이 생기자 레싱은 희곡 집필을 그만두고 비평에만 전념했다. 그는 이 일을 하면서 다재다능한 두 명의 친구 프리드리히 니콜라이(서점상, 편집자, 출판업자, 작

*아폴로와 뮤즈가 살았다는 전설의 산으로 시적 영감을 뜻한다.

가, 철학자, 풍자가)와 모제스 멘델스존(프리드리히 대왕이 쓴 시까지도 비평을 서슴지 않던 비평가, 수학자, 철학자)과 교제했는데, 이들 세 사람은 이내 베를린에 화제를 뿌려나갔다.

시간이 흐르면서 레싱은 평범한 독일 문학의 수준을 높이고자 다섯 개의 정기간행물에 손을 대기 시작했다.[34] 그는 빙켈만을 연구하면서(그리스 미술에 대해 빙켈만이 내린 결론에는 대체로 동의하지 않았다) 고고학에 빠져들었고, 특히 미술과 시의 결정적인 차이라고 판단되는 것을 집중적으로 연구했다.[35] 레싱은 1765년 함부르크에 새로 설립된 극장의 극작가 겸 고문으로 일할 기회를 얻었다. 극장이 문을 연 것은 1767년 4월이었는데, 이때는 레싱이 연극에 대한 일반인의 관심을 불러일으킬 목적으로 네 번째 계간지 『함부르크 희곡론』을 창간한 시점이었다. 이 희곡론(연극론)에서 가장 눈길을 끈 레싱의 주제는, 관객과 가까운 환경에서 사는 사람들의 이야기가 관객에게 호소하는 힘이 가장 크다는 것이었다. 그는 왕이나 왕자가 무대에 등장하면 비록 위엄은 있을지 몰라도 친밀도가 떨어져 동질감을 불러일으키기 어렵기에 당연히 호소력도 떨어진다고 주장했다.[36]

극장 일이나 『희곡론』도 사실 레싱이 기대한 만큼의 성공을 안겨주지는 못했다. 이때의 좌절감은 고대 유물을 조사하기 위해 떠난 이탈리아 여행에서 에바 쾨니히를 만나 결혼함으로써 가라앉았다. 그렇지만 1778년 1월, 에바가 출산한 지 5일 만에 숨을 거두었고 아이도 하루 만에 세상을 떠나고 말았다.[37] 깊은 실의에 빠진 레싱은 일생일대의 커다란 곤경에 처했다. 그 전해에 레싱은 다섯 번째 계간지인 『역사와 문학론』에 헤르만 라이마루스의 『신에 대한 이성적 숭배를 위한 옹호』를 발췌해 싣기 시작했다. 함부르크의 명망 있는 교사였던 라이마루스는 이 원고에서 예수는 "고상한 정신을 지녔지만 무분별한 선동가"였고, 부활은 제자들이 꾸며낸 이야기에 불과하므로 기독교 교리는 근본적으로 사기에 기반한다고 주장했다. 문제는 레싱이 이 원고가 출판되기를 원했음에도 라이마루스는 사회 분위기가 좀더 누그러진 뒤에 발표하자고 주장한 데 있었다. 두 사람은 책이 출판되면 보복이 뒤따르리라는 것을 잘 알고 있었다. 그래서 결국 저자를 익명으로 하되 몇 회에 걸쳐 나누어 발표했다.[38] 실제로 『옹호』는 정통 프로테스탄트 쪽의 거센 반발을 불러일으켰다. 지적인 논리로는 레싱을 이길 수 없다고 생각한 적대자들은 레싱이 살고 있는 집 주인인 브라운슈바이크 공작에게 레싱의 작품을 검열하라고 끈질기게 졸라댔다. 공작의 재정적인 도움을 받고 있던 레싱은 하는 수 없이 이들의 요구에 따라야만 했다.

레싱은 커다란 타격을 입었지만 이 와중에도 라이마루스의 딸과 편지를 주고받으면서 초기 작품을 쓸 때 구상한 것을 되살려보려고 애썼다. 이렇게 해서 나온 것이 1779년에 출간된 레싱의 걸작 『현인 나탄Nathan der Weise』이다.

"레싱의 걸작 중 걸작"이라는 평판을 듣는 이 작품은 괴테와 실러가 등장하기 10년 전에 무운시無韻詩로 쓴 것이다.[39] 줄거리는 보카치오의 우화에 나오는 반지를 가진 아버지에서 따왔다. "이 반지를 낀 사람이 반지의 능력을 믿는다면 힘을 얻으며 신과 사람들에게 사랑을 받는다"[40]는 줄거리인데, 여기에 등장하는 아버지에게는 사랑하는 아들 삼형제가 있었다. 아버지는 마지못해 진품과 똑같이 생긴 반지 두 개를 더 만들어 세 아들에게 하나씩 나눠주었다. 아버지가 세상을 떠난 뒤 삼형제는 서로 자기가 가진 반지가 진품이라고 생각했다. 이 일로 불화가 생겨 재판관의 판결을 요구하게 되자 현명한 재판관은 어떤 반지도 진품이 아니라는 판결을 내렸다.

『현인 나탄』은 십자군이 원정 중이던 팔레스타인 지방을 배경으로 삼고 있다. 우선 기독교도인 성전기사단원과 유대인의 양녀인 여자가 등장한다. 두 사람은 서로 남매라는 사실을 모른 채 사랑에 빠진다.[41] 이내 혈연관계가 밝혀져 결혼으로 이어지지는 않지만 이들은 아버지가 이슬람교도인 살라딘의 형제라는 사실을 알게 된다. 살라딘은 사실 보카치오의 작품에 등장하는 세 아들 중 한 명이다. 작품의 주인공은 살라딘과 유대인인 나탄,

기독교도인 성전기사단원 세 사람이다. 살라딘이 나탄에게 3대 종교 중 어느 것이 진실한 종교인지 묻자, 나탄은 대답 대신 세 개의 반지 이야기를 들려준다. 전체적으로 줄거리가 뒤틀리기는 했지만 나탄은 관용적이고 이해심 깊은 현인으로 묘사되어 있다. 자부심이 강하면서도 고상한 성격의 살라딘은 나탄의 됨됨이를 알아본다. 누구보다 상대를 경멸하고 특히 유대인에 대해 냉혹한 인물은 기독교도다. 인물들의 엇갈린 운명 때문에 마침내 성전기사단원의 차가운 마음도 풀린다. 그렇다고 기독교의 주도적 지위까지 바뀌는 것은 아니었다. 이 희곡의 요점은 레싱이 세 부류의 인간이 있다는 것을 보여준 데 있다. 즉 도덕적인 말을 늘어놓지만 도덕적인 판단력은 없는 사람, 올바른 행동을 알면서도 실천하지 않는 사람, 그리고 무엇이 옳은지 알고 이에 따라 행동하는 사람이다. 레싱이 특히 증오한 부류는 중간 유형이었다.[42]

레싱은 괴테 이전의 독일 문단에서 대표적인 인물로 주목받았다. 그의 희곡은 고질적으로 변방의 수준을 맴돌던 독일 문학에 종지부를 찍었다. 특히 그가 고트셰트에게 보낸 편지에서 장 라신과 피에르 코르네유, 볼테르를 한데 묶어 "노예적 집착"이라고 표현한 데서 드러나듯이, 프랑스 문학이 독일 문학의 모태라는 인식을 뿌리 뽑았다. 셰익스피어가 훨씬 더 훌륭한 모범이 된다고 보았던 그는 『오셀로』 『리어왕』 『햄릿』이야말로 소포클레스의 희곡만큼 정서적 충격을 몰고 온 최초의 근대극이라고 주장했다. 레싱은 또 중세 이래 독일 민중에게 인형극으로 잘 알려진 파우스트 박사 이야기가 셰익스피어의 연극에 적합하다고 말하기도 했다. 이런 생각은 "18세기 말에 이르러 괴테와 실러가 주도한 바이마르 고전주의가 꽃을 피우는 데 토대를 마련했다."(본래의 「초고 파우스트Unfaust」는 괴테가 1772~1775년에 썼지만 19세기 후반에 가서야 발견되었으며 완성작도 아니었다. 하지만 『파우스트, 비극 제1부』는 현재 독일 문단에 혁신적인 변화를 몰고 온 결정적인 작품으로 인식되고 있다).[43]

특히 레싱이 아주 꼼꼼하게 복음서를 연구한 것은, 성서의 원전을 과학적으로 냉정하게 검증한 최초의 학문적 개가였다. 한 비평가의 표현을 빌리면, 레싱은 "루터와 니체 시대 사이의 독일 사상 및 문학사에서 가장 경이로운 인물"이었다.[44]

근대 학문의 기원

이제 빙켈만의 이론을 결정적인 제도 개혁으로 이끈 두 인물에 대해서 살펴볼 차례다.

오늘날 우리가 생각하는 고전 연구는 상당 부분 프리드리히 아우구스트 볼프(1759~1824)의 노력과 '단호한 의지'에 힘입어 발달한 것이다. 19세기의 고전 학문은—묄렌도르프(1848~1931)가 말한 대로 "학문으로 고대 세계를 정복한"—볼프에 이르러 제대로 출발할 수 있었다. 볼프는 신학적 훈련이 될 것이라는 당초의 예상을 깨고 고전 연구를 교회의 통제에서 벗어나게 만들었다. 볼프는 최초의 근대 문헌학자는 아니지만 문헌학의 위상을 학문의 새로운 여왕으로 끌어올린 인물이다. 앤서니 그래프턴(1950~)은 볼프가 1796년에 발표한 '호메로스 연구'를 가리켜 "고전학의 독립 학문 선언"이라고 일컫기도 했다.[45]

1759년에 교사의 아들로 태어난 볼프는 여섯 살 때 그리스 고전을 읽었으며, 프랑스어보다 라틴어를 더 좋아했다. 괴팅겐에 살았던 볼프는 당시 가장 유명한 고전학자였던 크리스티안 고틀로프 하이네와 멀리 떨어져 있었다. 그렇지만 학문에 전념하는 노대가의 태도를 그대로 따랐다. 하이네가 그랬던 것처럼 볼프도 6개월 동안 1주일에 이틀만 자면서 가능한 한 빠른 속도로 자신이 좋아하는 고전 작가들을 깊이 탐구했다. 그는 졸음을 참으려고 두 발을 찬물에 담근 채 연구에 몰두하는가 하면 눈의 피로를 덜기 위해 한쪽 눈에 붕대를 감고 번갈아 썼다고 한다. 그리고 빙켈만처럼 발에 나무토막을 매달기도 했다.

볼프의 이러한 노력은 마침내 빛을 보았다. 1783년에 볼프는 스물네 살이라는 젊은 나이에 할레 대학에서 교육 및 철학 교수로 와달라는 제안을 받았다.[46] 그는 세미나의 발상지인 할레 대학에서 자신을 고전 전문가에 빗대어 소개했다. 세미나 교수법이 큰 성공을 거두자 이는 19세기에 신설된 독일 대학들의 모범이 되었다. 수잰 마천드는 볼프가 "자기 단련과 이상적인 태도, 고매한 품성"을 주입하는 데 문헌 연구가 지닌 힘을 크게 확신했으며, 이런 확신은 19세기 내내 국가 공무원과 전문직 사이에 퍼져나갔다고 말한다.

볼프의 저작 중 널리 알려진 『호메로스 서론』(1795)과 『고전학 개요』(1807)는 특별히 독창적이진 않았지만, 심혈을 기울여 원문을 해석함으로써 호메로스와 그 시대에 두드러진 상식적인 생각과 일치시켰다. 이는 문헌학의 전문 지식이 철학적 지식보다 우위에 서는 계기가 되었다. "(볼프는) 그리스적 사고에 접근하려면 언어학과 문법, 세밀한 철자법에 집중해야 한다는 것을 보여준 최초의 학자였다."[47]

볼프는 호메로스의 시가인 「피시스트라투스Pisistratus」가 아테네에서 독재를 펼치던 기원전 6세기 중반에 쓰였다는 자신의 주장을 뒷받침하기 위해, 초기 시의 원고 전편全篇이 어떻게 가필되었는가를 보여주었다. 볼프는 이를 위해 언어학적으로 변화한 증거를 제시했으며 무엇이 빠졌는가를 연구함으로써('침묵의 논증') 예를 들어 고전 주석자들이 호메로스의 시에 아무런 언급도 하지 않았다고 결론내렸다. 이 과정에서 볼프는 자신의 방법을 개방해 그가 아는 것과 단순히 짐작하는 것의 차이를 인정했고, 신뢰하는 것과 신뢰하지 않는 것을 구분했다.[48]

볼프는 『고전학 개요』에서 그리스와 로마의 고전을 구분하는 한편, 이집트와 이스라엘, 그리고 페르시아의 고전도 구분했다. 그는 그리스와 로마의 고전만이 "고도의 정신문화"를 소유했으며, 자신이 '동방Orientals'이라고 일컬은 나머지에 대해서는 단순히 "치안으로 유지되는 문화 또는 문명"에 지나지 않는다고 분명히 밝혔다. 그는 또 문화가 "고매한 인식과 지식"을 발전시키려면 "안전성과 질서, 여유"가 뒷받침되어야 하며, 이런 요소는 그리스와 로마 외의 고대사회에서는 나타날 수 없었다고 생각했다. 특히 문화에 활력을 불어넣은 것은 문학이었다. 문학은 자유롭고 속박받지 않는 국가의 산물이었다. 따라서 볼프의 관점으로는 그리스·로마 문명만이 고대정신Altertum을 구성하는 요소였다. 이집트와 이스라엘, 그 밖의 지역은 '야만적Barbari'이었다.[49] 그는 완전한 형식을 갖춘 고고학Altertumswissenschaft은 문법에서부터 금석학, 고대 화폐학, 지리학 등 24개 분야를 포괄하며, 이 분야는 모두 원전의 완벽한 이해를 위해 필요하다고 여겼다.

볼프는 학자로서 최고의 명성을 누렸으며 괴테도 그의 강의를 들었다. 그는 1796년 네덜란드의 레이던 대학에서 교수직에 이어 고전학부의 책임자로 와달라는 제의를 받았지만 이 제안을 거절하고 이후 프랑스군이 베를린을 점령해 세상이 바뀔 때까지 10년 동안 할레 대학에 머물렀다. 이때는 분명히 재난의 시기였지만 3년 뒤 신설된 베를린 대학에서 최초의 고고학부 교수직을 제안하자 볼프는 이를 수락했다.

수잰 마천드는, 볼프가 문헌학에서 전문성을 추구한 것은 "1800년 이후 대학 공동체가 분위기를 전환시키는 데 기여했다"고 주장한다. 이는 학문에서 중요한 개혁이었다. "볼프가 집요하게 보인 '사심 없는 청렴성'과 학자적 자율성은 문헌학과 고고학에 일종의 '사회적 격리 정신'을 불어넣었다. 이런 태도는 18세기 학자들에게서는 보기 드문 점이었다. 당시 학자들은 다수가 귀족의 후원을 받거나 대학 바깥에서 다른 직업에 종사하기도 했다. 또 18세기에는 독립된 연구보다 강의 기술로 교수를 평가하는 풍조가 퍼져 있었다."

빙켈만은 그리스와 독일의 차이보다는 그리스와 근대사회를 비교하는 데 더 큰 관심을 보였다. 그러나 프랑스와의 전쟁이 발발하자 모든 것이 변했다. 고대 아테네가 겪었던 고난과 다름없을 만큼 독일이 전국적인 패배를 겪는 가운데 외국군에 의해 점령된 국토는 정치적으로 갈가리 찢어졌다. 하지만 고통을 받을수록 단일 언어로 결합한 우월한 문화(로마에 비해)를 갖는 것이 더욱 타당하게 여겨졌다. "1806년의 예나 전투에서 프로이센이 패배하자 독일의 친親그리스 주의는 중대한 변화를 겪었다. 반反귀족적 성향은 자국 내에서 정서적인 내전內轉, pronation으로 바뀌고 교양Bildung에 기초한 새로운 교육 형태가 나타났다. 이 흐름은 현 상태에서의 평화로 고착되었다."[50] 혈통이나 신분 대신 신흥 교양시민계급의 기본적인 믿음인 신인문주의의 시각에서 문화적인 소양에 따라 개인을 평가하게 된 것이다.

빌헬름 폰 훔볼트는 볼프의 절친한 친구였다. 훔볼트는 고대 연구에서 볼프와 견해를 같이했다. 훔볼트에게는 고전 문헌 연구가 좀더 인상적인 과거의 지식인들을 만나는 수단이며 "심성을 단련하는" 길이었다. 역시 훔볼트와 가까이 지냈던 실러는 볼프와 함께 18세기 말과 19세기 초의 사회적 분열을 치유하는 데 고대 그리스가 적절한 영향을 줄 수 있다고 훔볼트를 설득했다. 1802년 훔볼트는 교황청 주재 프로이센 대사로 임명되면서 로마의 유적 속에서 생활할 기회를 얻었다. 이 일은 예나에서 나폴레옹 군대에게 완패한 데 자극을 받은 프로이센이 수많은 개혁 조치를 시작한 1808년과 직접적인 관련이 있다. 1806년에서 1812년까지 지속적으로 전개된 개혁은 두 명의 정력적인 귀족인 하르덴베르크(1750~1822)와 알텐슈타인(1770~1840)의 후원 아래 추진되었다. 가장 중요한 개혁 조치는 농노해방과 유대인에 대한 제한적 시민권 부여, 분명한 경제 개혁과 관료사회의—훔볼트 자신이 속한—재정립이었다. 교육과 교회를 담당할 내무부가 새로 설치되었고, 하르덴베르크와 알텐슈타인의 친구였던 훔볼트가 장관직에 취임했다. 이때까지 독일의 교육 기관은 교회의 지휘를 받았지만 하르덴베르크와 알텐슈타인은 국가와 학교 사이에 새로운 관계를 정립할 필요가 있다고 확신했다.[51] 훔볼트는 각종 학교와 대학, 미술 및 과학아카데미, 문화기관, 왕립극장에 대한 지도와 감독을 맡았다. 이 모든 기관이 훔볼트에게는 무척 소중한 것이었다. 이제 훔볼트는 자신이 세운 교육적 이상의 후원자 겸 수호자가 되었다.

훔볼트는 재정을 중앙으로 일원화하는 근본적인 개혁 조치를 단행했다. 그는 대학에 입학하려는 모든 학생에게 요구되는 자격시험으로 아비투어Abitur 제도를 도입했다. 아비투어는 주로 그리스어와 라틴어 문장의 번역 능력을 시험하는 것이었다. 더욱이 훔볼트는 김나지움(독일의 인문계 중고등학교)으로 알려진, 고전어를 가르치는 특수 유형의 학교에서만 아비투어를 실시하게 하는 특권을 부여했다. 김나지움에서만 대학 입학을 위한 학생 지도를 할 수 있었는데, 이 제도는 이후 거의 100년 동안 지속되었다. 훔볼트가 추진한 개혁은 1810년에 개교한 베를린 대학을 설계할 때 절정에 달했다. 그는 뮌히하우젠의 주도 아래 괴팅겐 대학에서 시작된 개혁 조치를 강화해 언어학, 순수철학, 자연과학이 소속된 베를린 대학 철학부의 위상을 의학이나 법학, 신학과 같은 '실용' 학문보다 우위에 두었다. 훔볼트는 여기서 그치지 않고 철학부 내에서도 인문과학을 자연과학보다 더 중시했다. "그렇지 않으면 자연과학이 어리석은 경험론에 빠지지 않을까 염려"했기 때문이다. 그는 또 고액의 급여를 지급해(다시 뮌히하우젠의 저서를 본보기로 삼아) 전 분야에 걸쳐 젊고 명석한 학자들을 베를린 대학으로 속속 불러들였다. "베를린 대학은 이내 연구하는 대학Arbeitsuniversität이자 볼프와 훔볼트 자신을 포함해 반사회적이며 근면하고 성숙한 학자들의 기관이 되었다."[52]

훔볼트는 장관직에 오래 머물지 않고 1810년 6월에 물러났다. 그래도 이때까지 베를린 대학과 아비투어, 김나지움을 바탕으로 '프로이센 국가의 문화철학'이라 할 수 있는 신인문주의자의 교양을 만들어냈다.

훔볼트는 교양이 무엇인지 정확하게 이해하고 있었다. 그는 개인의 내면에서 발달하는 사회적 도덕성은 자연에서의 무지 상태와 미성숙 단계에서 출발해 '자기 의지를 소유한 시민정신'으로 발전하는, 개인의 '자기 형성 과정'에 달려 있다고 생각했다. 조화로운 시민정신과 국가에 대한 충성심을 공유하고, 교육으로 인간 정신을 해방시킨다는 믿음은 자유(내면의)와 '자발적인 시민정신'을 기르는 진정한 통로였다. 이 믿음은 인류평등주의인 동시에 엘리트주의였으며, 이런 역설은 기대했던 것보다 훨씬 더 광범위하게 퍼져나갔다.[53]

부분적으로 볼프와 헤르더의 영향을 받은 훔볼트는 교육의 주된 초점을 언어에 맞춰야 한다고 구체적으로 강조했다. 또한 언어의 형태와 구조가 바로 국가의 성격을 드러낸다고 주장했다. 따라서 훔볼트가 볼 때 교양은 오직 언어의 이해와 같은 그리스 문헌의 연구로만 달성할 수 있는 것이었다. 훔볼트는 교양의—진정한 (내면의) 자유로서—세 가지 요소에는 무목적성Zwecklosigkeit(비공리적인 의미에서), 내향성Innerlichkeit, 학술성Wissenschaftlichkeit이 포함되어 있다고 생각했다. 김나지움의 모든 학생(남자)은 이런 역사적, 문헌학적인 학문 형태를 받아들여야 했다.[54]

훔볼트는 성공을 거두기도 하고 실패하기도 했다. 1835년 훔볼트가 세상을 떠날 때까지 고전문헌학을 전문화된 인문과학의 토대로 인식한 볼프의 생각이 널리 퍼져나갔다.[55] 19세기에 접어들면서 독일의 학문이 세계적인 선망을 사게 되었는데, 많은 분야가 고대 그리스와는 별 관계가 없는 것으로 나타났다. 하지만 독일의 학문이 성공을 거두기까지 토대가 된 방법론은 훔볼트와 볼프, 궁극적으로는 빙켈만까지 거슬러 올라갈 수밖에 없었다.

제4장

종이 시대
최고의 창작물

15세기 이탈리아 르네상스의 전성기 때에는 피렌체 시내에 있는 베키오 다리에서 인파를 헤치고 산마르코 광장까지 걸어가려면 20분이 걸렸다. 바로 이 구역 안에 9만5000명이 북적대며 모여 살았다.[1] 오늘날의 기준으로 볼 때 르네상스 시대의 피렌체는 대도시가 아니지만 독일의 르네상스에서 비슷한 역할을 한 것으로 보이는 바이마르는 이에 비하면 초라할 정도로 작았다.

18세기의 바이마르를 가까이서 들여다본다면, 600~700호에 이르는 주택과 집 주위를 둘러싼 담, 그 위로 솟아오른 두세 곳의 교회와 공작의 성이 눈에 들어올 것이다(15세기의 피렌체에는 대성당 하나와 110곳의 교회가 있었다).[2] 바이마르에는 '황태자와 코끼리Erbprinz&Elefant'라는 간판을 단 여관이 두 곳, 제대로 모습을 갖춘 상점이 세 곳 있었다. 밤이 되면 500개의 등불이 길의 어둠을 밝혔지만 유지비용이 많이 들어 등불을 모두 켜는 일은 드물었다.[3] 1786년 대략 6200명의 인구 중 2000명은 조신朝臣, 관리,

군인, 고용인 등 조세 수입으로 유지되는 인력이었다.[4] 무역업이나 관광객은 없었고 물론 공장도 없었다. 스타엘 부인이 바이마르를 "소도시라기보다 거대한 저택"이라고 생각한 것도 결코 놀랄 일이 아니다.[5]

규모가 작고 실제로 별 매력도 없었지만(하수시설도 아주 원시적이었다), 바이마르는 수도였으며 궁성이 있었다.* 이 궁성 최초의 '스타' 또는 '뮤즈muse'(괴테의 표현)는 브라운슈바이크 공국의 공주인 아나 아말리아였다. 1756년에 아직 소녀였던 아말리아는 당시 열여덟 살밖에 안 된 바이마르의 에른스트 아우구스트 콘스탄틴 공과 결혼했다. 콘스탄틴의 작은 공국은 규모가 보잘것없어 북으로는 발트 해, 남으로 알프스에 이르는 지역에 산재한 그만그만한 300개의 독립체 가운데 하나에 지나지 않았다.[6] 바이마르 지역은 실제로 바이마르 공국과 아이제나흐 공국, 이전의 예나 공국, 일메나우 기사단 영지로 이뤄져 있었고, 네 지역은 서로 다른 조세 제도를 유지하고 있었다.

결혼할 당시 아나 아말리아는 열일곱 살도 안 됐고 남편도 채 열아홉이 되지 않았다. 바이마르 공은 결혼한 지 2년 뒤 사망했는데, 당시 아들인 카를 아우구스트를 뱃속에 잉태하고 있었다. 아말리아는 아들이 성년이 될 때까지 섭정을 했다. 그녀는 아들이 즉위할 때까지 19년 동안 궁정의 분위기를 일신해 훗날의 발전을 위한 토대를 닦았다. 아말리아의 어머니는 프리드리히 대왕의 누이로서 대왕처럼 예술과 문학, 연극을 중요시했다.[7] 아말리아를 처음 본 실러는 그녀의 생각이 매우 한정되어 있기는 하지만 경쟁관계에 있는 인근의 궁정을 따라잡으려고 노력한다는 점을 간파했다. 아나 아말리아는 배우단團을 시작으로 음악가, 문인들을 바이마르로 불러들였다. 그녀가 바이마르로 불러들인 문인 중에 세계적인 명성을 떨친

---

*18세기의 독일은 통일된 국가가 아니라 각 지역을 다스리는 제후가 정치적으로 독립해 군주나 다름없었다.

것으로 평가되는 인물은 네 사람이다. 그중 첫 번째가 크리스토프 빌란트(1733~1813)였다.

1772년, 열다섯 살이 된 카를 아우구스트의 개인 교사로 임명된 빌란트는 그때 이미 독일의 대표적인 작가 중 한 사람이었다. 그는 중산층 출신으로(아버지는 목사였다), 귀족과 중산층의 이런 결합은 은연중에 훗날 '바이마르 고전주의'•라 알려지는 두 문화 집단의 혼합이 이뤄지게 되는 계기로 작용했다. 사회적 신분이 낮은 작가라고 해도 파리나 런던이라면 그런대로 생활할 수 있었지만 독일에서는 사회적 신분을 더 엄격하게 구분했다. 그러므로 바이마르가 이끈 모든 변화 가운데 사회적인 변화는 특히 중요한 의미를 지닐 수밖에 없었다.

빌란트의 초기 작품은 내로라하는 바이마르의 귀족 사이에서 자신의 성가를 높이는 계기가 되었다. 빌란트는 고향인 뷔르템베르크 비베라흐에서 추밀원 의원을 맡았으며, 에르푸르트(중부 독일의 튀링겐 소재) 대학의 철학 교수였다. 빌란트는 자신의 소설인 『황금 거울』(1772)에서 『페르시아인의 편지』*가 보여줬던 유의 정치철학을 제시했다. 『황금 거울』은 동방의 문화로 위장해 당시 유럽의 세태를 비판했다(이런 흐름은 프랑스에서 시작되었다). 이 소설은 특히 군주를 위한 교육과 역사의 중요성을 강조했다. 하지만 빌란트에게 명성을 안겨준 작품은 『아가톤의 이야기』(1766~1767)다. 소설에서는 개인적인 경험을 계기로 젊은 날의 지나친 정신적 '열광'이 어리석었음을 깨달은 젊은 남자가 화자로 등장한다. 이 소설은 나름대로 기본적인 교양Bildung을 제재로 삼은 최초의 작품이라 할 수 있다. 빌란트의 업적은 바로 이 교양의 개념을 일찍 간파한 데 있었다. 수많은 계몽주의자가 겪은 신앙심의 상실은 프랑스나 영국보다 독일에서 더 강했던 듯하다. 빌란

*프랑스의 정치 상황과 종교 실태를 풍자한 몽테스키외의 저작.

•고대의 고전주의classicism와 구분하기 위해 클라식Klassik이라고 한다.

트는 영국 섀프츠베리 백작(독일에 큰 영향을 준)의 예에 따라 사람은 회의론 시대에도 지식과 예술, 성찰을 통한 정신세계의 확대를 위해 살 수 있으며, 이렇게 해도 계속 전통적인 의무를 완수할 수 있다고 믿었다.[8]

빌란트는 1772년 9월에 바이마르에서 카를 아우구스트를 가르치는 일을 맡은 즉시 이 기본적인 직무 외에 새로운 월간 문예지인 『독일 사자使者, Der Deutsche Merkur』의 발간을 준비했다. 『독일 사자』는 1773년에 창간호가 나오자마자 성공을 거두었다. 이 잡지는 이후 40년 가까이 중부 독일에 문학적인 풍토를 조성했다. 빌란트는 이 과정에서 규모가 작은 바이마르를 문화의 수도로 만들었다. 빌란트의 세계관은 당시 생존한 프리드리히 대왕과 비슷했다. 빌란트도, 독일은 현대적인 표현으로 '고전'의 체계를 갖추고 있던 영국 같은 나라와는 전혀 다르며 기호taste의 측면에서 "고질적인 불확실성"을 보여준다고 생각했다. 빌란트는 후기고전기 세계의 관점으로 '고전'이 무엇인지를 보여주기 위해 셰익스피어의 몇몇 희곡작품을 번역하고 출판했다.[9]

빌란트는 언제나 연극이 지닌 문화적 중요성을 확신했다. 그는 고대에 연극 무대가 고대 그리스의 정치적인 기관 역할을 했다는 점을 지적했다. 자신의 시대와 유럽의 계몽된 비非절대주의적 지역에서 연극 무대야말로 "모든 사람의 사고와 예절에 지대한 영향을 미칠 수 있는" 도덕적 장치라는 것이 빌란트의 생각이었다. 연극에 대해서 여전히 교회 등 반대 세력과 논쟁을 벌여야 하는 시기에 빌란트가 글을 썼다는 사실을 기억해야 한다. 다른 사람의 생각은 달랐을지 모르지만, 빌란트는 극장을 사람들이 공유하는 공간에서 새로운 생각을 경험할 수 있는 현장으로 받아들였다(바로 이 점이 교회와 그 밖의 권력 당국이 연극을 반대한 이유 중 하나였다). 연극은 베네딕트 앤더슨이 말한 대로 '상상의 공동체'가 활동하는 기초를 확립하는 데 도움이 되었다. 연극은 중산층으로 하여금 자의식과 자신감에 불을 지필 수 있도록 도와준 것이다.

빌란트는 다른 많은 사람과 마찬가지로 독일이 "실제의 국가가 아니라 고대 그리스처럼 여러 지역으로 쪼개진 국가들의 집합"일 뿐이라고 여겼다.[10] 그럼에도 불구하고 빌란트는 당시 막 떠오르던 질풍노도 운동—자신이 잡지에서 격려한—에 공감하는 의미에서 근대 독일에는 고유한 특성이 있다고 생각했다. 빌란트는 또 괴테의 『괴츠Götz』를 가리켜 "우리 시대에 나온 감상적 희극에 비해 100배는 더 가치가 있으며, 아주 아름답고 흥미로운 기형성을 묘사한" 작품이라고 평가했다.[11] 그는 이 작품에 시대가 필요로 하는 새로운 목소리가 담겨 있다고 느꼈다.

최초의 위대한 비극 소설

요한 볼프강 괴테(1749~1832)가 "거대한 저택(바이마르)"에 간 것은, 프랑크푸르트에서 카를 아우구스트를 만난 것이 인연이 되어서였다. 당시 열여덟 번째 생일을 맞아 신붓감인 헤세다름슈타트의 루이제를 만나러 가던 카를 아우구스트 공公은 자유롭게 그랜드투어를 하는 기분이었다. 이 여행은 분명히 루이제가 사는 카를스루에를 방문할 목적에서 비롯되었지만 카를 아우구스트는 여행 도중 프랑크푸르트에 들렀다. 여기서 그는 『괴츠』와 『젊은 베르테르의 슬픔』으로 이미 유명해진 괴테를 소개받았다. 어울릴 것 같지 않았던 두 사람은 만나자마자 놀랄 만큼 가까워졌고, 몇 달 뒤 카를스루에에서 두 번째 만남을 가졌다. 카를 공은 파리 여행에서 돌아오는 길에 이곳에서 묵었고, 괴테는 스위스로 가던 길이었다. 카를 아우구스트는 파리에 매혹되었다. 그의 취향과 야심은 좀더 세련되고 세계주의적인 형태로 성장해 있었다. 괴테는 바로 여기서 바이마르에 초대받았다.[12]

바이마르는 괴테가 예상했던 것보다 더 많은 부분에서 프랑크푸르트와 달랐다. 상업 중심지인 프랑크푸르트에서는 주로 재정적인 능력에 따라 신분이 결정되었다. 이와 대조적으로 바이마르에서는 신분 차이가 기본적으로 궁정에 출입할 수 있는 자격die Hoffähige이 있는가 없는가에 좌우되었다. 궁정에 출입하려면 호칭이 있어야 했다. 이것은 바이마르의 오랜 관행이었다. 이런 배경에서 괴테는 귀족 작위를 받았고 이름에 폰von이 붙여져 요한 볼프강 폰 괴테가 된 것이다. 몇 년 뒤 실러와 헤르더도 같은 절차를 거쳤다.[13]

괴테는 처음에 자신을 그저 방문객이라고 여겼다. 바이마르 사람들도 괴테를 그렇게 대우했던 듯하다. 괴테의 초상화를 보면 커다란 눈, 오뚝한 콧날 위로 살짝 벗어진 이마, 관능적인 입술을 가진 남자다운 모습이다. 바이마르에 도착했을 때 괴테는 스물여섯 살로 열여덟 살의 카를 아우구스트 공과는 제법 나이 차가 났다. 둘 사이의 중요한 차이는 이것뿐만이 아니었다. 카를 아우구스트는 앞으로 군주의 지위에 오르겠지만, 괴테는 이미 그보다 훨씬 유명했다. 그 전해에 괴테가 쓴『젊은 베르테르의 슬픔』은 유럽에 폭풍을 몰고 왔다고 해도 지나친 말이 아니었다. 일반적으로 최초의 '고백' 문학으로 일컬어지는 이 소설은 자전적인 요소가 깃들어 있다는 점에서 더욱 흥미를 끌었다.『젊은 베르테르의 슬픔』의 줄거리와 괴테 자신의 삶은 여느 작가와 작품의 상관성보다 훨씬 더 밀접한 관계를 맺고 있었다.

이십대 초반에 괴테는 프랑크푸르트에서 북쪽으로 64킬로미터 떨어진 베츨라어에 머문 적이 있었다. 법무 실습을 한다는 명분이었지만 사실 그 일에는 별 관심이 없었다. 독서와 시작詩作으로 대부분의 시간을 보내다가 한 젊은 여인과 사랑에 빠졌다. 이미 다른 남자와 약혼한 샤를로테 부프라는 여자였다. 괴테는 얼마 지나지 않아 결코 샤를로테를 차지할 수 없다는 사실을 깨닫곤 애초 예정대로 코블렌츠로 가 곧 다른 사람에게로 관심을 돌렸다. 그러면서도 괴테는 로테와 그녀의 약혼자와의 교류를 이어나갔다. 어느 날 괴테는 이들의 친구인 카를 빌헬름 예루살렘이라는 사람이 자살한 사건의 전말을 전해 들었다. 예루살렘은 결혼한 여자와 사랑에 빠졌지만, 여자는 예루살렘의 사랑을 받아들일 수가 없었다. 이에 충격을 받은 예루살렘이 권총을 빌려(바로 샤를로테 약혼자의 권총) 자살했다는 것이다. 따라서 마이클 헐스(1955~)가 말한 대로 1774년에 『젊은 베르테르의 슬픔』이 출간된 당시(이후로도 계속) 부분적으로 자전적인 또는 전기傳記적인 소설로 인식된 점은 전혀 이상할 것이 없다.[14] 불과 4주 만에 이 책을 집필한 괴테 자신도 종종 '고백'이라는 표현을 썼다.

니컬러스 보일은 이 작품이 줄거리가 단순하며, 오직 괴테가 생각한 종교적 해방을 배경으로 쓰인 것이라고 말한다.[15] 베르테르는 다른 남자와 약혼한 샤를로테(로테)와 사랑에 빠진다. 물론 베르테르의 사랑은 로테의 마음을 얻지만, 이들의 사랑은 이뤄질 수 없는 운명이었다. 이 사랑에 대한 세상의 무관심과 두 사람이 느끼는 고통은 베르테르를 갉아먹고 그에게는 결국 로테 남편의 권총으로 자신을 쏘는 것 외에 다른 선택의 여지가 없게 된다. 이어 '편집자'가 베르테르의 편지를 모으고 중간 중간에 자신의 설명을 곁들여 이 편지들을 출간한다.

『젊은 베르테르의 슬픔』은 출간되자마자 이내 유럽의 주요 언어로 번역되었고 작품에 대한 찬사의 열기는 훨씬 더 광범위하게 퍼져나갔다. 빈에서는 베르테르 불꽃놀이 축제가 열렸고, 런던에서는 베르테르 벽지가 등장했다. 작품 속 장면을 그린 마이센 자기磁器가 나오는가 하면, 파리에서는 오 드 베르테르라는 향수를 만들어 팔았다. 또 이탈리아에서는 베르테르 오페라가 공연되었다. 나폴레옹은 1798년의 이집트 원정길에 프랑스어 번역본을 가져갔을 정도였다. 헐스의 말에 따르면 "나폴레옹은 1808년에 괴테를 만났을 때, 이 작품을 일곱 번이나 읽었다고 말했다"고 한다(몇 가지 비평도 곁들이기는 했지만).[16]

그렇지만 모든 사람이 다 그런 것은 아니었다. 이 소설이 행여 자살을 유행시키지나 않을까 두려워한 사람들도 있었다. 하지만 사랑의 좌절로 인한 자살이 무서울 정도로 확산되었다는 말은 과장된 것으로 보인다. 어쨌든 라이프치히에서는 이 소설의 판매가 금지되었고, 덴마크에서도 마찬가지였다. 심지어 작품을 비웃는 곳도 있었는데, 어느 비평가는 "젊은 베르테르의 고상한 결말보다 팬케이크의 향기가 이 세상에 남아 있을 이유가 훨씬 더 많다"며 신랄하게 비꼬았다. 많은 세월이 흐른 지금, 『젊은 베르테르의 슬픔』은 "흥분을 자아내는 양식과 통찰을 보여준 작품으로 최초의 위대한 비극 소설"로 인식되고 있다.[17]

괴테의 명성에도 불구하고, 또 괴테의 소설이 전 유럽에 몰아친 광풍에도 불구하고 그와 카를 아우구스트 공 사이의 우정은 깊고 진실했다. 괴테는 젊은 군주가 즐기는 궁정활동, 특히 승마와 사격, 무도에 기꺼이 동참했다. 하지만 괴테의 본성은 변화를 추구하고 있었다. 괴테는 집필 중인 작품을 읽으며(그는 자신이 쓴 작품을 대부분 친구 앞에서 큰 소리로 읽곤 했다) 특히 끝마치지 못한 『파우스트』(지금은 「초고 파우스트」로 불리는)에 매달렸다.[18]

시간이 흘러 1년 뒤 괴테의 바이마르행이 단순한 방문이 아니라는 사실이 알려졌을 무렵, 괴테를 좀더 가까이 두고 싶어했던 카를 아우구스트 공은 그에게 궁정생활에서 인기 있는 활동, 예컨대 취미로 하는 연극에 합류하라고 설득했다.[19] 이런 식으로 괴테는 군주에게 비공식적인 놀이 선생 maître des plaisirs이 되었다. 우선 괴테의 가까운 미래를 결정한 것은 바이마르의 비공식적인 직책이었지만, 좀더 성가시고 책임이 따르는 의무가 주어졌다. 카를 아우구스트가 괴테를 좋아한 것은 그의 명성이나 작가적인 자질보다 개인의 품성 때문이었다고 본 역사가가 한둘이 아니다(위르겐 하버마스는 바이마르가 특수한 경우였으며, 이 시기 문인들은 대부분 시종보다 별로 나을 것이 없는 대접을 받았다는 사실을 강조한다). 괴테가 궁정 내에서 승진한 것이 어디서나 환영을 받은 것은 아니었지만(그를 '볼테르식으로 어쭙잖게 아는 체하는 인물'로 보는 시각도 있었다) 중요한 것은 카를

공이 절대주의 시대에 절대 권력을 쥔 군주였다는 사실이다.[20]

괴테의 관점에서 볼 때 커다란 변화는 1776년 그가 카를 아우구스트 공의 궁정고문단, 즉 공 자신과 세 명의 자문위원으로 구성된 추밀원의 일원으로 임명되었을 때 찾아왔다. 괴테는 충성 맹세를 요구받았다. 그는 이 맹세로 높은 지위를 뜻하는, 레이스가 달린 코트를 입을 권리를 얻었다.[21] 이로써 괴테의 임무는 더 확대되어서 광산위원과 군사위원직을 맡았고, 임시 재무장관에 임명되기까지 했다. 또 도로 건설 계획에도 참여했으며 세제 개혁에도 도움을 주었다. 누가 봐도 괴테는 믿을 수 있는 사람이었고, 그는 실행 가능한 일과 가능하지 않은 일을 정확히 구분했다. 그 결과 괴테의 인기는 치솟았고, 궁정 관리들도 그를 존경했다. 괴테는 독일에서 "지식인이라고 해서 꼭 상아탑에서 뜬구름 잡는 생활을 할 필요는 없다"는 믿음을 전파한 인물 중 한 사람이었다.[22]

괴테는 바이마르에 체류하는 동안 많은 것을 얻었다. 마지못해 광산 일에 관여했지만, 그 일을 하면서 화학과 식물학, 광물학에 관심을 두고 지식을 쌓을 필요가 있다고 생각하게 되었고 이것이 계기가 되어 과학적 시야를 전반적으로 넓혔다. 그는 식물 채집을 하면서 칼 린네의 『식물철학 philosophia botanica』을 연구했으며 린네와도 수많은 편지를 주고받았다. 그는 또 카를 아우구스트 공에게 부탁해 자신의 조수 중 한 사람인 포크트를 프라이베르크 광산학교에 다니게 했다. 작센에 있던 이 학교는 당대 최고의 광물학자인 아브라함 고틀로프 베르너가 교장으로 있었다(1789년 늦여름에 괴테를 방문한 베르너에 대해서는 7장에서 소개할 것이다). 이후 괴테는 해부학으로 관심을 돌려 예나 대학에서 로더 교수의 지도를 받았고, 여기서 쌓은 지식을 바이마르의 미술학교에서 강의하며 전수했다.[23]

이처럼 다방면으로 활동하는 가운데 괴테는 샤를로테 폰 슈타인이라는 또 다른 샤를로테에게 1800통의 편지를 쓸 정도로 깊이 빠졌다(괴테의 작품과 편지를 모은 표준 전집은 138권 분량에 이른다). 폰 슈타인 부인은

"특별한 남자의 내면생활에 대한 독특한 기록이라는 것을 잘 알았기 때문에" 이 편지들을 꼼꼼하게 모았다. 두 사람의 관계는 두 명의 '샤를로테'가 등장하는 괴테의 희곡인 「타우리스의 이피게니에」와 「타소」에 암시되어 있다. 여기서 샤를로테는 "최고의 독일 여성"으로 묘사되며, 미성숙한 시인의 발전을 이끌고 시인에게 "인간 정신의 기쁨과 책임"을 일깨워주는 '독일의 베아트리체'로 등장한다.[24]

괴테는 '샤를로테'에 몰입한 동안에도 심혈을 기울여왔던 것, 즉 '교양'(괴테 자신이 무척 많이 사용했던 어휘)을 추구하는 것을 결코 저버리지 않았다. 완전성에 대한 내면의 추구는 괴테의 편지에서 다시 언급되지 않았지만, 그는 한 개인의 내면 발달에 대한 책임이라는 문제를 절대 외면하지 않았다.[25]

바이마르에 체류한 지 6년이 지난 1781년, 괴테는 샤를로테 폰 슈타인에게 자신은 더 이상 'Sie'를 사용할 필요를 느끼지 않으며 좀더 친근한 'du'를 사용할 수밖에 없다고 털어놓았다.• 호칭을 바꾸면서부터 상전벽해와 같은 변화가 일어났다. 어느 비평가가 지적한 대로 괴테의 편지는 이제 "어떤 문학에서도 유례를 찾아보기 어려운, 행복한 사랑에 대한 산문시"가 되었다. 하지만 이들의 관계가 성숙해져야 할 시점에 일이 빗나갔고 결과는 심각했다. 우리가 아는 한, 샤를로테 폰 슈타인은 자신의 "이상한 부부관계"에서 남편을 떠날 생각을 가진 적이 한 번도 없었다. 그녀가 괴테에게 사랑을 고백했을 때, 괴테는 한마디 말도 없이 이탈리아 여행을 떠났다. 괴테가 따뜻한 남쪽 지방(베로나, 베네치아, 페라라, 피렌체, 아레초, 로마, 나폴리)에서 돌아왔을 무렵 상황은 악화되어 있었다.[26] 괴테는 혼자만의 시간을 만끽했으나("이번 여행은 마치 무르익은 사과가 나무에서 떨어지는

• 독일어의 2인칭은 의례적인 존칭인 '지Sie'와 가까운 사이에서 사용하는 '두du'로 나뉘며, du는 가족, 친구, 애인, 아이들에게 사용한다. 성인들은 서로 Sie를 쓰다가 친구나 사적인 관계로 발전하면 du를 쓰는 것이 일반적이다.

것 같았다") 사랑에 대한 생각이 바뀌었다(누군가가 말했듯이 낭만적인 생각에서 '이교도적인' 생각으로).[27] 친구인 티슈바인이 로마에서 스케치한 모습을 보면, 괴테는 예민하게 "두 번째 베개", 즉 샤를로테의 남편을 내팽개치는 동작을 담고 있다.[28] 샤를로테는 괴테가 크리스티아네 불피우스와 새로운 관계를 시작했다는 사실을 받아들이기가 어려웠다("나는 오직 현실적인 문제, 열망하는 눈동자, 힘찬 키스에만 관심이 있다"). 샤를로테는 그녀가 쓴 희곡 「디도」에서 괴테를 웃음거리로 만들려고 안간힘을 썼지만 성공을 거두지는 못했다.[29] 한때 아름다웠던 두 사람의 관계는 볼썽사납게 돼버렸다. 훗날 회복하기는 했지만 결코 예전의 관계를 되찾을 수는 없었다.

이 모든 시련을 겪으면서도 괴테는 집필에 몰두했다. 사실주의자와 낭만파가 융합한 형태로 결코 지나치게 추상적인 사변에 매달리지 않았다. 그는 2장에서 우리가 확인한 사조에 동조해 "신은 선택받은 뛰어난 인간을 매개하지 않고는 지상의 일에 영향력을 행사하지 않는다"고 썼다.[30] 자신의 내면에 뛰어난 사람의 기질과, 스스로 묘사한 이피게니에의 성격대로 '위대한 영혼'이 깃들어 있음을 감지한 괴테는 그리스의 발견에 커다란 영향을 받았으며(헤르더 덕분에) 각 개인은(천재도) 내면에 무의식적인 창조 충동이 있다고 생각했다.[31] 이 창조 충동은 다른 사람들에게 최고로 인식될 수 있지만 그는 먼저 이것을 실현하고 생산해낼 필요가 있으며, 이런 임무를 완성하려면 힘과 인내력, 개인적인 노력이 뒤따라야 한다고 생각했다. 인생이 하나의 임무라는 생각은 물론 경건주의에 뿌리를 두고 있지만 괴테의 경우에는 그리스의 영향으로 다음 걸작인 『빌헬름 마이스터의 수업시대』를 창작할 힘이 생긴 듯하다. 이 작품은 굉장한 성공을 거두어 심지어 비꼬기 좋아하는 제임스 조이스 같은 회의론자도 괴테를 셰익스피어나 단테와 같은 반열에 올려놓을 정도였다(조이스는 이 세 문호를 각각 '숍키퍼Shopkeeper' '돈티Daunty' '구티Gouty'라고 불렀다).[32]

1798년, 프리드리히 슐레겔은 독일 전기前期 낭만파의 기관지인 『아테네움』에 실린 유명한 「단장斷章」에서 프랑스 혁명과 요한 고틀리프 피히테의 『지식학』(1794), 괴테의 『빌헬름 마이스터의 수업시대』를 가리켜 "이 시대의 가장 위대한 세 가지 '경향'"으로 표현했다.[33] 슐레겔이 비록 조심스러우면서도 도발적으로 묘사하기는 했지만 돌이켜보면 이 말은 되새겨볼 여지가 있다. 슐레겔에 대해서는 곧 다룰 것이므로 그가 이 세 가지를 선정한 의미가 무엇인지 짚어볼 수 있을 것이다. 또 피히테도 이어서 다룰 것이기에 그의 '지식학'이 갖는 의미와 중요성을 확인할 것이다. 하지만 슐레겔이 『빌헬름 마이스터의 수업시대』를 드높은 지위로 끌어올린 의미가 무엇이든 간에 우리는 그것이 특이한 분류라는 것을 알 수 있다. 소설로서, 또 이야기로서 『빌헬름 마이스터의 수업시대』가 단순한 걸작 이상이라는 것은 의심할 여지가 없다. 동시에 이 작품은 교양소설Bildungsroman로 알려진 특별한 독일적인 장르의 효시이기 때문이다.

교양소설은 전형적인 관념소설이다. 제2차 세계대전 후 케임브리지 대학에서 독문학 교수를 지낸 윌리엄 브루퍼드는 독일의 교양소설에 관한 저술에 전념했다. 그는 괴테의 작품이 독일의 다른 작가들에게 모범이 되었다고 말했다. 브루퍼드가 교양소설의 형식을 정의한 대목을 살펴보면 다음과 같다. "우리는 복잡한 근대사회에서 보편적인 가치관 없이 살아가는, 지적이고 개방적인 한 젊은이의 (내면적인) 발달을 보았다. (…) 우리는 이 젊은이가 자신의 견해를 습득하는 과정과 무엇보다 세계관과 종교관, 삶에 대한 보편적인 철학을 형성해가는 과정을 지켜본다. (…) 교양소설에서 관심의 핵심은 주인공의 성격이나 모험 또는 내면의 형성이 아니다. 바로 이 젊은이의 성공적인 체험과 가치 있는 본보기에 대한 자각, 원숙한 인격을 점진적으로 체득하는 과정, 잘 검증된 생활철학 사이의 연결고리다."[34] 교양소설의 형식은 미래뿐 아니라 내면으로 다가가는 여행이라고 말할 수 있다.

괴테의 소설에서, 시민계급의 가정에서 태어난 주인공인 빌헬름은 모험이 펼쳐짐에 따라 자신이 중산층 계급에서 "공들여 양육된 아들"이라는 태생적인 한계를 알게 된다. 빌헬름은 한때 연극 일을 하는 사람들과 어울려 생활하면서 이들이 지닌 자발성에 매력을 느껴 마음을 빼앗긴다. 그 밖에 빌헬름은 신사가 되는 "대수롭지 않은 재능"을 배운다. 이 재능은 대부분 부정적인 것으로 신사란 "자신의 감정을 드러내지 않으며" 모든 것에 말을 아끼고 서두르지 않는 부류다. 이후 괴테는 빌헬름이 무장 강도의 공격을 받아 부상을 입는 것으로 묘사한다. 이 모든 일을 겪는 가운데 빌헬름은 수많은 여성을 만난다. 나이 든 여자, 변덕스러운 여자, 상류계층의 여자. (…) 빌헬름은 어떤 남자가 이성의 마음을 차지하는지, 이들의 비밀은 무엇인지 관찰한다.[35] 그는 셰익스피어의 작품에 몰두하면서 그동안 알지 못했던 풍요로운 세계를 발견한다. 마침내 빌헬름은 대가족 출신의 여자와 결혼하고—이 책의 요점의 일부다—자신의 인생을 통제하고 이해하는 수단을 갖추기 시작한다.

괴테에게는 진지한 목표가 있었다. 그는 1788년 여름에 카롤리네 헤르더에게 신의 권능에 대한 믿음을 잃었다고 털어놓은 적이 있다. 그리고 이 책에서 신이 존재하지 않을 때 인생의 목표는 과거의 자신보다 더 나은 존재가 되는 것이라고 말하고 있다.[36] "인간성의 궁극적인 의미는 내면에 깃든 좀더 높은 인간성을 발전시키는 데 있다. 그것은 우리가 끊임없이 진정한 인간의 힘을 단련하고 비인간적인 요소를 극복할 때 실현된다."[37] 비독일인으로서 이런 요구가 지나치다고 생각한 사람이 있었다. 19세기 후반에 케임브리지의 철학자였던 헨리 시지윅은 독일인 방문객이 'gelehrt'(학식 있는)에 해당되는 영어 단어가 없다고 말하자, "왜 없어요? 'prig'(젠체하는 사람)이 있잖아요?"라며 따졌다고 한다.

하지만 독일 안에서나 바깥에서나 괴테의 최고 걸작은 『파우스트』였다. "괴테의 천재성이 가장 특징적으로 드러난" 이 작품은 60여 년에 걸쳐 창조적 에너지가 네 번이나 분출하는 가운데 쓰였다.[38] 파우스트는 결코 새로운 이야기가 아니며, 잘 알려진 중세의 전설로 크리스토퍼 말로(1564~1593)가 희곡으로 쓰기도 했다. 물론 괴테는 자신이 파우스트를 절반 이상 쓸 때까지 말로의 작품이 있는 줄도 몰랐다.[39]

파우스트 전설은 사실을 바탕으로 한 것일 수도 있다. 16세기에 들어설 무렵 게오르크 파우스트라는 사람이 살았다. 파우스트는 중부 유럽을 떠돌면서 자신의 심오한 지식을 바탕으로 사람을 치유할 수 있는 신통력을 갖고 있다고 주장했다. 이 사람이 죽은 뒤 파우스트의 이름은 조금씩 바뀌고 학술적인 칭호가 더해져 비텐베르크 대학의 교수 파우스트 박사로 변했다. 파우스트 교수는 강의 시간에 고대 그리스의 인물을 "마음대로 불러낼 수 있다"고 장담했다. 소문에는 파우스트 박사가 교황과 황제까지 속인 것으로 악명이 높았다고 한다. 하지만 이런 능력을 구사하는 데는 분명히 대가가 따랐다. 파우스트 박사는 24년 동안 악마와 계약을 맺었다. 그 결과 그의 몸은 나중에 "악마에게 산산조각이 났다"고 한다. 파우스트는 종종 인형극으로도 공연되었기 때문에 괴테가 어린 시절 이 이야기를 접했을 가능성도 있다.[40]

전설에 따르면, 파우스트는 자신이 시험해본 신비한 지식의 많은 형태에 환멸을 느꼈고 악마인 메피스토펠레스는 파우스트를 자신의 세계로 유혹할 수 있다고 신과 내기를 걸었다는 것이다. 메피스토펠레스는 파우스트가 마법과 연금술을 연구하다가 자신을 찾으리라는 것을 알고 있었다. 여기서 그의 유명한 제안이 등장한다. 즉 그는 파우스트에게 세상에서 맛볼 수 있는 온갖 환락을 제공하되 한 가지 조건을 붙인다. 파우스트는 언제든지 환락을 즐길 수 있지만 "지금 이 쾌락이 더 오래"가기를 바라게 되면 파우스트의 생명은 악마의 소유가 되는 것이다. 모든 것에 권태로움을 느끼고 성취감을 갖지 못하던 파우스트는 이 제안을 받아들인다.

제1부는 파우스트가 메피스토텔레스에게 유혹당하는 것에 이어서 파우스트가 교회 밖에서 만난 아름다운 소녀인 마르가레타(그레첸)를 버리는

내용이다. 수십 년 뒤에 쓰인 제2부에서는 마르가레타를 잊은 채 오랜 잠에서 깨어난 파우스트가 이번에는 트로이의 헬레나에게 반한다(이 부분은 마법의 세계다).[41]

사실 『파우스트』의 매력을 한마디로 요약하기는 어렵다. 『파우스트』의 언어, 기지機智, 인간성에 대한 함축적인 통찰, "악마라는 개념에 호의적이지 않더라도 독창적이고 매우 효과적인" 가치를 유지하는 메피스토펠레스의 냉소주의 등등. 이런 것은 짤막한 설명으로는 전달하기가 불가능하다. 파우스트와 메피스토펠레스는 악의 본질에 있어서 욥기에 비교된다(욥기에도 신과의 계약이 나온다). 괴테는 또 셰익스피어의 작품을 참고하기도 했다. 셰익스피어의 작품처럼 파우스트는 기독교화에 저항한다. 신은 자상하면서도 질투가 많은 이스라엘의 신이 아니라 더 관대한—때로는 재치가 넘치는—모습이다.

괴테는 1770년대 초반에 이 작품을 쓰기 시작했다가 파기하려고 생각했다. 초고, 즉 「초고 파우스트」의 존재는 괴테가 죽고 65년이 흐른 1887년에 가서야 발견되었다. 이 초고는 바이마르 궁정의 젊은 부인이 필사한 것으로 보이는데, 그녀가 잘 보관한 덕분에 발견된 것이다. 『파우스트』를 "대大고백의 단장斷章"이라고 묘사한 괴테의 말은 결코 잊을 수 없다. 괴테 자신은 이렇게 기록했다.

> 인간의 삶은 한 편의 시와 비슷하다.
> 시작이 있고 끝이 있다.
> 하지만 이것이 전부는 아니다.

이것이 인생을 대하는 최선의 방법이라고 말하는 것인가? 인생의 서로 다른 부분을 흡수하고, 실러가 말한 대로 "순간에 키스하라", 하지만 통일성을 유지하려고 너무 애쓰지는 말라는 것인가?[42] 파우스트에게 있어서 문제는 통일성의 추구가 아니라 단순한 즐거움 너머, 혹은 그보다 앞서 운동, 창조, 활동에 관심이 많았다는 것이다. 단순히 미美에 대한 사색은 공허하다. 이 점에서 괴테는 초기 낭만파였다고 볼 수 있다.

니컬러스 보일은 괴테와 괴테 시대에 대한 전기를 쓰면서 다음과 같이 주장한다. "다른 어떤 인간보다 괴테에 대한 것이 더 많이 알려지고, 얼마가 되든지 그에 대해 더 많은 것을 알아야 한다. (…) 그가 건축한 별장, 재건축한 궁전, 괴테가 최초로 설계한 공원 외에도 괴테가 그린 3000장의 스케치가 남아 있다. 괴테는 가치가 풍부한 광물 표본과 보석 조각을 수집했다. (…) 괴테가 바이마르로 이주한 뒤에 기록한 일상은 로베르트 슈타이거가 처음 7권의 책으로 만들었다. 이 책은 1796년부터 괴테가 규칙적으로 일기를 쓰기 시작한 이후의 행적을 일관되게 기록하고 있다. 괴테와 주고받은 상세한 대화는 4000쪽에 이르며 괴테가 보낸 편지는 1만2000통이 넘고, 괴테에게 보낸 편지는 약 2만 통이 남아 있다." 괴테의 저작에 대해 보일은 "괴테는 종이 시대 최고의 창작을 한 것으로 보인다"고 결론지었다.

'국가'와 '문화'의 새로운 의미

요한 고트프리트 헤르더(1744~1803)는 괴테보다 다섯 살이 많다. 그는 빙켈만, 고틀로프 하이네, 피히테와 마찬가지로 가난한 집안에서 태어나 순전히 자기 능력으로 신분 상승을 이룬 인물이다. 헤르더에게는 7년 전쟁* 에서 귀환하던 길에 러시아인을 우연히 만난 것이 기회가 되었다. 이 사람은 헤르더가 살던 동프로이센에 1761년에서 1762년까지 주둔한 부대의 군의관이었다. 헤르더를 마음에 들어했던 군의관은 대학에서 의학을 공부할

*슐레지엔 영유를 둘러싸고 유럽 대국들이 둘로 갈라져 싸운 전쟁, 1756~1763.

수 있도록 쾨니히스베르크로 데려다주겠다고 제안했다. 대신 의학 논문을 라틴어로 번역해주면 된다는 조건이었다. 일단 이 제안을 수락하고 쾨니히스베르크로 가기는 했지만, 헤르더는 의학이 적성에 맞지 않는다고 여겨 신학으로 방향을 바꿨다.

진로를 바꾼 것이 헤르더에게는 인생의 두 번째 전환점이 되었다. 왜냐하면 이 일을 계기로 칸트의 지도를 받게 되었기 때문이다. 그의 사고에 커다란 영향을 미친 루소와 흄을 알게 된 것도 칸트 덕분이었다. 1767년 성직에 임명된 헤르더는 파리로 갔고, 디드로와 달랑베르 같은 계몽주의의 대표 주자들에게 환대를 받았다. 하지만 그는 파리에서도 가난한 생활을 면치 못했기에 뤼베크 홀슈타인 공작의 아들을 가르치는 개인 교사이자 여행 길동무 자리를 받아들일 수밖에 없었다. 이 일은 헤르더에게 세 번째 전환점이 되었다. 여행 도중 함부르크에 들렀다가 그곳에서 레싱을 만났고 얼마 안 있어 스트라스부르에서 젊은 아우구스트 공과 괴테도 만나게 된 것이다(1770년 7월). 헤르더가 자신의 직책에 만족하지 않는다는 것을 알아챈 괴테는 아우구스트 공을 설득해 헤르더를 바이마르 궁의 수석서기로 삼도록 했다. 헤르더는 죽을 때까지 이 자리에 있었으며, 그 직책에 만족했던 듯하다. 헤르더의 자녀들은 괴테의 집에 자주 놀러 가 정원에서 색을 칠한 달걀을 찾는 놀이를 하기도 했다.[43]

헤르더는 괴테만큼 유명하지는 않았다. 하지만 여러 면에서 헤르더의 생각과 영향력이 더 즉각적으로 효과를 발휘했다. 게다가 더 직선적으로, 더 널리 전파되었다.[44] "1세기 후의 막스 베버처럼 헤르더는 점점 기계화되어 가는 세계에서 드러나는 사회관계의 문제점을 일찌감치 꿰뚫고 있었다. 이런 세계에서 인간은 톱니바퀴와 다를 바 없었고, 인간의 삶은 기계처럼 냉혹한 관료 조직의 지배를 받았다." 헤르더는 인간의 곤경을 『인간 역사의 철학에 대한 고찰』(1784~1791, 전4권)과 1774년에 간행된 『인간 교양의 철학에 대한 역사』에서 표현했다. 헤르더 자신이 말한 대로 그의 주된 관심은 사회단체의 도덕률을 발견하는 것이었다. 자발적인 정치단체를 형성하게 하는 보이지 않는 손은 무엇인가?

흄과 칸트 외에 헤르더에게 주된 영향을 끼친 인물은 라이프니츠였다. 헤르더는 라이프니츠를 "독일이 낳은 가장 위대한 인물"로 보았으며 그 자신을 라이프니츠, 토마지우스, 레싱, 헤르더로 이어지는 전통을 잇는 사람으로 보았다. 헤르더는 이 인물들이 '유기적' 실체로 드러나는 세계에서 '생성becoming'이라는 개념을 파악했다고 여겼다. 또 이런 세계에서 라이프니츠는 역사를 "인간의 노력으로 추진되는 지속적인 발전 과정"으로 보았다. 라이프니츠의 관점은 헤르더의 역사관에 커다란 영향을 미쳤다. 또한 헤르더가 말한 대로 레싱에게는 도덕적 노력, '도덕적 생성'이 모든 교육과 수양의 핵심이었다. "인간은 오직 끊임없이 자신의 개성을 실현함으로써 진정한 자아를 찾을 수 있다." 헤르더는 이런 생각을 면밀하게 다듬어나갔다. 그는, 인간성은 타고나는 게 아니라 "지각이 있는 발전에서 비롯된 충족을 요구하는 임무"를 통해 규정된다고 주장했다. 앞서 살펴본 대로 교양을 임무로 보는 시각은 괴테에서 훔볼트, 피히테에 이르기까지 많은 독일 지식인의 철학을 지배했다.[45] 헨리 시지윅이 코웃음을 치며 무덤에서 탄식할지는 모르겠지만, 바로 여기에 독일 사상의 통일성이 있다. 말하자면 교양을 임무로 보는 것은 경건주의의 계보에서 출발해 프로테스탄트 노동 윤리라는 베버의 개념으로 이어진다. 여기에는 체제 전복적인 요소도 깃들어 있다. 이런 사고는 개인적인 판단에 우선적인 가치를 두기 때문이다. 따라서 도덕과 종교 문제에서 근본적인 원천으로서의 (외부의) 권위를 부정하는 것이다.

헤르더는 루소의 주장은 사실상 본말이 전도되었다고 생각했다. '사회계약'은 헤르더가 볼 때 잘못 붙여진 이름이었다. 그는 사회를 인간의 자연상태라고 보았기 때문이다. 인간은 좋든 싫든 한 가정에서 태어난다. 하지만 인간을 단순히 사회적 동물이라고 볼 수는 없다. 사회는 질서와 조직을 필요로 하기 때문에 인간은 정치적 동물이기도 하다.[46] 바로 이 점에서 헤르더는 보드머와 고트셰트, 볼프, 훔볼트와 같은 노선을 걸었다. 그는 이 모든 조직을 '유지하는 힘'은 언어라고 말했다. 로크와 마찬가지로 헤르더 또한 언어의 신성한 기원 따위는 마음에 두지 않았다. 헤르더의 생각으로는, 언어가 발명된 선사시대에는 발전 단계나 시대가 없었고 또 언어는 동물의 소리에서 발달한 것도 아니었다. 그는 인간은 말 없이는 사고할 수 없기 때문에, 언어는 의식의 발달과 더불어 출현한 것이 틀림없다고 주장했다.[47] 이렇게 볼 때 언어는 뚜렷이 구별되는 사회적 유산이 남긴 역사와 심리를 반영한다. 바로 이것이 가장 널리 영향을 미친 헤르더의 주장으로, 언어가 바로 한 민족Volk이나 민족의 정체성이라는 얘기다. 헤르더는 또 공동의 언어가 지닌 역사적, 심리적 정체성은 "정치 조직을 위해 가장 자연스럽고 유기적인 토대"가 된다고 보았다. "자체의 언어가 없는 민족은 무의미한 존재Unding다. 사회적 실체와 지속성을 유지하며 고유한 의식을 불러일으키는 것은 혈통이나 토양도 아니고 정복이나 정치적인 명령도 아니다."[48] 언어는 공동체를 통합할 뿐만 아니라 외국어를 말하는 사람을 구분하는 공동체 의식을 확인해준다. "이런 맥락에서 한 민족은 자체의 언어를 부여받은 인류의 자연스런 구분 단위이며, 언어는 가장 고유하고 신성한 재산이자 민족을 보존하는 수단이어야 한다." 이전에는 존재하지 않았던 힘이 이제 언어에 주어진 것이다.

이처럼 언어와 자의식이 긴밀히 결합됨으로써 가장 일반적으로 받아들여졌던 '국가'라는 개념에 급격한 변화를 불러왔다. "국가는 더 이상 한 명의 지배자 아래에서 결속한 시민 집단을 의미하지 않았다."[49] 이제 국가는 "공동의 언어를 소유한 것을 기반으로" 정치적 인정을 요구하는 독립된, 자연적 실체로 간주되었다.[50]

헤르더는 여기서 한발 더 나아갔다. 그는 어떤 민족 집단이든 거기에는 두 가지 구성 인자가 있다고 보았다. 하나는 시민계급das Volk der Bürger이었고, 다른 하나는 소수의 지식계층das Volk der Gelehrsamkeit이었다. 시민Bürger은 다수를 차지할 뿐만 아니라 가장 유용하며(헤르더는 이들을 가리켜 "지상의 소금"이라고 불렀다) 사실상 제3계층인 '천민Pöbel'과 확연히 구분된다. 또한 헤르더는 시민의 특징을 드러내는 것과 시민이 사회적으로 열등하고 정치적으로 무능력한(당시까지) 주된 이유는 교육의 결여에서 비롯된다고 생각했다. 따라서 그것을 타고난 능력이나 무능력의 탓으로 돌릴 수는 없다고 주장했다. "이런 사정은 시민을 완고하고 끈질기게 무시한 데서 빚어진 것이다." 이렇게 과감한 주장을 펼치며 헤르더는 잘못된 상황에 대한 책임이 지배 계층인 귀족에게 있다고 비난했다. "아직 태어나지도 않은 사람이 단지 혈통이 우월하다는 이유로 역시 태어나지도 않은 다른 사람을 지배하도록 미리 운명지어진 것이야말로 헤르더가 가장 이해할 수 없는 구조였다."[51]

그러므로 헤르더는 혈통의 꼭대기에 앉아 있는 사람들이 스스로 자신의 지위를 위태롭게 할 행동을 하리라고 기대하지 않았다. 대신 헤르더는 지지를 받는 지도자의 출현을 기대하면서 자신의 생각을 저술을 통해 알렸다. 교육Bildung의 메시지를 전파할 '민중의 사람'이 나오기를 희망한 것이다. 그는 개인이 자신의 소양을 계발하고 완성하도록 도움을 주는 일은 당연히 국가의 몫이라고 생각했다. "신성하고 고귀한 재능을 살릴 기회를 주지 않고 이것을 녹슬게 해서 곤궁과 좌절을 안겨준다면, 이야말로 인간성에 대한 반역 행위일 뿐만 아니라 국가 자체를 좀먹는 최대의 해악 행위다." 이런 생각은 헤르더가 경제, 정치, 교육, 특히 교양 사이의 연결고리에 대해 현대적으로 이해했음을 보여준다. 헤르더에게(훔볼트에게도) 자아의 발달과 자아의 인간화는 단순히 좀더 나은 개인이 되는 일일 뿐만 아니라 더 우수하고 더 자발적인 공동체의 구성원을 길러내는 일이었다. 그가 보기에 인간사회에서 가장 중요한 핵심은 상호주의였다.[52]

상호주의는 헤르더가 문화와 국가에 새로운 의미를 부여한 전반적인 목표와 어울린다. 그는 인간사에 대한 역사적인 통찰과 변화가 핵심이라는 라이프니츠의 유산을 바탕으로, 한 민족의 '집단의식'은 그것이 무엇이든 특정한 시기가 되면 그 민족의 문화가 된다는 생각을 품었다.[53] 그러나 이런 생각은, 문화를 문명과 전체적으로 동일선상에 놓고 지적 수준을 반영하는 것으로 이해했으며 당대를 지배한 계몽주의적 전통과는 맞지 않았다. 이 점에서 헤르더는 오늘날 흔히 쓰는 '정치 문화', '변두리 문화'라는 용어의 기초를 마련해준 셈이다. 근본적으로 문화란 단순히 경험의 결과가 아니라 어떤 유전적인 요인(물론 당시에는 유전학이라는 현대적인 개념이 존재하지 않았다)에서 온 것이 아닌가라는 생각을 어렴풋이 하고 있었던[54] 그는 유전과 경험이 결합해 차례로 역사를 구성하는 주요 사상을 형성하는 데 도움을 주는 것이라고 말했다. 이것은 특정한 시기가 되면 시대정신 Zeitgeist이 출현한다는 말이었다. 시대정신이란 용어도 헤르더가 처음 쓴 표현이다.[55]

헤르더의 관점은, 본질적으로 천지창조는 개선될 수 있다고 말한 프랑케의 경건주의 신학을 가다듬고 세속화한 형태로 볼 수 있다. 말하자면 천지창조는 발전되고 진화하며 또 이전의 상태보다 더 나아지도록 도움을 받을 수 있다는 것이다. 이것은 인간사회의 최고 선善이자 가장 중요한 토대인 지식을 확대하는 교양의 진보로 이뤄질 수 있다고 보았다. 헤르더는 역사 형성에 인간의 역할을 마땅히 받아들여야 한다면, 인간의 완전성에 대한 믿음은 필요불가결한 것이라고 주장했다.[56] 인간에게 완전성에 대한 타고난 충동이 있음을 안 헤르더의 깨달음은 회의론이 퍼져 있던 다윈 이전의 시대에 인간의 자의식이 발전하는 계기가 되었다.

이전의 아리스토텔레스나 라이프니츠와 마찬가지로 헤르더도 외부적, 사회적 조건에서 인간의 내면적 발전을 통합하는 방법을 모색했다.[57] 헤르더 생전에(그는 1803년에 사망했다) 산업혁명은 아직 독일에(다른 어느 나라도 마찬가지였지만) 충격을 줄 만큼 진전되지 않았다. 그러나 내면세계와 외적, 사회적 세계 사이의 괴리, 즉 '소외Entfremdung'라는 개념은 헤겔에서 마르크스와 프로이트에 이르기까지 19세기 사상을 지배했다. 헤르더는 오늘날 우리가 이해하는 언어 개념에서 이런 시대 흐름의 개요를 파악한 최초의 인물이다.

고결함의 새로운 형식

프리드리히 실러(1759~1805)는 네카어 강변의 마르바흐에서 태어났다. 아버지가 군의관이었기에 실러는 우수한 교육 외에도 의학 훈련을 받을 수 있었다. 마르바흐 군사학교 의학부는 높은 수준으로 정평이 나 있었는데, 실러는 여기서 자신이 남다른 재능을 지녔음을 입증해 보였다. 그가 생리학에 관해 쓴 논문은 이곳의 공작이 출판해 가치를 인정받기도 했다(소小국가의 군주로서 공작과 그 밑의 귀족들은 때때로 이 영특한 학생에게 관심을 보였다). 실러의 논문은 세 번째 시도 끝에 받아들여진 것이었지만 어쨌든 그는 일단 과학도로 등장해 새로운 경지를 개척했다. 실러는 '동물과 인간의 정신적 본성 사이의 관계에 대하여'라는 제목이 붙은 1780년의 논문에서 정신이 육체를 지배하며 그 반대도 성립한다는 주장을 펼쳤다. 그러나 정신과 육체 사이의 '조화'가 오늘날 우리가 흔히 말하는 '기본값default'은 아니라고 주장했다. 오히려 인간의 생리는 "긴장으로 가득 찬 과정"이며 불안정한 상태이므로 정성 들여 균형을 유지할 필요가 있다고 보았다. 이런 견해는 다이어트라든가 신체가 처한 환경, 단순히 신에 대한 관계뿐만 아니라 개인 간의 관계도 '정신 건강'에 영향을 준다고 암시하고 있다.

실러는 자신이 중요하게 여기는 의학에만 애착을 가진 것은 아니었다. 그는 카를스루에의 학교에서 칸트에 대해, 특히 칸트의 미학에 대한 저술과 셰익스피어를 배웠다(실러는 훗날 "독일의 셰익스피어"로 불렸다). 괴테와 더불어 실러의 작품은 오늘날 '바이마르 고전주의'로 알려진 '규범'의 주된 요소를 구성한다.[58]

헤르더와 마찬가지로 실러도 성인이 되자 처음에는 정착하지 못하고 만하임에서 드레스덴, 라이프치히 등지를 떠돌아다녔다. 실러가 1781년에 쓴 첫 번째 희곡인 『군도群盜』는 자비로 출판해 이듬해 만하임에서 초연되었다. 주인공은 비록 강도단의 두목이지만 중심 주제를 보면 아버지의 가치관에 대한 주인공의 반항이라고 할 수 있다. 이 희곡의 핵심은 자유의 문제로서, 내면의 자유는 어디까지이며, 어디까지가 외적인, 사회정치적인 자유인가라는 의문을 제기했다. 이렇게 자유에 초점을 맞춘 방식은 새로운 것일 뿐만 아니라 대담한 시도였다(적어도 절대주의 국가들로 이뤄진 독일에서는).[59]

실러의 희곡 중에서 오래도록 큰 인기를 누린 작품은 「간계와 사랑」(1784)이다. 지금도 주세페 베르디가 「루이자 밀러」라고 제목을 붙인 오페라로 만들어져 세계 곳곳에서 공연되고 있다. 이 희곡의 주제는 절대주의의 폭력과 압제에 대한 저항이다. 주인공인 페르디난트와 루이제는 자신의 계급과 이들을 구속하는 시민계급 및 귀족의 인습에서 뛰쳐나가려다 실패하고 만다. 페르디난트는 온갖 위험을 무릅쓸 각오가 되어 있지만, 자신 때문에 아버지에게 보복이 뒤따를 것을 염려한 루이제는 망설인다. 실러가 전하는 메시지는 절대주의 하에서는 자유를 실현할 수 없다는 것이다.[60]

모든 작품을 "압도하는" 실러의 최초 걸작은 뒤이어 발표한 『돈 카를로스』다. 이 작품은 비평가들에게서 "세계문학사에서 손꼽히는 위대한 작품 중 하나"라는 평가를 받았다.[61] 부자간의 갈등이라는 주제를 다루고 있는데, 펠리페 2세가 통치하던 16세기의 에스파냐를 배경으로 했다. 왕위 계승자인 돈 카를로스는 어릴 적 친구인 엘리자베스와 사랑에 빠진다. 하지만 엘리자베스는 카를로스와 약혼까지 했음에도 펠리페 2세와 결혼하는 바람에 카를로스의 계모가 되고 만다. 카를로스는 엘리자베스에 대한 열정을 포기할 수 없어 친구이자 포사 후작인 로드리고에게 도움을 청한다. 로드리고의 임무는 계책을 내어 두 연인 사이의 만남을 주선하는 것이다. 하지만 억압받는 플랑드르 사람들을 선동한다는 혐의를 받고 있던 로드리고는 이 계획이 카를로스에게는 아버지의 폭정에 대한 전면적인 반란의 기회가 될 수 있다는 것을 안다. 그런 측면에서는 단순히 가족 문제만이 아니라 정치적인 예속의 문제로 확대되는 것이다. 실러의 당초 계획은 여기서 그치지 않고 연약함도 강한 힘 못지않게 폭정의 토대가 된다는 것을 보여주려고 했다. 펠리페 왕은 정치적으로 강력한 힘을 지녔을지는 모르지만, 고독하고 질투심이 많으며 불쌍한 존재였기 때문이다.[62]

『돈 카를로스』가 초연된 1787년에 실러는 괴테를 만나려고 바이마르를 찾았다. 괴테는 이때 이탈리아에 머물고 있었기 때문에 만날 수 없었다. 그러나 실러는 빌란트와 헤르더를 만났고, 아나 아말리아 주변에서 시간을 보냈다. 2년 뒤 실러는 괴테가 추천해 예나 대학의 역사 교수로 초빙되었다.

실러가 예나와 바이마르에서 누린 지위는 비록 괴테 덕분이기는 했지만 지금 우리가 아는 대로 두 사람은 일정한 거리를 두고 지냈다. 경쟁심이었는지 존경심이었는지는 모르겠지만 어쨌든 이런 것들이 작용해 아마도 실러는 괴테가 지나치게 거만하다고 생각했던 것 같다. 하지만 1794년 초에 실러는 자신이 기획한 잡지인 『호렌Die Horen』(1795~1797)에 기고할 사람을 물색하기 시작했는데, 청탁을 받은 사람 중에는 괴테도 포함되어 있었다. 두 사람은 이를 계기로 대화를 주고받았으며, 예나에서 열린 자연과학학회의 모임이 끝났을 때 자연스럽게 자리를 함께했다. 대화를 하는 동안 실러는 다른 모든 식물을 파생시킨다고 말하는 괴테의 '원형식물Urpflanze' 개념을 공격했다(물론 공손하고 존경스러운 태도로). 실러는 편지에서도 계속해서 이 문제를 언급했다. 그는 현실에 대한 자신의 비판적, 분석적인('감상적') 접근과 단순한 천성, 천재적인 본성(은연중에 직관이 비평을 능가하는)을 바탕으로 삼는 괴테의 좀더 유기적인('소박한') 믿음을 서로 비교했다. 실러의 논점은 부분적으로 그가 받은 의학 수련과 칸트의 미학 이론, 그리고 2장에서 소개한 독일의 지적 전통을 배경으로 삼고 있었다. 괴테 역시 실러의 이런 견해를 존중했다. 이후 두 사람의 우정은 좀더 깊어졌다. 비록 견해 차이는 있었지만 두 사람이 작품을 집필할 때마다 편지로 도움을 주고받았음을 알 수 있다. 이것은 특히 『파우스트』와 『발렌슈타인』에서 두드러지게 나타난다.[63]

실러는, 프랑스 혁명과 그 뒤를 이은 공포시대(1793~1794)가 전하는 소식을 듣고 아마 괴테보다 더 큰 충격을 받은 듯하다. 구체제에 가담했던 사람들이 100명 이상 처형된 사건을 들은 실러는 다른 독일인들과 마찬가지로 구역질을 느꼈다. 하지만 실러는 독일의 다른 많은 지식인이 간 길을 답습해 대량학살의 현실에서 내면적인 삶으로 관심을 돌리지는 않았다. 실러에게는 경건주의의 내향성이나 이와 같은 정치적 허무주의가 없었다.[64] 실러가 볼 때 세계가 직면한 중요한 위협은 야만성이었다. 야만성은 고대시대에 늘 있었으며 자신의 시대에도 마찬가지로 존재한다고 생각했다. 이런 성찰에서 그의 이론적 주저 중 하나인 『인간의 미적 교육에 관한 편지』가 나왔다. 여기서 실러는 자기 주변에서 본 곤경을 극복하는 대안을 제시했다. 실러가 볼 때 미래를 위한 최선의(유일한) 길은 교육이었지만 이것은 특수한 교육이어야 했다. 말하자면 이성과 감정 사이에 "가장 건전한" 관계를 만들어내는 것은 미학적 문화였다. 그는 미술과 문학, 이미지와 문자야말로 상상력과 이해력이 어떻게 협력하는지 보여주는 가장 바람직한 수단이라고 믿었다. 미술과 문학은 서로 극단으로 치닫는 것을 막아주는데, 이 극단이 바로 실러가 야만성의 주요 문제점으로 본 것이었다. 실러가 볼 때, 미학 문화에 대한 지식이 바탕을 이루는 교양은 인간의 품성을 고결하게 해주는 효과가 있었다.[65]

실러는 철저한 경건주의자는 아니었지만 헤르더처럼 천지창조는 개선될 수 있다는 프랑케의 관점을 공유했다. 실러는 인간의 정신이 이해력과 상상력으로 나뉜다고 생각한 듯하다. 상상력, 즉 창조력은 이해력과 자기 인식을 확대하는 것이 목적이다. 그 때문에 실러는 문명의 진화를 다음 세 단계로 구분했다. 첫째는 개인이 자연의 힘에 복종하는 자연 상태다. 둘째는 자연법칙을 알고 이 법칙을 공존의 토대로 활용하는 도덕 상태다. 셋째는 자연의 힘에서 자유로워지는 미학 상태다. 첫 단계에서는 야성적인 힘이 지배한다. 도덕 상태에서는 법이 다스린다. 그리고 미학 상태에서는 개인이 마치 연극에서처럼 자신의 역할을 선택함으로써 서로 자유롭게 대한다.[66] 미학적 사회에서 미美는 "우리에게 무한한 가능성을 일깨워준다."

이런 생각은 지극히 이상적이라 불가능한 것처럼 들리겠지만, 실러는 「소박과 감상문학론」에서 자신의 생각을 더욱 자세하게 펼쳐나갔다. 그중에서 적어도 "근대 문학의 기초를 닦은 기록 중 하나"라고 본 명제를 도출했다. 여기서 실러가 주장하는 내용은 소박한naïve 시인은 자연에 골몰하는 데 비해 감상적인 시인은 예술에 전념하므로, 감상적인 시인의 발전 과정에는 무언가가 결여되어 있다는 것이다.[67] 실러가 볼 때, 고대의 인간은 자연에 더 친숙하고 문화에 덜 오염되었기 때문에 지금보다 "더 인간적"이었다(여기서 문화와 문명에 대한 독일적 구분의 기원을 찾아볼 수 있다). 실러에게 그리스인이 동시대인보다 더 고결한 이유는, 그들은 명백히 "인간 이상의 어떤 욕망"도 포기했기 때문이다.[68] 그러므로 시는 오직 인간의 진정한 본성에 가까이 머물 때만 인간을 고결하게 한다. 실러는 이처럼 고결함과 자기 개선, 중산층의 시각에서 본 교양에 대한 열망을 (에드워드 기번, 흄, 애덤 스미스 같은 다른 18세기 인물들이 그렇듯이) "근대 역사에서 가장 중요한 요소"로 보았다.[69]

의학도와 극작가, 시학 이론가, 미학자로서 거대한 발자취를 남긴 실러는 1792년에는 역사가로 변신해 『30년 전쟁사』를 발간하기도 했다. 여기서 실러는 당시 주요 인물 중 특히 구스타프 아돌프와 발렌슈타인을 잊지 못할 얼굴로 묘사했다.[70] 그는 이 책의 저술에 매달리는 동안 극적 소재를 구상한 듯하다. 왜냐하면 이로부터 4년 뒤 실러는 바이마르 고전주의의 규범에 들어가는 후기 대작 세 편을 집필하기 때문이다. 이 세 편의 희곡은 『발렌슈타인』『마리아 슈투아르트』「빌헬름 텔」이다.

실러가 마흔이 되던 1799년에 완성한 『발렌슈타인』은 비극작가로서 축적된 힘을 보여준다. 레싱은 「함부르크 희곡론」에서 "국가라는 개념은 인간의 감각에 호소하기에는 지나치게 추상적"이라는 견지에서 시민 비극을 옹호했다. 이와는 완전히 대조적으로 실러는 그리스 비극의 모범에 따라 연극 무대는 본질적으로 미학적인 공적 공간이라고 생각했으며, 연극을 국가와 개인 사이의 괴리를 극복할 수 있는 유일한 현장으로 활용했다.

보헤미아의 프로테스탄트였다가 후에 가톨릭으로 개종한 실존 인물인 알브레히트 발렌슈타인 백작은 페르디난트 황제 편에서 싸우면서 30년 전쟁에서 가장 유명한 사령관이 된다. 발레슈타인은 갈등 상황에서 잔혹 행위를 저지르는 이와 다를 바 없이 잔인하다. 그러나 1643년 그는 황제의 뜻에 어긋나는 짓인데도 불구하고 스웨덴(프로테스탄트)과 평화조약을 체결할 기회를 엿본다. 발렌슈타인은 적절한 동기를 찾다가 결국 계획을 추진하지 못한다. 물론 그 역시 보통 사람과 다를 바 없이 때 묻은 자다. 그러다가 발렌슈타인은 반역 혐의를 받고 황제의 명령으로 죽임을 당한다. 동시에 평화조약 체결의 꿈도 물거품이 된다. 하지만 실러가 여기서 던지는 물음은 평화를 위해 동기가 반드시 순수할 필요가 있는가 하는 것이다. 이런 시각은 전쟁 자체가 굉장히 추악하기 때문에 동기의 순수성과 상관없이 성취한 평화라고 하더라도 고결한 목표가 될 수 있음을 암시한다.

> 모두 서로 공격한다. 누구나 자기 편이 있다.
> 심판은 없다. 언제 이런 분쟁을 끝낼 것이며
> 누가 얽히고설킨 매듭을 푼단 말인가?

발렌슈타인은 절호의 순간을 포착하지만 결국 실패로 끝나고 만다. 실러는, 혁명의 경험은 순수이성에 기초하여 세워진 기존 국가를 전복하려는 어떤 시도도(말하자면 다른 정치 현실과 권력 구조를 무시하고 감정에 사로잡히는) 오로지 파국과 혼돈을 부를 뿐이라는 것을 우리에게 가르쳐준다고 말한다.[71] 줄거리라든가 주인공 발렌슈타인의 성격은 작품의 배경이 된 30년 전쟁 당시보다 실러 자신의 시대와 더 비슷하다. 또 발렌슈타인은 이전의 분쟁 역사에 등장하는 어떤 인물보다 나폴레옹에 훨씬 가까우며 당대의 독자들도 이 점을 알고 있었다. 『발렌슈타인』이 갖고 있는 중요성은 일찍이 이성理性이 인간의 조건을 형성하는 힘의 전부가 아니라는, 눈에 띄게 독일적인 관점에서 나온 작품이기 때문이다. 이런 시각은 이후 마르크스나 아르투어 쇼펜하우어, 리하르트 바그너가 깊이 몰두한 것이며, 니체와 프로이트, 마르틴 하이데거에서 절정을 이뤘다.

실러는 무대에서 지극히 고상한 세 명의 여성을 그려냈다. 「간계와 사랑」에서 묘사한 루이제와 사회적으로 신분이 훨씬 높은 밀포르트 부인 사이의 충돌은 드물게 수사修辭적인 결투라고 할 수 있다. 그런데 『마리아 슈투아르트』에 나오는 엘리자베스와 메리의 경쟁심은 오히려 더 높은 차원의 전투다. 이 희곡은 영국 여왕 엘리자베스 1세와 파서링게이 성에 유폐된 채 말년을 보내는 스코틀랜드의 메리 여왕의 대립을 극화한 작품이다. 실제 역사에서는 엘리자베스와 메리가 결코 만난 적이 없지만, 이 작품은 둘의 만남을 전제로 하고 있다. 무엇보다 사실과는 다르게 두 여왕을 자매 사이로 설정했다. 하지만 극이 전개되면서 엘리자베스의 행동은 점점 감정의 지배를 받으며 철저하게 현재를 바탕으로 하는 데 비해, 메리는 정신적, 지적인 지평에서 움직인다. 물론 무서우면서도 고상한 인품에다 고립된 상황이라는 점에서는 둘 다 같지만, 메리의 '숭고한 특징'은 두 사람 사이에—끝내 넘어설 수 없는—간극을 더욱 넓히는 역할을 한다. 엘리자베스는 정치적으로 우월한 입장임에도 불구하고 본질적으로 직무라는 벽에 갇혀 진정한 자신의 모습을 드러내지 못한다. 메리는 정치적으로 약자이고 신체를 구속당한 상태인데도 도덕적으로는 계속해서 자유롭다. 두 여성 군주는 겉으로는 아주 비슷해 보이지만 내면의 본성에서 큰 차이가 있다. 이 점이 중요하다.[72] 메리에 대한 엘리자베스의 행위는 전적으로 절박한 정치 상황에서 나온 것인가? 아니면 좀더 개인적인 이유에서인가? 개인적인 것이라면 어떤 점에서 그러한가? 엘리자베스는 이것을 알고 있는가? 또 관객은 아는가? 이런 자기 통찰이 과연 가능하기는 한가?

대부분의 사람은 『돈 카를로스』 『발렌슈타인』 『마리아 슈투아르트』에 등장하는 인물의 성격과 이들이 처한 곤경은 괴테의 『파우스트』와 『젊은 베르테르의 슬픔』보다 훨씬 더 강렬하다고 생각한다. 주세페 베르디는 실러의 작품 네 편을 오페라로 만들었으며(「루이자 밀러」 「잔다르크」 『군도』 『돈 카를로스』), 베토벤은 합창 교향곡에서 「환희의 송가」로 실러의 작품을 활용했다. 실러의 시는 또 요하네스 브람스, 프란츠 리스트, 펠릭스 멘델스존, 프란츠 슈베르트, 로베르트 슈만, 리하트르 슈트라우스, 표트르 일리치 차이콥스키에게 영감을 주었다. 음악으로 작곡된 것도 셰익스피어보다 실러의 작품이 훨씬 더 많다.

제5장

정신의 구조를 밝힌 새로운 빛

철학자 이마누엘 칸트(1724~1804)는 한때 쾨니히스베르크(이 도시는 많은 외국인이 드나들던 항구였다)에서 조지프 그린이라는 영국 상인과 두터운 우정을 나눈 적이 있다. 칸트의 또 다른 친구이자 최초로 칸트의 전기를 쓴 라인홀트 야흐만(1767~1843)에 따르면, 칸트는 거의 매일 오후가 되면 그린의 집을 방문했다고 한다. 야흐만의 말을 들어보자. "그린이 안락의자에 앉아 잠든 것을 본 칸트는 자신도 그 옆에 앉아 명상에 잠기다가 깊이 잠들었다. 이어 은행 이사인 루프만이 들어와 친구들을 따라 잠이 들었다. 어느 정도 시간이 지나면 마더비(그린의 애인)가 와서 이들을 깨웠다. 그러면 세 사람은 아주 흥미로운 주제로 저녁 7시까지 대화를 나누곤 정확하게 7시에 헤어졌다. 마을 사람들은 칸트 교수가 아직 집 앞을 지나가지 않았기 때문에 7시가 안 되었다고 말하는 게 하나의 버릇이 되었다."[1]

칸트에 관한 많은 일화 중 이 이야기도 전기작가들이 쓴 기발한 난센스 정도로 취급받았다. 이 말은 오랫동안 널리 알려진 칸트에 관한 일화를 모조리 의심해볼 필요가 있다는 의미다. 예를 들면 칸트는 당구와 카드게임 솜씨가 뛰어났으며, 카드게임에서는 칸트를 따를 자가 없어 겨루기를 포기했다는 소문처럼 말이다. 칸트가 교도소 바로 옆에 지어진 대저택으로 이사한 것은 정말로 이웃집 수탉이 우는 소리에 방해받는 것이 싫어서였을까? 죄수들의 합창 소리 때문에 정신이 산란해지는 것은 마찬가지였을 텐데도? 그런데 일부 '목격자'의 주장과는 달리, 칸트가 조끼 색상을 굳이 계절마다 피는 꽃의 색깔에 맞추지 않았다는 것은 의심할 바 없는 사실이다. 아무래도 상관없다. 칸트는 어차피 모든 면에서 독창적인 천재였으니까. 에른스트 카시러(1874~1945)는 18세기 독일의 '정신적 지주'로 빙켈만, 헤르더, 칸트를 꼽았다. 여러 장의 그림이나 반신 초상화를 보면(믿을 수 있는 것으로 추정되는) 칸트의 얼굴은 금방이라도 미소가 번질 듯한 인상을 준다. 칸트는 대학교수로서 철학과 학문생활에 엄청난 영향을 끼친 최초의 위대한 철학자였다.

많은 사람이 칸트를 플라톤과 아리스토텔레스 이후 가장 중요한 철학자로 여긴다. 이렇게 생각하는 한 가지 이유는—현대 철학의 처음 절반을 차지하는 논의로서—기독교 신앙과 연관이 있는 과거의 확실성이 쓸려나가고 1859년 찰스 다윈의 『자연선택에 따른 종의 기원』이 발간되기 이전 시기에 칸트가 생존했다는 사실에서 찾을 수 있다. 다윈의 신新학설은 당시 사람들에게 인간 자신을 생물학적 관점으로 바라보게 해주었고 칸트가 생존한 시기에는 볼 수 없었던 지적 사고의 수단을 제공했다. 사람들이 알고 있던 신학은 더 이상 과학의 여왕이 아니었다.

이런 일련의 과정은 18세기 후반에 이른바 독일 관념론의 출현을 이해하는 데 도움이 된다. 전반적인 배경을 볼 때, 다른 어느 나라가 아닌 독일에서 관념론이 출현한 것은 아마 독일에서 프로테스탄트 운동이 가장 격렬했던 점과 관련이 있을 것이다. 프로테스탄트 정신에는 강력하고 비타협적이며 어느 정도 신비한 자기 성찰을 통해 내면의 진실을 찾는 강건한 전통이 담겨 있었다.[2] 또 쾨니히스베르크에는 영국과 스코틀랜드의 계몽주의가 잘 알려져 있었다. 이러한 사정은 영국 해군이 전함 돛대의 재목으로 유연하면서도 튼튼한 목재를 썼다는 사실과도 무관하지 않다. 이런 용도에 적합한 것은 무역의 중심지인 쾨니히스베르크로 들어오는 발트 해 연안 지방의 목재였다. 이것은 항구에 주둔한 강력한 영국 해군을 위해 쓰였고, 늘 그렇듯이 상업적인 용도로 전용되었다.

우리는 재편된 괴팅겐 대학 철학부에서 가르친 새로운 과학 중 오늘날 '경험심리학empirical psychology'이라고 부를 수 있는 것이 있음을 보았다. 당시에는 물론 이 용어가 없었다. 독일에서 그리고 전 유럽에서 철학이 심리학으로 변화하는 추세는 칸트 철학에서 절정에 달했지만, 이런 과정을 주도한 세 학자는 크리스티안 토마지우스, 크리스티안 볼프, 모제스 멘델스존이었다.[3]

할레 대학 설립자 중 한 사람인 토마지우스는 과감하게 라틴어 대신 독일어로 강의했다. 그는 모든 법칙의 원천인 자연은 신의 의지와는 무관하며, 윤리는 인간의 본성에 관한 경험과학인 '특수물리학'에서 형성된 것이라는 주장으로 유명하다.[4] 토마지우스는 '정열의 미적분calculus of the passions'이라는 말을 창안했는데, 이로써 인간 행위에 대한 합리적인 판단이 가능하다고 주장했다. 그는 정열의 정도를 5에서 60까지 상세한 단계로 수치화했다. 이 체계는 무척이나 정밀해서 요즘 시각으로는 불합리하게 보이지만, 중요한 것은 토마지우스가 인간의 본성을 신학이 아니라 심리학적 실체로 파악했다는 데 있었다.[5]

제혁공의 아들이었던 크리스티안 볼프는 때때로 독일의 강사 또는 교사로 불린다. 1723년 볼프가 할레 대학에서 쫓겨난 것은 "이성理性은 스스로 혹사당하도록 허용되면 안 된다"는 무모한 주장을 폈기 때문이다. 토마지우스는 수학에 관심이 많았는데, 수학이야말로 연관된 지식을 논리적으로 연결한다고 생각했다. 그는 이와 비슷한 추론을 심리학에도 적용하려고 했다. 말하자면 영혼의 본성도 경험적으로 이해할 수 있다고 여겨 신학적인 이해를 심리학적 이해로 대체한 것이다.

1729년 데사우에서 태어난 모제스 멘델스존은 1743년에 베를린으로 와서 레싱을 만나 그의 도움으로 첫 번째 철학 논문인 「철학적 담화」를 발표했다. 이 논문에서 멘델스존은 천재는 새로운 완전성을 추구하는 과정에서 자연이 하지 못하는 것을 창조한다는 주장을 폈다.[6] "목적이 아름다우면 인간의 신체는 완전한 상태로 향상된다." 이때의 완전성은 정신에 큰 효과를 발휘한다는 것이 그의 논지였다. 멘델스존은 또 개인의 심리가 보편적인 신학을 대체한다고 생각했다.[7]

이런 생각은 개혁적인 성향을 띠어 당시로서는 급진적이었다. 지금 생각하면 일관성은 있었지만 칸트와 비교하면 이들의 생각이 그다지 명쾌한 것은 아니었다.

이성의 한계

전통적인 창조주를 배제한 상태에서 생물학적인 이해가 없던 시대에 인간은 어떤 존재이고 무엇이 되어야 하는가를 밝히기 위한 노력—단정할 수 없는 것에 대한 새로운 역사적 경험—은 지적으로 어려운 과제였다. 200년이 지난 오늘날에 와서도 우리는 인간의 실체를 완전히 파악하지 못했다. 이런 난제는 예를 들어 칸트, 피히테, 셸링 그리고 헤겔의 저술에서 뚜렷이 드러난다. 이들이 품은 사상은 여러 측면에서 파악하지 못했다. 그 이유는 부분적으로 이들이 쓴 글이 썩 명쾌하지 않다는 점에 있다. 이들이 비밀을 벗겨내고 묘사하려고 시도하는 일에는 어려움이 따를 수밖에 없었다. 다시 말해 이들은 깨어 있는 순간에 오직 스치듯이 본 여러 현상을 각각 분리하려고 한 것이다. 이런 한계에도 불구하고 "독일 관념론의 시대는 규모와 영향력이라는 면에서 흔히 아테네의 황금기에 비교되는 문화 현상을 포함하고 있다." 이 말은 칸트 철학자로 유명한 카를 아메릭스가 『케임브리지 지침서, 독일 관념론』(1947)[8]에서 한 말이다. 아메릭스는 어떤 특정한 양식보다 1770년대에서 1840년대까지 활동한 관념론 철학자들을 주축으로 사고 체계의 전반적인 변화를 언급하고 있다. "독일 관념론의 문헌과 자료는 종교 연구나 문학 이론, 정치학, 예술, 그리고 인문과학의 일반적인 방법론 등 다른 분야에 지속적으로 영향을 미쳤다."[9]

관념론은 쾨니히스베르크와 베를린, 바이마르, 예나에서 발달했다. 이 가운데 제대로 규모를 갖춘 도시는 인구가 13만 명 정도인 베를린뿐이었다. 헤르더와 피히테는 칸트 밑에서 공부했고 이후 칸트의 접근 방식에 공감하는 괴테와 가까운 곳에서 살았다. 한편 대학 도시인 예나 근처에서 칸트를 열심히 전파한 사람은 카를 레온하르트 라인홀트였으며 그 뒤를 이은 인물이 피히테, 셸링, 헤겔이었다. 이들은 모두 자기 나름대로 관념론을 발전시켜가면서 당시 대문호였던 실러, 횔덜린, 노발리스(프리드리히 폰 하르덴베르크), 프리드리히 슐레겔과 보조를 맞췄다. 이들은 또 재주 넘치는 새로운 개인주의 세대가 등장하자 다양한 면모를 보였다. 새로운 세대란 프리드리히 하인리히 야코비, 프리드리히 슐라이어마허, 루트비히 티크, 장파울 리히터, 아우구스트 슐레겔, 프리드리히 슐레겔, 도로테아 슐레겔, 카롤리네 슐레겔, 빌헬름 폰 훔볼트, 알렉산더 폰 훔볼트 등으로 "더할 나위 없이 창조적인 집단"이었다.[10] 이들은 대부분 신설 대학이 개교할 때 베를린에 정착했다(10장 참조). 1806년 나폴레옹이 예나에서 대대적인 승리를 거두자 독일 관념론은 프로이센이 기력을 회복하는 데 기여했고 특히 독일 내에서 민족주의와 보수주의가 출현하는 배경이 되었다.[11]

"독일 관념론은 지금까지도 주목을 받고 있는데 그럴 만한 가치가 있다. 독일의 관념론은 전통적인 철학에 거는 기대와, 의심할 여지 없이 받아들인 근대 과학의 권위에서 드러난 문제점 사이에 있는 명백한 괴리를 메워

주기 때문이다." 관념론은 통일되고 자율적인 접근 방식으로 인간이 겪는 기본적인 고통을 포괄적으로 이해하려는 숭고한 목표를 지니고 있었다. 관념론자가 볼 때 철학은 기술적인 난제를 추상화하는 일련의 즉각적인 해결 방식이어서는 안 되었다. 궁극적으로 관념론은 '문화'와 '국가'를 "좀더 높은 차원의" 도덕공동체로 보았다. 이는 전체적으로 기독교적 의무의 반영이라는 측면의 개인주의를 넘어서는 것이었다.[12] 말하자면 관념론은 종교와 조직적인 정치의 차원을 뛰어넘었다.

간단히 말하면 관념론은, 인간이 자연의 구조를 이해하려면 신체 기관이 우선 자연의 '일부'를 이루는 현상이어야 한다고 주장했다. 이런 맥락에서 이성은 반드시 한계가 있으며, 따라서 우리가 아는 것과 알 수 있는 것에도 한계가 있다는 논리로 이어진다. 관념론은 플라톤이 말한 '이데아'의 관념을 명백하게 반영한다. "이데아란 우리가 정상적으로 경험하는 삶의 평범한 차원을 넘어선 다른 차원의 세계이거나 현실과는 다른 차원의 영역을 말한다. 관념론자가 볼 때 이 세계는 결코 우리가 추정하는 방식으로 존재하는 것이 아니다. (…) 이보다 더 높고 더 '이상적인' 자연을 담은 일련의 형태 또는 본체가 존재한다."[13] 칸트는 이것을 우리가 받아들이는 '현상적' 영역과 구분하여 '실체적' 영역이라고 불렀다.

칸트의 초기 저술은 철학보다 과학과 더 관련이 깊다.[14] 1755년 리스본에 지진이 발생하자 칸트는 지진에 관한 논문을 썼다. 그는 또 피에르 시몽 라플라스(1749~1827)의 성운설星雲說이 나오기 전에 천체 이론에도 관심을 보였는데, 태양계는 중력의 작용으로 압축된 가스 구름으로 형성되었다고 생각했다. 그렇더라도 칸트는 철학자로 더 유명했다. 그는 자신의 철학에서 인류가 당면한 3대 의문을 밝히고 이것을 분류했다. 그가 이끌어낸 첫 번째 물음은 진眞의 문제였다. 우리가 이 세계를 안다고 할 때 세계는 진실한 모습인가? 둘째는 선善의 문제였다. 즉 인간의 행위는 어떤 원칙으로 다스려야 하는가다. 셋째는 미美의 문제로 미학의 법칙, 즉 아름답기

위해서 자연과 예술이 충족해야 하는 기준이 있는가다.[15]

칸트는 흔히 그의 주저로 알려진 『순수이성비판』(1781년 리가에서 발간)에서 첫 번째 물음에 대해 다루고 있다. 이 저술은 숙고와 성찰로 점철된 10년의 세월을 거쳐 나온 것이다. 일부 비평가가 바라본 대로 이 기간에 칸트는 글쓰기 형식을 개선하지 않았다. 칸트는 자신의 논점을 하나하나 예를 들어 구체적으로 설명해야 한다고 여기진 않은 듯하다. 말하자면 예를 든다고 해서 사람들이 자신의 명제를 더 쉽게 이해할 수 있을 거라고는 결코 생각지 않은 것이다. 칸트의 입장에서 논지의 출발점은 두 가지 판단 사이에 어떤 결정적인 차이가 있는가였다. 누군가가 "이 방은 따뜻하다"고 말한다면, 이 말이 뜻하는 것은 "내가 볼 때 이 방은 따뜻하다"이며 "다른 사람은 그렇게 느끼지 않을 수도 있다"는 말이다. 한편 삼각형의 내각의 합은 직각을 두 개 합한 180도와 같다는 수학적 명제는 측정하는 사람과 상관없이 정확하다. 칸트가 말한 대로 이것은 경험과 무관하게 진실하다. 이런 명제는 보편적으로 진실한 것이며 '선험적a priori'인 것이다.[16]

여기에는 어떤 차이가 있는가? 칸트는 이에 대해 인간 정신의 '이상적인 구조'는 기하학적 형태라는 말 속에 들어 있다고 답한다. '온전한' 삼각형을 보지 못하는 한, 말하자면 어떤 상징적인 특성이 주어지지 않는 한, 기하학적 형태는 사실상 인간의 정신에서 창조된다. 하지만 이런 현상은 존재하지도 않고 존재할 수도 없다. 우리가 주변에서 보는 형상이나 삼각형은 단지 불완전한 모습에 지나지 않는다. 칸트는 바로 이 점을 중요시했다. 왜냐하면 우리가 이 세계를 인지하는 방식은 "반드시 경험의 산물일 필요가 없다는 것을, 단순한 감각의 기능에 따를 필요가 없다는 것"을 이 불완전한 모습이 보여주기 때문이다. 경험은 가공되지 않은 원료이며 정신의 '생산적 활동'으로만 완전히 이해할 수 있는 것이다. 따라서 생각이 개념을 만들어낸다.

칸트는 우리 머릿속에, 말하자면 "저 너머에 있는" 세계의 이미지가 담져 있지 않다고 말한다. 그 대신 우리에게는 우리의 지적인 구성 법칙에 따라 그 세계가 우리에게 나타나는 방식에 대한 생각만 있다는 것이다. 이것은 현재 선험적인 것이지만—언제나 불가피하게 그리고 반드시—후천적a posteriori인 경험을 형성한다. 이런 이유로 우리는 무엇이든 '그 자체로는' 결코 알 수 없다.[17]

칸트는 인간의 정신에서 선험적인 것을 몇 가지로 분류했는데 이 가운데 중요한 두 가지로 시간과 공간을 들었다. 그는 인간이 시간과 공간에 대한 직관을 갖고 태어나며 경험하지 않고도 현실적인 감각에 앞서 시간과 공간을 이해한다고 말했다. 시간과 공간은 대상의 고유한 특성이 아니며, 단지 우리가 대상에 부여한 주관적인 생각일 뿐이라고 주장한 칸트는 이 명제가 "아무도 경험할 수 없고 보여줄 수 없는데도" 우리는 우주가 무한하다고 생각하는 것으로 증명된다고 보았다. 우리는 우주가 텅 비었다고 상상할 수는 있지만 공간 자체가 없다고 상상할 수는 없다.[18] 시간에 대해서도 똑같은 원리가 적용된다. 우리는 일정한 시간에 일어난 사건에 대해 많은 상상을 할 수는 있어도 그 시간 자체가 없었다고 상상할 수는 없다. 우리가 이해하는 시간은—공간과 같이—시작도 없고 끝도 없이 무한하다. 시간은 경험에서 나오는 것이 아니다.

칸트가 말한 요점은 인간의 정신이 "생생하게 살아 움직이며 능동적으로 작용하는 유기체"이지 감각과 경험이 축적된 것을 바탕으로 외부에서 정보를 수동적으로 받아들이는 과정이 아니라는 것이다. 인간의 정신은 자체의 법칙에 따라 지각 작용을 수행한다. 칸트는 시간과 공간에만 머물지 않고 인간의 사고思考를 열두 가지 범주 또는 법칙으로 분류했다. 이 법칙이 우리가 세계를 이해하는 방식을 규정한다. 이중에는 '통일성' '다양성' '인과율' '가능성'과 같은 개념이 포함된다. "사물 자체에는 통일성도 다양성도 없다. (…) 우리 자신은 이해력을 바탕으로 일정한 선험적 인상을 통일성이나 다양성과 결합한다(줄기, 가지, 잔가지, 나뭇잎을 나무라는 개념과 결합하듯이).” 칸트는 내부세계와 외부세계 사이에 연결고리가 없다는 말은 하지 않았다. 예를 들어 우리는 과학 실험을 통해 두 세계 사이에 밀접한 연관성이 있다는 것을 증명했다. 우리가 다른 사람도 따라할 수 있는 방식으로 현상을 조종할 수 있는 한도에서는, “감각세계와 이해력 사이에는 반드시 공동의 기반이 존재한다.”[19]

이런 접근 방식은 회의론과 진화론 시대 사이의 세계에 일련의 의문을 불러일으켰다. 예를 들면 신에 대한 물음은 어디로 사라졌는가? 현실 너머, 우리의 감각과 이해력 너머에 있다고 하는 형이상학적인 세계의 증거로 칸트가 말한 것은 무엇이었을까? 많은 사람이 우주가 없는 세계를 상상할 수 없듯이 신이 없는 세계도 상상하지 못했다. 그렇다면 칸트는 신을 시간과 공간만큼이나 현실적인 선험적 직관으로 여겼다는 말인가? 칸트는 외부 현상과의 연관성을 인지하는 직관은 절대적인 전체로서 우주에 대한 사유로 이어진다고 생각했다. 그리고 ‘전체’에 대한 생각은 계속 전체의 궁극적 원인에 대한 생각으로 이어졌다. 마찬가지로 정신의 내적 구조가—또는 법칙이—전체를, 즉 서로 연관되고 맞물리고 이해할 수 있는 전체를 형성한다는 사실에서 모든 것을 결합하는 동일한 생각이 만들어졌다. 이것이 바로 영혼의 개념이다. 이렇게 생각하면 내부세계와 외부세계, 영혼과 우주가 궁극적으로 공통의 기반을 보여준다고 해도 지나친 말이 아니다. 모든 것을 “유지하고 결합하는” 실체에 대해 우리는 신이라는 이름을 부여한다.[20]

이 문제는 사실 보기보다 간단치 않다. 우주는 정신 구조가 제공한 “절대적인 필요성”일 수는 있지만 우리 인간에게 우주란 전체로서 경험할 수 있는 대상이 아니라 단순한 추정에 불과하다는 사실을 간과할 수 없다. 여기서 문제점이 생겨난다. 예를 들어 우주라는 개념에는 어떤 경계가 있음을 암시한다. 그렇다면 이 경계 너머에는 또 무엇이 있다는 말인가? 아니면 우주는 어떻게 무한할 수 있는가? 다시 말해 우주란 “모순되며, 따라서 불가능한 생각"의 산물이다. 똑같은 이치가 시간에도 적용된다. 즉 '이전'과 '이후'라는 개념에도 이런 생각을 할 수 있다. 끝이 없는 시간이란 상상하기가 어렵다. 시간의 끝도 마찬가지다. "공간과 시간이란 단순히 인간의 사고 형태일 뿐이다."[21]

이와 유사한 방식으로, 칸트가 볼 때 신의 존재는 이성적으로는 결코 입증할 수 없는 문제였다. 신은 관념이다. 공간이나 시간과 마찬가지로 인간의 관념일 뿐이다. 오로지 그뿐이다. "신은 내 밖에 있는 존재가 아니라 단순히 내 안에 깃든 생각이다." 칸트는 신중했기 때문에 신의 존재를 부정하지는 않았다. 대신 신에 대한 인간의 인식을 부정했을 뿐이다(이 때문에 칸트는 국왕에게 질책을 받았다). 그는 신을 세계 속의 도덕적 질서로서만 인식할 수 있다고 주장했다. 인간이 신을 (그리고 신의 불멸성을) 믿도록 강요받는 것은 과학이나 통찰에 이끌린 것이 아니라, 인간의 정신 구조가 그를 향해 맞춰졌기 때문이라고 생각한 것이다.

도덕성으로의 진화

『순수이성비판』은 칸트의 가장 기본적인 저술이다. 『실천이성비판』(1788)에서 칸트는 '욕망의 기능', 즉 도덕성의 검증으로 논의를 확대했다. 칸트는 도덕성을 두 가지 방법으로 판단할 수 있을 것으로 생각하고 논지를 펼쳐나갔다. 먼저 어떤 행동은 결과가 좋으면 선한 것으로 볼 수 있다. 한편 선한 동기에서 시작한 행동도 선하다고 볼 수 있다. 그런데 행동의 동기보다 결과를 비교해보는 것이 더 쉽다는 데서 문제가 복잡해진다. 나아가 좋은 의도라도 재난을 초래할 수 있고, 나쁜 의도가 오히려 유익한 효과를 낳을 수도 있다는 데서 문제가 한층 더 복잡해진다.[22]

칸트는 첫 번째 단계로 종교를, 주로 심리적인 것을 배제한 데서 출발한다. 선善, 즉 도덕적 행위가 실행 과정에서 개인적으로나 종교적인 측면에서 유익할 것이라 기대한다면 선하다고 할 수 없다. 이런 행동은 이기적인 것이기 때문에 그 자체로 볼 때 선하지 않다(결과가 좋다고 해도).[23] 여기서 칸트의 유명한 주장인 "선의善意를 제외하면 이 세상에서 전적으로 선하다고 볼 수 있는 것은 아무것도 없다"는 말이 나온다. 하지만 칸트는 연이어 선의를 어떻게 인식할 수 있는가라는 물음을 제기한다. 그는 의무로 알 수 있다고 대답한다. 이 말의 의미는 양심에 따르라는 것이다. 바로 칸트의 '정언(절대적으로 타당한)명령categorial[absolutely valid] imperative'이라는 유명한 개념이다. 정언명령 또는 '내면의 명령'은 양심의 소리다. 칸트는 "양심은 인간의 마음속에 자리잡은, 판단에 대한 자각"이라고 말한다. 인간 내면의 윤리는 경험에서 나오는 것이 아니라 선험적인 이성의 산물로서 여기에는 두 가지 요소가 있다. 사람은 자기 내면의 판단에 따라 행동을 결정해야 한다. 행동의 윤리적인 토대는 성서에 나오는 명령과 아주 유사하다. 남에게 대접받고자 하는 대로 남을 대접하라. 동일한 상황에서 남들이 행하기를 바라는 대로 남에게 행하라. 즉 '영혼의 풍파'에 굴복하지 말라.[24]

이 말 역시 지금의 관점으로 보면 꽤 급진적이었다. 선은 정의正義의 형태로 구현되는 것이었다. "정의는, 보편적인 법체계로 자유를 성취할 수 있는 한 모든 자유의 이점 안에서 각각의 자유가 누리는 한계다."[25] 더 큰 정의는 더 큰 자기 인식에서 나온다. 이것이 교육으로 이뤄진다고 보았던 칸트는, 인간과 동물의 가장 큰 차이점은 인간이 "목표를 세우고 인간 본성에 담긴 원시 형태의 가능성을 갈고닦을 수 있는" 능력을 소유한 데 있다고 보았다. "인간 본성의 완전성이라는 거대한 신비는 교육의 그늘에 가려져 있다."[26]

칸트는 인간이 직면한 핵심 문제—어쩌면 대표적인 문제—는 "도덕성으로의 진화", 다시 말해 선한 원칙에 따라 인도되는 도덕적 성격으로의 진화라고 생각했다.[27] 따라서 칸트가 생각한 교육의 주된 요소는 순종, 정직, 사회성에 대한 가르침으로 이뤄진다. 우선 절대적인 복종을 부과한 다음 개인의 성찰이 점차 깊어짐에 따라 자발적인 순종으로 대체되어야 한다. 칸트가 말한 대로 복종이 중요한 이유는, 남에게 복종하는 법을 배우지 않은 사람은 자신에 대해, 즉 자신이 확신한 것에 대해서도 복종할 수 없기 때문이다.[28] 칸트는 정직성이 개성의 조화로운 통일을 위한 필수적인 것이라고 말했다. 말하자면 사람은 내면의 모순을 제거할 때에야 비로소 완전해질 수 있다. 세 번째 요소인 사회성, 즉 우호적인 관계도 간과해서는 안 된다. "기쁨에 찬 가슴만이 선행을 즐거워할 수 있을 것"이기 때문이다.

천재의 산물로서의 예술

칸트의 세 번째 비판서는 『판단력비판』(1790)이다. 에른스트 카시러는 이 책에 대해 "칸트는 자신의 다른 어떤 저술보다 당대의 전반적인 정신적, 지적 문화의 신경계에 손을 댔다"고 말한다.[29] 칸트가 출발점으로 삼은 개념은 목적성purposiveness이었다. 계몽주의나 과학혁명, 그리고 2장에서 다룬 다른 모든 발전의 배경과는 달리 칸트는 부분과 전체 관계에서의 논리—또는 논리의 결핍—에 초점을 맞춘다. 무엇이 먼저인가? 이 물음이 이해되는가? 동물과 같은 유기체는 전체로서 존재하면서 동시에 부분을 구성한다. 전체는 부분이 없으면 존속할 수 없으며, 부분도 전체 없이 존속할 수 없다. 부분이라는 말은 어떤 의미인가? 동식물의 다양한 종種은 높은 분류 단위에 속한다. 이 말은 또 무슨 뜻인가? 이런 집단은(이를테면 속屬이라든가 과科 같은 단위를 생각해보자. 물론 당시에는 이런 범주가 현대적인 의미를 담고 있지 않았지만) 진정한 의미에서 우리 머리 밖에 존재하는가? 아니면 우리 내부에 부분과 전체 그리고 이 관계를 이해하도록 돕는 어떤 선험적 과정이 존재하는가?[30]

칸트 이전에는 '존재의 거대한 사슬'이야말로 신이 자연에 목적한 것을 진실하게 반영한다고 추정했다. 칸트의 관점으로는 자연의 목적이나 목적 자체의 개념도 인간 본성 속에서 만들어진 것이었다. 따라서 인간은 '목적'이 우리 자신의 외부에 존재하는지 여부를 결코 알 수 없다. 목적이라는 인간의 본능적인 관념이 우리가 자연을 이해하는 방식을 결정한다. 자연의 법칙은 '저 너머'에 존재하는 것이 아니라 인간이 자연에 이런 법칙을 부여하는 것이다.

예술을 대하는 칸트의 성찰은 여기서 비롯되었다. 만일 자연의 질서가 특별한 법칙에 따라 보이는 대로 자연에 통일성을 부여하는, 인간의 타고난 능력을 반영한 것에 지나지 않는다면 이 질서는 그런 통일성을 달성하는 것이 언제나 기쁨의 감정과 맞물리기 때문에 발생한다. 그리고 "기쁨의 감정도 모든 사람에게 적용되는 선험적인 토대가 있기 때문에 결정되는 것이다."[31]

"모든 사람에게 적용되는"이라는 말이 결정적이다. 칸트에게 예술은 그 자체로 완결된 '순수한' 형식의 영역이었다. "예술작품은 (…) 자신의 토대가 있으며 자체 내에 순수한 목표를 담고 있다. 동시에 인간은 예술로 새로운 전체, 현실의 새로운 이미지를 전달한다." 상위 개념과 하위 개념이 있는 과학에는 전제에서 결론을 이끌어내는 인과율의 속성이 있지만 미학에서는 전체를 즉시 포착한다. 아울러 부분과 전체의 관계는 직접적이지 인과율이 결정하는 것이 아니다. 우리는 관조에 우리 자신을 내맡긴다. 미학적 의식은 "바로 이 순간의 수동성 속에서 시간을 초월하는 의미를 포착하는 것이다." 칸트는 예술의 목적이 '사심 없는 기쁨'을 일깨우는 것이라고 보았다. 많은 사람이 똑같은 대상을 아름답게 느끼며 미美가 모든 사람에게 '적용'된다는 사실에서 칸트는 '주관적 보편성subjective universality'이라는 관념을 떠올렸다. 한 가지 예술작품에서 누구나 비슷한 기쁨을 맛본다는 사실은 칸트가 볼 때 경험의 생생한 측면이었다. 이것은 개념으로 매개되지 않는 보편적인 목소리의 증거—중요한 증거—였다.[32] 예술에 깃든 생각은 다른 어떤 경험보다 더 직접적인 경험이다.

이런 구분이 중요하기 때문에 칸트는 레싱이 토대를 세운 천재성을 생각하게 되었다. "천재는 창조할 때 외부에서 규칙을 찾지 않는다. 그 자체가 규칙이다. 이런 창조에는 합법성과 목적성이 내재되어 있다. 천재성은 예술에 규칙을 부여하는 재능(타고난 소질)이다. (…) 예술은 오직 천재의 창작으로만 가능하다." 천재라는 존재는 과학의 생산성과 예술의 생산성을 구분한다. 칸트는 "과학에는 천재가 있을 수 없다"고 주장했다. 어떤 과학적인 통찰도 그것이 확인되는 순간 통찰 자체를 뛰어넘는 형식을 가질 수 없다는 것이 그가 생각한 결정적인 차이였다. 과학자의 개성은 중요하지 않다. 하지만 예술에서 "생산의 형식은 전달이 이뤄지는 통찰을 위해 반드시 필요하다."[33]

칸트의 천재 이론은 낭만파 운동이 결집하는 계기가 되었다. 특히 세계와 현실이 미학적 상상력의 산물이라는 생각은 이 이론에서 자극을 받은 것이었다.[34] 낭만파 운동에 대해서는 8장에서 상세히 살펴보겠지만, 이 운동이 순수하게 철학적 의미에서 칸트 자신의 견해와 구별되는 점은 계몽주의에 의해 진화된 '이성理性'의 개념을 반대했다는 사실이다. 칸트는 좀더 깊은 개념으로서, 예술에 반영되는 '의식의 자발성'이 이성을 넘어선다고 느꼈다. 그렇지만 이것은 어디까지나 현실의 테두리를 벗어나지는 않았다. 이 의식의 새로운 '결정 인자'는 칸트가 볼 때 자유의 중요한—어쩌면 가장 중요한—요소였다. "오직 예술적 통찰만이 우리에게 새로운 길을 열어준다. 예술에서는 정신의 힘이 자유롭게 활동하고, 자연은 마치 자유의 산물인 것처럼, 그리고 고유한 최종 목표에 맞춰 형성된 것처럼 보인다."[35]

칸트가 볼 때 예술과 과학, 천재와 과학자는 삶의 목적을 바라보는 관점이 다르다. 예술은 그 자체에서 목적이 나온다. 인간의 본성이 예술에 부여한 통일성과 실제로 존재하는 보편적인 주관성은 우리가 목적을 부여하는 것을 허용한다. 그럼으로써 우리는 자신을 확장하고 이 확장을 다른 사람과 공유할 수 있게 된다. 칸트에게는 이것이 바로 자유의 의미였다. 내면의 확장이야말로 독일어권 국가에 엄청난 영향을 끼친 생각이었다.

칸트가 관심을 둔 범위와 야심은 1795년에 항구적 평화라는 원대한 생각을 탐구하려는 계획에서 드러났다. 대대적인 변화가 불어닥친 20세기의 상황에 비춰볼 때 칸트의 생각은 터무니없어 보일지도 모른다. 그렇지만 20세기가 칸트의 시대와 큰 차이를 보인 것은 아니다. 당시 유럽에는 절대주의 국가가 여전히 남아 있었고, 피를 뿌린 프랑스 혁명의 여파도 완전히 모습을 감추지 않았다. 칸트는 이 당시(1793년과 1794년에) 윤리국가라는 개념을 막 창안했다. 말하자면 최고선인 '인간의 자율 의지'라는 수단으로 성취하는 도덕공동체, 보이지 않는 교회invisible church*와 같은 개념이었다. 항구적 평화에 대해 칸트가 구상한 계획에는 다양한 조건이 붙었는데—한 예로 상비군은 만국의 우호라는 조건에서 통제되어야 한다—우리가 볼 때 전부는 아니지만 칸트의 동료와 이웃들에게까지 많은 조건이 실현 불가능할 정도로 이상에 치우쳐 있었다. 하지만 그중 한 가지는 전혀 불가능하지만은 않아서 얼마 지나지 않아 반쯤 실현되었다. 바로 "각국의 헌법은 공화국 헌법이어야 한다"는 조건이었다. 칸트는 공화국의 형태가 모든 헌법의 기본이 되어야 한다고 생각했는데, 당시로서는 급진적인 견해였다. 하지만 이런 형태는 지금까지도 이어지고 있다. 이것은 그동안 민주주의나 공화주의가 전파되었기 때문이 아니라 민주주의 국가가 서로 전쟁을 꺼린다는 생각(현대적인 것 같지만 칸트로 거슬러 올라가는 생각)을 낳았기 때문이다.

*복음을 가르치고 성사聖事를 주관하는 '보이는 교회'에 대조되는 신학 개념으로 하느님에게만 알려진 선택받은 자들의 '보이지 않는 몸'이라는 의미.

예나의 부상浮上

—

예나는 바이마르와 비슷한 점도 있고 다른 점도 있었다. 예나도 수많은 군소 도시와 마찬가지로 소도시 수준을 벗어나지 못했다. 주민들 대부분은 장인匠人이었고 대학도 이류급으로 이렇다 할 특징이 없는 도시였다. 그러다가 18세기가 저물 무렵 예나가 갑자기 독일 지식혁명의 중심지로 활짝 꽃을 피웠다.[36]

거기에는 괴테의 공도 약간 있었다. 자신의 지위, 성격, 존재 자체로 괴테는 바이마르와 예나의 위상을 우뚝 세워놓았다. 예나 대학은 개혁의 모델로서 심지어 '칸트학파' 대학이라 불리기까지 했다. 당시에도 여전히 많은 대학은 제 역할을 하지 못하고 제멋대로 구는 성가신 존재로 여겨졌다. 그러나 예나 대학은 할레 대학과 괴팅겐 대학의 근대적인 모델을 성공리에 적용했다. 말하자면 교수와 연구 중심의 교육 기관이었다. 최신 학설에 전념하는 학자들 틈에 학생들이 섞여 공부하는 대학이라는 인식이 널리 퍼졌다. 또 괴팅겐 대학이 보인 모범에 따라 신학부보다 철학부가 활동의 초점이 되었다. 여기서 창간된 잡지인 『알게마이네 리테라투어차이퉁』은 이내 독일 전역으로 퍼져나가 사람들이 가장 많이 읽는 지적 매체가 되었다.[37] 관념론의 유산을 연구한 테리 핀커드에 따르면(2002), 이 잡지를 구독하는 독자는 "소설이나 인기 있는 문학작품을 읽을 때처럼 열심히" 칸트를 읽고 토론했다.

후기칸트학파 인물 중에서는 가장 먼저 프리드리히 하인리히 야코비(1743~1819)를 들 수 있다. 1785년 칸트의 비판적 접근 방식을 비판한 야코비는 근본적으로 이성의 '기본 원리들first principles'은 머리가 아니라 가슴에서 나온다는 생각을 발전시켰다. 또 칸트가 말한 것과 달리 "모든 지식은 일종의 신앙에 기반을 두어야 한다"고 생각했다. 그는 모든 사고의 기초에는 반드시 다른 어떤 것으로는 자체를 증명할 수 없는 '제1원리'가 있으며, 여기서 그 자신이 표현한 '즉각적 확실성immediate certainty'이 나타난다고 말했다.[38] 예컨대 야코비는 우리가 우리 자신의 신체에 대해 즉각적 확실성을 갖고 있다고 주장했는데 이를 전제로 그는, 우리가 신에 대해 품고 있는 즉각적 확실성을 왜 믿으면 안 되는가라고 말했다. 그는 관념론이란 허무주의nihilism의 한 형태라고 확신했다. 허무주의는 야코비가 처음 사용한 말이다.[39]

1786년과 1790년에 카를 레온하르트 라인홀트(1757~1823)는 일련의 서한을 공개한 데 이어서 『칸트 철학에 대한 서한』이라는 책을 펴냈다. 이 편지들은 칸트의 견해를 옹호하는 것으로서 논지가 아주 당당했기 때문에 비록 아주 일시적이기는 하나 철학계에서 칸트 자신보다 더 명석한 스타로 부각되었다. 프로테스탄트로 개종한 예수회파 수사修士였던 라인홀트는 1787년에 예나 대학 교수로 임명되었다. 그가 스스로 떠맡은 과제 중 하나는 칸트의 철학을 형식과학formal science*으로 체계화하는 일이었다.[40] 당시 독일 사상계에서 근본 원리로부터 가능한 한 많은 것을 탐구하고, 서로 연관된 체계로 다듬으려는 경향은 아마 라인홀트에서 비롯되었을 것이다. 이런 경향은 내적으로 일관된 흐름을 형성해 피히테와 헤겔, 마르크스에 이르러 최고조에 이르렀다. 라인홀트는 이전에 이뤄진 연구에 덧붙여 의식consciousness은 질적으로 즉각적인 확실성을 지니며 이 확실성은 칸트가 강조한 경험과 직관의 토대 위에서 설명되는 실체entity로서의 핵심 단계로 옮겨간다고 말했다.[41]

*경험과학에 대응되는 말로, 경험적 사실이나 경험적 개념을 대상으로 하지 않은 과학을 말한다.

이 모든 논란에서는 또 다른 측면을 엿볼 수 있다. 앞서 살펴본 대로 쾨니히스베르크는 영국과의 왕래가 빈번한 지역으로 현실에 기초한 스코틀랜드의 상식적 교육관이 널리 퍼져 있었다. 이러한 상황에서 '초월적 관념론'에서 말하는 온갖 잡다한 내용은 사람들에게 억지스럽게 비쳤다. 그렇지 않아도 비평가와 회의론자가 많은 나라가 독일이었다.[42] 더 풍부한 결실은 아마 칸트가 말한 것을 모두 받아들이지는 않아도, 칸트의 철학을 더욱 발전시킬 여지가 있다고 생각한 세대 전체에서 나왔을 것이다. 이들 중 가장 주목받았던 사람이 피히테, 셸링, 헤겔이었다. 셸링은 낭만주의를 다루는 장에서 다시 살펴볼 것이고 헤겔도 '소외' 장에서 다루겠지만 피히테는 좀 예외다.

버트런드 러셀은 피히테가 세운 체계에 대해 "마치 일종의 광기가 서린 것처럼 보인다"고 생각했다.[43] 피히테는 누구보다 중심 사고 또는 중심 구조의 토대 위에서 전체 체계를 세우려고 한 관념철학자의 대표 주자다. 그는 오늘날 심리학이라고 부르는 과학이 출현할 당시 중심에 섰던 인물이기도 하다.[44]

요한 고틀리프 피히테(1762~1814)는 작센의 한 가난한 리본 제조공의 아들로 태어났다. 그는 헤르더처럼 우연찮게 교육받을 기회를 얻었다. 그가 여덟 살 되던 어느 날 교회에서 들은 설교를 모조리 암기하는 능력을 보여준 것이 계기가 되었다. 이 광경을 본 한 지역 유지가 깊은 인상을 받은 나머지 이 아이에게 정상적인 학교 교육을 받게 해주기로 결심한 것이다.[45] 이 일로 완전히 성공을 거둔 것은 아니었지만, 피히테는 쾨니히스베르크로 가서 칸트를 만날 수 있었다. 처음에 칸트는 그에게서 별다른 인상을 받지 못한 듯하다. 피히테는 자신의 존재를 부각시키기 위해 「모든 계시에 대한 비판 시론試論」이라는 짧은 논문을 썼다. 칸트는 피히테의 글을 마음에 들어했고 이것을 출판하는 데 도움을 주었다. 하지만 출판사에서는—일부러 그랬는지는 모르지만—최종 단계에서 피히테의 이름을 빼버렸다. 칸트의 이론에서 주장하는 것과 내용이 비슷했기 때문에 사람들은 칸트가 쓴 것으로 추정했다. 하지만 사실이 밝혀지면서 피히테의 명성이 높아졌다. 1794년 라인홀트가 킬에서 보수가 더 많은 직장을 제안하자 피히테는 자연스럽게 라인홀트의 후계자로 인식되었다. 어느 날 갑자기 나타나 혜성 같은 존재가 된 피히테의 당시 나이는 32세였다.

피히테는 예나에서 다른 사람의 저술을 비판하는 일에 착수하면서 논란에 휘말렸다. 문제가 된 책은 헬름슈테트의 철학 교수인 고틀로프 에른스트 슐체(1761~1833)가 쓴 『아에네시데무스Aenesidemus』였다. 라인홀트를 논박하는, 따라서 당연히 칸트를 공격한 슐체의 주장을 우리로서는 정확히 알 수 없지만, 대강 물자체Ding an sich에 대한 문제였다. 슐체는, 우리가 확신할 수 있는 것은 모두 우리 자신의 정신 상태에서 나온다고 주장했다. 이에 대해 피히테는 사고의 체계를 상호 연관된 부분이 이룬 전체로 구성하면서 또는 구성을 시도하면서 논박했다.[46] 이후에 나온 저서인 『종합지식학Wissenschaftslehre의 토대』는 앞서 언급한 대로 셸링이 프랑스 혁명 및 괴테와 더불어 세 가지 위대한 '경향' 중 하나에 포함시킨 것이다.•[47]

피히테가 통찰한 핵심은 그 스스로 심화된 칸트주의라고 생각한 것으로, 우리가 주관과 객관의 차이를 구분하는 것 자체가 주관에 기초한다는 것이었다.[48] 피히테는 야코비의 즉각적 확실성과 라인홀트가 말한 의식의 즉각적 확실성, 칸트의 주관적 보편성을 수용했다. 그리고 거기에 그 자신이 가장 중요한 요소로 생각했던 자의식의 즉각적 확실성이라는 개념을 덧붙였다. 피히테는 자의식이 의식의 기본 요소이며, 이것이 합쳐져 더 이상 축소할 수 없는 성분을 이뤄 우리가 현실을 파악하는 수단을 제공한다

• 독일어로 Wissenschaft에는 과학과 학문의 두 가지 의미가 있다.

고 주장했다. 더욱이 자의식과 의식의 기본 성분은 '비아非我, not-self'라고도 주장했다. "자아는 정적靜的인 실체가 아니며, 시간을 두고 '비아'(즉 타인의 자아와 '저 너머에 있는' 대상)를 만나면서 성장과 변화를 겪고 발전한다." 이성은 사실 자의식과 의식의 부산물에 지나지 않으며, 의식과 자의식을 바탕으로 주변 세계의 상호 연관성 및 상호 의존성을 추론한다는 것이다.[49]

어떤 점에서 21세기에 사는 우리가 볼 때 피히테의 주장은 대단히 복잡하면서도 명확한 것을 말하고 있다. 이전에 로크가 한 말을 반복하고 그에 지나치게 공을 들인다는 인상을 주기도 한다. 일부에서 보면 이런 방식은 후기칸트학파에서 훨씬 중요한 위치를 차지하는 헤겔의 견해로 비치는 측면도 있다. 하지만 18세기 후반의 세계관으로 거슬러 올라가면 피히테의 이론은, 그가 강의와 저술에서 자세하게 밝혔듯이, 우리에게 당장은 명확하지 않아도 두 가지 측면에서 중요한 의미를 담고 있다. 첫째, 피히테의 방식은 궁극적으로 인간의 본성을 (시대착오적인 용어를 쓰자면) "심리학적으로 고찰하는" 것이다. '나'를 의미하는 자아와 '비아'에 대해 피히테가 강조한 것은 일반적으로 종교를, 특히 기독교를 배제해 우리 인식이 신학에서 심리학으로 수정되는 중요한 단계를 제공했다. 이런 흐름은 얼마 지나지 않아 프로이트학파나 후기프로이트학파로 계승되었다. 동시에 피히테가 자아의 구심점을 이해하고 또 비아와의 상호 작용에서 이해한 것은 자유의 사고에 대한 중요한 암시였다. 독일에서, 특히 앞서 언급한 대로 칸트 철학에서 자유는 '내면의' 현상으로 인식되었다. 말하자면 자유는 학습과 교육, 내면으로 향하는 여행을 통해 얻을 수 있는 심리적 자유라는 것이었다. 피히테는 완전히 독보적으로 생각하여 자유가 자아와 비아 사이의 관계에 기반을 둔 것이며, 자아는 오직 다른 자아의 자유를 침범하거나 박탈하지 않는 범위 안에서만 자유롭다는 것을 간파했다. 소규모의 절대주의 국가에서 이러한 발상은 지금 우리가 생각하는 것보다 훨씬 논쟁적이고 혁명적인 것이었다.

마찬가지로 피히테가 제시한 이론은 국가와 국가의 책임을 새롭게 조명했다. "객관적인 관점에서 국가의 기능은 다양한 시민이 서로 배려하도록 함으로써 각자의 주관적 관점을 억누르려는 것이다."[50] 이런 견해는 얼핏 국가의 미덕이란 최대다수의 최대행복이라고 믿은 제러미 벤담이 제창한 '행복의 계산법'처럼 들린다. 하나의 자아가 다른 자아와 동등한 가치를 지니는 한, 같은 생각이 민주주의와 공화주의의 색채를 띠는 관점에도 적용된다.

피히테는 카리스마 넘치는 교수로 그의 강의를 들으려는 학생이 줄을 지었다. 자리가 없어 창가 계단에 서서 귀를 기울이는 학생도 있었다. 하지만 예나 대학에서 쌓은 피히테의 경력은, 그가 고압적인 자세로 비판을 계속하고 위협의 수단으로 제출한 사직서가 실제로 수리되면서 갑자기 끝나고 말았다.[51] 피히테는 베를린으로 옮겨가 잠시 개인적인 제자들을 받아 가르치다가 1810년에 베를린 대학이 신설되면서 초대 철학 교수로 초빙되었다(10장 참조).

피히테의 『종합지식학의 토대』가 개정판을 16회나 찍어냈다는 사실을 짚고 넘어갈 필요가 있다.[52] 이것은 피히테의 카리스마와 관련 있기도 하지만 인간에 대한 이해에 새로운 형식이 태동했다는 사실과도 무관하지 않다. 새로운 형식이란 인간에 대한 심리학적 접근 방식을 말한다. 이런 이해 방식은 로크와 프랑케의 영향도 일부 받았고 또 경건주의와도 관련이 있다. 하지만 간과해서는 안 될 또 다른 변화를 이끌어낸 사람은 바로 칸트였다. 관념론은 때때로 사변적인 철학으로 취급받지만 그것이 꼭 옳은 관점은 아니다. 칸트가 도입한 새로운 방식은 인간이 자신을 관찰하는 엄격한 방식이었다. 때로는—특히 피히테와 더불어—감당할 수 없을 만큼 지나치기는 했지만 인간에 대한 이러한 관찰은 주관적 보편성과 함께 의식 및 자의식에 집중함으로써 근대 심리학의 진정한 출발점이 되었다. 아니면 적어도 여러 출발점의 하나가 된 것만은 분명하다. 다만 새로운 접근 방식의 문제는 이것이 다윈의 진화론이 무르익기 전에 등장했다는 사실이다. 바로 이런 배경이 작용해 심리학에 중요한 결과를 가져왔다. 대부분의 사람은 심리학을 생물학적 형식이라기보다 철학적 형식으로 간주했다. 바로 이 점 때문에 무의식이 그 자체로 치료 수단이 되었을 뿐만 아니라 근본적으로 독일적인 사고가 되었다고 할 수 있다.

제6장

음악 분야에서의 르네상스:
철학으로서의 교향곡

16세기에 이르기까지 기악보다 성악이 인기를 끈 곳은 바로 독일이었다(마르틴 루터는 우렁찬 목소리로 노래를 불렀다).[1] 이 무렵 이탈리아에서는 최초의 오르간 학교가 문을 열었다. 뒤러(1471~1528)와 같은 화가가 스승을 찾아 베네치아를 방문했을 무렵 많은 독일인이 오르간을 배우려고 세레니시마La Serenissima*를 찾았다. 이들은 새로운 다성多聲 작곡 기술을 전수받고 돌아왔다.[2] 이런 흐름은 얼마 지나지 않아 조반니 가브리엘리 밑에서 배우기 위해 베네치아를 찾은 많은 독일인 가운데 한 사람인 하인리히 쉬츠(1585~1672)로 이어졌고, 요한 야코프 프로베르거(약 1617~1667), 요한 파헬벨(1653~1706), 디트리히 북스테후데(1637~1707)도 마찬가지였다. 게오르크 필리프 텔레만(1681~1767)과 마찬가지로 북스테후데는 생전에 바흐(북스테후데의 연주를 듣기 위해 바흐는 96킬로미터나 걸어서 찾아갔다)보

*가장 평화로운 공화국이라는 의미로 베네치아인들이 스스로 부르는 베네치아의 별칭.

다 더 유명했다. 하지만 이들의 명성은 바흐만큼 오래가지 못했다. 독일 음악의 최초 전성기는, 사실상 이 라이프치히의 대가(바흐)와 어깨를 나란히 하는 작곡가 게오르크 프리드리히 헨델의 작품에서 찾아볼 수 있다.

같은 해에 겨우 128킬로미터 떨어진 마을에서 태어난 두 사람은 서로 만나지는 못했지만 기술적인 완성도에서 최고 수준에 이르렀다. 두 사람 이전의 음악가들이 아무리 노력해도 이루지 못한 경지였다. 뿐만 아니라 이전의 음악가들은 서로 두드러진 차이도 없었다. 헨델이 세속적인 세계주의자cosmopolitan로 쉽게 성공을 거둔 데 비해, 바흐는 무엇보다 경건했고 "철저하게 지방적provincial"이었다.[3]

헨델은 "음악사에서 이미 존재하고 있던 소재material를 최대로 수용한 사람"이었다고 한다. 이 말은 헨델이 잡동사니 수집가였다는 의미로서 그는 주제theme를 가리지 않고 빌려오거나 표절했고—주로 이탈리아 작곡가들에게서—때로는 악장 전체를 손질해 자신의 것으로 바꾸기도 했다. 그의 오라토리오인 「이집트의 이스라엘인」은 총 39개의 선율 중 적어도 16개가 다른 작곡가가 만든 주제 부분에 의존하고 있다(어떤 경우는 아주 심하게). 헨델은 이런 주제에 우아하고 세련된 단순성으로 끊임없이 자신의 색깔을 덧씌웠다.[4]

많은 사람은, 특히 음악 전문가들은 요한 제바스티안 바흐(1685~1750)를 세계 역사상 가장 위대한 작곡가로 꼽는다. 헨델과 대조적으로 바흐는 오랜 세월 라이프치히에 있는 성 토마스 교회의 합창단 지휘자로 있으면서 독일을 떠난 적이 없다. 생전에 바흐의 작품은 거의 출판되지 않았다. 그의 이름 또한 작곡가보다 오르간 연주자로, 즉석 건반 연주자로 알려졌다.[5] 실제로 바흐는 오르간의 발달에 중요한 역할을 했고, 자신의 악기를 원하는 쓰임새에 맞게 개조했다. 바흐가 아르프 슈니트거(1648~1718)나 유명한 질베르만 가家 같은 바로크 오르간 제작자와 같은 시대에 살았다는 것은 행운이었다. 안드레아스 질베르만은 스트라스부르 대성당의 오르간을 설계, 제작하여(1714~1716) 전통을 다졌다. 그의 동생인 고트프리트도 1714년에 작센의 프라이베르크 대성당의 오르간을 제작했다. 또 고트프리트는 이탈리아의 바르톨로메오 크리스토포리가 피렌체에서 피아노포르테*를 발명하자 이것을 독일로 들여오기도 했다.

바흐는 특히 주제를 교묘하게 다뤄 명제와 반명제를 드러내고 다양한 방향으로 선율을 탐험하다가 거의 알아채지 못하게 다시 처음의 주제로 돌아오는 형식을 사용했다. 바흐가 음악의 형식을 구성하는 능력은 이제껏 성취한 것에 비할 수 없이 뛰어났다. 그는 단지 이런 능력을 지닌 어떤 음악가도 흉내 낼 수 없는 기술적인 복잡성뿐만 아니라 풍요로운 감정과 만족감을 그대로 유지하는 능력에서도 아주 뛰어났다. 바흐가 이룬 형식의 개혁도 간과해서는 안 된다. 이를테면 바흐의 지도 아래 하프시코드는 반주 악기에서 대가가 연주하는 독주 악기로 변신했다.[6]

어떤 기준에서 보든 요한 제바스티안 바흐는 천재였지만, 18세기 중후반에 대부분의 사람이 알고 있던 바흐는, 음악적 재질을 가진 바흐의 아들 중에서 장남이며 교회 칸타타와 건반 협주곡을 작곡한 빌헬름 프리드만(1710~1784)이나 카를 필리프 에마누엘(1714~1788), 그리고 템스 강변에서 여러 해 살면서 이탈리아 오페라와 협주곡을 작곡해 '런던의 바흐'라 불리던 요한 크리스티안(1735~1782)이었다.

바흐의 가문에 대해서는 다들 조금씩 알고 있지만 같은 시대의 독일에 만하임악파라고 알려진 다른 작곡가가 다수 있었다는 사실에 대해서는 잘 모르는 것 같다. 재능 넘치는 이들 음악 집단은 팔라티네 백작이자 바이에른 공작인 선제후 카를 테오도어(1724~1799)의 후원으로 만하임에서 오케스트라를 창설하는 데 도움을 주었다. 전체 관현악 악보를 먼저 개발하고 부분적으로 세밀하게 다듬은 다음 개별적으로 활용한 곳도 만하임이었

---

*피아노의 본래 명칭이다.

다. 이런 개혁으로 만하임악파는 관현악에 관한 한, 근대 음악을 탄생시킨 것으로 평가받는다.

그랜드오페라의 기원

18세기 중엽까지 독일에서는 영국이나 프랑스와 마찬가지로 이탈리아 오페라가 지배적이었다. 가사는 변함없이 이탈리아어였고 가수는 이탈리아인이든 그렇지 않든(그렇지만 실력이 없어도 대체로 이탈리아인이었다), "천편일률적인 이탈리아식 제스처"를 표현할 줄 아는 사람에게 주역을 맡기기 위해 이탈리아에서 불러들였다.[7] 18세기 말에 이르러 이런 흐름에 변화가 일어났다. 이 시기에 '징슈필Singspiel'*이라는 희극 오페라가 유행했다. 여기서 구어체로 된 자국어(독일에서는 독일어로) 대사가 쓰였으며 삽입된 노래도 자연히 자국어로 불렀다. 이런 흐름은 1782년에 모차르트의 오페라인 「후궁後宮으로부터의 도주」가 완성될 때까지 이어졌다. 하지만 새로운 형식이 등장한 것은 실제로는 크리스토프 빌리발트 글루크(1714~1798)의 발상 덕분이라고 할 수 있다.

거의 혼자 힘으로 이탈리아 오페라 연구에 몰두한 글루크는 새로운 접근법으로 뛰어난 작품들을 작곡함으로써 자신의 생각을 구체화시켰다. 글루크는 1762년 빈에서 「오르페오와 에우리디케」로 자신의 기법을 선보였다. 그러나 그의 이름을 알린 서곡이자 그 자신의 새로운 철학을 강조한 것은, 고전적인 주제에서 또 다른 '이탈리아' 오페라라고 할 수 있는 「알체스테」였다.[8] 글루크는, 가수는 성악 연기 자체의 목적을 위해 원숙한 솜씨로 열연

*독일어로 '노래극'이라는 뜻. 구어체 대사가 들어 있고 대개 희극적 성격을 띤 18세기의 독일어 오페라를 말한다.

하기보다 극적 줄거리를 전개하고 고조시키는 데 주력해야 한다고 주장했다. 그는 또 서막은 극을 위해 "적절한 감정을 준비"해야 하며, "단순히 청중이 좌석을 찾는 동안 들려주는 선율"에 그쳐서는 안 된다고도 말했다. 그는 무엇보다도 음악은 줄거리가 부여하는 극적 효과에 필요한 기능이어야 한다고 강조했다. 이런 생각은 오늘날 우리가 보기에는 그리 특별할 게 없지만 당시로서는 커다란 논쟁거리가 되었다. 글루크의 견해가 널리 받아들여진 것은 오로지 그의 오페라의 극적인 긴장도가 강렬해 글루크의 주장이 옳았음이 판명났기 때문이었다. 해럴드 숀버그는 "근대 극장의 그랜드오페라*는 글루크에서 출발했다고 분명히 말할 수 있다"고 논평하기도 했다.

네 명의 거장

1497년부터 1527년까지 이탈리아의 30년 '르네상스 전성기'에 가장 탁월한 활약을 펼친 3대 미술가로는 라파엘로, 미켈란젤로, 레오나르도 다빈치가 꼽힌다. 18세기에 이와 대등한 의미를 지니고 약 25년 동안 지속된 독일의 르네상스에서는 네 명의 음악 대가(천재)가 등장했다. 이들의 걸출한 능력에 대해서는 논란의 여지가 없다. 이어지는 독일 음악의 위대한 세기도 이들이 기초를 닦은 것이다. 실제로 우리는 이후 100년 동안을 작곡 역사를 통틀어 가장 위대한 세기로 봐도 좋을 것이다.[9]

저지低地 오스트리아의 가난한 집안에서 태어난 프란츠 요제프 하이든(1732~1809)은 열일곱 살 때까지 빈에 있는 성 슈테판 대성당에서 소년

*19세기 프랑스의 오페라 양식 중 하나로서 비극적인 내용, 합창이나 발레를 중시하는 데 따르는 극적 효과 등이 특징이다.

성가대원으로 활동했다. 이십대 중반까지 음악교사를 하던 하이든이 인생의 전환점을 맞은 것은 1761년에 파울 안톤 폰 에스테르하지 공公을 위해 에스테르하지 궁으로 들어가면서부터였다. 하이든은 1790년까지 30년 동안을 에스테르하지 궁의 연주 지휘자로 근무했는데, 이 시기는 그에게 말할 것도 없이 행복한 시절이었다. 공의 가족들은 계몽의식이 투철한 후원자였으며, 이들 밑에서 하이든은 뛰어난 교향곡과 실내악을 작곡했다. 위업을 이룬 하이든은 국제적으로도 명성을 얻었다. 그는 이런 명성에 힘입어 1790년에 런던으로 건너가 자신의 탁월한 교향곡 중 12편을 작곡했다. 활동 무대를 넓힌 그는 대중에게 널리 알려졌지만 다시 에스테르하지 궁으로 돌아왔다. 말년에는 빈에 머무르면서 현악사중주인 작품번호 76과 77, 두 편의 오라토리오 「천지창조」와 「사계」를 작곡했다.[10] 하이든은 100편이 넘는 교향곡과 약 50편의 협주곡, 84편의 현악사중주, 42편의 피아노소나타, 다양한 미사곡과 오페라, 그 밖에 독주 악기를 위한 소품 등 남긴 작품 수가 실로 어마어마하다. 하이든의 재기에는 친숙하고 꾸밈없는 특징이 담겨 있다. 이런 인상은 부분적으로 그가 민속 선율을—특히 크로아티아의—폭넓게 반영한 데서 온 것일 수도 있다. 그의 음악은 단순하고 직접적인 호소력을 지니면서도 누구나 쉽게 접근할 수 있다는 특징을 갖고 있다. 하이든은 자신의 재능을 확신했다. "세상은 나와 담을 쌓았다. 그러므로 머리가 아플 일도 나를 괴롭힐 사람도 없었다. 나는 나만의 음악을 할 수밖에 없었다."[11]

관현악 작곡가로서 대단한 재능을 지녔음에도 하이든 자신은 대규모 오페라를 창작하고 싶어했다. 「천지창조」에서 이런 가능성이 엿보이기는 했지만 오페라를 쓰는 일은 결코 실현되지 못했다. 이 분야에서 빛을 본 인물은 하이든이 아니라 모차르트였다. 모차르트가 죽기 전 10년 동안 하이든과 모차르트는 몇 차례 만났다(모차르트는 1791년에 사망했다). 맬컴 파슬리(1926~2004)가 말한 대로 두 사람의 작품을 비교해보면 그들이 서로 영향을 주고받았다는 것을 분명히 알 수 있다. "평범한 하이든은 평범한 모차르트와 거의 구별되지 않는다." 하지만 대작에서 두 작곡가의 색깔은 뚜렷한 차이를 보였다.

볼프강 아마데우스 모차르트(1756~1791)의 짧은 생애는 하이든과 확연히 달랐다. 모차르트는 교양 있는 음악가 집안에서 태어났다. 아버지인 레오폴트(그의 음악은 요즘도 가끔 들을 수 있다)는 잘츠부르크 대주교 저택의 지휘자였다. 볼프강은 신동이었으며 "천재 중의 천재"였다. 세 살 때 이미 피아노를 연주했고, 다섯 살 때 소품을 작곡하기도 했다. 일곱 살 때는 나넬이라는 이름으로 유명한 누나 마리아 아나가 연주할 때 바이올린으로 반주를 했다. 남매는 아버지를 따라 유럽 순회 연주를 하며 선풍적인 인기를 끌었다(순회공연은 볼프강이 여덟 살 때 시작해 열한 살 때 끝났다). 그의 첫 오페라인 「보아라, 바보 아가씨」는 열두 살 때 쓴 것이었다. 모차르트는 잘츠부르크 궁정 악단에서 연주하다가 하이든처럼 빈으로 가서 후원자들의 보살핌 속에서 생애의 대부분을 보냈다. 그의 작품 중 다수는 궁정의 특별행사용으로 작곡한 것이었다(사실이다. 3대 현악사중주인 K. 575, K. 589, K. 590이 그것이다). 모차르트는 전형적인 실용 음악가였다. 나머지 작품들도 뛰어난 연주자를 위해 작곡한 것이었다. 예를 들면 당시 신종 악기인 클라리넷의 대표 연주자 안톤 슈타들러를 위해 클라리넷 협주곡을 작곡했다.[12]

음악학자들이 볼 때 모차르트의 뛰어난 업적 가운데 하나는 독주부를 발전시킨 점이다. 18세기 전반기에 협주곡은 주제가 전통적으로 독주자와 오케스트라 사이를 오가는 것이었다. 본래 이 형식은 일단의 독주자 그룹이 오케스트라에 대비되는 연주를 하는 콘체르토 그로소concerto grosso*에

*바로크 시대 특유의 기악협주곡. 몇 개의 독주악기로 이뤄진 소악기군과 전체 관현악단의 대비를 위해 쓰인 악곡.

서 나온 것이다. 모차르트는 자신의 아름다운 주제에 대해 원숙한 연주 솜씨를 요구함으로써 독주 악기의 독립적인 기능을 발전시켰다. 이제는 표준이 되었지만 협주곡이 3악장의 형식을 갖춘 것도 모차르트 때 이뤄진 일이다. 1악장은 일반적으로 알레그로allegro이며 느린 2악장으로 이어진 다음 마지막에 론도rondo로 끝난다. 이것도 19세기를 거치며 표준 형식으로 자리잡았다.

고전파 협주곡도 인기를 끌었지만 음악사상 가장 아름다운 곡이라는 평가를 받는 작품은 모차르트의 피아노협주곡(25번)과 마지막 3개의 교향곡—39번 E플랫장조(K. 543), 40번 G단조(K. 550), 41번 C장조(주피터, K. 551)—이다. 한편 모차르트의 오페라를 높이 평가하는 사람도 많다. "오페라에서—이렇게 말할 사람이 있을지도 모른다—모차르트를 따를 사람은 없었다."[13]

오페라의 새로운 형식이 무엇인지 형식적으로 또 독창적으로 설명하려 했던 사람은 글루크였을지 모르지만, 어느 누구보다 새로운 형식을 탁월하게, 어디에도 비교할 수 없을 만큼 완성한 사람은 모차르트였다.[14] 모차르트의 오페라는 등장인물에 대한 음악적 묘사가 무척이나 생생하다. 따라서 줄거리에 대해 음악이 반영한 것과 설명이 치밀해 이전의 작곡가에게서는 찾아볼 수 없던, 등장인물의 심리 묘사가 제대로 드러난다. 이런 식으로 극이 진행되면서 "직접적이고 긴박한" 효과를 자아내며 음악 자체가 동기 유발의 수단이 된다. 아마 모차르트의 독일어 오페라 중 최고는 대작이 쏟아져 나온 말년의 작품으로, 생애 마지막 해에 초연된 「마술피리」일 것이다. 하이든이 기악의 기교 면에서, 앞으로 살펴보겠지만 베토벤이 감정의 깊이에서 모차르트에 필적한다면, 「마술피리」에서 밤의 여왕이 부르는 콜로라투라coloratura* 아리아는 그야말로 독보적인 수준을 이뤄냈다.[15]

하이든과 모차르트, 루트비히 판 베토벤은 종종 '최초의 빈악파'로 불린다. 하이든과 모차르트처럼 베토벤도 빈에서 숨을 거둔 것은 사실이다. 하지만 이들 세 사람이 공동의 음악 목표와 공동의 음악 방식을 바탕으로 빈 악파를 형성했다는 평가는 어디에도 없다.

본에서 태어난 베토벤(1770~1827)은 모차르트처럼 음악가 집안 출신이다. 아버지와 할아버지는 쾰른 선제후의 궁정 악단에서 활동했다. 베토벤은 22세 때 하이든과 함께 빈에서 공부했다. 이후 귀족 자녀들에게 음악을 가르쳤지만, 늘 작곡가에 대한 꿈을 잃지 않았고 결국 이 분야에서 점차 명성을 얻기 시작했다.[16]

베토벤은 개인적으로 불행한 삶을 살았다. 아마 이 때문에 그의 음악이 바흐나 모차르트와 차이가 나는 것인지도 모른다. 바흐와 모차르트가 풍기는 원숙미, 신비, 완벽성은 보석처럼 냉정하지만 고전적인 아름다움으로 빛난다. "바흐와 모차르트의 음악이 신의 음악이라면 베토벤의 것은 인간의 음악이다. 거기에는 베토벤의 고통과 초조, 들뜬 기분, 세계와 대치하고 있지만 동시에 세계로 다가가는 움직임이 들어 있다. (…) 베토벤의 음악적 진행 과정은 인간의 위대성을 드러내는 변화 과정이며, (…) 의심할 바 없이 인간 정신의 기념비로서의 음악을 이뤄냈다."[17]

베토벤의 작품은 세 시기로 나눠 이해할 수 있다. 1800년 이전의 작품은 하이든의 영향을 받았다. 1800년에는 피아노협주곡 제1번 작품번호 15와 제1번 교향곡 작품번호 21을 발표했다. 이 곡으로 베토벤은 음악회를 찾는 청중에게 가장 친숙한 작곡가가 되었다. 베토벤은 제1번 교향곡에서 3악장의 미뉴에트를 좀더 약동적인 스케르초로 바꾸고, 마지막은 알레그로로 마무리하는 혁신적인 수법을 완성했다.** 이로써 작품의 긴장도를 폭

---

*오페라 등에서 화려한 기교를 담은 악구.

**고전 소나타나 교향곡의 제3악장에는 보통 미뉴에트가 쓰인다. 우아한 표현이 특징인 데 비해 스케르초는 템포가 빠른 3박자, 격렬한 리듬 등을 특징으로 한다. 베토벤은 자신의 여러 교향곡에서 미뉴에트를 스케르초로 바꾸었는데, 이는 형식상으로는 비슷하거나 같지만 훨씬 더 빠르고 화려하다. 알레그로는 '빠르게'란 뜻으로 고전파 소나타나 교향곡의 제1·4악장에 자주 쓰인다.

넓게 고조시키는 그만의 독특한 음색이 돋보였다. 이 악장에는 긴장이 고조된 움직임과 끝없는 열정이 배어 있다. 베토벤의 생애 중간 시기를 특징짓는 것은 이처럼 부단히 활동하는 기운이다. 처음 8편의 교향곡과 5편의 피아노협주곡, 바이올린협주곡, 오페라 「피델리오」 「아파쇼나타」와 「발트슈타인」을 비롯한 피아노소나타가 바로 그런 특징을 드러낸다. 베토벤은 다른 무엇보다도 기악 작곡가였다. 그는 언젠가 "나는 언제나 내 음악을 목소리가 아닌 악기로 듣는다"고 말한 적이 있다.[18]

지금까지의 작품에 못지않는 위대한 대작을 작곡한 때는 베토벤 생애의 마지막 시기다. 이 작품들이 세계 음악사상 최고에 속한다는 사실에는 이론의 여지가 없다. 멈퍼드 존스(1892~1980)는 "모든 음악은 베토벤으로 모이고 모든 음악이 베토벤에게서 나온다"고 말했다. 마지막 시기의 작품은 제9번 (합창)교향곡, 「장엄미사곡」, 마지막 3편의 피아노소나타, 피아노를 위한 「디아벨리 변주곡」 그리고 마지막 5편의 현악사중주다.[19] 청각을 잃는 바람에 비참한 고통을 겪었지만 그간의 거친 풍파와 충동, 갈등이 끝난 이후에 작곡한 베토벤의 후기 음악은 생의 다른 시기에는 결코 얻지 못했던 평정심과 구원의 경지를 드러낸다.

하이든이 교향곡 형식에서, 모차르트가 오페라에서 탁월한 재능을 발휘하고 베토벤이 기악에서 뛰어났듯이 슈베르트는(빈 4대 거장의 마지막 인물) 가곡에서 타의 추종을 불허했다.

빈에서 태어나 평생 그곳을 떠나지 않았던 프란츠 슈베르트(1797~1828)는 31세에 세상을 떠나 모차르트보다 더 짧은 생을 살다 갔다. 하지만 슈베르트는 누구 못지않게 다작한 작곡가였다.[20] 그는 귀족의 후원을 받은 적이 한 번도 없었고, 평생을 프리랜서(우리가 흔히 말하듯) 음악가로 살아갔다. 음악적 재능을 일찍 꽃피운 슈베르트는 모차르트와 마찬가지로 어린 나이에 작곡에 뛰어들었지만 모차르트만큼 주목받지는 못했다. 친구들이 1821년에(그의 나이 24세 때) 돈을 모아 슈베르트가 작곡한 가곡 20편을 출판해주자 비로소 이름이 알려지기 시작했다. 이때까지 슈베르트는 9개의 교향곡 중 7편과 현악삼중주, 「송어」 5중주, 몇 편의 오페라와 미사곡을 작곡한 터였다. 슈베르트의 작품은 상당수가 생전에 공연되지 못했으며, 나머지 작품도 대부분 사후에 발표되었다.[21]

슈베르트가 작곡한 가곡은 무려 600곡에 이른다. 이중 71곡은 괴테의 시에, 42곡은 실러의 시에 곡을 붙인 것이다. 괴테와 실러의 시에 곡을 붙였지만 슈베르트는 시에 집착하지는 않았다. 오히려 그는 단순히 시에 곡을 '붙이는' 것을 넘어 선율을 독자적으로 활용하는 능력을 보여주었다. 즉 시와 똑같은 음악적 가치를 부여한 것이다. 이런 방식으로 슈베르트는 피아노 반주에서 이전에는 결코 볼 수 없던 수준, 다시 말해 "반주라는 용어가 더 이상 어울리지 않는 수준"까지 끌어올렸다.[22]

음악 제작(다음에 다룰 음악 감상과 반대되는 의미에서)에서 마지막으로 새로운 요소를 도입한 인물은 카를 마리아 폰 베버(1786~1826)였다. 베버는 고관절 이상으로 걸을 때마다 다리를 절름거렸지만 기타의 대가였다. 멋모르고 질산을 들이키는 바람에 성대를 다치기 전까지는 뛰어난 가수로도 활동했었다. 베버는 오페라극장을 관리하기 위해 드레스덴으로 불려간 것을 기회로 (스스로) 지휘자가 되었다. 그 후 지휘자를 최고의 권위를 지닌 위치로 끌어올려 오늘날까지 이어지는 유행을 만들어냈다. 베버는 또 주로 로시니의 작품을 바탕으로 이탈리아 오페라에 열광하는 당대의 풍조를 바로잡기 위해 무척 애를 썼다. 독일 오페라의 전통이 바그너에 이르러 절정기를 구가한 것은 순전히 베버의 공이다.[23] 1821년에 하인리히 하이네까지 청중으로 참석한 가운데 초연된 베버의 오페라 「마탄의 사수」는 새로운 세계를 연 작품이었다. 「마탄의 사수」에서 오케스트라는 단순히 성악의 배경이 되는 역할 이상을 해냈다. 예를 들어 현악부와 관악부는 각자의 독립된 역할을 부각시키기 위해 협연하여 독특한 분위기와 색조를 덧입혔다. 이런 기술적인 진보는 오페라의 특색을 표현하는 과정에서 지휘자의 행동반경을 넓혀주었다. 지금 우리가 알고 있는 오페라의 형식이 어느 정도 갖춰진 것도 이때였다.

철학으로서의 음악

오늘날의 평가로 고전음악의 '척추'를 구성하는 인물은 바흐, 헨델, 하이든, 모차르트, 베토벤, 슈베르트 그리고 브람스이며, 모두가 독일인이다. 이들이 독일에 처음 등장한 시기는 19세기로 전환할 무렵이었다. 1800년대를 통틀어 이들 외에 음악의 대가로서 독일인이 아닌 음악가로는 헥토르 베를리오즈, 프레데리크 쇼팽, 차이콥스키, 베르디 정도만 꼽을 수 있다.

하지만 음악에서의 '생산'은 그림의 절반에 그칠 뿐이다. 이탈리아 르네상스에서 회화가 꽃피웠던 것을 이제는 당대의 상업적, 종교적 경향에 비추어 이해한다. 마찬가지로 18세기 후반과 19세기 전반에 독일에서의 음악 감상과 음악 소비, 음악 이해는 당시를 지배한 관념철학의 영향을 받았다. 이런 현상은 오늘날 우리가 음악을 경험하는 방식과는 판이하다.

독일에서 예술을 완전히 새롭게 이해하는 흐름이—특히 음악에서—대두된 것은 18세기 말이다. 마크 에번스 본즈가 설명한 대로 이때의 음악 감상은 특히 기악과 관련해 진지한 태도를 취했다.[24]

당시에 교향곡symphony은 비교적 새로운 분야로서 1720년대에 오페라의 서곡이 발달하면서 등장했다. 이 시기에도 종종 '심포니symphony'로 불렸는데 이런 풍조는 1790년대까지 이어졌다.[25] 1800년 전후까지 교향곡은 오페라보다 비중이 훨씬 낮았다. 칸트가 『판단력비판』에서 기악을 "문화라기보다 오락mehr Genuss als Kultur"으로 보며, 같은 이유로 벽지에 비유한 일화는 유명하다. 그는 음악이 청중에게 감동을 주는 힘에 깊은 인상을 받기는 했다. 그러나 기악에는 생각이 담겨 있지 않아(가사가 없어서) 그 효과도 일시적일 수밖에 없고, "시간이 지나면 정신을 흐리게 할 것"이라고 여겼다.[26] 칸트와 같은 생각을 하는 사람은 무척 많았지만 18세기가 끝날 무렵 교향곡의 위상은 대대적인 변화를 겪었다.

처음에는 그 이유 중 하나가 음악이 사적인 공간에서 공적인 영역으로 점차 옮겨갔기 때문이라고 여겨졌다. 청중이 늘어나면서 기호의 폭이 넓어졌고, 교육에 대한 욕구와 스스로 향상하려는 의지가 강한 신흥 중산층이 합세한 것이다. 마찬가지로 중요한 이유는—결국 오래가지는 않았다고 해도—예술의 본질을 대하는 자세가 변한 것이었다. 특히 음악과 철학 사이에 형성된 관계가 변화했다는 점을 들 수 있다. 이런 풍조가 음악 감상의 태도를 바꿔놓았다.[27]

이렇듯 기악을 새롭게 평가하기 시작한 미학의 흐름은 관념론에서 비롯되었다. 관념론에서는 예술을 "나태하게 수용"하는 것보다 적극적으로 유용성을 추구할 필요가 있으며, 오히려 행동에 나서야 한다는 생각이 있었다. 어떤 예술작품, 어떤 천재의 작품이라고 해도 청중은 자신의 역할이 있으며 참여할 때 드높은 이상을 반영하는 것이라고 여겼다. 공연이 이뤄지는 동안 "넋을 잃을" 정도로 음악에 몰두하고 "자기 자신을 잊어버리는 것"은, 많은 사람이 생각할 때 더 높은 다른 영역으로 나아가는 여행의 첫걸음이었다. 베토벤 역시 예술이 지상의 것과 신성한 것 사이의 교량이 될 수 있다고 믿었다.[28]

이런 생각은 1790년대에 널리 퍼져나갔다. 이 흐름을 주도한 사람은 예술과 철학이 똑같이 근본적인 문제를 표현하며, 현상세계와 사고의 세계를 연결해준다고 주장한 셸링이었다. 셸링이 볼 때 소리는 오감 중에서 "가장 깊숙한 곳"에 있었다. 소리가 지닌 '무형성incorporeality'의 의미는 바로 소리의 '정수'가 다른 감각보다 더 이상적이라는 것이었다. 아우구스트 슐레겔도 이와 생각을 같이했다.[29]

이처럼 관념론과 목소리 없는 음악의 연관성은 분명해졌고 이는 마크 본즈가 "지금까지 나온 음악 비평 중 가장 중요한 것"이라고 평한 글에서 절정에 이르렀다.[30] 그 글은 E. T. A. 호프만(1776~1822)이 1809년에 베토벤의 제5번 교향곡에 대해 『알게마이네 무지칼리셰 차이퉁』에 발표한 비평이다. 여기서 호프만은 음악에 "현상적인 것을 뛰어넘는 별개의 영역"이 있으며 동시에 "무한성에 대한 감지"를 제공하는 능력이 있다고 강조했다. 그는 기악이 "인간에게 미지의 영역, 인간을 둘러싸고 있는 외부의 감각세계와는 아무런 상관이 없는 세계까지 드러낸다"고 말했다. "이 세계 속에서 인간은 말로는 표현할 수 없는 대상에 자신을 내맡기기 위해 개념으로 표현될 수 있는 온갖 감정을 버린다"는 것이다. 또 기악은 "창조적인 상상력으로 작품에 적극 참여하는 사람이 접근할 수 있는, 계시의 잠재적 기폭제"라고 말했다.[31] 이런 흐름 속에서 '이해 가능성의 부담'이 작곡가에서 청중의 몫으로 넘어갔다. 본즈는 또 이렇게 말한다. "음악 감상에 대한 이런 새로운 사고틀은 사실상 청중이 작곡가의 생각을 이해하려고 노력해야 하며, 그것을 내면화해야 하고 음악의 흐름을 따라 작곡가의 생각을 전체로서 이해해야 한다는 전제에 기초한 철학이었다."

베토벤의 제5번 교향곡에 대한 호프만의 비평은 특정 작품에 대해 철학적으로 접근한 최초의 예였다. 호프만은 "어린아이처럼 천진난만한 하이든에서 초인적인 모차르트를 거쳐 신성한 베토벤에 이르기까지 음악이 진보했음"을 확인했다고 말했다. 그는 "베토벤의 음악을 들으면 다른 방식으로는 감지할 수 없는 한 차원 높은 현실의 형식을 어렴풋이 깨닫게 되고 (…) 예술은 더 이상 오락의 도구가 아니라 진리의 도구이며 (…) 일반적으로 철학이 끝나는 곳에서 예술이 시작된다"고까지 주장했다.[32]

기악곡을 깊이 있게 설명한다는 이런 발상 자체가 새로운 것이었다. 이는 폭넓은 교양의 개념에서 나온 것이지만, 교양과 음악 감상의 연결고리 또한 감상 자체의 이해에 변화가 온 것과 무관하지 않았다. 예를 들어 교향곡을, 칸트가 말한 숭고의 관념으로 광대한 폭과 감각을 압도하는, "대양같이" 깊고 넓은 수용 능력의 측면에서 규정되는 예술 형식으로 받아들이게 되었다.[33] 많은 철학자와 예술가가 숭고함이 바탕을 이루는 무한성에 대한 명상이야말로 단순한 미美로는 얻을 수 없는 통찰력을 제공한다고 주장했다. 교향곡의 '밀집된 힘'이 바로 이런 생각을 뒷받침했다.[34]

호프만이 음악을 하이든에서 출발해 모차르트를 거쳐 베토벤으로 "전개된 과정"으로 묘사했을 때, 그는 역사주의의 형식까지 받아들인 것이다. 뿐만 아니라 인간 의식이 점점 더 높은 단계로 진화한다는 '세계정신world spirit'을 받아들임으로써 사실상 헤겔 철학도 수용했다. 베토벤의 교향곡은 음악의 최고점, 즉 작곡가 자신이 '베조넨하이트Besonnenheit'를 얻는 "역사적 초시간성의 순간"을 대표했다. 번역하기 어려운 베조넨하이트란 말은 예술가가 수행하는 일이 창조적인 것이라기보다 늘 그 자리에 있었던 신성한 것을 발견하거나 실현하는 것임을 뜻한다.[35]

사회학으로서의 교향곡

(말 없는) 교향곡에 담긴 별개의 요소는, 특히 프랑스 혁명이 남긴 뒤숭숭한 여파 때문에 협주곡과는 뚜렷하게 대조를 이루는 듯 보이는 공공公共적인 특징이었다. 교향곡이 공공적이고 진지한 데 비해 협주곡은 가식적이고 공허했다. 한동안 교향곡이 유난히 독일적인 색채를 띤 이유는 바로 이런 특징과 관련이 있었다. 이러한 시각에서 볼 때 문화는 개인과 국가 간의 관계, 그리고 교양에서 비롯된 것이다. 개인이 조화로운 국가에서 자신의 창조적인 역할을 발견하는 과정은 교향곡의 흐름과 동일한 것으로 간주되었다. 합창단에서 노래 부르는 것을 시민의식 고취를 위한 적절한 훈련으로 여긴 것도(특히 괴테가) 이런 이유에서였다.[36] 오케스트라와 같은 사회적

조화는 자아의 실현을 최소한도로 자제하려는 개개인이 모인 집단에서만 구현될 수 있었다.[37]

이런 흐름이 중요한 이유는 독일인들의 생각이 베토벤이 살아있을 때 결정적으로 변했기 때문이다. 베토벤의 제9번 교향곡이 1824년에 빈에서 초연되었을 때, 독일은 국가로서 여전히 추상적이기는 했지만 범汎독일 국가라는 사고에 차츰 눈을 뜨기 시작했다. 음악이 독일의 국가적 정체성을 일깨우는 데 하나의 역할을 한다고 처음 인식한 것도 19세기 전반기였다.[38] 1799년에 『알게마이네 무지칼리셰 차이퉁』의 편집장 프리드리히 로흘리츠는 음악이 "국가적 자부심이라는 의혹을 사지 않으면서" '국민 교육Bildung'에 활용될 것이라는 기대 섞인 희망을 드러내는 사설을 썼다. 또 1805년에는 다른 기자가 "독일은 음악작품의 영역에서 모든 나라 중에서 첫 번째 자리를 차지할 자격이 있다고 선언해도 좋다"는 기사를 썼다.[39] 음악은 음악제의 확산에 따라 강조된 민족주의의 생산 주체이자 산물이었다. 이런 음악의 기능이 다른 어떤 것보다 더 중요했던 이유는 당시 독일에서 집회의 자유가 엄격하게 제한되어 있었기 때문이다. 2~3일에 걸쳐 교향곡과 오라토리오를 공연하는 음악제가 수많은 '음악 애호가'를 끌어들였다. 이들은 미학적 세계에 심취하면서 독일로 상상되는 소우주에 관심을 쏟았다. 이런 공간에서 연출되는 축소된 국가는 영토보다는 문화의 힘에서 나오는 것이었다. 이러한 배경에서 교향곡은 이상적인 사회 구조라 할 수 있는 유기체적 공동체와 동일한 것으로 여겨졌다.[40]

교향곡을 뛰어난 독일적 장르라고 일컫는 데는 결정적인 이유가 하나 더 있다. 철학을 바탕으로 한 소리로서 '진지함'이 담겨 있다는 것 외에도 교향곡에는 이탈리아인과 프랑스인을 오랫동안 지배했던 오페라를 상쇄하는 힘이 들어 있었다. 바그너는 등장인물의 입을 빌려, 「영웅」 교향곡을 쓸 때 베토벤은 장군이 아니었음에도 "나폴레옹이 이탈리아 전투에서 얻은 것과 똑같은 것을 성취할 수 있는 영역"을 탐험했다는 생각을 밝히고 있다. 바그너가 보기에 베토벤의 교향곡은 예술의 진보적 총합 단계를 대표한 것이었다. 그는 교향곡으로 이룩한 베토벤의 업적을 부인하지 않았으며 베토벤이 제9번 교향곡으로 이 장르의 절정을 알렸다고 주장했다. 베토벤을 적절히 알리는 데 일조한 셈이었다. 바그너는 또 베토벤이 전통적으로 말 없는 장르에 말을 집어넣음으로써 은연중에 기악의 수명이 다했음을 인정한 것이라고 주장했으며 베토벤에게 스스로 금지한 영역을 채택하는 반전이 일어났다고 말했다.[41]

제7장

우주, 쐐기문자,
클라우제비츠

아브라함 고틀로프 베르너(1749~1817)는 어느 모로 보나 기인奇人 중에 기인이었다. 베르너는 작센의 프라이베르크 광산대학에서 학생들을 가르칠 때 "연중 내내" 강의실에 난로를 피웠다. 그는 언제나 "맨몸에 모피를 걸치고 다녔으며", 연회장의 자리 배치나 장서藏書의 정렬 상태에 대해 끊임없이 잔소리를 늘어놓았다. 무엇보다도 "자신이 수집한 광석에 광적으로 집착하는" 인물이었다. 한 제자의 말에 따르면, 베르너는 10만 개의 광석을 수집했는데 하나하나 각기 다른 광물질이었다고 한다. 언젠가 강의실에서 광석 표본을 돌아가면서 보다가 한 학생이 표본 상자를 밀치는 바람에 내용물이 바닥에 쏟아졌다. "그 순간 (…) 베르너는 얼굴이 창백해졌고 아무 말도 하지 못했다. (…) 7~8분이 지나서야 가까스로 말문을 열었다."[1]

이 특이한 사람이 바로 근대 지질학의 창시자다. 18세기 말의 지질학(이 용어는 오늘날의 의미와 달랐다)은 기초과학이 아니라 지구의 기원에 대한 성서적 설명을 암석으로 증거하는 데 주된 관심이 있었다.[2] 광산업 분야에 오랜 역사를 지닌 독일이 이 분야에서 단연 앞서나갔다.[3] 자급자족 경제가 화폐경제로 대체되던 당시 유럽에서 화폐로 쓰인 것은 주로 은銀이었다. 독일 지역의 국가들에서 은 광업이 폭발적인 성장을 보이면서—특히 작센에서—15세기 후반에서 16세기 전반에 걸쳐 프라이베르크, 상 요아힘슈탈, 켐니츠 같은 작은 도시가 형성되었다. 16세기 중반에 신대륙에서 은이 발견되는 바람에 다소 침체되기는 했지만 대신 고령토(16세기에 고품질의 중국 자기磁器가 유럽에 들어옴으로써 촉진된 자기 산업에 쓰이는 천연 소재)를 포함해 다른 광물자원이 풍부한 독일에서는 광물학자에 대한 수요가 끊이지 않았다. 이중 번화한 지역인 프라이베르크가 광물학과 지질학이 발달하는 데 중심 역할을 했다. 은 외에도 고품질의 중국 자기가 유럽에 유입되자 그 제조 비법을 둘러싸고 경쟁이 벌어졌다. 이런 연구 풍토는 광물학자들에게 유익한 것이었다. 17세기 말 프랑스 생 클루드에 최초로 공장이 들어섰지만, 독일에서는 베를린과 마이센은 말할 것도 없고 빈, 회히스트, 님펜부르크 등지에 회사가 생겨나면서 프랑스보다 앞서나갔다. 중국 점토인 고령토가 결정적인 성분이라는 사실이 알려지기까지는 그리 오랜 시간이 걸리지 않았으며, 이 귀한 천연자원의 매장지를 찾고자 하는 경쟁에 불이 붙었다. 1710년까지 작센의 프리드리히 아우구스트 1세가 설립한 마이센 공장에서는 매장지를 발견한 J. F. 뵈트거(1682~1719)의 도움으로 자기를 생산하고 있었다. 초대 사장을 지낸 뵈트거는 몇몇 용제溶劑(설화석고, 대리석, 장석長石)가 고령토를 용해한다는 것을 보여주었다. 이러한 발견은 3만 회에 가까운 실험을 거쳤는데 중요한 국가 기밀로 엄중한 보안을 유지했다.[4] 이런 식으로 광업과 화학이 발달함으로써 독일은 광물학에서 결정적인 주도권을 행사했다.

인문과학에 치우친 독일의 대학은 이런 기술적인 문제를 장려하기에 이상적인 곳은 아니었다. 그런데 18세기가 지나는 동안 각 지역의 군주들은 기술과 연구기관이 필요하다는 사실을 깨달았다. 그리하여 1765년 프라이베르크에 광산대학이 들어섰고, 10년 뒤 베르너가 교수로 부임했다.

오늘날 베르너는 지구의 역사에 대해 수성론水成論, neptunism*의 입장을 대변한 것으로 잘 알려져 있다. 수성론은 화성론火成論, vulcanism**과 경쟁관계에 있었으며 이런 이론적인 대립은 종교적인 믿음과 밀접한 관련이 있었다. 수성론자는 지구의 표면이 원래 지구를 감싸고 있던 태고의 대양 아래에서 침전해 형성된 암석으로 이뤄진 것이라고 설명한다. 이 학설에는 심각한 문제점이 하나 있었다. 베르너의 이론에 따르면, 어떤 암석이 다른 암석보다 더 최근에 형성되었는데도 왜 보다 더 아래층에서 발견되는지에 대해서 설명할 수가 없었다. 더 큰 문제는 지구 표면을 모두 액체 상태로 뒤덮는 데 필요했을 물의 총량이었다. 그러려면 엄청난 깊이로 지구를 뒤덮을 만한 대홍수가 있어야 했다. 그러자 더 큰 의문이 제기되었다. 도대체 빠져나간 물은 전부 어떻게 되었는가 하는 것이었다.

스코틀랜드의 제임스 허턴(1726~1797)은 베르너의 대표적인 경쟁자였지만 처음에는 영향력 면에서 베르너와 비교도 되지 않았다. 허턴의 화성론은 불의 신인 불카누스에서 따온 것이었는데,[5] 그는 주변 환경을 조사한 다음 풍화와 침식은 지금도 진행 중이며 사암砂巖과 석회암, 그리고 강어귀에 가까운 바다 바닥의 조약돌도 풍화와 침식 때문이라는 결론을 내렸다. 허턴은 이런 침니를 주변에서 흔히 보이는 단단한 암석으로 변화시킬 수 있는 요인이 무엇인지 의문을 품었다. 그는 이렇게 할 수 있는 것은 열밖에 없다고 단정지었다. 그렇다면 열은 어디서 왔는가? 허턴은 열이 지구 내부에서 생성되었으며 화산활동으로 표출되는 것이라고 믿었다.

허턴의 화성론이 베르너의 수성론보다 실제에 더 부합한다는 데는 의문의 여지가 없었다. 하지만 많은 사람이 엄청난 지질 연대의 기간을 암시하

---

*모든 암석은 원시의 바닷물 속에서 침전하여 생성되었다는 학설.

**암석의 생성에 대하여 지구 내부의 열의 작용을 중시하는 학설.

는 화성론에 반발했다. "이전의 어느 누구도 상상할 수 없을 만큼 오랜 시간"이 흘렀다는 설명이기 때문이었다.

최근 학계에서는 수성론과는 별도로 오랜 세월 시험과 수정을 거친 베르너의 좀더 중요한 생각이 근본적으로 근대 지질학의 토대를 마련했다고 본다. 이것은 암석의 층화層化와 경과 시간을 연관짓는 방법이다. 가장 영향력 있는 견해는 페터 시몬 팔라스(1741~1811)가 주장한 것으로, 그는 지층 연대를 제1기, 제2기, 제3기로 구분했다. 이 설명에 따르면 산은 모두 똑같은 구조로 이뤄졌다. 산에는 중심—핵심—을 형성하는 결정성結晶性 암석이 있고 이 결정이 산꼭대기까지 올라간다. 그리고 중심의 측면에는 침전 암석(석회암, 이회토泥灰土, 혈암頁巖)이 분포하며, 끝으로 표면 아래쪽에 잔존 유기물을 포함한 느슨한 퇴적물이 쌓인다는 것이다. 독일에서 이 이론을 제시한 사람은 J. C. 푹셀(1722~1773)이다. 푹셀은 단층斷層의 형성을 구분해 각 층에는 각기 독특한 화석이 들어 있음을 보여주었다. 여기서 지역마다 비슷한 연쇄현상sequences을 예측할 수 있는 '형성 조組, formation suites'라는 발상이 나왔다.[6]

오클라호마 주립대학의 앨릭스 오스포뱃과 같은 현대 학자는 역사주의와 진화론이 등장하던 시기에 독일에서 각 암석의 결정적인 차이는 광물학이나 화학의 문제가 아니라 "형성의 방식과 연대"에 있다는 것, 즉 암석의 형성이 지질학의 기본 과정이라는 사실을 파악한 사람은 베르너였다고 주장한다.[7] 베르너는 이런 '보편적 형성'은 20~30회밖에 일어나지 않았으며, 이 형성 과정을 확인함으로써 "뚜렷하고 확정적인" 수준으로 지질학에서의 혼란을 줄일 수 있음을 알았다. 이제 화석의 함량이 연대와 연쇄 현상을 가늠하는 중요한 수단으로 떠올랐다. 다른 학자와 마찬가지로 베르너도 후기의(높은 쪽의) 층위層位에서 화석이 더 다양하고 복잡하다는 사실을 발견했다.[8] 그는 1799년에 고생물학을 미래의 학문으로 독립시켜 직접 강좌를 개설했다.

이처럼 층화層化의 의미에 대해 좀더 깊이 있게 이해하게 된 것은 베르너의 업적 덕분이며 이후에도 계속해서 영향을 끼쳤다. 하와이 대학의 레이철 로던은 '베르너 방사放射, Wernerian radiation'라는 표현을 쓰기도 했다. 로던은 베르너가 지질학에서 '운동'을 일으켜 "일관된 계보"를 세웠고, 화석이 과거를 이해하는 가장 분명한 방법이라는 생각을 토대로 암석의 '형성'에 대한 일반적인 생각을 수용, 발전시키고 변화를 이끌었다고 말한다. 베르너 방사의 두 번째 분야는 인과론파다. 이 분야는 인과관계의 징후로서만 지질학에 관심을 갖는다. 즉 베르너와 허턴의 이론을 접목하는 과정에서 지구의 경제적 활동에서 열의 역할이 점점 커진 것이다.[9]

로던은 프라이베르크를 시작으로 여기서 공부한 학생들을 조사하고 영국, 아일랜드, 스칸디나비아 국가, 프랑스, 미국, 멕시코 등지로 확대해 베르너 방사를 연구하고 있다. 그는 또 베르너의 교재와 프랑스, 스코틀랜드, 콘월박물관, 베르너 학술지, 프랑스와 멕시코의 광산대학에서 강의한 베르너의 제자들, 옥스퍼드와 에든버러 대학에 개설되었던 베르너 강좌를 추적하기도 했다. 베르너 방사의 현상은 지질학 외의 분야에도 있다. 예컨대 괴테는 많은 낭만파와 마찬가지로 죽는 날까지 베르너의 이론을 지지했다. 이들 낭만파 중에는—노발리스처럼—베르너의 수업을 직접 들은 사람도 있었다.[10]

유럽 최고의 수학자

아이작 뉴턴의 이름을 모르는 사람은 없을 것이다. 현대세계에서 분야를 막론하고 둘째를 알아주는 경우는 별로 없지만 『19세기 유럽 사상사』를 쓴 존 시어도어 메르츠(1840~1922)에 따르면, 카를 프리드리히 가우스는 뉴턴과 더불어 근대의 가장 위대한 수학자였다. 물론 독일어권 수학자로 스위스의 레온하르트 오일러(1707~1783)도 두 사람에 근접하기는 한다. 라플라스는 가우스를 유럽 최고의 수학자라고 불렀다. 근대 수학은 뉴턴이 아니라 가우스에서 출발했다고 보는 사람도 많다. 가우스는 또, 칸트가 수학이란 상상력의 측면에서 자유의 형태와 같다고 암시한 것에서 많은 영향을 받았다.

카를 프리드리히 가우스(1777~1855)는 브라운슈바이크의 한 노동자 집안에서 태어났다. 모차르트처럼 조숙했던 가우스는 말을 배우기 전부터 간단한 계산을 했다고 한다. 세 살 때는 아버지가 셈한 것을 바로잡아주기도 했다. 열아홉 살이 되었을 때 가우스는 17각형의 기하학적 구조에 대한 공식을 만들었다.[11] 그리스인들은 일찍이 컴퍼스와 직선자만 가지고도 완벽한 5각형이 어떤 구조로 이뤄지는지 보여주었다. 하지만 고대 그리스 시대 이후 1796년에 이르기까지 간단한 도구만으로 홀수로 된 다른 '정다각형'의 구조를 보여줄 수 있는 사람은 아무도 없었다. 가우스는 자신이 발견한 것에 흥분을 가누지 못하고 전문 수학자가 되기로 결심했다. 이후 18년 동안 수학 일기에 자료를 차곡차곡 수집했다. 가우스의 집안은 이 일기를 1898년까지 한 세기 동안 보관했는데 여기에는 수학 역사상 매우 귀중한 기록이 여럿 담겨 있다. 이 일기는 무엇보다도 가우스가 훨씬 뒤에 활약한 수학자들도 발견하지 못한 많은 해답을 증명했다는 것—종종 발표하지 못하는 일도 있었지만—을 여실히 보여주었다.

가우스는 그 누구보다도 수학적 상상력의 화신化身이었다. 수의 작용을 이해한다는 것은 수의 공리功利적인 측면뿐만 아니라 미학적인 측면과도 관계가 있다. 수의 속성은 유용성과 관계가 없다. 우리와 비슷한 사람들은 대부분 소수素數(1과 자체의 수로만 나뉘는 수)가 왜 그토록 매혹적인지, 소수의 작용이 왜 중요한지 모른다. 어쩌면 이런 이유 때문에 수학자들은 그들만의 사적이고 고독한 세계로 빠져드는지도 모른다. 이 같은 일이 가우스에게만큼은 사실이었다. 그는 다른 사람과 협력하는 일도 거의 없었고, 생애 대부분을 홀로 연구했다. 아내나 아이들과의 관계도 원만하지 못했으며, 아들들이 수학자가 되려는 것도 말렸다. 일설에 따르면 이렇게 했기 때문에 가우스의 가문이 수학에 서투르다는 평판을 받을 위험을 면했다고도 한다. 그의 아내는 셋째 아이를 낳다가 사망했고 그 아이마저 곧 죽었다. 이후 가우스는 체념과 고독 속에서 무의미해 보이는 삶을 살았다. 비록 가우스가 편안한 삶을 살지는 못했지만, 『과학자 생애사전』에서 그에 관한 기록을 보면 그의 생각이 독립적인 13개 영역에 영향을 미친 것은 분명하다.[12]

가우스는 행성의 이동 궤도를 예측할 수 있게 해준 최소제곱법으로 유명해졌다. 또 소수의 성질에 대해 가우스가 밝혀낸 생각도 빼놓을 수 없다. 여기서 어느 누구도 알지 못한 소수의 작용과 소수와 로그의 관계를 끌어냈다. 또 인터넷 보안에서 중요성이 입증된 '시계산법時計算法, clock arithmetic'*이라든가, 먼 훗날 사람들이 생각을 바꿔 양자물리학에서 이용하는 허수의 개념을 제시한 사람도 가우스였다.[13] 비유클리드 기하학이나 가환可換대수, 그리고 전신기의 개념은 가우스의 상상력이 진정 시대를 앞질러갔음을 보여준다.

가우스의 수학 일기에 따르면, 그는 아주 어렸을 때부터 고대 그리스인들이—특히 유클리드가—기하학의 기본 공리에서 착오를 저질렀을 가능성을 생각하기 시작했다고 한다. 가우스는 그중에서도 평행선에 대해 의심을 품었다. 유클리드는 고전적인 패러다임을 구축했는데 여기서 말하는 고전적인 공리란 이렇다. 직선을 하나 긋고 이 선 밖에서 한 점을 찍었을 때 이 선과 평행하면서 이 점을 통과하는 직선은 하나밖에 없다는 것이다.[14] 불과 열여섯 살 때 가우스는 유클리드의 공리와 모순되는 다른 기하

*수학 용어. 일정한 값(주기) 이상이 되면 주기週期를 제외한 나머지 값으로 표시하는 방법을 말한다. 예를 들면, 시각은 24시간이 지나면 다시 돌아와 24시간 전이나 후가 같은 시각이 되듯이 어떤 수 이상이 되면 다시 0으로 돌아오는 계산법.

학이 있지 않을까 하는 과감한 생각을 하기 시작했다. 가우스는 오랫동안 자신의 어떤 이론도 발표하지 않았는데, 그 이유는 혹시—자신이 옳을 경우—삼각형의 내각의 합이 언제나 180도가 아니라는 것처럼 발표 후의 여파로 비웃음을 사지나 않을까 두려워했기 때문이다. 이렇게 세상을 뒤엎을 만한 생각이 머리에서 떠나지 않았던 가우스는 세 군데의 언덕에서 빛을 쏘아 실제로 세 각의 합이 180도가 되는지 확인하려고 언덕 꼭대기로 올라간 적도 있다. 이런 사실은 가우스가 아인슈타인보다 거의 100년이나 앞서 빛이 대기 속에서 굴절할지도 모른다고 생각했음을 암시한다. 가우스는 빛이 지표면이라는 이차원에서도 꺾일 수 있는 것처럼 삼차원의 공간에서도 꺾일 수 있다는 것을 알게 되었다. 이런 생각은 지표면에서 두 지점 사이의 최단거리를 따라 측정된 경(도)선이 결국 극점에서 모두 만난다는 사실을 관찰하면서 싹튼 것이다. 경선은 평행한 것 같지만 평행하지 않다. 삼차원의 공간도 꺾일 수 있다고 생각한 사람은 여태껏 한 명도 없었다.

1919년 아서 에딩턴이 빛의 굴절을 확인한 뒤 아인슈타인과 마찬가지로 가우스가 옳았음이 입증되었다. 하지만 가우스는 자신의 생각을 발표한 적이 없었으며, 자신의 이론을 알린 친구들에게도 비밀 유지 서약을 받을 정도였다.[15]

비가환非可換대수학noncommutative algebra은 19세기에 물리학과 화학 분야에 등장한 비가환기하학noncommutative geometry을 수학적으로 풀이한 것이다. 이 이론을 간명하게 설명해보자. 수학에서 xy는, 좀 이상하게 들릴지도 모르지만 yx와 언제나 같은 것은 아닐 가능성이 있다는 것이다. 우리는 화학의 이성질체異性質體*에서 이런 현상을 관찰할 수 있다. 또 화학적 성질을 결정하는 '우측성' '좌측성'을 지니는 벤젠고리에서도 나타난다. 이런 현상은 또 (17장에서 다루게 될) 시간은 근본적으로 공간의 측면이라고 말하

*분자식은 같지만 분자구조와 물리적·화학적 성질이 서로 다른 물질.

는 열역학 제2법칙에서 우주를 오직 물리학적으로(즉 뉴턴식으로) 이해하는 것은 불완전할 수밖에 없다는 것에서 뒷받침되기도 한다. 가우스의 비가환대수학은 이런 문제를 파악하기 위한 때이른 시도였다. 여기서도 가우스가 시대를 앞질러갔음을 알 수 있다.

가우스는 생애 대부분을 고도로 추상적인 수의 세계에서 보내기는 했지만, 두 가지 분야에서 발견한 것은 매우 실용적이었다. 첫째, 앞서 언급한 대로 이동하는 물체의 궤도를 계산했다. 두 번째는 추상적이고 상상력에 기초한 발견을 수도 없이 해낸 오십대에 나온 것이다. 가우스가 비수학적인 분야에서 관심을 기울인 것은(물론 수학적인 측면에서 접근한 것이지만) 지자기地磁氣*였다. 특히 자기폭풍이 일어났을 때 지구의 지자기가 변화하는 방식에 관심이 많았다.[16] 1831년 마이클 패러데이(1791~1867)가 유도전류를 발견하자, 자극을 받은 가우스는 (진보적인) '괴팅겐 7교수'의 한 사람이자 뛰어난 실험 물리학자인 빌헬름 베버와 협력하여 (딱 한 번) 수많은 전기 현상을 조사했다. 두 사람은 정전기, 열전기, 마찰전기에서 몇 가지 사실을 발견했지만, 관심의 초점은 지자기였기 때문에 잠자코 때를 기다렸다. 여기서 자기계磁氣計가 검류계檢流計로 활용될 수 있으며 이것은 곧 메시지를 담은 전류를 이끌어내는 데 이용될 수도 있다는 생각에 이르렀다. 베버는 "많은 주택과 두 개의 탑 너머로 두 겹의 전선을 수도 없이 끊어뜨린 다음에야" 간신히 괴팅겐의 천문관측소와 1.6킬로미터 떨어진 물리학 실험실을 서로 연결하는 데 성공했다.[17] 최초의 단어에 이어서 완전한 문장이 전송된 것은 1833년이었다. 가우스는 이 최초의 '전신기' 실험 결과를 1834년 8월 9일자 『괴팅기셰 겔레르테 안차이겐』 지에 발표했다. 가우스는 이 발명이 군사와 경제 분야에 중대한 의미가 있다는 것을 알고 정부의 관심을 호소했지만 성공을 거두지는 못했다. 전신기는 1837년 뮌헨 대

*지구 표면 및 그 주위의 공간에 만들어지고 있는 자기장.

학의 수학 및 물리학 교수인 카를 아우구스트 폰 슈타인하일과 1838년 미국의 새뮤얼 모스가 사용자 편의를 고려한 기술을 개발하면서 세상에 등장했다. 가우스의 직업적 생애에서 시대를 앞질러간 것은 오히려 커다란 모험이었다.

그럼에도 불구하고 당대 사람들은 가우스를 최고로 여겼다. 가우스는 점점 뉴턴과 아르키메데스와 같은 반열에 올라섰으며, 아우구스트 페르디난트 뫼비우스, 페터 구스타프 디리클레, 베른하르트 리만, 리하르트 데데킨트, 게오르크 칸토어 등 후학들에게 영감을 심어주었다. 마커스 뒤 소토이(1965~)가 말한 대로 전신기 연구에서 가우스와 베버가 협력한 것과 가우스의 시時 계산법 발명, 그리고 컴퓨터 보안에서 이 계산법이 기여한 것을 볼 때 두 사람은 "전자 경영과 인터넷의 할아버지"였다. 두 사람이 협력한 사실은 괴팅겐 시에 있는 두 사람의 동상이 보여주듯이 불멸의 신화로 기억되고 있다.[18]

인도적인 의학의 등장

워싱턴과 파리, 라이프치히, 데사우, 쾨텐에 세워진 사무엘 크리스티안 프리드리히 하네만(1755~1843)의 동상을 보면 제각기 두드러진 대조를 이루는 것을 알 수 있다. 20세기 전환기에 북아메리카에는 이와는 다른 기념물로 22곳의 동종요법 의과대학이 있었다. 동종요법同種療法, homeopathy*은 당시 의사 5명 중 1명이 사용한 치료 방식이었다. 1945년까지 동종요법을 채택한 대학은 미국, 헝가리, 인도에 있었다. 21세기 들어서는 캐나다의 동종

*'같은 것이 같은 것을 치료한다'는 원칙에 기초해 건강한 사람에게 투여하면 현재 치료하고 있는 질병과 동일한 증상을 일으키게 될 약물이나 치료제를 환자에게 처방하는 치료법. 19세기에 널리 쓰였으며 1796년에 독일인 의사인 사무엘 하네만이 도입했다.

요법 대학 한 곳, 워싱턴 D. C. 근교에 있는 국립동종요법센터, 인도의 동종요법학회, 옥스퍼드 대학 고전동종요법대학이 세워졌다. 이외에도 영국의 루턴에서 편집하고 세계적인 과학 학술지 전문 출판사인 네덜란드의 엘제비어 사에서 발행하는 전문 학술지 『동종요법』이 있다. 동종요법은 치과의사들이 사용하고 있으며, 신생아의 출산이나 애완동물, 가축의 치료에도 쓰이고 있다.[19]

그런가 하면 동종요법의 "엉터리 치료"를 고발하기 위해 활동하는 조직이나 웹사이트도 있다. '호메오워치Homeowatch'라 불리는 이들 기관은 이 치료술이 '돌팔이'이며 잘못된 전제에 기초하거나 심지어 사기라고 주장한다. 아울러 동종요법의 이름으로 제조되는 의약품이 의학적으로 가치가 없음을 입증하고자 한다. 사무엘 하네만의 전기를 쓴 마르틴 굼페르트가 말한 대로 "동종요법은 과학적으로 볼 때 한낱 무용지물인가? 아니면 사람들이 기피하는 것과 상관없이 참되고 유용한 치료법인가?"[20] 하네만의 이름은 정기적인 의료 행위에 종사하는 사람들 사이에서는 대부분 혐오와 조롱의 대상으로 치부되지만, 그러면서도 사람들의 뇌리에서 좀처럼 사라지지 않고 있다. 한때 영국의 왕실 가족이 동종요법에 의지한 적도 있다.

하네만은 마이센 자기 공장에서 그림을 그리는 사람의 아들로 태어났다. 많은 동시대인처럼 조숙했던 하네만은 어린 나이에도 라틴어와 그리스어를 말하는가 하면, 고대의 동전이나 도서를 분류할 줄 알았으며 의학을 가장 좋아했다. 그가 1779년 에를랑겐 대학을 졸업한 뒤에 거주했던 헤트슈테트는 광산촌으로 의사가 부족했다. 여기서 그는 때로 치명적일 정도로 위험한, 이상한 구리 중독증을 목격했다. 이 질병을 연구하던 하네만은 당시 모든 의사가 쓰던 전통적인 사혈瀉血 기술에 의심을 품기 시작했다. 이 치료술의 기본 방식은 체내에 축적된 유독물질을 모조리 배출하기 위해 환자의 몸을 깨끗이 비우는 것이었다. 이때 환자에게 땀을 흘리게 하거나 하제下劑를 처방하기도 하며, 양치질을 시키거나 토하게 하고 침을 빼내기도

한다. 가장 극단적인 방법은 피를 흘리게 하는 사혈이다.[21]

이어 마그데부르크 부근의 고메른으로 옮겨간 하네만은 가구상을 하는 환자 한 사람이 심각한 증상을 보이더니 갑자기 무너지는 것을 보았다. 하네만은 이 사람을 정신병원(요즘 표현을 써서)으로 데리고 갔다. 여기서는 환자를 기계장치가 연결된 의자에 묶었다. 기계는 1분에 60회 정도로 매우 빠르게 의자를 돌리는 장치였다. 이 '치료'는 돌아가는 의자의 원심력을 이용해 환자의 피를 뇌로 쏠리게 하여 현기증과 구토증을 일으켜 내장과 신장을 비우게 하는 방식이었다. "이러는 동안 두 눈 주위에서 피가 새어나오기도 했다." 참으로 잔인한 방법이었지만 난폭하던 분열증 환자는 증세가 완화되었다. 이러한 경험을 한 하네만은 라이프치히에 정착한 뒤 『건강의 친구』(1792)를 썼다. 그는 이 책에서 공공위생 정책에 대한 아이디어를 제안하고 스스로 이 방식을 실천한 초창기 사람 중 한 명이 되었다. 하네만이 에든버러의 의학 교수인 윌리엄 컬런이 쓴 『의약론』을 번역한 것도 라이프치히에서였다.[22] 책을 옮기는 과정에서 하네만은 자신의 이름을 널리 알릴 만한 아이디어가 떠올랐다.

컬런은 기나피(퀴닌*의 원료)의 성질을 논하는 대목에서 열을 몰아내는 물질로 '해열제'를 언급하며 다음과 같이 썼다. "이 경우 기나피는 위의 기능을 강화하는 작용을 한다." 하네만은 이 대목에서 갑자기 펜을 멈췄다. 그는 기나피가 결코 자신의 위장 기능을 강화하지 않았다는 것을 알고 있었기 때문이다. 퀴닌은 오히려 하네만을 몹시 쇠약하게 만들었다. 그래서 하네만은 직접 실험을 해보기로 결심했다. "실험을 위해 나는 하루에 두 차례씩 양질의 기나피를 4드램(1드램=3.8879그램)씩 복용했다. 먼저 발과 손가락이 차가워졌다." 하지만 위가 '강화되는' 기미는 전혀 없었다. "나는

---

*알칼로이드의 일종으로, 약제로서의 퀴닌은 말라리아 원충原蟲을 혈관 내에서 살멸시키는 힘이 강하여 특효약으로 사용되며 해열제로도 사용되고 있다.

기력이 떨어지고 졸렸다. 가슴이 뛰기 시작하고 맥박은 빨라졌다가 약해졌다. 견딜 수 없이 불안해지고 온몸이 떨렸으며(오한도 없이) 사지가 나른해졌다. 머릿속에서도 박동이 빨라지고 두 뺨이 상기되었다. 간단히 말해 나타나는 증상 하나하나가 보통의 간헐열과 같았다." 잠시 후 하네만은 모든 것을 변화시킬 관찰 결과를 기록했다. "열을 유발하는 물질이 간헐열과 같은 증상을 진정시킨다."

열이 열을 다스린다fever cures fever. 이것이 하네만이 제시한 새로운 원칙이었다. 굼페르트가 말한 대로 "우리는 이런 방법이 질병의 세균설이나 세포설이 등장하기 이전에 나왔다는 것, 또 '유독물질'을 배출하기 위해 널리 통용되던 잔인한 방법에 대한 대안이었다는 사실을 기억해야 한다."[23] 1796년 하네만은 새로 창간된 『실용의학 저널』에 「지금까지의 사례에 대한 관찰을 기초로 의약의 치료 효과를 확인하기 위한 새로운 원칙」을 기고했다. 여기서 하네만의 핵심 아이디어가 분명히 제시되었다. "질병 치료를 위해 우리는 체내에 똑같은 질환을 유발할 수 있는 의약품을 찾아야 한다." "같은 것이 같은 것을 치료한다Similia Similibus", 이것이 동종요법의 핵심이었다.[24]

하네만은 자신의 견해를 『합리적 의학의 원칙』(1810)과 『만성질환론』(1828~1839)에서 완벽하게 다듬었다. 여기서 하네만은 많이 사용하면 치료 대상이 되는 질환과 같은 증상을 유발할 수 있는 치료제는 소량만 투여할 것을 강조했다.[25] 아직 완전한 것은 아니지만 하네만은 치료제를 조금만 투여해도 몸을 세게 흔드는 치료법인 진수음진단법振水音診斷法, succussion이 보여준 강력한 효과를 유발할 수 있다고 믿었다. 이렇게 증가된 효험을 가리켜 하네만은 활성화dynamization라고 불렀는데, 이 방법으로 "비물질적이고 정신적"인 '에너지'가 나온다고 여겼다. 마침내 하네만은 환자가 활성화된 약을 전혀 복용할 필요가 없다고 생각했다. 냄새만 맡아도 충분하다고 여겼기 때문이다.

오늘날 대부분의 의사들은 동종요법이 때로는 약품의 성분을 1만 배로 희석시키기 때문에 의약품의 효과를 필요한 수준 이하로 떨어뜨린다는 이유로 이 치료법을 외면한다.

하네만이 평생 동종요법으로 치료 행위를 하다가 파리에서 세상을 뜨기까지(그는 1843년 88세의 나이에 프랑스인 환자와 결혼했다) 그에게 치료를 받으려는 환자들이 전 세계에서 몰려들었다. 1848년에는 필라델피아에서 동종요법 의과대학이 문을 열었다. 1900년까지 미국에 111개의 동종요법 병원이 생겼고, 앞에서 말한 대로 22개 동종요법 의과대학이 있었으며, 전문 약국도 1000개에 이르렀다. 이후 동종요법의 인기는 점차 시들해지다가 1960년대에 들어와 반짝 살아난 적이 있다. 지금도 인도, 라틴아메리카, 유럽에서는 이 치료법이 인기를 끌고 있다. 영국에는 5개의 동종요법 전문 병원이 있으며, 국립의료원에서는 거센 반발 속에서도 동종요법을 옹호하고 있다.

신대륙의 과학적 발견

"(알렉산더 폰) 훔볼트는 어떤 정복자보다 아메리카를 위해 좋은 일을 많이 했다." 이것은 베네수엘라에서 태어나 베네수엘라, 콜롬비아, 에콰도르, 페루, 파나마, 볼리비아를 해방하는 데 앞장선 시몬 볼리바르 장군이 한 말이다. "훔볼트야말로 남아메리카의 진정한 발견자다." 미국 시인이자 사상가인 랠프 월도 에머슨은 훔볼트를 가리켜 "마치 우리에게 인간 정신의 가능성을 보여주려는 듯 시대마다 나타난 (…) 아리스토텔레스나 율리우스 카이사르처럼 세계적인 불가사의 중 하나"라고 묘사하기도 했다. 최근에 나온 훔볼트 전기에서는 "다른 어떤 유럽인도 하지 못한 업적을 이뤘으며, 19세기 아메리카의 지적 문화에 커다란 충격을 안겨준 인물"이라고 평가되고 있다.[26] 생전에 훔볼트는 나폴레옹만큼 유명했다. 그는 괴테(식물과 광물 연구에 관심을 공유했던), 실러, 가우스와 교류했다. 그의 형인 빌헬름 훔볼트는 베를린 대학을 설립했다. 고생물학자인 스티븐 제이 굴드는 훔볼트를 "세계에서 가장 유명하고 가장 많은 영향을 끼친 인물"로 묘사했다. 그는 또 "과학사에서 가장 많은 공헌을 하고도 가장 기억해주지 않는 인물"로 그려지기도 한다. 이 말은 사실이다.[27]

1769년 베를린에서 태어난 알렉산더 폰 훔볼트(1769~1859)는 형과 함께 가정교사에게 교육받았다(아버지는 엄밀하게 말하면 귀족이기는 했지만 작위를 받은 지 얼마 되지 않았다). 알렉산더는 활동적인 사람이었다. 그림 솜씨가 뛰어났던 그의 자화상을 보면 어린 시절 앓았던 천연두 자국을 가리기 위해 머리를 늘어뜨리긴 했지만 잘생긴 얼굴이다. 그의 형은 사람들이 동생을 "자기중심적"이고 "참견하기 좋아하는" 허영기 있는 사람으로 볼까봐 걱정했다.

훔볼트는 스무 살 때 괴팅겐 대학에 입학해 법률을 공부했다. 학생 중에 교수의 사위인 게오르크 포르스터라는 사람이 있었는데, 그는 십대 때 아버지를 따라 제임스 쿡의 제2차 세계일주에 참여한 적이 있었다.[28] 포르스터는 자신의 모험담으로 인기를 끌어 이미 유명 인물이 되었다. 그렇지 않아도 활동적이었던 훔볼트는 이에 자극을 받아 포르스터와 함께 팀을 꾸려 유럽 횡단 여행을 계획했다.

젊은 시절의 훔볼트에게 많은 영향을 준 스승은 괴팅겐 대학을 졸업한 뒤 프라이베르크 광산대학에 들어가 만난 아브라함 베르너였다. 베르너 밑에서 공부한 훔볼트는 프로이센 광산청에 들어가 중요한 경력을 쌓았다. 여기서 그는 사재를 털어 성능 좋은 여러 기구를 발명했다. 이중 빼놓을 수 없는 것은 안전등과, 지하 갱도에서 사고가 발생해 산소가 부족해졌을 때 광부들을 구조하는 장치였다(훔볼트는 이 기구의 성능을 시험하기 위해 위험한 실험을 직접 시도하기도 했다). 훔볼트는 누구보다도 경험주의자였다. 그가 볼 때 사실과 수치, 측정과 같은 것은 철학적 사유의 문제가 아니라 과학의 형태를 구성하는 핵심 요소였다.

하지만 그가 여느 사람과 다른 점을 꼽자면 무엇보다도 방랑벽을 들 수 있다. 훔볼트는 유럽 안을 수도 없이 돌아보았으며, 급기야 활화산을 보고 싶다는 생각에 두 차례의 '대장정' 중 첫 번째 여행길에 올랐다.

첫 번째이자 매우 중요했던 이 여행은 남아메리카가 목적지였다. 1798년 10월 20일, 훔볼트는 프랑스 식물학자인 에메 봉플랑과 함께 파리를 출발했다. 봉플랑은 이때부터 6년 동안 여행의 동반자가 된다(라플라스 밑에서 공부한 훔볼트는 프랑스어에 능통하여 그의 저술 대부분은 프랑스어로 쓰였다).[29] 두 사람은 먼저 마르세유로 갔다가 다시 마드리드로 향했다. 마드리드에 도착해 에스파냐 국왕을 알현한 훔볼트는 왕을 설득해 남아메리카 과학 탐험 여행에 대한 허락을 받아냈다. 이 일은 두 가지 점에서 주목을 끄는데 첫째, 당시까지 에스파냐의 신대륙 식민지에 대한 과학 탐험은 여섯 차례밖에 이뤄지지 않았다(에스파냐는 대체로 식민지에서 거둬들이는 금과 은에만 관심이 있었다). 둘째, 훔볼트가 프로테스탄트였다는 점이다. 그럼에도 훔볼트와 봉플랑은 왕실에서 내준 여권을 받아 식민지를 여행하는 데 완전한 자유를 누릴 수 있었다.[30] 두 사람은 라 코루냐를 떠나 영국의 해상봉쇄를 뚫고 1799년 7월 16일, 훗날 베네수엘라가 되는 곳에 상륙했다. 바야흐로 "신대륙의 과학적 발견"이라 불리는 여행이 시작된 것이다.

두 사람은 여행 중 수많은 고초와 위험을 이겨내며—때로는 도보로 때로는 짐마차나 원주민의 카누 또는 항해하는 선박을 이용해—베네수엘라, 쿠바, 콜롬비아(여기서 봉플랑이 말라리아에 걸리는 바람에 두 달을 지체했다), 페루, 에콰도르, 멕시코를 여행했다.[31] 이 과정에서 두 사람은 약 6만 종의 식물을 "수집, 기록, 묘사하고 측정하며 비교했다." 이중 6300종은 유럽에 알려지지 않은 것이었다. 하지만 훔볼트가 지리학과 지질학, 식물학에만 관심을 둔 것은 아니었다. 그는 현지의 고대 유적과 인구 분포, 사회제도, 경제 여건에 대해서도 연구를 게을리하지 않았으며 노예제도를 보고 기겁을 해 나중에 노예제도를 반대하는 운동을 펼치기도 했다. 또한 그는 오리노코 강과 마그달레나 강(오리노코 강은 베네수엘라를 동서 방향으로 가로지른 뒤 트리니다드 쪽으로 흐르고, 마그달레나 강은 콜롬비아에서 남북 방향으로 흐른 뒤 카리브 해로 이어진다)을 탐사한 뒤 소문대로 카시키아레 강이 오리노코 강과 아마존 강을 연결한다는 사실을 확인했다. 다시 말해 카시키아레 강에서 두 강이 합류하는 것이다.[32] 1802년 6월에는 에콰도르의 침보라소 산(키추아에 있는 '눈 덮인 산'인 우르코라소)을 5791미터까지 등반해 고산 등반 신기록을 세우기도 했다. 비록 정상까지 올라가지는 못했지만 이 기록은 이후 30년 동안 깨지지 않았다.

두 사람은 여행 중에 42가지 장비를—온도계, 기압계, 상한의象限儀,* 현미경, 측우기, 유디오미터eudiometer(공기 중 산소량 측정기) 등—각각 보라색 선이 그려진 상자에 넣고 다녔다. 이들은 무시무시할 정도로 물살이 센 오리노코 강의 급류를 뚫고 지나가다가 장비를 몽땅 잃어버릴 뻔한 적도 있었다. 훔볼트가 고무의 일종을 발견한 곳도 오리노코 강과 수많은 지류에서였다. 이곳의 '원주민'은 강물의 맛을 보고 각기 다른 강을 구분했다.

1804년 훔볼트는 미국을 거쳐 유럽으로 돌아왔다. 그는 미국에 체류하는 동안 필라델피아와 워싱턴 D. C.를 방문했고 백악관과 몬티셀로에서 토머스 제퍼슨 대통령을 만나 미국철학회의 회원이 되었다.[33] 유럽으로 돌아오는 길에 훔볼트는 퀴닌과 쿠라레curare(신경 독), 그리고 다피초dapicho라는 고무와 유사한 물질을 가지고 왔다. 잉카 문명과 아즈텍 문명의 영광을 최초로 강조한 사람도 훔볼트였다. 파리에서 시몬 볼리바르와 만난 훔볼트는 1830년 볼리바르가 서거할 때까지 교류를 계속했다. 두 사람은 볼리비아가 발전하려면 과학자의 도움이 필요하다는 데 인식을 같이했고 훔볼트

---

* 망원경 이전의 천체 관측기구.

는 노력을 아끼지 않고 힘닿는 데까지 도왔다.

탐험일지는 여행에서 돌아온 뒤 25년의 작업을 거쳐 마침내 34권의 책으로 출판되었다. 남아메리카의 식물군群, 동물군, 지리 형태를 보여주는 약 1200개의 동판화는 볼수록 매혹적이다. 훔볼트는 그외에도 전문적인 형식을 갖춘 과학 논문도 여러 편 썼다. 그는 기상학을 과학으로 끌어올렸고 식물지리학과 산악학(산에 대한 과학)의 기초를 다졌으며 오늘날 우리가 사용하는 기온이나 등온선에 대한 발상을 처음으로 한 인물이기도 하다.

1829년 훔볼트는 러시아 정부의 초청을 받아 시베리아 탐험에 착수했다. 1만4484킬로미터에 이르는 여정은 카잔에서 출발해 우랄산맥 북쪽을 지나 알타이산맥 끝자락에 있는 서시베리아, 중국의 퉁구스족 거주지 접경까지 이어졌다. 우랄산맥에 다이아몬드가 매장되어 있을 것이라 본 훔볼트의 예측은 정확하게 들어맞았다.

1845년 76세가 된 훔볼트는 『우주』 제1권을 출판하고, 2년 뒤에 제2권을 펴냈다.[34] 『우주』는 대대적인 성공을 거두었는데, 뛰어난 감각으로 인기를 끈 과학서였다. "은하수에서부터 다양한 늪지에 이르기까지 전체 물질세계가 '세련된 언어'로 표현되었다."[35] 전부 4권으로 이뤄진 이 책의 독특한 가치는 9000개 이상의 참조와 주석이 포함되었는데도 큰 인기를 끌었다는 사실에서도 잘 알 수 있다.

찰스 다윈은 자서전에서 이렇게 기록했다. "케임브리지에서의 임기 마지막 해에 나는 깊은 관심을 갖고 훔볼트의 『여행 이야기』를 꼼꼼히 읽었다. 이 작품과 함께 허셜 경의 『자연철학 입문서』가 내 마음속에서 열정을 불러일으켰다. 그래서 나는 자연과학의 훌륭한 업적에 하찮은 기여라도 하자고 마음먹었다." 1869년 『뉴욕타임스』는 알렉산더 폰 훔볼트의 탄생 100주년을 기념하기 위해 1면 전체를 할애해 훔볼트를 기리는 기사를 실었다(사진과 광고는 없었다).[36]

훔볼트는 또 젊은 과학도들의 연구를 장려하기도 했다. 그러나 훔볼트를 가장 오랫동안 기념하는 것이라면 그의 이름을 따서 붙인 지역들이 될 것이다. 훔볼트의 명칭은 어느 누구보다도 많은 곳에 붙여져 무려 35개 지역에 이른다. 도시명으로는 멕시코와 캐나다에 각 1곳, 미국에 10곳, 군郡 이름이 미국에 3곳, 물줄기가 9개(태평양의 훔볼트 해류를 포함), 산과 빙하 이름 7개(중국과 뉴질랜드의 훔볼트 산을 포함), 공원 또는 숲이 4곳(쿠바의 국립 훔볼트 공원을 포함)이다. 달에도 훔볼트 바다가 있다.[37]

거대한 언어 장벽의 붕괴

"지구가 진정 둥글게 된 것은 1771년 이후의 일일 것이다. 이때가 되어서야 비로소 나머지 반쪽 세계의 지적知的 지도가 공란을 면하게 되었다." 이 말은 프랑스의 철학자인 레몽 슈와브가 자신의 저서 『동양 르네상스』에서 한 것이다. 슈와브는 "거대한 장벽 같은 아시아권 언어"를—산스크리트어어, 힌디어, 상형문자, 쐐기문자 등—해독한 것은 "인간 정신에 일어난 위대한 사건 중 하나"라고 지적했다. C. W. 세람도 이와 똑같은 말을 했다. 세람의 말을 빌리면 쐐기문자를 해독한 것은 "아주 위대한 인간 정신의 업적 중 하나"였으며, 진정한 천재가 이룩한 성과였다.[38] 이런 일은 고대 소아시아와 인도 문자 대부분이 비밀의 껍질을 벗었던 번역의 황금시대에 이뤄졌다. 전반적으로 유럽적 사고에 특히 독일적 사고에 영향을 준 번역 시대의 충격은 8장에서 구체적으로 논의할 것이다.

본래의 중요한 의미는 제쳐놓더라도 쐐기문자 해독은 두 가지 흥미로운 이유 때문에 눈길을 끌었다. 첫째, 최초의 해독은 내기에서 비롯되었다는 점이다. 둘째, 문자를 해독하는 과정이 아주 명백하고 단순하다는 것이다. 말하자면 순전히 영리한 꾀로 풀었다는 점이 이채롭다. 문자를 해독하는 데 내기를 건 사람은 1775년 6월 9일, 하노버의 뮌덴에서 태어난 게오르크 프리드리히 그로테펜트였다. 괴팅겐 대학에서 문헌학을 공부하는 동안 크리스티안 고틀로프 하이네(1장 참고)와 가깝게 지냈던 그로테펜트는 1797년 하이네의 추천으로 괴팅겐에 있는 김나지움 교사가 되었으며, 이후 마인 강변의 프랑크푸르트에 있는 김나지움의 교감으로 승진했다.

그로테펜트는 원래 라틴어에 흥미를 보였는데 20대 후반이 되자 쐐기문자에 매력을 느꼈다. 쐐기문자는 17세기에 발견되었으나 그때까지 아무도 해독하지 못했다. 그는 주점에서 동료들과 술을 마시다가 자신이 쐐기문자를 해독하는 데 내기를 걸자고 제안했는데 그가 해독하리라고는 꿈에도 생각지 못했던 동료들은 그의 제안을 즉석에서 수락했다. 더군다나 그로테펜트가 해독할 쐐기문자도 페르세폴리스*의 유적에서 발견된 비문碑文을 엉성하게 베낀 사본이었다. 그로테펜트는 주저하지 않고 당시 최고의 학자도 해내지 못한 일에 정면으로 달라붙었다.[39]

앞서 살펴본 대로 고전어와 문헌학을 중요시하던 독일의 전통적인 교육을 받지 않았더라면 그로테펜트는 아마 성공하지 못했을 것이다. 그로테펜트는 페르세폴리스의 비문 일부에서 서로 다른 세 문자가 분리된 세 개의 칸에 나란히 쓰여 있는 것에 주목했다.[40] 그리스 문헌을 연구하면서 고대 페르시아 역사에 대해 어느 정도 식견이 있었던 그는 키루스가 기원전 540년 무렵 바빌로니아를 멸망시키고 최초의 페르시아 제국이 등장하는 데 기초를 다졌다는 사실을 알고 있었다. 그래서 그로테펜트는 세 가지 문자 중 적어도 하나는 정복자의 언어로 쓰였을 것이라고 추리했고 그것은 아마 가운데 칸에 있는 글일 거라고 판단했다. 왜냐하면 고대 유적에서 가장 중요한 문자는 언제나 가운데에 들어갔기 때문이다.

이 부분이 문제를 해결하는 출발점이었다. 이어서 그로테펜트가 주목한

*고대 페르시아 아케메네스 왕조의 수도.

것은 쐐기문자가 곡선이 전혀 없이 네모반듯하다는 점이었다. 이는 글자를 '쓴' 것이 아니라 사실상 점토에 자국을 남기는 방식을 사용한 것이라고 추측할 수 있었다. 오늘날 우리는 쐐기문자cuneiform(쐐기 모양을 뜻하는 라틴어 쿠네우스cuneus에서 온 말)로 이뤄진 글이 처음에는 그림문자였다가 쓸 때의 편리함과 신속성을 위해 점차 발전하면서 양식화되었다는 것을 알고 있다. 이후 페르시아 문자에 이르러 알파벳 체계와 가까워지면서 처음의 600자에서 36자로 줄어들었다는 사실도 밝혀졌다. 이런 배경을 지닌 쐐기문자를 관찰하는 동안 그로테펜트는 쐐기 모양의 끝이 대부분 아래쪽이나 오른쪽을 향하고 있다는 것을 발견했다. 더욱이 귀퉁이는 두 개의 쐐기 형태가 모여 오른쪽으로 펼쳐진 모양을 이루고 있었다. 이 형태가 암시하는 것은 명백했다. 즉 쐐기문자는 세로가 아닌 가로로 쓰였으며, 오른쪽부터가 아닌 왼쪽에서 오른쪽으로 읽는다는 것을 의미했다.[41]

실제 해독 작업은 그로테펜트가 한 무리의 기호와 특정한 단일 기호가 비문 전체에서 되풀이되는 것을 관찰하면서 시작되었다. 그는 한 무리의 기호는 '왕'이라는 단어이고 단일 기호는—왼쪽에서 오른쪽으로 비스듬히 위로 올라간 단순한 기호—단어를 구분하는 장치, 즉 오늘날로 말하면 스페이스 바에 해당되는 것이 아닐까 추리했다. 그다음 추리는—어쩌면 가장 훌륭한 추리—일정한 틀, 말하자면 여러 세대에 걸쳐 변함없이 내려온 어떤 양식을 발견할 수 있지 않을까 하는 것이었다. 여기서 그로테펜트는 '편히 잠들다'라는 문구를 쓰는 당시 풍습과 비교해보았다. 그는 이 말이 오랜 세월 변함없이 묘지석에 쓰였다는 사실을 밝혀냈고 어쩌면 비슷한 표현이 고대 페르시아의 비문에도 쓰였을 거라고 생각했다. 그리스어와 라틴어를 연구할 때 익힌 고대 문헌에 대한 지식을 바탕으로 그로테펜트는 어떤 비문이든 간에 '위대한 왕' '왕 중의 왕' '~의 아들'과 같은 표현을 찾을 수 있을 거라고 생각했다. 이렇듯 왕조를 표현할 때 판에 박힌 듯 쓰는 말은 세 칸의 글 모두에서 반복적으로 사용되었을 것이다. 실제 문구를 현재의 언어로 표현하면 다음과 비슷한 형태일 것이다.

X, 위대한 왕, 왕 중의 왕, 왕 A와 B, Y의 아들, 위대한 왕, 왕 중의 왕.

이런 어법이 실제로 있었다면, 첫 번째 단어는 왕의 이름일 것이라고 그로테펜트는 추리했다. 다음에 이어지는 기호는 단어를 구분하는 표시이고, 그다음 두 단어 중 하나는 '왕'이라는 말일 거라고 판단했다. 이 단어가 종종 반복되기 때문에 이런 판단을 하기는 어렵지 않았다.[42] 비문을 살펴보던 그로테펜트는 문장이 시작할 때 똑같은 모양의 쐐기 무리가 두 가지 방식으로 표기된 것에 주목했다. 말하자면 같은 말이 다른 순서로 매번 배열된 것이다. 처음 말이 '왕'이 맞다면 다음에 나오는 기호는 다음과 같은 의미일 것이다.

X(왕), Z의 아들
Y(왕), X(왕)의 아들

그로테펜트는 다시 자신의 판단이 옳다면, 이 비문은 왕조의 계보, 즉 아버지와 아들은 왕이었지만 할아버지는 왕이 아니었다는 내용일 거라고 추리했다. 이에 따라 이런 계보와 맞아떨어지는 왕조의 역사를 조사하던 그로테펜트는 다른 분야의 연구에서 고대 페르시아 왕조의 역대 왕을 살피다 이 왕들이 키루스와 캄비세스는 아니라고 결론내렸다. 쐐기문자로 된 두 이름은 같은 문자로 시작하지 않았기 때문이다. 또 이 이름들이 키루스와 아르타크세르크세스를 가리키는 것일 리도 없었다. 이 이름은 글자 길이에서 큰 차이가 나기 때문이다. 각기 다른 글자로 시작하면서 글자 길이가 같은 왕은 다리우스와 크세르크세스뿐이었다. 그로테펜트는 "이 조건에 딱 맞아떨어졌기 때문에 쉽게 결론을 내렸다"고 말했다.[43] 그가 해독에 성공한 것은 다리우스가 크세르크세스의 아버지였고 두 사람 다 왕이었지만 다리우스의 아버지인 히스타페스는 왕이 아니었다는 사실이 뒷받침해 주었기 때문이다. 비문의 내용은 정확하게 이것이었다.

하지만 그로테펜트가 발견한 내용은 곧바로 발표되지 못했다. 이렇게 엄청난 일을 해내기에는 그가 무척 젊은 데다 제대로 자격을 갖춘 대학의 학자가 아닌 '단지' 학교 교사에 지나지 않았기 때문이다. 그로테펜트가 해독한 것은 사실상 그로부터 30년이 지나 프랑스인인 에밀 뷔르누프와 노르웨이계 독일인인 크리스티안 라센이 쐐기문자 해독에서 진전된 업적을 이룬 후에야 빛을 보았다.

전쟁의 변화

『전쟁론』은 다른 분야에서는 별로 알려지지 않은, 나폴레옹 시대의 프로이센 장군 카를 필리프 고틀리프 폰 클라우제비츠(1780~1831)가 쓴 장편의 글이다. 비록 짜임새가 완벽하진 않지만 서구에서 전쟁에 대한 인식에 큰 영향을 미쳤을 만큼 독보적인 위치를 점하는 작품이다. 클라우제비츠는 일부 비판자로부터 시야가 좁은 전쟁 이론가, '정책의 도구'로서 전쟁에 사로잡힌 철저한 군사주의자로 외면당하기도 한다. 그는 전쟁을 '합리적 행위'로 보았기 때문에 공격받기도 했다.[44] 한편 핵전쟁 시대의 미국 전략가 버나드 브로디는 『전쟁론』을 일컬어 "단순히 훌륭한 책이 아니라 전쟁을 주제로 쓴 것 중에 진정으로 유일하게 위대한 작품"이라고 평가했고 충격의 강도로 볼 때 애덤 스미스의 『국부론』이나 찰스 다윈의 『종의 기원』과 맞먹는 것으로 평가되기도 했다.[45]

이제는 의심의 여지 없이 고전이 되었지만, 출간 당시 이 책에 대한 반웅이 좋았던 것은 아니다. 『전쟁론』은 시대의 산물이며 독일인 저자만큼이나 나폴레옹에게 공적을 돌릴 수 있는 작품이라고 말해도 틀리지 않는다. 프로이센이 독립국가로서의 생명이 위협받고 있던 시기에 책의 주된 내용이 구성되었음을 잊어서는 안 된다. 나폴레옹은 유럽에서 기본적인 힘의 균형을 무너뜨렸으며, 유럽 전역에서는 프랑스 혁명 사상과 개인의 인권의식이 구체제 정권을 위협하고 있었다.[46] 프리드리히 폰 겐츠 같은 작가는 나폴레옹의 등장에 대해 그를 규탄하는 에세이를 썼지만, 이런 비난의 '폭죽'만으로는 새로운 현실을 거스를 수 없었다. 클라우제비츠는 새로운 상황에 맞서 싸우려면 프로이센과 프로이센의 군대가 개혁할 필요가 있다는 사실을 깨달았다. 빌헬름 폰 훔볼트(10장 참고)와 마찬가지로 클라우제비츠도 절대주의 시대를 완전히 끝내고 국민에게 관심을 돌리는 대대적인 개혁이 필요하다는 것을 절실히 느꼈다.

클라우제비츠가 초기에 쌓은 경력은 지금의 관점으로 보면 놀라운 것이다. 그는 군인 가문에서 태어나 열두 살 때 입대했으며 1831년에 죽을 때까지 군대를 떠나지 않았다. 그는 열세 살 생일을 맞기도 전에 전투를 치렀고, 서른다섯 살이 될 때까지 프랑스를 상대로 벌인 다섯 차례의 원정에 참여했다.[47]

비상한 판단력으로 주목을 끈 클라우제비츠는 게르하르트 폰 샤른호르스트(1755~1813) 장군의 지원을 받아 장군이 설립한 군사학교에 들어가 군사전략을 익혔는데, 이곳에는 프리드리히 빌헬름 3세(재위 1797~1840)* 의 조카인 아우구스트 공公도 다니고 있었다. 클라우제비츠는 1806년 예나 전투에 참전해 열심히 싸웠지만 포로로 잡히고 말았다.[48] 그는 풀려난 뒤로 열렬히 개혁을 부르짖으며 변화를 요구하는 글을 썼는데, 처음에는 익명으로 발표했다.

---

*나폴레옹과의 전쟁에서 패하여 틸지트의 굴욕적인 화약을 체결하고 영토의 태반을 잃었다.

다섯 차례의 원정을 치르고 난 프로이센 국왕이 역겨운 프랑스 편에 서서 러시아와 싸우자 클라우제비츠는 마침내 군에 복귀해 대령으로 승진했고, 베를린 육군대학 학장에 추대되었다.[49] 여기서 그는 1816년 애초에 구상했던 대로 기나긴 전쟁 연구에 몰두하기 시작했다. 클라우제비츠를 연구한 휴 스미스에 따르면, 1827년까지 『전쟁론』 처음 6권의 초고는 분량이 1000쪽이나 되었다고 한다.[50] 이 책은 클라우제비츠 생전에 출간되지 못했다. 그는 1830년 폴란드 폭동에 파견되었다가 콜레라에 감염돼 사망했다. 엄청난 분량의 원고를 정리해 출판한 사람은 클라우제비츠의 미망인인 마리였다.

새롭고 좀더 잔인해진 군대

『전쟁론』을 읽을 때는 클라우제비츠 생존 당시 벌어졌던 전쟁의 몇 가지 중대한 변화를 고려해야 한다.[51] 예를 들어 1793년 클라우제비츠가 열두 살의 나이로 처음 군대에 들어갔을 때, 당시의 군사 전략은 본격적인 전투보다 전술적인 전초전에 치중하거나 목표물을 제한하여 군대를 동원하는 실정이었다. 어느 쪽도 승리를 거두지 못하는 일이 종종 있었다. 하지만 클라우제비츠가 두 번째로 참전한 1806년, 예나와 아우어슈테트 전투에서 나폴레옹이 모든 교전 규칙을 바꿔놓았다.[52]

나폴레옹 시대에 이르러 군대 체제가 변한 까닭에 18세기의 어느 전투보다도 사상자 발생률이 높았다. 18세기에 군대는 사실상 국왕의 군대로 군주에게 개인적으로 충성하는 귀족들이 장교가 되었다. 따라서 전쟁에서 일반 국민은 전투원에 거의 포함되지 않았다. 군대는 직업군인과 용병, 외국인으로 구성되었다. 그렇기에 탈영병도 많았다.

이런 가운데 프랑스 혁명이 일어나고 나폴레옹이 등장했다. 1789년 이후 프랑스에서 전쟁은 "그들 자신을 시민의 일원으로 인식하는 3000만 전체 국민의 일이 되었다." 프랑스인은 이제 자신을 국가와 동일시했기 때문에 규모가 훨씬 커진 군대에 들어가는 것을 마다하지 않았다. "1789년 이전에는 야전군의 규모가 5만 명도 채 되지 않았다. 그러다가 10여 년이 지나 징병제도와 군대 조직이 변화하여 병력이 10만 명을 넘어섰다. 1812년 러시아 원정 때 프랑스는 60만 대군을 동원할 수 있었다."[53] 이런 대규모 군대가 등장하자 주요 전투에서 더 큰 모험을 감행하기에 이르렀다. "1790년에서 1820년까지 유럽에서는 713회나 전투가 벌어졌는데, 빈도수로 보면 연평균 23회로 그 이전 300년 동안의 연평균 8~9회에 비해 엄청난 차이를 보였다."[54]

이런 상황과 맞물려 7년 전쟁의 굴욕적인 강화講和의 여파로 프랑스군은 구조적인 변화를 겪기 시작했다. 전통적으로 군대의 기본 단위는 약 1000명으로 구성되는 대대 또는 연대였으나, 이제는 더 큰 단위인 사단 개념이 도입되었다. 사단은 독립적인 지휘를 받는 1만~1만2000명의 병력으로 구성되었고, 보병과 기병, 포병, 공병 그리고 의무병과 통신지원병이 포함되었다. 나폴레옹은 또 사단을 합쳐 3만 명 규모의 군단을 편성함으로써 거대한 군조직을 창출했다. 이렇듯 규모를 중시한 점은 2만~3만의 군단 병력이면 "한나절에 와해되지 않고 지원군이 도착할 때까지 충분히 저항할 만한 전투력을 보유한 것"이라는 사실에서 잘 알 수 있다.[55] 대규모 조직은 지휘관들이 적군을 추격하거나 전투에 돌입할 때 좀더 쉽게 작전을 짤 수 있다는 것을 의미했다. 또한 대규모 병력은 여러 도로로 분산해 이동할 수 있기 때문에 기동력이 있고 전체가 일시에 공격받을 위험도 줄어들었다. 또 패주하는 적군을 추격할 권리를 지휘관들에게 일임한 것으로 볼 때 나폴레옹은 "승전의 규모를 크게 확대할 수 있다는 것"도 알았다.[56] 프랑스군이 이렇게 다양한 변화를 겪은 반면 프로이센은 1806년에 전쟁이 임박해서야 사단을 창설했다.

클라우제비츠가 군사적인 측면에서 성숙해질 즈음 전쟁의 양상은 훨씬 더 잔인해졌다. 이런 상황은 『전쟁론』에 큰 영향을 미쳤는데, 클라우제비츠에게는 그에 앞서 활동한 전쟁 이론가들—아담 하인리히 디트리히 폰 뷜로, 게오르크 하인리히 폰 베렌호르스트, 앙투안 앙리 드 조미니, 그리고 샤른호르스트조차—이 구시대의 이론가로 비쳤다. 물론 독일군에 사단 조직을 처음 도입한 사람이 샤른호르스트인 것은 사실이다.[57] 클라우제비츠는 전쟁에서 기회를 포착하는 것이 중요하며 군의 사기가 결정적인 역할을 한다는 데 동의했지만, 『전쟁론』에서 그 이상의 것에는 의견을 같이하지 않았다. 그에게 다른 누구보다 영향을 준 인물이 있다면 아마 니콜로 마키아벨리일 것이다. 클라우제비츠는 인간의 조건과 정치의 본질은 끝없는 갈등이라고 한결같이 주장했던 마키아벨리와 같은 생각을 했기 때문이다.

『전쟁론』은 다소 "일관성 없고 애매해서 명확하지 않은 점"이 있지만 훌륭한 저술이다. 이 책은 현대에 와서도 여전히 영향력을 발휘하고 있다. "왜냐하면 『전쟁론』은 복잡한 문제를 단순하게 조명해 전쟁이 지닌 인간적 측면을 극적으로 묘사하기 때문이다. (…) 클라우제비츠가 서술한 것에는 강한 주관이 들어 있으면서도 동시에 편견이 없고 객관적이다."[58] 이 책의 핵심은 아마도 전쟁을 두 유형으로 나눈 데 있을 것이다. 하나는 적을 무너뜨리는 전쟁이요, 다른 하나는 제한된 목표를 수행하는 전쟁이라는 것이다. 또한 전쟁을 독립적인 변수가 아니라 일종의 정책 기능으로 바라볼 필요가 있다는 지적도 눈길을 끈다. 클라우제비츠에게 꼭 하고 싶은 말이 있었다면 "오직 군사력을 총동원한 주요 전투만이 중요한 승리를 이끌어낸다"는 말이었을지도 모른다. "『전쟁론』은 승패를 좌우하는 대규모 전투를 중시하는 전면전의 정신을 회피하지 않는다."[59] 이 말은 아주 당연해서 상식적으로 들릴지 모르지만, 지금과 달리 당시로서는 새로운 발상이었다. 왜냐하면 18세기에 전면전으로 확산되는 전투는 언제나 예외적인 것이었기 때문이다. 이런 생각은 아마 나폴레옹에게 굴욕을 당한 국민 대부분이 깨우친 교훈일 수도 있다(승전군이 승리를 즐기는 것보다 더 좌절감을 안겨주는 것은 패배감 자체라는 것도 클라우제비츠의 생각이었다. 이런 시각은 19세기 내내 이어져왔고 1939년까지 변함이 없었다).

클라우제비츠는 '무게중심'이라는 개념도 도입했다. 이 말은 그가 "군사전략과 정치적 목표 사이에는 연결고리가 있어야 한다"고 밝힌 분명한 소신에서 나온 것이기도 하다. 클라우제비츠는 4대 무게중심을 지적했는데 영토, 국가의 수도首都, 군대, 그리고 동맹국으로 분류한다.[60] 이중에서 최우선은 국가의 군대다. 결정적인 승리를 거두려면 반드시 무너뜨려야 할 상대국의 조직이기도 하다.

어떤 의미에서 클라우제비츠는 시야를 넓혀주었다는 데서 업적을 인정받는다. 그는 대대나 연대 간의 교전에서 사단, 군단, 군 사이의 전투로 규모가 변화함에 따라 전쟁의 개념이 전체적으로 더 끔찍해졌다는 것을 알았다. 징병제의 확대로 군대의 규모가 커지자 지휘관들도 새로운 현실에 대처할 수밖에 없다는 것을 간파했다.

1832년에서 1834년에 걸쳐 『전쟁론』이 출간된 이래 클라우제비츠는 전쟁 이론의 핵심 인물로 떠올랐다.[61] 처음에 그는 비판을 받았다. 특히 19세기 전반에 클라우제비츠를 능가하는 명성을 얻은 인물은 드 조미니였다. 하지만 『전쟁론』의 내용을 이해하는 사람이 늘어나면서 점차 주목받기 시작했다. 19세기 중엽 프리드리히 엥겔스는 마르크스에게 클라우제비츠의 책을 추천했다. 마르크스는 책을 직접 읽지 않고도 『전쟁론』의 주제에 친숙해졌다. 하지만 1500부를 찍은 초판은 다 팔리지 않았다. 엄밀히 말하면 클라우제비츠는 "존경 속에 잊힌 인물"이라고 할 수 있다. 이런 사정에도 아랑곳하지 않고 베를린의 뒴러 출판사는 1853년에 재판을 발행했는데, 이번에는 판매 실적이 꽤 좋았다. 이 책은 1860년대에 이르러 프로이센의 주요 장군들에게서 관심을 끌었으며, 특히 헬무트 폰 몰트케 장군이 이를 높이 평가했다. 그는 클라우제비츠가 군대의 규모와 사기, 애국심, 지도력을 강조하고 나폴레옹식 전쟁을 옹호한 관점에서 깊은 인상을 받았다. 1866년의 대對 오스트리아 전쟁과 1870~1871년의 대 프랑스 전쟁에서 승리를 거둔 몰트케는, 전쟁이란 "실용적이고 적절하며 영광스러운 국가 정책의 도구"라는 생각을 굳혔다.[62] 몰트케는 전시에 군인이 정치인의 역할을 맡아야 한다고 주장하며 클라우제비츠의 이론을 과장하기도 했다. 『전쟁론』의 프랑스어 번역판은 1849~1850년에, 영어판은 1873년에 나왔다. 대서양을 사이에 두고 두 나라가 자국의 사관학교에서 『전쟁론』을 주교재로 채택했다. 영국군도 남아프리카의 보어 전쟁(1899~1902)에서 비정규군을 제압하는 데 실패하자 클라우제비츠의 이론에 관심을 가졌다. 이 책에서 영국군이 발견한 메시지가 있다면, 그것은 인기 있는 군국주의가 필요하다는 것이었다. 이런 생각은 널리 퍼져나갔다. 20세기 초에 유럽 대륙의 모든 국가가 강력한 육군과 해군을 양성하기 시작했을 때 클라우제비츠는 이런 군사 발전의 원조로 추앙받았다. 1908년 F. N. 모드 대령은 『전쟁론』의 영어판 서문에서 다음과 같이 말했다. "현대 국가가 모든 유럽 군대와의 전쟁에 대비하게 된 동기는 어느 정도 클라우제비츠의 생각이 전파된 데 있다."[63]

제8장

태초의 언어, 내면의 소리 그리고 낭만파의 노래

1680년대 후반, 프랑스의 루이 14세는 여섯 명의 젊은 예수회 선교사를—전원이 성직자이면서 과학자인—시암*에 파견하는 사절단에 추가했다. 이들은 프랑스 최초의 '인도印度 사절단'으로 인도 남부에 상륙했으며(포르투갈과 대조적으로), 이곳에서 경험한 것을 자세히 기록한 『선교사 서한집』으로 명성을 얻었다. 프랑스 왕실도서관의 사서인 장폴 비뇽이 동양도서관의 주요 자료로 꼭 필요하다면서 선교사들에게 인도 문헌에 특별히 관심을 기울여달라고 부탁한 것이 집필 계기가 되었다. 1733년 『서한집』에서 선교사들은 이 요구에 답신을 보냈다. 최초의 '대형 사냥감'은 오랫동안 망실된 것으로 추정해온 완벽한 베다 경전을 발견했다는 내용이었다(실제로 산스크리트어로 쓰인 완벽한 리그베다Rig-Veda**였다). 이어 다수의 힌두

*타이 왕국의 옛 이름.

**인도에서 가장 오래된 성전聖典으로 네 종류 베다 중 하나.

교 문헌이 18세기 유럽으로 보내졌다. 이런 흐름과 더불어 해독이 이뤄졌고 동시에 이집트 상형문자와 (메소포타미아의) 쐐기문자가 해독되었다. 성직자의 개입에 반대한 프랑스 역사가 에드가르 키네(1803~1875)는 이 현상을 가리켜, 11~12세기에 고대 그리스어와 라틴어 문헌(대부분 아랍어 번역판)이 들어옴으로써 유럽인의 생활양식이 변했던 역사와 "비견될 만한" 사건으로 묘사했다. 레몽 슈와브는 『동양 르네상스』에서 산스크리트어와 그 문헌을 발견한 것은 "인간 정신의 위대한 사건 중 하나였다"고 주장했다.

동양 르네상스

이른바 동양 르네상스는 1784년 1월에 영국의 시인이자 언어학자이며(13개 국어를 했다) 판사였던 윌리엄 존스가 콜카타(캘커타)에 도착하고, 벵골아시아협회가 설립된 것과 때를 같이하여 시작되었다. 이 협회를 설립한 이들은 일단의 재능 있는 영국 공무원들이었다. 이들은 동인도회사에서 하는 공식 업무 외에도 인도 아대륙을 통치하는 일을 돕는 한편, 언어 연구와 인도의 고전, 천문학, 자연과학서의 번역 등 광범위한 분야에 관심을 가졌다.

이 협회의 회장이었던 존스는 협회 창립 2주년 기념 연설에서 학문의 흐름을 바꿔놓을 만한 대발견을 했다고 선언했다. 여기서 대발견이란 산스크리트어가 그리스어 및 라틴어와 상관관계가 있다는 것이었다. 1786년 2월 2일의 연설에서 존스는 이렇게 말했다. "산스크리트어는 고대 언어지만 매우 놀라운 구조를 갖췄습니다. 그리스어보다 더 완벽하고 라틴어보다 어휘가 더 풍부합니다. 게다가 이 두 언어보다 더욱 정교하게 다듬어져 있습니다. 그렇지만 두 언어와 아주 강한 유사성이 있습니다. 동사의 원형뿐 아니라 문법의 형태도 우연이라고 할 수 없을 만큼 비슷합니다. 이런 유사성이 무척 뚜렷해서 어떤 언어학자도 어쩌면 이제는 존재하지 않는 공동의 원천에서 나왔다는 생각을 하지 않고서는 이 세 언어를 연구할 수 없을 것입니다."

존스는 산스크리트어를 그리스어 및 라틴어와 연관짓고 동방의 언어가 서구의 언어보다 더 오래되었을 뿐 아니라 오히려 더 우수하다는 주장을 폈다. 그는 서구 문화의 뿌리를 뒤흔들었으며 서구 문화가 다른 어떤 문화보다 앞서 있다는 그간의 믿음에 반발했다. 드디어 동양의 역사가 서양과 대등해지고 더 이상 서양에 종속된 것이 아니며, 결코 서구 역사의 일부가 아니라는 인식이 싹튼 것이다.

비록 산스크리트어와 그리스어 및 라틴어 사이의 매우 중요한 연결고리를 영국인이 발견했고, 힌두교 경전과 고전을 프랑스인이 가장 먼저 번역하기는 했지만 정작 동양 르네상스가 활짝 꽃피운 곳은 독일이었다.[1]

이런 르네상스에는 안감(재료)이 필요하다. 1832년 아우구스트 슐레겔은 "알렉산더 대왕 이후의 스물한 세기보다 자신이 살고 있는 세기에 (유럽인이) 인도에 대해 더 많은 지식을 쌓았다"고 말한 적이 있다(슐레겔은 존스와 마찬가지로 언어의 천재였다. 다섯 살에 아랍어와 히브리어를 했으며 헤르더의 학생이었던 열일곱 살에는 신화를 강의할 정도였다). 19세기의 첫 10년 동안 발행된 『바가바드기타』와 『기타고빈다』*의 독일어 번역판은 프리드리히 슐라이어마허와 셸링, 슐레겔 형제, 실러, 노발리스, 괴테 그리고 아르투어 쇼펜하우어에게 대단한 영향을 미쳤다.

서사시인 『바가바드기타』와 여기에 담긴 지혜, 복잡한 구조, 풍부한 표현은 인도와 동양 문화에 대한 그동안의 인식을 완전히 바꾸어놓았다. 프리드리히 슐레겔은 『인도의 언어와 지혜에 대하여』에서 인도의 형이상학적

*두 작품 모두 산스크리트어로 쓰인 인도의 고대 서사시다.

전통을 고대 그리스 및 로마의 사상과 대등하게 논하고 있다. 이러한 인식이 지금 우리가 생각하는 것 이상으로 중요했던 이유는 이신론과 회의론의 시대에 맞서면서 인도인이—동쪽 멀리 사는 사람들이—유럽인과 마찬가지로 신에 대한 지식과 믿음에 철저하다는 생각에 접근했기 때문이다. 이런 인식은 교회의 가르침과는 전혀 맞지 않았다. 산스크리트어에 담긴 풍요로움은, 언어란 빈곤한 상태에서 시작해 점차 정교해진다는 계몽주의적 믿음마저 흔들어놓았다. 이런 상황이 위대한 문헌학의 시대—우리가 본 대로 독일에서 먼저 시작해 다른 곳으로 퍼져간—를 여는 데 도움이 되었다. 당시에 종교적 성향을 지닌 사람들은 여전히 가장 최초의(가장 완벽한) 언어가 히브리어와 그 인근 언어라고 확신하고 있었다. 히브리어가 선민選民의 언어라는 이유에서였다. 파리와 런던에서 산스크리트어를 연구한 프란츠 보프(1791~1867)는 이런 편견에 등을 돌렸다. 그는 산스크리트어가 수천 년 전의 언어임에도 구조가 정교한 것을 보여주어 히브리어가 태초의 언어라는 믿음을 의심하게 만들었다. 프리드리히 셸링은 존스의 생각에서 한발 더 나아갔다. 1799년 『신화철학』 강연에서 그는 '태초의 언어'가 반드시 존재했다면, 마찬가지로 세계의 모든 사람이 공유하는 세계 신화도 반드시 있었을 것이라고 말했다.

동양을 인식함으로써 사람들에게 결정적으로 영향을 미친 근본적인 사고방식이 한 가지 있다면, 바로 '생성becoming'이라는 관념이었다. 만일 종교가 서로 다른 발달 단계를 거쳤다면, 그리고 어떤 신비로운 방법으로 모든 종교가 하나로 연결된다면—지금까지 논의한 것만 놓고 볼 때—신은 단순히 존재being하는 것이 아니라 스스로 생성 중becoming에 있는 것 아닌가? 즉 형성Bildung의 과정을 밟고 있다는 발상도 가능해진 것이다. 그 결과 신이란 사람의 모습을 닮은 존재가 아닌 추상적이고 형이상학적인 존재로 여겨지게 되었다.

고전주의에 대한 대안과 에덴동산 최초의 언어

동양 르네상스는 낭만주의 운동이 태동하는 데 필수 역할을 했다. 가장 강력한 연결고리는 인도 연구와 독일 낭만주의 형태 사이에 있었다. 인도 연구는 독일에서 인기를 끌었고 낭만주의적 사고에 광범위한 영향을 끼쳤다. 당시 독일 학자들이 볼 때 아리아인과 인도, 페르시아의 전통은, 로마 제국이 동방의 야만족에게 침략을 당한 사건과 스칸디나비아 신화에 연관되는 것이었다. 이는 과거 2500년 동안 유럽인의 삶과 사상을 지배해온 고대 그리스와 로마의 지중해 고전주의에 대한 대안적 전통(좀더 북쪽의)임을 입증하는 것이었다. 더욱이 불교와 기독교, 그리고 세계영혼Weltseele*이라는 개념을 보여준 힌두교 사상과의 유사성은, 독일인들이 볼 때 원초적인 계시의 고유한 형태는 유대교와 기독교 영역 바깥에서 성장했고, 신의 진정한 목적이 동방의 종교 어딘가에 숨겨져 있다는 의미였다. 이러한 견해는 인류에게 단 하나의 신만 존재하며 근본적으로 이해해야 하는 세계 신화가 있었음을 암시한다. 이러한 조상 신화는, 헤르더의 용어로 말하면 "인류의 유아기 꿈"이었다.

낭만주의에 영향을 끼친 좀더 큰 요인은 인도의 경전이 본래 시로 쓰였다는 사실이었다. 따라서 시가 '태초의 언어'였으며, 신이 인간에게 지혜를 전하는 원초적 방식은 운문이었다는 생각이 인기를 끌었다("인간은 노래하는 동물이다"). 시가 에덴동산에서 최초로 사용한 언어라는 생각이었다.[2]

이런 견해에 영향을 받은 시인과 작가 및 철학자들이 대서양 일대에 늘어났는데, 특히 독일에서 두드러졌다. 페르시아어를 배운 괴테는 『서동西東시집』 서문에서 이렇게 썼다. "여기서 나는 하늘의 명령을 지상의 언어로 받아들이던 인류의 기원을 꿰뚫어보고 싶다." 하인리히 하이네는 본 대학

---

*우주를 지배하는 통일 원리.

에서 아우구스트 슐레겔에게, 베를린 대학에서 보프에게 산스크리트어를 배웠다. 하이네는 "우리의 서정시는 동양을 노래하는 것이 목적이다"라고 썼다. 슐레겔과 또 한 명의 독일 동양학자인 페르디난트 에크슈타인은 인도와 페르시아, 그리스의 서사시는 「니벨룽겐의 노래」의 토대가 된 동명의 우화에 기반을 두고 있다고 믿었다. 『니벨룽겐의 노래』는 복수를 주제로 한 중세 독일의 대서사시로, 리하르트 바그너의 「니벨룽겐의 반지」는 이것을 바탕으로 만들었다. 리카르다 후흐의 견해에 따르면 슐라이어마허나 노발리스 주변의 모든 낭만파가 볼 때 종교의 근원은 "무의식 또는 동양에서 찾을 수 있는 것"이었고 여기서 모든 종교가 파생된 것으로 생각했다고 한다.[3]

개성의 의미 변화

옥스퍼드 대학의 관념사가인 이사야 벌린(1909~1997)은 서구 정치사상사에 "3대 주요 전환점이 있었다"고 말했다. 첫 번째 전환점은 아리스토텔레스(기원전 384~기원전 322)가 세상을 떠난 뒤부터 스토아 철학이 등장한 기원전 4세기 말 사이에 잠깐 일어났다. 이즈음 아테네학파가 말했던 "개인이 품은 생각은 사회생활과 관련해서만 이해할 수 있다는 주장이 설득력을 잃었다. (…) 인간은 오직 내면의 경험과 개인의 구원에 대해서만 이야기해야 한다는 주장이 갑자기 나온 것이다." 두 번째는 정치적 가치란 "기독교 윤리와 단순히 서로 다른 것이 아니라 원론적으로 양립할 수 없다"라는 니콜로 마키아벨리(1469~1527)의 생각과 더불어 시작되었다.[4] 이런 배경에서 어떤 정치질서든 신학적인 정당화를 믿지 않게 되면서 종교에 대한 공리功利적인 견해가 생겨났다.

세 번째 대전환기는—벌린이 최대의 전환기라고 말하는—18세기 말에 일어났는데, 독일이 앞장선 것으로 여겨졌다. "가장 단순한 낭만주의의 이상으로 보면 윤리와 정치에서 진실과 정당성이 무너졌다. 단순히 객관적이거나 절대적인 진실뿐만 아니라 주관적이고 상대적인 진실, 말하자면 흔히 말하는 의미로서 진실과 정당성이 무너졌다고 본 것이다." 벌린은 이런 생각이 이루 말할 수 없는 결과를 낳았다고 말한다. 과거에는 '인간을 위해 최선의 삶의 방식은 무엇인가'라든가 '자유란 무엇인가'와 같은 도덕적이고 정치적인 물음이, '물은 무엇으로 이뤄지는가?'나 '율리우스 카이사르는 언제 죽었나?'와 같은 물음과 원칙적으로 똑같은 방법으로 대답할 수 있다는 것을 당연하게 여겨왔다. 벌린은 이런 물음에 대답이 가능하다고 본 이유로 오랜 시간 종교적으로 다양한 차이가 있었지만 근본적인 생각에서 인간은 하나였기 때문이라고 지적한다. 이런 근본적인 생각에는 세 가지 측면이 있다. "첫째, 자연 상태든 초자연 상태든 관련 전문가가 이해하는, 인간 본성으로서의 실체가 존재한다. 둘째, 신이나 비인격적인 자연의 질서가 부여하거나 세워놓은 특정한 목적을 추구하는 고유한 본성이 존재한다. 셋째, 이런 목적과 이에 수반되는 관심과 가치(이것을 찾아내어 양식화하는 것은 신학이나 철학 또는 과학이 할 일이다)는 서로 충돌할 수 없으며, 당연히 이런 것들이 모여서 조화로운 전체를 형성해야 한다"는 것이다.

이런 생각에서 자연법과 조화에 대한 모색이 등장했다. 이와 대립되는 낭만주의의 관점은 칸트에서 뻗어나온 것으로, 행동과 선택의 과정에서 발생하는 의문에 대한 해답과 그것의 가치를 무조건 알아낼 수 있다는 생각 자체를 의심한 것이었다. 바로 이때가 유럽의 의식意識 역사에서 중요한 순간이다.[5] 낭만파는 이런 물음 중 일부는 대답을 찾을 수 없다고 주장했다. 이들은 또 가치란 원칙적으로 서로 충돌할 수 없다는 견해는 보증하기 어렵다고 주장했다. 마침내 낭만파는 과거의 방식과는 극단적인 대조를 이루는 일련의 새로운 가치, 새로운 가치관을 만들어냈다.

우리가 살펴본 대로 칸트의 위대한 업적은, 정신이 지식을 형성하고 직관이라는 본능적인 과정이 존재하며 인간이 가장 확신할 수 있는 세계의 현상은 '자아'와 '비아' 간의 차이라는 것을 파악했다는 데 있다.[6] 이런 바탕 위에서 칸트는 이성이 "자연의 비밀을 밝히는 빛"으로는 부적절하며 설명의 근거로도 타당하지 않다고 말했다. 그 대신 인간의 이성이 지식을 창조한다고 암시한 것을 탄생의 과정으로 잘 비유했다. 주어진 상황에서 내가 무엇을 해야 하는가에 대한 답을 찾으려면 반드시 '내면의 소리'에 귀를 기울여야 한다. 과학적인 관점에서 볼 때, 이성은 본질적으로 논리적이며 마찬가지로 자연에 대해서도 논리적이다. 하지만 내면의 소리는 이런 시나리오에 따르지 않는다. 내면에서 명령하는 것은 반드시 사실에 기초한 것이 아니며 더욱이 참과 거짓 중 하나인 것도 아니다. 내면의 소리가 추구하는 것은 어떤 지향점이나 가치 설정일 때가 많다. 이것은 과학과 아무런 관계가 없으며 개성이 창조하는 것이다. 이제 개성의 의미가 근본적으로 변화하여 완전히 새로운 개념이 되었다.

첫째로 (그리고 처음으로) 도덕성은 창조 과정이라는 것을 깨달았다. 두 번째 역시 이에 못지않게 중요한 것인데, 이런 인식 바탕 위에서 창조를 새롭게 강조해 예술가의 지위를 과학자와 대등한 반열에 올려놓았다는 점이다. 창조하고 자신을 표현하며 가치를 만들어내는 사람은 예술가다. 예술가는 과학자처럼(또는 철학자처럼) 발견하지도 않으며 계산하거나 추론하지도 않는다. 예술가는 자신의 목표를 만들어내며 이 목표로 나아가는 자신의 경로를 깨닫는다. 헤르첸은 "작곡가가 떠올리기 이전에 노래는 어디에 존재하는가?"라고 물었다. 이런 의미에서 창조야말로 유일하고도 완전한 행위, 인간의 자율적인 행위, 위대한 행위가 된다. 이로써 단숨에 위상이 바뀐 예술은 영역을 넓혀나갔다. 더 이상 단순한 모방이나 재현이 아니라 훨씬 중요하고 의미심장하며 야심적인 행위로서의 표현이 되었다. "인간은 창조할 때 가장 진실하다. 추론 능력이 아니라 창조가 나의 내면에 깃든 신성神性의 불꽃이다. 이러한 의미에서 신의 형상을 따라 내가 만들어졌다고 할 수 있다."[7]

우리 인간은 여전히 이런 혁명적인 변화의 연장선상에서 살아가고 있다. 서로 경쟁관계에 있는 세계관—냉정하고 무심하며 거리를 두는 과학적인 이성의 빛과 이에 비해 혈기왕성하고 정열적인 예술가의 창조—이 현대의 모순된 관계를 구성한다. 두 세계관이 똑같이 진실하고 정당하게 보일 수도 있지만, 근본적으로 양립할 수 없을 때가 있다. 벌린이 말한 대로 우리는 이 두 세계관이 공존할 수 없다는 것을 인식하면서 어렵사리 한 발 한 발 움직인다.

이런 이분법적 사고가 가장 먼저 그리고 가장 분명하게 드러난 곳이 독일이었다.[8] 19세기에 들어서자 나폴레옹은 오스트리아, 프로이센, 독일 지역의 몇몇 군소 국가를 상대로 연이은 승리를 거두었다. 여기서 맛본 패배감은 독일 영토에서 새로운 것을 찾으려는 욕구로 이어졌다. 또 많은 독일어 사용자는 국민에게 감동을 주고 그들을 하나로 묶을 방법으로 인간의 내면에서 지적이고 미학적인 이상을 찾으려고 했다. "낭만주의는 고통과 불행에 뿌리를 두고 있다. 그리고 18세기 말에 유럽에서 가장 큰 고통을 겪은 것은 독일어권 국가들이었다."[9]

칸트에서 낭만파로 이어지는 과정이 직선적인 변화는 아니었지만 누가 봐도 명백했다. 헤르더가 볼 때, 세계를 상대로 (독일에서) 전혀 다른 문화를 만들어낸 것은 인간 본성에 내재한 '표현하는 힘'이었다. 피히테는 "활동과 노력, 자기 지향성"으로 자신을 묘사했다. "이 모습은 자체의 개념과 범주에 따라 사고와 행동 두 가지 측면에서 세계를 원하고 세계를 변화시키고 세계를 분할한다." 칸트는 이것을 무의식적이며 직관적인 과정으로 생각했지만, 피히테가 보기에는 오히려 '의식적인 창조 행동'이었다. 피히테는 "내가 무엇을 받아들인다면 반드시 해야 하기 때문이 아니라 내가 원하기 때문이다"라고 주장했다. 이런 의미에서 두 세계가 존재하며 인간은 두 세계 모두에 속한다. 인과율로 다스려지는 '외부의' 물질적인 세계가 하나라면 "전적으로 내가 창조한 나"가 존재하는 정신세계가 또 다른 하나다. 피히테는 중세에 이상으로 삼은 '관조적인 지식'은 잘못된 모델이라고 말한다. "문제는 행동이다. (…) 지식이란 수동적이 아니라 활용되기 위한 것으로 보아야 하며, 창조에 도움을 주어야 한다. 창조가 곧 자유이기 때문이다."[10]

벌린은 이러한 발상이 도발적인 이유로, 피히테를 거쳐 국민에게 적용되었기 때문이라고 말한다. 말하자면 국민은 창조와 활동, 실천이 있어야만 국민이 될 수 있다고 생각했기 때문이다. 따라서 민족주의nationalism, 적극적인 민족주의가 국민의 기본 가치가 되었다. "피히테는 끝까지 열렬한 애국자이자 민족주의자로 살았으며, 독일이 라틴 국가들처럼 타락한 나라가 아니라고 생각했다."[11] 프로이센이 나폴레옹에게 정복당한 뒤에 피히테는 독일 국민을 향해 쓴 유명한 연설문에서 자신의 생각을 강력하게 드러냈다. 연설 자체는 별 충격을 주지 못했지만 훗날 이 글을 읽는 사람들에게 민족주의의 감정을 고조시키는 데 엄청난 영향을 미쳤다. "독일인들은 19세기 내내 이 글을 읽었으며, 1918년* 이후에는 국민의 성서가 되었다."

"창조적인 삶의 활력을 소유한 모든 사람, 그 밖에 이런 자질이 억제되어왔다고 여기며 적어도 고유한 삶이 거대한 급류에 휩쓸릴 때를 고대하는 사람들, 어쩌면 이런 자유에 대해 복잡하게 예감하고 또 이런 현상을 혐오하거나 두려워하지도 않으며 애정으로 대하는 사람들, 이들이 최초의 인간 정신의 일부를 이룬다. 이들이야말로 진정한 국민으로 볼 수 있으며, 이들이 최초의 국민으로 민족의 원형Urvolk을 구성한다. 나는 독일인을 말하고 있다. 반면 자신을 체념하고 오직 모방한 것, 중고품만을 재현하고 (…) 자신의 믿음을 희생하는 사람들, 이들은 삶의 부속물에 지나지 않는다. (…) 이들은 민족의 원형에서 제외된다. (…) 오늘날 '독일'이라는 이름으로 불리는 국가는 아주 다양한 분야에서 창조적이고 독창적인 활동의 행적을 멈추지 않았다."[12]

---

*제1차 세계대전에서 독일이 패전한 해.

무의식의 출현

헤겔의 교수직을 이어받은 프리드리히 셸링(1775~1854)은 피히테보다 정신적인 자아 발전에 대해 좀더 유기적이었고 덜 공격적이었다. 셸링은 세계가 총체적인 무의식에서 점차 자신을 완전히 의식하는 자의식의 단계로 변하는 현상으로 이뤄진 것이라고 보았다. 지극히 근원적인 형태로 볼 때 이 세계를 형성하는 맹목적인 암초가 존재하며, 이 암초가 총체적인 무의식의 조건에서 '의지'를 대표한다.[13] 그리고 생명이 암초에 스며들어 최초의 생물학적 종種이 나타난다. 식물과 동물이 그 뒤를 따르고 자의식이 자라면서 일종의 목표 실현을 향해 나아간다. 자연은 의지의 진보적인 단계를 보여주고, "무엇을 추구하는지도 모르면서" 무언가를 위해 노력한다.[14] 하지만 인간은 노력을 기울일 뿐 아니라 무엇을 위해 노력하는지 의식하게 된다. 셸링은, 이런 현상이 전체 세계를 위해 중요한 사건이며 좀더 높은 단계에서 자체를 의식하는 형태로 나타난다고 설명한다. 그가 볼 때 이런 의식의 형태가 바로 자기 발전적인 의식과 진보적으로 진화하는 현상으로서의 신神이었다.[15]

이 같은 생각은 독일에서 두드러진 자취를 남겼다. 왜냐하면 이런 이해 방식에 따르면, 예술가에게는 "자신의 내면에서 활동하는" 무의식의 힘 속으로 깊이 침잠하여 그 투쟁이 아무리 힘들더라도 이 힘을 의식으로 불러내는 능력이 들어 있기 때문이다. 셸링이 볼 때 예술이 가치를 지니려면, "의식에 전적으로 제한되지 않은 삶의 파동"에 뛰어들어야 한다. 그렇지 않으면 예술은 단순한 '사진'에 불과하고 지식의 일부에 지나지 않으며, 과학처럼 조심스런 관찰 그 이상도 아닌 것이다. 피히테의 의지와 셸링의 무의식이라는 이해 방식은 낭만파 운동의 미학적 중추를 형성했다. 토마스 니퍼다이는 예술의 진실성이 19세기의 최대 의문이 되었다고 말한다.[16]

한편 프리드리히 슐레겔은 생각이 달랐다.[17] 슐레겔은 낭만주의가 형성된 데는 세 가지 요인이 있었다고 보았다. 그는 피히테의 인식론theory of knowledge이 한 가지 요인이라는 점을 인정하면서, 다른 두 가지 요인으로 프랑스 혁명과 괴테의 『빌헬름 마이스터』를 꼽았다. 프랑스 혁명이 독일에서 효력을 발휘한 이유는, 나폴레옹 전쟁의 여파로 특히 프로이센에서 "상처받은 국민 감정의 거대한 폭발"이 있었기 때문이다. 결정적이었던 것은 혁명 기간에 테러 정권이 자행한 폭력 사건들이었다. 번갈아 일어난 이 사건은 낭만주의자가 볼 때 전혀 앞을 내다볼 수 없는 방식으로 일어났다. 인간 행동에 대해 충분히 인식하지도 못했고, 인식했다 하더라도 그것은 빙산의 일각에 불과했다. 부분적으로는 알려지지도 않았고 통제할 수도 없으며 발견할 수조차 없는 비인격적인 힘을 인식하면서도 이 힘을 피할 수도 없었다.[18] 슐레겔이 세 번째 큰 요인으로 꼽은 괴테의 『빌헬름 마이스터』는 찬탄할 만한 것이었다. 왜냐하면 "고상하면서도 억제되지 않은 의지의 실천으로" 한 인간이 스스로의 향상을 꾀하기 위해 어떻게 자신에게 몰두하는지 또 어떻게 자의식의 세계를 넓혀가는지 보여주었기 때문이다.*[19]

노동의 의미 변화

낭만주의가 미친 영향은 막대했다. 예를 들면 낭만주의 혁명으로 노동에 대한 프로테스탄트적인 이해가 깊어졌다. 노동이란 귀찮지만 필요한 것이라는 인식이 '인간의 신성한 임무'로 탈바꿈한 것이다. 왜냐하면 노동을 해야만—의지를 실현하는 표현으로—인간은 자연의 '죽은 재료'를 다루는, 독특하고 창조적인 개성을 발휘할 수 있기 때문이다. 이제 인간은 중세적

*괴테는 이 말에 동의하지 않았다. 훗날 괴테는 "낭만주의는 병적이며 고전주의가 건전하다"라고 썼다.

인 수도사의 이상에서 한발 더 나아갔다. 인간의 진정한 본질은 더 이상 관조가 아닌 행동으로 이해하게 되었다. 문제는 자유를 위한 개인의 모색, 특히 "개인적인 목표를 충족시키는 창조적인 목적"이었다. 예술가에게 중요한 것은 "동기와 정직, 성실 (…) 순수한 마음, 자발성"이었다. 중요한 것은 지혜나 성공이 아니라 의도다. 전통적인 유형—이해라는 수단으로 행복이나 미덕 또는 지혜를 구하는 법을 아는 현자賢者—의 자리에 "어떤 대가나 난관이 있더라도 자아를 실현하는 길을 모색하는" 비극적인 영웅이 들어섰다. 세속적인 성공은 무가치한 것이 돼버렸다.[20]

이러한 가치의 전도는 아무리 강조해도 지나치지 않다. 왜냐하면 인간의 가치는 발견되는 것이 아니라 창조되는 것이며, "이 가치는 사실이나 실체가 아니므로" 묘사하거나 체계화할 수 있는 방법이 없기 때문이다. 가치는 과학이나 윤리, 정치 영역의 바깥에 존재한다. 시간이 지나면서 자신의 가치가 변하는 한, 개인의 내면에서조차 조화는 보장할 수 없다. 낭만파에게는 거대한 난관에 맞서며 자신의 믿음을 위해 투쟁한 순교자, 비극적 영웅이 이상형이 되었다. 이런 방식으로 아웃사이더로서의 예술가나 영웅이 탄생했다.

제2의 자아

사고와 이상은 우리가 즉시 알아볼 수 있는 문학과 회화, 음악(가장 생동감 넘치는)의 형식을 이끈다. 순교한 영웅, 버림받은 천재, 고통받는 야성적인 인간이, 길들여지고 속물화된 사회에 맞서 반란을 일으킨다. 현대 예술의 중요한 측면치고 낭만주의의 덕을 입지 않은 것은 없다고 말한 아놀드 하우저(1892~1978)의 지적은 옳다. "현대 예술의 전반적인 과열, 무질서, 폭력성 (…) 억제되지 않고 거리낌 없는 노출증, 이 모든 것이 낭만주의에서 나왔다."[21]

당시 이 모든 현상은 제2의 자아라는 관념과 연관되어 있었다. 영혼의 깊고 어두운 내면에 자리잡은 모든 낭만적 형상은 완전히 다른 인간이다. 이 제2의 자아는 찾아낼 수 있으며, 대안적인—더 깊은—현실이 발견될 것이라는 믿음이 있었다. 이것은 본질적으로 무의식의 발견이었으며, 여기서는 하나의 비밀로서 무아경無我境을 뜻했다. 무엇보다도 신비하고 유령 같으며 때로는 야행성의 섬뜩한 특징을 띠었다(괴테는 언젠가 낭만주의를 '병적인 문학'이라고 표현했고, 노발리스는 삶을 '정신의 병'으로 형상화했다). 제2의 자아인 무의식은 정신의 확장으로 가는 길로 보였다. 19세기 전반기는 '아방가르드avant-garde' 개념이 출현할 수 있었던 시기였다. 동시에 예술가를 시민사회뿐만 아니라 시대를 앞질러가는 존재로 바라본 시기이기도 했다. 천재 개념은 새로운 재능으로 빛을 발하는 본능의 불꽃이었다. 이 재능은 평생 동안 노력해서 고통스럽게 학습한 대가로 형성된 것이었다.

시와 생물학의 결합: 낭만적 과학

18세기 후반과 19세기 전반기에 독일에서 형성된 낭만주의의 정신 구조는, '전기낭만파Frühromantiker'로 유명해진 집단이 친밀한 우정과 뜨거운 정열을 발산하면서 그 첫 모습을 드러냈다. 이들은 시인, 화가, 철학자, 역사가, 신학자, 과학자였으며 모두 젊었다.[22] 이 시기 전후의 혁명적인 기질을 지닌 젊은이들이 그러했듯이, 이들은 인습적인 사고를 경멸했다. 이들은 근대세계의 산문적 질서보다 '가슴의 시'가 더 우위에 있다고 단언했으며, 계몽주의에 대한 반발이나 반란의 형태로 폭넓은 운동을 펼쳐나갔다. 특히 1793년 파리에서 자행된 폭력을 비웃었으며, 칸트가 『영구평화론』(1784)에서 감동적으로 표현한 계몽주의적 낙관론이 허상으로 드러났다고 믿었다.

로버트 리처드의 표현을 빌리면, 이 운동의 '지적 건축가'는 프리드리히 슐레겔(1772~1829)이었다. 시인이자 문학비평가이며 역사가인 슐레겔은 '낭만적romantisch'이라는 말을 처음으로 정의한 인물이다. 프랑스어인 로망roman(소설)은 17세기 말 독일에 유입되었는데, 이때 "소설 같은romanhaft"이라는 말에는 행동으로 가득 찬 모험이라는 의미가 담겨 있었다. 하지만 1790년대 후반에 슐레겔은, 낭만적인 문학은 "미美의 완벽한 실현을 위해 끊임없이 노력하는" 특징이 있으며, 비록 그것이 무엇인지 도무지 확신할 수 없어도 인간의 드높은 상태를 유지하기 위해 언제나 노력한다고 주장했다.[23]

서로 긴밀한 관계를 유지하면서도 (외부에) 폐쇄적인 전기낭만파의 특징은, 프리드리히 슐레겔과 그의 형인 아우구스트가 단적으로 보여주었다. 슐레겔은 동양학자인 요한 미하엘리스의 딸 카롤리네 뵈머와 사랑에 빠졌다. 카롤리네는 "뜨겁고 다재다능한 여성"이었는데, 낭만파의 거의 모든 구성원과 연인관계였던 듯하다. 실제로 프리드리히의 형인 아우구스트 슐레겔과 프리드리히 셸링을 포함해 세 명의 남편을 두었다(또 다른 친밀한 관계는 셸링이 프리드리히 횔덜린, 헤겔과 한 방을 썼다는 사실에서도 엿볼 수 있다).[24]

또 다른 구성원인 프리드리히 슐라이어마허(1768~1834)는 신학자로서 다른 동료들이 예술과 과학의 관계를 조율하고자 애쓸 때, 시인과 예술가가 종교에서 맡게 될 역할의 토대를 세우는 일에 관심을 쏟았다. "이들은 기쁨과 통일성의 대상으로서 천상의 것, 영속적인 것을 전달한다. (…) 이들은 좀더 높은 것에 대한 애정을 한껏 드러내기 위해, 그리고 평범한 삶을 한 차원 높은 형태로 바꾸기 위해 잠자고 있는 드높은 인간성의 정수를 깨우려고 노력한다. (…) 이들은 은밀한 내면의 비밀을 천상의 언어로 전하는 더 높은 차원의 성직자다."[25]

노발리스(1772~1801)는 인간 본성의 어두운 측면을 강조하며 낮보다는 밤을, 생명보다는 죽음을 중시했다. 마찬가지로 하인리히 폰 클라이스트(1777~1811)도 회의와 절망에 둘러싸인 인간 존재의 연약함을 단적으로 드러냈다. 그가 『홈부르크의 공자公子』에서 묘사한 대로 인간은 자기 운명의 주인이 아니었다. 이후 요제프 폰 아이헨도르프, E. T. A. 호프만, 리하르트 바그너도 이런 모티프를 받아들였다. 토마스 만 역시 1932년 '빈 노동자들 앞에서 행한 연설'에서 궁극적인 독일 예술 형식으로서 낭만주의의 중요성을 청중에게 자세히 설명했다(앞으로 살펴보겠지만 사실 낭만주의는 규칙적으로 사회적 사실주의 작품과 번갈아 나타났다).

낭만파 중 일부는 과학에 관심을 보였는데, 전형적인 분야가 바로 생물학이었다. 칸트에서 유래하기는 했지만 셸링이나 괴테의 견해와 같은 궤도에 있는 주된 사고는, 생명체가 근본적인 유형, 즉 원형原型(archetypi, Urtypen, Haupttypen, Urbilden 등)*으로 구성되었다는 발상이었다. 이런 이해 방식에서 동물을 기본적으로 네 가지 구조로 구분했다. 즉 방사대칭동물radiata(불가사리와 해파리), 체절동물articulata(곤충과 게), 연체동물mollusca(조개와 낙지), 척추동물vertebrata(어류와 인간)이다.[26] 칸트는 유기체의 원형 구조가 그 유기체가 구현하는 이상을 반영한다고 생각했고 이런 원형의 이상을 품은 신성한 정신이 존재한다고 보았다.

칸트의 견해를 따르는 자연철학자들은 원형의 '예시화instantiation'와 함께 그 진보적인 변형을 설명하는 특수한 결정 요인이 있다고 믿었다. 이 결정 요인은, 예를 들면 동물전기**처럼 18세기에 발견한 물리적 힘의 특수한 적용으로 이해되었고 생명력Lebenskraft, 형성충동Bildungstrieb이라는 이름이

*모두 원형을 뜻한다.

**동물전기란 1780년 갈바니가 가죽을 벗긴 개구리 뒷다리에 각각 철과 구리로 된 선을 연결하고 이 두 선을 서로 잇자 죽은 개구리 다리가 여기서 발생한 전기로 인해 경련을 일으켰는데, 갈바니는 바로 개구리 다리에서 전기가 생겼다고 생각해 동물전기라는 이름을 붙인 데서 유래한다.

붙여졌다. 물질과 정신(마음 그리고[또는] 정신의 두 가지로 이해되는)은 똑같이 근본적인 원소元素, Urstoff의 두 측면으로 이해되었다. 자연세계에는 발견되기를 기다리는 근본적인 통일체가 존재했다. 이러한 접근 방식으로 한 차원 높은 자연 질서에 대한 몇 가지 이론이 탄생했다. 이들은 이상적 현실이라는 칸트의 개념에서 출발해 유기체의 변이를 점진적인 발전—진화—의 결과로 설명했다. 즉 이상적인 형태에서의 진보적인 변형으로 '예시화'한 것이었다. 이런 이해 방식은 다윈식의 진화론이 아니었지만 셸링이 말한 대로 역동적인 진화였다.[27]

자연철학자들은 자연에 목적론적인 질서가 들어 있다는 생각도 받아들였다. 헤르더, 괴테, 셸링을 비롯한 이들은 데카르트와 뉴턴이 발전시킨 기계론적 이상을 거부했다. 대신 자연은 단순하고 조직이 느슨한 초기 상태에서 한 차원 높게 발전된 후기 상태로 끊임없이 변하는 것이라고 믿었다. 이들은 또 칸트가 『판단력비판』에서 목적론적 판단과 미학적 판단 사이의 유사성에 대해 설파한 주장을 받아들였다. 이런 인식에서 가장 중요한 결과는, 낭만파가 이 두 가지 판단을 동일시했다는 사실이다. 이는 자연의 기본 구조가 과학자의 실험이나 박물학자의 관찰과 마찬가지로, 예술가의 스케치나 시인의 비유로 이해될 수 있고 재현될 수도 있음을 의미했다.[28] 낭만주의 생물학자들은 전체 유기체에 대한 미학적인 이해가 각각의 부분에 대한 과학적인 분석보다 우선한다고 믿었다.

물론 프리드리히 슐레겔도 생각을 같이했지만 누구보다 생물학과 시의 결합을 옹호한 사람은 프리드리히 셸링이었다.[29] 셸링은 그때까지의 과학 연구를 두루 조사하고 쓴 『세계영혼에 관하여』(1798)에서 "목적론적 구조가 모든 생명체의 특징"이라는 결론을 내렸다. 그는 자연은 끝없이 생산하고 있으며(셸링은 유전학을 전혀 알지 못했다) 그 작용 형식은 끊임없이 대립하는 힘으로 억제되거나 제한된 상태에서 나온 결과라고 생각했다. 이 대립되는 힘—자력磁力, 전기, 화학 작용—이 조직적인 힘(감수성, 과민성,

형성충동)에 변화를 가져온다고 보았다. "셸링은 자연의 끝없는 생산성을 무한한 진화unendliche Evolution로 여겼다. 동시에 자연의 생산물은 일시적으로 휴식하는 상태이며 완전한 정지 상태가 아니라 느리게 진화하는 과정으로 보았다."[30] 이런 생각은 다윈 이전에 나타난 것으로 나름대로 적응이라는 관념이었다.

일반적으로 독일의 낭만주의 과학이 거둔 최대 수확은 다윈 이전에 진화에 대한 생각을 해낸 것이라 할 수 있다. 두 번째는 프로이트 이전의 정신질환에 대한 생각을 꼽을 수 있다. 요한 크리스티안 라일은 당대에 꽤나 유명한 의학 이론가 중 한 사람이었다. 독일 북단에서 루터파 교회 목사의 손자로 태어난 라일은 몇몇 정신병 연구에 매달린 뒤 『정신장애에 대한 정신의학적 치료의 적용에 대한 논집』이라는 독창적인 저술을 발표했다.[31] 이 글은 아마 프로이트 이전 시대에 독일 정신의학에 가장 깊은 영향을 미쳤을 것이다. 라일의 견해로는 정신병이 "자아의 분열이나 불완전한 혹은 잘못 형성된 인격에서, 일관된 비아非我의 세계를 구축하지 못하는 자아의 무능력"에서 발생한다. "이 모든 증상은 정신의 근본적인 창조활동 과정에서 자의식이 기능하지 않아 비롯된" 것이다. 라일의 사고 체계에서 두드러진 요소는 문명의 어두운 측면을 주목한 시각이다. 라일은 자의식이 "정신적으로 조화되지 않는 특질이 있는 사람을 통일성 있는 인간형으로 만들어준다"고 주장했다. 이런 인식은 분명 아주 현대적인 것이었다.[32]

라일은 진화론에 대한 관점도 드러냈다. 그는 새로운 종種은 끊임없이 발생하며 좀더 발전된 형태는 덜 진화된 종이 깨어나면서 비로소 진화한다고 믿었다. 그리고 이런 과정의 배후에 있는 힘은 태아의 발달을 이끄는 힘과 똑같은 것이라고 주장했다(킬마이어가 그랬듯이). 라일은, 좀더 완벽하게 진화한 개체는 시간이 지나면서 나타날 것이고, 좀더 완벽하게 종의 잠재력을 드러낼 것이라고 믿었다. 이런 생각은 종이 단순히 과거에서부터 미리 결정된 미래를 향해 나아간다는 말이 아니었다. 그 대신 종은 "절대적인 유기체로의 이상 실현"에 점점 더 가까이 다가가며 발전한다는 것이었다.[33] 이것이 바로 생물학적 관념론의 형태였다.

괴테의 근원 현상

괴테는 언제나 과학에 깊은 관심을 보였다. 이것은 1770년 스트라스부르 대학에서 입학 허가를 받았을 때 그가 신청한 교양 과정에 정치학과 역사 외에 해부학, 외과 의술, 화학이 포함된 사실을 봐도 분명하다.[34] 이런 관심이 본격적으로 무르익은 것은 1786~1788년으로 예상보다 길어진 이탈리아 여행을 마치고 돌아온 뒤였다. 이후 20여 년 동안 괴테는 상당한 시간을 과학사 연구에 몰두했으며 최고의 문학작품을 창작하는 기간에도 식물형태론과 색채론이라는 두 과학 분야에 관심을 쏟았다. 괴테가 1832년 3월 22일에 사망했을 때, 그는 서한과 다른 저작물, 5000권의 장서 외에도 과학도구자료관, 식물군과 동물군을 보관하는 작은 진열실, 베르너가 부러워할 정도로 많은 (5만 종에 이르렀다) 광물 표본을 남겼다. 괴테의 과학 저술에 대한 레오폴디나 판版이 발행되기 시작한 것은 1947년부터다.[35]

괴테는 특히 지질학, 해부학, 식물학, 광학光學, 실험의 본질 등 다섯 영역에 기여했다. 카를 핑크는 괴테의 과학적 식견이 매우 현대적이었다고 강조한다. 괴테는 과학적 '사실'이 종종 오해를 빚는 '저 너머에 있는' 현상이라는 생각 못지않게 과학자 자신에게서 비롯된 해석이라는 점을 파악했다고 한다. 그는 결코 다른 사람들처럼 실험에 사로잡히는 일이 없었다. 그는 실험을 '증명'보다는 과학이 스스로 '드러내는' 방식으로 보았다. 괴테가 과학 연구를 했던 때는 회의론과 진화론 사이의 시기였다. 괴테는 자연의 본래 모습은 대상의 '경계 지대'에서, 즉 자연 스스로 변화를 드러내는 지점에서 우리가 가장 잘 엿볼 수 있다고 생각했다. 그는 근원현상

Urphänomene, 즉 자연 속에는 이후의 다른 형태를 형성하는 태초의 형태가 존재한다고 생각했던 것으로도 유명하다. 예를 들어 화강암은 괴테가 볼 때 암석의 원형이며 "모든 지질학적 형성의 토대"였다. 그는 현무암(지금은 화산의 용암이 식어서 굳어진 암석으로 알려진)은 화강암이 '변형된' 형태이며, 이런 식으로 볼 때 고래는 어류와 포유류 사이에서 변이된 동물이고, 산호는 동물과 식물 형태 사이에서 변이된 종이라고 생각했다.[36]

결정화結晶化한 화강암은 "최초로 발생한 자연의 개체화"였으며, 원소Urstoff에서 벗어나는 첫걸음이었다. '2등급'의 변이는 산호와 양치류兩齒類처럼 아주 단순한 유기체를 만들었다는 것이 괴테의 견해였다. 카를 핑크가 말한 대로 이것이 자연에 적용된 '생성'이다.

괴테가 위턱뼈 사이의 뼈에 몰두한 것은, 이 뼈가 두개골을 기준으로 어느 한 종種에서 다른 종으로 변이해가는 과정을 드러내줄지도 모른다고 생각했기 때문이다. 괴테는 안면골이 동물학적 유형의 뚜렷한 특징임을 암시하는 칼 린네의 이론에 정통했다. 괴테는 또 위턱뼈 사이의 뼈가, 앞니 네 개를 포함해 위턱뼈의 주축을 이루는 두 개의 뼈 사이에서 형성되었다고 주장했다. 그는 이 뼈를 집짐승이나 해마, 사자, 황소, 유인원 같은 야생동물에게서 스스로 만족할 정도로 확인했다. 그런데 여기서 주목할 것은 이 뼈를 유인원과 인간을 구분하는 두드러진 특징으로 여겼다는 점이다. 즉 "얼굴 구조에서 유인원에게는 거의 쓸모가 없지만 인간에게는 중요한" 뼈로 보았던 것이다. 당시에는 이런 발상이 오늘날 우리가 생각하는 것 이상으로 급진적인 것이었다. 이 이해 방식은 인간을 동물의 연속선상에서 본 것이기에 다윈 이전 시기에 성서의 교리와 갈등을 빚었다.[37] 괴테는 어류와 양서류, 조류, 포유류가 모두 분명히 하나의 '원형Urbild'에서 갈라져 나왔다고 믿었다. 그는 또 인간 자신의 변종을 만들어낸 일련의 "연속적인 변화"가 있었음을 확신했으며 유기체와 비유기체 사이에는 두 가지 결정적인 차이가 있다고 생각했다. 유기체는 '목적'을 지닌 데 비해 비유기체는 '냉담'하다. 또 유기체는 '경계'가 있고 식물이든 동물이든 개체의 조합으로 이뤄진다고 생각했다. 여기서도 괴테가 다윈 이전에 성서에서 벗어나 세계를 이해하려 했음을 엿볼 수 있다.

광학과 색채론에 대한 연구에서 괴테는 다른 측면의 경계, 다시 말해 어둠과 빛이 만나는 합류점을 예측했다.[38] 이 연구에서 괴테는 색깔의 세 형태가 존재한다고 생각했다. 첫째는 눈의 생리적인 작용에서 일어나는 것이고, 둘째는 눈 밖에서 일어나는 것이며(광학적 수단으로 관찰할 수 있는), 셋째는 관찰된 물질 내부에 존재하는 색이었다. 이뿐만 아니라 색의 형태는 모두—생리적이든 물리적이든 화학적이든—괴테가 볼 때 원형에서, 빛과 어둠의 극단에서 파생한 것이다. 그런데 이 극단은 자력磁力의 당김과 밀어냄, 또 전기의 양전하陽電荷와 음전하陰電荷, 심지어 음악의 장조와 단조와 같은 것이었다. 이런 생각이 다듬어지지 않은 유추로서 낭만주의 과학의 완벽한 사례로 세상에 발표되었을 때는 이미 시대에 뒤진 것이 돼버렸다.[39]

끝으로 괴테가 생각한 과학적 방법론으로 실험에 대한 접근 방식이 있다. 괴테는 "자연은 체계가 없고 미지의 중심에서 발생하며" 또 "인지할 수 없는 경계"를 향해 진화한다는 근본 발상을 받아들였다. 그러므로 정신이 생각하는 추상성은 잘못된 생각으로 이끌릴 수 있다는 것이다. "우리는 추상으로 자연을 강요할 수 없다. 우리가 할 수 있는 것은 그저 자연의 비밀을 엿듣는 것뿐이다."[40]

괴테는 언어가 (단 한 차례도) 자연을 정확하게 묘사할 수 없으며 언어로 연결하는 과정에서 오히려 부자연스러운 방법 때문에 자연을 '동결'시킬지도 모른다고 생각했다. "우리가 쓰는 말은 대상(물체)뿐 아니라 우리 자신도 완벽하게 표현하지 못한다." 괴테가 볼 때 시적인 언어가 언어와 자연을 이어주는 가장 가까운 연결고리라면, 실험은 자연을 드러내는 방식으로 "많든 적든 언어보다 생동감을 지니는" 형태였다.[41] 괴테는 "근대 과학자의 특징은 자신과 언어 그리고 연구 대상 사이를 구분하는 충분한 성찰 능력을 소유한 데 있다. (…) 과학자는 자신이 지각한 것을 개념으로 바꾸고, 이 개념을 말로 바꿔 이 말이 마치 대상 자체인 것처럼 다루는 일을 삼가야 한다"고 덧붙였다.[42] 이런 생각은 칸트에게서 유래한 것이 분명하며, 동시에 매우 현대적인 것이었다.

어떤 의미에서 이런 괴테의 인식은 그의 가장 큰 업적으로 볼 수 있다. 즉 "진정으로 자연을 연결하는" 접점으로서 경계의 경험을 강조하며, 자연 속에서 연속적인 상관관계를 모색한 괴테의 노력은 변화와 발전이라는 원리를 드러내는 노력과 아주 흡사하다. 이는 또 "상상력과 관찰, 사고를 언어 행위로" 결합할 수 있는 시인이자 과학자로서의 개인이 왜 필요한가에 대한 이유이기도 하다.

제9장

브란덴부르크 문, 철십자 훈장, 독일의 라파엘로들

이 장에서는 20세기와 21세기에 와서 거의 관심 밖으로 밀려났지만, 당대에는 대단한 유행을 이끌었던 많은 예술가의 진기한 현상을 살펴보려 한다. 사실 이들은 당시 가장 유명한 화가와 조각가, 건축가들이었다. 아마 안톤 라파엘 멩스(1728~1779)만큼 이러한 평가의 부침浮沈이 극명히 드러난 사람도 없을 것이다.[1]

최초로 선보인 멩스의 전기傳記는 조반니 로도비코 비안코니가 쓴 『기사騎士로 불린 안톤 라파엘 멩스에 대한 역사적 찬사』(1780)였다. 여기서 멩스는 "당대에 가장 주목받은 화가이며, 수준과 중요성에서 전체 미술사에서 라파엘로와 아펠레스*에 비견되는" 인물로 그려진다.[2] 멩스에 대한 최대 찬사는 자신의 저서 『고대 예술사』를 멩스에게 헌정한 빙켈만으로부터 나왔다. 이 책에서 빙켈만은 멩스를 가리켜 "자신의 예술로 고대의 미와 완벽성

*기원전 4세기 후반에 활약한 그리스의 화가.

에 가장 가까이 다가간 단 한 명의 근대 화가"라고 말했다. 로마에 있는 멩스의 화실은 만남의 장소이자 성소 같은 곳이었다. "모든 미술 전문가와 고대 미술에 심취한 젊은 예술가들"이 자연스럽게 이곳으로 몰려들었다.

드레스덴의 궁정 화가였던 멩스의 아버지 이스마엘은 아들의 이름을 코레조(1494~1534)*와 라파엘로(1483~1520)를 따라 지었다. 아버지는 아들이 여섯 살이 되자 간단한 직선을 그리게 한 뒤 이어서 원과 '순수 기하학적 도형'을 그리도록 했다. 어린 멩스가 본격적으로 미술 훈련을 받기 시작한 것이다.[3] 1741년에 열세 살이 된 멩스는 아버지의 가르침에 따라 로마로 가서 미켈란젤로의 조각작품을 "완벽히 익힌" 다음 라파엘로에 몰두했다(멩스는 매일 일과가 끝나면 그날 무엇을 익혔는지 아버지에게 보고해야 했다). 로마에서 3년을 보낸 멩스 가족은 드레스덴으로 돌아왔다. 드레스덴 사람들은 멩스를 보고 신동이 났다고 떠들어댔다(이때 멩스는 열다섯 살이었다). 1745년 불과 열여섯의 나이에 궁정 화가가 된 멩스는 그의 작품 17점을 손에 넣은 프리드리히 아우구스트 2세(재위 1740~1786)에게 호평을 받았다. 오늘날 독일에서 멩스의 작품을 감상할 수 있는 곳은 드레스덴뿐이다.

아들이 나이에 비해 빠른 성공을 거두었음에도 불구하고 이스마엘은 단순한 초상화는 역사적인 그림보다 가치가 떨어진다고 판단했다. 그래서 아들의 천재성을 살리기 위해 다시 이탈리아 여행에 나서기로 결심했다. 멩스는 이번 여행에서—드레스덴 궁정의 허가를 받아—베네치아에 들러 티치아노(1488?~1576)를 연구했고 볼로냐에서는 카라치(1560~1609)를, 파르마에서는 코레조를 연구했다. 두 번째 로마 체류를 마치고 드레스덴으로 돌아온 멩스는 궁정 화가에서 프리드리히 아우구스트 2세의 수석화가로 승진했다. 이런 고속 승진은 멩스를 기쁘게 했다기보다 오히려 그의 야

---

*본명이 안토니오 알레그리Antonio Allegri다. 멩스의 이름 중 안톤은 여기서 따온 것이다.

심을 자극하는 계기가 된 듯하다. 1752년에 멩스는 세 번째 로마행을 위해 길을 떠났다. 이후 로마에 9년 동안 머물렀는데 다시는 드레스덴이나 왕실 후원자를 만나지 못했다.

로마의 명성은 부분적으로 빙켈만이 원인을 제공했지만 그것이 전부는 아니었다. 로마에는 장래가 촉망되는 젊은 화가, 조각가, 건축가를 받아들여 훈련시킬 목적으로 아주 오래전인 1666년에 프랑스 아카데미가 설립되었기 때문이다. 예술가들은 보통 몇 년씩 티베르* 강변에 머물다가 프랑스로 되돌아가고는 했다(통상 평균 6년이었지만 20년 가까이 머문 화가도 있었다).

멩스가 친교를 맺은 명사 가운데는 빙켈만을 설득해 가톨릭으로 개종시킨 알베리코 아르친토 대주교(1698~1758, 1756년에 추기경이 되었다)와 교황 클레멘트 11세의 조카인 알레산드로 알바니가 있었다. 이들 덕분에 멩스는 로마에서 최초의 중요한 임무로 1757년 성 에우세비오 성당의 천장화를 맡았다.[4] 15세기에 세워진 이 교회는 로마에서 역사가 오래된 건물 중 하나였다. 멩스의 그림이 공개되자 많은 사람이 "마술적인 창작"이라며 찬사를 보냈다.[5]

멩스와 빙켈만은 로마에서 자연스럽게 친구가 되었다. 서로 붙어다니며 그리스 예술의 미적 가치에 대해 공동 논문을 계획할 정도였다. 사실 그의 그림만큼이나 미술 양식에서 큰 비중을 차지했던 멩스는 점점 고대 예술에 빠져들었다. 1758~1759년에 나폴리를 방문한 뒤 멩스는 에트루리아 꽃병을 수집하기 시작했다. 훗날 이것들을 바티칸 도서관에 기증할 즈음에는 300점으로 늘어나 있었다. 멩스는 또 고대의 유명한 조각상을 본떠 만든 석고상을 수집하기도 했다. "에스파냐 대중의 미적 감각이 애석할 만큼 뒤떨어져 있다고 본" 멩스는 그들의 미적 수준을 높여줄 생각으로 이 석고

---

*현재 명칭은 테베레다.

수집품들을 에스파냐 국왕에게 기증했다. 다시 모았던 두 번째 수집품은 멩스가 세상을 떠난 뒤 드레스덴 궁정으로 들어가 "18세기의 마지막 25년 동안 드레스덴과 마이센의 자기 생산에 영향을 주었다."[6]

고대 역사를 주제로 멩스가 그린 첫 작품은 남아 있지 않다(그의 많은 작품이 망실되었다). 고대 역사를 주제로 한 초기 그림 가운데 유일하게 남아 있는 것은 「파리스의 심판」이다. 오비디우스(기원전 43~기원후 17)의 묘사나 현존하는 라파엘로의 그림에서 보듯 파리스Paris*가 앉은 채로 벌거벗은 세 명의 여신을 바라보는 장면이다. 신고전주의로 발전한 멩스의 면모는 현재 마드리드에 있는 작은 원형화**인 「감옥에 갇힌 요셉」에서 좀더 분명히 드러난다. 이 작품에서 보여주는 평평한 돌과 모난 돌을 다듬는 석공술은 자크 다비드(1748~1825)의 등장을 예견케 한다.[7] 멩스는 당시에 니콜라 푸생(1594~1665)***의 그림도 접했을 것이다.

이런 작품들은 멩스가 후원자들을 위해 그랜드투어를 하는 예술가라는 인식을 심어준 것이 사실이다. 하지만 스스로 고전주의의 진정한 대표로 입지를 굳히기 위해서는 좀더 규모가 큰 프로젝트를 맡아야만 했다. 그런 기회는 미술사가인 토마스 펠첼이 멩스 생애에서 최대의 프로젝트라고 일컬은 알바니 별장(저택)의 장식을 맡으면서 찾아왔다. 포르타 살라리아 부근에 있는 알바니 추기경의 거대한 새 별장은 굉장히 중요한 건축물이어서 로마를 어느 정도 아는 관광객들은 반드시 이곳을 찾는다.[8] 멩스는 이 별장의 천장을 꾸미는 데만 꼬박 9개월이 걸렸다. 천장 한가운데에 「파르나소스」를 그렸는데 월계관을 쓴 아폴로가 월계수 나뭇가지로 칠현금을 타고 있다. 그 주위로는 아홉 명의 뮤즈와 뮤즈의 어머니인 므네모시네가 보인다. 므네모시네는 예술의 후원자와 보호자로서 알바니 추기경을 상징한

---

*그리스 신화에 나오는 트로이의 영웅.

**이탈리아 르네상스 시대에 발달한 원형圓形 회화.

***17세기 프랑스의 최대 화가이며 프랑스 근대 회화의 시조.

다. 뮤즈의 얼굴은 로마의 매혹적인 여성 중에 알바니가 선호하는 형으로 알려져 있다. 실제보다 더 아름답게 꾸민 광경이 바탕이 되어 알바니 별장은 신고전주의 세계의 중심으로 자리잡았다.[9]

펠첼은 멩스가 이 그림으로 인해 자신이 라파엘로보다 뛰어나다는 확신을 품었다고 말한다. 멩스는 라파엘로에게 "고대 그리스인들이 지닌 진정한 미에 대한 지식"이 없었다고 믿었다.[10] 이에 비해 그 자신은 헤르쿨라네움*을 새로 발견한 이점을 안고 있다고 생각했다. 따라서 알바니의 천장화 작업에서 멩스가 의도한 목표는 라파엘로를 뛰어넘어 "그리스 미술에 대한 자신의 우월한 지식을 빛내는" 것이었다. 1761년에 천장화의 제막식이 열렸을 때 빙켈만은 "라파엘로의 작품 중에 이것에 견줄 만한 것은 찾을 수 없다"고 말할 정도였다. 빙켈만이 멩스를 "독일의 라파엘로"라 부른 것도 이 천장화 때문이었다.[11]

멩스의 명성은 널리 퍼져나갔다. 1772년에는 교황인 클레멘트 14세에게서 중요한 작품을 의뢰받았고 뒤이어 성 루카 아카데미의 원장으로 선출되었다.[12] 멩스는 역사의 비유Allegory of History가 되는 소재를 선별했다. 멩스는 생애 마지막 순간까지 고대 미술에 관심을 쏟았으며 투병 와중에조차 붓을 놓지 않았다. 이어서 자신의 경력 중 최대의 영예를 안겨줄 성 베드로 성당의 대형 제단화를 맡았다. 그런데 (그리스도가 베드로에게) "천국의 열쇠를 주는" 이 그림은 밑그림에서 더 이상 진척을 보지 못했다. 1779년 6월에 멩스가 세상을 떠났기 때문이다.

빙켈만은 멩스를 "고대의 기호에 좀더 명확하게 접근한" 근대 화가로 평가했다. 이런 관점에는 신고전주의 운동을 연구한 후대의 전문가들도 생각을 같이했다. 빙켈만이 쓴 편지에는 로마에 있는 멩스가 연회장을 찾는

---

*서기 79년에 베수비오 화산이 분화했을 때 폼페이와 함께 파괴된 고대 도시. 1709년에 우물을 파다가 우연히 발견한 벽이 헤르쿨라네움 극장 무대의 일부라는 사실이 확인되었으며, 정식 발굴 작업은 1738년에 나폴리 왕의 후원으로 시작되었다.

묘사가 많이 나온다. 멩스의 몇몇 제자는 독일 전역의 미술아카데미에서 일했다. 이들 중 한 사람이었던 하인리히 빌헬름 티슈바인은 멩스를 가리켜 "뒤러 이래 가장 큰 업적을 남긴 독일 화가"라고 묘사했다.[13] 전하는 말에 따르면 이 당시 로마를 거쳐간 독일 예술가가 500명이나 되었다고 한다.

하지만 멩스의 영향력은 그의 조국이 아닌 프랑스에서 신고전주의의 출현으로 이어졌다. 프랑스 역사가인 장 로캥에 따르면, 18세기 후반 로마에서 자신의 길을 찾은 고전주의나 고고학 성향을 띤 프랑스인치고 "시대의 열망을 완벽하게 충족한 이 대가의 입"에서 영감을 얻지 않은 사람은 없었을 것이라고 한다.[14] 조제프마리 비엥, 장바티스트 그뢰즈, 특히 자크 다비드가 멩스와 빙켈만이 발산하는 전반적인 미적 기준으로부터 영향을 받았다. 물론 다비드에게 영향을 미친 사람은 멩스만이 아니며 18세기 중반에 일반적이었던 푸생 복고 현상도 감안해야 한다. 하지만 "멩스의 명성이 절정에 올랐을 때 자크 다비드가 로마에 있었고, 또 다비드가 '기사 멩스의 미술관'에서 미술 수업에 참가했다"는 사실을 눈여겨봐야 할 것이다.[15]

'신고전주의'라는 말은 1880년대까지는 쓰이지 않았는데 이 무렵에는 이런 미술 양식이 이미 인기가 없었다.[16] 하지만 18세기 후반에는 신고전주의적인 것을 회화의 '진정한' 또는 '올바른' 형식으로 여겨 '리소르지멘토 Risorgimento'*로 보았다. 신고전주의의 목적은 제1의 원칙, 즉 고대로 돌아가는 것이었다. 그러려면 로마를 방문해야 하고 라파엘로와 푸생을 연구해야 했으며, 빙켈만과 고대 그리스 및 로마의 고전을 읽어야 했다. 모든 예술에 공통으로 적용되는 고전주의가 존재한다는 생각은 있었지만 이를 실천하기 위한 정확한 프로그램은 없었다. 이런 이유로 다양한 화가, 이를테면 장앙투안 우동, 위베르 로베르, 그뢰즈, 조지 스텁스, 조슈아 레이놀즈, 프란시스코 고야가 똑같은 원천에서 영감을 얻었으며 어떻게 자연이 "순수

*이탈리아 통일운동.

해지고 고상해지는지" 알고자 훈련에 참가했다.[17] 빙켈만이 말한 대로 선線이 색色에 우선했으며 절제가 열정보다 높게 평가되었다. 1780년에서 1795년 사이에 신고전주의 최대의 걸작들이 연거푸 창작되었고, "냉혹한 스타"인 자크 다비드의 작품에서 정점을 찍었다.

그러므로 '신고전주의'는 회화의 진실성만큼이나 건축의 진실성에 대한 것이었다. 즉 양식이 통일되는 이 짧은 순간에 대한 관심이라고 할 수 있다. 벤트 폰 칼나인이 말한 대로 "한 세기 최고의 건축물에 대해서는 로마에서 코펜하겐까지, 파리에서 상트페테르부르크까지 하나의 이름으로 통했다."[18] 현관 기둥과 포르티코(주랑 현관)는 은행과 극장, 교회, 시청을 가리지 않고 어디서나 공공건물의 주요한 특징이 되었다.

베를린 스카이라인의 창조

독일의 신고전주의는 멩스와 빙켈만이 주된 역할을 했음에도 뒤늦게 출발했다. 독일에서는 프랑스와 영국에 비해 한 세대나 늦게 등장했으며 1800년부터 전성기를 구가했다.[19] 이즈음 베를린과 뮌헨이 앞서가는 가운데 카를스루에, 하노버, 브라운슈바이크, 바이마르 등 어디서나 신고전주의 건물이 위용을 뽐냈다. 1786년에 프리드리히 대왕의 뒤를 이은 프리드리히 빌헬름 2세(재위 1786~1797)는 건축가인 프리드리히 에르트만스도르프(1736~1800), 카를 고트하르트 랑한스(1732~1808), 다비트 길리(1748~1808), 요한 고트프리트 샤도(1764~1850)를 베를린으로 불러들였다. 이때부터 신고전주의 건물이 프로이센의 수도를 지배하기 시작한 것이다.

고트하르트 랑한스는 브란덴부르크 문(1789~1893)으로 길을 열었다. 랑한스는 그리스 건축에 대한 식견이 높아 수석 궁정 건축사가 되었지만, 그의 지식은 경험에서 터득한 것이 아니라 책을 보고 학습한 것이었다. 이 때문에 브란덴부르크 문의 많은 특징이 그리스 양식과 다른 형태를 보인다. 그럼에도 브란덴부르크 문은 아테네 아크로폴리스의 프로필레움Propylaeum*을 모범으로 삼은 새로운 양식으로 널리 이해되었다. 이 문은 이후 몇 년 동안 훼손되는 위기를 겪었는데, 특히 나폴레옹이 1806년에 샤도의 평화의 여신 조각상**을 파리로 가져갔을 때 극에 달했다(이 조각상은 훗날 되찾아왔다).

랑한스의 뒤를 이은 인물은 길리 부자父子였다. 포모제 출신인 다비트 길리(아버지)는 베를린의 공공건물 감독으로 임명되었으며, 1793년 베를린에 건축학교를 설립했다. 이 학교는 훗날 건축아카데미로 바뀌었다. 하인리히 겐츠(1766~1811), 카를 프리드리히 싱켈(1781~1841), 레오 폰 클렌체(1784~1864)와 같은 젊은 건축가를 양성한 곳도 바로 이 아카데미였다.[20]

전기前期 독일 고전주의 최고의 천재는 다비트 길리의 아들인 프리드리히 길리(1772~1800)였다. 1800년, 안타깝게도 스물여덟 살이라는 젊은 나이에 세상을 떠난 프리드리히 길리는 1796년 베를린의 라이프치히 광장에 세우기로 한 프리드리히 대왕 기념비 공모전에 디자인을 제출했다. 이 디자인은 그가 그 누구보다도 그리스적인 이상에 접근했음을 보여주었다.[21] 도리스식 콜로네이드colonnade(주랑)가 딸린 개선문 형태로, 높은 기단 위에 홀로 세워진 도리스식 신전이 눈길을 끄는데, 이는 브란덴부르크 문과는 대조를 이루지만 그럼에도 독일 신고전주의의 "기준을 제시한" 것으로 평가받는다.

길리는 카를 프리드리히 싱켈에게 강력한 영향을 끼쳐 "싱켈 덕분에 프로이센 고전주의가 전 유럽에서 중요한 위치를 차지하게 되었다."[22] 아돌프

*아크로폴리스의 입구.

**브란덴부르크 문 위에 샤도가 설치한 청동작품으로 에이레네 여신이 네 마리의 말을 모는 조각상이다.

로스(1870~1933)가 묘사한 대로 "최후의 대건축가"였던 싱켈은 건축가를 떠받드는 거의 모든 곳에서 존중받았다. 싱켈은 당시 저명 인사인 클레멘스 브렌타노, 피히테, 훔볼트 형제, 프리드리히 카를 폰 사비니, 그리고 미술사가인 구스타프 프리드리히 바겐 같은 명사들과 개인적인 교분을 나누었다. 또한 그는 필립 존슨, 제임스 스털링, 이오 밍 페이 같은 현대 건축가들로부터도 대단한 존경을 받고 있다.

부친과 조부, 증조부가 모두 루터파 목사였던 싱켈은 1781년 베를린에서 서북쪽으로 32킬로미터 떨어져 있고 유명한 김나지움이 있는 노이루핀에서 태어났다. 싱켈이 여섯 살이 되었을 때 그의 아버지는 마을 전체를 폐허로 만든 화재로 세상을 떠났다. 1794년에 홀몸이 된 어머니는 남은 가족을 이끌고 베를린으로 옮겨갔다. 열여섯 살이 된 싱켈은 젊은 프리드리히 길리의 디자인 전시회를 보고 매혹되어 건축가가 되기로 결심했다. 그는 1798년 3월 프리드리히의 아버지인 다비트 길리 밑에서 공부를 시작했다. 이때 프리드리히 길리는 외국에 나가고 없었다. 프리드리히가 여행에서 돌아오자 두 사람은 눈에 띄게 가까워졌다. 1799년까지 싱켈은 길리 가족과 함께 살았다. 이 해에 독립한 '건축아카데미'는 하인리히 겐츠가 세운 새 조폐국 건물 2층에서 공식적으로 개교했다. 싱켈은 95명의 학생 중 한 명이 되었다. 교수진에는 카를 고트하르트 랑한스도 있었다.[23]

1794년에 싱켈이 처음 베를린에 왔을 때만 해도 도시 인구는 15만6000명이었다. 이는 그가 사망한 해인 1841년의 33만2000명과 대비를 이룬다. 습지에 세워진 베를린은 제방과 운하, 무너질 듯한 목교木橋가 종횡으로 교차하여 신흥 국가의 세련된 수도로서의 면모는 도무지 찾아볼 수 없었다. 그런 가운데 슈프레 강의 섬에 자리잡은 고성古城과 같이 베를린 최초의 대건축가인 안드레아스 슐뤼터(1659~1714)가 복구한 기념비적인 건물도 몇 있었다. 도시 북쪽에는 기쁨의 정원이라는 뜻인 루스트가르텐이 있었다. 이곳에는 요한 보우만이 건축한 루터교 대성당(1747~1750)이 자리잡고 있다. 이밖에 도서관과 팔라디오 양식의 오페라극장도 있지만, 프리드리히 대왕이 워낙 포츠담을 좋아했던 까닭에 그 이상 눈에 띄는 것은 없었다. 19세기에 들어섰을 때 베를린의 두드러진 두 근대 건축물은 브란덴부르크 문과 새로 세워진 조폐국이었다.[24]

나폴레옹 전쟁이 몰고 온 불확실성으로 인해 싱켈은 활동 초기에 무대 디자이너와 낭만적 풍경화를 그리는 일로 시간을 보냈다. 그러다가 1809년에 싱켈이 완성한 전경화全景畫가 왕실과 가까운 사람들로부터 주목을 받았다. 이것을 기회로 싱켈은 샤를로텐부르크 성에 있는 루이제 왕후의 침실을 새로 단장하는 임무를 맡았다. 같은 해에 왕후가 죽자 싱켈은 왕후의 영묘靈廟 설계 디자인을 제출했다. 이 일은 결국 겐츠에게 돌아갔지만, 싱켈은 베를린에서 가장 중요한 기념 건축물의 설계를 맡는 행운을 누렸다. 즉 템펠호퍼 베르크(훗날 크로이츠베르크로 불린)에 세울 기념관으로 싱켈이 구상한 것은 고딕식 십자 장식이 들어간 건물이었다. 이 전쟁기념관 건축에는 주철을 사용했는데, 당시로서는 첫 시도였다. 싱켈은 1813년 (프로이센의) 해방전쟁 초기에 프리드리히 빌헬름 3세와 철십자 훈장의 디자인에 골몰했는데, 이즈음 철은 모든 사람의 마음을 사로잡은 재료였다. 이후 철십자 훈장은 프로이센에서 가장 명예로운 군사 훈장이 되었다. 이때 철을 쓴 것은 산업의 발전을 반영하고자 함도 있었지만(베를린에는 수준 높은 주물 공장이 많았다) 그보다는 값비싼 재료로 만든 훈장을 대신해 철십자가 조국을 위해 희생당한 자에 대한 상징이었기 때문이다. 국왕은 전쟁 기금을 마련하기 위해 부유층에게 보석 기부를 호소했다. 이때 이들은 철로 된 장신구를 영수증으로 받았다. 왕관과 십자 장식이 들어간 이 장신구에는 '1813년, 철을 받고 금을 기부함'이라는 글자가 새겨졌다. 1813년에서 1815년 사이에 1만1000개 이상의 철 장신구가 제작되었는데 이 가운데 5000개는 철십자 훈장이었던 것으로 추산된다.[25]

크로이츠베르크의 기념관이 완성될 무렵(1821), 나폴레옹 전쟁은 이미 오래전에 끝났고 프로이센은 다시 번영의 길에 접어들고 있었다. 베를린 안팎의 복구 작업에 혼신의 힘을 다한 싱켈은 광범위한 건축 프로젝트를 위해 그 어느 때보다 중요한 직책을 맡았다.[26]

비록 싱켈이 아주 세련된 신고전주의 건축가의 한 사람이기는 했지만—가장 세련된 건축가는 아니라고 해도—고대 그리스 유적에만 관심을 둔 것은 아니었다. 생애 처음으로 이탈리아를 방문했던 1803년부터 1805년까지 싱켈은 이탈리아의 중세 건축에도 관심을 쏟았다.[27] 싱켈의 천재성은 다양한 양식으로 자신을 드러낼 만큼 깊었다. 그가 맡은 일에는 왕실 경호대의 위병소(1816)와 왕립극장(1819~1821, 이전 극장은 화재로 사라졌다), 고대유물박물관(1824~1828)도 있었다. 싱켈은 이들 걸작품 하나하나에 굉장히 자유롭게 고전주의를 활용했을 뿐 아니라 고전주의 원칙을 바탕으로 새로운 양식의 토대를 세웠다. 예를 들어 고대유물박물관의 이오니아식 주랑 뒤로—"신고전주의의 양식을 보여주는 건축물 중 가장 뛰어나며, 대영박물관이나 샬그랭(1739~1811)이 설계한 파리의 증권거래소보다 훨씬 탁월한"—드러난 선은 단순하지만 합리적이다. 건물 전면前面과 주 건물은 서로를 완벽하게 보완하는 작용을 한다. 발전된 후기 양식에서 싱켈은 그리스에서 이탈리아 르네상스와 영국의 기업 건물로 관심을 돌렸다. 말하자면 과거에서 물려받은 양식에 갇혀 있기에는 그의 천재성이 과도하게 빛났던 것이다.

1824년에 싱켈은 다시 한번 이탈리아를 찾았다. 이번에는 미술사가인 구스타프 바겐과 동행했는데, 로마의 전시회를 둘러보려는 목적에서였다. 2년 뒤 싱켈은 영국으로 가서 새로 지은 대영박물관을 살펴보았다. 런던에서 싱켈은 작품이 전시된 건물보다 미술작품 그 자체로부터 더 깊은 인상을 받았다. 또한 순수하고 단순한 영국의 건축물보다 이점바드 킹덤 브루넬(1806~1859)과 토머스 텔퍼드(1757~1834)가 보여준 건축 공법—터널과 다리(여기서도 강철을 사용했다)—에 관심이 많았다. 당시는 교회 건축이 미술관과 극장에 자리를 내주던 시기였으며, 심지어 공장 건물이 건축의 초점이 되기도 하던 때였다.[28] 여행에서 돌아온 싱켈은 자신이 설계한 많은 건축물에 강철 계단을 도입했다.[29]

생애 후반에 접어들어 싱켈은 건축의 공리功利적 용도를 줄이는 "한 차원 높은 건축"을 구상했지만 이를 실현시키지는 못했다. 이는 칸트에 가까운 건축의 이상이라고 불러도 좋을 만한 것이었다. 1841년에 세상을 떠난 그는 점점 관심 밖으로 밀려났지만, 한 세기쯤 지나 로스와 페터 베렌스, 그리고 젊은 루트비히 미스 반데어로에 세대에 와서 재발견되었다.[30]

베를린을 비롯해 독일 내 뮌헨과 같은 다른 도시들에서도 그리스 건축에 대한 엄청난 열풍이 몰아쳤다. 이런 가운데 1835년에 그리스로 간 레오 폰 클렌체는 아클로폴리스 및 다른 유적의 보호를 위해 통과시킨 법의 정신을 계승했다. 그뿐만 아니라 루트비히 1세의 아들이자 1832년에 (튀르크로부터 독립한) 그리스 국왕이 된 오토 1세를 위해 궁전 건축의 설계를 맡기도 했다. 여기서 활동한 신고전주의 예술가들이 마침내 다시 독일로 돌아왔다.[31]

최초의 미술 분파

낭만주의의 세계는 작은 세계였다. 그리고 예술에 관한 한 똑같은 시각이 신고전주의 세계나 심지어 프로이센(독일) 자체에 대해서도 적용될 수 있을 것이다. 서로를 잘 아는 유명 인사들은 대부분 상대의 그림을 그리거나 조각을 해주고 번역을 해주었다. 게오르크 프리드리히 케르스팅, 멩스, 티슈바인은 괴테의 초상화를 그렸다. 하인리히 켈러와 마르틴 클라우어, 트라우고트 마요르는 괴테의 조각상을 남겼다. 요제프 안톤 코흐와 고틀리프 시크는 훔볼트의 초상화를 그렸으며, 클라우어, 크리스티안 라우흐, 크리스티안 프리드리히 티크는 훔볼트의 조각상을 남겼다. 헨리 푸젤리(요한 하인리히 퓌슬리)는 빙켈만의 작품을 번역하고 보드머의 초상화를 그렸으며, 요제프 코흐는 아우구스트 빌헬름 슐레겔의 초상화를, 멩스는 빙켈만의 초상화를 그렸다. 샤도는 클롭슈토크와 길리의 초상을 조각했다. 티크는 레싱을 조각했고 카를 비크만은 헤겔을 조각했으며, 알베르트 볼프는 프리드리히 샤도(고트프리트 샤도의 아들)의 조각상을 남겼다. 이 모든 것은 이탈리아 르네상스가 그러했듯 천재 시대 자체를 의식하는 세계였다.[32]

멩스와 빙켈만 이후 로마에서 가장 주목받은 독일 예술가는 성 루카 형제단, 뒤러파, 나자레파 등의 다양한 이름으로 불린 일단의 화가들이었다. 이들은 당초 빈 아카데미에서 동호회 성격의 소수 집단으로 출발했다. 빈 아카데미의 교장은 멩스의 제자인 프리드리히 하인리히 퓌거였다. 퓌거는 훌륭한 교장이었지만—자크 다비드도 숭배할 정도로—요한 프리드리히 오버베크, 프란츠 포르, 요한 다비트 파사반트는 빈 아카데미의 노선에 염증을 냈다. 이들의 공통된 특징은, 종교적인 분위기를 제대로 반영하지 못하는 빈 아카데미의 타성과 아카데미 자체에 대한 거부감이었다. 그리고 코레조와 티치아노, 선풍적인 인기를 끌었던 볼로냐 화파와 같은 후기의 화가보다는, 페루지노, 라파엘로, 미켈란젤로 등 특히 중세 후기와 초기 르네상스의 이른바 '이탈리아 프리미티브Italian Primitives'*를 선호했다. 이러한 고딕 예술의 부활은 낭만주의와 궤도를 같이했다.[33]

이들의 견해는 1797년에 발행된 익명의 소책자인 『예술을 애호하는 수도사의 감정 토로』에서 뒷받침되었다. 키스 앤드루의 말을 빌리면, 이 책은 "매우 겸손한 형태의 복고적인 흐름을 자극했다."[34] 빌헬름 하인리히 바켄로더(1773~1798)가 쓴 이 글은, 그가 스물다섯 살에 요절하기 전날 밤 발견되었다. 바켄로더의 친구이자 시인이었던 루트비히 티크(1773~1853)가

*르네상스 이전의 화가와 그 작품.

편집을 맡았는데, 본격적인 미술사라기보다는 미술에 관한 일련의 이야기였다. 여기에는 대大화가들에게 일어난 생생한 사건과, 주로 요아힘 잔드라르트가 쓴 뒤러 전기를 바탕으로 초기의 독일 예술가들이 어떻게 살았는지 자세히 소개되어 있었다. 낭만주의 분위기에 푹 빠진 바켄로더와 티크는 예술이란 신성한 영감이라고 설명했다.

이런 분위기를 배경으로 빈 아카데미에서는 주목받는 네 명의 화가가 오버베크, 포르, 파사반트의 3인조에 합류했다. 이 네 사람은 루트비히 포겔, 스위스 출신인 요한 콘라트 호팅거, 슈바벤 출신인 요제프 빈터게르스트, 오스트리아 출신인 요제프 주터였다. 이 일곱 명의 화가는 주기적으로 만나 서로의 작품을 비평해주었고 곧이어 아카데미의 정책에 반대하는 모임을 결성했다. 바켄로더가 쓴 책을 앞장서서 전파하며 그들 스스로를 '형제단'이라 불렀고, 화가의 수호성인, 성 루카 복음 전도단이라는 다른 명칭도 비교적 쉽게 결정할 수 있었다. 종교적이었으며 성직자적 목표에 부합한 신부이자 화가였던 프라 안젤리코가 그들의 이상형이었다. "예술가는 자연을 통해 우리를 한 차원 높은 이상세계로 데려다주어야 한다." 이것은 오버베크가 어느 편지에서 한 말이다.[35]

이들은 빈 아카데미와 끊임없이 갈등을 빚었던 까닭에 남쪽인 '라파엘로의 도시'로 옮기려는 계획을 세웠다. 그런데 1809년 5월, 프랑스군이 이곳을 점령하는 바람에 그들 자신의 아카데미는 문을 닫을 수밖에 없었다. 훨씬 줄어든 규모로 다시 개교할 수밖에 없게 되자 이에 반발한 회원들이—축소된 아카데미에 선발된 소수에 포함되지 않은—모임을 해체했다. 이것이 1810년 5월에 근대 최초의 미술 분파가 태동한 사건이었다.

이들은 로마에서, 즉 아일랜드계의 프란체스코파 교회와 16세기에 세워진 대학이 있는 성 이시도로 수도원에 미술 점포를 차렸다. 저마다에게 생활과 작업을 겸할 수 있는 방이 주어졌다. 밤이면 수도원 식당에 모여 독서를 하거나 그림을 그렸다. 이들에게 그림은—기도처럼—의식儀式의 형태였으며 바티칸에서 핀투리키오와 라파엘로의 프레스코화를 마음껏 감상하고 토론할 수 있었다. "바켄로더가 말한 '예술을 애호하는 수도사'가 현실이 된 것이다."

모임의 대표를 맡은 사람은 오버베크였으나, 무엇보다 "독일 미술의 재탄생에 토대가 된 것"은 그와 포르 사이의 우정이었다.[36] 이들은 서로 상대의 초상화를 그렸고 포르의 「우정」과 오버베크의 「이탈리아와 게르마니아」에서 알 수 있듯이 양식도 매우 비슷했다. 하지만 두 사람 사이에 협조가 더욱 긴밀해지기도 전에 1812년 7월 포르가 스물네 살의 나이로 요절하고 말았다. 포르가 차츰 잊혀가는 동안 모임의 몇몇 사람이 로마 신학교(오늘날의 그레고리안 대학)의 신학 교수인 아바테 피에트로 오스티니의 집에서 모임을 갖기 시작했다. 그리고 포르가 죽은 이후 '성 이시도로 수도원 형제들'의 고립된 생활도 끝나 모두 떠나고 말았다. 성 루카 형제단의 구성원들은 그들 자신의 명칭을 '뒤러파'라고 바꿨다. 그러나 이들이 애호한 휘날리는 망토와 머릿결은 말할 것도 없고, 가톨릭 경향과 수도원식의 생활 때문에 사람들은 '나자레파Nazarenes'라는 별명을 붙여주었다. 미술사에 등장하는 풍자적인 별명이 대개 그렇듯이 이 별명도 이들의 이름으로 고착되었다.[37]

이렇듯 운명이 엇갈리는 가운데 형제단의 작품이 북쪽으로도 알려졌다. 한편 다른 젊은 화가들은 알프스 너머로 관심을 돌리기 시작했다. 이들 중에는 베를린의 유명한 조각가 요한 고트프리트 샤도의 아들인 루돌프와 프리드리히 샤도 형제, 도로테아 파이트의 아들이며 프리드리히 슐레겔의 의붓아들이기도 한 요한과 필립 파이트 형제가 있었다. 그중 가장 뛰어난 재능을 보인 사람은 페터 폰 코르넬리우스(1783?~1867)였다.[38]

성격이 외곬이며 괴테의 『파우스트』에 심취했던 코르넬리우스는 괴테의 희곡에 들어갈 일련의 삽화를 그렸다. 괴테도 이 그림을 무척 마음에 들어 했지만 코르넬리우스를 격려하며 당대 이탈리아 화가들에 대한 공부를 하라고 설득했다. 이탈리아에서 오버베크와 합류한 코르넬리우스는 포르의 빈자리를 대신했다. 사실 코르넬리우스가 이탈리아에 도착한 뒤 나자레파의 새로운 방향이 설정된 것이나 다름없었다. 라파엘(멩스)에게 별로 감동을 받지 못한 코르넬리우스는 형제단을 설득해 협소한 동호회 세계를 벗어나 창작에 임하도록 했다. 국가적으로 미술의 새바람이 실제로 불어야 한다면 기념비적인 새로운 미술, 교회와 수도원, 중요한 공공건물에 들어설 미술이 필요하다는 사실을 본능적으로 깨달은 것이다. 코르넬리우스와 나머지 일행은 화가畫架에 얹고 그리는 그림에는 프레스코화에 담긴 기념비적 특징이 결여되었다고 확신했다. 이에 추카리 궁(오늘날의 헤르츠도서관)에 사는 로마 주재 프로이센 총영사인 잘로몬 바르톨디를 설득해 나자레파 네 명에게 임무를 주도록 요청했다. 이들이 선택한 주제는 이집트에 들어간 요셉의 구약성서 이야기였다.[39]

이 프레스코화는 커다란 성공을 거두었다(이 그림들은 1887년에 베를린으로 옮겨졌다). 화가들 전부—오버베크, 코르넬리우스, 필리프 파이트, 프리드리히 샤도—서정적인 감정을 마음껏 쏟아부었다. 그림에 들어간 형상은 하나하나가 강하고 역동적인 데다 분위기를 주도하는 강렬한 감정이 배어 있었다. "이것은 이전에 그려진 모든 것, 즉 멩스, 바로크, 신고전주의와의 집단적인 단절이었다. 생동감과 인상적인 순수성, 색채의 조화는 새로운 발견이었다."[40] 여러 나라의 동료 예술가들이 이 새로운 프레스코화를 보려고 로마로 몰려들었다. 안토니아 카노바와 베르텔 토르발센은 끝없는 찬사를 늘어놓았다. 나자레파는 로마 미술계에서 관심의 핵으로 확실하게 자리를 잡았다. 로마를 방문했거나 아니면 로마에 상주 중이었던, 앞서 언급한 500명의 독일 예술가 중 한 사람이었던 프리드리히 폰 루모르(1785~1842) 남작은 현대적인 의미에서 최초의 미술사가였다. 그는 나자레파의 발상을 발전시키는 방법을 찾는 것을 자신의 일과로 삼았다. 이렇게 함으로써 최초로 미술 자료를 탐험하고 대가의 초기 작품을 직접, 말하자면 '몸소' 검증한 인물 중 한 사람이 되었다(당시는 사진이 나오기 전인

판화의 시대라는 점을 염두에 두어야 한다). 미술사가 학문 분야로 독립한 데에는 루모르의 공이 아주 컸다. 그의 『이탈리아 연구』(1827~1832)는 자신이 직접 조사한 것을 체계적으로 정리한 것으로, '연구Forschcung'라는 말의 의미를 일찍이 깨달은 것이었다.[41]

형제단은 1820년대 전반에 분열되는 모습을 보였다.[42] 코르넬리우스, 오버베크, 율리우스 슈노르 폰 카롤스펠트(1794~1872)는 루트비히 1세 왕이 있는 뮌헨에 매력을 느꼈다. 새로 왕위에 오른 루트비히는 역사에 대해 시대착오적인 사고를 보이는 인물이었다. 그는 엉뚱하게도 예전의 영광을 재창조하는 임무를 수행하면 (독일) 민족의 예술적 르네상스를 주도할 수 있을 거라 확신했다. 루트비히는 그리스식 신전과 비잔티움, 로마네스크 양식의 교회, 고딕식 주택을 세웠다. 이로써 모자이크나 회화의 납화법蠟畫法* 과 같은 고대 기술이 되살아났다.

이를 누구보다 기뻐한 사람은 코르넬리우스였다. 그가 맡은 첫 번째 임무는 글립토테크Glyptothek를 단장하는 일이었다. 글립토테크는 루트비히가 수집한 고대 조각작품을 보관하기 위한 박물관이었다.[43] 하지만 코르넬리우스는 그림에는 거대한 계획이 담겨야 하고 전체적인 목적을 파악하기 전에 각 부분을 먼저 개별적으로 이해해야 한다는 후기칸트학파의 지나치게 지적인 견해를 지니고 있었다. 교훈에 대한 이런 (소모적인) 강조로 말미암아 다음에 그가 맡은 더 큰 프로젝트에서는 그 한계가 분명히 드러났다. 뮌헨 한복판에 새로 세운 루트비히 교회에서 코르넬리우스는 기독교 신앙에 대한 또 하나의 대서사시를 구상했다. 이것은 건물 전체를 전적으로 성서에 기초해 디자인하려는 야심찬 설계였다. 그런데 루트비히마저 이 계획에 흥미를 잃은 나머지 코르넬리우스의 임무를 줄여 애프스apse**와 성가대

*불에 달구어 착색하는 그림 기법.

**하나의 건물이나 방에 부속된 반원 또는 반원에 가까운 다각형 모양의 내부 공간.

석으로 범위를 제한했다.

이것뿐만이 아니었다. (바이에른) 왕은 그때까지도 자신의 건축사인 레오 폰 클렌체와 프리드리히 폰 게르트너의 영향 아래 있었다. 이들은 코르넬리우스의 의도를 혐오했다(코르넬리우스의 그림이 자신들이 세운 건물보다 더 돋보일 것이라고 여겼다). 그 결과 왕과 코르넬리우스는 내부 설계에 이견을 보였다. 코르넬리우스가 프로이센의 왕인 프리드리히 빌헬름 4세(재위 1840~1861)를 위해 일하겠다는 의사를 밝히자 프로이센에서는 코르넬리우스를 즉시 베를린으로 불러들였다. 베를린에서 코르넬리우스는 자신의 예술적 생애에서 더없이 영광스러운 임무를 맡아 이후 25년 동안 이 일에 몸담았다. 프로이센 왕은 베를린의 대성당을 재건축하는 일에 혼신의 노력을 기울였는데 이 일을 코르넬리우스가 맡은 것이다. 프로젝트 규모는 코르넬리우스의 야심에 걸맞을 만큼 컸다. 그러나 대성당의 기초 공사를 하기도 전에 1848년의 정치적 소요로 프로젝트 전체가 위기를 맞았다. 코르넬리우스는 끈질기게 설계 디자인 작업을 계속했다. 그는 프로젝트를 위한 거대한 밑그림을 그렸지만 이것이 결코 실현될 수 없다는 사실을 깨달을 수밖에 없었다. 그가 계획한 프레스코화의 주제는 인간이 저지른 죄에 대한 신의 은총으로서 그리스도의 구속救贖(속죄)에서 절정에 이르는 내용이었다. 대여행가이자 작가이며 영국국립미술관장의 아내였던 이스트레이크 부인은 코르넬리우스의 화실에서 이 밑그림들을 보았다. 그녀는 이것이 차지하는 공간의 '규모'를 보고는 깜짝 놀란 나머지 코르넬리우스는 독일의 '거물'이 아니라 애송이에 지나지 않는다는 결론을 내렸다. 이런 시각과는 상관없이 외국의 동료 예술가들—예컨대 장 오귀스트 도미니크 앵그르, 프랑수아 파스칼 시몽 제라르, 외젠 들라크루아—은 적어도 코르넬리우스의 의도에 감탄했다. 들라크루아는 "표현하려는 에너지가 요구한다면 설사 커다란 잘못을 범하는 것이라 해도 행하는 코르넬리우스의 용기"를 찬양하지 않을 수 없었다.[44]

한편 루트비히는 1827년에 코르넬리우스를 만나기 위해 뮌헨에 온 슈노르(카롤스펠트)에게도 똑같이 대했다. 슈노르에게 주어진 첫 번째 임무는 『오디세이아』를 주제로 한 프레스코화를 그리는 것이었다. 그러나 루트비히는 이내 싫증을 내며 『니벨룽겐의 노래』를 주제로 다루고 싶다고 말했다. 이 프레스코화는 완성되기까지 거의 40년의 세월이 걸렸는데, 그 이유는 대체로 슈노르가 비종교적인 주제에 완전히 몰입할 수 없었기 때문이다. 다른 프로젝트도 비슷하게 오랜 시간이 걸렸다. 코르넬리우스가 뮌헨을 포기하고 베를린으로 가기로 결심했을 때 슈노르도 코르넬리우스를 비난한 비평가들에게 똑같은 표적이 되었다. 이런 배경에서 1841년 드레스덴을 방문한 슈노르는 그곳의 아카데미 원장 자리를 제안받았고, 루트비히도 더 이상 그를 잡지 않았다.

슈노르는 드레스덴에서 아주 성공적인 작품을 완성했는데, 바로 240개의 목판에 그린 '그림 성서'였다. "만일 나자레파가 자신의 정당성을 입증하기 위해 유언을 남겼다고 해도 이 그림 성서만큼 제대로 드러내지는 못했을 것이다. (…) 하지만 이 그림은 이들의 공동 작품이 아니라 모임과 직접적인 관계가 없는 한 사람이 그린 것이었다."[45] 나자레파는 결코 이런 그림을 그리지 않았다. 그러기에는 극도로 이론에 치우쳐 있었다.

회화의 새로운 표현 형식

이 책의 제1부에서 소개한 많은 생각과 주제는 1798년 드레스덴에 정착한 화가인 카스파르 다비트 프리드리히(1774~1840)의 작품에서 종합적으로 나타났다. 그의 상징주의, 민족주의, 숭고함에 대한 관심, 낭만주의, 그리고 기독교 신앙을 둘러싼 내면적 투쟁……. 이 모든 것이 그 자신의 매우 독특한 예술 형식에 반영되었다. "프리드리히는 신비를 주제로 그림을 그렸고,

어느 면에서는 자기 자신을 신비화하기도 했다."[46]

1774년 포모제에 있는 발트 해의 작은 항구인 그라이프스발트에서 태어난 프리드리히는 양초와 비누 제조공의 아들이었다.[47] 그는 코펜하겐 미술아카데미에서 공부를 마친 뒤 독일의 아름다운 지방을 몇 차례 찾아다녔다. 그러다가 마침내 드레스덴에 정착하고 생을 마감할 때까지 이곳에서 살았다. 그가 보여준 아주 독특한 형식은 부분적으로는 그의 개인적인 환경에서 비롯된 것임을 알 수 있다. 어머니는 그가 일곱 살 때 세상을 떠났고, 가장 가깝게 지낸 형은 프리드리히와 함께 스케이트를 타다가 익사했다. 프리드리히는 이 일로 평생 죄책감에 시달렸다.

코펜하겐의 교수들은 덴마크 신고전주의의 주요 인물들이었다. 자연을 토대로 한 그림을 강조하는 이들의 관점과, 평소 여행을 좋아하는 프리드리히의 성격이 결합되어 프리드리히의 마음속에는 풍경에 대한 애착이 싹튼 듯하다. 그의 그림에는 유난히 고립된 소수의 인물이라든가 거석巨石 또는 '영웅적인 폐허'가 눈길을 끈다. 얼마 지나지 않아 프리드리히는 상징주의적인 자신만의 표현 형식을 발전시켰다. "그는 묵시록적인 차원에서 북유럽의 이미지를 그렸으며, 그가 그린 풍경은 낮이나 햇빛보다는 새벽과 어스름, 엷거나 짙은 안개를 묘사한다."[48] 동시대인들은 이런 그림이, 프랑스의 침략으로 인해 정치적으로는 약해졌지만 정신적으로는 강화된 독일인의 '정서'를 그린 것이라고 생각했다. 어느 쪽이든 프리드리히는 자연에 대한 관조가 대상 자체를 좀더 깊이 있게 이해하도록 해준다고 확신했다. 그에게서 나타나는 명확한 기법과 신비한 감각, 조명 효과(이 부분에서 프리드리히는 살바도르 달리의 선구先驅였다)는 프리드리히의 명성이 확고하게 자리잡는 데 바탕이 되었다. 후원자를 등에 업은 프리드리히는 독일 낭만주의의 주요 인사들을 높이 평가하면서 그들과 교분을 쌓았다.

프리드리히의 작품 중에서 전형적인—가장 많은 논란을 불러일으킨—작품은 테첸의 제단화로도 알려진 「산 위의 십자가」(1808)다. 십자가에 못 박힌 그리스도의 옆모습이 산꼭대기에 보인다. 그리스도는 혼자이며 그를 둘러싼 것은 오직 자연뿐이다. 태양 광선이 지배하는 전체 구도에서 십자가는 그 크기로 보아 사소한 의미밖에는 지니지 않는데, 이는 프리드리히가 고백한 대로 그리스도 이전의 세계를 상징한다.[49] 같은 맥락에서 산은 희망을 비유하는 전나무와 함께 흔들리지 않는 신앙을 나타낸다. 이런 방식은 자연 풍경을 제단의 기능으로 활용한 최초의 예였지만, 모든 사람이 좋아하지는 않았다. 하지만 프리드리히의 다른 몇몇 작품에서는 십자가가 풍경을 지배하고 있다. 기독교적 상징이든 그렇지 않든 그의 풍경화는 처음으로 그리고 가장 강렬하게 "신비로운 분위기가 풍부한" 정신적 실체를 보여준다. 프리드리히는 낭만주의 작가들과의 교분으로 "예술은 인간 내면에 뿌리를 두어야 하며, 도덕적 또는 종교적인 가치에 의존해야 한다"고 확신한다고 말했다.[50]

프리드리히의 또 다른 유명한 작품인 「안개바다 위의 방랑자」(1818)는 산꼭대기에서 주변의 다른 봉우리와 안개를 내려다보며 서 있는 남자의 뒷모습을 보여준다. 싱켈은 신비로우면서도 기술적으로 완벽한 이 그림을 보고 감동한 나머지 그림을 포기하고 건축으로 관심을 돌렸다고 한다.

당대의 정치적 사건들도 프리드리히의 (회화) 양식에 영향을 미쳤다. 나폴레옹 전쟁으로 인해 프리드리히는 프랑스에 대한 적개심을 불태웠고, 조국에 대한 뜨거운 열정을 키웠다. 그는 그림에서 프랑스 군인들이 황량한 독일의 산에서 길 잃은 모습을 보여줌으로써 독일의 다양한 해방운동에 힘을 실어주었다. 하지만 프리드리히가 일반적으로 의도한 것은 "세속적인 세계에서의 신성한 경험"을 묘사하는 것이었다. 그는 고딕식 교회의 폐허나 신비로운 숲을 우울하게 묘사한 풍경으로 그러한 경험을 보여주려 했다. 그는 인간이 거대한 자연의 힘 앞에서 대체로 무력하지만은 않은 모습, 즉 숭고성에 대한 칸트의 이상을 작품에서 드러내 보였다.

프리드리히의 명성은 1820년에 러시아 황후 알렉산드라 페오도로브나

(프로이센의 샬로테 공주였던)가 그의 작품을 몇 점 구매했을 때 절정에 이르렀다. 프로이센이 전쟁의 상처에서 회복된 뒤 프리드리히가 보인 정치적인 태도로 인해 그의 작품에 대한 공식적인 비난이 점점 늘어났다. 코르넬리우스와 마찬가지로 프리드리히도 시대착오적인 인물이 되었다. 그는 1837년에 죽었다. 몇몇 사람을 제외하고는 모두가 그를 잊었다.

회화에 대한 프리드리히의 감성적 스타일이 재발견된 것은 20세기 초에 접어들면서 독일의 표현주의자들, 즉 막스 에른스트를 비롯한 초현실주의자들이 그에게서 환상적인 요소를 발견했을 때였다. 허드슨 강 화파나 로키 산 화파, 뉴잉글랜드의 루미니스트Luminist*를 포함해 미국의 많은 화가가 프리드리히로부터 영향을 받았다. 윌리엄 터너(1775~1851)나 존 컨스터블(1776~1837) 같은 낭만파 화가와 더불어 프리드리히는 풍경화가 서구 미술의 주요한 장르가 되는 데 일조했다.

*빛을 효과적으로 다루는 화가.

제3부

교육받은 중간계층의 출현: 근대적 번영의 동력과 주체

제10장

훔볼트의 선물:
연구 개념의 발명과 프로이센의(프로테스탄트적) 학문 개념

1790년에서 1840년까지의 수십 년 동안은 근대 학문이 발전하며 체계를 갖춘 결정적 시기였다. 1840년에 이르러 자연과학, 물리학, 역사학, 언어학이 독립된 학문 분야로 등장했고, 20세기 학문을 지배하게 될 핵심 문제를 만들어냈다. 이 말은 스티븐 터너가 1972년에 프린스턴 대학의 박사학위 논문인 「프로이센의 대학과 연구 규범, 1806~1848」에서 한 것이다. 터너는 다음과 같이 덧붙였다. "조직화된 학문의 이 영웅적 시대가 도래하는 데 대부분의 유럽 학자가 기여했지만, 독일 학자들이 가장 주도적인 역할을 담당했다."[1]

19세기 전반기에 이데올로기 변화가 일어남으로써 1850년 무렵 독일 대학들은 전반적으로 "폐쇄적이던 많은 분야에서 학문의 영역을 확대하는 데 초점을 맞춰" 연구기관으로 탈바꿈했다.[2] 터너가 표현한 대로 이때의 '연구 규범'에는 네 가지 개혁이 포함되었다. 첫째, 독창적인 연구에 기초해 새로운 결과물을 발표하는 것이 교수의 의무로 받아들여졌다. 이는 하위

직을 임용할 때도 필수 요건이었다. 둘째, 대학에서 도서관, 세미나실, 실험실 등 인프라 시설을 구축해 연구를 지원하기 시작했다. 셋째, 교수 방식이 재설정되었고, 학생들에게 연구방법론을 전수하고자 했다. 넷째, 프로이센의 교수들은 독창적인 연구를 찬양하는 대학 이념을 환영했다. '발견의 제도화'가 처음으로 교수 활동과 통합된 것 역시 19세기 전반기의 독일 대학에서였다.[3] 1860년 이후 이 이데올로기는 영국과 미국으로 확산되었다.

앞에서 살펴본 대로, 대학은 어떤 면에서 이런 이데올로기가 발생해야 하는 최후의 보루라고 할 수 있었다. 과학아카데미 같은 다른 기관도 새로운 지적 흐름에 빠르게 반응했다(예를 들면 영국). 1장에서 논의한 대로, 18세기의 대학이 학문을 "보존하고 전수하기" 위해 존재했다면, 19세기의 교수사회에는 의무적인 교수활동에 그치지 않고 창조적인 기능이 더해져야 한다는 의식이 일었다. 이러한 새로운 접근 방식은 피히테와 셸링, 슐라이어마허가 쓴 일련의 논문에서 밑그림이 그려졌고, 이 모든 저술은 빌헬름 폰 훔볼트가 수행한 개혁 과정에서 남김없이 출판되었다. 다음은 역사가인 프리드리히 파울젠(1846~1908)이 쓴 글이다. "학자로서의 경력을 쌓고 싶은 사람이라면, 단순히 지식을 학습할 것이 아니라 독립된 활동으로 지식을 생산할 능력을 갖추어야 한다……."[4]

현대의 교수들은 두 공동체의 구성원이다. 하나는 자신이 가르치는 기관(학교)이고, 다른 하나는 자신이 속한 분야의 동료사회다. 터너는 학문 공동체의 기원이 독일 최초의 수학 전문지인 『순수 및 응용수학 논집』을 간행한 헬름슈테트 대학의 요한 프리드리히 파프(1765~1825)와 라이프치히 대학의 카를 프리드리히 힌덴부르크(1741~1808)로 거슬러 올라가야 한다고 말한다. 카를 후프바워는 화학 분야에서 헬름슈테트 대학의 로렌츠 크렐(1744~1816)과 크렐의 『화학 저널』을 가리켜 새로 떠오른 화학 공동체의 중심으로 지목했다(1982). 1장에서 소개한 고전문헌학자들 사이에서 형성된 것과 마찬가지로 이들 분야에서도 핵심층이 등장하기 시작한 것이다.[5]

자의식 강한 이런 공동체의 두드러진 특징은 이들이 권위를 얻기 시작했다는 사실에 있다. 18세기에는 이런 권위가 제한되었었다. 왜냐하면 국가가 교수 임면에 거의 전권을 행사했고, 학부나 학과의 자문을 받지 않을 때도 종종 있었기 때문이다(부분적으로 뛰어난 역할을 한 괴팅겐 대학은 예외였다).[6] 교수의 연구 발표를 지원하기는 했지만 독창적인 학문 성과는 찾아볼 수 없었다. 주요 교재도 전문적인 연구 논문이 아니었다.

근대적인 연구 개념이 여전히 필요했던 것은, 1790년 이전에 '연구Forschung' 대신 '발견Entdeckung'과 '수정Verbesserung'이라고 말한 학자들의 언어 사용에서 명백히 알 수 있다. 발견은 오직 지적 능력이 뛰어나고 이전에는 인식하지 못한 분야에 매달리거나 뒤섞인 지식을 분류해서 고도로 일반화된 결론을 이끌어내는 능력이 있는 사람에게서 나오는 것으로 여겨졌다. 바꿔 말하면 발견을 천재의 특권으로 인식했던 것이다. 더욱이 일부 과학 분야는 본질적으로 정적靜的인 것으로 여겨졌다. 예컨대 요한 미하엘리스는 철학이나 법학, 신학, 특히 역사학과 같은 일부 분야에서는 새로운 진리가 발견되리라고 기대하지 않았다.[7]

아마 나폴레옹과 그가 프로이센에게 안겨준 참담한 패배가 없었다면 아무런 일도 일어나지 않았을지 모른다(토마스 니퍼다이가 쓴 권위 있는 19세기 독일 역사서는 "처음에 나폴레옹이 있었다"는 말로 시작한다). 개혁자들은 권력을 질타했다. 이들은 국가의 붕괴가 '기계적인 복종과 철칙'을 강조한 프리드리히 군국주의의 '부패한 핵심층'에서 비롯된 것이라고 믿었다. 이 무렵 도덕성의 회복이 필요하다는 생각이 퍼져나갔는데, 여기에는 교육도 포함되었다.

이런 개혁의 흐름은 사회 조직, 행정부, 이데올로기, 이 세 영역의 일선에서 수행되었다.[8] 기능이 약화된 낡은 기구는 폐지되거나 합병되었다. 이 모든 개혁 중에 가장 인상적인 변화는 베를린과 본에 대학이 새로 설립된 것이었다.

개혁은 쾨니히스베르크에서 시작되었다. 국왕 프리드리히 빌헬름 3세는 나폴레옹의 침략 기간에 왕실을 쾨니히스베르크로 옮겼다. 이때 그는 이곳 대학의 교수들이 보여준 애국심에 깊은 인상을 받았다. 프리드리히 빌헬름은 할레 대학 전체를 베를린으로 옮기자는 교수들의 의견을 받아들이지는 않았지만 베를린에 완전히 새로운 대학을 설립하는 데는 동의했다. 이것이 결정적인 계기가 되었다. 피히테, 슐라이어마허, F. A. 볼프 등이 모두 베를린으로 이주했다. 국왕의 결정으로 대학에 대한 이론적인 틀을 세우는 데 획기적인 변화가 나타났다. 하지만 결정적인 변화는 개혁 성향을 지닌 장관 중 한 사람이었던 하르덴베르크가 로마 주재 외교관으로 한직에 있던 빌헬름 폰 훔볼트를 불러들여 새로 설립된 종교교육부 장관으로 추천하면서 시작되었다. 문헌학 저술에 몰두하던 훔볼트는 볼프와 누구보다 막역한 사이였는데, 두 사람은 학자들을 개별적으로 초빙하기 시작했다. 베를린 대학은 1810년 겨울학기에 피히테가 초대 총장에 취임하면서 문을 열었다. 니퍼다이가 표현한 대로 이 일은 19세기 독일에서 '교육의 종교'가 시작된 사건이었다.[9]

훔볼트는 법학자인 프리드리히 폰 사비니, 해부학자인 카를 아스문트 루돌피, 여기에 슐라이어마허, 볼프뿐만 아니라 J. C. 라일, J. G. 베른슈타인 등 뛰어난 학자들을 여럿 영입하는 데 성공했다. 훔볼트는 또 베를린 아카데미에서 많은 과학자를 스카우트하기도 했다. 초창기에 문헌학부와 법학부는 뚜렷한 명성을 얻어 이 분야에서만큼은 괴팅겐 대학을 능가했다. 하지만 과학 분야에서는 1820년대 후반에 가서야 제대로 된 역할을 하기 시작했다. 이 무렵 제2의 신설 대학이 본에 세워졌는데, 카스파르 슈크만이 훔볼트의 뒤를 이었다.[10]

대학의 기구 개편과 제도 개혁 못지않게 중요했던 것은, 터너가 말한 대로 이론적인 개혁과 아울러 정신적, 철학적으로 젊은 활력을 불어넣은 것이다. "이들의 공통된 신념을 한데 모은 것은 한마디로 '학문 이데올로기

Wissenschaftsideologie'라고 할 수 있다. 이 새로운 개념은 베를린 대학이 설립된 이후 수년 동안 전례 없는 성공을 거두었다. 이것은 19세기에 경외심이 담긴, 거의 종교적인 지위를 부여받은 독일 대학의 공식 이념이 되었다. 또 독일 대학의 '참신한 발상'을 연구와 교수활동의 통합이라고 정의한 이데올로기였다."[11]

이러한 학문 이데올로기의 기초를 다진 사람으로 훔볼트 외에 다섯 명이 더 있다. 그중 가장 유명한 인물은 일련의 강의록을 모아 『학자라는 직업에 대하여』를 쓰고 1794년에서 1807년까지 예나와 베를린에서 소책자로 출판한 피히테다. 여기에 셸링과 헨리크 슈테펜스, 슐라이어마허, 볼프도 자신의 생각을 글로 옮겼다. 이들의 노력으로 두 가지 지적 전통이 학문 이데올로기에 모여들었다.[12] 하나는 예나 대학이 중심이 된, 대부분 관념 철학에 근거를 둔 새로운 전통이었다. 로렌츠 오켄과 셸링의 뒤를 이어 슈테펜스는 관념론의 과학 분과로 간주되는 자연철학Naturphilosophie(8장 낭만주의에서 언급한)의 대표적인 옹호자가 되었다. 하지만 다른 하나는 괴팅겐 대학과 연관된 학문적 신인문주의의 전통에 뿌리를 두고 있었다. 볼프와 훔볼트는 모두 하이네의 지도를 받았고, 슐라이어마허는 플라톤에 대한 저술로 유명해진 문헌학자였기 때문이다. "이들은 그리스와 로마의 영광이 독일 학생들의 도덕적, 미학적 감수성을 최고로 끌어올릴 것이라고 주장했다. 이에 따라 이들이 연구한 것은 이후 김나지움뿐만 아니라 대학에서의 전문적인 연구를 선도했다. 신인문주의자들은 범위가 더 넓고 더 깊이 있는 고전 연구가 18세기 대학에서 무신경한 공리주의와 학생들의 타락을 뿌리 뽑아줄 것이라고 믿었다."[13]

또 이 학문 이데올로기의 옹호론자들이 일반 학교와 대학 사이에 중요한 차이가 있다고 믿은 사실을 빼놓을 수 없다. 학교에서 학생들은 정보를 얻는 데 반해, 대학의 학생들은 독자적인 판단력과 독립성을 연마한다고 본 것이다. 슐라이어마허는 특히 대학이—학교와 아카데미 사이에서—"'독일의 천재'에게 적합하고 (…) 젊은 나이에 학문에 대한 사고를 일깨워주는, 새로운 지적 생활의 전반적인 과정이며 (…) 따라서 학생들에게는 모든 것을 학문의 관점에서 생각하는 제2의 천성을 길러주는 곳"이라고 여겼다.[14] 슐라이어마허와 동료들은 대학을 단순한 상급 학교 이상의 기관으로 생각했다. 여기서 '빵을 위한 학문Brotstudium'이라는 개념이 생겨났다. 이는 학생들에게 직업에 필요한 정보를 제공하지만 학문의 발전에는 기여하지 못하는 학문을 뜻한다.

교육의 의미에 대한 새로운 이해 방식이라 할 수 있는 이 모든 것은 학문 이데올로기에서 창조된 것이었다. 칸트학파와 후기칸트학파의 철학 체계는 존재의 유형을 현실과 이상으로 분류했다. 셸링에 따르면, 학문은 "이상과 현실 사이에 존재하는 절대적인 조화에 관한 지식"이었다. "'학문'은 현실과 이상 사이에 조화가 존재한다는 철학적 통찰이다. 학문은 모든 사람이 갖출 수 있는 자질이지만, 그것은 성장하고 진화하고 역동적으로 변하는 것이다. 이런 의미에서 관념 철학에서 나온 교양의 개념이 핵심이며, 또한 교육적 의미에서 생성 과정이다. 이런 사유 체계에서 발견(연구)이란 다른 어떤 것 못지않게 도덕적인 행위다."[15]

학자와 교수는 인류의 자연스러운 지도자이자 교사라는 피히테의 주장도 이런 생각과 크게 다르지 않았다. "학자는 자신의 시대에 도덕적으로 가장 뛰어난 사람이어야 한다. 학자는 가능한 한 최고 수준의 도덕 문화를 보여주어야 한다."[16] 신인문주의가 무신론적이고 파괴적이라고 의심하는 사람들도 있었지만, 흥미롭게도 낭만주의 시대에 학자들이 낭만적인 개인의 모습을 구체적으로 보여주었다. 1817년 무렵에 베를린 대학은 예나 대학을 제치고 새로운 대학 이데올로기의 구심점으로 떠올랐다.

그런데 신설 대학들은 프로이센과 독일 전체에서 새로이 고양된 애국심과 시기적으로 맞물렸다. 독일의 해방전쟁에서 독일 대학생이 공헌한 것이 일정 부분 사람들의 태도 변화를 유도했다. 즉 대학이 과거 어느 때보다

인기를 얻게 된 것이다.[17]

프로이센이 어느 정도 정치적인 안정을 되찾은 1818년부터 (유럽의 다른 나라와 같이) 혁명이 일어난 1848년 사이에, 과학적이고 학술적인 풍토가 독일 대학의 전형적인 특징으로 자리잡았다. "학문 이데올로기가 대학 내의 발견과 창조정신을 높이 끌어올렸다. (…) 학술적인 지식은 잘 정의된 조사 방법을 엄격히 적용한 뒤 얻을 수 있는 것으로 여겨졌다. 이뿐만 아니라 이런 방법은 조사의 도구가 수많은 학생에게도 그대로 적용될 수 있다는 것을 의미했다."[18] 이것이 프로이센의 새로운 학문 개념이었다.

중요한 것은 과거에 무엇이 있었고 또 무엇이 없었는지 밝히는 것이었다. 독일에서의 학문 혁명은 칸트의 비판철학으로 시작되었지만, 8장에서 언급한 대로 고전문헌학과 역사학, 인도-유럽어의 발견에도 힘입은 바가 크다. 지적인 측면에서 이 모든 것은 같은 시기 프랑스에서 라부아지에, 라플라스, 퀴비에를 중심으로 일어난 자연과학에서의 발견*만큼이나 개혁적인 것이었다. 하지만 과학은 독일에서 이러한 역할을 하지 못했다. 과학에서 창조정신은 1830년이 지나서야 제 모습을 드러냈다.[19]

사변적인 철학과는 별개로 고전문헌학이 하이네와 볼프 이후의 독일 학문을 대변했다. 고전문헌학의 새로운 기술과 엄격한 기준이 훗날 법학과 역사학, 이밖에 다른 학문 분야로 흘러들어갔다. 더욱이 하이네와 볼프가 고전문헌학에 도입한 엄격한 지적 기준과 그로써 거둔 업적이 새로운 전문 분야를 자극했다. 독일 문화는 이런 풍토에서 형성되었다. 프리드리히 폰 하겐과 아힘 폰 아르님, 클레멘스 브렌타노 같은 낭만파는 자칫하면 망각 속으로 사라질 뻔한 고대 게르만의 문학을 구해냈다. 그림 형제—야코프

*라부아지에(화학자)는 유황, 인이 연소에 의해 무게가 증가하는 것을 관찰한 후 금속에 대해서도 같은 현상을 확인했다(1774). 그 후 그는 실험을 계속하여 연소의 본질을 밝혔고, 호흡과 연소는 본질적으로 동일한 현상임을 입증했다. 퀴비에(동물학자)는 비교해부학과 고생물학의 창시자로, 해부학적 특성을 기초로 하여 동물계를 네 종류(척추, 관절, 연체, 방사)로 나누었다.

그림과 빌헬름 그림—는 그들을 유명하게 만들어준 『아동과 가정 동화』를 함께 발굴해서 펴냈다. 야코프 그림은 이에 못지않게 유명한 『독일어 문법, 1819~1837』을 혼자서 간행했다. 이 책과 더불어 형제가 협력해서 만든 어원사전인 『독일어 사전』은 독일 문헌학의 발전에 엄청난 도움을 주었다. 흔히 '그림 사전'이라 불리는 이것은 그림 형제가 생전에 네 권밖에 쓰지 못했지만 이후 30권 이상의 규모로 늘어났다.[20]

고전문헌학에서 시작된 비판적인 전통은 역사 편찬에서도 바르톨트 니부어(1776~1831)가 적용한 기준이 되었다. 코펜하겐에서 태어난 니부어는 신설된 베를린 대학에 자리 잡기 전에 잠시 공무원 생활을 했다. 그는 베를린 대학에서 1811~1812년에 걸쳐 했던 유명한 강의를 모아 『로마사』(1811~1832)라는 책으로 출판했다. 이 역시 여러 권으로 이뤄진 인상적인 저술이다. 그가 고대부터 구전되어오던 신화와 전통 중에서 확실한 이야기를 분류하기 위해 로마 역사의 사료를 비판적으로 분석한 것이 바로 이 책이다. 니부어가 설명한 것은 훗날 테오도어 몸젠의 저술에 의해 추월당하고 수정되기는 했다. 그렇더라도 그의 『로마사』는 일대 선풍을 일으키며 새로운 역사 기술로 받아들여졌고, 레오폴트 폰 랑케에게도 모범이 되었다.[21] 특기할 만한 것은 문헌학과 역사학이 철학부의 중심이 되었다는 사실이다. 문헌학과 역사학이 발전한 것은, 앞서 살펴본 대로 18세기의 할레 대학과 괴팅겐 대학에서 비롯되어 우선순위가 바뀐 듯 무게중심이 계속 철학부로 옮겨가는 데 밑바탕이 되었다.

"독일 학문의 전례 없는 정확성과 드높은 위상"

—

낭만주의라는 공통의 뿌리는 독일의 다양하고 새로운 학문 분야에서 주제와 관점의 두드러진 조화를 끌어냈다.[22] 그런데 이와 상관없이 비판하는 방식에도 변화가 나타났다.

'학문Wissenschaft'이나 '교양Bildung'과 더불어 '비판Kritik'이라는 용어가 학술적인 접근의 기본 요소로 등장했다. 물론 비판이란 말은 어느 정도 1780년대 칸트 철학의 기술적인 용어로 처음 선보였던 것이다. 칸트 철학은 이제까지의 지식에서 탈피해 지식의 원천과 기존 학문의 타당성을 비판적으로 평가했다. 신설된 베를린 대학이 1820년대에 완전히 자리를 잡을 무렵, 학자들은 이런 의미로 여전히 '비판'이란 용어를 쓰고 있었다(이 방법을 자료비판적quellenkritisch이라고 불렀다). 이 용어가 암시하는 바는 자료의 원천에 대해 지속적으로 의심하는 것, 또 증거에 대해 비판적으로 검증하는 것이 학문의 구조적인 측면보다 우선해야 한다는 것이었다. 좀더 기술적인 의미에서 보면, 이 용어는 자료원을—문서와 원고—다룰 때 "정확성을 꼼꼼하게 살핀다"는 것을 가리켰다.[23]

새로운 접근 방식을 한마디로 요약하면 텍스트의 '교정'이었다. 학자들은 이런 과정을 거치며 한 자료의 다양한 판본을 비교했다. 그들은 모든 자료의 날짜를 꼼꼼히 대조하기도 하고 잘못된 것은 빠짐없이 삭제했다. 이 방법을 적용한 학자로 가장 유명한 사람은 1795년에 『호메로스 개론』을 쓴 F. A. 볼프다. 여기서 볼프는(3장 참고) 그런 호메로스는 사실상 존재하지 않았다고 표현하고 있다. 물론 볼프의 독특한 주장은 오래지 않아 그의 제자들에 의해 상당 부분 뒤엎어졌지만, 어떤 의미에서 이런 것은 문제의 본질이 아니었다. 중요한 것은 이 책이 참된 역사적 지식을 밝히기 위해 비판적인 방법이 갖는 힘을 단번에 보여주었다는 데 있었다. 열띤 논의가 벌어지는 가운데 볼프도 참여한 이 논의는 이후 20여 년 동안 이 방법이 다른 새로운 분야, 예컨대 게르만의 서사시나 성서의 원전에 대한 검증으로 번져나간 계기가 되었다. "『호메로스 개론』은 독일 학문의 전례 없는 정확성과 드높은 위상을 드러내 문헌학의 토대를 세웠다."[24]

프로이센의 새로운 학문은 고도의 자의식이 깔린 독자적인 현상이었다.

니퍼다이는 어느 정도는 고립되었다고 말했다. 터너는 19세기 전반기에 강렬한 흥분과 고양된 지적 과정이 학자들의 글과 학술 논문에 스며들었다고 말했다. "뵈크(1785~1867)는 반복해서 '새로운 학문'에 대해 썼다. 볼프는 '새로운 학문의 탄생'으로서의 고고학에 대해, 레오폴트 폰 랑케는 빈의 기록보관소에서 자신의 눈앞에 펼쳐진, '이제껏 알려지지 않은 유럽의 역사'에 대해 외경심을 갖고 보고했다."[25]

이런 변화와 맞물려 '학문 공동체'가 서서히 모습을 드러냈다. 이는 도서관과 원고 수집, 유명 간행물, 이들의 편집, 논평과 비평 등 관련 분야와 더불어 나타났다. 학문과 관련 있는 분야는, 특히 이것이 엄격한 방법과 기준을 유지하는 데 도움을 주었기 때문에 학자의 성과를 보여주는 부분으로 중요하게 여겨졌다.

이런 접근 방식을 실천하기 위한 시간이 누구에게나 주어지는 것도 아니었고 또 누구나 이런 방식을 선호하는 것도 아니었기 때문에, 얼마 지나지 않아 문헌학자들은 점차 서로가 만든 간행물에 글을 써주기 시작했다. 이런 흐름 속에서 최초의 전문 학술지가 탄생했다. 일반 대중도 이 학술지를 주목할 만큼 사회가 발전했다. 예를 들어 문헌학자는 자기중심주의와 도도함으로 유명했다. 카를 콘라트 라흐만(1793~1851) 같은 일부 학자는 신랄한 비평으로 악명을 떨치기도 했다.[26]

이러한 자만심과는 별개로, 비판적인 방법은 학문의 창조성과 발견의 과정에 대한 새로운 태도를 형성하는 데 도움을 주었다. 18세기에 가치를 인정받던 단순한 학식에는 만족하지 못하는 경향이 나타났고, 그 대신 학술 단체에 대한 가치를 기준으로 독창성을 강조하는 풍토가 조성되었다. 이런 흐름에서 나온 한 가지 효과는 발견이 "오직 천재에게만 적용할 수 있는 것"이라는 18세기적 믿음이 무너진 것이었다. 대신 재능이 부족한 다수의 개인도 뭔가 훌륭한 것을 성취할 수 있다는 인식이 퍼져나갔다. 이런 고무적인 믿음 속에서 끝없는 진보에 대한 기대가 만연했다. 이는 학문에 대한 이해가 18세기적인 시각에서 19세기적인 시각으로 변화하는 특징이 되었다.[27] 이런 모든 현상을 배경으로 이상화된 창조정신과 독창적인 연구라는 이데올로기가 탄생한 것이다.

피히테는 "지식은 그 자체로 인간 문화의 한 분야다"라고 주장했다. 훔볼트도 피히테와 같은 생각이었다. 대학의 목적은 실용적이거나 공리적인 것이 아니라 정신적이고 도덕적인 교육을 위해 준비하는 것이다. 대학은 그 자체가 목적이며 "가장 깊고 광범위한 의미에서 학문을 닦는 곳"이다.[28]

학문이 서로 분리되고 연관성을 결여한 특수 분야로 제각각 쪼개진 것은 1830년대에 들어서면서 본격적으로 시작되었다. 학문은 이제 하나하나 쌓아나가는 과정으로 이해되었다.[29] "전반적인 학문 체계에 대한 이해는, 형이상학적인 수준에서만큼은 이상적인 상태를 유지했다." 이런 현상은 오늘날에도 어느 정도 유지되고 있다고 볼 수 있다.

대학 세미나의 발전

그 밖에 다른 주요한 변화는 3월 전기前期*에 프로이센 대학의 철학부가—18세기 전반까지만 해도 별로 주목을 받지 못했던—진보적인 성향의 분야를 통합해서 주도적인 지위로 올라섰다는 사실이다. 다시 터너의 말을 빌리면, 1800년부터 1854년까지 철학부에 등록한 학생 수는 2.4퍼센트에서 21.3퍼센트로 늘어났으며, 교수진도 비슷한 비율로 증가했다. 철학, 문헌학, 역사학—이 세 학과를 중심으로 독일의 학문뿐만 아니라 전반적인 독일인의 지적 생활이 급속하게 변모했다—등의 전공은 모두 수요가 적은 학부에서 자리를 잡았다(다시 말해 신학부, 법학부, 의학부 등 "수요

*1840년부터 1848년까지 3월 혁명 사이의 시기.

가 높은" 학부 소속이 아니었다).[30]

따라서 철학부의 높은 위상은, 훔볼트의 개혁으로 세워진 김나지움에서 가르칠 교사를 양성한 데 힘입은 바가 크다. 이전에는 교회가 학교를 관리했기 때문에 교사들 대부분이 신학부에서 교육을 받았다. 훔볼트가 주도해 학교가 교회의 통제에서 벗어나긴 했지만, 대학에 입학하려는 학생이라면 아비투어 시험을 의무적으로 통과해야 했다. 신인문주의 원칙에 걸맞게 아비투어는 그리스어와 라틴어, 수학을 강조했다. 이런 개혁 조치로 1818년(91개 교)부터 1862년(144개 교)까지 전국적으로 김나지움의 숫자가 급속도로 늘어났다. 그 결과 프로이센에 직업 교사 계층이 나타났다.[31]

점점 많은 학생이 줄지어 자연과학을 공부하기 시작하자 철학부의 수도 늘어났다.* 과학 과목은 특히 1840년 이후 지원자가 급속히 증가했지만, 1860년까지만 해도 주로 교육직으로 진출하는 실정이었다. 왜냐하면 프로이센에는 다수의 졸업생을 흡수할 만큼 충분한 산업 시설이 없었기 때문이다. 이런 변화는 농학과 같은 응용과목과 중상주의cameralism를 밀어낸 가운데 일어났다.[32]

이제 세미나 제도는 충분히 정착되었다. 세미나의 핵심은 강의와 달리 소수 정예를 원칙으로 했다는 1장의 설명을 기억해주기 바란다. 세미나에 수사修辭가 들어설 자리는 없었으며, 실제로 자신의 연구 주제에 매달리는 학생들은 학업의 진보된 과정으로 받아들였다. 보통 세미나는 다음과 같은 과정으로 진행되었다. 세미나에 참여한 학생은 2주마다 연구 보고서를 제출해 전체의 비평을 받는다. 가장 우수한 보고서는 정부가 비용을 전액 부담해 출판되며, 우수 보고서에 대해서는 상금으로 500탈러**가 주어졌다. 그러므로 세미나에 참여할 수 있다는 말은 실질적으로 보상을 약속받

*당시에 자연과학은 자연철학의 개념이어서 철학부에 속했다.

**15~19세기에 독일에서 통용하던 은화. 1탈러는 현재 가치로 미화 100달러쯤 된다.

는 것이었다. 역사학과 신학 등 다른 학과에서도 이런 방식을 그대로 따라 했다. 새로운 세미나 방식은 독일 전역에서 전 과목으로 확산되었고, 새로 이 등장한 비판적 방법론을 전수하는 데 적합한 것으로 이해되었다. 세미나가 점점 우수한 학생을 위한 '핵심 코스'가 된 것이다.

앞서 말한 대로 1830년대는 제각기 분리된 학과가 자체의 전문지와 그 밖에 특수한 인프라를 확보하기 시작함으로써 비판적인 연구 풍토가 확립된 시기였다. 과학이 문헌학이나 역사학의 개념을 흡수하기 시작한 것도 1830년대였다.[33] 이전까지 과학은 독일의 학문 혁명과 아무런 관련이 없었으며 가르치는 것도 기본적인 수준에 머물렀다. 이를테면 화학에서는 '처방'을 강조했고 생명과학은 오직 분류에만 몰두했다. 솔직히 말해 공리주의자들은 빵을 얻기 위한 학문을 고집했다. 학문 이데올로기의 관점에서 보면 이때까지의 풍조는 정신적, 지적으로 대학이 거듭나고 또 교양을 지향하는 데 있어서 주요한 방해 요소였다. 신인문주의자들이 볼 때 특히 분류에 집착하는 것은 학문을 위축시키는 행위였다.[34]

하지만 과학은 신인문주의의 공격으로 결국 혜택을 보았다. 정확한 이유는, 이런 공격이 학문 이데올로기의 틀 안에서 이뤄졌고—학문Wissenschaft*은 끝이 없고 유기적이며 또 개방적인 '문화적 선善, cultural good'이었다—젊은 과학자들은 과학이 인문학 못지않게 지력(정신)을 단련하고 개인의 순화(교양)를 이끈다며 반발했기 때문이다. 이런 주장에 담긴 또 다른 중요한 측면은 '순수' 과학이 단순하게 '빵을 위한 학문'으로 외면당하는 응용과학보다 우위에 선다는 인식이었다.[35]

1830년대 이후에 과학자들은 연구가 단순히 학문을 고양하는 데 그치지 않고, 연구를 수행하는 개인의 도덕적인 발전에도 도움이 된다고 확신했다. 그 결과 과학과 수학에서 기술적인 과정이 눈에 띄게 줄어들었는데,

---

*앞서 지적한 대로 이 말에는 과학이라는 의미도 있다.

특히 베를린 대학과 할레 대학이 대표적이었다. 기술교육은 다른 기관, 즉 오늘날 공과대학technische Hochschule의 전신에 해당되는 교육기관의 역할로 강등되었다. 대신 대학은 이제 '순수한' 형태의 과학을 가르치기 시작했으며 화학과 생명과학이 철학부의 필수 분야가 되었다. 이것이 본 대학의 제도 개혁으로 드러난 변화의 주요 양상이었다. 본 대학에서는 1825년에 전체 자연과학을 위한 최초의 세미나실을 설치했다. "본의 수수한modest 세미나가 광범위한 연구 네트워크를 구성하려는 프로이센의 첫걸음으로 인식되는 것은 타당하다고 볼 수 있다. 이런 네트워크는 1880년에 이르러 독일의 연구기관이 세계 과학계에서 선두에 나서는 발판이 되었다."[36]

이 같은 확장 추세는 1830년이 지나서 시작되어 이후 20년 동안 요하네스 뮐러(1801~1858), 아일하르트 미처리히(1794~1863), 페터 구스타프 디리클레(1805~1859), 에반겔리스타 푸르키네(푸르킨예)(1787~1869), 프란츠 노이만(1798~1895), 율리우스 플뤼커(1801~1868), 카를 구스타프 야코프 야코비(1804~1851) 등이 활약하면서 독일 과학에서 가장 중요한 번성을 이뤘다. 헤르만 폰 헬름홀츠, 에밀 하인리히 뒤부아 레몽, 루돌프 클라우지우스, 에른스트 브뤼케 등이 프로이센의 대학에 처음 참여한 것도 이때였다. 이런 식으로 제2의 과학혁명이 시작되어 프로이센의 과학은 독일의 고전학과 역사학이 한동안 누렸던 것처럼 유럽에서 주도적인 지위로 올라섰다.[37]

이때 결정적인 역할을 한 사람은 자신의 연구 경력으로 모든 변화를 대변한 C. G. J. 야코비였다. 처음 포츠담의 김나지움에서 교육받은 야코비는 1821년 베를린 대학에 들어가 아우구스트 뵈크의 세미나에서 문헌학을 공부했다. 이어 그는 문헌학을 포기하고 수리물리학으로 전공을 바꿨다. 성적이 우수해 쾨니히스베르크 대학에서 교수직을 제안받은 야코비는 여기서 타원함수에 대해 자신이 연구한 것을 강의한 다음, 프란츠 노이만과 더불어 1835년에 뵈크를 본보기 삼아 수리물리학 세미나를 개설했다.

이 세미나에서 그는 학생들에게 독창적인 보고서를 요구했다. 제출된 모든 보고서에 대해서는 20탈러의 장학금을 지급했으며 보고서가 출판될 경우 장학금을 30탈러로 올렸다. 이 세미나는 또 학생들이 사용하는 기구도 지원했다. 야코비가 담당한 쾨니히스베르크 대학의 세미나는 독일 수리물리학의 중심이 되었다. 할레 대학(1839), 괴팅겐 대학(1850), 베를린 대학(1864)과 그 밖의 대학에서 이를 광범위하게 따라 했다. 이런 방식의 과학 세미나는 1870년대에 대실험실로 나아가는 논리적인 변화를 이끌었다.[38]

대학의 개념과 문화국가

그런데 이런 변화 추세와는 다른 차원의 도움, 즉 정부가 새로운 이데올로기를 받아들였다는 사실도 빼놓을 수 없다. 1830년대에 이르러 교수 임용이 늘어났는데, 이때 교육자로서보다는 주로 동료들 사이에서의 명성이 기준이 되었다. 터너는 대학의 지식인들과 프로이센 국가(정부) 사이에 사실상 새로운 사회계약이 있었다고 말한다. 바로 문화국가Kulturstaat론이다. 문화국가론이란 사회가 문화의 진화를 위해 존재한다는 이론을 말한다. "문화는, 문화를 발전시키고 보존하는 대학에서 최고의 의미를 실현한다. 그러므로 국가는 대학과 문화의 저장 공간에 기여하고 이를 지원해야 하며, 문화의 보존과 발전을 가능케 하는 학문의 자유를 보장해야 한다. 한 나라의 대학들은 그 나라의 지적 규모에 대한 국가적 상징이다. 국가가 이런 역할을 하는 한, 대학은 국가의 지원과 존중, 봉사에 대해 빚을 지고 있는 것이다. (…) 이런 배경에서 막대한 재원이 대학으로 흘러들어갔다. 문화국가론은 프로이센의 지식인과, 여러 압력에도 불구하고 19세기 내내 지원을 계속한 국가 사이에 두드러진 정치적 공생관계를 위한 토대였다."[39]

국가의 관료들과 대표적 학자들이 서로 뜻이 맞은 것은 독일로서는 행운이었다. 1817년에 (귀족인) 카를 폰 하르덴베르크는 새로 설치된 문화부의 책임자로 (역시 귀족인) 카를 폰 슈타인 춤 알텐슈타인을 임명했다. 낭만주의 생물학자로서 피히테와 훔볼트의 열렬한 추종자였던 알텐슈타인은 대학을 종교와 정치적 간섭으로부터 자유롭게 했으며 새로운 학문 풍토와 태도를 널리 퍼뜨리는 데 힘썼다. 알텐슈타인의 뒤를 이은 사람은 할레 대학 출신이자 볼프의 세미나에 참여했던 요하네스 슐체(1786~1869)였다. 슐체는 괴테의 제안에 따라 빙켈만의 작품을 개정판으로 펴내기도 했다. 그는 또 독일의 김나지움에 재량권을 부여했으며 학문 이데올로기를 교육의 이상적인 토대로 환영했다. 모든 김나지움 학생에게 그리스어를 필수과목으로 배우도록 한 사람도 그였고, 김나지움 졸업생만 대학에 입학할 수 있게 한 사람도 그였다.[40]

독일에서 유학했던 스티븐 터너, 찰스 매클렐런드, 윌리엄 클라크(공교롭게도 모두 미국인이었다) 등이 수집한 자료에서도 이런 실상을 알 수 있다. 프로이센이 1805년 대학에 지원한 예산은 10만 탈러였는데, 이 액수는 1853년에 이르러 58만 탈러로 늘어났다. 같은 기간에 교수도 157퍼센트 증가했다. 사실 1820년부터 1840년까지 교수 증가율은 학생 증가율보다 더 높았다(철학부는 187퍼센트 대 50퍼센트, 의학부는 113퍼센트 대 22퍼센트의 비율이었다). 베를린의 과학 기관에 대한 예산 지원은 1820년의 15.5퍼센트에서 1850년 34퍼센트로 증가했다. "지식인의 가치는 아무리 강조해도 지나치지 않다. 지식인이야말로 국력이 영원히 의존할 수 있는 모든 원천의 토대다."[41]

정부(문화부)는 수시로 정부 자신의 지적인 관점을 부여했다. 가장 유명한 사례는 1830년 이전에 실질적으로 프로이센의 국가 철학이 된 헤겔 철학이다. 정부는 헤겔 학도들에게 철학부 자리에 거의 독점하다시피 우선 임용을 보장해 지배적인 철학으로 자리잡도록 해주었다. 알텐슈타인과 아이히호른, 슐체는 '탄탄한' 저서를 출판하기 전에는 아무도 교수가 될 수 없도록 했다.[42] 교수직이 갖는 이원적 특성이—교수활동과 연구—학자생활의 현실이 되었다. '연구 의무'에 익숙한 젊은 학자들은 특수한 연구만이 교수직으로 가는 유일한 길이라고 생각했다. 이런 새로운 가치관은 비스마르크 시대에 이르러 보석임이 입증된 대실험실과 새로운 연구기관이 출현하는 토대가 되었다.[43]

제11장

소외 개념의 진화

지적 기호嗜好와 지적 유행이라는 진기한 현상이 마침내 실체를 드러냈다. 1808년 카스파르 다비트 프리드리히의 「산 위의 십자가」와 정확하게 같은 시기에 베토벤의 제5번과 6번 교향곡이 초연되었다. 1839년 페터 폰 코르넬리우스가 뮌헨의 루트비히 교회에서 「천지창조」「구원」「최후의 심판」 같은 거대한 프레스코화를 완성했을 때, 펠릭스 멘델스존은 프란츠 슈베르트의 교향곡 C장조(그레이트 교향곡)의 초연 지휘를 했다. 독일 음악은 여전히 인기를 끌었지만 유독 1750~1850년 사이(사실은 좀더 후에까지)의 독일 회화는—잊히지 않았다면—무시당하는 수준으로 전락하고 말았다. 이런 역설적인 현상은 독일 특유의 사변철학과 관계가 있다. 당시에는 사변철학speculative philosophy*을 창공에 빛나는 별처럼 모두가 우러러보았다. 셸링이나 포이어바흐, 특히 헤겔의 이름은 비단 독일인뿐 아니라 19세기

*경험철학에 대해 사변을 인식의 근거나 방법으로 삼는 철학.

전반 수십 년 동안 누구나 입에 올릴 만큼 유명했다. 하지만 21세기의 냉철한 풍토에서 생각하면 이런 이름은—사변철학 자체도 물론—무척 낯설게만 보인다.

사변철학은 유럽이 회의론과 진화론 사이에 있던 시대의 지적인 틀이었다는 점에서 독특한 위상을 차지한다. 당시는 종교와 기독교 정신이 퇴조하는 가운데 계시의 개념도 시들해졌을 때였다. 물론 이런 지적 공간을 메운 것은 철학이었다. 이때 철학은 철학자의 사고와 통찰이, 그들의 출생지와 상관없이 성직자의 권위보다는 이성과 내면적인 일관성으로 상대방을 설득해야 했다는 의미에서 사변적이었다. 동시에 사변철학은 (역설적이기도 하지만), 특히 헤겔 철학은 역사상 매우 강력한 영향을 끼친 (아마 가장 강력한) 철학의 하나로 떠오른 마르크스주의에 바탕을 제공했다. 오늘날은 정치적인 영향력을 잃어가고 있지만 마르크스주의는 아직도 많은 분야에서 현상을 이해하는 데 유용한 분석적 형식으로 간주되고 있다. 그리고 '소외Entfremdung(독)/alienation(영)'*라는 개념은 모더니즘 현상이 형성되는 데 아주 강력한 동기를 제공한 것으로 평가된다. 소외 개념은 철학은 말할 것도 없고 회화와 소설, 연극, 영화에 엄청난 영향을 미쳤다.

헤겔과 마르크스는 일단 접어두고 먼저 프리드리히 셸링부터 살펴보자. 독일 낭만파라는 작고 폐쇄적인 모임의 일원이었던 셸링은 친하게 지내던 노발리스, 루트비히 티크, 슐레겔 형제와 같이 활동했다. 셸링의 사고는 그 자신이 본 것을 인간과 자연 사이에 "깊고 넓게 퍼져 있는 친화력"으로 본 것과 관계가 있다.[1] 셸링과 그의 동료들이 볼 때, 자연은 능동적인 '구성 원칙' 또는 '세계영혼'의 산물이었다. 이 원칙은 객관적인 현상으로 "구현되는" 것이며 객관적인 현상은 궁극적으로 목적론적인 틀 안에서 이해되는 통일

---

*헤겔에 의해 처음 사용되고 포이어바흐와 마르크스가 발전시킨 개념. 자신의 주변, 노동 및 노동의 산물, 자아로부터 멀어지거나 분리된 듯한 감정 상태.

성을 반영한다. 간단히 말해 천지창조의 지속적인 과정이 존재하며, 과정마다 다양한 수준은 목적론적인 태도에서 서로 관계를 맺는다.[2] 천지창조의 다양한 단계는 과학으로—물리학 또는 생물학—연구할 수 있지만, 이 단계를 고립된 현상으로 보면 제대로 파악할 수 없는 것이었다. 완벽한 관점을 지니려면 뭔가 매우 중요한 체계가 필요했다. 셸링은 모든 것에 우선하는 명백한 세 가지 체계가 있다고 보았다. 하나는 역학 법칙이 다스리는 무생물의 체계였고, 또 하나는 생물학의 법칙이 다스리는 유기적인 것이었다. 나머지 하나는 오직 인간에게만 존재하는 의식 체계였다. 셸링은 의식의 발달을 전체 과정의 "정점이자 목표"로 보았다.[3] 그와 더불어 역사의 주기적인 운동을 깨달아야 한다고 강조했다. 정신 자체는 자연 속에서 현상으로 객관화되지만 결국 인간의 마음속에서 "제자리를 찾았다"는 것이다. 이제 '마음mind'의 본질을 알아내는 것이 철학적 사유 제1의 과제가 되었으며 정신sprit을 이해하는 것이 인류의 '마지막 과제'가 되었다.

셸링은 이러한 접근 방식의 틀 안에서 예술적 창조의 중요성을 강조했다. 예술적 창조가 누적된 효과는 '절대적 동일성absolute identity'*이나 '순수한 동일성' '절대 이성absolute reason'**과 같이 셸링이 다양하게 표현한 개념을 그 어느 때보다 더욱 분명하게 이해하는 길을 열었다. 우리에게 이런 표현은 터무니없이 들리기도 하지만, 여기서 이 말은 종교에 뿌리를 두지 않은, 궁극적으로 현실에서의 개념이었다. 그는 아직 생물학적 이해를 생생하게 보여주지는 못했다. 뒤늦게 이런 개념을 이해하게 된 현재로서는 셸링이 '창발적 진화emergent evolution'***라는 생각을 했다고 인정할 수 있지만, 실제로 그의 사상은 짓다 만 집이나 막다른 길과 같은 것이었다.

---

*주관과 객관의 전적으로 무차별적인 존재로서 셸링이 주장하는 절대적 이성. 이때 자연은 의식적 또는 무의식적인 활동의 동일성으로 나타난다.

**셸링 철학에서 자아가 주객으로 분리되기 이전, 외부의 실재성에 제약을 받지 않는 불변적 상태로서의 절대적 자아의 정신.

***진화의 어느 단계에서 전혀 예기치 않은 새로운 성질이나 생물 또는 행동 양식이 나타난다는 설명.

그런데 꼭 그렇지만은 않을 수도 있다. 셸링은 어쩌면 자신의 몇몇 생각, 특히 절대정신absolute spirit*이나 마음에 구체적인 형태를 부여한 헤겔의 선구자로서 가장 적합한 역할을 한 것인지도 모른다.

게오르크 빌헬름 프리드리히 헤겔(1770~1831)은 1770년 슈투트가르트에서 태어났다. 그가 1788년부터 1793년까지 튀빙겐 대학의 신학부 학생으로 공부했을 때, 동료 학생 중에는 셸링과 훗날 낭만파의 대시인이 된 프리드리히 횔덜린도 있었다. 대학을 졸업한 뒤 헤겔은 베른과 프랑크푸르트의 여러 곳에서 가정교사 일을 했는데, 교육자로서 경력을 쌓을 필요가 있다고 판단한 듯하다. 그가 칸트와 피히테에게 영향을 받은 것은 어쩌면 셸링이나 횔덜린과 교제했기 때문인지도 모른다. 헤겔은 예나 대학으로 옮긴 뒤 셸링과 좀더 가깝게 지내면서 연구활동을 계속했고, 함께 『철학 비판 저널』을 편집했으며, 셸링과 피히테의 철학적 차이를 밝히는 글을 쓰기도 했다. 이 과정에서 헤겔은 점점 셸링과 의견이 엇갈렸는데, 헤겔의 견해는 1806년에 발표한 『정신현상학』에 분명히 드러나 있다.[4] 셸링은 이 책에 나오는 일부 구절이 자신을 공격한 것이라고 여겨 헤겔과의 우정이 끝났다고 생각했다. 나폴레옹 군대가 예나를 점령해 대학이 폐쇄되자 헤겔은 예나를 떠날 수밖에 없었다. 헤겔은 먼저 밤베르크에서 기자생활을 한 다음 뉘른베르크 김나지움에서 교장 겸 철학 교사로 근무했다. 이때 결혼을 하고 가정을 꾸렸다. 1816년 헤겔은 하이델베르크 대학에서 철학 교수직을 제안받았으며 1818년에는 베를린 대학에서도 같은 제의를 받았다.

젊었을 때부터 헤겔은 당시 많은 독일인처럼 근대사회와 고대 그리스사회의 차이에 영향을 받았다. 근대사회는 분명한 조화를 보여준 고대의 정신과 대조되는 분열과 대립의 사회였다. 헤겔은 당시 유럽인의 삶에서 드러

---

*헤겔의 변증법 철학의 궁극, 곧 감각-의식-개념과 같이 변증법적 지양止揚을 거쳐 도달하는 것.

난 '무질서한 개인주의'를 개탄했다. 그는 대다수 사람이 공동의 목표와 존엄성을 상실한 상태에서 지금까지 그들 자신의 열망을 충족시킨 제도나 관습과 더는 조화할 수 없을 거라 생각했다. 한때 구제 수단을 제공한 것으로 보였던 종교—기독교 정신—도 똑같이 실패하고 말았다. 어디를 가든 인간은 서로 소원한 상태에 놓여 있었다.

이렇게 소원한 관계가 아직은 소외라고 불리지 않았지만, 이미 헤겔의 사고 속에서는 분명한 형태로 자리잡고 있었다. 세계의 모든 부분과 지식의 각 영역에 설 자리를 지정하고 근본 원리를 설명하도록 부추겼으며, 헤겔의 광범위한 철학적 개관을 유도한 것은 바로 인간의 소원한 관계였다. 이렇게 광범위한 체계 속에서 두 가지 대조적인 생각이 다시 모습을 드러냈는데, 이제는 당당한 형식으로 옷을 갈아입은 모습이었다.[5]

셸링과 마찬가지로 헤겔에게도 세계와 현상의 발달은 마땅히 정신의 진화로 이해되어야 했고, '정신 자체의 형성 과정'으로 기술되어야 했다. 그러나 헤겔은 셸링이 본 것처럼 '구별되지 않는 순수한 동일성'이나 어떤 방법으로든 현상의 실재實在에 "논리적으로 앞서는" 정신이 존재한다고는 생각지 않았다. 그에게 정신은 오직 자체로 모습을 드러내는 다양한 방법으로만 존재할 수 있는 것이었다. 헤겔의 철학 체계에 '다른 세계'란 없었다. 헤겔은 이를테면 평범한 경험세계의 '배후'에 "껍데기가 없는" 사물의 진실을 표현하는 '내면'의 실재가 존재하는 것처럼 글을 썼다. 하지만 이런 실재는 별개의 존재라기보다 순수한 사고 속에서 모습을 드러내는 논리적인 관계였다. 헤겔에게는 이런 논리적 관계를 설명하는 문제가 철학의 타당한 주제였다.[6]

헤겔이 생각하고 보여주려 했던 것은 지극히 중요한 문제였다. 즉 주관적인 의식과 객관적 존재에는 언제나 '더 이상 축소할 수 없는 이원성'이 있을 수밖에 없었다. 이런 한계를 넘어서 "개념상으로 익숙한 도식을 보여주는" 것이 철학이 할 일이었다. 셸링과 차이가 있다면 헤겔은 정신을 단지 목표지향적인 발전을 포함한 실체로 이해했다는 점이다. "이 목표 속에서 정신은 스스로 존재를 확인할 수도 있을 것이다."[7] 어떤 말을 하든 세계의 역사는 목적론적 과정으로 이해되며, 이 와중에 정신은 먼저 궁극적인 가능성을 표현하는 형식으로 모습을 드러내게 마련이었다. 이것은 서로 다른 두 차원에서 발생하는 과정이었다. 한쪽에서는 정신이 자연 현상을 만들어내면서 '무의식적으로' 자신을 드러낸다. 단순히 개별적인 객체로서가 아니라 사회와 문명, 서로 다른 진화 단계에 대한 구체적인 표현을 대표하는 실체로서 모습을 드러낸다는 말이다. 이러한 진화의 단계는 진보적이고 완성된 인식과 자기 이해를 지향한 것이다. 또 다른 차원에서 헤겔은 발전이 역사적으로 이해될 수 있는 것이며, 삶과 문화에서 연속적으로 나타나는 양식은 정신의 연속적인 구현이라고 강조했다. 헤겔의 근본 사고는 "정신은 점차 자체의 본질을 이해하는 방향으로 나아간다"는 경험을 해석한 것이었다. 이렇게 신선한 사조가 전개됨에 따라 뚜렷한 (사회적) 형식과 제도도 진화한다는 것이었다. 궁극적인 목표는 헤겔이 '절대지絕對知, Absolutes Wissen'*라고 부른 철학적 이해 상태였다. "이 상태에서 정신은 마침내 모든 표현 방식에서 정신 자체의 산물과 함께 분명한 결과인 전체 세계를 인식하게 되었다." '절대지'는 정신의 철학적 성찰과 이해의 결과이며 "제자리로 돌아가는" 이해 형식이었다. 이런 식으로 외부의 객관세계와 내면의 주관세계는 하나가 되며 자기 소외의 근본 조건이 극복되는 것이다.[8]

여기에는 타락과 속죄, 구속救贖이라는 전통적인 기독교 교리와 상당히 분명한 유사점이 보인다. 헤겔 자신도 신에 대한 생각과 자신의 '절대정신'이라는 발상이 비슷하다는 것을 인정했다. 보기에 따라서는 헤겔이 기독교 이후와 진화론 이전의 시대정신과 투쟁했다고 말할 수도 있다. 하지만 엄

*객관에 대해 주관 측에서 성립하는 지식, 즉 객관에 대해 상대적인 것이 아니라 양자가 대립한 미분화 상태에서의 혹은 이 대립을 넘어선 지식.

밀히 말해 헤겔의 절대정신은 만물 위에 또는 독립적으로 존재하는 초월적인 인격으로 보인 것이 아니었다.[9] 이것은 헤겔 철학의 체계가 종교와 무관함을 보여주는 매우 중요한 관점이다.

헤겔 철학의 세부적인 체계는 초기에 쓴 (엄밀하게 말하면 추상적인) 『정신현상학』과 역사적인 특징이 좀더 뚜렷하며 사후에 출판된 『역사철학 강의』의 두 주저主著에 자세히 설명되어 있다.[10] 헤겔에 따르면, 인간 조건의 결정적인 측면은 인간이 "스스로 창조한 사회적 세계"와, 환경 쪽으로 기우는 태도 사이에서 갈피를 잡지 못하고 끝없이 동요하는 데 있다. 이 과정의 창조적 단계와 비판적 단계 사이에는 지속적인 변증법이 존재한다. 사회정치적인 환경이 진화할 때, 정신은 인간의 정수精髓를 좀더 깊이 이해하면서 모습을 드러낸다. 헤겔은 이 정수를 자유의 발전과 동일시한다. 역사는 자의식과 함께 자유의 신장을 드러내는 문명의 연속선상에서 스스로 나타나며, 자유란 "인간이 자신의 욕구와 서로 맺은 관계를 완전히 파악할 때" 얻어지는 것이다.[11] 이때 주인-노예 관계의 사회는, "인간 상호 간의 존중이 적대감과 불신을 이기는" 사회적 질서로 대체되면서 개인주의 사회로 바뀐다. 진정한 자유란 개인의 내적인 잠재력이, 그 자신이 창조하고 꼭 집에 있는 것처럼 편안함을 느끼는 세계에서 실현될 때 얻어진다.[12]

헤겔 철학은 포괄적이며 일정한 의도를 갖고 완성된 것이다(니퍼다이는 헤겔 철학을 "추상의 폭력"이라고 불렀다). 그럼에도 불구하고 헤겔 철학은 이후에 엄청난 영향을 끼친 사회적, 역사적 이론의 틀을 갖추고 있었다. 물론 이 영향력은 헤겔의 사상을 뒤집어놓은, 일부 과격한 필자들이 헤겔에 반기를 든 반작용에서 나온 결과라는 측면도 있다.

헤겔 철학의 영향

먼저 지적할 것은 헤겔의 권위가 전혀 흔들림 없이 굳건했다는 점이다. 헤겔의 역사가 최고로 발전하면 더 이상 변화를 모색할 필요가 없는 사회제도를 형성한다는 암시였다.

헤겔은 1831년에 사망했다. 베토벤과 슈베르트가 세상을 떠난 지 얼마 지나지 않았을 때였으며, 괴테는 그 이듬해에 삶을 마감했다. 세상은 변하고 있었다. 변화의 물결 속에서 1830년대 말부터 1840년대 초까지 '청년헤겔학파'로 알려진 일군의 독일 지식인 집단이 등장했다. 이들은 헤겔의 실제 학설보다 훨씬 더 공격적인 견해를 늘어놓았다. 헤겔의 진정한 의미를 빠뜨리거나 곡해했고, 사람들이 대체로 생각하는 것보다 훨씬 더 과격한 주장을 펼쳤다.

지금에 와서 당시 사람들의 사고방식을 하나하나 확인하기는 어려울 것이다. 사실 1820년대에 헤겔 철학은 독일에서 최고의 권위를 누렸다. 헤겔 철학은 문화부 장관인 카를 알텐슈타인으로부터 집중적인 지원을 받았으며, 헤겔학파의 간행물인 『과학적 비판을 위한 연보』를 구심점으로 1827년에 설립된 '학문적비판협회'가 활동의 중심 무대였다. 헤겔이 사망한 이듬해인 1832년, 헤겔과 가까웠던 친구 및 제자들이 베를린에서 협회를 창립했다. 이 모임은 헤겔의 가르침을 널리 퍼뜨리고 헤겔의 공식 전집을 간행하기 위해 학파의 중추 기능을 계속해서 담당했다. 헤겔의 철학 체계는 그 위력이 대단했던 까닭에 헤겔 철학이 모든 철학적 사고의 최고봉을 차지해 궁극적인 위상에 이르렀다고 여기는 사람이 많았다. 시간이 모자라 헤겔이 미처 마무리하지 못한 세부 내용을 제외하면 더 이상 손댈 곳이 없다고 생각할 정도였다. 하지만 청년헤겔학파 사이에서는 견해차가 드러나기 시작했다.[13]

실제로 이들 중 몇몇 급진적인 학자는 마르크스로 하여금 모든 것을 자신의 이론으로 통합하려는 동기를 처음으로 제공했다. 예컨대 1835년에 다비트 슈트라우스(1808~1874)가 『예수의 생애』를 발표한 것을 들 수 있다. 튀빙겐 대학에서 구약성서의 권위를 타파하던 F. C. 바우어 밑에서 교육받은 슈트라우스는 헤겔이 죽기 직전에 그의 강의를 듣기 위해 베를린 대학으로 옮겼다.[14] 헤겔은 복음서의 역사적 가치에 대해 한 번도 관심을 가진 것 같지 않지만, 슈트라우스는 기독교의 핵심이라고 할 수 있는 복음서가 "민중의 강한 욕망"[15]을 반영한 신화라고 생각했다. 헤겔 철학이 등장할 만큼 특수하게 발전한 사회의 집단의식에서 볼 때, 슈트라우스는 복음서를 역겨운 '사실에 대한 상상력'이 만든 결과로 받아들였다. 이런 생각은 계시와 성육신成肉身 같은 발상이야말로 좀더 높고 우수하며 자유로운 단계를 찾는 과정과 다르지 않다는 암시였다. 슈트라우스의 책은 엄청난 파장을 몰고 왔지만—어떤 서평에서는 슈트라우스를 "당대의 가롯 유다"로 묘사하기도 했다—당시 마르크스의 처지에서 볼 때 이 책은 두 가지 중요한 측면을 담고 있었다.[16] 첫째, 이 책으로 인해 마르크스는 확실히 신앙을 버리게 되었다. 둘째, 위험한 정치적 논쟁에 대해 엄격하게 검열을 실시하던 당시 사회 분위기 속에서 성서에 대한 비판은 철학적, 사회적 사상이 비교적 안전하게 발전할 수 있는 발판이 되었다.

마르크스에게 좀더 특수한 사고를 원용하는 계기를 마련해준 다른 청년헤겔학파로는, 먼저 아우구스트 폰 치에스코프스키(1814~1894)가 있다. 치에스코프스키는 "과거 역사의 법칙을 발견하는 것으로는 부족하다. 여기서 얻은 지식은 세계를 변화시키는 데 활용해야 한다"고 처음으로 주장한 인물이다. 또 "프롤레타리아는 결코 사유재산을 소유할 수 없다"는 이유로 산업화를 임금 인하라고 처음으로 지적했던 로렌츠 폰 슈타인(1815~1890)도 있다. 아르놀트 루게(1802~1880)는 인간은 사회관계로 규정되며, 자신을 노동으로 표현한다는 점을 강조했다. 이런 견해는 대부분 1837년부터 베를린에서 모인 이른바 박사클럽의 토론에서 나왔다. 베를린 박사클럽에서는 헤겔의 진정한 생각이 그의 생전에는 숨겨져 있었으며, 일찍이 탄탄한 체계가 잡힌 헤겔 철학에는 사실 '혁명적 경향'이 스며 있었다는 견해가 정설로 굳어졌다. 하지만 박사클럽 회원들은 두드러진 활동을 한 루트비히 포이어바흐, 모제스 헤스, 프리드리히 엥겔스, 이 세 사람에 가려 주목받지 못했다.

루트비히 포이어바흐의 중요한 역할

1841년 발표된 루트비히 포이어바흐(1804~1872)의 『기독교의 본질』은 광범위한 독자층을 형성하며 대대적인 찬사를 받았다. 이 책은 이미 슈트라우스 등의 다른 학자가 시작한 기독교에 대한 비판적인 연구를 변형된 형태로 정리한 것이다.[17] 하지만 포이어바흐는 단순히 헤겔 사상을 새롭게 조명하고 다듬는 데 만족하지 않았다. 그의 의도는 새로운 독일의 전통 안에서 헤겔을 전면적이고도 비판적으로 분석하는 것이었다. 그는 헤겔이 존재가 사유에 앞선다는 중대한 과오를 범했다고 생각했다. 포이어바흐는, 사유란 당연히 "감각적으로 파악한 대상과 사건으로서의 자연세계"에 의존하는 것이라고 말했다. 인간은 이 세계의 일부이며 세계와의 관계에서만 의미와 내용을 만들어낸다. 따라서 철학은 반대편의 끝에서 시작할 수 있는 것이 아니며, 순수한 개념을 출발점으로 삼을 수도 없다는 것이다.[18]

포이어바흐는 『기독교의 본질』을 통해 종교에서 작용하는 이런 과정을 보여주려고 했다. 그는 (프로이트보다 훨씬 전에) 종교란 "인간이 자신 위에 군림하는 신성한 존재의 형상을 불러내 자신의 핵심적인 특징과 능력을 초월적인 영역으로 투사projection한 것을 의미한다"고 말했다. 이어서 "신성한 존재란 인간적인 존재에 다름 아니며, 어떻게 보면 개별적인 인간의 한계에서 벗어나 자유로워지고 순화된, 다시 말해 숙고한 끝에 독립한 존재가 되어 숭배를 받는, 객관화된 인간의 본질이다"라고 주장했다. 신을 숭배하는 인간은 바로 자신을 숭배하는 것이나 다름없다. 그런데 이런 행위는 반드시 나쁜 것도 아니고, 막다른 길로 치닫는 것도 아니다. 포이어바흐는 역사적으로 볼 때 숭배 의식은 인간이 자신에 대한 이해를 높이는 데 도움이 되었고, 또 이런 현상은 바람직할 수도 있다고 말했다. 그는 숭배의 부정적인 측면은 이상화된 신성 개념이 인간 자신의 지위를 떨어뜨리거나, 지상의 인간 존재를 자기빈곤self-impoverishment으로 이끌 수밖에 없는 데 있다고 생각했다.[19] 이처럼 가능성과 실제 사이에 난 빈틈이 인간 소외의 모습으로 나타났다. 이때 목표destiny는 "자기 인식을 통한 자아의 절대적 회복이라는 의미가 아니라, 자신의 능력과 가능성에 대한 인식과 이것의 실현이 바탕이 된 인간 자신의 회복이라는 의미"에서 이해되어야 하는 것이었다. 이런 생각은 칸트를 헤겔화한 것이었다.

젊은 시절의 카를 마르크스(1818~1883)는 포이어바흐에게 엄청난 영향을 받았다(사실 한동안은 포이어바흐가 마르크스보다 더 중요했다). 포이어바흐는 특히 인류학과 생리학이 과학의 기초 대부분을 이룬다고 생각했다. 이런 생각은 마르크스가 '자연의 인간화'와 '인간의 자연화'가 바로 철학이 실현해야 할 과제라는 중심 사고를 형성하는 데 기여했다. 인간이 "본질적으로 자연이나 사회의 동료들과 접촉해 변화할 수 있는 존재"[20]라는 마르크스의 생각을 낳게 한 인물도 포이어바흐였다.

이런 생각은 마르크스가 포이어바흐의 뒤를 이어 헤겔의 소외 개념을 핵심 문제로 간주하게 된 계기였다. 그런데 포이어바흐가 종교적인 경험의 핵심 주제로 소외 문제에 매달렸다면, 마르크스에게 소외는—인간 사이의 소원한 관계—구체적인 사회 상황과 밀접한 관련이 있었다.

마르크스에게 선구적 역할을 한 다른 청년헤겔학파로는 모제스 헤스(1812~1875)가 있다. 헤스의 『신성의 역사』는 독일에서 사회주의 사상으로 일관한 최초의 저술이다. 헤스의 목표는 인류가 어떻게 "이제는 본래의 조화로운 의미를 잃은 신과 재결합할 수 있는가"를 탐구하는 것이었으며, 이 또한 헤겔 철학을 재정립하려는 시도였다.[21] 그는 뒤이어 펴낸 저서 『유럽의 삼두체제』에서 사유재산의 폐지는 어떤 새로운 사회질서에서도 필수적이며, '정신적 소외'는 '노예 계급'이 경제적 착취에서 벗어날 때만 해소할 수 있다고 주장했다. 그는 다른 사람들과 마찬가지로 혁명이 영국에서 가장 먼저 (또는 그다음으로) 일어날 것이라고 여겼다. 빈부격차가 가장 큰 곳이 영국이라는 이유에서였다. 헤스와 마르크스는 1841년 본에서 만났다. 이들의 만남을 두고 "루소, 볼테르, 홀바흐(돌바크), 레싱, 하이네와 헤겔이 하나로 합쳐진 느낌"이라고 묘사한 말도 있다.[22] 돈은 "인간의 가치를 외관으로 표현하는, 우리 노예제도가 발행한 증명서"라는 말은 헤스의 주장이었다. 마르크스가 볼 때 "돈은 자신 외에 다른 신을 섬겨서는 안 된다는, 이스라엘의 질투하는 신"과 같은 것이었다.[23] 1842년 본 대학에서 쾰른 대학으로 옮긴 헤스와 마르크스는 함께 브루노 바우어(1809~1882)의 강의를 들었다. 헤스와 마르크스는 독일이 다른 어느 국가보다 '이론을 좋아하는 나라'이며, 이런 현상도 소외의 한 형식이라는 생각을 공유했다. 데이비드 매클렐런(1940~)이 본 대로 단기적으로는 헤스가 마르크스를 이끄는 위치에 있었다.

'어쩌면 시대를 통틀어 가장 중요한 지적 협력'

—

브루스 매즐리시는 마르크스가 초기 사회주의의 '에세네파Essenes'*였다고 말한다(1984).[24] 이 말은 특정한 종교와 함께 금욕주의적 특징을 암시하지만, 마르크스는 사실 성급한 일반화를 거부한다. 마르크스는 때로 다윈

*그리스도 시대의 유대교의 일파.

과 자신을 비교했다. 그는 '자연과학'이 아니라 '인간과학'의 법칙을 발견하는 데서 자신의 역할을 강조하며 과학자를 자처했다. 낭만주의 시대가 끝나가던 1830년대 후반에 마르크스는 직접 시를 쓰기도 했다. 또한 하인리히 하이네와 페르디난트 프라일리그라트(1810~1876), 게오르크 헤르베크(1817~1875)와 두터운 교분을 쌓았다. 이 시인들에 대해서는 14장에서 언급할 것이다. 그러나 매즐리시도 지적한 바, 마르크스주의의 확산 과정이 기독교나 이슬람교의 전파와 비슷한 양상을 띤 것은 사실이다.[25] "일부에서는 마르크스를 가리켜 인류 앞에서 호통치는 유대인의 대大선지자 전통을 이어받은 상속자라고 주장한다. (…) 그런데 마르크스는, 기독교 신자들이 떠받든 결과로 나타난 루터파에서 선지자의 전통을 물려받았다. 물론 루터가 공산주의의 선구자가 아닌 것처럼 마르크스도 기독교 신자로 남지는 않았다. (…) 루터와 마르크스의 공통된 특징이 있다면 (…) 수사적인 표현을 하자면 (…) 지배와 억압이라는 처음 조건에서 완벽한 공동체의 정점을 향해 (…) 단계적으로 이동한 묵시록적인 전통이 있다."[26] 비록 마르크스가 '그리스도와의 연합union with Christ'*을 비웃는 호전적인 무신론자가 되기는 했지만, 사람들 마음속에 자리잡은 종교의 기능은 마르크스에게 중요한 의미로 남았다. 바로 이 때문에 마르크스가 헤겔과 포이어바흐에게 관심을 둔 것이다. 헤겔이 분명하게 말한 것은 아니었지만, 마르크스는 헤겔이—그리고 모든 인류가—종교에 흡수되었다는 느낌을 받았다. 그는 『루이 보나파르트의 브뤼메르 18일』(1852)에서 "인간은 자신의 역사를 만든다. 그러나 (…) 인간 자신이 선택한 조건에서 만드는 것은 아니다"라고 말할 때 자신이 헤겔을 넘어섰다고 생각했다.

마르크스는 변호사로 성공한 아버지로부터 영향을 받아 처음엔 법학을

*신약성서에서 사도 바울이 세례의 의미에 대해 그리스도와 함께 죽고 함께 장례 지내며 함께 살아난 과정의 상징으로 풀이할 때 사용한 표현.

공부했다.[27] 트리어의 김나지움을 졸업할 때의 성적표를 보면 그는 기독교 지식에서 "기초교육을 잘 받았다"고 한다. 또한 고대 언어에 소질이 있는 반면 프랑스어와 물리는 떨어진다고 쓰여 있다(훗날 마르크스는 독일어만큼이나 프랑스어와 영어 글쓰기에 능숙했다).

마르크스는 본 대학에서 채 1년도 지나지 않아 철학으로 전공을 바꾸었고, 아버지의 권유에 따라 베를린 대학으로 옮겼다. 아버지에게 보낸 편지를 보면 그가 헤겔로부터 많은 영향을 받았으며, 자신의 삶을 변증법적인 틀에서 보았음을 알 수 있다. 마르크스의 마음속에는 투쟁 의지가 있었고, 투쟁에 대한 생각은 한 사람의 역사적, 사회적 위치에서 놓고 볼 때 '논리적'이었다. 이 같은 투쟁 의식에 사로잡힌 마르크스는 헤겔의 몇몇 제자를 알게 되면서 청년헤겔학파로 구성된 박사클럽에 합류했다.[28] 그가 브루노 바우어를 만난 것이나 바우어의 급진주의를 알게 된 것도 박사클럽에서였다.

이런 급진주의는 시간이 흘러도 쉽사리 수그러들지 않았다. 마르크스가 예니 폰 베스트팔렌과 결혼한 것은 그의 생애에서 처음으로 성공한 사례에 해당된다. 어떤 기준에서 봐도 이 여인은 훌륭한 배우자였다. 마르크스는 예니에게 보낸 어느 편지에서 이렇게 썼다. "나는 매일(당시는 1862년이었음) 당신이 예전에 '트리어에서 가장 아름다운 소녀'였다느니 '무도회의 여왕'이었다느니 하는 찬사를 사방에서 듣는다오. 자신의 아내가 온 도시 사람의 마음속에 멋쟁이 공주와 같은 이미지로 있다는 것은 한 남자로서 대단한 기쁨이 아니겠소."[29] 마르크스는 예니가 그녀의 명함에 결혼 전의 성姓인 '폰 베스트팔렌'을 써넣었다는 말을 하기도 했다.

결혼생활은 평탄하게 이어졌지만—예니는 실제로 마르크스에게 엄청난 도움을 주었다—1850년 첫아이가 죽었을 무렵에 위기가 닥쳐왔다. 당시 쫓기고 있던 마르크스는 대영박물관으로 도피했는데, 어느 날 저녁 시중을 들던 헬레네 데무트라는 여인과 재미를 보려고 한 것이 발단이 되었다.

헬레네는 이듬해 사생아를 낳았지만 마르크스와의 관계는 비밀에 부쳐졌고 시간이 한참 흐르고 나서야 세상에 알려졌다. 이 아이의 아버지 역할을 한 사람은 엥겔스였다. 마르크스는 이 아이를 자신의 아들로 인정한 적이 한 번도 없었다(엥겔스는 임종할 때 마르크스의 딸인 엘레아노어에게 모든 사실을 털어놓았다).[30]

브루노 바우어나 다른 헤겔 좌파와 친하게 지낸 것이 빌미가 되어 대학 교수가 되려던 마르크스의 꿈은 물거품이 되고 말았다. 하지만 마르크스는 『라인신문』에서 일하며 기자로서의 유능한 자질을 입증했다. 이 신문은 그가 관리하면서 발행 부수가 두 배로 늘어났다. 1840년대에 들어서자 독일에도 산업화의 물결이 밀어닥쳤다. 그와 함께 사회경제적 문제가 점점 부각되기 시작해 엥겔스와 마르크스가 예견했던 대로 전前세기의 영국처럼 복잡한 양상을 띠었다. 진보 진영에서는 너도나도 사회주의와 공산주의가 제시한 해결책(당시에는 거의 같았던)을 화제로 삼았다. 하지만 마르크스는 아직 이때의 이론을 받아들이지 않았다. 1842년 마르크스는 나무 도둑에 대한 유명한 기사를 쓰면서—주로 합법적인 틀에서—기업계의 점증하는 요구에 맞서 죽은 나무를 모으는 소작농의 전통적인 권리를 옹호했다. 사유재산권 문제는 아직 마르크스의 핵심적인 관심 사항이 아니었다.[31]

마르크스는 정부가 라인신문에 대해 검열의 형태로 간섭하는 것에 분노를 느꼈다. 1843년 3월, 그는 신문이 폐간된 직후 사직했다. 전업기자로서 생활한 기간은 고작 1년에 불과했다. 마르크스는 이제 직업혁명가로서의 삶을 시작할 수밖에 없었다.

그는 일단 파리로 갔다. 공동 발행인으로 새 간행물을 만들자는 아르놀트 루게의 제안을 받아들인 마르크스는, 파리에서 기자생활을 계속할 수 있을 것이라 판단했다. 『독불 연감』이라는 제목의 간행물을 국제적인 논단으로 키우는 것이 두 사람의 목적이었다. 하지만 배대호倍大號로 단 한 번 발행된 이 『연감』은 프랑스 필진도 없었으며 연감이나 국제적인 성격은 거의 찾아볼 수 없었다. 제1호에 실린 독창적인 글 세 편 중 두 편은 마르크스가 쓴 「유대인 문제에 대해서」와 「헤겔 법철학 비판에 대한 기고문」의 서문이었다. 다른 하나는 엥겔스와 같이 쓴 「정치경제학 비판 개요」였다. 마르크스는 엥겔스가 파리에 나타났을 때 깊은 인상을 받았다. 각자의 친구들 틈에 섞여 열흘을 함께 지내는 동안 두 사람은 "어쩌면 시대를 통틀어 가장 성공적이고 중요한 지적 협력"의 기틀을 다졌는지도 모른다.[32] 이런 협력관계는 누구나 인정하는 두 사람의 혁명적인 자질에도 불구하고 1845년 1월에 마르크스와 루게를 쫓아내고 두 사람이 운영하던 간행물을 폐간시킨 프랑스인들에게 고마워할 일은 아니었다.

마르크스와 엥겔스는 시련에도 굴하지 않고 각국의 공산주의자들이 서로 접촉할 수 있도록 독일통신위원회German Correspondence Committee를 설립했다(훗날의 국제공산당Communist Internationals[코민테른의 전신]). 이듬해 두 사람은 독일노동자협회를 조직하고 급진적 비밀결사체인 의인동맹League of the Just을 도왔다. 마르크스는 점차 상황을 주도하는 입장에 서게 되었다. 앞서 열거한 활동 외에도 아버지에게 물려받은 유산으로 브뤼셀의 노동자들이 혁명을 위해 무장하는 것을 돕다가 당국에 적발되어 추방당한 마르크스는 다시 파리로 갔다가 쾰른으로 돌아갔다. 쾰른에서 마르크스는 혁명에 도움이 될 간행물을 새로 창간했다.

'기아의 40년대hungry forties'* 내내 (일부 지역에서) 예측되었던 혁명이 1848년이 되자 마침내 수많은 도시에서 일제히 분출했다. 그렇지만 이 불꽃은 이내 사그라지고 말았다. 혁명의 실패가 분명해지자 보수파가 다시 권력을 장악했다. 이때 마르크스는 체포되어 정부 전복 혐의로 쾰른에서 재판을 받았지만 화려한 변론으로 배심원을 감동시키고 풀려났다. 1849년 5월 마르크스는 다시 곤경에 빠졌으며 이어 프로이센에서 추방되었다. 새로

---

*1840~1849년의 대기근 시대.

창간한 간행물도 폐간되었다. 파리에서 재기를 시도했지만 거기서도 추방된 마르크스는 1849년 여름에 "행동의 실패를 인정하고" 도버해협을 건넜다. 이후 마르크스는 죽을 때까지 런던에 머무르며 결코 혁명에 대한 의지를 꺾지 않았다.[33]

마르크스의 새로운 심리학

마르크스는 자신을 민주주의자라고 여겼지만, 스위스 역사가인 야코프 부르크하르트는 마르크스를 일컬어 역사에 등장한 "무시무시하고 단순한 자들terribles simplificateurs" 중 한 사람이라고 비난했다. 어떤 점에서는 부르크하르트의 말이 옳았다. 마르크스는 자신의 글에서 개인의 권리를 보호하는 데는 거의 관심을 보이지 않았다. 공산주의 사회에서는 이런 장치가 필요 없을 것이라고 여겨서였다. "마르크스는 존 로크와 제임스 매디슨, 존 스튜어트 밀이 다진 전통에서 알 수 있는, 권력에 대한 인간의 성향을 억제하거나 균형을 맞추는 체제에 관심이 없었다. '자유'에 대한 이들의 정의定義와 마르크스가 내린 정의는 확연히 다르다."[34]

마르크스는 비록 국적을 잃었지만 독일어로 글을 쓴 독일적인 인물이었다. 종교가 강요한 인간의 자기 소외에 대한 헤겔의 고찰 방식에 크게 영향받았던 그는 현 생애에서의 소외를 규명하기 위해 비판 형식—독일 학자들의 방식인—을 택했다. 그는 독일과, 독일에서 자신이 원하는 혁명에 초점을 맞췄으며, 실제로는 뒤처져 있었지만 독일이 '사상에서 앞서 있다'고 생각했다. 1848년의 혁명이 실패한 데 대한 영향으로 마르크스는 부르주아지(자본가 계급)에게 혁명을 기대할 수는 없으며 그들에게는 역사에서 역할을 감당할 능력도 없다고 생각했다. 역사 무대는 이제 새로운 배우—주인공—를 필요로 하며 새 역할은 프롤레타리아가 맡아야 한다고 생각했다. 마르크스는 "시민사회의 계급이 아니라 시민사회 안의 계급, 급진적인 고리로 연결된 계급이 탄생해야 한다……"고 선언했다. 마르크스는 프롤레타리아가 "독일에서 막 형성되기 시작했다"는 사실을 잘 알고 있었다. "부르주아지가 적절한 악역으로 조연을 맡을 때에만 새로운 주연급 계급이 발달할 수 있다. (…) 한 계급이 탁월한 능력으로 자유를 추구하기 위해서 나머지 계급은 공공연히 억압하는 계급이어야 한다."[35] 이런 감정은 마르크스를 이해하는 데 꼭 필요한 부분이다.

마침내 마르크스가 영국의 고전경제학 이론을 이해하고 이를 헤겔 비판을 위한 기초 자료로 활용하기 시작했을 때는 그가 파리에 머물고 있던 1844년이었다. 물론 1844년에 쓴 『영국 노동계급의 실태』(1845년에 간행)에서 맨체스터 공장 시스템의 비참한 환경을 고발한 사람이 엥겔스였다는 사실을 잊어서는 안 된다. 엥겔스가 맨체스터의 열악한 노동 환경에 관심을 쏟는 동안, 마르크스는 애덤 스미스의 저술을 분석하는 데 시간을 보냈다. 마르크스는 사회적 부가 확대될 때 개인이 빈곤해지고 생활수준의 하락이 불가피하다는 것을 보여주려고 했다(스미스 자신도 이런 위협적인 요인에 무관심하지 않았다. 다만 전체적으로 이익이 결점을 상쇄하고도 남을 만큼 크다고 생각했다). 하지만 마르크스는 고용주의 자기 이익 추구가 언제나 성공을 거두고 시장을 왜곡시킬 것이라고 생각했다.[36]

마르크스는 언제나 경제학자이자 철학자였다. 그의 기본 사고는 "노동자는 부를 창출할수록 점점 더 가난해진다"는 것이었다. 마르크스는 소외가 확대된다는 점에서 노동자는 "임금이 올라도" 더 가난해진다고 주장했다. '인간 존재로서의' 노동자는 빈곤해졌다는 말이다. 마르크스는 노동의 본질을 네 측면에서 규정해 소외 개념을 발전시켰다. 첫째, 자본주의 하에서 노동은 노동자의 것이 아니며 이질적인 요소가 노동자를 지배한다. 둘째, 생산 행위 자체가 노동자를 자신의 본질에서 소외시켜 인간 이하의 존재로 격하시킨다. 셋째, 시장(공장)의 수요는 인간을 서로 소원한 관계로 이끈다. 마지막으로 주변 환경과도 소원하게 만든다. 마르크스는 이런 소외의 힘이 새로운 심리학을 낳고 있다고 믿었다.[37]

1845년 마르크스와 예니가 브뤼셀에 살고 있을 때 예니는 로라를 임신했다. 엥겔스가 옆집으로 이사온 뒤 두 사람은 6주간 영국을, 특히 맨체스터를 방문해서 실태를 점검했다. 브뤼셀로 돌아온 두 사람은 『독일 이데올로기』를 집필했지만 출판사를 구하지 못해 결국 1846년에 출간을 포기했다(이 책은 1932년에야 출판되었다). 마르크스는 좌절하기는 했지만 훗날 이 글이 두 사람의 분명한 색깔을 드러내는 데 도움이 되었다는 점에서 소기의 목적을 달성했다고 여겼다. 브루스 매즐리시는 "『독일 이데올로기』에서 제시한 명제가 자본주의의 토대를 허무는 것이어서 마르크스는 아주 조심스러워했다"[38]고 말한다.

마르크스가 첫 번째로 올린 성과는 자신이 새로운 과학을 발견한 것처럼 글을 썼다는 데 있다. 그의 글은 인류 발전의 새로운 단계이며 헤겔학파의 자의식에 담긴 새로운 차원을 보여주었다. 마르크스는 "인간은 역사를 만들기 위해 살아야 한다. 이 말은 인간이 그들 자신의 욕구를 만족시켜야 한다는 의미"라고 주장했다. 그리고 산업화 시대에는 특정한 형태의 협력 풍토와 일련의 사회질서가 필요한데, 이런 협력 형태는 결과로 나타날 것이라고 지적했다. 마르크스는 프랑스인과 영국인이, 역사가 산업과 거래의 역사라는 것을 파악함으로써 경제를 역사의 중심에 올려놓은 공로를 인정했다. 그는 오직 경제 관계만이 "인간과 인간을 연결해준다"고 여겨 루소 방식의 사회계약 같은 것은 존재하지 않는다고 보고 정치사史에는 관심을 두지 않았다. "이 견해는 정치학에 본격적인 변혁이 요구됨을 강조하고 있다."[39]

마르크스는 또 재정적인 분업이 국가가 '출현'하는 근거가 된다고 주장했다. 국가가 제공하는 것은 본질적으로 환상이 토대가 된 공동생활이다.[40] 마르크스는 가족과 계급이 부분적으로 동질성을 갖지만 이는 "국가 안에서 발생하는 온갖 투쟁에서 나오는 것이다. 민주주의나 귀족정치 또는 왕조 정치 사이의 투쟁과 함께 특권을 얻기 위한 투쟁 등등은 모두 단순히 사람의 눈을 속이는 투쟁이다. 이 속에서 서로 다른 계급 간에 끝까지 싸우는 것이야말로 진정한 투쟁이다"라고 생각했다. 정치적인 삶은 분업과 사유재산이 토대가 된 '진정한 투쟁'을 가린 '베일'에 불과하며, 이런 베일은 또 소원한 관계의 원인이 된다. 이렇게 생각한 마르크스는 한 사회의 통치 형태에 대해 유명한 발언을 했다. "시대를 막론하고 지배계급의 생각은 지배에 대한 생각이다. 다시 말해 사회에서 물질적인 힘을 지배하는 계급이 동시에 지적인 힘을 지배한다." 이런 이유로 인간의 '대대적인' 변화는 오직 혁명의 행동으로만 달성할 수 있다. "혁명의 행위 자체로만 인간은 스스로 새롭고 정화되고 순수한 존재로 거듭날 수 있다." 분업과 사유재산, 국가의 지적인 자기이해가 하나로 합쳐져 '견고한 통합 명제synthesis'가 된다.[41]

『독일 이데올로기』에 이어 1848년에 『공산당 선언』이 출간됐다. 이것은 좀더 공격적인 글로 혁명의 도래를 예견한 것이었다. '의인동맹'은 파리에 거주하는 독일인들이 1836년에 창설한 조직으로, 독일 혁명에 전념하는 소규모 비밀결사체였다. 1839년의 반란이 실패한 뒤 회원 중 다수가 파리를 떠나 런던으로 갔다. 이내 1847년 런던에서 모임의 명칭을 '공산주의자 동맹Communist League'으로 바꿨다. 1847년의 연례 총회에서 각 파벌로 분열된 동맹원들은 가입한 지 얼마 되지 않은 마르크스와 엥겔스에게 선언문 초안 작성을 맡겼다.

초안의 대부분은 엥겔스가 작성했다. 마르크스는 이 선언문이 자신들의 견해를 세계만방에 널리 알리는 완벽한 장치라는 사실을 알고 있었다. 마르크스는 엥겔스의 초안에 자신의 생각을 덧붙여 고전적인 '신앙고백' 형태로 선언문을 완성했다.[42]

이 유명한 선언문은 "하나의 유령이 유럽에 떠돌고 있다. 공산주의의 유령이"라는 문장으로 시작된다. 브루스 매즐리시는, 당시 런던에 거주한 공산주의자는 아마 20명에서 100명 사이에 지나지 않았을 테지만 마르크스는 이들을 "현상을 타파하기 위한 유일한 대안"으로 여겼다고 말한다. 마르크스는 사람의 마음을 흔드는 선전 문구에 이어 어떻게 부르주아지가 일어섰고 봉건 귀족의 비용으로 생산기술과 자금조달 체계를 변화시켰는지, 어떻게 시장을 확대하고 변화시켰는지, 또 어떻게 국제무역과 외환에 기초한 다른 문명을 창조했는지에 대해 과학자로서 확신을 갖고 고발하면서 역사의 대청소를 단행했다. 그리고 부르주아지는 교묘하게 위협하여 "그들 자신의 운명의 조건을 만들어냈다." 부르주아지의 요구가 실현됨으로써 현대의 노동계급인 프롤레타리아의 존재가 등장했다. "부르주아지는 계급투쟁을 단순화했는데, 마르크스는 '현존하는 모든 사회의 역사'를 오직 두 계급, 즉 가진 자와 못 가진 자, 자본가와 프롤레타리아의 일대일 투쟁으로 전환해야 한다고 주장한다."[43] 이 갈등은 그 단순성에서 볼 때 거의 성서를 닮았다.

마르크스의 이름으로 계속된 또는 그 이름 자체 때문에 공포 분위기가 조성되었다고는 하지만 토지 소유나 상속권 철폐를 제외하면 오늘날에는 거의 급진적이라고 할 수 없는 마르크스의 실용적인 노선도 지적하는 것이 균형에 맞을 것이다. 예를 들어 국가에서 단계별 누진소득세나 대출 기능을 일원화한다든가 통신 및 교통의 국유화, 농업과 공업의 결합, 무상 의무교육과 같은 것이 이런 사례가 된다. 이런 조처는, 선동적인 언어라든가 그 자신을 분명히 보여주기 위해 사용한 극적인 변화의 파괴력, 그리고 "만국의 노동자들이여 단결하라! (…) 공산주의 혁명으로 지배계급을 떨게 하라. 프롤레타리아가 잃을 것은 오직 그들을 묶고 있는 사슬뿐이며 얻을 것은 프롤레타리아의 세상이다"[44]라는 구호 때문에 간과된 듯하다.

또한 『자본론』을 빼놓을 수 없다. 브루스 매즐리시는 이 책이 마르크스의 최대 업적이고 대작임에는 의문의 여지가 없다고 말한다. "문제는 어떤 의미에서 대작인가?"이다.[45]

자본론의 핵심 주제는 첫째 노동가치설, 둘째 잉여가치설, 셋째 자본 축적과 그 결과에 대한 이론, 넷째 빈곤 확대의 법칙 등이다. 노동가치설의 아이디어는 마르크스가 처음이 아니고 애덤 스미스에게서 나온 것이다. 19세기 초에는 사실상 하나의 상식이었는데 마르크스가 당시 실정에 맞게 다듬은 것이다. 그러나 『자본론』이 출간되자마자 다른 혁명적 이론이 경제학을 휩쓸었다. 수학적 접근법이 근간을 이루는 이른바 한계효용설로 노동가치설을 뿌리째 흔들었다. 이는 현대 경제학자들이 마르크스의 경제 이론에 별로 관심을 기울이지 않는 하나의 이유이기도 하다.

마르크스는, 모든 가치는 노동자가 창출하지만 노동자는 노동으로 이룬 가치의 일부만 가져가고 나머지 더 많은 부분은 착취당한 채 빈곤과 질 낮은 삶을 강요받는다고 주장한다.[46] 마르크스가 지적한 핵심 문제는 이윤이었다. "자본가가 처음에 투입한 자본을 되찾고 노동자가 상품에 투입한 노동의 정당한 가치를 받는다면, 생산 과정에서 어떻게 이윤을 뽑아낼 수 있는가?" 자본가의 이윤을 보장하려면 노동자가 투입한 가치보다 훨씬 적은 임금을 노동자에게 지급하는 수밖에 없다. 마르크스는 이것을 착취라고 생각했다. 그리고 "『자본론』을 전혀 읽지 않은 노동자들도 자신이 착취당하고 있다는 느낌에 과학적인 근거가 있다고 믿게 되었다."[47]

마르크스의 주장에는 허점이 많았다. 예를 들어 이익이 자본가가 노동의 가치를 평가절하해서 발생했다면, 기업이 노동력을 크게 줄이고 기계를 대량으로 사용해 노동집약적인 기업보다 더 많은 이익을 내는 것은 어떻게 설명할 수 있을까? 마르크스는 이 의문에 만족스럽게 대답한 적이 결코 없다.

마르크스가 자신의 이론을 설명할 때 단골로 써먹는 것은 자본축적에 대한 비판이었다. 자본축적은 어떻게 이뤄지는가? 마르크스가 볼 때 자본축적은 자본가가 고되게 일하거나 저축한 돈으로 이뤄지는 게 아니라, "야만적인 재산 몰수와 노예제도, 약탈에서" 비롯된 것이었다. "……자본은 머리부터 발끝까지 피로 물든 세계로 들어가며 (…) 여기에는 무자비한 만행과 지극히 악랄하고 편협하며, 비열하고 가증스런 탐욕이 난무한다." 여기서 빠져나갈 길은 없다. 마르크스는 자본이 갈수록 소수의 인간에게 집중될 것이며, 경쟁이 격화될 때에는 장기적인 불황에 빠질 수도 있다고 보았다. 어떻게 끝나든 그 결과는 빈곤 확대의 법칙으로 이어질 것이라고 보았다. 마르크스는 '법칙'이라는 표현을 썼지만 사실 자본주의 국가에서 노동자의 생활 여건은 대부분 향상되었다.[48]

그렇다면 『자본론』이 무미건조한 교과서로 읽히기를 바랐던 것일까? 그렇지 않다. "이 책은 독자를 자본주의의 핵심으로 끌어들여 자본주의에서 드러난 고난의 연옥을 지나 필연적으로 몰락한다는 것을 보여준다. 그런 다음 장래의 구원을 약속하는 드라마요 서사시로서 짜릿한 흥분을 자아내는 이야기다. 이것이 바로 독자를 사로잡는 (…) 마르크스가 상상하는 세계다."[49]

이외에 마르크스 이론의 다른 결점도 잘 알려져 있다. 그중 가장 중요한 것은 마르크스가 모든 정치권력은 노동자를 배제한 상태에서 자본가의 수중으로 넘어갔으며 따라서 "부르주아지 민주주의는 허위"라고 판단했다는 것이다. 하지만 마르크스가 자본가를 그토록 저주하는 데 사용한 노동자의 환경만 해도 의회 차원에서 조사해 실제로 중요한 진전이 이뤄졌다(속도는 느렸지만 사실이다). 『자본론』이 발표된 1867년에는 영국의 도시 노동자들에게 선거권이 주어졌다. 유럽의 부르주아지 민주주의 국가에서는 비록 속도가 느렸지만 꾸준히 '복지국가'를 형성했다. 이제 우리는 『자본론』을 일반화하기에는 무척 동떨어진 세상에 살고 있다. 또한 노동자가 분명히 정치적으로 자기 목소리를 내는 이 시점에서 '잉여'분을 더 많이 차지하기 위해 노동자가 자본주의 경제체계를 뒤집어엎으려는 결정을 내리지도 않았다. 어쨌든 『자본론』을 잘못 읽고 목적을 오해했다고 해도, 이 책은 엥겔스가 본 대로 노동자의 경전이 되어 혁명의 불꽃을 피워올리는 구호의 일부가 되었다.

이러한 여러 결점에도 불구하고 마르크스는 한 사회의 생산력이 발전하면 새로운 사회관계를 창조하며, 경제학과 사회학을 하나로 묶어준다는 점을 정확하게 꿰뚫어보았다.[50] 더욱이 헤겔학파의 사상을 배경으로 마르크스는 혁명에 쓸 청사진을 제시했다.

개인적인 차원에서 보면 마르크스는 위대한 투사였으며 좀더 나은 세계를 위한 투쟁을 멈추지 않았다. 마르크스주의는 차치하더라도 마르크스는—이전에 프랑케와 헤르더, 헤겔이 강조한 대로—한 사회의 윤리ethos와 가치는 그 사회의 구성원이 창조하는 것이라고 강조한 인물이었다. 바로 이것이 그동안의 모든 역사와 무관하게 우리 모두가 지지하는 또 다른 독일 이데올로기다.

'유럽 최고의 학자'

마르크스의 딸인 엘레아노어는 엥겔스가 70세 되던 1890년에 엥겔스의 특징을 다음과 같이 요약했다. "젊은이 같은 신선함과 친절함 외에 다재다능하다는 말만큼 그분의 특징을 잘 드러내는 표현도 없을 것이다. 모르는 분야가 거의 없어 자연사, 화학, 생물학, 물리학, 철학은 물론이고 (…) 정치와 경제, 특히 군사전술학에도 밝았다."[51] 테오도어 쿠노—제1차 인터내셔널*의 밀라노 지부 창설자이며 훗날 미국노동기사단American Knights of Labor**의 회원. 1872년 바다에서 익사할 뻔했을 때 엥겔스가 목숨을 구해주었다—도 생명의 은인을 가리켜 "그의 두뇌는 학식의 보고寶庫였다"는 말

*국제노동자협회.

**1869년 설립된 미국 최초의 전국 노동조직.

로 극찬했다. 마르크스도 "엥겔스를 자랑스러워했다." 마르크스는 사실 엥겔스를 "유럽 최고의 학자"로 생각했다.[52]

프리드리히 엥겔스(1820~1895)는 1820년 지금은 부퍼탈에 흡수된, 라인 지역의 바르멘이라는 소도시에서 태어났다. 아버지는 신앙심 깊은 경건주의자였지만 엥겔스 자신은 산업화 초기의 이곳 현실에서 깊은 인상을 받았다. 부퍼 강을 따라 오가며 전통적인 민요를 부르고 "억세고 꿋꿋하게 살던 사람들"이 독일의 여느 지역과 달리 생존의 터전을 잃어버린 현실에 충격을 받은 것이다. 엥겔스는 아버지의 일을 돕기 위해 다니던 김나지움을 그만두었다. 이후 아버지는 엥겔스를 다른 회사로 보냈는데 이 시기에 엥겔스는 승마와 스케이트, 펜싱에 빠져 지냈으며 합창단 활동과 작곡을 하기도 했다.[53] 그는 다방면으로 독서를 하며 슐라이어마허, 피히테와 『예수의 생애』를 쓴 다비트 슈트라우스 등에게 영향을 받았는데 이런 것이 계기가 되어 기독교 신앙을 저버렸다. 이어 헤겔을 만난 엥겔스는 마치 개종할 때와 같은 충격을 받았다. 그는 마르크스가 가입한 청년헤겔학파와 교류하던 1842년에 「셸링과 계시」라는 글을 발표했다. 이 소책자는 멀리 러시아에서도 주목을 받았다. 이후 아버지는 아들의 상업적인 재능을 키우기 위해 맨체스터 지사에서 일하라고 권했지만, 엥겔스는 좀더 정기적으로 신문에 기고문을 쓰기 시작했다.[54]

트리스트럼 헌트는 엥겔스가 대륙에서 못지않게 영국에서 생활하는 데 '묘미'를 느꼈다고 말한다. 엥겔스는 이후 내연의 처가 되는 메리 번스를 만났다. 하녀임이 분명한 번스는 엥겔스를 맨체스터의 프롤레타리아 모임에 소개했는데, 이는 『영국 노동계급의 실태』를 집필하는 배경이 되었다.[55] 1844년 엥겔스는 바르멘으로 돌아가면서 파리를 경유했는데 여기서 마르크스를 만났다. 엥겔스가 귀향한 이후에 쓴 『영국 노동계급의 실태』에 대해 데이비드 매클렐런은 "비교적 현대적인 도시 지리와 사회학의 관점에서 쓴 선구적인 작품"이라고 평했다. 오늘날 우리는 이 저술이 산업화 이전의 번영을 과장하고 기계 도입에 따른 충격을 이용해 선동함으로써 영국 노동계급의 한쪽 측면만 부각했음을 알고 있다. 이런 한계에도 불구하고 이 책의 내용은 무척이나 생생한 필치로 쓰였다. "아마 엘리자베스 개스켈의 『메리 바턴』을 제외하면 이 시대에 영국의 노동계급이 당한 쓰라린 시련을 이처럼 생생하게 그려낸 책은 없을 것이다."[56]

1848년 혁명이 일어났을 때 마르크스와 엥겔스는 공동으로 『신성 가족』 『독일 이데올로기』 『공산당선언』을 집필하고 있었다. 혁명이 진행되는 동안 마르크스는 파리로 갔다. 엥겔스는 프로이센 군인들을 상대로 바덴 민주혁명군의 최후 거점에서 일선 병사로 싸웠지만 승리는 싱겁게 군인들 차지가 되었다. 실제로 엥겔스는 "스스로 기대한 것 이상으로 자신에게 용기가 있다고 느끼며" 네 곳의 전투에 참여했다. 이 여파로 엥겔스와 마르크스 가족은 영국으로 망명했다. 엥겔스는 맨체스터에 있는 에르멘&엥겔스 사에서 일하며 생활을 꾸려가는 한편 형편이 어려운 마르크스도 도왔다. 이후 엥겔스의 벌이가 좋아지자 마르크스에 대한 지원도 풍족해졌다. 엥겔스는 마르크스와 공동으로 저술을 하는 일 외에—전직 군인으로서—군사학에 대한 글도 썼다.

비록 바리케이드를 치고 투쟁한 경력이 있다고는 해도 이 무렵 엥겔스는 결코 혁명적이라고 할 수 없었다. 그는 말을 탄 채 사냥개를 몰고 사냥을 나가기도 했고, 앨버트 클럽에 드나들기도 했다. 이 클럽은 빅토리아 여왕의 독일계 남편 이름을 딴 것이었는데 회원은 영국인과 독일인이 반반이었다. 마르크스는 1860년부터는 에르만&엥겔스 사의 이익에서 나오는 운영비를 지원받기도 했다. 이 때문에 "마르크스의 주 수입원이 적어도 이 무렵에는 자본가 수준이었다는 아이러니"가 성립될 수 있었다.[57]

1870년 엥겔스는 다시 런던으로 돌아가 마르크스와 예니가 사는 데서 몇 발짝 떨어지지 않은 곳에 셋집을 얻었다. 그는 이 무렵에서야 비로소 광범위한 독서가 바탕이 된 자신의 책을 쓸 여유가 생겼다. 이때 나온 저서에는 『가족과 사유재산, 국가의 기원』도 포함된다. (이 책은 야만 상태에서 문명으로 이행하는 과정에서 생산이 핵심 역할을 했다고 주장한 루이스 모건(1818~1881)의 유명 저서 『고대 사회』를 참고한 것이다.[58]) 엥겔스의 마지막 역작인 『루트비히 포이어바흐와 고전 독일 철학의 종말』은 1886년에 출판되었다. 여기서 엥겔스는 자신과 마르크스가 헤겔 및 포이어바흐와 어떤 관계에 있는지 자세히 설명하고 있다. 엥겔스는 진리가 "절대적인 결론에 도달하지 않은 상태에서도" 시간이 흐르면서 함께 발전한다는 헤겔의 주장과, 자연 저 너머에는 (인간을 포함해) 아무것도 없으며, 철학과 종교는 "단순히 인간 자신의 본성을 반영한 것"이라는 포이어바흐의 생각을 되풀이했다.

오늘날에는 엥겔스의 박학다식함을 제대로 이해하지 못하는 듯하다. 엥겔스는 마르크스보다 관심의 폭이 넓었으며, 마르크스와 마찬가지로 독일어만큼 영어와 프랑스어에 능숙했다. 나중에는 그리스어와 라틴어도 구사했고 이탈리아어와 에스파냐어(스페인어), 포르투갈어도 어느 정도 할 줄 알았다. 엥겔스는 수월하게 습득한 지식을 요긴하게 활용할 줄 알았다. 그는 이를 바탕으로 빌헬름 1세의 손자인 빌헬름 2세가 큰 실수를 수도 없이 저질러 장차 독일에 재앙을 부를 것이라고 예견했다. 엥겔스는 영국 제국이 번성함으로써 영국의 노동계급이 비록 불평등하기는 해도 번영을 누린 사실을 알고 있었고 이런 현실이 오어니즘Owenism* 이래 영국에서 사회주의가 힘을 못 쓰는 이유라고 생각했다. 엥겔스는 영국 제국이 쇠퇴하고 영국의 독점적 지위가 무너지는 것과 동시에, 미국이 상업 세력으로 부상하면 영국의 노동계급도 유리한 생존 기반이 무너지고 사회주의가 다시 출현

*오언의 사상 체계. 또는 그것을 따르려는 태도. 산업혁명의 진행과 더불어 심화된 노동자 계급의 빈곤과 정신적 타락의 원인을 자본주의 체제 자체의 문제점에서 찾고, 자본가의 자비심에 기대 노동 시간의 제한을 주요 내용으로 하는 노동 입법과 국민 교육 제도를 실현함으로써 노동자의 협동조합적 사회 조직을 수립하려는 공상적 사회주의의 한 파.

할 것이라고 생각했다. 여기까지는 엥겔스의 판단이 옳았다.[59]

엥겔스는 마르크스만큼이나 흥미로운 인물이다. 두 사람이 함께 발전시킨 주요 아이디어를 두고 먼저 창안한 사람이 누구인지에 대한 논란이 끊임없이 있었다. J. D. 헌리는 최근의 비평서에서 마르크스와 엥겔스는 역사와 경제학, 정치학을 유물론적으로 이해한 데서 거의 차이가 없었으며, 엥겔스가 쓴 『공산주의의 원칙』도 두 사람이 공동 집필한 『공산당 선언』과(이것이 더욱 급진적이기는 하지만) 거의 같다고 강력히 주장했다.[60] 엥겔스가 마르크스보다 10여 년 더 오래 살았으며 『자본론』 2권과 3권을 간행한 사실을 감안하면 헌리의 주장은 놀랍지 않다. 헌리는 엥겔스가 마르크스에 비해 혁명의 원인에 대해 조금은 덜 열광적이었을지도 모른다고 말한다. 물론 이런 태도는 엥겔스가 더 오래 살면서 사회민주당이 독일에서 힘을 키우는 현실을 경험한 사실과 관계가 있을 것이다. 두 사람은 『자본론』 제1권의 영어판 서문에서 영국에서 혁명적인 변화는 평화적이고 합법적인 형태로 일어날 수도 있다는 견해를 공유했다. 또 이런 방식이 바람직하다는 데에도 의견을 같이했다. 하지만 마르크스와 마찬가지로 엥겔스도 일부 국가에서는 혁명에 물리적인 힘이 필요하다고 생각했다.[61]

엥겔스와 마르크스, 이 두 사람은 역사는 인간 외적인 힘이 작용한 결과이지만, 앞으로는 인간이 형성할 것이라고 믿는 헤겔 사상의 틀을 끝까지 견지했다. 엥겔스는 특히 역사의 모든 일을 경제학적인 틀에서 설명하는 것은 "우스꽝스럽다"고 지적하며 다음과 같은 말을 남겼다. "어떤 점에서 역사는 관련된 모든 존재의 무의식에 좌우된다……."[62]

어쩌면 다윈의 『종의 기원』에 대한 마르크스의 다음 발언이야말로 심경의 일단을 보여주는 것일지도 모른다. "이 책에는 우리 견해를 확인하기 위한 자연 역사의 토대가 담겨 있다." 여기서 '우리'라는 말이 눈길을 끈다. 하지만 이 말만으로는 적어도 『자본론』 제1권에 대해 엥겔스가 실제 이상으로 재정적인 기여를 했는지, 그리고 생각 이상으로 비판적이었는지 입증할 수 없다. 마르크스가 쓴 원고가 산만했다는 점에서 제2권과 제3권의 발행으로 엥겔스의 관점을 가늠하는 것은 논외의 문제다. 엥겔스가 어떤 가필을 했는지는 알 수 없지만 마르크스의 의도를 거스른 증거가 없다는 데 역사가들은 의견을 같이한다. 2009년에 나온 엥겔스의 전기에서 트리스트럼 헌트는 "마르크스의 불독"(엥겔스)이 '과학적 전환기' 속에 마르크스를 포함시키려고 했으며, 19세기의 과학적 진보에 "사로잡혀" 두 사람의 사회주의를 이런 시대의 흐름 속에 세워두려고 했다고 말한다. 그럴 수도 있다. 하지만 두 사람의 협력은 언제나 상호 존중의 형태를 띠었으며, 결정적인 요인은 "모든 시대를 통틀어 가장 중요한 지적인 동반자 관계"로 협력하려는 데 있었다.[63]

제12장

독일의 역사주의: "관념사의 독특한 현상"

요한 헤르더(1744~1803) 이후 역사는 모든 문화의 토대가 되었으며, 발전과 진화가 만물을 이해하는 핵심이 되었다. 이런 생각이 바로 『인류역사철학논고』에서 헤르더가 강조한 것이다. "우리 인간이 존재하는 목적은 (…) 우리 내면에 가득 찬 최초의 인간적 요소를 발전시키는 것이다. 논리적으로 추론하는 능력을 개발하는 것이 마땅하다. (…) 섬세한 감각을 갈고닦아야 하며 (…) 서로에게 주어진 임무는 우리 각자가 지닌 독특한 개성을 완벽하게 발전시키는 것이다." 피히테, 셸링, 헤겔은 모두 역사에 등장한 개인과 민족의 기본적인 고유성을 강조했다. 빌헬름 폰 훔볼트와 마찬가지로 이들이 볼 때도 인간 생활의 목적은 단연코 '행복'이 아니라 각자 지닌 잠재력의 완성이었다.[1]

계몽주의에서 역사주의적 사고로 전환할 때 작용한 가장 중요한 요인은, 1792년에서 1815년 사이에 벌어진 일련의 정치적 격변과 독일 지식인의 국토회복운동이었다. 교육받은 독일의 중간계층은 처음에는 대체로 프랑스 혁명을 환영했다. 하지만 혁명 이후에 벌어진 공포정치를 보고 무척 곤혹스러워했으며 이런 흐름은 자연법natural law*에 대한 불신이 널리 퍼져 나가는 계기가 되었다. 이런 풍조는 나폴레옹이 점령한 기간에 더욱 강렬해졌고 민족주의 감정이 다시 힘을 얻었다. 아울러 계몽주의적 가치를 혐오스런 프랑스 문화와 동일하게 취급하는 경향이 생겨났다. 이런 격동기를 거치며 자극을 받은 개혁의 물줄기는 세 가지 이유로 독일인의 관심을 역사로 돌렸다.[2]

첫째, 보편적인 정치적 가치로서 계몽주의에 대한 믿음이 산산조각 났다. 이제 독일인은, 모든 가치는 역사적이고 민족적인 기원을 가지며 외국의 제도와 사상을 똑같은 형태로 독일의 토양에 심을 수는 없다고 생각했다. 문제는 추상적인 (프랑스의) 합리성이 아니라 역사였다. 둘째, 국민의 개념이 변했다. 헤르더는 서로 다른 민족끼리도 삶의 풍요를 누릴 수 있다고 생각한 두드러진 세계주의자였다. 하지만 1806년에 피히테가 '독일 국민에게 고함'이란 강연을 할 무렵 독일인은 프랑스인과 달리 독창성의 끈을 놓지 않은, 고유성을 지닌 국민으로 비쳤다. 훔볼트가 말한 대로 프랑스인은 이제 "신성神性에 대한 노력"이 부족한 "천박한 국민"으로 전락했다. 셋째, 국가의 역할도 변화했다. 헤르더는 인간을 만족시키는 데 "이롭지 못한" 인위적인 통일체로서의 국가에는 전혀 관심이 없었다. 하지만 헤르더 사후에 점점 힘과 정치적인 틀에서 국가를 보는 시각이 뚜렷해졌다. 1807년 피히테는 마키아벨리에 대해 쓴 수필에서 국가 사이의 거래를 언급하며, "강자의 권리 외에는 법도 권리도 없다"고 주장했다. 피히테뿐만 아니라 그의 뒤를 이은 랑케마저 "힘이 권리다"라는 견해를 드러냈다.[3]**

*실정법과 달리 인간의 본성nature에 기초해 우주·자연이나 인간·사회를 지배하는 보편적·영구적인 '정의正義'의 법.

**이 말은 '파우스트 2부'에 나오는 메피스토펠레스의 발언과 일치한다. "힘이 있기에 권리도 있는 것이다. 문제는 어떻게가 아니라 무엇을 가졌는가이다."

이렇게 새로운 경향을 빌헬름 폰 훔볼트보다 더 분명히 드러낸 사람은 없을 것이다. 훔볼트는 세계사에는 분명한 목적이 있다고 말하며 다음과 같이 주장했다. "삶의 목적이 추상적일 수는 없다. (…) 우리는 창조정신이 가고자 하는 대로 내버려두어야 한다. (…) 이보다 더 높은 목표, 더 초월적인 본보기도 없다."[4] 요즘 시각으로는 이런 사고가 예외적이라고 말할 수 없지만, 회의론과 진화론 사이의 시대였던 당시로서는 과격함을 띠며 많은 사람에게 위험한 발상이었다.

앞에서 확인한 대로, 훔볼트는 최고의 윤리적인 선善은 남녀 개개인의 인격과 특성이 발전한 상태라고 할 교양에서 찾을 수 있다고 생각했다.[5] 이런 견해는 중대한 결과를 낳을 수밖에 없었다. 이런 태도에서 바라보는 정치적, 문화적, 역사적 이해 방식은 물리적인 자연과는 완전히 다르다. '생명이 없는' 자연은 추상적인 수단이나 자연 운동의 수학적인 규칙성으로 이해할 수도 있다. 이에 반해 살아 있는 현실의 힘은, 스스로 내적인 본성을 반영하면서 겉으로 드러내는 에너지로만 알 수 있는 구조다. 의심할 여지없이 인간 본성에는 어떤 획일적인 특성이 들어 있다. "이런 특성이 없다면 어떤 통계도 있을 수 없다." 하지만 자유로운 창조정신은 역사적인 예측을 불가능하게 한다. 따라서 연구가 중요해진 까닭은 연구 자체가 창조적이기 때문이다. 그리고 역사가 개인적인 의지를 집합한 것에 지나지 않다고 본 이후, 역사는 "여러 사건에 대한 정확하고 공평하며 비판적인 검증"이 될 수밖에 없었다.[6]

조지 이거스는, 그로 이해 독일의 역사가들이 현대에 접어들어서도 계속해서 특별한 역사 개념을 공유했다고 말한다. "우리는 독일에서 역사를 기록하는 한 가지 전통이 프랑스와 영국, 미국보다 훨씬 더 폭넓은 정당성을 기초로 삼고 있다고 말할 수 있다." 이런 의식은 정치권력의 특징이나 거대한 권력 간의 갈등에 집중적으로 나타났고 외교 문서에서도 두드러졌다. 그 결과 사회경제적인 역사와 사회학적 방법론, 통계는 무시되었다.

프리드리히 마이네케와 에른스트 트뢸치를 비롯한 독일 역사가들은 역사주의historicism가 지난 2000년 동안 지배해온 자연법 이론에서 벗어났다는 것을 알았다. 동시에 우주란 "시간을 초월해 절대적으로 타당한 근거를 지닌 진리"로 이뤄져 있으며, "이 같은 진리가 우주를 지배하는 합리적인 질서에 부합된다"는 자연법의 이해 방식에서도 벗어났음을 깨달았다.[7] 자연법적 사고는 이제 인간의 역사 체험이 지닌 완전성과 다양성의 개념으로 바뀌었다. "마이네케는 이런 인식이야말로 종교개혁 이후 서구 사상에 끼친 독일 최대의 업적이며, '인간이 인간세계에서 이룩한 최고의 무대'라고 믿었다." 더욱이 이거스의 해석에 따르면, 트뢸치와 마이네케는 (비독일적인) 유럽 사상이 19세기 전체와 20세기에 들어와서도 자연법에 얽매였다고 주장했다. 이거스는 이런 차이가 프랑스 혁명 이후 독일과 다른 서유럽 국가 사이의 문화적, 정치적인 발전에 "커다란 간극"을 이루는 계기가 되었다고 말한다. 또 하나의 '존더베크' 현상이라고 할 수 있다.[8]

"유럽 지성사에 한 획을 긋다"

독일의 역사가들도 여러 실용적인 방법으로 변화를 자극했다. 먼저 우리가 지금 당연하게 여기는 것부터 생각해보자. 예컨대 문서 기록을 보면 무엇이든 출판할 자유가 있다는 말이 나온다.[9] 조지 구치는 이것이 언제나 사실이었던 것은 아니라고 말한다. 그는 바르톨트 니부어(1776~1831)를 가리켜 근대의 역사 기록에서 영웅적인 활동을 펼친 최초의 학자이며 역사편찬historiography을 독립된 학문의 지위로 끌어올리고 후대의 많은 역사가에게 영향을 끼쳤다고 말한다. 주목받는 덴마크의 여행가이며 탐험가였던 카르스텐 니부어의 "감상적인" 아들이었던 니부어는, 아버지로부터 서구와는 다른 위대한 고대 문명이 있음을 알게 되었다. 그는 킬 대학에서 법학과 철학을 공부한 데 이어 역사학을 접하고는 열아홉의 어린 나이에도 자신이 원하는 것이 무엇인지 깨달았다. “내 이름을 길이 남긴다면 고전문헌학자뿐 아니라 역사가와 시사평론가로 남을 것이다.”[10] 니부어는 덴마크와 베를린에서 행정부 일을 하다가 1810년에 베를린 대학 교수직을 제안받았다. 로마사에 대한 대大저술을 시작한 것도 베를린 대학에서였다. 그는 프랑스군과 전투가 벌어지는 와중에 오늘날 우리가 체계적인 로마사 연구의 길을 연 것으로 평가하는 책의 앞 두 권을 출판했다. 정부에서 보낸 시간 덕분에 “이전의 어떤 역사가도” 경험하지 못한 역사 이해의 방식을 얻게 되었다고 늘 주장했던 니부어는 이 경험에서 역사란 “사건보다 제도에 관한 것이고 개인보다 계급, 입법자보다 관습에 관한” 설명이라는 관점을 얻었다고 말했다. 이런 시각은 역사 이해에 있어 매우 중요한 변화였다. 니부어의 업적은 여기서 그치지 않는다. 고대 로마사의 원천을 정확히 파악하고 이 원천에서 신뢰할 만한 것을 분류한 공도 빼놓을 수 없다. 그는 『호메로스 개론』에서 볼프가 사용한 방법론과 여기서 나온 성과를 철저하게 받아들였으며 볼프의 영향을 받아 고대 로마의 역사는 고대 로마의 문헌을 비판적으로 검증해야 발견할 수 있는 것이라고 확신했다. 괴테도 니부어의 영향을 받았으며, 똑같이 영향을 받은 영국의 토머스 매콜리는 니부어가 쓴 로마사를 두고 “유럽 지성사에서 한 획을 긋는”[11] 역작이라고 평했다.

문명을 실현한 법

독일에서 이렇듯 역사의식이 발전한 중요한 요인은 법의 영역에서 찾을 수 있다. 많은 사람이 생각하는 대로 법은 “하늘에서 내려준” 것이 아니라 그 자체가 진화한 것임을 보여주는 데 결정적인 역할을 한 사람은 베를린 대학의 두 교수였다. 그중 한 명인 카를 아이히호른(1781~1854)은 괴팅겐 대학에서 법학과 정치학Staatswissenschaft, 역사학을 공부했다. 당초에 아이히호른은 변호사 개업을 할 생각이었지만 프랑크푸르트안데어오데르 대학에서 교수직을 제안받은 뒤 연구와 저술로 관심을 돌렸다. 그는 27세가 되던 1808년에 『독일국가 법제사』 제1권을 펴냈는데, 이 책으로 베를린 대학 교수로 초빙되었다.

아이히호른의 목표는 국가와 공법公法이 "국민 생활에 영향을 끼치는 모든 요인에서 비롯된 것"임을 보여주려는 데 있었다. 그는 합법적인 사고와 제도가 어떻게 발전하는지 보여주면서 이 둘 사이의 연결고리를 기술했다. 아이히호른은 이런 활동을 펼치면서 독일의 국민정신이 태동하는 데 일조했다. 그는 베를린 대학에서 법은 예술이나 철학과 마찬가지로 위대한 문명이 탄생하는 데 결정적인 요인이라는 생각을 대변했다.

다른 한 명인 프리드리히 폰 사비니(1779~1861)는 아이히호른의 평생지기였다. 아이히호른과 마찬가지로 괴팅겐 대학에서 공부한 사비니는 1803년에 로마 재산법Roman Law of Possession의 특정한 측면을 분석한 책을 출판했다. 사비니는 이듬해 유럽의 도서관을 둘러보기 위해 장기여행을 떠났고 이 여행으로 독특한 체험과 자신감을 얻었다. 그는 나폴레옹이 전쟁에서 승리한 여파로 광범위한 독일 법전에 프랑스식 체계를 받아들이라는 요구가 빗발쳤을 때 효과적으로 반대하기도 했다. 베를린 대학 교수가 된 사비니는, 법은 관습과 관행에 맞춰 발전해야 하며 국민에게 '강요한' 법은 자의적인 것이어서 반드시 부정적인 결과를 일으켜 유익함보다는 폐해가 클 것이라고 강력히 주장했다. 이는 1815년에 제1권이 발행된 사비니의 『중세 로마법사』에서 강조한 것이었다. 여기서 사비니는 로마법이 어떻게 '야만인'이라 불리던 독일인 사이에서 살아남았으며 나아가 확산되기까지 했는지 보여주었다. 그리고 각 지방 도시의 제도와 풍습에 남아 있는 로마법의 흔적을 추적했다. 그가 특히 강조한 것은 로마법이 독일법보다 오래되었고 지속적으로 이용되었으며 법학자의 해석을 거쳐 발전을 거듭했다는 점이었다.

니부어와 사비니, 아이히호른이 초기 저술을 발표하던 무렵, 야코프 그림(1785~1863)은 게르만 기원학science of Teutonic origins의 기초를 세웠다.[12] 1785년 헤센 주에서 태어난 그림은 마르부르크 대학에서 법학을 공부했는데, 이곳에서 사비니의 강의를 듣고 역사에 대한 관심이 싹텄다. 그가 고대 독일 문학을 처음 접한 것도 사비니의 서재에서였는데, 그는 고대 독일 문학을 '미개척 분야'로 판단했다. 사비니가 파리에 소재한 도서관을 둘러보러 여행을 떠났을 때 그림이 사비니를 수행했다. 이때 그림은 관심 분야의 자료를 수집했다. 독일의 전설과 동화를 수집하자는 아이디어가 떠오른 것이다.

그가 동생인 빌헬름 그림(1786~1859)과 함께 작업한 『아동과 가정 동화』 제1권이 1812년에 간행되면서 그림 형제는 유명해졌다. "낭만주의의 다른 어떤 작품보다 '동화Märchen'가 독일 국민 생활의 일부가 되었다."[13] 그림 형제는 모든 민족의 고대사는 민담民譚이며, 역사가 민담을 부정하는 이유는 민담에 '사실'이 결여되었다는 생각 때문이라고 보았다. 하지만 야코프는 오히려 민담에 사람들이 생각하는 것 이상의 역사적 실체가 담겨 있다고 믿었다. 야코프 그림은 중세 문학을 "한 민족의 영혼에 대한 드러나지 않는 표현"이라고 할 수 있는 중세의 대성당에 비유했다. 기록된 이야기에 구전된 역사를 추가한 『독일 신화』에서 야코프는 백조의 처녀,* 픽시pixie,** 땅의 요정 코볼트kobold,*** 엘프elf, 난쟁이, 거인 등에 관한 민담을 유럽 전역에 스며든 기독교 정신으로 묘사했다.[14]

이처럼 학술적인 분야에서 민족주의가 지속적으로 모습을 드러낸 것은, 몇몇 독일 역사가가 독일 역사의 기초를 적절하게 세우면서부터였다. 이

---

*깃털 옷을 입으면 백조가 되고 벗으면 사람으로 변해서 인간인 남자의 아내도 되지만, 얼마 안 있다가 깃털 옷을 입고 백조로 돌아가 날아가버린다는 전설.

**귀가 뾰족한 작은 사람 모습의 도깨비 요정.

***독일 전설에 나오는 장난꾸러기 꼬마 요정.

는 민족의 문서와 원천을 완벽하게 기록할 필요가 있다는 공감대가 형성되었기 때문이다. 1819년 하인리히 슈타인과 베를린 대학의 몇몇 교수가 주도하여 프랑크푸르트에 '독일고대사학회'를 설립하고 기관지인 『독일 역사 기념논총Monumenta Germaniae Historica』을 창간했다. 편집인 겸 발행인이었던 게오르크 하인리히 페르츠가 50년 동안 근무한 뒤 퇴직했을 때는 '장중한' 2절판 출판물이 무려 25권에 이르렀다. 지금은 당연하다고 여겨질지 모르지만 당시로서는 엄청난 것이었다.[15] 기념논총 외에 다른 역사 저술도 민족주의가 출현하는 데 활기를 불어넣었다. 예컨대 하인리히 루덴의 『독일 민족사』(전12권, 1825~1837), 요하네스 포크트의 『프로이센사』(전9권, 1827~1839), 요한 프리드리히 뵈머의 『독일 역사의 원천』(1843)을 꼽을 수 있다. 이어 랑케가 등장했다.

"근대 최고의 역사 저술가"

독일 역사가에 관한 책을 쓴 G. P. 구치에 따르면, 레오폴트 폰 랑케는 "타의 추종을 불허하는 근대의 가장 뛰어난 역사 저술가였다. 랑케는 사료에 기초한 과학적 연구 방법을 창안하고 누구도 따라잡을 수 없을 만큼 공정했을 뿐 아니라 탁월한 저술 능력을 겸비했으며, 장수했다는 점에서 다른 어떤 역사가보다 뛰어난 수준의 저술을 여러 권 남길 수 있었다. 독일의 (역사) 학문을 유럽 최고 수준으로 끌어올린 이도 랑케였다. 이상적인 역사가의 모습에 랑케만큼 가까이 다가선 인물도 없었다."[16]

랑케(1795~1886)는 라이프치히 대학에서 신학과 문헌학을 공부하면서 히브리어로 쓰인 구약성서를 읽었다. 구치는, 오늘날 알려진 대로 랑케가 비판적인 방법을 맨 처음 활용한 학자는 아니지만 어느 누구보다도 비판적 방식을 유행시켰고, "이 방식으로 무엇을 해야 할지 보여준" 인물이라고 평가한다. 랑케는 스물아홉이 되던 1824년에 첫 저작물인 『라틴 및 게르만 민족들의 역사 1494~1514』를 발표해 명성을 얻었다. 이 저술은 사실상 이후에 유명해진 『근대 역사 기술가에 대한 비판』을 위한 부록이었지만, 어떤 면에서는 본문보다 더 중요하게 여겨졌다.[17] 랑케는 이 부록에서 니부어가 사용한, 근대 사료에 대한 비판 원칙을 적용했다.

랑케는 또 역사적인 문서의 '발견'으로도 이름을 떨쳤다. 지금에 와서 보면 이런 업적은 일부 과장된 측면이 있는 게 사실이다. 랑케와 같은 시기에 때로는 더 일찍 이런 문서를 쓴 학자가 몇몇 있었기 때문이다. 다만 여기서도 주목할 것은 랑케의 사료 활용 방식이 주목을 받았다는 사실이다. 랑케는 베를린에서 16세기 전기 후반(1526~1550)에 베네치아 주재 대사가 쓴 보고서를 묶은 책 몇 권을 접했다. 바로 베네치아 공화국이 전성기를 누리던 시기였다. 랑케의 결정적인 면모는 당시 지도급 인사나 이런저런 관찰자가 기술한 이 실록이 사실과 전혀 다름을 포착한 통찰력에 있었다. 실록을 기록한 주역들은 모두 저마다 다른 속셈을 지녀 사실의 부분적인 측면만을 기록했던 것이다.

이런 '객관적'인 대사의 보고서는 랑케가 기록하는 역사의 성격을 결정하는 데 커다란 영향을 미쳤다. 물론 결정적인 몫을 하는 것은 사료였지만, 그가 가장 중요하게 여긴 임무는 "큰 범위에서의 포괄적인 서술"이었다. 랑케는 역사가란 "재료를 끌어 모은 뒤 자신의 능력에 의존해 그 재료를 다시 창조하는 시인처럼 기록한다"고 말한 훔볼트와 생각을 같이했다.[18] 이런 태도는 지금도 적용되는 현대적인 접근 방식이다.

『16세기와 17세기의 오토만과 에스파냐 군주정치』는 이런 접근 방식을 채택한 최초의 저술이었으며 『남유럽의 군주와 민족』 총서 제1권도 마찬가지였다. 랑케의 첫째 목표는 주역들의 행동을 당대의 외교, 무역, 재정, 행정의 틀에서 이해할 수 있도록 하는 것이었다. 재차 강조하지만 지금은 이런 방식이 아주 당연한 것이 돼버려 랑케가 처음 시도했다는 사실을 잊기 쉽다. 이런 방식은 다른 저서에서 더욱 두드러진다. 랑케는 프로테스탄트였던 까닭에 바티칸의 문서에는 접근할 수 없었다. 하지만 그는 교황을 배출한 몇몇 대가문(특히 바르베리니 가)의 문서에서 그의 권위 있는 저서 『로마교황사』(제1권, 1834)를 쓰기 위한 충분한 사료를 찾아냈다. 랑케는 이 자료 덕분에 유럽의 발달에 영향을 준 다른 기관과 마찬가지로 교황의 계보를 추적할 수 있었다. 하지만 이 책의 토대가 된 것은 반종교개혁이었으며 여기서 최초로 권위를 인정받은 역사해석가가 되었다. 랑케는 과거의 정신생활과 광범위한 질서의 기초를 생생하게 재현해 엄청난 갈채를 받았다. 그는 『종교 개혁 시대의 독일사』(1839~1847)로 다시 한번 큰 성공을 거두었다. 로마 교황에 대한 저술을 끝마친 랑케는 가톨릭에 대한 설명과 더불어 프로테스탄트의 역사도 써야 한다고 생각했다. 이때도 그는 다수의 서신을 발견해 활용했는데, 브뤼셀에 있는 샤를 5세와 관련된 사료였다.[19]

랑케의 특징을 가장 잘 드러내는 저술은 1847년에서 1848년 사이에 발표된 『9권의 프로이센사』이다. 이 책은 베를린에 보관된 문서를 바탕으로 쓴 프리드리히 대왕에 대한 연구서다. 내용은 거대한 권력이 등장한 배경을 조명하는 것이 핵심인데, 대왕을 프로이센의 행정 조직에 기초를 세운 인물로 그리고 있다. 랑케는 교황사를 쓸 때와 같은 방식을 적용해 자신의 판단에 누가 될 만한 일체의 편견을 배제했으며 대왕의 면모에 분명하게 초점을 맞추기 위해 오스트리아에 대한 적대감을 드러내지 않았다. 바로 이것이 그 자신이 표현한 대로 '있었던 그대로wie es eingentlich gewesen'의 역사를 말하기 위해 최선을 다하는, "가치중립적인 역사의 아버지"로서의 랑케의 모습이다. 그는 현재의 관점으로 역사적 인물을 바라보는 방식을 단호하게 배격했다. 이런 방식은 뒤이어 나온 마키아벨리에 관한 책이나 프랑스사, 영국사에서도 계속되었다. 랑케는 "유럽인으로서" 기록했으며(그의 아내는 영국인이었다) 유럽사는 본질적으로 거대한 권력의 등장과 권력 경쟁에 관한 이야기라고 확신했다. 이런 유럽의 실태는 이후 '현실정치

Realpolitik'라고 불렀다.

대작大作의 수에서도 랑케는 다른 역사가와 구별된다(아마 그만큼 역사 지식이 폭넓은 사람도 없었을 것이다). 어떤 소재든 그가 기록한 역사는 시대의 거대한 흐름을 다루기는 했다. 그러나 랑케 역시 개별 인물의 역할을 인정했다는 것은 다음 발언으로 알 수 있다. "일반적인 경향은 어떤 개인이 결정하는 것이 아니지만, 이런 경향이 효과를 발휘하려면 언제나 뛰어난 자질을 지닌 개인들이 있게 마련이다."[20] 랑케는 "입증할 수는 없어도 느낄 수는 있는" 형태로 "만물을 다스리는 신성한 질서"가 있다고 생각했다. 이 질서는 "시대의 흐름 속에서" 모습을 드러낸다. 이런 점에서 랑케의 최초 업적은 과거의 연구에서 현재의 열정을 분리해낸 것이라고 할 수 있다. 랑케 이전의 역사가들은 실록과 연대기를 최고로 권위 있는 사료라고 생각했다. 랑케 이후의 역사가는 모두 사건과 직접 관련이 있는 인물들이 작성한 문서나 주고받은 편지도 그에 못지않게 필수적인 사료라는 믿음을 받아들였다.[21]

조지 이거스는 랑케가 비판적 방법을 활용하고 비록 권력자에 관심을 두기는 했지만 역사에서 악의 세력이 펼치는 역할이 따로 있다고 생각한 건 아니라고 말한다. 국가는 '신의 아이디어'로 나온 산물이며 그 자체에 목적이 있다는 것을 확신한 랑케의 관점은 정부의 관점과 일치했다. 이런 생각은 랑케와 그의 후계자들이 경제적 요인과 새로 나타난 사회학적 요인을 과소평가하게 만든 것으로 보인다. 여기서 파생한 잠재적인 부수 효과로는 랑케의 접근 방식이 새로 싹튼 민족주의를 촉진시키는 데 기여했다는 점을 들 수 있다.[22] 랑케 이후의 역사가들은 학자로서는 전에 비해 더 뛰어났지만, 특히 독일에서는 더욱 적극적으로 정치와 관련을 맺었다.

독일인의 자유관

오늘날 우리는 랑케의 이런 접근 방식이 파급 효과를 낳았다는 것을 알 수 있다. 조지 이거스는 독일의 역사를 폭넓게 형성한 것은 세 가지 사고에서 비롯되었다고 말한다.

그 자체가 목적인 권력 국가(개념으로서의 국가)•

독일에서 국가 개념은 언제나 귀족적이며 거기엔 관료적인 편견이 담겨 있었다. 즉 교양을 갖추고 재산이 있는 중간계층이 국가의 중추 역할을 맡는다는 이해가 깔려 있었다. 독일의 역사가들은 프랑스와 영국보다 통치자와 피치자 사이를 더욱 분명하게 구분했다. 국가를 자체의 목적을 지닌 '개체'로 본 것이다.

규범적 사고에 대한 거부

랑케는 국가의 주된 임무가 열강 사이에서 "독립과 국력에 대한 최고의 한도"를 보호하는 것이라고 보았다. 따라서 (독일) 국가는 고유한 특성을 완벽하게 발전시키려는 성향이 있다. 국내 문제는 모두 이 목표에 종속되며, 여기서 "국가가 한 차원 높은 자체의 목표를 추구할 때 과오란 있을 수 없다"는 발상이 나온다. 순수한 권력은 하나이며 그 자체가 도덕성이 된다.

반反개념성, 개념화된 사고의 거부

역사에서의 일반화와 모든 것에 우선하는 이론, 그리고 문화과학은 가치가 제한적이다. 역사는 "의지를 실현하는 인간 행위의 영역"으로

• 국가의 본질은 권력의 행사에 있다고 본, 절대주의적 사고에서 나온 국가 개념.

이해된다. 그런데 역사에 대한 이해는 추상적인 추론으로 얻어지지 않고 역사의 주역과 "직접 접촉"해 그 주체의 개체성을 인정함으로써 이뤄지는 것이다. 이런 사고에서 역사에 대한 이해는 모두 직관을 요구한다는 발상이 나온다. 삶의 불합리한 측면을 고려해야 한다는 것이다.[23]

이러한 관념으로 미루어볼 때 독일의 역사가들은 1848년부터 1914년까지, 특히 산업화의 여파로 사회경제적인 변화가 대대적으로 일어난 전환기에서도 거의 영향을 받지 않은 채 자신만의 세계에서 움직였다는 사실을 알 수 있다. 이들에게 역사란 여전히 거대한 권력 사이의 상호 작용이었으며 국내의 사회경제적인 문제의 해결책은 국력의 강화를 주요한 수단으로 삼는 외교 정책의 연장선상에 놓여 있었다.

이거스가 말한 대로, 이런 점에서 독일의 역사주의는 관념사에 등장한 독특한 현상이다. 실질적인 학문적 성과 외에 역사주의가 정치와 독일인의 자기 인식에 미친 효과는 두드러졌다. 19세기 내내 지속적으로 발달한 자연과학의 성과도 역사주의적 사고에 그리 영향을 미치지는 못했다. 20세기 들어 대재앙을 당하고 나서야 이런 인식은 바뀌었다.[24]

랑케식 사고방식이 낳은 또 하나의 중요한 결과는 자유 개념에 대한 것이다. 역사가들은 자유란 국가 안에서 국가를 매개로 할 때만 성취할 수 있는 것이라고 주장했다. 이런 주장은 대학 교육을 받은 교양시민계급 Bildungsbürgertum의 정치사회관과 밀접하게 결합했다. 이렇게 역사주의는 19세기의 프로이센과 독일의 전통적인 정치 사회 구조에 이론적인 기초를 제공했고, 이것이 바로 독일과 '서구'사회가 문화적인 간극을 갖게 된 주요인이었다. 독일의 역사가들은 개혁적인 프로이센 왕정이 자유의 역사에서 '절정기'를 대표한다고 보았다. 그들은 프로이센을 개인이 자유를 누리는 동시에 전체로 통합되는 사회라고 생각했다. 이런 '독일인의 자유관'은 적어도 훔볼트식의 교양을 애호하는 교양시민계급 사이에서는 핵심적인 믿음이었으며, 1789년의 원자론적인atomistic 사고*와 대조되는 것으로 자랑스러워한 것이었다.[25]

*프랑스 대혁명에서 유래한 자유 개념을 말한다.

제13장

생물학의 영웅시대

1890년 3월 11일 저녁, 연미복에 하얀 나비넥타이를 맨 수백 명의 남자가 베를린 시청에 마련된 만찬장으로 모여들었다. 샹들리에가 휘황찬란하게 불빛을 밝히는 홀에는 야자수가 줄지어 늘어섰고, 아치가 이어지는 회랑에 식탁이 차려져 있었고, 거기에는 독일의 상류층 부인을 포함해 각계 유명 인사들이 자리해 있었다. 한 참석자의 말을 빌리면 "과학의 역사에서 아마 어느 것에도 비할 바 없는 장엄한 축하 연회였다." 이 자리를 빛내기 위해 축사를 한 연사만 10명이나 되었다.[1]

연사마다 마지막으로 연설할 한 사람을 칭송했다. 벤젠 축제Benzolfes라고 알려진 이 만찬은, 19세기의 위대한 모험 시대에 주역의 한 사람이 된 이 마지막 연사가 이룩한 발견의 25주년을 축하하기 위한 자리였다. 이 발견은 50년이 지난 다음에야 진지한 연구가 본격적으로 이뤄졌다. 주인공은 벤젠고리Benzene ring를 발견한 아우구스트 케쿨레(1829~1896)였다. 그가 발견한 벤젠고리는 화합물 중에 가장 작은 구성단위인 분자와 같은 구조가 존재한다는 것을 뒤늦게 깨닫게 한 것이다. 케쿨레는 벤젠이 일정한 구조를 이루며—이 구조에 의존하는 특수한 성질과 함께 일정한 모양과 크기를 지닌—이 구조가 유기화학, 생화학, 생물학을 지배하는 화학의 기초 구성단위라는 사실을 발견한 것이다.[2]

유기화학이 발명된(발견된) 것은 이로부터 70년 전의 일이었다. 유기화학은 19세기 중엽을 생물학의 영웅시대로 만든 세 가지 획기적인 발견 중 하나였다. 두 번째는 비료의 발달이었다. 유럽 전역에 새로 형성된 대도시에서 일하기 위해 사람들이 농촌을 떠나던 시절에, 비료는 농업에 대대적인 변화를 몰고 왔다. 대도시의 식량 수요는 그 어느 때보다 증대했다. 세 번째는 세포의 발견을 꼽을 수 있다. 세포가 모든 동식물의 기본적인 구성단위이며, 세포가 분화해 생명체의 다양한 기관을 구성한다는 사실을 알게 된 것이다. 이런 발견에 따른 발달로 의학, 질병과 건강의 개념, 산업(염료, 비료, 화장품, 제약)이 변화했고—새로운 발견으로 생명의 진행 과정을 설명할 수 있게 되었고 비활성물질을 생명체에 연결시키는 것이 개념적으로 가능해짐으로써—전통적인 믿음이 중대한 위협을 받았다. 이런 시점에 인간 자신에 대한 이해가 철학적이고 종교적인 역할을 대신했다.

천연물과학(유기화학)에서 탄소가 핵심 역할을 한다는 것은 꽤 오래전에 알려진 사실이었다. 사람들은 왜 이미 알려진 수많은 원소 중에 단 하나가 놀랍도록 다양한 천연물질의 기초가 되는지에 대해 의문을 품었다. 이런 의문은, 19세기 초의 수많은 과학자가 다양한 물질을 설명할 때 화학으로는 충분치 않으며 틀림없이 어떤 '활력vital force'이 작용하고 있다고 믿은 사실을 설명하는 데 도움이 된다.[3]

'유기화학organic chemistry'이라는 용어는 1777년 무렵부터 쓰기 시작했다. 그러나 그 이해 수준은 초보적이어서 당시 교재를 보면 고무, 침, 소변, 알부민, 젤라틴, 피처럼 유기적인 것으로 간주되는 다양한 물질을 나열한 목록에 지나지 않았다. 이중 대부분은 "합성이 불가능한" 물질로 여겨졌다.[4]

이 분야에서 최초로 체계적인 이해를 한 인물은 프랑스의 앙투안 라부아지에다. 라부아지에는 몇 가지 천연 제품—알코올, 설탕, 초산(식초에서 나오는)—에는 탄소, 수소, 산소 세 원소만 들어 있다는 것을 밝혀냈다. 유스투스 폰 리비히(1803~1873)와 프리드리히 뵐러(1800~1882)는 이런 사실을 기초로 하여 유기화학이 등장하는 데 구체적인 역할을 했다. 둘은 대략 1824년부터 30년 동안 유기화학의 거의 전 분야를 연구해 수백 편의 논문을 발표했으며 수천 명의 제자를 가르쳤다(뵐러가 가르친 학생 수만 8000명에 이르렀다). 리비히보다 세 살 위였던 뵐러는 과묵하고 겸손했으며 마른 몸집에 실제 나이보다 젊어 보였다(그가 영국에서 마이클 패러데이를 만났을 때 패러데이는 뵐러의 아들이 온 줄 알았다고 한다).[5] 이에 비해 리비히는 성미가 급하고 실수가 잦았다. 존 버킹엄이 쓴 초기의 생물학사에서 한 말을 빌리면, 리비히는 실수와 실패를 거듭하는 데다 시끄러운 언쟁을 일삼아 자신의 경력에 흠집을 남긴 인물이었다(언젠가 영국의 한 출판사에서는 본문 중에 남을 비방하는 대목이 많아 책 출판을 거절하기까지 했다). 이런 결점에도 불구하고 리비히의 업적은 생체분자 발견에 새 시대를 열 만큼 놀라운 것이었다.

1803년 5월 다름슈타트에서 태어난 리비히는 본 대학의 빌헬름 카스트너와 파리의 조제프 루이 게이뤼삭(1778~1850) 밑에서 화학을 공부했다. 당시 파리는 분석적 방법에서 독일보다 더욱 엄격했다. 리비히에게 기회가 찾아온 것은 알렉산더 폰 훔볼트의 추천으로 헤세 공국의 루트비히 1세가 그를 기센 대학의 과외課外 교수로 임명하고부터였다. 리비히와 동료 두 명은 부임하자마자 실험실 세우는 일에 착수했다. 얼마 지나지 않아 실험실은 20개로 늘어났다. 기센 대학에 새로 화학 실험실이 세워진 것을 신호로 화학 연구를 위해 라인 강 동쪽으로 이주하는 현상이 벌어졌다. 리비히가 직접 설계한 장비를 활용해 더 빠르고 정밀한 분석을 할 수 있었다. 리비히와 그의 제자들은 퀴닌과 모르핀, 스트리크닌 등 신비로운 천연물질을 분석하는 과정에서 이들 물질에는 상대적으로 많은 수의 원자가 들어 있지만 분자식은 단비單比*가 아니라는 사실을 발견했다.

이들은 또 이성질 현상異性質現象 isomerism**이라는 중요한 현상을 발견했다. 이것은 리비히가 기센 대학에서 뇌산雷酸염을 연구하다가 확인한 것이다. 뵐러는 스톡홀름에서 스웨덴의 유명한 화학자인 옌스 야코브 베르셀리우스(1779~1848)와 협력해 다른 산酸을 조사하다가 시안산을 발견했다.[6] 이 두 물질은 완전히 달랐지만(뇌산과 달리 시안산은 전혀 폭발력이 없다) 뵐러는 시안산은염을 분석하면서 리비히가 뇌은을 분석하여 얻은 것과 정확하게 똑같은 결과를 얻었다. 어떻게 이런 일이 일어날 수 있을까? 분석 결과를 비교하기 위해 프랑크푸르트에서 만난 두 사람은 각자의 분석이 옳다는 결론을 내려 많은 사람을 놀라게 했다. 이들이 내린 결론은 서로 다른 물질이라도 구성 요소가 같을 수 있음을 뜻했기 때문이다. 두 사람이 분석한 시안산과 뇌산에는 탄소와 질소, 산소, 수소가 똑같은 비율로 들어 있었다. 이 현상을 설명하기 위해 '이성질 현상'이란 용어를 만들어낸 사람은 베르셀리우스였다. 이 말은 이후에 비밀이 벗겨진 많은 실험 사례에 적용되었다.[7]

이 현상을 파악하는 데 시간이 지체된 부분적인 이유는 18, 19세기 전반에 걸쳐 생리학은 말할 것도 없고 유기화학이 '활력'이란 개념 때문에 혼란을 겪었기 때문이다. 활력 개념이란 모든 유기체는 물리적인 법칙만으로 설명할 수 없으며 어떤 '특별한 영향력'이 작용한다는 생각을 가리킨다. 이런 견해는 유기물의 범위와 다양성은 오직 신神만이 구상할 수 있다는 믿음 때문에 굳어진 것이다. 점점 더 많은 분석이 이뤄지고 오로지 탄소와 질소, 물(수소와 산소)만으로 구성된 물질이 점점 더 많이 발견되면서 신비

*하나의 식으로 이뤄진 비.

**분자식은 같으나 두 가지 이상의 다른 구조식 또는 입체 배열을 갖는 화합물이 존재하는 것. 각각의 형태를 이성질체라고 한다.

롭다는 생각이 더욱 깊어졌다.[8]

뵐러가 사람들의 기억에 언제까지나 남을 만한 실험에 성공한 것은 이렇듯 지적인 분위기와 종교적인 풍토가 뒤섞인 시대 상황에서 이뤄진 것이었다. 그는 시안산은염을 염화암모늄과 반응시키면 시안산에서 암모늄염을 추출할 수 있을 것으로 기대했다. 하지만 그가 (불용성의) 염화은을 걸러내고 잔여 용액을 증발시킨 뒤 발견한 것은 "끝이 뭉툭하고 가느다란 사면체의 프리즘 형태로 된 무색의 투명한 결정체"였다. 놀랍게도 이 결정체는 요소와 무척 닮았다. "이 같은 유사성 때문에 (···) 소변에서 추출한 순수한 요소와 비교 실험을 하게 되었다. 여기서 (요소와) 이 결정체는 암모니아시안산염—이런 이름이 가능하다면—이라는 똑같은 원소로 구성되었다는 것이 분명해졌다." 사실 이 두 화합물은 이성질체로서 구조가 같은 것은 아니었지만 뵐러의 실험은 그 자체로 상징적인 것이 되었다. 뵐러는 당시까지 오직 동물에게서만 얻을 수 있었던 요소를 무기물에서, 그것도 "어떤 활력의 간섭도 없이" 만들어냈기 때문이다. "리비히와 그의 후계자들은 이 실험을 과학적 유기화학의 진정한 출발로 여겼다."[9]

활력론이 하룻밤 사이에 사라지진 않았지만 적어도 리비히는 일관되게 활력론을 공격했고 동물의 먹이 흡수와 열 생산 현상에 대해 수없이 많은 실험을 계속했다. 리비히는 살아 있는 유기체를 특징짓는 에너지는 '전기'나 '신경 에너지' '활력'이라는 신비로운 원인과 상관없이 (생명체의) 조직 안에서 연속적인 먹이 연소燃燒의 결과로 발생하는 것임을 확실히 보여주었다.[10]

벤젠: 화학의 신기원

생화학physiological chemistry은 생물학 연구의 한 갈래였다. 또 다른 생화학은 뜻밖에도 가스등에서 발달했다. 1816년까지 런던에는 각 공장과 가로등에 가스를 공급하기 위해 금속제 가스도관이 42킬로미터 정도 가설되었다.* 초기에는 가스를 후대의 방법처럼 콜타르가 아니라 고래나 대구 기름 같은 유기 물질에서 추출해 사용했다. 이런 방식으로 얻은 가스에는 액체 찌꺼기가 많이 남아 작동 중에 응고되거나 도관 자체에서 응고되기 일쑤였다. 런던의 가스공장 소유주가 볼 때, 이른바 가스기름이라고 불린 이 쓰레기는 지나치게 많이 쌓였다. 1825년에는 이것이 무엇이며 또 달리 쓸 만한 용도가 없는지 알아보기 위한 샘플을 마이클 패러데이에게 보냈다. 패러데이는 열흘간 이 물질을 분석한 끝에 이것이 탄화수소로서 탄소와 수소로만 구성된 물질이라는 사실을 밝혀냈다.[11]

처음에 패러데이는 이 잔여 물질을 '수소의 비카르부렛bicarburet of hydrogen'이라 불렀는데, 이후 벤젠으로 이름이 바뀌었다. 이 무렵에는 벤젠이 '방향족화합물芳香族化合物, aromatic compound'**이라고 알려진, 다양한 물질의 기초가 되는 안정적인 주요 고리라는 사실을 전혀 인식하지 못했다.[12]

1832년, 패러데이가 벤젠을 확인한 지 7년이 지났을 때, 리비히와 뵐러는 공동으로 두 번째 중요한 연구에 착수했다. 이번에는 방향족화합물에 관한 것이었다. 연구 첫 단계에서 두 사람은 아몬드 기름에서 추출한 물질에 하이드로벤조일(오늘날은 벤즈알데하이드라고 부른다)이라는 이름을 붙였고, 이 물질이 탄소, 수소, 산소로만 구성되어 있다는 사실을 발견했다. 하지만 결정적인 성과는 다음 실험 결과에서 나왔다. 두 사람이 일련

*18세기 후반까지 일반 가정에는 가스등이 적합하지 않았다.

**분자 속에 벤젠고리를 포함하는 유기화합물을 일컫는 말로, 1865년 케쿨레가 벤젠의 구조를 밝혔을 때 벤젠이 향기를 지닌 데서 '방향족'이라는 명칭이 유래되었다.

의 원소 치환 실험을 통해 벤즈알데하이드와 염소를 반응시켰을 때 염화벤조일이 발생하며, 이 물질은 또 요오드화칼륨(아이오딘화칼륨) 등의 물질에 의해 요오드화벤조일로 변하는 물질이라는 사실을 발견한 것이다. 이 실험은 연관된 유기물질이 일련의 체계적인 화학 변환으로 발생한다는 사실을 최초로 보여주었다. 리비히와 뵐러가 처음 깨달은 사실은 화학 변환의 전 과정에서 상당한 크기를 지닌 분자 구조의 고리가 불변 상태로 남아 있다는 것이었다. 두 사람은 이 구조를 $C^{14}H^{10}O^{2}$(당시 표기로)로 계산했다. 둘은 이 고리를 '벤조일'로 분류하고 '라디칼화합물compound radical'이라 불렀다. 여기서 '라디칼'이라는 말은 "하나의 원소를 모방하는 반응을 보이는 원소들"의 집합을 뜻한다. 라디칼을 오로지 무기질과 관련해서 훨씬 단순한 형태로 생각한 사람은 라부아지에였다. 이로써 화학의 신기원이 열렸다. 베를린의 화학자인 아일하르트 미처리히가 리비히와 뵐러가 놓친 화학 변환에 성공함으로써 라부아지에의 성과가 입증되었다. 1834년에 미처리히는 석회를 이용해 벤조산을 가열해 "패러데이가 수소의 비카르부렛이라고 부른 것과 다를 바 없는 물질", 즉 벤젠을 추출해냈다. 이 물질, 즉 C_6H_6로 알려진 벤젠은 결국 더 이상 축소할 수 없는 방향족화합물의 핵 또는 '라디칼'로 소중하게 취급되었다.•13

많은 유기화합물의 특성이 잇따라 발견되면서 벤젠의 예외적인 구조가 점점 분명해졌다. 다른 물질은 모두 수소 대 탄소의 비율이 낮고 불안정했다. 이에 비해 벤젠은 두 원소의 비율이 일대일로서 폭발성이 강한 아세틸렌(C_2H_2)과 같았지만, 리비히와 뵐러가 반복해서 보여준 벤젠의 핵은 "올바로 취급하기만 하면 치환 반응의 전 과정을 통해 불변인 상태에서 벤젠 자체로 되돌아왔으며" 무기화합물과는 '전혀 다른' 반응을 보였다. "마침내

•이 명칭은 원래 '자바섬의 유향'이라는 아랍어인 Lubān Jāwi가 와전된 말이다. 이후 포르투갈 상인들에 의해 벤자위benjawi, 벤자민Benjamin, 벤조인benjoin으로 와전되었다. 이 물질은 일찍이 1557년부터 교회에서 향으로 사용됐다.

벤젠의 성질을 완전히 파악해 인간 정신의 위대한 승리 중 하나를 이룩한 것이다."[14]

베르셀리우스와 다른 나이 든 화학자들은 유기물의 치환 반응을 결코 제대로 파악하지 못했다. 다음 단계의 업적은 주로 프랑스 알자스의 화학자들과 리비히의 기센 대학 실험실로 몰린 독일 화학자들이 이룩한 것이다. 이런 환경에서 방향족화합물의 구조와 특성은 기본적인 실체가 알려질 때까지 점차 분리된 채 연구되었다. 대체로 유기화합물은 상대적으로 비활성 물질인 탄화수소의 골격에 붙어 있는 '작용기作用基, functional group'*—이때까지는 이 용어가 만들어지지 않았다—의 화합물이라는 것이 핵심이었다. 스트라스부르 태생의 프랑스인인 샤를 프레데리크 제라르(1816~1856)**는 기센 대학에서 리비히의 지도를 받았는데, 다음과 같은 연관 구조와 기능을 최초로 이해한 화학자였다.[15]

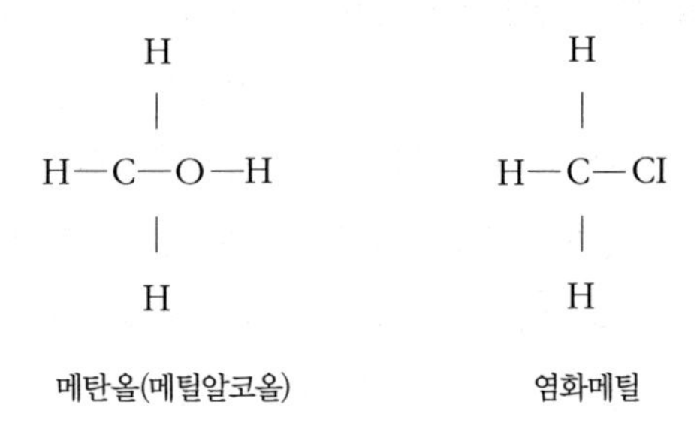

메탄올(메틸알코올) 염화메틸

*유기화합물의 성질을 결정하는 원자단으로 몇 개의 원자가 결합해 있다. 화합물이 어떤 성질을 가지게 되는지 결정하는 역할을 한다.

**한편 프레데리크 제라르는 1832년 살리실산에 염화아세틸을 혼합함으로써 살리실산의 부작용(위장장애)을 감소시키려 했다. 하지만 이는 너무 긴 생산 시간을 필요로 했고, 후에 이 연구를 알게 된 펠릭스 호프만이 관련 실험을 반복하여 아스피린을 발명해냈다. 18장 참조.

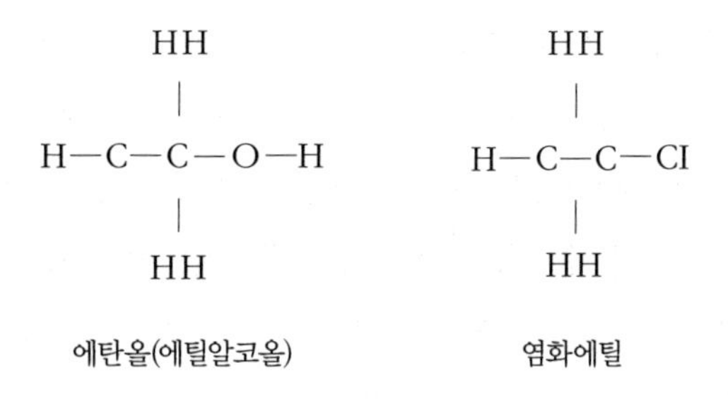

에탄올(에틸알코올)　　　염화에틸

그의 통찰이 뛰어난 것이기는 했지만 이 그림에는 좀더 복잡한—더 기본적인—사실이 숨겨져 있었다. 이 개념 너머에는 1860년대까지 발견되지 않은 원자가原子價, valency가 있다는 사실이 가려져 있었다.[16] 일상용어로 원자가란 원자가 이웃 원자와 결합할 때 적용되는 '고리'의 수로서, "한 원자가 다른 원자와 서로 결합하는 힘"을 말한다. 1850년대에 이르러 물은 H_2O라는 것이 파악됐지만(수소 1가와 산소 2가) 메탄은 CH_4, 에탄은 C_2H_6, 에틸렌은 C_2H_4, 아세틸렌은 C_2H_2로, 탄소가 보인 반응은 여전히 복잡했다. 그렇다면 탄소의 원자가는 4인가, 3이나 2 또는 1인가? 결국 답은 4로 밝혀졌다. 이것으로 19세기의 화학자들이 탄소 원자가 고리와 사슬로 서로 결합되어 있다는 사실에 직면했을 때 부딪혔던 어려움이 설명된다.

```
   HH              H  H
   \/               \/
H—C—C—H            C=C
   | |              /\
   HH              H  H
```

에탄, C_2H_6　　　에틸렌, C_2H_4

이 현상이 발견되자 유기화학은 더 많은 비밀 구조를 드러냈다. 다음은 현대적인 공식으로 'R'은 '라디칼'이며, 가장 단순한 라디칼은 '메틸'이다.

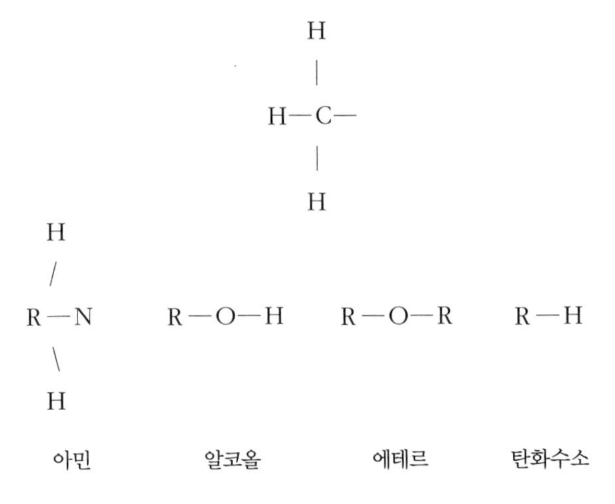

어느 누구보다 유기화합물의 작용 원리를 제대로 설명한 사람은 아우구스트 케쿨레였다. 하지만 그가 다양한 '발견'을 실현한 상황이 논란을 불러일으켰는데, 시간이 지난 뒤에도 이 발견을 둘러싸고 과학사가들의 의견이 엇갈렸다.

케쿨레는 1829년 9월 7일 다름슈타트에서 태어났다. 한 세대 전에 리비히가 태어난 곳이다. 케쿨레라는 이름 때문에 프랑스인처럼 보이지만 사실 그의 가문은 정통 보헤미아 귀족이었다.[17] 그는 기센 대학에서 건축학을 공부하다가 리비히에 매혹되어 전공을 화학으로 바꿨다. 훗날 그는 건축학을 공부한 것이(그리 대단한 것은 아니었지만) 회화繪畫적으로 사고하는 데 도움이 되었으며 나아가 탄소화합물의 구조를 발견하는 데에도 중요한 역할을 했다고 주장했다.

1854년에 런던을 방문한 케쿨레는 어느 여름날 저녁, 논란을 불러일으킬 만한 주장을 제기했다. 자신이 의미심장한 꿈을 꾸었다고 말한 것이다. 사람들은 그가 말한 꿈에 대해 의심했다. 꿈이라는 것이 원래 확인할 수도 없는 것일뿐더러, 다른 과학자들은 케쿨레가 유기화합물 구조를 발견한 우선권을 확보하기 위해 꿈을 지어낸 것이 아닌지 수상쩍게 여긴 것이다. 아치볼드 쿠퍼는 1858년에 유기화합물에 대한 자신의 첫 논문을 발표해 이런 논란에 불을 지폈다. 하지만 케쿨레는 똑같은 현상에 대해 꿈을 꾼 것은 1854년이지만 1890년까지 이 내용으로 말하지 않은 것뿐이라는 주장을 펼쳤다.

유기화학은 힘겹게 탄생했지만, 일단 벤젠고리의 성질을 이해하게 되자 콜타르에서 추출한 벤젠 동족체relatives—나프탈렌, 톨루엔, 페놀(석탄산), 크레졸—는 이내 복지생활을 위한 다양한 제품으로 광범위하게 이용되었다. 아닐린 염모染毛, aniline dyes, 트리니트로톨루엔TNT, 석탄산 비누, 크레오소트creosote, 좀약 등 열거하자면 끝이 없다. 염료산업이 앞장선 가운데 케쿨레가 용어로 처음 사용한 '방향족화합물'은 이후 수십 년 동안 폭발적으로 늘어나 기업들은 끝없이 화학약품을 생산해냈다. 1899년에는 아스피린 같은 강력한 약품이 나왔는가 하면, 1909년에는 파울 에를리히가 선구적인 매독 치료제 살바르산salvarsan을 만들었다(18장과 20장 참조).[18]

이 시대의 모든 흐름 한가운데에 벤젠이 있었다. 마침내 분자식이 C_6H_6로 드러난 벤젠은 성질이 매우 안정적이어서 분해되지 않고도 치환 반응을 거쳐 많은 유도체derivatives로 변환할 수 있었다. 케쿨레는 또 다른 꿈을 통해 벤젠 구조를 알게 되었다고 주장했다. 1861년에서 1862년 사이에 겐트에서 겨울을 보낼 때 뱀이 제 꼬리를 물고 있는 꿈을 꾸었는데 1865년에 벤젠고리 구조론을 발표하게 되었다는 것이었다(아서 케스틀러는 이 이야기를 듣고 케쿨레의 꿈은 "아마 요셉의 살찐 소 일곱 마리와 마른 소 일곱 마리의 꿈 이후 역사상 가장 중요한 꿈"일 것이라고 비꼬았다.)*

존 버킹엄이 살펴본 대로 "1860년대 이후에 등장한 벤젠 구조는 무척 아름답고 지적인 만족감을 주었다. (…) 거의 100년 이후에 등장한 DNA 구조와 마찬가지로 벤젠 구조는 옳을 수밖에 없었다."[19] 열쇠는 미완성 상

*요셉의 꿈이란 「창세기」 41장 1~8절에 나오는 내용을 말한다.

태의 반응reactive loose ends이 없음을 의미하는 고리에 있다. 모든 탄소 원자는 이웃 원소와 결합하기 위해 이용되는 원자가가 2인 데 비해 세 번째 '고리'는 수소 원자에 붙는다. 1930년대에 양자 이론이 나오기 전까지는 벤젠의 원자가를 완전히 이해하는 것이 불가능했다(32장 참조). 하지만 19세기 중반에 들어와 화학자들은 혹시 3차원의 결합 구조가 화학반응에서 어떤 역할을 하는 것이 아닌지 의심하기 시작했다. 이런 인식 덕분에 19세기 말에 소립자물리학이 등장하게 되었다. 이로써 19세기의 자연과학 혁명은 케플러나 갈릴레오, 뉴턴이 몰고 온 혁명보다 더 광범위한 파장을 일으켰다고 말한 토마스 니퍼다이의 견해가 설득력을 얻었다.

이론적인 이해가 새롭게 정립되자 극단적으로 실용적인 결과가 나타났다. 이는 1860년대 이후 상업 목적의 화학이 비약적으로 발전한 데서 드러난다. 이런 흐름에 힘입어 독일은 세계적인 경제 및 군사 강국이 되었다. 1862년에 뵐러가 리비히에게 편지를 보낼 때만 해도 독일의 대학에서 배출되는 수많은 화학자의 장래를 우려했다.[20] 하지만 이로부터 3년밖에 지나지 않아 헤르만 콜베(1818~1884)가 라이프치히 대학의 화학 교수로 임명되었을 때, 콜베의 요청이 받아들여져서 132명의 학생이 쓸 수 있는 실험실이 설치되었다. 리비히는 어리석은 짓이라고 비웃었지만 1868년에 실험실이 생기자마자 학생들로 붐볐다.[21]

비료의 시대

앞에서 본 대로 유스투스 폰 리비히는 성미가 급한 인물이었다. 따라서 1840년 무렵 그가 유기화학의 이론적인 측면을 포기하고 좀더 실용적인 농업에 관심을 기울여 과학자로서의 삶에 갑작스런 변화를 꾀한 것은 그다지 놀랄 만한 일이 아니었다.[22] 관심사가 변하긴 했지만 이 변화는 탄소에 흥미를 느낀 데서 촉발된 것이었다. 딸기와 다른 장과漿果를 분석하던 리비히는, 경작지든 야생의 숲이든 일정한 땅에서는 어떤 종의 식물로 구성되는지에 관계없이 해마다 같은 양의 탄소가 생산된다는 사실을 발견했다. 이는 탄소가 대기에서 나오는 것인지 아니면 바닥의 부식토에서 만들어지는 것인지를 두고 격렬한 논란이 일어나는 계기가 되었다. 논쟁은 리비히가 오랫동안 질소의 원천에 관심을 기울인 것이 발단이 되었다. 그는 자신이 조사한 모든 식물의 줄기에서 암모니아를 찾아냈다. 이 발견으로 리비히는 암모니아 성분이 빗물에 용해된 암모니아에서 나온 것이 틀림없다고 확신했다. 빗물에는 언제나 일정량의 암모니아가 들어 있다는 것을 알고 있었기 때문이다. 그는 관찰을 계속하면서 식물에서 더 많은 균등 상태를 발견했다. 리비히는 이런 균등 상태가 우연히 형성되었을 리가 없다고 여겨 토양과 대기에 들어 있는 영양분은 유기물이 아니라 무기물이라는 결론을 내렸다. 바로 이것이 논란에 불을 지핀 것이다.[23]

리비히는 이런 조사 결과를 종합해 "지금까지 드러난 식물의 영양 문제에 대한 가장 포괄적인 이해"라고 불렀다. 1840년 런던에서 간행된 『농업과 생리학에 적용된 유기화학』에서 리비히는 식물의 영양분 중에서 탄소 역할을 알리는 시발점으로 부식토—썩어가는 식물성 물질—가 식물의 주된 영양 성분을 구성한다는, 이미 보편화된 견해에 이의를 제기했다. 리비히의 두 번째 관점은 식물에 흡수된 탄소의 원천은 대기라는 것이었다. 그는 식물의 기능이 "산소를 배출하고 설탕과 녹말, 고무와 같은 화합물로 탄소를 융합하면서" 석탄산에서 탄소와 산소를 분리하는 것이라고 주장했다.[24]

하지만 이처럼 식물의 내부 작용을 화학적으로 이해하는 주장(더욱이 '활력'을 불신하는 증거로서) 때문에 리비히의 저서가 논란을 일으킨 것은 아니었다. 주목을 끈 것은 어떤 영양물질이—외부적인 원천—식물의 성장에 필수적이라는 리비히의 견해였다. 결론적으로 이런 물질이 농업 현장에 직접적인 영향을 주었기 때문이다. 리비히가 볼 때 비료라는 발상은 대기에서 저절로 공급되지 못하는 영양분을 흙에 뿌려준다는 의미였다. 그는 비료가 부식토로 만들어지는 것이 아니라 석회질이나 칼리, 마그네시아, 이외에도 인산 같은 기초 영양분으로 구성되며, 그중 최고의 원천은 분말로 된 동물의 뼈라고 말했다.

리비히의 저서는 특히 영국과 미국의 농학자들 사이에서 비상한 관심을 불러일으켰다. 영국의 로담스테드 실험 농장에서 밀을 가지고 리비히의 이론을 시험했지만 생산에는 뚜렷한 효과가 없다는 사실만 확인했다. 이에 비해 암모늄염을 흙에 뿌렸을 때는 해마다 수확량이 늘어났다. 그러자 리비히의 '무기물 영양설mineral theory'에 대한 신뢰가 무너지고 그의 아이디어는 외면당하고 말았다. 그럼에도 리비히는 포기하지 않고 다시 10년 동안 노력한 끝에 이 문제를 해결할 수 있었다. 그는 가용성 염류가 빗물에 걸러질 것을 지나치게 염려했지만, 사실 표토表土가 염류를 흡수했다. 처음에 이 주장은 회의적인 반응을 불러일으켰지만 리비히는 마침내 이 저서로 과학농업에 대한 인식을 완전히 바꿔놓았다. 1840년 이전까지는 동물과 식물이 살아가려면 유기물—이전에 살았던—이 필요하다는 것이 하나의 상식이었다. 하지만 이제 리비히의 이론에 따라 식물의 영양분은 무기물이라는 주장을 받아들이기 시작했다. 무기물 영양설은 농업에 대한 기본적인 믿음, 즉 식량 생산은 한정되어 있다는 생각을 완전히 바꿔놓았다. 사람들이 생산에 한계가 없다는 생각을 받아들이게 된 것이다.

세포의 발견

벤젠고리를 발견하고 비료의 성질을 이해하게 된 것과 거의 같은 시기에 독일의 생물학자들은 세포를 발견하는 연구에 매달렸다. 모든 생명체의 형태는 오늘날 세포라고 부르는 "독립적이고 협동적인" 단위로 구성되었다는 생각은 생물학에서 매우 중요한 발견 중 하나로 평가된다.[25] 최초로 세포를 관찰한 사람은 영국왕립협회의 실험실 연구관으로 1665년에 『마이크로그라피아Micrographia』를 발표한 로버트 훅이다. 이후 많은 학자가 점점 개량되는 현미경의 도움으로 동물과 식물 조직에서 크기와 모양이 다양한 '글로불린globuline'* '소포小胞, vesicle'**를 관찰했다. 오늘날 우리는 네덜란드 델프트에 살았던 안톤 판 레이우엔훅이 1682년 3월 로버트 훅에게 세포 안에 더 진한 물질이 들어 있다는 것, 즉 훗날 세포핵이라고 불릴 물질을 관찰했다는 편지를 보낸 사실을 알고 있다.[26] 18세기 말에 가서야 대부분의 생물학자가 식물이 거의 세포로 이뤄져 있다는 생각을 받아들였다. 카스파르 프리드리히 볼프(1733~1794)도 동물이든 식물이든 모든 조직의 기본적인 서브유닛subunit***이 있다고 말했다. 볼프는 이전의 학자들처럼 자신도 때로 세포라고 부른 소포나 글로불린이라는 학설을 처음으로 옹호한 사람이었다. 하지만 식물세포나 동물세포나 상동相同관계가 있다는 것을—어쨌든 글로—발표한 사람은 아무도 없었다. 물론 어떻게 세포가 분열하고 새로운 세포가 형성되는지도 아는 사람이 없었다. 1805년에 로렌츠 오켄은 남보다 앞서 동물이나 식물이나 생명체는 모두 적충류滴蟲類, Infusoria,**** 즉 박테리아나 원생동물과 같은 단순한 유기체로 구성되었다고 생각했다. 이 유기체는 당시까지 알려진 것 중 가장 단순하고 원시적인 생명체였다.[27]

하지만 현대적인 이해에 걸맞게 좀더 진전된 생각을 처음으로 한 사람은 얀 에반겔리스타 푸르키네였다. 엄밀히 말해 푸르키네는 독일인이 아니라 체코인이었다. 1620년 백산白山 전투에서의 패배 이후 보헤미아의 주민들

---

*물에 녹지 않는 단백질군.

**세포 내에 있으며 막에 둘러싸인, 특히 지름이 50나노미터 내외이고 작은 자루 모양을 한 구조물.

***한 입자 또는 생체 고분자 등의 기본 구성 단위.

****원생동물 섬모충강을 달리 부르는 말.

은 사회 전 분야에서 밀려오는 독일화의 파도에 휩쓸렸다. 체코어를 쓰는 사람들은 점차 비천한 신분으로 전락했다. 1348년에 카를 4세가 설립한 프라하 대학은 원래 체코인, 독일인, 폴란드인을 위해 설립되었지만, 1787년에 모차르트가 프라하 시를 기념 방문한 뒤 독일어 사용자를 위한 교육기관으로 바뀌었다.[28]

푸르키네(독일어로는 푸르킨예Purkinje라고 표기한다)는 모라비아의 미쿨로프(니콜스부르크)에서 소년성가대원으로 활동했다. 그는 처음에 교사생활을 했지만 진로를 바꿔 프라하 대학에서 의학과 철학 학위를 따고 1819년에 졸업했다. 이후 그는 당시 정치적으로나 문화적으로나 독일 도시였던 브레슬라우(브로츠와프)의 브레슬라우 대학에서 생리학 및 병리학 교수로 초빙하자 이를 받아들였다. 베를린 대학이 설립된 지 1년 뒤인 1811년에 개교한 브레슬라우 대학은 베를린 대학과 치열한 경쟁을 벌이고 있었다. 푸르키네에게 독일 최초로 생리학 교수 자리가 주어진 것도 이런 경쟁관계에서 비롯된 것이었다.

푸르키네는 동물세포와 식물세포가 기본적으로 서로 닮았다는 생각을 처음부터 품고 있었다. 1830년대에 들어와 피부나 뼈 같은 동물 조직의 구조를 밝히는 실험이 몇 차례 진행되어 '과립顆粒' '작은 알갱이' '작은 몸' '세포' 등과 관련해 좀더 진전된 논문이 발표되었다. 헨리 해리스는 이를 발판으로 일부 동물세포와 식물세포 사이에 상동관계가 있다는 생각이 힘을 얻었다고 말한다.[29] 당시 오스트리아의 뛰어난 식물세밀화가였던 프란츠 바우어가 세포핵을 그림으로 그려 보여주었다는 사실도 빼놓을 수 없다. 이 그림들은 일찍이 1802년에 그린 것이지만, 바우어가 세포핵을 세포의 규칙적인 특징으로 보고 묘사한 1830년대까지는 공개되지 않았다.[30] 실제로 세포핵이라고 이름을 붙인 사람은 대영박물관의 식물관 관리자였던 로버트 브라운이다('브라운 운동Brownian motion'•은 그의 이름에서 따온 것이다). 브라운은 자신의 발견을 대부분 독일에서 발표했으며 '핵Kern'의 대용으로 세포핵이라는 말을 썼다. 세포핵 속에 들어 있는 핵인核仁, nucleolus은 1835년에 루돌프 바그너가 최초로 관찰했다. 그는 당시에는 '점Fleck'이라고 부르다가 이후 '배아점macula germinative'이라고 불렀다.[31]

푸르키네의 연구가 진전된 것은 단순히 기능이 향상된 현미경 덕분만은 아니었다. 그는 새로 개발된 완벽한 스테이닝staining* 기술을 적용할 수 있는 염료를 사용했다. 푸르키네와 그의 동료들은 논문에서 몇 차례 동물세포와 식물세포의 유사성을 언급했다. 그는 1837년 프라하 대학에서 열린 독일 박물학자 및 의사학회의 모임에서 이런 사실을 발표하기도 했다. 여기서 푸르키네는 동물 조직의 개요를 설명하며 이 조직에서 '작은 알갱이Körnchen'—중심핵과 더불어—를 관찰하고 침샘, 췌장, 귀의 밀랍샘wax gland,** 신장, 고환 조직을 관찰한 과정을 밝혔다. "동물 유기체는 거의 예외 없이 체액과 세포, 섬유질의 3대 기본 성분으로 이뤄진다. (…) 기본적인 세포 조직은 잘 알려진 대로 거의 전부 '과립' 또는 '세포'로 구성된 식물 조직과 아주 유사하다."[32] 푸르키네는 다른 논문에서 세포의 기본적인 '기질基質, ground substance'을 묘사하기 위해 '원형질protoplasm'이라는 용어를 쓰기도 했다.

1832년 11월 베를린 대학의 해부학 및 생리학 교수 카를 아스문트 루돌피가 세상을 떠났다. 이듬해 루돌피의 빈자리를 채운 사람은 요하네스 뮐러(1801~1858)로 19세기에 굉장히 유명한 생물학자였다.[33] 뮐러는 1835년에 먹장어myxinidae에 대한 논문을 발표했는데, 여기서 그는 척삭脊索(척추의 신경 경로)세포와 식물세포 사이의 유사성을 기술했다. 테오도어 슈반은 뮐러의 조교로 연구에 참여했는데, 이 논문은 결정적인 의미

•액체나 기체 안에 떠서 움직이는 미소립자의 불규칙한 운동. 물에 뜬 꽃잎을 관찰하던 브라운이 발견했다.

*세포나 조직을 관찰하기 위해 염색하는 것을 가리킨다.

**노린재류, 잠자리류, 나비류 및 벌류 등에서 밀랍을 분비하는 샘.

를 지닌 관찰 기록이었다. 슈반은 식물학자인 마티아스 야코프 슐라이덴(1804~1881)과 만난 이후에야 비로소 뮐러의 견해를 활용하게 되었다.

슐라이덴의 경력도 낯익은 과정을 되풀이했다. 그는 처음에 법학을 공부하고 1827년 하이델베르크 대학에서 박사학위를 취득했다.[34] 하지만 슐라이덴은 법률가로 만족하지 못했다. 그는 직업을 바꾸기 위해 1833년에 괴팅겐 대학에서 자연과학을 공부하기 시작했으며 이후 베를린 대학으로 옮겨갔다. 뮐러의 실험실에 초대받은 슐라이덴은 거기서 테오도어 슈반을 만난 것이다.

비록 뒤늦게 식물학으로 전환하기는 했지만 슐라이덴은 현미경으로 관찰하는 데 정열을 쏟았다. 그는 생물학 연구에 현미경을 도입하는 데 중요한 역할을 한 사람이다(슐라이덴은 예나에 있는 차이스 광학공장의 설립에도 관여했다고 한다).[35] 1838년 슐라이덴은 『뮐러 논총Müller's Archiv』에 「식물 발생론」이라는 논문을 발표했다. 이 논총은 베를린 대학의 교수인 뮐러가 창간한 것으로 당시 매우 권위 있는 정기간행물 중 하나였다. 슐라이덴의 논문은 발표되자마자 영어와 프랑스어로 번역되었다. 이것은 세포설에 관한 최초의 논문으로서 관례에 따라 식물 발생론을 주제로 슈반과 슐라이덴 간의 대화 형식으로 쓰였다. 슐라이덴은 로버트 브라운이 세포핵을 발견(1832)한 것에 깊은 인상을 받아 세포핵을 논제의 출발점으로 삼았다. 세포핵은 당시에 사이토블라스트cytoblast(세포중심조절체)라고 불렸다. 슐라이덴은 "사이토블라스트가 최종적인 크기에 이르고 미세하고 투명한 소포의 형태를 갖추는 순간 새로운 세포가 된다"고 설명했다. 슐라이덴은 이 세포를 가리켜 "식물세계의 기초"라고 표현했다. 명백히 "식물세포학의 등장"을 알리는 이 논문에서 슐라이덴은 세포는 "무정형의 기초 물질 속에서 결정화結晶化된 것"이라고 단언했다. 그런데 이것은 완전한 착오였다. 그럼에도 불구하고 1842년에 간행된 슐라이덴의 식물학 교재인 『식물학 개요』는 상당 부분을 식물세포학에 할애했다. 그는 식물학 교수법을 바꿔놓아 많은 사람에게 관심을 불러일으켰고 사람들은 새로운 과학을 접하고 있다는 느낌을 받았다.[36] 슐라이덴 자신은 세포핵이나 사이토블라스트의 의미와 역할을 한 번도 제대로 이해하지 못했지만 뮐러의 실험실에서 근무하는 동료 식물학자들이 이 결함을 보완해주었다.

슐라이덴의 친구이자 동료였던 테오도어 슈반은 50년 동안 생물학자로 일했지만, 그 자신을 최고의 인물로 만드는 데 기여한 분야에 몰두한 기간은 불과 5년밖에 되지 않는다(1834~1839). 슈반의 논문 중에 가장 유명한 것은 슐라이덴이 자신의 논문을 기고한 해와 바로 같은 해인 1838년에 발표되었다. 슈반은 척삭세포와 연골세포의 구조 및 성장에 대한 개요를 설명하는 것으로 논문을 시작했다. 슈반은 이들 세포의 구조가 식물세포와 "굉장히 유사하고" 세포가 사이토블라스트에서 형성되는 것이 확실하다고 말했다. 그는 2부에 '모든 동물체 조직의 기초가 되는 세포에 대하여'라는 제목을 붙여 자신의 주장과 의도를 반영하고 있다. 푸르키네를 비롯한 다른 학자들도 많은 조직의 세포에 대해 기술했고 세포가 기본적인 실체라고 짐작했지만, 세포를 기초 조직이라고 단언한 사람은 슈반이 처음이었다.[37]

이후에 나온 슈반의 저서는 이 명제를 뒷받침하기 위해 수많은 역사적 증거를 조사한 결과물이다. 그는 세포가 서로 붙어 있고(상피上皮, 발톱, 깃털, 수정체) 세포벽이 세포 사이의 물질로 융합되어 있으며(연골, 뼈, 이빨), 세포는 섬유질(연결 조직과 힘줄)이 생겨나게 한다는 논지를 전개했다. 슈반의 주장이 모두 정확한 것은 아니었지만 그의 주된 논지는 충분히 논란을 불러일으킬 만했다. 즉 동물과 식물의 세포 발달에 모두 적용되는 '일반적인 원리'를 세우는 것이 그의 의도였기 때문이다. 서론에서 슈반은 이렇게 말했다. "이 논문의 목적은 동물과 식물의 기초적인 서브유닛에 적용되는 법칙을 보여줌으로써 이 두 유기체 세계 사이에 긴밀한 연결고리가 있다는 것을 알리는 것이다. 연구의 주된 결과는, 모든 유기체의 개별적인 기초 서브유닛에 적용되는 일반 원리가 있으며 똑같은 법칙이 형태가 서로 다른 결정체에도 적용됨을 보여주는 것이다." 물론 결정체에 대해 언급한 것은 슐라이덴의 주장과 굉장히 비슷했지만 이 또한 착오였다. 이런 잘못—중요한 잘못—은 많은 사람의 눈에는 중복된 것으로 비쳤다. 왜냐하면 슈반은 자신의 글에 같은 분야에서 논문을 발표한 다른 연구자들의 이론을 거의 언급하지 않았기 때문이다. 슈반의 저서에 대해 서평을 쓴 푸르키네는 자신이 먼저 발견했다는 슈반의 주장을 반박했다.[38]

처음 발견한 사람이 누구든 슈반의 저서는 이 분야에 대한 지속적인 연구를 촉진하는 계기가 되었다. 연구 성과를 보여준 사람 가운데는 빈 대학의 식물해부학 및 생리학 교수인 프란츠 웅거가 있었다.[39] 웅거는 성능이 뛰어난 플뢰슬Plössl 현미경을 보유한 빈의 물리학자 안드레아스 폰 에팅스하우젠(1796~1878) 교수와 협력해서 세포의 반응을 관찰했다. 이것이 세포분열의 중요한 의미를 인식하는 계기가 되었다. 이때 관찰한 것은 취리히 대학의 카를 네겔리(1817~1891)가 세운 업적을 앞선 것이었다.[40] 네겔리는 1844년과 1846년에 발표한 세포분열에 대한 초기 연구에서 세포 형성의 두 가지 유형, 즉 자유생성 세포와 기존 세포의 분열을 보여주었다고 생각했다. 2년 뒤 네겔리는 견해를 근본적으로 바꿔 자유생성 세포의 규칙을 보여주는 생식조직reproductive tissue과 세포분열을 정상적인 특징으로 하는 영양조직vegetative tissue으로 단순하게 구분했다.

1845년 연구 방향을 식물의 생장으로 전환한 네겔리가 연구생활의 절정에 이른 것은 1850년대 후반에 단일 정단세포頂端細胞, apical cell*까지 세포의 계보를 추적했을 때였다. 모母세포가 딸세포daughter cell**로 분리하는 규칙적인 방식을—제1분열, 제2분열, 제3분열로—보여준 사람도 네겔리였다. 여기서 네겔리는 수학적으로 나타낼 수 있는 규칙을 발견했다. 생애

---

*조류, 이끼식물, 양치식물의 생장점의 맨 끝에 있는 시원세포. 일반적으로 주변의 세포보다 큰 1개의 세포를 가리키지만 2~5개의 시원세포군으로 이뤄지는 경우도 있다.

**세포가 분열하여 새로 생긴 세포를 말한다.

후반기에 네겔리는 형성조직Bildungsgewebe과 더 이상 적극적인 증식을 하지 않는 영구조직Dauergewebe을 구분하는 중요한 발상을 했다. 그는 식물의 줄기와 뿌리의 속을 관찰해 분화에 영향을 받지 않은 채로 남아 있는 유형의 세포가 있으며, 이런 세포의 원형은 언제나 처음의 '기초 세포', 즉 접합자zygote로 추적 가능하다는 것을 알아냈다. 형성조직과 영구조직을 구분해 유전이라는 발상을 한, 때 이른 통찰이었다.[41]

네겔리는 생애 마지막까지 세포의 자연발생설spontaneous generation*을 줄기차게 믿었다. 그래서 그레고어 멘델이 1866년에 자신이 쓴 '식물 교배 실험' 결과를 네겔리에게 보냈을 때 네겔리는 멘델의 논문에 커다란 관심을 보였다. 네겔리는 실험을 되풀이했는데, 불행하게도 무성생식으로 번식하는 식물인 조팝나무를 사용했다. 이 때문에 수학적인 관심이 있었음에도 멘델의 잡종 비율이나 완전한 격세유전** 현상은 순수한 종과는 무관하다고 생각했다. 비록 네겔리는 멘델의 천재성을 알아보지는 못했지만 멘델의 제자인 카를 코렌스(1864~1933)는 달랐다. 코렌스는 멘델의 법칙을 재발견한 세 명의 학자 중 한 사람이다.[42]

수정된 암탉의 알 속에서 진행되는 배아 형성에 대한 관찰은 아리스토텔레스에 앞서 2000여 년 전에도 있었다. 하지만 세포와 배아 사이의 연결 고리는 카를 에른스트 폰 베어가 1827년에 라이프치히에서 (라틴어로 쓴) 포유류의 난자를 관찰한 보고서를 발표한 뒤에야 비로소 확인되었다. 여기에는 분명한 이유가 있는데, 사람은 말할 것도 없고 수정되지 않은 포유류의 난자를 연구하는 것이 사실상 불가능했기 때문이다. 난자의 난할卵

---

*생물은 자연적으로 우연히 무기물로부터 발생한 것이라는 설로 생물은 어버이가 없이도 생길 수 있다는 주장이다.

**현재는 격세유전이란 말은 쓰지 않고 돌연변이를 한 것이 우연히 선조의 형태와 일치한 것이라고 생각하거나, 교잡의 결과 유전자가 바뀌어 선조의 형질을 나타내는 유전자의 재편성이 이뤄진 것이라고 생각한다.

割, segmentation*에 대해 최초로 발표한 사람은 1824년에 프랑스인인 장루이 프레보(1838~1927)와 장 바티스트 뒤마(1800~1884)였다. 두 사람은 표면상 난자가 형성할 때 깊어지는 세포질 함입furrow**이 분열의 최초 징후이며, 이 과정은 구조가 '산딸기' 모양을 이룰 때까지 반복한다는 것을 알아냈다.[43] 오늘날 우리 입장에서는 이해가 잘 안 되지만 두 사람은 자신들이 기술한 것이 세포 증식이라는 사실을 전혀 눈치 채지 못했다.

베어는 1834년에 가서야 난할에 대해 좀더 상세하게 기술했다. 그는 쾨니히스베르크 대학에서 상트페테르부르크 대학으로 옮긴 뒤 자신이 관찰한 것이 배아의 '사전 형성'에 대한 어떤 생각(수정되지 않은 난자 속에 완전한 형태를 갖춘 축소된 모형이 존재한다는)도 배제한다는 중요한 추론을 했다. 베어의 논문은 독일 과학자들 사이에서 일대 선풍을 일으켰다. 이때부터 세포질 함입과 이에 따르는 난할의 생물학적 중요성이 받아들여졌다.[44] 이렇게 진전된 인식을 영국의 마틴 배리(1802~1855)와 (당시 괴팅겐 대학에서 루돌프 바그너의 조교로 있다가 훗날 로스토크 대학의 해부학 교수가 된) 카를 베르크만(1814~1865)이 이어받았다. 배리와 베르크만은 개구리와 영원蠑螈, newt***으로 실험한 뒤 난자를 분할시키는 세포질 함입으로 배아 형성을 계속하는 세포를 만들어낸다는 것을 확인했다. 에를랑겐 대학의 하랄트 바게의 업적도 이에 못지않다. 바게는 세포가 분열하기 전에 세포핵이 배아 세포 안에서 분열하는 것을 관찰했다. 세포핵의 지속적인 진행 과정을 관찰한 동시에 난자 자체도 세포라는 사실과 난자가 2분열binary fission****로 딸세포를 생산하는 것을 확인해 훗날 유전학의 발전을 위한 결정적인 진일보를 내디뎠다.[45] 이런 현상에 대한 일련의 연구는 1855년

---

*생물의 발생 초기에 관찰할 수 있는 수정란의 연속적이고 빠른 세포분열.

**세포분열 시 세포막이 주로 적도면에서 안쪽으로 함몰되는 현상

***도롱뇽목 영원과의 동물.

****무성 생식의 하나로 하나의 개체가 거의 같은 두 개의 새로운 개체로 분열하는 것.

에 로베르트 레마크(1815~1865)가 척추동물의 태생학에 대한 위대한 저술을 발표했을 때 절정에 이르렀다. 이 저서에서 레마크는 배아의 세 개 층을 발견하고 각각 외배엽, 중배엽, 내배엽이라는 이름을 붙였다. 또 세포분열은 언제나 세포핵에서부터 시작한다는 사실을 발견한 것도 중요한 성과였다. 이는 다윈의 『종의 기원』이 나오기 불과 4년 전의 일이었다.

제14장

“독일의 비참한 후진성”에서 벗어나기

1648년의 베스트팔렌 조약은 일원화된 유럽식 국가의 틀을 다졌다. 1815년에 소집된 빈회의는 나폴레옹의 몰락 이후 유럽의 지형을 결정하기 위해 또 다른 국가 형태를 만들었다. 빈회의의 주된 목표는 유럽에서 혁명이 다시는 일어나지 못하게 하려는 데 있었다. 이 목표를 달성하기 위해 각국에서 파견된 외교관과 정치인은 1648년 직후에 생긴 정치 지형을 재구축하는 일에 착수했다. 하지만 이토록 신중하게 힘의 균형을 유지하려 했던 유럽 체제의 안정 여부는, 분열된 채 여러 약소국으로 남아 있는 중부 유럽에 달려 있었다. 빈회의에 참석한 각국의 대표는 독일을 하나의 민족국가로 통합하려는 이른바 친독파Germanophiles의 방해를 받았다. 프랑스 외무장관 탈레랑 페리고르는 국왕 루이 18세에게 다음과 같은 보고서를 올렸다. "이들은 자신들의 자존심을 상하게 하는 질서를 뒤집어엎고 독일 내 모든 국가를 묶어 단일화된 권위적 국가를 이루려고 합니다. (…) 이들의 조국인 독일의 통일이 구호가 되었습니다. (…) 이들은 모두 이 목표에 열광하고 있습니다. (…) 만일 독일의 그 많은 국가가 하나로 통합되어 (외국에) 공격적인 태도로 나온다면 어느 누가 그 결과를 예측할 수 있겠습니까?"[1]

하겐 슐체(1974~2014)가 지적한 대로 이 당시 민족국가의 원칙은 북부 및 서부 유럽의 영국, 프랑스, 에스파냐, 포르투갈, 네덜란드, 스웨덴처럼 일인 군주의 합법적인 통치가 연계되는 곳에서만 인정되었다. 독일어권 국가와 이탈리아는 이 기준에서 제외되었다. 이런 상황을 알면 왜 민족주의와 문화적 민족주의가 독일적 사고에서 비롯되었는지 이해하는 데 도움이 된다. 독일 지역의 정치적 분열은 사실 유럽적 질서의 논리적인 결과였다. 지도를 들여다보면 그 이유를 알 수 있다. "발트 해에서 티레니아 해까지 강대국들을 서로 멀리 떼어놓고 정면충돌을 막는 역할을 한 곳은 중부 유럽이었다." 어떤 나라도 중부 유럽에 큰 힘이 쏠리는 것을 원치 않았다. 만일 어떤 국가가 이 지역에서 지배권을 확보한다면 "대륙 전체의 안주인"이 되는 것은 쉬운 일이었기 때문이다.

빈조약이 체결된 1815년부터 혁명이 일어난 1848년까지는 정치적으로 안정된 시기였다. 한편 독일로서는 지적, 문화적 측면에서 의미가 충만한 시기이기도 했다. 이 기간에 그리고 사실상 이 기간을 넘어서는 1848년에서 1849년 사이에 베를린과 드레스덴, 프라하, 빈에서 일어난 여러 시민혁명은 하나같이 실패로 끝났다. 이때 문학은 두 갈래로 분열되었다. 독일에서 일어난 사회적 변화(영국이나 프랑스보다 뒤늦었음에도)를 무시하는 작가들은 도시에서의 삶에 등을 돌렸다. 이들은 시골이나 한적한 마을처럼 시류를 초월한—거의 봉건 영지나 다름없는—세계로 물러나 글을 썼다. 하인리히 폰 클라이스트, 프란츠 그릴파르처, 아달베르트 슈티프터 그리고 『어느 건달의 생활』을 쓴 요제프 폰 아이헨도르프 같은 작가들이 이에 속했다. 그런가 하면 새로운 세태에 민감한 반응을 보인 사람들로 특히 하인리히 하이네와 게오르크 뷔히너 같은 작가가 있었고, 페르디난트 프라일리그라트와 게오르크 헤르베크처럼 선동적인 시인도 있었다. 하지만 이런 구분이나 독일의 '문화적 후진성', 산업화나 도시화가 다른 서방 국가보다 늦었다는 사실, 그리고 이 작가들이 괴테와 실러의 그늘 속에서 창작을 했다는 사실 등 이 모든 것은 이들의 천재성이 잘 알려졌음에도(뒤늦게라도) 불구하고 세계적인 명성을 얻지 못한 원인이라고 말할 수 있다. 당대에 누구나 알던 작가들, 예컨대 빅토르 위고, 발자크, 에드거 앨런 포, 에머슨, 새커리, 바이런, 퍼시 셸리, 찰스 디킨스 등이 이름을 날린 것과 비교된다는 뜻이다. 이 독일 작가들은 세계 인류와 더 친숙해지려면 어떤 문화적인 풍토가 필요하다는 것을 보여주는 대표적인 예에 해당된다.[2]

시詩의 우위

뷔르템베르크에서 태어난 프리드리히 횔덜린(1770~1843)은 튀빙겐 대학에서 신학을 공부했다. 한 방을 쓴 친구 게오르크 헤겔, 프리드리히 셸링과 더불어 3인조 활동을 펼쳤으며 서로에게 커다란 영향을 주었다. 많은 학자는 헤겔에게 헤라클레이토스의 사상에 관심을 기울이게 하여 '대립물의 집합체union of opposites'*라는 학설에서 변증법의 개념을 찾도록 한 사람은 횔덜린이 틀림없다고 생각한다. 독일의 대시인 중 한 사람으로서 횔덜린의 위상은 20세기 초에 와서야 인정을 받았지만, 최근에는 그를 철학자로 보는 경향도 있다. 이런 경향은 아마 횔덜린이 시야말로 진리에 접근하는 최선의 수단이라고 믿었던 것(이 역시 회의론과 진화론 사이의 시기에 있었던 또 다른 뛰어난 통찰에 해당된다)을 반영하는 것인지도 모른다.[3]

횔덜린은 가정교사로 일하던 집의 안주인인 주제테와 사랑을 나누다 좌

*대립물의 충돌과 조화를 중시하고 다원성과 통일성이 궁극에는 하나임을 모색하려 한 것이 헤라클레이토스 철학의 핵심이다.

절을 맛봄으로써 삶에 타격을 받았다. 또 일찍이 우울증 증상이 있었다는 것도 그의 생애에서 빼놓을 수 없다. 횔덜린은 주제테를 자신의 소설인 『히페리온』의 여주인공으로 삼았는데, 이 작품은 한 남자의 기이한 인생 역정을 이야기하는 서간체 소설로, 지나친 자의식은 (헤겔처럼) 위험성을 안고 있다는 횔덜린의 견해를 반영한 것이다. 다시 말해 개인이 인생을 탐험한다는 것은—시인이 시를 쓰는 목적이라고 할 수 있는—자신이 태어난 자연과의 근원적인 합일을 상실할 위험을 각오해야 한다는 것이다. 횔덜린은, 칸트의 본체계noumenal world*는 (칸트가 말한 대로) 끝끝내 알 수 없는 세계지만 때로 시詩는 순간적으로 그 세계를 포착할 수 있으며, 이것이 시의 또 다른 기능이라고 생각했다. 미美는 노출된 상태로 창조될 수 없다는 것이 『히페리온』의 중심 사상이었다. 미는 언제나 이 세계 속에 존재하지만 미를 드러내는 일은 시인의 사명이라는 것이다. 이런 견해는 훗날 하이데거와 한스게오르크 가다머에게서 다시 나타난다.[4]

1802년 초에 횔덜린은 다시 가정교사 자리를 얻었는데 이번에는 보르도 주재 함부르크 영사의 자녀를 가르치는 일이었다. 그는 아이들을 가르치기 위해 그 집까지 주로 걸어다녔다. 이때 횔덜린은 자신의 걸작 시 중 하나인 「회상」을 창작하기 위한 성찰의 시간을 가질 수 있었다.

내가 좋아하는 바람,
북동풍이 불어오네.
뜨거운 정열과
선원의 안전한 항해를 보장하는.

(…)

*인간이 직접 인식할 수 없는 세계.

지금도 생생히 기억하네,
물방앗간에 드리워진
느릅나무와 무화과나무가
안뜰에서 자라던 모습을.

횔덜린은 몇 달 뒤 다시 독일로 돌아왔지만, 우울증은 더욱 심해졌다. 게다가 주제테가 죽었다는 소식을 들은 뒤로 병세가 더 악화되었다. 다행히 횔덜린은 1807년 튀빙겐의 목수이자 문학 애호가인 에른스트 치머의 도움으로 위기를 넘길 수 있었다. 『히페리온』에 감동을 받은 치머가 횔덜린을 자신의 집 안에 들이고 네카어 강의 계곡이 내려다보이는 방을 하나 내줬기 때문이다. 치머는 횔덜린이 1843년에 죽을 때까지 그를 돌봐주었다.

횔덜린의 시는 생전에 친구들에게 큰 감동을 주어 이들이 클럽을 조직하고 그의 작품을 출판해주었다. 하지만 횔덜린은 사후에 사람들의 기억에서 사라졌다. 부분적으로는 그의 광기 때문이기도 했지만 사람들이 그를 실러의 "우울한 모방 시인"으로 여겨 주목하지 않은 데에도 원인이 있었다. 횔덜린을 재발견한 사람들은 20세기 초에 게오르게 일파*와 철학자 마르틴 하이데거였다. 이제 횔덜린의 작품은 독일 문학의 걸작에 속한다는 평가를 받는다.[5] 만년에 정신착란 상태에 빠진 횔덜린은 천진난만한 아름다움을 노래하고 '스카르다넬리'라는 환상적인 필명을 사용하기도 했다.

겨울이 오면
어디에서 꽃을 찾는단 말인가,
또 벽이 가로막는데
햇빛과

*슈테판 게오르게를 흠모하여 그의 주위에 모인 시인의 무리.

대지의 그림자는?*

횔덜린은 라이너 마리아 릴케에서 헤르만 헤세와 테오도어 아도르노에 이르기까지 수많은 주요 독일 작가에게 영향을 끼쳤다. 또한 그의 시는 요하네스 브람스, 리하르트 슈트라우스, 막스 레거(1873~1916), 파울 힌데미트(1895~1963), 벤저민 브리튼(1913~1976) 등의 음악가가 노래로 작곡하기도 했다.

"동물도 아니고 신도 아니고"

횔덜린이 "우울한 실러"였다면 하인리히 폰 클라이스트(1777~1811)는 모든 극작가의 모범으로 횔덜린의 자리를 대신 차지했다. 프랑크푸르트안데어오데르에서 태어난 클라이스트는 끝없는 방랑자로서 파리, 스위스, 프라하를 떠돌았다. 그러다가 1810년에 『베를리너 아벤트블레터』 신문의 편집기자로 들어가면서 베를린에 정착했다. 클라이스트는 베를린에서 불안정한 보헤미안이자 화가 지망생인 헨리에테 포겔과 짧고 비극적인 사랑에 빠졌다. 그러나 포겔이 클라이스트를 부추기는 바람에 두 사람은 기상천외한 동반자살로 생을 마감했다. 클라이스트는 포츠담 부근의 클라이너 반제 호반에서 먼저 포겔을 총으로 쏘고 이어 자신을 향해 방아쇠를 당겼다. 그의 나이 겨우 서른네 살 때의 일이었다.[6]

이런 사건에도 불구하고 클라이스트는 낭만주의 시대에 북독일 최고의 극작가로 평가받았다. 그의 최고 걸작은 아마 『홈부르크의 공자公子』일 것이다. 다음으로 꼽을 수 있는 작품은 루터 기념일을 배경으로 한 단편소설

*횔덜린의 「반평생」이라는 시다.

「미하엘 콜하스」인데, 여기서는 마상馬商이 주인공으로 등장한다.[7] 클라이스트의 극은 무엇보다 심리극으로, 결말보다는 종종 언어의 정확성이 중시된다. 인물의 심리를 아주 정확하게 파헤쳐, 관객은 극의 주제에서 발산되는 고통이나 곤혹감, 수치를 떨칠 수 없을 정도다. 클라이스트는 당시보다 오늘날에 더 인기가 있으며, 문학사가들은 그를 포스트모던 작가로 떠받들기도 한다. 또 일부에서는 클라이스트를 헨리크 입센(1828~1906)의 선구자로 보기도 하고, 심지어 그가 지닌 '과격한' 민족주의적 성향을 나치의 원형으로 평가하기도 한다. 주인공의 개인적인 관심이 '민족'을 위한 봉사에 종속되는 이야기를 다룬 『헤르만 전투』가 좋은 예일 것이다. 사실 클라이스트는 「깨진 항아리」로 더 유명한데, 이 작품은 판사가 재판하는 도중에 판사 자신이 범인이라는 사실을 '차츰차츰' 드러내는 희극이다(「깨진 항아리」는 괴테의 연출로 바이마르에서 공연했지만 대실패로 막을 내렸다). 클라이스트는 식민지 시대에 인종 문제 같은 민감한 주제에 매달리는 현대적인 감각을 지닌 작가였다. 하지만 그의 희곡은 주로 충족되지 못한 열망이라든가 융커*의 야만성, 특히 "독일의 비참한 후진성"에 대한 묘사로 널리 알려졌다. 클라이스트는 또한 리하르트 바그너의 선구자로 평가되기도 한다.

클라이스트와 마찬가지로 프란츠 그릴파르처(1791~1872)는 '내면의 이야기'와 정치 드라마 사이에서 변화를 꾀한 작가다. 이런 집필 태도는, 한 군주가 공적인 의무와 개인적 관심이 서로 충돌할 때 맞닥뜨리는 난관을 집중 묘사하면서 작가 자신이 처한 상황을 드러내는 배경이 되고 있다. 결코 고운 시선을 받지 못하는 독일어권 군주들의 행태를 묘사한 두 편의 역사 비극은 그만 검열에 걸리고 말았다.[8] 빈에서 법률가의 아들로 태어난 그릴파르처는 남매간의 근친상간과 존속살인을 다룬 「할머니」(1817)를 발표

*지방의 토호 귀족.

하면서 유명해졌다. 이어서 나온 「사포Sappho」(1818)는 드높은 사명을 추구하기 위해 지상에서의 행복을 포기한 시인의 이야기를 다루고 있다.[9]

그릴파르처도 사생활에서 좌절을 맛보았다. 클라이스트와 거의 같은 시기에 카타리나 프뢸리히라는 여성을 사랑하게 된 것이 그를 실의에 빠뜨리고 말았다. 카타리나 역시 그릴파르처를 사랑해 두 사람은 약혼까지 했지만 그릴파르처는 복잡한 심리 상태로 인해 결혼할 만한 처지가 못 되었고 결국 사랑이 좌절되는 고통을 경험했다. 그는 이때의 고통을 자신의 일기에 쏟아냈으며 이를 바탕으로 훗날 인상적인 연작시인 「비가悲歌」(1835)를 구상할 수 있었다. 또 그의 위대한 희곡 두 편 「바다의 물결, 사랑의 물결」(1831)과 「꿈의 인생」(1834)도 이때의 체험에서 나온 것이다. 「꿈의 인생」을 쓸 당시 그릴파르처는 작가로서 절정기를 맞고 있었다.[10] 줄거리는 다음과 같다. 아내와 딸과 함께 사는 사냥꾼 루스탄은 변화 없는 삶에 만족하지 못하고 흑인 여자 노예인 창가의 유혹에 넘어간다. 그는 점점 '활동적인 삶vita activa'에 눈독을 들인다.[11] 하지만 루스탄은 이런 삶에 대한 악몽을 꾸고(극중 내용의 대부분을 차지하는) 아침에 꿈에서 깨어나 일상으로 돌아와 조용한 삶에서 행복을 찾는다.

> 거창한 삶에는 위험이 도사리고
> 세상의 명예란 공허한 것
> 무익한 그림자가 뒤따르고
> 대가는 너무도 비싸다네

만년에 그릴파르처는 명예를 크게 얻었고 그의 80회 생일은 공휴일로 선포되었다(그 자신은 "너무 늦었다"고 말했다). 그가 죽은 뒤 발견된 원고 뭉치에서 세 편의 완성된 비극작품이 나왔다. 그중 하나인 「톨레도의 유대 여인」은 에스파냐의 작품에서 힌트를 얻은 것이지만, 오늘날에는 독일의 고전으로 간주된다. 그릴파르처도 사후에 세상 사람들에게 잊혔다가 1891년 탄생 100주년이 되어서야 독일어권에서 그의 천재성을 인정했다.[12] 정치 드라마보다는 그의 '내면적'인 이야기가 더 높은 평가를 받았다.

온화함의 법칙, 그리고 증기기관차와 공장에 대한 회피

아달베르트 슈티프터(1805~1868)는 작가이자 시인인 동시에 화가(그의 그림은 잘 팔렸다)와 교육자로도 이름을 날렸다. 슈티프터는 빈 대학에서 법학을 공부했다. 그는 부모의 반대로 사랑하는 여인과 결혼하지 못하고 마음에도 없는 여인과 약혼했다. 가정생활은 불행으로 얼룩질 수밖에 없었다. 그는 또 간경변증에 시달리다가 자신의 목을 면도날로 그을 정도로 깊은 좌절을 맛보았다.

슈티프터는 장편과 단편소설을 여러 편 썼는데 그중 가장 뛰어난 작품은 『늦여름』(1857)이다. 지금은 독일 문학에서 매우 독창적인 교양소설로 꼽힌다. 이 소설은 독일 상인의 아들인 하인리히 드렌도르프의 자기 수양을 주제로 해 드렌도르프가 어떻게 자신에게 필요한 소양을 키우고 기품 있는 행동을 하는지 보여준다. 슈티프터 자신은 1848년의 빈 혁명이 실패하자 고통과 혼란을 두루 체험한 뒤, 좀더 조용한 삶을 찾아 린츠로 가서 살았다. 이 작품도 드렌도르프가 과학, 미술, 역사, 교육 등에서 일련의 인간적인 노력을 기울여 개인의 완성을 추구하다가 (슈티프터 자신이 그랬듯이) 시대의 문제와 거리를 두고 "증기기관차와 공장"을 회피하는 모습을 보여준다.[13] 드렌도르프는 상인의 아들이었지만 무역과 상업이라는 실용적인 세계에 별 관심이 없었다. 산골 마을을 지나던 그는 갑자기 폭풍이 몰아치자 한 노인이 사는 농장에 찾아 들어간다. 이후 로젠하우스라 불리는 농장에 드나들면서 이 노인이 리자흐 남작이며(이유는 알 수 없지만 정치적으로 중요한 인물로 묘사된다) 그림과 골동품, 원예에 빠져 있고 매우 정돈된 생활을 즐긴다는 것과(책을 읽으면 반드시 제자리에 꽂아야 한다) 정열에 빠지기보다 정열을 다스리며, 전원생활을 즐기는 사람이라는 것을 알게 된다. 니체는 슈티프터의 『늦여름』을 "은하수가 반짝이는" 천상의 세계를 묘사한 작품으로 보았다. 그는 이를 고트프리트 켈러의 『녹색의 하인리히』와 쌍벽을 이루는 작품으로 평가했고, 이 두 작품을 19세기 독일 문학에서 가장 뛰어난 문학작품이라고 평가했다.[14]

슈티프터가 말하려는 요점은, 즐거움은 "온화함의 법칙"에서 나오며 "점진적인 변화가 혁명에 우선한다"는 것, 그리고 이 세계에서 지속적으로 유용한 변화 대부분은 천천히, 말없이 효과를 드러내는 것으로 바로 자연이 밟는 길이라는 것이다. 프리드리히 헤벨이란 작가는 『늦여름』을 혹평하면서 이 소설을 끝까지 읽을 수 있는 사람이 있다면 폴란드의 왕관을 선물하겠다고 비꼬았다. 반면 W. H. 오든이나 마리안 무어(미국 작가), W. G. 제발트 같은 작가는 우리 모두 슈티프터에게 빚을 졌다고 강조했다. 토마스 만은 슈티프터가 "세계문학사에서 매우 비범하고 불가사의하며 아주 은밀한 대담성과 기이한 화법을 구사한 작가 중 한 사람"이라고 말했다.

대안으로서의 시민계급

슈티프터와 마찬가지로 고트프리트 켈러(1819~1890)도 그림 그리기를 즐겼다. 켈러는 뮌헨에서 2년 동안 그림을 공부한 뒤 자신에게 뛰어난 화가가 될 자질이 없다고 판단하고 문필로 진로를 바꿨다. 켈러의 소설 『녹색의 하인리히』는 일부 비평가에게 스위스 최고의 소설이라는 평을 얻고 있다. 최근에는 미국의 비평가인 해럴드 블룸이 펴낸 『서양의 정전正典』에도 포함될 만큼 명성을 얻는 작품이다. 앞서 말한 대로 니체가 슈티프터의 『늦여름』과 더불어 19세기 독일어 문화권에서 최고의 소설로 극찬한 작품도 바로 『녹색의 하인리히』였다.

취리히에서 선반공의 아들로 태어난 켈러는 다섯 살 때 아버지를 여의었다. 켈러는 열다섯 살이 될 때까지 실업학교를 비롯해 여러 학교를 전전하다가 사소한 비행을 저질러 퇴학당했다. 어쩔 수 없이 일자리를 찾던 켈러는 뮌헨의 풍경화가인 페터 슈타이거와 루돌프 마이어 밑에서 도제생활을 했다. 하지만 2년 뒤 미술 공부를 포기하고 취리히로 돌아가 글쓰기에 뛰어들었다. 켈러는 하이델베르크 대학에서 루트비히 포이어바흐의 강의를 듣기도 했다. 포이어바흐는 켈러에게 커다란 영향을 미쳤다. 켈러는 100여 년 뒤 대니얼 벨이 표현한 것처럼 자본주의의 모순에 깊은 관심을 보였다. 특히 극심한 개인주의를 조장하는 자본주의 사회에서 개인이 어떻게 만족스런 삶을 영위할 수 있는가에 관심을 기울였다.

켈러는 앞서 언급한 작가들, 말하자면 도시에서의 시민생활에 등을 돌린 무리와 도시생활에 초점을 맞춘 무리 사이에서 과도기적인 삶의 방식을 택한 존재였다. 켈러는 혁명보다 합법적인 변화를 선호했다(결코 슈티프터처럼 온화함을 선호하지는 않았다). 그는 자신의 작품에서 사회적 변화를, 특히 1848년 이후의 변화를 받아들일 수 없었다. 켈러는 독일 문학 특유의 짧은 서술 형식인 19세기 노벨레Novelle*를 발전시킨 작가 중 한 사람이다. 노벨레는 비범하고 개인적인 사건에 초점을 맞춰 사회 속에서의 삶을 간결하고 상징적으로 요약하는 서술 형태를 취한다.

『녹색의 하인리히』는 비록 발자크의 단편소설인 「알려지지 않은 걸작」을 연상시키지만, 전통적으로 괴테를 모범으로 한 교양소설로 분류된다.[15] 이야기는 자전적인 요소가 강하다. 주인공인 하인리히 레가 녹색의 하인리히라고 불린 까닭은, 어릴 때 세상을 떠난 아버지의 제복으로 옷을 지어 입

*특이한 사건, 극적인 구성을 갖춘 중단편 분량의 소설.

었기 때문이다. 하인리히는 학교에서 쫓겨나 뮌헨에서 그림 공부를 한다. 하인리히의 삶에서 또 다른 중요한 요소는 '천상의 사랑'을 대표하는 아나와, 하인리히의 '지상적인 욕구'를 좀더 충족시켜주는 과부 유디트, 이 두 여인과의 사랑이다. 하인리히가 자신은 결코 평범한 화가 이상이 될 수 없다는 것을 깨닫고, 또 어머니의 죽음으로 충격을 받으면서 여인과의 문제는 저절로 풀린다. 어머니의 죽음은 자신에게 책임이 있다는 자각으로 초점이 모인다. 그는 어머니가 자신을 위해 희생했지만 자기는 집착에 빠져 어머니를 곤궁하게 내버려뒀다며 자책한다. 그리하여 하인리히는 수치심에 빠져 죽음을 맞이한다.

켈러 자신은 이야기가—또는 결말이—마음에 들지 않아 몇 년 뒤 개작을 했다. 개정판에서는 하인리히가 죽지 않고 관리로서 한직에 근무하며 사는 것으로 고쳤다. 이 스토리가 전체 구도에 더 들어맞는 듯하다. 초판은 별로 주목받지 못했지만 개정판은 대단한 갈채를 받았다.[16]

새로 쓴 결말도 부분적으로 자전적인 요소가 반영된 것이었다. 켈러는 1855년에 취리히로 돌아가 주 정부의 서기가 되었기 때문이다. 과거를 돌아보는 이 시점부터 켈러는 특히 자본주의와 예술적 개인주의 사이에 모순이 커져가는 것을 깨달았다. 그는 이 모순, 즉 마르크스가 소외라고 규정한 현상에 대한 혐오감을 느꼈다. 켈러는 이런 감정을 『젤트빌라의 사람들』(1856, 1873~1874)이라는 단편집에서 표현했다. 유난히 특이한 소재이긴 하나 그렇다고 독자의 공감을 얻지 못한 것은 아니었다. 여기에 나오는 사람들은 다른 어느 곳의 사람들보다 더 비겁하며 진취적이지도 못하지만 외부세계를 경험하면서 변화를 맞는다. 이 사람들은 그들 자신만의 고장이 제공하는 보호망 속으로 들어가 '유별난 속물'이 된다. 사회 이동upward mobility의 과정 중 하나인 일하기를 거부하고 바쁜 삶도 거부한다. 또 누구나 중요하다고 여기는 것보다는 평범한 삶에서 기쁨을 맛본다. 이들은 사실상 시민계급의 가치에 대한 대안적 가치를 탐험하고 있는 것이다.

석탄 연기와 지저귀는 새

하인리히 하이네(1797~1856)는 지금은 독일의 최고 시인 중 한 사람으로 평가받는다. 하지만 그릴파르처나 횔덜린과 마찬가지로 하이네가 인정을 받기까지는 수십 년의 세월이 걸렸다. 하이네에게 그만의 독특한 사정이 있었다면 그가 바로 유대인이라는 사실이었다. 19세기 초 독일에서 반反유대주의자들은 하이네가 '유대인이자 독일인'이라는 사실을 받아들이지 않았다. 하이네가 1831년부터 죽을 때까지 프랑스에서 살았으며 프랑스 문화에 심취했다는 사실도 도움이 되지 않았다(하이네가 회상록에서 이야기하는 주제는 아름다운 여인들에 대한 사랑과 프랑스 혁명, 이 두 가지다).[17] 나치는 그에 대한 기억을 말끔히 지우려고 했다.

1821년에 하이네의 첫 번째 시집이 나왔을 때 바이마르 고전주의는 이미 오래전에 끝났으며 낭만주의도 어느덧 저물어가고 있었다. 하이네는 이렇게 썼다. "낭만주의의 천년제국은 이제 종착점에 다다랐다. 나 자신은 왕위를 넘겨준 낭만주의의 마지막 전설적 왕이었다." 그가 볼 때 낭만주의는 "불만족스런 외부세계와 유리된, 절망적인 내면세계의 은신처"였다. 하이네는 베를린 대학에서 철학자로서 명성과 영향력이 절정에 이르렀던 헤겔 밑에서 공부했다. 그는 예술이 가장 '물질적인' 형태로 시작해서(예컨대 이집트의 피라미드처럼) 그리스 조각과 르네상스 회화를 거쳐 비물질적인 시와 음악으로 진행한다는 헤겔식 사고와 궤를 같이했다. 그는 "우리 시대는 음악과 예술의 시대로 기록될 것이다"라고 예감했다.

하이네는 자신의 시대를 산문(저널리즘—죄르지 루카치는 하이네를 뛰어난 혁명적 저널리스트로 묘사했다—과 기행문, 비평)과 시로 구분했다. 그의 초기 시는 『노래 책』에 수록되었는데, 프란츠 슈베르트, 로베르트 슈만, 펠릭스 멘델스존이 노래로 작곡해 유명해졌다. 하이네는 자신의 초기 산문, 특히 『베를린 서한집』과 『하르츠 기행』—그만그만한 여행기—에서 당시 독일의 여러 지역이 산업화되고 빠른 속도로 변하는 도시세계에 견줘 시골생활은 전혀 다른 풍치를 지닌 것에 대해 민감한 반응을 드러냈다. 나폴레옹 전쟁의 참상이 휩쓸고 간 뒤 하이네는 시대의 커다란 문제는 인종과 사회계급, 피압박계층의 해방이 될 것이라고 예상했다. "우리 시대는 인간 평등의 사상으로 활기를 찾고 있다……." 하이네는 신문 기사에서 독일 혁명의 이데올로기적 기반을 다지는 일에 매달렸다.[18]

비록 빈조약으로 공고해진 독일의 분열을 반기지 않았지만 하이네는 결코 민족주의자가 아니었다. 민족주의자들이 옹호한 '기독교적 독일'이라는 정체성에 자신도 포함된 유대인들이 들어설 여지를 허용하지 않았다는 점도 한 가지 이유가 될 것이다. 프랑스 독자를 염두에 두고 쓴 『낭만파』에서 하이네는 위대한 18세기 독일 작가들이 품었던 세계주의cosmopolitanism를 강조하고 상실한 가치를 회복하려고 시도했다. 하이네는 낭만주의 시詩가 현대생활과 조화를 이루지 못한다고 솔직히 말했다. "철길 위로 덜커덩거리는 기차 소리가 우리 마음을 흔드는 세상에서 아름다운 노래를 만들 수는 없다. 석탄 연기가 새의 지저귐을 앗아가버렸다……."[19]

1840년대는 정치적으로 불안정한 시대였다. 기아의 40년대에 몇몇 유럽 국가에서 식량부족 사태가 일어나 사람들의 과격한 행동을 자극했다. 1840년 독일에서 프리드리히 빌헬름 4세(재위 1840~1861)가 프로이센 국왕으로 즉위했을 때, 선왕의 기나긴(43년) 반동 정치가 끝나고 해방이 찾아올 거라는 기대가 팽배했다. 정치시詩가 범람했고 페르디난트 프라일리그라트(훗날 런던으로 정치적 망명을 떠난다)와 정치시 때문에 교수직을 박탈당한 언어학자 아우구스트 하인리히 호프만 폰 팔러슬레벤(1798~1874) 같은 이른바 경향시인Tendenzdichter(정치의식을 지닌 시인)들이 활발하게 창작활동을 했다. 팔러슬레벤의 시에는 「독일인의 노래」 「독일」 「가장 뛰어난 독일이여」가 있었다. 진보적인 이 노래는 민족국가로서의 독일의 자유를 호소하는 것이었지만 꼭 이런 의미로만 받아들여지지는 않았다.*[20] 하이네는 이때의 '경향적' 시인들이 진부하다고 생각했다. 그가 볼 때 진정한 시적 재능은 어떤 당파나 노선에 속하는 것이 아니었기 때문이다.

> 내 노래는 목적이 없다네, 아무 목적도
> 사랑이나 삶이 목적이 없듯이
> 창조주와 피조물에 목적이 없듯이

하이네가 비정치적이었던 것은 아니다. 그는 자본주의를 경멸했고 무엇보다도 당시 시민계급에서 '영웅시'가 나오기를 기대했다. 하이네가 볼 때 진정한 시인은 급진적인 목적을 넘어 좀더 깊이 있고 근본적인 힘을 찾는 존재였다. 야코프 그림처럼 하이네는 민담—깊은 의미가 담긴 시로서—에 고대 게르만의 종교에 대한 시각이 담겨 있다고 보았다.[21] 기독교 정신은 민담에 담긴 대로 소박한(그리고 세속적인) 현실에서 사람들을 떼어놓고, 현실과 유리된 천상의 영적인 세계로 이끈다고 본 것이다. 하이네는 본래의 민담을 되살리고 다듬으면 잃어버린 정신적 자원을 회복할 수 있을 것이라 믿었다(물론 그는 '신이라는 아편'의 효능이 끝나고 있다고 믿었다).

기아의 40년대에 발생한 급진파의 소동으로 1844년에 슐레지엔의 직조공들이 폭동을 일으켰을 때, 독일에 혁명의 그림자가 드리워졌다. 슐레지엔의 전통적인 가내공업은 공업화된 영국의 섬유산업에 도저히 맞설 수 없었다. 기아의 위기에 맞닥뜨린 이들은 비참한 환경에서 봉기했지만 곧 진압되고 말았다. 이 사태로 영감을 얻은 하이네는 신랄한 프롤레타리아 시

---

*현재까지 독일의 국가로 쓰이는 팔러슬레벤의 시는 본디 분열된 독일 민족의 통일을 염원하는 의미로 "모든 것 위에 있는 독일Deutschland über alles"이라는 말이 들어갔지만 나치가 이 가사를 악용한 전례가 있고, 승전국들의 오해도 있는 등 역사적인 논란이 일어 현재는 이 구절이 없는 3절만 국가로 불린다.

「슐레지엔의 직조공」을 구상했다. 이 시는 19세기 내내 독일 사람들의 심금을 울렸다.

> 북을 날리고 직기를 삐걱거리며
> 우리는 밤낮으로 너의 수의壽衣를 짠다.
> 낡은 독일이여, 우리는 너의 수의를 깔고 앉는다.
> 그 위에 세 겹의 저주를 엮어
> 우리는 수의를 짠다, 수의를 짠다![22]

하이네는 시대착오적인 독일에 대한 깊은 관심에서 시상詩想이 우러났다. 부분적으로는 1831년에 리옹의 견직공들이 봉기한 것을 배경으로 지은 노래인 「우리는 낡은 세계의 수의를 짜리라」에 뿌리를 두고 있다.

하이네는 자신의 유대인 혈통에 대해 양가적인 감정을 느낀 것으로 유명했다. 그의 이전과 이후에 많은 독일계 유대인이 그랬듯이 하이네는 무엇보다 먼저 '독일인'이었다. 1824년 그는 한 친구에게 스스로를 "가슴에 독일적인 감정을 잔뜩 품은 (…) 현재 짐승 같은 대부분의 독일인 가운데 한 사람"으로 묘사했다.[23] 동시에 유대인을 그린 미완성 소설인 『바하라흐의 랍비』를 보면, 코셔 식품Kosher foods*에 대한 애착이 하나의 특징으로 드러난다.

하지만 이런 성향도 하이네가 1825년 프로테스탄트로 개종하는 데 걸림돌이 되지는 못했다. 하이네가 기독교로 개종한 것은 이목을 끄는 일이었지만, 당시에는 은밀히 이뤄졌으며 훗날에 가서야 유명해진 사건이다. 이 일은 프로이센이란 국가에서 국왕을 대부로 칭하기만 하면 10더컷**을 내

*유대교 율법에 따라 음식물을 제한한 규정에 따른 음식.
**과거 유럽의 여러 국가에서 사용한 금화.

고 세례의 혜택을 누리던 유대인의 개종을 빗댄 말인 '즉석 표백'과는 다른 것이었다. 하이네는 언제나 유대인 신분에 불편함을 느꼈으며 자신을 표현할 때도 단순히 '유대인 혈통'이라고만 말하곤 했다. 1834년 하이네를 만난 크레셍 외제니 미라('마틸데')는 2년 뒤 하이네와 함께 살다가 1840년에 결혼까지 했지만, 하이네가 유대인이라는 사실은 전혀 몰랐다. 하이네는 언제나 당대의 반유대주의는 종교적인 것이 아니라 경제적인 이유에서 나온 것이라고 말했다. 그래서 독일에 사는 유대인이 완전히 평등한 공민권을 얻을 것으로 내다보았다.[24] 그는 자신의 시대를 지나치게 관용적으로 평가했다.[25]

혁명이 일어난 1848년에 하이네의 건강은 급격히 악화되어 생애 마지막 8년 동안은 누워서 지내야 했다. 병 때문에 어쩔 수 없이 마룻바닥에 매트리스를 깔고 그 위에서 누워 지낼 수밖에 없던 하이네는* '매트리스 무덤' 생활을 한탄했다.[26] 말도 하기 힘들었지만 정신력은 여전히 활발했던 그는 결국 병 때문에 신에게 마음을 되돌렸다. 그는 건강한 자와 병자는 서로 다른 종교가 필요하다는 것을 날카롭게 간파했으며, "병자에게는 기독교가 뛰어난 종교"라고 생각하기도 했다.[27] 리치 로빈슨은 하이네가 말년에 병상에서 쓴 시는, 아마 예이츠의 후기시를 제외하면 이런 상태에서 쓴 여느 시인들의 고전적인 시와 달리 신랄하고 힘이 넘친다고 기술했다. 다들 알 만한 어느 시에서 하이네는 자신의 적들에게 병세를 하나하나 전하고 있다. 또 어떤 시에서는 신에게 정면으로 도전하기도 한다.

> 저 성서의 우화 그리고
> 경건파의 가설을 내던지라.
> 이 저주스런 질문에 대답하라—

---

*하이네는 당시 척추가 마비되어 있었다.

제발 얼버무리지 말고.

하이네는 매트리스 무덤 생활을 하는 동안 이 세계가 "산문 시대로 진입했다"[28]는 헤겔의 주장에 동조했다. 시가 이 황폐한 세계에서 아무런 도움이 안 된다고 말한 것이다.

근대정신과 살인

많은 사람이—특히 독일에서—게오르크 뷔히너(1813~1837)가 정상적인 수명을 누렸다면 괴테나 실러 같은 대문호가 되었을 것이라고 생각한다. 뷔히너의 작품 중 가장 유명한 『보체크』는 분명히 인상적인 걸작이다. 다름슈타트 부근인 고데라우에서 태어난 뷔히너는 의사의 아들이었으며 철학자 루트비히 뷔히너의 형이었다. 뷔히너는 스트라스부르 대학에서 의학을 공부하고 신경계를 주제로 한 학위 논문을 발표했다. 이어 당시 과학 연구의 중심지로 활발한 활동을 펼치던 기센 대학으로 옮겼다. 하지만 뷔히너의 관심사는 정치 문제에 있었다. 헤세 공국의 생존 환경에 충격을 받아 혁명을 준비하는 비밀 조직을 결성하는 데 도움을 주기도 했다. 뷔히너는, 자기 시대에는 아직 프롤레타리아가 '계급'으로 성장하지 못했다는 사실을 깨닫곤 빈자貧者가 자의식을 갖추기를 갈망했다. 그는 기센에서 보낸 편지에 "정치 환경 때문에 미칠 지경이다"라고 토로할 정도였다. 뷔히너는 자신이 작성한 팸플릿 하나가 지나치게 선동적이라는 판정을 받아 어쩔 수 없이 망명길에 올랐다. 처음에는 스트라스부르로, 이어서 취리히로 도피한 뷔히너는 취리히 대학의 해부학 교수가 되었다. 그러나 스물세 살에 티푸스로 급사하고 말았다.

그의 첫 희곡—프랑스 혁명을 배경으로 한 『당통의 죽음』—은 1835년에 발표되었다. 이어 질풍노도 운동의 시인인 야코프 미하엘 라인홀트 렌츠의 생애를 다룬 단편소설 「렌츠」를 발표했다. 두 번째 희곡인 『레온체와 레나』는 귀족에 관한 이야기였지만, 뒤이어 발표된 미완성작 『보체크』는 독일 문학사상 최초로 귀족이나 시민계급이 아닌 노동계급을 주인공으로 삼은 작품이었다. 이 작품은 뷔히너 사후에 출판되었고(제목은 훗날 편집자가 정한 것이다) 뷔히너가 남긴 네 편의 초고 중에서 한 가지를 골라 적절히 다듬고 재구성한 것이다. 뷔히너는 1836년에 이 초고들을 쓰기 시작한 듯하지만, 1913년이 되어서야 무대에 올려졌다. 이 작품은 아마 1925년에 초연된 알반 베르크(1885~1935)의 오페라인 「보체크」로 가장 유명해졌을 것이다.

실화를 바탕으로 쓴 『보체크』는 군대의 가혹한 규율과 엄격한 계급질서에 내몰린 채 정신질환에 걸려 자살하는 병사에 관한 이야기다. 보체크는 작품의 어느 시점에서 이 사회를 가리키며 "절망의 구렁텅이. 누구든지 보면 미칠 수밖에 없어"라고 말한다. 뷔히너는 한 의학 저널에 유죄 선고를 받은 살인범에 관한 긴 논쟁이 실린 것을 보고 이 작품을 썼다. 이 살인범은 1821년 라이프치히에서 질투심에 사로잡혀 애인을 살해해 공개 처형된 J. C. 보체크였다. 이발사이자 사병인 보체크는 일자리를 잃은 뒤 환각 상태에 빠지고 편집증 증상을 보이는 등 절망적인 상황에 빠진다. 이런 여러 증세에도 불구하고 보체크를 두 차례나 검진한 의사는 "도덕적으로 타락했지만 정신이상은 아니다"라고 판정을 내린다. 의사가 생각하는 도덕적인 잣대는 칸트의 기준에서 나온 것이다. 이 사회의 기준에서 벗어난 보체크는 다른 사람에게 걸림돌만 되며 처벌을 받을 수밖에 없는 존재다. 극중에서 보체크는 애인을 죽이고는 스스로 목숨을 끊는다.[29]

뷔히너는 이 희곡에서 당시 독일 사회의 야만적 상황을 고발하고 있다. 빈곤의 새로운 형태는 산업화와 함께 인간 개개인을 서로 적으로 만든 사회의 '세분화atomization'에서 비롯된 것이다. 이 사회는 개인의 가치를 피상적으로 평가하고, 일상 속에 엄연히 존재하는 심리적인 억압을 대부분 무시하는 공간이다. 죄는 살인범이나 그 피해자에게 있는 것이 아니다. 살인범을 괴롭힌 자들도 그들 자신을 괴롭힌 존재이므로 이들에게 죄를 물을 수 없다. 뷔히너는 1834년 부모에게 보내는 편지에서 이렇게 말하고 있다. "……어느 누구 때문에 바보가 되고 범죄자가 되는 것이 아닙니다." 예리한 감정의 파동, 격리되거나 패거리를 짓는 생존 방식, 노동계급의 화법 및 억양의 사용, 이런 특징은 모두 무대에서 새로 선보인 요소였다. 이 희곡은 궁극적으로, 예컨대 표현주의에 엄청난 충격을 주었으며, 모더니즘이나 나아가 포스트모더니즘 작가들에게도 커다란 영향을 미친 것으로 평가된다.

뷔히너는 빈자의 숙명에 몸서리를 치고 좌절감을 맛보았다. 『보체크』에 등장하는 가난한 인물 중 한 사람은 이렇게 말한다. "우리가 천국에 간다면 벼락을 내리치게 할 텐데."

괴테 시대의 종말

1829년 이후로 하이네는 "괴테의 요람에서 시작해 자신(하이네)의 관에서 끝나게 될" 문화 시대의 종말이 다가오고 있으며, 이것이 그 자신에게는 매우 중대한 의미를 준다는 말을 몇 차례나 했다. 하이네는 자신이 괴테를 우러러보았음에도 이 시기의 문학을, 특히 19세기로 들어선 이후에 대부분의 저술에서 드러나는 정적주의靜寂主義, quietism*를 한탄했다. 그는 과거의 위대한 예술 시대는 결코 시대의 중대한 문제를 외면하지 않았다고 말했다. 그러면서 이런 활동을 한 두 위대한 예술가로 피디아스(기원전 480~기

*그리스도교에서 인간의 자발적 · 능동적인 의지를 최대로 억제하고, 초인적인 신의 힘에 전적으로 의지하려는 수동적 사상.

원전 430)와 미켈란젤로를 들었다. 사실 이제껏 본 대로 1832년 괴테의 죽음은 19세기 독일 문학에서 하나의 분수령이 되었다. 괴테가 남긴 유산에 매달리는 경향—괴테의 내면적인 가치를 중시하고 산업화로 변화된 세계의 실상을 외면하는—이 그릴파르처와 슈티프터, 켈러의 문학적 특징이었고(이들은 엄밀하게 말하면 모두 독일 바깥에서 살았다),* 19세기 중반의 비더마이어Biedermeier• 시대의 소설도 마찬가지였다.

이와 달리 하이네를 우러러보는 작가도 많았다. 하이네가 성인이 된 뒤로 대부분의 시간을 파리에서 망명생활을 했다는 사실을 감안하면 주목할 만한 현상이다. 청년독일파*** 작가들은—크리스티안 디트리히 그라베, 카를 구츠코, 하인리히 라우베, 테오도어 문트, 루돌프 빈베르크, 루트비히 뵈르네가 주축이 된—그들 자신의 소설과 희곡에서 사회 문제에 관심을 기울이며 1830년대에 가장 적극적인 활동을 펼쳤다. 이들은 모두 공공연한 반대를 가혹하게 억누를 정도로 문학작품에 대한 검열이 엄격하게 이뤄지던 시기에 글을 썼다는 공통점이 있다. 이러한 배경에서 1840년 프리드리히 빌헬름 4세가 프로이센의 국왕에 즉위한 뒤 작가들을 억압하지 않고 이들에게 자유를 주겠다고 말한 것은 중요한 전환점으로 받아들여졌다. 물론 국왕은 약속과 달리 이내 과거 체제로 복귀했지만, 이 짤막한 자유의 시기는 '3월 전기Vormärz'로 명명된 정치적 문학—때로는 민족주의 성향이 강하고 때로는 마르크스주의적인—이 분출하는 데 촉매제 역할을 했다. 이 시기에 외젠 쉬와 찰스 디킨스(1812~1870)의 영향을 받은 에른스트 빌콤의 사회비판 소설이 큰 인기를 끌었으며, 『피크위크 페이퍼스』와

*그릴파르처와 슈티프터는 오스트리아, 켈러는 스위스 사람이다.

•처음에는 소시민적인 생활의 전통 예술 양식이었는데, 1815~1848년에는 비정치적 시대와 당시 문학을 나타내는 개념이 되었다. 정치적 반동에 대한 환멸과 함께 소시민적인 자족감이 뒷받침된 비정치적·퇴영적인 풍조를 말한다.

***청년독일파는 1830년대 이래 독일 문단에서 활약한 문학의 유파다. 프랑스 7월 혁명의 영향을 받아 예술지상주의를 표방하고 고전주의·낭만주의에 맞서 문학의 정치 참여를 주장한 젊은 문인들을 말한다.

비슷한 소설이 수없이 쏟아져 나왔다. 또 프리드리히 엥겔스처럼 영국의 노동계급에 대한 실상을 작품에 투영한 게오르크 베르트(1822~1856) 같은 작가도 빼놓을 수 없다.

하지만 이 시대에 가장 주목받은 작품은, 의심할 여지 없이 하이네의 영향을 부분적으로 받은 것으로(비록 하이네 자신은 이 장르를 경멸했지만) 정치시의 영역에 속하는 것들이다. 앞서 언급한 게오르크 헤르베크나 페르디난트 프라일리그라트, 호프만 폰 팔러슬레벤은 신문 기고문 형식을 빌리거나, 때로는 당시 유행한 노동자 클럽에서 애창되던 노래 형식으로 사회비판적 시를 썼다. 그러나 1848년 혁명의 실패는 이 모든 흐름을 한순간에 끝내버렸으며, 현실 참여적인 작가 대부분은 런던이나 미국으로 망명했다. 이 두 곳은 갑자기 밀려든 독일인 피난민으로 북새통을 이뤘다(15장 참고).

비더마이어 현상

1815년 이후 시기*의 직접적인 결과는 프랑스 혁명 같은 혼란을 되풀이하지 않으려는 노력으로 나타났다. 혼란에서 벗어난 유럽의 군주들은 자국민에 대한 정치적 지배력을 더욱 확고히 했다. 앞서 이야기한 엄격한 검열뿐만 아니라 국가 전복 세력을 뿌리 뽑기 위해 비밀정보부를 광범위하게 운영했다. 나폴레옹에 버금갈 만큼 독재 정치를 자행한 클레멘스 폰 메테르니히가 재상으로 있던 오스트리아가 특히 심했다. 집회와 클럽, 사회단체의 활동이 일체 금지되었고, '문제적인' 단체의 회원들은 구금당했다. 이런 흐름은 중단기적으로 시민들을 공공장소인 커피점이나 집회소에서 내몰고, 각자의 집으로 격리시키는 효과를 가져왔다. 레이먼드 에릭슨은 『슈베

*나폴레옹이 패망하고 빈조약이 체결된 이후의 시기를 말한다.

르트의 비엔나』에서 이렇게 말한다. "외부생활은 정치적으로 위험해서 사적인 가정에 머무른 채, 사회적인 접촉은 진실하고 믿을 수 있는 친구로 한정되었다."[30]

이것이 낭만주의 전성기에 이어진 결정적 변화로서, 또는 낭만주의에 대한 반동으로서 궁극적으로는 비더마이어 문화로 알려지게 되는(토마스 니퍼다이의 견해로는 모더니즘이라는 폭풍이 닥치기 전 '일시적인 고요함'으로서의) 시대 배경이었다. 낭만주의 운동은 개인 자신의 경험에 초점이 맞춰져 있었다. 비더마이어는 이것을 상호관계에 대한 초점으로 바꿔놓았다. 이때까지 무시되던 친구들끼리의 사적인 세계가 중요한 의미를 띠게 되었고, 이렇게 사사로운 분위기가 당시 예술에 반영되었다. 비더마이어 문화는—1848년의 여파를 넘어서—다른 장르보다 문학에서 더 오래 지속되었지만 건축에서도 나타났다. 주택이 길에서 더 안쪽으로 들어앉은 것이다. 문학에서 비더마이어는 아네테 폰 드로스테휠스호프, 아델베르트 폰 샤미소, 에두아르트 뫼리케, 빌헬름 뮐러의 조용하고 친밀한 시에서 찾아볼 수 있다. 뫼리케와 뮐러의 시는 후고 볼프와 프란츠 슈베르트가 음악으로 작곡하기도 했다. 점점 강도를 더해가는 도시화와 산업화 때문에 음악을 듣는 청중도 새로워졌다. 슈베르트의 초기 가곡은 집중적인 음악 훈련이 없이도 피아노만 있으면 연주할 수 있는 곡으로, 이전의 어떤 음악보다 훨씬 더 개인적인 특징을 띠었다. 이 모든 흐름을 배경으로 가구가 비더마이어 문화의 특징 중 하나가 되었고, 각 가정을 장식하는 수단이 되었다.[31]

비더마이어 가구는 제정양식empire style*처럼 요란하지 않았다. 더 단순하고 소박한 형식으로, 목재도 수입에 의존하는 값비싼 마호가니보다 국내에서 구할 수 있는 벚나무나 호두나무를 썼다. 이런 형식은 "믿음직하고" "상식적"이었으며 권위 있는 해석에 따르면 "따분한" 것이었다. '비더마

*나폴레옹의 위엄을 고무·찬양하기 위해 생겨난 양식으로 의상, 건축, 가구 등으로 번져나갔다.

이어'라는 말 자체가 조롱의 뜻을 담고 있었다. 1848년에 화가이자 시인인 요제프 빅토르 폰 셰펠은 빈의 풍자적인 잡지인 『플리겐데 블레터Fliegende Blätter』에 수많은 풍자시를 발표했는데, 이중에 「비더만의 저녁 모임」과 「부멜마이어의 불평」이 있다. 루트비히 아이히로트는 이 이름들을 합성해서 (여기서도 풍자적으로) 고틀리프 비더마이어라는 인물을 만들어냈다. 독일어로 비더Bieder라는 말은 '평범한, 일상적인, 솔직한'이라는 뜻이고 '따분하지만 올곧은'이라는 의미도 갖고 있다. 마이어Meier/Meyer는 영어의 스미스Smith처럼 아주 평범한 성이다.

이렇듯 지나친 풍자는 아주 화려한 디자인을 시도한, 비더마이어의 주요 가구 디자이너인 요제프 단하우저에게는 다소 공정하지 못할 수도 있다. 빈에 있던 단하우저의 공장은 전성기 때 직원 수가 350명에 이르렀으며, 가구 디자인과 제작뿐만 아니라 조각과 실내장식도 했다. 1838년에 공장이 폐쇄된 뒤 직원 중 일부는 멀리 스톡홀름, 상트페테르부르크, 부다페스트 등으로 여행을 떠났는데 이때 자신들의 기술을 과시하며 비더마이어 양식을 전파했다.[32]

이런 모든 특징으로 볼 때 비더마이어 문화는 본질적으로 중간계층의 현상이었으며, 그것도 특히 독일의 중간계층에 속하는 것이었다. 프랑스와 달리 독일에서는 귀족과 행정관료(중간계층)를 합친다 해도 숫자가 많지 않았다. 따라서 부유해진 신흥 시민계급은 새로운 양식의 가구로 자신들의 신분을 과시하려 했다. 이런 현상은 뷔히너나 켈러, 하이네의 세계와는 무척이나 거리가 먼 것이었다.

독일은 산업혁명이 뒤늦게 일어났지만 1830년대에 접어들면서 선진국을 뒤쫓기 시작했다. 1840년대에는 가속도가 붙어 증기선, 증기기관차, 방직기, 가스등 같은 기술의 혁신이 빛을 발했고 점점 더 많은 제품의 대량생산이 일상화되었다. 이런 현상으로 짐작건대 '비더마이어적인 사람'은 기계로 생산한 제품보다 뛰어난 기술을 자랑하며 자신의 예술적 취향에 자부심을 느꼈을 것이다. 세밀한 그림이 들어간 식기류와 유리 제품, 고도의 장식 기술이 가미된 화려한 자기류는 수제품의 유행 시대를 열었다. 자연을 공들여 모사한 회화가 인기를 끌었고, 심리적인 세부 묘사가 들어간 초상화 기법으로 사실주의가 널리 보급되었다. 가정생활을 주제로 한 그림도 인기를 끌었으며 시민계급의 응접실은 상업적이고 공업화된 현실로부터 피할 수 있는 안식처가 되었다.

이 말은 과장이 아니다. 빈 사람들은 이제 바깥으로 나왔다. 극장은 주로 구경거리를 보는 공간이 되었다(예를 들면 신문에 나기도 전에 전투 장면에서 총격이 몇 번 있었는지 말하는 것이 습관이 되었다). 또 비더마이어 시대에는 슈베르트의 가곡이 인기를 끌었다(생각보다 일찍). 슈베르트의 친구들은 유명한 '슈베르티아덴Schubertiaden'*을 조직해 저녁마다 오직 슈베르트의 음악만을 들을 수 있도록 지원했다.[33]

슈베르트는 몇 편의 교향곡을 썼는데 마지막 교향곡인 제9번 「그레이트 교향곡 C장조」는 이 시대의 위대한 작곡가 중 한 사람인 로베르트 슈만이 훗날에 이르러 찾아낸 것으로 유명하다. 슈만은 제9번 교향곡이 있다는 소문을 듣고 프란츠 슈베르트가 사망하고 10년이 지난 뒤 슈베르트의 형인 페르디난트의 집을 찾아갔다. 페르디난트에게서 슈베르트가 작곡한 원고 뭉치를 건네받은 슈만은 여기서 완성된 교향곡을 찾아내 페르디난트의 허락을 받고 가져갔다. 꼭 1년이 지난 뒤 멘델스존은 라이프치히에서 이 교향곡의 초연을 지휘했다. 연주를 들은 슈만은 이렇게 말했다. "이 교향곡은 베토벤 이후 그 어떤 작곡가보다 우리들에게 더 큰 영향을 줄 것이다……."

로베르트 슈만(1810~1856)은 어느 모로 보나 가장 완벽한 낭만주의자였다. 정신병과 자살이 집안 내력이라는 걸 의식한 슈만은 자신도 그런 식

---

*슈베르트의 친구들이 그의 음악을 듣기 위해 아름다운 저택에 모여 음악회를 여는 일.

으로 삶에 굴복하지나 않을까 내내 두려워했다. 서적상과 출판업자의 아들로 태어난 슈만은 괴테와 셰익스피어, 바이런, 노발리스 등 대문호의 작품으로 가득 찬 환경에서 자랐다. 여기서 커다란 영향을 받은 슈만은 직접 시를 써보려고도 했고, 바이런을 열심히 배우며 수많은 연애를 경험했다(슈만은 바이런의 「맨프레드」를 읽다가 눈물을 흘린 적이 있으며 이 작품을 훗날 음악으로 작곡하기도 했다). 1850년대 초반에 슈만은 일주일 동안 환각 증세에 시달렸는데, 맹수에게 쫓기는 절박한 상황에 멀리서 천사가 음악을 들려주는 환상을 체험했다. 그는 다리에서 투신자살을 하기도 했지만 실패로 끝났다. 1854년에는 스스로 정신병원에 입원했다. 슈만의 작품 중에 가장 유명한 것은, 어쩌면 가장 사랑받는 작품이기도 한데, 친구들과 아내인 클라라 비크, 쇼팽, 니콜로 파가니니, 멘델스존의 초상을 묘사한 「사육제Carnaval」일 것이다(「사육제」는 브람스에게 커다란 영향을 주었다).[34] 하지만 슈만은 생전에 사람들이 그의 음악을 몹시 싫어했기 때문에 비평가로 생계를 꾸려야겠다는 생각을 할 정도였다. 슈만이 비평가로서 처음 한 일은 쇼팽을 독일 대중에게 소개한 것이었다("여러분, 모자를 벗어주세요. 천재가 입장합니다!"). 그가 마지막으로 소개한 인물은 브람스였다. 슈만은 더 훌륭한 피아니스트가 될 수 있었지만 연주 기술을 연마하는 훈련을 하다가 무리하는 바람에 결국 손가락 하나를 못 쓰게 되고 말았다.

수년 동안 힘든 세월을 견디다가 1856년에 슈만이 세상을 떠날 무렵, 그의 음악이 마침내 국제적인 명성을 얻기 시작했다. 그중 두 곡이 유명했다. 피아노 독주곡으로 그의 음악 중 최고 걸작인 「환상곡 C장조」는 3대 낭만파 피아노곡으로 평가받는다(나머지는 쇼팽의 「소나타 B플랫 단조」와, 리스트의 「소나타 B단조」).[35] 슈만의 두 번째 업적은 피아노곡에서 가곡으로 관심을 옮기면서 이뤄졌다. 「시인의 사랑」과 같은 가곡의 일부는 슈베르트가 다루지 않은 피아노의 역할을 확대해—형식적, 기술적, 정서적으로—예컨대 전주곡과 후주곡을 추가했다는 점에서 슈베르트의 「겨울 나그네」와 진정으로 어깨를 견주는 작품이다. 슈만은 250곡의 가곡과 선율이 뛰어난 일련의 이중창을 작곡해 성악 곡목을 확대했다.

근대적인 음악 레퍼토리의 발명

슈만이 펠릭스 멘델스존(1809~1847)을 숭배한 이유는 멘델스존이 모차르트 이후 가장 광범위한 분야에서 업적을 쌓은 음악가였기 때문일 것이다. 뛰어난 피아니스트였던 멘델스존은 당대에 가장 위대한 지휘자인 동시에 오르간 연주자이기도 했다. 그는 또 훌륭한 바이올리니스트였으며 시와 철학에도 조예가 깊었다. 1809년 함부르크에서 태어난 멘델스존은 부유한 유대계 은행가 집안에서 자랐고, 철학자 모제스 멘델스존의 손자였다. 열렬한 애국자였던 멘델스존은 모든 예술 장르에서 독일인들이 뛰어나다고 믿었다. 그의 생각이 맞다면 멘델스존은 그들 중에서도 뛰어난 예술가였다. 소년 시절 멘델스존은 새벽 다섯 시에 일어나 음악과 역사, 그리스어와 라틴어, 과학, 그리고 여러 나라의 문학을 공부했다.[36]

많은 낭만파 음악가가 그러했듯이 멘델스존도 신동이었다. 게다가 음악복이 터져, 부모가 집 안에 오케스트라를 조직했는데 여기서 멘델스존은 자신이 작곡한 곡을 연주하거나 지휘하기도 했다. 그는 파리로 가서 쇼팽과 리스트, 베를리오즈와 교류했다. 그가 셰익스피어에게 영감을 받아 발표한 첫 작품, 「한여름 밤의 꿈」*은 완벽하게 낭만적인 소재로 동화의 나라를 묘사한 곡이다(물론 멘델스존은 내면의 마성魔性에 빠진 적이 없다). 파리에서의 체류 이후 음악감독으로 라이프치히에 간 멘델스존은 얼마 안 있어 이 도시를 독일의 음악 수도로 만들었다. 당시는 이제 막 지휘봉을

*서곡 1824, 기타 부분은 1842년 작곡.

쓰기 시작한 무렵이었는데, 멘델스존은 수수하면서도 정확하며 속도감 있는 지휘로 라이프치히 오케스트라를 당대의 가장 뛰어난 관현악단으로 만들어놓았다.[37] 그는 오케스트라의 규모를 확대하고 레퍼토리를 바꿨다. 어쩌면 멘델스존은 오늘날 인기를 끄는 독재자 스타일을 처음 보인 지휘자였는지도 모른다. 또 오늘날 우리가 흔히 듣는 기본적인 연주 곡목, 이를테면 모차르트와 베토벤을 기본으로 삼고 하이든, 바흐(바흐의 「마태(오) 수난곡」은 100년 동안 잠자던 것을 멘델스존이 발굴한 작품이다), 헨델은 물론 조아치노 로시니, 리스트, 쇼팽, 슈베르트와 슈만의 작품을 주요 연주곡으로 택한 사람도 멘델스존이었다.[38] 오늘날 우리가 듣는 음악회의 형태처럼, 이를테면 서곡, 교향곡같이 규모가 큰 작품, 이어 협주곡 같은 레퍼토리로 음악회 내용을 구상한 사람 역시 멘델스존이었다(멘델스존 이전에는 교향곡이 한 번에 이어 듣기에는 무척 길다고 여겨 악장 사이에 소품을 끼워넣어 듣는 부담을 줄였다).

멘델스존이 작곡한 음악은 19세기 중엽에 큰 인기를 끌었지만 오늘날 그에 대한 평가는 엇갈린다. 19세기에 모차르트와 맞먹는 음악적 위상을 점했다고 생각하는 사람들이 있는가 하면, 한편에서는 결코 자신의 포부를 실현하지 못한 음악가로 보기도 한다.

독일학과 근대의 중심 드라마

비더마이어 문화가 만연하던 시대에 다른 한켠에서는 19세기의 독일을 특징짓는 또 다른 개념이 발달하고 있었다. 바로 대중문화와 관련된 민족문화Volkskultur라는 것이었다. 민족문화는 헤르더와 그림 형제의 사상과 활동에서 발달한 개념으로, 일찍이 19세기를 지나면서 민중예술Volkskunst, 민속음악Volksmusik, 민족문학Volksliteratur, 민중극장Volkstheater, 민속문학

Volksdichtung(민속 또는 민족예술, 문학, 음악, 연극, 시), 민족성Volkstum, 민속학Volkskunde(대중적인 이야기책Volksbuch 또는 인기 있는 이야기로 큰 가닥을 잡은 대중문화) 등으로 확대된 개념이었다.[39]*

이런 현상의 배후에는 국민정신Volksgeist과 같이 유기적인 통일성을 부여하는 집단적 정신이 독일에 존재한다는 사고가 깔려 있었다. 이제 독일인은 자신의 문화와 역사가 프랑스와 이탈리아, 에스파냐의 고전적인 라틴 문화뿐만 아니라 수백 년 동안 유럽인의 사고를 지배한 신성로마제국의 문화까지 대체할 수 있는 자랑스러운 대안이라고 느끼게 되었다. 이런 관점에서 고급문화와 대중문화는 동전의 양면성을 띠며, 오염되지 않은 집단정신으로서 본질적으로 같은 뿌리를 다르게 표현한 것이라고 여겼다. 새롭게 형성된 이 특수한 분야는 독일학Germanistik이라 불렸다. 에른스트 모리츠 아른트(1769~1831)와 프리드리히 루트비히 얀(1778~1852)은—점차 의견이 갈리기는 했지만—민중 속에 독특한 정신이 담겨 있다고 믿었다. 이들은 "민중의 목소리로 구전되는 전통을 민담이나 민속극, 동요, 민요와 같은 형태로 기록하고 보존하며 표현해야 한다"고 생각했다.

1848년 이전에 사용하던 '민족Volk'이라는 용어는 차츰 '대중Masse'이라는 말과 함께 쓰였다. 영어로 'mass'라고 하는 대중이 지니는 의미는 19세기의 관점에서 오늘날과는 미묘한 차이가 있었다. 이 말은 정치적으로 발언권이 없는 계급의 사람들을 가리키는 것으로 '대중문화'는 문화라는 이름을 붙일 만한 자격이 없음을 의미했다. "근대정신을 표현하는 극적인 사건으로 대중문화를 수호하기 위한 투쟁이 독일에서 시작되었는데, 특별히 폭력적인 행동 없이 전개되었다."[40]

문화적인 표현으로 핵심 문제는, 이전에는 존재하지 않았던 생활의 실체로서 새롭게 산업화된 대도시에 거주하는 대중의 정체성을 어떻게 응집

*'Volk'는 민족, 국민, 민중, 평민, 민속 등 다양한 개념으로 쓰인다.

력 있게 끌어낼 것인가 하는 것이었다. 인근 유럽 국가는 다른 어느 지역보다 산업화된 지역이라는 공통성도 없는 데다 사방으로 흩어진 형태였는데, 독일은 통일된 상징이 더더욱 부족했다. 그 결과 (독일) 국민은 "문화를 국가의 영광을 드러내는 보조 수단으로 보는 다수와, 속세나 교회를 가리지 않고 권력 당국에 종속되지 않으며 비판적인 정신으로 무장한 소수로" 분열되었다.[41]

시간이 지나면서 이런 분열이 문제가 되었다. 민족문화는 신비적인 성격이 더해지고 대중 속에서 살아남아 대중을 풍요롭게 했다. 헤르더나 그림 형제가 볼 때 독일의 본질을 규정하고 독일을 통일시킨 것이 문화였다면 19세기가 지나는 동안 문화는 독일을 더욱 분명하게 드러내면서 '민족'과 '민중'이 점점 더 같은 의미가 되었고, 고전적인 라틴 문화에 대한 대안으로서 민족문화는 점점 더 승리감을 함축하는 특징이 되었다. 앞으로 보겠지만 19세기 후반 독일의 산업이 발전한 것은—대중을 포함해—이 같은 이해 방식과 태도를 물려받은 것에 원인이 있다. 독일인은 그들 스스로가 민족문화의 표현이라고 할 고급문화와 대중문화를 이끈다고 생각했다. 이런 자기 이해의 형태가 가장 먼저 등장한 것이 비더마이어 시대였다.

제15장

프랑스, 영국, 미국의 '독일 열풍'

'여인 태풍'

처음 몇 장에서 주제로 다룬 독일에서의 수많은 변화는 외부세계에 알려져 주목을 받기도 했다. 당시 가장 먼저 독일에 관심을 두었던 사람은—지금도 여러 방면에서 매우 두드러지는 인물인—제르맨 드 스탈(1766~1817)이었다. 작가인 스탈 부인은 프랑스어를 쓰는 스위스인으로 생애의 대부분을 파리에서 보냈는데, 당시 가장 유명한 여성이었다. 부유한 환경에서 자라 기질이 자유로웠던 그녀는 파리에서 환영받지도 못하고 용서받지도 못할 잘못을 저지르는 바람에 고초를 겪었다. 뿐만 아니라, 비타협적이고 지적인 재치가 번뜩이는 데다 현실 문제에도 적극적이어서 나폴레옹과 끊임없이 충돌했다.[1] 또 스탈 부인은 프로테스탄트였기 때문에 가톨릭 국가인 프랑스에서는 이방인일 수밖에 없었다. 이런 여러 사정에도 불구하고 그녀가 쓴 『독일론』(갖은 어려움 끝에 1810년에 발간된)은 독일 문화에 대해 인상적으로 개관한 책으로, 프랑스인에게(뒤이어 다른 유럽인에게) 새로운 문학과 낭만주의 철학에 대한 관심을 불러일으켰다.[2]

프랑스 혁명 기간 내내 스탈 부인은 혁명을 수행하는 모든 방법까지는 아니더라도 혁명의 목적에 열광적인 지지를 보냈다. 그녀는 이후 공포정치가 시작되자 파리를 떠났다가 되돌아왔다. 1790년대에는 파리에 살롱을 열고 나폴레옹과 대립하면서 이름을 알렸다. 스탈 부인은 몇몇 소설에서 자신과 같은 여성의 역할을 옹호했는데, 이것이 나폴레옹의 눈 밖에 나 파리에서 40리그* 떨어진 곳에서 살라는 명령을 받았다. 그녀는 이 일을 계기로 독일을 방문하게 되었다.

스탈 부인은 파리를 떠나기 전 당시 프랑스 주재 프로이센 대사였던 빌헬름 폰 훔볼트에게 독일어를 배웠다(독일 문화에서 르네상스가 일어난 사실을 일깨워준 사람도 훔볼트였다). 그녀는 서둘러 바이마르로 갔다. 문화적으로 눈부신 발전을 이뤘음에도 바이마르에서는 스탈 부인이 곧 당도한다는 소식을 듣고 "불안해했다." 우리가 잊어서는 안 될 사실은 바이마르가 "프랑스 문화를 그대로 본뜬 동시에 프랑스 문화를 경멸하는" 사회였다는 점이다. 따라서 스탈 부인의 방문은 중대 행사일 수밖에 없었다.

궁정 관리들은 바이마르 공과 공비가 '여인 태풍'을 몰고 온 이 외빈과 잘 어울리는 것을 보고 깜짝 놀랐다. 이들은 이국적인 터번형 모자를 쓰고 맨살이 드러나는 드레스를 입은 스탈 부인의 모습에 매혹되기도 했지만 당황한 것도 사실이었다. 이들 눈에는 "파리 사람의 멋을 풍기는" 옷차림이었다. 괴테는 처음에 냉담한 반응을 보였다. 그는 스탈 부인이 쓴 책을 독일어로 번역하는 일을 주선하는 등 얼마간 거리를 두고 친절을 베풀었다. 하지만 괴테는 앞으로 만나야 할 일이 생긴다면 스탈 부인이 예나로 자신을 찾아와야 한다고 말했다. 그런데 스탈 부인 일행과 즐거운 시간을 보내던

---

*1리그는 약 3마일, 즉 약 192킬로미터.

바이마르 공이 괴테에게 바이마르로 돌아오라고 지시했다. 처음에 스탈 부인은 괴테가 크게 관심을 둘 만한 작가인지 확신하지 못했다. "괴테는 내가 『젊은 베르테르의 슬픔』에서 받은 이미지와 크게 달랐다. 그는 그저 평범한 뚱보에다 자신의 식견이 넓다고 생각하는 것 같았지만 별로 그렇게 보이지는 않았다." 스탈 부인은 문화도시로서의 명성에도 불구하고 바이마르가 시골이며 빌란트를 비롯해 실러, 괴테 등 누구도 신문을 읽지 않는다는 비판적인 시각에서 결코 벗어나지 못했다.

하지만 시간이 흐르면서 그녀는 점점 바이마르에 마음이 끌렸다. 또한 독일어 실력이 늘면서 독서 범위도 넓어졌다. 스탈 부인은 "괴테와 실러, 빌란트는 여태껏 내가 만나본 그 어떤 사람보다 문학과 철학에 재능이 뛰어나고 조예가 깊다"는 내용의 편지를 사촌에게 보냈다. "이들의 대화는 상상력이 풍부하고 (…) 괴테와 실러는 극장을 개혁하려고 온갖 노력을 기울이고 있어."[3]

바이마르에 비하면 베를린은 실망스러웠다. 스탈 부인은 궁정에 초대되어 모든 귀족을 만나봤지만 그곳에 머무르고 싶다는 생각은 들지 않았다. 그곳은 자신의 문학적 취향에도 맞지 않을뿐더러 사교생활도 파리보다 훨씬 못하다고 생각했다. 그녀는 여러 주가 흐른 뒤에야 아버지에게 보낸 편지에서 말하듯 "지금까지 만나본 그 어떤 사람보다 문학적 식견이 높은" 인물을 만났다. 아우구스트 빌헬름 슐레겔은 "프랑스인처럼 프랑스어를 하고 영국인처럼 영어를 한답니다. 나이가 겨우 서른여섯인데도 여러 나라의 책을 두루 읽었어요."[4] 피히테를 만났을 때 스탈 부인은 그의 철학이 "자신의 철학보다 뛰어나다"는 당돌한 말을 하고 그 내용을 "15분 안에" 설명해 달라는 도발적인 요구를 했다. 피히테가 정중하게 설명하기 시작하자 그녀는 10분도 안 돼서 그가 말하는 것을 이해할 것 같다며 설명을 그만두게 했다. 피히테는 비유에 대해 자신이 새롭게 배운 것을 설명하면서 어떤 사람이 의지를 시험하는 과정에서 믿을 수 없는 능력을 얻었다는 여행담을 부인에게 들려주었다. 그렇지만 자만심 강했던 그는 자신의 견해를 대수롭지 않게 여기는 스탈 부인의 태도에 그만 격분하고 말았다.

『독일론』은 온갖 난관 끝에 나온 저술이었다. 스탈 부인은 나폴레옹과의 관계를 회복하기 위해 교정쇄를 그에게 보냈다. 이것을 읽고 난 황제는 이 작품이 '반反프랑스적'이라고 여겨 신임 경찰국장인 사바리 장군에게 책을 압류하고 저자를 국외로 추방하라는 명령을 내렸다. 이 때문에 발행된 1만 부 모두 재생지의 원료가 되고 말았지만 다행히 1부가 빈으로 밀반출되어 1813년에 다시 발간될 수 있었고 널리 호평받았다.

스탈 부인은 『코린느』를 비롯한 자신의 다른 책에서 그러했듯이 『독일론』에서도 나폴레옹이 옹호하는 가치를 모조리 부정했다. 이 책은 독일의 시와 산문, 희곡 외에도 칸트를 비롯한 독일 철학에 대해 상세히 논의했을 뿐만 아니라 특히 자유의 문제에 대해서 집중적인 관심을 표명했다. 내면의 자유뿐만 아니라 정치적인 자유도 포함시킨 것이었다. 또한 사람들을 정치적으로 예속시킬 수는 있으나 지적으로 굴복시킬 수는 없다는 것을 보여주었으며, 압제에 대한 저항은 칸트 철학이 출발점이라는 암시가 들어 있었다. 그녀가 독일에서 발견한 새로운 시의 형태를 묘사하기 위해 '로망티슴romantisme'(낭만주의)이라는 프랑스어를 새로 만든 것도 이 책에서였다. 그녀는 로망티슴이 인간 정신을 찬양하는 시라고 소개했다.[5] 스탈 부인이 독일의 '대작'을 발견하고 번역한 데 힘입어 그때까지 독일 문화에 무지했던 프랑스와 다른 유럽 국가의(이를테면 영국의) 동시대인들에게 즉각적인 효과가 나타났다. 당시 프랑스인들은 독일 문화를 천박하다고 무시했다. 스탈 부인은 설사 그렇다 해도 (독일인이 지닌) 독창적인 사고는 심미안보다 더 중요하다고 주장했다. 그녀의 바람은 『독일론』이 나폴레옹의 검열로 빈사 상태에 빠진 프랑스 문학을 회생시키는 것이었다.

물론 "난로와 맥주, 담배 연기"로 절은 독일의 전반적인 분위기나 귀족들의 고리타분한 행태를 본 스탈 부인이 독일의 결점을 모르는 것은 아니었다. 또 전반적으로 독일인이 외국인 공포증을 갖고 있으며 "기지機智보다는 상상력이 뛰어나다"는 것도 알았고, 지적인 용기와 권력에 대한 복종이 놀랍게 대조된다는 것도 알았다.[6]

'독일의 여신들'

스탈 부인이 독일에서 만난 여행자 가운데에는 영국인인 헨리 크랩 로빈슨(1775~1867)이 있었다. 변호사 교육을 받았고 골동품협회 회원이었던 크랩 로빈슨은 '지식인과 비국교도' 모임인 노리치서클Norwich circle의 회원이었는데, 윌리엄 워즈워스, 새뮤얼 테일러 콜리지, 로버트 사우디* 등도 같은 회원이었다. 로빈슨은 1802년에서 1803년 사이에 독일을 여행하며 특히 칸트를 중심으로 독일 철학을 연구했다. 그는 독일을 주제로 한 기고문을 써서 『먼슬리 레지스터』에 보냈다.[7] 독일에 관심을 보인 영국인은 로빈슨만이 아니었다. 사우디, 워즈워스와 함께 서클활동을 한 윌리엄 테일러(1765~1836)는 "영국 최초의 독일 학자"를 자처할 정도였다. 레싱의 『현자 나탄』을 번역해 명성을 얻은 테일러는 1790년부터 1820년까지 활동한 독일 작가들—특히 헤르더와 레싱—에 대해 여러 편의 수필을 썼다. 나중에 밝혀진 대로 영국에서 스탈 부인이 쓴 책보다 더 뜨거운 반응을 받은 것은 존 블랙(1768~1849)이 번역한 슐레겔의 문학과 연극 이론이었다. 이 이론서는 슐레겔이 칸트와 실러의 미학을 바탕으로 셰익스피어를 비판한 것이다. 워즈워스와 윌리엄 해즐릿(1778~1830)은 슐레겔의 셰익스피어에 대한 관점에 본받을 점이 많다고 생각했다. 1817년에 창간된 『블랙우즈 매거진』은 1819년에 '독일의 여신들'이라는 고정 코너를 만들었는데, 여기서는

*세 사람 모두 영국의 시인이다.

"새로운 독일의 작품이 알아두어야 할 만큼 관심을 끄는 주제"였다.

하지만 지금까지 언급한 인물들 중 누구도 당시 독일의 발전상을 영국 해협 너머로, 얼마간은 미국에까지 두루 알리는 데 성공적인 역할을 한 네 명의 작가에는 미치지 못했다. 이들은 사무엘 테일러 콜리지(1772~1834)와 토머스 칼라일(1795~1881), 조지 헨리 루이스(1817~1878), 조지 엘리엇(1819~1880)이었다.[8]

독일 사상이 19세기 영국에 미친 영향을 연구한 로즈메리 애슈턴(1947~)은 1800년에서 1820년 사이 빅토리아 시대의 동료들 중에—엘리엇, 루이스, 존 스튜어트 밀, 토머스 아널드, 리처드 홀트 허튼, 철학자인 제임스 허치슨 스털링 같은 이들—독일의 새로운 발전상과 사상을 친숙하게 한 사람은 오직 콜리지뿐이었다고 말했다. 이 말이 꼭 과장이라고 할 수는 없다. 물론 프랑스가, 특히 생시몽과 오귀스트 콩트가 정치의 관념적인 측면에서 빅토리아 시대의 영국에 큰 영향을 미친 것은 사실이다. 하지만 애슈턴은, 영국인의 사고에 지속적으로 영향을 준 것은 독일—독일의 철학과 역사, 미학—이었다고 주장한다.

전반적으로 콜리지 동시대의 영국인들은 독일에 집착하는 현상에 의아해하며 콜리지를 조롱했지만, 이후의 세대는 생각이 달랐다. 1866년에 월터 페이터는 "거역할 수 없는 (…) 형이상학적 종합 명제로서" 독일에서 일어난 철학과 문학 운동을 알려준 콜리지의 공로를 칭송했다.[9]

무엇보다 실러의 『군도群盜』에 매혹된 콜리지는 독일에 마음이 끌려 1798년 바다를 건너 독일로 간 뒤 칸트를 만났다. 그는 1812년 크랩 로빈슨에게 "다른 어떤 철학자보다도 칸트에게는 심오한 뜻이 담겨 있다"고 털어놓았다. 콜리지는 특히 미학을 과학으로 보는 칸트의 세 번째 비판서에 사로잡혔고, 이것이 계기가 되어 슐레겔과 셸링을 중심으로 낭만주의 사상에 관심을 쏟았다. 그러므로 콜리지가 영국에 끼친 영향은 그 자신의 문학보다 독일 철학을 수용한 데 있다고 할 수 있다.[10]

독일 문학과 관련해 훨씬 많은 영향을 준 사람은 토머스 칼라일이다. 칼라일은 런던의 『독일의 목소리Vox Germanica』같이 전국적으로 유명한 매체를 통해 독일인의 철저한 사고 및 역사에 대한 독일인의 관심을 알렸다. 칼라일은 14년 동안 프리드리히 대왕의 일대기를 쓰기도 했다(히틀러는 지하 벙커에서 마지막 나날을 보낼 때 이 책의 독일어 번역본을 읽어달라고 했다고 한다). 칼라일은 우선 콜리지처럼 영국의 회의론과 유물론이 대립되는 독일 철학에 마음이 끌렸다. 칼라일이 『에딘버러 리뷰』에 일련의 기고문을 발표해 당대의 영국인을 열광시킨 것도 그 자신이 칸트와 피히테에게 감동했기 때문이었다. 이 에세이들은 즉시 미국 잡지에 재발표되었다. 랠프 월도 에머슨과 마거릿 풀러, 그 밖의 문인들은 새로운 '독일 철학'을 흡수해 뉴잉글랜드에 초월주의Transcendentalism*가 뿌리내리게 했다.[11]

칼라일의 역할이 훨씬 더 직접적이었다는 사실은, 그가 쓴 "아주 독일적인" 소설 『의상철학』(1833~1834)이 미국인들에게 미친 영향에 대한 논의와 글이 수없이 쏟아져 나온 데서 확인할 수 있다. "1830년대의 젊은 사람들 중 『의상철학』에 충격받지 않은 이가 없었고 『빌헬름 마이스터』를—비록 칼라일의 영어 번역판이라 해도—읽지 않은 이는 행세도 하지 못했다." 칼라일은 끊임없이 독자들에게 독일 문학, 특히 괴테의 작품은 읽을 만한 가치가 있다고 강조했다. 이 같은 강조는 과연 1838년에 "독일 작품을 읽는 독자는 시야가 백배는 넓어졌다"고 말할 수 있을 만큼 성공을 거두기도 했다. 칼라일의 영향으로 독일에 마음이 끌린 조지 헨리 루이스는 1838년에 독일을 여행한 뒤 신진 작가나 비평가에게는 독일 문학에 대한 이해가 사실상 필수라고 생각했다. 또 그는 독일에서 헤겔을 접하고 미학의 체계성을 발견하기도 했다. 철학자들로 넘치는 영국으로 돌아온 루이스는 당시까지 영국에서 주목하지 못했던 괴테의 식물론과 광학론으로 관심을 유도하

---

*19세기에 미국의 사상가들이 주장한, 이상주의적 관념론에 의한 사상개혁 운동의 입장.

기도 했다(모든 언어를 통틀어 괴테의 일대기를 가장 먼저 쓴 사람도 루이스였다).[12]

루이스는 조지 엘리엇*과 함께 적어도 한 번 이상 독일을 여행했다. 엘리엇의 관심사는 성서에 대한 수준 높은 비판이었지만, 그녀는 루이스 못지않게 독일에 매혹되었다. 성서 비판과 연구는 독일에서 그랬듯이 영국에서도 논란거리였으며, (다비트) 슈트라우스와 포이어바흐의 입장을 대변하는 사람들은 영국에서 욕을 먹을 수밖에 없었다. 독일에 대한 영국인의 편견은 상당 부분 이런 사실과 관련이 있었다. 하지만 조지 엘리엇은 '자유로운 사고'를 하는 인물로 외국의 사조에 대해 열린 자세를 취했다. 1846년에는 용기를 내 슈트라우스의 『예수의 생애』를 영어로 번역했다. 그녀도 영국이 독일의 발전상을 무시해서는 안 된다고 생각했다.

엘리엇이 스탈 부인보다 독일의 결점에 대해 이해가 덜한 것은 아니었다. 그녀는 바이마르의 학자들이 '순진한 자만심'에 빠져 있다고 생각했고 1865년에 「독일인에 대한 옹호」라는 글을 발표할 때에는 독일인들이 다루기 힘들고 까다로운 저술 방식에 고심하느라 압박받고 있다는 것을 인정하면서도 다음과 같이 주장했다. "실험을 하는 사람은 무슨 일이 있어도 실험을 끝마치려고 한다. 연구를 하는 학자라면 끝까지 자신의 연구를 관철시키려고 한다. 그러므로 오늘날 어느 분야든지 독일 서적에 의존하지 않고 진정한 연구를 할 수 있는 사람은 없다."[13] 어느 누구도 독일인이 하는 말을 제대로 이해할 때까지는 분야를 막론하고 자신을 전문가로 부를 수 없다는 것이 엘리엇의 결론이었다.[14]

독일의 우수성은 때로 교육 분야에서도 적용되었다. 예를 들어 프랑케의 저술은 일찍이 관심을 끌었으며, 할레와 똑같은 원칙에 바탕을 둔 자선학교가 영국에도 설립되었다.[15] 할레 대학과 이곳의 관리 시스템은 조사이

---

*엘리엇의 본명은 메리 앤 에번스다.

어 우드워드 박사가 1705년에 발표한 『할레의 경건』에서 자세히 소개했는데, 이 책은 미국에서도 널리 읽혔다. 할레 대학을 졸업한 앤서니 보엠은 일찍이 1701년, 영국에 프랑케 방식의 학교를 설립했다.

독일 사상에 대한 관심이 커지면서 독일로 어학연수를 가는 학생이 늘어났다. 수요가 늘어나는 것에 고무된 L. H. 파일(괴테의 비서로 일했던 파일의 아버지)은 어학연수를 위한 학교를 설립하기도 했다. 1800년이 되자 독일에 관심 있는 독자들을 대상으로 정기간행물이 창간되었다. 『독일 박물관 또는 독일과 대륙 북부, 대륙 전체 문학의 월간 창고』라는 긴 제목이 붙은 이 간행물은 불과 3년밖에 발행되지 못했지만 부분적으로 『블랙우즈 매거진』이 그 특징을 이어받았다.[16]

장기적인 측면에서 더 중요했던 것은, 토머스 캠벨이 런던 대학을 옥스퍼드나 케임브리지보다는 베를린이나 본 대학의 노선에 따라 설립해야 한다고 생각했다는 사실이다. 런던 대학은 개교할 때부터 독일인 교수 자리를 마련했는데, 이 자리를 차지한 사람은 다름 아닌 슐라이어마허의 매부였다. 이어 독일인 언어학자들이 동양어 학부와 히브리어 학부의 두 자리를 차지했다. 나중에 런던 대학의 중요한 후원자 및 영국 최초로 유대인 준準남작이 된 아이작 라이언 골드스미드는 대학의 참모습을 좀더 알아보기 위해 베를린과 본을 여행했다.[17] 1850년에 옥스퍼드와 케임브리지를 관장하는 왕립위원회가 보고서를 작성하기 이전에 옥스퍼드 대학은 이미 평신도 교수를 채용하고 좀더 실용적인 시험 방식을 채택해 더욱 '독일적인' 색깔을 입히려고 했다.

럭비스쿨*의 교장으로 유명한 토머스 아널드(1795~1842)는 언어학의 가치를 영국에서 처음으로 인정한 인물이었다. 아널드는 학생들에게 프랑스어보다 독일어를 가르칠 정도로 프로이센의 발전을 꿰뚫어보고 있었다.

---

*1823년 럭비 경기가 처음 시작된 영국의 중학교.

『독일 박물관』이 창간되었다가 문을 닫은 뒤 1831년부터 두 번째 간행물인 『언어학 박물관』이 발행되었다. 이 잡지는 사실상 독일 문화 연구자들을 위한 교구敎區 잡지 역할을 하며 한층 발전된 형태를 보여주었다.[18] 아널드 못지않게 중요한 역할을 한 인물은 그의 종손인 아돌푸스 윌리엄 워드(1837~1924)였다. 워드는 자신이 '독일 열풍'이라고 부른 현상에 이끌려 라이프치히 대학에서 공부했다. 그는 1866년 맨체스터의 오언스칼리지(훗날 맨체스터 대학으로 바뀌었다)에서 역사 및 영어영문학부 교수가 된 뒤 이 학교를 연구 중심의 독일형 대학으로 바꾸는 일에 착수했다.

당시 영국에서 가장 유명한 학자는 존 에머릭 에드워드 달버그 액턴(훗날 경卿의 칭호가 붙었다, 1834~1902)이었다. 액턴의 어머니가 독일인이었던 인연으로 그는 뮌헨 대학에서 역사학자인 요한 될링거 밑에서 8년 동안 공부했다. 액턴은 『잉글리시 히스토리컬 리뷰』 지에 게재한 「역사적인 독일 학교들」로 유명해졌다. 독일로부터 깊은 인상을 받은 인물 중에는 플로렌스 나이팅게일(1820~1910)도 있었다. 나이팅게일은 교사와 간호사를 양성하는, 뒤셀도르프 부근의 카이저보르트에 있는 '프로테스탄트 여성봉사학교'에서 공부했다. 그녀가 1850년 이 학교에 들어간 것은 간호사로 활동하는 것이 하녀처럼 단순히 시중드는 일이 아니라 전문직이 될 수 있다고 확신했기 때문이다. 나이팅게일은 교육을 마치고 이듬해 간호사 실습을 하기 위해 영국으로 돌아왔다.[19]

영국에서 독일 교육에 대한—특히 프로이센식 교육에 대한—관심은 점점 커져갔다("독일을 보라"는 말이 유행어처럼 쓰였다). 『런던 타임스』의 베를린 통신원을 지낸 옥스퍼드 대학의 학감 마크 패티슨은 1861년 독일 학교에 대한 보고서를 작성하는 위원회에 위촉되었다. 공개된 보고서에서 패티슨은 독일 학교가—당시 이미 50년의 역사가 넘은 학교들—성공하게 된 진정한 기반은 의무 출석 제도에 있다고 주장했다. 그는 이 제도가 "훌륭한 전통"이라고 결론내렸다. 패티슨은 학교 재단법인의 톤턴위원회에 출석해 증언할 때 학생들에게 독일어(프랑스어도) 훈련을 시켜야 한다고 권고하기도 했다. 패티슨의 증언은 설득력이 굉장히 강해서 그의 보고서는 이후 『독일의 전문대학과 대학』(1882)이라는 단행본으로 출간되었다. 패티슨은 과학에 관심을 기울여야 한다고 강조하기도 했는데 이 또한 프로이센의 실정을 반영한 것이었다.[20] 언어학 역시 독일에서처럼 여전히 중심에 있었다. 동인도회사가 '리그베다'의 편집을 의뢰할 정도로 산스크리트에 정통했던 독일의 막스 뮐러는 옥스퍼드에 정착했다. 이런 모든 변화에도 불구하고 1860년에 독일은 여전히 인구 대비 대학생 수가 영국의 여섯 배나 되었다.[21]

영국의 독일인 피실험자

생물학자 유스투스 폰 리비히가 영국학술협회의 초청으로 영국을 방문한 뒤(13장 참고) 기센 대학의 분교 두 개가 영국에 설치되었다. 1843년에 설치된 로담스테드 실험국과 1845년에 설치된 왕립화학칼리지였다. 왕립화학칼리지의 책임자를 선정할 때 리비히에게 조언을 구하자 그는 아우구스트 빌헬름 폰 호프만을 추천했다. 빅토리아 여왕의 독일인 배우자였던 앨버트 공公은 라인 강변의 브륄Brühl에서 호프만을 만났다. 뒤이어 앨버트 공은 프로이센 국왕에게 본 대학의 이 화학자에게 2년 동안의 휴가를 달라고 청원했다. 이렇게 해서 영국으로 건너가게 된 호프만은 그곳에서 10년 이상 머무르며 여러 측면에서 다양한 공적을 남겨 훗날 높은 평가를 받았다.[22]

"1840년부터 1859년까지 영국에서 가장 적극적이었던 독일인 피실험자는 앨버트 공이었다." 역사는 앨버트 공에게 관대했다. 헤르미오네 홉하우스에 따르면, 앨버트 공의 위대한 업적은 "그때까지 관행으로 내려오던 당파에 대한 신의信義에서 영국의 군주를 자유롭게 하고, 여왕의 정부뿐 아니라 여왕의 반대당에게도 입지를 허용해 입헌군주국의 토대를 다진 데 있었다."[23] 또한 앨버트 공이 이룬 확실한 업적 중에서 우리가 잊기 쉬운 것은 그가 생전에 영국의 궁정 건물을 세우거나 재건축했다는 것이다. 버킹엄궁전, 발모럴 성, 와이트 섬의 오즈번 별장, 그리고 윈저 성에 있는 농장 건물이 그것이다.

1819년 코부르크 부근의 로제나우 성에서 태어난 프란시스 알베르트(앨버트) 아우구스투스 찰스 이매뉴얼은 작센-코부르크-고타의 왕자였다. 그는 에른스트 1세 공의 차남으로 영국 왕실과 친밀한 분위기에서 성장했다. 빅토리아 여왕은 앨버트 공과 사촌이었고, 여왕의 어머니인 켄트 공비는 작센-코부르크의 빅토리아 공주였다.

앨버트 공은 지적이었고 무엇보다 다방면에 관심이 많은 배우자였다. 영국의 예술과 과학이 융성하게 된 것도 공의 업적에 힘입은 바가 크다. 그가 생존한 화가들의 화실을 찾아다닌 일화는 유명하며, 여왕을 설득해 복지 문제에 관심을 기울이도록 하기도 했다. 1859년 애버딘에서 학회가 열렸을 때는 스스로 영국학술협회의 대표가 되어 참석할 정도였다. 또 1860년에는 국제통계위원회 국제회의의 의장을 맡았다(한때 이 분야의 선구자인 프랑스의 M. 케틀레에게 배운 적도 있어서 공 자신이 강력하게 원했다). 1855년, 외교관이 되려는 사람을 전통대로 임명할 것이 아니라 시험을 치러 뽑아야 한다고 주장한 사람도 앨버트 공이었다.[24]

앨버트 공은 1840년대와 1850년대에 영국의 미술작품 수집가 세계에서 가장 중요한 인사였다. 그의 취향 덕분에 영국국립미술관과 왕실미술관의 소장품이 풍성해졌다. 이 시기 앨버트 공이 드레스덴의 회화 전문가인 루트비히 그루너의 자문을 받아 입수한 작품에는 두치오의 「예수 수난상」, 프라 안젤리코의 「순교자 성 베드로」, 루카스 카르나흐의 「아폴로와 디아나」 「성모자聖母子」 등이 있다. 앨버트 공은 예술가 자료집을 만들고자 자신이 좋아하는 라파엘로를 중심으로 화가에 대한 여러 연구에 착수했다. 마침내 1500점의 사진과 인쇄물, 판화를 수집한 그는 이 자료를 학자들이 연구하는 데 도움을 주기 위해 대영박물관에 보관했다. 이때 그는 독일 미술사가 두 명의 도움을 받았다.[25]

자기 주변에서 일어나는 변화를 읽을 줄 아는 현명한 사람이었던 앨버트 공은 교육과 산업의 협동이 필요하다는 사실을 깨달았다. 그는 영국에 오자마자 미술협회에 가입했고(1754년에 "미술과 제조업, 상업의 융성을 위해" 설립되었다) 1843년에는 협회장이 되었다. 1844년 협회 간부들은 제조업자들의 연례적인 전람회를 개최하자는 의견을 다시 개진했는데 이것이 계기가 되어 마침내 1851년 만국박람회가 성사되었다. 이 행사는 박람회가 개최되도록 노력한 역할로 볼 때 아마도 앨버트 공의 최대 업적이라 할 것이다. 그는 박람회 기간 중 왕립위원회 위원장을 맡아 세부 계획에도 일일이 관심을 기울였다.

박람회에서 독일어권 국가들의 전시품은 규모 면에서 미국을 훌쩍 뛰어넘었고, 프랑스와는 경쟁을 벌였다.[26] 프로이센이 자랑하는 강철과 아연 주물 공장에서 출품한 최고의 제품이 전시되었고, 그 옆으로 작센의 마이센 자기, 악기, 시계 제품이 놓였다. 지멘스&할스케 사에서 출품한 전신기는 통신 강국의 위상을 과시했다. 다양한 색깔로 염색한 섬유제품, 렌즈, 신문 활자 제조기, 여기에 베를린과 뮌헨 유파의 조각 작품도 있었다. 이 박람회는 새로운 산업 강국으로 떠오르는 독일의 면모를 보여준 행사였다.

만국박람회는 무엇보다도 재정적으로 대성공을 거두어 18만 파운드라는 어마어마한 흑자를 기록했다. 애초에 앨버트 공은 박람회에서 나온 이 익금을 사우스켄싱턴에 다수의 과학 및 산업학교(정부가 후원을 약속한)를 세우는 데 쓰고 싶었다. 또 이곳에 과학협회를 모두 모이게 하고 토목학교와 더불어 나폴레옹식의 기술계 국립대학이 들어서게 하는 것이 그의 바람이었다. 이 바람이 실현되지는 못했지만 앨버토폴리스Albertopolis*

는 사우스켄싱턴에서 "비영어권 박물관 단지, 과학연구소, 음악 및 미술 대학, 종합대학 일부와 공과대학 일부"가 중단을 거듭한 끝에 완성되었다. 오늘날에는 런던에서 예술 교육의 중심지로 자리잡았다. 이곳 한쪽에 들어선 앨버트 기념관은 앨버트 공의 위업을 내려다보고 있다.[27]

앨버트 공은 영국에 살면서도 자신의 조국에 대한 관심을 놓은 적이 없었다. 그는 본 대학에 다닐 때에도 독일 통일에 열정을 지닌 청년이었고,[28] 런던에서의 경험을 바탕으로 프로이센 국왕을 설득했다. 즉 영국처럼 자신이 충심으로 지지하는 입헌군주국 체제와 정당정치를 실시하도록 노력을 기울였다. 1847년 프리드리히 빌헬름 국왕이 전 프로이센에서 소집한 연합의회에서 특허권 설정을 다루고 결정하도록 권유한 것도 앨버트 공의 책임이었을지 모른다. 앨버트 공은 점점 권위주의적 성향을 보이는 프로이센 국왕으로부터 마음이 멀어졌다. 이런 권위주의는 훗날 비스마스크식의 해결 방식이 등장하는 데 중요한 원인이 되었다. 하지만 그는 이후에 빌헬름 1세 황제가 되는 프로이센 왕자와는 긴밀한 우호관계를 유지했다. 1848년 3월에 베를린에서 폭동이 일어나(이때 왕자는 시위대를 향해 발포 명령을 내려 산탄 왕자Kartätschenprinz라는 별명을 얻었다) 왕자가 베를린에서 런던으로 도피할 수밖에 없었을 때, 앨버트 공은 프로이센에 입헌군주제를 실시하자고 왕자를 계속해서 설득했다. 앨버트 공은 1848년 이후 연방제도는** 더 이상 시대에 맞지 않으며 단일국가가 필요하다고 말했다.[29] 그는 또 독일의 미래 문제에 프로이센이 지나친 영향력을 행사하는 것을 비판했다.

웨일스 공의 아들 에드워드와 앨버트 공의 정치적인 견해차는 무시할 수 없는 문제였다. 에드워드는 아버지가 독일을 과대평가하는 것에 반발했

---

*앨버트 공을 기념하기 위해 사우스켄싱턴 중심부에 조성된 교육, 문화, 예술 종합단지.

**나폴레옹의 몰락 이후 빈조약에 따라 독일의 연방국가들을 모아 38개로 정리하고, 라인 연방, 오스트리아, 프로이센 등이 주축이 되어 독일 연방이 확립되었으나 프로이센-오스트리아 전쟁으로 이 체제는 무너졌다.

다. 이후 덴마크 국왕이 되는 가문의 딸 알렉산드라를 아내로 맞고 1864년 슐레스비히-홀슈타인 전쟁(이 무렵 앨버트 공은 사망하고 없었다)이 끝난 뒤에는 더욱 반反독일 진영으로 기울었다. 이 결과 에드워드의 마음은 프랑스에 더 밀착되었다. 아버지와 영국인 어머니에게 반발했던 프로이센의 빌헬름 2세에게도 이와 똑같은 심리 변화가 있었다. 이제 두 왕조는 더 이상 양국 사이의 탄탄한 연결고리가 되지 못했다.[30]

이렇게 불확실한 상황이다보니 양국은 서로 분명한 메시지를 주고받지 못하게 되었다. 앨버트 공이 남긴 진정한 유산은 영국의 미술, 과학 분야에 미친 눈부신 성과와 함께 교육체계와 입헌군주국의 탄탄한 체계를 세운 것에서 드러난다. 이것이 그가 이룩한 본질적인 위업이었다. 부분적으로는 앨버트 공의 영향으로 독일의 많은 기업이 영국에 진출했고(랭카셔에만 150개), 런던의 옥스퍼드 거리에는 수많은 독일 클럽이 생겨났다.

대서양을 건넌 철학박사

이에 비해 독일과 미국의 관계는 여러 면에서 우호적이었다. 1507년에 신대륙을 '아메리카'라고 부르자는 제안을 가장 먼저 한 사람은 독일의 우주지誌학자cosmographer인 마르틴 발트제뮐러(1470~1522)였다.[31] 영국 출신의 퀘이커 교도인 윌리엄 펜(1644~1718)과 독일의 경건주의자들은 비슷한 신앙으로 미국에서 큰 영향력을 발휘했다. 당시 영국 정부는 윌리엄의 아버지인 펜 제독에게 빚을 지고 있었다. 펜 제독이 군사적인 승리를 거둔 데다 사재를 털어 부하들에게 급료를 지급했기 때문이다. 그 액수가 자그마치 1만6000파운드나 되었다. 윌리엄은 영국 정부로부터 현금 대신 땅을 받았는데, 이후 워싱턴이라고 불리게 될 지역 북쪽에 있는 곳으로 펜실베이니아라는 곳이었다. 1677년 펜이 경건주의자들을 만나기 위해 독일에

갔을 때 경건주의자들은 1만5000에이커의 땅을 사들이려고 했다. 협상 끝에 이 면적은 2만5000에이커로 늘어났다.[32] 이 땅이 바로 독일인 거주지가 되었다.

여러 차례에 걸쳐 미주리, 텍사스, 위스콘신을 완벽한 독일인 주로 삼으려는 시도가 있었다. 비록 성공을 거두지는 못했지만 이런 시도 덕분에 이 주들은 언제나 다른 주보다 독일인의 숫자가 더 많았다. 1835년에는 외부 영향이 해롭다고 여기며 독일의 관습과 언어, 전통을 지키기 위해 '게르마니아Germania'라는 이름의 사회를 건설할 필요성이 대두되었다. 특히 독일인에게 매력적이었던 곳은 위스콘신이었다. 기후와 토양이 북독일과 비슷한 데다 땅값도 싸고 1년만 거주하면 투표권이 주어졌기 때문이다. 뉴욕에 거주하며 이민을 담당하던 지방 행정관이 협상에 성공한 결과, 위스콘신으로 이민 오는 사람의 3분의 2가 독일인이었던 때도 있었다. 위스콘신 이민국은 유럽 전역에도 알려졌다. 위스콘신 철도국에서 스위스로 파견된 요원은 주로 독일어 사용자를 대상으로 이민 신청자 5000명을 모집하면서 위스콘신의 철도 건설에 참여하기만 하면 철로에 인접한 땅을 주겠다고 약속하기도 했다.[33] 미국으로 이주하는 독일인은 특히 유럽에서 혁명이 일어난 1848년 이후에 그 수가 늘었다. 이것은 새로 이민 온 사람 대다수가 급진적이고 남북전쟁에서 북쪽 노선에 기울어질 성향이 훨씬 더 강하다는 것을 뜻했다.[34]

"결과에 상관없이 우리가 알고 있는 독일과 뉴잉글랜드 사이에 있었던 지적 교류는 코튼 매더*와 아우구스트 헤르만 프랑케 사이에 통신을 주고받은 것이 최초였다. 1709년 보스턴의 이 신학자는 경건주의에 대한 책과 팸플릿 등 160권을 모아 할레로 보냈으며, 프랑케의 자선사업을 돕기 위해 약간의 자금도 지원했다. 이에 대해 프랑케는 감사의 표시로 할레에 있는 학교의 활동을 기술한 69쪽짜리 라틴어 문서를 보냈다."[35] 두 사람의 아들대에 와서도 교류가 지속되면서 미국에는 할레식 '고아원'이 세워지기 시작했다.

우리가 아는 최초의 독일인 교사는 프란츠 다니엘 파스토리우스인데, 그는 필라델피아에 있는 영국 퀘이커 학교에 근무했다. 윌리엄 펜의 친구였던 파스토리우스는 독일인 거주 지역을 세우면서 1702년 이곳에 최초의 독일 학교도 설립했다. 그가 도입한 두 가지 개혁 정책은 커다란 결과를 낳았다. 하나는 남녀공학이었고, 또 하나는 낮에 일 때문에 학교에 나올 수 없는 학생들을 위해 야간학교를 같이 운영한 것이었다.

기록상으로는 벤저민 프랭클린(1706~1790)이 독일 대학에 들어간 최초의 미국인이었다. 그는 1766년에 괴팅겐 대학을 다녔다(『괴팅겐 학술지』의 일원으로 참여했다). 한편 괴팅겐 대학에서 정규 과정을 수학한(1815~1817) 최초의 미국인은 조지 티크너와 에드워드 에버렛이었다. 소문에 따르면 티크너는 스탈 부인의 책을 읽고 커다란 영향을 받았다고 한다. "유럽에서 학문이 크게 발달한 대학이 북독일에는 수두룩했다. 어느 나라도, 심지어 영국에도 독일만큼 자기 계발과 자신의 능력을 극대화할 만한 곳이 없었다."[36] 티크너와 에버렛은 19세기에 강력한 사회운동을 주도한 최초의 인물로 미국 교육의 기초를 다졌다. 19세기를 통틀어 독일 대학에 대거 입학한 미국인은 두 부류로 나눌 수 있는데, 그중 하나는 1850년까지 괴팅겐, 베를린, 할레 대학에 다닌 에머슨(1803~1882)과 롱펠로(1807~1882) 그룹이었다. 이후에는 라이프치히, 본, 하이델베르크 대학이 더 인기를 끌었다. 독일로 간 에버렛은 끊임없이 책을 사 모았으며 이 책들은 훗날 하버드 대학 독일 도서관의 핵심 자료가 되었다. 알베르트 파우스트는 이를 두고 독일 도서가 미국으로 대대적으로 이동하게 된 첫걸음이었다고 말한다(도서 대이동Bücherwanderung).[37]

---

*1663~1728, 뉴잉글랜드의 청교도 사회를 지배한 '매더 왕가' 중에서도 가장 두드러진 활약을 한 미국의 회중파會衆派 교회 목사이자 역사가.

카를 딜은 1815년부터 1914년까지 독일에서 공부한 미국인의 수를 9000명에서 1만 명 정도로 추산하는데, 이들 중 단과대학 학장과 종합대학의 총장이 된 인물이 적어도 19명에 달한다고 한다. 딜이 제시한 통계와 약간의 차이는 나지만 괴팅겐과 베를린, 할레, 라이프치히 대학에 미국인 학생이 많았고 하이델베르크 대학은 뒷날 인기를 끌었다고 한다. 이들은 대부분 인문학이나 자연과학, 사회과학을 공부하고자 철학부에 들어갔으며, 1850년 이후 신학부의 인기는 급격히 떨어졌다. 초기에 미국인이 독일로 유학 간 데에는 하버드와 예일 대학 두 곳의 역할이 컸으며, 미국인 대학생의 55퍼센트가 두 대학 중 한 곳의 학생이었다.[38]

19세기 들어 미국에서는 역사와 과학에 대한 관심이 늘어난 데다 미국 문학이 본격적으로 등장했다. 더욱이 독일로 유학 갔던 학생들이 돌아오면서• —일부는 박사학위를 갖고—독일 대학의 위상은 더욱 높아졌다. 미국인들은 특히 교수 연구활동의 연결 방식에 주목했다.

1840년대 말 이후의 세대는 독일 학문 풍토의 이상을 받아들인 첫 세대였고 학술 연구를 전문적인 직업으로 발전시켰다. 미국의 인문학을 현대적인 형태로 가다듬은 이들은 독일에서 귀국한 학생들이었다. 딜은 이렇게 기초를 다진 인물들로 하버드 대학에 독일식 학부제의 뼈대를 세운 프랜시스 차일드와 조지 레인, 존스홉킨스 대학 최초의 언어학자인 바실 길더슬리브, 예일 대학의 탁월한 산스크리트 학자인 윌리엄 드와이트 휘트니를 들었다. 이들은 모두 독일 유학파였다. 이외에도 뛰어난 역량을 보여 "훗날 단과대학 학장과 종합대학 총장이 되어 미국 대학을 현대화하는 데 공헌한" 사람들을 꼽을 수 있다. 찰스 엘리엇이 1870년대에 하버드 대학의 교과 과정을 개편하고 대학원 교육을 장려한 것은 미국에 현대화된 대학 교

• 증기 철선의 발달로 대서양 횡단이 더 빠르고 값도 싸며 안전해졌다는 사실을 기억해야 할 것이다.

육체제가 등장한 첫 지표로 볼 수도 있다. 그러나 딜은 당시 "하버드 대학 전체에서 독일의 발전된 학문을 습득하고 돌아온 23명 중 인문학부 교수가 적어도 9명은 되었다"는 사실을 지적한다.[39] 이들은 우선 엘리엇을 발탁하는 데 영향력을 발휘했는데 엘리엇 자신도 독일에서 화학을 공부했었다. 1870년까지 예일 대학도 전임 총장인 토머스 드와이트 울시와 신임 총장인 노어 포터를 포함해 독일에서 공부한 인문학부 교수만 6명이나 되었다. 딜은 독일 유학이 사실상 미국 대학 졸업생을 위한 일종의 대학원 교육이었다고 말한다. "1850년까지 많은 미국 대학에서 교수를 채용할 때 응모자 중에서 독일 유학파를 선호한다는 것을 공공연하게 드러냈다."[40]

1840년대 중반에서 1850년대 중반 사이에 미국으로 이주해온 약 75만 명의 독일인은 흔히 '포티에이터스The Forty-Eighters'*라고 불렸다. 독일계 미국인 가운데 포티에이터스를 조상으로 두었다는 것은 메이플라워호**를 타고 건너온 영국인 조상을 둔 것만큼이나 주목받는 일이었다.[41] 1854년에는 대서양을 건너온 독일 이민자 수가 21만5000명이나 되었으며 이 기록이 깨진 것은 오직 1882년의 25만 명뿐이다.

미술과 인문 분야에서 활약한 독일계 미국인으로는 화가인 이매뉴얼 로이체(「델라웨어 강을 건너는 워싱턴」)와 비어슈타트, 작가인 프리드리히 리스트(『새로운 정치경제 개요』)와 오언 위스터(『버지니아 사람들』)를 꼽을 수 있다. 독일계 미국인 자선사업가로는 존 애스터(1763년 하이델베르크 부근에서 출생)와 미국 남부에서 수년 동안 화가로 활동하다가 북부를 여행하고 1837년 필라델피아에 은행을 설립한 프랜시스 마틴 드렉셀이 있다(1792년 오스트리아 티롤에서 출생하고 1850년에는 드렉셀모건 뉴욕 상사를 설립했다). 존 록펠러는 뉴저지에 정착한 최초의 독일인인 요한 페터 록펠러

---

*1848년 유럽 일대를 휩쓴 혁명에 가담했거나 혁명을 지지했던 사람들.

**1620년 영국 뉴잉글랜드 최초의 이민인 102명의 청교도를 북아메리카로 수송한 선박.

의 후손이다.[42]

대학과 마찬가지로 독일인이 19세기 미국인의 삶에 가장 커다란 영향을 미친 분야는 음악과 신문잡지업이었다. 독일인이 세운 대형 프로테스탄트 교회는 기악과 성악 두 분야의 수준을 높여놓았다. 가장 유명한 합창단은 뉴잉글랜드의 '헨델과 하이든 합창단'이었다. 1815년에 합창단을 설립한 사람은 음악 상점 주인이었던 고틀리프 그라우프너로 미국 최초의 본격적인 오케스트라를 조직해 연주하기도 했다. 당시 이 오케스트라에 맞설 만한 것은 함부르크 출신 음악가들이 세운 필라델피아의 악단밖에 없었다. 19세기 중엽에 뉴욕이 미국 음악의 중심지로 떠오른 것은 대부분 포티에이터스 출신의 젊은 음악가로 구성된 독일 오케스트라가 들어온 것과 관련이 있다.[43] 이어 버펄로, 피츠버그, 클리블랜드, 루이빌, 신시내티, 찰스턴(튜튼연맹[밴드])에도 합창단이 속속 창단되었다. 이들은 해마다 음악 경연대회에 참여했으며 일부는 음악 클럽으로 확대되었다. 이 합창단들은 밀워키를 시작으로 성악곡뿐만 아니라 오페라와 오라토리오로 활동 범위를 넓혀갔다.

독일어로 된 미국 최초의 정기간행물은 1739년에 크리스토퍼 자우어가 창간했는데, 제목이 『표준 독일어-펜실베이니아 역사 기록 또는 자연과 교회의 주요 소식 모음』이었다. 독일인 거주지에서 발행되었기 때문에 (다행히) 『저먼타운 차이퉁』으로 이름이 줄어든 이 간행물은 독자 수가 늘면서 연 2회 발행에서 계간으로, 이어 월간으로 바뀌었고, 1775년 이후에는 주간으로 발행되었다. 18세기 말경에 펜실베이니아에는 다섯 종의 독일어 신문이 있었다. 이중 하나는 반은 독일어로 반은 영어로 발행되었다. 독일어판 신문이 발행 부수나 영향력 면에서 비약적인 발전을 한 것은 19세기 초의 일이다. 『디 뉴요커 슈타츠 차이퉁』은 1834년에 창간되었고 『데어 안차이거 데스 베스텐스』는 1835년 세인트루이스에서, 『신시내티 폴크스블라트』는 1836년에 창간되었다.[44]

1813년 유리 제조업자였던 카스파르 비스타르는 벤저민 러시 박사에 이어 노예해방협회 회장에 취임했다. 2년 뒤 미국철학협회장이었던 토머스 제퍼슨이 그 뒤를 이었다.[45] 이 결과로 헤겔과 슐라이어마허, 청년헤겔학파가 주목받았다.

이때가 강력한 문화 교류 시대였다는 사실을 간과해서는 안 될 것이다. 동시에 독일 내에서도 영국과 미국에 대한 관심이 부쩍 늘었다. 예를 들어 루돌프 폰 그나이스트가 영국 해협 북부를 대상으로 영국의 지방정부에 대한 네 권짜리 저서를 쓴 것도 이 시기였다. 이런 현상은 21세기식의 세계화와는 다르지만, 간혹 드러나기도 했던 19세기의 민족주의적 성향을 지닌 사람은 이제 아무도 없었다.

제16장

바그너의 또 다른 반지
—포이어바흐, 쇼펜하우어, 니체

토마스 만은 리하르트 바그너(1813~1883)가 아르투어 쇼펜하우어를 알게 된 것은 바그너의 삶에 매우 중대한 사건이었다는 말을 한 적이 있다. 1854년 가을 바그너는 두 권으로 된, 족히 1000쪽은 넘는 『의지와 표상으로서의 세계』를 읽고 압도된 나머지 이 책을 1년 동안 네 차례나 읽었다. 위대한 음악가 중에 바그너만큼 철학을 연구한 사람도 없을 것이다. 철학자 브라이언 머기는 바그너가 쇼펜하우어 사상에 깊이 빠지지 않았다면 「트리스탄과 이졸데」나 「파르시팔」은 결코 탄생할 수 없었고 「니벨룽겐의 반지」 전편도 마찬가지였을 거라고 말한다.[1]

바그너가 다른 작곡가들과 큰 차이를 보인 이유는 그가 정치에 깊은 관심을 보인 데서 찾을 수 있다. 특히 1848년 혁명이 실패로 끝나자 큰 환멸을 맛본 바그너는 외부 활동을 삼가고 내면세계로 침잠했는데 이때 철학에서 받은 영향이 결정적이었다. 젊은 시절 열정적이고 활동적인 좌익 혁명가 기질을 드러냈던 바그너는 중년에 우익으로 기울어진 인물로 종종 묘사되곤 한다. 사실 그는 정치적 열망을 버린 인물로, 인간을 가장 억압하는 문제를 더 이상 정치적인 해결에 맡길 수 없다는 사실을 확신한 인물로 그리는 것이 진실에 더 가까울 것이다.[2]

베르디와 마찬가지로 1813년에 태어난 바그너는 마르크스가 사망한 1883년에 69세를 일기로 사망했다. 바그너는 자신이 할 일은 오로지 오페라를 작곡하는 것임을 일찌감치 깨닫고 십대에 이미 작곡의 길에 들어섰다.

당시 인기를 끌었던 오페라 형식은 세 가지였다. 첫째는 베버의 독일 낭만주의 오페라였고, 둘째는 벨리니와 로시니, 도니체티의 이탈리아의 낭만적 사실주의 오페라였으며, 셋째는 호화로운 볼거리를 특징으로 하는 마이어베어와 알레비의 프랑스 오페라였다. 바그너는 이 세 형식을 모두 시도해보고는 오페라가 발전할 수 있는 최선의 방법은 독일 오페라에 달렸다고 여겨 초기 오페라 중 가장 유명한 「방황하는 네덜란드인」(1841)과 「탄호이저」(1845), 「로엔그린」(1848)을 작곡했다. 요아힘 쾰러는, 비록 당시에는 아무도 알아차리지 못했지만 「방황하는 네덜란드인」이 바그너에게는 "프랑스 대혁명"쯤 되는 작품이라고 말한다.

이후 위기까지는 아니더라도 성찰의 시기가 이어졌다. 이 무렵 바그너는 두 번째 결혼을 했다. 첫 번째 아내는 아름다운 여배우였는데, 남편의 천재성을 전혀 알아보지 못하고 그가 그저 사회적으로 출세하기만을 바랐다. 프란츠 리스트의 서녀였던 코지마와 한 두 번째 결혼은 무척 행복했다. 코지마는 첫째 부인에 비해 미모는 훨씬 떨어졌지만 남편에게 헌신적인 여자였다.[3]

초기의 정치적 성향 때문에 바그너는 러시아의 무정부주의자이자 1849년 드레스덴 봉기에 함께 가담한 미하일 바쿠닌과 사귀게 되었다. 앞서 발표한 「리엔치」와 「방황하는 네덜란드인」의 반응이 좋아 1843년에 바그너는 바쿠닌이 살고 있는 드레스덴에서 지휘자 자리를 얻을 수 있었다. 당시 바그너의 나이는 29살에 불과했는데 자서전에서 그는 이 무정부주의자에 대해 “아주 마음에 들고 감수성이 뛰어난 사람”이라고 썼다. 바쿠닌은 반유대주의 성향을 지녔지만 마르크스와 잘 알고 지내는 사이였다.[4] 바그너와 바쿠닌은 드레스덴 봉기에서 주도적인 역할을 한 인물이었다. 혁명이 실패로 돌아가자 바그너는 독일에서 지명수배를 받아 스위스로 망명할 수밖에 없었다.

스위스에서 체류한 첫해에 바그너는 작곡은 거의 하지 않고 에세이를 여러 편 집필해 이름을 널리 알렸다. 이 작품들 중 지금까지 읽히는 것으로는 『미래의 예술작품』(1849)과 『오페라와 희곡』(1850~1851)이 있다. 두 작품 모두 예술의 '완벽한 포용'에 대한 중요한 이론서다. 바그너는 이 이론을 활용해 이전에 나온 음악과는 전혀 다른 작품을 작곡하는 일에 착수했다.[5]

우선 바그너는 「니벨룽겐의 반지」를 구성하는 네 편의 오페라, 「라인의 황금」「발퀴레」「지크프리트」「신들의 황혼」의 대본을 만들어 첫 두 편을 작곡했다. 이후 오랫동안 작업을 중단했다가 「지크프리트」 제2막을 끝낸 바그너는 「니벨룽겐의 반지」를 포기하고 12년 동안이나 내버려두었다. 그동안 「트리스탄과 이졸데」와 「뉘른베르크의 명가수」를 작곡했으므로 딱히 게으름을 피운 것은 아니었다. 이 작품을 쓴 다음에야 비로소 바그너는 「니벨룽겐의 반지」 중 「지크프리트」를 마치고 「신들의 황혼」을 쓰기 시작했다. 「니벨룽겐의 반지」 이후에 작곡한 오페라는 그가 죽기 1년 전인 1882년에 초연된 「파르시팔」뿐이다.

바그너의 개인적인 상황은 오페라의 내용보다 더 극적이었다. 그가 「라인의 황금」「발퀴레」「트리스탄과 이졸데」를 쓸 때는 이미 오십대였으며, 이 작품들이 완성되리라는 기대도 거의 없었다. 더구나 빈에서 빚을 지고 쫓겨다니던 그는 또다시 '도주'할 수밖에 없는 신세였다.[6] 이 무렵 바그너의 처지는 동화의 결말까지는 아니라고 해도 중간 부분과 비슷했다. 당시 18세의 정열적인 청년이었던 바이에른의 국왕 루트비히 2세는 바그너 자신 이상으로 바그너의 음악에 심취해 있었다. 루트비히는 뜻밖에도 바그너에게

오페라극장을 세울 자금을 내겠다고 제안했다. 바그너는 이 자금으로 자신의 오페라극장을 건립하고 오늘날까지 계속되는 바이로이트 음악제를 열 수 있었다.

쇼펜하우어 이전에 바그너에게 커다란 영향을 준 철학자는 루트비히 포이어바흐였다(11장 참고). 바그너는 자서전에서 드레스덴에 살고 있는 포이어바흐를 '발견한' 일을 거론하며 그가 바로 "유일하고 진정한 현대적인 철학자"였다는 말을 했다. 특히 시인인 게오르크 헤르베크가 처음 지적했듯이 바그너는 포이어바흐의 『기독교의 본질』로부터 깊은 인상을 받았다. 여기서 우리가 기억할 만한 것은 이 책이 인간과 자연 외에는 아무것도 존재하지 않으며, 따라서 '초월적인 존재'란 단순히 인간의 불안과 야심을 반영한 것에 지나지 않는다고 주장했다는 점이다(바그너는 자신의 저술 가운데 『미래의 예술작품』을 포이어바흐에게 헌정했다).[7] 포이어바흐의 견해 중에 바그너의 마음을 사로잡았던 것은, 종교적인 신앙이 인류 전반에 퍼져 있는 까닭은 신앙이 "인간의 기본 욕구와 맞아떨어지기" 때문이며, 실제로 인간은 생물학이나 물리학에 별 관심이 없기 때문이라는 주장이었다.[8] 종교는 종교가 드러내는 천국이나 근본적인 현실을 대하는 관점으로 볼 것이 아니라 인간 자신을 드러내는 관점으로 봐야 한다는 말이었다.[9] 이런 생각은 「니벨룽겐의 반지」 대본에 구체적으로 나타나며, 여기에 등장하는 많은 인물은 "세계의 초기 발전 단계에 속하는 신들"이다.[10] 이들은 포이어바흐의 틀에서 볼 때, 보편적인 인간의 성격과 욕망을 투사한 것이지 초월적인 세계에 사는 존재는 아니었다.

이러한 묘사 방식이 섬세하기는 했지만, 복잡한 수준의 기술이 가미된 바그너의 음악극적 이상에는 몇 가지 요소가 빠져 있다. 먼저 언급할 것으로는 우리가 기억할 필요가 있는 민족주의다. 이것은 중도좌파적인 성향을 띤 것이며 정치적 보수파에 대한 반발심에서 나온 것이었다. 당시 보수파는 소국가로 분열된 구체제를 유지하려는 집단으로 각기 자체의 통치 엘리트와 대체로 낡은 봉건 체제를 받들고 있었다. 이런 흐름과 맞물려 음악에도 자체의 민족주의적인 요소가 있었다. 바그너는 모차르트와 베토벤 이후 다른 누구도 아닌 독일인이 프랑스 오페라를 여전히 높이 평가하는 것은 터무니없다고 생각했다. 바흐와 하이든 이후로는 이제 독일적인 것이 더 위대하다고 여겼던 것이다. 이런 추세를 나타내 보인 것이 바로 「뉘른베르크의 명가수」였다.[11]

이밖에 복잡한 요인으로 바그너의 '형이상학적 전환'으로 불리는 현상이 있다. 그의 자서전에 따르면, 이 전환점은 1851년 파리에서 반의회적인 우익 쿠데타가 일어나 루이 나폴레옹이 권력을 장악한 사건이었다. 이때 바그너는 정치적인 행동을 통해서는 자신이 보고 싶어하는 세계에 결코 다다를 수 없으며, 인간의 조건은 근본적으로 변하지 않는다는 결론을 내렸다. 그는 정치에 등을 돌리고 바깥에서 내면으로 시선을 돌렸다.[12] 바그너의 이런 심리 변화에 결정적인 영향을 미친 요인은 고대 그리스에 대한 관점이었다. 그는 고대 그리스 문명이 붕괴되었을 때 근본적으로 인간적인 그리스 신들과 가장 중요한 소재—신화—를 더 이상 예술에 적용할 수 없게 되었다고 말했다.[13]

"대사건"

비록 경로는 달랐지만 여러 사상적인 면에서 쇼펜하우어(1788~1860)는 바그너가 도달한 통찰 대부분을 이미 파악하고 있었다. 바그너는 쇼펜하우어를 만난 순간 쇼펜하우어야말로 어느 누구보다 생각이 앞서 있으며, 그가 독일어로 쓴 에세이는 그 자체로 '예술작품'이라고 여겼다. 1854년 후반에 바그너는 「발퀴레」의 첫 부분을 작곡하던 중 우연히 쇼펜하우어의 『의지와 표상으로서의 세계』를 접하게 되었다. 쇼펜하우어를 만날 당시 건강이 썩 좋지 않았던 바그너는(당시 발에 종기가 났다) 이 책에 관심이 쏠렸고 점점 더 깊이 빠져들었다.[14]

『의지와 표상으로서의 세계』는 이미 1818년에 발행되었지만 라인 지역에서는 거의 주목받지 못했다. 하지만 1853년 친독파인 조지 엘리엇이 부편집장으로 있던 급진적인 잡지 『웨스트민스터 리뷰』에 존 옥센퍼드(1812~1877)의 「독일 철학의 우상 타파」라는 글이 실리자 사정이 달라졌다. 쇼펜하우어의 철학을 무척이나 깔끔하게 요약한 옥센퍼드의 글은 즉시 번역되어 『포시셰 차이퉁』에 실렸다. 독일어로 번역한 것이 오히려 영국의 원문보다 더 널리 읽히면서 쇼펜하우어는 주목을 받게 되었다. 평생 사람들의 관심 밖에 있다가 육십대 중반의 나이에 갑자기 유명해진 것이다.[15]

쇼펜하우어가 세간의 주목을 받자 바그너도 관심을 나타냈다. 1854년 크리스마스에 '경의와 감사를 표하며'라는 글을 담아 「니벨룽겐의 반지」 대본을 필사해 쇼펜하우어에게 보냈다. 불행히도 쇼펜하우어는 이 대본이 담긴 편지를 개봉한 채로 보낸 것에 화가 나서 이후 바그너와 아는 체도 하지 않았다. 다시 브라이언 머기의 말을 들어보자. "쇼펜하우어가 모든 시대를 통틀어 지극히 위대한 예술작품 중 하나가 바로 자신의 철학에서 영감을 받은 것이라는 사실을 끝내 모른 채 세상을 떠났다는 사실은 정말 견딜 수 없을 만큼 안타까운 일이다."[16]

형이상학으로서의 음악

쇼펜하우어는 칸트야말로 그리스 시대 이후 가장 조리 있는 철학자이며 자신은 칸트의 전통을 따르는 학자라고 스스로 생각했다. 그가 특히 매혹적으로 느낀 것은 칸트가 말한 "총체적 실재는 인간이 경험할 수 있는 부분과 경험할 수 없는 부분으로 이뤄진다는 관념", 즉 세계를 '현상계the phenomenal'와 '본체계the noumenal'로 나눈 발상이었다(5장 참고). 이런 발상에 뿌리를 둔 쇼펜하우어의 철학은 네 가지 요소로 이뤄져 있다. 첫째, 경험세계 밖에 복수複數의 '사물'이 존재한다고 말한 칸트는 오류를 저질렀다고 생각했다. 쇼펜하우어가 볼 때, 만약 서로 다른 사물이 존재한다면 이것들은 일정한 시간과 공간을 차지해야 했다. 하지만 시간과 공간은 경험적인 것이기 때문에 경험세계에만 존재해야 한다. 숫자처럼 시간과 공간 밖에 "존재하는 것으로 보이는" 추상적인 개념도 우리가 그 연속성을 이해하기 때문에 마음으로 받아들일 수 있는 것이며, 시간과 공간이라는 관념이 없으면 추상 자체도 이해할 수 없다는 말이었다.[17] 이런 전제에서 쇼펜하우어는 시간과 공간 밖에 있는 것을 포함해 "모든 것은 서로 구분되지 않는 한 가지다"라는 결론을 내렸다. 바꿔 말하면 '총체적 실재'는, 특별히 시간과 공간 속에 자리잡은 수많은 물질세계로서의 현상계와, 인간의 인과율로는 도달할 수 없고 시간과 공간을 초월한 채 구분 없이 한 가지로 존재하는 비물질적 세계로서의 본체계, 두 측면으로 이뤄진다는 것이다. 또한 이 본체계는 경험이나 지식으로는 도달할 수 없다.

쇼펜하우어는 계속해서 이 두 세계가 똑같은 실재를 다른 방식으로 이해한 두 가지 측면이라고 말했다. 그가 볼 때 본체계는 우리가 현상계에서 이해한 것에 대한 내면적인 의미였다. 물론 쇼펜하우어는 종교적인 성향이 전혀 없었지만(그는 자신이 무신론자라는 것을 일찌감치 공공연하게 밝힌 사람이었다) 기독교도가 영혼을 인간의 내면에 깃든 중요한 요소로 이해하는 것처럼 자신도 일종의 구분을 짓는다고 말했다. 쇼펜하우어는, 우리 인간은 모두 깊이 파고들어가면 본질이 같지만 이 본질을 완전하게 이해하기란 불가능하다고 말했다. 그는 우리가 모두 공유하는 세계에 인간의 궁극적인 통일성이 존재한다고 생각했다. 그가 보기에 가장 중요한 것은 인간에게 동정심이 있다는 것이었다. 동점심이란 건 어느 누가 다른 사람을 해칠 때 그것이 어떤 의미에서 그 자신 스스로를 해치는 것이라는 점을 알기 때문에 생긴다는 것이다. 현대적인 시각에서 보면 꽤나 신기한 생각이다. 이 같은 생각은 윤리가 이성적이라고 말했던 칸트의 주장이 아닌지 착각하게 만든다.[18]

쇼펜하우어 철학의 두 번째 요지는—훨씬 이해하기 쉬운 것으로—인간의 삶에 비극적인 경향이 있다고 생각했다는 점이다. 그는 생이란 끝없는 기대와 분투, 열망의 연속이라고 말했다. 인간은 아주 어릴 때부터 언제나 무언가를 잡기 위해 손을 내민다는 것이다. 이 끝없는 열망은 본질적으로 충족될 수 없다. 원하는 것을 손에 넣자마자 또 다른 것을 바라기 때문이다. 이것이 인간이 겪는 고통이다.[19]

그가 생각한 세 번째 요인은, 서로 관계를 맺을 때 대부분 이기적이고 잔인하고 공격적이며 냉혹한 인간의 본성은 모든 것을 악화시킨다는 점에서 고통이 된다는 것이었다. 쇼펜하우어는, 본체계와 현상계가 똑같은 실재를 다른 방식으로 이해한 것이라는 자신의 생각이 맞다면, 이것은 본체계 자체가 비도덕적이고 무서운 것일 수밖에 없다고 했다. 바로 이것이 쇼펜하우어의 유명하고도 악명 높은 염세주의다. 쇼펜하우어의 문제는 무섭고 맹목적이며 무의미한 본체계라고 부르는 이 세계에서 나온다. 그는 궁극적으로 '의지'라는 말을 찾아내기는 했지만 이 말에 전적으로 흡족해한 것은 결코 아니었다. 그가 '살려는 의지'라는 말을 찾아낸 것은 이 말을 인간의 내면에 들어 있는 '근원적인 충동'으로 여겼기 때문이었다.[20] 쇼펜하우어가 볼 때 인간은 이 생존 의지에 대한 다양한 표현을 깨달아야 하며, 이 세계에서 벗어나 만족을 얻으려면 이 의지를 극복해야 했다.

쇼펜하우어는 종교가 형식을 갖추게 된 이유 중 하나로 사람들 대부분이 형이상학적이고 도덕적인 진리를 노골적으로 말하는 걸 견디지 못한다는 사실을 들었다. 사람들은 우화나 신화, 전설 따위로 듣기 좋게 꾸며야 받아들인다는 것이었다. 또 쇼펜하우어는 종교에 깊은 진리가 구현되어 있으며 동시에 수많은 예술적 창조가 담겨 있다고 생각했다.[21] 이런 판단이 그를 네 번째 요지로 이끌었다. 즉 사물의 본질을 가장 효과적으로 들여다보는 방법은—비록 순간적이라 할지라도—섹스와 예술, 특히 음악 예술에 있다고 생각했다.

예술이 아닌 섹스에 초점을 맞춰 쇼펜하우어를 말한다는 것이 놀랍기는 하겠지만, 쇼펜하우어가 볼 때 섹스가 인간의 행위에 광범위한 영향을 미친다는 것은 분명했다. 그는 이렇게 말했다. "만약 누가 나에게 세계의 내적 본질에 대해, 또 내가 '생에 대한 의지'라고 부른 것 자체에 들어 있는 본성에 대해 가장 친숙한 지식을 어디에서 구하느냐고 묻는다면 (…) 나는 성교 행위의 황홀감을 지적하지 않을 수 없다. (…) 이것이 만물의 본질이고 핵심이며 (…) 모든 존재의 궁극적인 목적이다"(쇼펜하우어는 또 "도대체 소란을 피울 일이 뭐가 있나?"라는 말을 덧붙였다).[22]

예술도 이와 같은 맥락에 있다. 어떤 예술작품이든 한번 빠지면 자신을 잊는다는 것이다. 동시에 쇼펜하우어는 각각의 예술은 음악을 제외하고는 구상具象주의적이라고 보았다. 그러므로 음악은 "전혀 표현할 수 없는 것, 말하자면 본체계에 대한 표현"이다. 음악은 형이상학적인 목소리다. "작곡가는 세계의 가장 내밀한 본성을 드러내며 그 자신의 이성적 능력으로는 이해할 수 없는 언어로 가장 심오한 지혜를 표현하는 것이다." 음악은 생에 대한 투쟁을 잊게 해준다.[23]

현대 음악의 출발점

바그너가 쇼펜하우어와 칸트를 진지하게 대했다는 사실은 바그너의 음악을 이해하는 데 도움이 된다. 정치에—특정한 정치적 견해보다 정치적 과정에 대해—환멸을 느낀 바그너는 예술이 비록 짧고 불만족스럽다고 해도 본체계에 접근할 수 있는 유일한 방법이라는 쇼펜하우어의 주장에 마음이

끌렸다. 바그너는 시간과 공간 밖에 존재하는 무언가를 창조하려는—비밀을 벗기려는—생각에 몰두했다. 그는 인류를 소외에서 벗어나게 하여 본래적 삶의 둥지로 되돌려놓는 일을 최고의 경험이라고 여겼다.[24]

바그너가 쇼펜하우어를 만난 것은 「발퀴레」를 만들 때였다. 「지크프리트」와 「신들의 황혼」의 대본은 완성했지만 아직 작곡에는 손을 대지 못하고 있었다. 이어서 나온 것은 바그너가 철학에 심취한 뒤 작곡한 「트리스탄과 이졸데」 「뉘른베르크의 명가수」 「파르시팔」뿐이었다.[25] 무엇보다 이 세 작품으로 쇼펜하우어가 바그너에게 미친 영향을 알 수 있다. 바그너 자신은 「파르시팔」이 "자신의 최고 성과"라고 말했는데, 이후 그는 오페라 창작을 그만두고 교향곡으로 관심을 돌렸다. 하지만 바그너의 음악세계가 변하기 시작한 것은 사실 「지크프리트」를 쓰면서부터였다. 그가 쇼펜하우어를 만나고 2년 뒤에 만든 「지크프리트」는 이전에 쓴 「라인의 황금」이나 「발퀴레」와는 전혀 다른 음악이었다. 다시 브라이언 머기의 말을 빌리면 주요한 차이는 오케스트라와 등장인물과의 관계였다. 초기의 오페라에서 음악은—언제나 반주의 성격으로—대사를 따라 오르내렸다. 그런데 「지크프리트」에서 처음으로, 관객이 대사에 귀를 기울이는 것이 아니라 오케스트라 음악 자체의 무게를, 말하자면 음악이 깔아놓는 웅장한 파도를 주목하게 된 것이다.

음악이 예술에서 특수한 위치를 차지한다고 믿었던 쇼펜하우어는 음악 또는 형이상학의 바탕으로서의 음향에 대해 수많은 언급을 했고 계류음繫留音, suspension*으로 알려진 화성의 특수한 장치가 들어가야 한다는 지적도 했다.[26] 이런 언급은 바그너에게서 즉각적인 공감을 얻은 것으로 보인다. 바그너는 계류음의 작용 방식을 기초로 전체 오페라를 작곡하기로 결심했다.• 이런 발상을 한 것은 "청중의 귀가 미해결된 주제를 조바심내며 기다리도록 음악이 불협화음에서 불협화음으로 이어지도록 하자"는 의도였다. 이런 생각은 사실상 "삶의 형태이자 인간의 내면에 깃든 심리로서 충족되지 않은 동경과 갈구, 열망"이 마지막 화음에 이르러서야 비로소 해결되도록 한다는 쇼펜하우어의 순수한 음악관이었다. 마지막 화음이란 극중에서 주인공의 종말이기도 하다. 바이로이트에서 공연할 때 바그너는 이 같은 효과를 살리기 위해 심지어 오케스트라석을 낮추기도 했다.[27]

이것이 「트리스탄과 이졸데」에서 혁명적인 작곡을 하게 된 배경이다. 거의 불협화음만으로 구성된 이 작품은 이전 작품 대부분과 달랐으며, 모든 규칙을 깨버린 형식을 선보여 공연 첫날밤은 '현대음악'의 출발점으로 간주되었다. 전통음악의 최고 목적—성취—은 조성調性, tonality**이었기 때문에 장단의 조key에 맞춰 작곡하는 것이 관례였다. 하지만 「트리스탄과 이졸데」는 전통음악과 확연히 달랐기 때문에 악보가 발표되고 5년이 지나도록 공연되지 못했다(악보를 보면 전혀 다른 음이 연속되어 가수가 노래를 부르거나 악보를 기억하는 것이 불가능했던 것도 한 가지 이유였다).[28]

이에 자극을 받은 바그너는 자신이 오페라에서 처음 시도한 형식은 음악과 대사가 일치하지 않는 점이라고 솔직하게 밝혔다. 오페라에서 경험하는 것은 기본적으로 음악적인 것이며 음악은 "보이지 않는 감정의 세계"다. "우리가 머릿속에 선험적으로a priori 존재하는 시간과 공간의 법칙에 따라 현상세계를 구성하듯이, 극중에서 세계에 대한 생각을 의식적으로 재현하는 것은 음악의 내적 법칙에 좌우된다. 그리고 이 법칙은, 우리가 현상세계에 대한 관념 속에서 인과율의 법칙에 의존하듯이 극작가의 마음속에 무의식적으로 드러난 것이다."[29] 브라이언 머기가 본 대로 여기서 음악은 전무후무한 철학적 위치로 격상되었다.[30]

---

*걸림음이라고도 하며 화음은 전체적으로 바뀌었는데 앞선 화음의 협화 구성음 중 하나가 바뀌지 않고 다음 화음까지 지속되는 현상. 또는 지속된 음을 말한다.

•「탄호이저」에서 계류음Vorhaltsakkord은 사이렌Siren(그리스 신화에 나오는 바다의 요정)의 유혹 장면에서 처음으로 들린다.

**악곡을 하나의 중심음인 으뜸음을 기준으로 구성하는 원리.

니체 대 바그너

바그너가 쇼펜하우어를 숭배한 것처럼 프리드리히 니체(1844~1900)도 바그너를 숭배했다. 1868년 11월에 두 사람이 만났을 때 니체는 24세로 아직 학생 신분이었다. 당시 바그너는 이미 최고의 명성을 누리고 있었다. 「뉘른베르크의 명가수」는 이 해에 초연되어 이전의 그 어떤 작품보다 더 열광적인 갈채를 받았다.

바그너와 마찬가지로 니체도 동부 독일의 작센 출신으로 루터파 교회 목사 가문에서 태어났다.[31] 니체는 본 대학과 라이프치히 대학에서 장학금을 받고 다녔지만 그의 전공은 철학이 아니라 고전문학이었다. 니체는 아주 총명한 학생이었던 터라 졸업하기도 전인 24세에 바젤 대학의 고전문헌학부에서 조교수 자리를 제안받았고 1년 뒤 정교수가 되었다. 니체는 이미 학문적 업적이 뛰어났기 때문에 라이프치히 대학은 논문 제출과 시험 통과 절차도 거치지 않고 그에게 박사학위를 수여했다. 니체는 즉시 바젤로 떠났다.

바그너를 만날 당시에 니체는 이토록 전례 없는 영예로 명성을 얻고 있었다. 두 사람은 1868년부터 1876년까지 두터운 교분을 유지했다. 이후 니체는 철학에 전념하기 위해 바젤 대학에서 준 지위를 포기했다(니체는 바젤 대학에서 철학 연구를 할 생각이었지만 학교 측은 그가 전공을 바꾸려는 것을 거절했다). 앞으로 보겠지만 바그너와 결별한 이후 니체는 자신만의 독특한 인생 편력을 보이며 32세부터 44세까지 12년 동안 오늘날에 유명해진 저술들을 "쏟아냈다."[32] 두 사람의 우정은 바그너에게 영향을 미치기에 이미 때늦은 것이었지만 니체는 다른 작곡가들에게—구스타프 말러, 프레더릭 딜리어스, 아널드 쇤베르크, 리하르트 슈트라우스—큰 영향을 주었다. 슈트라우스의 교향시 「차라투스트라는 이렇게 말했다」는 니체의 유명한 저서를 바탕으로 작곡한 작품이다. 쇼펜하우어와 마찬가지로 니체도 음악에 관심이 컸고 특히 홀로 산책을 즐기며 슈만과 쇼펜하우어에 골몰했다. 쇼펜하우어의 철학을 알게 된 것이 니체 자신의 삶에서 지적 전환점이 되었다는 점은 바그너와 닮았다.

두 사람의 우정은 점점 더 깊어졌고, 니체는 트립셴에 있는 바그너 저택의 단골손님이 되었다. 니체는 크리스마스도 바그너의 집에서 보냈다. 바그너가 자서전 내는 일을 도와 교정쇄를 읽거나 「지그프리트」의 초고를 필사하는 일을 하기도 했다. 바그너가 산책을 나가면 그의 피아노를 연주할 수 있었다.[33] 니체는 첫 저서인 『음악정신으로부터의 비극의 탄생』(1872)을 바그너에게 헌정했다. 니체 스스로 이 책을 가리켜 바그너와 나눈 대화의 '결정체'라고 말할 정도로 두 사람의 우정은 깊었다.[34]

이 책에서 니체가 말하고자 한 것은 사람들이 근본적으로 고대 그리스를 오해했다는—또는 그때까지 오해해왔다는—것이었다. 그리스 비극 중에서도 특히 아이스킬로스와 소포클레스의 작품을 자세히 읽어보면, 이들이 인간사를 가로지르며 소용돌이치는 "거대하고 불합리한" 감정에 관심을 기울였다는 것이 드러난다. 이런 정열과 에로티시즘, 공격성, 도취와 같은 경험을 가리켜 니체는 '디오니소스적'이라고 불렀다. 이런 정열은 특별한 상상력을 통해 전달되는 신화적 줄거리로 표현되었다. 이에 비해 '아폴론적인' 감정은 극장에서 직선적인—따라서 본질적으로 합리적인—연극 형태로 표현하기에 적합했다. 연극 자체는 똑같은 것이지만 삶의 디오니소스적인 측면은 그리스인들 사이에 "비판적이고 자기 비판적인 지성"이 발달하면서 파괴되었다. 이런 식의 가차 없는 파괴는 "최고의 비판적 지성"이었던 소크라테스에서 절정을 이뤘다. 니체는 지적인 이해와 비판적 자의식이 '공포와 오해'를 자극하는 대표적 방법론이 되었다고 말했다.[35] 니체에 따르면, 소크라테스의 세계에서는 도덕성조차 지식의 기능을 했으며 전체 인간의 존재에 대해서도 '지성의 개념화'로 접근했다.[36] 인간의 존재에 대한 이 같은 접근 방식은 에우리피데스의 비극에서 절정에 이르렀다. 이것은 아이스킬로스와 소포클레스의 핵심이라고 할 수 있는 불합리성에 대한 탐험을 조롱하는 결과로 나타났다. 불합리의 세계는 이미 니체의 시대에서 무의식이라는 현상으로 불리고 있었다. 니체는 에우리피데스의 작품은 깊이가 없으며 사람의 마음을 움직일 만한 힘이 결여되어 있다고 느꼈다. 그는 이것이 그리스 예술이 쇠퇴하고 몰락한 이유라고 믿었다. 니체가 볼 때 바그너의 작품은—도덕성의 기초로서 동정심과 불합리성을 강조하는—연극을 옛날의 완벽한 예술 형식으로 만들어 아이스킬로스와 소포클레스로 복귀하는 특징을 지니고 있었다.[37] 바그너도 이 책을 좋아했고 아내를 제외하고는 그 누구보다도 니체와 더 깊은 우정을 나누었다고 말했다.

하지만 이런 우호관계가 오래가지는 않았다. 30대로 접어들 무렵인 1874년쯤에 니체는 자기만의 길을 가고 싶다는 생각이 간절했던 것 같다. 물론 바그너가 천재들과—하이네, 슈만, 멘델스존—교류하고 있었다지만 니체의 천재성은 인정하지 않았기 때문이었을까? 바그너의 아내인 코지마는 니체에 대해 "우리와 어울리는 젊은이들 가운데 재능이 가장 뛰어나다는 것은 의심할 여지가 없지만 가장 불쾌한 사람이기도 하다. (…) 그는 마치 바그너가 풍기는 강렬한 개성에 저항하는 것처럼 보인다"고 평가했다.[38]

두 사람이 갈라질 만한 결정적인 사건은 없었다. 1883년 바이로이트 축제에서 바그너는 니체의 누이동생에게 "오빠가 떠난 이후 내가 무척 외롭다고 전해주시오"라고 털어놓기도 했다. 그렇지만 니체는 바그너의 곁으로 돌아가지 않았다. 그의 저서 중 『바그너의 경우』와 『니체 대 바그너』 두 권은 바그너에게 헌정되었고, 세 번째인 『우상의 황혼』은 명백히 「신들의 황혼」에 호응해서 쓴 작품이었다.[39]

복잡한 배경은 니체의 건강이 악화된 데 있었다. 니체는 눈에 고질적인 문제가 있었고 지독한 편두통에 시달렸으며 거북한 상황이 닥치면 견디지 못해 토할 정도로 위가 약했다. 그는 비교적 젊은 나이인 44세에 매독 3기로 쓰러졌는데 앞에서 말한 증상들은 매독의 초기 증세였다고 볼 수 있다. 또 다른 증상은 니체만의 독특한 생활 방식에서 찾을 수 있다. 그는 혼자 살았으며 스위스, 이탈리아, 프랑스를 전전하며 하숙을 하다가 작은 호텔로 거주지를 옮기고는 했다. 또 야외로 나가 하루에 6시간에서 10시간씩 산책을 하다가 글을 쓰거나 식사를 하기 위해 또는 잠을 자기 위해서만 방으로 돌아왔다. 이런 생활 속에서 쓴 책은 오늘날 철학의 고전이 되었고 니체의 고유한 특징을 모두 보여준다. 니체는 피히테나 헤겔처럼 중요한 논쟁에는 관심을 두지 않았다. 니체는 최고 수준의 독일어로 간주되는('눈부신') 산문으로 짧고 함축적이며 깜짝 놀랄 만한 통찰을 보여주는 것이 자신의 임무라고 생각했다.[40]

"잡초, 깨진 기왓조각, 해충"

니체는 쇼펜하우어의 철학에서 단호하게 돌아섰다. 니체는 '다른 영역'은 없으며 우리가 경험하는 이 세계에는 오직 실재만 존재한다고 믿게 되었다(이것은 이후에 이어지는 모든 사조에서 마음에 새길 만한 일이다. 독일의 근대사에서 비합리주의irrationalism와 합리주의rationalism가 때로 지나칠 정도로 명확하게 구분될 때가 있다). 니체는 "현실의 세계가 명백한 세계"라고 말했는데 이것은 "잡초와 깨진 기왓조각, 해충"이 차지한 세계였다.[41]

"신은 죽었다"라는 니체의 유명한 단언에서 두 가지 중요한 생각이 이어진다. 하나는 초월적인 영역은 없다는 것이고, 다른 하나는 인간의 도덕과 가치는 다른 영역에서 유래할 수 없다는 것이다. 따라서 도덕은 이 세계에 기초를 둔 것일 수밖에 없다. 사회적, 역사적으로 인간 존재가 그들 자신의 도덕과 가치를 창조했으며 '이상'이란 것은 단지 "인간이 상상한 허구"에 지나지 않는다. 니체는, 생명체가 근본적으로 이기적이며 언제나 자신이 원하는 것을 잡으려 하고 자신이 소유한 것을 죽을 때까지 지키려 한다는 쇼펜하우어의 생각에 동의했다. 이것이 그가 말한 '삶에 대한 단언life-assertion'이며, 그가 볼 때 만물의 가장 기본적인 본능인 '만인에 대한 만인의 투쟁'이 자연의 질서라는 의미였다. 문명은 이 같은 만인에 대한 만인의 투쟁에서 비롯된 것이며, 수천 년 동안 이런 질서 속에서 "강자가 약자를 몰아내고 건강한 자가 병자를, 영리한 자가 우둔한 자를, 능력자가 무능력자를 몰아내는" 역사가 반복된 것이다. 모든 질서는 이 같은 투쟁에서 발전한 것이지만 이후 결정적인 변화가 일어났다. 2000~3000년 전에 세계의 여러 지역에서 도덕을 발명한 인간 세대가 출현했다. "이들은 강자라고 해서 원하는 것을 차지해서는 안 되며 자발적으로 법에 복종해야 한다고 가르쳤다."[42]

니체는 여기서 특별히 소크라테스와 예수를 지목했다. 그는 이들이 그때까지의 역사적 과정을 뒤집어 인간과 다른 동물을 구분하게 해주고 문화가 나타나도록 만들었다고 느꼈다. 이들의 가르침이 계속 영향력을—니체가 볼 때는 왜곡된—발휘할 수 있었던 까닭은, 이들의 주장이 '재능 없는' 대중의 구미에 맞았기 때문이라는 것이다. 소크라테스와 예수는 자연이 문명으로 진보하는 과정을 막기 위해 갖은 노력을 다했는데, 이런 점에서 두 사람 모두 문명의 퇴폐와 몰락에 책임이 있다는 것이 니체의 생각이었다.[43]

이것을 출발점으로 니체는 당대의 문화 전체를 싸잡아 비판하기 시작했다. 그가 보기에 인류의 제도와 예술, 과학, 철학, 정치는 소크라테스와 예수를 기반으로 성장했기 때문에 근본적으로 잘못된 기초 위에서 발달한 것이었다. 니체는 이제 인간의 임무는 자신을 시작으로 인간세계를 재구축하는 것이라고 말했다. "이 임무를 실천하는 것이 전체 역사에서 최대의 단절과 최대의 분기점이 될 것이며 장차 모든 시대는 이 사건 이전과 이후로 나뉠 것이다."

니체의 목표는 인간을 완전히 자발적인 존재로 바꾸는 것으로, 자유롭고 자기를 의식하지 않는unselfconscious 동물로 만드는 것, 그리고 인간 스스로 자신이 조화로운 존재가 아니라 조화롭지 못한 존재라는 사실을 깨닫게 하는 것이었다.[44] 니체가 볼 때 억눌리지 않고 제약 없는 삶은 이전에 존재했던 삶의 양식보다 우월한 것이었다. 그는 이 멋진 신세계를 반영하기 위해 이런 방식으로 살아가는 존재를 가리키는 초인이라는 이름을 창안했다. 초인에게는 영혼이나 신, 초월적인 세계가 없으며 (초인은) "이 세계 외에 다른 세계는 없다"는 사실을 완벽하게 이용할 자유를 누리게 된다는 것이다. "존재의 기쁨 외에 다른 보상은 없다. 삶의 의미는 삶이다."[45] 삶에 대한 단언이 초인의 임무가 되었고 최고로 가치 있는 활동이 되었다. 세계 속에서 자신의 존재를 주장하면서 살고자 하는 의지, 모든 방해물을 치워버리려고 하는 의지, 니체는 이것을 '힘(권력)에의 의지der Wille zur Macht'라고 불렀다. 이것은 어떻게 해서 그가 쇼펜하우어에게 마음이 쏠렸는지 분명하게 보여주는 것으로서 교양Bildung이라는 관념에 대한 급진적인 변화에서 이뤄진 것이다. 본체적 세계란 존재하지 않기 때문에 본체계와 인간의 '동일성'이란 것도 존재할 수 없고, 따라서 본체계에서 발생하여 도덕의 기초를 형성하는 인간의 동정심이란 것도 마찬가지로 존재할 수 없는 것이다. 도덕은 자기의 이해관계에서 나오는 것이며 동정심이 들어설 공간은 절대로 존재하지 않는다.[46]

니체는 쇼펜하우어에 맞서는 연구를 하면서 동시에—자연스럽게—바그너에게도 등을 돌렸다. 이런 변화는 니체가 「파르시팔」을 공격할 때 눈에 띄게 드러났다. 니체는 이 작품을 "병적인 기독교와 반反계몽주의적인 사상으로 복귀한 변절"이라며 공공연히 비난했다.

1889년 니체는 토리노 길거리에서 쓰러졌는데 불치의 정신병에 걸려 이후 11년 동안 누이동생인 엘리자베트의 간호를 받았는데, 그녀는 니체의 원고를 멋대로 고쳐 논란을 일으켰다. 이때까지도 니체는 결코 옛 친구인 바그너에 대한 감정을 청산하지 못했다. 다만 정신병이 발병하기 직전에 조용히 바그너의 음악을 피아노로 연주하기는 했지만 마음은 괴로움으로 가득 찼다.

1883년 바그너가 죽고 9일이 지나서야 니체는 한 친구에게 보낸 편지에서 "바그너는 내가 아는 사람 중에 두드러지게 완벽한 인간이었네"라고 말했다. 하지만 그는 "우리 둘 사이에는 무언가 몹시 불쾌한 감정이 있었던 것 같네. 그가 여전히 살아 있다면 끔찍한 일이 일어날 수도 있었을 거야"라는 말을 덧붙였다.[47]

"몹시 불쾌한 감정"에 대한 자세한 내용은 1956년에 가서야 밝혀졌다. 니체를 검진한 의사가 바그너와 주고받은 편지가 공개되고 나서였다.[48] 편지의 내용은 1877년 스위스에서 니체를 진찰한 결과에 대한 것이었다. 바그너의 열성 팬이었던 이 의사는 니체를 진찰한 후 그의 건강이 나쁘다는 것을 알았다. 실제로 니체는 실명할 위기에 처해 있었다. 당시는 니체와 바그너가 아직 친구로 지낼 때였다. 진찰을 받은 후 니체는 바그너에게 진찰 결과를 알리는 편지를 보냈다. 이때 의사는 「니벨룽겐의 반지」에 대한 수필을 써 니체에게 동봉해서 보내달라고 부탁했다. 바그너는 수필에 대해서 고맙다는 답장을 의사에게 보내며 니체의 건강 문제를 거론했다. 이때 바그너는 당시 상식에서 볼 때 실명은 분명 자위행위에서 비롯된 것이라는 견해를 밝혔다. 이에 다시 답장을 보낸 의사는 지극히 전문가답지 못한 실수를 저질렀다. 검진할 때 니체가 이탈리아에서 "의학적인 충고"를 받고 창녀의 집에 출입했다고 말한 사실을 털어놓은 것이다(창녀를 이용하는 것은 때로 고질적인 자위를 치료하는 수단으로 추천되기도 했다).

오랜 시간이 흐른 지금에 와서 생각해봐도 충격적인 일이다. 당시에는 얼마나 관계를 악화시키는 일이었겠는가? 이 일의 전말은 1882년 바이로이트 축제 기간에 소문이 났고, 같은 해에 시간이 조금 지나서 니체도 알게 되었다고 한다. 니체는 한 편지에서 "끝없이 깊은 배신감"을 느꼈다고 고백했다. 이 일화가 니체에 대한 시각을 뒤흔드는 데 일조했다는 결론을 내

린 목격자는 한 사람 이상이었다.[49]

그저 위대한 두 인물의 품위를 떨어뜨리는 이야기일 뿐이다.

제17장

물리학의 시대: 헬름홀츠, 클라우지우스, 볼츠만, 리만

율리우스 로베르트 폰 마이어(1814~1878)는 1840년 2월에 출발해 1년 동안 동인도회사로 항해하는 네덜란드 상선의 선의船醫로 근무했다.[1] 뷔르템베르크의 하일브론에서 약제상藥劑商의 아들로 태어난 마이어는 의학을 공부하고 1838년 튀빙겐 대학을 졸업한 다음, 네덜란드 동인도회사의 선의로 뽑힌 것이다.[2] 마이어의 유명한 관찰이 이뤄진 것은 1840년 여름에 이 배가 자카르타에 잠시 정박했을 때였다. 당시 관습대로 마이어는 자바에서 승선한 유럽 선원들의 피를 뽑았다. 이들의 핏빛이 몹시 붉은색을 띠는 것에 놀란 마이어는 인도네시아의 고온 때문에 피가 선명한 색을 띠는 것이라고 여겼다. 그리고 이들이 체온을 유지하기 위해서는 대사율이 낮은 활동을 할 필요가 있다고 판단했다. 동맥혈에서는 산소 함량이 낮게 나타났는데 이 때문에 정맥혈이 평소보다 더 붉은색을 보이는 것이라고 생각했다.

마이어는 이 관찰로 충격을 받았다. 왜냐하면 동물의 체온은 체내에 섭취된 음식물의 화학 성분이 연소해서—산화해서—발생하는 것이라는 유스투스 폰 리비히의 이론이 옳다는 것을 분명하게 입증하는 현상으로 보였기 때문이다. 그가 관찰한 것은 음식물에 포함된 화학적 '힘'(당시 표현대로)이 열(체온)로 전환된다는 사실이었다. 동물의 체내로 들어간 '힘'은 오직 음식물—동물의 연료—뿐이며, 동물이 내보이는 유일한 힘은 활동과 체온이기 때문에 이 두 가지 힘은 언제나, 당연히 균형을 이뤄야만 한다.

마이어는 관찰한 결과를 요한 크리스티안 포겐도르프가 편집자로 있는 『물리학 및 화학 연감』에 발표하려 했지만 거절당했다.[3] 그래서 마이어의 첫 논문인 「무생물계에서의 힘의 고찰」은 1842년에 『화학 및 약학 연감』에 처음 발표되었다. 그가 운동과 열의 상관관계를 설명하며 "운동과 열은 서로 전환되고 이동이 가능(해야)하며 똑같은 힘의 다른 표현"이라고 주장한 것도 바로 이 연감에서였다. 『화학 및 약학 연감』의 편집 책임자로 추정되는 유스투스 폰 리비히가 볼 때 마이어의 논문은 게재할 만한 가치가 있었지만, 마이어의 견해는 당시 별 반응을 얻지 못했다.[4]

율리우스 마이어의 생각은 논리가 정연하다. 과학사가인 토머스 쿤(1922~1996)은 1842년부터 1854년까지 적어도 12명의 과학자가 훗날 '에너지 보존'으로 알려지는 생각에 도달했음을 지적한 바 있다. '에너지' 개념은 19세기 중반만 해도 생소한 것이었지만 1900년 무렵에는 과학자라면 너나없이 이 개념에 매달렸다.[5] 쿤은 이 12명의 선구자 중 독일인이 5명, 덴마크인이 1명, 알자스 출신이 1명 있었는데 이들 모두가 독일의 영향권에 있는 인물이었다는 사실을 지적했다. 쿤은 이런 수적 우위를 바탕으로 "에너지 보존(법칙)의 발견자 대부분은 모든 자연 현상의 근본에 존재하는 단일한 불멸의 힘을 파악하는 데 깊은 관심이 있었다"고 결론내렸다. 쿤은 이런 기초적인 발상이 자연철학의 문헌에서 엿보인다는 사실을 지적했다. "예컨대 셸링은 (특히) 자력과 전기, 화학, 그리고 유기체적 현상마저 하나의 거대한 연합체로 이뤄졌다고 주장했다."[6] 폰 리비히는 2년 동안 셸링과 함께 공부한 적이 있다.

현대물리학의 등장

물리학에 관한 한, 19세기 전반에 연구 방식과 어휘 사용에서 커다란 변화가 일어났다. 이런 변화는 물리학의 발전을 반영하는 것이다. 예를 들어 18세기 후반에 '물리학'이란 용어는 일반적으로 자연과학을 일컫는 말이었다. 19세기에 들어와 이 말은 흔히 수학적 그리고(또는) 실험적 방법론을 사용하는 역학, 전기, 광학 연구를 뜻하게 되었다.[7] 19세기 중반에 이르자 "수량화와 수학적 법칙의 발견에 전반적인 목표를 두는 독특한 물리학이 출현했다." 예컨대 1824년에 하이델베르크 대학의 관리자는, 이 책의 앞에서 살펴본 대로 점점 더 성공적으로 정착해가는 문헌학 세미나를 모델로 삼아 '수학 대학'을 세워 독일의 고전 교육을 개선하자고 제안했다. 다른 대학들도 이런 흐름을 따랐다.[8] 괴팅겐 대학 수학과의 과외課外 교수였던 모리츠 슈테른도 같은 제안을 했으며 이 사이에 1845년 베를린 물리학회가 설립되었다.[9]

이미 앞에서 본 대로 연구활동이 높은 위상을 차지하는 흐름에서 물리학도 다른 학문 분야와 차이가 없었다. 『물리학 연감』만 해도 독일 과학자들의 연구 성과에 점점 더 많은 지면을 할애하는 반면 외국 학술지에 게재된 논문을 독일어로 번역한 것은 줄었다. 1790년에 창간된 『연감』은 그 자체로 변화의 신호였다. 1840년대까지 『연감』은 독일에서 가장 중요한 물리학 학술지였다. 물론 1840년대에 많은 의학기구가 도입됨과 함께 새로운 간행물이 늘어나는 추세가 서로 맞물린 측면이 있었음은 부인할 수 없다. 1824년 이후 『연감』의 편집장을 맡은 포겐도르프는 여기서 과학자의 경력을 쌓았으며[10] 1877년 세상을 떠날 때까지 계속해서 편집장으로 일했다. 그의 사후에도 『연감』의 명성은 아주 확고해서 베를린물리학회로 넘어간 다음 구스타프 비데만이 편집장을 맡고 헤르만 폰 헬름홀츠가 이론 감수를 담당했다. 물리학에서는 실험가와 이론가 사이에 이미 명백한 분업 형태가 나타나기 시작했다. 1860년대나 1870년대에 이론물리학을 포함해 물리학 연구는 교수활동에 딸린 것이 아니라 그 자체가 목표로 여겨졌다. 1870년대 초기에 이르자 독일의 여러 대학에 이론물리학 교수 자리가 생겼다. 베를린 샬로텐부르크의 제국물리기술국PTR을 중심으로 이 학술 기관들을 추적 조사한 메리 조 나이는, 19세기 독일에서 박사학위를 취득한 영국 및 북아메리카 출신의 물리학자와 화학자를 800명 정도로 추산했으며, 영국의 주요 과학자 39명은 독일의 영향을 받은 것으로 보았다.[11] 나아가 숫자나 기능 면에서 이전과 다른 새로운 실험실이 전 유럽에 세워졌는데, 교수활동의 단순한 보조 기능이 아니라 자체적인 연구를 목표로 한 공간이었다. "실험은 점점 더 자연의 비밀을 푸는 열쇠로 인식되었다."[12]

점점 더 많은 실험가가 일종의 영향력을 행사하는 방법을 서로 모색한 곳도 실험실이었다. 쿤이 말한 대로, 특히 낭만주의적 자연철학자들에게 서로 영향을 주고받는 사례가 증가한 것은 자연에 대한 기초적인 통일성을 다지는 것으로 비쳤다. 말하자면 근본적으로 똑같은 힘이 다르게 나타나는 것이기 때문에 서로 영향을 주고받을 수 있다고 생각한 것이다. 이와 동시에 실용주의자들은 이런 상호 전환에서 경제적인 가능성을 감지했다. 새로 등장한 사진 기술은 빛을 사용한 화학반응을 보여주었다. 화학반응 후 전기로 바뀌는 것을 보여준 볼타의 파일Voltaic pile*은 산업화되고 도시화된 사회에서 큰 반응을 불러일으켰다. 무엇보다 열에서 동력을 얻는 기계로 증기기관이 있었다.[13]

---

*알레산드로 볼타가 서로 다른 금속 사이에 염류 용액을 삽입하면 이 두 종류의 금속 사이에 기전력이 생긴다는 것을 알고 나서 생긴 명칭. 전지의 시초다.

에너지의 발견/발명

18세기에 열과 전기는, 본래의 물질을 이루는 원자와 상호작용하는 '불가량不可量의 액체와 에테르'가 존재한다는 가정 하에서 설명되었다. 1812년 파리 아카데미는 누구든 열이 어떻게 물질을 통과하는지 보여주는 사람에게는 수학 대상을 수여하겠다고 발표했다.[14] 1822년에 발표된 조제프 푸리에의 수학적 열 이론이 열과 수학을 합친 것이라면, 1843년 제임스 줄의 실험은 열과 역학 작용(일)의 등가성을 보여주었다. 2년 뒤 율리우스 마이어는 체온과 피의 색을 관찰한 결과를 발표했다.

사정을 다 알고 나면 모든 것이 에너지 보존 법칙을 가리키는 것으로 보이지만, 누군가 이런 생각을 명쾌하게 정리해줄 사람이 필요했다. 1847년 헤르만 폰 헬름홀츠(1821~1894)가 발표한 독창적인 논문이 바로 여기에 해당되었다. 그는「힘의 보존에 관하여」에서 열과 빛, 전기, 자기력을 하나로 묶어 이 현상들을 '에너지'의 다른 형태로 취급하는 필수 수학 공식을 보여주었다.[15]

프로이센에서 김나지움 교사의 아들로 태어난 헬름홀츠는 프로이센 육군 장학금으로 베를린 대학에서 의학을 공부했다. 그는 장학금을 받았기 때문에 군의관으로 복무한 뒤 1849년 쾨니히스베르크 대학의 생리학 조교수가 되었다.[16] 1847년 헬름홀츠는 사비를 들여 자신의 논문을 팸플릿으로 출판했다. 그도 마이어처럼 자신의 논문을『물리학 연감』의 포겐도르프에게 보냈지만 게재를 거절당했다. 이전에 발표한 헬름홀츠의 생리학 출판물은 모두 동물의 체온과 근육활동이 어떻게 음식물 산화에서 비롯되는지를 보여주는 것이었다. 즉 인체의 기관이 증기기관과 별 차이가 없음을 설명하는 것이었다. 헬름홀츠는 생명체에만 고유한 힘이 있다고 생각하지 않았으며 대신 유기체의 생명은 비유기체의 영역에서 작용하는 힘이 '변형된' 결과로 나온 것이라고 보았다.[17] 헬름홀츠가 마음속에 그린 순수한 기

계론적인 우주에서는 인간과 역학 작용(일) 사이에 명백한 연결고리가 있었다.[18]

마이어와 헬름홀츠가 의사로서 생리학으로 일의 과학에 접근했다면, 헬름홀츠의 동료인 프로이센의 루돌프 클라우지우스(1822~1888)는 당시 영국과 프랑스의 과학자들처럼 어디서나 볼 수 있게 된 증기기관 연구에 몰두했다. 마이어나 헬름홀츠와 달리 클라우지우스는 자신의 첫 주요 논문인 「열의 운동력과 추론 가능한 열의 법칙에 관하여」가 1850년 『연감』에 게재되어 성공을 거두었다.[19] 포모제의 쾨슬린에서 목사의 아들로 태어난 그는 김나지움을 졸업하고 베를린 대학에 들어가 역사학을 공부했으나(랑케의 지도 아래) 이후 수학과 물리학으로 전공을 바꾸었다. 베를린 대학을 졸업하고 2년 뒤인 1846년에는 할레 대학에서 뵈크의 세미나에 참여했으며, 하늘이 푸른빛을 띠는 원인을 규명하는 데 몰두했다. 1850년에 발표한 그의 논문은 곧 중요성을 인정받았고 이것이 계기가 되어 베를린에 있는 왕립포병기술학교의 교수로 초빙되었다. 그는 이후 취리히 대학의 수리물리학 교수로 옮겨갔다.[20]

클라우지우스는 자신의 유명한 논문에서 프랑스의 물리학자이자 공병工兵인 사디 카르노가 주장한 대로, 일의 발생은 열의 '분포'에 변화가 생긴 결과일 뿐 아니라 열의 '소비'에서도 오는 것이며 또 열은 일의 '소비'에서도 생성될 수 있다고 주장했다. 그는 논문에서 이렇게 말했다. "일이 발생할 때는 (…) 일정한 몫의 열이 소비된 것으로 볼 수 있으며, 나머지 몫의 열은 따뜻한 물체에서 찬 물체로 이동한 것이다. 이 두 가지 몫은 일의 생산량과 일정한 관계가 있을 수 있다." 이런 주장과 더불어 그가 제시한 원리는 열역학 제1법칙과 제2법칙으로 알려지게 되었다.[21]

열역학 제1법칙은 막스 플랑크(1858~1947)에게 전수된 방법으로 조명해볼 수 있다. 플랑크는 20세기로 넘어가는 전환기에 클라우지우스의 연구를 계승한 인물이다. 예를 들어 어떤 노동자가 지붕 위로 무거운 돌을 올려놓았다고 가정해보자. 다시 지면으로 떨어지는 미래의 일정 시점까지는 에너지를 가진 돌이 자리를 잡은 위치에 머무르려고 할 것이다. 제1법칙에 따르면 에너지는 결코 창조되거나 파괴될 수 없다. 그런데 클라우지우스는 자신이 말한 제2법칙*에서 제1법칙은 전체적인 설명을 하지 못한다고 지적했다. 앞의 예에서 에너지는 돌을 들어 올리는 노동으로 소비되었으며 이 노력으로 열이 발산되어 노동자가 땀을 흘리는 원인을 제공했다. 클라우지우스가 '엔트로피entropy'('전환'을 뜻하는 그리스어)라는 용어로 설명한 열의 발산이 근본적으로 중요한 이유는, 이 에너지는 우주에서 사라지지 않지만 다시는 본래의 형태로 회복될 수 없기 때문이다. 여기서 클라우지우스는 세계가 (그리고 우주가) 언제나 무질서를 증대시키는 경향이 있으며 끝없이 엔트로피를 늘리려고 한다는 결론을 내렸다.

열 이론에 대한 연구를 집중적으로 파고들어간 클라우지우스는 이 과정에서 기체분자운동론kinetic theory of gas에 관심을 갖게 되었다. 그는 특히 대규모 기체의 특성은 기체를 구성하고 있는 소립자나 분자가 소규모로 운동하는 기능에서 나온 것이라는 생각에 몰두했다. 그는 열이란 그 같은 소립자의 운동 기능이며 더운 기체는 빠르게 움직이는 소립자가, 차가운 기체는 느리게 움직이는 소립자가 만든 것이라고 생각했다.[22] 또한 "일은 물체를 구성하는 분자의 배열 상태에 일정한 변화"가 발생한 것으로 이해했다. 열이 운동의 형태라는 생각이 새로운 것은 아니었다. 미국인 벤저민 톰슨은 대포의 포신에 구멍을 뚫을 때 열이 나오는 것을 관찰했으며, 마찬가지로 영국인인 험프리 데이비는 마찰에 의해 얼음이 녹는 것을 주목했다. 클라우지우스가 흥미를 느낀 것은 열을 구성하는 운동의 정확한 형태였다. 이 운동은 내부 소립자가 진동한 것일까, 또는 소립자가 한 곳에서 다른 곳으로 이동할 때 '변화'한 운동에서 비롯된 것일까, 아니면 소립자

*에너지 전달에는 방향이 있다는 것.

가 자체의 축을 중심으로 회전하는 데서 오는 것일까?[23]

클라우지우스의 두 번째 주요 논문인 「열이라고 불리는 운동에 관하여」는 1857년 『연감』에 발표되었다. 여기서 그는 기체의 열은 모두 세 가지 유형의 운동에서 만들어지며 전체의 열은 이 운동의 합과 비례해야 한다고 주장했다. 그는 소립자 자체가 지닌 열은 지극히 적으며 소립자는 모두 똑같은 평균 속도로 움직인다고 추정했다. 그리고 이 속도는 빠르면 초당 수천 미터 아니면 수백 미터일 것으로 추산했다. 이에 대해 일부 과학자는 클라우지우스의 추정에서 계산이 잘못되었다고 반발했다. 그의 말대로라면 기체는 생각보다 훨씬 더 빨리 확산되어야 하기 때문이다. 그래서 클라우지우스는 이런 접근 방식을 포기하고 대신 '평균자유행로mean free path'라는 개념을 도입했다. 이것은 한 입자가 다른 입자와 충돌하기 전에 직선으로 이동할 수 있는 평균 거리를 말한다.[24]

이런 클라우지우스의 노력에 여러 과학자의 이목이 쏠렸다. 특히 1860년 영국의 제임스 맥스웰은 평균자유행로 개념을 이용해 『철학 매거진』에 「기체 역학론」을 발표했다. 클라우지우스가 모든 기체의 소립자는 평균 속도로 똑같이 운동한다고 생각한 반면 맥스웰은 새로운 통계학을 이용해 소립자 속도의 '자의적 분포random distribution'를 추산했으며, 소립자끼리 충돌할 때 똑같은 속도보다 평균mean 속도의 분포로 나타난다고 주장했다(기체 입자가 결코 안정되지 않았다는 사실은, 맥스웰이 이런 입자의 존재 자체가 "신성한 창조주의 존재를 입증하는 것"이라고 확신했음에도 불구하고 당시까지는 알려지지 않았다).[25]

이런 식으로 물리학에 통계학—확률—이 도입되자 많은 논란이 일었지만 기본적으로는 과학의 진보로 받아들여졌다. 1850년의 논문에서 클라우지우스는 열 흐름의 방향성을 주장해 주목받았다. 즉 열은 따뜻한 물체에서 차가운 물체로 이동하는 속성이 있다는 열역학 제2법칙이었다. 처음에 그는 열의 비가역성非可逆性이나 다른 과정을 암시하는 현상에 대해 걱정하지 않았다. 그러나 1854년에 열이 일로 전환하거나 열이 고온에서 저온으로 이동할 때는 등가等價를 유지하며, 아울러 일정한 환경에서는 반대로 일이 열로 전환하면서 열이 차가운 물체에서 따뜻한 물체로 이동하는 반대 현상이 일어날 수도 있다고 주장했다. 클라우지우스에게 이런 현상은 가역성(인위적인)과 비가역성(자연적인)의 차이를 강조한 것일 뿐이었다. 비가역성이란, 이를테면 허물어진 집을 복원할 수 없고 깨진 병을 본래 상태로 되돌릴 수 없는 현상을 말한다.

클라우지우스가 1865년에 비가역성의 과정을 설명하면서 '엔트로피'라는 용어를 사용한 것은 단지 시기적으로 늦었을 뿐이다. 열이 따뜻한 물체에서 차가운 물체로 이동하는 속성은 또한 엔트로피가 증가하는 실례로 설명되었다. 클라우지우스는 이런 연구를 하면서 물리적 과정의 방향성을 강조했으며 열역학의 두 가지 법칙을 "우주의 에너지는 불변한다" "우주의 엔트로피는 극대를 추구하는 경향이 있다"라고 정의했다. 시간은 신비롭게도 물질적인 특성으로 규정되었다.[26]

일부 과학자가 볼 때 열역학 제2법칙은 클라우지우스가 생각한 것보다 훨씬 더 중요한 의미가 있었다. 또 다른 영국인인 윌리엄 톰슨(1824~1907), 즉 켈빈 경은 열역학 제2법칙에서 에너지의 발산을 의미하는 비가역성은 동시에 "가장 진보적인 우주진화론"을 암시한다고 생각했다. 한발 더 나아가 우주의 특성이 일시적이라는 성서적 견해를 강조한 것으로 보았다. 톰슨은 열역학 제2법칙에서 당시까지 냉각되고 있다고 알려진 우주가 "제한된 시간 안에서" 쇠약해지고 있으며 생존 불가능한 환경이 될 것이라는 생각을 끌어냈다. 헬름홀츠도 제2법칙에 담긴 이 같은 암시를 주목하기는 했지만, 클라우지우스 자신은 취리히에서 독일로 돌아온 1867년에 가서야 우주의 '열사熱死, heat death'*를 인정했다.[27]

*엔트로피가 최대가 된 열평형 상태.

물리학의 '스트레인지니스' 출현

오스트리아의 물리학자인 루트비히 볼츠만(1844~1906)은 클라우지우스와 맥스웰이 불어넣은 통계학적 관념에 주목했다.[28] 볼츠만은 참회의 화요일Shrove Tuesday과 재의 수요일Ash Wednesday* 사이의 밤에 빈에서 태어났다. 그는 농담 반 진담 반으로 이 우연의 일치를 자신의 기분이 수시로 변덕을 부리는 원인으로 설명했다. 그 시각에 태어났기 때문에 자신의 감정이 늘 진정한 기쁨과 깊은 절망 사이를 오간다는 것이다. 세무공무원의 아들로 태어난 볼츠만은 1869년 불과 25세의 나이에 그라츠 대학의 수리물리학 교수에 임용되었다. 이어 그는 하이델베르크 대학의 로베르트 분젠**과 베를린 대학의 헬름홀츠와 공동 연구를 하기도 했다. 1873년에는 빈 대학의 수학 교수로 옮겼는데, 1902년에 우울증으로 자살을 시도할 때까지 그곳에서 근무했다.

볼츠만의 주요 업적은 두 편의 유명한 논문에 나타나 있다. 그는 자신의 논문에서 수학적인 용어로 기체 안에 있는 분자의 운동 속도와 공간적인 분포, 충돌할 가능성을 거론했는데 이 모든 것이 기체의 온도를 결정하는 요인이라고 설명했다. 이런 수학적인 설명 방식은 통계학을 응용한 것으로—기체의 내적 상태가 초기에 어떻든 상관없이—맥스웰의 속도 분포 법칙이 균형 상태를 나타냈다는 것을 보여준다. 볼츠만은 또 엔트로피를 통계적인 방식으로 설명하기도 했다.[29]

마이어와 헬름홀츠 외에도 특히 클라우지우스와 볼츠만의 연구에서 눈

---

*부활절 전에 40일간 금식하는 사순절四旬節의 첫째 날을 '재의 수요일'이라 부른다. '참회의 화요일'이란 그 전날을 말하는데, 사순절을 준비하며 고해성사를 보는 등 속죄하며 보낸다. 다음날부터 금식에 들어가므로 상하기 쉬운 버터, 우유, 계란 등을 처리하기 위해 팬케이크를 구워 먹던 것이 전통이 되어 '기름진 화요일'이라고도 불린다.

**독일의 화학자(1811~1899)로, 그의 연구는 분젠버너, 분젠전지, 분젠광도계 등 각종 기구에 이름이 붙여질 만큼 화학 각 분야에 많은 영향을 주었다.

여겨볼 것은, 수학적인 방법을 응용하든 그렇지 않든 이들 모두 확률을 물리학에 도입했다는 사실이다.[30] 이것이 왜 중요한가? 물질이 존재하는 것은 확실하며 변화(물이 얼 때처럼)는 불변의 법칙에 따른다. 그런데 이것이 확률과 무슨 관계가 있는가? 이는 바로 21세기에 점차 복잡해진 양자quantum 세계를 예고하는 것으로 물리학에 스트레인지니스strangeness*가 등장하는 배경이 되었다. 이 초기의 물리학자들은 또 '입자'(원자, 분자 또는 아직 완전히 이해되지 않는 나머지 소립자)를 물질의 행동 특성에서 나타나는 필수적인 구성 요소로 보았다.

열역학을 이해한 것은 19세기에 물리학이 고도로 발달했음을 입증하는 것이며, 동시에 물리학과 수학이 높은 수준에서 결합했음을 보여준다. 열역학은 엄밀하게 말해 뉴턴식의 기계론적 자연관의 종말을 의미한다. 아울러 에너지의 두드러진 새 형태, 즉 원자력으로 나아가는 결정적인 계기가 되었다. 이 모든 것은 결국 에너지 보존에 대한 개념에서 유래했다.

수학의 황금시대

칼 보이어(1906~1976)는 『수학의 역사』에서 19세기가 앞선 어느 시대보다 수학의 황금시대라고 불릴 만하다면서 "이 100년 동안 이전 시대의 모든 성과를 합친 것보다 훨씬 더 많은 업적이 쏟아졌다"고 썼다. 비非유클리드 기하학이나 n차원의 공간, 비가환대수non-commutative algebra, 무한 과정infinite process, 비정량적 구조non-quantitative structure 같은 개념이 도입되었으며, 이 모든 것이 수학의 형태나 정의를 바꾼 급격한 변화를 몰고

*기묘도奇妙度라고도 한다. 입자물리학에서 질량, 수명, 스핀 등과 함께 입자의 고유한 성질을 나타내는 양자 수를 말한다.

왔다.[31] 프랑스를 중심으로 몇몇 국가에서 측량이나 항해와 같은 실용적인 활동을 수학과 연계하여 지원하는 동안 순수수학—수학 자체가 목적인—연구는 수학의 본령을 벗어난 예외적인 현상이었다. 이때 순수수학은 다른 어느 나라보다 독일에서 실용화되었다.[32]

독일에서 수학이 위세를 떨치게 된 데에는 물리학처럼 이 분야를 주제로 삼은 중요한 간행물이 창간된 것이 한몫했다. 19세기까지 최고의 수학 간행물은 파리의 에콜 폴리테크니크École Polytechnique*에서 나온 것이었다. 하지만 1826년에 아우구스트 레오폴트 크렐레(1780~1855)가 흔히 "크렐레 저널"이라고 불리는 『순수 및 응용수학 저널』을 창간하면서 상황이 변했다.[33]

무엇보다 가우스로 시작된 황금시대는 베른하르트 리만(1826~1866)과 펠릭스 클라인(1849~1925)이 계승했다. 병약하고 수줍음을 잘 타는 리만은 목사의 둘째 아들로 태어났다. 1826년생인 리만은 괴팅겐 대학에서 박사학위를 딴 다음 베를린 대학에서 몇 학기 동안 C. G. J. 야코비와 페터 디리클레의 지도를 받으며 연구했다. 다시 괴팅겐으로 돌아온 리만은 빌헬름 베버**의 물리학에 몰두했다(이후 그의 경력은 수학자와 물리학자로 나뉜다).[34]

1854년 리만은 괴팅겐 대학 학부에서 취임 강의를 해달라는 요구를 받았다. "리만의 강의는 수학사史에서 기념비적인 시험 강의였다."[35] '기하학의 기초를 이루는 가정에 관하여'라는 제목이 붙은 이 강의에서 리만은 "공간과 차원에 구애받지 않는 수"에 대한 연구 결과를 제시하여 완전히 새로운 기하학을 강조했다. 이것은 이후 리만 기하학으로 알려지게 된다.

*1794년에 세워진 프랑스에서 가장 명성이 높고 대표적인 공학 계열 그랑제콜grandes écoles(프랑스의 전통적인 엘리트 고등교육연구기관) 중 하나.

**독일의 물리학자(1804~1891)로, '베버의 법칙'을 발견하여 전기역학적 현상의 기초를 세웠다. 베버의 법칙이란, 감각기에서 자극의 변화를 느끼기 위해서는 처음 자극보다 더 강한 자극을 받아야 한다는 법칙이다.

이 논문에서 리만은 다양체와 면(지금은 리만 곡면으로 알려진)이라고 부르는 개념을 구상했는데, 이것은 유클리드의 법칙이 더 이상 적용되지 않는 비유클리드적인 공간의 형태였다. 구부러진 우주라는 개념이 더 잘 알려진 이유는 이해하기가 쉽기 때문이었다. 하나의 '평면'은 사실은 천구의 표면이며 '직선'은 천구의 거대한 원의 일부분이라는 것이다. 이 같은 사고의 영역에서 리만이 연구한 내용은 매우 중대한 의미를 지니고 있기 때문에, 버트런드 러셀은 리만을 가리켜 "논리적으로 보면 아인슈타인의 직계 선구자"라고 표현했다.[36] 리만 기하학이 없었다면 일반상대성 원리는 제 모습을 갖추지 못했을 것이다.

19세기 중엽에 독일의 또 다른 위대한 수학자 페터 디리클레가 1859년에 사망했을 때 리만은 한때 카를 가우스가 앉았던 자리에 임용되어 수리론에 대한 가우스의 관심을 이어받았다. 앞에서(7장) 수학자들이 소수素數에 매혹된 이야기를 언급한 대로 가우스가 어떻게 소수와 대수對數의 연결고리를 찾아냈는가에 관심이 집중되었다. 또 가우스가 허수虛數의 개념을 창안한 것도 논의의 중심이 되었다. 가우스가 소수와 대수의 연결고리를 이용해 부정정수 N에 이르기까지 얼마나 많은 소수가 존재하는지에 대해 훌륭하지만 아직 근사치로만 예측할 수 있었다는 사실을 기억해야 한다. 소수의 숫자를 결정적으로 예측하고 기초를 다진 것은, 가우스의 또 다른 발명품인 허수의 개념을 이용한 리만의 업적이다.

리만은 제타zeta 함수로 알려진 것을 연구했다. 어떤 면에서 제타 함수의 형태는 수학과 음악의 연관성을 지적한 고대 그리스의 피타고라스 이래로 수학자들이 관심을 기울인 것이기도 하다. 피타고라스는 단지에 물을 가득 채우고 망치로 단지를 두드렸을 때 일종의 음표에 해당되는 소리가 난다는 사실을 발견했다. 물을 반으로 줄이면 한 옥타브가 올라간 소리가 났다. 물을 정수의 비율로 줄이면(1/2, 1/3, 1/4) 음 높이가 조화롭게 들렸지만, 이와 달리 정수의 중간치 비율로 줄였을 때는 불협화음이 났다. 피타고라스는 이 실험을 통해 우주 질서의 기초에 수가 있다고 믿었으며 이후 피타고라스의 '천구天球의 음악'이라는 말이 유명해졌다.

하지만 이 때문에 수학자들은 음악이 아니라 역수의 특성을 연구하기 시작했다(2의 역수는 1/2, 3의 역수는 1/3). 이 연구는 궁극적으로 수학자들이 제타 함수라 부르는 데까지 이어졌다. 제타는 그리스 문자로 ζ로 표기되는데 제타 함수는 일반적으로 다음과 같은 형태를 가진다.

$$\text{제타}(\zeta)\text{가 } x\text{일 때} = \frac{1}{1^x}+\frac{1}{2^x}+\frac{1}{3^x}+\cdots\frac{1}{n^x}+\cdots$$

이 함수는 흥미로운 결과를 보여주는데 가장 주목할 만한 것은 18세기 스위스의 수학자인 레온하르트 오일러가 발견한 것으로, 제타가 2일 때 수열sequence은 다음과 같다.

$$\frac{1}{1^2}+\frac{1}{2^2}+\frac{1}{3^2}+\frac{1}{4^2}+\cdots=1+\frac{1}{4}+\frac{1}{9}+\frac{1}{16}+\cdots$$

그리고 이것은 결국 다음과 같이 표시된다.

$$1+\frac{1}{4}+\frac{1}{9}+\frac{1}{16}+\cdots = \frac{1\pi^2}{6}$$

이 같은 제타 함수의 발견은 십진법으로 π^2으로 표기되는 수 때문에 수학계에 일대 폭풍을 몰고 왔다. 이 수는 π 자체와 마찬가지로 무한수열을 이룬다(이것은 수 이론으로서 수학자들은 유용성에 관계없이 수 자체에 매혹되었다는 사실을 기억해야 할 것이다).[37]

1859년 11월에 리만은 베를린 아카데미 회원으로 선출되자 행사를 기념하기 위해 관례에 따라 10쪽짜리 논문을 (한 번 더) 발표했다. 이 논문의 내용은 취임 때와 마찬가지로 하나하나가 급진적인 것으로 드러났다. 여기서 리만이 제시한 이론 중 하나는 가우스가 창안한 허수를 제타 함수에 적용한 것이었다. 이때 전혀 예측하지 못한, 매우 주목할 만한 일련의 곡선을 구할 수 있었다(방정식의 결과가 좌표상에 나타날 때). 리만은 이 결과가 어느 수열이든 정확하고 착오가 없는 소수를 예측하여 가우스가 소수로 계산한 것을 수정하는 데 이용할 수 있다는 것을 발견했다. 이로써 리만은 두서가 없는random 소수의 성질에 질서를 부여할 수 있음을 보여주었다. 이것은 단순한 질서가 아니라 예측할 수 없는 상황에서 구한 질서였고, 수학자들에게 질서란 아름다움의 형식이었다.

1849년 4월 25일 뒤셀도르프에서 태어난 펠릭스 크리스티안 클라인은 자신의 생년월일이 5^2, 2^2, 7^2으로, 연속된 소수의 제곱으로 이뤄졌다는 사실을 발견하고 몹시 흥분했다. 그는 새로운 분야인 군론group theory*에서 중요한 업적을 이뤘다. 라인 지방에서 공무원의 아들로 태어난 그는 볼츠만보다 더 어린 나이인 23세에 에를랑겐 대학의 교수로 임용되었다. 클라인은 1875년 뮌헨 공과대학으로 옮겼는데 여기서 막스 플랑크를 가르쳤다(그는 또 철학자 헤겔의 손녀인 안네 헤겔과 결혼했다). 1886년 건강이 악화되는 바람에 좀더 조용한 곳에서 생활하기 위해 괴팅겐 대학의 수학 교수직을 받아들인 클라인은 괴팅겐 대학을 세계에서 수학 연구가 가장 활발한 곳으로 끌어올렸다.[38]

군론에서 클라인이 이룬 업적을 설명하기 위해서는 두 가지 시각적인 실험을 가정할 필요가 있다. 먼저 직사각형의 종이가 있다고 가정해보자. 이 종이는 변의 길이가 각각 A, B센티미터이다. 종이를 45도 기울이고 사진을 찍는다. 그러면 사진의 모습은 직사각형도 아니고 변의 길이도 A와 B가 아니지만 그렇다고 종이 자체가 바뀐 것은 아니다. 이 같은 축소의 수학

*문건의 형태, 개념 간의 연결, 일정한 성질을 갖춘 수의 집합 등 각 요소가 몇 개의 수학적 변환이나 연산에 대해 나타내는 성질을 대수적으로 정리하여 표현하는 수학의 한 분야.

은, 다시 말해 원형과 사진의 차이는 무엇일까? 두 번째로 어느 특정 국가의 사진, 예를 들어 이탈리아를 공중 80킬로미터의 높이에서 위성사진을 찍었다고 가정해보자. 그다음 똑같은 사진을 8킬로미터 높이에서 찍는다. 윤곽은 똑같은 이탈리아지만 앞의 사진에서는 보이지 않던 강어귀나 작은 만, 작은 해안의 섬들이 보일 것이다. 이 같은 사진의 변화에서 무엇이 달라졌으며 무엇이 그대로 있는가? 이 변화와 불不변화를 수학적으로 어떻게 나타낼 수 있는가? 두 번째 경우는 항공사진이 존재하지 않았기 때문에 클라인의 시대에서는 이용할 수 없었다. 이 문제는 오늘날 수학적으로 '프랙털fractal'*이라 알려진 것으로, 클라인이 얼마나 시대를 앞서 갔는지 보여준다. 이것은 카오스 이론chaos theory**을 예고한 것이기도 했다.

클라인의 지도 아래 괴팅겐 대학은 미국을 선두로 세계 각국에서 학생이 몰려드는 수학의 메카가 되었다.[39] 19세기로 접어들 무렵에는 조제프 루이 라그랑주, 가스파르 몽주, 장 빅토르 퐁슬레가 중심이 되어 활동한 프랑스의 에콜 폴리테크니크가 수학을 주도했다. 하지만 가우스와 리만, 클라인의 연구와 이들의 영감 덕분에 독일은 수학에서 지도적인 위치를 차지하게 되었다. 이런 추세가 적어도 이론적인 분야에서는 히틀러 시대까지 이어졌다.[40]

---

*'차원분열도형'이라고도 하며, 작은 구조가 전체 구조와 비슷한 형태로 끝없이 되풀이 되는 구조를 말한다.

**겉으로 보기에는 불안정하고 불규칙적으로 보이면서도 나름대로 질서와 규칙성을 지니고 있는 현상들을 설명하려는 이론.

제18장

실험실의 융성: 지멘스, 호프만, 바이어, 차이스

19세기 독일에서 일어난 변화를 베르너 지멘스(1816~1892)보다 더 분명하게 조명해주는 사람은 없다. 그가 1888년에 베르너 폰von 지멘스가 되었다는 사실 하나만으로도 그런 정황은 잘 설명된다.• 지멘스는 1816년 하노버 부근의 렌테에서 14형제 중 넷째로 태어났다. 집안 형편이 불안정해 1834년에 졸업 시험도 치르지 못한 채 김나지움을 그만둔 그는 프로이센 육군에 들어가 기술 훈련을 받았다. 지멘스는 학교 다닐 때 그리스어 대신 수학과 측량 과외수업을 받을 만큼 통찰력이 뛰어났다.

훗날 지멘스는 베를린 포병기술학교에서 보낸 3년이 자신의 생애에서 가장 행복한 때였다고 말하기도 했다. 그를 가르친 교사 중에는 물리학자 게오르크 옴의 형제인 마르틴 옴이 있었다.[1] 재주가 남달랐던 지멘스는 재학 중에 이미 발명품을 만들기 시작했다. 최초의 발명품은 은도금 및 은박과

• von은 귀족의 이름 앞에 붙이는 칭호다.

관련된 것으로 독일 은제품 제작소에 판매할 수 있을 만한 수준이었다.

지멘스는 에너지 보존 법칙에 관심을 기울였고(그는 마이어와 헬름홀츠 두 사람의 연구 성과를 잘 알고 있었다) 이것이 계기가 되어 엔진에도 흥미를 가졌다(그는 포겐도르프가 주관하던 『연감』에 초기의 아이디어를 발표하기도 했다). 이 같은 사실로 미루어 그가 전신기술의 중요성을 인식한 최초의 그룹에 포함된다는 것을 알 수 있다.[2] 육군에 있을 때 무엇보다도 빠르고 믿을 만한 통신기술의 필요성을 절감한 그는 1847년 안정성으로 주목받은 지시통신기pointer telegraph를 제작했다. 이 통신기의 확실한 신뢰성이 알려지면서 같은 해 지멘스는 요한 게오르크 할스케와 함께 지멘스&할스케 전신회사를 설립하고 기술자로 일했다.[3]

일단 믿을 만한 전신기를 만들고 나자 지멘스는 여기에 더 많은 가능성이 있음을 알게 되었다. 그는 최초로 베를린과 그로스베렌 사이에 긴 전신선을 지하에 매설했다. 거의 32킬로미터나 되는 길이였다. 지멘스는 영국에서 고무의 일종인 구타페르카Guttapercha가 발명되자 이것이 전신선의 단열재로 쓰이면 머지않아 세계 곳곳으로 전신 시설이 확대될 수 있을 거라고 꿰뚫어보았다. 내전을 치르게 될 미국도 예외는 아니었다. 이어서 베를린에서 프랑크푸르트 암 마인까지 지하 전선이 매설되었고 이를 계기로 프랑크푸르트는 전全 독일 의회의 개최지가 되었다. 전선을 지하에 매설한 것은 정치적 소용돌이로부터 안전하게 보존하기 위해서였다.[4]

1851년 지멘스는—자신의 최대 발명품이 될—전자석 발전기를 발명했다고 발표했다.[5] 그가 전력기술의 수요가 전례 없이 늘어날 것이라는 점을 분명하게 예측함에 따라 지멘스&할스켈 사는 전류를 이용한 신제품을 속속 개발했다. 1879년에는 베를린 무역박람회에 최초의 전철이 전시되었고, 베를린 카이저갤러리에는 최초의 전기 가로등이 등장했다. 1880년에는 만하임에 최초로 전기를 이용한 엘리베이터가 설치되었고 이어 1881년에는 세계 최초로 베를린과 리히터펠데 사이에 전차가 운행되었다. 1886년에는 최초의 무궤도전차가 등장했고 1887년에는 베를린 마우어슈트라세에 발전소가 세워졌다. 1891년에는 전기 드릴이 최초로 생산되었으며 1892년에는 시간당 전류량을 측정하는 전시계가 설치되었다. 이제 지멘스라는 이름은 그가 만든 전기공학Elektrotechnik이라는 말과 동의어가 되었다.[6]

지멘스는 1879년에 전기공학협회의 창설을 도왔는데, 이 협회의 활동목표 중 하나는 공과대학에 전기공학부를 설치하는 것이었다. 이에 앞서 1874년에 지멘스는 베를린 과학아카데미 회원으로 선출되었는데, 박사학위가 없는 이로서는 아주 드문 독특한 명예였다.

색채의 혁명

1862년 빅토리아 여왕은 사우스켄싱턴에서 열린 런던 만국박람회에 산뜻한 연보라색 가운을 입고 참석했다. 다이어무이드 제프리스는 여왕이 이 색깔을 선택한 데는 좀더 깊은 의미가 숨어 있다고 말한다. 왜냐하면 전시장의 주요 시설 중 하나가 보라색 염료를 쌓아 올린 거대한 기둥이었기 때문이다. "이 기둥 옆에는 염료의 발견자이자 발명가인 윌리엄 퍼킨(1838~1907)이 앉아 있었다."[7]

지멘스처럼 퍼킨도 공학과 화학에 관심이 많았다. 신설된 왕립화학칼리지를 다닌 퍼킨은 영국의 과학이 대륙의 경쟁국들, 특히 독일에 뒤져 있다는 사실을 일깨운 인물이었다. 화학칼리지의 후원자 중에는 여왕의 부군인 앨버트 공이 있었는데, 앞장에서 언급한 대로 앨버트 공은 유명한 독일 과학자 아우구스트 폰 호프만을 설득해(당시 28세에 불과한) 왕립칼리지 최초의 교수로 취임하게 한 인물이다. 호프만의 제자였던 퍼킨은 1856년에 그의 개인 실험조교로 임명되었다.[8]

호프만이 합동연구를 제안함으로써 퍼킨은 퀴닌을 합성하는 실험을 시작했다. 실제로 당시 모든 전문직 화학자들은 말라리아(식민지 확장 시대에 기승을 부리던)의 합성 치료제로 퀴닌을 실험하고 있었다. 다른 사람과 마찬가지로 실패를 거듭하던 퍼킨은 알릴 톨루이딘이라 불리는 물질을 실험했다. "과학에서 일어나는 요행 중 하나로" 퍼킨이 사용한 아닐린에는 불순물이 섞여 있었다. 뜻밖에도 퍼킨은 물로 씻었을 때 남는 검은 찌꺼기가 선명한 보라색으로 변한다는 사실을 발견했다.

역사적으로 볼 때, 당시 사람들에게는 옷 색깔을 정하는 데 이렇다 할 선택권이 없었다. 동물이나 식물, 광물에서 추출한 '지상의 색깔'은 빨강, 갈색, 노랑 등으로 지극히 평범하고 값싼 것이었다.[9] 그래서 좀더 드문 색깔, 특히 파랑이나 보라색 염료를 찾으려고 많은 노력을 기울였다. 게다가 산업혁명이 일어나 랭카셔를 비롯한 도시의 섬유공장에서는 새 기계를 가동하여 엄청난 면직물을 생산했다. 좀더 값싸고 아름다운 색깔을 얻을 수 있는 기회가 찾아온 것이다.[10] 당연히 퍼킨은 보라색 염료에 대한 특허를 따 런던에 공장을 차렸다. 그는 이 새로운 색깔을 모베인mauveine 또는 모브mauve라고 불렀다. 이 색깔은 즉시 대단한 인기를 얻었으며 나폴레옹 3세의 부인인 외제니 황후도 이 열풍에 한몫 거들었다. 모브 색이 자신의 눈빛과 어울린다고 생각한 황후가 보라색 의상을 입고 다녔기 때문이다. 퍼킨은 35세의 젊은 나이에 부자가 되었다.

독일인은 호프만을 통해 퍼킨의 교육에 관여한 셈이었다. 이제 독일인은 자신의 몫을 챙길 때가 왔다는 것을 알았다. 루르 지방에 매장된 엄청난 석탄과 세계 어느 곳보다 많은 화학자를 보유한 독일에서는 전국적으로 타르염료회사가 속속 설립되었다. 얼마 지나지 않아 새로운 합성염료회사는 폭발적으로 늘어나 독일 염료회사가 세계를 주도하게 되었다.[11] 타르염료는 확산 속도가 굉장히 빨라서 19세기 말 10~20년 사이에 천연염료는 시장에서 자취를 감출 정도였다. 일단 색깔이 표준화되자(천연염료로는 쉽지 않은) 시장은 전례 없이 안정되었다.

신흥 염료산업은 또한 동시에 일어난 다른 두 분야의 과학 산업 발달에 힘입은 바가 컸다. 하나는 대규모의 등화용 가스공장이 발달한 것이었다. 가스 제조과정의 부산물로 타르가 생겼기 때문이다. 다른 하나는 체계적인 유기화학실험실이 융성한 것을 들 수 있다(13장 참고). 발단은 1843년 유스투스 폰 리비히가 조수에게 옛 제자인 에르네스트 젤이 보내온 경유를 분석하도록 지시한 것이 계기가 되었다.[12] 이 조수는 바로 기센 대학에서 곧 박사학위를 취득할 예정이었던 호프만이었다. 호프만의 분석으로 콜타르유에는 아닐린과 벤젠이 들어 있다는 사실이 밝혀졌다. 이 두 가지 물질은 곧 산업과 무역에서 중요한 위치를 차지하게 되었다. 교수활동과 연구에만 관심을 가졌던 호프만은 염료에 대해서는 그다지 흥미가 없었던 데다 이론에 더 관심이 많았던 그는 대신 염료의 구성 성분에 주목했다. 푹신fuchsin*에 대한 호프만의 연구는 어느 누구보다도 더 체계적이었다. 프랑스인이 생산한 푹신은 푹시아 꽃과 색깔이 비슷하다 하여 붙여진 이름이었다. 이 물질에 로자닐린rosaniline이라는 과학적 이름을 붙인 호프만은 곧 이 구조와 아닐린 옐로, 아닐린 블루, 임페리얼 퍼플 사이의 관계를 보여주었는데, 모두 발견된 지 얼마 되지 않은 색이었다.[13] 그 결과 지금은 로자닐린의 기본 구조를 체계적으로 다룰 수 있게 되었으며 새로운 작용기functional group를 추가해 색조를 변화시킬 수도 있다. 호프만은 직접 트리에틸과 트리메틸 로자닐린을 제조했으며 이 특별한 두 가지 염료는 '호프만 보라'라는 상품명으로 판매되고 있다.[14]

독일 염료산업에 대한 연구로 유명한 존 비어에 따르면 이들 다섯 가지 염료—모브, 푹신, 아닐린 블루, 아닐린 옐로우, 임페리얼 퍼플—가 "신흥 염료산업이 제조한 가장 중요한 타르 색이었다. (…) 이는 염료산업이 등장한 지 불과 5년 만의 일이며 이미 서유럽의 29개 염료 제조회사는 명성

*자홍색 아닐린 염료의 일종.

에 금이 갈 정도로 치열한 경쟁을 벌였다." 하지만 비어는 이어 10년 동안 독일 기업이 승승장구하는 동안 프랑스와 영국 기업이 퇴조했다는 사실도 지적한다. "프랑스 기업이 성장에 실패한 것은 숙련된 기술자가 부족한 데다 에콜 폴리테크니크가 지나치게 이론적으로 접근한 데 있었다. 반면에 영국 기업은 1873년 이후 침체되었는데 부분적으로는 유기화학의 후진성(호프만이 개혁을 시도했던)과 영국 자본가들이 기초 연구에 투자하는 것을 꺼렸기 때문이다. 또 지식인이 수적 우위를 차지하는 사회에서 직업적인 화학자나 기술자는 별 매력이 없었던 것도 하나의 이유라고 할 수 있다."[15]

이와 뚜렷한 대조를 보인 독일과 스위스의 염료산업은 베서머강鋼에서 방수지防水紙에 이르기까지 프랑스와 영국의 발전 과정을 그대로 본뜸으로써 번창할 수 있었다. 수많은 독일인이 영국에서 무역을 배우고 고국으로 돌아갔다. 그 중대한 결과로 말미암아 1842년에서 1864년 사이에 모직의류 생산은 다섯 배로 늘어났고, 1836년에서 1861년 사이에 면직물의류 생산은 네 배로 늘어났다.[16]

독일과 스위스가 성공을 거둔 데에는 두 가지 다른 요인, 즉 공과대학과 연구실험실을 갖춘 공장이 설립된 것을 들 수 있다. 여기서 단련된 과학자와 기술자를 꾸준히 공급하여 계속 늘어나는 수요를 감당할 수 있었다.[17]

공과대학technische Hochschule은 나폴레옹이 기계공학자와 민간 및 군대 기술자를 양성하기 위해 파리에 설립한 에콜 폴리테크니크를 모델로 한 것이었다. 독일의 단과대학Hochschule이 전통적인 종합대학Universität을 따라잡는 데는 어느 정도 시간이 걸렸지만 집중적인 노력을 기울인 결과 1860년대와 1870년대 들어서자 대등한 수준을 갖추기 시작했다. 전기와 자력, 에너지 보존, 새로운 수송 수단(특히 철도와 선박)에 대한 이해의 폭이 넓어지면서 공학의 영역이 확대된 것도 도움이 되었다. 또 앞에서 언급한 대로 한층 더 수준이 높아진 수학과 물리학, 화학도 한몫 거들었다. 입학 자격도 점점 종합대학 수준으로 높아졌으며 1900년에 이르러서는 '공학사'가

박사학위와 대등한 대접을 받았고 산업체에서는 오히려 공학사를 선호했다.[18] 이후 공학 분야에서도 박사학위 수여가 가능해져 오랫동안 '기술자'에 붙어 다니던 오명을 씻어버릴 수 있게 되었다.

공장 실험실의 설립은 역사적으로 중대한 사건이었다. "이것은 과학 연구의 기술을 바탕으로 이룩한 변화였으며 모든 주요 기관이 영향을 받을 만큼 인간이 자연을 통제하게 된 변화였다." 이뿐만 아니라 전문가들이 협동 연구를 할 수 있는 환경이 조성되어 개인 연구보다 신속한 결과를 내놓을 수 있었다. "또한 팀장이 주도하는 연구팀이 생겨났고 실험실은 비실용적이지만 재능 있는 이론가와 기계를 만지기 좋아하는 실험가, 관찰력은 떨어지지만 새로운 사실과 과거의 지식을 결합할 수 있는 사람을 위한 공간이 되었다." 독일의 염료산업은 "자연에서 얻은 수많은 작은 사실을 집중적으로 실험하여" 주도권을 잡았다.[19]

타르염료산업이 제약산업으로 발돋움할 수 있었던 것은 어쩌면 실험실에서 얻은 대대적인 성과가 바탕이 되었을 것이다.[20] 1880년대와 1890년대에 제약산업이 빛을 본 것은 마취제가 널리 사용되기 시작하고 클로로포름과 에테르가 염료 제조회사들에게 이익을 줄 수 있는 물질이 된 것과도 일부 관련이 있다. 또 부분적으로는 질병의 세균 원인론이라는 개념이 등장함으로써(20장 참고) 소독제 수요가 늘어난 것도 하나의 원인이라고 할 수 있다. 염료회사가 오랫동안 염색 성분으로 사용해온 것은 대부분 페놀류였다.[21]

다량의 해열제와 진통제를 발견한 것은 모브의 경우처럼 다른 것을 실험하는 과정에서 우연히 이뤄졌다. 에를랑겐 대학의 루트비히 크노르 박사(1859~1921)는 퀴닌의 대체물질을 찾다가 그가 새로 제조한 피라졸론의 구성 물질이 통증을 줄이고 열을 내리는 성질이 있다는 사실을 발견했다. 프랑크푸르트 부근에서 염료회사로 출발한 회히스트Höchst 사는 1883년에 이 약품의 판권을 사들였다. 이어 비슷한 효과를 일으키는 물질이 속속 등장했다. 이중 주목할 만한 것은 안티페브린(1885)과 순수한 아세트아닐리드, 페나세틴 또는 p-에톡시아세트아닐리드(1888), 회히스트 사에서 피라미돈으로 판매한 디메틸아미노안티피린(1893), 아스피린(1898) 등이었다. 1890년대에 등장한 진정제로는 설포날과 트리오날(바이어), 하이프날 발릴(회히스트)이 있었다. 면역학을 연구한 코흐와 파스퇴르의 공로 덕분에(20장 참고) 회히스트는 디프테리아, 티푸스, 콜레라, 파상풍처럼 무서운 질병의 치료제로 혈청과 백신을 대량으로 생산하게 되었다.

또 다른 염료 및 제약회사인 회히스트와 바이어를 중심으로 제약에 대한 관심이 눈덩이처럼 불어나면서 엘버펠트와 베스트팔렌에 소재한 염료 및 약품사 같은 여러 기업에서 세균학자와 수의사, 그 밖의 전문가를 고용했다.[22] 살충제라는 새로운 분야로 인해 실험실과 온실이 생겨났고 식물학자와 곤충학자는 여기서 농약의 살상력을 시험하게 되었다. 사진술과 화학기술의 발달 또한 실험실의 새로운 영역을 차지했다. 또 당시에 발견 또는 발명된 새로운 두 분야의 기술로는 루트비히스하펜에서 시도한 질소고정nitrogen fixation*과 바이어 사에서 개발한 합성고무가 있었다.[23]

질소고정은 1902년 두 명의 노르웨이인, 크리스티안 비르케란과 사무엘 에위데가 발견한 독창적인 업적으로, 두 사람은 단순히 전기 아크electric arc**만으로 공기를 고온으로 가열하여 질산을 만들어낼 수 있음을 보여주었다. 노르웨이에서 질산의 상업적인 실용화가 가능했던 이유는 다른 지역에 비해 수력발전 전기가 풍부했고 값이 쌌기 때문이다. 만하임 부근에 있는 독일 최대의 염류공장 바디셰아닐린운트소다에 근무하던 프리츠 하버(1868~1934)는 고정질소fixing nitrogen를 좀더 경제적으로 활용하는 방법을 연구하던 중 1909년 고온, 고압 아래에서 질소와 수소를 합성하여 암모

---

*대기 중의 유리질소를 생물체가 생리적, 또는 화학적으로 이용할 수 있는 상태의 질소화합물로 바꾸는 일.

**전류가 양극 사이의 기체 속을 큰 밀도로 흐를 때 강한 열과 밝은 빛을 내는 일.

니아를 만드는 방법을 발견했다. 카를 보슈는 하버의 연구를 좀더 다듬어 1913년 루트비히스하펜 부근의 오파우에 암모니아 생산 시설을 세웠다. 이로써 이 기업은 비료 및 군수산업에서 타의 추종을 불허하게 되었다.

화학염료산업의 비중이 커지게 된 마지막 요인은 무역 구조의 변화에 있었다. 1871년 독일이 통일되고 난 뒤 염료공장들은 '독일 화학 기업의 이익 옹호 협회'라는 긴 이름의 기구를 발족시켜 공인된 등록 협회의 기능을 맡도록 했다. 1876년 협회가 설립된 이후 대부분의 사람은 이 기구가 카르텔을 형성하는 데 결정적인 역할을 했고 화학 기업의 이게파르벤IG Farben* 을 태동시킨 협회라는 것을 알고 있었다.[24]

이 카르텔**에 속한 기업은 1880년대까지 번창을 거듭했으며, 1905년 내무부의 통계에 따르면 독일에서 이 카르텔에 속하는 기업만도 385개가 있었고 이 가운데 46개 기업이 화학 회사였다. 1908년 바이어 사는 25개 카르텔 협약사의 일원이었다.

카르텔의 등장은 과학과 관련된 근로 조건이 변화된 데 따른 현상이었다. 상업적인 경쟁이 심화되면서 자본과 장기적인 투자가 명분을 잃을 정도로 이익이 떨어지자 카르텔은 가격을 고정시켰고 시장을 공유했다. 최초의 통제 조치 중 하나로 1881년에 알리자린(연지색 염료) 가격을 고정시켰고 각 기업에 시장의 일정 부분을 할당했다(1869년에서 카르텔이 형성된 시기까지 알리자린 가격은 1킬로그램에 270마르크에서 17.50마르크까지 떨어졌다). 처음에 카르텔이 제 기능을 발휘하지 못한 까닭은, 존 비어가 지적한 바와 같이 부분적으로는 이전의 경쟁심을 하룻밤 새에 털어버리는 일이 불가능했다는 것과 스위스 염료회사들이 통제권 밖에 있었기 때문이

*1925년 바이엘·바스프·회히스트·아그파 등의 주식회사의 합동으로 설립된 독일의 세계적 종합화학공업 회사.

**기업연합이라고도 한다. 유사 사업 분야 기업 간에 상품 또는 서비스의 가격, 거래 조건, 생산량 등을 공동 결정하거나 제한함으로써 경쟁을 피하고 적당한 이윤율을 확보하려는 행위다.

다. 이후 카르텔이 유지된 것은 수세적인 조치를 취하는 대신 공동으로 특허를 출원해서 미리 합의된 비율로 이익을 나누는 것이 훨씬 더 효과적이라는 것을 깨달았기 때문이다. 좀더 큰 지분을 얻게 됨에 따라 과거의 경쟁사들은 더욱 협력적인 태도를 취했다.[25]

독일어로 카르텔은 이익공동체IG, Interessengemeinschaft라고 한다. 염료기업 카르텔인 이게파르벤은 제1차 세계대전 이후로 악명을 떨치게 된다.[26]

염료에서 의약으로

베르너 지멘스와 마찬가지로 19세기 독일에서 이론 및 응용과학을 성공적으로 연결한 인물로 꼽히는 프리드리히 바이어(1825~1880)와 요한 프리드리히 베스코트(1821~1876)는 염료산업에서 제약산업으로 전환한 훌륭한 본보기다. 1825년 가난한 견직공 집안에서 태어난 바이어는 다섯 명의 누이 사이에서 외아들로 자랐다. 베스코트 가족은 가업인 표백사업을 위해 용수 공급이 원활한 부퍼 강변의 바르멘으로 이사했다. 야심이 컸던 두 사람은 1863년 합작회사를 만드는 데 동의하고 프리드리히 바이어 사를 설립했다.[27]

이 회사가 성공을 거둔 것은 1880년대 초반에 두 설립자가 사망한 뒤 회사의 지배권이 바이어의 사위인 카를 룸프에게 넘어가면서 경영 방침이 바뀐 뒤부터였다. 룸프는 바이어 사를 공개했고 여기서 거둬들인 자본으로 다수의 젊은 화학 전공자를 고용했는데, 그중 한 명이 카를 뒤스베르크(1861~1935)였다. 뒤스베르크가 새 영역을 개척하면서 사세가 확장되었다.[28]

1880년대 중반에서 말기 사이에 독일 시장에는 안티페브린이라 불리는 새로운 물질이 등장했는데, 이 물질 덕분에 뒤스베르크에게는 완전히 새로운 세계가 열렸다.

1886년 스트라스부르의 의사인 아르놀트 칸과 파울 헤프는 회충으로 고생하는 환자를 위해 동네 약국에 기본 치료제로 쓰이는 나프탈렌을 주문했다. 그런데 약국에서 착오로 두 의사에게 전혀 다른 물질인 아세트아닐리드를 보냈다. 아닐린을 아세틸화한 이 물질은 콜타르의 또 다른 부산물로 염료기업에는 잘 알려진 것이었지만 의약품이 아니었기 때문에 인체에 투여한 적은 한 번도 없었다. 칸과 헤프 두 사람은 이 '약'이 환자의 회충에 아무런 효력이 없다는 것을 알고 난 다음에야 의문을 품기 시작했고 무엇보다 환자의 체온이 눈에 띄게 떨어진 것에 주목했다.[29]

마침 파울 헤프의 동생은 화학자로 칼레라는 회사에 근무하고 있었다. 칼레 사에서는 우연히도 타르염료회사에 공급하는 아세트아닐리드를 제조하고 있었는데, 칸과 헤프는 칼레 사에 해열제로 아세트아닐리드를 상품화하는 데 관심이 있는지 물었다. 칼레 사의 사장은 해열제라는 아이디어에는 관심이 있었지만 아세트아닐리드의 공식이 잘 알려져 있다는 것에 신경이 쓰였다. 만약 이 약이 성공을 거둔다면 다른 경쟁사들이 너도나도 벌떼처럼 달려들 것이 분명했기 때문이다. 이때 칼레 사의 누군가가 이 약에 단순하고 기억하기 쉬운 이름을 붙이자는 기발한 아이디어를 냈다. 그 당시 약사들이 파는 약에는 으레 복잡한 화학적 명칭이 붙어 있었지만 약사들 대부분은 화학 성분을 무시하고 있었다. 칼레 사에서 붙인 안티페브린이라는 해열제의 명칭은 똑같은 물질이지만 아세트아닐리드보다 훨씬 더 기억하기 쉽다는 점이 핵심이었다. 또 독일 법규상 의사의 처방을 정확하게 지켜야 한다는 조항을 이용한 것도 적중했다. 의사의 처방이 안티페브린을 적시했다면 그대로 안티페브린을 따라야 했기 때문이다.

이를 관심 있게 지켜보던 뒤스베르크는 일단 이런 방법이 성공을 거둔다면 자신의 발상도 성공할 수 있을 것이라고 판단했다. 그는 염료산업의 폐기물인 파라니트로페놀이라고 불리는 아세트아닐리드와 비슷한 물질에 주목했다. 바이어 사는 3만 킬로그램의 파라니트로페놀을 구하러 다녔다. 이것을 실제로 활용할 수 있을까? 뒤스베르크는 오스카어 힌스베르크라는 직원에게 이 물질을 조사하도록 지시했고 힌스베르크는 몇 주 만에 아세토페나테딘이라고 불리는 물질을 분리해냈다. 이것은 아세트아닐리드보다 부작용이 적으면서도 효과는 더 강력했다. 뒤스베르크는 진통해열제로 쓰이는 이 물질에 페나세틴이라는 이름을 붙였다. 다이어무이드 제프리스는 오늘날 세계적인 제약회사의 기원은 "바로 이 순간으로 거슬러 올라간다"고 말한다.[30]

또 다른 성공은 1890년 룸프가 사망하고 뒤스베르크가 회사를 인수한 뒤에 있었다. 뒤스베르크가 사장에 취임하고 처음으로 내린 결정은 특별한 목적의 실험실을 갖춘 독립된 제약 분과를 설립하는 것이었다. 또 그가 바이어 사의 제약 실험실을 신新의약품을 제조하는 제약실과 약의 효능을 시험하는 약리실로 분리한 것은 현명한 판단이었다. 이 조치는 품질관리를 위한 합리적인 선택이었고 많은 기업에서 이 방식을 따랐다.[31] 세계적으로 가장 성공한 약품이 생산된 것은 바로 이런 환경에서였다.

세계적으로 가장 성공을 거둔 의약품

결정적인 실험을 한 사람은 호프만이었지만 실제로 약품이 나온 것은 하인리히 드레저, 아르투어 아이헨그륀, 펠릭스 호프만 세 사람의 공동 결실이었다고 할 수 있다.

훗날 호프만이 이야기한 대로, 그는 문헌을 조사하는 과정에서 우연히 아세틸살리실산—ASA—의 합성을 언급한 자료를 보게 되었다. 그 문헌에서는 이 물질이 전통적으로 류머티즘과 관절염 치료제로 쓰이는 살리실산으로 인한 위장장애를 줄여준다고 주장했다. 호프만은 물질을 바꿔가면서 이와 관련된 실험을 반복했다. 그의 실험일지에 따르면 호프만이 우연히 위의 모든 부작용을 제거하는 ASA를 제조하게 된 것은 1897년 8월 19일이었다.[32] 지금은 전통이 되었지만 약리실에서는 이 약의 효능을 실험했고 아이헨그륀은 이 물질이 효과가 뛰어나다는 사실을 발견했다. 하지만 드레저가 살리실산이 "심장을 약화시킨다"고 주장하면서 반대하는 바람에 ASA는 빛을 보지 못했다.

문제가 복잡해진 것은 ASA를 발견한 것과 똑같은 2주일 동안 호프만이 또 다른 물질을 발견했고 드레저가 이 물질의 효능이 더 뛰어나다고 생각한 데 있었다. 이 물질은 바로 헤로인으로, 정식 화학 명칭은 디아세틸모르핀인 헤로인 자체는 새로운 것이 아니었다. 이 물질은 1874년에 올더 라이트가 영국의 세인트 메리 병원에서 아편 파생물을 조사하던 중 발견한 것이다. 드레저는 우연히 라이트의 보고서가 담긴 문헌을 발견했는데, 아편은 전통적으로 진통제로 쓰였고 결핵 같은 호흡기 질환에 이용되었으며, 또한 코데인이라는 다른 아편 파생물도 기침 치료에 이용되었기 때문에 드레저는 호프만에게 실험을 계속하도록 위임했다. "ASA의 공식을 발견한 지 2주 뒤 호프만은 디아세틸모르핀을 합성하는 데 성공했다. 이 과정에서 똑같이 2주일의 시간이 걸려 의학계에 아주 실용도가 높으면서도 결정적인 효과가 있는 것으로 알려진 약품을 '발견하는' 쾌거를 이루었다."[33]

드레저는 이 새로운 물질을 개구리에서 토끼에 이르기까지 온갖 동물을 대상으로 실험했고 자신과 지원자를 대상으로 인체에도 실험을 해보았다. 지원자들은 이 물질이 "투지가 넘치는heroic" 느낌을 주었기 때문에 그 느낌 그대로 약의 이름을 헤로인이라고 불렀다. 임상시험을 거듭한 끝에 드레저는 1898년 독일 박물학자 및 의사 총회에서 헤로인이 "코데인보다 효능이 열 배는 뛰어나면서도 중독성은 10분의 1에 지나지 않는다"고 발표했다. 또한 "완전히 비습관성 물질로서 아편중독을 해결하는 안전한 가정약품이 될 수 있다"고 덧붙였다.[34] 드레저는 심지어 이 약을 유아의 배앓이와 감기 치료제로 개발할 계획까지 세웠다.

그동안 아이헨그륀은 드레저 몰래 실험을 계속했다. 우선 그는 ASA를 자신에게 임상실험했다. 심장에 별다른 부작용을 일으키지 않는다는 사실을 발견한 아이헨그륀은 일반적인 개업의들과 접촉이 잦은 바이어 사의 베를린 지사로 이 약물을 보내 신중한 실험을 거듭했다. 몇 주 뒤, 의사들은 바이어 사의 어느 누구보다 이 약을 "극찬하는" 평가서를 보내왔다. ASA가 불쾌한 부작용도 거의 없고 무엇보다 진통 효과가 있다는 내용이었다. 이를 기반으로 마침내 약품 생산에 돌입했다.[35]

무엇보다 약에 적당한 이름을 붙일 필요가 있었다. 처음에는 살리실산이 조팝나무에서 추출되기 때문에 이 식물의 라틴어 속명인 '스피레아 spireae'를 줄인 말을 붙이려고 했다. 그런데 누군가가 아세틸화를 밝혀야 하므로 이름 앞에 'a'가 들어가야 한다고 제안했다. 당시에는 약품의 이름이 대부분 '인in'으로 끝났는데, 발음하기 쉽다는 간단한 이유에서였다. 그래서 이 약의 이름은 '아스피린Aspirin'이 되었다.[36]

현미경의 발달

실험실의 전면적인 등장은 실험실에서 가장 유용한 기구인 현미경의 발달 없이는 불가능했을 것이다. 19세기에 광학은 프랑스와 네덜란드, 영국, 미국을 중심으로 발달했지만 이를 주도한 인물은 독일의 카를 차이스, 에른스트 아베, 에른스트 라이츠 세 사람이었다.

1816년 바이마르에서 태어난 카를 프리드리히 차이스(1816~1888)는 예나 대학에서 수학과 물리학, 광학, 광물학을 공부한 뒤 마티아스 슐라이덴 교수—세포의 중요성에 대한 공동 발견자—의 지도를 받으며 생리학연구소에서 연구를 계속했다. 그는 1846년 자신의 점포를 개업했는데, 사업이 잘되어 꾸준히 확장한 결과 개업 이후 20년 동안 1000종의 기구를 생산했다. 개업하던 해에 사업이 번창하려면 좀더 과학적인 체계가 필요하다고 생각한 차이스는 당시 예나 대학에서 젊은 강사로 수학과 물리학을 강의하던 에른스트 아베(1840~1905)를 영입해 동업을 제안했다. 아베는 차이스 광학공장의 연구 담당 사장이 되었다. 훗날 컴퓨터 광학의 기초를 마련하고 수많은 새로운 장치가 개발되는 길을 닦은 사람이 아베였다. 이런 성과 중 하나가 1869년에 도입한 조명 장치로 실험 대상에 빛을 투사하는 기계다. 3년 뒤인 1872년에 아베는(작업 시설에 대대적인 사회적 개혁을 시도한) 현미경을 이용해 물체의 상像에 대한 파동 이론을 완성했다. 이것이 바로 '아베 사인 조건Abbe Sine Condition'이다. 이 이론으로 수학 이론에 기초해 현미경으로 모든 대상을 관찰하는 것이 가능해졌다.[37]

차이스와 아베는 오토 쇼트(1851~1935)를 추가로 영입했다. 베스트팔렌에서 성장한 쇼트는 오늘날 현대 유리화학의 아버지로 불린다. 유리화학에 조예가 깊었던 쇼트는 100종이 넘는 신종 유리를 개발했다. 이중 가장 중요한 성과는 1886년 고차색지움Apochromat 렌즈를 최초로 개발한 것이었다. 고차색지움 렌즈는 색지움Achromatic 렌즈보다 색깔 교정 능력이 뛰어나 무엇보다 천문학에 아주 유용하게 쓰였다.

또 차이스는 쌍안경과 프리즘쌍안경을 생산하는 길을 열어 거리 감각을 개선했다.[38] 자동차의 발명으로(19장 참고) 좀더 정교한 전조등에 대한 수요가 늘면서 새로운 광학 분야가 열렸다.

에른스트 라이츠(?~1920)가 이룬 업적도 마찬가지로 유명했다. 1843년 슈바르츠발트에서 태어난 라이츠는 스물세 살의 젊은 물리학도였던 카를 켈너(1826~1855)가 베츨라르에서 훗날 라이츠 자신의 이름을 따게 될 기업을 창업했을 때 6세에 불과했다. 켈너는 현미경과 망원경을 중심으로 광학 사업을 시작했는데, 특히 자신이 발명한 정시正視접안렌즈(왜곡된 상을 교정해 매우 평탄한 상을 제공하는 렌즈)에 중점을 두었다. 루돌프 피르호와 유스투스 폰 리비히(20장 참고)가 켈너의 고객이었다.

켈너가 29세의 나이로 사망하자 동료였던 카를레스 벨틀레가 회사를 인수했다. 10년 뒤 벨틀레는 라이츠를 채용했다. 벨틀레가 사망한 1869년부터 라이츠는 회사의 단독 소유주가 되었고, 회사는 망원경보다 현미경을 주력 상품으로 삼아 발전을 거듭했다. 1889년에는 쌍안경과 정지 프로젝터, 영사기 분야까지 사업을 확장했다. 제1차 세계대전이 발발하기 직전 오스카어 바르나크와 막스 베레크 두 사람이 회사에 합류하면서 사업 방향은 카메라로 옮겨갔다. 베레크는 최초로 카메라 렌즈의 중요성을 인식하고 카메라에 회사 이름을 붙였는데, 여기서 20세기에 세계적으로 유명해진 라이카Leica*가 탄생하게 되었다.[39]

현미경은 다른 어느 것보다도 실험실의 상징이다. 현미경의 발달은 19세기에서 20세기로 넘어가는 시기의 과학 발전을 상징하는 것이었다. 19세기 중반에 전자기계와 염료 및 제약산업을 선도한 것은 화학과 기계공학이었다. 이 과학산업은 발전을 거듭했지만, 생물학 분야의 발전을 가능하게 한 것은 역시 현미경이었다. 특히 현미경은 질병의 원인인 미생물을 연구하는 데 아주 유용했다.[40]

---

*라이츠 사의 카메라Leitz-Camera를 줄인 말.

제19장

금속의 대가들:
크루프, 벤츠, 디젤, 라테나우

"대포의 왕"이라고 불리는 알프레트 크루프(1812~1887)는 1812년에 태어났다. 그의 이름을 딴 회사가 설립된 것은 그가 태어나기 1년 전이었다. 그다지 성공적인 사업가는 못 되었던 아버지 프리드리히가 사망했을 때(크루프가 14세 때) 회사는 파산 위기에 몰렸고 크루프는 경제적인 이유로 학업을 포기할 수밖에 없었다. 그는 평생 동안 공부를 중도 포기한 것에 대해 불평했다.[1] 하지만 아들은 사업 능력만큼은 아버지를 닮지 않았다. 프리드리히가 낭만적이고 유약했던 데 비해 크루프는 전혀 감상적이지 않고 의지가 단호했다. 이런 성격은 사업가로서 생애의 절반에 해당되는 20년 동안 회사를 회생시키는 데 필요한 것이었다.[2]

사업이 일어선 데에는 행운도 뒤따랐다. 나폴레옹이 패배한 뒤 프로이센은 폴란드 지역의 실지失地에 대한 보상으로 라인란트 지역 대부분을 차지하게 되었다. 당시에는 동부의 농지가 훨씬 더 가치 있었지만 19세기에 산업이 성장하고 석탄 수요가 급증하는 바람에 상황이 역전되었다. 따라서 프로이센은 서부로 눈을 돌려 이권을 지키기 위해 프랑스에서 떨어져 나온 주들과 더 긴밀하게 결속할 수밖에 없었다. 이 같은 경제적 요인은 정치적 결과로 이어져 궁극적으로 제국이 탄생하는 배경이 되었으며, 일련의 정치적 과정은 크루프에게 긍정적으로 작용했다. 독일의 여러 주는 어느 때보다 정치적으로 더 긴밀하게 뭉쳤고 1834년에 관세동맹Zollverein이 체결되자 각 주 사이에 왕래와 사업이 훨씬 더 쉬워졌다.[3]

크루프는 이 변화된 상황을 이용하여 독일의 주요 지역을 돌아다니면서 동전 염료에서 가정용 철물에 이르기까지 다양한 금속제품의 주문을 받았다. 그는 1848년에 혁명이 일어났을 때도 사업에 전력했다. 크루프는 전국적으로 일어난 혁명에 일체 가담하지 말도록 직원들에게 지시를 내렸다. 혁명이 결국 실패로 끝나자 독일의 군주들은 프로이센 군인들에게 불안한 정세를 안정시키는 일을 맡겼기 때문에 독일 내에서 프로이센의 위상은 강화되었다. "대체로 1848년에서 1871년 사이에 프로이센이 독일을 장악한 과정은 알프레드 크루프가 독일 산업을 지배하게 된 과정과 같다."[4]

이 회사는 1843년에 비록 규모가 크지는 않았지만 군수산업에도 손을 뻗쳤다. 동생 헤르만이 크루프에게 19세기의 주력 무기인 강철 대포가 기대에 못 미친다는 사실을 설득하자 그는 '최초의 연강軟鋼 대포'를 제작하기 시작했다. 이는 본격적인 독일 철제산업의 시작으로 무엇보다 청동이나 강철 대포에 익숙한 장군들의 편견을 극복하는 것이 급선무였다.[5] 알프레트 크루프가 프로이센 정부로부터 실용 가능한 무기의 주문을 받은 것은—312포—1859년 이후였다.

피터 배티는 비록 크루프가 역사에서 대포로 유명해지기는 했지만 그의 진정한 재능은 아마 철도에서 발휘된 것으로 봐야 할 것이라고 말한다. 독일에서 철도가 건설되기 시작한 것은 1835년 바이에른에서였다. 1850년 무렵에는 이미 철도의 총길이가 9600킬로미터에 이르렀다. 이후 50년 동안 총길이는 열 배로 늘어났다. 크루프는 강철의 용도를 일찍 예견한 인물

중 한 사람이었다.[6] 그가 철도 계약에서 최초로 따낸 품목은 1849년 500개의 강철 스프링과 차축이었다. 이 일을 시작으로 일련의 실험을 거듭한 그는 마침내 용접이 없는 강철 기차 바퀴를 만들 정도의 기술 발전을 이뤘으며, 이를 발판으로 대포에서 올린 총수입보다 더 많은 돈을 벌어들였다. 초기에 기차 바퀴가 안고 있던 고질적인 결함은 철로에 맞물리는 외측 바퀴의 테두리를 용접으로 잇는 부분에 있었는데, 기관차나 객차가 궤도를 달릴 때면 이 부분이 철로 안쪽으로 주저앉았다. 기차가 속도를 내거나 하중이 무거울 때면 이음새의 결함이 더 크게 드러났다. 이 결함을 극복하기 위해 크루프는 그동안 회사가 포크와 스푼 제작에 사용해온 단순한 기술을 활용했다. 테두리의 철이 달궈졌을 때 일명 이음새 없는 롤링 강철 기차 바퀴에 이 부분을 붙여서 만든 것이다. 두 부분을 하나로 용접해 이은 바퀴가 아니라 통째로 하나의 금속으로 만든 바퀴였다. 크루프는 기차 바퀴 전문 제작공장을 다른 공장에서 아주 멀리 떨어진 곳에 세웠기 때문에 직원들은 이곳을 '시베리아'라고 불렀다. 이음새 없는 바퀴로 크루프는 선두적인 기업가 그룹에 올라섰다.

저가의 강철과 최초의 무기 경쟁

대포를 제작하면서 크루프는 자신의 미래가 정치가보다는 군부 인사들—장성들—에 의해 좌우될 것이라는 사실을 깨닫기 시작했다.[7] 피터 배티는 "베를린에서 알프레트 크루프에 맞설 수 있는 관료는 많지 않았고 그의 고압적이고 거만한 태도 때문에 동료 기업가들 사이에서는 그를 아주 못마땅하게 여기는 사람들도 있었다"는 사실을 주목한다. 크루프는 왕세자 주변 관리들의 환심을 사기 시작했고 "이런 배경에서 에센과 베를린 사이에는 크루프의 전설이 된 밀접한 연결망이 형성되기 시작했다." 그리고 이런 인맥의 고리는 효과를 발휘했다. 1861년 10월, 당시 섭정 왕자였던 빌헬름은 친히 "세계 최고의 강철공"을 만나기 위해 크루프제철소를 찾았다. 이후 몇 개월 지나지 않아 프로이센 국왕이 된 빌헬름은 크루프를 추밀원 의원으로 임명한 뒤 곧바로 오크 나뭇잎이 들어간 붉은 독수리 훈장을 수여했다. 이 훈장은 보통 승리를 거둔 프로이센의 장군에게 주어지는 명예였다. 이 모든 일은 크루프의 대포 사업 성장과 맞물려 일어났다. 이제 그는 벨기에, 네덜란드, 에스파냐, 이집트, 터키, 스웨덴, 스위스, 아르헨티나, 오스트리아, 러시아, 영국 등지에 '수많은' 대포를 팔았다. 최초의 대대적인 무기 경쟁이 시작되었고 이 과정에서 독일 언론은 크루프를 "대포의 왕"이라고 불렀다. 크루프는 이 표현을 다른 어느 것보다 좋아했다. 이때는 "오늘날 산적한 문제는 말과 혁명이 아니라 피와 강철에서 해결책을 찾아야 한다"고 말한 비스마르크의 표현으로 상징되는 시대였다.[8]

1862년 이후 프로이센의 재상을 맡아 1890년까지 독일 총리를 지낸 오토 폰 비스마르크(1815~1898)는 크루프보다 3년 연하였는데 이 '강철 총리'와 '대포의 왕'은 여러모로 비슷한 점이 많았다. 두 사람 다 폭군형이었고 사람을 싫어해 친화력이 없었다. 비스마르크는 개와 나무를 좋아했고 크루프는 말과 대포를 좋아해 두 사람 모두 사람보다는 사물과 동식물에서 위안을 얻었다. 비스마르크에 대해서는 언젠가 "나는 오락을 그렇게 모르는 사람은 생전 처음 보았다"는 말이 나올 정도였다. 마찬가지로 크루프에 대해서도 "적어도 앵글로색슨의 관점에서 볼 때 그토록 공격적이고 호전적이며 파괴적인 이미지에 책임을 져야 할 프로이센 사람은 세상에 다시 없을 것이다"라는 말이 있었다.[9]

우리가 결코 잊어서는 안 될 것은 비스마르크가 "군국주의적인 약탈 지주계급"으로서 동부에 강제로 빼앗은 영지를 소유했고 물리적인 힘을 신봉한 지방 토호였다는 사실이다. 이 계급을 유지하는 것을 지속적인 목표로 삼은 비스마르크는 프로이센을 지켜야 했다. 이것은 프랑스와 오스트리아

두 나라의 세력을 약화시키고 독일 자유주의를 무너뜨리며 기본적인 독일 문화민족주의의 자리에 프로이센의 정치적 민족주의가 들어서게 해야 한다는 것을 의미했다. 이런 목표를 추진하는 동안 비스마르크는 "유럽에서 가장 혐오받는 인물"이 되었고 크루프도 그에 못지않았다.[10]

비스마르크는 1864년 10월 파리에서 베를린으로 가는 길목에 있는 에센을 처음으로 방문했다. 크루프가 자신과 같은 취미를 가진 것을 안 비스마르크는 그에게 친밀감을 느꼈고 함께 산책하면서 프로이센을 위한 자신의 계획 일부를 털어놓을 정도로 가까워졌다. 비스마르크는 이 계획에서 크루프의 대포 사업이 맡을 역할을 잘 알고 있었으며, 크루프는 무엇보다 해군력을 증강하려는 총리의 계획으로 큰 이익이 굴러들어 오리라는 것을 직감했다.

크루프의 대포가 위력을 발휘한 최초의 주요 전투는(교전 양측의 주장) 1866년 7월 3일 프로이센과 오스트리아 사이에 있었던 쾨니히그레츠 전투였다. 성능이 완벽하지는 않았지만 4개월 만에 추가로 700문의 크루프 대포를 주문할 정도로 위력적이었다. 1866년에 벌어진 오스트리아와 프로이센 간의 전쟁은 비록 역사상 매우 짧은 전쟁에 속하기는 했지만 그 결과는 엄청났다. 프로이센은 슐레스비히 홀슈타인 공작령을 차지했고 쾨니히그레츠 전투 이전에 프로이센 편에 서지 않은 하노버와 헤센, 나사우, 프랑크푸르트 같은 주를 합병했다. 오스트리아의 패배가 분명해지면서 프로이센을 세계적인 강대국으로 만들려는 비스마르크의 정책은 본격적인 궤도에 올라섰다.[11]

2년 뒤 프로이센은 해군력을 증강하겠다고 선언했다. 처음에 해군 제독들은 영국제 대포를 구입하려고 했지만 국왕의 후광을 받은 크루프는 독일제 대포를 사용해야 한다고 설득했다. 1868년 9월 신설된 해군 사령부는 새로 건조한 3척의 장갑선에 사용할 중重대포 41문을 크루프 사에 주문했다. 이것은 향후 수십 년 동안 독일 해군이 나아갈 방향을 결정한 사건

이었다.[12]

1870년 비스마르크는 4년 전에 오스트리아를 유인한 것과 똑같은 작전을 프랑스에도 사용했다. 미끼에 걸려든 나폴레옹 3세는 나폴레옹 1세의 패전으로 빼앗긴 프랑스 영토를 되찾기 위해 프로이센에 선전포고를 했다. 프로이센에 동원령이 내려진 날 크루프는 전쟁을 후원하기 위해 군대로 대포를 보내라고 지시했다. 군대는 이 선물을 사양했지만 크루프 사에 무기 주문을 점점 늘렸고 결국 크루프 사에서 구입하는 대포가 처음으로 1순위에 올랐다.[13]

구식 청동 전장포前裝砲로 무장한 나폴레옹 3세의 군대는 어느 모로 보나 프로이센군의 적수가 되지 못했다. "크루프의 신형 강철 후장포와 신형 중重박격포는 순식간에 메스와 스당의 요새를 초토화시켰으며 파리 외곽은 구멍이 뚫렸다." 이 전투로 비스마르크와 크루프 두 사람의 성격이 분명히 드러났다. 프로이센 장군들 대부분은 오스만이 새로 건설한 파리를 포격하는 것에 반대했다(오늘날 아름다운 파리의 모습은 당시 막 건설된 상태였다). 하지만 비스마르크와 크루프 두 사람은 프랑스의 수도를 공격하는 데 집착을 보였다. 특히 크루프가 더 심해서 2000파운드 포를 군대에 제공했다. 또 크루프는 먼 거리에서도 파리 심장부로 1000파운드 포탄을 쏠 수 있는 중포重砲를 고안하기 시작했다. 이 중포는 제때 완성되지 못했지만 결국 제1차 세계대전의 주 무기가 되어 "온 세계를 떨게 만들었다." 이 결과 크루프와 비스마르크, 황제 세 사람은 프랑스인이 가장 혐오하는 3인방이 되었다. "1871년 한 국가의 혐오 인물이 된 크루프는 이후 74년 동안 어떤 기업가에게서도 유례를 찾을 수 없을 만큼 국제적으로 진저리를 치는 인물이 되었다."[14]

그 의미야 어떻든 보불전쟁에서 프로이센이 거둔 승리는 크루프가 유명해지는 계기가 되었다. 이후로 무기 주문이 봇물 터지듯 밀려든 것은 물론이었다. 크루프는 말단 기사 작위보다는 기업가의 선두에 서고 싶다며 작

위 수여를 거절했다.[15]

1871년의 승리를 발판으로 프로이센 제국이 성립되었다.* 프로이센 국왕이었던 빌헬름은 이제 독일 황제가 되었으며, 프로이센 재상이었던 비스마르크는 독일 총리가 되었다. 프로이센은 오스트리아를 제외한 독일 전역과 함께 석탄과 철광석이 풍부한 알자스로렌 지역을 차지했다. 물론 몇몇 왕국이 남아 있기는 했지만(바이에른, 작센) 프로이센은 이제 대륙에서 가장 강력한 국가로 우뚝 섰다. 더욱이 막 패배시킨 쓸 만한 이웃 국가도 있었다. 크루프와 비스마르크 두 사람은 프랑스가 패전에 대한 복수심을 불태우리라는 불안감을 조장해 이익을 챙기려고 했다.

승전국 프로이센은 프랑스에 전쟁 배상금으로 50억 프랑을 요구했다.• 더욱이 지급 기간이 짧았던(단지 30개월) 이 자금을 바탕으로 독일에서는 유례없는 호경기가 일어 이른바 창업시대Gründerzeit가 열렸다. 새로 들어선 독일 제국 정부는 이 자금을 주로 두 곳에 썼는데, 군비 강화와 전시 공채로 전쟁에 기부금을 낸 국민에게 진 빚을 갚는 데 사용했다. 갑자기 넉넉한 자본이 굴러들어온 국민들은 이 돈을 즉시 재투자했다. 전쟁이 있기 20년 전에는 매년 20여 개의 신설 기업이 등록하는 실정이었는데, 1871년에만 200개의 기업이 생겼고 1872년에는 500개가 넘었다.[16] 이 같은 창업의 홍수는 다른 제조업과 마찬가지로 크루프에게도 이익을 가져다주었다. 1871년 이후 3년 동안 세워진 제철소, 용광로, 기계 제작공장의 수는 그 이전 70년 동안에 세워진 숫자에 맞먹는 것이었다.

하지만 창업시대의 여느 기업가와 마찬가지로 크루프는 무리를 해서

---

*1866년 프로이센-오스트리아 전쟁이 프로이센의 승리로 종결됨에 따라 독일은 프로이센을 맹주로 한 북독일연방과 오스트리아로 재편되었다(전후 맺은 프라하 조약에 의해 오스트리아는 이 연방에 가입할 수 없었다). 1871년 보불전쟁에서 프로이센이 승리하면서 프로이센 제국, 즉 프로이센을 중심으로 한 통일 독일 제국이 성립되었다.

•2010년 가치 기준으로는 280억 파운드에 해당되지만 과거에 비해 가치의 유동성이 심하기 때문에 이런 식의 역사적인 비교는 의미가 없다.

1872년 한 해에만 300개가 넘는 철광석 광산과 채탄장, 두 개의 종합제철소를 사들였다. 또 에스파냐에서 채굴한 철광석을 독일로 가져오기 위해 4척의 수송선을 운영했다. 1873년에 주식시장이 붕괴되었을 때 수많은 기업이 도산했고 크루프는 50만 파운드의 자금을 날렸다. 오늘날의 가치로 환산하면 5000만 파운드가 넘는 액수였다. 은행의 압박이 들어오기 시작했고 은행에서 대표로 내세운 카를 마이어가 매일매일 기업 경영에 참견했다. 이 회사가 부채를 완전히 변제한 것은 크루프가 사망하고 15년이 지난 뒤의 일이었다.[17]

하지만 크루프의 개인적인 생활 방식은 넓은 의미에서 볼 때 위축되지 않았다(마이어는 그의 오랜 친구였다). 그의 대포 성능 실험은 계속해서 사회적인 주목을 받았다. 이런 일은 미국에서 철도가 대대적으로 확대되던 시기까지 이어졌으며 미국의 철도회사들은 강철 철로를 크루프 사에서 대량으로 구입했다. 그럼에도 크루프는 말년을 쓸쓸하게 보냈다. 은행의 결정으로 경영에서 손을 뗀 크루프는 성격이 점점 더 괴팍해져서 유령이 나올 것 같은 자신의 저택에 틀어박혀 지냈다. "식사 때면 피아니스트가 연주하던 '언덕별장'에는 도미노나 스카트 게임을 해줄 상대조차 없었다."[18] 1887년 7월 14일 크루프가 75세의 나이에 심장마비로 사망했을 때 곁에는 시종 한 사람밖에 없었다.

크루프가 죽기 전해에 첫 손녀 베르타가 태어났다. 1914년 벨기에의 요새를 황폐화시킨 대포의 이름은 베르타에서 따온 것이다. 크루프의 악명은 그의 죽음과 더불어 사라지지 않았다.

독일의 다른 대형 제철소의 기업가들, 아우구스트 보르지히(1804~1854, 기관차), 후고 슈티네스(1870~1924, 광산, 선박, 신문), 아우구스트 티센(1842~1926, 광산, 강철)은 크루프 못지않은 부를 쌓았지만 누구도 크루프와 같은 악명을 떨치지는 않았다. 티센 사와 크루프 사는 1999년에 합병되었다.

자동차 시대

일찍이 1860년대에 스위스와 프랑스, 영국에서는 몇 가지 "말馬을 사용하지 않는 탈것"이 만들어지긴 했지만 그 이상 진척되지는 못했다. 자동차 시대를 열게 될 기계를 제작한 사람은 오직 1885년 만하임의 카를 벤츠(1844~1929)뿐이었다.

슈바르츠발트에서 철도기관사의 아들이자 대장장이의 손자로 태어난 벤츠는 핏속에 엔진 기술이 흐르고 있는 것이나 다름없었다.[19] 1844년생이었던 그는 30세의 나이에 자기 소유의 작은 작업장에서 직접 가스엔진을 제작했다. 벤츠 회사는 처음에 만하임가스엔진회사로 출발했다가 1883년에 벤츠 사로 바뀌었다. 1년 뒤 벤츠는 슬라이드 밸브와 전기발화장치를 사용해 최초의 내연기관을 제작했다. 이 엔진의 용도는 많았지만 동업자였던 에밀 뷜러는 말을 사용하지 않는 탈것에 자금을 투자할 생각이 없어 벤츠와 의견 대립을 보였다. 그래서 벤츠는 새로운 동업자 막스 로제와 사업을 다시 시작했다. 로제도 말 없는 탈것에는 회의적이었지만 실험을 위한 명목으로 약간의 자금을 투자했다. 벤츠는 바로 이 자금 덕분에 자동차 시대로 접어들 교통기관을 제작할 수 있었다. 그는 엔진의 무게가 사업의 성패를 가름할 중요한 요소이며 가스엔진보다 더 가벼운 엔진이 필요하다는 사실을 알고 있었다. 이때까지 벤츠의 정치定置기관은 약 120알피엠rpm(1분당 회전수)의 회전을 했는데, 벤츠는 두 배 이상의 회전수가 필요하다고 생각했다. 벤츠가 초기에 내린 또 하나의 중요한 결정은 실린더가 2개가 아니라 4개 있어야 한다는 것이었다. 왜냐하면 탈것이 도로상에 나가면 속도에 변화를 줄 필요가 있다고 여겼기 때문이다. 엔진을 좌우 양쪽에 설치하고 속도조절바퀴flywheel를 수평으로 돌아가게 했기 때문에 모퉁이를 돌 때의 회전은 엔진 가동에 지장을 주지 않았다. 이후 벤츠는 직감적으로 엔진을 두 개의 바퀴 뒤쪽에 놓고 앞바퀴는 방향조절용으로 사용하는 것이 좋겠다고 생각했기 때문에 결국 삼륜차가 일반화되었다. 동력은 체인으로 바퀴에 전달되는 형태였다. 1886년 1월 29일 연료(벤젠)를 표면기화기surface carburetor로 기화시키는 고안을 해서 특허를 받았다. 냉각수로는 물을 사용했다.

존 닉슨이 쓴 『자동차의 역사』에는 다음과 같은 설명이 나온다. "1885년 봄, 이 탈것은 시험운행을 위한 만반의 준비를 끝냈다. 벤츠는 이것을 몰고 제작소 주변의 주로走路를 한 바퀴 돌았다. 그의 아내와 아이들이 이 역사적 사건을 지켜보았다."[20] 공공도로에서 이 차량을 최초로 시험운행한 것은 1885년 10월이었다. 적어도 1933년 옛 직원이 회고한 바에 따르면 그렇다. 같은 해 말, 벤츠는 시속 약 12킬로미터로 1000미터를 달리는 기록을 세웠다. 하지만 차를 몰고 나갈 때마다 기계나 전기의 결함이 드러났다.

당장의 목표는 만하임 주변을 정지하지 않고 두 바퀴 도는 것이었다. 벤츠는 이 실험을 날이 어두워진 다음에 할 수밖에 없었다. 낮에 하면 자신의 새로운 기계를 보려고 수많은 사람이 몰려들 것이고 경찰이 공공도로를 달리지 못하게 막을지도 모른다고 우려했기 때문이다. 매일 밤 벤츠는 동승자를 옆자리에 태운 상태에서 시동을 걸고 불가피한 원인으로 멈출 때까지 계속 달렸다. 벤츠는 마침내 정지하지 않고 두 바퀴를 도는 데 성공했다. 존 닉슨은 이 주행이 증기기관차를 발명한 조지 스티븐슨의 업적에 비견된다고 주장했다. 이 소문은 삽시간에 퍼졌고 『노이에 바디셰 란데스 차이퉁』은 1886년 6월 4일자로 이 소식을 보도했다. 하지만 이 사건은 행복한 결말을 가져오지는 못했다. 처음에 벤츠의 기술 혁신은 성공적이었고 1900년 당시 그는 연간 600대 이상의 자동차를 제작하기에 이르렀다. 하지만 벤츠는 더 이상의 기술 발전을 이룩하는 데는 실패했다. 그가 자동차에 쏟아부은 기술 개선은 그저 땜질식에 불과한 것이어서 이내 고틀리프 다임러에게 추월당하고 말았다.[21]

1834년 쇼른도르프에서 태어난 다임러(1834~1900)는 엔진 제작을 하기 전에 총포제조사에서 도제로 일했다.[22] 1872년 38세가 되었을 때 다임러는 도이츠의 가스엔진 제작사인 오토&랑겐의 기술부장이 되었다. 그는 여기서 10년 가까이 근무하면서 내연기관 개발을 도왔다. 하지만 1882년 다임러는 연구 방향에 있어 동료 기사들과 의견이 갈리는 바람에 직접 칸슈타트에 연구실을 사들여 여기서 자신이 원하는 방향으로 연구를 계속했다. 그의 옛 동료인 빌헬름 마이바흐가 함께했다.

다임러는 내연기관이 제대로 빛을 보려면 두 가지 문제가 해결되어야 한다고 확신했다. 하나는 엔진의 회전 속도가 지나치게 느리다는 점이었고 또 하나는 이 결함을 극복하기 위해서는 점화장치의 시스템을 바꾸어야 한다는 것이었다. 당시 점화장치로 가장 흔하게 사용되던 슬라이드 밸브는 일시적으로 사용이 줄어들었는데 실린더 속의 폭발성 혼합물이 불꽃을 노출시켰기 때문이다. 다임러는 본능적으로 어떤 밸브 시스템도 완전한 폭발력을 유지해야 하는 고속에서 밸브를 빠르게 닫을 수 없다는 것을 알았다. 1879년 레오 풍크는 외부 연소실에서 빈 튜브에 지속적으로 백열 상태를 유지시켜주면서 피스톤 상승 작용으로 튜브에 혼합물을 주입하는 시스템을 개발해 특허를 냈다. 다임러는 이 시스템이 한층 향상된 방식이라는 것을 깨달았다.[23]

1883년 12월 15일 다임러는 최초의 고속 엔진을 개발해 특허(특허번호 28022)를 냈다. 하지만 그는 왜 처음에 자신의 엔진을 고정작업stationary work 외에 다른 용도로 사용하려고 하지 않았을까? 이 엔진이 900알피엠으로 회전할 수 있다는 것을 안 다임러와 마이바흐는 오토바이로 관심을 돌렸다. 이때 고안해 1885년 8월에 특허를 딴 오토바이는 2단 변속에 철바퀴와 팬 냉각장치를 갖고 있었다. 반半마력의 엔진은 좌석 뒤에 부착했다. 시동을 걸면 연소장치가 점화되면서 점화튜브를 가열했고 통상적인 방법으로 엔진이 돌아갔다. 엔진에서 나오는 동력은 벨트로 뒷바퀴에 전달되었다. 1885년에서 1886년으로 넘어가는 겨울에 다임러는 칸슈타트의 얼어

붙은 호수에서 오토바이를 시험운행했는데 앞바퀴 대신 스키를 사용했다. 다임러는 또 해가 진 뒤에 도로 운행을 시도해 초기의 문제점들을 하나하나 없애나갔다. 1885년 11월 다임러의 맏아들 파울은 집에서 3킬로미터 떨어진 운터튀르크하임까지 오토바이를 몰고 갔다 돌아왔다.

다임러가 제작한 최초의 자동차는 1886년 가을 에슬링겐과 칸슈타트 사이의 도로를 주행했다. 다임러 벤츠 사의 문서를 보면 이날 이른 아침의 시험운행에 대해 빌헬름 마이바흐와 파울 다임러가 작성한 설명이 나온다.[24] 두 사람은 이 차가 "아주 잘" 달렸으며 시속은 18킬로미터였다고 설명했다. 다임러는 이 엔진을 보트에도 장착했고 나중에는 다임러 엔진을 사용한 기동차rail car도 설계되었다. 1889년 두 사람은 냉각수가 관 모양의 구조로 회전하는 장치를 단 차를 제작할 정도로 결정적인 진전을 이뤘다. 1896년까지 엔진은 차 뒤쪽의 덮개 밑에 달려 있었다(다임러는 프랑스의 에밀 르바소의 디자인에서 많이 따왔다).

늘 순탄하지만은 않았지만 다임러 사는 벤츠 사보다 번창했다. 파울 다임러, 마이바흐, 부유한 오스트리아인으로 니스 총영사를 지낸 에밀 옐리네크 세 사람은 공동 연구 끝에 새로운 모델을 개발해 모든 경쟁자를 따돌렸다(니스는 초기 자동차의 시험운행과 경주가 자주 열리던 곳이다). 이 차는 좀더 세련된 디자인에 다양한 기술 혁신을 이룬 것이었고 엔진 소음이 적은 편이었다.[25] 최종적인 형태가 모습을 드러낸 것은 1901년 니스에서였는데 보불전쟁의 여파로 생긴 반反독일 감정을 고려해 모델명은 옐리네크의 딸 이름을 따서 메르세데스라고 지었다.

자동차 역사에서 벤츠와 다임러, 메르세데스는 유명한 이름이기는 하지만 루돌프 디젤(1858~1913)도 이에 못지않게 중요한 인물이다. 1858년 바이에른에서 파리로 이주한 부모 사이에서 태어난 디젤은 뮌헨 공과대학에서 교육을 받았다. 여기서 디젤은 카를 폰 린데 교수의 열역학 강의를 들었는데, 당시 인기를 끈 증기기관의 열 효율이 사용 연료의 10퍼센트에 지나지 않는다는 린데의 설명을 듣고 증기기관의 결점이 무엇인지 알게 되었다.[26] 그는 아우구스부르크 공과대학을 졸업할 때 사상 최초로 가장 어린 나이에 최고 성적을 거두었다. 디젤에게 깊은 인상을 받은 린데 교수는 스위스에 있는 한 공장에 디젤의 일자리를 마련해주었는데, 린데가 기술 개발에 도움을 준 제빙기 제조회사였다.

여러 형태의 엔진을 연구하는 데 몰두한 디젤은 얼마 안 있어 투명 얼음을 만드는 기계를 발명했다.[27] 스위스 회사는 이 기계에 별 관심을 보이지 않았지만 프랑스의 양조업자들이 관심을 갖자 디젤은 이 기계가 시장성이 있다고 판단하고 파리로 돌아갔다. 디젤이 진정한 성공을 거둔 것은 1893년 35세에 오늘날 디젤엔진으로 알려진 '연소동력기관Combustion power engine'의 특허를 받았을 때였다.[28] 디젤엔진과 내연기관의 차이는 단순하지만 무척 컸다. 가솔린엔진에서는 실린더 속으로 들어간 기체연료 혼합기混合氣가 점화 플러그로 점화된다. 디젤엔진에서는 오직 공기만 실린더로 들어간다. 연료의 주입 없이 공기가 두 배 정도로 압축되면서 훨씬 더 높은 온도를 낸다. 이어 일정한 시점에 연료를 실린더로 주입하면 여기서 자동으로 발화가 된다.

시스템이 단순하다는 이점은 있었지만 초창기에 엔진이 아주 높은 온도와 압력에서 작동한다는 사실은 소비비가 너무 높아 디젤엔진을 신뢰할 수 없다는 것을 의미했다. 하지만 1897년 아우구스부르크에 최초의 디젤엔진공장이 세워지면서 사업이 번창했다. 불행하게도 디젤은 관리를 제대로 하지 못해 여기서 번 돈 대부분을 날렸다. 1913년 그는 디젤공장이 신설된 런던에 초대받아 앤트워프에서 기선을 탔는데 밤새 실종되었다. 그의 시신은 약 열흘 뒤 북해에서 발견되었다.

오늘날 세계의 일부 지역에서는 디젤엔진이 시장점유율의 50퍼센트 이상을 차지하기도 하고 잠수함이나 광산, 유전에서 배출구로 크게 선호되기도 한다.

다임러 자동차처럼 부자父子가 협력해서 결실을 맺은 경우는 아에게AEG에서도 찾아볼 수 있다. 지멘스와 나란히 독일의 대형 엔진회사인 아에게는 에밀 라테나우와 발터 라테나우 부자가 팀을 이뤄 발전한 기업이다. 한때 협력관계를 맺기도 했던 아에게와 지멘스는 19세기 중반부터 제1차 세계대전이 일어날 때까지 독일의 과학, 기업, 정치가 서로 긴밀한 조화를 이뤄야 한다고 강조하며 엔진 분야의 쌍두마차 기능을 했다.[29]

1838년 베를린의 부유한 유대인 가정에서 태어난 에밀(1838~1915)은 발터가 세상에 나오기 2년 전에 사업이 잘되던 시내 북쪽의 공장을 매입했다. 때마침 1881년 파리박람회에서 에디슨의 백열전구를 본 그는 행운을 잡았다. 에디슨의 특허를 사들인 에밀은 2년 뒤 독일 에디슨 사DEG, Deutsche Edison Gesellschaft를 창립했다. 독일 최대의 잠재적 고객인 지멘스와 협력관계를 맺었기 때문에 이는 현명한 판단으로 보였다. 그러나 초기의 독일 에디슨 사는 기술적으로나 법적으로 문제가 있었기 때문에(주로 특허와 관련된 문제) 결국 종합전기회사AEG, Allgemeine Elektrizitätsgesellschaft로 바뀌었다. 지멘스와의 제휴관계가 끝나고 1894년에 가서야 비로소 에밀 라테나우는 회사를 독일 최대의 전기기술기업으로 키우기 시작했다.[30]

라테나우 가문은 명목상으로만 유대인일 뿐이었다. 프랑크푸르트 은행가의 딸인 마틸데 라테나우는 자녀들에게(아들 둘과 딸 하나) 음악과 미술, 시와 고전문학 분야에서 훌륭한 교육을 시켰다. 마틸데에게는 사업이 전부가 아니었다.[31] 발터(1867~1922)는 결코 공식적으로 기독교 신앙을 받아들인 적은 없지만 예수의 신성神性을 인정했고 1895년 베를린의 치안판사법원에서 과거의 '모세신앙'과 관계를 끊는 서약을 했다. 독일에서 유대인이 2등 시민의 대우를 받는 것에 평생 민감한 반응을 보였던 발터는 순수 독일인 사회에 동화되는 것을 옹호했으며 동등한 대우를 받고자 했다. 다른 많은 유대인과 마찬가지로 발터는 자신을 독일인으로 여겼다. 나머지 다른 차이는 그리 중요하지 않았다.

스트라스부르 대학에서 박사학위를 취득한 발터는 금속과 전기분해, 수력발전에 대한 과학적 지식을 계속 쌓아나가면서도 관심은 늘 산업구조와 경영전략에 있었고 아에게의 일상적인 경영보다는 기업과 정치의 상관관계에 더 관심을 가졌다. 이런 사고가 그에게는 이상적인 바탕이었으며, 그의 진가는 크루프, 슈티네스, 티센 등과 더불어 상류계층인 군 장교, 외교관, 대학교수와 경쟁관계를 시작한 기업가 세대를 형성했다는 데 있다. 물론 맹렬한 반자본주의자나 반기업적 정서가 있는 진영에서는 새롭게 부상한 기업가 세력을 달가워하지 않았고 기업의 힘을 인간이 곤경에 빠지게 된 주요 원인으로 보았다. '농업국가'가 '산업국가'로 대체되었다는 것을 인식하는 사람은 많았지만 정작 기업가들은 여전히 정치적인 영향력을 키우는 것이 어렵다고 여기고 있었다. 발터는 특히 이 문제에서 좌절을 맛보았다. 독일은 1980년대 들어 국민총생산의 주가 되어온 농업, 임업, 어업을 공업이 대체하고, 농업보다 산업체에서 일하는 노동자가 더 많아졌을 뿐 아니라 소읍과 시골에 사는 사람보다 도시 시민이 더 많아지면서부터 근본적으로 변화했다.[32]

자신을 비난하는 사람들과 달리 발터는 산업화와 자본주의는 강력한 현대 국가를 위한 안전한 기초일 뿐이라고 확신했다. 그는 또 독일 제국은 강력한 농업 기반이 있기 때문에 영국보다 장기적으로 유리한 입지에 있다고 생각했다.[33] 마찬가지로 그는 영국의 산업이 퇴조할 것이라고 확신했으며 이런 이유로 노동조합이나 기술자 훈련의 열악한 환경, 허술한 기업 경영에 대한 불만을 토로했다. 하지만 산업국가 자체가 목표라고는 생각하지 않았다. "그는 산업의 지배를 인류 역사에서 위대한 '정화淨化'의 시대로 나아가는 과도기로 보았다."[34] 라테나우는 어떤 면에서는 고비노*의 인종론

*19세기 프랑스의 동양학자·인류학자·외교관·소설가(1816~1882). 『인종 불평등론』에서 순수민족의 우월성을 주장했다.

과 결합된 비교적 미성숙한 사회진화론에 이끌렸다. 그는 결국 자신과 같은 북유럽의 중산층이 세계를 지배할 것이라고 보았다.[35] 교육받은 기업가들은 신흥 귀족으로서 동시대의 시민을 어디서부터 드높은 탈물질주의의 정신적 단계로 이끌 것인지 알고 있었다. 산업화를 지속시키려면 반드시 "윤리적 성취"가 동반되어야 한다고 라테나우는 확신했다. 이런 맥락에서 라테나우는 부유층에 대한 중과세를 찬성했으며 "단호한" 상속세 제도가 실현되는 것을 보고 싶어했다. "사치의 근절"을 주장하기도 했다. 라테나우는 어떤 글에서 "재산 분배는 개인적인 일이 아니며 소비의 권리도 아니다"라고 말했다.[36] "부는 자신의 일과 사회를 위해 창조정신과 책임감이 기초가 된 번영으로 바뀌어야 한다"고 주장했으며, 노동자도 경영에 발언권을 가져야 한다고 생각했다. 하지만 하르트무트 폰 슈트란트만이 지적한 대로 "라테나우가 자신의 아에게 직원들에게 다른 기업가들과 뚜렷이 다른 대우를 했다는 명확한 증거는 없다." 어쨌든 그가 좀더 나은 노동 환경이 생산성을 높여준다고 생각한 것만은 분명하다.

라테나우의 진가는 독일에서 무슨 일이 일어나고 있는지 분명하게 보고 그대로 묘사했다는 데 있다. 그는 과학과 산업이 어떻게 현대적인 번영을 역동적으로 형성하는지, 국가의 전통적인 엘리트 계층이 어떻게 그것에 적응하는 데 실패했는지를 꿰뚫어보았다. 그가 자신의 태도를 다소 경건시하는 측면이 있었다면 이것도 지적해야 할 것이다. 라테나우는 해결책을 찾아내는 것보다는 문제점을 파악하는 능력이 뛰어났다고 할 수 있다.[37]

제20장

질병의 역학:
피르호, 코흐,
멘델, 프로이트

루돌프 피르호(1821~1902)는 19세기에 가장 성공한 독일 의사였다. 이론 연구와 임상활동뿐만 아니라 의학의 사회적 측면에 대한 피르호의 업적은 그가 미친 영향이 단순한 의학 분야를 훨씬 능가한다는 것을 의미한다. 그의 오랜 경력은 1840년 이후 독일 의학의 발전과 대체로 과학 발달 이전의 병실 치료 수준을 벗어나지 못한 원칙을 변화시킨 새로운 흐름의 축도라고 할 수 있다.[1]

포모제의 작은 시장 마을에서 태어난 피르호는 고전어 과외를 받았지만 자연과학을 더 좋아했다. 그는 재능을 인정받아 1839년 군 장학금으로 베를린에 있는 프리드리히 빌헬름 의과대학에서 의학을 공부했다. 이 대학은 정규 교육을 받지 못하는 학생들에게 교육받을 기회를 주기 위해 설립된 기관이었는데 학생들은 이에 대한 보상으로 일정 기간 군의관으로 복무해야 했다. 피르호는 요하네스 뮐러와 요한 쇤라인에게서 실험실 연구와 현대적인 진단법, 유행병학 등을 배웠다. 모두가 비교적 새로운 분야였다.

1843년에 대학을 졸업한 피르호가 처음으로 맡은 현장 업무는 베를린 자선병원의 인턴 의사였다. 피르호는 자선병원에서 현미경으로 혈관염증과 혈전, 색전을 연구했다.

직설적인 편이었던 피르호는 1845년 프리드리히 빌헬름 대학에서 두 차례의 강연을 했다. 여기서 그는 의학이 초자연적인 요인을 배제하고 세 갈래의 방향에 집중할 때 진전을 이룰 것이라고 강조했다. 그가 주장한 세 방향은 "물리화학적 방법의 도움을 받는 환자의 실험을 포함한" 임상관찰, "특정 질병의 원인을 시험하고 일정한 약물 효과를 연구하기 위한" 동물실험, 무엇보다 현미경을 활용하는 병리학적 해부였다. "생명은 단순히 물리화학적 활동의 총합이며 본질적으로 세포활동의 표현이다."[2] 1847년 피르호는 아직 20대의 나이에 뮐러가 이끄는 베를린 대학 의학부의 전임강사로 임용되었다.

피르호가 단순히 의사 역할만 한 것은 아니었다. 1848년 프로이센의 오버슐레지엔 지방에 티푸스가 창궐했을 때, 피르호는 정부에서 파견한 의료팀의 일원으로 고통받는 지역의 피해 상황을 조사했다. 그는 이곳에 머무르는 동안 끔찍한 환경에서 힘겹게 병마와 싸우는 궁핍한 폴란드 소수민족을 한 명 한 명 만났다. 그 뒤 수도로 돌아간 피르호는 단순히 엄격한 의학적 지침을 제시하는 데 그치지 않고 정치적인 변화와 더불어 교육 및 경제적인 측면에서 전면적인 개혁이 필요하다는 보고서를 제출했다. 정부로서는 전혀 예상치 못한 것이었다.

피르호는 정치적인 신념 때문에 1848년 베를린 봉기에 참여해 시가전을 벌이기도 했고, 이후 베를린민주회의Berlin Democratic Congress의 일원이 되어 『의학 개혁』이라는 주간지의 편집자로 일했다. 이런 활동은 무모한 것이어서 1849년에 대학에서 정직당한 그는 베를린을 떠나 독일 뷔르츠부르크 대학에 최초로 신설된 병리해부학 교수가 되었다. 이곳에서 피르호는 정치적 활동과 잠시 거리를 두었다. 그의 최대 과학적 업적이라 할 수 있는 '세포병리학' 개념의 기초를 다진 것도 바로 뷔르츠부르크 대학에 있을 때였다. 1856년 피르호는 병리해부학 교수에 임용되어 베를린 대학으로 돌아갔으며 신설된 병리학연구소 소장이 되었다.

생명윤리의 등장

그런데 베를린으로 돌아가자 과거의 정치적 성향이 다시 꿈틀거리기 시작했다. 피르호는 베를린 시의원이 되어 공공위생 문제에 관심을 쏟았고 베를린의 상하수도 시설 개선에 기여했다. 이런 노력이 성공을 거두자 용기를 얻은 피르호는 1861년 프로이센 하원 선거에 출마해 당선되었고 독일진보당 창당에 관여해 당 대표가 되었다. 진보당이 비스마르크의 재무장 및 무력통일 노선에 아주 맹렬하게 반대하는 바람에 비스마르크가 피르호에게 결투를 신청했다는 일화는 상당히 주목할 만한 것이다. 피르호는 상대의 수에 넘어갈 만큼 분별력 없는 사람이 아니었다. 그는 1870~1871년의 보불전쟁에서 병원 시설을 확충하고 부상병을 위한 병원 열차를 운행하도록 해 자신이 평범한 민족주의자가 아님을 보여주었다.

전염병에 대해 매우 진보적인 견해를 지녔던 피르호는 일부 질병이 '인위적'이라고 생각했고, 질병의 사회적인 측면을 강조했다. 이와 더불어 정치적, 사회경제적인 요인이 질병의 중대한 원인임을 지적했다. 그는 심지어 전염병은 사회가 급변할 때에도 생길 수 있고 사회적 변화를 꾀함으로써 전염병을 뿌리뽑거나 경감시킬 수 있다는 주장을 펼쳤는데 그중에서도 "모든 시민이 건강에 대해 헌법적인 권리가 있다"는 주장은 많은 논란을 빚기도 했다. 그는 사회가 "구성원이 방해받지 않고 성장하는 데 필요한 위생 조건을 갖출" 책임이 있다고 주장했다.[3] 이런 견해는 일종의 의학적 교양Bildung으로서 오늘날에는 생명윤리의 기본으로 간주된다.

그는 몇 가지 과오를 범하기도 했다. 세균학에 대해 회의적이었던 피르호는 세균이 전염병의 유일한 원인이 될 수는 없다고 보았으며, 환경과 사회적 요인이 1847~1849년에 만연했던 티푸스와 콜레라에 분명한 책임이 있다고 생각했다.

1878년부터 말년에 이르기까지 피르호는 인류학에도 관심을 쏟았다. 독일인류학회(1869)의 공동 창설자였던 그는 두개골 연구를 하면서 전국 초등학교 어린이를 대상으로 인종 조사를 했다. 여기서 피르호는 '순수한' 독일인은 없다는 결론을 내려 엄청난 파문을 일으켰다.

인류학 연구는 고고학으로 이어져 1870년 피르호는 포모제에서 직접 발굴 작업을 시작했다. 1879년에는 하인리히 슐리만과 함께 히살리크로 가서 트로이 유적을 발굴했다(21장 참고). 훗날 베를린은 고대 유물로 유명해지는데, 그는 이에 대한 베를린 시민들의 관심을 이끌어내는 데 힘썼다.[4]

1901년 피르호가 80회 생일을 맞자 멀리 상트페테르부르크와 도쿄에서도 축하 행사를 벌였으며 베를린에서는 축하 횃불 행진을 벌였다. 대중의 논란을 불러일으키는 성향에 독선적인 기질까지 있었던 피르호는 불행하게도 종종 부작용을 낳는 결론을 내리기도 했다. 가장 주목할 만한 것은 의사가 손을 씻기만 해도 환자의 산욕열을 막을 수 있다고 한 이그나즈 제멜바이스의 견해에 반대한 것을 들 수 있다. 어쨌든 독일은 채 50년도 지나지 않아 추론적이고 철학적인 치료에서 과학적인 현대의학의 중심지로 떠올랐으며, 이런 변화에 가장 중요한 역할을 한 사람은 아마 피르호였을 것이다.

감염에 대한 새로운 지식

피르호 이상으로 중요한 의미를 부여할 수 있는 인물은 현대적인 세균학의 다양한 기초를 다지고 기술을 발전시킨 로베르트 코흐(1843~1910)일지도 모른다.[5] 탄저와 결핵, 티푸스의 원인을 밝혀낸 사람도 코흐였다. 그는 세계 곳곳을 여행하면서 미생물에 의한 감염이라는 새로운 지식을 바탕으로 몇몇 국가의 정부 당국이 공중보건 관련법을 제정하는 데 영향을 미치기도 했다.[6]

코흐는 형제가 열세 명이나 되었다(이중 두 명은 어릴 때 죽었다). 그는 동식물과 가깝게 지내는 환경에서 자랐고 새로 등장한 사진술도 다룰 줄 알았다. 초등학교에 들어갈 나이가 되었을 때 코흐는 이미 독학으로 읽고 쓰는 법을 익혔다. 코흐는 괴팅겐 대학에 들어가 처음에는 문헌학을 공부할 생각이었으나(미국으로 이민갈 생각도 했다) 자연과학으로 등록했고 다시 의학으로 전공을 바꿨다.

당시 괴팅겐 대학에는 세균학 강의가 없었다. 하지만 해부학자인 야코프 헨레*는 살아 있는 유기체도 전염병원체에 포함될 수 있다고 생각한 사람이었다.[7] 1866년에 대학을 졸업한 코흐는 베를린 자선병원에 개설된 루돌프 피르호의 병리학 연구과정에 참여했다. 이후 그가 쌓은 경력은 어떤 점에서 피르호와 비슷하다. 코흐는 보불전쟁이 일어나자 야전병원의 의사로 지원했으며, 고고학과 인류학에도 관심을 기울였다. 하지만 코흐의 성공은 상당 부분—피르호 이상으로—현미경 조사에 힘입은 것이다. 코흐는 자신의 집에 포츠담의 에드문트 하르트나크가 제작한 우수한 현미경 및 수많은 축소사진 장치와 암실까지 갖춘 실험실을 차렸다. 그는 여기서 탄저균bacillus anthracis을 연구하기 시작했다.

당시 탄저병은 감염된 양의 피에서 관찰된 막대 모양의 미생물이 일으키는 것으로 알려져 있었다.[8] 코흐가 이룬 최초의 업적은 가축 피의 샘플

---

*독일의 해부학자·병리학자(1809~1885)로, 1852년 괴팅겐 대학 해부학 교수가 되어 코흐를 가르쳤다.

에 이 미생물을 배양하는 기술을 개발한 것이다. 이 기술을 통해 코흐는 현미경으로 미생물을 관찰할 수 있게 되었다. 그는 이 미생물의 생존 주기를 추적해 포자 형성과 발달 과정을 밝혀냈다. 더 중요한 업적으로는 그가 병원균의 생존 기간이 비교적 짧은데도 불구하고 포자는 몇 년 동안 감염력이 있음을 발견한 사실을 들 수 있다. 코흐는 간상체 또는 탄저균이 포함된 접종을 했을 때 쥐에서만 탄저균이 자라는 것을 발견했다. 그는 1877년 이 결과를 슬라이드 유리에 세균을 배양한 박막薄膜을 고정시키는 방법을 상술한 논문과 함께 발표했다. 세균은 아닐린 염료로 착색이 가능했다. 이 방법으로 현미경 사진의 구조에 대한 연구가 가능해졌다. 이처럼 의학은 염료와 현미경 기술, 사진술 세 가지 독립된 영역의 발달에 직접적인 혜택을 받았다.

코흐는 이어 에른스트 아베가 개발한 집광렌즈와 카를 차이스 사에서 만든 유침油浸* 물체와 시스템을 현미경에 장착했다. 이 장치로 코흐는 탄저균보다 훨씬 작은 미생물을 발견할 수 있었다.[9] 그는 이후(개구리와 토끼를 사용해) 병리학적으로나 세균학적으로 특이한 6종의 전염병원체를 분리하는 데 성공했다. 코흐는 사람의 질병이 유사한 질병을 유발하는 세균에서 비롯되는 것이라고 추정했다.

이런 공로로 코흐는 1880년 베를린의 왕립보건국 참사관Regierungsrat이 되었다. 그는 조그만 실험실을 그의 조수이자 군의관인 프리드리히 뢰플러와 게오르크 가프키 두 사람과 공동으로 사용했다. 여기서 세 사람은 병원체를 분리 배양하는 방법을 개발하는 데 몰두했고 공중위생 및 보건을 개선하는 과학적 원칙을 세웠다(요하나 블레커는 1850년대 또는 1860년대까지 독일 의사들이 사실상 병원을 과학적 공간으로 여기지 않았음을 밝힌

*대물렌즈와 피검체 사이를 굴절률이 높은 매질인 기름으로 채워 개구수를 크게 하여 분해능을 향상시키는 방법.

바 있다).

코흐는 서로 다른 병원체에 작용하는 살균력을 비교하여 좀더 엄격한 살균 방법을 활용하고 새로운 살균제를 개발하는 데 기여했으며,[10] 석탄산이 염화수은보다 효력이 떨어진다는 사실을 알아내 리스터가 개발한 '석탄산 분무기'의 사용을 폐기시켰다. 그는 또 살균할 때 생증기live steam가 뜨거운 공기보다 효과가 훨씬 더 뛰어나다는 사실을 밝히기도 했다. 이런 발견은 수술실 환경을 혁명적으로 개선시켰다.[11]

1881년 코흐는 결핵으로 눈을 돌렸다. 6개월 뒤 "동료의 조언 하나 없이 혼자 힘으로" 이 질병이 전염될 수 있음(이 주장을 모두가 받아들인 것은 아니다)을 확인한 코흐는 사람과 동물로부터 다수의 표본을 채취한 다음 특수한 채색 기술을 활용해 병원균을 분리했다. 그는 이 병원균을 배양하기 위해 몇몇 종의 동물에 병원균을 접종하여 결핵에 걸리게 했다. 파울 에를리히는 1882년 3월 24일에 코흐가 베를린병리학회에서 한 강연을 "과학사 최대의 사건"으로 묘사했다.[12] 코흐는 타액에 섞인 결핵균을 보여주어 진단법의 대대적인 발전이라는 찬사를 받았다.

같은 해 나일 강의 삼각주에서 콜레라가 발생했다. 콜레라가 유럽까지 번질 가능성이 있으며 콜레라의 원인이 "미생물에 의한 것"일 수도 있다는 루이 파스퇴르의 경고에 따라 프랑스 정부는 4명의 과학 조사단을 알렉산드리아로 파견했다. 코흐는 독일 조사단을 이끌고 1주일 뒤에 도착했다. 며칠 뒤 코흐는 콜레라로 죽은 10구의 시신을 검사한 끝에 소장 벽에 달라붙은 작은 막대 모양의 미생물 군체를 관찰했다. 약 20명의 콜레라 환자에게서도 똑같은 미생물이 발견되었다. 이 미생물은 활동이 활발했지만 원숭이와 다른 동물에 접종했을 때는 콜레라 증세를 일으키지 않았다. 코흐가 이집트에서 관찰한 결과는 다음 방문지인 벵골에서도 확인이 되었다. 벵골에서 발병한 콜레라는 풍토병이었다. 1884년 봄 코흐는 콜레라가 왜 벵골에서 풍토병이 되었는지에 대한 원인을 파악하기 위해 식수로 사용되는 마을의 샘과 지역에서 공동으로 사용하는 시설을 조사했다. 코흐는 한 샘에서 콜레라균을 발견했다고 말했다.[13]

물론 그의 연구활동은 주목할 만한 것이기는 하다(그는 계속해서 눈부신 활동을 펼쳤다). 하지만 돼지단독丹毒, swine erysipelas과 비저鼻疽, glander(말이 옮는 전염병), 디프테리아의 병원균을 분리한 사람은 뢰플러였고 장티푸스균은 가프키가 분리했다.[14] 이런 식으로 연구가 진전되면서 프로이센에는 공중보건기구가 속속 세워졌다. 1885년 코흐는 베를린 대학에 신설된 위생학 교수에 임용되었다. 코흐는 결핵균의 성장을 막는 물질을 개발했다고 발표했는데, 이 물질은 일정한 효과를 발휘하는 것은 아니었고 때로는 중독성 부작용을 일으키는 문제점을 안고 있었다.[15] 여기서 투약의 용량이 무엇보다 중요하다는 사실이 제기되었다. 이 문제점으로 피르호와 코흐 사이에 긴장감이 조성되기도 했지만 피르호의 반대에도 불구하고 베를린에 전염병연구소를 설립하려는 계획은 예정대로 추진되었다. 이제 코흐의 연구진은 피르호 주변의 과학자들보다 더 큰 호응을 얻었으며 파울 에를리히와 아우구스트 폰 바서만도 코흐의 연구에 가담했다.[16] 코흐의 노력 덕분에 1900년에는 전염병 통제법이 통과되었고, 같은 해 코흐의 연구소는 루돌프 피르호 병원 근처의 더 큰 건물로 이사하면서 세계에서 가장 유명한 의학시설로 자리잡았다.

지금까지도 의사로서 코흐의 명성을 따를 자는 아무도 없다. 그는 말년에 세계 곳곳에서 초청을 받아 남아프리카에서는 우역牛疫, rinderpest을 조사했고, 뭄바이(흑사병을 조사해 쥐가 이 병을 옮긴다는 것을 밝혀냈지만 벼룩이 매개동물이라는 사실은 간과했다), 상트페테르부르크(티푸스), 다르에스살람(말라리아와 흑수열) 등지를 다니며 전염병의 병원균을 밝혀냈으며 마침내 네 가지 유형의 말라리아균을 분리하는 데 성공했다.[17]

1905년 코흐는 기사 작위를 받았고 노벨병리학상(의학상)을 수상했다. 그는 1910년 4월 9일 후두염으로 사망했다. 체스를 즐기고 괴테를 흠모했던 로베르트 코흐는 당대에, 어쩌면 오늘날까지도 빈부를 가리지 않고 인류 모두에게 어느 누구보다도 많은 혜택을 베푼 인물일 것이다.

항생물질의 발견과 인간의 면역반응

피르호와 코흐의 눈부신 업적에도 불구하고 이들의 연구 성과가 효력을 드러내기까지는 시간이 걸렸다. 20세기 초에 사람들의 건강은 여전히 발전된 세계의 위상을 손상시키는 '3대 야만적 원인'인 결핵과 알코올중독, 매독에 지배되고 있었다. 결핵은 드라마와 소설의 주제가 될 정도로 시대적인 재앙이었다. 노소나 빈부에 상관없이 대부분 오랫동안 느리게 진행되다가 죽음을 맞이하는 것이 결핵이었다. 결핵의 특징은 「라보엠」「라트라비아타」『베네치아에서의 죽음』『마의 산』 등의 오페라와 문학작품에서 묘사되기도 했다. 안톤 체호프, 캐서린 맨스필드, 프란츠 카프카는 모두 결핵으로 사망했다.[18]

100년 전, 매독을 거론하는 것이 금기시되었는데도 매독을 둘러싼 공포와 도덕적인 비난은 사회에 널리 퍼져 있었다. 이런 상황에서도 1899년 브뤼셀의 의사 알프레드 푸르니에는 세균학 지식과 통계학 기술을 활용해 매독의 의학적 특징을 밝혀내는 성과를 이룩했다. 중점적인 내용은 매독이 비단 '화류계'에서만 퍼지는 것이 아니라 사회의 모든 계층이 감염될 수 있으며, 여자가 남자보다 더 쉽게 감염되고 가난한 환경 때문에 매춘을 하는 여성들에게 '압도적'으로 많다는 사실이었다. 이를 바탕으로 마침내 임상 연구를 위한 길이 열렸다. 1905년 3월 동東프로이센 로제닝겐의 동물학자인 프리츠 샤우딘은 현미경으로 매독 환자에게서 채취한 혈액을 관찰하다가 발견한 "아주 작고 유동적이어서 연구하기 매우 까다로운 스피로헤타"*에 주목했다.[19] 1주일 뒤 샤우딘과 포모제 출신의 세균학자로서 할레 대학과 본 대학의 교수를 지낸 에릭 아힐레 호프만은 장미진roseola을 보이는 환자의 여러 부위에서 채취한 혈액에서 똑같은 스피로헤타를 발견했다. 장미진은 매독균으로 피부가 손상되어 나타나는 장밋빛 반점이다. 스피로헤타는 매독을 일으키는 병원균이 분명했다. 두 사람은 이 병원체를 (비틀린 모양의 끈처럼 생겨서) 트레포네마 팔리둠treponema pallidum이라고 명명했다(팔리둠은 창백한 색을 일컫는다). 병원체를 발견한 것은 차이스 사에 특수 유리를 공급하는 쇼트 유리제조회사의 화학자 리하르트 지그몬디(1865~1929)가 1906년에 발명한 한외현미경ultramicroscope** 덕분에 가능했다(18장 참고). 이 같은 진전은 샤우딘이 예상한 것보다 더 쉽게 스피로헤타를 실험할 수 있다는 것을 의미했다. 햇수가 바뀌기 전에 아우구스트 바서만이 진단 실험으로 이 병원균을 분리하는 데 성공했다. 이 결과 매독을 좀더 일찍 발견하게 되어 확산을 막을 수 있었다. 하지만 정작 중요한 문제는 치료법을 개발하는 것이었다.

치료법을 찾아낸 사람은 파울 에를리히(1854~1915)였다. 오버슐레지엔의 슈트렐렌에서 태어난 에를리히는 전염병을 직접 경험할 기회가 있었다. 젊었을 때 의사로 일하던 그는 결핵을 연구하다가 결핵에 감염되는 바람에 이집트로 가서 휴양을 해야 했다. 에를리히의 중대한 발견은 잇따라 발견된 병원체가 여러 질병을 일으키면서 감염된 세포가 염색에 반응하여 변하는 것을 관찰하면서 이뤄졌다. 이 세포들의 생화학적 특성은 체내에 들어온 병원균에 의해 영향을 받은 것이 분명했다. 그는 이런 추론에 따라 항생물질이라는 아이디어를 떠올렸다. 에를리히가 "마법의 탄환"이라고 부른 항생물질은 침입한 세균에 대적하는 작용을 하도록 체내에서 분비되는

---

*가늘고 길며 나선 모양으로 말린 미생물과의 일반적인 총칭. 스피로헤타가 사람에게 발병시킬 수 있는 병은 매독, 매종, 전염성 황달 등이 있다.

**어두운 배경에서 미립자에 강한 빛을 비춰, 산란되어 빛나 보이는 빛(틴달 산란광)을 관찰하는 장치를 말한다. 보통 현미경으로는 보이지 않는 미립자의 존재와 운동 상태를 관찰하기 위한 장치로, 암시야현미경이라고도 한다.

특수한 물질이었다.

1907년 에를리히는 다양한 질병에 대응하도록 고안된 606가지의 물질 또는 '마법의 탄환'을 제조했다. 대부분은 마법적인 작용을 전혀 하지 못했지만 도쿄 출신의 일본인 조수 하타 사하치로 박사가 효과적인 '606 배합제'를 발견했다. 에를리히는 이 마법의 탄환을 살바르산Salvarsan이라고 불렀는데 화학 명칭은 아스페나민Asphenamine이었다. 사실상 항생물질과 인간의 면역반응 두 가지의 원리를 발견한 에를리히는 항독소를 만들어 환자의 체내에 접종하는 방법을 계속 연구했다. 그는 매독 외에도 결핵과 디프테리아에 대한 연구를 지속해 1908년 면역에 대한 공로로 노벨상을 수상했다.[20]

세 개의 각주: 유전자의 발견과 재발견

이어 신부이자 식물학자인 그레고어 멘델의 업적이 재발견됨으로써 멘델에 대한 독서 열풍이 일어났다. 1899년 10월부터 1900년 3월까지 식물학자 세 명이—두 사람은 독일인인 카를 코렌스와 에리히 체르마크, 나머지 한 명은 네덜란드의 휘호 더프리스—식물학 논문을 각각 발표했는데, 셋 모두 각주에서 현재 유전학이라고 부르는 원리를 발견한 업적에서 멘델의 우선권을 언급했다. 이 논문이 같은 시기에 발표되었고 또 모두 양심적으로 멘델의 업적을 인정했기 때문에 이미 기억에서 사라진 멘델의 이름이 갑자기 사람들의 입에 오르내리게 되었다.[21]

그레고어 요한 멘델(1822~1884)은 1822년 오스트리아의 하인첸도르프에서 태어났는데, 이곳은 지금 체코공화국의 힌치체이다. 농부였던 멘델의 아버지는 나폴레옹 전쟁에 참전했으며 어머니는 정원사 가문의 딸이었다. 이런 환경은 멘델이 평생 식물과 경작지, 과수원, 숲에서 생활하는 배경이 되었다고 할 수 있다. 1843년 브르노(브륀)의 아우구스티누스 수도원에 들어간 멘델은 거기서 그레고어라는 이름을 얻었다. 그는 기독교와 관련된 일을 실제로 한 적은 없지만 그가 경제적으로 자유롭고 마음 편하게 공부에 전념할 수 있게 해준 것은 기독교 환경이었다. 수도원장은 농업 기술 증진에 관심이 많은 사람이어서 수도원에 실험농장을 만들었다. 실험농장 책임자였던 매슈 클라첼은 식물의 변종과 유전, 진화에 관심이 많았다. 클라첼은 점진적인 발전이라는 헤겔 철학에 빠져 있었는데, 이것은 기독교의 정통 교리에 반하는 것이었다. 그는 결국 수도원에서 해고되어 미국으로 이주했다. 멘델이 그 뒤를 이어 실험농장의 책임자가 되었다.[22]

멘델은 전원적인 일을 하기에는 감성이 무척 풍부한 사람이었다(그는 가난한 사람들의 처지를 헤아리며 마음 아파했다). 이후 멘델은 빈 대학에 파견되어 지적 소양을 넓힐 기회를 얻었는데[23] 여기서 크리스티안 도플러와('도플러 효과'의 바로 그 도플러) 통계학자 안드레아스 폰 에팅스하우젠에게서 실험물리학을 배웠다. 이 배움의 기회는 그가 식물의 품종 개량이라는 아이디어를 떠올리는 데 매우 중요한 역할을 했다. 그는 또, 강의에서 독특한 진화론의 견해를 펼치며 특히 유성세대*가 재배 식물의 다양성의 기초라고 강조하던 프란츠 웅거와 함께 연구하기도 했다. 웅거는 새로운 식물이 세포 내에 들어 있는 특정 요소의 결합으로 진화한 형태라고 주장했는데 그 요소가 무엇인지는 정확히 알지 못했다.[24]

브르노로 돌아온 멘델은 1868년에 수도원장이 되었고 이후에도 주로 농장 경영 개선을 위해 일했다. 1877년 멘델은 중부 유럽에서 최초로 모라비아의 농부들을 위해 일기예보를 도입하도록 했다.[25]

더 중요한 사실은 멘델이 완두를 가지고 실험을 시작했다는 것이다. 오

*세대교번을 하는 생물에서 유성생식을 하는 세대. 즉, 암수의 구별이 있는 생활상에서 성이 존재하는 세대를 말한다.

늘날 우리가 멘델을 기억하는 것은 식물의 성장과 교배, 씨앗 채집, 신중한 명명과 분류, 특징 평가에 바친 '지루한 10년'이 맺은 결실 덕분이다. 그가 조사한 식물은 거의 3만 종에 이른다. 『과학인명사전』에도 나와 있듯이 "이런 성과는 정확한 계획과 결과를 사전에 예측할 수 없었다면 거의 달성할 수 없었을 것이다." 바꿔 말해 멘델의 실험은 특수한 가정을 시험하기 위해 이미 짜여 있었다. 멘델은 다른 학자들이 인정한 '융합유전blending inheritance'*에 반하여 유전이 개개의 '미립자'에 따른 현상이 아닐까 의심하며 1856년부터 1863년까지 각각 형질이 다른 7쌍의 식물을 재배했다. 그는 이 7쌍의 식물을 관찰하면서 제1대에서는 모든 잡종이 다 똑같으며 어버이 형질은(예를 들어 둥근 씨) 불변한다는 사실을 발견했고, 이 형질을 우성이라 불렀다. 다음 세대에서만 나타나는 다른 형질(예를 들어 각진 모양의 씨)은 열성이라고 불렀다. 그가 '요소'라고 부른 것이 "서로 아무런 영향을 주지 않고" 각 쌍의 형질과 잡종의 생식세포 내의 상태를 결정했다. 잡종의 후손에서는 양쪽 어버이의 형질이 유전되는데 멘델은 이것을 둥근 형태의 씨를 지닌 우성은 A로, 각진 형태의 씨를 지닌 열성은 a로 표시해서 수학적, 통계학적으로 나타낼 수 있다는 사실을 깨달았다. 멘델은 이 형질이 자유롭게 만날 때 조합 방식은 다음과 같이 나타낼 수 있다고 말했다.

$$1/4AA + 1/4Aa + 1/4aA + 1/4aa$$

1900년 이후 이 공식은 멘델의 분리법칙(또는 원리)으로 불렸는데, 수학적으로 단순하게 표시하면 다음과 같다.

$$A + 2Aa + a$$

*잡종 제2대 이후에도 형질이 분리되지 않고, 자식이 양친의 중간형으로서 나타나는 현상.

멘델은 또 다른 7쌍의 형질이 각각 결합해 128개의 특성을 드러내는 것을 발견했다. 말하자면 2^7이 되는 셈이다. 따라서 멘델은 "잡종교배에서 각각 대립되는 특성의 두 유전자가 서로 간섭하지 않고 독립적으로 행동하여 유전된다"는 결론을 내렸다. 이 원리는 이후 멘델의 독립법칙이라 불렸다.[26]

다수의 식물을 실험한 멘델의 방법은 새로운 것이었다. 이 방법으로 그는 일정치 않은 행동에서 '법칙'을 이끌어낼 수 있었다. 통계학이 생물학을 통해 발전을 이룬 셈이다.[27] 멘델은 자신이 연구한 것 중에서 중요한 결과를 요약해 「식물 잡종에 대한 실험」(1866)을 발표했다. 멘델의 대표작이자 생물학 역사에서 매우 중요한 의미를 지닌 이 논문은 유전학의 기초를 닦았다고 할 수 있다. 그렇지만 멘델의 연구는 제대로 평가받지 못했는데, 그가 지속적으로 완두 연구를 하기 어려워서였다. 또 여왕벌의 짝짓기를 조절하는 일에도 복잡한 문제가 있어서 벌 실험 역시 실패했다. 멘델은 비단향꽃무와 옥수수, 분꽃의 잡종이 정확하게 완두와 똑같은 행동 특징을 나타낸다는 것을 보여주었다. 하지만 멘델에게 일련의 편지를 받은 네겔리 같은 동료는 이 결론에 회의적인 반응을 보였다.[28]

멘델은 『종의 기원』을 읽었다. 독일어 번역판 여백에 멘델이 쓴 글은 브르노의 멘델박물관에 보관되어 있다. 이 글은 멘델이 자연선택설을 받아들일 준비가 되었음을 보여준다. 하지만 다윈은 잡종교배가 변종의 원인에 대한 설명이 된다는 사실은 결코 알지 못했던 것으로 보인다. 이 결과 멘델은 인정받지 못한 천재로 외로운 죽음을 맞이했다.

무의식의 발견

18세기 후반부터 독일에서(다른 곳도 마찬가지로) 많은 생물학자와 철학자 사이에 진화론에 대한 인식이 싹튼 것과 마찬가지로 무의식에 대한 발상도 그만큼 오래된 것이었다. '영혼 해방'의 의식은 일찍이 기원전 1000년에 소아시아에서 흔히 볼 수 있는 현상이었다.[29]

앙리 엘랑베르제(1905~1993)는 『무의식의 발견』에서 무의식에 대한 인식이 나타나게 된 일반적인 배경 요인 중 낭만주의가 직접적인 영향을 주었다고 말한다. 엘랑베르제가 이런 주장을 한 이유는 낭만주의 철학이 근원현상Urphänomene이라는 관념을 받아들였기 때문이다. 이 근원현상에서 여러 변형이 파생된다. 근원현상에는 원형식물Urpflanze도 있고 보편적 감각Allsinn도 있으며 무의식도 있다. 엘랑베르제가 "낭만주의적 의사"로 묘사한 하인로트(1773~1843)는 인간의 양심은 또 다른 근원현상인 우리 초월Über-Uns에 근원을 둔다고 주장했다.

프로이트의 무의식 개념을 예견한 철학자는 많았다. 쇼펜하우어는 『의지와 표상으로서의 세계』에서 의지를 "맹목적이고 충동적인 힘"으로 생각했다. 쇼펜하우어는 인간은 내면의 충동에 이끌리는 비합리적인 존재이며 "이 충동은 인간에게 미지의 것이어서 이 충동을 인식하는 인간은 거의 없다"고 말했다. 에두아르트 폰 하르트만은 무의식에는 3단계의 층이 있다고 주장했다. (1) "우주의 물질을 구성하는" 것으로 다른 형태의 근원을 형성하는 절대 무의식, (2) 인간의 진화적 발전의 부분을 형성하는 병리적 무의식, (3) 인간의 의식적 정신생활을 다스리는 심리적 무의식이 그것이다.

또한 무의식에 대한 프로이트의 생각 중 많은 부분은 니체가 예견한 것이었다. 니체는 "교활하고 은밀하며 본능적인" 실체로서의 무의식을 보았고 종종 초현실적인 형태로 위장된 채 병적 상태로 이어지며 트라우마의 흔적을 남기는 무의식 개념을 마음에 그렸다. 최초로 프로이트의 전기를 쓴 어니스트 존스는 폴란드 심리학자인 루이제 폰 카르핀스카를 주목했다. 카르핀스카는 프로이트의 기본적인 생각 일부와 요한 프리드리히 헤르바르트(70년 앞서 저술한 글에서) 사이의 유사성을 최초로 비웃은 인물이다. 헤르바르트는 정신을 의식과 무의식 사이에서 끊임없이 흔들리는 갈등의 이중적인 특징으로 묘사했다. 하나의 생각은 "이와 반대되는 생각 때문에 의식에 이르는 것이 불가능할 때" '억압된verdrängt' 형태로 묘사된다. 실험심리학자(이자 목사의 아들이었던) 구스타프 페히너(1801~1887)는 헤르바르트의 이론에 기초해서 정신을 "90퍼센트가 물속에 잠긴" 빙산으로 독특하게 비유했다.

프랑스 르아브르의 의사인 피에르 자네는 최면 상태에 빠진 환자에게서 때로 이중인격이 발달하는 것을 보고 최면술을 좀더 세련되게 다듬었다고 주장했다. 의사를 만족시키기 위해 한쪽 인격이 표면화되면서 동시에 자연발생적으로 다른 인격이 모습을 드러낼 때 이것은 흔히 '유년기로의 회귀'로 설명된다(환자는 자신을 유년기의 애칭으로 부르는 것을 좋아한다). 파리로 이주한 자네는 '심리 분석'으로 알려진 기술을 개발했는데 이것은 최면과 자동기술을 반복해서 사용하는 방법이었다. 그는 이 과정에서 환자의 정신이 좀더 뚜렷한 갈등을 노출시키는 것에 주목했고 이 갈등이 갈수록 심화되면서 환자의 생각은 점점 더 어린 시절로 돌아간다는 것을 보여주었다.

19세기는 또 아동의 성적 특징child sexuality이라는 문제가 표면화된 시기였다. 의사들은 전통적으로 이 특징을 드물게 나타나는 비정상적인 상태로 생각했지만 1846년 의사이자 도덕신학자인 P. J. C. 드브리느 신부는 유아기의 자위행위나 어린아이들 사이의 성행위가 아주 빈번하며 못된 간호사나 하인이 어린아이를 유혹하는 일이 많다고 주장하는 논문을 발표했다. 가장 유명한 인물은 쥘 미슐레로서 그는 『우리 아들들』(1869)에서 부모들에게 아이들의 성행위에 대해 경고하며 오늘날 오이디푸스 콤플렉스로 알려진 현상을 강조했다.

19세기는 '두 개의 정신'이라는 발상에 매혹되었고 여기서 '이중자아double ego/dipsycism'라는 개념이 나왔다. 이중자아론은 베를린 대학의 미학자인 막스 데소이어(1867~1947)가 1890년 대단한 호평을 받은 저서 『이

중자아Das Doppel-Ich』에서 주장한 이론이다. 그는 여기서 정신을 표면의식 Oberbewusstsein과 잠재의식Unterbewusstsein으로 구분하며 잠재의식은 때로 꿈에서 노출된다고 말했다.

프로이트(1856~1939)의 견해는 먼저 빈의 뛰어난 의사 요제프 브로이어(1842~1925)와 공동 저술한 1895년의 『히스테리 연구』에서 드러났고 1899년 마지막 주에 출판된 『꿈의 해석』에서 좀더 완성된 형태로 소개되었다.• 프로이트는 모라비아 프라이베르크 출신의 유대인 의사로 그때 나이가 이미 44세였다.

인간의 본성을 네 가지 골격으로 조합한 프로이트의 이론은 『꿈의 해석』에서 자세하게 다뤄지고 있다. 이 네 가지는 무의식, 억압, 유아성욕(오이디푸스 콤플렉스로 이어지는), 그리고 정신의 3대 구성 요소다. 이 3대 요소는 다시 인간 자신의 감정인 자아ego와 흔히 양심이라고 불리는 초자아 superego, 원초적으로 무의식의 생물학적 표현이라고 할 수 있는 이드id로 구분된다. 프로이트는 다윈이 길을 연 생물학적 전통 속에 자신을 포함시켰다. 의사자격을 취득한 프로이트는 장학금을 받고 장마르탱 샤르코 밑에서 연구를 했는데, 샤르코는 당시 파리에 틀어박혀 지내며 불치의 정신장애를 앓는 여자 환자들을 치료하고 있었다. 샤르코는 자신의 연구에서 히스테리 증상이 최면 상태에서 나타날 수 있다는 걸 보여주었다.

몇 달 뒤에 다시 빈으로 돌아온 프로이트는 요제프 브로이어와 함께 공동 연구를 시작했다. 같은 유대인이었던 브로이어는 호흡을 조절할 때 미주迷走신경vagus nerve의 역할과 귓속의 반고리관semicircular canal에 대한 두 가지 중요한 발견을 했는데, 그는 반고리관이 신체의 균형감각을 통제한다는 것을 알아냈다. 하지만 정신분석가로서 프로이트에게 미친 브로이어의

• 이 책은 1899년 11월 라이프치히와 빈에서 출판되었지만 발행일은 1900년으로 기록되어 있고 최초의 서평이 나온 것도 1900년 1월 초였다.

중요한 영향은 1881년 이른바 대화치료법을 발견한 것이라고 할 수 있다.

브로이어는 1880년 12월부터 2년 동안 히스테리 증상이 있는 빈 태생의 유대인 여성 베르타 파펜하임(1859~1936)을 치료했다. 사례집에서는 '안나 오Anna O'라고 묘사된 환자다. 파펜하임은 환각 증세와 언어장애, 상상임신, 간헐적인 마비 증세 등 다양한 증상을 보였고 병을 앓는 동안 서로 다른 두 가지 의식 상태를 경험했으며 몽유병 상태가 길어질 때도 있었다. 브로이어는 그녀가 두 번째 의식 상태에 있을 때 격려를 해주면 일정한 사건을 묘사하면서 일시적으로 증상이 호전된다는 것을 알았다. 하지만 그녀는 아버지가 세상을 떠난 뒤로 증세가 악화되었다. 환각과 불안 증세도 더 심해졌다. 이때 브로이어는 자신이 '안나'에게 최면을 거는 동안 환각 증세에 대해 말하도록 설득할 경우 증상이 회복될 수 있다는 것을 새롭게 발견했다. 그는 이 과정을 '대화치료' 또는 '굴뚝청소Kaminfegen'라고 불렀다. 브로이어는 우연히 한 단계 더 진전된 결과를 얻었다. '안나'가 특정 증상(음식을 삼키기 어려운 증상)이 일어난 것에 대해 이야기하기 시작한 뒤에는 이 증상이 사라진다는 것이었다. 이런 관찰에 기초해서 마침내 브로이어는, 환자에게 특정 증상이 거듭될 때 최초의 발병 시점이 생각날 때까지 시간을 거슬러 올라가 기억해보도록 환자를 설득할 수 있다면 이런 증상은 대개 똑같은 방법으로 사라진다는 사실을 발견했다. 1882년 파펜하임은 자신의 증세가 '완치되었다'는 결론을 내렸다.[30]

안나 O의 사례는 프로이트에게 깊은 인상을 주었다. 프로이트는 한동안 히스테리 증상이 있는 환자에게 직접 전기요법과 마사지요법, 물요법, 최면요법을 시험했다, 그는 곧 이 방법을 포기하고 대신 '자유연상free association'으로 치료 방식을 바꿨다. 이 방법은 환자에게 생각나는 대로 무엇이든 말하도록 하는 기술이었다. 이 기술을 바탕으로 많은 환자가 적당한 환경이 주어지면 완전히 잊었던 어린 시절의 일을 기억할 수 있다는 것을 알게 된 프로이트는 비록 잊었다고 해도 어린 시절에 했던 일은 그대로 다시 기억에 떠올릴 수 있다는 결론을 내렸다. 이렇게 해서 프로이트의 무의식 개념이 탄생했으며 동시에 강박관념도 등장했다. 프로이트는 또 자유연상으로—어렵게—노출되는 어린 시절에 대한 회상이 본질적으로 성적 특징을 지닌다는 사실을 깨달았다. 더욱이 '회상된' 많은 일이 실제로는 일어나지 않았다는 것을 알았을 때 프로이트는 이 현상을 오이디푸스 콤플렉스라는 개념으로 정리했다. 바꿔 말해 환자가 들려준 성적 트라우마나 이상한 성행위는 그것이 일어나기를 은밀히 소망했다는 것을 보여주며 유년기에는 아주 이른 시기부터 성적 의식을 경험한다는 것이었다. 프로이트는 이 시기에 아들은 어머니에게 이끌리며 자신을 아버지의 경쟁자로 여긴다고 말했다(오이디푸스 콤플렉스). 딸은 이와 반대로 어머니를 경쟁자로 본다(엘렉트라 콤플렉스).* 더 나아가 프로이트는 이 광범위한 동기 유발이 한 사람의 평생 동안 지속되며 성격을 결정하는 중요한 요인이 된다고 말했다.[31]

프로이트의 연구는 그의 아버지 야코프가 1896년 10월 세상을 떠났을 무렵 한 단계 더 발전된 성과를 보였다. 이들 부자는 오랫동안 거리를 두고 지냈는데, 프로이트는 놀랍게도 아버지의 죽음에 자신이 흔들리고 오랫동안 잊고 있었던 옛 기억들이 다시금 떠오르는 것을 알았다. 꿈도 변했다. 그는 꿈속에서 그때까지 억눌려 있던 아버지를 향한 무의식적 적개심이 드러난다는 사실을 깨달았고 이 경험을 바탕으로 꿈이 "무의식으로 가는 왕도"라고 생각했다. 『꿈의 해석』에 담긴 핵심은 꿈속에서 자아는 "초소에서 잠든 보초" 같은 모습을 한다는 것이다.[32] 이드의 충동을 억제하는 정상적인 경계심은 효력이 약화되기 때문에 꿈은 이드를 드러내기 위한 위장된 길로 설명된다.

최근 프로이트 이론은 계속되는 비판과 수정으로 신뢰가 크게 떨어졌다.[33] 하지만 프로이트가 생존했던 19세기 후반과 20세기 전반에는 무의식

---

*엘렉트라 콤플렉스는 프로이트가 이론을 세우고 융이 이름을 붙였다.

이 매우 진지한 사실로 받아들여졌다. 19세기 후반과 20세기 전반의 사상, 특히 예술에 큰 영향을 미쳤을 만큼 중대한 개념이 무의식이었다. 이 전환기의 예술 현상은 모더니즘이라고 불렸다.

제4부

근대 정신의 참상과 기적

제21장

역사의 남용

만약 이 책이 연극작품이라면 이 대목에서 조명이 바뀌고 무대는 훨씬 더 어두워져야 할 것이다. "독일인은 실험실과 기업 조직에서 놀랄 만큼 합리적이었다. 하지만 정치와 사회 쪽의 전망은 악마적 환상 때문에 흐려졌다." 이 말은 1972년에 출판된 프리츠 슈테른의 수상록『반자유주의의 실패』서문에 나오는 표현이다.[1] 헬름홀츠와 클라우지우스, 지멘스, 피르호, 코흐, 벤츠, 멘델이 위대한 혁신을 하고 있던 바로 그 시점에 전혀 다른 지적 활동이 속도를 높이고 있었다. 색조와 양식, 방향, 내용이 무척 달랐기 때문에 일부에서는 제1차 세계대전으로 치닫던 시기에 독일은 하나가 아니라 둘이었다고 말할 정도였다. 이제 이 다른 독일을 검증할 차례다.

이 책이 독일의 정치 현실보다 문화에 치중했기 때문에 이 '다른 독일'이 출현한 부분에 관심을 모을 필요가 있다. 역사가들 사이에 등장한 이 다른 모습은 공격적인 민족주의와 군국주의, 진화론, 아리안 신화, 반가톨릭주의적인 경향을 띠었고 어느 정도는 두 명의 명망 높은 사회학자가 펼친 여러 사회학적 이론에서 절정을 이뤘다. 이런 사고는 19세기 말에 강렬한 독일의 자화상을 만들어 지적으로나 문화적으로, 나아가 도덕적으로 이웃 국가들과 멀어지는 계기가 되었으며 독일을 둘러싼 국가들과 경쟁관계를 형성했다.

고급문화와 '내향성'의 등장

다음에 이어지는 설명은 주로 지성사에 초점을 맞추기는 했지만 물론 정치를 완전히 도외시할 수는 없다. 특히 이 시기의 역사를 주도하고 역사의 축도라고 할 두 인물, 오토 폰 비스마르크와 프리드리히 빌헬름 2세가 이 다른 독일의 상징이자 원인을 제공한 부분을 무시할 수는 없을 것이다.

앞에서 우리는 1848년에 독일이 어떻게 시민혁명에 실패했는지를 살펴보았다. 1860년대에 부분적으로 의회의 토대는 세워졌지만 일반적으로 정치사회적 평등과 해방에 대한 독일 중산층의 바람은 성공을 거두지 못했다. 독일은 프랑스와 영국, 네덜란드, 북아메리카가—경우에 따라서는 수세대 전에—성취한 사회정치적 발전을 이루는 데 실패했다. 독일의 자유주의 또는 자유주의 지향성은 사회 안에 독일의 경제사회적 공간을 보호하는 자유무역과 헌법적 질서에 대한 중산층의 요구를 기초로 한 것이다. 헌법상의 진화를 위한 그 같은 시도가 1871년 제국의 성립으로 실패하자 프로이센이 주도하는 가운데 보기 드문 정치적 환경이 등장했다. 진정한 의미에서 볼 때, 고든 크레이그도 지적하듯이, 독일 국민은 제국의 탄생에 아무런 역할을 하지 못했다. "새로 편입된 주州는 수혜자가 되어야 할 국민의 의견을 무시한 국가에게 돌아온 '선물'이었다."[2] 국민은 원하는 헌법을 얻지 못했다. 헌법은 1918년까지 왕권을 유지한 기존의 독일 군주들 사이의 계약일 뿐이었다. 현대인의 사고방식으로 볼 때 이런 정치질서는 특이한 결과를 가져왔다. 한 예로 제국에는 의회가 있되 권력은 없었고, 정당은 있었지만 행정부의 책임을 추궁할 수 없었으며, 선거 결과는 정부 구성에 영향을 주지 못했다. 이런 형태는 서구의 경쟁국들이 보여준 어떤 정치와도 완전히 다른—훨씬 더 후진적인—것이었다. 독일이 선진 공업국이라고는 하지만 국사國事는 영지를 소유한 귀족들 손에 좌우되었다. 점점 더 많은 국민이 독일의 산업과 과학, 지적 성공에 합류하는 시점에도 정치는 소수의 전통적인 지배계급의 전유물이었다. 이들은 영지를 소유한 귀족, 군부 지도층이었고 그 꼭대기에 황제가 있었다. 이렇게 왜곡된 정치 형태가 제1차 세계대전 직전에 '독일 정신'의 바닥에 깔린 기초였다.

이런 형태는 엄청나게 시대착오적인 역사였고 우리의 관심을 끌 만한 두 가지 결과를 낳았다. 하나는 정치에서 배제된 채 여전히 평등을 갈망하는 중산층이 성공을 보장할 수 있는 교육과 문화에 의존했다는 점이다. 이들은 귀족과 동등해지기를 바라면서도 경쟁과 민족주의 경향으로 치닫는 세계에서 외국인보다 우위에 서고자 했다. 이런 배경에서 '고급문화'는 다른 어느 나라보다 독일 제국에서 늘 중요한 의미를 지녔다. 앞으로 보겠지만 바로 이것이야말로 1871년부터 1933년 사이에 왜 그토록 고급문화가 번성했는지에 대한 이유가 된다. 하지만 이런 현상으로 말미암아 문화는 일정한 색조를 띠었다. 자유와 평등, 개인적 특수성이 개인적인 '내면의 밀실'로 향하는 가운데 사회는 "독단적이고 외향적이며 빈번히 적대적인 성향을 노출하는 세계"로 모습을 드러냈다.[3] 두 번째 결과는 첫 번째와 일부 중복되기도 하는데, 민족주의로 빠져들었다는 특징이 있다. 하지만 이것은 새로 등장한 산업노동계급과(사회주의의 동요와 더불어) 유대인, 비독일 혈통의 소수민족을 싫어하는 계급이 바탕이 된 민족주의였다. "민족주의는 유토피아적 가능성을 지닌 도덕적 진보로 간주되었다."[4] 대중사회의 발달 배경이라는 역할에 반발한 중산층은 문화를 자신들의 생활수준을 높여주는 가치의 안전망으로 바라보았고 자신들을 '비천한 일반 대중rabble'(프로이트의 용어)과 구분하면서 무엇보다 민족주의 노선을 뚜렷하게 드러냈다. 한때 약간은 신비롭고 향수를 불러일으키는 이상으로서—만족을 알고 재능이 많으며 비정치적인 '순수한' 사람들—보통 독일인을 의미하는 민중Volk은 이제 독일 어디서든 흔해빠진 상투적인 유형으로 변했다.

이런 요인들이 결합해 독일 문화에 영어로는 거의 번역 불가능한 개념이 만들어졌다. 아마 이 개념은 대부분의 사람이 19세기에서 20세기로 넘어가는 과도기에 독일을 이해하는 데 결정적인 요인이 되었을 것이다. 바로 독일어로 내향성Innerlichkeit이라고 하는 개념이다. 굳이 풀이하자면, 이 말은 정치에 대한 무관심으로 정치에서 눈을 돌려 개인의 내면으로 향하는 성향을 의미한다. 내향성은 예술가들이 정치권력을 버젓이 외면하고, 다시 고든의 말을 인용하면 "소명의 방향을 바꿔" 자기 신념에 관여하면서 그것을 글로 표현한다는 것을 의미했다. 이들 예술가에게는 내면세계가 외부세계보다 진정한 세계였다. 1870~1871년의 격동기도 이런 냉담함을 바꾸지 못했다. "프랑스에 대한 승리와 독일의 통일은 문학이나 음악, 미술 분야에서 걸작이 탄생하는 데 영감을 주지 못했다." 다른 유럽 국가와 비교하더라도 독일 문학은 제국 체제 고유의 정치적 위험성에 주목하지 않았다. 크레이그는 "실제로 공격적인 군비 확장 노선을 천명한 빌헬름 2세의 통치로 맹렬한 제국주의가 등장하면서 이런 위험성이 더 확고해지고 현실세계가 무척 복잡해지자 전국의 소설가와 시인 대다수는 정치 현실을 외면하고 그들에게 늘 안식처가 되어준 내면세계로 숨어들었다"고 말한다. 에밀 졸라와 조지 버나드 쇼, 조지프 콘래드, 앙드레 지드, 막심 고리키, 헨리 제임스에 해당되는 독일 작가는 없었다(예외가 있다면 게르하르트 하웁트만의 후기 작품 정도가 유일할 것이다).

민족주의 역사의 등장

다시 독일 역사가로 눈을 돌려 이야기를 시작해보자. 독일 역사가들에게 특별히 내면적인 성향이 있었던 것은 아니지만—사실은 오히려 반대였다—이들은 19세기 후반 독일에 내향성이 등장하는 데 일조한 민족주의의 수혜자였다. 먼저 테오도어 몸젠(1817~1903)을 예로 들 수 있다. 목사의 아들로 슐레스비히의 가르딩에서 태어난 몸젠은 명문 대학에 들어갈 형편이 안 되어 홀슈타인의 킬 대학에 입학했다. 그는 장학금을 받아 프랑스와 이탈리아로 유학을 가서 고대 로마의 명문銘文을 공부했고, 그 성과를 인정받아 1857년에 베를린 과학아카데미의 연구교수에 임용되었다. 그는 독일 고고학연구소를 설립하는 데 도움을 주었으며 1861년에는 베를린 대학의 로마사 교수가 되었다. 그는 또한 1500편이 넘는 논문을 발표했고 독일 금석학 연구의 선구자가 되었다. 16권으로 된 『라틴 명문전집』이 출판되는 데 주도적인 역할을 했으며 이중 다섯 권을 직접 쓰기도 했다. 몸젠은 매일 새벽 5시에 일어났다. 길을 걸으면서도 책을 읽곤 했던 그는 16명의 자녀를 두었는데, 증손자인 한스와 볼프강도 후에 유명한 독일 역사가가 되었다. 1902년 몸젠은 85세에 노벨문학상을 수상했다. 비문학 저술가로서는 이례적인 영예였다.

몸젠은 또 정치가이기도 했다. 1863년부터 1866년까지, 그리고 1873년부터 1879년까지 프로이센 주의회 의원직을 맡았다. 1881년부터 1884년까지는 제국의회 의원으로 처음에는 독일진보당에 들어갔다가 다시 국민자유당으로 옮겼다. 몸젠은 비스마르크나 동료 역사가인 트라이치케와 심한 불화를 빚기도 했지만 열렬한 민족주의자였다. 오늘날의 시각에서 보면 그는 역설적인 인물이었다고 할 수 있다. 아직 우익 색채를 드러내기 전의 민족주의를 구현했기 때문이다.

몸젠의 저술 중에 가장 유명한 것은 『로마사』다.[5] 1854년에서 1856년 사이에 출판된 이 책은 사실 미완성작이지만 여전히 1800년대의 가장 위대한 고전으로 꼽히고 있다. 19세기 중반에 나온 몸젠의 『로마사』는 괴테의 『파우스트』나 쇼펜하우어의 『의지와 표상으로서의 세계』에 견줄 만큼 영향력이 큰 작품이었다. 몸젠이 제기한 주제는 시대 상황과 관련 있었다. 몸젠은 율리우스 카이사르가 천재였으며 부패하고 이기적인 원로원보다 그가 한 통치가 훨씬 더 공정하며 "민주적"이었다고, 만약 그가 암살당하지 않았다면 계속 그렇게 통치했을 것이라고 주장했다.[6] 열렬한 민족주의자였던 몸젠은 강력하지만 공정한 성향을 지닌 천재의 통치인 '황제정치Caesarism'는 덜 부패한 것이었고 다른 어떤 체제보다 더 민주주의를 보장할 수 있는 것이었다고 주장했다.[7]

따라서 몸젠의 저서에는 후에 민족심리학Völkerpsychologie이라 불리게 될 초기의 세계관이 담겨 있다. 민족심리학은 국가의 영광을 위해 '인종심리학'을 이용하는 새로운 과학이었다.[8] 특히 몸젠은 이 책에서 독일인이 로마인보다 더 재능이 많다며 다음과 같은 오만한 주장을 하고 있다. "그리스인과 독일인만이 저절로 솟아오르는 노래의 샘을 가지고 있다. 뮤즈*의 황금 단지에서는 불과 몇 방울만이 이탈리아의 푸른 토양에 떨어졌을 뿐이다."[9] 몸젠의 정치적 성향은 오늘날의 우리로서는 이해하기 어려운 것이었다. 그는 군주제를 지지하는 한편 자유주의자였고 엄격한 학자이면서도 인종주의에 가까운 민족주의적 성향을 지니고 있었다. 이를테면 그는 맹렬한 반反프랑스주의자였다. 몸젠은 1870년의 전쟁을 "마침내 프랑스에 대한 어리석은 모방에서 국민을 구출해줄 해방전쟁"으로 보고 크게 환영했다.[10]

하인리히 폰 지벨(1817~1895)은 몸젠보다 이틀 늦은 1817년 12월 2일에 태어났다. 지벨의 아버지는 뒤셀도르프에서 변호사로 일했는데, 그곳에서 성장한 지벨은 고위 공무원을 지냈고 1831년에 귀족 작위를 받았다. 그

---

*그리스 신화에 나오는 문예文藝의 여신.

의 집은 늘 예술가들로 북적거렸으며, 펠릭스 멘델스존도 단골손님 중 한 사람이었다.[11] 베를린 대학에서 랑케와 사비니에게 배운 지벨은 누가 보더라도 출중한 제자였다. 그는 본 대학의 사私강사*로 있던 중 『제1차 십자군 원정사』와 『독일 왕국의 기원』을 펴내 주목받았다. 중세에 대한 낭만주의의 이상적 시각을 바로잡은 『제1차 십자군 원정사』는 그의 이름을 널리 알리는 발판이 됐다. 지벨은 이 공로를 인정받아 27세에 교수가 되었고 동시에 교황권 지상주의 운동Ultramontanism**의 대표적인 반대자로 나섰다. 이 일은 토리노 성의***가 트리어에 전시되어 수많은 순례자의 주목을 받았을 때 일어났다. 성의가 위조된 것이라 여겼던 그는 진위를 가려내는 조사 결과를 발표하는 데 도움을 주었다. 이때부터 지벨은 정치에도 관심을 갖게 되었다. 1846년 그는 마부르크에 있는 작은 대학의 교수가 되면서 헤센 주의회 의원이 될 기회를 잡았다. 이후 1850년에는 이른바 고타Gotha당원으로 에어푸르트 의회 의원이 되었는데, 고타당의 목표는 프로이센이 주도하여 독일을 부흥시키는 것이었다. 지벨은 합스부르크 왕가****가 '예수회 정신'에 좌우되고 있으며 "오스트리아는 독일 정신이 전혀 없다"고 생각했다.[12]

지벨은 몸젠처럼 정치에서 활동적이었을 뿐만 아니라 지금까지도 사람들 입에 오르내리는 걸작 3편을 저술했다. 그중 첫 번째 저서가 『프랑스 혁명사 1789~1795』다. 지벨은 에드먼드 버크와 그의 책 『프랑스 혁명에 관한 고찰』로부터 영향을 받았다. 하지만 지벨의 업적은 혁명 기록에 독일적 색채의 고등비평을 창시했다는 데 있다. 예를 들면 이 과정에서 지벨은 마리 앙투와네트가 썼다고 알려진 많은 편지가 실제로는 그녀가 썼을 가능성이 없다는 것을 밝힘으로써 프랑스 국내에 대대적인 관심을 불러일으켰으

---

*대학에서 나오는 급료는 없고 학생들에게 수업료를 받는 강사.

**로마 교황의 권위가 국민적 주교단主教團이나 세속 국가권력보다 높다는 것을 강조하는 운동.

***예수의 장례식 때 사용된 수의로 알려져 있는 유물.

****오스트리아 왕조의 가문.

며, 프랑스 좌파 역사가들이 주장하는 것과 달리 혁명에 대해 낭만적 색채가 줄어든 새로운 시각을 제공했다. 비록 지벨의 학문적 활동이 나무랄 데 없는 것이었고 또 그가 파리를 비롯해 프랑스 각지의 모든 문서에 접근하는 것이 허용된 점을 감안하더라도 그가 내린 결론은 편견에 가까운 것이었다. 지벨은 영웅이 역사를 만들며 "대중은 아무 역할도 하지 못한다"고 굳게 믿었다. 또 이런 의미에서 프랑스 혁명이 주는 교훈은 나폴레옹의 출현이라고 생각했다.[13]

1856년 지벨은 랑케의 추천으로 뮌헨 대학 교수가 되었다. 여기서 지벨은 역사 세미나를 설립했고 그의 두 번째 주요 업적이라 할 수 있는 『역사잡지』를 창간했다. 이 잡지는 당시 발간되던 모든 역사 간행물의 모범이 되었으며 어떤 면에서는 그 영향이 오늘날까지 미치고 있다. 하지만 가톨릭 국가인 바이에른의 수도 뮌헨은 지벨이 지내기에 결코 안락한 곳이 못 되었다. 1859년 전쟁의 여파로 정치적인 소요가 끊이지 않는 가운데 지벨은 왕의 후원을 잃고 2년 뒤 본으로 이주했다.[14]

이후 지벨은 곧바로 정계에 발을 들여놓아 프로이센 하원의원에 선출되었고 비스마르크 공격에 가담했다. 당시 독일 언론은 영국이나 프랑스에서처럼 독립된 지위를 누리지 못했다. 따라서 비스마르크의 조롱을 받기는 했지만, 정치인 교수는 이미 공공연한 현상이었다.[15] 한동안 눈병을 앓아 의회에 나가지 못했던 지벨은 1867년 국민자유당으로 제헌의회에 진출했다. 여기서 지벨은 보통선거제도의 도입에 반대했는데, 이를 계기로 비스마르크와 화해했다. 1874년 프로이센 의회에 진출했을 때에는 관계가 한층 강화되어 성직권을 주장하는 이들the Clerical과의 싸움에서 그는 정부를 지지했고 이후에는 사회주의자들과 맞서게 되었다.[16]

이 일이 어느 정도 작용하여 비스마르크는 지벨을 프로이센 문서보관소장 자리에 앉혀 그에게 학자로서는 다시없을 기회를 열어주었다. 그중 하나가 프리드리히 대왕의 서한을 책으로 발간하는 일이었는데, 지벨도 편집위원으로 참여했다. 하지만 지벨이 남긴 가장 위대한 업적은 오늘날까지도 인상 깊고 유용한 것으로서, 『독일 제국의 건설』이라고 할 수 있다. 프로이센 문서보관소장이 된 그는 프로이센 국가기밀문서에 접근할 수 있었고 이를 계기로 대對 오스트리아 전쟁이나 슐레스비히-홀슈타인 전쟁, 자도바(쾨니히그레츠) 전투 등 그 자체로 완결된 가치를 지닌 수많은 배경 이야기와 사건을 직접 눈으로 확인할 수 있었다. 하지만 이런 사건을 속속들이 알게 되었다고 해도 기록 작성자나 관계자와의 개인적 친분 때문에 자신이 아는 내용을 기술하는 데 제약이 따를 수밖에 없었다. 따라서 그가 저술한 역사는 본질적으로 프로이센이 강대국으로 부상하는 데 대한 기술이며 왜 이 과정이 불가피하고 정당했는지에 대한 설명이다. 프로이센은 젊고 활력 넘치는 국가인 데 비해 오스트리아는 힘이 빠지고 늙은 국가였다. 비스마르크는 영웅으로, 오스트리아, 프랑스, 덴마크(슐레스비히-홀슈타인 전쟁에서)는 원흉으로 묘사된다.

1890년 비스마르크가 실각하자 지벨은 더 이상 기밀문서에 접근할 수 없었다. 때문에 이후에 나온 후반부의(1866~1870년을 다룬) 역사는 중요성이 떨어진다. 어쩌면 다행스런 일일지도 모른다. 『독일 제국의 건설』은 늘 몸젠의 『로마사』에서 극단적인 역사로 한 걸음씩 다가간다.

하지만 지벨의 극단주의도 "타고난 미사여구 솜씨 덕분에 공포심을" 불러일으킨 하인리히 폰 트라이치케(1834~1896)에 비하면 무색할 정도다. 훗날 드레스덴의 군부 통치자가 된 작센군 장교의 아들로 드레스덴에서 태어난 트라이치케는 귀족 작위를 받았고 작센 국왕의 친구가 되었다. 홍역과 선열을 앓고 난 뒤 그에게는 자신과 밀접한 환경이라고 할 정부와 군대에서 제대로 된 경력을 쌓는 데 지장을 줄 만큼 심한 청각 장애가 생겼다. 선천적인 농아와 별 차이가 없을 정도로 말할 때마다 유난히 "발음이 끊기는" 목소리를 냈다. 그 때문에 트라이치케는 라이프치히와 본, 괴팅겐 대학에 들어가 학술 연구로 경력을 쌓았으며 이때 프리드리히 크리스토프 달만의 제자가 되었다.[17] 애국심이 투철했던 달만은 광신적으로 프로이센의 이상을 옹호했으며 강대국을 지향하는 자유주의자였다. 트라이치케는 달만의 사고를 그대로 흡수해 이를 바탕으로 자신의 이론을 쌓아나갔다.

1863년 트라이치케는 슈바르츠발트 서남쪽 변두리에 있는 프라이부르크임브라이스가우 대학의 교수로 임용되었다. 3년 뒤, 프로이센-오스트리아 전쟁이 일어나자 그는 프로이센을 열렬히 지지하며 베를린으로 옮겨가 프로이센 국적을 취득했다. 이어 『프로이센 연감』의 편집자가 되어 과격한 논조의 기고문을 쓰는 한편 하노버와 작센 공국을 강제로 합병하라는 주장을 제기했다. 라이프치히에 계속 머물면서 작센 국왕과 친밀한 관계를 유지하고 있던 그의 아버지로서는 달갑지 않은 주장이었다. 하지만 아버지 때문에 트라이치케의 경력에 금이 가지는 않았다. 트라이치케는 킬 대학과 하이델베르크 대학을 거쳐 1874년 베를린 대학 교수에 임용되었다.

당시 트라이치케는 3년 임기의 제국의회 의원을 역임했는데, 이 지위는 큰 이점을 누릴 수 있는 자리였다. 이때부터 세상을 떠날 때까지 그는 베를린의 유명 인사로 행세했고 지벨이 사망한 뒤에는 지위가 더 올라가 『역사잡지』의 편집인이 되었다. 여기서 트라이치케는 호엔촐레른Hohenzollern 왕가*의 후원을 받으며 계속해서 요란한 캠페인을 벌였고, 1870년대 후반에는 반유대주의 성향이 점점 더 강해졌다. 이런 태도는 테오도어 몸젠과 갈등을 빚는 요인이 되었다.[18]

트라이치케는 역사가 주로 정치에 관한 것이라고 생각했다는 점에서 랑케의 후계자였다고 할 수 있다. 그는 전기공학이나 고고학 같은 과학을 얕잡아봤고 대신 프로이센의 정치력 성장을 당대의 중심 문제로 보았다. 이런 시각을 바탕으로 그는 역사가로서 그의 최대 업적에 해당되는 다섯 권짜리 『19세기 독일사』를 저술했다. 제1권은 1879년에 나왔지만 16년 뒤 그

---

*프로이센 왕조의 가문.

가 사망할 무렵에 그는 겨우 1847년을 기술하고 있었다. 그의 책은 여러 권으로 기술하는 독일 역사 연구의 전통을 따랐고, 한때는 모든 독일 중산층에서 소장할 정도였다. 트라이치케의 제자 중에는 유명한 역사가가 많았다. 한스 델브뤼크, 뒤부아, 오토 힌체, 막스 렌츠(막스 플랑크의 사촌), 프리드리히 마이네케, 프리드리히 폰 베른하르디, 사회학자 게오르크 지멜이 여기에 속한다. 그들 중에서도 트라이치케와 베른하르디가 영국에 맞서 독일 쪽으로 지나치게 기울었다. 트라이치케는 "영국인 사이에서는 금전에 대한 애착이 명예를 죽이며 옳고 그름에 대한 분별력을 잃게 한다"고 말했다.[19]

트라이치케는 경구를 만드는 재주가 뛰어났다. "우리에게는 독일이라는 조국이 없다. 오직 호엔촐레른 왕조만이 우리에게 조국을 줄 수 있다." 특히 유명한(동시에 가장 자극적인) 경구로는 "유대인은 우리의 불행이다"라는 말이 있다. 그는 또 가톨릭을 공격하는가 하면("사제 폭력배") "하인이 없는 문화는 살아남지 못했다"는 말도 서슴지 않았다. 하지만 좀더 중요한 것은 그의 태도에 대대적인 변화가 있었다는 점일 것이다. 트라이치케는 자유주의자에서—자신이 성장한 시대의 수많은 반半절대주의적 제한 조치에 반대했다—비스마르크의 점진적인 독일 통일에 동조하는 보수주의자로 바뀌었으며, 경제적 법칙에서 나온 모든 것은 정치적 관점에서 이해해야 한다고 주장한 인물이었다. 트라이치케는 점차 선동가가 되었으며 종종 외국에서는 그를 '독일 정책의 공식 대변인'으로 간주할 정도였다. 그는 전쟁을 포함해 정치가 "인간의 가장 고상한 행위"라고 주장했다.[20] 트라이치케는 독일이 정당한 양지를 요구할 만큼 스스로를 자유롭게 표현해야 한다고 생각했다. 지벨과 마찬가지로 트라이치케에게도 프로이센의 문서에 접근할 기회가 있었다. 하지만 그는 어느 누구보다도 자신이 발견한 내용에 대해 냉정하게 거리를 두지 못했다. 액턴 경의 다음과 같은 말은 특히 트라이치케를 염두에 두고 한 것이었다. "그들은 역사를 국가의 생존과 결부시켰고 그것이 프랑스 밖에서는 결코 가져보지 못했던 영향력을 역사에 부여했다. 뿐만 아니라 그들 자신의 견해를 법 위에 군림하도록 하는 데 성공했다."[21] 트라이치케는 제1차 세계대전 이전의 호전적인 독일을 만드는 데 일조한 인물로 간주되지만 동시에 그런 시대가 낳은 인물이기도 했다. 트라이치케는 "가장 순수한 프로이센의 미덕"은 행정부와 군을 주축으로 일하면서 국왕과 귀족을 보위하는 것이라고 확신했다.[22] 바로 이것이 그가 쓴 '역사'의 주제다.

트라이치케 기념비는 1909년 10월 9일에 베를린 대학 교정에 세워졌다. 몸젠 기념비가 세워진 지 3주 뒤의 일이었다. 두 기념비는 1899년 이후 그보다 먼저 세워진 헬름홀츠 기념비를 양쪽에서 날개처럼 감싸고 있다. 기념비에 설치된 트라이치케의 동상은 1920년대에 땅에 떨어져 파손되었는데, 1930년대에 다시 제자리에 세워졌다. 그의 동상은 나치 시대인 1935~1936년에 수리되어 자이텐호프로 옮겨졌지만 1950년대에 해체되어 사라졌다. 몸젠의 기념비는 여전히 제자리에 남아 있다. 헬름홀츠와 몸젠의 기념비 사이에는 막스 플랑크의 동상이 세워졌다.•

새로운 고고학의 아버지들

몸젠, 지벨, 트라이치케는 비록 약간의 차이는 있지만 정치에 연루된 역사가였다는 점에서는 똑같다. 다음 장에서는 이들의 사상과 접근 방식이 어떻게 전全 독일 사회와 세계 무대에 퍼졌는지 살펴볼 것이다. 이들과 요한 구스타프 드로이젠, 달만 같은 다른 역사가들이 명백히 동일한 경향을 보

• 이 책이 발행될 무렵(2010) 베를린의 한 지역을 다시 트라이치케 거리로 명명하는 것을 두고 (불쾌한) 논란이 벌어지고 있었다.

여주기는 했다. 그렇지만 꼭 이런 경향만 있었던 것은 아니다. 당대의 다른 역사가들은 문화의 역사를 강조했기 때문이다. 3장에서 살펴본 야코프 부르크하르트(바젤에서 만난 니체에게 중대한 영향을 준)도 있고, 에른스트 쿠르티우스, 하인리히 슐리만, 빌헬름 되르프펠트 등 19세기 후반부터 20세기 전반까지 독일 고전고고학의 기초를 세운 인물들도 있었다.

19세기 중반 신생 독립 왕국이었던 그리스에서는 처음에 독일 출신의 오토가 왕위에 올랐고 이어 덴마크의 게오르게 1세가 왕위를 이었다. 물론 덴마크는 오랫동안 독일의 문화적 우산 아래에 놓여 있었다고 할 수 있다. 아테네에는 많은 독일인이 살았는데, 그중 한 사람인 루트비히 로스는 파르테논 신전의 복구 작업을 맡고 있었다.

장기적인 관점에서 이보다 더 중요한 것은 베를린 대학의 고고학 교수였던 에른스트 쿠르티우스(1814~1896)가 올림피아에서 발견한 성과라고 할 수 있다.[23] 이 도시는 모든 그리스인에게 대단한 의미가 있었다. 올림픽 축제와 관련된 고대 연대기를 보면 여기서 기원전 776년부터 4년마다 축제를 벌인 것으로 나와 있기 때문이다. 그동안 몇 차례에 걸쳐 발굴을 시도했지만 1874년까지는 아무것도 나오지 않았다. 쿠르티우스는 빌헬름 1세 황제의 특사 자격으로 아테네에 머물며 독일 고고학연구소 설립에 관여했다. 이 고고학연구소는 2주마다 모임을 가졌다(제1차 회의는 빙켈만의 생일인 12월 9일에 열렸다).[24] 여기서 그리스 외무장관과 로스의 그리스 대리인이자 유물 관리인이 올림피아 협정에 서명하도록 독일 대사와 함께 설득한 사람도 쿠르티우스였다. 이 협정은 이후 이와 비슷한 모든 협정의 선례가 되었으며, 발굴 감독을 위해 파견된 경찰의 비용을 포함해 모든 경비를 지불하되 독일이 발굴 지점의 선택권을 갖고, 해당 지역 지주에게 보상하며, 발굴된 모든 유물은 그리스에 남겨두어야 한다는 점을 명기했다. 또한 그리스는 적절한 복제품이 있을 때 정부 재량으로 나누어줄 수 있다는 조항도 집어넣었다. 독일은 복제품과 주물을 만들 권리를 확보했고 발굴과

관련된 모든 결과는 그리스와 독일에서 동시에 공개하기로 합의했다.[25]

발굴을 시작한 지 두 달여 만에 제우스 신전이 모습을 드러냈고 이어 날개 돋친 승리의 여신상, 42개의 영웅상, 400개가 넘는 명문이 발견되었다. 무엇보다 헤르메스 상의 발견은 많은 사람의 환호를 받았다. 파우사니아스*에 따르면, 헤르메스 상은 고대 그리스에서 아주 유명한 조각가였던 프락시텔레스의 작품이었다(기원전 364년에 제작). 올림피아 발굴 작업은 처음에는 현대적인 과학 기법을 사용했다. 이를 계기로 독일은—오래전에 빙켈만이 단적으로 보여주었던—고대 유적이 어떤 모습이었는지 전 세계에 보여주는 데 주도적인 역할을 했다. 헤라 신전과 크로노스 언덕에서부터 유명한 승자들에게 공물을 바치려고 바닥에 줄지어 늘어선 입상이 딸린 제우스 신전은 물론이고 페이디아스**의 작업장에 이르기까지 모든 것이 너무도 아름답게 다듬어져 있었다. 발굴 작업이 아주 깔끔해서 피에르 프레디 쿠베르탱 남작***이 1896년에 근대 올림픽을 개최하려고 결심했을 정도였다.

쿠르티우스가 올림피아에서 발굴 작업을 하던 해에 또 한 명의 독일인이 다른 그리스 지역에서 올림피아보다 더 주목할 만한 프로젝트에 착수했다. 전문 고고학자였던 쿠르티우스는 그가 도움을 주기보다 오히려 방해만 된다고 여겼다. 그런데 바로 그 사람 때문에 쿠르티우스는 여론의 관심에서 점차 밀려났다. 그는 바로 하인리히 슐리만으로 자신이 트로이라고 생각한 지점을 발굴하고 있었다.

슐리만(1822~1890)은 다채로운 삶을 산 인물이었다. 물론—아마 이렇게 말하는 것이 사실에 가까울 것이다—우리가 생각하는 것만큼 다

---

*2세기 후반에 활약한 그리스의 여행가·지리학자·저술가.

**고대 그리스의 조각가(기원전 500?~기원전 432?).

***1863~1937, 프랑스 교육가이자 근대 올림픽 경기의 창시자이다. 그는 1894년 국제올림픽위원회 IOC를 창설했고, 1896년엔 아테네에서 제1회 근대 올림픽 경기를 개최했다.

채롭진 않았다.[26] 왜냐하면 의심할 여지 없이 낭만적 기질을 지녔던 슐리만은 거짓말쟁이가 분명했고 그것도 대단한 거짓말쟁이였기 때문이다. 그는 1822년 메클렌부르크슈베린의 노이부코에서 태어났는데, 그 역시 목사의 아들이었다. 평생 직장생활이라고는—고고학에 뛰어들기 전에—식품점 점원, 사환, 상트페테르부르크 수출입 회사의 대리인이 전부였던 그는 상트페테르부르크에서 성공을 거두며 러시아어와 그리스어를 배웠다. 그는 캘리포니아의 새크라멘토에서 은행업을 시작하면서 사금을 사들였다가 되파는 방법으로 6개월 만에 행운을 거머쥐었고, 러시아로 돌아가 첫 번째 부인 예카테리나를 만났다. 예카테리나는 슐리만이 굉장한 부자라고 생각했는데 자신의 판단이 틀렸다는 것을 알고 나서는 동거를 거부했다. 이 결정은 소기의 목적을 달성했다. 슐리만이 다시 쪽 물감을 매점하여 돈을 벌자 그녀는 슐리만의 아이를 셋 낳았다. 크림 전쟁이 벌어지는 동안(1854~1856) 슐리만은 계속해서 초석과 유황, 도화선 등 탄약에 필요한 모든 재료를 매점했다. 그는 이러한 방법으로 러시아 정부로부터 또 한 번의 행운을 얻어냈다. 1860년대에 슐리만이 고고학에 뛰어든 것은 이 모든 일이 지난 뒤였다.

그리스 세계에 깊이 빠져든 나머지 결혼생활에 파경을 맞은 슐리만은 아테네 신문에 그리스인 아내를 구한다는 광고를 냈고, 사진을 보내온 지원자 중에서 새 아내가 될 여자를 골랐다.

19세기에 트로이 유적지의 실제 위치는 분명치 않았다(18세기에는 이를 두고 평생 논란을 벌이는 사람들이 있을 정도였다). 오늘날에는 트로이가 실제로 존재했는지, 트로이 전쟁이 정말로 일어났는지에 대해 의심하는 학자들도 있고 이런 배경에서 호메로스의 작품을 허구라고 보기도 한다. 그럼에도 오랫동안 실제 트로이 성이라는 명예를 놓고 세 군데의 유적지가 서로 경쟁을 벌였다. 많은 사람이 트로이가 시모에이스 강 부근 히살리크 언덕에 있는 '일리아드 마을'일 것이라고 믿었다. 한편 지리학자인 스트라

본*은 더 남쪽에 있는 칼리콜로네가 트로이일 것이라고 생각했다. 이곳에는 호메로스가 묘사한 두 개의 샘이 가까이 붙어 있었는데 히살리크에는 이런 샘이 없었기 때문이다. 훗날 탐험가들은 해안에 인상적인 유적을 간직하고 있는 알렉산드리아 트로아스를 후보지로 더 선호했다. 이곳은 앞의 두 곳보다 훨씬 더 남쪽에 위치해 있다.

과학적인 역사가도 아니고 고고학자도 아니었던 슐리만은 쿠르티우스에게 성가신 존재였다. 하지만 슐리만은 자신의 가정을 시험하기 위해 발굴을 시도한 최초의 인물이었다. 그는 '실험적인 방식'으로 발굴을 시도했는데, 이 때문에 많은 사람이 슐리만을 진정한 고고학의 아버지로 여긴다.[27]

슐리만이 히살리크를 발굴하기 시작한 것은 1869년이었다. 거대한 흙더미에 덮인 이 땅의 일부는 이곳 미국 영사로 성격이 까다로운 프랭크 캘버트의 소유였다. 슐리만은 캘버트의 협력을 쉽게 얻어내지 못했다.[28] 수년 동안 슐리만은(그리고 다른 사람들도) 이 유적지의 지층이 여러 층으로 쌓여 있으며 게다가 7개의(또는 8개의) 단층으로 이뤄져 있다는 점을 발견했다. 그는 두 가지 문제로 고심했다. 하나는 모든 단층을 서둘러 조사할 수 있도록 주변에 깊은 해자를 파는 일이었다. 이렇게 할 경우 무엇이 나오든 나오지 않든 이런저런 발굴 방식을 결정하는 데 단서가 될 증거물이 파괴될 위험성이 있었다. 해자를 파니 명백히 트로이 전쟁보다 훨씬 더 오래된 것으로 보이는 단층 위로 겹겹이 쌓인 지층 맨 꼭대기에서 유물의 파편이 보였다. 두 번째 문제는 1873년 5월에 이른바 프리아모스 왕**의 보물을 발견한 것이었다. 이 유물은 트로이 전쟁과 연대가 전혀 맞지 않는 층에서 발견되었는데, 이 소문이 삽시간에 퍼져나가자 슐리만은 암시장에서 유물을 사들여 함께 묻혀 있었던 것으로 짜맞췄다. 그의 발굴 노트에 적힌 유물

*그리스의 지리학자·역사가(기원전 63?~ 기원후 21?).

**그리스 신화에서 트로이 전쟁이 일어났을 당시 트로이의 왕.

들은 시대가 서로 일치하지 않는다.

물론 보물의 발견은 낭만적인 이야기를 만들어냈고 이 일로 슐리만은 욕심을 냈을 것이 분명한 명성을 얻었다. 하지만 보물을 둘러싼 논란은 좀처럼 수그러들지 않았다. 베를린으로 옮겨진 이 유물은 제2차 세계대전 기간에 약탈당했고 최근에는 모스크바에서 전시되고 있다.

이후 미케네에서 이뤄진 발굴 성과도 그의 명성을 강화시켜주지는 못했다. 미케네에서 그가 이룬 업적이 권위를 갖게 된 것은 당시 미케네 문명에 대해서 알려진 것이 별로 없었기 때문이다. 여기서 슐리만이 발견한 것은 일련의 수갱식 분묘와 "지금은 아테네 국립고고학박물관의 위용을 빛내주고 있는" 어마어마한 금 장신구들이었다.[29] 하지만 미케네 발굴도 많은 의문점을 남겼다. 제5호분에서 발굴된 그 유명한 황금가면은 누가 봐도 "19세기의 특징이라고 할" 콧수염을 달고 있기 때문이다.

이밖에도 슐리만은 1882년 히살리크로 돌아가기 전에 티린스, 오르코메네스, 크레타 등지에서 발굴 작업을 펼쳤다. 비로소 전문적인 고고학자의 도움을 받을 필요가 있다고 여긴 슐리만은 조수 또는 협력자를 구했다. 바로 올림피아에서 쿠르티우스와 함께 발굴 작업을 했던 빌헬름 되르프펠트("슐리만 최대의 발견", 1853~1940)였다. 어쩌면 트로이를 실제로 발견한 사람은 되르프펠트였는지도 모른다.[30] 슐리만이 (12월 2일 나폴리에서) 사망하고 2년 뒤인 1893년 봄, 되르프펠트가 히살리크의 남쪽 언덕을 파내려가자 이내 슐리만이 발견한 어떤 것보다 훨씬 더 거대한 벽이 모습을 드러냈다. 호메로스가 묘사한 것(파트로클로스*가 벽을 올라간다는)과 똑같이 확연한 '경사' 또는 각도를 이루고 있고, 각진 망루와 두 개의 주요 성문이 달린 벽이었다. 벽 안쪽에는 크고 아담한 주택들이 있었는데 배치 구조를 본 되르프펠트는 전체가 동심원을 이룬 것으로 추정했다. 또 이에 못지

*그리스 신화에서 트로이 전쟁의 영웅이다.

않게 중요한 것은 곳곳에서 미케네 도기가 발견됐다는 사실이다. 슐리만이 미케네에서 발견한 것과 똑같은 도기였다. 마침내 되르프펠트는 이 층에서 대화재가 일어났던 흔적을 발견했는데, 이것은 트로이 제4기에 해당되는 연대였다.

호메로스가 묘사한 성이 트로이 제4기라는 점을 모두가 받아들인 것도 아니었고—후에 미국인 칼 블레건은 7a기 설을 주장했다—또 앞으로 4기 설이 반드시 정설로 굳어지리라는 보장도 없다. 어쨌든 슐리만처럼 경력이 다채롭고 많은 논란을 불러일으킨 고고학자가 다시 나올 것 같지는 않다.

슐리만은 자신이 발견한 것을 베를린민족학박물관에 전시하기로 비스마르크와 합의한 뒤(다섯 군데의 전시장 모두 '슐리만'이라는 이름이 붙어 있다) 곧바로 박물관 건설에 착수했다. 19세기 후반 들어 점점 더 확고해진 민족의식은(비단 독일만의 일은 아니었다) 군사 분야 못지않게 박물관에서도 표현되었다. 베를린박물관은 1823년에 허가를 받아 싱켈의 설계로 슈프레 강의 섬에 세워졌는데, 18개의 거대한 철주가 특징이었다. 진품 조각 작품만 전시할 수 있었으며(주물 복제품은 없었다), 이어 일반 대중과 예술가, 학자들에게 깊은 인상을 주기 위해 모든 시대의 유물들이 차츰 전시장을 채워나갔다.[31] 하지만 이 박물관이 세계적인 이목을 끌게 된 것은 이로부터 50년이나 지난 뒤였는데, 바로 페르가뭄의 제우스 제단을 전시하고부터였다.

알렉산드로스 대왕 사후에 발전한 수많은 헬레니즘 시대 도시 중 하나인 페르가뭄은 2000권의 장서를 소장한 고대의 가장 유명한 도서관이 있던 곳이기도 하다. 페르가뭄에는 많은 신전이 있었지만 가장 위용을 자랑한 것은 언덕 꼭대기에 있는 제우스 제단이었다. 제우스 제단은 찬란한 조각품과 길이 120미터의 프리즈*로 유명한 유적이었다. 3세기에 암펠리우스는 친구 마크리누스에게 보내는 편지에서 이 제단을 세계의 불가사의 중 하나라고 말하며 다음과 같이 묘사하기도 했다. "거대한 조각상이 달린 제단은 높이가 14미터나 되고 대신對神 전쟁(인간이 출현하기 전 신들과 거인들의 전투)을 묘사하고 있네."

1871년 에센 출신의 기사이자 건축가였던 카를 후만은 슐리만처럼 고고학에 매혹되어 페르가뭄을 발굴하기 시작했다. 도시는 폐허가 되었고 고대의 많은 건축용 석재는 터키 건축업자들이 약탈해 가 남아 있는 것이 많지 않았다. 후만의 동생 프란츠는 이곳의 술탄에게 철로 및 무역에 관한 권리를 얻어 형과 함께 발굴 작업에 참여했다. 형제가 발굴을 시작한 지 얼마 안 있어 굉장한 유물이 발견되려는 시점에 쿠르티우스가 이곳을 찾았다. 가장 주목할 만한 것은 푸른빛을 띤 대리석으로 된 석판이었는데, 이것은 베를린으로 보내졌다. 베를린에서 새로 부임한 조각미술관장 알렉산더 콘체는 우연히 암펠리우스가 언급한 기록을 발견하고 후만이 발굴한 것이—당시 발굴 중이던—바로 대신 전쟁을 묘사한 것임을 깨달았다. 발견된 39개의 석판에는 제각기 다른 입상과 수많은 명문이 새겨져 있었다. 이듬해에 거인과 대치한 제우스의 모습이 들어 있는 25개의 석판이 발견되었는데 여기에도 37개의 입상이 새겨져 있었다.

당시 터키는 매우 궁핍한 상태였기 때문에 술탄은 유물에 대한 권리를 독일에 팔았다. 그리하여 프리아모스 왕의 보물과 더불어 고고학 최대의 발견이라고 할 수 있는 페르가뭄의 제단은 1880년 독일에 전시되었다. 콘체가 관리하는 베를린왕립미술관은 그리스 땅에서 온 보물 전시에서 "압도적인 선두" 지위를 차지하게 되었다.[32]

당시 프랑스와 영국, 미국은 모두 자국의 고고학연구소를 그리스와 이탈리아에 설립하여 운영하고 있었다. 비단 몸젠과 지벨, 트라이치케만 민족주의의 출현을 느낀 것은 아니었다.

---

*그림이나 조각으로 장식된 건축물의 외면이나 내면, 기구器具의 외면의 연속적인 띠 모양의 부분.

제22장

민족주의의 병리학

우리가 아는 군국주의, 즉 근대의 군국주의는 어쩌면 왕권을 지탱하는 군사 기구의 규모가 커지면서 절대주의가 부상한 18세기에 출현했다고 볼 수 있다.[1] 그러나 당시만 해도 병사들 대부분이 도보로 이동해야 했기 때문에 군대의 규모에는 한계가 있었다. 앞서 본 대로 이런 상황은 나폴레옹이 시민 모병제를 도입하고 나서부터 변했다. 전투부대의 규모는 더 커졌고 더 많은 사람이 군대에 들어가게 되었다. 프로이센에서 승리를 거두자 나폴레옹은 병력 규모를 4만2000명으로 제한했다. 나폴레옹은 1년 뒤 군대를 해산하고 새로 4만2000명을 뽑았다가 다시 1년 뒤 이 과정을 반복했다. 산업혁명의 여파로 대량생산 기술이 발달했고 증기기관의 발명과 함께 금속을 다루는 기술도 향상되었다. 이와 더불어 살상력이 큰 무기가 다량으로 제작되었다. 또 철도의 발달로 수송 능력이 커지면서 군대의 기동력도 대폭 강화되었다. 19세기 들어 제국주의가 출현하고 식민지가 확대된 것은 멀리 떨어진 나라로 신속한 원정을 감행하여 승리를 거둘 수 있는 위력적인 군대의 도움이 컸다. 이런 요인들은 많은 나라에 영향을 주었다.

이 말은 특히 독일에 특유한 많은 강점이 사람들로 하여금 '프로이센 군국주의'를 뭔가 달리 보이게 하는 결과를 낳았다는 뜻이다. 예를 들어 1860년대에는 '군대 혁명'이라고 불린 제도가 있었다.[2] 이것은 국왕인 빌헬름 1세가 자유주의적인 반대파에 맞서 만든 단기 복무제도였다. 정규군에 3년 동안 의무적으로 복무한 뒤 다시 4년을 예비군에 소속되게 함으로써 프로이센은 여느 유럽의 열강보다 훨씬 더 큰 규모의 병력을 전선에 투입할 수 있게 되었다.

두 번째 강점은 프로이센의 장군 참모진이었다. 폴 케네디에 따르면 "장군들은 1860년대 초 변변찮은 신분에서 헬무트 폰 몰트케의 지휘를 받는 '군대의 두뇌'로 부상했다." 이때까지는 병참장교 이상의 장군은 없었으며 필요한 참모는 원정을 앞두고 모집했다. 필요에 따라 그때그때 선발하는 경우가 대부분이었던 것이다. 몰트케는 사관학교 졸업생 가운데 가장 우수한 인력을 선발해서 앞으로 있을지도 모를 국가 간의 갈등에 대비하게 했고 역사의 교훈을 가르치면서 모의전쟁이나 기동훈련을 실시했다. 또 "프로이센 철도망을 담당하는 특별부대를 창설해 병력과 보급물자를 목적지로 신속하게 수송할 수 있게 했다."[3] 무엇보다 장교들은 클라우제비츠의 전략을 배우면서 통신이 두절되었을 때 창의력을 발휘해 대규모 병력이 유리한 지형을 확보하는 훈련을 했다. 이런 강점을 조화시켜 프로이센은 1866년과 1870년의 전쟁에서 결정적인—그리고 상대적으로 신속한—승리를 거둘 수 있었다. 1870년의 보불전쟁에서는 선전포고 2주일 만에 3개 군軍(30만여 명)이 자를란트와 알자스로 이동했다.

니콜라스 슈타가르트가 말한 대로, 비스마르크의 영도하에 "새로운 군국주의"가 등장하고 유럽의 중심축이 베를린으로 옮겨져 프로이센이 유럽의 패자霸者로 떠오른 것은 이 같은 체제에서 이뤄진 일이었다.[4] 이런 현상은 프로이센이 새로운 군대제도를 채택한 1860년대부터 결코 무시할 수 없는 요인이 된 산업화가 집중적으로 이뤄진 사실로 뒷받침된다. 유럽의 열강 사이에서 힘의 균형이 얼마나 빨리 무너졌는가는 다음의 통계로 알 수 있다.

서양 강대국의 총인구(100만)

	1890	1913	증가율(%)
러시아	116.8	175.1	149.9
미국	62.6	97.3	155.4
영국	37.4	44.4	118.7
프랑스	38.3	39.7	103.6
독일	49.2	66.9	135.9
오스트리아-헝가리	42.6	52.1	122.3

1인당 산업화의 수준

	1890	1913	증가율(%)
러시아	10	20	200
미국	38	126	332
영국*	87	115	132
프랑스	28	59	211
독일	25	85	340
오스트리아-헝가리	15	32	213

세계 제조업 생산 지분

	1890	1913	증가율(%)
러시아	7.6	8.2	8.0
미국	14.7	32.0	18
영국	22.9	13.6	-41

*1900년 영국을 100으로 보았을 때.

프랑스	7.8	6.1	-28
독일	8.5	14.8	74
오스트리아-헝가리	4.4	4.4	0.0[5]

위의 통계 자체가 군국주의를 입증하는 자료는 아니지만 전체적으로 독일의 물질적 번영을 입증하는 것으로, 본격적인 민족주의 감정의 원인과 징후를 보여준다. 어떤 경우에서든 물질적 번영은 군사적 능력의 변화에 비례한다는 사실을 알 수 있다.

강대국의 육군 및 해군 병력(명)

	1890	1914	증가율(%)
러시아	791000	1,352000	171
미국	34000	164000	583
영국	367000	532000	482
프랑스	543000	910000	168
독일	426000	891000	209
오스트리아-헝가리	216000	444000	206

전함 톤수(톤)

	1890	1914	증가율(%)
러시아	200000	679000	340
미국	169000	985000	583
영국	650000	2,714000	418
프랑스	271000	900000	332
독일	88000	1,305000	1483
오스트리아-헝가리	60000	372000	620

지리적으로 독일은 유럽의 심장부에 있었고 급속한 변화의 속도는 곧 바로 문제가 되었다. "이것만으로도 '독일 문제'가 1890년 이후 50여 년 동안 많은 세계 정치문제의 진원지가 될 수밖에 없었음을 알 수 있다." 한 연구에 따르면 신병 문맹자의 수는 1000명당 이탈리아가 330명, 오스트리아-헝가리가 220명, 프랑스가 68명이었던 데 비해 독일은 1000명당 1명으로 독일 병사의 자질이 두드러지게 높았다.[6] 전全독일연맹Alldeutscher Verband* 과 독일해군홍보협회Deutscher Flottenverein**가 더 이상 강조할 수 없을 정도였다.

전독일연맹은 황제 빌헬름 2세가 헬골란트***와 교환하는 조건으로 잔지바르****를 영국에 양도한 이후에 결성되었다.[7] 독일의 특정 계층으로서는 이 같은 전략적 양보를 납득할 수 없었으며, 특히 비스마르크가 실각한 이후 반발 기류가 급속히 퍼졌다. 전독일연맹을 창설한 사람은 젊은 시절 크루프의 협력자였던 알프레트 후겐베르크였다. 수천 명의—수만 명이 아니라면—독일인이 연맹의 확장 노선을 지지했는데 그중에서도 에른스트 헤켈, 막스 베버, 구스타프 슈트레제만 같은 인물은 서로 다른 분야에서 두각을 나타낸 유명 인사였고, 영국 출신의 휴스턴 스튜어트 체임벌린은 극렬한 인종주의자와 크게 다를 바가 없었다. 1908년 이 운동의 지도자가 된 하인리히 클라스는 사회민주당에 대한 무자비한 투쟁을 지지하면서 유대인을 팔레스타인으로 추방하고 드네프르 강***** 동쪽의 섬들을 합병해야 한다는 주장을 펼치는 등, 연맹의 노선을 더욱 극단적으로 몰고 갔다. 이런 견해는 트라이치케의 노선과 부분적으로 겹치는 것으로, 독일 지도층 다수는 "때

*1891년 A. 후겐베르크의 주도로 반영反英 노선에 입각한 대외 정책을 표방하며 결성된 독일의 배외적排外的 민족주의 단체.

**해군력 강화와 전함 건조의 중요성을 일깨우기 위해 1898년 베를린에서 결성된 단체.

***아프리카에서 영국의 식민지 획득을 인정한다는 대가로 독일이 얻은 북해의 섬.

****탄자니아에 있는 무역항.

*****벨라루스와 우크라이나를 흐르는 강.

가 무르익으면" 영토를 확장할 필요가 있다는 생각이 강했다. 특히 알프레트 폰 티르피츠 제독은 독일의 산업화와 해외 정복은 "자연법만큼이나 거역할 수 없는" 당면 과제라고 주장했다.[8] 물론 이런 면이 독일에서만 유난히 두드러졌던 것은 아니다. 제국주의적 호전성은 영국과 프랑스, 일본에서도 보편화된 현상이었다.

그러나 독일의 군사력 증강이 다른 어느 나라보다 더 주목할 만한 것이었다는 데는 의심의 여지가 없다. 가장 무서운 것은 1898년 이후 해군력의 급속한 성장이다. 트리피츠가 이끄는 독일 해군의 규모는 세계 6위에서 영국 해군 다음인 2위로 올라섰다.[9] 독일의 군국주의를 다른 나라와 구별짓는 최종 요인은 독일의 지리적 위치였다. 독일은 데이비드 캘리오가 지적한 대로 "태생적으로 둘러싸인" 지형이었다. 대륙의 중심에 자리하고 있기 때문에 독일인은 언제나 프랑스, 영국, 러시아, 오스트리아-헝가리에 둘러싸여 있고 또 위협받고 있다고 생각하는 경향이 있었다. 이는 곧 독일이 다른 어느 나라보다 국력 문제에 훨씬 더 민감하다는 의미였으며 비스마르크가 물러난 뒤 국력 신장을 위한 결정적인 요인이 부족하다고 생각하는 배경이 되었다.[10]

반反가톨릭의 상상력

1870년 7월 18일 프랑스는 북독일연방에 선전포고를 했다. 제1차 바티칸 공회가 교황의 '무류성infallibilitas'*을 선언하기로 결정하기 불과 24시간 전이었다. 많은 독일인이 볼 때, 우연의 일치라고 하기에는 의도가 아주 분명했기 때문에 독일의 신속한 승리는 그만큼 더 달콤한 것이었다. 파리는 점령되었고, 독일 국가들은 이제 황제가 된 프로이센 국왕의 영도하에 하나의 제국으로 통합되었다. 지벨이 헤르만 바움가르텐에게 쓴 편지에서 토로

한 다음 구절은 많은 독일인의 생각을 대변하는 것이었다. "우리는 어떻게 해서 이토록 위대하고 강력한 것들을 경험하도록 해주신 신의 은총을 받을 만했는가? 그리고 앞으로 무엇을 위해 살아야 할 것인가?"[11]

마이클 그로스가 지적했듯이, 지벨을 비롯한 역사가들은 즉시 이에 대한 답을 마련했다. "그들은 이제 로마 가톨릭교회에 맞서 전쟁을 치르고 독일에 현대적인 사회, 문화, 도덕의 기틀을 세우기로 다짐했다." 교황의 무류성을 도발적이라고 본 이유는 이것이 독일 가톨릭교회를 새로운 제국의 황제보다는 로마에 충성하도록 유도하는 것으로 보였기 때문이다.[12] 자유당 부의장인 파울 힌시우스는 바티칸의 선언은 신흥 통일국가에 언도된 "사형선고와 다를 바 없는 것"이라고 말했다.

다소 과장되기는 했지만 힌시우스의 말은 여론의 공감을 얻어 이후 일어난 문화투쟁Kulturkampf이 한동안 세력을 떨쳤다. 루터와 종교개혁, 프로테스탄트 정신, 경건주의의 나라에서 가톨릭교는 자유주의와 개혁의 신념에 대한 적으로 인식되었고 무엇보다 교양Bildung을 기반으로 시민사회에 형성된 인간적 지식과 정신의 수련을 가로막는 장애물로 비쳤다.

1848년 혁명이 실패한 뒤 자유주의가 1850년대의 반동적 흐름에서 잠재적 위협으로 남게 되자 가톨릭교회는 국가와 협력하여 자유주의를 쓸어내는 데 중점을 두었다. 1848년부터 선교사의 물결이 독일 전역을 휩쓸었다. 그들은 라인란트에서 발트 해에 이르기까지 수많은 시골 마을과 소도시를 찾아다녔다. 반혁명과 반자유주의, 반계몽주의는 20여 년 동안 맹위를 떨쳤다. 많을 때는 8개 파가 활동하기도 했는데, 통상 예수회와 프란치스코회, 구세주회 3대 파의 선교사로 구성된 선교회는 소규모 지역에서 집중적인 활동을 펼쳤다. 한 통계에 따르면 이들은 1848년부터 1872년까지

---

*교황이 전 세계 로마 가톨릭교회의 수장으로서 신앙 및 도덕에 관하여 내린 정식 결정은, 하느님의 특별한 은총으로 말미암아 오류가 있을 수 없다고 하는 주장.

적어도 4000건에 이르는 내정 간섭을 했다.[13]

선교회는 대대적인 성공을 거두었다. 선교사들이 보통 2주간 머무는 소도시는 이들을 찾는 순례자들로 인해 평소보다 인구가 두세 배 불어나는 일이 흔했다. 순례자들은 소도시의 열악한 형편을 견디며 성전이나 성당 뜰에서 잠을 잤다. 농부들은 농사일을 제쳐놓았으며 상점과 극장, 학교는 문을 닫았다. 새벽 4시나 5시에 집회가 열렸다. 1850년 선교회가 쾰른에 도착했을 때에는 1만6000명이나 되는 순례자가 대성당으로 몰려들었다.[14]

물론 군중을 끌어모으는 것은 주로 강론이었지만, 선교사들은 2주 동안 미사를 집전하고 고해성사를 주관하며 마귀 퇴치 의식을 강도 높게 벌였다. 이 과정은 하루에 세 차례 반복되었고—새벽, 오후, 밤—그때마다 족히 2시간은 걸렸다. 핵심 주제는 두 가지였던 것으로 보인다. 하나는 오직 1852년에만 순결 개념이 독단론으로 자리잡았던 성모 마리아에 대한 숭배였다. 그들은 성모 마리아의 모범적인 삶을 찬양하면서 당시 세계의 죄악을 저주했다. 술집에서 술을 마시는 것이나 춤, 카드놀이, 도박, 성적 타락은 물론 정치 서적을 읽는 것조차 비난했다. 몇몇 강론은 인기가 너무 높아 뒤셀도르프 경찰서장이 1851년 도시의 질서를 잡기 위해 이 강론을 인쇄한 팸플릿을 돌릴 정도였다. 다른 하나는 더욱 인기를 끌었는데 불타는 지옥의 현실을 강조한 것이었다. 특히 예수회 선교사들이 소름끼치는 지옥에 대한 강론에 능했다.[15] 고해성사의 열풍이 불었던 아헨에서는 사람들이 서로 먼저 고해실에 들어가려고 싸우는 바람에 대소동이 일어났다. 극장은 후원이 끊겼고 술집은 텅텅 비었다. 신부가 주교에게 여자들이 "띠나 꽃이 없는" 더욱 검소한 모자를 쓰고 다닌다고 보고하는 일도 있었다.[16] 마이클 그로스만은, 선교사들이 목청을 높이기는 했지만 이들이 '죄악'이라고 주장하는 불법 행위나 알코올 소비가 줄어든 증거는 없다고 말한다.

그럼에도 불구하고 수도원이나 종교 집회의 수는 급격히 늘어났다. 1850년 쾰른의 수사와 수녀는 모두 272명이었다. 그런데 1872년에는 3131명으로 늘어났다. 1848년 이전에는 이곳에 4개의 수도원이 있었지만 20년 뒤에는 37개로 늘어났다. 이런 흐름은 파더보른에서도 비슷해 1848년 이전에 5개에 불과하던 수도원이 1872년에는 21개가 되었다.[17]

비록 정부 당국은 선교회가 민중 소요를 일으키지 않을까 염려해 때때로 관심을 기울이기는 했지만 대체로 선교사들을 환영했다. 왜냐하면 선교사들의 목적과 성향은 보수적이고 반反급진적이었으며 강론을 통해 시끄러운 정치적 주장을 순화시킨다는 점에서 당국의 이해와 맞아떨어졌기 때문이다. 1852년 5월 프로이센 하원의원 62명은 가톨릭파를 결성했는데, 이 모임은 '가톨릭중앙당'이 발족하는 최초의 신호탄이었고 1870년 독일 제국의 탄생으로 결실을 맺었다. 동시에 예수회에 대한 여러 가지 우려도 일기 시작했다. 그들이 반프로이센 성향의 교황지상주의를 밀어붙이고 오스트리아의 영향을 다시 강조하면서 불량한 '국가 내의 국가' 노릇을 한다는 불만이었다.[18] 이런 우려는 프로테스탄트 목사가 그들이 프로테스탄트와 가톨릭의 차이에 관하여 신도들을 더 혹독하게 교육시킨 것이 분명하다는 사실을 안 1850년대 후반에 들어와 더욱 커졌다. 이 결과 1850년대 말부터 1860년대 내내 독일에서는 가톨릭 선교회에 대한 뜻하지 않은 간접적인 반발로서 프로테스탄트 부흥회가 열렸다. 신부와 목사는 자신들이 마치 전시체제Kriegszustand에 돌입한 것처럼 행동했다. 목사들은 도덕성을 회복하자는 가톨릭운동이 부끄러운 짓이고, "트로이의 목마"로서 기만전술에 불과하며 "우리 시대의 교양과 인도주의"에 반하여 계몽주의의 미덕을 훼손하려는 것이라고 주장했다.[19] 또 가톨릭은 시대역행적이지만 프로테스탄트는 진보적이고 자유주의적이라고 주장하는 목사들도 있었다. 교황 비오 9세가 1864년에 '오류에 대한 교서요목Syllabus of Errors'을 선포한 이후 트라이치케는 "프로테스탄트가 행복을 가져다주며 프로테스탄트 정신은 끝없이 지속되는 교양을 감당할 능력이 있다"는 견해를 표명했다.[20]

이런 감정들은 문화투쟁에 성性 투쟁 또는 남녀 간의 갈등이 덧입혀졌기 때문에 수사와 수녀에 대한 강한 반감을 불러일으켰다. 프로이센 의회의 진보당 대표이자 실제로 '문화투쟁'이란 말을 만들어 낸 루돌프 피르호는 여성운동의 출현을 공격했고 지벨도 이에 가담했다. 그는 여자 수도회의 증대를 지목하며 수녀회가 "결혼이라는 못의 물을 빼고 있다"는 주장을 펼치기도 했다.[21] 수도원 소속의 학교에서는 여학생들에게 괴테와 실러를 읽지 않겠다는 서약을 하도록 했다.

극적인 반전이 있었다면 이것은 1860년대 초에 일어났다. 1850년대 후반 내내 독일 내의 각국은 관세동맹에 가입하기 위한 정책을 펼쳤다. 1866년 프로이센이 오스트리아와의 전쟁에서 결정적인 승리를 거둠으로써 독일 국가 문제에 대한 대大독일안Grossdeutsch, 즉 합스부르크 왕조 휘하에 독일 국가가 통합되어야 한다는 의견으로 결론이 났다. 더욱이 1815년 이래로 독일연방 내에서 다수를 차지해온 가톨릭은 이제 북독일연방에서 소수로 전락했다. 프로테스탄트 신도는 2000만 명이었고 가톨릭 신도는 800만 명에 불과했다. 프로테스탄트는 오스트리아에 대한 승리야말로 프로테스탄트가 남성적이라는 증거라고 생각했으며, 드로이젠은 "진정한 독일 정신이 사이비 독일 정신에 승리한 것"이라고 표현했다.[22] '가톨릭 신앙의 문제점'은 토론의 단골 주제가 되었고 '오류에 대한 교서요목'도 도움이 되지 못하자 교황은 자유주의와 가톨릭이 양립할 수 없다는 생각을 분명히 하기에 이르렀다. 얼마 안 있어 반가톨릭 문학과 반가톨릭 감정은 거의 히스테리 반응을 보였다.[23]

그러다가 1870년대 초반에 몇 가지 사회적 현상이 동시에 모습을 드러냈다. 군부의 가톨릭운동(정치적으로 더 조직화된), 여성운동, 민주화에 대한 요구, 여기에 초기의 사회주의, 1870~1871년의 승리 이후 프랑스의 보복 감정에 대한 공포가 동시다발적으로 일어나면서 그로스가 "적 위의 적meta-enemy"이라고 부른 개념이 등장했다.[24] 이 모든 요인은 결국 새 제국에 맞서 연합한 적이었다. 1873년 10월, 교황이 세례를 받은 모든 기독교도는 자신에게 속한다는 선언을 했을 때 모든 자유주의자의 공포는 현실로 드러났고, 반가톨릭 운동은 절박한 입장에 몰렸다. 가톨릭 성향의 『바디셰 베오바흐터』 지가 보도한 다음과 같은 표현을 보면 전쟁이 임박한 것으로 보였다. "우리는 프랑스와 평화를 이룩했지만 로마와는 결코 평화를 일구지 못할 것이다."[25] 반가톨릭 운동은 통일독일과 근대국가, 과학, 진보, 교양과 자유라는 명분으로 시작되었다. 그럼에도 불구하고 많은 사람에게는 이 운동이 자유주의자가 스스로 자유를 포기하는 것으로 비쳤다.

유명한 '교단 조항Kanzelparagraph'*은 1871년 12월에 통과되었다. 이로써 성직자가 "공공질서를 어지럽히는 방식으로" 국사를 공공연히 거론하는 것은 형사범죄가 되었다. 1873년에는 국가의 승인을 받아 성직자를 임명하도록 명기한 이른바 1차 '5월법'이 통과되었다.[26] 7월에 2차 법이 통과되어 예수회와 구세주회, 나사로회의 수도원은 독일 땅에서 활동이 금지되었다. 이듬해 교회 재판소는 프로이센 가톨릭교회에 대한 교황의 권한을 몰수했다. 다시 1년 뒤에는 관할 주교가 모든 문화투쟁 관계 법률을 준수한다는 서약을 할 때까지 교구에 대한 국가 보조를 폐지했다. 총 189개의 수도원이 폐쇄되었고 수천 명의 성직자가 활동을 정지당했다. 20개 신문사가 폐간되었고, 136개 신문사의 편집장이 체포되었으며, 주교 없이 방치된 교구는 12곳이나 되었다. 1876년에는 1400개의 성당에 신부가 없었다.[27] 유대인들은 초조하게 상황을 지켜보고 있었다.

문화적인 측면에서, 교육받은 독일의 자유주의자들은 가톨릭교회의 부흥이 무지하고 후진적인 시대의 부활을 의미한다고 생각했다. 이들에게 가톨릭 신앙은 "교양에 무관심하거나 적대적인" 것이었고, 18세기 중반의 후진 독일에서 리비히와 클라우지우스, 헬름홀츠, 지멘스, 하이네, 코흐, 차

---

*비스마르크가 가톨릭 교회 세력을 약화시키려고 만든 법령. 가톨릭교회의 강론을 정치적 목적에 이용하지 못하도록 하는 내용.

이스, 피르호의 선진 독일로 나아가는 데 방해물일 뿐이었다. 이들은 비록 가톨릭과의 싸움에서는 이겼지만 비스마르크와의 싸움에서는 패했다. 비스마르크에 대한 패배는 가톨릭에 대한 승리보다 훨씬 더 광범위한 것이었다.[28]

진화론의 활용과 남용

자연과학이 일상생활에서 제대로 된 효과를 발휘하기 시작한 것은 19세기 후반에 들어와 대중이 읽고 쓰는 능력을 갖추면서부터였다. 그동안 높은 평가를 받지 못했던 과학은 이제 일반 대중의 엄청난 관심을 받게 되었다.[29] 특히 진화론은 독일에서 일대 선풍을 일으켰다. "진화론은 다른 어느 나라보다, 심지어 영국보다 독일에서 더 인기를 끌어 일종의 철학이 되었다. 진화론은 독일 과학계에서 아주 빠르게 유행하기 시작했다. 실제로 19세기 후반에 생물학 연구의 중심지 역할을 한 것은 영국이 아니라 독일이었다. (…) 독일은 주요 유럽 국가 중에서 문자 해독률이 가장 높았을 뿐 아니라 진화론이 과학의 영역 이상으로 확산되는 데 가장 풍요로운 환경을 갖추고 있었다. 1848년 독일에서 정치적 자유주의가 좌절된 이후, 진화론은 중산층의 진보적 욕구를 위해 정치의 탈을 쓴 이념적 무기가 되었다."[30] 독일인은 비록 자연도태는 몰랐지만 자연철학자들이 진화론의 발상을 예견했다는 것은 알았다.

이런 분위기에서 과학을 대중화한 여러 인물이 등장했다. 이중에서 가장 유명하고 기억할 만한 사람은 에른스트 헤켈, 카를 포크트, 루트비히 뷔히너, 카루스 슈테르네, 에드워드 에이블링, 빌헬름 뵐셰였다. 수백 종에 이르는 진화론 관련 도서가 출판되었는데, 뵐셰의 저서는 1933년 이전에 독일어로 쓰인 논픽션 도서로는 최고의 베스트셀러였다. 이 과정에서 진화론은 사회 각계각층의 사람들이 진화론을 들먹일 정도로 변질되고 훼손되었다. 하지만 일반적으로 독일의 진화론자들은 계몽주의의 전통을 계승하고 미신을 타파하며 새로운 과학을 알리려고 노력했다. 이렇게 함으로써 그들은 자신들이 본 대로 1848년의 급진적인 정신을 자유롭게 전파하고 계승하려고 했다.

독일은 유럽의 다른 어느 나라보다 문자 해독률이 높았음에도 불구하고, 혁신적인 새 인쇄기가 발명되어 도서와 신문 가격이 떨어지는 1870년대까지 독서가 대중적으로 이루어지지 않았다. 앞서 17~20장에서 언급한 과학 및 기술의 발달이 대중의 의식에 침투하기 시작한 것은 1860년대 이후의 일이었다.

『종의 기원』은 1861년, 영국에서 발행된 지 1~2주 만에 번역 출판되었다. 다윈 전집은 1875년에 나왔다. 진화론은, 알프레드 켈리가 말한 대로 "순식간에 독일 과학계에 깊숙이 침투했다. 진화론은 처음부터 진보적 사상으로 널리 받아들여졌다"(니퍼다이는 다윈에 대한 독일인의 반응을 "압도적"이라고 표현했다). 일찍이 1861년 3월에 다윈은 동료인 빌헬름 프라이어에게 보내는 편지에서 "독일에서 받은 후원 덕분에 우리 견해가 널리 전파되리라는 희망의 바탕이 마련되었습니다"라고 썼다. 1899년 말, 『베를리너 일루스트리어르테 차이퉁』은 독자들에게 누가 19세기에 가장 위대한 사상가라고 생각하는지에 대한 설문조사를 했다. 여기서 다윈은 헬무트 폰 몰트케와 칸트에 이어 3위를 차지했지만 『종의 기원』은 19세기에 가장 많은 영향을 준 단행본으로 선정되었다.[31]

헤켈은 역사적으로 과학의 대중화를 가장 많이 실천한 인물로 기록되지만 당시에는 뵐셰(1861~1939)가 더 유명했다. 실제로 수많은 가정에서 더 친숙했던 것은 그의 이름이었다. 뵐셰의 저서는 1914년까지 총 140만 권이 팔렸으며 앨프리드 켈리는 뵐셰가 "주된 문화 현상"이었다고 말한다. 뵐셰는 쾰른 동물원의 설립자였고, 알렉산더 폰 훔볼트, 카를 포크트, 야코프

몰레쇼트의 친구였다. 뵐셰의 주저主著로는 좀 이상하기는 하지만 1898년에서 1901년에 걸쳐 세 권으로 나온 『자연 속에서의 애정생활: 사랑의 진화사』를 흔히 꼽는다. 그는 다윈을 성서와 화해시키려는 목적으로 이 책을 썼는데, 성적인 사랑의 관점에서 진화론을 다룬 것으로 선풍적인 인기를 끌었다.[32] 뵐셰가 볼 때 성은 이상적인 경험이고 영원에 대한 희미한 감지感知이며 진화의 목적으로서 조화였다.

진화론이 부상한 것은 물론 문화투쟁의 일환이었으며 진보 세력의 지지를 받았다. 프로테스탄트 교회와의 충돌을 원치 않는 반동 세력에게서는 공격을 받았다. 양 세력은 주로 진화론을 배격한 학교에서 충돌했다. 어쨌든 독일의 많은 학교에서는 과학을 가르치는 예가 드물었기 때문에(바이에른 같은 곳에서는 과학 수업에 대한 요구가 아예 없었다) 진화론은 교과목으로 다뤄지지 않았다. 반면에 헤켈은 진화론이 학교 교육 과정의 핵심이 되어야 한다고 생각했는데, 이 문제를 놓고 의회와 신문, 각종 도서에서 치열한 싸움이 벌어졌다.

처음에 열광적으로 받아들여진 진화론은 독일에서 두 갈래로 발전했다. 그중 하나가 사회진화론Social Darwinism*이었는데, 이에 대한 몇 가지 사례는 뒤에서 언급할 것이다. 진화론이 발전하게 된 또 다른 방식은 마르크스주의와 결합한 형태였다. 제1차 세계대전 이전의 독일 노동자 세대는 극단적인 사회주의 노선을 취했다. 하지만 다시 켈리의 말을 인용하면, 기본적인 진화론의 학설은 마르크스주의 자체보다 훨씬 더 이해하기 쉬운 것이었다. 따라서 마르크스주의에는 진화론의 용어가 뒤섞이게 되었고 노동자들 대부분은 혁명의 틀에서보다는 진화론에서 미래를 내다보았다. 심지어 유명한 자유주의자인 루돌프 피르호조차 진화론이 "사회주의로 이끌리는

*다윈의 생물 진화론을 자연과 사회의 차이를 무시하고 사회학에 도입하여, 생존경쟁과 자연도태를 '사회진화'의 기본적 동력이라고 보는 학설.

것"을 두려워했다.[33] 1899년 A. H. T. 판쿠헤는 『디 노이에 차이트』 지에 노동자도서관의 사서들에게 가장 인기 있는 도서 목록을 보내달라는 광고를 실은 다음 이 결과를 '노동자는 어떤 책을 읽는가?'라는 제목으로 발표했다. 최고 순위에 오른 10종의 도서 중 4종이 진화론에 관한 것이었다. 이 결과는 당시 과학의 위상을 반영하는 것으로 변화가 불가피하다는 메시지였다.

한스귄터 츠마르츨리크, 로저 치커링, 리하르트 에반스 같은 다른 학자는 추가로 중요한 비판을 제기했다. 범게르만주의가 등장하고 인종위생race hygiene이라는 발상이 나오면서 사회진화론은 독일에서 1890년대 이후 주로 좌익에서 우익의 관심사로 방향이 틀어졌다는 것이다.[34]

타락에 대한 공포

켈리는 또 사회진화론이 "불길한 변화의 조짐을 보이기 시작한 것"은 1890년대에 들어와서의 일이었다고 본다.[35] 1890년에는 유럽의 산업 환경이 이전에 일어났던 혼란처럼 자체적으로 엄청난 무질서에 휩쓸리고 있다는 공감대가 폭넓게 형성되었다(적어도 의학계에서는). 이런 무질서는 새로운 형태의 빈곤, 범죄, 알코올중독, 도덕적 타락, 폭력에서 나온다는 생각이 퍼지기 시작했다.[36] 타락degeneration이라는 개념은 유럽인은 더 이상 문화생활을 영유할 능력이 없다는 생각으로, 이것을 주장한 사람은 이탈리아 의사 체사레 롬브로소(1835~1909)였다. 그는 범죄란 인간 "특유의" 자질이고 '범죄형'이 인간 본래의 모습이기 때문에 원시적 인간으로 후퇴하고 있다는 이론을 전개한 인물이다.[37] 하지만 타락론의 대부분은 사회주의자이자 열렬한 인류평등주의자였던 막스 노르다우(1849~1923)가 완성했다. 노르다우는 자신의 소설에서 타락을 "세기의 병폐"라고 불렀다.[38] 노르다우와 에른스트 헤켈은 전국평화연맹과 인종위생협회의 창립 회원이었다. 이탈리아에서 타락론이 등장한 것과는 별개로, 프랑스인들은 보불전쟁의 패배에 따른 굴욕감으로 지적 자존심에 상처를 입었을 때 타락에 대한 그들 나름의 이론을 정립했다. 하지만 무엇보다 주목을 받은 것은 독일어를 사용하는 헝가리 의사이자 기자이기도 했던 노르다우가 쓴 『타락Entartung』(1892)이었다. 이 책은 600쪽에 가까울 만큼 길었는데도 즉시 12개 국어로 번역이 되어 세계적인 베스트셀러가 되었다. 노르다우는 "타락한 사람이 반드시 범죄자나 매춘부 (…) 정신병자인 것은 아니다. 작가나 예술가도 타락할 수 있다"고 말하며 타락이 사람뿐만 아니라 문화에도 있다고 주장했다. 노르다우는 그 예로 샤를 보들레르와 오스카 와일드, 헨리크 입센, 레프 톨스토이, 에밀 졸라, 에두아르 마네를 지목했다. 또 인상파 화가들을 예로 들며, 이들이 '안구 떨림증'인 안진nystagmus 때문에 희미하고 일그러진 대상을 본 대로 그렸다고 생각했다.[39]

노르다우는 유럽의 귀족은 이미 회복할 수 없을 정도로 타락했으며 유일한 희망은 육체적인 노력과 옥외 운동으로 자신감과 활력을 보장할 수 있는 노동계급에 있다고 생각했다. 노르다우의 이론은 열광적인 운동클럽 회원을 탄생시켰고 20세기로 전환될 시점에 독일에서는 하이킹과 배낭여행, 자전거 경주가 유행했다. 이런 활동은 1897년 중산층이 사는 베를린 교외 슈테글리츠에서 권위적인 카를 피셔의 지도 아래 시작된 청년운동과 맞물렸다. 이들은 언제나 험준한 지형에서 도보여행을 했는데 점차 자신들만의 독특한 제복을 착용했다. 신체단련뿐 아니라 이들이 부르는 노래도 유대감을 강화시켜주었다. 제복을 입고 모이는 것은 원칙적으로 불법이었지만 피셔를 지도자Führer라고 부르는 것을 막지는 못했다. 대원들은 서로 인사할 때 하일Heil*이라는 말을 사용했다.

*만세라는 의미로 서로 격려하는 구호의 의미가 담겨 있다.

아리안 신화

독일의 역사가 여느 유럽 국가와 다른 점이 있다면, 독일의 역사 교과서가 변함없이 독일 내의 독일인에 관한 이야기보다는 이탈리아와 프랑스, 스페인에 독일인이 점점 더 늘어난 데 관심을 집중하는 것으로 시작한다는 점이었다. 다른 나라에서 독일인을 지칭하는 표현이 다양하다는 것은 이런 사정을 잘 반영한다. 핀란드에서는 독일인을 '색슨족Saxons'이라 불렀고, 러시아와 폴란드에서는 '니옘치Niemcy' '슈바비안Swabian'으로, 영국에서는 '저먼Germans', 프랑스에서는 '알레망Allemands', 이탈리아에서는 독일인이 자신들을 호칭하는 '도이체Deutsche'에서 따온 '테데스키Tedeschi'라고 불렀다.[40] 독일인이 인종의 순수성에 주목하고 이 순수성을 성취하는 영웅의 역할에 관심을 돌린 것은 이렇게 다양한 역사적 명칭과 관계가 있지 않을까? 어느 민족이나 스스로를 특별하다고 여기지만 독일의 경우는 유난히 강했다. 독일에서 아리안 신화의 기초를 가장 먼저 다진 사람은 프리드리히 슐레겔이었으며, 이를 바탕으로 훗날 "늙은 라틴 인종"과 "젊은 게르만 인종"을 대조하는 일이 벌어졌다. 그래서 테오도어 몸젠은 "일반적인 아담을 인간 정신의 모든 광채를 그 안에 지니고 있는 독일적인 아담으로 대체하자는 광적인 민족주의자들"에게 경고를 하라는 요구를 받을 정도였다.[41]

아리안 개념을 예견하고 근대 인종설의 기초를 세운 사람은 크리스토프 마이너스(1745~1810)였다. 괴팅겐 대학 교수였던 마이너스는 인류의 기원이 아프리카에 있다는 이론을 최초로 전개했다. 그는 인류가 오랑우탄에서 흑인종, 슬라브족, 게르만족으로 일종의 진화를 거쳤다고 보았다. 하지만 마이너스의 견해는 슐레겔이 제기한 주장처럼 "모든 것은 절대적으로 인도에 기원을 두고 있다"라든가 독일을 "유럽의 동방으로 보아야 한다"고 생각한 낭만파들의 견해에 밀려났다.[42] 쇼펜하우어도 이에 공감했다. 이 무렵에 '아리아인Aryan'이라는 용어가 사용되기 시작했는데, 이 말은 본래 프랑스의 앙크틸 뒤페롱이 페르시아인과 메디아인을 가리키기 위해 헤로도토스의 용어를 차용한 것이었다. 반면 똑같이 아리안 신화를 간직하고 있던 다른 나라는(프랑스처럼) '인도–유럽어족Indo-European'이라는 말처럼 유럽의 많은 문화적 생활의 기원(언어 같은)을 표현하는 데 이 개념을 사용했다. 물론 자신들을 좀더 고전적인 라틴계에 대한 경쟁자로서 특히 그 배경과 연결지으려 했던 독일인들은 '인도–게르만어족Indo-German'이라는 전통적인 표현을 선호했다. 19세기로 나아가면서 독일인은 모든 인종 가운데 가장 고상하고 "수준 높은 정신"을 간직한 유일한 인종으로서 백인종의 정수가 되었다(로렌츠 오켄은 흑인은 얼굴을 붉힐 수 없으므로 내면의 감정을 표현하지 못한다는 말을 할 정도였다).[43]

1860년까지 유럽의 여러 지역에서는 아리안족과 셈족이 두드러진 차이를 보인다는 생각이 널리 퍼졌다. 이 말은 다윈과 니체도 사용했고 구스타프 프라이타크의 소설이나 영국인류학회의 회의록에서도 발견된다. 프랑스의 인류학자 아르망 드 카트르파주 드브로의 저술에서 처음 등장하는 "금발의 남자다움blonde virility"에 대한 숭배는 1870~1871년까지는 나타나지 않았다. 카트르파주 드브로는 민간인에게 폭격을 가한 프로이센의 파리 포위공격을 증언하면서 프로이센 사람이 동북 유럽의 원시부족인 핀족 또는 슬라브–핀족이라고 비난했다. 이 말은 독일 내에서 반발을 불러일으켰으며, 독일인의 두개골에 관한 피르호의 유명한 연구도 이런 반발 기류에서 비롯된 것이었다. 이 연구의 이론적 배경은 주로 금발에 '긴 두개골dolichocephalic'을 지닌 아리안 혈통은 유럽으로 이주해서 흑발에 '둥근 두개골brachycephalic'을 지닌 원주민과 섞인 것이라는 주장이었다. 초등학교 어린이 1500만 명을 대상으로 10년에 걸쳐 진행한 피르호의 연구는 동북부의 독일인이 핀족처럼 금발이며 서남부의 독일인은 이와 달리 전형적인 부르고뉴족, 프랑크족, 고트족에 동화되었다는 것을 보여주었다. 합스부르크 왕조와 호엔촐레른 왕조는 모두 동북부 유형이어서 독일인의 명예는 어느 정도 채워졌다. 하지만 일반적으로, 에르네스트 르낭이 기록한 대로 "인종 간의 불평등에 대한 토대가 형성되었다."[44]

진화론이 처음 소개되면서 이런 이론에 대한 그럴듯한 근거가 많이 생겨났다. 또 허버트 스펜서의 견해도 이 이론을 뒷받침하면서 불평등에 대한 생각을 부추겼다. 스펜서는 에너지 보존설을 진화론에 접목하면서 '생존경쟁'이나 '적자생존'과 같은 격렬한 문구를 사용했다. 이 말은 단숨에 사람들을 군국주의나 민족주의로 휩쓸리게 했다. 그러다보니 문화적 역사는 무엇이든 자신들이 선택한 신념의 발산물이 되었다. 루트비히 볼트만 박사와 알프레트 플뢰츠 박사는 이런 견해에 동조한 학자들(대개 독일 학자였지만 꼭 그렇지만은 않았다)에 속했으며, 나아가 비밀 조직인 북유럽인종협회를 창설하기도 했다. 또한 두 사람은 1900년 유명한 크루프 상의 심사위원으로 활동하며 유전 분야의 입법에 대한 최고의 논평으로 5만 마르크를 받았다.

레온 폴리아코프가 주장하는 "아리안 시대Aryan epoch"의 절정은 아마 막스 노르다우가 "다윈이 모든 유럽 국가의 군국주의자들에게 최고의 권위를 굳혔다"고 본 1889년이었을 것이다. 노르다우는 진화론이 사람들에게 "과학의 결정판"으로 "마음속 깊은 곳의 본능"을 위장하도록 해주면서 "타고난 야만성"의 은신처 기능을 했다고 생각했다. 이런 판단은 19세기 말 독일에서 물질적 부와 문화적 부의 결합이 "유럽 대륙의 어느 나라와도 견줄 수 없을 만큼 두드러진다"고 본 아모스 엘론의 생각으로 뒷받침되었다. 엘론은 비록 일부 문화 분야에서 "압도적"인 활동을 펼친 탁월한 유대인도 있었지만 예컨대 알베르트 아인슈타인이나 지그문트 프로이트, 구스타프 말러, 슈테판 츠바이크, 프란츠 베르펠, 에드문트 후설, 후고 폰 호프만슈탈, 파울 에를리히의 활동에서 "종교적 유대인"의 모습은 거의 찾아볼 수 없다고 생각했다.[45]

다윈 자신은 결코 "지나치게 단순화시키는 사람terrible simplificateur"이 아니었다. 하지만 그의 저술은 이런 식으로 이용되었고, 모든 인류가 같은 뿌리에서 나왔다는 진화론의 핵심을 사람들은 신중하게 또는 제멋대로 외면했다. 아리안 신화는 모순적이게도 독일인이 모든 이웃 유럽인들, 더 나아가 모든 민족과 다른 유전 형질을 지녔다는 생각을 품게 만들었다.

근대정신에 대한 증오

1890년, 이런 모든 일이 일어나는 와중에 율리우스 랑벤(1851~1907)은 주지주의와 과학을 비판하는 『교육자로서의 렘브란트』를 출간했다. 랑벤은 슐레스비히의 작은 마을에서 태어났다. 아버지는 언어학자였고 대대로 목사를 배출한 가문이어서 조상 중에는 루터에게 배운 목사도 있었다. 랑벤은 지고한 선善으로서 지식과 미덕의 진정한 원천은 과학과 종교가 아니라 예술이라고 주장했다. 랑벤은 과학에서 단순성, 주관성, 개성이라는 오래된 독일적 미덕이 사라졌다고 말했다. "완벽한 독일인이자 독보적인 예술가"로서 렘브란트는 근대 문화의 반대 상징이자 아직 내면화의 성향을 보이고 있는 독일의 "세 번째 개혁"(앞선 두 차례의 개혁은 루터와 레싱이 주도했다)의 모범으로 묘사되었다. 책 전체의 일관된 주제는 독일의 문화가 과학과 주지주의로 파괴되었으며, 위인들의 내면적 가치를 반영하여 예술이 부활하고 새로운 사회에 영웅적, 예술적 개인이 힘을 얻을 때 독일 문화를 되살릴 수 있다는 것이었다. 1871년 이후 독일은 예술적 특성과 위대한 개인을 상실했다. 랑벤이 볼 때 무엇보다 베를린은 독일 문화에서 악마적 상징이었다. 상업과 물질주의라는 독('자유무역주의' 또는 '미국화'라고도 불리는)이 프로이센의 수비대 주둔 도시에 깃든 옛날의 내면적 정신을 갉아먹고 있었다. 랑벤은 예술이 품위를 되찾아야 하며 따라서 자연주의나 사실주의 또는 졸라나 토마스 만 같은 작가가 관심을 돌리는 일종의 부정한 생각은 "지극히 혐오스런 것anathema"이라고 말했다.

랑벤은 자신의 저서가 개혁된 독일을 위해 새로운 성서의 기능을 담당하도록 할 생각이었다.[46] 과학에 대한 혐오가 지배적인 주제였으며, 앞으로 보겠지만 길지 않은 지면을 혐오로 일관하다시피 했다고 볼 수 있다. 랑벤의 책은 사회 저변에 산업에 대한 비판(프리드리히 니체, 윌리엄 제임스, 앙리 베르그송, 빌헬름 딜타이, 지그문트 프로이트)이 광범위하게 깔린 시기에 나온 것으로, 이런 시대적 배경 때문에 호소력을 지녔다. 랑벤의 혐오감은, 다른 교수들도 마찬가지이지만 누구보다도 "지식 때문에 영혼을 희생하고 (…) 국가적 재앙이 된" 테오도어 몸젠을 직접 겨냥했다. 랑벤은 독일에 중대한 위협이 되는 것은 "지나친 교육"이라고 주장했다.[47]

정치를 무시한 것은 랑벤이 지닌 매력 중 하나였다. 그는 독일에서는 무지를 고결한 정신으로 봐야 한다고 호소했다. "예술로 비상飛上"함으로써 민족주의와 신앙, 직관, 철학이 서로 혼합될 수 있다는 것이었다.[48] 랑벤은 특히, 예술은 "내면적인 성향"이 강하기 때문에 프로테스탄트 국가에 적합하다고 말했다.

이 책은 서적상들이 "세기의 가장 중요한 저서"로 선전하고, 명백히 반유대주의적임에도 불구하고 게오르크 지멜이나 루트비히 폰 파스토어, 독일에서—그리고 전 세계에서—가장 유명한 렘브란트 전문가인 빌헬름 폰 보데 등이 우호적인 서평을 함으로써 선풍적인 인기를 끌었다. 프리츠 슈테른은 1890년을 독일이 문화생활로 향하는 전환점이었다고 주장한다. "이후 10년 동안 내면의 자유에 대한 생각과 희망, 새로운 관심이 급속히 퍼졌으며 동시에 이 자유를 어떻게 실현할 것인가에 대한 음울한 불안감도 따랐다. (…) 문화적 비관주의와 반反근대성이 제국주의 독일에서 불만에 차고 보수적인 요인으로서 두 가지 형태의 분노로 표출된 것은 1890년대였다."[49] 니체는 이 불만이 정치적인 힘으로 나타날 것이라고 생각했다.

이 같은 사고방식이 비록 독일에서 가장 극단적으로 드러나긴 했지만 독일에만 국한된 현상은 결코 아니었다.[50] 또 좌우익을 막론하고 영국과 프랑스에서 열광적인 지지를 얻은 우생학도 독일만의 현상이었다고 볼 수는 없다. 한편 영국과 미국의 중요한 차이는 대륙에서처럼 강제 낙태, 불임, 안락사를 포함해 '강력한' 변종을 지향하기보다 우생학의 '부드러운' 방식을—정부 차원에서 선발 육종selective breeding*을 장려하는—선호한 데 있었다.[51]

우생학에서 가장 악명을 떨친 인물은 브레슬라우에서 성장한 의사인 알프레트 플뢰츠(1860~1940)였다. 플뢰츠의 『독일 인종의 유용성과 약자 보호』는 제1차 세계대전 이전에 빈에서 젊은 시절을 보낸 히틀러도 읽었을 것으로 여겨진다. 다음의 인용문을 보면 플뢰츠가 주장하는 방향의 한 자락을 알 수 있다. "인종위생을 옹호하는 사람들은 전쟁에 별로 반대하지 않을 것이다. 왜냐하면 이들은 전쟁을 각 민족이 생존권을 실현하는 수단으로 보기 때문이다. (…) 전쟁 중에 인종위생은 주로 총알받이로 쓸 목적이거나 개인적인 능률은 부수적인 요인으로 판단될 때 열등한 인종을 소집하는 정책으로서 신중히 추천할 만하다고 생각할지도 모른다." 그러나 플뢰츠는 반유대주의자가 아니었다. 그는 유대인이 "인종상으로 아리아인"이라고 생각했다.

1880년 이후, 특히 1893년 프랑스에서 드레퓌스 재판**이 열린 뒤로 유대인은 유럽에서 점점 더 대표적인 '타락 인종'으로 간주되었다. 이런 흐름은 반유대주의 정당이 출현하는 데 촉매 역할을 했지만 물론 독일에 국한된 현상은 아니었다(비록 빈 시장이던 카를 뤼거가 극성스럽기는 했지만). 1907년 독일에는 100개가 넘는 인종위생협회가 있었다. 이 무렵 튜턴족의

---

*생물이 가진 유용한 유전적 형질을 이용하기 위해 이를 가진 개체나 개체군을 선택 교배하여 자손을 생산하고 자손에서도 연속하여 동일한 방법으로 선택 교배하는 일.

**19세기 말 프랑스에서 유대인 장교 드레퓌스의 간첩 혐의를 둘러싸고 정치적으로 큰 물의를 빚은 재판.

인종 표본을 개발할 목적으로 다수의 인류학자와 다른 분야의 과학자들은 '북유럽클럽Ring der Nordic'을 설립했다. 여러 권으로 된 막스 제발트 폰 베르트의 『발생론』(1898~1903)과 외르크 란츠 폰 리벤펠스의 『아리안 신비주의』(1905)는 실제로 성서에서 "선택받은 민족"은 아리안튜턴족이라고 주장했다.[52]

고비노의 인종설은 리하르트 바그너를 통해서 독일에 소개되었다. 바그너가 고비노의 저서에 처음 관심을 가진 것은 1876년 최초의 바이로이트 축제를 준비하고 있을 때였다(두 사람은 얼마 지나지 않아 만나게 된다). 바그너는 프랑스의 귀족 이론(자기 멋대로 이름 붙인)에 흥미를 느껴 아내에게 고비노를 "나의 진정한 동시대인"이라고 말한 적도 있었다. 바그너의 강력한 추천 덕분에 고비노의 견해는 특히 루트비히 셰만과 휴스턴 스튜어트 체임벌린을 사로잡았다.

셰만(1852~1938)*은 고비노의 견해가 파울 드 라가르데라는 필명으로 약 50편의 논문을 쓴 독일의 극단적 민족주의 운동의 핵심 인물인 파울 안톤 뵈티허(1827~1891)의 것과 유사한 데에 감명을 받았다. 랑벤과 마찬가지로 라가르데는 독일 민족이 자체 의지로 "독일 민족혼의 표현" 또는 집단적 혼을 지니고 있다고 믿었다. 그는 계속해서 독일의 혼은 물질주의와 산업화, "중산층의 탐욕"으로 파괴되고 있다고 주장했다. 진정한 독일, 독일의 전원적인 관습과 일반 대중의 전통은 한풀 꺾였으며, 진보는 기계화와 자유주의적 개인주의, 사회주의, 무엇보다도 속물근성으로 이루어진 식막한 미래를 감추는 "트로이의 목마"라고 생각했다.[53]

눈부신 개혁이 이뤄지는 가운데 그가 관심을 쏟은 모든 것이 부패한 과거의 잔재에 지나지 않았다는 사실을 감안하면 라가르데는 극단적으로 반反근대적인 정신의 소유자였다. 그는 성서 역사가로서(독일 학문이 세계를

*셰만 역시 인종주의자였으며, 후에 라가르데의 삶과 작품을 다룬 전기를 쓴 인물이기도 하다.

주도한 영역 중 하나) 과거에 대한 애착 못지않게 근대정신을 혐오했다.[54] 라가르데는 또 새로운 종교가 필요하다고 역설하는 무리에 속했다. 이런 생각은 먼 훗날 알프레트 로젠베르크, 헤르만 괴링, 하인리히 힘러를 열광시킨 것이기도 하다. 라가르데는 의식儀式과 신비가 결핍되었다는 이유로 프로테스탄트 정신을 공격했다. 프로테스탄트가 세속주의secularism*와 다를 바 없다고 생각한 것도 공격의 이유였다. 그는 새로운 종교를 옹호하면서 "오래된 복음의 교리가 독일인의 민족적 특성과 혼합되는 것"을 보고 싶다고 말했고,[55] 우선 인간이 자기 자신의 내면에서 구원을 찾아야 한다는 것을 뜻하는 '정신적 망명inner emigration'의 발상을 차용했다. 하지만 이후 라가르데는 독일이 오스트리아 제국에 속했던 모든 비독일계 국가를 점령하는 것을 지지했다. 독일인이 좀더 우수하고 다른 모든 민족, 특히 유대인은 열등하다는 이유에서였다.

라가르데가 볼 때 독일 정신의 핵심은 아리안의 유산이었다. 이것은 북유럽과 스칸디나비아의 '숲과 습지'로 거슬러 올라가는 정체성이었으며 이탈리아와 프랑스, 에스파냐에 지대한 영향을 미친 고대 그리스의 지중해 문화에 대해 명예롭고 독특한 대안을 제공하는 그들만의 정체성이었다. 셰만은 이런 정체성과 전통이 라가르데 이후 독일의 민족 문화에 살아남았다고 말했다. 범게르만주의 감정은 유럽의 문화적, 사회적, 인종적 '분열'에 맞서는 유일한 보루였다. 무엇보다 바그너의 오페라는 독창적인 아리안 신화를 순수하게 재창조한 것으로 간주되었다. "바이로이트는 아리안계 독일인이 '자신들의 원시적인 신비'에 참여하고 정신적 건강을 회복하는 연례적인 축제의 장이 되었다."[56] 라가르데가 독일에 대해 느낀 환멸은 영국을 방문했을 때 극에 치달았다. "라가르데는 영국에서 통합된 민중, 사랑받는 왕

---

*19세기 중엽 유럽에서 유행한 철학적 태도로 초자연이나 신의 은총, 사후의 세계를 부정하고, 인간의 노력만으로 안심입명安心立命은 물론 문화의 발전도 꾀하려 하는 사상.

실, 책임감 있는 신사 문화—이 모든 것이 독일에는 없었다—를 보았다고 생각했다."[57]

지금은 기억 저편으로 완전히 사라졌지만 당시에 라가르데의 명성은 대단한 것이었다. 토마스 만은 특히 "평범한 시민사회의 존재"에 만족하지 못하는 사람들에 대한 표현으로 라가르데를 독일의 교사praeceptor germaniae(트라이치케를 부르던 것과 같은 용어)라고 불렀다. 제2차 세계대전 기간에 독일 병사들에게는 라가르데의 명문집이 보급되었다.[58]

셰만의 저서가 생각을 호소하는 데 그쳤다면 휴스턴 스튜어트 체임벌린(1855~1927)의 경우는 달랐다. 이름에서 알 수 있듯이 체임벌린은 영국 출신이었지만 친독일파로 성장했으며, 바그너의 딸과 결혼해 독일인보다 더 독일적인 기질을 지녔고 바이로이트 일대에서는 영향력 있는 인물이 되었다. 그는 1899년 바그너가 사망하고 한참 뒤 산만한 유럽사 조사서 『19세기 유럽 문화의 토대』를 출간했다. 주요 논점은, 첫째 유럽의 업적은 전적으로 아리아 인종의 공이다. 아리안족은 모든 역경에 맞서 고유의 정체성을 간직했고 이제는 튜턴족으로 살아남아 위대한 "육체적 건강과 힘, 엄청난 지적 능력, 화려한 상상력, 지칠 줄 모르는 창조력"을 보여준다는 것이었다.[59] 둘째, 튜턴족의 활력이 위기에 처했을 때 그 원흉은 언제나 유대인이었다. 체임벌린은 유대인이라는 '인종'은 타락의 산물이며, 중동의 '비옥한 초승달 지대Fertile Crescent'*의 베두인족과 히타이트족, 시리아족, 아모르족 사이의 '잡종'에 속한다고 말했다. 유대인은 "튜턴족이 건설한" 세계를 거부하고 오염시키려고 은밀히 획책하는 "부패한 인종"이라는 것이다.[60]

체임벌린의 책은 독일 학교에서 표준 역사 교과과정에 포함되었다. 히틀러가 자신의 신조를 알프레트 로젠베르크와 디트리히 에크하르트의 이론

---

*브레스테드가 명명한 문명의 발상지로서 이집트의 나일 강 유역으로부터 시리아·팔레스타나의 동지중해역을 거쳐 티그리스 강과 유프라테스 강 유역의 메소포타미아에 이르는 초승달 모양의 지대.

에서 차용했다는 것은 이제 모두가 아는 사실이다.[61] 이 두 사람은 1927년 노년기에 접어든 체임벌린을 만났다. 이 자리에 함께 있었던 괴벨스는 훗날 이 만남을 묘사하면서 히틀러가 체임벌린의 손을 꼭 잡고 자신의 "정신적 아버지"라고 말했음을 전했다. 며칠 뒤 체임벌린은 히틀러에게 다음과 같은 편지를 썼다. "당신은 단숨에 내 영혼의 상태를 바꿔놓았습니다. 독일은 꼭 필요한 시기에 히틀러라는 인물을 낳았습니다. 이는 독일이 살아 있다는 증거입니다. 이제 나는 마음 놓고 잠을 잘 수 있으며 다시는 깨어날 필요가 없을 것입니다. 신의 가호를 빌면서!"

체임벌린은 히틀러가 권력을 잡기 전에 죽었지만 셰만은 85세의 생일에 나치 시대의 제3제국으로부터 독일 최고의 문학상인 괴테 메달을 받았다.[62]

프리츠 슈테른이 말한 대로 "불합리의 랩소디가 (…) 독일 문화의 밑바닥을 비췄다." 출발점이 어디든, 모든 독일 문화에는 실지회복운동Germania irredenta이 담겨 있었고, 정화되고 단련된 독일의 새로운 운명은 세계 최고 강대국으로 등장하게 되어 있었다. 무엇보다 근대정신에 대한 이데올로기적 공격 현상이 팽배했으며 주된 심리적 힘의 바탕에는 분노가 깔려 있었다.[63]

이런 현상은 특히 독일에서 심했으며, 교육받은 계층보다는 평범한 대중을 더 자극했다. 삶에 대한 태도를 지배한 것은 관념론이었다. 일련의 감정과 가치관 속에서 과학과 학문은—과학적이면서도 극단적인—감성적 흐름에 잘못된 힘을 보태는 데 중요한 역할을 했다. 내향성Innerlichkeit과 내부 지향을 강조하는 관념론은 정치나 '반半독재적인' 비스마르크 정권의 국사에 관여하는 동기를 부여하지 않았다. 노르베르트 엘리아스는 19세기 후반의 독일을 두 개의 영역으로 구분한 바 있다. 한쪽에는 도전에 응할 수 있는 사회satisfaktionsfähige Gesellschaft가 있었다. 자만심에 사로잡혀서 결투를 제안하고 이를 수락하는 신사도를 지향하는 이 사회는 잔인할 수밖에 없었다. 그 반대편에는 교육받은 중산층의 사회가 있었다.

민족주의, 문화, 관념론이 문화적 민족주의로 혼합된 가운데 독일 정신은 다른 어느 나라와도 비교할 수 없는 열광적인—공격성까지도—분위기에 휩싸인 채 다른 국가 위로 올라섰다. 엘리아스는 민족주의가 어떻게 사회의 "떠오르는 계층"의 윤리와 불화하면서 불평등주의의 도덕률을 구현했는지 다시 보여주었다. 이것은 무엇보다 교육받은 계층이—학자, 관료, 전문가 집단—급속히 신흥 자본가와 결탁하여 권력 서열에 순응함으로써 가능해진 일이었다. 귀족계급 아래의 서열을 차지했던 이들은 이제 프롤레타리아 위에 군림했다. "산업혁명은 유례없이 빠른 속도로 독일 사회의 모습과 특징을 바꿔놓았다."[64] 한 가지 흥미로운 통계를 보면 1910년 당시, 독일의 대도시 수는 나머지 유럽 전체 대도시의 수를 합친 것과 같았다. 현대를 향한 이런 변화는 다른 어느 나라보다 독일에서 더 크고 더 빨랐다.[65]

제23장

돈, 대중, 대도시:
"최초의 일관된 사회학 유파"

앞장에서는 응축된—때로는 지나치게 응축된—활동으로 악취를 풍기는 수많은 개인을 소개했다. 이들은 집단적으로 자신들의 편향성을 과감하게 드러내는 용기가 결여된 공통성을 지닌 채 행동에 대한 자기 인식은 없는 것으로 보였다. 하지만 동시에 독일에는 동일한 문제에 대해, 주로 산업화와 대도시, 급속한 기술 혁신으로 촉발된 문제점에 대하여 좀더 진지한 태도로 접근하는 일련의 사상가들도 있었다.

이들 중 일부는 작가였다. 우리는 14장에서 실패한 시민혁명의 여파로 근대정신의 발전을 외면하고 사회의 주류와 차단된 전원적인 환경에서 피난처를 찾는 작가들에 대해 살펴보았다. 이 결과 가혹한(주로 대도시와 산업 환경의) 현실에서 벗어나 내면적인 교양에 관심을 돌리는 독일 특유의 문학 사조가(아달베르트 슈티프터, 고트프리트 켈러 등) 형성되었다. 하지만 19세기 후반에 독일 작가들은 적어도 부분적으로는 좀더 시대적인 문제를 파악하려는 움직임을 보였다. 이런 흐름 속에서 나온 최초의 책 가운데 구스타프 프라이타크의 『차변과 대변』(1856), 프리드리히 폰 슈필하겐의 『해머와 모루』(1869)가 있었다. 암시적인 제목을 달고 있는 이 책들은 교양소설Bildungsroman의 연속선상에 있는 발전소설Entwicklungsroman*의 계열로 읽힐 수 있는 작품이었다. 이야기는 중산층 출신의 주인공들이 마침내 행운을 잡는 구조로 짜여 있고, 프라이타크와 슈필하겐의 "영웅들"은 사회 밖에서 내면의 발전을 추구하는 대신 산업사회 내부에서 자신들이 파고 들어갈 틈새를 찾는다.

뒤이어 등장한 19세기 후반의 위대한 사실주의 작가로는 빌헬름 라베(1831~1910)와 테오도어 폰타네(1819~1898)가 있다. 이 두 사람은 자본주의가 빚어낸 사회—그리고 도덕—에 초점을 맞춘다. 프랑스 혁명에 크게 공감한 라베는 디킨스의 작품을 모델로 해서 디킨스식 유머를 원용하려고 했지만 자본주의가 주된 표적이라는 점을 결코 잊지 않았다. 라베는 『아부 텔판』(1867), 『영구차』(1870), 『제빵공장』(1884) 등 산업화의 오염을 다룬 작품에서 자본주의로부터 비롯된 왜곡된 현상과 자본주의 세계에서 인간성을 유지하는 수단에 대한 탐험을 하고 있다.

테오도어 폰타네는 약제사와 기자(종군기자 기간을 포함해서), 연극 비평, 1848년의 혁명 투쟁 등 다양한 일을 거친 뒤 말년에 데뷔한 꽤나 역량 있는 작가였다. 그는 특히 자신의 소설에서 독일 사회의 밑바닥에 깔린 계급적 존재를 파헤치고 있다. 그리고 독일 소설은 폰타네의 등장으로 특유의 노선에서 벗어나 주류와 결합하고 있음을 보여주었다. 대부분의 다른 작가와 달리 폰타네는 비록 융커 계급에 대한 동정이 없지 않았지만 대체로 자본주의를 선호했다. 폰타네의 주요 목표는 "개인 생활을 지배하는 지극히 인습적인 사회"의 무모함을 보여주는 데 있었다. 그는 이런 인습이 절

*일반적으로 어린 주인공이 자아를 의식하고 차츰 외부세계와 접촉하거나 대결을 해나가는 중에 삶의 법칙을 깨닫고, 세계 속에서 한 성숙한 인간으로 성장해나가는 과정을 그린 소설을 말한다.

대주의 국가 시대의 실상이었으며 당시에도 '여전히' 생생한 현실이라고 주장했다. 사회는 그 사회를 구성하고 있는 시민의 도덕적 테두리에서는 별로—거의 전혀—변하지 않았다. 이런 측면에서 폰타네의 대표 작품인 『에피 브리스트』(1894)는 때로 『안나 카레니나』(1878), 『보바리 부인』(1857)과 더불어 여성의 관점에서 19세기의 부부관계를 다룬 3부작으로 꼽히기도 한다. 귀족의 딸인 에피는 자기보다 나이가 두 배나 많은 남작에게 시집간다. 남작은 에피 어머니의 환심을 사서 구혼할 수 있었다. 남편에게 무시당하고 지역 귀족사회에서도 따돌림을 당한 에피는 바람둥이와 관계를 맺는다. 시간이 한참 지난 뒤에 이 사실을 알게 된 남작은 결투를 해서 바람둥이를 죽인 후 에피와 이혼하고 둘 사이에 낳은 딸의 양육권을 갖는다. 에피는 친정으로 돌아간다. 처음에 부모는 에피를 받아들이지 않지만 그녀가 결핵으로 죽어가고 있다는 사실을 알고 딸을 받아들인다. 모든 등장인물의 결말은 불행하다. 폰타네가 의도한 진정한 목표는 비스마르크 시대의 독일이 처한 도덕적 혼란상과 독선의 무의미, 창조적이기보다 파괴적인 현실을 보여주려는 것이었다.

여기서 지적하고 싶은 것은 비록 폰타네와 라베가 슈티프터와 켈러의 시대에는 그리 알려지지 않은 사실주의 작가이긴 했지만, 같은 시기에 전혀 다른 노선을 지향하던 작가들과는 달리 현대사회의 원형을 좀더 지속적으로 보여주려고 했다는 점이다. 이들은 "최초의 일관된 사회학 유파"라고 불릴 정도로 전체적인 관점에서 사회에 대한 일련의 분석을 제시하고 문제점을 지적했다.[1]

독일에서는 특히 사회학이 철학에 기원을 두고 있었다. 또한 오늘날에는 동시대의 다른 학자들만큼 잘 알려지지는 않았지만, 매우 명석하고 분별력 있는 관찰자로서 명료한 판단력으로 신선한 공기를 불어넣었다는 점에서 사회학의 출발점으로 평가받는 인물의 활동이 있었다.

“사상이 삶의 배후를 캘 수는 없다”: 인문학의 탄생

빌헬름 딜타이(1833~1911)는 출생부터 행운이 따랐다. 그는 1833년에 목사의 아들로 태어났지만 그의 아버지는 나사우 대공大公의 궁정 설교사로 있는 목사들 대부분보다 형편이 좋았다. 어머니는 지휘자의 딸이었기 때문에 그는 음악에 대해 강한 호기심이 있었다. 또 하층계급을 싫어하고—마르크스처럼—신뢰하지 않았다.[2]

딜타이는 처음에 하이델베르크 대학에서 신학을 공부할 생각이었으나 지적 교양, 특히 음악에 대한 관심이 커서 베를린 대학으로 옮겼다. 그는 독서클럽을 만들어 셰익스피어와 플라톤, 아리스토텔레스, 성 아우구스티누스를 연구했고, 슐라이어마허에 대한 논문으로 박사학위를 취득했다. 야코프 부르크하르트와 친구로 지내던 바젤에서 교사생활을 한 다음 킬 대학에서 슐라이어마허의 전기와 『독일 정신사』 1차분을 발표하기 시작한 딜타이는 예전에 헤겔이 재직했던 베를린 대학의 철학과 교수 자리를 제안받았다. 그는 평생 이 자리에 머물렀다.[3]

딜타이는 고대 그리스의 방식으로 자신을 둘러싼 세계를 바라보며 그 자신이 “삶의 불가해한 측면”이라고 부른 것을 관찰했다. 그는 인간이 “불합리한 힘과 여기서 작용하는 맹목적인 가능성을 좇으면서 그들 자신도 이해하지 못하는 환경”에 직면해 있다고 생각했다. 이 모든 조건에서 인간은 그들이 처한 환경에 대해 일관된 그림을 그릴 필요가 있으며 행동의 질서를 잡아줄 원칙과 추구해야 할 이상을 정립해야 한다고 생각했던 딜타이는, 모든 사람은 자신의 내면 어딘가에 “형이상학적 충동”을 갖고 있다고 말했다. 바로 이 충동이 예술과 종교, 정치로 모습을 드러낸다는 것이었다. “이 반응이 좀더 일관되고 비판적인 사상에 기초할 때 이것은 철학이 된다.” 철학에 다른 점이 있다면 여느 행동보다 좀더 추상적이고 논리정연하다는 점이었다. 딜타이가 볼 때, 철학의 역사는 여러 사상의 연속이며 이

중 어떤 사상도 완전한 승리를 거두지는 못했다. 그는 인간이 이런 실패를 거울삼아 과거의 사실을 길잡이로 활용해야 한다고 생각했다. 오랜 시련을 견뎌낸 세계관 또는 각종 체계는 어떤 진실의 요소를 간직해야 하지만 모두 "인간 정신의 한계와 환경적인 제약 때문에" 한계가 있다.[4] 세계관이나 철학적 체계가 배타적인 주장을 할 때 신뢰성은 손상될 수밖에 없다.

이런 판단에 따라 딜타이는 형이상학을 부정하게 되었다. 그가 볼 때 풍요롭고 변화무쌍한 현실의 다양성은 어떤 개념적인 접근으로도 결코 포착할 수 없는 것이었다. 그는 어떤 방법으로도 우리가 삶이라고 부르는 경험의 배후를 발견할 수 없다고 확신했다. "사상이 삶의 배후를 캘 수는 없다"는 것이 딜타이의 주장이었다. 예를 들어 정치적 결정은 반사적 행동 같은 형식적인 심리학의 기본 절차로서는 결코 설명할 수 없다. 대신에 인간은 오직 정치적 사고의 결과를 분석할 수 있을 뿐이다. 딜타이에게는 '훼손되지 않은 경험'이 인문학의 기본적인 구성 요소였다.

또 딜타이는 진화한 우주에서 인간의 기본 입장은 도덕성과 연관된 것이어야 한다고 주장했다. 하지만 동시에 인간의 본성은 고정된 것이 아니고 역사의 진행 과정에서 발전했으며 따라서 도덕성도 변하고 고정될 수 없음을 지적하는 것이 중요하다고 생각했다. 이것이 인문학의 또 다른 구성 요소이자 딜타이의 가장 두드러진 업적으로 평가되는 학문의 재설정이었다.[5]

그는 이런 활동의 하나로 인간이 소유한 정신이 어떤 차이를 만들었는지에 대해 의문을 제기했으며 자연 속에서는 동등한 것이 없음을 보여주는 일련의 현상에 도달했다고 말했다. 이 현상 중 하나가 합목적성 purposiveness이다. 인간은 자연 전체가 합목적적이라는 종교적 주문呪文에서 빠져나오기 위해 합목적성이라는 관념과 싸웠다. 갈릴레오 이래 대체로 성공을 거둔 이런 노력은 스피노자에 이르러 절정에 달했다. 그러나 딜타이는 이런 노력 때문에 인간이 조금이라도 행복하거나 우주를 더 잘 이해한다고는 확신할 수 없었다. 딜타이가 발견한 두 번째 현상은 가치였다. 인간은 자신을 둘러싼 환경에 대한 적응력을 갖고 있다는 점에서 다른 피조물과 같지만, 선악이라는 추상적 문제에 대한 판단력은 인간만이 갖고 있다. 셋째, 인간의 삶에는 고도의 도덕적 원칙에서 교통 규칙에 이르기까지 기준과 규칙, 원칙이 있으며 이것이 과학 법칙과는 다르다는 점이 중요하다. 인간의 법칙은 인습이기 때문에 가변적이다. 결국 인간의 삶은 그 자체를 역사로 보아야 한다. 자연 자체는 사정을 고려하지 않는다. 행성이 냉각되고 빙하가 녹으며 해수면이 높아졌다 낮아졌다 하는 모든 변화는 인간에게 영향을 미친다. 오직 의식과 기억이 있기 때문에 성공한 사건의 누적 효과만 중요해진다.[6]

이 모든 사실을 바탕으로 딜타이는 아주 쉽게 "정신세계는 직접 관찰할 수 없다"는 결론을 내렸다. 목적과 가치, 기준은 눈으로 볼 수 없으며 역사 또한 과거에만 존재하는 것이기 때문에 이와 마찬가지다. 그러므로 정신에 대한 인간의 지식은 오직 두 가지 근원에서 나올 수 있다. 하나는 목적과 가치, 기준 그리고 기억의 수단으로 과거에 대한 반성을 말해주는 내면의 경험이다. 또 하나는 소통이다. "소통이 없다면 개인의 지식은 최소화될 수밖에 없다." 바로 이런 것들로 말미암아 정신세계는 직접 관찰할 수 없는 것이 된다.

이런 사고 구조는 결코 급진적인 것이 아니라 명확하게 정화된—반복하지만—것이어서 딜타이가 만들어 낸 '인문학human studies'이란 말은 상식적인 것으로 보였다. 딜타이는 인문학을 역사적인 분야와 체계적인 분야 두 가지로 구분했다. 역사적인 분야에는 정치사, 경제사, 정신사, 그리고 과학사가 포함된다. 또 '체계적 분야'란 경제학, 사회학, 심리학 등 현상을 보편적 법칙으로 설명하려는 학문을 뜻한다.[7]

딜타이는 또 이해Verstehen의 개념을 도입—혹은 재도입—했다. 인간이 세계를 이해하기 위해 진화했다는 것을 인정한다는 점에서 딜타이와 칸트는 같았다. 딜타이가 볼 때 순수한 사실과 진정한 이해 사이에는 근본적인 차이가 있다.[8] 그에게 이해라는 것은 인간의 특수한 지적 능력이며 그 자체로 보아야 하는 것이다. 이해의 본질은 이를테면 행동주의behaviorism*처럼 특수한 체계의 실패 또는 추락에서 모습을 드러낸다. 이런 체계는 인간의 행동과 인간의 경험에 대해 무언가를 말해주지만 필연적인 한계가 있으며 결코 전체적인 이해에는 이르지 못한다. 여론조사를 아무리 많이 해도 총체적인 이해에는 결코 도달할 수 없는 것과 같은 이치다. "인간은 자신에 대한 사색이나 심리적 실험으로는 아무것도 발견하지 못하지만 역사는 다르다." 역사적인 차원과 이에 바탕을 둔 교육은 해석의 필요성을 강조한다. 이해와 마찬가지로 해석은 딜타이의 또 다른 통찰이었다.[9] 그는 정신활동이 인간세계의 주요 현상이기 때문에 이 세계에 대한 이해는 언제나 물리학이나 화학적 해석보다는 문학적이고 법적인 해석과 닮았다고 말했다. 딜타이는 이런 식으로 현대 과학이 모든 지식의 패러다임이어야 한다는 주장에 정면으로 맞섰다.

그는 이어 인문학을 이끌 5대 원칙을 끌어냈다. 첫째, 개별 사례는 본질적으로 흥미를 유도하지만 이런 사례를 일반화하는 것은 "각 사례의 차이가 유사성만큼이나 중요하고 제각기 역사적 특성에 기인하기 때문에"요점에서 벗어날 수 있다. 과학에 응용할 수 있는 보편적인 법칙은 인문학에서는 적용할 수 없다. 둘째, 전체에 대한 부분의 관계는 인간이 연관되었다는 점에서 모두 다르다. 공동체를 구성하는 사람들의 감각은 기계의 부속과는 다른 것이다. 셋째, 연구조사는 자연 속에서 발견하는 복합성의 차원에서 출발해야 한다. 동물이나 어린애들 사이에서 관측되는 단순한 과정으로 시인의 상상력을 이해하려는 것은 어떤 성과도 기대할 수 없다. 넷째, 인간은 "도움이 된다면 언제든지" 자유롭게 학문 분야를 교체해야 한다.

*심리적 탐구의 대상을 의식이 아니라 외형적으로 나타나는 행동에 두는 심리학의 한 분야.

다섯째, 인간은 주체이자 객체다. 인간은 환경의 산물로서 객체가 된다. 하지만 인간은 동시에 자신을 인지하며 자신의 행동을 통제하는 주체적 존재다.[10]

여기서 중요한 결론이 주어진다. 추정과 해석이 개입된다는 점에서 인간 세계에 대한 지식은 "결코 현실에 대한 사진 같은 것이 될 수 없다." 그 지식은 구조적으로 끊임없이 수정될 수밖에 없는 것이다.[11]

대도시의 정신생활

딜타이가 미친 영향이 막대한 것은 사실이지만, 공식적인 기록에 따르면 독일 최초의 사회학자는 빌헬름 하인리히 릴(1823~1897)이다. 독일 소작농에 관한 릴의 연구는 특히 외국 학자들의 관심을 끌었는데 외국에서는 이런 생존 방식이 50년 전의 산업혁명 이후로 자취를 감추었기 때문이다. 입헌국가에서는 소작농이라는 발상을 찾아보기 어렵다는 것을 알았던 그는 독일 국민의 상류층과 중산층, 하층계급 간의 중요한 차이를 구분했다(독일 중산층은 다른 계급보다 더 '개인주의적'이다). 그는 또 '사회적 속물social philistine'이라는 개념을 만들어냈는데 이것은 "이기적이고 사적인 이해관계와는 뚜렷이 구분되는 모든 사회적 관심사, 모든 공공생활에 냉담한" 개인을 가리키는 말이었다. 사회적 속물은 '내면화'된 교양계급과는 다른 것으로 훨씬 더 많은 문제를 내포한 '프티부르주아petit bourgeois'가 여기에 속한다고 할 수 있다.

하지만 이제 릴의 성과는 더욱 뚜렷한 자취를 남긴 일련의 학자들 때문에 무색해졌다. 오늘날까지도 읽을 만한 가치가 있다고 평가되는 이 학자들 중 첫손가락에 꼽히는 사람은 게오르크 지멜(1858~1918)이다. 베를린 중심가에서 태어난 지멜은 어느 모로 보나 현대적인 도시인이었다. 지멜의 첫 작품을 읽은 페르디난트 퇴니에스는 친구에게 보내는 편지에서 "이 책은 빈틈이 없고 대도시의 맛을 풍긴다네"라고 썼다. 누군가가 말했듯이 "지멜은 모더니즘이라는 병을 앓았다."[12]

지멜은 일곱 남매 중 막내였다. 성공한 유대인 사업가로서 기독교로 개종한 아버지는 지멜이 어렸을 때 죽었고 집안과 가깝게 지내던 음악 출판업자가 지멜의 후견인이 되었다. 지멜은 베를린 대학에서 역사와 철학을 공부했다. 그는 몸젠, 트라이치케, 지벨, 드로이젠, 물리학자 헤르만 폰 헬름홀츠, 인류학자 모리츠 라차루스(딜타이와 빌헬름 분트도 가르친) 등 기라성 같은 스승들 밑에서 배웠다.[13]

1885년 지멜은 베를린 대학에서 사私강사가 되어 윤리학과 사회학, 칸트, 쇼펜하우어, 진화론의 철학적 영향, 니체 같은 과목을 강의했다. 지멜의 뛰어난 강의 솜씨는 베를린 지식층의 주목을 끌었으며 학생뿐만 아니라 문화적 상류층에서도 그의 강의를 들으러 올 정도였다.

이 모든 성공에도 불구하고 그는 교수가 되지 못했다. 그의 저서는 전 유럽은 물론이고 멀리 러시아와 미국에서도 읽혔으며 더군다나 미국에서는 그를 『미국 사회학 저널』의 편집고문으로 위촉하기도 했다. 지멜은 막스 베버와 에드문트 후설, 아돌프 폰 하르나크처럼 유명한 학자와 친구로 지냈고 또 라이너 마리아 릴케나 슈테판 게오르게와도 아주 가까웠다. 뿐만 아니라 퇴니에스, 베버와 더불어 독일사회학회의 공동 설립자였음에도 지멜은 교수 임용 기회가 있을 때마다 끊임없이 임용이 거부되었다. 그는 1914년에야 마침내 스트라스부르 대학의 교수가 되었다. 그런데 이 대학은 얼마 지나지 않아 폐교되어 군사병원으로 바뀌게 된다. 지멜은 반유대주의 때문에 결코 좌절하지 않았다. 경제적인 어려움은 후견인이 상당한 유산을 물려주어 저절로 해소되었다. 지멜은 좌절하는 대신 "무뚝뚝한 제스처와 험담으로 사람들의 이목을 끈 다음 갑자기 말을 중단했다가 기발한 아이디어를 연속적으로 토해내는 방식으로" 강의의 달인이 되었다. 지멜의

강의에 감동한 어느 미국인은 이런 방식을 보고 "지멜은 '지멜화'한다"고 묘사했다.[14]

매춘으로서의 자본주의

1900년 파리 만국박람회를 맞이해서 미국 사회학자 레스터 워드는 대서양 양쪽의 사회학 현황에 대한 보고서를 제출했다. 이 보고서는 당시 독일에 사회학 교수직이 없음을 지적한 뒤(이런 사정은 제1차 세계대전이 끝날 때까지 개선되지 않았다) "지난 6년 동안" 사회학 관련 강의를 한 인물로 지멜을 지목했다. 이런 점에서 지멜은 독일 최초의 전문사회학자였다고 할 수 있다. 지멜의 출현은 토마스 니퍼다이가 "철학의 붕괴"라고 부른 현상과 맞물려 이뤄졌다.[15]

지멜은 1880년대에 스스로 "사회학이라는 새로운 개념"이라고 명명한 분야를 개발했다. 진화론과 사회진화론이 한창 기세를 떨치고 있었지만 그는 어떤 단일 요소도 끊임없는 사회의 상호 작용에서 결정적인 역할을 할 수는 없다고 주장했다. 그가 보기에 중요한 것은 "각 부분의 상호 작용"이었다. 지멜은 "사회 '내부의' 단순히 기본적인 틀에서 발생하는 것과 사회를 '두루 거쳐' 실제로 발생하는 것" 사이에는 중요한 차이—제대로 이해되지 못하는—가 있다고 생각했다.[16] 사회학자들은 두 가지 중 뒤의 현상에 관심을 두었다.

지멜은 특히 새로운 사회 환경에서(산업혁명 이후의) 사람들이 스스로 조직하는 광범위한 방식에 관심이 많았다. 『사회분화론』을 기준으로 판단하건대, 지멜의 초기 업적은 개인이 소속된 사회 집단이 커짐에 따라(대도시에서처럼) 개인의 윤리적 자유도 더 커짐을 보여준 것이라고 할 수 있다. "집단의 순수한 양적 확대는 단순히 개인의 윤리적 부담이 줄어든다는 가장 명백한 사례다."[17] 하지만 지멜은 이 자유가 상당 부분 착각이라고 지적했다. "왜냐하면 선택의 밑바닥에는 가차 없는 압박이 있으며 선택의 능력 자체는 뿌리가 없다는 신호이기 때문이다."[18] 지멜은 또 집단적 책임 개념을 확대했다. 밀집된 구조의 도시사회에서는 사람들이 조밀하게 모여 살기 때문에 모두가 다양한 병리 형태에 대해 책임을 공유할 수밖에 없다. 이러한 공동 책임은 간단한 일이 아니다. 인간은 자유가 확대된 동시에 더 많은 책임을 떠안게 된 것이다.[19] 또 도시사회에서는 개인 생활이 비약적으로 발전하면서 집단 소속감이 약화되는 경향이 있다. 지멜은 도시에서 "긴장된 생활이 증가"하는 현상을 보았는데 이것은 도시가 더 많은 분화된 사회 영역을 갖는 사실에서 비롯된 것이다. 이런 배경에서 "더 낮은 지적 요인 중 하나라고 할" 피상적인 특징과 모방이 늘어난다. 가장 분명한 모방의 형식은 유행이라는 현상으로 이것은 비단 의상에서뿐 아니라 예컨대 음악 취향에서도 소속과 차별화의 형태로 나타난다.[20]

『사회분화론』의 요점은 문화를 객관적 문화와 주관적 문화로 분류한 것이다. 지멜이 주장하는 객관적 문화란 도서를 출판하고 그림을 그리고 오페라를 공연하는 형태로서 각 개인이 관계를 맺고 그들 자신을 규정하는 '현장'의 성취를 뜻한다. 이때 개인은 서로 공유하는 가치 기준을 발견하거나 서로 합의하기도 하고(또는 서로 다투는) 어딘가에 소속되거나 동료와 차별화되는 규범을 찾는 반응을 드러낸다. 이에 비해 주관적 문화는 주로 사업상의 문화를 뜻한다. 지멜은 공유 지분이 더 적고 자신과 비교되는 기준도 훨씬 적으며 좀더 사적인 삶을 지향하는(그렇다고 반드시 친밀하지만은 않은) 은행가나 자본가, 사업가, 상점 주인에게서 주관적 문화를 보았다. 지멜은 이런 삶에는 사회성이 결핍돼 있긴 하지만 반면 소도시의 생활은 대도시에 사는 사람들로서는 "견딜 수 없는 것"이라고 생각했다.

1889년 5월 지멜은 '화폐의 심리학'에 대한 논문을 발표했다.[21] 그는 이를 보강해서 『돈의 철학』을 완성했는데, 1900년에 이 책이 간행되자 대대적인 갈채를 받았다. 카를 요엘은 이 책을 "시대의 철학"이라고 선언했으며, 막스 베버는 자본주의 정신을 분석한 것을 보고 "훌륭한" 작품이라고 칭찬했다. 루돌프 골트샤이트 또한 이 책이 "마르크스의 『자본』과 연관해 대단한 관심을 불러일으켰다"고 말했다.

지멜의 주장은 "다른 현상과 마찬가지로 화폐는 단일 과학으로는 결코 파악할 수 없다"는 측면에서 어느 정도 딜타이의 덕을 입었다고 볼 수 있다. 그럼에도 불구하고 지멜이 볼 때 화폐가 중요한 까닭은 "사회적 현실의 기본적인 상관관계"를 상징하기 때문이었다. 마르크스와 비슷하게 화폐의 의미가 생산이 아니라 교환에 바탕을 두고 있다고 보았던 그는 교환이 손실과 소득의 과정을 구현하는 가치의 원천이라고 주장했다. "(사회 내의) 모든 상호 작용은 교환으로 보아야 한다. 모든 대화, 모든 호의(거부될 경우에도), 모든 게임, 상대를 바라보는 모든 시선은 본질적으로 교환이다." 이런 상호 작용에는 언제나 개인적 에너지의 교환이 포함되며, 지멜은 바로 이 교환이 무엇이 대도시의 생활이며 왜 그것이 새로운 것인지 말해준다고 보았다.[22]

화폐경제는 새로운 종속을 부른다. "특히 한 개인으로서가 아니라 기능적인 대표로서 제3자에 종속되는 현상이 발생한다." 여기서 파생되는 결과로 인간이 의존하게 되는 상대의 인격은 아무런 관계가 없으며 정서적인 긴장도 훨씬 덜하다. 돈은 인간에게 좀더 광범위한 관계와 교제를 가능하게 해주지만 실제로 감정이 개입될 여지는 없으며 자발적인 헌신성도 훨씬 적다. 돈은 "해체와 고립"의 속성을 지니면서도 동시에 사회를 하나로 묶는 기능을 한다는 점에서 "통합적인" 성격을 지니기도 한다. 그렇지 않다면 돈은 "연결고리로서의 기능을 전혀 하지 못할 것이다." 지멜은 화폐경제를 심지어 매춘과 비교하기도 했다. "어떤 개인과도 특수한 관계가 없고 화폐 특유의 철저한 객관성은 (…) 활용 방식에 무관심하며 개인에 대한 애정이 결여되어 있기 때문이다. (…) 어떤 정서적 관계도 배제함으로써 (…) 돈과 매춘 사이에는 기분 나쁜 유사성이 성립된다."[23]

지멜은 『돈의 철학』—현대사회에 대한 초기의 사회학적 분석 중 하나로 꼽히는—마지막 장에서 소외의 최신 이론을 정리하려고 시도했다. 그는 돈이 현대 문화를 "타산적인 정확성"으로 몰고 가는 데 기여했으며, 금전 관계에 대한 이해는 아주 분명해서 다른 모든 사회적 요소를 가리게 되므로 창조적이고 다양한 방향으로 발전할 개인의 가능성은 제한된다고 말했다. 뿐만 아니라 "더 비인격적인 목적을 선호하는 것은 생산 과정의 특성에 기인한다고 할 수 있다. 왜냐하면 이런 목적이 더 많은 사람에게 적합하고 광범위한 수요를 충족하기 위해 저렴한 생산이 가능하기 때문이다." 이런 식으로 개인의 경험은 평범해지고 개인 간의 친밀성은 사라진다. 바로 이것이 지멜의 관점에서 본 현대사회의 소외이며, 과학 분화로 인해 철학이 통일성을 상실함으로써 생겨난 "문화의 비극"이다.

1903년 지멜은 또 다른 유명한 책 『대도시와 정신생활』을 간행했는데, 이 책을 더 보강해서 1908년, 『사회학』으로 다시 펴냈다. 이 책에서 지멜은 대도시가 과거보다 훨씬 더 강력한 사회적 분화뿐만 아니라 전혀 새로운 현상인 "불분명한 집단적 성격"이라는 특징을 지닌다고 주장했다. 사람에게는 "동료 인간에게 전체적으로 무관심한" 특징으로 규정되는 군중을 지향하는 속성이 있다는 것이다.[24] 지멜은 이런 경험이—전통사회에서는 알려지지 않은, 도시 공동체 또는 시장 거리—"극단적인 주관주의"를 유발한다고 말했다. 엄청나게 대도시화한 사회적 상호 작용으로 "널리 퍼진 무관심"에 맞서 자기주장을 제기하려는 개인의 투쟁은 지나친 행동을 낳는다. 이 행동은 "극단적 기행奇行과 대도시 특유의 무관심, 변덕, 까다로움의 과잉을 부른다. 또한 이런 행동의 의미는 더 이상 그 내용에 있지 않고 자신을 차별화하고 돋보이게 하여 주목을 받는 형식에 있다." 대도시의 삶은 순수한 개성을 위축시키며 인위적이고 부자연스러우며 타산적인 개별화가 개성의 자리를 대신 차지한다. 이것도 소외의 한 형태다.[25]

죄르지 루카치와 발터 벤야민 두 사람은 지멜의 『돈의 철학』이 마르크스의 저작에 이어 두 번째로 중요하다고 보았다. 이 책은 또 휴스턴 스튜어트 체임벌린이나 오스발트 슈펭글러 같은 작가들에게 현대 도시에 대한 "뜨거운 증오심"을 유발했다. 이런 증오심 중 하나가 바이마르 공화국 시대에 일어나 민족사회주의를 위한 길을 닦아주었다.

지멜은 또 시카고학파에도 많은 영향을 주었다.

개인주의의 두 가지 유형

페르디난트 퇴니에스(1855~1936)는 사회학을 기하학 구조의 한쪽 끝에서 서사적 역사라는 다른 쪽 끝에 걸쳐 있는 기존의 '인지연속체cognitive continuum'*의 일부로 보았다. 홉스와 흄에게서 많은 영향을 받은 퇴니에스는 사회학은 원칙적으로 언어학, 수학, 물리학이나 법 이론과 다를 바 없다고 생각했다. 그가 볼 때 사회학은 현대 생활이 빚어낸 새로운 형태의 논리학이고 인식론이었다.[26]

뒤늦은 깨달음으로 우리는 이제 퇴니에스의 이론적 배경지식이 그의 개념 일부에 큰 영향을 주었다고 말할 수 있다. 1855년에 동東슐레스비히의 소택지에서 태어난 퇴니에스의 조상 가운데에는 루터파 목사도 있었다. 퇴니에스가 10세 때 가족은 후줌 부근의 작은 읍으로 이사했다. 한때 농부였던 그의 아버지는 은행업에 손을 댔다. 그는 나치 시대에 이르기까지 평생 동안 대도시의 대중문화에 적응하기 힘들어했던 것으로 보인다.

퇴니에스는 스트라스부르, 예나, 베를린, 라이프치히, 하이델베르크, 킬, 튀빙겐 등지의 대학에서 공부하며 세계주의적 이념을 좇았다.[27] 1878

*인지 행위는 직관과 반성적 사고의 연속에 바탕을 둔다는 인지심리학 용어.

년부터 제1차 세계대전이 발발하기 전까지 영국을 몇 차례 방문했으며 1905년에는 미국으로 갔다. 영국과 미국에 대한 그의 태도는 서로 다른 감정이 뒤섞인 것이었다. 퇴니에스는 이들 나라에서 본 자본주의와 빈곤의 모순을 '위선'으로 생각했지만 한편으로는 헌법으로 보장된 자유에 감탄했다. 이런 태도는 그의 이론 가운데 모순점으로 남을 수밖에 없었다.

철학으로 첫 번째 박사학위를 취득한 뒤, 퇴니에스는 철학자이자 교육가인 프리드리히 파울젠과 가깝게 지내며 파울젠의 영향을 받아 전기칸트학파pre-Kantians를 연구하기 시작했다. 이 과정에서 퇴니에스는 토머스 홉스의 저작을 접하게 되었다. 이것이 계기가 되어 그는 영국을 방문해 대영박물관, 세인트존스 칼리지, 옥스퍼드, 데번셔 공작 저택, 더비셔의 하드윅 홀 등을 찾아다니며 홉스의 자료 원본을 접할 기회를 얻었다. 퇴니에스는 다른 학자들이 간과한 홉스의 기록을 발견한 것을 비롯하여 4편의 논문을 쓸 정도의 자료를 모았으며 이 일로 영국해협의 남북 전역에 이름을 떨쳤다.

홉스는 먼저 애덤 스미스에게 인정을 받은 뒤 다른 경제학자들의 평가를 받게 되었는데 이 부분은 훗날 『공동사회와 이익사회』의 '구상'을 위한 지적 토대가 되었다.* 이 책에서 퇴니에스는 진지한 태도로 기본적인 인간의 조직을 대치된 두 가지 형태로 제시하고 있다. 퇴니에스는 그 자신이 성장한 소규모의 전통적인 마을이 사라지고 있다고 생각하면서 이 현상을 중요한 손실로 여겼다. 한편 반대파에 대한 비스마르크의 고압적인 태도는 퇴니에스에게 "신생 독일 제국의 과장된 업적에 대해 점점 더 각성하는" 계기가 되었다.[28]

하지만 당시까지는 그의 구상이 본격적인 저술로 확대될 기미는 보이지

*이 책의 원제목은 'Gemeinschaft und Gesellschaft'인데 요즘은 번역상의 오류를 지적하며 '공동체와 결사체'로 옮기기도 한다. 이 책에서는 부분적으로 좀더 단순하게 구분할 경우 '공동체'와 '사회'라는 개념으로 옮기기도 했다.

않았다. 그는 홉스에 대한 연구를 계속하기 위해 다시 영국으로 갔다. 영국 출판사들은 홉스에 대한 저술을 출판하려는 퇴니에스의 제안을 거절했다. 그 과정에서 여러 작은 사고가 겹치면서 그는『공동사회와 이익사회』의 집필로 관심을 돌리게 되었다. 이것은 1887년의 일로서 운명적인 결정이라고 할 수 있다. 퇴니에스의 생전에 이 책은 8판까지 나왔는데 마지막 판은 그가 죽기 직전인 1935년에 출판되었다. 이 책은 처음에는 주목을 받지 못했지만 결국 제1차 세계대전이 발발할 때까지 선풍적인 인기를 끌었다.[29]

책은 3부로 구성되어 있다. 1부는 비교적 소규모 '공동체'와 시장을 중심으로 돌아가는 대규모 '시민사회'를 다루고 있다. 2부는 이 두 유형의 사회가 사람들의 생각과 행동에 어떤 영향을 주는지 검증하는 내용이다. 3부는 이 모든 배경이 정치와 정부, 법에 어떤 영향을 주는지를 고찰하고 있다. 퇴니에스가 주장하는 핵심은 한쪽 끝에서는 의지 또는 의식이 '자연스럽고' 자발적이며 무분별하다는 것이다(그는 이를 '존재의 의지Wesenswille' 라고 부른다). 다른 쪽 끝에서는 의지가 인위적이고 신중하며 '합리적 계산'으로 제한된다(처음의 자유의지Willkür는 이후 자의적恣意的 의지Kürwille로 변한다). 퇴니에스는 자유를 두 가지 형태로 보았다. 하나가 "기능 또는 의무의 비非자의식적 충족이 미리 결정된 사회적 맥락을 벗어나지 않는 것이라면" 다른 하나는 "이성적 의지"로 좀더 자의식이 강하지만 이 자의식이 "무제한의 선택"을 낳기 때문에 절대적인 "자기 주권"으로 이어진다. 퇴니에스는 이 두 가지 형태의 의지와 자유가 인간 모두에게 내재하지만 사회 환경의 차이에 따라 다르게 표현되는 경향이 있다고 보았다. 이성적 의지는 여자보다 남자가 더 강하고, 아이들보다는 성인이, 시골 사람보다는 도시 사람이, 창조적 예술가보다는 상인이 더 강하다는 것이다. 퇴니에스는 이런 차이를 바탕으로 현대사회에는 전혀 다른 두 가지 유형의 인간 정신이 존재한다고 주장한다. "자연스러운 의지"는 환경과 조화하며 타인과 밀접한 관계를 맺는 '자아'를 만들어낸다. 이와 달리 "이성적 의지"는 자체의 정체성을 낳는 '주관(자아와 다른)'을 만들고 사실상 타인을 좀더 단순한 사물이나 '대상'으로 여기면서 자연스러운 자아와 틈이 벌어진다.[30]

인간 정신의 분열은 사회정치적 조직과 밀접한 관련이 있다. '유기적' 공동체Gemeinschaft는 친족관계와 관습, 역사, 사유재산의 공동 소유라는 유대관계로 특징지을 수 있다. 반대로 '사회Gesellschaft'는 '독립적'인 개인이 '역사적인' 상호 인식의 감정보다는 사리私利와 상업적 계약, '공간적'인 감정으로 상호 관계를 맺으며 공적으로 제정된 법이라는 외부 제약을 받는다. 이 분열은 모든 것에 두루 적용된다. 예를 들어 공동체에서 물질 생산은 기본적인 '수요'를 위한 것이지 '이익'을 남기기 위한 것이 아니다. 반대로 사회에서 "모든 개인적 유대관계는 추상적인 개인적 자유의 요구에 종속된다." 공동체에서는 일과 생활이 '생업' 또는 '천직'으로 통합되지만, 사회에서는 기업이 이익을 창출해서 '행복'을 공급하는 데 사용한다. "문명 전체는 시민사회와 시장사회가 지배하는 현대적인 생활 방식으로 완전히 변했으며 이런 변화 속에서 문명 자체는 끝나가고 있다."[31]

퇴니에스의 주장은 적어도 부분적으로는 사회진화론자나 통속적인 민족주의자들이 말하는 것과 중복된다. 하지만 퇴니에스의 이분법은 제1차 세계대전 이전에 국제적인 분위기가 끓어오를 때까지는 큰 주목을 받지 못했다. 이것은 전쟁이 끝난 다음에 좀더 폭넓게 이해되었으며 비단 독일에만 한정된 것은 아니었다. 유럽과 북아메리카에서도 『공동사회와 이익사회』는 고전적인 사회학의 표준 문헌이 되었다.

퇴니에스는 자신이 개인주의와 집단주의를 비교한 것은 아니라고 늘 강조했다. 오히려 뚜렷한 차이를 보이는 두 가지 개인주의가 있다는 말이었다. "자연스럽게 공동체를 따라 만들어지는 비자의식적 개인과 사회의 문화로 발전함으로써 만들어지는 자의식적 개인"으로 갈린다는 것이다. 하지만 대부분의 독자는 그의 책을 현대 정신에 대한 공격으로 간주했다.

지멜과 퇴니에스는 19세기 말, 좀더 길게는 20세기 독일의 특징이 될 '뒤처진 국가'(41장 참고)라는 결과를 낳은 '문화 지체' 현상을 간파했다는 점에서 중요한 업적을 남겼다. 지멜과 마찬가지로 퇴니에스도 릴이 현대사회에 대하여 '비독일적'으로 분류한 것을 간파했고 이것은 율리우스 랑벤, 슈펭글러, 체임벌린 같은 인물들의 보수적 사고를 거쳐 나치스와의 지적 유사성, 이른바 '보수혁명Conservative Revolution'(33장 참고)으로 이어졌다.* 보수혁명을 연구한 역사가 키스 불리번트는 『공동사회와 이익사회』의 배후에 깔린 기본 발상이 제2차 세계대전 이후까지도 독일적 사고의 핵심 역할을 했다고 지적했다. 제9장에 소개한 랄프 다렌도르프의 『사회와 독일 민주주의』(1968)가 분명하게 보여주듯이 여기에는 '공동사회와 이익사회'란 제목이 들어 있다(41장 참고).

영웅과 상인

당시에는 아마 베르너 좀바르트(1863~1941)가 퇴니에스보다 더 잘 알려졌던 것으로 보인다. 비단 독일에서만 그런 것도 아니었다.[32] 탁월한 "반동적 모더니스트"였던 좀바르트는 『근대 자본주의』(여기서 좀바르트는 '자본주의'라는 말과 개념을 소개한다) 『유대인과 경제생활』 『왜 미국에는 사회주의가 없는가』 등의 저서로 유명해진 인물이다. 『근대 자본주의』가 "허울뿐인 재치로 전문 역사가들에게 충격을 주었다"는 조지프 슘페터의 말마따나, 사회학자 1세대 중 다수는—독일의 퇴니에스와 베버, 미국의 에버렛 휴스와 로버트 파크—의구심을 품기는 했지만 좀바르트를 탁월하고 독창적인 학자로 보았다.[33]

*보수혁명은 제1차 세계대전 이후 바이마르 공화국 시대에 형성된 신보수주의적인 정신-정치 운동으로 전체주의 국가를 옹호하며 바이마르 공화국의 자유-민주적 가치를 부정했다.

1902년에 두 권으로 발행된 『근대 자본주의』는 1916년에 단행본으로 개정되어 나왔다. 이 책으로 좀바르트는 이름을 널리 알렸다.[34] 그의 동료 학자들 대다수는—전부는 아니었지만—이 책을 "출간되자마자 고전이 된" 작품이라고 보았다. 좀바르트는 이 책에서 생산력이 사회의 기초를 이루는 아래층과 위층을 형성하는 이데올로기 구조로 구성된다는 마르크스의 하부-상부 구조론Unter-Überbau을 배격했다. 그는 여러 가지 점에서 막스 베버의 사고를 앞질러 가면서 자본주의의 핵심은 그 정신에 있다고 생각했다. 좀바르트의 연구는 당대의 어떤 사회학자보다도 앞장에서 소개한 소수파의 특징과 중복되는 점이 있었다. 인종이나 유대교, 독일 정신, 기술, 마르크스주의, 민족주의는 당시 되풀이되는 주제였다.

라이너 그룬트만과 니코 슈테어는 좀바르트의 경력을 분석하면서 그가 두 가지 중대한 문제에서 방향 전환을 했다고 주장한다. 아마 이런 지적이 좀바르트가 품었던 확신을 설명해주는 것으로 보인다. 그는 두드러진 전향轉向을 했다. 처음에는 마르크스주의를 신봉하며 열렬한 사회주의자로 출발했지만[35] 격동의 1890년대가 지나자 그 역시 열렬한 반마르크스주의자가 되었다. 더욱이 반유대주의적 성향을 드러냈으며 조국에 대한 태도도 바뀌었다. 그는 초기에 독일이 나아가는 방향에 대해 강한 의혹을 품었지만 1910년을 전후로 모든 상황이 변하면서 공격적이고 강한 민족주의적 성향을 띠었다. 1903년에 간행된 저서 『19세기 독일 경제』에서 좀바르트는 독일 민중의 민족적 특징은 자본주의 정신의 원인이 되었다고 주장하기 시작했다. 다소 논리정연하지 못한 이런 주장은 자본가를 사업가와 상인이라는 두 가지 유형으로 구분하면서 더욱 뚜렷해졌다. 좀바르트는 1909년과 1913년에 나온 『유산계급』에서 사업가는 "이해가 빠르고 (…) 진실한 판단을 하며 필요한 것을 분명히 볼 줄 알고 생각이 명료하다. (…) 무엇보다 사업가는 기억력이 좋다"고 쓰고 있다. 이와 대조적으로 상인은 "지적, 정서적 세계가 조건과 거래의 금전 가치에 맞춰져 있기 때문에 모든 것을 돈의 틀에서 계산한다"고 보았다. 좀바르트는 이런 유형은 특히 '유대 인종'으로 압축된다고 말했다. 그는 실제로 합리주의의 특수한 형태를 바탕으로 한 '자본주의 정신'이 존재하며 특히 미국과 영국에서 가장 잘 나타난다고 주장했다. 이후 그는 다음과 같이 좀더 명확한 언급을 했다. "유럽에서 자본주의 정신은 다양한 특징을 지닌 다수의 인종이 닦은 것이다. 상인 기질을 지닌 사람은(에트루리아인, 프리지아인, 유대인) 영웅적인 기질을 지녔다고 볼 수 있는 사람과 구분해야 할 것이다. (…) 스코틀랜드인, 유대인, 프리지아인, 에트루리아인은 상인 기질을 지녔고 켈트인, 고트인은 영웅적인 기질을 지녔다. 유대인의 정신이 자본주의적이고 영국인도 자본주의 정신을 지녔다는 말을 듣기 때문에 영국인이 유대인 정신을 지녔다고 볼 수도 있다." 나치 시대에 좀바르트는 『독일 사회주의』(1937)에서 다음과 같이 쓸 수 있었다. "우리가 현재 경제 시대정신의 특징으로 묘사한 것은 (…) 여러 가지 점에서 유대인 정신의 표현이다. (…) 현재의 시대 전체를 지배하는 것이 바로 이 정신이다."[36] 그는 히틀러가 등장하기 오래전부터 이런 주장을 했기 때문에 스스로를 제3제국의 주요 이론가로 자처했다. 물론 나치스는 이렇게 생각하지 않았다.

사회학의 '독일 노선'

제프리 허프(1947~, 사회학자)는 자신이 명명한 '반동적 모더니즘'이라는 용어를 만든 인물로 에른스트 윙거, 오스발트 슈펭글러, 한스 프라이어, 카를 슈미트, 고트프리트 벤, 마르틴 하이데거 외에 좀바르트를 꼽는다(1984). 독일에서 반동적 모더니즘의 핵심은 자유민주주의에 대한 배격과 더불어 산업 발전을 지원하는 것이었다. 이런 노선은 나치 정권의 정서와 맞아떨어졌다. 에른스트 윙거와 고트프리트 벤 같은 사람은 기술 진보를 선호했고 일부 모더니스트의 미학적 발전의 흐름에도 찬성했다. 하지만 이들은 정치사회적 부문에서 견제와 균형을 취하려는 제도적 노력은 회피했다. "시골을 중심으로 자연스럽게 형성된 '공동체'의 조건은 인위적인 '사회'의 조건보다는 좀더 바람직한 사회적 존재의 조건으로 이뤄진 것이다."[37] 자본주의 정신을 영웅과 상인으로 구분한 좀바르트는 퇴니에스가 애써 추구한 생각에 별 거부감 없이 이런 노선을 지지했다.

슈테판 브로이어는 자신이 사회학의 '독일 노선'이라고 부른 개념을 정립했다. 이 노선의 골자는 "자본주의적 합리성과 실용적 원칙에 대한 낭만적 비판, 공동체의 유대가 해체된 데 대한 비탄"이었다. 브로이어는, 막스 베버의 경우는 좀 다르지만 퇴니에스와 좀바르트, 그리고 지멜조차 이 부류에 포함시킨다. "베버는 독일의 영웅주의라는 수단으로 빚어진 분열과 소외를 보상하는 기회로서 제1차 세계대전을 환영하지 않았다. 더 중요한 것은 베버가 자유민주주의와 민주적인 제도를 옹호했다는 사실이다." 공동체의 상실을 누구보다 뼈저리게 느낀 사람은 좀바르트였다. 허프의 지적대로 어느 누구보다 "공동체를 붕괴시킨 책임 집단을 가려내려고 한 사람 역시 좀바르트였다."[38]

경제적 교양

막스 베버(1864~1920)도 현대사회의 '타락적' 특징으로 고민했다. 딜타이와 지멜, 퇴니에스에게 영향을 받기는 했지만 그는 이들과 달리 자신을 둘러싼 환경이 전적으로 나쁘지만은 않다고 생각했다.[39] 현대사회가 빚어낸 '소외'를 잘 알고 있었던 베버는 집단적 정체성이 근대 도시의 삶을 견디게 해주는 핵심 요인이며, 대부분 이 정체성이 중요하다는 걸 간과하고 있다고 생각했다. 큰 키에 구부정한 모습이었던 그는 세기말 전환기에 수년 동안 이렇다 할 학술적 성과를 올리지 못했으며(프라이부르크 대학의 학부에 재직하고 있을 때였다) 1904년까지 심한 우울증으로 고생했다. 하지만 증세는 극적으로 호전되었다.

베버는 실제와 이론을 겸비한 보기 드문 인재였다. 그는 입헌국가의 현실에 대한 글을 쓰면서 '비스마르크 전설'을 공격하는 한편 사회과학의 방법론에 대해서도 깊이 파고들었다. 베버는 도시사회에서 종교와 관료 체제, 전체적인 권위의 문제와—왜 일부 사람은 다른 사람에게 복종하는가?—현대세계에서 학자와 대학의 역할에 대해서도 큰 관심을 보였다. 베버는 황제를 이해하기 위해 황제가 될 필요는 없으며 '이해'에는 해석이 포함된다고 확신했다. 이때의 해석은 자연과학에서 하는 인과율의 설명과는 다른 형태였다. 베버는 이 생각을 발전시켜 '적절한 인과관계'라는 자신의 개념과 대조시켰다. 그는 종교의 유형에 금욕적, 신비적인 형태와 예언적(구원적)인 형태가 있으며, 전자가 세속적인 세계와 갈등을 빚는 데 비해 후자는 "독실한 신앙과 인식" 사이에 늘 존재하는 긴장감이 덜하다고 생각했다. "근본적인 악과 구원을 주장하지 않는" 유교에 깊은 인상을 받은 베버는 유교의 목표가 "세계를 고귀하게 수용하여 품위 있게 적용하는 것"이라고 보았다.

베버의 『프로테스탄트 윤리와 자본주의 정신』은 종교와 사회학에 관한 작품으로 훨씬 더 유명하다. 이 책의 서문에는 다음과 같이 베버의 사고방식이 잘 드러나 있다. "어느 나라든 여러 종교에서 드러난 통계상의 직업을 보면 특정 상황이 유독 빈번하게 드러난다. 이런 상황은 가톨릭 언론과 문학에서 몇 차례 논란을 불러일으키기도 했다. 독일의 가톨릭 회의에서는 기업주는 물론 자본가, 고위 직급의 숙련 노동자, 심지어 기술적으로나 상업적으로 고도로 훈련된 현대적 기업의 직원은 프로테스탄트에 압도적으로 많다는 사실이 지적되기도 했다."[40]

베버가 볼 때 이런 관찰에서 문제의 핵심은 심각한 불균형에 대한 설명이 필요하다는 점이었다(토마스 니퍼다이는 영국인 중에 이런 실태를 지적한 사람도 있었지만 어디까지나 영국에 국한된 것이었기 때문에 큰 주목을 받지 못했다고 지적했다).[41] 일찍이 베버는 자신이 단순히 돈에 관해 말하는 것이 아님을 분명히 했다. 그가 볼 때 자본가의 기업과 이익 추구는 언제나 같은 것이 아니었다. 사람들은 늘 부자가 되기를 바라지만 이런 경향은 자본주의와 별 관계가 없는 것이다. 베버는 자본주의를 "경제적 교환(겉으로는 평화로운)의 수단으로 이익을 얻으려는 규칙적인 태도"로 규정한다. 그는 바빌로니아, 이집트, 중국, 중세 유럽에서 매우 성공적이고 규모가 컸던 상업활동을 지적하면서 종교개혁 이래로 오직 유럽에서만 자본가의 활동이 "공식적인 자유민 노동의 합리적 조직"과 결합했다고 주장한다.[42]

베버는 처음에 자신도 이해되지 않는 역설이라고 생각했던 현상에 매혹되었다. 대부분의 남자는—그리고 소수의 여자도—부의 축적을 추구하는 경향을 띠면서도 한편으로는 "지독한 금욕주의"를 드러내기도 했다. 성공을 거둔 많은 기업가들은 실제로 "매우 검소한" 생활 방식을 추구했다. 왜 사소한 보상을 위해 그토록 힘들게 일하는가? 숙고를 거듭한 끝에 베버는 자신이 청교도의 '세속적인 금욕주의'라고 부른 현상에서 답을 찾았다고 생각했다. 베버는 이런 청교도의 정신을 일종의 경제적 교양이라고 할 수 있는 '천직天職'이라는 개념으로 확대했다.[43] 베버에 따르면 이런 사고방식은 고대사회에서는 존재하지 않았으며 가톨릭 신앙에서도 찾아볼 수 없는 것이다. 이런 생각은 종교개혁에서 시작된 것으로 그 배후에는 개인의 지고한 윤리적 의무와 신에 대한 최선의 의무 충족은 현 세계에서 이웃을 돕는 것이라는 경건주의 사상이 깔려 있다. 이와 대조적으로 가톨릭에서는 최고의 이상이 속세에서 물러나(은거한 수사들처럼) 개인의 영혼을 정화하는 것이었다. 프로테스탄트에게는 그 반대의 현실이 진정한 세계였다.

베버는 부富의 축적이, 특히 자본주의 초기 단계의 칼뱅파 국가에서는

"소박하고 근면한 직업활동"과 결합할 때만 윤리적으로 허용되었다는 사실을 지적하면서 자신의 주장을 뒷받침했다. 복지 확대에 기여하지 않는 나태한 부와 "일하지 않는" 부는 죄악이라며 비난했다. 베버가 볼 때 자본주의는 어떤 형태든 처음에는 종교적인 열정으로 불붙는 것이며, 이런 열정 없이 자본주의를 과거의 방식과 크게 차별화하는 노동 조직은 있을 수 없는 것이었다.

베버는 관료 체제와 과학에도 초점을 맞췄다. 관료 체제에 두 가지 측면이 있다고 보았던 그는 현대사회가 관료 체제 없이는 돌아가지 못하며 독일인은 다른 어느 민족보다 합리적 행정에 더 뛰어난 재능을 보여주었다고 생각했다. 이런 기질은 교양이라는 사고와 일정한 관련이 있는데, 베버는 자신의 시대에 이 교양이 쇠퇴하고 있다고 보았다. 그는 이렇듯 불가피한 존재인 관료가 중세의 중국에서 그랬듯이 늘 개혁을 억압하려고 했으며 바로 이런 이유에서 교양이 중요할 수밖에 없다고 생각했다.

1917년에 베버는 '직업으로서의 과학'이라는 유명한 연설을 했다. 거기서 그는 과학이 자승자박의 결과를 낳았다고 주장했다. 또 독창성은 전문성이 증가할 때만 나올 수 있으며, 좀더 중요하게 취급된 이 전문성은 자신의 '온 영혼'을 교양의 측면에서 수련할 수 없는 과학자 개개인에게나 나머지 일반 대중에게 '궁핍한 형태'가 되었다고 생각했다. 이런 과정 속에서 인간은 과학의 힘으로 미몽에서 깨어났으며, 마침내 마법의 영역은 이 세계에서 제거되고 의미를 상실했다. 베버는, 과학의 개념은 과학을 가장한 허위 개념이 아닐 경우에도 냉혹한 추상으로서 삶의 현실을 포착할 능력이 없다고 보았다. 그는 과학이 의미를 부여할 수 없다고 말했다. 즉, 과학은 인간이 가치를 세울 수 있는 어떤 것도 제공하지 못한다는 것이다. 그러므로 인간은 어떤 가치가 옳은지 판단할 능력이 없음에도 스스로 가치를 창조해야 하는 상황에 처해 있다. 이것이 인간이 처한 곤경이다. 이런 베버의 분석은 니체의 생각만큼이나 쓸쓸하기 짝이 없다.

베버는 동료 학자들처럼 근대정신에 분노하지는 않았다. 그렇다고 완전히 감탄한 것도 아니었으며, 적어도 이 근대세계에 자신도 포함될 수밖에 없다는 것을 알고 있었다.[44] 어쩌면 이런 점이 왜 베버가 일반적으로 더 많은 영향을 끼치고 더 오래 기억되는지에 대한 이유가 될 것이다.

이 마지막 두 장章은 하나의 '문화비평Kulturkritik'으로 특징지을 수 있다. 문화비평은 새로운 철학적, 문학적 장르로 20세기에 번성하게 될 현상의 초기 형태이며 문화적 위기와 문화적 비관주의의 사고를 말한다. 임박한 독일 문화의 붕괴에 대한 경고의 의미를 담고 있는 문화비평은 1920년대 바이마르 공화국 당시에 보수혁명을 추진하는 데 일조했고 민족사회주의National Socialism의 등장을 가능케 해준 현상이었다.[45]

제24장

불협화음, 그리고 음악에서 가장 많이 거론된 인물

일련의 발전은—1780년부터 1880년까지 시대를 압도한 하이든, 모차르트, 베토벤, 슈베르트, 슈만, 멘델스존, 바그너 등—음악사에서 유례없는 절정에 달했던 것으로 보인다. 하지만 제1차 세계대전으로 치닫는 동안 독일어권 지역에서는 또 다른 형태의 창조적 에너지가 분출됐다. 이런 흐름을 주도한 인물은 요하네스 브람스, 후고 볼프, 요한 슈트라우스 1세 및 2세, 리하르트 슈트라우스, 구스타프 말러, 안톤 브루크너, 막스 레거, 아널드 쇤베르크였다. 음악의 천재가 마르지 않는 샘물처럼 솟아나는 듯 보였다.

요하네스 브람스(1833~1897)의 활약 시기는 바그너와 겹쳤다. 브람스는 바그너와 견줄 수 있는 유일한 작곡가였다. 하지만 두 사람에게는 차이점이 있었다. 바그너는 모든 것을 변화시켰지만 브람스는 이상한 방식으로 과거로 돌아가는 특징을 보여주었다. 베토벤과 멘델스존, 슈만이 발전시킨 교향곡은 브람스에 이르러 화려한 피날레를 장식했다. "브람스는 바흐처럼 시대를 압축했다." 한편 열광적인 빈의 음악 애호가들은 브람스의 업적을 두고 의견이 극단적으로 갈렸다. 말러는 브람스를 "약간은 가슴이 좁은 마네킹"으로 묘사한 반면 한스 폰 뷜로는 물리학 혁명의 영향을 받아 "브람스는 가슴속에 불덩이를 품고 있다"는 식으로 표현했다.[1]

브람스가 요즘도 우리에게 친숙하다는 사실은 부인할 수 없다. 브람스의 음악은 현재에도 즐겨 연주되는 곡에 속한다. 4개의 교향곡과 4개의 협주곡(피아노 협주곡 2개, 바이올린 협주곡 1개, 이중 협주곡 1개)은 「하이든 주제에 의한 변주곡」「독일 진혼곡」과 더불어 지금은 고전이 되었다.[2] 오늘날 이 작품들 대부분은 멘델스존과 슈만, 리스트의 혁신적인 작품보다 더 인기를 끌고 있다.

아마 무엇보다 호소력이 강한 것은 브람스의 순수한 엄숙성일 것이다. 그는 처음부터 아름다우면서도 동시에 리스트와 바그너의 자기중심적인 화려함에 맞서는 음악을 작곡하는 일에 몰두했다. 이 말은 브람스가 "난해한 작곡가", 나아가 "음향의 철학자"로 알려졌다는 것을 뜻한다. 그러면 이 말은 브람스 자신이 비타협적이고 '난해'했다는 사실을 얼마나 반영하는 것일까? 까다롭고 예민하며 냉소적인 데다 화를 잘 냈던 브람스는 공격적인 기질과 적대감으로 악명이 높았던 한스 폰 뷜로만큼이나 "사람들이 두려워하고 어딜 가든 환영받지 못하는" 인물이었다. 빈의 어느 파티에서는 브람스가 발끈해서 "이 자리에서 나에게 욕을 먹지 않은 사람이 있다면 사과하겠다"고 투덜대면서 나갔다는 말이 전해진다.[3]

젊었을 땐 마른 몸에 금발과 초롱초롱한 푸른 눈을 가진 미남이었던 브람스는 이후 나이가 들면서 몸이 비대해졌고 얼굴은 온통 수염으로 뒤덮였다.[4] 그는 악보 원본을 수집하는 사치스런 취미도 있었다. 그가 수집한 악보 중에 보석 같은 작품으로는 모차르트의 교향곡 G단조가 있었다.

1833년 함부르크에서 더블 베이스 직업 연주가의 아들로 태어난 브람스는 불과 6세 때 완벽한 음악적 재능을 드러냈다. 10세에는 대중 앞에서 피아노 연주를 할 정도였다. 하지만 아버지가 더블베이스 연주가였는데도 이상하게 브람스는 부둣가에 있는 술집이나 홍등가에서 연주를 했다. 이런 일이 집안 형편에는 도움이 되었을지 모르지만 그에게는 정신적인 상처로 남을 수밖에 없었다. 브람스는 평생 동안 창녀들에게서만 성적인 위안을 얻었던 것으로 보인다. 그리고 이런 습관은 그가 결혼하는 데 어떤 식으로든 방해가 되었을 것이다.

20세가 되었을 때 브람스는 피아노곡 몇 개를 작곡했다. 기념비적인 이 작품들에는 중후한 저음이 깔려 있었지만 마음의 상처를 누그러뜨릴 수는 없었으며 사람들의 마음을 잡아끄는 불꽃은 찾아볼 수 없었다.[5] 하지만 이 무렵 브람스는 피아니스트로서 일취월장하고 있었다. 1853년 여행 중에 브람스는 요제프 요아힘(1831~1907)을 만났다. 요아힘은 이미 유명한 젊은 바이올리니스트로 브람스의 피아노 연주에 매혹된 사람이었다.[6] 요아힘은 브람스를 리스트에게 소개했고 자연히 슈만에게도 소개하게 되었다. 슈만은 1853년 9월 30일자 일기에 "브람스(천재)가 나를 보러 왔다"고 썼다. 이 젊은 천재에게 깊은 인상을 받은 슈만은 어느 때보다 더 너그러운 태도로 『새 음악 잡지』에 브람스를 "젊은 독수리"라고 소개하는 장문의 글을 기고했다. 이 글은 슈만 자신이 창간한 간행물에 마지막으로 기고한 기사가 되었다. 두 사람은 서로에게 깊이 끌렸고, 슈만은 브람스를 자기 집에 들어와 살도록 했다(비록 슈만의 부인인 클라라는 슈만이 죽었을 때 "평생 상복을 입고 지내기로 다짐하는 미망인 본연의 자세를 취했다"지만 브람스는 거의 클라라와 사랑에 빠질 정도였다).[7]

1862년 브람스는 빈으로 여행을 떠났다. 그는 이곳이 마음에 들어 이듬해 다시 빈으로 돌아와 평생을 이곳에서 보냈다. 성악아카데미 지휘자로 임명된 것도 빈에 거주하기로 결심한 이유 중 하나였다. 그는 2년 동안 지휘를 하다가 그만두고 작곡에만 전념하면서 단기간 연주여행을 다니기도 했다.

브람스의 초기 작품 가운데 유명한 것은 사람들의 예상과 달리 피아노곡이 아니라 「독일 진혼곡」이었다. 여기에는 역설적인 특징이 있다. 함부르크의 프로테스탄트 출신으로 개방적인 사고를 지닌 브람스는 가톨릭 도시 빈에서 작곡가 생활을 했다. 진혼곡의 가사는 (라틴어가 아닌) 독일어로 쓰였으며 루터파 성서의 내용에서 따온 것이었지만 일반에게 알려진 어떤 기도서와도 관련이 없었다. 이것은 브람스 자신의 언어였으며 민족주의적이거나 정치적인 어떤 내용도 들어 있지 않았다.[8] 그리스도에 대한 언급조차 없었다. 하지만 1868년 드레스덴을 시작으로(미완성곡으로) 라이프치히에서(완성곡으로) 공연되었을 때 이 작품은 대대적인 성공을 거두었고, 깊은 성찰과 마음을 뒤흔드는 합창부가 잘 조화되어 있었다. 브람스는 피아노 연주여행 외에는 작곡에 심혈을 기울였다.

19세기의 작곡가라면 누구나 "창조성과 음향의 거대한 벽"이라고 할 만큼 기념비적인 작품, 베토벤의 9번 교향곡과 마주쳤거나 마주쳤다고 느꼈다(바그너조차 기가 꺾일 정도였다). 1876년에 완성된 브람스의 1번 교향곡은 작곡하는 데 수년이 걸렸으며 브람스는 베토벤이 자신과 같은 43세의 나이에 9개 교향곡 중 8개를 완성했다는 사실을 잘 알고 있었다. 빈에서 베토벤의 후계자라는 평을 듣던 브람스는 자신의 기반을 뚜렷이 깨달을 수밖에 없었다.

해럴드 숀버그는 교향곡 C단조가—어쩌면 이에 대한 반응도—브람스의 마음속에 담긴 "비밀을 털어놓는" 것으로 보인다고 말한다. 이후 브람스는 계속해서 걸작을 발표하면서 대창조의 시대로 접어들기 시작했다. 1879년 바이올린 협주곡, 1881년 피아노 협주곡 B단조, 1883년 3번 교향곡, 1885년 4번 교향곡, 1887년 바이올린과 첼로를 위한 협주곡이 속속 나왔다.[9] 1891년에서 1894년 사이에는 친구인 리하르트 뮐펠트를 위해 뛰어난 클라리넷 곡을—클라리넷 삼중주와 클라리넷 사중주(두 작품 모두 1891년), 2개의 클라리넷 소나타(1894년)—여러 편 작곡했다. 뮐펠트는 브람스의 음악 생애에 중요한 역할을 한 인물로 마이닝겐 오케스트라의 수석 클라리넷 주자였다. 1880년 지휘자의 자리에 오른 한스 폰 뷜로는 클라리넷을 "유럽 오케스트라의 독특한 악기"로 묘사했으며 그 자신이 브람스 최고의 해석자가 되기 위해 클라리넷을 활용했다.[10]

이런 찬사가 작곡가 당사자에게 큰 효과를 발휘한 것 같지는 않다. 브람스는 나이가 들면서 더욱 까다로워져 화를 잘 내고 빈정거리면서 냉소하기 일쑤였다. 뷜로와 요아힘 등 그때까지 잘 지내던 친구들도 점차 떨어져나갔다. 말년에 이르러 브람스의 음악은 무척 부드러워지고 여유가 생겨났다. 바이올린 소나타 D단조, 클라리넷 5중주, 그리고 마지막 작품인 오르간을 위한 11개의 성악 서곡에는 "어떤 작곡가에게서도 찾아볼 수 없을 독특한 고요함"이 담겨 있었다. 압도적인 위력을 발휘하던 바그너의 오페라와 리하르트 슈트라우스의 위협적인 모더니즘풍의 불협화음이 유럽의 화두가 되었던 시절에 과거의 음향이라 할 브람스의 음악은 제1차 세계대전과 모더니즘 이전 시대에 조용히 자취를 감췄다.[11]

모든 시대에 가장 위대한 가곡 작곡가?

브람스가 사망한 1897년은 후고 볼프(1860~1903)에게 비극적인 해였다. 시대를 통틀어 가장 위대한 가곡 작곡가로 추앙받던 이 남자는 그해에 정신병원에 수용되었다. 지금의 우리로서는 볼프가 정신병원에 들어간 원인이 그가 10대 때 걸렸던 매독 때문인지 아니면 나면서부터 기질적으로 약했기 때문인지는 알 수 없다. 호리호리한 몸에 귀족적인 풍모를 풍기는 볼프는 종종 우아한 벨벳 상의에 화려한 예술가 넥타이를 맨 모습으로 사진에 찍혔다. 그의 검은 눈은 언제나 불타는 듯 이글거렸고 우수에 젖어 있었다. 그렇지만 불과 몇 년 동안에 "극심한 고통에 시달리던 이 천재는 독일의 예술가곡을 최고 수준으로 끌어올리는 업적을 세계에 유산으로 물려

주었다."[12]

반항적인 기질의 보헤미안이었던 볼프는 짧은 기간 동안 음악에서 동시대의 어느 누구도 필적할 수 없을 만큼 강렬한 감정을 뽑어내는 능력을 발휘했다.[13] 그는 거의 250곡이나 되는 가곡을 작곡했다. 그의 노래는 배경이 된 시와 분위기가 잘 맞았고 슈베르트의 가곡보다 더 독창적이었으며 한층 발전된 조화를 보여주었다. 하지만 볼프 자신의 파란 많은 삶과는 유사성을 찾아볼 수 없었다.

볼프는 10대에 가곡을 작곡하기 시작했지만 최고의 작품은 약 10년이 지나서야 나왔다. 그는 1888년부터 1891년까지 4년 동안 괴테는 물론 에두아르트 뫼리케, 요제프 폰 아이헨도르프, 고트프리트 켈러의 다양한 시에 맞춰(종종 희극적으로) 200곡 이상의 가곡을 작곡했으며, 어떨 때는 하루에 두세 편을 작곡하기도 했다.[14] 1897년 볼프는 정신병에 걸려 생의 마지막 4년 동안 정신병원을 드나들었다. 사실 그가 가곡 작곡에 보낸 시간은 고작 7년에 지나지 않는다.[15]

짧은 시간 동안 작곡했음에도 볼프가 만든 가곡은 질적으로 뛰어나다는 호평을 받았다. 일류 가수들은 이내 브람스만큼은 아니더라도 훌륭한 피아니스트인 볼프의 반주에 맞춰 즐겨 노래 불렀다. 볼프가 이룬 차별화는 멜로디의 활용에 있었다. 그가 볼 때 멜로디는 시의 의미에 기여할 수 있었다. 좋은 예는 '누가 그대를 불렀는가'로, 가수가 한 소절을 부르는 동안 반주는 가수가 내뱉는 말이 거짓이라는 사실을 암시한다.[16]

볼프의 광증은 초기에 자신이 빈 오페라 지휘자에 임명되었다는 환각을 불러일으켰다. 그는 정신병원에서 자신이 말러의 후계자가 되었다고 생각하고 세부적인 계획을 세우기도 했다.[17] 결국 1903년 정신병원에서 죽음을 맞이한 볼프의 생애는 그 자신의 최고 작품에서 보여준 화려함과는 완전히 동떨어져 있었다.

“빈의 웃음 짓는 천재”

비록 경쟁자이기는 했지만(적어도 볼프 입장에서는) 브람스와 볼프는 진지한 작곡가라는 점에서 일치했다. 해럴드 숀버그는 19세기에 '경음악'* 분야에서 3명의 작곡가가 시대와 유행을 초월해 살아남았고 “굉장히 눈부신 활약을 해 가히 불멸의 명성을 얻었다”고 지적한다. 이들 3명은 왈츠와 오페레타를 쓴 요한 슈트라우스 2세, 희가극opéra bouffe**의 자크 오펜바흐, 그리고 물론 오페레타의 아서 설리번이다. 이들은 우리에게 지금까지도 매혹적이고 세련되며 독창적인 이미지로 남아 있다.

경음악의 독일적인 형식이라 할 수 있는 왈츠는 1770년대에 유행한 4분의 3박자로 된 오스트리아–독일의 민속춤인 렌틀러Ländler가 그 기원이다. 빈이 언제나 '총본부' 역할을 한 것은 사실이지만 왈츠는 순식간에 유럽 전역을 휩쓸었다. 모차르트의 「피가로의 결혼」을 초연할 때 출연했던 아일랜드의 테너 가수 마이클 켈리는 회고록(1826)에 여자들이 “저녁 10시부터 아침 7시까지 왈츠를 췄다”고 썼다. 무도장 가까이에는 “만삭의 부인이 어느 때고 출산을 할 수 있도록” 특별한 방이 준비되어 있었다는 내용도 있다. 슈베르트와 베버, 브람스, 리하르트 슈트라우스는 모두 왈츠를 작곡했다(심지어 알반 베르크의 「보체크」에도 왈츠가 들어 있다). 하지만 뭐니 뭐니 해도 왈츠 하면 요한 슈트라우스 부자父子의 이름이 연상된다.[18]

요한 슈트라우스 1세(1804~1849)는 1804년 빈에서 태어났다. 그는 15세에 이미 여러 오케스트라에서 전문 바이올리니스트로 연주를 했다. 1826년 20대 초반이었던 슈트라우스는 동료 바이올리니스트 요제프 라너

---

*클래식(순음악)에 비하여 보다 더 통속적이며 대중적인 음악. 엄밀하게 정의된 용어는 아니며 재즈나 샹송, 이 밖에 일반 대중가요 등을 편의상 이렇게 부른다.

**희극적인 요소를 포함한 가극을 모두 일컫는 말로, 여기에 포함되는 것은 오페레타·보드빌·이탈리아의 오페라 부파opera bouffa·프랑스의 오페라 코미크opera comic·독일의 징슈필singspiel 등 광범위하다.

라는 감수성 강한 젊은이와 함께 무용단을 조직했다.[19] 무용단은 두 사람의 관계가 악화되어 슈트라우스가 작곡으로 관심을 돌릴 때까지는 잘 운영되었다. 라너와 갈라선 슈트라우스는 즉시 200명으로 구성된 자신의 오케스트라를 결성하고 하룻밤에 여섯 차례나 연주를 했다. 슈트라우스가 쓴 「도나우의 노래」「라데츠키 행진곡」 등의 작품은 연이어 인기몰이를 할 정도로 성공을 거두었다.

그럼에도 불구하고 슈트라우스는 6명의 자녀 중 한 명이라도 음악가가 되는 것을 원치 않았다. 때문에 요한 슈트라우스 2세(1825~1899)는 아버지 몰래 음악 공부를 했다. 적어도 아버지가 집을 나가 다른 여자와 살림을 차리며 추문을 일으킬 때까지는 그랬다. 슈트라우스 1세는 이 여자와의 사이에 4명의 자녀를 더 낳았다. 이 스캔들로 한동안 빈 시내가 떠들썩했다. 하지만 이 일은 아버지가 아들에게 자기 자리를 위협받는 사건이 터지면서 이내 묻히고 말았다. 요한 슈트라우스 2세는 1849년 아버지가 사망하기 전에 이미 아버지를 능가한다는 평판을 들었다.[20] 그가 아버지의 자리를 떠맡기로 결심한 것은 19세 때였다. 그는 빈의 도마이어 카지노 레스토랑에 출연하기로 예약되어 있었고, 적어도 첫날 저녁만큼은 아버지의 「로렐라이-라인클렝게」로 연주를 마치기 위해 신경 썼다.[21] 하지만 소문이 빠른 빈에서 비밀이란 있을 수 없었다. 모든 사람이 슈트라우스 집안의 불화를 알게 되었으며 빈의 한 신문은 다음과 같은 제목으로 이 상황을 압축했다. "굿 나이트 라너, 굿 이브닝 아버지 슈트라우스, 굿 모닝 아들 슈트라우스!"

슈트라우스 1세가 사망한 뒤 슈트라우스 2세는 아버지의 오케스트라와 자신의 오케스트라를 통합했다. 명성이 절정에 올랐을 때 그는 이곳저곳을 전전하며 6개의 오케스트라를 거느리기도 했고 연주회마다 한두 곡의 왈츠에 모습을 보이기도 했다. 마침내 그는 작곡에 전념하기 위해 힘겨운 일과를 접고 동생 에두아르트에게 바통을 넘겨주었다. 이어 「페르페투움 모빌레」「빈 숲속의 이야기」「황제 왈츠」「강의 소리」「아름답고 푸른 도나우강」 등 주옥같은 작품들이 발표되기 시작했다.[22] 관현악으로 연주되는 이 작품들의 리듬은 굉장한 감동을 불러일으켰으며 "단순한 '무용곡'을 훨씬 능가하는" 기념비적인 업적으로 남았다. 슈트라우스 2세의 진가를 알아본 브람스조차도 어느 날 저녁 슈트라우스 부인을 위해 「푸른 도나우 강」의 악보에 사인을 해주면서 "유감스럽게도 요하네스 브람스의 작품이 아님"이라고 덧붙였다. 리하르트 슈트라우스는 그를 "빈의 웃음 짓는 천재"라고 불렀다.[23]

바그너의 자연스러운 계승자

빈에서는 리하르트 슈트라우스(1864~1949)를 "슈트라우스 3세"라고 부르는 사람도 몇 있었다. 하지만 모더니스트를 비롯해 대부분의 사람이 볼 때 리하르트 슈트라우스는 의심할 여지 없이 최초의 독보적인 슈트라우스였다. 그는 1886년에 초연된 「돈 후안」을 시작으로 1911년 무대에 올려진 「장미의 기사」에 이르기까지 "음악계에서 가장 많이 거론된 인물"이었다. 그의 교향시는 「살로메」(1905)와 「엘렉트라」(1909)가 대소동을 일으키면서 "모더니즘 시대의 충격적인 결정판"으로 간주되었다.

큰 키에 몸이 홀쭉했던 슈트라우스는 젊은 시절에 신경질적인 에너지를 발산하며 스캔들을 몰고 다녔다. 청중을 끌어당기거나 내쫓는(종종 두 가지를 동시에) 것은 비단 오케스트라의 규모만은 아니었다. 그의 음악은 많은 사람이 볼 때 고통스러운 불협화음에 부도덕하기까지 했다. 「살로메」의 원작자 오스카 와일드는 동성애로 감옥에 간 적도 있는 인물이었다.

역설적으로 슈트라우스 본인은 탄탄한 부르주아였지만 사생활은 검소하고 고루하기까지 했다. 알마 말러는 1901년 「화재」의 리허설을 할 무렵 일기에 다음과 같이 기록했다. "슈트라우스는 오직 돈밖에 모른다. 그는 작곡을 하는 동안에도 내내 마지막 한 푼까지 이익을 계산하고 있다."[24] 한때 가수였던 그의 아내 파울리네는 욕심 많은 여자였다. 파울리네는 남편이 카드놀이를 하며 쉴 때마다 큰 소리로 "리하르트, 작곡 안 해요?" 하고 달달 볶곤 했다. 가르미슈에 있는 이들 부부의 집에는 세 개의 신발 닦개가 있었는데 파울리네는 남편이 신발을 차례로 세 번 턴 다음에야 집 안에 들일 정도였다.

「장미의 기사」까지만 해도 슈트라우스의 작품은 제각기 다르면서도 흥분을 자아내고 긴장감을 유발하는 특징이 있었다. "그 무렵 슈트라우스는 난관에 부딪힌 것으로 보인다." 적지 않은 비평가와 역사가들은 「장미의 기사」 이후로 슈트라우스가 쓴 작품이 모두 퇴보했고 기계적인 반복일 뿐이며 혁신성이 부족하다고 평했다.[25] 어니스트 뉴먼도 이들 중 한 명이었다. 그는 "한때 천재 소리를 듣던 유능한 작곡가라면" 자신의 역경을 압축할 줄 알아야 한다고 말했다. 뉴먼은 「엘렉트라」 이후 "슈트라우스 오페라의 초연은 더 이상 국제적인 화젯거리가 되지 못했다"고 덧붙였다.

날카롭고 직선적이었던 아버지 프란츠 슈트라우스는 "독일에서 가장 유명한 호른 주자"였는데, 그는 바그너를 '위험 인물'로 여겼다. 뮌헨에서 태어난 리하르트 슈트라우스는 일찍이 천재적인 기질을 보였다. 이미 4세에 피아노연주에 이어 바이올린을 연주했으며 6세에는 작곡을 했다. 하지만 그의 아버지는 아들을 제2의 모차르트로 만들 생각이 없었다. 집안에서도 이 아이가 음악가가 되는 것에는 이견이 없었지만 단지 '때가 되면'이라는 조건을 달았다. 1882년 뮌헨 대학에 들어간 슈트라우스는 졸업은 하지 못하고 주로 베를린의 음악 파티에서 연주를 하며 시간을 보내다가 때마침 한스 폰 뷜로를 만났다. 슈트라우스는 이 유명한 지휘자에게 자신의 관악기를 위한 세레나데 E단조(작품번호 7)를 보여주었고 이 악보는 마이닝겐 오케스트라에 전해졌다. 이 세레나데를 무척 마음에 들어 했던 뷜로는 슈트라우스에게 다른 작품을 요구했다. 그 결과 관악기 조곡 B단조(작품번호 4)가 나왔다. 뷜로는 이 작품에도 깊은 인상을 받고 슈트라우스를 마이닝겐 오케스트라에서 자신의 조수로 일하게 했다(1885). 젊은 슈트라우스에게 이 무렵은 꿈에 부푼 시간이었다. 어쩌면 그가 이때 마이닝겐 오케스트라의 바이올린 주자 알렉산더 리터를 만나지 않았다면 전혀 다른 길로 들어섰을지도 모를 일이다. 리터의 부인은 바그너의 조카딸이었는데, 그는 슈트라우스를 차례로 베를리오즈와 리스트, 그리고 바그너에게 소개했다. 슈트라우스에게 새로운 음악 형식을 개척해보라고 격려해준 사람이 바로 바그너였다. 이때까지 슈트라우스의 음악은 거의 전통적이고 귀에 익은 선율이었다. 그는 1899년 최초의 음시音詩인 「돈 후안」으로 전환점을 맞이했다. 11월 11일 바이마르에서 초연된 이 작품은 발표되자마자 새로운 목소리의 도래를 알렸다.[26]

슈트라우스는 「돈 후안」으로 자신이 리스트의—그리고 바그너의—후계자임을 자연스럽게 증명해 보였다. 이 악보는 확실히 대규모 오케스트라를 필요로 했고 난이도가 전례 없이 높았다. 구불구불한 선율의 뚜렷한 도약과 전개 또한 새로웠다.[27] 동시에 지휘자로서의 슈트라우스의 지위도 격상되었다. 1898년 베를린왕립오페라의 지휘자에 임명된 슈트라우스는 1918년까지 자리를 지켰는데, 이 무렵에는 빈 오페라의 공동 지휘를 맡기도 했다. 그는 파울리네조차 탄복할 만큼 인기를 누렸다.

이후 슈트라우스는 실패를 경험했다. 그는 어느 편지에서 "적들이 「군트람」(1894)에 대해 보여준 태도는 믿을 수 없을 정도"라고 불평하며 "순식간에 나를 중죄인처럼 다루었다"[28]고 말했다. 하지만 1905년에 발표한 「살로메」로 슈트라우스의 오페라는 교향시가 받은 것만큼이나 청중의 뜨거운 호응을 얻었다. 물론 악보만큼이나 줄거리도 대소동을 일으키기에 충분했다. 청교도적인 깊은 신앙심을 가진 사람이 아니고서야 살로메가 잘린 요한의 머리에 입을 맞추고 일곱 가지 베일을 차례로 벗는 장면을 누가 보고 싫어하지 않았겠는가?[29]

오스카 와일드의 희곡을 극본으로 한 이 오페라는 런던에서 공연이 금지되었다. 하지만 슈트라우스의 악보는 "불에 기름을 부은 격이었다." 헤롯 왕과 요한의 심리적 갈등을 고조시키면서 슈트라우스는 장·단조를 동시에 사용하는 생소한 방식을 택했다. 악보의 끊임없는 불협화음은 살로메가 요한의 처형을 기다리며 비탄하는 대목에서 절정을 이룬다. 더블베이스 독주의 B단조로 연주되는 이 대목은 살로메의 절박하고 고통스러운 극적 긴장을 여실히 드러낸다. 살로메는 근위병에게 방패로 내리찍힘으로써 목숨을 잃는다.

첫 공연 이후 여론은 가지각색의 반응을 보였다. 코지마 바그너는 이 오페라가 "미친 짓이며 (…) 추잡한 내용을 보여주었다"고 확신했다. 황제는 결말을 부드럽게 다듬는 조건으로 「살로메」의 베를린 공연을 허용하려고 했다. 결국 오페라극장 경영자가 결말에 베들레헴의 별*이 뜨게 하는 등 작은 눈속임으로 모든 내용을 바꿔놓았다. 독일에 있는 60곳의 오페라극장 중 10군데에서 베를린식으로 공연한 불과 몇 달 만에 슈트라우스는 가르미슈에 아르누보 양식의 별장을 지을 수 있었다. 독일에서는 성공을 거두었지만 뉴욕과 시카고에서는 공연이 전면 금지되었다(뉴욕에서는 단 하루 공연한 뒤에). 빈에서도 공연이 금지되었지만, 그라츠에서 있었던 공연 첫날에는 자코모 푸치니, 구스타프 말러가 관람했으며 일단의 젊은 음악 팬들도 빈에서 공연을 보러 왔다. 거기에는 당시 실업자로 예술가를 자처했던 아돌프 히틀러도 끼여 있었다. 히틀러는 훗날 슈트라우스의 친척에게서 여비를 빌려 왔다고 말하기도 했다.

몇몇 부분에서 비롯된 많은 비난에도 불구하고 「살로메」는 결국 성공을 거두어서 슈트라우스는 베를린 궁정극장의 음악감독에 오를 수 있었다. 이

*그리스도 탄생시, 하늘에 나타나서 동방의 세 박사를 베들레헴으로 인도한 별.

때 슈트라우스는 다음 오페라인 「엘렉트라」를 완성하기 위해 1년 동안 자리를 비웠다. 이 오페라는 후고 폰 호프만슈탈과 본격적으로 협력한 최초의 작품으로서 호프만슈탈의 동명 희곡을 극본으로 사용했다. 슈트라우스는 베를린에서 만난 독일 극장계의 귀재 막스 라인하르트 덕에 이 작품을 무대에 올릴 수 있었다. 라인하르트는 무엇보다 오페라의 주제에 마음이 끌렸다. 그것은 빙켈만이나 괴테의 작품에서 전통적으로 보이는 그리스의 고상하고 우아하며 온화한 이미지와는 전혀 다른 것이었다.

「엘렉트라」는 연주자만 111명으로 「살로메」보다 오케스트라의 규모가 더 컸으며 불협화음이 훨씬 더 많이 들어가 "고통스러운 경험"을 연출했다. 클리템네스트라 역을 맡은 에르네슈티네 슈만하잉크는 첫 공연에 대해 다음과 같이 소감을 밝혔다. "소름 끼친다. (…) 우리는 모두 흡사 미친 여자들 같았다. (…) '엘렉트라' 말고는 아무것도 없었다. (…) 우리는 완전히 끝냈다."[30]

슈트라우스와 호프만슈탈은 두 가지 목표에 주력했다. 당시 표현주의 화가 모임인 '다리'와 '청기사' 소속의 화가들은(27장 참고) 사람들의 세계 인식을 변화시키기 위해 "부자연스러운" 색과 혼란스러운 뒤틀림, 부조화의 나열을 사용했다. 두 사람은 이와 똑같은 방식을 음악으로 표현하려고 했음에 틀림없다. 당대 학자들은 대부분 빙켈만과 괴테에게서 고대의 이상화된 그림을 유산으로 물려받았지만, 니체는 호메로스 이전의 고대 그리스에 있는 본능적이고 미개하며 불합리하고 더 어두운 측면을 강조하면서 모든 것을 바꿔놓았다(분명히 말해 예컨대 『일리아드』와 『오디세이』를 아무 편견 없이 읽을 때처럼). 하지만 「엘렉트라」는 단순히 과거 이야기만은 아니었다.[31] 의심할 여지 없이 호프만슈탈은 『히스테리 연구』와 『꿈의 해석』을 읽은 것으로 보인다. 프로이트와 니체의 영향, 이들의 생각이 무대에 드러남으로써 고대 신화에 대한 전통적인 이해를 약화시켰고, 표면 너머에 있는 무의식 세계에 대한 탐험은 청중을 만족시키지는 못했지만 그 대신 새롭게 생각하는 계기를 마련해 주었다.

「엘렉트라」는 슈트라우스에게도 하나의 전환점이 되었다. 이어서 그는 「살로메」에서 「엘렉트라」에 이르기까지 추구해왔던 불협화음의 흐름을 포기했다. 이로써 슈트라우스는 다른 음악가들을 위한 길을 열어놓았다. 그중에 가장 혁신적이었던 인물은 아널드 쇤베르크였다.

「엘렉트라」는 또 한 가지 성과를 올렸다. 이 오페라로 슈트라우스와 호프만슈탈의 유대감이 굳건해졌기 때문이다. 두 사람이 25년 동안 협력하여 「장미의 기사」(1911), 「낙소스의 아리아드네」(1912), 「그림자 없는 여인」(1919), 「아라벨라」(1933)가 나왔다. 어둠의 깊이를 드러낸 「엘렉트라」 이후 슈트라우스는 희극이 필요하다고 생각했고(이 생각은 옳았다) 호프만슈탈이 아이디어를 제공했다. 1868년의 「뉘른베르크의 명인가수」 이후로 널리 인기를 끈 독일 희극 오페라가 없었던 터에 「장미의 기사」는 난산 끝에 세상에 나왔다. 호프만슈탈은 슈트라우스를 설득해서 미학적으로 전혀 다르면서도 좀더 가볍고 세련되며 부담스럽지 않은 심리적 전형을 시도하려고 했다. "호프만슈탈의 작품세계에서 사람들은 사랑 때문에 죽지 않는다."[32] 이것이 이 오페라 이후로 슈트라우스의 특징이 자취를 감춘 이유일까?

이 무렵 슈트라우스와 호프만슈탈의 그늘에 가려진 세 명의 독일 작곡가가 있었다. 구스타프 말러는 생전에도 잘 알려져 있었지만 1897년부터 1907년까지 10년 동안 빈 오페라의 '황금기'에는 지휘자로 이름을 날렸다. 말러의 교향곡은 들을 수는 있었지만 드물었다. 안톤 브루크너의 팬은 더 적었다. 막스 레거의 팬도 더러 있었지만 그의 음악이 인기를 끈 것은 그가 죽은 뒤의 일이었다. 1960년대까지 말러와 브루크너의 음악은 어떤 형태로든 폭넓은 사랑을 받지는 못했다.[33]

1824년 오스트리아 북부 안스펠덴에서 태어난 브루크너(1824~1896)는 알트도르퍼의 거대한 제단화로 유명한 성 플로리안의 수도원에서 교육을 받았다. 그는 이 수도원의 성가대장을 맡았으며 아우구스티누스 수사들을 위해 오르간을 연주했고 농부들과도 가깝게 지냈다. 사진을 보면 그는 머리를 빡빡 깎은 모습이며 옷은 집에서 만들어 입었다는 설명이 나온다. 이런 외양에 사투리를 썼음에도 불구하고 브루크너는 1868년 빈 음악원의 오르간과 음악 이론 강사로 채용되었으며 이어 정교수에 임용되었다. 또한 그는 빈 대학 교수도 겸했다. 이런 지위는 말러를 비롯해 지휘자들을 이끌 수 있을 만큼 막중한 자리였기 때문에 브루크너의 음악은 이내 주목을 받기 시작했다. 하지만 그에게는 지휘자가 아니라 비평가들이 문제였다. 특히 언론에 브람스의 옹호자로 알려진 에두아르트 한슬리크가 문제였다. 브루크너는 늘 브람스가 한슬리크의 어두운 그림자라고 의심했다.[34]

시골티를 벗지 못한 브루크너는 강의 시간에도 농부 옷차림을 했고 삼종기도三鐘祈禱* 종소리가 울리면 모든 일을 중단한 채 무릎을 꿇고 기도했다. 하지만 음악에서만큼은 세련미를 잃지 않아 사람들은 그의 음악에 이끌리지 않을 수 없었다. 브루크너는 느리고 엄숙하며 생각이 깊은 음악을 좋아했기 때문에 빈에서는 "아다지오 음악가"로 알려졌다.[35] 비평가들은 그가 똑같은 교향곡을 아홉 번씩 고쳐 쓴다는 말을 했지만 그의 음악에서 우러나오는 서두르지 않는 평온함은 생명력을 유지하는 데 도움이 되었다.

말러(1860~1911)는 이와 반대였다. 많은 비평가가 볼 때 말러의 팬들은 브루크너의 팬보다 오히려 더 열광적이었지만 말러의 음악은 신경과민적인 특징을 띠었다. 프로이트의 환자이기도 했던 말러는 전형적인 빈 사람이었고 생활이 늘 진지했으며 주위 환경을 이해하려고 애쓰는 인물이었다.[36] 베토벤과 말러가 보여준 분투는 극명한 차이를 보였다. 베토벤이 거인과 영웅의 풍모를 지녔다면 말러는 "정신적인 약골"로서 감상주의자였고 사디즘 경향의 '조울증'을 보였으며 치료를 위해 프로이트와 네 시간씩 산책을

*가톨릭에서 아침·정오·저녁의 정해진 시간에 그리스도의 강생과 성모 마리아를 공경하는 뜻으로 바치는 기도.

할 정도였다. 그가 거느리는 오케스트라는 말러를 존경했지만 즐거움을 맛보는 경우는 드물었다. 말러의 음악은 "단조롭다"는 비난을 받았다.[37]

1860년 보헤미아의 칼리스트에서 태어난 말러는 10년 동안 빈에서 연구한 모든 분야의 대가가 되었다. 그의 접근 방식은 그 자신의 이름으로 이뤄졌고—비록 인기를 얻지는 못했지만—말러가 거느린 오케스트라는 다시 활력을 얻고 빚을 청산할 수 있었다. 전위적인 작품이 늘어나면서 반응도 그만큼 뜨거워졌다. 택시를 타고 가는 사람들이 거리에서 그를 보고 "말러다!"라고 외칠 정도였다. 말러는 본질적으로 낭만파 작곡가였으며(특히 3번과 8번 교향곡에서) 바그너보다 덜 거칠었고 슈트라우스보다는 덜 진보적이었다.[38]

불협화음의 해방과 음악적 $E=mc^2$

리하르트 슈트라우스는 아널드 쇤베르크(1874~1951)에 대해 애증을 갖고 있었다. 슈트라우스는 쇤베르크가 작곡을 하느니 "눈이나 치우는 것"이 더 낫겠다고 생각하면서도 그가 리스트 장학금을 받게 해주었다(리스트 기금은 작곡가나 피아니스트를 돕는 데 사용되었다). 1874년 가난한 집안에서 태어난 쇤베르크는—브람스나 부르크너처럼—늘 진지했으며 대부분 독학을 했다. 작은 몸집에 강인하며 "쉽게 감동을 받지 않고" 일찍이 대머리가 된 쇤베르크는 창의력이 풍부했다. 쇤베르크는 체스 판의 말을 직접 깎아 만들었고 책을 직접 제본해서 사용했으며 그림도 그렸고(바실리 칸딘스키는 그의 그림을 좋아했다) 작곡활동을 위한 타자기도 직접 제작했다.[39] 쇤베르크는 빈의 카페인 란트만과 그리엔슈타이들을 자주 드나들며 카를 크라우스와 테오도르 헤르츨, 구스타프 클림트와 어울렸다. 그는 또 빈학파 Vienna Circle*의 철학자들과도 교류했다.[40]

쇤베르크의 독학은 그 자신에게 큰 도움이 되었다. 다른 작곡가들이 바이로이트로 일종의 순례여행을 한 반면 쇤베르크는 표현주의 화가들에게서 더 깊은 인상을 받았다. 표현주의 화가들은 현대세계가 촉발하고 프로이트가 분석한 일그러지고 가공되지 않은 형태를 가시화하려고 시도했다. 쇤베르크의 목표는 음악에서 이와 비슷한 시도를 하는 것이었다. "불협화음의 해방"은 쇤베르크 자신이 즐겨 사용한 표현이었다.[41]

언젠가 쇤베르크는 음악을 "인류의 진화를 향해 좀더 높은 삶의 형식을 드러내는 예언적 메시지"라고 묘사한 적이 있다. 하지만 정작 그 자신의 진화는 더디고 고통스러웠다. 그의 초기 작품은 비록 바그너의, 특히 「트리스탄」의 덕을 입은 것이었지만 빈에서는 수용되기 어려웠다. 알렉스 로스의 표현을 빌리면, 그의 지나친 진지함은 "화려함을 강요하는" 빈에 맞지 않는 것이었다.[42] 쇤베르크는 공적인 난관 외에 사생활에서도 문제가 많았다. 1908년 여름, 쇤베르크 최초의 무조음악atonal music**이 완성된 시점에 아내 마틸데가 그의 곁을 떠나 다른 남자에게 갔다. 아내에게 버림받은 쇤베르크는 당시 말러도 뉴욕에 가 있던 터라 위로받을 곳이라곤 음악밖에 없었다. 이런 상황에서도 쇤베르크는 "밀교적이고 고적한" 분위기를 드러내는 슈테판 게오르게의 시에 맞춰 두 번째 현악사중주를 작곡했다.[43]

쇤베르크의 말에 따르면 그의 "다른 측면으로의 탐험"이라고 할 무조음악이 떠오른 정확한 시점은 현악사중주의 3악장과 4악장을 작곡할 때였다.[44] 쇤베르크는 게오르게의 시 「황홀경」을 바탕으로 작곡하면서 갑자기 조표의 올림표sharp 6개를 전부 삭제해버렸다. 첼로부를 완성했을 때는 "음향과 리듬, 형식의 현실적인 혼란"을 유발하기 위해 일체의 조調를 포기했

*1920년대에 빈에서 정기적으로 모여 과학언어와 과학방법론을 탐구한 철학자·과학자·수학자 집단.

**기능화성에 따르지 않는 조성調性이 없는 음악으로 장조나 단조 등의 조에 의하지 않고 작곡되는 20세기 초두의 쇤베르크 일파의 음악을 일컫는 말.

다. 우연의 일치인지 시련詩聯은 "나는 다른 행성의 공기를 느낀다네"라는 말로 끝나고 있었다. 음악과 시가 이보다 더 조화되기도 힘들었다. 두 번째 현악사중주는 7월 말쯤 완성되었다. 이때부터 초연이 된 12월 21일 사이에 쇤베르크의 가정에 또 한 번의 위기가 닥쳤다. 11월에 아내와 동거하던 화가가 칼로 찔러 자살을 시도하다가 실패한 뒤 다시 스스로 목을 매어 죽는 일이 일어났기 때문이다. 쇤베르크는 다시 마틸데를 받아들였고 오케스트라에 넘긴 악보에는 "나의 아내에게 바침"이란 글이 쓰여 있었다.

두 번째 현악사중주의 초연은 음악사에서 대대적인 스캔들 중 하나로 기록될 소동을 일으켰다.[45] 불이 꺼지고 연주가 시작되면서 앞부분의 몇 소절 동안은 기대에 찬 침묵이 감돌았지만 그것은 오직 그때뿐이었다. 당시 빈에 살던 사람들 대부분은 현관 열쇠에 호루라기를 달고 다녔다. 밤늦게 귀가해 건물 정문이 잠겨 있을 때 호루라기를 불어 수위에게 신호를 보내기 위함이었다. 그날 밤, 청중들은 일제히 호루라기를 꺼내 불었다. 동시에 객석에서 큰 소리로 야유가 터져나와 무대에 오른 음악은 곧 소음에 파묻히고 말았다. 이튿날 한 신문은 이 공연을 "고양이의 집회"라는 제목으로 소개했고 『뉴 빈 데일리』는 '범죄'란에 비평기사를 실었다.[46]

수년 뒤 쇤베르크는 그 순간이 자신의 생애에서 최악의 순간이었다고 토로했다. 하지만 그는 자신의 음악을 단념하지 않았다. 단념하기는커녕 1909년에는 불협화음의 해방을 계속 시도하면서 30분짜리 오페라 「기대」를 작곡했다. 줄거리는 아주 단순해서 거의 없다고까지 말할 수 있는데, 한 여인이 숲 속에서 애인을 찾던 중 그의 시체를 발견하는 내용이다. 오페라는 이야기 자체보다는 여인의 기쁨과 분노, 질투 등 심리적 흐름을 반영하는 데 초점이 맞춰져 있다. 최소한의 이야기뿐만 아니라 주제나 멜로디를 막론하고 반복이 없다. '고전적인' 전통을 따른 음악 형식은 대부분 주제의 변주를 택하고 여러 번 반복하는 것이 인기를 끌었다. 그런데 쇤베르크의 두 번째 현악사중주와 「기대」는 전통과의 단절이 굉장히 두드러졌다. 이후로 '진지한' 음악은 한때 환호했던 애호가들에게 외면당하기 시작했다. 이런 현상은 「기대」가 완성되기 15년 전부터 일어났다.

비록 쇤베르크가 청중의 기호를 받아들이지 않을 정도로 완고하기는 했지만 둔감한 사람은 아니었다. 그는 사람들이 무조음악 때문에 자신의 음악을 꺼린다는 것을 알고 있었다. 이런 세간의 기호에 대해 쇤베르크는 1912년에 나온 「달에 홀린 피에로」로 대응했다. 이 작품에는 인간과 똑같이 감정을 지닌 무언의 꼭두각시와 수수께끼에 휩싸인 난처한 진실을 드러내는 슬프고 냉소적인 피에로 등 극장과 친숙한 인물들이 나온다. 쇤베르크는 이런 틀을 유지하면서 많은 사람이 그의 독창적인 작품이라고 간주하는 것을 만들어냈다. 사람들은 이 작품을 피카소의 「아비뇽의 처녀들」이나 아인슈타인의 $E=mc^2$ 공식의 음악적 표현이라고 불렀다. 「달에 홀린 피에로」는 인간은 이미 현대인의 퇴폐나 타락과 친숙한 존재라는 주제에 초점을 맞춘다. 쇤베르크는 이 작품에서 몇 가지 혁신적인 형식을 시도했는데, 특히 슈프레히게장Sprechgesang*이 이색적이다. 슈프레히게장은 글자 그대로 노래하는 말로서 목소리는 오르내리지만 노래도 아니고 말도 아니다. 청중은 음악이 (…) "마치 브라운 운동과 다를 바 없이 원자나 분자로 쪼개지는" 느낌을 받았다. 더욱이 자신을 표현주의자로 생각한 쇤베르크는 비록 일부 초기 무조음악이 카스파르 다비트 프리드리히의 풍경화에 나오는 햇빛에 사라지는 안개나 적막한 분위기를 자아내기는 했지만 대체로 칸딘스키와 같은 목표를 지녔다고 믿었다.[47]

이 작품은 9월 중순 베를린의 벨레뷔 거리에 있는 코랄리온잘에서(1945년 연합군의 폭격으로 파괴되었다) 초연되었다. 두 번째 현악사중주의 초연에서 눈살을 찌푸렸던 비평가들은 피에로를 쓰러뜨릴 기회라며 단단히 별

*「달에 홀린 피에로」에 사용된 "말하는 듯한 노랫소리"라고 일컬어지는 창법으로 성악성부가 말과 노래의 중간 형태를 취하는 것.

렀다. 하지만 공연은 끝까지 조용히 진행되었고 쇤베르크는 대단한 갈채를 받았다. 작품이 무척 짧아서 청중석에서는 많은 사람이 재공연을 외쳤고, 두 번째에는 더 뜨거운 반응을 보였다. 비평가들도 마찬가지였다. 한 비평가는 이날 밤을 "음악의 끝이 아니라 새로운 음악 감상의 출발"로 묘사할 정도였다. 좋든 싫든 간에 쇤베르크는 바그너 이후 음악이 앞으로 나아갈 길을 발견한 것이다.

제25장

방사선과 상대성, 양자의 발견

20세기로 전환되는 시기에 물리학에서는 두 가지 대변동이 일어났다. 하나는 예기치 않게 엑스선과 전자, 방사능을 발견한 일이다. 다른 하나는 흔히 '진정한 혁명the real revolution'이라고 불리는 양자와 상대성 이론의 발견이다.

20세기에 지식의 비약적인 발전을 가능하게 해준 이 사건은 독일 외에도 뉴질랜드, 덴마크, 이탈리아, 프랑스, 영국, 미국의 과학자들이 힘을 모은 결실이었으며, 이들 중 대부분은 적어도 동료애라는 바람직한 자세로 연구에 임했다. 따라서 이 장에서 독일인의 업적을 중심으로 언급한다고 해서 눈부신 활동을 펼친 다른 나라 학자들의 공로를 과소평가하는 것은 아니다.

그렇다고 해도 아모스 엘론이 말한 대로 당시 자연과학 분야에서 "괴테, 실러, 헤겔, 칸트로 이어지는 시대에 버금가는 '독일의 새로운 천재 시대'라는 말"이 회자된 것은 사실이다. 20세기 물리학사를 연구한 헬게 크라호는 두 가지 도표로 독일이 적어도 물리학연구소의 활동에 있어서는 다른 나

라를 앞질렀음을 보여준다.[1]

물리학 연구소와 물리학부

	연구소 수	학부 수(1900)	학부 수(1910)
영국	25	87	106
프랑스	19	54	58
독일	30	103	139
미국	21	100	169

물리학 저널, 1900

	핵심 학술지 논문	논문 수(1900)	증가율(%)
영국	철학 매거진	420	19
프랑스	물리학 저널	360	18
독일	물리학 연감	580	29
미국	물리학 리뷰	240	12

1890년에서 제1차 세계대전 사이에 세워진 많은 물리학실험실은 독일이 22개, 영국은 19개, 미국 13개, 프랑스가 12개였다.[2] 『과학 전기傳記사전』은 1900년 당시 20세가 된 물리학자 197명의 명단을 수록하고 있는데, 이 가운데 독일인이 52명(오스트리아인 6명 포함)으로 가장 많고, 다음으로 영국인 35명, 프랑스인 34명, 그리고 미국인이 27명이다.

물리학에서 왜 이런 통계가 관심의 대상이 되었는지, 그 이유가 아주 분명한 것은 아니다. 1875년 뮌헨 대학에서 이 분야의 연구를 시작한 막스 플랑크는 교수에게서 "어느 정도는 연구가 끝난 분야로서 새로운 발견을 기대할 수 없을 것"이라는 경고를 받을 정도였다.[3]

대기를 통과하는 파동

하지만 대기 연구에서는 의심할 여지 없는 변화가 일고 있었다. 대부분의 물리학자는 여전히 우주의 역학적 관점에 매달리고 있었다. 장場 이론field theory*으로 많은 후원자를 확보한 제임스 클라크 맥스웰도 예외는 아니었다. 장 이론은 우주의 에테르—지속적이면서 두루 퍼져 있는 '반半가설적인' 매질—라는 발상과 더불어 나온 이론으로, 에테르를 통과하는 힘은 유한 속도로 전파된다.[4] 이런 생각은 힘의 기본 성질이 역학적이라기보다 전자기적일 가능성이 있다는 발상을 낳는 데 도움이 되었다. 이런 상황에서 반反물질antimatter**이라는 새로운 아이디어가 싹트기 시작했다. 예를 들면 매우 중요한 새 분야인 '에너지론'에서 부가 차원***에 대한 초보적인 아이디어가 빛을 보기 시작한 것이다. 에너지론은 독일의 물리학자인 게오르크 헬름과 그의 동료인 화학자 루트비히 오스트발트가 주장한 이론이다. 에너지론에 따르면 에너지는 물질이 아니라 "활동의 과정으로서만 이해할 수 있는 실재"의 핵심이었다. 비록 세기의 전환기에 물리학이 앞서 언급한 두 가지 '대변동'을 중심으로 돌아가기는 했지만, 에너지론은 이와 다르긴 해도 어쨌든 연관된 분야에서 독일인의 이름을 최초로 빛나게 해주었다는 점에서 중요한 업적임을 입증했다. 여기서 '에테르'라고 생각하던 것, 즉 전자기와 에너지가 중요한 요소임을 함축적으로 밝힌 것이다.

하인리히 루돌프 헤르츠(1857~1894)는 1857년 함부르크에서 기독교로 개종한 유대인 변호사의 아들로 태어났다. 헤르츠는 언어에 뛰어난 재능을 보여 아랍어와 산스크리트어를 공부했다. 그는 자연과학도 좋아했

*전자기력, 핵력, 중력 따위의 힘이 장을 통하여 작용한다고 하는 이론.

**보통의 물질을 구성하는 소립자(양성자, 중성자, 전자 등)의 반입자(반양성자, 반중성자, 양전자 등)로 구성되는 물질.

***3차원, 4차원 외에 다른 차원이 있다는 발상.

으며 특히 건축 실험 장비를 갖출 정도로 물리학에 푹 빠졌다. 헤르츠는 뮌헨 대학에 들어간 뒤 다시 베를린 대학으로 옮겨 구스타프 키르히호프와 헤르만 폰 헬름홀츠에게 배웠고 트라이치케의 강의도 들었다.[5] 1880년에 제출한 박사학위 논문이 호평을 받아 헬름홀츠의 조교가 되었으며 이후 킬 대학의 이론물리학 강사로 임명되었다. 킬 대학은 명성에 비해 별로 크지 않았기 때문에 실험을 할 만한 공간이 거의 없었다. 이것이 앞에서 본 대로—독일에서 주도한—비교적 새로운 분야인 이론물리학이 킬 대학에서 융성한 이유였다. 킬 대학에서 헤르츠는 첫 주요 논문을 썼다. 이것은 맥스웰의 방정식을 응용하긴 했지만 맥스웰의 이론과는 달랐고 에테르에 대한 추정도 포함되지 않은 것이었다.[6] 이 논문으로 헤르츠는 이듬해에 규모도 훨씬 더 크고 좋은 시설을 갖춘 카를스루에 대학의 물리학 교수에 임용되었다. 카를스루에에서 헤르츠가 최초로 발견한 것은 광전효과photoelectric effect였다. 광전효과란 자외선복사ultraviolet radiation*로 금속 표면에서 전자가 방출되는 현상을 말한다(아인슈타인이 노벨상을 수상한 것은 상대성 이론이 아니라 광전효과에 대한 설명 때문이었다). 헤르츠는 뛰어난 이론물리학자로 성장하고 있었다.

실험 장비를 제작하는 데 소질이 있었던 헤르츠는 1888년 매우 혁신적인 장치를 개발했다. 이 장치의 핵심은 가운데에 미세한(3밀리미터) 구멍을 뚫은 둥근 고리 형태의 금속 막대였는데(커다란 열쇠고리와 다를 바 없는)[7] 강력한 전류가 이 막대를 통과하면 틈 사이로 스파크가 일어나는 장치였다(그는 정확한 관찰을 위해 실내를 어둡게 했다).[8] 동시에 막대에서는 원 모양의 강력한 진동이 발생했다. 헤르츠의 결정적인 관찰은 이 진동이 주변의 공기로 파동을 내보낸다는 것이었다. 그는 이와 비슷하면서도 좀 다른 시도를 함으로써 이 현상을 증명할 수 있었다. 후속 실험에서 헤르츠

---

*가시광선인 보라색 파장 끝의 단파장에 인접한 전자기파 스펙트럼의 영역.

는 이 파동이 광파光波처럼 반사되고 굴절될 수 있으며 광속도로 이동하지만 빛보다는 파장이 훨씬 더 길다는 사실을 보여주었다. 이후 그는 오목반사체가 이 파동에 초점을 맞출 수 있고 이 파동은 불변 상태로 부전도不傳導 물질을 통과한다는 것을 관찰했다. 이 파동은 처음에 헤르츠파로 불렸다. 이것의 중요한 의미는 전자파는 한 가지(빛) 이상의 형태로 존재할 수 있다는 맥스웰의 예측을 확인했다는 사실에 있었다. 나중에 이 파동은 방사선이라 불렸다.

이 발견이 무엇에 쓰이냐는 한 학생의 질문에 헤르츠는 다음과 같은 유명한 대답을 했다. "쓸모는 전혀 없습니다. 그저 맥스웰 선생이 옳다는 것을 입증하는 실험일 뿐이지요. 우리는 방금 육안으로는 볼 수 없는 신비로운 전자파를 확인한 것입니다." 그러자 학생이 다시 물었다. "확인한 다음에는 무엇을 기대했는데요?" 헤르츠가 대답했다. "아무것도 없어요." 알프스에서 휴가를 보내던 한 이탈리아인 굴리엘모 마르코니는 헤르츠의 발견을 다룬 기사를 읽고는 여기서 발생한 파동을 신호 전달에 사용할 수 있지 않을까라는 생각을 했다. 그는 자신의 아이디어가 맞는지 확인하기 위해 당장 휴가를 접고 집으로 돌아왔다.[9] 아마 헤르츠가 살아서(그는 37세에 골화석증으로 죽었다) 물리학이 나아가려는 방향을 보았다면 그 누구보다 놀랐을 것이다. 롤로 애플야드는 헤르츠가 모든 면에서 "뉴턴주의자"였다고 말한다.[10]

새로운 광선

17장에서 우리는 19세기 초의 물리학자들이 기체에 관심을 기울였던 사실을 살펴보았다. 처음에는 에너지 보존 때문에 빛에 관심을 보였다면 이후에는 원자와 분자의 통계적 활동에 관심을 기울였다. 특히 전자기

electromagnetism에 대한 관심이 커졌으며 맥스웰이 말한 대로 원자 사이의 '빈 공간'이 전자기로 채워졌을 가능성에 주목했다. 이와 동시에 새로운 분야가 발전해 기체 내의 전기 방출에 눈을 돌렸다. 그리하여 마침내 음극선관Cathode Ray Tube*이라 불리는 새로운 장치가 고안되었다. 음극선관은 양쪽 끝이 막혀 있는 금속판이 달린 유리관으로 기체를 빨아내면 진공이 되는 장치였다. 금속판을 배터리와 연결해서 전류가 만들어져 유리관 내의 진공관에서는 빛 또는 형광 빛을 내뿜었다. 이 불빛은 음극판에서 만들어져 양극판으로 흡수되었다.• 이 새로운 장치를 "음극선관"이라고 부른 사람은 1876년 베를린의 물리학자인 오이겐 골트슈타인이었다.

영국의 윌리엄 크룩스는 1879년 음극선이 "네 번째 상태의 물질"(즉 고체도 액체도 기체도 아닌)이라고 추정했지만 확신하지는 못했다. 대부분의 물리학자도 음극선의 실체에 의문을 품었다. 혼란스러우면서도 어떤 기대감이 섞인 상황에서 몇몇 물리학자는 음극선을 주목하기 시작했다. 이중에는 뷔르츠부르크 대학의 물리학 교수였던 빌헬름 콘라트 뢴트겐도 끼여 있었다.

라인강 하류 지방에서 태어난 뢴트겐(1845~1923)은 네덜란드에서 성장했고 취리히 대학에서 클라우지우스의 지도를 받았다. 뷔르츠부르크에서 뢴트겐이 음극선을—특히 음극선의 투과력을—연구하기 시작한 것은 1895년 말이었다. 당시는 음극선에서 발생한 형광을 찾기 위해 바륨 플라티노시아나이드barium platinocyanide를 입힌 스크린을 사용하는 것이 관례였다.[11] 스크린 자체는 실험의 일부가 아니었으며 혹시 있을지도 모르는 어떤 변칙 작용에 대한 안전장치였다. 뢴트겐의 경우, 스크린을 검은 판지로

---

*진공 속의 음극에서 방출되는 전자를 이용하여 가시상可視像을 만드는 표시 장치.

•이 장치는 텔레비전 수상기의 원리이기도 하다. 양극관은 다시 유리 실린더를 부착한 형태로 바뀌었으며 이후 음극선의 광선이 유리형광물질로 만들어진 양극선을 향해 진공관을 통과하는 것이 발견되었다.

싸 음극선관에서 조금 떨어진 곳에 두었고, 반드시 어두운 곳에서만 실험을 했다. 1895년 11월 8일은 과학사에서 기념비적인 날이 되었다. 뢴트겐은 스크린이 음극선관에서 어느 정도 떨어져 있을 때에도 형광빛을 낸다는 사실을 확인하고는 깜짝 놀랐다. 형광빛은 음극선에서 나올 수 없는 것이었다. 그렇다면 이 장치가 육안으로 보이지 않는 다른 광선을 발산한다는 의미였을까? 뢴트겐은 바륨 플라티노시아나이드를 입힌 스크린의 "어느 쪽이 빛을 내는 유리관으로 향하든 그렇지 않든 상관없이" 형광빛을 발산한다는 결과를 거듭 확인했다.[12]

뢴트겐이 이 결과를 발표하자 전문 과학자의 영역을 넘어 대대적인 주목을 받았고, 황제 앞에서 그가 발견한 것을 시연해보라는 명령을 받을 정도였다. 그렇다면 이 새로운 광선은 정확히 무엇이었을까?[13] 뢴트겐은 연구를 계속하여 이 광선이 직선이며 사진 건판에 영향을 주고 자기장의 방해를 받지 않는다는 점에서 빛의 성질을 지녔다는 것을 알아냈다. 동시에 이 광선은 반사되지 않고 굴절되지도 않는다는 점에서 빛이나 헤르츠의 전자파와도 달랐다. 물리학자들은 10년 가까이 이 엑스선을 연구해 풍부한 결실을 보았다. 엑스선이라고 부른 까닭은 이 광선의 정확한 정체를 몰랐기 때문이다(독일에서는 뢴트겐선이라고 불렀지만 미지수 x라는 의미에서 엑스라고 부른 것이다).[14]

마침내 20세기 초에 이르러 엑스선은 극히 짧은 파장을 지닌 전자파의 형태라는 것이 밝혀졌다. 하지만 양자역학이 출현하여 입자–파동의 이중성이 밝혀질 때까지도 불확실한 부분은 여전히 남아 있었다(32장 참조). 1912년 플랑크 및 아인슈타인과 협동 연구를 한 물리학자 막스 폰 라우에는 엑스선이 매우 미세한 파장을 지녔기 때문에 미세한 격자 구조를 지닌 물질로만 파악할 수 있다는(즉 반사와 굴절 현상으로) 사실을 알아냈다. 또 이때의 간격은 "결정체의 이온 사이에 있는 원자 간의 거리"에서 발견된다는 것도 알았다.[15] 뮌헨의 물리학자인 발터 프리드리히와 제자 파울 크니

핑은 1912년 봄에 이런 사실을 확인하기 위한 실험을 했다. 이 두 사람의 협동 실험은 사상 최초로 '엑스선 회절X-ray diffraction'*을 확인하는 것이었다. 이 실험으로 엑스선은 실제로 전자파이며 그 파장은 부분적으로 10^{-13} 미터일 정도로 매우 짧다는 사실이 입증되었다. 이와 함께 완전히 새로운 연구 분야가 태동했다. 결정학christallography에서도 엑스선 회절을 활용했고 화학, 지질학, 금속공학, 특히 생물학에서 엑스선이 중요한 역할을 하기에 이르렀다. 또 엑스선은 1953년 제임스 왓슨과 프랜시스 크릭이 DNA 분자의 이중나선 구조를 확정하는 과정에서 핵심 기술로 활용되기도 했다.

양자의 발견

1900년에 막스 플랑크(1858~1947)는 42세였다.[16] 신앙심 깊고 전통적인 학자 가문에서 태어난 플랑크는 뛰어난 음악가이기도 했다(특별히 그를 위해 제작한 풍금이 있을 정도였다).[17] 하지만 플랑크의 천직은 과학이었다. 20세기로 접어들 무렵에 그는 자신의 분야에서 이미 정상에 접근했으며, 프로이센 학술원의 회원이자 베를린 대학의 정교수였다. 그는 베를린 대학에서 아무나 생각할 수 없는 기발한 아이디어를 끊임없이 쏟아내는 학자로 이름을 떨쳤다.[18]

톰슨은 1897년 영국 케임브리지 대학의 캐번디시 실험소 소장에 부임한 맥스웰을 따라갔다. 그는 이따금 음극선관에 여러 가지 기체를 넣고 그 주위를 자기로 둘러싸는 실험을 했다. 톰슨은 체계적으로 조건을 바꿔가며 실험을 계속한 끝에 음극에서 극히 미세한 입자를 방출하고 이 입자가 양

*X-선이 불투명 물체 근처를 지날 때 나타나는 외견상 휨 현상으로, 이 회절은 물질의 결정 구조에 따라 다르다.

극으로 끌리는 현상을 발견했다. 이 입자가 물질 단위 중 가장 미세하다고 알려진 산소 원자보다 가볍다는 사실도 알아냈다. 방출된 입자는 어떤 기체를 통과하든 정확하게 똑같았다. 톰슨이 확인한 것은 오늘날 전자로 알려진 것으로, 물질의 기본적인 단위다.[19]

다른 많은 물질의 입자는 이미 수년 전에 발견되었지만 막스 플랑크가 관심을 기울인 것은 입자의 특수성 그 자체였다. 톰슨이 전자를 발견한 해인 1897년, 플랑크는 자신을 유명하게 만들어줄 연구에 착수했다. 어떤 물질(예를 들어 철)에 열을 가하면 처음에는 탁한 빨간빛을 띠고 이어 밝은 빨간색을 띠었다가 결국 백색이 된다는 것은 고대 이래로 잘 알려진 사실이었다. 이것은 적당한 온도에서는 (빛의) 긴 파장이 나타나다가 온도가 더 올라가면 짧은 파장이 나타나기 때문이다. 물질이 백색으로 변하면 모든 파장이 발산된다. 더 뜨거운 물체(예를 들어 별)의 경우를 보면 다음 단계에서 장파가 떨어져나가고 결국 색은 스펙트럼의 파란 부분으로 이동한다는 것을 보여준다. 플랑크는 이 현상에 매혹되었다. 이어 두 번째 신비로운 현상은 이른바 흑체black body*였다. 완벽하게 형태를 갖춘 흑체는 전자기 방사선의 모든 파장을 똑같이 빨아들인다. 이 같은 물체는 자연에 존재하지 않는다. 물론 흑색 안료lampblack의 경우 모든 방사선의 98퍼센트를 흡수하기는 한다.[20] 고전물리학에 따르면 흑체는 온도에 따라 방사선을 방출한다. 이 방사선은 모든 파장에서 나오며 언제나 백색 빛을 발한다. 그런데 플랑크가 샤로텐부르크의 표준국에서 도자기와 백금으로 된 완벽한 흑체를 연구했을 때 흑체에 열을 가하자 쇳덩어리와 비슷한 현상을 보였다. 처음에는 탁한 빨간빛을 내다가 적황색으로 변했고 마지막에는 백색빛을 냈다. 무엇 때문이었을까?[21]

플랑크의 혁명적인 아이디어가 처음으로 모습을 보인 것은 1900년 10월

---

*입사하는 모든 복사선을 완전히 흡수하는 물체.

7일이었다. 이날 플랑크는 동료인 하인리히 루벤스에게 엽서를 보내며 흑체 내의 방사선 활동을 설명하는 방정식을 간단하게 적었다.[22] 이 아이디어의 핵심은 수학적인 것으로, 전자기 방사선은 뉴턴이 주장한 것처럼 지속적인 것이 아니라 분명한 크기의 단위에서만 방출된다는 점이었다. 플랑크는 마치 일정한 양의 물이 모여야만 호스가 물을 뿜어내는 이치와 같다고 말했다. 같은 해 12월 14일 플랑크는 베를린물리학회의 강연에서 완성된 이론을 발표할 수 있었다. 이 이론의 일부는 아주 작은 에너지 단위에 대한 계산이었다. 플랑크는 이것을 h라고 표시했고 이후 플랑크 상수로 알려졌다.[23]

플랑크는 초당 6.55×10^{-27}에르그$_{erg}$(1에르그는 에너지의 작은 단위이다)의 값을 지닌다는 것을 산출해냈다. 그는 아주 작은 이 에너지 단위를 보이지 않는 우주의 기본적인 구성체로서 방사선의 '원자'로 확인했고 이것을 '양자'라고 불렀다. 이로써 자연은 지속적인 과정이 아니라 극단적으로 미세한 일련의 요동으로 움직인다는 사실을 확인한 것이다. 이른바 양자물리학이 출현하는 순간이었다.

하지만 아직 완전한 모습을 갖춘 것은 아니었다. 플랑크는 베를린물리학회의 강연에서 자신이 20년 동안 양자를 선구적으로 연구하며 밝혀낸 이론들을 발표했지만 인정받지 못했다. 청중은 아무런 반응이 없었고 질문도 없었다. 플랑크의 아이디어가 지닌 중요성이 이해되기까지는 여러 해가 걸렸고 마침내 자신의 혁명적인 이론을 창시한 알베르트 아인슈타인이 등장함으로써 빛을 보게 되었다.[24]

과학의 '경이적인 해'

앞에서 본 대로 독일은 클라우지우스, 볼츠만, 헤르츠, 플랑크 등의 활약으로 이론물리학의 전통에서 앞서나갔다. 하지만 역사상 가장 유명한 이론물리학자는 알베르트 아인슈타인(1879~1955)이었다. 아인슈타인은 과학계에 대대적인 충격을 던지며 등장했다. 세계의 모든 과학 저널 중 가장 많이 읽힌 것은 1905년에 나온 『물리학 연감Annalen der Physik』 17호다. 그 해 아인슈타인이 이 저널에 무려 세 편의 논문을 발표했기 때문이다. 이에 따라 1905년은 과학의 '경이적인 해'로 일컬어지게 되었다.

아인슈타인은 1879년 3월 14일 슈투트가르트와 뮌헨 사이에 있는 울름에서 태어났다.[25] 아버지 헤르만은 전기기사였다. 불우한 학창 시절을 보낸 아인슈타인은 권위적인 분위기를 싫어했고 노골적인 민족주의와 악의적인 반유대주의도 혐오했다. 아인슈타인은 동료 학생이나 교사들과 끊임없이 충돌했고 결국 퇴학당했다. 16세에 그는 부모를 따라 밀라노로 옮겨갔다. 19세에는 취리히 대학에 들어갔고 이후 베른에서 특허국 직원으로 취직했다. 교육도 온전히 받지 못했고 대학도 다니는 둥 마는 둥 하던 아인슈타인은 1901년에 과학 논문을 발표하기 시작했다.[26]

첫 논문은 그다지 주목받지 못했다. 무엇보다 최신 과학 문헌을 접할 기회가 없었기 때문에 다른 사람이 이미 발표한 것과 중복되거나 잘못 해석한 경우도 있었다. 하지만 그는 루트비히 볼츠만과 마찬가지로 통계 기술에 남다른 재능이 있었다. 이것은 큰 도움이 되었다. 어쩌면 이보다 더 중요한 것은 그가 과학의 본류 외곽에 있었기 때문에 자신의 독창성을 발휘할 기회가 있었다는 사실일지도 모른다. 이 독창성이 갑자기 빛을 본 것은 1905년이었다. 아인슈타인의 위대한 논문 세 편은 3월에 양자론, 5월에 브라운 운동, 그리고 6월에 특수상대성 이론을 주제로 세상에 나왔다.[27] 비록 플랑크가 1900년 12월에 베를린물리학회에서 독창적인 논문을 발표했을 당시에는 거의 주목을 받지 못했지만 학자들은 곧 플랑크가 옳았음을 알아차렸다. 플랑크의 견해는 명백했는데, 화학의 세계가 어떤 분리된 단위, 즉 원소로 이루어져 있다는 것이었다. 불연속적인 원소는 스스로 분리되는 물질의 기본 단위를 암시하는 것이었다. 이와 동시에 수년 동안 이뤄진 실험에서는 빛이 파동처럼 작용한다는 사실이 드러났다.[28]

아인슈타인은 첫 번째 논문에서, 빛은 어느 때는 파동이면서 또 어느 때는 입자의 성질을 지닌다는 빛의 이중성을 주장했다. 이는 일찍이 물리학에서는 찾아볼 수 없었던 개방적인 사고였다. 당시까지 누구도 그런 발상을 하지 못했다. 아인슈타인의 통찰이 실제로 적용 가능한 사실이라는 것을 깨달은 일부 물리학자를 제외하고 그의 견해가 수용되거나 이해되기까지는 시간이 걸렸다. 점차 입자-파동의 이중성이 알려지면서 1920년대 양자역학의 초석을 마련하게 되었다.•

두 달 뒤에 아인슈타인은 브라운 운동을 주제로 한 두 번째 탁월한 논문을 발표했다. 크기가 100분의 1밀리미터 정도 되는 꽃가루의 미세한 알갱이를 물에 띄워놓고 현미경으로 관찰하면 전후좌우로 춤추듯이 부지런히 움직인다. 아인슈타인은 이 '춤'이 물 분자가 꽃가루를 마구 두들겨서 생긴 것이라고 생각했다. 여기서 그의 통계학적인 지식이 복잡한 계산에 동원되어 빛을 발했다. 이것은 일반적으로 분자의 존재에 대한 최초의 증명으로 간주된다.

아인슈타인의 세 번째 논문은 그를 유명하게 만든 특수상대성 이론이다.[29] $E=mc^2$이라는 공식을 이끌어낸 것도 바로 이 논문이다. 특수상대성 이론을(일반상대성 이론은 뒤에 나온다) 설명하기란 쉽지 않다. 이것은 상식을 무너뜨리는 우주의 극단적인—하지만 기본적인—상황을 가정한 것이기 때문이다. 하지만 사고思考 실험이 도움이 될지도 모른다. 우리가 정거장에 서 있을 때 기차가 빠른 속도로 좌측에서 우측으로 이동한다고 상상

•입자와 파동의 성질을 동시에 지닌 물질을 상상하는 것이 어렵다 해도 걱정할 필요가 없다. 여기서는 수학적인 문제를 다루는 것이기 때문에 모든 시각적 비유는 부적절하다. 어쩌면 20세기 최고 물리학자 두 명 중 한 사람으로 꼽힐지도 모를 덴마크의 닐스 보어가 말한 대로, 후대의 물리학자들이 '양자의 불가사의'라고 불린 현상에 대해 미치지 않고서야 제대로 이해하기란 어렵다.

해보자. 기차에 탄 누군가가 우리 앞을 통과하는 바로 그 순간에 기차의 중간 지점에서 전등의 스위치를 켠다. 만약 기차 내부가 들여다보인다고 가정한다면 승강장에 서 있는 우리는 기차 뒤편으로 불빛이 전파되는 시점에 불빛을 보게 될 것이다. 기차가 앞으로 이동하고 있기 때문이다. 바꿔 말하면 불빛의 광선은 기차의 절반 정도를 이동했다고 볼 수 있다. 하지만 기차 안에 탄 사람은 불빛이 앞쪽에 도달하는 것이나 뒤쪽에 도달하는 것을 동시에 보게 될 것이다. 이런 식으로 불빛이 뒤쪽에 전파되는 데 걸린 시간은 관찰자의 관점에 따라 다르다. 이 불일치는, 지각은 관찰자에 따라 상대적이며 빛의 속도는 일정하기 때문에 시간은 상황에 따라 유동적일 수밖에 없다는 사실을 받아들일 때만 설명이 가능하다. 아인슈타인이 예측한 것 중 가장 유명한 것은 아주 빠른 속도로 이동할 때 시계는 더 느리게 갈 것이라는 판단이다. 상식을 깨는 이런 발상은 여러 해 뒤에 실제 실험으로 입증되었다. 물리학은 변하고 있었다.[30]

연속성의 비밀과 '사이'의 의미

19세기 후반 독일은 탁월한 '순수' 수학자 세대를 배출했다. 이들이 처음에 관심을 기울인 생각은 극단적으로 이론에 치우친 것이긴 했지만 결국 기초적이거나 실용적인 면에서 똑같은 가치가 있음을 입증했다.[31] 비록 출발점은 매우 달랐으나 플랑크와 더불어 이들이 품은 생각은 장차 출현할 디지털 혁명의 기초가 되었다.

앞에서 본 대로 카를 프리드리히 가우스, 베른하르트 리만, 펠릭스 클라인은 괴팅겐을 세계 수학의 수도로 만들어놓았다. 하이델베르크와 할레, 예나 같은 다른 대학 도시가 이 뒤를 바짝 좇았다. 그들은 사람들로 붐비는 대도시에서 떨어진 이 작고 비좁고 외진 자급자족의 세계에서 수학적 근본 주제들을 자유로이 탐구했다. 많은 사람이 볼 때 수 이론은 궁극적으로 추상의 세계였다.

1831년에 태어난 리하르트 데데킨트(1831~1916)는 괴팅겐 대학에서 가우스의 지도를 받은 마지막 제자 중 한 명이었으며, 가우스의 장례식 때에는 운구를 하기도 했다.[32] 결혼도 하지 않고 오로지 학문에만 몰두했던 그는 가우스가 쓴 논문 한두 편과 다른 위대한 스승들, 예를 들면 페터 디리클레의 미분함수와 삼각함수 논문을 편집해 출판하는 일에 거의 전 생애를 보냈다(그는 디리클레가 자신을 "새사람"으로 만들었다는 말을 자주 했다).[33] 이런 작업들은 데데킨트가 자신의 아이디어를 내는 데 도움이 되었다. 그가 1872년에 발표한 「연속과 무리수」는 비록 간단한 팸플릿에 지나지 않았지만 이내 수학의 고전이 되었다. 훗날 어느 수학자는 이것을 '수의 연속성' 또는 연속성의 비밀이라 불렀으며, 오늘날까지도 탁월한 논문으로 여겨지고 있다.

연속성의 '비밀'은 특히 수학자들이 고민한 문제 중 하나였다(물론 이 논문은 이론상 양자론과 연관되기는 했지만 에너지는 연속적으로 배출되지 않는다는 뉴턴의 주장을 옹호했다). 연속성의 문제는 '사이'라는 의미를 파악하려고 할 때 분명히 드러난다. 일찍이 기원전 6세기에 피타고라스는 분수가 정수 '사이'에 존재한다는 것을 알았다. 이런 생각을 밀어낸 것은 무리수였다. 무리수는 끝없는 소수로 표현되기 때문이다. '사이'의 문제는 이제 다시 생각할 수밖에 없었다. 무리수가 정수와 유리분수 사이에 있다면 예컨대 0과 1 사이만 해도 얼마나 많은 수가 존재할 것인가? 더욱 혼란스러운 것은 0과 1 사이에 존재하는 수가 1과 1000 사이만큼이나 많아 보인다는 점이었다. 이것을 어떻게 설명할 수 있는가?[34]

데데킨트의 해결 방식은 몹시 간단하고 깔끔했다. 그는 수학적인 틀에서 다음과 같이 이 문제를 정리했다. "하나의 수 a를 선택해서 a가 두 범주의 수 A와 B 사이에서 A에 포함되는 모든 수는 a보다 작고 B에 들어가는 모든 수는 a보다 크게 한 상태에서 A와 B 사이에 있는 모든 수를 a가 나누도록 한다. 동시에 a 자체를 양쪽 범주에 포함시킬 수 있다면 그 사이는 당연히 연속이 된다." 데데킨트는 수의 의미로 '사이'라는 개념을 제거함으로써 연속을 정의했다.

'사이'라는 개념은 철학적인 문제에 가까웠으며 '이전以前'과 '초월'이라는 개념을 떠올리게 하는 것으로 칸트가 고심한 문제였다. 어떤 점에서 이 문제는 데데킨트의 동료인 게오르크 칸토어(1845~1918)가 관심을 기울인 것이기도 했다. 데데킨트와 마찬가지로 가우스의 지도를 받은 칸토어는 적어도 1866년까지는 베를린에서 카를 바이어슈트라스의 제자였다. 1845년 독실한 루터파 집안에서 태어난 칸토어는 형이상학에 관심이 많았고 자신이 중요한 발견—무한기수—을 했을 때는 신이 이 원리를 보여준 것이라고 믿었다.[35] 조울증을 앓았던 그는 정신병원에서 생애를 마치기는 했지만 1872년부터 1897년 사이에 집합론과 무한수의 산술을 창시했다.[36]

이론의 출발점이 된 논문 제목은 「삼각함수론에서 정리定理의 결과」였다. 놀라운 제목이 붙은 이 논문에서 칸토어는 수학과 철학 두 분야에서 매우 흥미를 끈 용어 중 하나로 '집합'의 개념을 만들어냈다(일반적으로 칸토어는 집합론의 창시자로 간주된다).[37] 하지만 정작 수학자들을 놀라게 한 것은 칸토어의 다음 논문이다(사실 이전까지 아무도 이것에 주목하지 않았다는 것 역시 놀랍기는 마찬가지다). 급수級數 1, 2, 3……n은 무한집합이며 2, 4 , 6……n도 마찬가지다. 여기서 어떤 무한집합은 다른 무한집합보다 크다는 결론이 나왔다. 말하자면 무한집합 1, 2, 3……n에는 2, 4, 6……n에서보다 더 많은 정수가 들어 있다. 이어 칸토어는 어떤 선분의 점에 있는 무한수는 평면도의 점에 있는 무한수와 같다고 증명했다. 칸토어는 6월 29일 데데킨트에게 보낸 편지에서 "이것을 발견하기는 했지만 믿을 수는 없습니다"라고 썼다. 이 말은 그의 이론만큼이나 유명하다.

하지만 모두가 이 발견이 혁명적이라고 생각한 것은 아니었다. 전에 칸토어를 가르쳤던 베를린의 레오폴트 크로네커는 이 새로운 발상을 공격했으며, 헤르만 폰 헬름홀츠와 프리드리히 니체 역시 수란 '허구'일 뿐이라며 대수롭잖게 여겼다. 이 무렵 칸토어가 살던 할레의 상류에 있는 예나의 고틀로프 프레게와 이탈리아의 주세페 페아노도 수의 본질에 매달리고 있었다. 프레게의 방식은 칸토어나 데데킨트보다 덜 복잡했고 그 자신이 고안한 기수법을 활용한 것이었다.[38]

1848년에 태어난 프레게(1848~1925)는 당시 두 편의 주요 논문 「기호론」(1879)과 「산술의 토대」(1884)로 이름이 알려져 있었다. 이 논문에서 프레게의 기본 발상은 언어 기술이 수학만큼이나 논리적이라는 것, 그리고 이 둘을 비교함으로써 논리의 핵심이 더 확연해진다는 것이었다. 이런 발상은 할레 대학에서 바이어슈트라스에게 배우고 「수의 개념」이라는 박사학위 논문을 쓴 에드문트 후설의 흥미를 끌었다. 후설은 이를 바탕으로 1891년에 야심찬 제목의 『산술의 철학』을 발표했다. 프레게의 「산술의 토대」를 자신의 저서에 응용한 후설은 존경의 표시로 프레게에게 이 책을 보냈다.[39] 후설은 하나의 집합을 수학적으로 규명하는 대신 우선 곱셈을 여러 개의 단위로 전환하는 방법으로 정신이 어떻게 보편성을 형성하는지에 대해 파고들었다. 바꿔 말하면 집합이란 수학적인 것에 앞서 철학적이고 인식론적인 문제였다. 후설은 칸트식의 대답을 내놓았다. 그는 실수實數의 연속이 결코 현재의 의식이 될 수 없다고 말했다. 연속이란 시간이나 공간, 무한대와 같은 것으로 인간 정신의 산물이었다. 프레게가 볼 때 이런 생각은 지나친 것이었기 때문에 『산술의 철학』을 '황폐한 발상'이라 여기고 외면했다.[40]

탁월한 2세대 독일 수학자 중 가장 젊었던 다비트 힐베르트(1862~1943)는 수학을 철학적으로 생각했다는 점에서 프레게나 후설의 연장선상에 있었다. 동시에 수학적 측면에서의 집합에 관심을 가졌다는 점에서는 칸토어와 데데킨트의 특징도 지닌다.

현재는 칼리닌그라드가 된 동프로이센의 쾨니히스베르크에서 태어난 힐베르트는 그로부터 140년 전에 칸트가 다녔던 학교인 콜레기움 프리드리히아눔Collegium Fridrichianum에 들어갔다. 힐베르트는 1895년까지 쾨니히스베르크 대학의 교수로 있다가 펠릭스 클라인의 부름을 받고 괴팅겐 대학으로 옮겼다. 괴팅겐에서 힐베르트는 훗날 이름을 떨친 헤르만 바일, 리하르트 쿠란트, 존 폰 노이만의 멘토 역할을 했다.[41]

힐베르트는 수에 관심이 있었고 직관과 논리의 차이에도 관심을 보였다. 그는 수(예컨대 차수와 일부 집합)가 어떤 측면에서 직관적이라 보았고 어디서 직관을 논리로 대체할지 알아내려 했다. 힐베르트의 이름을 가장 널리 알린 것은 미해결된 수학 문제로 '예외적인' 23개항을 확정한 것이었다. 그는 이 미해결된 문제를 1900년 파리에서 열린 세계수학자대회에서 발표했는데, 그 자신은 앞으로 해결해야 할 문제의 표본일 뿐이라고 말했다.[42] 이후 힐베르트는 자신이 "무한차원의 유클리드 공간"이라 불렀던, 나중에는 "힐베르트 공간"이라 불린 이론에 관심을 쏟았다. 그는 일반상대성 이론의 마지막 형태, 이른바 '아인슈타인-힐베르트 액션Einstein-Hilbert action'*을 마무리하는 시기에 아인슈타인과 협동 연구를 했다.

어떤 면에서 수학과 물리학은 중복되는 개념이기도 하다. 둘 다 연속성과 특수성의 본질에 관심을 두기 때문이다. 수학과 물리학은 디지털 혁명이 태동하는 데 도움을 주었다. 물론 디지털 혁명은 한참 뒤의 일이다.

---

*일반상대성 이론을 표현하는 작용 원리.

제26장

빈의 감수성과 관능미

의사이자 작가, 아마추어 피아니스트였던 아르투어 슈니츨러(1862~1931)는 매일같이 빈 시내를 산책했다(클라이브 제임스에 따르면 슈니츨러는 빈 링슈트라세의 일부가 되었을 정도로 시내에서 낯익은 인물이었다고 한다). 그는 1887년 9월 초 산책길에서 자네트라는 젊고 매력적인 여인을 만났다. 사회적인 배경으로 보았을 때 두 사람은 출신이 전혀 달랐다. 슈니츨러는 학식이 풍부한 부르주아지였지만 자네트는 자수刺繡를 하는 사람이었다. 그럼에도 불구하고 이틀 뒤 자네트는 슈니츨러의 집을 방문했고 두 사람은 연인 사이로 발전했다. 이후 수개월간 슈니츨러는 자네트와 매일 성적 접촉을 했으며 이것을 일기에 꼬박꼬박 기록했다. 1889년 말 연애가 씁쓸하게 끝났을 때 슈니츨러는 두 사람이 2년 동안 583회의 섹스를 했다고 계산했다. 이렇게 정확하게 기록한 것도 놀랍지만 슈니츨러의 정력도 놀랍기는 마찬가지다. 그동안 두 사람은 자주 교외로 나갔으며 때로는 하룻밤에 다섯 차례나 섹스를 하기도 했다.[1]

슈니츨러가 보여준 과학적인 확신, 허세, 실험정신, 성적 방종이 혼합된 태도는 19세기가 저물어가던 시점의(매독 치료제가 나오기 이전의) 빈을 잘 조명해준다. 이런 분위기는 당시 빈에 소용돌이치던 다양한 사상의 혼탁한 공기를 여실히 입증하는 것이었다. 1900년 당시 빈은 다른 독일어권 도시들을 확실히 앞지르고 있었다. 20세기가 시작되던 시점에 유럽 대륙의 정신을 대변하는 도시가 하나 있었다면 바로 이 오스트리아-헝가리 제국의 수도였다.

독특한 카페사회

이 도시의 유별난 특징을 결정짓는 데에는 빈의 건축이 중요한 역할을 했다고 볼 수 있다. 대학과 오페라극장, 의회가 들어선 기념비적인 건축물을 가로지르는 링슈트라세는 19세기 후반 구시가지 중심부에 세워졌다. 이곳은 시내의 지적, 문화적 시설에 둘러싸여 있었고 별로 넓지도 않고 접근하기도 쉬웠다. 여기에 독특한 멋을 풍기는 카페들이 생겨나 비공식적인 기관 역할을 하면서 빈은 런던이나 파리, 베를린과는 색다른 분위기를 띠게 되었다.[2] 대리석 탁자 위로 신문과 학술지, 인기 서적을 펼치는 순간 카페는 순식간에 새로운 사상에 대한 논단으로 변했다. 이 같은 카페는 1683년 터키가 빈 공략에 실패한 뒤 버리고 간 막사 안에 엄청난 양의 커피가 발견된 데서 시작되었다고 한다. 사실이야 어찌됐든 1900년까지 빈의 카페는 비공식적인 클럽으로 발전했고, 커피 한 잔만 주문하면 하루 종일 머물 수 있었으며 30분마다 은쟁반에 물 한 잔을 서비스했다. 신문과 잡지는 물론 당구대며 체스 세트를 무료로 사용할 수 있었고 펜과 잉크, 상호가 인쇄된 메모지도 마음대로 쓸 수 있었다. 단골손님은 자주 들르는 커피점에서 우편물을 받기도 했다. 카페 그리엔슈타이들 같은 일부 커피점에서는

대형 백과사전과 참고 서적을 비치해 이곳을 찾는 작가들이 활용할 수 있도록 했다.[3]

예술 형식으로서의 지도력

카페 그리엔슈타이들에 모이던 보헤미안 무리는 '청년 빈파Jung Wien'로 불렸다. 이 그룹에는 슈니츨러와 후고 폰 호프만슈탈, 뛰어난 기자이자 수필가이며 훗날 시오니즘 운동의 지도자가 된 테오도르 헤르츨, 작가 슈테판 츠바이크, 신문 편집인 헤르만 바르가 있었다. 바르가 근무하던 신문 『시대Die Zeit』는 이 천재들의 논단 노릇을 했으며, 희곡 「인류 최후의 날들」로 더 유명한 카를 크라우스가 편집인으로 일한 『횃불Die Fackel』도 마찬가지였다.[4]

아르투어 슈니츨러의 생애는 프로이트와 흥미로울 정도로 닮은 구석이 많다. 그는 프로이트처럼 정신과 전문의 수업을 받았고 신경쇠약을 연구했다. 의학에서 문학으로 전향했지만 슈니츨러의 글은 정신분석학의 개념을 상당 부분 반영하고 있었다(그는 연애 때문에 이 공부를 하게 되었다고 말했다). 초기 작품은 카페 사회의 공허함을 탐험하는 주제였지만 슈니츨러의 이름을 유명하게 한 작품은 소설 「구스틀 소위」(1901)와 『야외로 가는 길』(1908)이었다. 작품 전체가 독백으로 일관하는 「구스틀 소위」는 혼잡한 오페라극장 휴게실에서 "상스런 시민"이 소위의 검에 멋대로 손을 대는 이야기로 시작된다. 이 일로 마음을 상한 소위는 혼란한 기분에 잠겨 무심코 "의식의 흐름을 따라 떠돌게" 되는데, 어떤 면에서는 프루스트의 등장을 예고하는 것처럼 보인다. 소설 『야외로 가는 길』은 활로가 막히거나 좌절한 몇몇 유대인의 생활을 검증하는 식으로 극적 긴장감을 높이는 구성을 하고 있다. 슈니츨러가 반유대주의를 고발하는 것은 이것이 단순히 나쁘다는 이유에서가 아니다. 그가 볼 때 반유대주의는 자유를 억압하는 새로운 문화의 상징으로서 퇴폐적인 미학과 대중사회의 출현으로 촉발된 것이었다. 또 "단순히 대중을 조작하는 무대가 된" 의회가 대중의 본능을 멋대로 자극하는 것도 한몫 거들고 있었다. 소설에서 묘사된 의회는 유대인으로 상징되는 "목적에 맞고 윤리적이며 과학적인" 문화를 억압하는 기구로 드러난다. 슈니츨러는 열정적인 사실주의자로 예컨대 "상상력과 사실성 사이의 투쟁"이 '실제 삶'이라고 생각한 인물이었다.[5]

후고 폰 호프만슈탈(1874~1929)은 한발 더 나아갔다. 그의 집안은 귀족 가문이었으며 아버지는 아들이 아주 어렸을 때 카페 그리엔슈타이들에 아들을 소개했다. 따라서 바르를 중심으로 한 무리는 조숙한 호프만슈탈에게 일종의 특수학교 같은 역할을 했다. 초기 활동에서 호프만슈탈은 "독일 시학사詩學史에서 가장 세련된 업적을 남겼다"는 평판을 얻었지만 그가 당시 미학 풍토에 결코 만족한 것은 아니었다. 그는 오래된 빈의 미학적 문화가 과학에 잠식당한다고 생각해 1905년에는 "우리 시대의 특징은 복합성과 불확실성이다. 이것은 오직 미끄러짐das Gleitende의 형상만 보여줄 뿐이다"라고 썼다. 볼츠만과 플랑크의 발견 이후 과거 뉴턴식 세계가 미끄러지고 있다는 말보다 더 탁월한 묘사가 있을까? 그는 또 "'모든 것은 부분으로 쪼개지고 이것은 다시 더 작은 부분으로 쪼개진다. 어떤 것도 더 이상 개념으로 포착할 수가 없다"고 말했다.[6] 슈니츨러처럼 호프만슈탈은 양대 제국의 정치적 소요, 특히 반유대주의의 극성에 시달렸다. 그가 볼 때 이 같은 비합리주의는 현실의 이해를 과학적으로 환원하는 힘에서 비롯된 것이었다. 새로운 사고는 거대한 반동적 비합리주의를 조장할 만큼 폐해가 극심했다. 결국 호프만슈탈은 한창 나이인 26세에 시 쓰기를 포기했다. 희곡이 당시 도전적인 시대 문제에 맞서는 데 더 효과적인 기회가 될 거라고 생각했기 때문이다. 호프만슈탈은 희곡 「포르투나투스와 아들들」(1900~1901), 「칸다올레스 왕」(1903)에서 리하르트 슈트라우스의 오페라를 위한 대본에 이르기까지 그리스적인 연극은 모두 예술 형식으로서 정치적 리더십을 다룬 것이며 질서를 유지하고 불합리를 통제하는 것이 왕의 역할이라고 믿었다. 호프만슈탈은 비합리주의는 배출구가 필요하다면서 '전체의 의식儀式'이라는 해결 방식을 제시한다. 이것은 누구도 배제되지 않았다는 느낌을 주는 정치가 의식화된 형태를 가리킨다.[7] 그의 희곡은 전체의 의식을 창조하려고 시도한다. 이는 연극에서 개인적 심리를 집단 심리와 짝지우는 방식으로, 프로이트의 이론을 예견했다는 인상을 풍긴다. 그가 주장한 것처럼 예술은 "국가의 정신적 공간"이 되었다. 호프만슈탈은 왕들에 대한 자신의 작품이 빈에 위대한 지도자가 탄생하는 데 도움이 되기를 바랐다. 도덕적인 길잡이가 되어 앞에서 나갈 길을 제시하는 지도자가 나타나기를 바란 것이다. 그가 사용한 어휘는 궁극적으로 실현되어야 할 것과 신기할 정도로 가깝다. 호프만슈탈이 희망한 것은 "천재는 (…) 강탈자라는 오명의 특징을 지닌다" "진정한 독일인과 절대자" "예언자" "시인" "교사" "유혹하는 자" "에로틱한 꿈을 꾸는 사람"이라는 표현에서 잘 드러난다.[8]

호프만슈탈이 보여준 왕권의 미학과 '전체의 의식'이 과학적 발견으로 촉발된 미끄러짐에 대한 반응이었다면 프란츠 클레멘스 브렌타노(1838~1917)의 새로운 철학도 마찬가지였다. 브렌타노는 학생들에게 인기가 많았는데—제자 중에는 프로이트와 토마시 마사리크도 있었다—강의 때마다 학생들이 줄을 섰다. 사람들은 조각상 같은 몸매를 지닌 브렌타노가 도나우 강에서 수영하는 모습을 자주 볼 수 있었다. 그가 출판한 불가사의한 책은 베스트셀러가 되었다. 요제프 브로이어는 브렌타노의 주치의였다.

브렌타노의 주된 관심은 가능하면 과학적인 방법으로 신의 존재를 증명하는 것이었다. 그는 철학은 주기적으로 변한다고 보았으며, 고대와 중세, 근대의 세 시기를 각각 연구와 응용, 회의론, 신비주의 4단계로 구분했다. 이 형태를 브렌타노는 다음과 같이 제시했다.

단계 \ 주기	고대	중세	근대
연구	탈레스에서 아리스토텔레스까지	토마스 아퀴나스	베이컨에서 로크까지
응용	스토아학파, 에피쿠로스학파	둔스 스코투스	계몽주의
회의론	회의학파, 절충학파	윌리엄 오컴	흄
신비주의	신플라톤주의자 신피타고라스학파	룰루스, 쿠사누스	독일 관념론

이런 접근 방식은 브렌타노를 지식의 역사에서 고전적인 중도적 인물로 부각시키는 데 도움이 되었다. 20년의 연구 끝에 그의 과학적 사고에서 나온 결론은 "영원히 지속되는 창조적 원리"가 실제로 존재한다는 것이었다. 브렌타노는 이것을 '이해'라고 불렀다(칸트의 영향). 동시에 철학이 주기적으로 변한다는 견해는 그로 하여금 과학의 진보주의를 불신하게 만들었다. 그럼에도 불구하고 브렌타노의 생각은 20세기 초, 철학의 두 유파인 후설의 현상학과 크리스티안 폰 에렌펠스의 게슈탈트Gestalt* 이론에 불을 붙일 정도로 영향을 미쳤다.[9]

에드문트 후설(1859~1938)은 프로이트와 같은 해에 태어났으며 태어난 곳도 프로이트와 멘델과 같은 모라비아였다. 후설은 프로이트와 마찬가지로 유대인이었지만 베를린과 라이프치히, 빈에서 공부를 하며 세계주의적cosmopolitan인 교육을 받았다. 앞에서 본 대로 그는 처음에 수학과 논리학에 흥미를 가졌으나 이후 심리학에 마음이 끌렸다. 당시 독일어권 국가에서는 심리학을 철학의 한 측면으로 인식했다. 하지만 이내 심리학 본연의 독립된 학문으로 빠른 속도로 발전했는데 이는 무엇보다 빌헬름 분트

*형태라는 의미로 홀로 잘 쓰이지 않고, 게슈탈트 심리학Gestalt psychology, 형태주의적 접근Gestalt approach 등처럼 다른 말 앞에 붙어 쓰인다. 전체는 부분들의 단순한 합 이상의 특성들로 구성되어 있고 물리적, 생물학적 또는 심리학적 현상들이 통합되어 있다는 이론.

(1832~1920)가 개척한 실험 심리학의 영향이 컸다. 라이프치히 대학교의 교수로 왕성한 저술활동을 펼치던 분트는—그의 저술은 총 5만3000쪽에 이른다—헬름홀츠와 실험실을 공동으로 사용했다. 그는 평생 실험병리학의 방법론을 심리학에 도입하는 일에 몰두했고, 딜타이와는 대조적으로 인간의 심리학이 궁극적으로는 실험실에서 관찰되는 반사궁reflex arcs*처럼 인체의 작은 사건으로 설명될 것이라고 굳게 믿었다.[10]

후설은 후기칸트주의자, 후기진화론자, 후기니체주의자, 말하자면 기독교 이후post-Christian의 철학자로 잘 알려져 있던 분트의 몇몇 강의를 듣기도 했다. 후설의 관심은 존재의 현상을 비종교적인 방법으로 이해하는 것이었다. 그러므로 후설의 핵심 개념은 의식, 논리, 언어였다. 인간은 어떻게 세계라는 현상과 세계 안에서 벌어지는 현상을 이해하는가? 인간은 마음으로 의식하며 의식은 인간 존재의 핵심적인 심리 현상이다. 현상은 얼마만큼 실제 의식으로, 다시 말해 독립된 인간의 마음과 인간의 의식으로 인간에 적용할 수 있는가? 또 인간의 마음은 어떤 방법으로 이 현상을 '의도'하는가? 논리처럼 지극히 분명한 현상은 세계 '저 밖에' 존재하는가, 아니면 논리는 인간의 '의도'인가? 그리고 이 모든 것은 인간의 언어 사용이나 언어 이해와 어떤 관계가 있는가? 언어는 현상을 정확하게 반영, 묘사하는가? 그렇다면 언어 분석은 세계를 이해하는 데 어떤 도움을 주는가?

이런 주제를 다룬 후설의 대작『논리학 연구』는 1900년에 제1권이 나왔고 이어 1901년에 제2권이 출판되었다.[11] 후설의 핵심적인 결론은 최신화된 관념론으로 특징지을 수 있는데, 사람의 마음에는 경험을 조직하고 의식을 정리하려는 '경향'이 있다는 것이다. 후설은 뛰어난 문장가가 아니어서 그의 글을—특히 영어권에서는—이해하기는 쉽지 않다. 후설의 생각에 가까이 접근하는 방법 중 하나는 꽤나 간단하고 기초적인데, 착시 현상

---

*반사 작용을 일으킬 때 흥분을 전파하는 경로.

을 응용하는 것이다. 잘 알려진 착시 현상 중에는 촛대로 볼 수도 있고(검은 부분) 두 얼굴이 마주 보는 형상으로 볼 수도 있는(흰 부분) 그림이 있다. 후설은 우리가—거의 자신도 모르게—이 두 가지 지각 사이에서 왔다 갔다 한다는 사실을, 세계를 어떻게 경험할지 결정할 수 있는—또는 결정에 도움이 될 수 있는—어떤 조직적인 원리가 인간의 의식 속에 존재한다는 의미로 보았다.

후설은 한 개인이 시간이 지나도 똑같이 유지되기도 하고 변화하기도 하는 것에 매혹을 느꼈다. 지속적인 정체성을 가진다는 것은 무슨 의미일까? 또 전체의 부분이 된다는 것은 어떤 의미일까? 후설은 존재의, 그리고 의식의 전체적인 영역이 있으며 과학은 이론적으로 이것을 결코 표현하지 못한다고 확신했다. 이 점에서 방대한 저술을 남긴 후설은 오늘날 20세기 서구 철학에서 이른바 대륙학파continental school의 직계 아버지로 가장 잘 알려져 있다. 대륙학파로는 마르틴 하이데거, 장폴 사르트르, 위르겐 하버마스 등을 꼽을 수 있다. 이들은 북아메리카와 영국에서 더 선호하는 버트런드 러셀, 루트비히 비트겐슈타인에서 시작된 분석학파analytic school와 대척점에 있다고 할 수 있다.[12]

브렌타노의 뒤를 이어받은 학자로는 게슈탈트 철학 및 심리학의 아버지라고 할 수 있는 크리스티안 폰 에렌펠스(1859~1932)가 있다. 에렌펠스는 1897년 프라하 대학의 철학교수로 있을 때 편지 한 통을 받았다. 편지는 "원의 형상을 훼손하지 않고" 원의 크기와 색깔을 바꿀 수 있다는 에른스트 마흐의 관찰로 시작되는 내용이었다. 에렌펠스는 마음은 어떻게든 "형태의 특징을 가지려 한다"고 주장하면서 브렌타노의 견해를 변형시켰다. 말하자면 마음과 신경계가 경험하기 위해 "준비하고" 일정한 성향을 지니는 본성 속에 어떤 '전체'가 존재한다는 것이다. 게슈탈트 이론은 한동안 독일 철학에 큰 영향을 미쳤으며 비록 그 자체로는 성공하지 못했지만 각인imprinting 이론의 초석이 되었다. 각인이란 신생아 단계에서 발달의 결정적인 단계에 어떤 형태를 인식하는 준비 자세를 말한다.

과학의 병리학

당시 빈에서는 명백히 합리적이면서도 실제로는 지나치게 과학적인 사고를 드러내는 분위기가 팽배했다. 지금 생각해도 이상할 정도였다. 이런 사고 중에 중요한 것으로는 오토 바이닝거(1880~1903)의 이론이 있었다.

유대인이면서 반유대주의자인 대장장이의 아들로 태어난 바이닝거는 "몹시 도도한 카페의 멋쟁이"가 되었다. 그는 내성적이었고 대학을 졸업하기 전에 독학으로 8개 국어를 익혔으며 졸업 논문을 책으로 펴냈다.[13] 편집자가 「성과 성격」으로 제목을 고친 이 논문은 1903년에 출판되어 대대적인 주목을 받았다. 책의 내용은 광신적인 반유대주의와 극단적인 여성 혐오를 다루었다. 여기서 바이닝거는 모든 인간의 행동은 남성과 여성의 '원형질protoplasm'의 틀에서 설명될 수 있으며, 원형질이 각 개인의 성격에 기여한다는 견해를 제시했다. 그는 자신의 생각을 설명하기 위해 수도 없이 많은 신조어를 만들어냈다. 예를 들어 유전질idioplasm은 성적으로 구분되지 않는 세포 조직에 대해 그가 붙인 명칭이었다. 남성 조직은 웅성형질arrhenoplasm, 여성 조직은 자성형질thelyplasm이라고 불렀다. 바이닝거에 따르면 역사상 모든 주요 업적은 남성적인 원칙에서 발생한 것이며 예컨대 모든 예술, 문학, 법 체계가 이에 속한다. 한편 여성적인 원칙은 부정적인 측면의 이유가 되며 모든 부정적인 측면은 유대 인종으로 집중된다고 그는 말한다. 상업적인 성공과 명예도 바이닝거의 불안정한 태도를 잠재우지는 못했다. 그는 베토벤이 숨을 거둔 빈에서 한 저택에 셋방을 얻어 지내다가 이듬해 총으로 자살했다("자살을 예술로 보는 도시에서 바이닝거의 죽음은 걸작이었다").[14] 그의 나이 겨우 23세였다.

섹스와 '성의 과학'의 출현에 적지 않은 관심을 보이며 좀더 뛰어난 활동을 벌인 과학자로는 가톨릭 정신과 의사인 리하르트 폰 크라프트에빙(1840~1902)이 있었다. 크라프트에빙은 『성적 정신병리: 임상법의학적 연구』라는 저서로 명성을 얻었다. 라틴어로 발표된 이 책은 출판되자마자 7개 국어로 번역되었다. 임상법의학적 사례는 대부분 법정 기록을 인용한 것이며, 그는 성적 정신 병리학을 예술적인 주제나 결혼생활, 조직화된 종교 구조와 연결지으려고 시도했다. 그의 연구에서 가장 악명 높은 '탈선'으로 지목되는 것은 그가 만들어낸 '마조히즘masochism'*이란 용어였다. 이 말은 그라츠 경찰서장의 아들인 레오폴트 폰 자허마조흐의 장편과 단편소설에서 따온 것이다. 자허마조흐는 자신의 소설 가운데 가장 노골적인 작품인 『모피를 입은 비너스』에서 파니 피스토르 남작 부인과의 연애를 묘사하고 있는데, 이 과정에서 그는 "6개월간 남작 부인의 노예가 되는 굴욕적인 계약을 맺는다."[15]

『성적 정신병리』는 명백하게 정신분석학의 전조라고 할 수 있다. 크라프트에빙은 섹스가 종교와 마찬가지로 예술로 승화될 수 있으며, 종교처럼 "상상력의 불을 지필 수 있다"고 말했다.[16] 그가 볼 때 섹스는 종교적인 틀 안에서(따라서 결혼생활의 범위에서) "복종으로 맛보는 황홀감"의 가능성을 제공한다. 그가 마조히즘의 병적 측면에 대한 원인으로 보는 것은 바로 이런 과정의 전도된 형태다.[17]

*이성으로부터 육체적 또는 정신적으로 학대를 받고 고통을 받음으로써 성적 만족을 느끼는 병적인 심리 상태. 사디즘sadism에 대응하는 뜻을 지녔다.

"디자인은 예술보다 열등하다"

빈의 뛰어난 건축미는 링슈트라세에서 찾아볼 수 있다. 프란츠 요제프 황제의 명령으로 구시가지의 성벽이 철거되자 시 중심부에는 둥그렇게 빈 공간이 생겨났다. 19세기 중반부터 50년에 걸쳐 이 일대에 기념비적인 건축물이 세워지기 시작했다. 이중에는 오페라극장과 의회, 시청, 대학 부속건물, 대성당이 포함되어 있었다. 건축물들은 대부분 환상적인 석조 장식으로 꾸며졌는데, 이것을 보고 맨 처음 반발한 사람은 오토 바그너였다. 이어 아돌프 로스도 이에 동조했다.

1894년 빈의 지하철 건설 책임을 맡았던 오토 바그너(1841~1918)는 "비어즐리풍의 상상력"*을 발휘했다는 명성을 얻었다.[18] 이 계획에는 30여 곳의 정거장과 수많은 교량, 고가교, 그 밖의 여러 도심 건축물이 포함되어 있었다. 바그너는 공사를 시작하면서 현대적인 자재를 사용하는 것에 그치지 않고 좀더 현대적인 특징을 드러내고자 노력했다. 이를테면 그는 다리 버팀 구조에 철골로 된 대들보의 형태를 도입했다. 이런 버팀 구조를 링슈트라세에서 보던 것처럼 정교한 마무리로 감추는 대신 오히려 예쁘게 칠을 해서 노출시킨 것이다. 그의 또 다른 디자인은 도시에서 살아가는 현대인이 언제나 일터나 집을 향해 바쁘게 움직인다는 생각을 구체적으로 표현한 것이었다. 그러므로 핵심 구조는 광장이나 길 양쪽으로 늘어선 풍경보다는 도로 자체가 되어야 했다. 바그너가 볼 때 빈의 거리는 곧게 직선으로 뻗을 필요가 있었다. 주거지는 일터와 가깝게 형성되어야 하며 시 전체에 단 하나의 중심이 있는 것보다는 동네마다 자체적인 중심이 있어야 했다.

아돌프 로스(1870~1933)는 프로이트나 카를 크라우스와 절친했다. 그는 『횃불』의 편집장을 맡고 있었으며 카페 그리엔슈타이들의 단골손님이

---

*영국의 삽화가 비어즐리를 말한다.

었다. 바그너보다 더 혁명적인 합리주의자였던 로스는 시대정신에 저항했다.[19] 그는 건축은 예술이 아니라고 선언했다. "예술작품은 예술가의 사적인 문제를 다룬 것이다. 예술작품은 사람들을 동요시켜 그들을 평안한 상태Bequemlichkeit에서 내몰고 싶어한다. 주택은 안락한 기능을 해야 한다. 예술작품은 혁명적이고 주택은 보수적이다." 시카고에서 살았던 로스는 이런 생각을 디자인과 의상, 생활 태도에 접목시켰다.[20] 그는 단순성, 기능성, 명료성을 선호했다. 로스는 사람들이 물질문명의 노예가 되기를 서슴지 않는다고 생각했으며 예술과 생활 사이에 '적절한' 관계를 확립하려고 했다. 디자인이 예술보다 열등한 까닭은 보수적이기 때문이며 그 차이를 이해할 때 사람은 자유로워질 수 있다는 것이 그의 주장이었다. "장인은 현재 쓸모가 있는 대상을 만들고 예술가는 모든 곳의 모든 사람을 위한 것을 만든다."[21]

바이닝거와 로스가 중시한 것은 합리주의였다. 두 사람은 과학적 사고를 받아들였지만 이내 그들이 폄하한 비과학적 사고만큼이나 상상력을 기초로 하여 구조적 체계를 무시했다.

대학 건물에 그림을 그리기 위해 투쟁한 구스타프 클림트(1862~1918)의 끈질긴 노력보다 세기 전환기 무렵 빈의 분열된 세계관을 잘 조명해주는 것도 없다. 그의 첫 작품이 나온 것은 1900년이었다. 1862년 빈 부근의 바움가르텐에서 태어난 클림트는 바이닝거처럼 대장장이의 아들이었지만 바이닝거와 닮은 점은 오직 이것뿐이었다. 클림트는 링슈트라세에 새로 들어선 건물에 거대한 벽화를 그려서 유명해졌다.[22] 그 벽화는 동생인 에른스트와 공동으로 작업한 것이었다. 1892년 에른스트가 죽자 클림트는 5년 동안 모든 활동을 접은 채 제임스 휘슬러, 오브리 비어즐리, 에드바르 뭉크의 작품을 연구했다. 그는 조용히 지내다가 1897년 빈 분리파Secession의 수장으로 모습을 드러냈다. 빈 분리파는 파리의 인상파나 뮌헨, 베를린의 다른 분리파 화가들(27장 참고)과 비슷한 성향을 지닌 19명의 화가로 구성되었다. 이들은 예술의 인습화된 양식에서 탈피하여 나름대로 아르누보art nouveau*를 추구했다.

과감하면서도 사적인 친밀감을 주는(보는 사람 자신의 행적을 보여주는 사진처럼) 클림트의 양식은 세 가지 뚜렷한 특징을 지닌다. 이것은 금빛 나뭇잎의 정교한 활용(아버지에게 배운 기술), 보는 각도에 따라 색깔이 바뀌며 에나멜처럼 딱딱한 작은 점의 활용, 특히 여성에게 적용되는 나른한 에로티시즘이다. 클림트의 그림이 전적으로 프로이트식의 분위기를 자아내는 것은 아니다. 그가 묘사한 여인들은 신경증적인 모습과는 거리가 멀다. 여인들은 온화하고 차분하며 무엇보다 "본능적인 생활이 예술로 동결된 듯한" 음란한 자태를 드러낸다. 클림트는 여성의 관능미에 주목하면서 채워질 줄 모르는 여성의 욕구를 암시한다. 그가 그린 여인들은 만족을 모르는 모습으로 표현된다. 여기서 여인들은 크라프트에빙의 책에서 묘사된 도착적인 가능성을 보여주면서 잡힐 듯 말 듯 안타까운 욕구를 불러일으키는 동시에 충격적인 모습으로 묘사된다. 클림트의 양식은 즉시 빈의 여론을 분열시켰고 이는 그가 대학건물의 그림을 계약하면서 절정에 달했다.[23]

대학 측에서 거대한 세 화판에 그리기를 요구한 주제는 철학, 의학, 법학이었다. 세 그림 모두 열띤 반응을 불러일으켰는데 특히 철학 부분이 압도적이었다. 대학에서 요구한 대로 이 그림의 주제는 '암흑을 누른 광명의 승리'로 정해졌다. 하지만 실제로 클림트가 그린 것은 보는 이를 당혹시킬 만큼 육체의 "퇴폐적인 뒤엉킴"을 연출했다. 마치 만화경으로 보는 것처럼 몸이 서로 맞물린 모습이었고 전체적으로 공허감에 둘러싸여 있었다. 교수들은 그림을 보고 격노했으며 클림트는 "불분명한 양식으로 불분명한 사고"를 전한다는 비난을 받았다. 철학은 이성적인 것으로 "정확한 과학의

*'새로운 예술'이라는 뜻의 프랑스어. 19세기 말에서 20세기 초에 걸쳐서 유럽 및 미국에서 유행한 장식 양식을 말한다(이 양식은 독일어권 국가에서는 유겐트슈틸Jugendstil로 알려졌다).

수단으로 진리를 추구한다"는 대학 풍토에서는 당연한 반응이었는지도 모른다. 80명의 학자는 클림트의 그림이 절대 대학에 걸려서는 안 된다는 진정서를 제출했다. 클림트는 이미 받은 계약금을 돌려주었으며 남은 두 작품을 결코 공개하지 않았다. 이 싸움은 호프만슈탈과 슈니츨러, 후설과 브렌타노를 연상시킨다. 대학위원회에서 행한 클림트의 진술이 이를 잘 말해준다. 그는 비합리적인 것, 본능적인 것이 삶의 지배적인 부분인데 어떻게 합리주의가 성공할 수 있는지를 물었다. 이성이 진정 진보의 길인가? 본능은 이성보다 오래된 것이며 더 강력한 힘이다. 본능은 인간 본연의 것이고 더 원초적인 것이며 때로는 어둠의 힘이라고 할 수 있는데 이것을 부정한다고 해서 어떤 이점이 있는가? 클림트의 이 같은 견해는 제2차 세계대전이 일어날 때까지 독일인의 사고에 중요한 요소로 남아 있었다.

테오도르 헤르츨(1850~1904)은 빈 대학에서 법학을 공부한 헝가리계 유대인이었다. 헤르츨은 김나지움에 다닐 때 루터를 독일 최고의 인물로 찬양하는 시를 썼고 빈 대학에서는 '독일민족학생회' 결성에 참여하기도 했다. 잘생긴 데다 희극을 썼던 헤르츨은 1880년대에 『비너 알게마이네 차이퉁』과 『노이에 프라이에 프레세』 지의 문예란을 맡아 기자로서 더 큰 성공을 거두었다(문예란feuilleton은 본래 프랑스식 발상으로 흔히 신문의 1면 중간 밑에 실렸다. 뉴스에 대한 반응을 살피며 '딱딱한' 뉴스를 피하고 재치 있는 표현을 중시했으며 사실 여부를 묻는 곤란한 질문을 제기하는 방식으로 사건의 진실을 드러냈다). 1891년 헤르츨은 『노이에 프라이에 프레세』의 파리 통신원으로 파견되면서 인생에 중대한 변화를 맞이했다. 이때 그는 파나마 사건*으로 촉발된 경제적 반유대주의의 경향을 증언했다.[24] 이로부터 3년이 지난 1894년 헤르츨은 우크라이나의 유대인 수천 명이 학살

*프랑스의 파나마 운하 회사를 둘러싼 의옥疑獄 사건. 정당 정치에 대한 불신이 높아져 제3공화정의 위기를 초래함.

당하던 바로 그 시점에 프랑스가 러시아와 동맹을 맺는 것을 보고 경악했다. 이런 프랑스의 태도는—단지 서구인이 아니라 서구 유대인의 관점에서—동구 유대인에 관한 무관심에서 비롯된 것이었다.이에 자극을 받은 헤르츨은 1895년 유대국가 건설을 제안했다. 물론 그는 계속 기자생활을 하며 많은 희곡을 썼지만 이후로는 이 한 가지 목표를 실현하는 데 전력을 기울였다. 그는 유럽 각국의 정부가 식민지 일부에 유대인 주식회사를 세워 주권을 인정하고 관리하도록 하는 안을 내놓았다. 그는 이곳이 이용하기를 원하는 유대인 누구에게나 피난처 구실을 하리라고 생각했다. 헤르츨은 1896년부터 1904년에 죽을 때까지 6대륙에 일련의 유대인 의회를 조직했다. 이들 의회의 목표 가운데는 오토만 제국의 왕을 설득해서 팔레스타인 일부를 유대국가 건설을 위해 양도받는 안도 포함되었다. 이 목표를 이루는 데 실패하자 헤르츨은 아프리카나 아르헨티나 지역 일부를 받아들이려고 했다(헤르츨의 지지자 다수는 이 안에 반대했다).

헤르츨은 생전에 자신의 꿈이 실현되지 않으리라는 것을 알았지만 언젠가는 그 꿈이 이뤄질 것을 추호도 의심하지 않았다(이 점은 그의 방대한 통신문에서 입증된다). 헤르츨이 세상을 떠났을 때 런던의 시오니스트 은행과 유대인식민지회사 등은 주주 수가 13만5000명에 이를 정도로 "전 세계 기업 중에서 최대의 자금 조달 능력"을 보여주었다. 1904년 그의 장례식에는 유럽 전역에서 1만 명이 넘는 유대인이 참석했다.

물리학과 심리학의 절정

동시에 빈에서는 경직된 사고가 모습을 드러냈는데, 이것은 몹시 과학적이고 지나치게 솔직한 환원주의reductionism*였다. 빈의 환원주의자 가운데 가장 열정적이고 누구보다 큰 영향을 미친 인물은 에른스트 마흐

(1838~1916)였다. 멘델이 자신의 이론을 다듬은 브륀 부근에서 태어난 마흐는 나이에 비해 조숙했고 무엇이든 꼬치꼬치 캐묻는 까다로운 아이였다. 그는 빈 대학에서 수학과 물리학을 공부했다. 마흐의 주요한 두 가지 발견은 브로이어와 같은 시기에 이뤄졌지만 완전히 독립된 것이었다. 먼저 그는 귓속의 반고리관이 인체의 평형감각에 중요한 역할을 한다는 사실을 발견했다.[25] 두 번째로 그는 특수한 기술을 사용해서 음속보다 빨리 이동하는 총탄의 사진을 찍는 데 성공했다. 이 과정에서 마흐는 총탄이 고속으로 인해 생긴 진공 때문에 전후로 두 개의 파장을 그린다는 사실을 발견했다. 이런 발견은 제2차 세계대전 이후 제작된 제트기(예를 들면 콩코드기)의 속도가 음속에 가까워지면서 중요한 현상이 되었고 오늘날 초음속을 표현할 때 왜 '마흐 수Mach Number'를 사용하는지 설명해준다.[26]

하지만 마흐는 점차 철학과 과학사에 흥미를 느꼈다. 어떤 유의 형이상학도 완강하게 부정한 마흐는 신, 본성, 영혼, '자아' 같은 개념을 무가치하다며 외면했다. 마흐는 모든 지식은 감각으로 환원될 수 있으며 과학의 임무는 감각적인 자료를 매우 단순하고 중립적인 태도로 기술하는 것이라고 주장했다. 이 말은 기초과학은 곧 물리학이고 "물리학은 감각을 위한 천연재료를 제공하며" 인간은 심리학의 수단으로 감각을 인지한다는 의미였다. 마흐가 볼 때 철학은 과학과 별개의 영역이 아니었다. 그는 과학적 사고의 역사를 검증해보면 어떻게 이런 생각이 발전해왔는지 알 수 있다고 주장했다. 그는 사고는 진화하는 것이며 적자생존의 법칙으로 인간은 살아남기 위해 이런 사고를 발전시킨다고 굳게 믿었다. 그러므로 마흐에게 이론의 진위를 말하는 것은 의미가 없었다. 그에게 중요한 것은 이론의 효용성이었다. 있는 그대로 영원히 불변하는 진리란 그에게 무의미했다. 빈학파는 비트겐슈타인만큼이나 이런 마흐의 견해에 대한 반응으로 형성된 것이다.

---

*복잡하고 추상적인 사상事象이나 개념을 더 기본적인 요소로 설명하려는 입장.

문화의 '아리안적 결핍'

빈이 이러한 분위기에 휩싸여 있던 1907년 젊은 아돌프 히틀러는 자신이 성장한 린츠를 떠나 빈에 도착했다. 빈을 본 히틀러는 어리둥절했다. 브리기테 하만에 따르면 1907년 빈에는 1458대의 자동차가 있었고 한 해에 350건의 자동차 교통사고가 일어났다(마차 사고 980건에 비하면 훨씬 적었다).[27] 히틀러가 도착한 서부역은 10개 도심지구와 마찬가지로 전깃불이 들어왔다. 당시 신문에는 모더니즘modernism의 장점을 놓고 일대 논쟁이 벌어지고 있었다. 모더니즘의 반대론자들이 즐겨 늘어놓는 욕설은 퇴폐적entartet이라는 표현이었다. 히틀러가 머무를 당시 빈의 모더니즘은 종종 "유대인의 모더니즘"으로 일컬어졌다. 하지만 이 말은 사실과 거리가 멀었다. 클림트, 오스카어 코코슈카, 알반 베르크, 오토 바그너, 아돌프 로스는 유대인이 아니었지만 이 같은 낙인은 개혁 반대 세력에게는 더할 나위 없이 편리한 표현이었다. 아우구스트 쿠비체크는 "히틀러가 '아리안'의 명백한 교육 결핍과 문화에 대한 이해부족의 결과로 빚어진 현상을 보고 나쁜 영향을 받기 시작한 것은 빈에서였다"고 주장한다.[28]

빈에는 유명한 반유대주의자가 두 명 있었는데, 범게르만운동(22장 참고)의 지도자인 게오르크 폰 쇠네러(1842~1921)가 그중 한 사람이었다. 쇠네러는 히틀러가 빈에 도착했을 당시 오스트리아 의회의 의원직을 잃었다. 또 한 사람은 카를 뤼거(1844~1910)였다. 범게르만운동의 회원들은 '쇠네러 찬가'를 부르며 '지도자'에 대한 충성을 맹세했으며 쇠네러를 찬양하는 시를 썼다. 신문에는 전면광고가 실렸고 "지도자 만세!"라는 제목이 붙었다.[29] 쇠네러의 초기 투쟁은 차르의 박해를 피해 떠나온 러시아 유대인을 향했고 반유대주의의 수단으로 바그너를 이용할 것을 주장했다.

카를 뤼거 박사는 쇠네러의 최대 정적이었고 두 사람의 추종자들은 반목을 일삼았다. 하지만 히틀러는 쇠네러를 추종할 때도 뤼거에게 깊은 인상을 받았다.[30] 뤼거는 히틀러가 도착했을 당시 10년째 빈 시장에 재직 중이었다. 미남에 시장 목걸이를 즐겨 착용했던 그는 자신의 이름을 걸고서, 통솔력 있고 능률적으로 현대화를 추진했는데 종종 지역 상인들이 고객에 대한 이익 추구에 눈이 멀었다고 공격하기도 했다. "그는 우유 가격 같은 사사로운 문제를 논쟁거리로 만들어 자신에게 유리한 결과가 나오면 이를 거절할 줄 알았다."[31] 또한 뤼거는 최고의 대중 선동가가 되어 반유대주의를 예술적인 경지로 끌어올렸다. 그는 끊임없이 유대인은 빈이 처한 전반적인 불행에 대해 비난받아 마땅하다고 주장했다(빈의 유대인 인구는 1860년 2000명에서 1910년에는 17만5300명으로 늘어났다).[32]

하지만 여기서 주의해야 할 점은 히틀러의 극단적인 성향이 형성된 주요 원인을 빈 체류 시절로 돌려서는 안 된다는 것이다. 오스트리아의 수도 빈은 다양한 즐거움을 추구할 수 있는 세련되고 세계주의적이며 다채로운 면모를 갖춘 도시였다. 당시에는 전쟁의 어두운 그림자와 바이마르 공화국의 분열된 분위기가 아직 모습을 드러내지 않고 있었다. 그렇기는 해도 빈이 20세기 초두의 10년 동안 젊은 히틀러에게 다른 곳에서는 겪지 못했을 많은 경험을 안겨주었다는 사실은 부인할 수 없을 것이다.

제27장

뮌헨/슈바빙: 독일의 '몽마르트'

"뮌헨은 눈부시게 빛났다. (…) 작고 둥근 모자를 머리에 쓴 젊은 예술가들. (…) 채색 스케치로 하숙비를 대신하는 태평한 독신자들. (…) 액자와 조각, 골동품을 파는 조그만 가게들이 끝없이 늘어서 있다. (…) 이중에 아주 볼품없고 조그만 가게 주인마저도 미노 다 피에솔레나 도나텔로와 잘 아는 것처럼 말한다. 마치 자기가 이들 작품을 복제할 권리를 갖고 있기라도 한 듯한 태도다. (…) 유명한 화가와 그의 연인이 탄 마차가 루트비히 거리를 지나가는 광경이 눈에 띌 때도 있다. 행인들은 이 모습을 보고 수군대거나 더러 정중하게 인사하는 사람도 있다."

이것은 토마스 만이 1902년에 발표한 소설 「신의 검」에 나오는 대목이다. 여기서 만은 부분적으로 당시 뮌헨을 15세기의 피렌체에 비교하고 있다.[1] 만 자신도 뮌헨의 매력에 끌려 찾아온 예술가 중 한 사람이었다. 맥주로 유명한 도시, 건축과 풍경이 비할 데 없이 아름다운 곳, 오페라극장, 극장, 대학이 유명한 뮌헨은 맥주 양조장을 빼고는 이렇다 할 산업시설이 없었으며 이에 따르는 빈곤도 모르는 도시였다.

하지만 만은 다른 작품에서는 뮌헨의 긍정적인 측면만 묘사하지는 않았다. 어쨌든 세기 전환기 무렵 예술 공동체가 이 도시로 몰렸다는 사실은 의심할 여지가 없다. 1892년 분리파 논쟁을 조사하기 위해 조직된 시 위원회는 "다른 분야의 발전을 아무리 높이 평가한다 해도, 뮌헨이 독일 도시 중에서 차지하는 중요성은 예술과 예술가에게서 나온다"고 단언했다.[2] 시인 에리히 뮈잠은 뮌헨의 문화구역인 슈바빙Schwabing을 독일의 '몽마르트'로 묘사한 적이 있다. 과대망상 카페로 알려진 카페 슈테파니는 시인과 화가들이 만나 체스를 두기도 하고 돈을 빌리기도 하며 "도덕관념이 없는 여인 중에 가장 사랑스럽다"[3]고 소문난 로테 프리첼(1887~1952)*의 유혹에 넘어가지 않으려고 안간힘을 쓰기도 하는 곳이었다.

또 하나의 보석으로 루트비히 1세(재위 1825~1848)가 자신이 수집한 당대의 미술작품을 전시하기 위해 건축한 노이에 피나코테크**를 들 수 있다(현재까지도 이 미술관은 1800년 이후에 제작된 작품만 소장하고 있다). 1868년 루트비히가 사망했을 때 그가 수집한 것 중 거의 절반이 비독일계 미술가들의 작품이었다. 뮌헨의 자랑거리로는 또 "세기 중반까지 중부 유럽의 뛰어난 교육 기관"이라는 평을 듣던 왕립미술아카데미가 있었다. 이 학교는 전 세계에서 학생을 모집했다. "미국 사실주의 화가 세대는 전부 1870년대에 뮌헨에서 공부했고 스칸디나비아나 러시아, 폴란드 학생들도 마찬가지였다."[4]

뮌헨의 예술세계를 독특하게 만드는 마지막 요인은 전시 공간에 있었다. 독일의 어느 도시와 달리 19세기 중엽의 뮌헨은 거대한 규모를 자랑할 만한 건물이 두 개 있었는데 하나는 지역 미술작품의 전시를 위해 사용되는

---

*독일의 인형 제작자, 무대 의상 디자이너, 화가로서 이른바 뮌헨 보헤미안 그룹에 속했던 여성.

**뮌헨에 있는 근현대미술관.

'미술 및 산업전시관'이었고 다른 하나는 1854년 아우구스트 포크트가 전全 독일 산업 제품의 전시를 위해 설계한 유리궁Glaspalast이었다. 훗날 이곳은 외국인의 작품을 포함해 역사적인 작품이나 당대의 미술품을 전시하는 용도로 쓰였다.

미술작품의 전시는 1868년 설립된 뮌헨미술가협회MAA가 주관했으며 3년마다 독일 및 외국 작가의 작품을 전시했다. 처음에 이 전시회는 그다지 주목받지 못했지만 이후 왕의 승인을 받을 만큼 유명해졌다. 뮌헨미술가협회는 미술에 대한 일반 대중의 관심을 유도하고자 상상력이 뛰어난 기술을 동원했다. 한번은 800명의 미술가가 뮌헨 시가지에서 횃불 행진을 하기도 했는데, 네 명의 천재 조각상을 실은 축제 마차가 그 뒤를 따랐다. 1892년 뮌헨 분리파가 결성되기 전까지 이 협회에 가입한 회원 수는 모두 1020명이었다. 유명한 미술가를 포함해서 별로 이름이 알려지지 않은 이들의 동료, 학생 등이 참여한 복합적인 구성이었다. 협회의 규정은 매우 엄격해서 어떤 화가도 전시회에 세 작품 이상을 출품할 수 없었다. 전시회는 횃불 행진 같은 창의적인 기획으로 특색을 드러냈다. 전시장 한 켠에 비어가든Beer Garden*을 설치하는가 하면 그림을 상으로 주는 복권 추첨도 곁들였다.[5]

마켈라는 1871년 이후 뮌헨이 미술의 황금시대에 진입했다고 평가했다. 뮌헨은 생활비가 싸다는 것 외에도 규율이 엄격하지 않았고 알프스나 이탈리아와 가깝다는 이점 때문에 대부분의 다른 도시보다 더 여유로운 삶을 누릴 수 있는 곳으로 비쳤다. 또 지중해 동쪽 지역으로 가는 철도의 교차점이기도 했다. 1895년 당시 뮌헨에 거주하던 화가와 조각가는 1180명으로 독일 전체 미술가의 13퍼센트를 차지했다. 이는 뮌헨보다 인구가 네 배 많은 베를린(1159명)보다 높은 수치였다(드레스덴 314명, 함부르크 280

*맥주를 마시며 쉴 수 있는 공간.

명, 프랑크푸르트 142명). 1880년대에 뮌헨을 방문했던 영국 화가 존 레이버리는 뮌헨의 화가들이 "장군 같은 대접을 받았다"고 말했다.[6]

이처럼 긍정적인 측면에도 불구하고 1890년대 초에 '모든 참가자에게 동등한 권리'라는 전시 정책이 불협화음을 빚으면서 협회는 비판의 도마 위에 올랐다. 1892년 2월에는 소속 미술가 11명이 비공식적인 클럽을 설립해 협회 밖에서 자신들의 목표를 추구하겠다고 선언하기에 이르렀다. 사실 11명 중 누구도 협회를 떠날 생각이 없었지만 이들의 '분리' 선언이 곧 다른 미술가 9명의 지지를 받으면서 경쟁 기구를 설립하면 성공할 것이라는 낙관적인 기대가 커졌다. 이들은 자신들만의 전시회를 시작할 것이며 협회의 목표에 반대한다는 의견을 공표했다. 협회의 규모가 통제하기 어려울 만큼 커진 데다 이류급 미술가들이 너무 많다는 것이 이들의 주장이었다. 시 당국에서는 분리 선언이 뮌헨 미술계의 단합을 해친다고 보았다. 결국 이 선언이 폭넓은 지지를 얻는 데 실패하자 분리파는 잠정적으로 베를린에서 전시회를 열기로 계획을 세웠다. 이때 시 당국의 미술사업 추진위원 중 한 사람이 자신의 토지 한 구역을 새 모임에 5년 동안 제공하겠다고 발표했다. 이로 인해 새로운 계획이 추진되어 분리파는 자신들의 화랑을 건립할 자금을 확보할 수 있었다. 분리파로서는 1893년 제1차 전시회를 개최하기도 전에 이미 뮌헨에 강력한 힘을 과시한 인상적인 사건이었다.[7]

"추醜의 사도"

뮌헨 분리파 중에 가장 유명하고 가장 탁월하다는 평가를 받은 인물은 막스 리베르만(1847~1935)이었다. 면화공장을 경영하는 부유한 유대인 가문이기는 했지만 리베르만 집안 사람들은 거의 막스 베버의 프로테스탄트 윤리를 실천했다고 할 만큼 고된 노동을 하며 검소한 생활을 했다(리베르만의 할머니는 빨래를 직접 할 정도였다). 아버지는 당연히 아들이 가업을 잇기를 바랐기 때문에 아들이 화가가 되겠다고 하자 탐탁지 않게 여겼다.

겨우 허락을 받아 바이마르 미술아카데미에 입학하기는 했지만 리베르만이 자신의 부르주아지 배경에 반항한 것은 결코 아니었다. 실제로 그의 생활 방식은 사업가인 아버지와 아주 비슷해서 게르하르트 하웁트만은 "그런 속물 같은 사람에게서 어떻게 이런 (아름다운) 그림이 나올 수 있단 말인가!"라고 감탄할 정도였다.[8]

사실 리베르만은 자신의 생활과 예술활동을 별개로 여긴 사람이었다. 그의 이런 태도는 이미 학창 시절에 그린 「거위 털 뽑는 여인들」에서 드러났다. 대형 캔버스에 거위 털을 뽑는 여인들을 묘사한 그림이었다. 어떤 면에서 이 그림은 "부자를 따뜻하게 하기 위해" 착취당하는 여인들의 노동을 묘사했다는 점에서 사회 비판적이라고 볼 수도 있었다. 하지만 좀더 자세히 살펴보면 여인들은 노동을 즐기는 모습으로 비친다. 또 일을 하는 형상에는 말없는 품위가 배어 있다. 이 그림은 비평계의 열띤 반응을 불러일으켰는데, 그 대부분은 요점을 벗어난 것으로 비평가들은 고된 노동에 담긴 진정한 품위보다는 착취에 대한 암시라고 보고 충격을 받았다.[9]

바이마르와 뮌헨 분리파 사이에 있던 리베르만은 네덜란드와 프랑스로 여행을 떠났다. 네덜란드에서는 고아와 노인에 대한 인도적 정책을 보고 깊은 인상을 받았다. 이때 그는 이런 측면에서의 네덜란드 생활을 보여주는 그림을 다수 그렸다. 여기서는 누구에게나 사려 깊은 성찰과 마음의 평화에 대한 능력이 있음을 주시하면서 몹시 불행한 사람들에게 감도는 고요한 품위에 초점을 맞췄다. 이후 그의 양식은 부드러운 색조를 드러내기 위해 붓과 팔레트 나이프를 좀더 폭넓게 사용하면서 한층 경쾌해졌다. 리베르만의 작품은 이전보다 더 풍요로운 호소력을 지니게 되었지만 이러한 새로운 분위기는 많은 사람이 볼 때 매력 없는 것이었다. 리베르만은 "추의 사도"로 알려졌다.

네덜란드와 프랑스 여행을 마치고 독일로 돌아온 리베르만은 뮌헨에 정착했다. 그는 협회 전시회에 작품을 출품했지만 1890년대가 지나자 그의 양식은 다시 한번 변했다. 프랑스 인상파 화가들의 작품을 수집하기 시작하면서 이들의 작풍을 본받았기 때문이다. 그는 이제 강한 회색의 사용을 자제했으며 작품에는 더 다채로운 색과 경쾌하고 명랑한 분위기가 감돌았다. 그리고 가난과 불행의 세계에 대한 관심이 줄어든 대신 부르주아지의 우아한 세계로 눈길을 돌리기 시작했다.[10]

마침내 베를린에 정착한 리베르만은 분리파를 결성하는 데 관여했고 회장이 되었다. 그의 '인상파' 작품들에서(비어가든과 공원을 그린) 초기 작품의 신랄함은 자취를 감추었지만 탁월한 기법은 부유층의 세계를 묘사하는 데 좀더 적합했다. 하지만 이때에도 리베르만은 세상과 일정한 거리를 두었다. 그의 그림에서는 여전히 날카로운 관찰이 엿보였다.[11]

또 다른 다하우

막스 리베르만의 경우와는 달리, 프리츠 폰 우데(1848~1911)의 예술에 대한 관심은 아버지의 후원을 받았다. 작센 지방의 볼켄부르크에서 루터파 평신도 회장으로 있던 우데의 아버지는 그 자신도 틈틈이 그림을 그렸으며 드레스덴 왕립미술관 관장의 딸과 결혼한 사람이었다. 1848년에 태어난 우데는 집안의 격려 속에 드레스덴 아카데미에 들어갔다. 리베르만처럼 우데도 네덜란드의 풍경에서 좀더 많은 경험을 얻고 앙플레네En plein air* 그림을 그리기 위해 네덜란드로 갔다. 여기서 좀더 자유롭고 경쾌한 양식이 나

*'야외에서'를 뜻하는 프랑스어로 바르비종파와 인상파 화가들이 즐겨 그리던 야외 그림에서 유래했다.

왔으며 우데는 이런 기법을 사용해 1880년대 하층계급의 생활상을 주로 묘사했다. 또 이런 그림의 소재로서 우데와 그의 동료 화가들은 뮌헨 서북쪽의 다하우에서 비일상적인 풍경과 황무지의 빛을 활용했다. 이와 같은 배경은 다하우가 독일의 바르비종*으로 알려지는 데 어느 정도 기여했다. 적어도 지울 수 없는 나치 독일의 잔혹 행위와 연관을 맺기 전까지는 말이다. 습기가 많은 다하우의 늪지대 풍경은 우데 외에도 다른 몇몇 화가를 매혹시켰다. 이들 중에 특히 아돌프 횔첼과 루트비히 딜 두 사람은 21세기에는 별로 유명하지 않지만, 이 풍경의 독특한 분위기를 활용해 그들 나름의 반추상적인 형태를 추구했다. 이는 10년 뒤 칸딘스키가 실현하게 될 추상화의 전조라고 할 수 있다.[12]

프란츠 폰 슈투크(1863~1928)는 바이에른의 작은 마을 테텐바이스 출신으로 음울한 관능주의자였다. 방앗간을 운영했던 아버지는 예술에 대한 이해가 없었기 때문에 아들이 가업을 잇기를 바랐다. 다행히도 어머니는 아들이 뮌헨의 공예학교에 들어가는 것이 좋겠다고 생각했다. 어머니 덕분에 슈투크는 이 학교에서 디자인과 건축의 원리를 배웠다. 그는 초기 작품에서 오스트리아와 독일의 유명한 예술가들, 이를테면 막스 클링거나 구스타프 클림트와 같은 작가의 작품을 기초로 한 판화를 제작했다.[13]

슈투크 고유의 양식이 드러나기 시작한 것은 제1회 분리파 전시회의 분위기를 지배한 「사냥」(1883)과 「죄」(1893) 같은 작품에서였다. 에로틱함과 사악함의 혼합물이 상반신을 벗은 여인들의 반신상에 잘 묘사되어 있다(하인리히 포스에 따르면 슈투크의 전체 작품 중 4분의 3이 에로틱한 그림이다). 좀 이상하게 들릴지 모르지만, 사실 당시 유럽 화단에서 이런 주제는 드문 것이 아니었고 페르낭 크노프, 폴 고갱, 페르디낭 호들러 등 많은

*프랑스 중북부 센에마른의 퐁텐블로 근처에 있으며 19세기부터 바르비종파의 예술적 근거지로 알려지기 시작한 작은 마을.

화가는 '문명화'된 사회의 압박에서 오는 좌절감을 시각적으로 표현하기 시작했다.[14]

슈투크는 또 추상화의 길을 닦은 인물 중 한 사람으로 여겨졌다. 그의 작품에 드러나는 심리적인 요소는 수평과 수직의 선과 형태를 나란히 배치함으로써 얻어진 것이며 색채 효과의 강렬한 대비로 실제 형상을 전체적인 효과에 부수적인 것으로 처리했다는 데서 추상의 흔적이 엿보인다. 1896년 뮌헨에 온 칸딘스키는 슈투크의 제자가 되기로 결심하고 그의 수업에 들어가기 위해 1년 동안 열심히 공부했다.[15]

유겐트슈틸: 현대 정신의 추함을 털어내기

뮌헨에서 태어난 리하르트 리메르슈미트(1868~1957)는 뮌헨 아카데미에서 그림을 공부했다. 이때 나온 그의 초기 작품은 카스파르 다비트 프리드리히가 시도했던 것처럼 자연을 종교적 대용물의 형태로(예컨대 후광이 드리워진 나무) 묘사했다. 풍경은 세속화된 제단화로 나타난다. 리메르슈미트는 불경스럽다는 비난을 받았다.

리메르슈미트가 배우 이다 호프만과 결혼한 것은 그의 생애에 결정적인 일화를 안겨주었다. 신혼살림을 차릴 아파트에 놓을 가구를 찾다가 적당한 것을 발견하지 못한 리메르슈미트는 자신이 직접 가구를 디자인했다. 그는 문득 자연에서 모티브를 찾아나섰으며 나뭇잎의 잎맥을 연상시키는 양식을 만들어냈다.[16] 이런 양식은 좋은 반응을 얻어 리메르슈미트는 곧 많은 그림을 주문받았고 그의 모티브는 인기를 끌기 시작했다. 베른하르트 판콕, 헤르만 오브리스트, 아우구스트 엔델 등 다른 독일 화가들도 '순수' 미술에 국한된 관심을 바꿔 일제히 다양한 대상으로 디자인 폭을 넓히기 시작했다(비품과 주방용품, 의상까지도). 이들은 다른 예술가와 마찬가지로 독일의 급속한 산업화와 도시화가 뭔가 귀중한 세계를 강탈했다고 느꼈다. 당시 뮌헨은 다른 대도시에 비해 산업화가 훨씬 더딘 편이었는데도 1868년에서 1896년 사이 인구가 15만4000명에서 41만5500명으로 세 배 가까이 늘어났다. 이들은 현대 정신의 동의할 수 없는 측면을 예술의 힘으로 제거할 수 있을 거라 믿었다. 헤르만 오브리스트의 말을 빌리면, 현대 생활의 추하고 참담한 요인을 "미래 생활이 지금보다 덜 고되게끔" 완화시키자는 것이었다.[17]

기복이 심한 자연의 유기적 패턴이 죽어가는 것을 회복하거나 재생시키고 젊음을 되찾게 할 수 있다는 주장은 게오르크 히르트가 발행하던 아르누보풍의 잡지 제목을 『유겐트Jugend』(청춘)라고 붙이는 계기가 되었다. 이후 이런 흐름을 탄 모든 예술 양식은 '유겐트슈틸Jugendstil*'로 불렸다. 뮌헨 분리파는 유겐트슈틸의 사고를 전파하는 데 결정적인 역할을 했다. 1899년에는 뮌헨 분리파의 가장 중요한 전시회가 개최되었는데 이 전시회는 거실과 식당, 침실의 디자인을 포함해 순수미술과 장식미술이 결합된 형태였다. 또 스코틀랜드(찰스 레니 매킨토시), 프랑스(르네 랄리크), 러시아(페터 카를 파베르제)에서 출품한 것을 비롯해 수를 놓은 테이블보에서 보석, 거울 테두리 장식에 이르기까지 출품작이 다양했다.[18]

페터 베렌스(1868~1940)는 뮌헨 분리파의 결성에 참여한 마지막 회원으로 자신의 길을 개척함으로써 유명해졌다. 1868년 함부르크에서 태어난 베렌스는 함부르크 응용미술학교에서 공부한 뒤 카를스루에 미술학교와 뒤셀도르프 미술아카데미를 다녔다. 1890년에 화가이자 그래픽 디자이너로 뮌헨에 정착한 베렌스는 유겐트슈틸의 초기 옹호자로서 목판화를 제작하고 책 제본을 위한 디자인을 하며 공예품을 만들기도 했다. 1897년 그는 헤르만 오브리스트, 리하르트 리메르슈미트, 베른하르트 판코크와 더

*청춘양식파.

불어 미술 및 수공예품 제작소 연맹의 발기인으로 연맹 창설에 참여했다. 이 연맹은 일상생활에서 추한 요소를 덜어내는 작업의 일환으로 실용적인 수공예품을 제작했다.

베렌스는 1906년 아에게AEG 사에서 처음으로 작품 제작 의뢰를 받음으로써 큰 기회를 잡았다.[19] 베렌스의 친구들 중에는 발터 라테나우와 친분이 있는 이들도 있었는데 아마 이것이 계기가 된 듯하다. 아에게 사에서 베렌스에게 의뢰한 것은 상품 홍보물 디자인이었다. 이후로 에밀 라테나우*는 베렌스를 광범위한 프로젝트의 미술 자문으로 위촉했다. 이중에는 최초로 콘크리트와 유리를 사용한 건축물 가운데 하나인 베를린의 터빈공장과 노동자들을 위한 주택, 그리고 호환성을 위해 부속품을 표준화한 수많은 전자제품이 있었다. 베렌스는 매장 시설과 상품 목록뿐 아니라 가격표 디자인까지 했으며, 최초로 회사의 '기업 이미지' 디자인을 한 것으로 유명하다. 아에게 사는 그의 디자인으로 이내 어디서나 공인받는 정체성을 확립할 수 있었다.

1년 뒤 베렌스는 페터 브루크만, 프리츠 슈마허, 리하르트 리메르슈미트와 함께 새로 '독일공작연맹Detuscher Werkbund'을 설립했다.[20] 영국의 '미술공예운동Arts and Crafts movement'에서 착안하여 결성된 이 연맹은 표준화된 일상용품을 제작해서 누구나 이용 가능하면서도 수제품 같은 고품질의 제품 생산을 목표로 했다. 생활에 불편한 이질적인 요소를 제거해서 합리성을 강조하는 정신이었다. 이와 동시에 베렌스는 베를린에 건축 및 디자인 사무실을 차렸다. 상황이 전쟁 국면으로 치닫기까지 발터 그로피우스, 루트비히 미스 반데어로에, 르코르뷔지에도 여기서 일했다. 베렌스는 상트페테르부르크 주재 독일 대사관, 프랑크푸르트의 이게파르벤 회히스트 본부

---

*독일 에디슨 회사를 설립하고 이후 회사명을 AEG로 바꾼 창업주. 발터 라테나우는 그의 아들이다. 19장 참조.

등의 건축 계약을 따내기도 했다.[21]

독설과 우울의 형제

뮌헨에는 화가만 있는 것이 아니었다. 만 형제(하인리히는 1871년생, 토마스는 1875년생이다)의 아버지는 발트 해 연안의 뤼베크 항에서 곡물상을 하는 유명 인사였다. 동생보다 더 두각을 나타낸 형 하인리히 만은 18세에 대학 졸업 자격을 취득했으며 그해 이 지역 뤼베크 신문에 소설 두 편을 발표했다. 그는 학교를 마친 뒤 드레스덴의 서점에서 일하다가 이후 1890년 4월에 베를린으로 옮겨 사무엘 피셔 출판사에서 근무했다.

1891년 10월 아버지가 세상을 떠나자 곡물상을 처분해 유산을 상속받은 만 형제는 큰 어려움 없이 문학인의 길을 걸으며 안정된 생활을 누렸다. 2년 뒤 어머니가 어린 동생 셋을 데리고 뮌헨으로 이주했다. 학창 시절에 이미 교지 『봄의 폭풍』에 익명으로 글을 발표했던 동생 토마스 만은 뮌헨으로 이사온 가족과 합류했다. 이어 그는 보험회사에 근무하면서 본명으로 아방가르드 경향의 월간지 『사회Gesellschaft』에 단편소설과 시 몇 편을 발표했다.[22] 어머니의 제안에 따라(어머니는 토마스가 기자가 되기를 바랐다) 뮌헨 공과대학의 강의를 듣기 시작한 토마스는 시인 리하르트 데멜에게 좋은 평가를 받은 데 힘을 얻어 데멜이 편집인으로 있던 계간지 『판Pan』에 소설 「키 작은 교수」의 원고를 보냈다.*

이 무렵 하인리히는 새로 발간된 잡지 『20세기』의 편집인 자리를 얻었다. 이 잡지는 보수적이고 반유대적인 색채가 강해 하인리히가 오래 몸담을 곳

*이 원고는 게재를 거절당했다. 토마스 만의 잘 알려진 단편 「키 작은 프리데만씨」는 이 작품을 개작한 것일 가능성이 크다.

이 못 되었다. 하지만 편집자들은 황제 빌헬름 2세가 열심히 일하는 시민 계급의 비용으로 자본가와 부유층에 '팔렸다'고 생각해 격론을 벌이는 등 반反왕정 경향을 보이기도 했다.[23] 하인리히는 이곳에 근무하면서 군국주의(그가 기피한 세력)에서부터 반유대주의, 또 그가 가장 흥미로운 현대 철학자로 본 니체를 대상으로 많은 글을 썼다.

이 무렵 토마스는 단편 「행복에 대한 의지」를 뮌헨의 새로운 풍자 주간지 『짐플리치시무스Simplicissimus』에 발표했다. 이로써 만 형제의 문학적 활약은 한동안 거의 대등하게 펼쳐졌다. 잡지에 이 작품을 실은 것은 부유한 기업가의 아들로 처음에 출판업에 손을 댔다가 이후 잡지 발간에만 전념한 알베르트 랑겐의 아이디어였다. 비록 초판이 1만5000부밖에 팔리지 않기는 했지만 이내 이 잡지는 독일 전역에서 가장 신랄한 비평 매체가 되었다. 자유 노선을 지향했던 『짐플리치시무스』는 끊임없이 제국 정부를 공격했고 고용주에 맞서는 노동자들을 지지했다. 황제는 이 잡지가 독일의 국제적인 위신을 추락시킨다고 비난했으며 1898년에는 발행인 랑겐, 필자 프랑크 베데킨트, 삽화가 토마스 하이네를 상대로 고소하기에 이르렀다. 랑겐은 스위스로 도피해 5년 동안 망명생활을 했으며 하이네와 베데킨트는 각각 6개월과 7개월을 복역했다.

그런데 이런 떠들썩한 사건으로 말미암아 잡지는 판매 부수가 8만5000부에 이를 만큼 인기가 치솟았고 이를 계기로 루트비히 토마(그 역시 옥살이를 한다), 라이너 마리아 릴케 같은 쟁쟁한 필진이 합류하게 되었다. 토마스는 『짐플리치시무스』에 글을 기고하기 시작하면서부터 잡지사 간부진으로 들어오라는 제안을 받았다. 오늘날 이따금 지적되는 얘기지만, 이 무렵 토마스는 잡지사에 들어온 소설 원고를 검토하는 일을 맡았고, 그 일을 계기로 당대의 유명 작가, 풍자가, 삽화가들과 교류하게 되었다.

하인리히와 토마스 만 형제의 문학적 성향이 차이를 보이기 시작한 것은 이 무렵이었다. 형제가 공동으로 펴낸 책은 1896년에서 1897년 사이에 제작된 『착한 어린이를 위한 그림책』 오직 한 권뿐이었다. 그런데 『게으름뱅이의 나라』(1900)와 『부덴브로크 가의 사람들』(1901)이 각각 발표되면서 두 사람의 작품 경향은 좀더 뚜렷한 차이를 드러냈다. 토마스 만의 『부덴브로크 가의 사람들』은 몰락한 시민계급의 집안 이야기를 유려한 문체로 쓴 장편소설이다. 물론 작품이 탄생하는 데는 여러 계기가 있었지만 특히 톨스토이의 작품을 읽고 새롭게 이해한 것이 결정적인 역할을 했다. 어쨌든 작품의 분위기는 음울하다. 주인공 토마스 부덴브로크와 아들 하노는 각각 40대와 10대의 나이에 비교적 일찍 세상을 떠난다. 이들의 죽음은 "살 의지를 상실했다는 것 말고는 특별한 이유가 없다." 이들의 죽음 배후에는 다윈과 쇼펜하우어, 니체, 허무주의와 데카당스의 유령이 깃들어 있다. 이 작품은 처음에 큰 반응을 얻지 못했지만 비평계의 호평을 받았고 마침내 토마스 만에게 지속적인 명예를 안겨주는 작품이 되어 노벨문학상을 수상하기도 했다.[24]

한편 하인리히 만의 『게으름뱅이의 나라』는 발자크와 모파상, 졸라의 영향을 받은 것으로 "20세기 독일 문학에서 최초로 완벽한 '새' 소설"이라는 평가를 받았다. 훗날 하인리히는 "당시 내 문학의 절반은 프랑스어 문장으로 이뤄졌다"고 술회하기도 했다. 이 작품은 베를린의 세기말적인 분위기 fin-de-siécle를 배경으로 야심을 품은 순진한 젊은 작가에 관한 이야기다. 하인리히는 단순한 스토리에 출세 지향적인 부패한 분위기, 금전욕, 상업적인 속임수, 모든 면에서의 수치에 대해 날카로운 관찰력으로 신랄한 표현을 쏟아냈다. 출판사의 표현대로 이 책은 "무례한" 분노의 책이었으며, 적어도 이전의 독일에는 존재하지 않았던 새로운 양식을 보여주었다. 하인리히는 이 작품을 발표한 뒤 거의 신경쇠약에 걸릴 정도였다. 어쨌든 이 작품은 독일 소설사에서 독특한 지위를 차지하면서 "독일 표현주의의 첫 주요 토대가 되었다."[25]

하인리히가 빌헬름 치하의 독일 제국에 대해 비판의 수위를 점점 높이면서 한층 더 신랄해진 반면(하인리히 만은 이후 나치 정권이 유대인을 대량학살하리라는 것을 예견한 1세대 그룹 중 한 사람이었다) 토마스 만은 더 음울한 주제를 다루면서 갈수록 예술세계에 깊이 빠져들었다.[26] 이 같은 성향에서 『부덴브로크 가의 사람들』의 후속 작품이 나왔다. 토마스 만 자신이 "내 문체와 양식을 만들기 위해 음악을 활용하는 법을 배웠다"고 말한 『토니오 크뢰거』(1903)라는 제목의 소설이었다. 훗날 작가는 자신의 모든 작품 중에 "가장 애착이 가며" 가장 사적인 요소가 짙은 작품이라고 술회했다.[27] 『토니오 크뢰거』는 한 젊은 작가가 예술가로서 진정한 자아를 찾기 위해 싸우면서 세계에서 환멸을 느끼고 시민계급으로서의 존재와—주인공 자신이 이끌리기도 하는—예술가적 존재를 비교하는 이야기다. 삶 속에서 예술의 지위, '참여'와 정치에 대한 예술의 관계라는 주제는 토마스 만이 평생 매달린 문제라고 할 수 있다.

초기의 성공적인 작품활동을 시작으로 두 형제는 제1차 세계대전이 발발하기 전까지 많은 글을 썼고, 이후 서로 적대감을 느껴 각자의 길을 가기 전까지 역사에 남을 성공을 거두었다. 하인리히의 경우 1905년에 발표한 『운라트 교수』가 선풍적인 인기를 끌었다. 이 작품은 어느 시골 마을의 고등학교 교사인 '라트 교수'에 관한 이야기다.* 학생들은 라트 교수를 싫어해서 이름 앞에 운un을 붙여 '운라트'라는 별명으로 불렀다. 이 때문에 '충고'나 '상담'을 뜻하는 라트가 '똥'을 의미하는 운라트로 바뀌었다.[28] 화가 난 운라트는 어느 날 저녁 학생들의 뒤를 밟아 마을 부근의 항구에 있는 음침한 나이트클럽에 간다. '푸른 천사'라는 이름의 클럽이었다. 운라트는 여기서 학생들의 비행을 적발하여 징계할 생각이었다. 하지만 오히려 그 자신이 프뢸리히라는 여자 가수를 보고 사랑에 빠지고 만다. 학생들을 징계하려던 운라트는 이 사실이 알려지는 바람에 사회적으로 몰락의 길을 걷

*당시 독일에서는 지역에 따라 고등학교 교사에게 '교수'라는 칭호를 사용했다.

는다. 그는 학교에서 쫓겨나 여가수와 결혼한 뒤 클럽에서 벌어지는 도박판에 끼어들면서 마을 전체를 오염시키는 인물로 전락한다.

하인리히 만은 『운라트 교수』로 신랄한 필치를 한껏 뽐냈지만, 이런 주제는 당시 독일의 민족주의적인 풍토에서 거의 환영받지 못했다. 하지만 제1차 세계대전 중에 발행된 재판은 반응이 좋아 5만 부 이상 팔려나갔고, 1930년 이 작품을 원작으로 한 요제프 폰 슈테른베르크 감독의 영화 「푸른 천사」가 개봉되었을 때에는 훨씬 더 뜨거운 반응을 얻었다. 독일 초기의 유성영화 중 하나인 「푸른 천사」는 카를 추크마이어가 각본을 쓰고 마를레네 디트리히가 여가수 역을 맡아 대히트를 기록했다.

토마스 만이 1913년에 발표한 『베네치아에서의 죽음』은 훨씬 더 인기를 끌었다. 주인공 구스타프 폰 아셴바흐는 작가이며 걸작을 완성하기 위해 막 베네치아에 도착했다. 이름에서 풍기듯 주인공의 모습은 작곡가 구스타프 말러와 닮았다. 사실 말러는 토마스 만이 몹시 흠모한 음악가로서 실제로 1911년 만이 베네치아에 도착하기 전날 밤 사망했다. 아셴바흐는 베네치아에 도착하자마자 같은 호텔에 투숙 중인 폴란드 가족과 우연히 만나게 된다. 그는 영국 선원 복장을 한 이 가족의 아들 타치오의 빼어난 미모를 보고 한눈에 반한다. 이후 스토리는 아셴바흐가 나이가 들면서 점점 더 타치오에게 빠져드는 줄거리로 전개된다. 한편 집필을 게을리하던 아셴바흐는 당시 베네치아에서 유행한 콜레라에 걸리고 만다. 그는 작품을 완성하지 못하고 타치오 가족에게 콜레라를 피해 베네치아를 빠져나가라고 설득하는 일에도 실패한다. 아셴바흐는 타치오에게 자신의 사랑을 고백하지 못한 채 죽는다.

아셴바흐는 우스꽝스럽게 기름을 잔뜩 바른 머리, 빨갛게 단장한 얼굴, 꼼꼼하게 신경을 썼지만 유행에 뒤진 차림새로 묘사된다. 이것은 한때 찬란했지만 이제는 "퇴화하고 쫓겨난" 문화를 구체화하기 위해 만이 의도한 것이다. 아셴바흐는 동시에 예술가로서의 만 자신이기도 하다. 만 사후에 발표된 일기를 보면, 그는 1905년에 카차 프링스하임(뮌헨 대학의 유명한 교수의 딸이자 이 대학 최초의 여학생이었다)과 결혼해 매우 행복한 가정을 꾸렸음에도 불구하고 젊고 잘생긴 남자를 보면 성적으로 흥분했다고 고백하는 대목이 나온다. 소설의 이면에 감추어진 공포 심리에서는 전쟁으로 치닫던 '문명화된' 유럽의 일반적인 기류가 감지된다.

맥주와 풍자

『짐플리치시무스』가 풍자 주간지의 이름만은 아니었다. 당시 뮌헨에서 개업한 '카바레Cabaret'* 중에도 짐플리치시무스라는 이름이 있었다. 뮌헨은 대중오락의 오랜 역사를 지니고 있으며, 한 통계에 따르면 1900년 뮌헨에서는 400명의 가수가 활동했었다고 한다.[29] 대중오락은 뮌헨 사람이 좋아하는 맥주 마시는 문화와 긴밀하게 결합되었다.

이런 뮌헨의 문화에서 프랑크 베데킨트(1864~1918)는 돋보이는 존재였다. 베데킨트의 아버지는 의사였고 어머니는 가수 겸 배우로 하노버에 살고 있었다. 열렬한 민주주의자였던 그의 아버지는 1848년 혁명에 가담했지만 혁명이 실패하자 미국으로 도피했다(아들의 이름은 본래 벤저민 프랭클린 베데킨트였다).[30] 땅 투기로 졸지에 부자가 된 아버지는 샌프란시스코에서 자신보다 23살이나 어린 여자를 만나 결혼해 독일로 되돌아갔지만 비스마르크의 정치에 실망한 나머지 스위스로 이주해 렌츠부르크에 성 한 채를 구입했다. 아들 베데킨트는 바로 이 성에서 자랐다. 베데킨트는 처음에 로잔 대학에 다니다가 뮌헨 대학으로 옮겨 법학과 문학을 공부했지만

*술과 다양한 오락거리를 제공해주는 레스토랑. 1880년대 프랑스의 소규모 클럽이 '카바레'의 기원이다.

스위스의 수프 제조회사인 마기Maggi의 광고 대행을 맡으면서 학업을 포기했다. 그는 런던과 파리, 취리히를 여행하면서 스웨덴의 희곡 작가 아우구스트 스트린드베리와 친교를 나누었다. 그러는 동안 결혼을 하고 아이도 생겼다.

뮌헨으로 돌아온 베데킨트는 자유분방한 생활을 하면서 글을 썼다. 종종 검열 당국과 신경전을 벌이던 그의 작품은 때로 비교적 자유스러운 뮌헨의 분위기에서도 허용하기 어려울 만큼 한계를 넘곤 했다. 첫 장편 희곡이자 주요작인 「깨어나는 봄」(1891)은 15년 뒤 막스 라인하르트가 무대에 올리기까지 상연되지 못했으며, 다만 책 형태로만 출간되었다. 청소년의 성애를 주제로 해 대부분의 사람들이 공연되기에는 지나치게 외설적인 작품이라고 생각해서였다(14세의 소녀가 낙태하다가 잘못되어 죽는 이야기였다).

앞에서 본 대로 베데킨트는 랑겐과 공동으로 『짐플리치시무스』를 창간했으며, 황제를 풍자한 것이 문제가 되어 망명을 했다가 투옥되기도 했다. 1901년 그는 일단의 젊은 예술가, 작가, 학생들과 함께 검열을 비난하는 시위를 벌였다. 이후 시위에 참여했던 11명과 공동으로 '11명의 사형집행인'이라는 카바레를 차렸다.[31] 이들은 여인숙 뒤쪽에 작은 방(80명 정도를 수용할 수 있는 작은 규모)을 하나 얻어서 『유겐트』와 『짐플리치시무스』에 소속된 동료들의 그림이나 고문 도구 같은 것으로 방을 장식했다. 여기서 베데킨트의 그로테스크한 면을 엿볼 수 있다. 그는 카바레에서 직접 기타를 치면서 자신이 만든 노래를 불렀다.[32]

베데킨트는 여성 편력이 심했지만 결혼은 평생 한 번밖에 하지 않았다. 그는 1906년에 배우인 틸리 네베스와 결혼했다. 틸리는 베데킨트의 대표작인 「룰루」에 출연했었다. 이 작품은 2부로 발표되었는데, 1부는 1895년의 「지령」이고 2부는 1904년의 「판도라의 상자」다.[33] 틸리는 거기서 룰루 역을 맡았고 베데킨트 자신은 악한인 잭 더 리퍼 역을 맡았다. 룰루는 야성적이고 다루기 힘들며 아름다운 야수 같은 인물로 여성의 욕정, 또는 남자들이 좋아할 것 같은 여성적인 성욕의 화신이다. 베데킨트는 자신의 대표작에 "룰루는 대재앙을 선동하도록 창작된 인물이다"라는 표현을 붙였다. 룰루는 1905년 카를 크라우스가 개인적으로 빈에서 「판도라의 상자」를 무대에 올렸을 때 더욱 유명해졌다. 이때 작곡가 알반 베르크도 객석 여섯 번째 줄에 앉아서 연극을 관람했다. 전후에 나온 베르크의 오페라 「룰루」는 전혀 새로운 대중에게 이 작품을 선보였다.

추상으로 가는 길

1896년 러시아의 바실리 칸딘스키(1866~1944)는 삼촌에게서 상당한 유산을 물려받아 경제적으로 독립할 수 있었다. 그는 모스크바의 전시회에서 건초더미를 그린 모네의 작품을 보고 예술적 열망에 불타올랐다. 또 훗날 그가 직접 "야성적인 선과 색채"를 경험했다고 말한 바그너의 「로엔그린」 공연을 본 것도 계기가 되었다. 칸딘스키는 뮌헨으로 가서 안톤 아츠베가 운영하는 사립미술학교에 들어갔다.

칸딘스키는 이 학교에서 알렉세이 야블렌스키와 마리아네 폰 베레프킨과 동문수학했다. 이듬해 그는 분리파 전시회에서 막스 리베르만과 로비스 코린트, 헤르만 오브리스트의 작품을 접했다. 칸딘스키의 그림은 뮌헨 미술아카데미에서 퇴짜를 맞았지만 1900년 프란츠 폰 슈투크의 수업에 들어갈 수 있었다. 칸딘스키는 여기서 파울 클레와 같이 공부했다. 슈투크는 강렬한 빛과 어둠의 대조를 표현한 칸딘스키의 그림을 보고 그를 격려했고 이에 자신감을 얻은 칸딘스키는 검은 종이에 색채화를 담은 일련의 그림과 함께 몇 점의 목판화 작업을 시작했다. 1901년 5월 칸딘스키는 발데마어 헤커, 에른스트 슈테른 등과 함께 팔랑크스 모임Phalanx*을 조직하는 데 가담했다. 팔랑크스 회원들은 분리파와 마찬가지로 낡은 유행과 보수적 미술에 반대했다.

이후 칸딘스키는 독일 미술계의 일원이 되었다. 그는 베렌스나 오브리스크와 친했으며 유겐트슈틸의 영향을 보여주는 그림을 베를린 분리파 전시회에 출품했다. 1904년, 11살 연하의 팔랑크스 동료 화가인 가브리엘레 뮌터와 함께 네덜란드로 떠났다. 거기서 그는 주로 팔레트 나이프를 이용해 그림을 그리기 시작했고 동시에 색채와 형태에 관한 자신의 이론을 기록하기 시작했다.[34] 그의 첫 번째 개인전은 1905년 뮌헨의 크라우제 화랑에서 열렸다. 또 그는 그해 처음으로 파리의 앙데팡당전Salon des Indépendants**에 참여했다. 이후 칸딘스키와 가브리엘레는 파리 서부에 있는 세브르로 옮겨가 앙리 마티스, 폴 세잔, 파블로 피카소, 빈센트 반 고흐, 폴 고갱, 조르주 루오, 앙리 루소, 에드바르 뭉크의 그림을 관찰했고, 대가들의 작품을 두루 수집하고 있던 거트루드 스타인과 친교를 맺었다. 그의 작품은 이해에 다시 베를린 분리파 전시회에서 '청기사파' 화가들의 그림과 나란히 전시되었다.

1908년 이곳저곳을 여행하던 칸딘스키와 가브리엘레는 무르나우라는 마을을 발견했다(칸딘스키는 1904년에 다녀간 적이 있기 때문에 재발견이라는 표현이 맞을지도 모른다). 칸딘스키는 무르나우의 매력을 엽서에 적어 보내기도 했다. "이곳은 정말 아름답다. (…) 낮게 떠서 천천히 움직이는 구름, 땅거미가 내린 짙은 보랏빛의 숲, 하얗게 빛나는 건물들, 나지막하고 부드러운 교회의 지붕들, 녹색으로 물든 잎사귀. (…) 이것들은 내 머릿속에 강한 인상을 남긴다. 때로 꿈에서 이런 풍경을 볼 때도 있다." 무르나우 주변의 풍경은 칸딘스키의 작품에서 점점 더 중요한 모티브로 자리잡기 시

---

*낡은 기법과 보수적 관점에 반대하며 1901년 뮌헨에서 결성된 화가 모임.

**1884년 프랑스에서 전통적이고 관료적인 아카데미즘에 반대하는 화가들에 의해 주최된 자유출품제·무심사제 미술전람회다.

작했다. 색채는 더욱 생기를 띠고 선명해지는 반면 형태는 해체된 느낌을 주었다.[35]

1909년 칸딘스키와 가브리엘레는 알렉세이 야블렌스키, 마리아네 폰 베르프킨, 미술사가인 오스카어 비텐슈타인, 하인리히 슈나벨 등과 함께 '뮌헨신미술가협회NKVM'를 결성했다. 칸딘스키가 협회 회장을 맡았다. 협회의 목적은 "우리는 예술가란 외부세계에서 관찰한 인상과 별개로 내면세계의 경험을 전향적으로 모아야 한다고 생각한다"라는 창립 선언에 잘 나타나 있다. 거기에는 또 "예술가의 임무는 내면의 소리를 듣기 위해 귀를 여는 것이다"라는 표현도 있다. 같은 해 칸딘스키는 「배가 보이는 그림」을 그렸다. 훗날 그는 이 그림을 최초의 "즉흥Improvisation"이라고 표현했는데 "주로 잠재의식 (…) '내면의 특성'에서 받은 인상"으로 묘사했다.[36] 또 가브리엘레 뮌터는 무르나우에 집 한 채를 구입했는데 두 사람은 이 집을 "러시아의 집"이라고 불렀다. 그녀와 칸딘스키는 그곳에서 1년에 몇 달씩 머무르곤 했다. 이듬해부터 칸딘스키는 자신의 작품을 구성composition을 뜻하는 'C'로 부르면서 번호를 매기기 시작했다.

1910년 칸딘스키는 연속된 구성 10점을 시작하는데, 1914년 이전에 완성된 7개의 작품을 오늘날 그의 최고 걸작으로 꼽는다. 가브리엘레 이후로 이 중요한 시기에 칸딘스키와 깊은 교류를 한 사람은 프란츠 마르크다. 칸딘스키는 마르크가 자신을 본능적으로 이해한다고 느꼈다. 이 무렵 칸딘스키는 니체의 영향을 받기도 했다.[37] 이 해에 뮌헨신미술가협회가 개최한 전시회에서 그의 「구성 2」와 「즉흥 10」은 거센 반발을 불러일으켰다. 하지만 마르크는 "물질세계의 정신화" 또는 "그림으로 저절로 표현되는 내면적인 무형의 격정"이란 표현을 쓰며 우호적인 비평을 했다. 마르크의 말은 칸딘스키가 자신의 목표라고 확신하던 것이었다.

1911년 칸딘스키는 쇤베르크 연주회에 다녀온 뒤 그 느낌을 「구성 3(콘서트)」으로 묘사했다. 그는 훗날 '구성'을 "계획적이고 합리적으로 구성된 즉흥"으로 규정했다. 하지만 이 무렵 그는 뮌헨신미술가협회의 회원들과 불화를 일으켰고 협회가 자신의 작품 「구성 4」의 전시를 거부하자 회장직을 사임했다. 그리고 마르크, 뮌터를 비롯해 몇몇 다른 동료와 함께 경쟁적인 전시회를 열었다.[38]

이듬해 칸딘스키는 유명한 쾰른 분리파 전시회에 몇몇 작품을 출품했으며 앨프리드 스티글리츠가 창간한 잡지 『카메라 워크』에 논문 「예술에서의 정신적인 것에 대하여」를 발표했다. 스티글리츠는 뉴욕에 현대미술을 전문으로 하는 '291 화랑'을 세운 사진가였다.[39] 1913년 2월 칸딘스키는 뉴욕의 아머리 쇼Armory Show*에 참가했다. 그가 「구성 4」와 「밝은 그림」 「검은 선」에 대한 작업을 계속한 것도 이때였으며 칸딘스키는 훗날 이 작품들을 "순수하게 추상적인 회화"라고 묘사했다. 간혹 모습을 비치던 추상화가 이제 그 모습을 완전히 드러낸 것이다.

칸딘스키는 독일인이 아니었다. 추상화가 탄생하는 데 독일은 삼중의 역할을 했다고 할 수 있다. 우선 뮌헨의 (비교적) 지적이고 자유스러운 분위기, 칸딘스키와 뮌터에게 영감을 준 도시 주변의 풍경, 끝으로 내면생활, 잠재의식과 무의식의 세계에 대한 독일의 전반적인 관심을 꼽을 수 있다. 이 같은 정신세계는 칸딘스키를 비롯해 당대의 다른 미술가, 작가, 음악가를 매혹시킨 토양이었다.[40] 무의식의 세계는 20세기에 적어도 세 차례의 예술운동—추상주의, 다다이즘/초현실주의, 표현주의—에 불을 지폈다. 그리고 이 모든 운동은 독일어권 국가에서 시작되었다.

---

*1913년 뉴욕에서 개최된 미국 최초의 국제현대미술전.

제28장

참견하기 좋아하는 베를린

마침내 1871년 통일된 독일 제국이 탄생했다. 프랑스와의 전쟁에서 승리한 여파로 프로이센이 독일 국가의 연합을 주도하면서 베를린은 신흥 제국의 수도가 되었다.[1] 하지만 베를린은 훗날 자신이 과시하게 될 수도로서의 면모는 아직 갖추지 못했다. 어쨌든 베를린에서는 대대적인 승리를 축하하는 군사 퍼레이드가 열렸다. 1871년 6월 16일 일요일, 해가 쨍쨍 비치는 가운데 철십자 훈장을 단 4만 명의 병사들은 템펠호프 들판을 출발해 브란덴부르크 문을 거쳐 운터 덴 린덴 거리의 왕궁까지 행진했다. 전투에서 노획한 프랑스 군의 깃발 81개는 거의 누더기가 된 채 독일의 승리를 돋보이게 했다.

행렬 선두에는 이제 막 하사받은 야전사령관 지휘봉을 든 헬무트 폰 몰트케의 모습이 보였고 공작 작위를 받은 오토 폰 비스마르크도 있었다. 비스마르크 뒤로 보이는 신흥 독일 제국의 황제 빌헬름 1세(재위 1861~1888)는 "74세라는 나이가 믿기지 않을 만큼 꼿꼿한 자세였다." 폭염 때문에 일부 병사가 기절하기도 했지만 갓 12세가 된 황제의 손자는 끄떡없었다. 황제와 마찬가지로 빌헬름이라는 이름을 가진 이 손자는 비록 팔은 가냘팠지만 군중 한 사람이 자신을 "귀여운 빌헬름"이라고 부르자 그를 경멸하듯 거들떠보지도 않았다.[2]

베를린이 수도가 되어야 한다는 데 누구나 동의한 것은 아니었다. (마지못해 황제에 오른) 황제 자신은 프로이센 역사에서 가장 위대한 왕인 프리드리히 대왕이 머물렀던 포츠담을 수도로 삼고 싶어했다. 또 프로이센 외의 독일 국가들은 베를린이 동쪽에 치우쳐 있어 슬라브족의 황무지에 접한 식민지 같은 전진 기지가 되지 않을까 하여 꺼렸다. 가톨릭 신도들은 베를린이 위험한 프로테스탄트 지역이라고 생각했다. 또한 테오도어 폰타네는 베를린이 지나치게 상업적이라고 보았다.[3] "대도시는 사색할 만한 여유가 없고 더 심각한 것은 행복을 위한 시간이 없다는 것이 그 이유였다."[4] 베를린에 대한 이 같은 양면적인 태도는 제국의회가 "폐쇄된 도자기 공장"에서 업무를 처리해오다 1894년에 가서야 자체적인 건물을 확보했다는 사실에서 잘 드러난다.[5]

개선 행진을 하던 바로 이 시점에 베를린의 인구는 86만5000명 정도였다. 이 숫자는 1905년에 이르러 200만을 넘어섰다. 인구가 급증한 것은 주로 동프로이센과 슐레지엔 등 동부에서 이주해온 사람들 때문이었다. 새로 이주한 시민 중에는 프로이센의 시골이나 동유럽에서 온 유대인이 많았다. 1860년 1만8900명이던 유대인은 1880년에는 5만3900명으로 불어났다. 자신의 나라에서 토지 소유나 군 복무를 금지당한 동부 유대인들은 상업과 금융, 신문과 잡지, 예술계, 법조계의 전문가들이었다. 새로 조성된 대도시는 자연스럽게 이들의 거주지가 되었고 1871년 이후 베를린은 "슈프레 강변의 신흥 도시"로 불렸다. 베를린이 확장된 데는 세 가지 요인이 있었다. 세 가지 요인이란 그때까지 존속하던 내부 관세가 폐지되었고, 은행과 합자회사에 대해 규정이 좀더 자유로워졌으며, 50억 금마르크Goldmark

에 이르는 프랑스의 전쟁배상금이 갑작스럽게 유입된 것을 말한다. 이 자금이 금으로 바뀌어 남녀노소에게 흘러들어간 것이다. 데이비드 클레이 라지가 말한 대로 "독일 제국은 황금 수저를 입에 물고 태어났다."

이런 현상은 특히 베를린에 크게 반영되었다. 통일된 지 채 2년이 지나지 않아 프로이센에는 780개의 기업이 창업되었고 전국 최대의 은행('3D' 은행)—도이체, 드레스드너, 다름슈타트—이 설립되었으며 전국 최대의 신문사들도 잇따라 창립되었다.[6] 이 같은 자유로운 풍토에서 유대인이 두각을 나타냈다. 그들은 출판업 외에 백화점 창업에도 주도적인 역할을 맡는가 하면 주식시장과 은행업에서도 결코 무시하지 못할 세력을 과시했다. 1871년 이후 유대인은 제국 전체 은행의 지분 40퍼센트를 소유했던 데 비해 기독교인들이 가진 지분은 4분의 1 정도에 그쳤다.

이 분야에서 주목할 만한 인물은 비스마르크 개인을 위한 은행업을 하며 금융 자문을 맡았던 게르손 블라이히뢰더였다. "무덤 파는 인부의 아들이었던 블라이히뢰더의 아버지는 어찌어찌하여 강력한 은행 재벌 로스차일드의 베를린 대리인이 되었고 이를 발판으로 자신의 은행업을 위한 강력한 기반을 닦을 수 있었다."[7] 이런 환경에서 성장한 블라이히뢰더의 치밀한 조언은 비스마르크가 '존경스러운 공작'이 되는 데 큰 힘을 발휘했다. 이 공로로 블라이히뢰더는 신흥 제국에서 유대인으로서는 최초로 세습 작위를 받았다(하지만 비스마르크는 블라이히뢰더가 없는 자리에서는 "어색한 표정으로, 유대인 친구가 부자들을 이용해 자신에게 돈을 벌어다준 것처럼" 반유대주의적인 농담을 하기도 했다).[8]

문화적인 시설 면에서 베를린을 런던이나 파리에 필적하는 도시로 만들기 위한 시도는 많았다. 베를린에서 가장 유명한 거리인 '운터 덴 린덴Unter den Linden'은 유행에 민감한 주거지였으나 각종 상점과 레스토랑, 호텔이 들어서면서 완전히 바뀌었다. 건물 전체를 유리로 장식한 쇼핑몰 '카이저 갈레리'는 밀라노의 '갈레리아 비토리오 에마누엘레'에 착안해 세워진 건물로

50개의 상점과 빈 스타일의 카페, 그 밖에 오락 시설을 갖추며 1873년에 개장했다. 새로 세워진 호텔이 수지를 맞출 수 있었던 것은 베를린이 많은 관광객을 끌어들인 덕분이었다. 통일 전까지 하루 평균 5000명에 불과하던 방문객이 무려 3만 명으로 늘어났던 것이다.[9]

겉으로 보기에는 환경이 개선된 것 같았지만 속사정은 생각 외로 열악했다. 베를린은 1870년대까지만 해도 현대적인 하수도 시설이 없었기 때문에 도시에서 풍기는 악취는 그야말로 악명 높았다. 청결한 환경을 상징하는 베를린 공기Berliner Luft가 자부심의 원천이 된 것은 먼 훗날의 일이었다. 베를린의 탁한 공기에 잠식되지 않으려고 남자들은 끊임없이 여송연을 피워댔다. 식사 도중에도 담배를 피웠고, 음악회나 연극 공연장에서는 "방귀나 트림 소리" 때문에 후추를 뿌리는 일도 있었다. 군인의 위세는 실로 대단해서 "모자를 잔뜩 실은 짐을 나르던 장사꾼은 부사관이 먼저 지나가도록 길을 내주는" 실정이었다.[10] 베를린에 즐비하게 늘어선 비어가든을 찾는 관광객은 "온갖 사회계층이 긴 의자에 바싹 붙어 앉아 야단법석을 떠는 곳"이라는 인상을 받았다. 또한 "형용하기 어려운 요염한 나체"를 자랑하는 "방탕한 분위기에서 춤추는 곳"은 셀 수 없이 많았다.[11]

1873년 2월 8일 국민자유당 대표 에드바르트 라스커는 제국의회에서 장장 3시간에 걸쳐 연설을 하며 독일 제국의 경제적인 호황에 대해 정면으로 공격했다. 그는 특히 철도가 거대한 사상누각이나 다름없으며 부패한 관리들이 벼락부자가 된 투기꾼들을 보호한다고 비판했다. 사실 라스커의 지적은 받아들이기 어려운 부분이 있었지만 이후 주식시장의 매도 추세에 불을 붙였고 빈과 뉴욕의 시장이 무너지면서 줄줄이 도산했다. 1874년에 접어들자 61개의 은행과 116개 기업, 4개 철도회사가 파산했다.

비록 처음에는 자유방임주의적인 자유당이 욕을 먹었지만 비난의 화살은 이내 유대인을 향했다. 적지 않은 자유당 지도부와 은행가가 유대인이었기 때문이다. 하인리히 폰 트라이치케가 『프로이센 연감』에 발표한 논문에서 "유대인은 우리의 불행이다"라는 말을 한 것도 이 때문이었다. 테오도어 폰타네조차도 자신의 공인된 '친유대주의'가 이런 사건 때문에 검증을 받았다고 토로할 정도였다.[12] 비스마르크는 즉각 단호한 조치를 취했지만 유대인을 겨냥하지는 않았다. 창업시대의 경제적 자유주의는 자취를 감추었고, 고율의 관세와 정부 보조금 정책이 형편이 어려운 제조업자들을 보호하기 위해 도입되었다. 경제적 민족주의가 시대의 화두가 된 것이다.

반유대주의Anti-Semitism는 사라지지 않았다. 반유대주의라는 용어는 당시 빌헬름 마르라는 베를린의 기자가 처음 만들어낸 말이었다. 마르는 여론이 변하게 만든 원인으로 알렉산더 3세 치하의 러시아에서 일어난 반유대인 소요를 꼽았는데, 이 소요로 유대인이 독일로 밀려들어와 인구가 급증했기 때문이라는 사실을 간파한 것이었다. 물론 이주 현상이 주요 정치적 이슈이기는 했지만 베를린의 반유대주의는 언제나 빈에서보다 위력이 약했다. 베를린에서는 트라이치케나 마르의 주장에 반대하는 목소리가 유독 강했다. 무엇보다 중요한 것은 대학교수와 자유주의 노선의 정치인, 일부 진보적 기업인이 서명한 '지도층 인사의 선언'에서 반유대주의를 "국가적인 불명예"와 "케케묵은 바보짓"으로 비난했다는 사실이다.[13]

1870년대가 막을 내리고 독일 경제가 회복되면서 이 같은 '제2의 산업혁명'은 금본위제도의 채택과 단일 화폐의 도입으로 계속 힘을 얻었다.• 이어 사회기반시설에 대한 점검이 이뤄졌다. 1870년대에 도입된 말이 끄는 궤도 차량은 곧 구시가지 외곽 성벽을 따라 철도Ringbahn가 건설되면서 증기기관차로 대체되었다. 베를린 중심부와 교외를 연결하는 전차Stadtbahn 또는 시내 철도도 개통되었다. 이밖에 1880년대에는 대부분의 시내 주요 거리

•1873년에 도입된 금마르크는 독일 각국의 다양한 화폐를 하나로 통일했다. 당시 독일 내 각국 화폐로는 동맹탈러Vereinsthaler[독일관세동맹 가입 지역의 공용 화폐]가 주로 유통되었는데, 탈러는 16.6그램의 은화로서 1금마르크의 시세는 3탈러였다.

에 전깃불이 들어왔다. 1891년 베를린을 방문한 마크 트웨인은 이곳이 "독일의 시카고" 같다는 인상을 받았다.[14] 율리우스 랑벤은 베를린을 "모든 현대적 악의 진원지"라고 외면하며 베를린의 밤을 죄악의 구체적인 형상이라고 생각했다.[15]

잘난 황제

황제 빌헬름 2세(재위 1888~1918)도 베를린을 싫어했다. 우선 베를린은 자유주의의 바람이 지나치게 거셌던 만큼 황실에 대한 충성도가 약했다. 어쨌든 독일은 야망을 과시할 수도가 필요했기 때문에 황제는 베를린이 "세계에서 가장 아름다운 도시"가 되어야 한다고 주장했다. 빌헬름 2세는 이를 위해서 자신이 모든 일에 참견해야 한다는 확고한 믿음을 지녔다. 결국 교회나 감옥, 병영, 병원 등 모든 시설에는 좋든 나쁘든 황제의 흔적이 스며들 수밖에 없었다.[16]

빌헬름 2세 때 베를린에 세워진 건물들은 대부분 인기가 없었다. 1884년에 공사를 시작해 10년 뒤에 완공된 새 제국의회 건물은 처음에는 빌헬름 거리에 들어설 단순한 건축물에 지나지 않았다. 하지만 정치인과 건축가들은 이구동성으로 이 건물이 "유럽의 주도권을 행사할 새로 통일된 영광스러운 독일"의 이미지를 반영해야 한다고 주장했다. "독일 정신을 돌멩이 속에 가둬놓으려 한다"는 비난을 받은 건축가 파울 발로트는 파리 오페라와 팔라디오풍의 팔라초*를 절충한 양식으로 건물을 완성했다.[17]

1901년 호엔촐레른 왕조 영웅들의 대리석 반신상을 따라 티어가르텐에 새로 조성된 지게스알레Siegesallee(승리의 거리)도 특별히 나을 것이 없었

*베네치아 건축가 팔라디오 양식의 궁전.

다. 황제는 직접 반신상의 인물 그림을 그릴 정도로 지게스알레를 무척 좋아했다. 빌헬름 2세는 반신상의 얼굴이 황실에 충성하는 자기 친구들의 얼굴을 닮아야 한다고 믿고 있었다. 호엔촐레른 왕조를 세운 선제후Kurfürst* 프리드리히 1세의 모습이 황제와 절친한 필리프 추 오일렌베르크를 닮은 까닭은 바로 이 때문이다. 많은 시민은 전체적인 프로젝트를 당혹스럽게 여겼으며 인형들의 거리란 뜻으로 이 거리에 '푸펜알레Puppenallee'라는 별명을 붙였다. 여기에는 황제에 대한 평판도 한몫 거들었다. 베를린 시민들은 황제가 "스스로 시체가 되지 않고서는 장례식에도 참석할 수 없는" 사람이라고 비아냥거렸다.[18]

황제 빌헬름 2세는 베를린의 모든 예술적, 지적 삶에 관여하는 것을 자신의 의무이자 권리로 여겼다.[19] 그는 이런 역할에 자신이 적임자라고 생각했으며, 자신에게 그림과 희곡 집필에 대한 재능이 있다고 느낀 것도 그 이유 중 하나였다. 빌헬름 2세는 선박을 설계했을 뿐 아니라 직접 「사르다나팔Sardanapal」이라는 제목의 연극 대본을 쓰기도 했다. 적군의 포로가 되기보다는 스스로 불을 질러 옥쇄를 택하는 왕이 주인공으로 등장하는 연극이었다. 황실을 찾은 고관들은 울며 겨자 먹기로 황제의 연극 공연을 관람할 수밖에 없었다. 이들 중에는 황제의 삼촌인 영국 왕 에드워드 2세도 있었는데, 공연을 보다 깜빡 잠이 든 에드워드 2세가 요란하게 불타는 장면에서 잠이 깨어 깜짝 놀라 소방대를 불렀다는 일화도 있다. 예술과 문화 분야에서 빌헬름 황제는 과거 회귀적이고 극단적인 보수 성향을 고집했으며, 그의 끊임없는 간섭은 끝내 반발을 초래하게 되었다.[20]

이런 문제는 1889년 연극에서 곪아터졌다. 오토 브람(1856~1912)은 "1789년이 인간성 혁명의 해라고 한다면 1889년은 독일 연극의 혁명이 일어난 해다"라고 썼다. 브람은 베를린 '프라이에 뷔네Freie Bühne(자유무

---

*신성로마제국 황제의 선거권을 지닌 제후.

대)' 운동의 창시자이며, 사실 그의 관점에는 다소 과장된 측면이 없지 않다. 프라이에 뷔네는 사설 단체로, 당시 공공 극장에 행해지던 검열에 응하지 않아도 되었기 때문에 브람은 입센의 「유령」을 공연할 수 있을 거라고 생각했다. 만약 검열을 받는다면 매독을 다루는 연극을 공연할 수 없었다. 이 공연으로 용기를 얻은 브람은 다음 작품으로 게르하르트 하웁트만의 「해뜨기 전」을 공연했는데, 노동계급의 일상생활을 심도 있게 파헤친 작품이었다. 슐레지엔에서 태어나 1912년 노벨문학상을 수상한 하웁트만(1862~1946)은 독일 리얼리즘 문학의 선구자 중 한 사람으로 평가받는다. 오늘날에야 리얼리즘에 대한 거부감이 없지만 황제 시대의 독일에서는 전혀 달랐다.[21] 「해뜨기 전」이 공연된 극장에서는 이러한 현대적인 방식을 놓고 찬반양론으로 나뉘어 객석에서 일대 소동이 벌어졌다고 한다.[22]

관객들의 열띤 반응에 고무된 브람은 공립극장인 도이치 극장을 사들여 점점 더 정치적인 연극을 공연하기 시작했다. 정치적인 연극은 1894년 공연된 하웁트만의 「직조공Die Weber」(슐레지엔 방언으로는 'De Waber')에서 절정을 이뤘다. 이는 1840년대 슐레지엔 직조공들의 극빈 생활을 격렬하게 고발하는 작품이었다.[23] 경찰은 "하층민의 소요를 유발할 우려가 있다"며 공연을 금지시켰지만 판사는 경제적인 능력이 없는 '하층민'이 비싼 입장료를 내고 관람할 가능성은 거의 없다는 이유로 경찰의 결정을 뒤집었다. 「직조공」은 대대적인 성공을 거두었다.[24]

황제는 하웁트만이 연극에서 묘사한 내용들을 혐오했다. 공연이 끝난 어느 날 밤, 황제는 관객들이 가슴 아픈 실망감을 안겨주는 애처로운 장면을 보고 좌절할 것이 아니라 누구나 실현시키고자 하는 이상을 위해 싸울 새로운 힘을 얻음으로써 정화되고 한층 성숙된 상태로 극장 문을 나서야 한다고 생각했다. 1892년, 빌헬름 2세는 이런 연극이 명백히 국가의 규칙을 위반했다며 '정부 전복 혐의'로 하웁트만을 체포하라는 지시를 내렸다. 하지만 명예를 중요시하는 법관들은 하웁트만을 감옥에 가둬야 할 이유를 찾을 수 없었다. 하는 수 없이 다른 방법을 찾던 황제는 뛰어난 희곡작품에 수여되는 실러 상에 하웁트만이 지명되자 차라리 자신의 늙은 말에게 주는 것이 낫겠다며 하웁트만의 수상을 거부했다.[25]

오스트리아 출신인 막스 라인하르트(1873~1943)에게도 비슷한 일이 벌어졌다. 라인하르트는 유대인으로 세기 전환기 무렵에 배우가 되고자 베를린에 왔다. 그의 어릴 적 이름은 막스 골드만이었다. 라인하르트가 베를린에 올 무렵 베를린의 현대적인 극장은 너나없이 바그너, 졸라, 입센, 스트린드베리를 추종하고 있었다. 그가 한 친구에게 보낸 편지에 쓴 것처럼, 그에게 베를린은 "10배 이상 복잡한 빈"으로 보였다. 라인하르트는 비록 배우로 성공하지는 못했지만 '소리와 연기'라는 카바레를 직접 세우고 나서 자신이 뛰어난 연출가임을 입증했다. 이것이 계기가 되어 공식적인 무대, 특히 도이치 극장에서 연출을 맡아달라는 의뢰가 들어왔다. 1905년 라인하르트는 브람의 자리를 물려받았다. 이후 그는 암울한 리얼리즘 극 위주의 공연에서 벗어나 "마술 효과와 흥분"을 자아내는 형태로 공연 레퍼토리를 바꿨다.[26] 물론 라인하르트는 진지한 연극—소포클레스에서 뷔히너에 이르기까지 모든 작품—을 고수하기는 했지만 새로운 조명 효과와 무대 기술을 도입해 베를린에서 공연된 어떤 작품보다 연극을 더 볼 만한 '구경거리'로 만들었다(마스든 하틀리는 아마 라인하르트가 야외 전투나 화산 폭발, 기차 충돌 등 규모에 있어 가장 웅장한 무대 장면을 시도했을 것이라고 말한다).[27] 라인하르트가 도입한 기술에 황제의 반발을 살 만한 요소는 딱히 없었다. 하지만 황제가 싫어한 것은 현대성 자체였다. 때문에 법에 호소하는 것이 불가능해진 황제는 라인하르트의 공연에 군인들이 입장하는 것을 금지시켰다. 1914년 전쟁이 발발하자 빌헬름 2세는 유치하게도 라인하르트가 그의 공연단과 함께 전선에서 위문 공연하는 것을 거부하기도 했다.[28]

베를린 문화계에서 두각을 나타낸 한스 폰 뷜로 역시 황제의 눈총을 받은 인물 중 한 명이었다. 앞에서 본 대로 세기 전환기 무렵의 베를린은 오랫동안 음악의 국제 중심지 역할을 하고 있었다. 1842년 이래로 한때 펠릭스 멘델스존이 이끌기도 했던 왕립 오케스트라는 명성이 자자했다. 1880년대에는 두 번째로 베냐민 빌제라는 이가 창단한 사립 심포니 오케스트라도 있었다. 전에 군악대장을 지낸 바 있는 빌제는 이 새 오케스트라를 왕립 오케스트라와 경쟁시킬 생각을 품었지만 규율을 엄격하게 따지는 그의 깐깐함이 걸림돌이 되었다. 1882년 권위적인 운영 방식에 염증을 느낀 일단의 단원들은 경쟁 악단을 세워 갈라서기에 이르렀다. 이들은 자신들의 오케스트라를 베를린 필하모닉이라고 불렀다. 초기에는 형편이 어려워 롤러스케이트장을 개조해 공연을 할 정도였다. 하지만 1887년 한스 폰 뷜로가 지휘자로 들어오면서 상황이 바뀌었다. 뷜로는 뛰어난 지휘자로 카리스마가 있었으며 고전음악과 현대음악을 동등하게 취급했을 뿐만 아니라 오케스트라에 관심을 가진 친구들도 많았다. 1889년 뷜로는 친구 중 한 사람인 요하네스 브람스를 베를린으로 초대해서 브람스 자신의 D단조 협주곡을 지휘하게 했다. 이 공연은 선풍적인 인기를 끌었다.

놀랄 일도 아니지만 황제는 현대예술이나 현대극에 진저리치는 것만큼이나 현대음악을 혐오했다.[29] 황제와 뷜로는 누구보다 바그너를 놓고 대립했다. 비록 바그너가 뷜로의 아내 코지마를 빼앗기는 했지만 뷜로는 바그너 음악에 대해서는 노련한 해석자였다. 베를린 필하모닉의 바그너 오페라 공연은 베를린의 오페라 역사에서 길이 빛나는 보석 같은 존재가 되었다. 1840년대의 자코모 마이어베어 이후로 보기 드물게 훌륭한 공연이었다. 그렇기는 해도 베를린 시민들은 바그너가 1848년 혁명에 가담했다는 사실을 결코 잊지 않았으며 황제는 시민들의 이 해묵은 기억을 이용해 바그너를 깎아내렸다. 빌헬름 2세는 황제 자리에 오르자마자 "짐은 글루크의 음악이 좋다. 바그너는 너무 시끄럽다"며 거만한 태도로 말했다. 빌헬름 2세는 리하르트 슈트라우스에게도 똑같은 태도를 취했는데 슈트라우스가 왕립 오케스트라를 맡는 것을 허락한 것은 단지 그가 베를린을 과거 어느 때보다도 뛰어나고 국제적인 음악 중심지로 만들 것을 약속했기 때문이다.[30] 사실 슈트라우스는 황제의 귀에 거슬리는 음악을 계속 작곡했다. 황제는 "뱀을 건드려 짐을 물게 만들었다"라고 불만을 표하며 슈트라우스의 면전에서 자신은 그의 음악을 "무가치"하게 본다고 쏘아붙이기도 했다.

1871년 독일이 통일되던 시점에 베를린은 순수미술 분야에서 뮌헨 다음으로 좋은 여건을 갖추고 있었다. 앞서 본 대로 뮌헨은 화가와 조각가로 이뤄진 공동체의 규모가 베를린보다 훨씬 더 컸다. 하지만 1880년대와 1890년대에 베를린의 새로운 기념물이나 미술관의 규모가 계속 확대될 것이라는 전망이 좀더 뚜렷해지면서 미술가들이 새로운 수도로 이주하기 시작했다. 이때도 황제는 편견을 억누르지 못했다.

새로운 미술가들이 몰려들기 전까지 베를린에서 가장 유명한 화가는 아돌프 폰 멘첼(1815~1905)이었다. 멘첼은 브레슬라우 출신으로 1830년대부터 베를린에 거주했으며, 초기에는 베를린 변두리의 황량한 정경이나 불결한 길거리, 낡은 공장의 풍경을 인상주의 기법으로 묘사했다(멘첼은 드가를 흠모했다). 하지만 1870년대 들어 멘첼은 갑자기 화풍을 바꿔 국가와 왕조의 역사로 관심을 돌렸다.[31] 예를 들어 「플루트 연주회와 원형 탁자」는 프리드리히 대왕의 궁정을 겸허한 태도로 묘사한 작품이었다. 또 다른 작품들은 프로이센 왕권을 드러내놓고 찬양하는 식으로 묘사했다. 이런 태도 변화는 즉시 효과를 발휘해 멘첼은 궁정 출입을 허락받았고 "불행하게도 추하게 변한" 이 화가는 곧 상류사회의 단골 멤버가 되어 귀족들을 아름답게 묘사하기 시작했다. 1905년 멘첼의 장례식에는 황제도 모습을 보였다.[32]

안톤 폰 베르너(1843~1915)의 경우도 크게 다르지 않았다. 베르너의 거대하고 꼼꼼한 그림은 독일 교과서에도 실려 다른 어떤 미술작품보다 더 친숙해졌다. 그가 그린 「베르사유에서의 독일 제국 선포」는 베르사유 궁전에 있는 거울의 방에서 황제와 장군들이 독일 제국의 탄생을 환호하는 장면을 묘사한 것으로 비스마르크에게 바치는 선물이었다. 1875년 미술아카데미 교장에 임명된 베르너는 이후 빌헬름 2세의 가정교사가 되어 젊은 황제가 현대 미술을 본능적으로 기피하는 데 영향을 미쳤다.

하지만 빌헬름 황제와 베르너가 권력을 쥔 소수라고 할지라도 어쨌든 소수는 소수였다. 일찍이 1892년 베를린미술가협회는 에드바르 뭉크를 베를린으로 초대해 그의 작품을 전시하게끔 했다. 55개의 그림이 전시될 기획되었으나 보수파는 즉시 격앙된 반응을 보였다. 베르너가 반발 기류를 유도하는 가운데 전시회는 취소되고 말았다. 하지만 변화를 두려워하는 세력이 막스 리베르만까지 막지는 못했다. 리베르만의 독일적인 인문주의 정신은 그의 작품에 분명하게 드러나 있었다. 빌헬름 황제는 그림이 "이미 드러난 것 이상으로 불행을 안겨주리라고는"[33] 생각하지 않았기 때문에 리베르만의 그림이 공식적인 전람회에 출품되지 못하게 하는 데에만 힘을 기울였다. 하지만 결코 인기 있는 화가의 개인전까지 막을 수는 없었다. 마침내 리베르만의 인기가 하늘을 찌르자 그는 공식전에도 작품을 출품하게 되었다. 1897년 금상을 획득한 리베르만은 프로이센 미술아카데미의 회원이 되었고 왕립아카데미의 교수로 임용되었다.

황제는 한때 리베르만에게 패배했지만 케테 콜비츠(1867~1945)에게는 승리를 거두었다. 1898년 한 심사위원은 베를린 빈민가에 살면서 강렬하고 정감에 넘치는 작품을 선보이는 콜비츠를 금상 후보로 추천했다. 추천 대상이 된 작품은 연작 동판화로 하웁트만의 희곡을 바탕으로 한 「직조공의 반란」이었다(1840년대 슐레지엔에서 발생한 직조공의 반란은 노동계급이 형성되는 데 중대한 의미가 있었다). 황제로서는 수상작을 선포하기 전에 자문을 받을 필요가 있었다. 황제는 콜비츠에게 금상을 준다는 것은 지나치다고 판단했다. "여러분", 황제는 불만을 토로했다. "여성에게 금상을 준다는 것은 아무래도 지나친 처사 같습니다. (…) 영예로운 훈장은 그것을 받을 만한 남자의 가슴에 걸리는 것이 마땅합니다." 미술가들은 뭉크 사건에 이어 이번에도 황제의 처사가 지나치다고 생각했다.[34] 바로 이 해에 리베르만과 동료들은 빈과 뮌헨에서 반발한 것처럼 베를린 분리파를 결성했다. 이들의 목적은 아무 간섭도 받지 않고 자신들이 전시할 가치가 있다고 생각하는 그림을 보여주는 것이었다. 이들은 부유한 수집가들의 후원을 받았는데 후원자 중 적지 않은 사람이 유대인이었다. 카시러 집안의 사촌 형제인 브루노와 파울은 주요 후원자였으며 칸트 거리에 있는 이들의 화랑은 현대미술의 주요 전시 공간이었다. 또 이들은 분리파를 위해 새로운 화랑을 세우기도 했다.[35]

황제는 낙심하지 않았다. 대신 모든 장교에게 군복을 착용한 채 분리파 전시회에 가지 못하도록 금지령을 내렸고 분리파 회원들은 심사위원 명단에서 제외시키도록 했다. 분리파 미술가들 역시 1904년 센트루이스 만국박람회에 출품하는 것을 금지당했다. 이후 문화부 관리들은 왕립아카데미에서 리베르만 회고전을 준비하면서 화해의 손길을 내밀었다. 이중에 황제는 포함되지 않았다. 황제는 화가들이 "독일 국민의 영혼에 독을 퍼뜨린다"고 말할 정도였다. 엄밀한 의미에서 베를린 분리파 중에 이 시기의 가혹한 시련을 견딘 사람은 리베르만과 발터 라이스티코, 로비스 코린트 정도였다. 코린트는 '표현주의자Expressionist'라는 용어를 만들어낸 인물로, 정작 그 자신은 독일의 지배적인 미술 양식으로 자리잡은 표현주의와 불화했다.[36]

황제와 미술가들 사이의 싸움은 계속되었다. 표현주의 화가 모임인 '다리파Die Brücke'는 1905년 드레스덴에서 결성되어 5년 뒤 베를린으로 옮겨갔다. 다리파의 대변인이었던 헤르바르트 발덴은 전쟁 직전에 기관지를 발간하고 폭풍이라는 화랑을 연 인물로 독일 아방가르드(전위예술)의 두뇌 역할을 했다.[37] 다리파의 그림은 분리파 이상으로 도시풍이 강했다. 이들 중에 핵심 인물은 루트비히 마이드너(1884~1966)와 에른스트 루트비히 키르히너(1880~1938)였다. 두 사람은 특히 베를린 외곽 지역에 관심을 기울였는데, 황제는 그곳에 그림을 그릴 만한 데가 마땅히 없을 것이라 생각했다. 마이드너가 현수교와 가스탱크, 급행열차에 초점을 맞췄다면 키르히너는 자신이 본 대로 형태가 일그러진 그림을 그렸다. 이것은 시내 거리와 술집에서 풍기는 자연 그대로의 에너지였으며 지멜이 정의한 새로운 심리학이었다. 그의 그림에는 보이는 대상에 열중했을 때 생기는 이른바 '비틀림' 현상이 있었다.[38] 키르히너는 시민들이 끊임없이 움직이는 상황에서 정적靜的으로 대상을 재현하는 것은 불가능하며 "보이는 것은 빛과 동작의 불확실한 모습뿐이다. 도시는 예술가에게 새로운 관찰 방식을 요구한다"고 주장했다. 말할 것도 없이 황제는 불쾌감을 느꼈다.

베를린은 새로운 현대미술의 도시로 명성을 쌓아가고 있었지만 현대미술이 정착되기에는 아직 갈 길이 멀었다. 베를린은 본래 1830년 싱켈이 슈프레 강의 작은 섬에 미술관을 설계하여 구미술관Altes Museum이 개관된 이래 박물관 섬으로 알려지는 계기가 되었다. 이후 1855년에 신미술관Neues Museum이 세워졌고 1876년에는 국립미술관이 생겼다.[39] 이 과정에서 빌헬름 황제는 유럽에서 매우 유능한 수집가이자 감정가로 소문난 빌헬름 폰 보데(1845~1929)를 영입하는 행운을 잡았다. 폰 보데는 1904년 미술관 섬에서 문을 연 카이저프리드리히미술관 관장에 취임했다.[40] 그는 옛 대가들의 작품을 다수 확보했는데 이중에는 렘브란트의 「황금투구를 쓴 남자」와 뒤러의 「히에로니무스 홀츠슈어」도 있었다.• 폰 보데의 성공은 황제의 간섭을 줄였다는 사실에서 빛을 발했다. 사실 빌헬름 황제는 왕실 소장 목록에 작품을 제공한 사람들에게 작위를 내림으로써 폰 보데를 적극 도왔다.

현대미술의 고질적인 문제가 다시 표면 위로 떠올랐다. 국립미술관 관장이었던 후고 폰 추디(1851~1911)는 보데만큼이나 유능한 인물로 프랑스 회화나 현대미술 및 조각 분야에서 전문가였다.[41] 황제는 폰 보데와 달리

• 렘브란트의 그림은 훗날 그의 제자들이 그린 작품일 가능성이 있는 것으로 알려졌다.

추디에게는 재량권을 주지 않았는데, 어느 날 미술관에 들른 황제는 몇몇 독일 작품이 치워진 것을 발견했다. 그 자리에 "현대풍의 그림이 걸려 있고 그중 일부는 외국 작가의 그림이라는 것"을 알게 된 황제는 원래 그 자리에 있던 그림을 다시 걸라고 지시했다.

그러나 황제가 언제나 모든 곳을 통제할 수는 없는 노릇이었다. 추디는 기회를 놓치지 않고 세잔을 포함한 걸출한 현대 작가의 그림을 확보해 전시함으로써 파격적인 현대회화를 전시한 최초의 미술관장이 되었다(당시 세잔의 그림은 프랑스에서조차 공식 미술전에서 전시되지 못했다).[42] 하지만 이후 추디가 외젠 들라크루아와 귀스타브 쿠르베, 오노레 도미에의 그림을 사들이자 황제는 폭발했다. 황제는 추디에게 "그런 허접스런 그림을 예술이라고는 전혀 모르는 왕에게나 보여준다면 몰라도 짐에게 보여주면 안 될 것"이라며 불만을 터뜨렸다. 1908년 뮌헨 왕립미술관장을 맡게 된 추디는 두말없이 베를린을 떠났다.

비록 황제는 예술에 대해서는 보수적이고 복고적인 성향을 보였지만 독일을 번영으로 이끈 과학자와 기술자들에 대해서는 자부심을 갖고 있었다. 그는 자신의 방식이 미래지향적이라고 생각했으며 진보의 핵심은 신지식의 적용에 달려 있다고 믿었다. 황제는 당시 새로 세워진 실업계 김나지움Realgymnasium 졸업생의 학력을 인정하라며 베를린 대학 측을 설득하기도 했다. 이들 학교는 전통적인 인문학 중심의 교육 대신 자연과학을 강조하는 교육을 했다. 현대화의 물결을 거스르는 온갖 반대에도 불구하고 실업계 김나지움의 위상을 높인 것은 문화적, 지적 분야에서 황제가 행한 일 중 가장 빛나는 업적이었다. 이 학교는 1910년 프리드리히 빌헬름 대학 개교 100주년 기념일에 세워졌는데, 황제는 축하 연설에서 자연과학을 위한 새로운 교육 기관을 세우겠다고 선언했다. 프랑스의 파스퇴르재단이나 미국의 록펠러재단에 해당되는 독일의 '카이저빌헬름협회'는 사기업과 정부의 공동 출연으로 세워졌으며 독일의 발전에 엄청난 기여를 했다.[43]

제29장

영웅과
상인 사이의 대전

제1차 세계대전 초기의 몇 개월 동안 빈 시민들은 스스로를 무장하고 전선의 병사들과 일체감을 갖는 데 도움이 되는 일련의 상징적 행위를 개발했다. 예를 들어 링슈트라세 한쪽에 있는 슈바르첸베르크 광장에는 '철갑 병사Wehrmann im Eisen'라 불리는 목상이 있었다. 전쟁미망인이나 고아를 도와주고 싶은 사람은 누구나 못을 한 움큼 사서 이 목상에 대고 못을 박을 수 있었다. "오스트리아 '국력'의 집단적인 힘을 보여주는 쇠못으로 목상을 뒤덮는" 상징적인 행동이었다.[1]

매슈 스티브가 밝혀낸 바로는, 1914년 독일에서는 전쟁에 대한 지원이 이전에 보고된 것처럼 그렇게 열광적이지는 않았다. 주요 도시를 벗어나면, 특히 노동자들 사이에서는 공격적인 민족주의보다는 "체념과 냉담 또는 마지못해 받아들이는" 분위기가 엿보였다고 스티브는 말한다. 일관된 철학으로 교전을 지원하도록 '요구받았다'고 믿는 계층은 지식인들이었다. 그 철학이란 "문화와 정치 형태에서 적들과 독일 사이에 있다고 말하는 대립의 범위에서 벌어지는 힘의 갈등을 이상화하는" 것이었다(노르베르트 엘리아스는 니체가 자신의 저서 『권력에의 의지』를 쓸 때 "이런 사실을 거의 의식하지 못하고" 빌헬름 시대 중산층의 호전성에 철학적 형태를 부여했다고 느꼈다).[2]

많은 사람이 볼 때, 전쟁의 핵심 요인은 문화Kultur였다.[3] 이들 각각은 '문화'라는 말이 갖는 의미를 괴테와 칸트, 베토벤으로 대표되는 예술, 음악, 문학, 철학 같은 '고급문화'라고 여겼으며 일련의 미덕(근면, 질서, 규율)과 더불어 독일적인 특징으로 간주했다. 정치적으로 좌우 양쪽에 포진한 작가, 역사가, 철학가 중에 이런 생각을 공유한 사람으로는 토마스 만, 프리드리히 마이네케, 에른스트 트뢸치, 베르너 좀바르트, 막스 셸러, 알프레트 베버가 있었다.

1914년의 다양한 견해

전쟁이 발발했을 때부터 독일에는 유독 독일 문화에 대해서 문화Kultur와 문명Zivilisation을 '정반대' 현상으로 보고 두 개념을 분리하는 사고가 공공연히 있었다. 곪을 대로 곪은 이 대립적인 사고는 독일군이 벨기에와 북프랑스를 점령했을 때 벌인 야만적인 행위에 대해 외부세계가 드러낸 시각 때문에 폭발하기에 이르렀다. 벨기에 루뱅에 있는 고대 도서관이 불타고 랭스의 대성당이 심각하게 훼손되었다. 또한 벨기에의 디낭과 그 외 지역의 시민들이 사보타지로 의심되는 행위에 대한 '보복'으로 학살당하는 일이 일어났다. 영국과 프랑스 학자들은 문화계 및 과학계에서 세계적인 명성을 떨치고 있는 독일 학자들이 프로이센 군국주의와 거리를 두어야 한다며 앞장서서 목소리를 높였지만 효과는 별로 없었다. 수많은 독일 문화계 인사와 학자들은 독일의 전쟁 의지를 지지하는 대열에 합류했고 1914

년 10월 4일에는 대표적인 독일 학자와 예술가 93명이 모여 '93인 선언문 Der Aufruf der 93, An die Kulturwelt'을 발표했다. 이 선언문은 벨기에에서의 야만 행위에 대한 모든 비난을 단호하게 배격하는 내용으로 다음과 같은 주장이 담겼다. "우리 적들이 위선적으로 제기하는 것처럼 이른바 우리의 군국주의에 맞선 싸움이 우리 문명에 맞선 싸움과 다르다는 주장은 사실이 아니다. 독일의 군국주의가 없었다면 독일 문명은 이미 오래전에 지상에서 자취를 감추었을 것이다. 군국주의는 수백 년 동안 외부 침략과 약탈로 시달려온 한 나라의 문명을 보호할 필요성에서 일어난 것이다."[4]

작가 리하르트 데멜과 게르하르트 하웁트만을 비롯해 이 선언문에 서명한 인물은 다음과 같다. 화가 막스 클링거, 막스 리베르만, 한스 토마, 음악가 엥겔베르트 훔퍼딩크, 지그프리트 바그너, 펠릭스 폰 바인가르트너, 연극연출가 막스 라인하르트 또 에른스트 헤켈과 프리츠 클라인 같은 저명한 학자, 필리프 레나르트, 리하르트 빌슈테터, 막스 플랑크 같은 노벨물리학상 수상자, 이후 노벨화학상을 수상한 프리츠 하버, 신학자 아돌프 폰 하르나크, 경제학자 루조 브렌타노, 구스타프 슈몰러, 문헌학자 카를 포슬러와 울리히 폰 빌라모비츠묄렌도르프, 철학자 알로이스 릴, 심리학자 빌헬름 분트, 역사가 카를 람프레히트, 막스 렌츠, 에두아르트 마이어, 프리드리히 마이네케 등이다. 이 선언문이 발표되기 전에도 일단의 학자들이 영국 대학에서 받은 명예박사학위를 포기하는 소동을 벌이기도 했다.[5]

지금에 와서 이런 선언은 현실성 없게 들리고 이후 제1차 세계대전과 1930년대를 거쳐 제2차 세계대전에 퍼져나간 광범위한 공포와 무관한 것으로 보일지도 모른다. 하지만 이 '선언문'은 전쟁은 국가가 세계적인 힘의 위상을 확보하기 위해 일어난 것이며 따라서 "역사에는 독일의 전쟁으로 기록될 것"이라는 당시 독일 식자층의 견해를 반영하는 것이었다. 이후 같은 맥락에서 수많은 연설과 도서 발행, 비슷한 행사가 줄을 이었다. 베를린에 본부를 둔 '독일 학자 및 예술가 연맹'은 토마스 만을 필두로 문학계 및 예술계 대표 인사 200명을 모아 전쟁의 지적인 측면을 토론하는 행사를 벌였다.[6] 핵심 주제 중 하나는 독일의 권위주의적인 헌법이 의회주의에 기초한 서방 정권에 대해 갖는 우월성이었다.

이런 생각은 큰 반향을 불러일으켰다. 막스 렌츠와 오토 폰 기르케, 막스 셸러, 카를 람프레히트는 이구동성으로 독일의 '전쟁 주도권'을 끊임없이 주장했다. 특히 전시 총리 테오발트 폰 베트만홀베크의 보좌진 중 한 사람이었던 람프레히트(1856~1915)는 다른 사람과 마찬가지로 서슴없이 인종 문제를 꺼내들며 다음과 같이 말했다. "우리가 세계 최고의 업적을 이룩할 능력을 갖고 있고 이에 따라 적어도 세계적인 법칙을 다루는 데 참여할 자격이 있다는 것은 주체적으로 확인한 것일 뿐만 아니라 객관적으로 입증된 사실이다."[7] 그는 영국이 일종의 '천부적인 우월권'이 있는 것처럼 터무니없이 행세하는 데 대해 책임을 져야 한다고 말하며 다음과 같이 주장했다. "다른 국가들에게 이 나라(영국)의 생각(우월감)은 도저히 견딜 수 없는 것이다. 감히 말하지만 이 같은 생각이 좀더 겸손한 판단으로 바뀔 때까지 세계 평화는 오지 않을 것이다."

더 인상적인 것은 누구보다 막스 렌츠, 에리히 마르크스, 오토 힌체, 한스 델브뤼크 같은 역사학자들의 주장이었다.[8] 이들의 주장은 1890년대 이래로 보편화된 것으로, 랑케 시대에 존재한 구유럽 국가의 체제는 조만간 소수의 세계국가(제국)로 대체될 것이며 이 세계국가에서 독일도 동등한 위상을 차지하리라는 것이었다. 이들이 볼 때 전쟁의 주요 목표는 이미 확립된 세계 권력 중 가장 오래된 영국 세력을 겨냥한 것으로, 영국의 지배력을 굴복시키고 독일에 동등한 힘을 부여하는 것이었다.

다분히 이중의 효과를 노린 의도였다. 이 같은 견해는 영국을 전쟁을 교사한 당사국으로 봐야 한다는 주장과 더불어 군국주의를 정당화하려는 의도를 포함하기 있었기 때문이다. 이후 정부 정책에 반대해 온건 노선을 폈던 한스 델브뤼크조차 적대감이 불타오른 전쟁 초기 몇 개월간 다음과 같은 글을 쓸 정도였다. "이 섬나라(영국)에 맞서 싸우는 것은 무척이나 힘든 일이다. (…) 돈으로 용병을 사서 파견하는 나라, 야만적인 집단을 모집해서 우리를 쓰러뜨릴 수 있다고 생각하는 상인의 나라. (…) 영원한 내적 우월성에 대한 확신을 갖고 맞서 싸워야 할 상대는 바로 이 사람들이다."

물론 모든 사람이 이런 범주에 든 것은 아니었다. 예컨대 1915년 오토 힌체, 프리드리히 마이네케, 헤르만 옹켄, 헤르만 슈마허 등은 중립적인 나라, 특히 미국을 상대로 펼친 영국의 선전 효과를 상쇄하기 위해 '독일과 세계대전'을 공동으로 작성해 발표했다.[9] 이들의 목표는 무엇보다도 한쪽에는 괴테와 실러, 베토벤의 독일이 있고 다른 한쪽에는 트라이치케와 니체, 프리드리히 폰 베른하르디 장군의 독일이 있다는 식으로 독일이 두 얼굴을 가졌다는 프랑스 측 주장을 부추기는 영국 선전가들에 대응하는 것이었다. 힌체와 델브뤼크, 마이네케는 영국의 전반적인 파괴까지 주장하지는 않았고 대신 '힘의 균형'을 강조했다. 이런 점에서 이들은 다른 독일인과 비교해 확실히 이성적인 태도를 보였다.[10] 하지만 이들의 주장은 공공연히 합병을 주장하는 작가와 연설가들의 거센 목소리에 파묻혀 들리지 않았다.

훗날 『서구의 몰락』을 써서 유명해진 오스발트 슈펭글러(30장 참고)는 "세계 지배권을 놓고 영국에 도전하기로 한" 독일의 결정은 역사의 전환점이었다고 믿었다. 그가 볼 때 영국과의 싸움은 "개인의 자유 및 자결권을 강조하는" 영국식 자유주의와 "질서와 권위를 강조하는" 프로이센식 사회주의 사이에 벌어진 미성숙한 진화론적 투쟁이었다.[11] 또 다른 글에서 슈펭글러는 "과학적인 기술과 돈, 사실적인 시각으로 세계적인 지위를 확보한 독일은 완전히 영혼을 상실한 미국적 가치Americanism에 지배당할 것이며, 로마 제1제정기 말고는 이전에 단 한 번도 없었던 물질주의로 인해 (…) 예술과 귀족사회, 교회가 해체될 것"이라고 털어놓았다.[12]

전쟁이 지속되고 점점 더 궁지에 몰리면서도 논란은 수그러들지 않았다. 다방면에 걸쳐 분별력이 뛰어났던 막스 베버조차 1915년 뉘른베르크에서 행한 연설에서 다음과 같이 말했다. "만일 러시아의 야만성이나 영국의 천편일률적인 생각, 프랑스의 허풍 중 그 어느 것도 세계를 지배하지 못할 것이라고 확신할 용기가 결여되었다면 수치스러운 일일 것이다. 바로 이것이 전쟁을 수행해야 하는 이유다." 역사가 프리드리히 마이네케는 한술 더 떠서 독일 국민은 전체적으로 "인간의 정수를 다른 무엇으로도 대체할 수 없는 독특한 형태로 구축하라는 신의 사명을 받았다. 이것은 개인적인 천재성을 발휘해 뭔가 자신의 능력 이상의 것을 창조하는 위대한 예술가의 사명과 같은 것이다. (…) 오직 독일인만이 내향성Innerlichkeit과 개인의 자유, 이기적인 관심을 기꺼이 희생하는 정신을 조화시켜 전체적인 이익에 기여할 수 있으며 이는 독일인 특유의 정신적인 유산이다"라고 주장했다. 철학자 에두아르트 슈프랑거는 교양Bildung이라는 독일적 전통을 계속 살릴 필요가 있다고 말했다.[13]

전쟁의 양상이 모두 독일에 맞서는 형국으로 진행되면서 문화적인 논란의 열기는 식을 줄 몰랐다. 철학자 아돌프 라손은 다음과 같이 주장했다. "유럽 전체의 문화는 인간 문화의 유일한 보편적 형태가 분명하며 그 자체는 모두 독일 토양에 초점이 맞춰진 것으로 독일인의 가슴에서 우러나온 것이다. 이 점에서 조심스럽거나 유보적인 태도로 우리 자신을 표현하는 것은 아주 잘못된 것이다. 우리 독일인은 (…) 지금까지 형성된 모든 유럽 문화 중 최고를 대표한다. 우리의 힘과 자부심은 바로 이런 사실에 기초한 것이다."[14]

토마스 만은 자신의 에세이 「전쟁 속의 생각」에서 독일의 "불가피한 선교사로서의 역할"을 지적하며 피상적이고 자유로운 서구 문명Zivilisation에 맞선 독일 문화Kultur의 독특한 위상을 옹호했다. 그는 이어 다음과 같이 말했다. "독일인으로 산다는 것은 쉬운 일이 아니다. (…) 영국인처럼 안락한 생활을 하는 것도 아니고 프랑스인의 생활 방식처럼 색깔이 분명하고 흥겨운 것과도 거리가 멀다. 독일적인 생활은 그 자체로 어려움이 있고 그 자체를 의문시하는 데다 외부에서 쏟아지는 노골적인 혐오로 인해 고통받고 있다. (…) 하지만 가장 가치 있는 것 때문에 가장 큰 고통을 받는 사람이 바로 독일인이다. '인간성'과 '이성'의 편을 들어 독일적인 태도가 세계에서 사라지기를 바라는 사람은 누구나 신성모독을 범하는 것이나 다름없다." 어쨌든 이 시기에 토마스 만으로서는 서구 민주주의가 독일적인 방식이 아니라는 주장을 하는 것이 불가피했을 것이다. "가장 내성적인 이 사람들, 형이상학과 교육, 음악을 좋아하는 이들은 정치지향적이지는 않지만 도덕지향적인 사람들이다. 바로 이 때문에 민주주의와 의회주의적인 정부 형태, 그리고 특히 공화주의를 향한 정치적인 발전에 있어 다른 어느 나라 사람보다 더 주저하며 더 관심이 적은 것이다."[15]

이 같은 비판은 영국과 프랑스를 (또한 미국을) 향한 이들의 경멸(또는 경멸로 보이는) 이면에 놓인, 산업 성장이 사회에 몰고 온 거대한 변화에 대한 혐오를 드러낸 것이었다. 이런 평가는 대체로 독일 밖의 사람들이 공유했다. 로저 치커링이나 다른 사람의 주장에 따르면 독일은 식자층이 국가가 "전체적인 이익을 목표로 지나치게 사리사욕을 취하는 소수를 통제하기 위해" 개입해야 한다고 생각했다는 점에서 다른 나라와 달랐다.[16]

새삼스러울 것도 없지만 이렇게 답답한 분위기에서 벗어나보자. 이런 주제가 별로 달가운 것은 아니다. 잠시 눈을 돌려 독일 역사가 프리츠 피셔가 1961년에 발표한 『세계 권력 쟁취』(1967년에 영어로 『제1차 세계대전에서의 독일의 목표』라 번역되었다)에 대해 살펴보자. 피셔는 1950년대에 포츠담에 있는 동독문서보관소에 접근할 기회가 있었다. 여기서 그는 '폭발력'을 지닌 문서 뭉치를 발견했는데 피셔의 주장에 따르면 그 문서에는 독일 제국이 이미 제1차 세계대전 이전에 공격적인 합병 목표를 계획했다는 사실이 기록돼 있었다고 한다. 특히 1912년 12월, 악명 높은 '전시 내각' 당시에 빌헬름 2세와 군부 보좌진들이 "1914년 여름에 본격적인 전쟁을 일으키기로 결정하고 다음 몇 개월 동안 국가를 위한 손익 계산을 할 준비를 했음을 보여주는" 자료라는 것이다.[17] 피셔는 1890년 이후로 인종주의 색깔론을 드러내는 새로운 민족주의가 독일 내에 두루 퍼졌고 역사가를 비롯해 독일 내의 지식인 다수가 해군력 강화를 지지했으며, 니체의 『권력에의 의지』를 "현대 생활의 중요한 심리적 요인"으로 본 사람들이 바로 이들이라고 주장했다. 또한 독일 제국 내에서는 기업과 정치의 이해가 상충되지 않았으며, 독일의 주목표는 프랑스를 쓸어내고 영국을 중립국으로 유지시키는 것이었다고 한다. 계속해서 피셔는, 이런 견해가 항상 비현실적이었음에도 독일은 무기 경쟁을 주도했으며, 황제와 그 보좌관들은 "인종 간의 갈등"이 "손익계산"에서 불가피하다고 생각하며 외교전의 시대는 끝났다는 결론에 도달했다고 보았다.[18] 또 피셔는 적이나 잠재적인 적의 전투력을 가장 심각하게 오판한 것은 독일이라는 결론을 내렸다.

피셔의 연구에 대해서는 뒷장에서 상세하게 논할 것이다(피셔는 독일의 동료 역사가들에게 "반역자"라는 비난을 받았다). 여기서는 일단 피셔의 저서에 대해 언급한 프리츠 슈테른의 관점만 확인하기로 하자. 슈테른은 제1차 세계대전의 책임을 물을 만한 요인 중 하나로 독일 전전戰前 정책의 지속적인 오산을 꼽았다. 이런 오산은 "고질적인 맹목적 성향"과 자국과 인접국에 대한 잘못된 평가에서 온 것이며 "불안과 자만심, 그리고—비非독일 세계를 평가함에 있어—정치적인 무지와 불안정이 특이하게 결합한" 결과라는 것이다.[19]

'93인 선언문'은 프랑스와 영국 모두에서 맹렬한 반발을 불러일으켰다. 프랑스 학자들은 선언문에 서명한 학자들의 태도를 "지적인 굴종과 객관성의 결여, 겁쟁이 정신"이라고 꼬집으며 반감을 드러냈다. 그렇지만 윌리엄 킬러는 프랑스 학자들 또한 "1914년 여름에 좀더 높은 진실을 추구하기로 서약한 전쟁 이전의 맹세를 너무 빨리 포기했으며 이후 5년 동안 주전론의 극단적인 형태에 굴복했다"는 결론을 내렸다.[20]

이런 태도는 어쩌면 사안을 과장한 것일지도 모른다. 당시 프랑스 학자들이 관심을 기울인 문제는 다음 세 가지였다. (1) 독일 문화에 존중할 가치가 있는 것으로 무엇이 남아 있는가? (2) 프랑스가 고대 그리스와 로마보다 19세기 독일 문화의 혜택을 더 받았다는 말인가? (3) 독일의 과학은 독일 문화와 연관된 것인가 아니면 프랑스와 영국의 철학적 전통에 뿌리를 둔 것인가?

논란의 중심에는 이마누엘 칸트가 있었다. 프랑스의 보수파와 가톨릭은 칸트를 폄하했다. 이들은 칸트의 윤리학과 인식론을 "억제되지 않은 개인주의, 주관주의, 무신론"의 토대에서 나온 것으로 보았기 때문이다. 이런 견해는 발전하고 있는 권리와 의무라는 개념에서 공화주의의 토대와 일치하는 보수파들의 생각이었다. 이들과 반대 의견을 지닌 진영에서는 칸트를 좋아했는데 그 이유는 도덕적 의무와 개인의 책임에 대한 칸트의 이론 때문이었다. 이 같은 칸트의 이론은 전쟁 이전 시기에 프랑스 학파의 (공화주의적) 공민학civics에 주춧돌 역할을 한 것이나 다름없었다. 칸트도 '두 얼굴의 독일'이라는 프랑스적 이론의 중심에 있었던 셈이다. 프랑스는 이웃 국가가 한편으로는 몹시도 문화적이고 내면화된 반면 한편으로는 군국주의적이고 영토 확장에 골몰한다는 것을 오랜 세월에 걸쳐 어렴사리 알게 되었다. 이런 생각은 보불전쟁의 결과로 더 깊어졌다. 1870년 12월 프랑스의 철학자 E. 카로는 『르뷔 데 되 몽드Revue des deux mondes』 지에 발표한 글에서 두 얼굴의 독일에 대해 하나는 "신비롭고 형이상학적"이며 다른 하나는 "물질주의적이고 군국주의적"이라고 자신의 견해를 밝힌 바 있다. 카로는 칸트가 전자의 절정에 해당된다면 프랑스가 스당 전투에 패배한 것은 후자의 예에 속하며, 결국 독일은 이 승리로 주도권을 쥐게 되었다고 보았다. 또한 이 두 번째 전통은 헤겔에 기원을 둔다는 것이 그의 주장이었다.

마르타 하나는 전쟁 초기에 다른 곳과 마찬가지로 프랑스에서도 과학이 "마치 근본적으로 독일적인 것은 아니라 해도 적어도 특별히 독일적인 진취 정신인 것처럼" 생각하는 사조가 널리 퍼져 있었다는 사실을 지적했다. 이 같은 믿음은 불행한 부작용을 낳았다. 전쟁이 발발한 이후 프랑스에서는 과학에 회의를 품는 현상이 생겨났고 이러한 관점은 1915년 4월에 독일군이 최초로 독가스를 사용함으로써 더 굳어졌다. 이렇게 되자 과학은 물질주의자의 특질인 '유감스러운 산물'로 보였다. 한나는 프랑스 과학자들이 과학은 독일에서와 마찬가지로 프랑스나 영국에서도 똑같은 과학일 뿐이라고 주장하면서 이런 믿음을 불식시키는 데 무척 고생했다고 말한다.[21]

영국에서는 전쟁 이전에 '지식혁명'과 학문 분야에서 "독일의 영향을 제도화하는 것"에 대한 폭넓은 공감대가 형성되었다. 비록 당시 독일에서 공부한 일부 학자가 애국주의적인 분위기에서 궁지에 몰린 것은 사실이지만, "실질적인 삶의 방법"으로서 독일적인 과학Wissenschaft 이데올로기는 인기가 높았다.[22] 제1차 세계대전 당시 영국 학자들에 대해 연구한 스튜어트 월리스는 액턴 경을 포함해 독일에서 공부한 대표적인 학자 56명의 목록을 발표한 적이 있다. 이들 명단에는 다음과 같은 이름이 보인다. 아널드, 제임스 브라이스, 채드윅, 윌리엄 맥두걸, 네이피어, 리버스, 시턴왓슨, 헨리 시지윅, W. 솔리 등이다. 1914년 8월 1일 『런던 타임스』는 러시아와의 싸움에서 좀더 문명화된 나라로 독일을 지지하는 9명의 학자가 쓴 편지를 실었다. 독일군이 벨기에를 침략한 뒤 이런 태도는 완전히 뒤집혔으며(8월 29일 독일의 볼프 통신은 "예술품의 보고인 고도古都 루뱅은 이제 더 이상 존재하지 않는다"고 타전했다) 1914년 12월에 『타임스』는 옥스퍼드 대학의 아시리아학 교수인 세이스의 편지를 실었다. 이 편지에서 세이스는 과학계에 독일인이라고는 "내로라하는 인물이 하나도 없고" 괴테를 제외하면 독일 문학에도 위대한 이름이 없으며 실러는 "김빠진 롱펠로"에 불과할 뿐이고 칸트는 "스코틀랜드인과 흡사하다"고 주장했다.[23]

프랑스와 마찬가지로 영국의 다른 학자와 작가, 예술가들은 "대對독일 전쟁을 야만적이고 머리가 여러 개 달린 괴물에 맞서 문명을 지키기 위해 싸우는 (…) 전쟁으로 생각했다." 극단적인 애국자들은 전시에 브람스의 음악도 연주해서는 안 된다고 생각했다. 영국 학자들은 자신들 역시 시류에 편승해 선전전을 도왔으면서도 독일 학자들의 국가에 대한 지적 굴종에 경악을 표했다. 또 이들은 오랫동안 독일의 학문에 경탄해왔으면서도 독일적인 방식에 대한 열기는 금세 식어버렸다. 철학자들은 오히려 이런 태도를 문제삼으며 "헤겔학파는 영국 관념론에 지울 수 없는 흔적을 남겼고 1914년 이전의 영국 철학사상에 가장 큰 영향을 준 학파다"라고 강조했다.[24]

전쟁은 고고학에 관한 한 다른 방식으로 영향을 미쳤다. 독일 고고학 연구소에 대한 예산은 1915년에서 1916년 사이에 늘어났고 바빌로니아나 티린, 디필론, 올림피아에서 계속 발굴이 이뤄졌다. 점령된 프랑스의 랑과 아라스, 수아송에서도 발굴이 새로 시작되었다.[25] 결국 실패하기는 했지만 이런 시도는 오토만 제국의 발굴 시장에 '사재기' 현상을 일으키기도 했다. 황제가 고고학에 관심이 많았던 데다 몇몇 고고학자가 황실에서 환영받았기 때문에 고고학자와 고대 그리스 및 로마 연구가, 문헌학자는 전후 "군주제에 향수를 느끼는 시대착오적인 반동" 현상의 온상이 되었다.[26]

에덴에서 베를린까지

미국은 프랑스나 영국보다 훨씬 더 뜨거운 반응을 보였다(미국은 1917년 4월까지 전쟁에 직접 참여하지 않았다). 특히 주목할 만한 것은 지식인 두 명(존 듀이와 조지 산타야나)이 발표한 독일 철학과 학문에 대한 평가다. 두 책 다 짧고 간결하지만 함축적이다.

콜롬비아 대학의 철학교수인 존 듀이(1859~1952)는 독일 사상사를 전쟁과 결부시켜 독일 철학의 총체적인 특징을 명확하게 요약하고 있다. 오늘날에도 많이 읽히고 있는 듀이의 분석은 대량학살로 이어지기 이전 20

년 동안의 역사를 기록하고 있다는 점에서 더더욱 인상적이다. 이 책은 31시간의 강의 내용을 한데 묶어 펴낸 것으로 『독일 철학과 정치』라는 제목을 달고 있다. 또 부분적으로는 1911년에 나온 프리드리히 폰 베른하르디 장군의 『독일과 다음 전쟁』에 대응하는 의미도 있다. "독일인의 지적 생활에서 두 가지 큰 운동이 나왔다"라는 주장으로 유명해진 이 저서에서 베른하르디는 다음과 같이 말하고 있다. "이때부터 인류의 지적, 도덕적 발전 과정은 계속 이 두 가지 운동, 즉 종교개혁과 비판철학에 바탕을 두었다. (…) 이 운동의 중대한 의미는 자유로운 연구와 종교적인 욕구를 화해시켜 인류의 조화로운 사회 기초를 다지려는 시도에 있다. (…) 독일을 제외한다면 어느 나라도 이러한 "전체 인류를 위한 시도"를 마음속으로 기쁘게 받아들인 적이 없다. (…) 이 같은 운동은 지적 영역에서 특히 우리 독일이 지도력을 발휘하기에 적합한 것으로, 독일이 이런 지위를 유지하도록 의무를 부과하는 질적 가치를 지닌다."[27]

듀이의 첫 번째 논점에서, 역사는 추상적인 틀에서 생각하는 것이 위험하다는 것을 보여주었다. "역사는 각종 관념이 그 발생 당시의 상황을 넘어서도록 만드는 성향이 있으며, 인간이 미래에 대한 위협이 무엇인지 알 수 없게 만드는 속성이 있다"는 것이었다. 듀이는 프랜시스 베이컨에서 존 스튜어트 밀까지 영국 철학은 독일과 달리(칸트, 피히테, 헤겔) 교수보다는 일반 사무직 종사자들이 다듬어왔다는 사실에 주목했다. 듀이는 추상적 사고와 '집단생활의 경향'은 하나의 연결고리를 지니고 있으며, 독일인은 "혈통적으로 철학을 타고났다"고 생각했다.[28] 특히 그는 독일은 관료 체계가 잘 발달해 철학적 사고가 실생활로 흘러들어갈 수 있는 기존 통로가 있으며 신문보다는 대학이 이 통로 역할을 한다는 점에서 미국이나 영국과 다르다고 생각했다. 그는 또한 대부분의 국민은 그 나라의 위인을 자랑스럽게 여기는 데 "독일인은 루터를 탄생시킨 독일 자체에 자부심을 갖는다"는 점에서 결정적인 차이가 있다고 보았다. "천재의 보편적인 특징에 대한 믿음은 자연스럽게 그 천재를 탄생시킨 사람들의 보편적인 특징에 대한 믿음으로 전환되었다"는 것이 그의 주장이었다.[29]

듀이는 칸트의 업적과 칸트 사상의 중요한 의미를 생활 속에서 많은 비중을 차지한 학문과 도덕의 두 영역이 각각 "궁극적이고 권위적인 정체성"을 지니게 했다는 사실에서 찾았다. 듀이는 "독일 문명을 구별짓는" 주요 특징은 자의식적인 관념론과 타의 추종을 불허하는 효율성 및 조직을 결합한 것이라고 말했다. "독일인은 물질을 정복하는 과정에서 목표를 달성할수록 이상적인 사명을 더 충족시키려고" 했으며 그 결과 "독일 정신의 주요 특징"은 내적 진실과 사물의 내재적 의미에 최고의 가치를 두게 되었다는 것이다. "이를테면 외향적인 라틴 정신이나 공리주의적인 앵글로-색슨족과 반대"가 되었다는 말이다.[30]

듀이는 또 이렇게 생각했다. "독일인이 다른 국민보다 삶에서 일어나는 긴급 사태나 만일의 사태에서 한발 물러나 내향성의 영역으로 더 기꺼이 들어간다는 것은 사실인 듯하다. 끝이 없어 보이는 이 내향성은 음악이라든가 연약하면서도 다정한 시, 때로는 독일적이면서 때로는 서정적인 동시에 언제나 신비로 가득한 매력을 제외하고는 제대로 표현되기가 어렵다."[31]

듀이가 말하는 칸트의 두 번째 업적은 학문과 도덕 두 영역이 분리된 뒤 "의무의 복음"으로 들어갔다는 점이다. 엄격하지만 고상한, 스스로 부과한 의무라는 칸트의 사고는 인간이 동물과 구분되는 현상이다. 하지만 듀이는 칸트가 이 의무는 과거에 무엇이었고 또 현재에는 무엇인지 밝히지 않고 다만 이 의무를 다하라고 말한 것 역시 중요하다고 느꼈다.[32]

또한 듀이는 문명과 문화가 서로 다른 것처럼 독일에서는 국가와 사회가 구분된다고 보았다. "문명은 자연스럽게, 대개 무의식적으로 또는 은연중에 자라나는 것이다. 말하자면 문명은 사람들이 함께 모여 살 때 생기는 욕구의 부산물이다. (…) 이와 달리 문화는 의도가 있고 의식적인 것이다. 문화는 인간의 자연스러운 동기에서 나온 것이 아니라 이 자연스러운 동기가 내면 정신으로 전환되면서 나온 산물이다. (…) 그리고 '문화'라는 용어의 현실적인 중요성은 (칸트가) 내면생활의 교육이라는 완만한 토양이 뒷받침되고 개인의 측면에서 문화라는 목표 달성이 공동체 구성원의 부단한 노력에 달려 있다는 사실을 일깨웠다는 점에 있다."[33]

듀이는 계속해서 국가와 사회에 대한 생각을 검증했다. 듀이는 미국과 영국에서는 '국가'가 여러 국가 기관의 형태로서, 일반적으로 "좀더 조직화된 사회"를 가리키지만 독일에서 "국가는, 명백하게 어떤 신비적이거나 초월적인 존재는 아니라 해도, 적어도 하나의 도덕적인 단일체로서 구성원의 정신적이고 이상적인 관심을 위해 조직된 자의식의 창조물"이라고 말했다. 독일에서 "국가의 기능은 문화적이고 교육적이다. (…) 국가의 목적은 이상적인 공동체를 발전시키는 것이다. (…) 이것이 독일 학문과 독일 국가에 고유한 숙명이다. (…) 인간성의 정신적인 해방을 위해 기여하는 것이 독일 과학과 철학의 의무이자 사명이었다. (…) 독특한 의미에서 학문은 (…) 이 세계 속에서 신의 메시지를 직접 선포하는 것으로 진정 성직자의 사명 같은 것이다."[34]

이 같은 듀이의 주장은, 지금 생각하면 19세기 독일의 업적에 대한 통찰력 있는 분석으로서 독일이 프랑스와 영국, 미국과 어떻게 다른지를 미묘하면서도 설득력 있게 보여주는 것이었다. 듀이의 마지막 논점은 똑같은 19세기에—1815, 1864, 1866, 1870~1871년—연속적인 사건이 대대적으로 일어났다는 것이었다. 이와 동시에 듀이는, 독일은 다윈이 자연선택을 주장하기 훨씬 전에 진화론을 받아들였다는 사실도 지적했다. "수백 년 동안 외형적인 통일국가가 없었다는 사실이야말로 독일의 개성적인 특징이 형이상학적이며 환경의 산물이 아니라는 것을 입증한다."[35]

동시에 나온 조지 산타야나의 책은, 비록 그의 주장이 설득력이 아주 없는 것은 아니지만 듀이와는 대조적으로 조롱과 분노로 가득 찬 태도로 인해 정작 말하고자 하는 핵심이 가려지고 말았다. 마드리드에서 태어난 산타야나는 파울젠의 지도를 받으며 독일에서 공부했고 하버드 대학 역사상 가장 유능한 교수 중 한 사람이 되었다(그의 제자 중에는 콘래드 에이킨, T. S. 엘리엇, 로버트 프로스트, 월리스 스티븐스, 월터 리프먼, 펠릭스 프랑크푸르터, 새뮤얼 엘리엇 모리슨이 있다). 그는 다시 유럽으로 돌아가서 1916년에 『독일 철학의 자기중심성』을 펴냈다. 이 책은 듀이와 마찬가지로 칸트와 피히테, 헤겔의 철학적 바탕을 다룬 것으로, 덧붙여 쇼펜하우어와 니체에 대해서도 언급하고 있다.

산타야나는 이들 중 누구도 높이 평가하지 않았다. 그는 선험론transcendental theory이 "자포자기적인 망상"에 불과하며 그 이면에는 (사이비) 종교에 가까운 "뭔가 사악한 것"이 들어 있다고까지 생각했다.[36] 산타야나는 "이런 글을 보면 명백한 반감이 생기며 그것을 솔직하게 드러내는 것이 나에게는 기쁨"이라며 거리낌 없이 털어놓고 있다.[37] 그는 독일 철학의 방향에 깊이가 있다면 그것은 그 내면성을 비롯해 "내면을 향한 빛과 절대적인 의무"의 의식에 있다는 것을 인정하면서도 이런 방향이 자기중심적이라고 생각했다. 산타야나는 이런 자기 본위를 "그 자체를 자랑스럽게 여기는 주관주의"로 규정했다. 그는 "그 용기에는 뭔가 끔찍한 것, 뭔가 악마적인 것"이 있다고 여겼으며 이런 요소는 결국 "도덕적 재앙"이 된다고 보았다.[38] 또한 그는 독일 관념론이 프로테스탄트 신앙으로부터 진지하고 경건한 자세를 물려받았고 정신이나 의지라는 관념은 섭리의 관념을 닮았다고 생각했다. 산타야나는 칸트가 자기 신념대로 살지 않았다는 이유로 그를 무시했다. 비록 칸트가 부드러운 태도를 보이기는 했지만 "칸트의 도덕적인 노선은 본질적으로 완벽한 광신의 틀 속에 있다"고도 보았다.[39]

그는 또 헤겔이 실생활에서 모든 신념을 철회했으며 그 자리를 대신 신념에 대한 지식으로 채워넣었다고 생각했고 이 지식은 헤겔에게 자신의 시대와 국가를 '현실적인 것'으로 보게 해준 "괴물 같은 자기 본위"에 지나지 않았다고 주장했다. 이런 산타야나의 주장은 순서가 뒤바뀐 것으로, 그는 말을 내용에 맞추지 않고 내용을 말에 맞추는 오류를 범했다.[40] 그는 독일 사상에 뭔가 '미성숙한 것'(특히 니체)이 들어 있다고 생각했다. "그들은 이렇다 할 고민도 없이 인간의 본성을 해독했는데, 인간 본성이란 다양한 측면을 지닌 뭔가 무의식적인 것으로서 변화의 차이를 내포한 자질이다. 그런데 이 본성을 단지 하나의 태도에 지나지 않는 의지로 보기 시작한 것이다."[41] "이상적인" 목표가 반드시 개인의 목표보다 "드높은" 것은 아니며 실제로 그 목표는 "인습적인 사기"일 가능성이 높다는 것이 산타야나의 주장이었다. 그는 역사가 에덴에서 시작해 베를린에서 끝났다고 말했으며 헤겔학파의 부조리성에 담긴 취지를 다른 말로 바꿔 표현하는 방법으로 강력 비판했다. 니체도 이와 다를 바 없이 '권력에의 의지'라는 추상적인 표현을 사용했다는 이유로 외면했다. "힘(권력)이 단련을 거쳐 달성되었다고 할 때 그 힘의 지평 너머에는 무엇이 있는가?"[42] 산타야나는 독일 철학을 천재의 작품으로 묘사하면서도 다음과 같이 깎아내렸다. "관념론은 단순히, 인간의 모든 삶은 타협이며 인간의 정열과 자연의 힘 사이에서 막 시작된 느슨한 조화라는 가장 중요한 사실을 간과했다."[43]

더 우수한 전사들, 누가 전쟁에 졌는가?

이때까지는, 제1차 세계대전의 평가에서 독일적인 특징이 타격을 입었다. 하지만 1914년부터 1918년까지 일어난 사건을 다르게 보는 시각도 있다. 독일군과 참모본부에 대해 연구한 트레버 듀푸이 대령은 『전쟁의 자질, 독일군과 참모본부, 1807~1945』(1977)에서 "독일인은 독특한 방법으로 우수한 군사력을 제도화하는 비결을 발견했다"는 결론을 내렸다. 듀푸이는 특히 제1차 세계대전에서 독일이 패전하기는 했지만 그 패배는 적군의 수적 우세 때문이며 한 사람 한 사람을 보았을 때는 대부분의 전투에서 독일군

이 더 뛰어난 전사였다는 사실을 증명해 보였다.[44]

제1차 세계대전 기간에 독일은 약 1100만 명의 남자를 동원했고 이중에서 거의 정확하게 600만 명의 사상자를 냈다. 오직 독일 한 나라만을 상대로 싸운 연합군은 독일군의 2.5배가 넘는 약 2800만 명을 동원해 독일군만을 상대로 싸운 전투에서(오스트리아-헝가리와 터키, 불가리아를 상대로 한 전투는 제외하고) 약 1200만 명의 사상자를 냈다. "평균적으로 독일군은 한 명당 연합군 병사 한 명 이상에게 사상을 입혔다. 반대로 연합군은 5명당 독일군 한 명에게 사상을 입혔다." 한편 독일은 연합군보다 방어 위치에 있을 때가 더 많았다. 경험적으로 볼 때 방어를 하는 군대는 위치나 요새 시설 등에서 더 유리하다. 연구 결과에 따르면 방어 위치에 있는 군대가 공격군에 비해 대강 1.3배의 능률을 발휘한다. 듀푸이는 이런 사실을 지적하면서 "독일군은 사상자를 낸 전과에서 전체적으로 4 대 1의 비율로 우위를 차지했다"는 결론을 내렸다.[45] 이와 비슷한 연구에서 알렉산더 왓슨은 독일 서부군의 신경계통 질환은 영국군과 비교할 때 3.67퍼센트 대 3.27퍼센트의 비율을 보였지만 영국군 부상자 가운데 정신병은 6.54퍼센트에 달했다고 지적했다.[46]

결국 연합군의 수적 우세가 독일의 패배에 결정적이었다는 사실이 입증된 것이다(또 독일군은 정보와 첩보활동에서 열세에 있었다). 개개인을 놓고 보면 독일군이 더 우수했다.

역사 평가 및 연구기구HERO의 분과 연구를 수행한 듀푸이는 1943년과 1944년을 중심으로 제2차 세계대전에 참전한 60개국의 실태를 조사하는 과정에서 범위를 제1차 세계대전으로 확대했다. 듀푸이는 특히 독일이 두드러지게 군국주의적이지 않았다는 사실을 보여주는 데 역점을 두었다.[47] 1815년부터 1945년까지 프로이센과 독일이 본격적으로 치른 전쟁은 6회였던 데 비해(이중 두 차례는 소규모 전쟁) 같은 기간 프랑스는 10회의 본격적인 전쟁을 벌였고(유럽에서 6회, 그 밖의 해외에서 4회) 러시아는 13회(유럽에서 10회), 영국은 17회(유럽에서 3회, 아프리카 4회, 아시아에서 10회), 미국은 7회의 주요 전쟁을 치렀다.[48] 듀푸이의 논점은 프로이센이나 독일이 태생적으로나 역사적 의미로 보나 지나치게 군국주의적이었다는 증거는 없다는 것이었다.

폴 케네디(22장)가 주장한 것처럼 듀푸이는 독일의 우수한 전투력이 오히려 우수한 군대의 제도화에서 나온 것이며, 똑같은 특징이 제2차 세계대전에서 독일군을 돋보이게 해주었다고 주장했다. "엄격하고 융통성이 없는 사람은 오직 히틀러뿐이었다."

전선의 기술적인 대응에서 독일은—독일의 기술 및 산업 발전 수준으로 보았을 때는 무척 놀라울 정도로—과학자를 전쟁 지원에 동원하는 노력에서 연합군보다 대응이 느렸다. 독일은 잠수함 통신 체계도 갖추었고 화염방사기도 개발했지만 전차 실험은 굉장히 늦어서 실질적인 효과를 발휘하지 못했다. 전투 목표가 독일군으로 집중되면서 식량 생산 증대가 과학의 우선적인 과제가 되었다. 독일이 앞서간 분야 중 잘 드러나지 않은 것은 화학전과 공중전이었다. 이후 노벨상을 수상한 프리츠 하버의 주도하에 역시 훗날 노벨상을 수상하게 되는 세 명의 학자가 염소 가스를 무기로 개발·생산하는 프로젝트에 참여했다. 이들은 제임스 프랑크, 구스타프 헤르츠, 그리고 장차 핵분열을 발견하는 오토 한이었다.[49]

1918년에 접어들자 빈의 '철갑 병사'는 외면당했다. 당시 한 신문은 "전쟁이 길어지면서 그를 찾는 사람이 점차 줄어들었고 마침내는 아무도 거들떠보지 않았다"라고 보도했다. 또 다른 신문은 전쟁이 끝난 직후 철갑 병사에 박힌 금못이 오스트리아 동맹군에 의해 도난당했다는 소식을 전하기도 했다. "마지막 방문자는 도둑이었다."

제30장

고아를 위한 기도: 패전국의 문화

20세기를 통틀어 제1차 세계대전에서만큼 시詩가 지배적인 문학 형식으로 부각된 적은 없었다(적어도 영어권에서는). 동시에 버나드 버곤지처럼 영국 시가 "결코 대전을 극복하지 못했다"고 말하는 사람도 있었다.[1] 이 같은 상황은 독일도 다르지 않았다. 한 통계에 따르면 전쟁 기간에 독일어로 쓰인 시는 약 200만 편이나 되었다. 1914년 8월에는 매일 5만 편의 시가 쓰였다. 신문사로 보내온 시만 매일 500편에 달했고 이중 100편이 활자화되었다.[2] 패트릭 브리지워터는 영국 시와 비교할 때 독일 시는 대부분 전통에서 탈피하는 경향을 보였다고 말한다. 당시까지 전쟁 시는 대개 전쟁을 찬양했고 특히 백병전의 영웅적이고 기사도적인 측면을 부각시키는 특징이 있었다. 그런데 전쟁이 기계화되면서 모든 것이 변했다.

독일 시는 몇 가지 측면에서 영국 시와 달랐다.[3] 게오르크 하임과 게오르크 트라클은 전쟁이 일어나기 오래전에 영웅적 자질을 시험하기 위해 전쟁에 대한 시, 또는 전쟁을 예견하는 시를 썼다. 일단 전투가 시작되자 라이너 마리아 릴케와 슈테판 게오르게는 전투 장면을 직접 보지 않고도 전쟁에 대한 시를(릴케의 경우 '찬가' 형식으로) 썼다. 게오르게는 전투에 대해 유난히 냉담한 태도로 다른 사람의 고통에 무관심함을 보여주었다. 현대전은 "영웅적이라기보다 야만적"이며 대부분의 죽음에는 존엄이 없다고 확신하는 그의 태도가 다음 시에서 드러나고 있다.

환호는 어울리지 않는다: 승리는 어디에도 없고
오직 수많은 죽음뿐. (…)
신성한 것은 오직
순수하게 뿌려져 강을 이루는 피뿐이라네.

전쟁이 두 번째 겨울을 맞으면서 변화가 생겼다. 독일에서의 반응은 영국보다 느렸지만 주변 상황을 지켜보던 시인들은 좀더 즉각적인 반응을 보였다.[4] 이런 전반적인 정세에서 이상적인 세계에 안주하는 태도에 반발심을 보인 시인 가운데 입에 올릴 만한 사람은 아마 10여 명은 될 것이다. 이중에서도 특히 게오르크 트라클과 아우구스트 슈트람, 안톤 슈나크 세 명이 돋보였다.

오스트리아인인 트라클(1887~1914)은 자신을 "범죄적인 우울증"으로 묘사했듯이 강박증에 시달리고 있었다.[5] 트라클은 실제로 전쟁 시를 많이 쓰지는 않았지만(5편) 모두 기억할 만한 것들이다. 그에게는 횔덜린풍의 형식으로 압축된 이미지를 묘사하는 재능이 있었다. 전쟁이 발발한 이후로 또 거기서 어떤 일이 일어났는지 본 이후로 트라클의 핵심 메시지는 "전쟁이 정신적인 존재로서의 인간의 종말을 특징짓는다"는 것이었다.

저녁이면 가을빛으로 물든 숲에는
죽음을 부르는 무기 소리가 들리네.

황금 들판과 푸른 호수 위로는

어슴푸레 햇빛이 흐르고 죽은 전사들은

밤의 품에 안기네.

처참하게 일그러진 입에서는

거친 신음이 흘러나오는데

여전히 초원의 대지로 성난 신이 사는

빨간 구름이 모여드네.

흐르는 피가 고이듯이. (…)

정신의 뜨거운 불꽃은 오늘 쓰라린 고통이 먹여 살리네.

태어나지 않은 손자들.[6]

트라클은 빨간 구름과 흐르는 피, 정신의 뜨거운 불꽃을 묘사하면서도 절제된 어휘를 사용하고 있다. 이 시의 효과는 냉정하고 날카로운 이미지와 차갑고 상쾌하면서도 감상에 빠지지 않는 문장이 쌓이면서 발휘된다.

의성어와 두운頭韻 형식, 신조어, 언어 배치 기술을 활용하는 아우구스트 슈트람(1874~1915)의 시는 트라클의 시보다 훨씬 더 짧고 이런 주제를 다룬 다른 어떤 시인보다도 짧다. 전체적인 기법은 전쟁이 전쟁과 연관된 모든 경험을 강화하듯이 시적 경험을 강렬하게 해주는 효과를 발휘하도록 되어 있다.[7] 1874년 베스트팔렌 지방의 뮌스터에서 태어난 슈트람은 선전포고 직후에 징집되었다. 슈트람은 초기에 북프랑스의 서부 전선에 배치되어 치열한 전투에 임했으며 1915년 1월에 철십자 훈장을 받았다. 4월에는 동부 전선으로 이동해 여기서도 다시 치열한 전투를 치렀고 철십자 훈장(1급)에 추천되었다. 슈트람의 시집을 펴낸 출판사에서는 그에게 군대를 빠져나올 수 있는 '구실'을 만들어주겠다는 제안을 했지만, 정작 슈트람 자신은 이를 거절하고 계속 전선에 남았다. 그는 1915년 9월 1일 이후 70차례의

전투를 겪었고 로키트노 늪의 백병전에서 머리에 총상을 입었다.[8]

슈트람은 단연코 용감한 사람이었지만 전쟁에 반대했으며 주변의 수많은 사람이 군국주의적인 시를 쓰는 동안에도 그 자신은 단 한 편도 그런 시를 쓰지 않았다. 대신 슈트람은 어떻게 공포가 용기로 변할 수 있는지, 어떻게 법을 준수하는 평범한 사람이 살인자로 변할 수 있는지, 그리고 또 어떻게 현대전에서는 그 어떤 영웅적인 행위도 찾아볼 수 없는지를 시로 썼다. 그의 시는 대부분 『폭풍』 지에 발표되었으며 슈트람의 사후에 모은 것이다. 다음은 1914년 가을에 쓴 「전장」이라는 시다.

부드러운 흙 속에 쇠는 잠들고
피들은 한 조각 땅으로 스며들고
녹들은 산산이 부서지고
살들은 진흙에 뒤섞여
파멸의 흔적을 빨아들이네.

아이들은
놀란 눈으로 바라보네
살육과 살육을.[9]

이 새로운 표현들(피가 아니라 피들, 녹이 아니라 녹들, 살이 아니라 살들)은 구두점이 없어 혼란스럽듯이 모든 것이 혼란스러운 전장에서 고통을 당한 사람이—시인 자신뿐 아니라—많다는 사실을 강조하며, 살해당해 단번에 죽은 자와 마찬가지로 죽어가는 자가 죽음에 스며들듯이 모든 것이 혼란스럽게 서로 뒤섞이는 정경을 묘사한다. 쇠는 잠들고 쇠로 만든 무기가 사람과 마찬가지로 죽임을 당할 수 있듯이 이 무인지대에서는 별 차이가 없다.[10]

공포가 엄습하는 속에서

공포
나 그리고 나 그리고 나 그리고 나
공포 굉음 소음 눈부심
꿈꾸고 조각나고 부서지고 눈부시고
별 반짝임 굉음 공포
소음
공포
나[11]

이 시는 전쟁터 주변의 소리와 이 소리가 일으키는 반응을 묘사한 것이다. 이 소리를 시끄러운 소음으로 강조하는 가운데 각 어휘에 들어간 '아우au'는 고통에 찬 외침과 비슷하다.*

1892년 운터프랑켄의 리네크에서 태어난 안톤 슈나크(1892~1973)는 1917년 1월 이후로 꾸준히 이런 시를 썼다. 그는 주로 훼손된 소네트 형식으로 시를 썼고, 그 가운데 주요 작품 60편을 모아 1920년에 시집 『짐승과 짐승이 무섭게 싸웠다』를 펴냈다. 이 시집은 개인 전쟁 시집으로서는 독일 시인이 쓴 것 중 가장 우수한 작품으로 평가받았으며 영국의 윌프레드 오언이나 아이작 로젠버그의 작품과 어깨를 겨루고 있다. 극히 평범하고 진부하기까지 한 이미지를 곁에서 직접 관찰한 이 시는 "시는 그 자체가 목적이 아니다"라는 말을 상기시킨다. 이런 상황에서 아름다움을 가려내는 것은 적절치 않으며 이미지와 경험의 축적은 전쟁 자체만큼이나 생생하

*단어 안에 au가 들어가는 부분은 다음과 같다. 공포/눈부심Grausen, 굉음Brausen, 소음 Rauschen.

게—요컨대 강렬한—은유와 직유의 번쩍임 또는 폭발을 보여준다.

한때 참호 속에서 생활하던 모습을 묘사한 시 「포탄구멍」은 다음과 같이 끝난다.

> 니네테가 무슨 노래를 불렀지?… 명랑한 남쪽 노래였어.
> 바람이 쌩쌩 부는 시퍼런 포탄의 바다, 죽음과 습격의 한가운데에
> 있는 나는 눈물을 흘린다.
> 요란한 밤하늘 아래, 달팽이와 빨간 벌레들이 우글거리는 웅덩이
> 속에서, 더러운 물이 발목까지 찬 곳에서,
> 죽어가는 말의 비명을 들으며 죽음을 기다리고
> 사람들의 비명이 들리는 가운데 나는 어둠이 어둠을 불러내는
> 소리를 듣는다. 철조망에 걸린 새들은
> 이 봄철에 외롭고 슬프게 죽고 싶다고 노래를 한다.
> 그리고 저 멀리 흐르는 라인 강 너머로 고아가 된 아이는. (…)[12]

이 시에는 어떤 국수주의도 어떤 독일 문화도 없으며 또한 독일 문화가 우월하다는 주장도 담겨 있지 않다. 전체적인 색조는 참혹하다기보다 오히려 구슬픈 비가悲歌의 분위기를 자아낸다.

베르톨트 브레히트와 카를 크라우스는 적대감을 종식시킬 목적으로 날카로운 반전시와 풍자시를 썼다. '비非독일적'인 위험을 무릅쓴 이들의 풍자시는 발표될 때마다 성공을 거두었다.

전쟁에서 시인들만 죽어간 것이 아니었다. '청기사파' 화가였던 아우구스트 마케는 프랑스 전선에서 총에 맞았다. 프란츠 마르크는 베르됭에서 전사했다. 막스 플랑크는 아들 하나를 잃었고(다른 아들 에르빈은 1945년 반히틀러 모반 혐의로 처형당했다) 케테 콜비츠도 마찬가지였다(제2차 세계대전에서 손자를 잃었다). 오스카어 코코슈카는 부상을 당했고 알베르트

아인슈타인은 추방당했다. 수학자이자 철학자였던 루트비히 비트겐슈타인은 북이탈리아의 강제수용소에 억류된 상태에서 당시 막 완성한 『논리철학논고』 원고를 버트런드 러셀에게 보냈다.

전쟁은 지적, 문화적으로 숱한 파문을 일으켰다. 일부는 여러 해가 지나고 나서 드러나기도 했고 일부는 알려지지 않은 채 파묻히기도 했다.

1914년 당시 영화는 독일에서 강력한 산업으로 발돋움한 상태였지만, 여전히 프랑스와 미국, 특히 이탈리아에서 수입된 작품들이 극장가를 지배했다. 전쟁이 발발하자 외국 영화의 수입이 중단되었다. 그런데도 영화 관객은 늘어났다. 촬영 장비가 너무 커서 실제 액션 장면은 드물었고 극영화가 점차 자리를 잡기 시작했지만 오락영화와 뉴스영화의 결합은 거스를 수 없는 흐름이었다. 다큐멘터리는 여성들이 남성들의 직업세계에 들어가는 이야기를 다룬 에른스트 루비치의 영화처럼 점점 더 절묘해졌다.

연극은 더 활기 넘치고 비판적이었다. 게오르크 카이저의 「가스 I」은 특이한 소재를 취한 것은 아니지만, 인색하기 짝이 없고 생산량을 늘리는 데만 혈안이 된 군수공장 사장에 맞서 생산을 중단하려는 제조업 노동자들이 곤궁에 빠지는 내용이었다. 베르됭 전투에서 싸우다 몸이 망가진 에른스트 톨러는 열정적인 예술가 지망생이 봉기를 주도하는 이야기를 다룬 「변전」을 썼다(톨러는 바이에른 공산당 활동을 했다). 당시 톨러는 이 사건에 깊이 개입했고 수개월간 집필을 중단해야 했다(이 작품은 1919년에 발표되었는데, 봉기 과정의 반역에 대한 묘사는 저자 자신이 옥중에서 쓴 것이다).

무엇보다 주목을 받은 작품은 카를 크라우스의 「인류 최후의 나날들」이었다. 1부가 발표된 1915년에서 1922년 사이에 쓰인 이 작품은 배역의 규모도 엄청나고 수많은 방언이 등장한다. 여기서 크라우스는 모든 권위가 무너진 세계에서 권력 당국이 늘어놓는 거짓과 부정직한 언론의 맹목적

애국주의를 통렬하게 고발하고 있다. 그가 종종 현장 기록을 사용하여 고발한 것은 주로 "전쟁의 터무니없는 낭만화" "탐욕적인 약탈" 그리고 "만족을 모르는 제국주의"였다. 그는 이런 것들이 전쟁을 몰고 가는 실질적인 추진력이라고 보았다. 오늘날에는 크라우스가 자신의 연극에서 묘사한 많은 내용이 사실과 다른 것으로 알려져 있지만 극적인 측면에서 볼 때는 바이마르 공화국 당시에 친숙해진 오토 딕스의 놀라운 자동인형automaton*이나 장애자에 해당되는 가치를 지닌 것이었다. 또 크라우스의 이런 명제는 한나 아렌트의 '악의 평범성'에 대한 생각을 예견한 것이기도 하다.[13]

이밖에 전쟁이 몰고 온 또 다른 변화는 정신의학 분야에서 찾을 수 있으며, 정신의학은 정신분석에서 두 갈래로 나뉘어 발전했다.

전투가 시작될 즈음에 정신분석학회는 6개국에 있었고 1908년에는 국제정신분석협회가 창설되었다. 동시에 프로이트가 말한 '운동'으로 많은 걸출한 인물—대부분 독일어 사용자였다—이 배출되었으며 초기의 이탈자들 때문에 고역을 치르기도 했다. 알프레트 아들러와 빌헬름 슈테켈은 1911년에 협회를 탈퇴했다. 아들러는 자신의 경험을 바탕으로, 개성을 형성하는 심리적 영향에 대해 다른 견해를 갖게 되어 협회를 탈퇴했다. 그는 리비도libido란 지배적인 성적 에너지가 아니라 공격적인 본질을 지닌 것으로 삶의 추진력이 되기 위한 힘의 추구이며 삶에 형태를 부여하도록 영향력을 행사하는 '열등의식inferiority complex'이라고 생각했다. 그가 쓴 '열등의식'이라는 용어는 이제 보편적으로 사용되고 있다.

1912년에서 1914년 사이에 빚어진 프로이트와 융(1875~1961)의 불화는 다른 어떤 형태의 불화보다 더 심각하고 험악했다. 이는 전쟁이 발발했을 무렵 58세가 된 프로이트가 융을 자신의 후계자로 보았다는 점에서 더

---

*인간이 행하는 어떤 목적에 합당한 복잡한 동작을 기계적인 제어 기구를 이용하여 실시하는 장치.

욱 문제가 되었다.[14] 융은 처음에는 프로이트에게 쏠렸지만 이내 다른 정신분석가들과 이론적으로 옥신각신했다. 그가 대선배와 불화하게 된 까닭은, 아들러와 마찬가지로 프로이트의 기본적인 두 이론에 대한 자신의 견해를 수정했기 때문이다. 우선 융은, 리비도는 프로이트가 주장하듯이 전적으로 성적 본능이 아니라 '심리적 에너지'의 측면이 더 강하다고 생각했다. 이 같은 재개념화는 오이디푸스 콤플렉스는 말할 것도 없고 아동 성욕에 대한 생각 일체를 훼손하는 것이었다. 두 번째 요인은—어쩌면 이것이 더 중요할 수도 있는데—융이 프로이트와 상관없이 무의식의 존재를 스스로 발견했다고 주장한 사실이다.

융은 취리히의 부르크횔츨리 병원에서 한 여성 환자를 치료하던 중에 무의식을 발견했다고 말했다. 불치의 정신병인 '조발성 치매증'을 앓고 있던 이 환자는 실제로 애인에게 전력하기 위해 애지중지하던 자신의 아이를 죽였다(독이 든 물을 먹였다). 진정으로 사랑하는 애인이 부르면 즉시 달려갈 수 있도록 자신에게서 결혼생활의 모든 흔적을 지우려는 무의식적 욕구에서 나온 행동이었다. 융은 처음에 조발성 치매증이라는 진단을 의심하지 않았다. 융 자신의 실제 경험은 환자에게 '연상 테스트'를 하면서 이 여자의 꿈을 탐험할 때 드러났다. 훗날 유명해지는 이 연상 테스트는 빌헬름 분트가 개발한 것으로(26장 참고), 환자에게 여러 단어를 보여주면서 각각의 단어를 볼 때 처음에 떠오르는 말이 무엇인지를 묻는다. 이것은 환자의 무의식적 충동에 대한 의식적 통제를 약화시킬 수 있었고, 융은 이 테스트를 통해 환자의 무의식적 동기를 밝혀내 불유쾌한 진실을 보여줄 수 있었다. 융의 주장에 따르면 이 환자는 몇 주 지나지 않아 완치되었다.

무의식의 발견을 둘러싼 융의 설명에는 이미 뭔가 도전적인 것이 들어 있었다. 융은 자신이 다른 동료들처럼 프로이트의 보호막 안에 있는 후배가 아니라는 것을 암시했다. 프로이트와 융 두 사람은 처음 만나자마자 이내 가까워졌으며 1909년에는 함께 미국 여행을 하기도 했다. 융은 미국에서 프로이트의 빛에 가려 돋보이지 않았지만 자신의 견해가 다르다는 사실을 비로소 깨닫게 되었다. 한편 환자들에게서 해가 거듭될수록 주로 어린 시절의 성적 본능에 집착하는 현상을 발견한 프로이트는 무의식의 주요 동기로서 성적 에너지를 더욱 강조했다. 하지만 융이 볼 때 성은 근본적인 것이 아니며 성 자체는 종교에서 전이된 것이었다. 융은 세계 여러 민족의 종교와 전설을 조사하는 과정에서 동방 종교(예컨대 힌두교)의 신이 사원마다 매우 에로틱한 자태로 묘사돼 있는 것을 발견했다. 그는 이렇게 적나라한 성적 특징은 하나의 상징이자 "좀더 고차원적인 사고"의 한 측면을 표현하는 것으로 보았다. 이런 식으로 융은 종교와 신화를 "각기 다른 시공간에서" 이뤄진 무의식의 '재현'으로 설명하기 시작했다.

프로이트와의 결별은 두 사람이 미국에서 돌아온 뒤 융이 『리비도의 변화와 상징』(영어로는 『변화의 상징』으로 번역되었다) 제2부를 발표하면서 공공연한 사실이 되었다. 『정신분석 연감』에 발표했던 자신의 이론을 좀더 확장한 이 저서에서 융은 자신이 '집단무의식collective unconscious'이라고 부른 개념을 일반에 처음으로 공개했다. 융은 심층 심리에 자리잡은 무의식은 누구나 갖고 있는 것으로 인종적인 기억의 일부라는 결론을 내렸다. 실제로 융의 치료 방식은 집단무의식과 연관된 것이었다. 종교와 신화, 철학에 몰두할수록 융은 프로이트나 과학적인 방식과 점점 더 멀어졌다. 그는 먼저 서로 다른 문화의 신화에 담긴 '두드러진 일치 현상'을 지적했다. 이어 융은 "장기간에 걸친 분석에서 어떤 특정한 상징은 불안하게 지속되면서 재발하지만 분석을 진행함에 따라 이 상징이 여러 신화와 전설에서 나타나는 보편적인 상징과 닮았음을 알게 됐다"고 주장했다. 마침내 융은 정신질환자의 망상에 나오는 이야기는 신화에 등장하는 이야기를 닮은 경우가 많다고 주장하기에 이르렀다.

융의 '원형Archetype'이라는 개념 또한 인기를 끌었다. 사람은 누구나 한두 가지 기본적인 심리 유형으로 구분된다는 이론으로 특히 외향성과 내향성 개념이 유명하다. 물론 이 용어는 정신의 의식적인 차원에만 관계되는 개념이다. 실제로 전형적인 정신분석에서는 이와 반대되는 현상이 나타나는데 외향적인 기질은 실제로 무의식적으로는 내향적이며 반대로 내향적인 기질은 무의식적으로는 외향적이다.

물론 1912년에 발표된 융의 무의식에 대한 전혀 다른 이해 방식은 동료 정신분석가들의 주목을 받기는 했지만 프로이트와의 불화가 뚜렷한 사실로 알려진 것은 1913년 『변화의 상징』(영어로는 『무의식의 심리학』으로 출판되었다)이 책으로 나오면서부터였다. 이렇듯 융의 견해가 자신의 견해와 차이를 보일 뿐만 아니라 융에게서 반유대주의적인 색채가 엿보인다는 사실에 불편해진 프로이트는 융의 정신분석 방식이 과학적인 특징을 위협하는 점에 더욱 주목했다.[15] 이후로 융의 연구는 때로는 신비주의적일 정도로 점차 형이상학적인 색깔을 띠면서 다른 방향으로 나아갔다. 결국 제1차 세계대전 이후 정신분석은 두 갈래로 발전했다.

제1차 세계대전 덕분에 정신분석은 또 다른 변화를 겪었는데, 그것은 바로 사회적인 존중이었다. 전쟁이 끝날 때까지도 여전히 정신분석은 뭔가 이국적인 특징을 지닌 분야 또는 그보다 못한 분야로 인식되었으며, 영국 의사들은 대놓고 프로이트의 "추한 원칙"이라고 부르며 경멸했다. 그런데 이런 변화를 몰고 온 데에는 전쟁을 치른 양측에 전쟁 신경증(또는 전투로 인한 피로, 전투 노이로제, 외상 후 스트레스 장애)으로 시달리는 환자가 많이 생겼다는 사실이 크게 작용했다. 이전의 전쟁에서도 정신적인 부상자는 있었지만 신체 부상자에 비하면 훨씬 적었다. 이번 전쟁의 결정적인 차이는 엄청난 포탄이 난무하는 정적靜的인 참호전을 겪으며 일어난 심리적 적대감에 있었다. 대규모로 징집된 병사들 가운데에는 전쟁에 부적합한 사람도 많았다. 전투 노이로제가 본격적으로 발생하면서 정신의학과 의학계 전체를 뒤흔들었다.

정신분석이 이런 증상을 치료하는 유일한 방법은 아니었다. 연합국과 동맹국 양측은 사병은 물론이고 장교들도 전투 노이로제에 시달린다는 것을 알았으며 이중에는 고도로 훈련되고 용감하게 싸운 많은 병사도 끼여 있었다. 이들의 행동은 어느 모로 보나 꾀병이라고 할 수는 없는 것이었다. 프로이트의 전기작가 중 한 사람이 말한 대로 프로이트의 시대는 이때로 거슬러 올라간다.

초기에는 노이로제에 시달리는 병사를 전선에서 빼낼 수 없다는 점이 문제였다. 이들을 후송한다면 다시는 전선으로 돌아가지 않을 수도 있고 '연금 부담'만 늘어날 것이기 때문이다. 독일에서는 이른바 "공격적인 치료"라고 불리는 몇 가지 다른 방법이 시도되었다. 이중에는 '가짜 수술'이라는 것도 있었는데 환자에게 자신의 질환이 신체적인 증상이며 치료가 가능하다는 것을 믿게 해 용기를 주는 방식이었다. 또 음식과 빛, 타인과의 접촉을 막아 증상에서 벗어나게 해주는 격리 기술이 활용되기도 했다. 경우에 따라 노이로제 환자를 한데 모아 수용하기도 했는데 여기서의 생활은 전선에서보다 더 힘들었다. 가장 널리 퍼진 기술 두 가지는 환자에게 자신의 증상이 실제가 아니라는 점을 암시하는 막스 노네의 최면요법과 프리츠 카우프만의 "아주 강력한" 전기요법이었다. 이것은 환자가 자신의 뇌와 몸에 고통스러운 전기충격을 가할 것이라는 말을 듣고 이어서 의사와 상급자로부터 증상이 사라졌거나 병이 나았다고 '명령'받는 방식이었다. 이런 요법이 이상해 보이기는 하지만 주장에 따르면 90퍼센트 이상의 성공률을 보였고 연금 비용을 대폭 줄였다고 한다.[16]

구조 변화

1915년 프로이트의 『일상생활의 정신병리학』이 영어로 번역되었을 때 영국에서는 전쟁 와중에도 지적 활동이 지속되고 있었다. 또 지적 활동이 민족주의나 국수주의적인 정서 때문에 항상 방해를 받은 것도 아니었다. 1914년부터 1918년까지 독일에서 태동해 극단적인 영향을 끼친 두 가지 학설은 모두 전쟁과 전혀 무관한 것이었다.

1880년 베를린에서 태어난 알프레트 베게너(1880~1930)는 베를린 대학에서 박사학위를 받은 기상학자였다. 제1차 세계대전에서 부상을 당한 바 있는 그는 남극탐험가로, 1912년 프랑크푸르트에서 열린 독일지질학회에서 처음으로 '대륙이동설'을 발표했다. 하지만 그의 완전한 이론을 담은 저서 『대륙과 대양의 형성』은 1915년이 되어서야 출판되었다.[17] 세계의 6대륙이 '초대륙supercontinent'*에서 생성되기 시작했다는 베게너의 이론은 완전히 독창적인 것은 아니었다. 그보다 앞서 1908년에 미국인 F. B. 테일러가 주장했기 때문이다. 하지만 베게너는 다른 누구보다 훨씬 더 설득력 있는 증거를 수집해 이를 뒷받침했다. 처음에는 비웃음을 샀지만 회의적인 반응을 보이던 사람들도 차츰 그의 주장을 확신하게 되었다. 사실 뒤늦게 안 사람들은 왜 과학자들이 좀더 일찍 베게너의 결론에 이르지 못했는지 의아해할 정도였다. 19세기 말이 자연계와 전 세계에 분포한 자연 현상을 이해하기 위한 어떤 통일된 설명이 요구된 시점이라는 것은 명백했다. 예를 들면 노르웨이에서 영국 북부로 이어지는 산맥과 독일 북부에서 영국 남부로 흐르는 다른 산맥은 아일랜드에서 서로 만난다. 베게너에게는 이 교차 현상이 실제로 북아메리카 해안 부근에서 연속되는 것처럼 보였다. 마치 마주 보고 있는 북대서양의 두 해안 지방이 한때 인접해 있던 것으로 보인 것이다. 이와 비슷하게 지구상에 퍼져 있는 동식물의 화석도 이제는 거대한 바다로 분리된 땅이 한때 붙어 있었다고 가정할 때에만 설명 가능하게 되었다.

베게너의 판단은 과감했다. 현재 존재하는 6대륙이—아프리카, 오스트

---

*지구상의 여러 대륙들이 모여서 만든 하나의 거대 대륙.

레일리아, 남북 아메리카, 유라시아, 남극 대륙—한때는 하나의 거대한 대륙이었다고 본 것이다. 베게너는 이 대륙을 판게아Pangaea*라고 불렀다. 6대륙이 현재의 위치에 자리잡을 때까지 마치 떠다니는 거대한 빙산처럼 '표류'했다는 것이 베게너의 생각이었다.

베게너의 이론은 학계에 차츰 익숙해지기는 했지만 그렇다고 아무런 검증 없이 정설로 굳어질 수는 없었다.[18] 어떻게 전체 대륙이 '떠다니는' 일이 있을 수 있는가? 무엇 때문에? 대륙이 이동했다면 어떤 거대한 힘이 작용했단 말인가? 베게너의 시대에도 지구의 핵심 구조는 이미 알려져 있었다. 지질학자들은 진동파를 분석하는 방법으로 지구가 지각과 맨틀, 외핵, 내핵으로 이뤄져 있다고 추론했다. 최초로 발견한 기본적인 사실은 지구의 모든 대륙이 바위의 일종인 화강암으로 이뤄졌다는 것이었다. 화강암으로 이뤄진 대륙 주위에서 화강암보다 밀도가 훨씬 더 높고 단단한 다른 종류의 현무암이 발견되었다. 현무암은 고체와 용해 상태, 이 두 형태로 존재한다(이것은 용암이 화산 폭발 시에 반半용해 상태의 현무암이라는 것이 밝혀지면서 사실로 드러났다). 이런 사실은 지구의 내부 및 외부 구조의 관계가 지구가 어떻게 차가운 기체 덩어리에서 액체 상태를 거쳐 고체로 형성되었는가라는 문제와 연관이 있다는 것을 암시해준다.

대륙을 형성하는 거대한 화강암 덩어리는 두께가 50킬로미터쯤 되지만 그 밑부분은 약 3000킬로미터 정도로, "고체 상태의 탄성체" 또는 "반용해 상태"인 현무암의 성질을 지닌 것이라고 믿었다. 지구가 오늘날보다 훨씬 더 뜨거웠던 수백만 년 전에 현무암은 고체의 성질이 더 약했고 따라서 대륙은 전체적으로 바다에 떠다니는 빙산에 더 가까웠을 것으로 추정된다. 그렇기는 해도 대륙이 표류한다는 발상을 받아들이는 데는 오랜 시간이 걸렸다. 1939년까지만 해도 교과서에서는 이 이론에 여전히 '가정일 뿐'

*'모든 땅'이라는 뜻의 그리스어.

이라는 식의 단서를 붙였다. 해저확장설sea-floor spreading*은 1953년에 가서야 입증되었으며 1968년에 태평양-남극 해령Pacific-AntarcticRidge**이 확인됨으로써 마침내 베게너의 이론이 옳았음이 드러났다.

전쟁 기간에 루트비히 비트겐슈타인(1889~1951)이 이룬 업적은 꼭 전쟁에 대한 반응으로 나온 것은 아니었다. 하지만 비트겐슈타인이 죽음의 문턱 가까이 가는 경험을 하지 않았다면 아마 그의 역저인『논리철학논고』를 쓰지 못했거나 적어도 그런 논조를 유지하지는 못했을 것이다.[19]

비트겐슈타인은 오스트리아가 러시아에 선전포고를 한 다음 날인 8월 7일에 입대했다. 그러고는 동부 전선 크라쿠프에 주둔한 포병연대에 배속되었다. 훗날 비트겐슈타인은 죽음을 눈앞에 둔 경험이 뭐라고 형용할 수는 없지만 그 자신을 '발전'시켜주었다는 느낌을 받았다고 암시하기도 했다. 처음 적군을 보았을 때의 느낌을 그는 편지에서 이렇게 고백했다. "죽음과 마주선 이 상황에서 나는 제대로 된 인간이 될 기회를 얻었다."

전쟁이 발발했을 때 비트겐슈타인은 25세였다. 그는 빈 사회에 완벽하게 동화된 부유한 유대인 대가족 가문에서 태어났다. 프란츠 그릴파르처는 아버지의 친구였고 어머니와 이모는 브람스에게 피아노 교습을 받기도 했다. 비트겐슈타인 가家의 음악회는 빈에서 유명했는데, 구스타프 말러와 브루노 발터는 음악회의 단골손님이었으며 브람스는 클라리넷 5중주를 이 음악회에서 초연할 정도였다. 클림트는 비트겐슈타인의 누나인 마르가레테의 초상화를 그려주기도 했다.

비트겐슈타인은 다른 가족들처럼 음악을 좋아했지만 기술적인 재능이

---

*태평양 등의 대양저가 대륙 쪽으로 이동함으로써 해저가 확장되고 있다는 가설을 말한다. 지구 표면을 여러 개의 판으로 나누어 대양지각의 이동을 설명하는 판구조론이 이 가설을 기초로 한다.

**해령은 대양이 상호 교차하는 수중 산맥을 가리키는 것으로, 2개의 판이 맞닿은 지역에 마그마가 분출되어 형성된다. 태평양-남극 해령은 태평양과 남극 사이의 해령을 말한다.

뛰어났고 실용적인 사고를 지니고 있었다. 결국 그는 빈의 김나지움 대신 린츠의 실업학교에 들어갔다. 이 학교는 역사교사인 레오폴트 푀치 때문에 유명해졌는데 푀치는 열렬한 우익 인사로서 합스부르크 왕조가 '타락'했다고 생각하는 사람이었다. 비트겐슈타인이 푀치의 가르침에 끌렸다는 흔적은 보이지 않지만 몇 달간 그와 함께 배운 동급생 한 명은 분명히 푀치에게 열광했다. 그가 바로 아돌프 히틀러였다.

비트겐슈타인은 린츠에서 베를린 대학으로 옮겨가 철학에 흥미를 붙였다. 그는 또 항공학에도 매력을 느꼈는데 아버지는 뛰어난 공학부가 있는 영국의 맨체스터 대학에 들어가라고 권했다. 맨체스터 대학에서 비트겐슈타인은 버트런드 러셀이 쓴 『수학의 원리』를 읽게 되었다. 철학과 논리학은 같은 것이라는 사실을 보여주고자 한 이 책은 비트겐슈타인에게 일종의 계시로 작용했다. 그는 몇 달 동안 이 책을 파고들었으며 고틀로프 프레게의 『연산의 기본 법칙』에도 손을 뻗쳤다. 1911년 여름 비트겐슈타인은 예나로 가서 프레게를 만났다. 이 오스트리아 청년으로부터 깊은 인상을 받은 프레게는 그에게 케임브리지 대학의 버트런드 러셀 밑에서 공부하라고 권했다.[20]

비트겐슈타인은 그해에 케임브리지 대학에 들어갔다. 당시 루키Luki라고 불렸던 그는 1914년까지 자신의 논리학 이론을 다듬어나갔다. 하지만 빈의 집에서 긴 방학을 보내고 있을 때 오스트리아가 선전포고를 하는 바람에 전쟁의 물결에 휩쓸렸다. 비트겐슈타인은 전투에서 누구보다 용감하게 싸워 세 번이나 승진을 했고 훈장도 받았지만 1918년에 이탈리아에서 다른 50만 명의 군인과 함께 포로가 되었다. 강제수용소에 억류되어 있는 동안 그는 휴가 기간에 끝냈던 자신의 저서가 "철학의 주요 문제를 모두 해결했다"고 판단 내렸으며 전쟁이 끝나면 이 분야의 연구를 포기하고 교사가 되기로 결심했다. 그는 또 행운의 기회를 잡는 것도 그만두기로 결정하고 자신의 이런 결심을 그대로 지켰다.

비트겐슈타인은 책을 출간해줄 출판사를 찾는 데 무척 애를 먹었다. 영어판은 1922년에 가서야 나왔다. 하지만 그의 『논리철학논고』는 발행되자 이내 큰 주목을 받았다.[21] 이 책을 이해한 사람은 많지 않았지만 명쾌한 서술이라고 생각한 이들이 있었다. 메이너드 케인스는 비트겐슈타인에게 "옳건 그르건 이 책은 케임브리지에서 모든 기본적인 토론을 휘어잡고 있답니다"라고 편지를 써 보낼 정도였다. 빈에서는 모리츠 슐리크가 주도하는 철학자들의 관심을 사로잡았다. 이들은 이후 유명한 논리실증주의자들의 모임인 빈학파로 발전한다. 정작 프레게는 자신의 저서가 『논리철학논고』에 영감을 주었는데도 죽을 때까지 이 책을 이해하지 못했다.[22]

비트겐슈타인의 혁신적인 주요 발상은 언어에 한계가 있다는 것을 깨달았다는 데 있다. 그는 언어가 표현하지 못하는 대상이 있으며 이것은 결국 논리적이고 철학적인 결과로 이어진다고 생각했다. 단순히 "가치는 세계의 일부가 아니다"라는 이유로 핵심은 가치를 논하는 것이 아니라고 주장한 그는 따라서 도덕적, 미학적 문제에 관한 모든 판단은 결코 의미가 충만한 언어 사용이 될 수 없다는 결론에 이르렀다. 동시에 우리가 전체로서의 세계에 대해 판단하는 철학적 일반화의 진실도 마찬가지가 된다. 이런 진실은 이 세계의 일부에 대한 '현실적인 그림'이라고 할 기본적인 문장으로 분해할 수 없다면 의미가 없는 것이다. 대신 이해를 하려면 우리의 눈높이를 낮춰야 한다고 비트겐슈타인은 말한다. 세계는 그것을 구성하고 있는 개별적 사실을 조심스럽게 묘사함으로써만 말할 수 있으며, 이런 노력은 본질적으로 과학의 몫이다. 인간은 이 이상 나아갈 수 없다는 것이 비트겐슈타인이 주장하는 핵심이었다. 이런 결론은 지금은 유명해진 『논리철학논고』의 마지막 구절에서 암시하고 있다. "말할 수 없는 것에 대해서는 마땅히 침묵해야 한다."[23]

전후 유럽에서 매우 영향력이 컸던 세계관 중 하나는 1918년 4월, 서부 전선에서 결정적인 역할을 한 루덴도르프의 공세가 벌어졌을 때 발표되었다. 당시 플랑드르 지역 독일 최고사령관이었던 에리히 루덴도르프 장군이 영국군을 프랑스와 벨기에 북쪽 해안에 묶어놓고 다른 연합군과 격리시키는 작전을 폈다가 실패함으로써 지위가 약화되던 시점이었다. 같은 달에, 뮌헨에서 교사생활을 하던 오스발트 슈펭글러는 『서구의 몰락』을 발표했다. 슈펭글러가 실제로 이 책을 쓴 것은 1914년이었는데 1912년에 미리 생각해둔 제목을 붙인 것이었다. 10년 뒤 그 자신은 겸손하게 '우리 시대의 철학'이라는 말을 넣고 싶어했지만 제목을 바꾸지는 못했다.[24]

슈펭글러(1880~1936)는 1880년 베를린 남서부의 블랑켄부르크에서 태어났으며 '게르만 민족의 거인'이라고 할 수 있는 리하르트 바그너, 에른스트 헤켈, 헨리크 입센, 프리드리히 니체, 베르너 좀바르트 등에 탐닉하는 가문에서 성장했다. 슈펭글러 개인적으로는 인생의 전환점이 두 차례 있었다. 우선 박사학위 논문이 통과되지 못한 것을 들 수 있는데 이것은 그가 학자 대신 저술가의 길을 선택하는 계기가 되었다. 두 번째 전환점은 1911년에 발생한 아가디르Agadir 사건*이었다. 이 당시 독일은 순양함 판터호를 모로코 항구에 입항시키는 데 실패한 뒤 유럽과의 전쟁 위기에서 한 걸음 물러나 있었다.[25] 슈펭글러는 이 굴욕을 민감하게 받아들였고 몇 가지 이유에서 이 사건이 계몽주의 이래로 이어져온 이성적인 과학의 영역에 종말을 고하는 신호라고 결론내렸다. 그가 볼 때 이제는 상인이 아니라 영웅의 시대였다. 그는 필생의 프로젝트가 될 연구에 몰입했는데, 그의 관심 주제는 독일이 미래에 어떤 국가와 문화가 될 것인가 하는 문제였다.

슈펭글러는 자신의 논지를 뒷받침하기 위해 8대 문명을 분석했다. 8대

---

*제2차 모로코 사건이라고도 한다. 모로코는 대서양과 지중해를 연결하는 지점에 있어 19세기 후기의 세계분할 시대에 유럽 열강의 분할 대상이 되었는데, 1911년 프랑스가 모로코에 파병하자 이에 맞서 독일이 군함을 파견했다. 그렇지만 영국이 프랑스를 강력히 지지했기에 독일은 결국 한 발 물러서서 화해 협정을 맺었다.

문명이란 바빌로니아, 이집트, 중국, 인도, 콜럼버스 이전의 멕시코, 고대 그리스-로마, 서유럽 문명, 그리고 그 자신이 만든 용어로 아랍과 유대, 비잔틴을 포괄하는 마기Magi 문명을 가리킨다. 그의 핵심 주제는 각각의 문명이 어떻게 성장과 성숙, 불가피한 몰락이라는 유기적 과정을 거쳤는가를 보여주는 것이었으며 그는 이 같은 과정에서 서구 문명이 특권적 위치에 있지 않다는 것을 보여주려고 했다.[26] 슈펭글러가 볼 때 문명은 합리주의자들이 주장하듯 사회 진화의 최종적인 산물이 아니었다. 문명은 문화의 노년기일 뿐이었다. 더욱이 새로운 문화의 등장은 인종과 "우리라는 내면에 깃든 경험"이라고 할 만한 정신, 이 두 가지 요소에 좌우되는 것이었다. 슈펭글러는 합리적 사회와 과학은 단지 불굴의 서구적 의지가 승리했다는 증거이며 이 의지는 더 강력한 의지라고 할 독일의 의지 앞에서는 무너지게 되어 있다고 생각했다. 독일의 의지가 더 강한 것은 '우리'라는 감정이 더 강하기 때문이었다. 서구가 물질주의적인 과학처럼 인간 본성의 '외부' 문제에 집착하는 반면 독일에서는 내면의 정신에 대한 감정이 더 강하다는 것이었다.

『서구의 몰락』은 이내 상업적으로 대성공을 거두었다. 토마스 만은 이 책에서 받은 충격을 쇼펜하우어의 책을 처음 읽었을 때와 견주었으며 비트겐슈타인은 이 책을 읽고 "경악"했다고 고백했다. 엘리자베트 푀르스터는 아주 깊은 인상을 받은 나머지 슈펭글러를 니체상 수상자로 선정할 정도였다. 이 일로 슈펭글러는 유명 인사가 되었고 방문객이 줄을 이었다. 그와 면담하려면 보통 사흘씩은 기다려야 했다.

제1차 세계대전이 끝난 이후 1919년 말까지 독일은 혼란과 위기에 빠졌다. 중앙 권력은 와해되었으며 러시아로부터 혁명의 혼란한 분위기가 흘러들어왔다(독일이 레닌을 스위스에서 빠져나가도록 도왔음에도 불구하고). 육군 사병과 해군 수병들은 '레테Räte' 또는 '소비에트'라 불리는 무장위원회를 조직했고 전국의 도시는 일시적으로 무력의 지배하에 들어갔다. 바이마르 공화국을 세운 좌파 정당인 사회민주당은 질서를 회복하기 위해 어쩔 수 없이 숙적인 군부를 끌어들였다.[27] 이런 조치는 효과가 있었지만 그야말로 야만적인 결과를 불러와 수천 명이 피살되었다.

이에 반발한 슈펭글러는 독일 민족주의의 재기를 위해 예언자 역할을 자청하고 나섰다. 그는 이 같은 예언자적 사명을 러시아의 마르크스주의에서 사회주의를 구해내 "더욱 활기찬 국가"인 독일에 적용하기 위해 자신이 해야 할 일이라고 생각했다.[28] 그러기 위해서는 새로운 정치적 틀이 필요했다. 슈펭글러는 프로이센 정신에 사회주의를 접목시켜 민족사회주의National Socialism를 구상했다. 민족사회주의는 미국과 영국의 '실용적 자유'를 "유기적인 통일체에 대한 의무에서 벗어나게 함으로써 가능한 (…) 내적 자유"와 바꾸도록 부추겼다. 이런 주장에 깊은 인상을 받은 사람 중에는 독일노동자당DAP을 창당하는 데 참여한 디트리히 에크하르트가 있었다. 독일노동자당은 에크하르트가 전에 소속되어 있었던 범독일주의 단체인 '툴레 협회'*의 문양을 당의 상징 기호로 채택했다. '아리안 활력설'의 상징이라고 할 이 '스와스티카swastika'**가 비로소 정치적 의미를 갖게 되었다. 알프레트 로젠베르크도 슈펭글러를 열렬히 추종하여 1919년 5월에 독일노동자당에 입당했다. 입당 직후 로젠베르크는 전선에서 막 돌아온 아돌프 히틀러라는 친구 한 사람을 당에 끌어들였다.

앞에서 살펴본 대로, 전쟁이 발발했을 때 토마스 만은 다른 사람들처럼 민족주의적인 색채를 드러냈다. 당시 만은 유럽의 문호 반열에 오를 정도는 아니었지만 점점 더 유명해지고 있었다. 만이 전시 국민군 또는 예비군

---

*1918년 뮌헨에서 성립된 신비적 연구단체로, 정식 명칭은 '고대 게르만족에 관한 연구 모임'이다. '툴레'는 그리스 신화에 등장하는 극북의 땅을 가리키는 말이다.

**'만卍'자 문양을 가리키는 산스크리트어로, 나치는 卍을 뒤집어 약간 기울인 모양을 자신들의 상징물로 사용했다. 이를 '하켄크로이츠'(갈고리 십자가)라 부른다.

에 자원했을 때 그를 검진한 의사는 그의 작품을 익히 알고 있었다. 의사는 만이 병사로 싸우는 것보다는 작가로서 전쟁에 더 큰 기여를 할 것이라 판단하고 신체적으로 부적합하다는 판정을 내렸다.

다른 지식인들과 마찬가지로 토마스도 전쟁을 문화 간 충돌에서 비롯된 세계관의 싸움으로 보았다. 1914년 8월에 처음으로 발표한 에세이 『전시의 생각』에서 그는 전쟁이 임박했음을 알았다고 주장했다. 독일은 독일을 "시샘하는" 상대국들 때문에 어쩔 수 없이 전쟁에 뛰어들 수밖에 없었으며, 전쟁은 전적으로 "국가의 통합과 도덕의 상승"을 자극하는 데 도움이 되는 "엄청난 창조적 사건"이라는 것이 그의 생각이었다.[29]

『전시의 생각』을 발표한 이후로 만은 몇 년 동안 다음 주저인 『마의 산』을 완성하는 데 전념했다. 이 작품은 유럽을 나락으로 빠뜨린 전쟁 이전의 타락한 상태를 비판하는 것으로, 자신의 형인 하인리히를 무시하려는 의도가 숨겨져 있었다. 앞에서 본 대로, 생전에 하인리히는 급진적인 경향의 잡지 편집인에서부터 스탈린의 후원자까지 폭넓은 정치적 스펙트럼을 거친 인물이었다. 1916년 하인리히는 새로 창간된 반체제 잡지에 에밀 졸라에 대한 에세이를 발표했는데, 여기에는 동생 토마스를 폄하하는 표현이 여러 차례 나온다. 그는 정치는 중요한 것이라는 주장과 더불어 동생이 이런 정치적 차원을 무시하고 있다며 비난했다.[30]

하인리히의 공격에 충격을 받은 토마스는 『마의 산』 집필에 들어가는 한편, 몇 달 동안 장문의 에세이 『비정치적인 사람의 고찰』을 쓰는 데 매달렸다. 이 에세이는 1918년 휴전 직전에 서점에 배포되었다. 여기서 토마스 만은 자신이 생각보다 더 강한 민족주의적 성향을 갖고 있다는 사실을 알았다. 하지만 더 중요한 사실은 자신이 "매우 비정치적인 존재"임을 깨달은 것이라고 생각했다. 만은 이러한 비정치적인 성향은 자신이 어떤 교육적인 측면에서 실패했기 때문이 아니라 원칙의 문제라고 말했다. 그는 정치가 "정신적인 귀족에게 적합한 직업은 아니다"라고 생각했다. 이런 맥락에서 토마스 만은, 월터 래커의 말을 빌리면 전쟁에 대해 자신감을 갖고 또 "거의 추상적으로" 글을 썼다.[31] "만은 전쟁을 거대한 드라마인 동시에 세계관의 충돌로 생각했다. (…) 그는 독일적인 정신에 몇 가지 속성을 부여했고 프랑스와 영국, 러시아에도 마찬가지로 고유한 특징을 부여했다. 미국은 문명이라 볼 수 없기 때문에 중시하지 않았다."[32] 하인리히 만과 정반대였던 토마스 만의 견해는 "인류의 궁극적인 문제"는 정치로 해결할 수 없다는 것이었다.

장황하고 두서가 없긴 하지만 민주주의에 대한 비판자로서 강력한 영향력을 지녔던 토마스 만은 민주주의의 약점을 지적하며 민주주의는 독일인에게 맞지 않을 것이라는 예언을 했다. 독일인은 권위를 원하고 그것을 꼭 필요로 한다고 생각했기 때문이었다. 그는 독일의 민주주의는 "따분하다"는 경멸적인 표현을 쓰기도 했다. 월터 래커의 말을 다시 인용하자면 "그는 1910년대의 따분함이 1930년대의 흥분보다 훨씬 더 바람직하다는 것을 살아가면서 깨달았다."[33]

다다이즘 바이러스

전쟁 기간에 많은 예술가와 작가는 중립국 스위스의 취리히(독일어 사용권)에 파묻혀 지냈다. 제임스 조이스는 취리히에 머물며 『율리시스』를 썼고, 한스 아르프와 프랑크 베데킨트, 로맹 롤랑도 취리히에 있었다. 이들은 그 중요성에서 잠시나마 세기 전환기 무렵 빈의 커피점에 비견되었던 취리히의 카페에서 만났다. 그중 가장 유명한 곳은 카페 오데온이었다. 취리히로 망명한 많은 사람에게 전쟁은 자신들을 배출한 문명의 종말로 보였다. 불변의 진실이라는 관념과 전반적으로 이성적이고 자의식을 지닌 인간의 개념에 대한 신뢰를 과학이 떨어뜨리자 예술이 각종 '주의ism'를 번성시킨 시대가 펼쳐졌고 이 시대 이후에 전쟁이 찾아왔다. 이런 세계에서 다다이스트들Dadaists은 자신이 예술과 예술가의 총체적인 개념을 급격하게 변화시켜야 한다고 느꼈다.

카페 오데온의 단골 중에는 이밖에도 프란츠 베르펠, 알렉세이 야블렌스키, 그리고 철학자 에른스트 카시러가 있었다. 또 무명의 독일 작가로 후고 발(1886~1927)이라는 "가톨릭 아나키스트"와 그의 애인 에미 헤닝스(1885~1948)도 있었다.[34] 헤닝스는 기자였지만 발의 피아노 반주에 맞춰 카바레에서 연기를 하기도 했다. 1916년 2월 두 사람은 비평을 겸한 문학적 취향의 카페를 열었다. 아이러니하게도 카페 볼테르라는 간판을 단 이 카페는(아이러니하다는 것은 다다이스트들이 볼테르를 찬양하는 근거라고 할 만한 이성을 회피했기 때문이다) 레닌이 살던 좁고 가파른 언덕길인 슈피겔가세에 있었다.[35] 처음 카페를 드나들던 인물 중 두 명의 루마니아인이 있었는데, 화가인 마르셀 얀코와 트리스탄 차라라는 필명을 사용한 젊은 시인 자미 로젠슈토크였다.[36] 초기 그룹 중에 스위스인은 오직 한스 아르프의 아내인 조피 토이버 한 사람밖에 없었다(아르프는 알자스 출신이었다). 이밖에 독일에서 온 리하르트 휠젠베크와 한스 리히터가 있었다.

1916년 6월 비평활동을 위해 후고 발은 프로그램 하나를 개발했다. 그가 이 공연을 소개하면서 '다다dada'라는 말이 처음으로 사용되었다. 카페 볼테르에서 이뤄진 발의 비평활동은 일종의 오락으로서 "요란한 선동, 원시적인 춤, 불협화음과 입체파의 연극"을 보여주었다. 차라는 늘 '다다이즘'이라는 말이 라루스 사전*에 들어가야 한다는 주장을 폈다. 이것이 어떤 고유한 의미를 지녔든 간에 다다이즘이라는 말은 한스 리히터가 명쾌하게 요약했다. 리히터는 다다이즘이 "즐거운 마음으로 인생을 '그래, 그래' 하고 긍정하는 슬라브어의 다, 다da, da와 연관된 것"이라고 말했다. 전시에 다다

---

*프랑스의 라루스 출판사에서 간행한 백과사전.

이즘은 연극을 가장 소중한 인간 행위로 찬양했다. 다다이즘은 인류를 재난에 빠뜨린 병든 정신을 구원하고 인류의 건강을 회복시키는 것을 목표로 삼았으며, 과학과 정치의 발전 과정에서 예술이—매우 광범위한 의미에서—가능한 것인지를 자문했다. 다다이즘은 또한 그들이 경멸하는 어떤 '주의'를 추종하기보다 동심으로 돌아가서 순수성과 청결함, 명료성을 되찾는 기회를 모색했다. 이 모든 것은 무의식을 입증하는 방법이었다. 이런 운동에서 누구보다 성공을 거둔 사람은 한스 아르프(1886~1966)와 쿠르트 슈비터스(1887~1948)였다. 아르프는 두 가지 이미지를 만들어냈는데 단순한 목판화와 장난감 같은 조각그림이었다. 그는 아이들처럼 밝고 보이는 그대로의 솔직한 색깔로 구름과 나뭇잎 그리기를 좋아했다.[37] 동시에 그는 종잇조각을 찢어 날려서 떨어지는 자리에 그대로 붙이는 방법으로 아무렇게나 배열된 콜라주를 창작하는 방법을 찾아냈다. 쿠르트 슈비터스도 콜라주를 했는데 쓰레기 속에서 시적 소재를 찾곤 했다.[38] 사실상 입체파에 속하는 슈비터스는 고향 하노버에서 쓰레기 더미를 뒤지며 야채 껍질이나 얼룩진 폐품, 반쯤 타버리거나 해진 조각 등 지저분한 것은 무엇이든 찾아다녔다. 비록 그의 콜라주가 멋대로 뒤섞인 것처럼 보이기는 하지만 색깔의 조화나 조각의 모서리는 서로 완벽한 정렬 상태를 보여주었고 신문지의 얼룩은 구성작품의 효과를 자아냈다. 슈비터스의 콜라주에 담긴 쓰레기와 잡동사니는 전쟁과 대학살을 초래한 오물과 다를 바 없는 문화에 대한 해설이었다. 또 시대의 종말에 대해 불안한 비가悲歌를 쏟아내는 문화에 대한 주석이자 이 같은 세계의 유물에 대한 비난으로서 새로운 예술 형식이자 기념비였다.

전쟁이 끝날 무렵 후고 발은 취리히를 떠나 티치노로 갔다. 무게중심은 독일로 옮겨 갔다. 다다이즘이 좀더 정치적인 성향을 보이며 변화를 겪은 곳은 베를린이었다. 패전의 어두운 그림자에 뒤덮인 베를린은 야수의 세계였다. 휴전이 이뤄진 1918년 11월에 시내 전역에서 일어난 봉기는 실패로 돌아갔고 지도자인 카를 리프크네히트와 로자 룩셈부르크는 피살되었다. 이 봉기는 누구보다 아돌프 히틀러는 물론 다다이스트에게 결정적인 순간이었다.

'다다이즘 바이러스'를 베를린에 옮긴 사람은 리하르트 휠젠베크*였다.[39] 1918년 4월 휠젠베크가 다다이즘 선언문을 발표했고 이어 다다이즘 클럽이 창립되었다. 초기 회원 중에는 라울 하우스만, 조지 그로스, 존 하트필드, 하나 회흐가 있었다.[40] 조지 그로스와 오토 딕스는 화가 중에서도 가장 열렬한 비평가였고 이들의 매우 두드러진 이미지는 전쟁 부상병의 반半인간적인 끔찍한 형태로 표현되었다.[41] 부상병의 신체에 끼운 의족의 묘사는 반半인간, 반半기계로 보였으며, 그 꼭두각시 같은 형태의 배후에는 여전히 맹위를 떨치는 구질서의 그림자가 어른거렸다.

도난당한 승리

이후에 일어난 상황을 설명하기 위해서는 제1차 세계대전에서 독일 패전의 본질을 간단히 살펴볼 필요가 있다. 물론 전쟁 결과 유럽의 참전국들은 현상유지를 했고 독일은 완전히 패전했다는 사실에 이의를 제기할 사람은 없다. 하지만 독일이 비록 가혹하기는 해도 어떤 위로가 될 만한 결과를 이끌어내는 것이 불가능한 일만은 아니었다. 볼프강 시벨부슈가 자신의 저서 『패전의 문화』에서 말한 대로 "연합국의 요청에 따라 미국이 갑자기 개입했기 때문에 프랑스와 영국은 1918년 봄 대공세라는 최후의 일격에서 살아남을 수 있었다. 간단히 말해 미국은 독일의 승리를 훔친 것이다." 독일

*독일의 소설가·시인·정신분석학자(1892~1974)로, 다다이즘에 관한 수필 『다다의 승리, 다다이즘의 성과』(1920)를 펴냈다.

인들에게 연합국이 "미국의 승리에 편승했다"는 사실은 즉시 이들 유럽 국가가 '2등 국가'로 전락한 것을 의미했다. "독일은 유럽의 힘에 굴복한 것이 아니었다." 이런 사실은 독일이 미국에 대해서만 패자였기 때문에 이제부터는 미래의 유럽-미국 간의 경쟁에 "진정으로 참여할 자격이 있는" 유일한 국가라는 것을 의미했다.[42] 3국 협상Triple Entente* 국가와 달리 독일은 미국의 지원 없이 자체적으로 전쟁을 치렀다. 실제로는 프랑스가 약체국이자 패전국이었다. 1870~1871년 이래 프랑스는 일대일 경쟁에서 독일을 굴복시키려는 의도로 보복 정책을 폈지만 오히려 자신이 훨씬 더 큰 손실을 입었으며 전쟁 초기에는 일찍이 독일에 제압당했다. 전후에 루덴도르프 장군은 독일의 패전을 설명하면서 독일이 패배한 것은 적군이 아니라 배후에서 "등에 칼을 꽂은" 자국 내의 세력 때문이라고(패망음모론) 말한 바 있다. 성내평화Burgfrieden**라는 일치된 국민 감정의 욕구는 강하게 남아 있었다.

이런 견해를 바라보는 시각은 두 가지였다. 하나는 1919년의 비참한 상황을 바라보는 독일인의 관점으로, 패전으로 더욱 첨예해진 현실적인 시각이었다. 한편으로는 당시 상황에서 실시되는 현실정치Realpolitik를 무시하는 환상(왜 미국은 연합국을 지원했을까?)도 있었다. 나머지 또 다른 시각은 이후의 전개 과정에서 일익을 담당했다. 노르베르트 엘리아스가 말한 바 1918년의 패전은 독일이 다른 나라를 "추월하는" 전체적인 과정에 방해가 되었다는 시각이었다.[43]

---

*제1차 세계대전 이전 영국·프랑스·러시아 3국의 동맹관계.

**제국 정부가 제안한 것으로 국민의 단합을 위해 정쟁과 파업을 중지하자는 선언.

제31장

바이마르:
전례 없는 정신적 조심성

1919년 4월 3일 오스트리아 공화국이 귀족 호칭을 폐지하고 아울러 공문서에서 '폰von'의 사용조차 금지하면서 과거의 빈은 공식적인 종말을 고했다. 평화가 찾아오면서 오스트리아는 200만 명이 사는 수도를 포함해 전체 인구가 700만 명밖에 안 되는 작은 국가가 되었다. 전후 몇 년 동안 기아와 인플레이션, 고질적인 연료 부족, 재앙에 가까운 독감이 이어졌다. 주부들은 어쩔 수 없이 숲으로 들어가 나무를 베었고 대학은 전쟁으로 파괴된 지붕을 수리하지 못해 문을 열지 못했다. 역사가 윌리엄 존스턴에 따르면 커피를 끓이는 일이 드물었고 빵은 이질을 일으켰다. 프로이트의 딸 조피는 독감으로 목숨을 잃었고 화가 에곤 실레도 마찬가지였다.

프로이트, 호프만슈탈, 카를 크라우스, 오토 노이라트는 계속 빈에 남았다. 빈-부다페스트(프라하를 포함해)를 잇는 독일어 사용권이 완전히 사라지지 않은 상태에서 마이클 폴라니, 프리드리히 폰 하이에크, 루트비히 베르탈란피, 칼 포퍼, 언스트 곰브리치 같은 인물이 나왔다. 하지만 경우가 달랐다. 이들은 나치에 쫓겨 서방으로 이주한 다음에야 이름을 떨칠 수 있었다. 빈은 과거처럼 사람들로 붐비는 지식의 중심지가 아니었고 빈의 카페는 더 이상 세계적인 명사들이 비공식적으로 만나는 따뜻한 공간이 아니었다. 앞으로 보겠지만 이제 빈에서 반짝이는 문학이나 과학, 철학을 찾아보기는 어려웠다. 제대로 빛을 발하기 위해서는 좀더 밝은 북쪽 방향으로 진가를 알릴 필요가 있었다. 천둥 번개가 치듯 요란하게 번쩍이던 빈 특유의 활기는 사라지고 없었다.

최초의 예술영화

베를린은 달랐다. 제1차 세계대전이 끝난 뒤 독일은 하룻밤 새에 공화국으로 변했다. 이 같은 변화는 종종 간과되는데, 앞서 언급한 대로 부분적으로 의회주의 또는 민주주의적 전통이 세워져 있었기 때문이다. 베를린은 여전히 수도의 자리를 고수했지만 새로운 공화국의 형태를 결정짓기 위해 제헌위원회가 개최된 후 의회 소재지로 선정된 곳은 바이마르였다. 바이마르를 선택한 까닭은 어떤 면에서는 괴테와 실러 이후로 바이마르가 지닌 명성 때문이기도 했고 다른 한편으로는 베를린이나 뮌헨을 선택할 경우 소요가 확대되지 않을까 하는 우려 때문이었다(히틀러는 항상 베를린의 기지機智와 냉소주의를 혐오했다). 바이마르 공화국은 1933년 히틀러가 권력을 차지할 때까지 14년 동안 유지되었다. 이 시기는 "온갖 재난이 끊이지 않는 격동기로서 대공위기interregnum"*였다. 그럼에도 불구하고 찬란하고 독특한 문화가 두드러졌다. 그리고 이 기간의 소요에 대한 국가의 공권력 행사가 지속적으로 약화되었음에도 노르베르트 엘리아스가 지적하듯

*최고지도자 부재 기간.

이 그 어느 것 못지않게 바이마르의 문화가 차지하는 비중은 컸다.[1]

이 시기는 전통적으로 세 단계로 구분된다. 1918년부터 1924년까지의 기간은 "혁명과 내란, 외국 군대의 주둔, 극단적인 인플레이션으로 점철된 가운데 예술에서는 실험의 시대이기도 했다." 표현주의Expressionism는 그림이나 무대를 지배한 것만큼 정치도 지배했다. 이어서 1924년부터 1929년까지의 시기는 경제적으로 안정된 기간으로 정치적 소요가 가라앉고 신즉물주의Neue Sachlichkeit가 지속적인 번영을 누리며 예술에도 반영되었다. 신즉물주의의 목표는 '있는 그대로의 것', 즉 냉철함에 있었다.[2] 끝으로 1929년부터 1933년까지의 시기는 다시 정치적 소요가 일어난 가운데 실업률이 치솟았고 법령에 따라 권위주의 정부로 바뀌었다. 예술은 침묵을 강요당했고 선전 도구에 지나지 않는 '키치Kitsch'*가 판을 쳤다.

회화 다음으로 표현주의의 영향이 컸던 예술 장르는 영화였다. 1920년 2월 베를린에서는 공포영화 한 편이 개봉되었다. 어느 비평가의 말을 빌리면 "'기이하고 악마적이며 잔인한 고딕'의 분위기에 기괴한 조명과 어둡고 일그러진 무대를 배경으로 한 프랑켄슈타인 유형의 이야기로 채워져 있었다." 바로 「칼리가리 박사의 밀실」이라는 작품이었다. 이 영화는 대성공을 거두었고 특히 파리에서는 인기가 무척 높아 1920년부터 1927년까지 같은 극장에서 매일 상연할 정도였다. 그렇지만 이 작품은 단순히 기록 경신 이상의 의미를 지녔다.

「칼리가리 박사의 밀실」은 체코인 한스 야노비츠와 오스트리아인 칼 마이어의 합작품인데, 두 사람은 1919년 베를린에서 처음 만났다. 정신이상자인 칼리가리 박사는 축제 시장을 떠도는 희극배우로, 자신을 추종하는 몽유병자 체사레와 함께 공연한다. 하지만 시장 밖에서는 또 다른 얼굴로 매우 음산한 분위기를 연출하는 이야기를 이끌어 나간다. 칼리가리 박사

---

*'졸작으로 만들다'라는 뜻을 가진 동사 'verkitschen'에서 유래된 말로 '저속한 작품'이라는 뜻.

가 가는 곳은 어디든 죽음이 따라다니며 그를 방해하는 자는 죽음을 면치 못한다. 줄거리에서 가장 음산한 부분은 칼리가리가 학생 두 명을 죽인 다음에, 또는 죽였다고 생각한 다음에 시작된다. 사실 여기서 학생 한 명은 다행히 목숨을 건진다. 몽유병자 체사레는 칼리가리의 지시에 무의식적으로 복종하며 자신이 무엇을 하는지도 모른 채 칼리가리를 대신해 살인을 저지른다. 이 사실을 발견하는 사람이 바로 그때 죽지 않고 살아난 프란시스다. 프란시스에게 비밀이 노출되었다는 것을 안 칼리가리는 정신병원으로 숨어든다. 그 뒤를 쫓아간 프란시스는 칼리가리가 이 병원의 원장이라는 사실을 알게 된다. 이중생활이 들통 난 칼리가리는 더 이상 도피할 곳도 없고 정신병원을 빠져나갈 기력도 상실한 채 구속복*을 입은 상태로 끝난다.

여기까지가 이 작품의 원래 줄거리였다. 하지만 영화로 만들어지면서 내용이 대폭 수정되었다. 당시 성공 가도를 달리던 영화 제작자인 에리히 포머와 영화감독 로베르트 비네는 줄거리를 완전히 뒤집어서 프란시스와 그의 애인이 미친 이야기로 바꿨다.[3] 납치와 살인이라는 생각은 이제 이 두 사람의 망상에 불과한 것일 뿐이며 정신병원 원장은 실제로는 프란시스의 악마적인 생각을 치료하는 친절한 의사다.

야노비츠와 마이어는 이 사실을 알고 불같이 화를 냈다. 포머의 영화에서는 맹목적인 복종에 대한 비판이 자취를 감춘 데다 더욱이 권위를 친절한 것, 안전한 것으로 그렸기 때문이다. 포머의 영화가 상업적으로나 예술적으로나 대성공을 거두었다는 것은 정말 아이러니였다. 영화 역사가들은 작품의 본래 줄거리 그대로 영화를 제작했을 때 똑같은 성공을 거두었을지에 대해 의문을 제기한다. 따라서 핵심은 바로 여기에 있다. 비록 내용이 바뀌기는 했지만 이야기 전개 방식은 변하지 않았고 새로운 장르라고 할

*폭력적인 정신병자에게 입히는 옷.

표현주의의 요소를 그대로 간직했다는 점이다.[4] 표현주의는 혁명과 변화를 자극하는 힘이었다. 하지만 표현주의에 토대를 마련해준 정신분석 이론과 마찬가지로 이 운동은 완전히 정착하지는 못했다. 1918년 12월에 결성된 '표현주의 11월 그룹'은 변화를 원하는 모든 예술가의 혁명적인 연합체였다. 그중에서도 특히 에밀 놀데, 발터 그로피우스, 베르톨트 브레히트, 쿠르트 바일, 알반 베르크, 파울 힌데미트 등이 두드러졌다. 하지만 혁명에는 동력 이상의 것, 바로 방향이 필요한 법이다. 표현주의는 결코 방향을 제시하지는 못했다. 어쩌면 아돌프 히틀러 같은 인물이 권력을 잡게 된 요인 중 하나가 바로 이 운동의 궁극적인 방향성 결핍이었는지도 모른다.

그렇다고 해서 바이마르를 히틀러 시대로 이어지는 중간 정차역 정도로 간주하는 것은 오류를 범하는 일이다. 바이마르는 자랑할 만한 탄탄한 업적이 많기 때문이다. 일류 수준의 교육 기관이 적잖게 세워졌으며 오늘날까지 우수한 지적 중심지 구실을 하는 곳도 드물지 않다. 이중에는 프란츠 알렉산더, 카렌 호르나이, 오토 페니헬, 멜라니 클라인, 빌헬름 라이히를 배출한 베를린 정신분석연구소도 있었다. 독일 정치대학은 공화국의 마지막 해까지 2000명 이상의 학생을 배출했으며 교수진으로는 지그문트 노이만, 프란츠 노이만, 하요 홀보른 같은 쟁쟁한 인물이 있었다. 또 함부르크에 소재한 바르부르크 미술사연구소는 인상적인 도서관으로 유명했다. 이 도서관은 "간헐적인 정신병 증세를 보이던" 부유한 학자 아비 바르부르크가 평생 수집한 주옥같은 자료를 소장하고 있다. 바르부르크는 빙켈만처럼 고대 문화에 심취해 그 가치와 이상이 현대세계에서도 영구적으로 빛나도록 외연을 넓힌 인물이다. 이 도서관의 매력과 가치는 단순히 바르부르크가 잘 알려지지 않은 분야에서 모은 희귀본을 소장했다는 것뿐만 아니라 각 분야가 유기적으로 조화되도록 꼼꼼하게 선정했다는 데 있다. 여기서는 예술과 종교, 철학이 역사와 수학, 인류학 등과 절묘한 조화를 이룬다. 바르부르크 연구소는 이후 20세기 내내 중요한 미술사 연구에 있어 본거지

역할을 했다. 특히 "도상학적 방법"*이라고 불리는 에르빈 파노프스키의 '읽는 그림'은 제2차 세계대전 이후 막대한 영향력을 발휘하게 된다.

유럽인은 미국에서 하늘 높이 치솟은 마천루에 너나없이 매혹되었지만 대서양 동쪽에서 이런 건축 양식을 적용하기란 어려웠다. 프랑스와 이탈리아, 독일은 어디에나 구시가지가 있었고 그 경관이 매우 아름다웠기 때문에 우뚝 솟은 빌딩으로 전망을 해칠 수는 없는 노릇이었다. 하지만 마천루를 탄생시킨 20세기의 새로운 건축 자재는 매우 유혹적이었고 특히 콘크리트를 강화한 강철이나 판유리는 유럽에서 인기가 아주 높았다. 결국 강철과 유리는 유럽의 건축가들에게 콘크리트 이상으로 큰 효과를 일으켰다. 특히 독일의 산업 디자이너 페터 베렌스 밑에서 함께 작업한 세 명의 건축가에게 깊은 인상을 남겼다. 이들 세 사람은 발터 그로피우스와 루트비히 미스 반데어로에, 르코르뷔지에로 더 잘 알려진 프랑스인 샤를에두아르 장느레였다. 이들은 각자 두각을 나타냈지만 그중에서도 그로피우스가 가장 뛰어났다. 바우하우스Bauhaus를 설립한 인물이 바로 그로피우스였다.

마르크스와 윌리엄 모리스에게 영향을 받은 그로피우스(1883~1969)는 아돌프 로스의 생각과는 반대로 장인의 솜씨가 '차원 높은' 예술만큼이나 중요하다는 생각을 늘 품고 있었다. 따라서 18세기 중반에 설립된 대공大公미술아카데미가 1902년에 설립된 바이마르 미술공예학교와 병합되었을 때, 교장으로는 그로피우스가 적임자일 수밖에 없었다. 이 학교가 갖고 있는 복합적인 구조 때문에 바이마르 바우하우스라는 이름이 붙여졌는데, 바우하우스라는 이름을 택한 것은 학교의 외관이 중세의 대성당을 지을 때 세워진 건축 노동자의 합숙소 바우휘테Bauhütte를 연상시켰기 때문이다.[5]

초창기에 바이마르에서 어려움을 겪던 바우하우스는 어쩔 수 없이 행정

---

*도상학, 상징성·우의성寓意性·속성 등 어떤 의미를 가지는 도상을 비교하고 분류하는 미술사 연구 방법.

환경이 더 좋은 데사우로 옮겨갔다. 이런 상황은 그로피우스 자신에게 변화를 일으킨 것으로 보인다.[6] 그로피우스는 앞으로 바우하우스는 공동주택이나 산업디자인, 활판술, 원형原型의 발전 같은 현대의 실용적인 문제에 관심을 집중할 것이라고 선언했다.[7]

패전 이후 인플레이션이 극심해지면서 바이마르 시대의 독일에서는 공동주택보다 사회적으로 더 중요한 문제는 없었고 바우하우스 건축가들은 이미 낯익은 사회 주택의 형태를 이룬 주택단지Siedlung를 개발한 사람들이기도 했다. 물론 이들이 새로 세운 주택단지가 19세기의 빈민가보다 나았던 것은 사실이지만 바우하우스의 영향력이 더 오래 지속된 것은 응용디자인 분야였다. "2등급 그림을 그리는 것보다 1등급 찻주전자를 디자인하기가 훨씬 더 힘들다"라는 말에서 엿볼 수 있는 바우하우스의 철학은 광범위하게 수용되었다. 접이식 침대와 붙박이 찬장, 포갤 수 있는 의자와 테이블이 대량생산을 염두에 두고 디자인되었으며 건축물에 대한 이해도 이런 실용적인 용도에 맞춰졌다. 라슬로 모호이너지 같은 바우하우스의 디자이너들은 결코 그들의 유토피아적 이상을 버리지 않았다.[8]

프로이트와 마르크스의 결합

제1차 세계대전의 재앙 이후 기아와 실업, 전후戰後 인플레이션이 이어지면서 많은 사람이 자본주의는 그 자체의 "해결할 수 없는 모순" 때문에 결국 붕괴하고 말 것이라는 마르크스의 이론을 더 확실히 믿게 되었다.

하지만 카를 카우츠키 같은 이론가의 활동에도 불구하고 전쟁의 잔해 속에서 모습을 드러낸 것은 공산주의가 아니라 파시즘이라는 것이 이내 분명해졌다.[9] 일부 마르크스주의자는 이런 상황에 몹시 실망한 나머지 일시에 마르크스주의를 내버리기에 이르렀다. 물론 전혀 흔들림 없이 마르크스

이론을 신봉하는 사람들도 여전히 있었다. 또 제3의 그룹은 마르크스주의자로 남고 싶어하면서도 마르크스 이론이 신뢰를 얻기 위해서는 어떤 재정립이 필요하다고 생각했다. 이 제3의 그룹은 1920년대 후반 프랑크푸르트에서 모임을 결성하고 프랑크푸르트학파라는 이름으로 시내에 연구소를 차렸다(마르크스주의에 관심을 가졌던 한 대부호가 도움을 주었다). 나치스의 핍박으로 이 연구소는 이곳에 오래 머물지는 못했지만 프랑크푸르트학파라는 이름은 그대로 남았다.[10]

프랑크푸르트학파의 구성원 가운데 특히 유명한 사람으로 세 명을 꼽을 수 있다. 이들은 "철학, 사회학, 음악에 정통한 것으로 보이는" 테오도어 아도르노(1903~1969)와 아도르노보다 덜 혁신적이지만 어쩌면 더 신뢰가 가는 철학자이자 사회학자인 막스 호르크하이머(1895~1973), 머지않아 가장 이름을 빛내게 되는 정치이론가 허버트 마르쿠제(1898~1979)였다. 소장을 맡은 호르크하이머는 여러 재능 외에도 재무의 귀재로서 독일에 이어 미국에서 연구소의 투자 자금을 모으는 데 탁월한 능력을 발휘했다. 이밖에 문학비평가인 레오 뢰벤탈, 법철학자 프란츠 노이만, 그리고 마르크스나 레닌의 열렬한 믿음과는 달리 자본주의가 붕괴한다는 데 대한 확실한 근거가 없다고 주장하는 무리 중 한 사람인 프리드리히 폴로크가 있었다.[11]

프랑크푸르트학파는 초기에 '소외Entfremdung' 개념을 부활시킨 것으로 알려졌지만 이 생각이 발전해 결국 하나의 심리학적 실체가 되었다. 이 실체는 필수적이거나 기초적인 것은 아니라 해도 자본주의적인 생산의 결과였다. 프랑크푸르트학파가 볼 때 소외는 모든 현대 생활이 낳은 산물이었다. 이 같은 견해는 이 학파의 두 번째이자 어쩌면 가장 오랫동안 몰두하게 만든 과제를 제시했다. 결국 완수되지 못한 이 과제는 프로이트 이론과 마르크스주의의 결합을 가리킨다. 에리히 프롬은 훗날 이 주제에 대해 몇 권의 저서를 쓰기도 했다. 하지만 논의를 처음 주도한 사람은 마르쿠제였다.

마르쿠제는 프로이트의 이론과 마르크스주의를 동전의 양면으로 보았다. 프로이트는 억압은 문명의 진행 과정에서 반드시 커진다고 주장했다. 따라서 공격 성향이 나타날 수밖에 없으며 공격성의 노출은 양적으로 확대된다는 것이었다. 마르크스는 혁명이 불가피하며 자본주의 자체에서 야기되는 혼란을 막을 수 없음을 예측했고 프로이트의 이론은 이 시나리오에 좀더 개인적인 배경을 만들어냈다. 마르쿠제는 이것이 자기 파괴와 타인의 파괴를 의미하는 파괴적 성질을 설명하는 것이라고 생각했다.

프랑크푸르트학파가 이룩한 세 번째 업적은 당시 생생한 문제를 좀더 보편적으로 분석했다는 점이다. "기술이 발달한 이 시점에서 인간성 말살이나 야수성, 생태계 오염 등 인간 진보의 부정적인 요소를 엄밀히 따져볼 때, 서구 문명에서 무엇이 잘못되었는가? 어떻게 이런 일이 벌어졌는가?" 이런 의문에 답하기 위해 프랑크푸르트학파는 계몽주의에 이르기까지 먼 과거를 돌아보며 여러 사건과 사상을 추적했다. 이들은 서구 역사에서 진보적인 시대와 억압적인 시대 사이의 상호 작용으로 어떤 '변증법'을 인식할 필요가 있다고 역설했다. 더욱이 1920년대 후반 "서구 문명에서 이룩한 사회적 부의 증가는 주로 자본주의의 성과로서, 좀더 바람직한 인간사회를 구축하기보다 이를 방해하는 데 이용되었다"는 점에서 각각의 억압적인 시대는 앞선 시대보다 대체로 더 가혹했다. 프랑크푸르트학파는 파시즘을 계몽주의 이후 전개된 자본주의의 오랜 역사에서 자연스럽게 발달한 현상으로 보았다. 이 학파의 구성원들은 1920년대 후반 파시즘의 발호를 예견했다는 점에서 존경을 받았다. 이 학파의 연구 방식은 대개 이전에 행해진 분석에 오염되지 않은 관점으로 원전을 꼼꼼히 읽는 것이었다. 이 같은 방식이 매우 창조적인 이해를 부른다는 것이 드러나자 프랑크푸르트학파의 연구 방법은 비평이론으로 알려졌다. 이런 측면에서 이 이론은 고등비평 higher criticism의 최신이라고 할 수 있었다.

"신비로운 독일"의 왕

정신분석연구소와 바르부르크 연구소, 독일정치연구소, 프랑크푸르트학파는 모두 피터 케이가 말한 '이성 공동체'의 일부로서 그들 공동의 문제와 경험에 과학적 합리성의 밝은 빛을 비추려고 시도했다. 하지만 모두가 냉정한 합리성이 답이라고 믿은 것은 아니었다.

바이마르 시대의 독일에서 과학의 "냉정한 실증주의"에 반발한 운동 중 하나는 "신비로운 독일의 왕" 슈테판 게오르게를 중심으로 일파를 형성한 시인과 작가들이 주도했다. 실제로 게오르게 일파는 이들이 무엇을 창작했는가보다 무엇을 지지했는가라는 점에서 더 중요했다(물론 소수는 언제나 게오르게의 시를 흠모했다).[12] 이들 중 몇몇은 전기작가였는데, 이를 우연한 일이라고 볼 수는 없다. 이들은 '위인', 특히 좀더 영웅적인 시대의 인물로서 자신의 의지로 역사의 전개 과정에 변화를 꾀한 인물을 집중 조명하고자 했다. 이 분야에서 가장 성공적이었던 저술은 에른스트 칸토로비치가 쓴 13세기의 황제 프리드리히 2세의 전기였다. 게오르게와 그의 일파가 볼 때 바이마르 시대의 독일은 유난히 비非영웅적인 시대였고 과학은 이 시대의 곤경에 대한 답이 될 수 없었다. 더불어 작가의 임무는 자신의 특출한 직관으로 다른 사람에게 영감을 주는 것이어야 했다.

게오르게는 자신이 기대한 만큼의 영향력을 결코 발휘하지 못했다. 그보다 시적 능력이 훨씬 더 뛰어났던 시인 라이너 마리아 릴케(1875~1926)의 빛에 가려졌기 때문이다. 1875년 프라하에서 르네 마리아 릴케로(그는 1897년에 자신의 이름을 독일식으로 바꿨다) 태어난 그는 군사학교에서 교육을 받았다. 초기에는 전기와 시뿐만 아니라 희곡에도 관심을 가졌지만 제1차 세계대전에 대응하여 쓴 「5편의 노래」(1914)로 명성을 얻었다. 젊은 병사들은 전선에 릴케의 시집을 들고 나갔고 그 시들은 종종 병사들이 죽기 직전에 마지막으로 읽은 구절이 되면서 릴케는 "남자를 잃은 세대의 우상"이 되었다.

릴케의 시 가운데 가장 유명한 「두이노의 비가」는 1923년에 발표되었는데 이 작품에서 풍기는 뭔가 낯설면서도 신비롭고 철학적인 '대양의oceanic' 음조는 당시 분위기를 완전히 사로잡았다.[13] 이 비가의 주요 부분은 1922년 2월 7일부터 14일까지 일주일에 걸쳐 "정신적인 폭풍"이 되어 "쏟아져나왔다."[14] 릴케는 탈진 상태로 일주일을 보낸 뒤 친구에게 비가가 "태어났다"고 편지를 썼다. 이 시에서 릴케는 미술과 문학사, 신화, 생물학, 인류학, 정신분석 등 광범위한 분야를 막론해 어떤 요소가 인간의 고통을 달래는 데 도움이 되는지 탐험하며 "비탄의 거대한 땅"과 씨름을 한다. 「제2비가」는 다음과 같다.

> 일찌감치 얻은 환희, 그대 창조의 총아들,
> 산맥들, 태초 이래로 노을에 물든 산마루들,
> 활짝 핀 신성神性의 꽃가루들,
> 또렷한 빛과 길과 계단과 왕관들,
> 존재의 공간, 빛의 방패, 폭풍우처럼 열광적인 감정의 소란,
> 그리고 갑자기 자신의 얼굴에서 빛나는
> 아름다움을 제 안으로 끌어들이는 낱낱의 거울들

과학, 현대 정신, 소설

릴케가 호프만슈탈이나 슈테판 게오르게와 함께 예술가가 시대의 지배적인 정신을 형성하는데 도움을 줄 수 있다는 믿음을 공유했다면, 토마스 만은 슈니츨러가 그랬듯이 가능한 한 극적인 변화를 묘사하는 데 더 관심을 기울였다. 1924년에 발표한 『마의 산』은(2권으로 발행) 비록 오늘날 (독

일에서) 『부덴브로크 가의 사람들』만큼 유명하지는 않지만 큰 성공을 거두어 출판 첫해에 5만 부가 팔렸다. 이 작품은 상징으로 가득 차 있으며(번역판에는 너무 많다) 영어판은 만의 유머를 부분적으로 제거하는 데는 성공했지만 만의 풍요로운 문체를 잘 살렸다고 보기는 어렵다.

제1차 세계대전 전날 밤을 배경으로 한 『마의 산』은 결핵을 앓고 있는 사촌을 만나기 위해 스위스 요양원(실제로 알베르트 아인슈타인도 강연을 위해 방문한 곳이다)을 찾아가는 "평범한 젊은이" 한스 카스토르프의 이야기를 들려준다. 잠깐 들를 작정이었던 카스토르프는 그 자신이 병에 걸려 어쩔 수 없이 7년 동안이나 요양원에 머물게 된다. 전체적인 상징은 매우 분명하다. 유럽을 상징하는 요양원은 오래전에 세워진 안정된 시설이지만 부패하고 오염된 곳이다. "카스토르프는 전쟁을 시작하는 장군들처럼 이 방문이 오래 끌지 않고 이내 끝날 것이라고 생각한다." 그는 또 장군들처럼 자신에게 주어진 시간에 변화가 생긴 것을 알고는 소스라치도록 놀란다. 함께 입원한 환자들은 합리주의자, 영웅이 되려는 사람, 순진한 사람들이다. 자기 인식의 형태로서 과학의 부적합성이 책 전체를 관통한다. 릴케가 인식한 것처럼 인간의 조건(적어도 서구적 조건)을 요약하려는 만의 목표는 하나의 전체적인 시대가 끝나가고 있다는 것이며 영웅은 이에 대한 답이 아니라는 것이었다. 만이 볼 때 현대인은 결코 이전과는 비교할 수 없을 정도로 자의식이 강했다.

토마스 만은 종종 헤르만 헤세와 비교되며 때로는 대조적으로 취급되기도 한다. 두 사람은 1904년 출판업자인 사무엘 피셔의 소개로 뮌헨에서 만났다. 두 사람은 평생토록 관계를 유지하며 수많은 편지를 주고받았지만 진정한 친구가 된 것은 1930년대 들어서였다. 이들의 행보는 비슷하면서도 다르다. 헤세는 외부와 격리된 생활을 하며 주로 스위스의 한 도시에 머무른 반면 만은 끊임없이 돌아다녔다. 만은 적어도 처음에는 제1차 세계대전을 지지했지만, 헤세는 로맹 롤랑과 '평화주의자의 이중창'으로 전쟁에 반

대해 동지뿐만 아니라 많은 적을 만들었다. 만과 헤세는 카를 융의 이론에 심취했고 두 사람 모두 노벨문학상을 수상했다.

헤세(1877~1962)는 고집이 센 아이로 자랐고 무척이나 고독하게 지냈으며 자신의 작품과 상관없는 세상일에는 별 관심이 없었다. 처음 두 차례의 결혼에도 실패했다.[15] 다작한 작가였던(7권의 장편소설과 수많은 시, 3000편의 비평, 50종의 고전문학 편집, 3만5000통의 편지) 헤세의 작품은 대개 자전적인 요소가 강하며 특히 『마의 산』이 출간된 해에 쓰기 시작한 『황야의 이리』에서 그런 성향이 두드러진다. 1928년에 발표된 『황야의 이리』는 한스 할러(헤세 자신과 두음이 같은)라는 인물에 대한 이야기다. 할러는 우연히 만난 하숙집 여주인의 조카에게 자신이 쓴 책의 원고를 남기고 떠난다. 이 조카는 책(책 속의 책)을 읽으며 불가사의하게도 내용 일부가 자신을 향해 직접 하는 말이라는 것을 알게 된다. 이 책은 한 사람의 개성과 인간의 특성에 대한 것이고 인간의 자아가 하나인지 그 이상인지, 인간의 내적 통일이 원칙적으로 가능한 것인지를 묻는 내용이다.

이 같은 주제와 불가사의할 정도로 유사성을 보이는 것이 로베르트 무질의 작품이다. 세 권으로 된 무질의 『특성 없는 남자』 중 제1권은 『황야의 이리』와 같은 해에 나왔는데, 일부 독자가 볼 때는 지난 세기 독일어로 쓰인 소설 가운데 가장 중요한 의미가 담긴 작품이지만 어떤 면에서는 만과 헤세에 가려 빛을 보지 못했다.

1880년 클라겐푸르트에서 태어난 무질(1880~1942)은 상위중산층 출신으로 오스트리아에서 대대로 고관을 지낸 가문이었다. 무질은 과학과 공학 교육을 받았으며 에른스트 마흐에 대한 논문을 썼다. 『특성 없는 남자』는 1913년의 신비로운 나라 '카카니아Kakania'를 배경으로 하고 있다. 오스트리아-헝가리 제국을 가리키는 것이 분명한 카카니아란 이름은 황제국Kaiserlich과 왕국Königlich을 지칭하는 것으로 헝가리 왕국과 오스트리아 왕국의 황제령을 나타낸다. 질릴 정도로 방대한 이 책은 많은 사람이 보기에

20세기 초의 여러 분야의 발전에 대한 가장 탁월한 문학적 반응이라 할 만했다. 서로 뒤얽힌 세 가지 주제가 산만한 서술로 제시된다. 첫 번째 주제는 주인공 울리히의 탐사 과정을 조명한다. 30대 초반의 울리히는 빈의 지식인으로 살인범의 심리를 이해하기 위한 계획을 진행하면서 자신을 포함한 현대인의 생활을 파고든다. 두 번째는 울리히가 어렸을 때 헤어진 누이의 관계(그리고 연애)다. 세 번째는 제1차 세계대전 전날 밤의 시점에서 본 빈에 대한 사회적 풍자다.[16]

하지만 이 소설의 진정한 주제는 과학의 시대에 인간다움이라는 것은 어떤 의미인가 하는 것이다. 모든 인간이 믿는 것이 인간의 감각이라면, 과학자가 인간을 파악하는 방식으로만 인간이 스스로를 알 수 있다면, 비트겐슈타인이 말하듯 모든 세대와 가치, 윤리, 미학에 대한 말들이 무의미하다면 인간은 어떻게 살 것인지 무질은 묻는다. 어느 시점에 울리히는 살인범이 키가 크고 어깨가 벌어졌으며 "가슴이 바람을 받은 돛처럼 불룩 튀어나와 있다"고 적지만 자신을 감동시킨 책을 읽고는 이따금 살인범이 "물에 떠다니는 해파리처럼" 작고 부드럽다는 느낌을 받는다. 바꿔 말하면 어떤 묘사나 어떤 성격, 어떤 특징도 살인범에게는 어울리지 않는다. 이런 점에서 그는 어떤 특성도 없는 남자라고 할 수 있다. "우리에게는 이제 어떤 내면의 목소리도 없다. 우리는 이 시대를 너무 많이 알고 있다. 이성이 폭군처럼 인간의 생명을 억누른다."

프란츠 카프카(1883~1924)도 인간다움이 어떤 의미인지에 대해, 그리고 과학과 윤리 사이의 싸움에 대해 매혹된 작가였다.[17] 카프카는 40세가 되던 1923년에 오랫동안 꿈꿔왔던 대로 프라하에서 베를린으로 이주했다(카프카는 독일어로 교육을 받았고 집에서도 독일어를 사용했다). 하지만 그는 바이마르 공화국에서 채 1년도 머물지 못하고 후두 결핵 때문에 빈 교외의 요양원에 들어갈 수밖에 없었다. 그는 이 요양원에서 41세의 나이로 세상을 떠났다.

마른 몸에 말쑥한 옷차림으로 신사 이미지를 풍겼던 카프카는 법학 공부를 하고 보험회사에서 일했다. 그 내면에 자리잡은 비인습적인 특징을 알 수 있는 유일한 단서는 그가 세 번이나 약혼에 실패했으며 그중 두 번은 같은 여자였다는 사실이다.

카프카의 작품 가운데 가장 유명한 것은 『변신』(1916), 『소송』(1925, 사후 출판), 『성』(1926, 사후 출판)이다. 카프카는 또 14년 동안 일기를 썼고 엄청난 양의 편지를 썼다. 이런 글들은 그가 몹시 역설적이고 불가사의한 인물이었음을 보여준다. 카프카는 한 여자와 5년 동안 약혼한 상태로 지냈으면서도 정작 약혼녀를 만난 것은 채 10회도 되지 않았다. 그런가 하면 어떤 여자와 만난 뒤에는 그녀에게 두 달에 걸쳐 90통의 편지를 쓰기도 했고 그중 일부는 20~30쪽이나 되었다. 또 다른 상대에게는 5개월 동안 130통의 편지를 쓰기도 했다. 카프카는 또 36세에 아버지에게 보내는 그 유명한 45쪽짜리 편지를 타자로 치면서 자신이 왜 그때까지 아버지를 두려워하는지를 설명하기도 했다.

비록 카프카의 소설은 표면적으로 다양한 주제를 다룬 것 같지만 이 작품들 사이에는 서로 강한 유사성이 있으며 이 유사성에서는 각 부분을 합친 것 이상으로 전체적인 통일 효과가 나타난다. 『변신』은 다음과 같이 문학사에서 아주 유명한 첫 구절로 시작한다. "그레고어 잠자는 어느 날 아침 불안한 꿈에서 깨어났을 때 자신이 한 마리 커다란 벌레로 변한 것을 알았다." 인간이 벌레로 변한다면 인간 존재가 어떤 의미인지 그나 우리가 이해하는 데 도움이 될까? 『소송』에서 요제프 K(이 사람의 성은 끝까지 알 수 없다)는 체포되어 소송에 휘말려든다. K 자신도 독자도 K가 어떤 죄를 저질렀는지 알지 못하며 법정이 어떤 조직인지도 모른다. 따라서 K와 독자는 사형선고에 어떤 정당성이 있는지도 모른다. 끝으로 『성』의 K(여기서도 익명으로 표현되는)는 성의 측량기사로 채용되었다는 연락을 받고 어느 마을에 도착한다. 성은 마을 위로 높이 솟아 있고 성주는 마을 전체의 주인이다. 하지만 K는 적어도 맨 처음에 성 당국이 자신을 전혀 모른다는 사실을 접하게 되고 마을 여관에 머무는 것조차 허용되지 않는다는 말을 듣는다. 각기 모순되는 행동을 보이는 다양한 등장인물들은 거짓말을 하기도 하며 K에게 어떤 반응을 보일지 예측할 수 없다. K는 결코 성에 들어가지 못한다.

카프카의 작품을 해석하는 데 또 다른 어려움은 대표적인 소설 세 편 모두가 미완성 작품이라는 데 있다. 물론 카프카의 다른 기록을 통해 작가가 어떤 결말을 의도했는지는 알 수 있다. 『성』은 카프카가 친구인 막스 브로트에게 어떻게 마무리지을 것인지를 말했기 때문에 완성작에 가장 가깝다고 할 수 있다. 이 세 소설은 자신과 자신의 삶을 통제하지 못하는 남자의 이야기를 들려준다. 각각의 주인공은 자신의 의지로 제어할 수 없는 외부세계의 권력과 마주치면서 부대끼는 모습을 보이며, 이 외부의 힘은—생물학적, 심리적, 논리적으로—맹목적이다. 이야기에는 관습적인 의미에서의 어떤 발전이나 진전도 없고 낙관적인 전망도 제시되지 않는다. 전체적인 분위기는 냉혹하고 으스스하다. W. H. 오든은 언젠가 이렇게 말한 적이 있다. "단테나 셰익스피어, 괴테가 자신의 시대와 관계를 맺었듯이 우리 시대와 가장 가깝게 관계 맺은 작가를 한 사람 꼽는다면 카프카를 가장 먼저 떠올려야 할 것이다." 게다가 카프카가 곧 도래할 스탈린의 러시아나 히틀러 제국처럼 끔찍한 세계를 미리 보여준 것 같은 느낌을 받을 때는 섬뜩하기까지 하다.

리온 포이히트방거(1884~1958)의 작품세계도 이와 비슷하다. 포이히트방거가 오늘날 만이나 카프카, 헤세, 무질보다 덜 알려진 것은 안타까운 일이다. 작품과는 별개로 포이히트방거의 삶은 몇 가지 점에서 모범적이었다. 그는 각각의 두 전쟁에서 두 차례나 전쟁포로로 탈출한 적도 있다.

1884년 뮌헨에서 부유한 유대인 기업가의 아들로 태어난 포이히트방거는 많은 곳을 여행했으며 1914년 전쟁이 일어날 시점에는 프랑스령 튀니지에 있었다. 그는 적국의 국적을 지닌 외국인이라는 이유로 투옥되었지만 탈옥을 해 독일로 돌아가 입대했다. 포이히트방거가 최초로 성공을 거둔 작품은 반유대주의를 다룬 『유대인 쥐스』(영어로는 『힘』으로 번역되었다)였다. 1921년에 쓰인 이 작품은 출판사를 찾지 못해 1925년에 가서야 발표되었지만 출간되자마자 큰 성공을 거두었다.

포이히트방거의 걸작은 바이마르 시대의 독일을 배경으로 한 실화 소설 『성공』(1930)이다. 작품에서 젊은 여인 요하나 크라인은 애인인 크뤼거를 감옥에서 구출하려고 한다. 크뤼거는 미술관 큐레이터로 누드 작품 하나를 포함해 논란이 많은 작품 두 점을 전시함으로써 바이에른 당국의 비위를 거슬렀다. 크뤼거는 또 자신의 그림에 모델을 한 여자와 간통해 공공 윤리를 위반한 혐의로 재판을 받는다. 작품에 등장하는 몇몇 인물과 기관은 실제 대상을 쉽게 알 수 있다(히틀러, 브레히트, 이게파르벤 사). 크뤼거는 감옥에서 죽지만 포이히트방거는 이후 제3제국을 일으킨 세계의 온갖 부패와 합리화의 허울을 폭로하거나 예견한다.

포이히트방거는 이후 나치 당국에 재산을 압류당한 채 프랑스로 도망친다. 1940년 프랑스에서 강제수용소에 억류되지만 이번에는 여자로 위장해 탈출에 성공한다. 그는 에스파냐로 갔다가 다시 미국으로("신의 나라") 건너가 점점 불어나는 망명자들과 합류했다. 전문가로 이뤄진 이 망명자들은 이후 '히틀러의 선물'*로 알려지게 된다.[18]

앞서(29장) 본 대로 현대적인 기술이 동원된 대전은 매우 극단적인 경험을 안겨주어 용감한 병사들조차도 참호전에서 전반적인 심리적 문제를 드러냈다. 이런 잠재의식적인 불안이 수많은 전쟁 관련 소설의 등장이 지체

*히틀러의 탄압을 피해 미국으로 탈출한 유대인 중에는 세계 최고 수준의 물리학자가 다수 포함되어 있었고 이들이 제2차 세계대전의 향배에 결정적인 역할을 했다는 의미에서 '히틀러의 선물'이라는 말이 생겨났다.

된 이유가 될 수 있을까? 이 같은 소설이 늦게 나온 것은 전쟁을 겪은 양측 모두에서 똑같은 현상을 보였다. 포드 매덕스 포드의 『더 이상의 행렬은 없다』는 1925년에 발표되었고 부상을 입은 참전 용사를 다룬 어니스트 헤밍웨이의 『해는 또다시 떠오른다』는 1926년에, 시그프리드 서순의 『보병장교의 추억』은 1930년에 가서야 발표되었다. 이중 뒤의 두 작품의 발표 시기 사이에 가장 성공적인(어쨌든 상업적으로는) 소설로 에리히 마리아 레마르크(1898~1970)의 『서부 전선 이상 없다』(1928)가 있었다.

크리스티안 베이커와 R. W. 라스트는 『서부 전선 이상 없다』가 20세기의 매우 중요한 소설 중 하나이기는 하지만 아주 뛰어난 작품도 아니고 레마르크 자신의 소설 중에서도 가장 우수한 작품은 아니라고 주장했다. 1898년 오스나브뤼크에서 태어난 레마르크에게는 많은 논란이 따라다녔다. 특히 제1차 세계대전에서 그가 무엇을 했는가와 그 자신이 말하는 훈장을 실제로 받았는가에 관한 논란이 많았다. 그는 결코 전선에 배치된 적이 없었지만 부상병을 위험에서 구출한 영웅적인 일은 사실로 밝혀졌다.

전쟁이 끝나고 레마르크는 단편소설과 콩트를 쓰기 시작했고 1925년 베를린으로 이주한 뒤 『스포츠 임 빌트』 지의 기자로 일했다.[19] 2년 뒤에 쓴 『서부 전선 이상 없다』는 1928년 『포시셰 차이퉁』에 연재되었고(다른 11개의 신문사에서는 거절당했다) 1929년 1월에는 양장본으로 출판되어 레마르크의 인생을 하룻밤 사이에 영원히 뒤바꿔놓았다.[20]

이 소설은 같은 학급에서 공부한 소년들이 전쟁에 나간 이야기를 다루고 있다. 이 소년병들은 체력이 떨어진 상태에서 더 나이 든 노련한 병사에 섞여 전투를 치른다. 소년병들이 후방의 집 생각을 하는 장면이 많이 나오는 가운데 이들이 꿈꾸는 사랑의 세계는 현실화되려면 요원했다. 전쟁이 주는 폐소공포증이 점차 병사들을 덮치면서 처음에는 8명이었던 동급생 가운데 오직 한 명만이 남는다. 레마르크는 겁쟁이인지 영웅인지, 개인인지 전우인지, 자랑스러운 전사인지 아니면 부끄럽고 실망스러운 존재인지

스스로 돌아보는 소년병들의 이들의 생각을 조명하면서 소외를 다각도로 묘사한다. 소년병들은 이토록 끔찍한 전쟁에 몰린 존재가 어떻게 이런 경험을 할 생각이 없는 사람들과 차단되어 있는지 깨닫게 된다. 비록 상투적인 면이 없는 것은 아니지만 이 소설의 몇몇 이미지는 유명해졌다. 이미 죽은 병사의 입에 물린 채 타들어가는 담배가 그중 하나라고 할 수 있다.[21]

『서부 전선 이상 없다』는 몹시 암울한 광경을 보여주긴 하지만 전쟁 소설 붐을 일으켰고, 문체에 있어서 '패배주의'와 전쟁에 대한 비非애국주의라는 비난을 받으며 큰 논란을 불러일으켰다. 이 소설은 발표된 지 1년 만에 100만 부 가까이 팔려나갔고 몇몇 외국어로 번역되기에 이르렀다. 그러자 나치 정권은 레마르크를 감시하면서 그가 군사적 갈등에서 개인의 영웅주의라는 신화에 도전했다는 이유로 이 작품을 정치적으로 문제삼았다. 괴벨스가 앞장선 정치적 선동은 1930년 히틀러유겐트가 이 소설을 원작으로 한 미국 영화의 상영을 저지했을 때 본격적으로 불이 붙었다.[22]

결국 레마르크는 독일을 떠나 미국에 정착했다. 은행 계좌는 압류되었지만 그는 현명하게 대부분의 돈을 미리 인출해놓았고 그동안 수집했던 세잔과 반 고흐, 드가, 르누아르의 그림 등 인상파 및 후기인상파 작품도 무사히 반출할 수 있었다. 『서부 전선 이상 없다』는 1933년 5월 베를린의 악명 높은 분서 사건에서 불태워졌다. 하지만 어떤 의미에서 최후의 승자는 레마르크라고 할 수 있다. 미국에 도착한 레마르크는 할리우드로 가서 마를레네 디트리히, 그레타 가르보, 찰리 채플린, 콜 포터, 스콧 피츠제럴드, 어니스트 헤밍웨이 등과 깊은 교분을 쌓았다. 또 레마르크는 『귀로』 『세 전우』 『사랑할 때와 죽을 때』 『천국에는 좋은 사람이 없다』 『그늘진 낙원』 등 자신의 작품을 바탕으로 수많은 영화를 제작해서 "할리우드의 제왕"이라는 칭호를 얻기도 했다. 레마르크가 볼 때 이 작품들 속에 영원한 존재는 아무도 없다. 각각의 개인은 고독하며, 인간을 불안하게 하는 문제와 수수께끼에 대해 명쾌한 대답도 결코 제시되지 않는다. 삶은 극단적인 아름다움과 행복까지도 보여줄 수 있지만 이 모든 것은 순간에 지나지 않는다. 레마르크는 독일에서의 인간적 삶이 유난히 황폐했고 괴테와 『파우스트』 이후로는 계속 그러했다고 믿는다고 말했다.[23]

사라지는 조국: 오직 아이들만이 순수하다

지금까지는 바이마르 공화국 시대에 완성된 책의 형태로 알려진 작가에 더 비중을 두고 다루었다. 이와 달리 전통적으로 짤막한 장르에서 스스로 이름을 알린 독일 작가 두 명이 있다. 이들은 신문과 잡지에 풍자적인 글을 싣기도 하고 카바레용 노래나 단막 희극을 썼으며 신랄한 서평과 거친 시, 종잡을 수 없는 신문 칼럼을 쓰기도 했다. 쿠르트 투콜스키(1890~1935)와 에리히 케스트너(1899~1974)는 베를린에서 그들 나름대로 빈의 카를 크라우스에 견줄 만한 활동을 했다. 두 사람은 우선적으로 언급해야 할 전업 소설가와 그다음으로 고려해야 할 전업 극작가 사이를 잇는 교량 같은 존재였다. 두 사람은 여러 필명을 사용하며 거의 모든 잡지에 글을 실었다(크라우스처럼). 둘 다 어머니의 영향을 많이 받았으며(비록 투콜스키는 어머니와 불편한 관계이기는 했지만) 제1차 세계대전을 경험한 뒤 평화주의자가 되었다.

하지만 두 사람의 글은 전투적이었다. 베를린에서 태어나 슈테틴(지금은 폴란드 땅인 슈체친Szczecin)에서 성장한 투콜스키는 이미 17세에 빌헬름 황제의 예술적 취향을 조롱할 만큼 조숙했다. 그는 23세에 연극 잡지 『숀뷔네』(후에 『벨트뷔네』로 이름이 바뀌었다)에 글을 기고하기 시작했으며 훗날 이 잡지의 편집인이 되었다. 투콜스키의 영향으로 『벨트뷔네』는 바이마르 공화국에서 내용이 매우 다채로운 잡지가 되었다. 투콜스키는 시와 서평, 사설, 아포리즘("여자를 읽거나 시를 포옹하라"), 심지어 법정 속기록

등 거의 모든 종류의 기사를 썼으며 군부와 사법부, 검열관, 부르주아지를 맹렬히 비난했고 특히 보수 혁명 세력이 정치적인 동기에서 자행하는 일련의 살인 사건을 고발했다. 그는 이 보수 세력의 행태가 결국 '군중'을 선동해 독일에서 민족사회주의자들만 이롭게 할 뿐이라고 느꼈다.

투콜스키는 바이마르 공화국이 성공하기를 간절히 바랐고, 에리히 케스트너의 표현을 빌리면 "자신의 필력으로 재난을 방지하기 위해" 애쓰는 "작고 통통한 베를린 사람"이었다. 1924년 투콜스키는 『벨트뷔네』의 파리 통신원(공동 편집인 겸임)을 맡았다. 망명이나 다름없는 이 상황에서 그는 같은 유대인이자 자신의 우상이었던 하인리히 하이네처럼 친프랑스 성향의 인물이 되었다. 프랑스에서 그는 매우 날카로운 시각으로 독일과 독일의 변화를 주시했으며 그의 공격으로 명예가 훼손되었다고 느낀 이들에게 여러 차례 고소를 당했다.

투콜스키의 작품은 1929년 포토몽타주 작가 존 하트필드의 사진을 곁들인 통렬한 사회비판서 『독일, 모든 것을 능가하는 독일』에서 절정에 올랐다. 그 자신은 이 작품이 사라지는 조국에 대한 사랑에서 나온 것이라고 강조했고 "그들은 제3제국으로 향할 준비를 하고 있다"고 예언했다.

투콜스키의 문필활동은 그가 기대했던 만큼의 반향을 불러일으키지 못했다. 그는 1930년 스웨덴으로 영주 이민을 갔고 『벨트뷔네』는 계속해서 공격을 받았다. 투콜스키의 후임으로 편집장이 된 카를 폰 오시에츠키는 국방군의 불법적인 공군 재무장의 뒤를 파헤치는 조사를 하다가 투옥되었다. 투콜스키는 독일로 돌아가 오시에츠키를 구명하는 일에 마음은 있었지만 뛰어들지는 못했다. 그는 이 일을 두고두고 후회했다(그는 '군인들이 살인범이다'라는 글을 써서 기소된 상태였다). 투콜스키는 여느 사람들과 달리 히틀러 정권이 무너질 것이며 히틀러가 고질적인 축농증 때문에 허약해질 것이라고는 결코 생각지 않았다. 그는 1935년 12월 수면제 과다 복용으로 죽음을 맞기 전에 오시에츠키가 노벨평화상을 받도록 운동을 펼쳤다. 이 운동은 성공을 거두었지만 오시에츠키가 평화상을 수상한 것은 투콜스키가 자살한 지 1년이 지난 뒤였다.

케스트너는 드레스덴에서 태어났으며 아버지는 안장 제조공이자 미용사였다. 케스트너는 평소 군사훈련이 지나치게 가혹하다고 생각했고(제1차 세계대전이 일어났을 때 그는 15세였다) 역사와 철학, 문학, 연극을 좋아해서 전쟁이 끝난 뒤 라이프치히 대학에서 이 분야를 공부했다. 그는 몇 가지 필명을 사용하면서 『노이에 라이프치거 차이퉁』의 기자가 되었고 1927년 이후에는 베를린으로 옮겨 다양한 지면에 시와 기사, 비평을 발표했다. 이중에는 명망 있는 『포시셰 차이퉁』과 『벨트뷔네』도 있었다. 케스트너는 신즉물주의 운동의 지도적인 인물이 되었는데, 비록 냉정한 성격이기는 했지만 이 운동은 바이마르 시대에 풍자적인 역량을 한껏 발휘했다.

케스트너를 유명하게 만든 작품은 『에밀과 탐정들』(1928)이다. 이 책은 독일에서만 200만 부가 팔려 아동 추리소설이라는 장르를 확립했다(라스트는 케스트너를 "모든 시대를 통틀어 매우 위대한 아동문학가"라고 묘사했다). 그는 또 성인들을 위한 작품도 썼는데 아주 자극적이어서 1933년에 금서로 지정되었고 브레히트와 조이스, 헤밍웨이, 만 형제의 작품과 함께 불살라졌다. 케스트너는 두 차례나 게슈타포에게 체포되면서도 계속 독일에 머무르다가 결국 집필금지 처분을 받았다.

성인을 위한 작품 중 가장 유명한 『파비안』은 본래 '개들에게 가기'라는 제목이었는데 『에밀과 탐정들』로만 케스트너를 기억하던 독자들은 이 작품을 보고 깜짝 놀랐다. 1931년에 발표된 이 소설은 베를린을 무대로 삼고 있다. "동쪽에는 범죄가 살고 중심에는 사기가, 북쪽에는 궁핍이, 서쪽에는 음란이 산다. 모든 구역에 파괴가 도사리고 있다." 파비안은 담배회사의 광고 카피라이터로 고용되어 사회를 불능에 빠뜨릴 추악한 시스템을 영속시키기 위한 구호를 고안하는 일을 맡는다. 비관적인 풍자 속에 방탕한 섹스, 악취를 풍기는 가족관계, 실업 문제는 독일이 히틀러의 출현을 방조하는 것으로 묘사된다. 『파비안』과 『에밀과 탐정들』의 세계에서는 오직 아이들만이 순수하다.

동시에 케스트너는 시에 새로운 생명력을 불어넣었으며 카바레에서 발표된 그의 많은 시는 시대를 생생하게 조명해준다. 다음은 그가 쓴 시의 한 구절이다.

짓는 것마다 병영이 된다.

케스트너가 매우 다양한 형태의 글을 썼다는 사실은 바이마르 시대의 독일이 당면한 상황에 대한 그의 이해 방식을 반영하는 것이었다. 케스트너는 '예술'을 창작하는 것보다 자신의 독자들에게 미칠 효과에 더 관심이 많았다. 그가 투콜스키에 대해 언급한 말은 그 자신에게도 해당된다. 케스트너도 다가오는 대재앙을 자신의 필력으로 막으려 했기 때문이다. 물론 케스트너나 투콜스키의 이런 노력은 실패했다. 하지만 클라이브 제임스가 말한 대로, 바이마르 시대의 독일에서 활동한 두 사람은 "의도적인 고공비행 같은 논리에서 오는 성층권의 산소 결핍 상태"에서 독일어권 문화를 구출해내 풍요롭게 한 것만은 분명하다.

음악의 새로운 원리

주독 영국대사인 다베논 경은 자신의 회고록에서 1925년 이후의 시기를 도시 문화생활의 "화려한 시대"로 묘사했다. 화가, 기자, 건축가들이 베를린으로 모여들었지만 베를린은 무엇보다 연기자를 위한 공간이었다. 한 관찰자에 따르면 베를린에는 120개 신문사 외에 40개의 극장이 "어느 곳에도 견줄 바 없는 정신활동"을 제공하고 있었다. 이때는 또 정치적인 카바레, 풍자적인 노래, 에르빈 피스카토어의 실험극, 프란츠 레하르의 오페레타, 재즈의 황금기였다. 해리 케슬러 백작이 자신의 일기에 벗은 몸을 봐도 별로 에로틱하게 느껴지지 않았다고 털어놓은(그는 동성애자였다) 조세핀 베이커도 있었다.

이처럼 재능이 뛰어난 인물이 많았지만 특히 두드러진 사람은 아널드 쇤베르크, 알반 베르크, 베르톨트 브레히트, 이 세 명의 공연예술가였다. 쇤베르크는 1915년부터 1923년까지 거의 작곡을 하지 않았지만 1923년 들어 어느 비평가가 "음악 구조의 새로운 길"이라고 평한 작품을 발표했다. 바로 2년 전인 1921년 고통스러운 시간을 보냈던 쇤베르크는 "다음 100년 동안 독일 음악의 우수성을 확인하게 될 무엇"을 발견했다고 말한 적이 있다.[24] 이것은 음렬음악serial music*이라고 알려진 것이었다. 음렬주의Serialism는 음악의 '새로운 원리'라고 할 만한 양식은 아니었다. 쇤베르크가 이보다 먼저 창안한 무조음악atonalism은 부분적으로 음악 작곡에서 개인적인 지적 능력을 제거하도록 짜인 구조였다. 음렬주의는 여기서 한발 더 나아가 지배적인 음표의 사용을 최소화한다. 이런 구조에서 작곡은 작품별로 목표와 다양성을 중시하는 방향으로 나가며 크로매틱 스케일chromatic scale**의 12음계 음렬로 만들어진다. 보통 각 열에서 어떤 음표도 반복되지 않기 때문에 어떤 낱개의 음표가 다른 음표보다 더 중시되는 경우는 없으며 장·단조를 갖춘 전통 음악에서처럼 중심 음정Tonal Center의 느낌은 없어진다. 음렬주의의 가락은 음조가 매우 들쑥날쑥하고 박자의 간격이 커서 종종 변덕스러운 느낌을 준다. 이렇게 새로운 시스템에서는 흔치 않은 음역에서 성악과 기악을 활용하는 것을 포함해 엄청난 변주가 가능하다. 루돌프 제르킨은 주위 사람들에게 쇤베르크라는 인간을 좋아하지만 "그의 음악은

*열列의 개념을 음높이뿐만 아니라 음의 강도, 음가, 음색 등 모든 매개변수에 적용시킨 음악을 말한다.

**반음계. 한 옥타브 이내의 모든 반음을 높은 순으로 늘어놓은 음계이며, 12음으로 구성된다.

좋아하지 않는다"고 말하기도 했다.[25]

최초의 완벽한 음렬주의 작품으로는 흔히 1923년에 초연된 쇤베르크의 피아노 모음곡(작품번호 25)이 꼽힌다. 알반 베르크(1885~1935)와 안톤 폰 베베른(1883~1945) 두 사람은 쇤베르크의 새로운 기법을 작곡에 열광적으로 적용했다. 많은 사람이 볼 때 베르크의 두 오페라 「보체크」와 "우아하면서도 잔인한" 「룰루」는 무조음악에 이어 음렬주의를 채택한 작품 중 가장 낯익은 것이 되었다. 베르크는 1918년 게오르크 뷔히너의 미완성작을 토대로 「보체크」를 쓰기 시작했지만 이 작품이 무대에 오른 것은 1925년 베를린에서였다.[26] 큰 키에 미남이었던 베르크는 쇤베르크나 베베른보다 낭만주의의 영향을 덜 발산한 편이었다(아마 이것이 베르크의 작품이 더 인기를 끈 이유일 것이다). 론도와 자장가, 군대행진곡 등을 다채롭게 사용한 「보체크」는 각각의 인물을 생생하게 묘사해 분위기와 형식에서 매우 풍요로운 효과를 거두었다.[27] 에리히 클라이버가 지휘한 공연 첫날밤은 "전례 없이 여러 차례의 리허설을 거친 끝에" 겨우 막이 올랐다. 어찌 됐든 이 오페라는 관객의 열광적인 반응을 이끌어냈다. 한편으로는 "타락했다"는 딱지가 붙었고, 『도이체 차이퉁』의 비평 기사가 "우리는 지금 음악적인 관점에서 공공복리에 위험한 작곡가를 언급하고 있다"는 표현을 쓰기도 했지만 또 한편으로는 "끝없는 갈채"가 이어졌고 유럽의 다른 오페라극장에서는 「보체크」를 공연하라고 아우성이었다. 쇤베르크는 그를 시샘했다.[28]

「룰루」는 어떤 면에서 「보체크」와는 정반대라고 할 수 있다. 병사 보체크가 주위 사람들에게 희생되는 데 반해 룰루는 약탈자 같은 인물로 "그녀가 손대는 모든 것을 파괴하고" 상대를 유혹해 쓰러뜨리는 부도덕한 여자이기 때문이다. 프랑크 베데킨트의 두 희곡을(27장 참고) 바탕으로 만든 음렬주의 오페라 「룰루」는 또 무조음악에 가깝다. 1935년 베르크가 사망할 때까지 완성하지 못한 이 오페라는 정교한 콜로라투라coloratura* 같은 고도의 예술적 기교로 가득 차 있으며 창녀로 표현된 여주인공과 그녀의 살인자 사이에 긴장감이 감돌고 있다. 룰루는 그녀를 두려워한 남자에게 살해되는 "새로운 세기의 전도사"다. 오페라의 무대 배경은 누구보다 베르톨트 브레히트가 자리잡고 있는 베를린의 구체적인 표현이기도 하다.

베르크와 마찬가지로 쿠르트 바일과 파울 힌데미트, 브레히트는 1918년에 창립된 '11월 그룹'의 회원으로 새로운 예술을 새 시대에 걸맞게 전파하는 일에 몰두했다. 이 그룹은 1924년 바이마르 공화국 2기로 접어들 무렵 해체되긴 했지만 그 혁명정신은 살아남아 브레히트의 양식으로 이어졌다. 브레히트(1898~1956)는 1898년 아우구스부르크에서 태어났다. 그는 영화로부터 영향을 받으며 성장한 최초의 예술가, 작가, 시인 세대였으며, 무엇보다도 찰리 채플린에게서 커다란 영향을 받았다. 브레히트는 늘 미국과 미국적인 사고에 매혹되었고 재즈와 업턴 싱클레어의 작품으로부터 영향을 받기도 했다.[29]

베르톨트 브레히트(중간 세례명인 오이겐은 브레히트 자신이 빼버렸다)는 아우구스부르크에서 자신감 넘치고 "쌀쌀맞은" 아이로 성장했으며, 어느 관찰자에 따르면 "너구리처럼 조심스러운 눈"을 지녔다고 한다.[30] 시인으로 출발한 브레히트는 기타 반주에 재능이 있었으며 몇몇 증인(리온 포이히트방거와 같은)에 따르면 "명백하게 혁명의 냄새를 풍기며" 다른 사람의 일에 "자기주장을 하고" 나서는 습관이 있었다. 브레히트는 카를 크라우스, 카를 추크마이어, 에르빈 피스카토어, 파울 힌데미트, 쿠르트 바일, 게르하르트 하웁트만, 엘리자베트 하웁트만, "올챙이처럼 생긴" 배우 페테르 로레 등과 친교를 맺으며 합동 작업을 했다. 브레히트는 20대에 연극과 마르크스주의, 그리고 베를린에 매료되었다.

바이마르 시대 독일의 연극에서 전쟁 주제는 인기가 없었다. 「바알 신」 같은 브레히트의 초기 작품은 명백히 이 노선을 벗어나 아방가르드 예술

---

*오페라 등에서 화려한 기교를 담은 악구.

가 사이에서 명성을 안겨주었다.[31] 그에게 최초로 진정한 명성을 안겨준 작품은 「서푼짜리 오페라」였다. 이 작품은 1728년에 나온 발라드 오페라ballad opera*인 존 게이의 「거지 오페라」를 바탕으로 만들어졌다. 「거지 오페라」는 1920년 런던의 오페라 극장에서 니겔 플레이페어가 무대에 올려 4년 동안 공연된 작품이다. 존 게이의 주목표는 이탈리아 그랜드오페라grand opera** 의 허세를 조롱하는 것이었다. 하지만 브레히트는 엘리자베트 하웁트만이 번역한 것을 지혜롭게 빅토리아 시대의 분위기에 더욱 절실한 줄거리로 바꿔 부르주아지의 체면과 자기만족적인 자화상을 공격하는 볼거리로 만들었다.[32]

리허설은 뒤죽박죽이었다. 섹스에 대한 노래는 여배우가 부르기를 거절하는 바람에 뺄 수밖에 없었다. 공연 첫날은 순조로운 출발을 보이지 못했다. 배럴 오르간***은 첫 노래를 제대로 따라가지 못해 배우는 제1연을 반주 없이 불러야 했다(소리가 좀 튀기는 했지만 오케스트라가 재편성되어 제2연을 반주했다. 더욱이 이 공연은 7명의 악사가 23개의 악기를 다루도록 편곡되었다).[33] 하지만 맥히스와 경찰서장 타이거 브라운의 이중창으로 과거 인도 시절을 추억하는 세 번째 노래는 굉장한 환호를 받았다. 이 오페라가 성공한 부분적인 이유는 작품 속에서 마르크스주의가 약화되었기 때문이다. 브레히트의 전기를 쓴 로널드 헤이먼은 다음과 같이 말한다. "부르주아지에게 그들이 냉혹한 범죄와 어떤 공통점이 있는지 말하는 것이 전적으로 모욕적인 것은 아니었다. 방화와 목 베기는 단지 아름다운 가락으로 무심히 언급될 뿐이였으며 잘 차려입은 사무실의 기업가는 '졸부'의 사회적 허세를 흉내내는 강도보다 훨씬 더 안정감을 주는 모습으로 비쳤다." 이 공연이 성공한 또 다른 이유로는 현대에도 의미 있는 오페라라고 할 수

---

*18세기 초 영국에서 유행한 것으로, 이미 잘 알려진 음악을 이용하던 극의 일종.

**화려하고도 대규모인 오페라.

***자동장치에 의해 연주자 없이 특정한 악곡을 연주하는 오르간.

있는 시대오페라Zeitoper*가 당시 독일에서 유행했던 점을 꼽을 수 있다. 1929~1930년에 나온 이와 비슷한 예로는 신문사 간의 경쟁을 다룬 힌데미트의 「매일 뉴스」, 에른스트 크레네크의 「조니가 연주하다」, 막스 브란트의 「기관사 홉킨스」, 쇤베르크의 「오늘부터 내일까지」가 있다.

브레히트와 바일은 현대사회를 비유한 「서푼짜리 오페라」처럼 「마하고니 시의 흥망」으로 거듭 성공을 거두었다. "마하고니는 소돔과 고모라처럼 범죄와 부도덕, 전체적인 주민의 혼란상과 마주친다"는 바일의 표현에서 엿볼 수 있듯, 관객과 비평계의 반응은 모두 극단적이었다.[34] 브레히트에게 중요했던 또 다른 것은 서사극Episches Theater**이었다. "과거의 연극은 인간 본성이 바뀔 수 없다는 사실을 전제로 했다. 서사극은 이 본성이 바뀔 수 있을 뿐만 아니라 이미 바뀌고 있다는 가정에서 출발한 것이다."[35]

나치스는 차츰 브레히트와 바일을 주시했다. 1929년 바일이 순전히 호기심에서 나치스의 집회에 참석했을 때 그는 자신이 알베르트 아인슈타인, 토마스 만과 더불어 "국가에 위험한 인물"이라는 말을 듣고 찔끔했다. 바일은 남몰래 서둘러 독일을 떠났다.

할리우드를 빼고는 최고

레마르크가 미국, 특히 할리우드에 도착했을 때 그는 생각했던 것보다 훨씬 더 편안함을 느꼈던 것으로 보인다.[36] 이 장은 영화 「칼리가리 박사의 밀실」에 대한 묘사로 시작했다. 이 작품이 독창적인 표현주의 영화임에는

*바이마르 시대와 연관된 주제로 당시 잠시 등장했던 오페라 형식.

**브레히트가 자신의 연극을 설명하기 위해 사용한 말로, 기존 연극, 즉 플롯을 중심으로 한 극적 구조를 거부하고 서사의 제시를 통해 관객 스스로가 극적 진실을 판단하도록 하는 변증법적인 연극 양식을 말한다.

분명하지만 결코 유일한 표현주의 작품은 아니었다. 사실 1920년대의 바이마르 공화국 시대가 독일 영화의 황금기에 해당된다는 것은 의심할 여지가 없는 사실이었다. 이때는 독일 영화가 창조력과 영향력 면에서 할리우드와 경쟁하는 시대였으며, 무척이나 아름답고 비중이 큰 영화를 다수 제작한 위대한 독일 영화감독의 황금기이기도 했다. 나아가 이 황금기 세대에 속하는 프리츠 랑(1890~1976), F. W. 무르나우(1888~1931), 에른스트 루비치(1892~1947), 로버트 시오드맥(1900~1973), 빌리 와일더(1906~2002), 오토 프레민저(1906~1986), 프레드 지네먼(1907~1997)은 이후 미국에서 결실을 맺었다. 무르나우를 제외하고 모두 유대인이었던 이들은 히틀러가 권력을 잡기 전이나 잡은 직후에 미국을 떠났다. 이들 중 다수가 오늘날 우리가 아는 영화를 창조하는 데 기여했다고 해도 지나친 말이 아니다.

바이마르 시대의 영화에 대한 연구는 최근에 와서 어느 정도 수정되고 있다. 전통적으로 1920년대 독일 영화는 정확한 현실 묘사보다는 현실에서 발생한 감정을 중시하는 예술 형식이라 할 수 있는 '표현주의'로 묘사되었다. 이때 현실의 일그러진 형태distortion는 지배적인 주제로서 이국적인 효과와 인물, 환상, 그리고 (빈번한) 공포와 함께 애용되는 기법이었다. 이 같은 요소가 바이마르 시대 초기에 나타난 독일 영화의(이 점과 관련해서는 라인하르트와 브레히트의 연극도) 특징이라는 것을 부인하는 사람은 아무도 없다. 하지만 한편으로 현재의 일반적인 시각은 당시 영화가 키르히너나 클레, 놀데보다는 아르누보와 마르셀 뒤샹, 한스 리히터, 페르낭 레제의 좀더 기계적인 모더니즘으로부터 영향을 받은 것으로 보고 있다. 1920년대를 거치면서 몽타주*는 로버트 시오드맥의 「일요일의 사람들」(1929)이나 빌리 와일더, 프레드 지네먼, 그리고 즐라탄 두도프와 브레히트가 공동 제작한 「쿨레 밤페」에서 보듯 지배적인 기법이 되었다.[37]

이 당시는 무성영화가 유성영화에 밀려나고 어디서나 영화 관객이 늘어나는 시대이기도 했다. 하지만 독일에서는 독일 영화의 성공을 설명하기 위해서는 뭔가 다른 요인으로서 어떤 기본적인 특징을 주목할 필요가 있다는 주장이 제기되었다. 이런 주장이 가장 분명하게 드러난 곳은 1930년 지그프리트 크라카우어(1889~1966)가 발표한 저서였다. 크라카우어 또한 미국으로 건너갔고 이후 바이마르 시대의 독일 영화에 대한 독창적인 저서를 냈는데, 책 제목은 '피고용자'나 '노동자'를 뜻하는 『고용자들』이지만 사실 크라카우어는 이 책에서 제1차 세계대전 이후에 형성된 새로운 계급인, 오늘날 영어로 '화이트칼라 노동자'와 비슷한 계층을 검증하고자 했다.[38] 그는 구경거리를 열망하는—또는 좋아하는—이 계급이 갖는 특징을 뿌리없음, 육체적인 격리, 정서적인 불안정으로 규정했다. 현대 생활이 더 간결하고 단조로워짐에 따라 이 새로운 계급은 여가 시간에 '오락문화'로 부르는 것을 개발했다는 것이다. 마찬가지로 엘리자베스 하비는 바이마르 시대의 독일에서 대중매체가 발달했고 중산층보다는 노동계층에서, 남성보다는 여성 사이에서 대중매체의 효과에 변화가 생겼다고 주장했다.[39] 크라카우어의 저서는 20세기 후반에 서구세계를 지배하며 인기를 끈 사회학적 분석의 긴 계보에서 최초의 모델이었다. 어째서 바이마르 시대의 영화에 그 같은 수요가 발생했는지 설명하려고 애썼던 크라카우어는 오락영화가 생각보다 많이 만들어졌고 상류사회와 하층계급의 문화가 뒤섞인 형태가 영화의 본령을 이루고 있다고 말했다. 연극이나 오페라보다는 영화를 보러 가는 것이 호프만슈탈이 말한 '사회 전체의 의식'을 경험할 기회를 제공했다. 비스마르크 개혁의 손길이 미치지 않은 사회의식을 동일하면서도 이전에는 결코 경험하지 못한 규모로 경험할 수 있는 기회였다.

황금기 세대 중 가장 앞선 인물은 누구였을까? 아마 루비치일 것이다.

---

*영화나 사진 편집 구성의 한 방법. 따로따로 촬영한 화면을 적절하게 떼어 붙여서 하나의 긴밀하고도 새로운 장면이나 내용으로 만드는 일. 또는 그렇게 만든 화면.

에른스트 루비치(1892~1947)는 베를린에서 유대인 재단사의 아들로 태어났다. 그는 19세에 막스 라인하르트의 '도이치 극단'에 들어가 1년 뒤 배우로 데뷔했다. 하지만 그는 배우보다는 감독이 되고 싶어했고, 제1차 세계대전이 끝날 무렵 세 작품의 감독을 맡아 연달아 성공을 거두었다. 첫 작품은 폴라 네그리가 주연한 「미라의 눈」이었으며 이어서 같은 배우가 출연한 「카르멘」이 나왔다. 같은 해에 루비치는 또 미국인의 별난 취미를 풍자하는 희극 「굴 공주」를 내놓았다. 「굴 공주」에서 루비치는 훗날 그의 트레이드마크가 된 '루비치 터치'라는 독특한 기법을 처음으로 선보였다. 루비치 터치란 간단한 장면—단사single shot* 같은—과는 대조적으로 시각적인 여러 요소를 곁들여 인물의 동기를 요약하고 줄거리를 알아듣게 설명하는 부드러운 코미디였다.

이런 성공에 힘입은 루비치는 1922년 할리우드로 가서 전혀 다른 유형의 영화 두 편으로 이름을 날렸다. 이 영화는 희극 또는 부조리 희극으로 대하역사극이었다. 루비치는 무성영화 시대가 끝나갈 무렵 다수의 고전 영화를 제작했지만(「윈더미어 부인의 부채」「학생 왕자」), 유성영화 시대가 열리자 초기의 뮤지컬 영화 「러브 퍼레이드」「중위의 웃음」을 내놓았다. 1935년 루비치는 엠지엠MGM 사의 프로덕션 매니저로 임명되었고 거대한 스튜디오를 운영하며 감독 일에 전념했다. 연달아 성공작을 발표하던 그는 1939년에는 빌리 와일더와 공동으로 쓴 「니노치카」의 감독을 맡아 그레타 가르보를 출연시키기도 했다. 이 영화의 홍보 문구로 내건 "가르보가 웃다!"라는 말은 곧 유명해졌다. 루비치는 나치스가 정권을 잡자 독일을 완전히 떠났고 1936년에는 미국 시민권을 얻어냈다.

프리츠 랑(1890~1976)은 빈에서 태어나 파리에서 공부했다. 제1차 세계대전에서는 러시아와 루마니아 전투에 참전해 세 차례나 부상을 입었다.

---

*한 번의 셔터 작업에 여러 장면을 찍는 연사와 달리 한 컷만 찍는 기법.

랑은 어떤 면에서는 전형적인 표현주의 감독으로, 에리히 포머의 영화사에서 일을 시작했다. 유성영화가 등장하기 전 포머 사의 영화는 하나같이 스파이와 거친 여자, 역사적 영웅, 대범죄자, 폭군을 등장시켰다. 랑은 예산 규모가 큰 장편 서사영화epic를 좋아했으며 막스 라인하르트가 유행시킨 특수효과를 즐겨 사용했다. 그는 아마 바이마르 시대의 독일에서 가장 유명한 영화감독이었을 것이다. 랑의 작품은 프란츠 카프카와 레이먼드 챈들러*를 절충한 형태에 비유되었다. 무성영화 시대에 최대 히트를 기록한 「메트로폴리스」는 전 세계적으로 가장 많은 예산을 투입한 작품이었고, 「엠」은 아동 살인범의 심리를 파헤치는 영화로(뒤셀도르프에서 발생한 실화를 바탕으로 하였으며 페테르 로레가 주연을 맡았다) 동료 범죄자가 범인을 추적해 재판정에 세우는 줄거리다. 많은 사람이 이 영화를 랑의 걸작으로 꼽는다.[40] 괴벨스가 랑을 자신의 사무실로 불러서 랑의 최근작 「마부제 박사」가 군중을 선동하므로 상영을 금지하도록 명령하는 한편 랑에게 우파UFA**의 책임자 자리를 제안했다는 유명한 이야기가 있지만 근거가 불확실하다. 유대인이었던 랑은 곧 독일을 떠나 할리우드로 갔고 그의 아내 테아 폰 하르부는 독일에 남아 나치당에 협력했다는 것이 정설이다.

미국에서 랑은 엠지엠 사에 고용되어 필름 누아르film noir***가 출현하는 데 적어도 어느 정도는 기여했다(물론 프랑스식 명칭이기는 하지만). 이 분야에서 가장 유명한 랑의 영화는 글렌 포드와 리 마빈이 출연한 「격노」였다. 랑은 쿠르트 바일이 음악을 맡은 「너와 나」, 베르톨트 브레히트와 같이 쓴 「교수형 집행관의 죽음」 같은 작품에서 헨리 폰다, 스펜서 트레이시, 마를레네 디트리히, 바바라 스탠윅, 타이론 파워, 에드워드 G. 로빈슨 등 많은 배우와 함께 영화를 제작했다. 랑은 말년에 독일로 돌아갔다.

---

*구성·묘사·대화의 기교가 뛰어나 하드보일드파의 거장으로 평가되는 미국 추리 소설가.

**1917년에 창립된 독일 최대의 영화사.

***주로 암흑가를 무대로 한 1950년대의 할리우드 영화를 가리켜 프랑스 비평가들이 붙인 이름이다.

본명이 자무엘 빌더인 빌리 와일더(1906~2002)는 지금은 폴란드 땅인 오스트리아-헝가리 제국의 영토에서 성장했다. 빈 대학에서 공부한 그는 베를린에서 기자가 되기 위해 대학을 중퇴했다. 와일더는 처음에는 스포츠면을 맡아 기사를 썼는데, 영화비평으로 바꾸면서 시나리오 집필에 취미를 붙였다. 와일더는 1929년에 나온 영화 「일요일의 사람들」에서 에드거 울머, 로버트 시오드맥, 오이겐 쉬프텐, 프레드 지네먼 등과 공동 연출을 맡았다. 1933년 그는 독일을 떠나(모자 안에 1000달러를 넣고서) 파리를 경유해 할리우드로 갔다(영국 배에 타 영어를 배우며). 로스앤젤레스에서 와일더는 페테르 로레와 한 아파트에서 생활했다. 독일에 남은 어머니와 할머니, 계부 등 와일더의 가족은 모두 아우슈비츠에서 사망했다.[41]

와일더의 첫 번째 성공작은 루비치와 함께 시나리오를 쓴 「니노치카」였다. 이후 그는 황금기를 통틀어 가장 화려한 경력을 쌓아나갔다. 아니면 적어도 사람들이 가장 많이 기억하는 감독이 되었다. 와일더의 영화 중 언급할 만한 것은 보험금을 챙기기 위해 음모를 꾸미는 살인범의 이야기인 「이중 배상」(1944)과 알코올 중독을 파헤치는 「잃어버린 주말」(1946), 복귀를 꿈꾸는 나이 든 영화배우의 이야기 「선셋 대로」(1950), 황색 저널리즘을 고발하는 「비장의 술수」(1951), 이밖에 「7년만의 외출」(1955), 「뜨거운 것이 좋아」(1959), 「아파트 열쇠를 빌려드립니다」(1960) 등이 있다. 이 모든 작품은 더 이상 언급이 필요 없을 정도로 유명한 것들이다. 덧붙일 것은 이 영화들을 제작하는 과정에서 와일더는 윌리엄 홀든, 프레드 맥머리, 희극배우 제임스 캐그니 같은 주연급 배우들에게 예상 밖의 배역을 맡겨 아카데미상을 수상하게 했다는 사실이다. 특히 1974년에 나온 「특종 기사」에서 잭 레먼이 월터 매소와 짝을 이루도록 한 것도 와일더였다. 자신의 몇몇 작품에서 할리우드의 검열 관행을 타파했다는 평가를 받는 와일더는 여섯 차례나 아카데미상을 수상했고 15회나 후보로 추천되었다. 그가 사망했을 당시 프랑스의 한 신문은 사망 기사의 제목을 "빌리 와일더 숨지다. 아무도 완벽한 사람은 없다"라고 달았다.

에리히 코른골트(1897~1957)는 감독이 아니라 작곡가로서 지금은 체코공화국의 영토가 된 오스트리아-헝가리 제국의 브륀에서 유대인 음악평론가의 아들로 태어났다. 코른골트는 알렉산더 폰 쳄린스키에게 음악을 배웠는데, 슈트라우스와 말러 두 사람은 코른골트의 작품을 좋아했다. 특히 말러는 코른골트를 "음악의 천재"라고 불렀다. 코른골트는 1934년 미국으로 건너가 멘델스존의 「한여름 밤의 꿈」을 개작한 것을 시작으로 수많은 영화음악을 작곡했다. 「한여름 밤의 꿈」은 셰익스피어의 고전 희곡을 각색한 1935년 막스 라인하르트의 영화에 코른골트가 음악을 맡은 작품이다. 1938년 코른골트는 에럴 플린이 제작한 「로빈 후드의 모험」의 영화음악을 작곡해달라는 요청을 받았다. 독일이 오스트리아를 합병하자 당시 할리우드에 있었던 코른골트는 그대로 캘리포니아에 남았다. 그가 영화계에서 쌓은 명성은 벳 데이비스와 폴 헨리드, 클로드 레인스가 출연한 「사기」 「앤서니 애드버즈」 「엘리자베스의 스캔들」 「영원의 처녀」 「인간의 굴레」의 영화음악을 작곡함으로써 얻은 것이다. 그는 또 피아노와 바이올린, 첼로를 위한 협주곡과 교향곡 하나를 작곡했고 슈트라우스와 오펜바흐의 오페레타를 편곡하기도 했다. 반음계의 기법이 풍부한 코른골트의 음악세계는 마침내 20세기 음악사에서 진지하게 취급되기 시작했고, 1920년대에 대대적인 성공을 거둔 오페라 「죽음의 도시」(1920)는 최근 본과 빈, 샌프란시스코, 런던 등지에서 다시 공연되고 있다.[42]

또 「푸른 천사」를 빼놓을 수 없다. 일부 비평가에게 유성영화 최초의 걸작인 동시에 독일을 대표하는 최초의 유성영화라는 평가를 받는 이 작품은 네 명의 걸출한 천재를 배출했다. 27장에서 언급한 대로 이 영화는 하인리히 만의 소설 『운라트 교수』를 각색한 것으로 학생들의 비행을 적발하려던 교사가 오히려 나이트클럽의 여가수를 사랑하면서 절망적인 상황에 빠지는 줄거리다. 1930년에 나온 이 영화는 카를 추크마이어와 공동으로 시나리오를 쓴 요제프 폰 슈테른베르크가 감독을 맡았으며 에밀 야닝스와 마를레네 디트리히라는 스타를 배출했다.

슈테른베르크(1894~1969)의 본명은 요나스 슈테른베르크로, 할리우드에서 스튜디오 생활을 하면서 이름에 '폰von'을 붙였다. 그는 빈 출신의 오스트리아 유대인이었지만 아버지가 미국에서 새 출발을 하면서 뉴욕에서 어린 시절을 보냈다. 슈테른베르크는 필름을 재생하는 일을 하다가 이것을 자신의 사업으로 개척했다. 슈테른베르크의 초기 영화에 관심을 보인 찰리 채플린이 그를 할리우드로 초대했고 여기서 그는 일련의 갱 영화로 명성을 쌓았다(1920년대는 금주법의 시대였다). 이런 경력을 발판으로 슈테른베르크는 1930년 독일로 건너가 「푸른 천사」를 독일어와 영어로 제작했다.

카를 추크마이어(1896~1977)는 마인츠에서 성장했으며 제1차 세계대전 기간에 서부 전선의 전투에 참가했다. 그는 1917년 평화주의적인 전쟁 시 모음을 발표했다. 초기의 희곡은 별다른 주목을 받지 못했지만 1924년 베를린의 도이치 극단에서 베르톨트 브레히트와 더불어 희곡작가가 되었다. 이때 집필한 「즐거운 포도밭」(1925)으로 그는 클라이스트 상을 수상했다. 또 뷔히너 상을 수상한 1930년에 나온 「푸른 천사」만이 유일하게 대성공을 거둔 작품은 아니었다. 하지만 1933년 이후 추크마이어의 희곡은 금서 목록에 올랐다. 그는 스웨덴을 거쳐 미국으로 건너가 할리우드에서 몇 편의 작품을 썼지만 이후 버몬트로 가서 농장을 매입했다. 제2차 세계대전 이후에는 전범조사국의 일을 도우며 독일 문화담당관으로 일하기도 했다. 이밖에 그가 쓴 몇몇 다른 희곡이 독일에서 성공을 거두어 1952년 추크마이어는 괴테 상을 수상했다.

「푸른 천사」는 부분적으로 정서적 충격을 강화한 슈테른베르크의 조명 효과의 덕을 보기도 했고 하인리히 만의 원작을 영화적 기법으로 표현한 추크마이어의 각본도 큰 공헌을 했다고 볼 수 있다. 원작에서 운라트 교수는 그다지 호감 가는 형은 아니지만 자신만만한 인물에서 몰락한 계층으로 변한다. 운라트 역을 맡은 에밀 야닝스(1884~1950)는 독특한 목소리와 말투로 당시에는 마를레네 디트리히보다 훨씬 더 유명한 배우였다.[43] 영화 촬영이 시작될 무렵 스위스 출신의 야닝스는 「육체의 길」과 「마지막 사람」으로 최초의 아카데미 남우주연상을 수상했다. 하지만 유성영화가 등장하자 그의 투박한 독일식 악센트는 할리우드에서 밀려날 수밖에 없었다. 제3제국 시절에 야닝스는 「총통의 원칙」(1937), 「비스마르크 실각」(1942) 등 몇몇 선전영화에 출연했는데, 괴벨스는 1941년 그에게 '국가 예술가'라는 찬사를 보냈다. 이 일로 야닝스는 전후에 실시된 탈나치화Denazification* 과정에서 홍역을 치러야 했다.

하지만 사람들이 「푸른 천사」에서 기억하거나 알고 있는 것은 무엇보다도 마를레네 디트리히(1902~1992), 그녀의 매혹적인 목소리와 멋진 다리였다(모든 시대를 통틀어 디트리히의 스타킹과 가터를 보여주는 포스터는 굉장히 유명하다). 베를린의 쇠네베르크에서 경찰관의 딸로 태어난 디트리히는 「푸른 천사」에 출연할 만큼 유명하지는 않았다. 학교에서 바이올린을 배운 디트리히는 막스 라인하르트의 '드라마 아카데미' 오디션에서 떨어지고 합창단원으로 들어갔으며 베데킨트의 연극 「판도라의 상자」에 단역으로 출연하기도 했다. 그녀는 「푸른 천사」에서 나이트클럽 가수인 롤라 역을 맡았는데, 관객들은 그녀가 노래할 때의 허스키하고 삶에 지친 듯한 목소리에 매혹되었다. 특히 '다시 사랑에 빠지다'라는 노래는 디트리히를 유명하게 만들었을 뿐만 아니라 그녀와 동의어가 되었다("그녀에게 목소리밖에 없다 해도 그 목소리만으로 당신을 애수에 젖게 할 것이다"라는 어니스트 헤밍웨이의 말은 유명하다). 이 영화가 성공을 거두자 파라마운트 사는 디

*1945년 독일을 점령한 연합국이 독일의 전쟁 도발을 막기 위해 정치, 경제, 교육 분야에서 실시한 의식 정화 정책.

트리히를 독일의 가르보로 홍보했고 디트리히는 역시 슈테른베르크가 감독한 「모로코」로 미국 영화에 데뷔했다.[44]

디트리히는 빌리 와일더와 앨프리드 히치콕, 오선 웰스가 감독한 영화에 출연하면서 제임스 스튜어트, 존 웨인의 상대역을 맡았다. 그녀는 제2차 세계대전에서 적극적으로 활동했는데 '전략정보국OSS'을 위한 반나치 레코드를 만들며 전쟁공채기금을 모금한 1세대 배우가 되었다. 무엇보다 패튼 장군이 지휘하는 부대에서 때로는 톱 연주를 하면서까지 부른 '릴리 마를레네'는 매우 유명하다.[45] 전후 영화배우로서의 경력을 마친 디트리히는 버트 배커랙의 지도로 카바레 가수로 변신했다. 1960년 디트리히가 독일로 돌아왔을 때 그녀를 맞는 독일의 분위기는 찬사와 비난이 뒤섞인 것이었지만 그녀는 베를린의, 자신이 자라난 곳에서 멀지 않은 곳에 묻혔다.

운라트 교수의 몰락은 바이마르 공화국의 종말을 암시했다. 「푸른 천사」는 나치 독일에서 상영금지 처분을 받았다.

제32장

바이마르: 20세기 물리학, 철학, 역사의 황금기

전쟁의 흔적은 과학의 많은 분야에서 수년 동안 지속되었다. 연합국은 1919년 국제연구협의회를 설립했는데, 독일과 오스트리아는 여기서 배제되었다. 1925년 로카르노 조약*이 체결되면서 이 같은 규정이 완화되었지만, 독일과 오스트리아의 과학자들은 이런 화해의 제스처를 달가워하지 않았다. 냉기류는 좀더 비공식적인 분야에서도 존재했다. 독일인은 국제적인 학술회의에 참석하는 것이 금지되었고 회원 자격도 주어지지 않았으며 이들의 연구 결과는 주요 학술지에 게재되지 않았다. 특히 독일의 물리학자들은 1923년까지 국제물리학회의인 솔베이 회의Solvay Conference에 참석하지 못했다.[1]

이와 때를 같이하여 바이마르 공화국에서는 새로운 기구가 창설되었다.

*중부 유럽의 안전보장을 위해 유럽 국가들이 1925년 10월 16일 스위스 로카르노에서 발의해 12월 1일 영국 런던에서 체결한 국지적 안전보장조약.

대학과 아카데미, 카이저빌헬름협회에서 공동으로 주관하는 독일 과학 지원기금이었다. 기구의 재정과 조직이 차츰 개선되면서 개인적인 차원에서까지 문제점이 드러나기 시작했다. 아인슈타인은 반유대주의를 경험하기 시작했는데 그것은 비단 아인슈타인 한 사람이 아니었다. 리하르트 빌슈테터는 1915년 엽록소를 밝힌 공로로 노벨화학상을 수상했다. 그는 제1차 세계대전 기간에 삼중 가스마스크를 발명해 철십자 훈장을 받은 인물이었다. 하지만 빌슈테터는 뮌헨에서 교수로 지내다가 뮌헨에 반유대적인 기류가 무척 강해지자 교수직을 그만두었다.[2]

이 같은 난처한 상황에서도 과학계에서는 활기찬 현상이 일어났다. 1919년에서 1932년까지의 기간은 물리학, 특히 이론물리학의 황금기였다. 물론 상당 부분 국제적인 노력에 따른 결실이기는 했지만 이 당시 무게중심은 코펜하겐과 괴팅겐, 뮌헨에 있는 세 군데 연구소로 쏠렸다.

1921년 1월에 코펜하겐에 닐스 보어(1885~1962)의 이론물리학 연구소가 설립된 데 이어 1922년에 보어는 노벨상을 수상했다. 그는 제1차 세계대전 직전에 전자가 일정한 형태에 있을 때에만 원자핵의 궤도에 진입한다는 것을 설명했는데, 이는 원자 구조를 막스 플랑크의 양자 개념과 결합시킨 것이었다. 노벨상을 수상하던 해 보어는 연속적인 궤도껍질orbital shell* 에는 오직 정확한 수의 전자만 포함될 수 있다는 것을 보여주면서 물리학과 화학 사이에 기본적인 연결고리가 있음을 설명했다. 그는 유사한 특징을 보이는 원소도 똑같은 작용을 한다고 소개했는데 그 이유는 이 원소가 바깥껍질에 있는 전자와 유사한 배열 상태를 지니고 있기 때문이라고 했다. 이 바깥껍질은 화학반응에서 가장 많이 활용되는 형태라는 것이다.

*전자는 원자핵의 궤도를 도는데 이때 에너지 등급에 따라 존재하는 궤도를 말한다.

양자 비국소성의 출현

코펜하겐에서 공부한 기라성 같은 국제적인 물리학자 중 한 사람은 스위스–오스트리아인인 볼프강 파울리(1900~1958)였다. 1924년 땅딸막한 23세의 청년이었던 파울리는 과학적인 문제로 벽에 부딪힐 때마다 의기소침해졌다. 그는 특히 한 가지 문제에 골몰하면서 코펜하겐 거리를 배회했다.[3] 이것은 원자핵 주위를 도는 모든 전자가 왜 안쪽껍질로 몰려들지 않는지 이해하는 사람이 아무도 없다는 사실에서 비롯된 문제였다. 이 문제는 전자가 빛의 형태로 에너지를 발산할 때 마땅히 일어나야 하는 의문이었다. 오늘날 알려진 사실은 각각의 전자껍질은, 안쪽껍질은 하나의 궤도만을 지니는 데 비해 바깥껍질은 4개의 궤도를 지니도록 배열된다는 것이다. 파울리의 업적은 어떤 궤도도 두 개 이상의 전자를 포함할 수 없다는 사실을 보여준 데 있다. 한 궤도에 전자가 두 개라면 이것은 '꽉 찬' 것이고 다른 전자는 진입할 수가 없어 그다음의 바깥궤도로 가야 한다. 이 말은 안쪽껍질(하나의 궤도)은 두 개 이상의 전자를 포함할 수 없으며 바깥껍질(4개의 궤도)은 8개가 넘는 전자를 포함할 수 없다는 사실을 의미한다. 이 이론은 '파울리의 배타원리'*로 알려졌으며 그 미적 구조를 계기로 이 이론은 화학적 반응 형태에 대한 보어의 설명으로 확대되었다. 예를 들면 첫 번째 궤도에 전자 하나를 가진 수소는 화학적으로 활발하다. 그러나 첫 번째 궤도에 전자 두 개를 가진 헬륨은 실제로 활발하지 않다(즉 이 궤도는 '꽉 찬' 것이거나 '완전한' 구조다).

이듬해인 1925년 활동 무대의 중심이 일시적으로 괴팅겐으로 옮겨졌다. 제1차 세계대전 이전에는 영국과 미국의 학생들이 정기적으로 독일로 가

*1924년 W. 파울리에 의해 발견된 법칙으로 다수의 전자를 포함하는 계에서 2개 이상의 전자가 같은 양자 상태를 취하지 않는다는 법칙.

서 학업을 마무리하는 경향이 있었다. 괴팅겐은 이들이 빈번히 들르는 도시였다. 보어는 1922년 괴팅겐 대학에서 강의를 했는데 한 학생이 자신의 강의 내용에 대해 문제점을 지적하는 바람에 궁지에 몰린 적이 있었다. 보어는, 보어이기 때문에 별로 마음에 두지 않았다. 이 학생은 베르너 하이젠베르크(1901~1976)로, 훗날 "토론이 끝났을 때 보어가 나에게 오더니 오후에 하인 산으로 함께 산책을 가자고 제안했다"고 술회했다.[4] 하지만 단순히 산책을 하자는 것이 아니었다. 보어는 이 젊은 바이에른 학생을 코펜하겐으로 초대해서 두 사람이 공동으로 양자론이라는 문제에 매달렸기 때문이다. 이들의 양자론에 따르면 에너지는 빛처럼 미세한 다발로 뭉쳐서 발산된다. 하지만 고전물리학에서는 에너지가 지속적으로 발산된다고 믿었다. 어떻게 이럴 수 있는가? 하이젠베르크는 코펜하겐에서 연구한 결과에 열광하면서도 혼란한 심정으로 괴팅겐에 돌아갔다. 이윽고 1925년 5월 말, 고초열(꽃가루 알레르기)에 시달리던 하이젠베르크는 북해와 잇닿은 헬골란트 섬으로 2주 동안 요양을 떠났다. 헬골란트에는 꽃가루가 거의 없었다. 그는 맑은 공기를 쐬며 오랫동안 산책을 하거나 바닷물에 발을 담그면서 머리가 맑아졌다. 이 시원하고 맑은 공기 속에서 떠올린 아이디어는 이후 '양자 비국소성quantum weirdness'*이라고 불린 이론의 첫 번째 예가 되었다. 여기서 하이젠베르크는 어떤 물질이 일정한 시점에 지속적으로 측정된다면 다른 시점에는 분리된 상태로 측정되며 이것이 실제 세계의 현상이라는 견해를 확립했다. 그리고 두 가지 측정이 존재한다면 이 불일치를 말하는 것은 단순한 측정이기 때문에 의미가 없다고 생각했다.

이것이 하이젠베르크의 핵심적인 통찰이었다. 하지만 바쁘게 3주를 보낸 뒤 그는 한발 더 나아가 행렬수학matrix math으로 알려진 수학 방법론을

*양자는 입자와 파동의 상보적인 관계로 하나의 장으로 연결되어 있으며 시간, 공간적으로 아무리 멀리 떨어져 있더라도 반드시 영향을 미치며 밀접한 관련을 맺는다는 양자역학 이론.

개발했다. 이 방법론은 다비트 힐베르트가 처음 창안한 것으로, 측정에서 얻은 결과는 이차원의 수표數表로 된 집단으로 나타나며 이때 두 행렬은 서로 곱해서 다른 행렬을 보여준다는 이론이다.[5] 하이젠베르크의 도식에서 각 원자는 하나의 행렬로 표시되고 다른 원자에 의해 각각 '규칙'을 지닌다. 만일 '나트륨 행렬'에 '스펙트럼 선 행렬'을 곱하면 그 결과는 나트륨 스펙트럼선 파장의 행렬을 보여준다. 하이젠베르크와 보어의 연구 결과는 대단히 만족스러웠다. "비록 수학적인 토대에서 매우 놀랍기는 하지만 최초로 원자 구조의 비밀을 밝힌 것이다." 하이젠베르크는 자신의 창조적인 발견을 양자역학quantum mechanics이라고 불렀다. 낸시 손다이크 그린스펀은 최근 막스 보른의 전기에서 개연론에 의거한 양자파 성질과 행렬 자체의 개념에 대한 보른의 역할을 강조하고 과거에 하이젠베르크 같은 사람 때문에 보른이 제대로 평가받지 못했다는 주장을 펴기도 한다. 1954년 노벨상을 수상한 보른의 업적은 지금은 정당한 평가를 받고 있다.[6]

하이젠베르크의 이론은 1925년 파리에서 발표된 루이 드 브로이의 새로운 이론으로 비교적 쉽게 받아들여졌다. 플랑크와 아인슈타인 두 사람은 그때까지 파동으로 간주되었던 빛이 때로는 입자의 특징을 지니기도 한다고 주장했다. 브로이는 이 견해를 역으로 적용해 입자는 때로 파동처럼 작용한다고 주장했다. 브로이가 이 같은 이론을 제창한 직후에 실험을 통해 그의 주장이 옳다는 사실이 입증되었다. 입자-파동이라는 물질의 이중성은 물리학에서 두 번째로 불가사의한 생각이었지만 빠른 시간 안에 수용되었다. 하이젠베르크의 견해 때문에 난관에 부딪혔다가 브로이의 주장에 매혹된 오스트리아의 에르빈 슈뢰딩거의 연구도 그 이유 중 하나였다. 슈뢰딩거는 원자핵의 궤도에 있는 전자는 행성의 형태보다는 파동에 가깝다는 생각을 덧붙였다. 나아가 이 파동의 형태가 궤도의 크기를 결정한다고 주장했다. 왜냐하면 완전한 원을 이루기 위해서는 파동이 분수가 아니라 정수의 성질을 지녀야 하기 때문이다(그렇지 않다면 파동은 혼란에 빠질 것이다). 슈뢰딩거의 주장은 결국 이런 성질이 원자핵과 궤도의 거리를 결정한다는 것이었다.

마지막 불가사의는 1927년 다시 하이젠베르크에게서 나왔다. 2월 하순 보어는 노르웨이로 스키를 타러 가고 없었다. 보어 연구소 꼭대기에 있는 자신의 방에서 하이젠베르크는 신선한 공기를 마셔야겠다고 생각하고는 근처에 있는 축구장의 진흙길을 터벅터벅 걸었다. 걷는 동안 그의 머릿속에 한 가지 생각이 떠올랐다. 원자 차원에서 밝혀지는 것에 어떤 한계가 있을까? 하이젠베르크는 자문했다. 입자의 위치를 밝히기 위해서는 황화아연 스크린에 놓고 충격을 주어야 한다. 이때에는 속도에 변화가 생기기 때문에 결정적인 순간에 입자를 측정할 수 없다는 의미가 된다. 반대로 입자에서 감마선을 산란시켜 입자의 속도를 측정할 때는 입자가 다른 경로로 빠진다. 그러면 입자의 위치는 측정 순간에 바뀐다. 훗날 불확정성의 원리*로 불리게 되는 이 이론에서 하이젠베르크는 전자의 정확한 위치와 속도는 동시에 결정될 수 없다고 단정한다(그는 "측정이 방해가 된다messen ist stören"고 말했다). 이런 견해는 확실히 실용적으로나 철학적으로 불안감을 주는 이론이었다. 아원자subatom의 세계에서는 인과관계를 결코 측정할 수 없다는 뜻이었기 때문이다. 전자의 성질을 이해하는 유일한 방법은 개연성의 법칙을 사용하는 통계적인 방법밖에 없었다. 하이젠베르크는 "이론상으로도 우리는 현재를 아주 정확하게 알 수는 없다"고 단정지었다. 아인슈타인은 아원자의 세계를 오직 통계적으로만 이해할 수 있다는 양자론의 기본적인 발상이 전혀 마음에 들지 않았다. 이런 생각은 아인슈타인이 평생 동안 보어와 다툼을 벌인 불씨가 되었다.[7]

몇몇 물리학자는 아인슈타인의 주장을 별로 마음에 들어하지 않았다.

---

*위치의 측정이 운동량을 변화시키고, 반대로 운동량의 측정이 위치를 변화시켜 오차를 증가시키기 때문에 위치와 운동량 사이에 불확정성이 존재한다는 것으로 시간과 에너지의 양을 동시에 정확하게 측정할 수 없다는 이론.

이른바 '반상대성 이론자'라고 불리는 이들 가운데 특히 필리프 레나르트(1862~1947)와 요하네스 슈타르크(1874~1957)가 두드러졌다. 레나르트와 슈타르크 두 사람은 훌륭한 과학자이긴 했지만 1920년대를 거치면서 상대성 이론이 유대인의 사이비 과학이라고 확신했다. 레나르트는 '성난 수염'을 달고 있는 독특한 모습으로 묘사되기도 했는데, 헝가리인이었던 그는 독일에서 하인리히 헤르츠의 지도를 받으며 공부한 뒤 헤르츠의 조수가 되었다.[8] 레나르트는 음극선이 원자를 통과할 수 있음을 증명하고 진공상태에서 얼마나 많은 원자가 만들어질 수 있는지를 확인한 공로로 노벨상을 수상했다(1905). 이처럼 뛰어난 실험으로 두각을 드러낸 레나르트는 본래 자신이 싫어하는 것은 기를 쓰고 혐오하는 사람이었다. 그 당시 상대성 이론에서 주장된 것들이 실험을 통해 이미 확인되었음에도 그는 1920년에 상대성 이론을 공격하는 일련의 강연을 하고 다녔다. 그는 또 1929년에 '아리안족 독일인'이 주도적으로 창조적, 혁신적인 업적을 세웠다는 것을 보여주기 위해 과학자 전기 한 권을 출간했다. 이 책은 별로 알려지지는 않았지만 유대인이나 외국인이 이룩한 발견에 기여한 인물들은 언제나 독특한 재능을 지닌 독일인이었다고 주장하고 있다.

슈타르크도 스펙트럼선에 대한 전기장의 영향을 연구한 '슈타르크 효과'로 1919년 노벨상을 수상했다. 그는 뷔르츠부르크 대학이 "아인슈타인 예찬자"로 넘치자 교수직을 그만두고 나치가 권력을 잡을 때까지 직업을 갖지 않았다.[9] 슈타르크는 『현재 독일 물리학이 처한 위기』라는 책을 썼는데, 여기서 그는 상대성 이론은 바이마르 공화국을 좀먹는 문화적 불안 요인 중 하나라고 주장했으며 이후 1924년 5월 『그로스도이체 차이퉁』 지에서는 레나르트와 공동 기고한 '히틀러 정신과 과학'이라는 기사에서 히틀러를 과학의 거인에 비유하기도 했다. 이 같은 행동은 상대성 이론과 양자론을 배격하고 이 학설들이 지나치게 이론적이거나 추상적이며 "직관적이고 기계론적인 세계 모형을 침식할 위협"이라고 주장하는 '독일 물리학Deutsche

Physik'의 출현을 알렸다.[10]

새로운 물리학이 제공한 신선한 자료는 현실적으로 파문이 무척 커서 당초 과학자들이 근본적인 자연 현상에 주로 관심을 쏟으며 생각했던 것 이상으로 일상적인 삶에 직접적인 변화를 초래했다. 1920년대에는 라디오가 가정에 보급되었고 1928년 8월에 텔레비전이 처음 등장했다. 물리학을 응용한 또 다른 발명은 전혀 다른 방식으로 삶에 혁명적인 변화를 몰고 왔다. 이것은 영국의 프랭크 휘틀(1907~1996)과 독일의 한스 폰 오하인(1911~1998)이 거의 동시에 개발한 제트 엔진이었다.

1930년대 초, 괴팅겐 대학에서 물리학과 기체역학을 공부하고 있었던 오하인은 휘틀과 똑같은 생각을 품었다. 하지만 휘틀이 영국 정부의 지원을 받으려고 노력한 반면 오하인은 자신의 아이디어를 개인적으로 비행기를 제작하는 에른스트 하인켈에게 넘겨주었다.[11] 고속도의 항공 운송이 절실하게 필요하다는 사실을 깨달은 하인켈은 처음부터 오하인의 아이디어를 진지하게 받아들였다. 두 사람의 만남은 발트 해안의 바르네뮌데에 있는 하인켈의 시골집에서 이뤄졌다. 여기서 25세의 오하인은 이 비행기 제작자의 항공학적인 두뇌의 진가를 접하게 되었다. 젊은 나이에도 불구하고 오하인은 판매되는 모든 엔진에 대한 사용료를 받기로 계약을 맺었다.[12] 항공부나 공군과는 아무런 관계가 없었던 이 계약은, 휘틀이 파워제트엔진에 대한 거래를 성립시킨 지 한 달 뒤인 1936년에 서명을 마쳤다. 영국에서는 시중 은행과 항공부, 휘틀이 공동으로 운영하는 회사가 설립되었다. 영국 회사가 설립되고 오하인이 계약을 끝내는 동안 영국 정부는 국방 예산을 1억2200만 파운드에서 1억5800만 파운드로 증액했다. 예산의 일부는 영국 해군 항공대의 항공기 250대를 추가하는 비용에 충당되었다. 이로부터 4일 뒤 독일군은 라인란트의 비무장지대를 점령함으로써 베르사유 조약을 위반했다. 이후 갑자기 전쟁 가능성이 높아졌는데, 이것은 공군력의 우위가 결정적임을 입증할(했던) 전쟁이었다.

지적 측면에서 물리학과 수학의 중복은 언제나 주목되는 현상이었다. 하이젠베르크의 행렬과 슈뢰딩거의 계산이 이룩한 업적은 물리학의 황금기를 가져왔고 여기에는 새로운 형태의 수학 발전도 포함되었다. 1900년 파리학회에서 다비트 힐베르트가 확인한 23개 항의 미결된 수학 문제는(25장 참고) 1920년대 말까지 대부분 해결되었으며, 수학자들은 세계를 낙관적으로 전망했다. 이들의 자신감에는 단순한 기술적 문제 이상의 의미가 있었다. 즉 수학은 논리학을 포함하기 때문에 철학적인 의미를 갖는다는 생각이었다. 만일 수학이 완벽하다면, 또 이미 드러난 대로 내적 논리가 불변한다면 이것은 세계에 대한 어떤 근본적인 원리를 말하는 것이었다.[13]

이런 상황에서 1931년 9월 철학자와 수학자들은 쾨니히스베르크에서 '정확한 과학의 지식 이론'이라는 주제로 학회를 열었다. 참석자 중에는 루트비히 비트겐슈타인과 루돌프 카르납, 모리츠 슐리크도 있었다. 그런데 참석자들 가운데서 가장 돋보였던 사람은 혁명적인 주장을 펼친 25세의 브륀 출신 수학자였다. 「수학의 원리와 연관 체계의 형식적인 결정 불가능성에 대하여」라는 그의 논문은 이후 독일 과학 저널에 게재되기도 했다. 논문의 저자는 쿠르트 괴델(1906~1978)이었다. 현재 이 논문은 논리학과 수학의 역사에서 이정표가 된 것으로 여겨지고 있다. 괴델은 이따금씩 빈학파의 모임에 참석했으며, 빈학파에 자극을 받아 과학의 철학적 측면에 관심을 기울이게 되었다. 1931년에 발표한 논문에서 괴델은 하이젠베르크의 불확정성의 원리만큼이나 확고하게 우리가 알 수 없는 무언가가 존재한다는 자신의 정리定理를 세움으로써 모든 수학을 반박할 수 없이 확고한 기초 위에 세우려고 했던 프레게와 러셀, 힐베르트의 이론을 뒤집었다. 존 도슨 주니어가 기록한 대로 괴델의 이론은 "해결 불가능에 대한 불안감"을 유발했다.[*14]

괴델의 정리는 어렵다. 그의 생각을 설명하는 가장 간단한 방법은 비유를 하거나 1905년 프랑스의 수학자 쥘 리샤르(1862~1956)가 제창한 이른바 '리샤르 역설'을 사용하는 것이다. 리샤르의 역설을 보면 정수는 수학적으로 다양하게 정의된다. 예를 들어 "1과 자신을 제외하고는 어떤 수로도 나눠지지 않는 수(즉 소수)"라는 정의에서 하나의 정수로 17을 생각할 수 있다. 다른 예로 "어떤 정수의 제곱의 결과와 같은 수(즉 완전제곱)"라는 정의에서 20을 넣어보자. 이 정의를 위에서 말한 17번째와 20번째의 두 수에 대입했다고 가정하면 두 가지 사실이 발견된다. 첫 번째 정의에 대입한 17은 소수다. 하지만 두 번째 정의에 대입한 20은 완전제곱이 아니다. 리샤르식 수학에서 소수에 대한 앞의 정의는 리샤르적이 아니다. 반면 완전제곱에 대한 정의는 리샤르적이다. 공식상 리샤르적인 것의 속성에는 정의하는 표현, 즉 정수가 연속적인 정의의 배열과 상관관계를 갖는다는 표현을 정의하는 특징을 갖지 않는 것"이 포함된다. 물론 두 번째 정의는 자체로 수학적이기 때문에 연속적인 것에 속하며 그 자체의 정수 n을 갖는다. 여기서 의문이 제기될 수 있다. n 자체는 리샤르적인가? 그렇다면 즉각 모순이 발생한다. "왜냐하면 n은 리샤르적인 가정, 오직 가정이기 때문에 n과 연관된 정의로 가리키는 속성을 갖지 않기 때문이다. 따라서 이 정의는 리샤르적인 가정, 오직 가정이며 n은 리샤르적이 아니라는 것을 쉽게 알 수 있다."

어떤 비유도 괴델의 정리를 완벽하게 나타낼 수는 없지만 적어도 역설로 표현할 수는 있다. 괴델의 정리는 일부 수학자에게 몹시 우울한 결론이었다. 괴델이 논리적으로 제시한 주장은 수학과 논리학에 한계가 있다는 말이었고 또 오랫동안 변하지 않은 수학에 대한 믿음을 바꿔놓은 것이었기 때문이다.[15]

여러 모임에서 이 같은 의문에 대해 토론을 벌였는데, 이중에는 1924년

---

*괴델의 불완전성 이론. 참인 모든 명제는 증명 가능하다고 생각한 대부분의 논리학자들과 달리 참이지만 증명이 불가능한 식을 제시해 그렇지 않음을 보여준 괴델의 정리.

에 화요일마다 만나기 시작한 빈의 한 단체도 있었다. 처음에 에른스트마흐협회로 조직된 이 모임은 1928년 이름을 빈학파로 바꿨다.[16] 그들은 20세기에 가장 중요하다고 일컬어지는 철학운동을 전개해나갔다. 그중 주도적이었던 인물은 다른 회원들처럼 과학자로서 교육을 받은 베를린 태생의 모리츠 슐리크(1882~1936)였다. 슐리크는 물리학자로 1900년부터 1904년까지 막스 플랑크의 지도를 받았다. 20여 명의 빈학파 회원은 슐리크를 비롯해 빈 출신의 유대인으로서 주목할 만큼 박학다식했던 오토 노이라트, 예나 대학에서 고틀로프 프레게의 제자였던 수학자 루돌프 카르납, 물리학자 필리프 프랑크, 정신분석학자 하인츠 하르트만, 방금 언급한 수학자 쿠르트 괴델 등이었다. 제2차 세계대전 이후에 영향력 있는 철학자가 된 칼 포퍼도 가끔 참석했다. 슐리크가 처음에 1920년대 빈에서 발전한 철학에 '일관된 경험론Konsequenter Empirismus'이라는 명칭을 붙였다. 하지만 그가 1929년과 1931~1932년에 잇달아 미국을 방문하고 난 뒤 '논리실증주의logical positivism'라는 용어가 나오면서부터 이 이름으로 정착되었다.

논리실증주의자들은 "평범한 과학과 상식 너머에 인간의 감각으로 인지할 수 있는 세계가 있을 수 있다"라는 일체의 생각에 맞서며 형이상학을 열심히 공격했다. 논리실증주의자들이 볼 때, 경험적으로 실험하거나 증명하지 못하는 일체의 진술은 무의미한 것이었다. 이런 테두리에서 신학과 미학, 정치학의 광범위한 분야가 무시되었다. 물론 논리실증주의에는 이 이상의 의미가 있었다. 한때 빈학파의 평자였던(W. V. O. 콰인과 더불어 참관이 허용된 단 두 명의 외부 인사 중 한 사람으로) 영국의 철학자 A. J. 에이어가 묘사한 대로, 이들은 "흔히 독일의 과거 유산이라고 하는" 낭만주의와 이들이 보기에 분명하지 않은 헤겔과 니체의 사상도 배격했다(마르크스는 아니었지만).[17] 오토 노이라트는 형이상학은 어느 시대에나 논리적 실증주의에서 벗어난 사고였다고 중얼거렸다고 한다.[18] 이 당시 독일을 여행한 미국의 철학자 시드니 훅은 좀더 전통적인 독일 철학자들은 과학에 적대적이었으며 "종교와 도덕, 자유의지, '민족'과 유기적인 민족국가nation state의 기반을 발전시키는 것"을 의무로 보았다고 말하면서 하나의 균열을 발견했다. 에이어는 다른 모든 나라를 합친 것보다 독일에서 더 많은 철학 서적이 출판되는 것을 직접 목격했다.[19] 빈학파의 목적은 논리와 과학의 기술을 활용해 철학을 명쾌하게 밝히는 것이었다.[20]

혈통 중심의 사고

빈학파와는 달리 전반적인 바이마르 문화에 대해, 특히 베를린의 현대 정신에 대해 불편해하는 사람이 있었다. 20세기 철학사에서 가장 큰 영향력을 지녔다고 할 수 있는 하이데거는 어쩌면 가장 많은 논란을 불러일으킨 철학자일 것이다. 하이데거(1889~1976)는 1889년 남부 독일에서 태어났으며 철학 교수가 되기 전에 에드문트 후설에게서 배웠다. 하이데거의 고루한 편협성과 전통 의상에 대한 선호—니커 바지knickers(무릎 아래에서 홀치는 느슨한 반바지)—및 도시생활에 대한 혐오, 이 모든 것은 그를 우러러보는 학생들에게 그의 철학을 뒷받침하는 특징이었다. 1927년에 38세가 된 하이데거는 그의 가장 유명한 저서인 『존재와 시간』을 출간했다. 1940년대와 1950년대에 장폴 사르트르가 유명하기는 했지만 하이데거는—선배일 뿐만 아니라—더 철저한 실존주의자였다.

『존재와 시간』은, 어느 비평가의 말대로 "거의 해독이 되지 않는" 불가해한 책이었음에도 불구하고 대단한 인기를 끌었다.[21] 하이데거가 볼 때 생의 핵심은 세계 속에서의 인간 존재다. 인간은 가능한 한 정확하게 이 핵심을 묘사할 때 그것과 대면할 수 있다. 서구 과학과 철학은 지난 3~4세기 동안 "서구인의 기본적인 과업을 자연의 정복에 두는 방향"으로 발전해왔다. 하이데거는 과학과 기술을 자연을 통제하기 위한 의지의 표현이자

이 같은 투지의 반영으로 보았다. 하지만 인간에게 다른 측면이 있다고 생각했고 또 다른 누구보다 이것을 잘 묘사하려고 했던 그는 그 다른 측면이 무엇보다 시적인 상태에서 잘 드러난다고 말했다. 하이데거는 시의 핵심적인 측면은 "시가 인간의 의지의 요구에서 벗어나며 (…) 시인의 의지로 쓰이는 것이 아니라 그냥 나오는 것"에 있다고 말했다. 하이데거의 이런 생각은 릴케와 매우 근접한 것이었으며 뿐만 아니라 독자에게 적용하는 주장도 똑같았다. 즉 독자는 시가 독자 자신에게 신비로운 작용을 하도록 허용해야 한다는 것이다. 이런 하이데거의 생각에서 핵심적인 기능을 하는 것은 의지와 생의 다양한 측면 사이에 존재하는 분열이다. 내적인 삶을 넘어서는 저 밖에 의지가 있을 때 이것을 제대로 이해한다면 의지는 어떤 생각이라기보다 굴복이다. 이런 생각은 동양 철학과 별 차이가 없어 보인다. 하이데거는 서구적인 접근 방식에는 회의론의 바탕에서 철저한 검토가 필요하며(그는 불교 승려와 유명한 논쟁을 벌였다) 과학은 이해라기보다 정복의 의도를 지니고 있다고 확신했다. 그는—철학자 윌리엄 배럳이 하이데거를 간단히 요약하며 평했듯이—"인간이 자기주장을 내세우는 것을 포기하고 순응할 수밖에 없는" 때가 올 것이라고 주장했다.[22]

하이데거의 생각이 즉각적인 인기를 끈 까닭은 그의 주장이 불합리나 도시의 합리적 문명에 대한 거부감, 요컨대 당시 바이마르 자체를 혐오하는 것과 같은 독일인의 집착을 존중했기 때문이다.[23] 더욱이 하이데거의 사상은 당시 퍼져나가던 '민족'이라는 사고와 연관된 운동을 묵인했다. 민족에 기반을 둔 사고방식은 이성이 아니라 영웅의 출현을 호소했고 피터 게이의 뛰어난 표현대로 "혈통을 중심으로 생각하는" 사람들에게 과학에 대한 대안의 의지에 순종할 것을 요구했다. 하이데거는 나치당을 세운 것도 아니고 나치스의 집권으로 이어지는 흐름을 주도한 것도 아니다. 하지만 훗날 독일 출신의 신학자 파울 틸리히가 말했듯이 "니체와 하이데거의 이름을 파시즘이나 민족사회주의의 반反도덕적 운동과 연계시켜 정당화하려는 노력이 없지 않았다."

마르틴 하이데거는 오늘날 『존재와 시간』만큼이나 나치에 가담한 전력(34장 참고)으로 기억되고 있다. 하이데거보다 훨씬 덜 알려진 두 명의 철학자가 있었는데 그중 한 사람은 어느 모로 보나 하이데거 못지않게 주목받을 만하다. 1874년 뮌헨에서 태어나 1928년 프랑크푸르트에서 사망한 막스 셸러는—빌헬름 딜타이와 마찬가지로—거의 알려지지 않은 독일인 가운데 한 사람이다. 셸러가 매우 중요한 인물이라고 생각한 사람 중 훗날 교황 요한 바오로 2세가 되는 카롤 보이티와가 있다. 1954년에 나온 보이티와의 박사학위 논문 제목은 「막스 셸러의 사고 체계에서 본 기독교 윤리 형성의 가능성에 대한 평가」였다.

셸러의 아버지는 루터파 교회의 목사였고 어머니는 유대인이었다. 셸러는 처음에 의학을 공부했지만 예나 대학에서 딜타이와 지멜의 지도 하에 철학과 사회학을 공부해 박사학위를 땄다. 그는 20세기 초에 후설을 만났고 지휘자 빌헬름 푸르트벵글러의 누이인 메리트 푸르트벵글러와 결혼했다. 셸러는 쾰른과 프랑크푸르트에 거주하며 에른스트 카시러, 카를 만하임 등과 교류했다.[24]

셸러에 대한 연구는 최근에 와서 집중되고 있는데 그 이유는 교황이 관심을 두었다는 것뿐만 아니라 셸러의 주장이 동물의 권리에 대한 다툼이나 낙태 논란과 관계가 있기 때문이다.

셸러의 학설은 주로 두 가지로 알려져 있다. 첫째는 동정심이라는 현상을 둘러싼 것이다.• 동정심이란 것이 존재하고 인간이 동정심을 뿌리치지 못한다는 사실은 셸러가 볼 때 신이 존재한다는 증거였다. 인간 존재의 중심에는 사랑이 있고 정신이 아니라 '마음'이 가치를 결정하는 것이며 가치가 합리적인 방법으로 결정되는 것도 아니다. 다시 말해 가치란 색깔이 '보

•『현상학과 동정심, 사랑과 증오에 대하여』(1913).

이듯이' 어떤 합리적인 설명 없이 오직 느낌으로만 알 수 있는 것이다. 동정심이 존재한다는 것은 각 개인 나름대로 도덕적이며, 무엇보다 인간은 타인과 '더불어' 존재하는 것이 아니라 타인을 '바라보며' 존재한다는 의미다. 따라서 우리는 이 같은 인간의 태도를 받아들이고 동정심을 활용해야 한다는 것이다. 셸러의 다른 학설은 '마음의 등급ordre du coeur'인데, 가치의 등급이라고 할 만한 이것을 차례대로 나열하면 신성한 가치, 마음의 가치(진실, 아름다움, 정의), 생명력과 기품의 가치, 유용성의 가치, 기쁨의 가치가 있다는 것이다. 셸러는 윤리학에서 빚어지는 과오는 대부분 이런 등급이 존재함을 깨닫고 모든 판단을 조화롭게 하기보다 한 가치를 나머지 가치보다 우위에 두려는 데 기인한다고 생각했다. 그는 또 인간이 낮은 가치를 높은 가치보다 더 높게 평가할 때 '마음의 혼란'이 발생한다고 생각했다. 셸러에게 이성은 가치와 별 관계가 없었다(이런 점에서는 비트겐슈타인과 겹친다). 삶의 접근 방식을 통제하는 것은 마음이지 지적 능력이 아니며 중요한 것은 경험이지 이성이 아니라는 것이다. 셸러는 감정과 사랑은 이성의 논리와는 전혀 다른 논리를 지닌다고 말했다. 그는 모든 인간 사이에는 근본적인 연결고리가 존재하며 이 고리를 더 튼튼하고 투명하게 하는 것이 만족을 얻는 길이라고 단언했다.[25]

딜타이와 마찬가지로 에른스트 카시러(1874~1945)의 주 관심은 우리가 과학이라고 알고 있는 지식의 형태와 다른 한편으로 인문학이라는 지식의 형태(물론 그는 인문학the humanities보다 문화과학cultural science이라는 표현을 선호하기는 했지만) 사이에 놓인 유사성과 차이점을 탐구하는 것이었다. 1874년 브레슬라우에서 태어난 카시러는 세계주의적인 가풍에 부유한 유대인 가문 출신이었다. 베를린에는 카시러 집안의 친척이 살고 있었는데 그중 한 명인 브루노는 출판업자였고 다른 한 명인 파울은 유명한 미술품 판매상이었다.[26] 1919년 카시러는 프랑크푸르트 대학과 함부르크 대학 두 곳에서 교수직을 제안받았다. 함부르크 대학으로 간 그는 여기서 수년 동안 제자를 길러냈고 1929년에는 총장이 되었다. 이렇게 높은 직위에 오른 유대인은 카시러가 처음이었다.[27]

카시러의 주저 『상징 형식의 철학』은 세 권으로 된 상징 형식의 탐구서다. 여기서 그는 도덕적 선택이 수학적 논리만큼이나 '필요한' 것이라는 토대를 연구하며 도덕적 경험과 수학적 경험은 본질적으로 똑같다고 주장했다. 고도로 기술적인 생각을 제시하기 위해(그는 이런 접근을 현대세계에서 불가피한 것으로 간주했다) 카시러는 변화를 이해하는 방법으로서 라이프니츠와 뉴턴의 접근법을 도표로 구분하고 이 구분을 다른 변화에 적용하면서 변화가—예컨대 역사에서—유사하거나 동등한 방법으로 이해될 수 있는지를 탐구했다.[28] 수학 밖에 있는 삶의 다른 영역을 똑같은 틀에서 '형식적'인 것으로 간주할 수 있을까? 그는 또 칸트가 우주에 대한 인간의 이해는 본능적이거나 직관적이라고 말한 데 비해 아인슈타인의 '구부러진' 우주라는 개념은 전혀 그렇지 않다는 점에서 아인슈타인의 상대성이라는 개념이 칸트 철학에 대해 어떤 암시를 하는지도 검증했다. 그의 다른 중요한 저서 『문화과학의 논리』(1942)는 자연과학과 수학, 미학 사이의 차이점과 유사점을 탐구하고 있다. 여기서 카시러는 '사물인지Dingwahrnehmen'는 일반적으로 '표현인지Ausdruckswahrnehmen'보다 뛰어나며, 이 때문에 자연과학이 보통 "더 안정적인 증명의 토대"를 지닌 것으로 받아들여진다고 주장했다.[29]

카시러는 1933년에 독일을 떠날 수밖에 없었다. 그는 옥스퍼드와 예테보리에 잠시 체류한 뒤 예일 대학과 컬럼비아 대학으로 옮겼다(하버드 대학이 방문교수직을 제안했지만, 나이도 젊은 그가 '너무 멀다'는 이유로 이를 거절했다). 미국에서 카시러는 영어로 두 권의 저서를 썼다. 이중에 『국가의 신화』는 독일(그리고 나치스) 저자들에 대한 반응으로 쓴 것으로 여기서 그는 파시즘을 유럽 사상에 깃든 플라톤적 전통에서 나온 것으로 설명하려고 했다. 카시러는 1945년 뉴욕 시내를 걷다가 심장마비를 일으켜 비극적인 죽음을 맞았다. 그는 에르빈 파노프스키와 피터 게이 등 다른 학자들에게 영향을 주었다.

나라가 없는 애국심

바이마르 독일은 또 루트비히 폰 파스토어, 페르키 슈람, 에른스트 칸토로비치, 노르베르트 엘리아스, 게르숌 숄렘 등 알랭 부로가 "위대한 세대"라고 부른 역사가들의 혜택을 입었다. 이들 대부분은 중세에 관심이 있었으며, 레오폴트 폰 랑케의 가톨릭 판이라고 할 수 있는 파스토어는 19세기 초의 교황들에 대한 독특한 역사를 썼다. 아헨에서 태어난 파스토어는 교황 레오 13세에게 자신의 진지한 목표를 설명하면서 그를 설득해 그때까지 폐쇄되어 있던 바티칸 도서관의 소장 도서를 열람할 수 있게 됨으로써 연구에 성공을 거둘 수 있었다. 이를 바탕으로 파스토어는 필생의 역작 『중세 말 이후의 교황의 역사』를 완성했다. 이 책은 1305년의 아비뇽 유수幽囚, Avignon Papacy*에서부터 1799년 나폴레옹의 로마 입성까지의 역사를 다룬 것으로 총 16권으로 되어 있다. 랑케와 달리 파스토어는 제도적인 변화나 개혁 대신 교황 개인의 재임에 중점을 두었다. 그가 말하는 요점은 교황권의 약화가 시대의 '결함'을 반영하는 것이지만 이 결함이 언제나 권력의 약화로 이어진 것은 아니어서 교황은 권력을 유지했을 뿐 아니라 다른 어느 때보다 더 오랫동안 영향력을 행사했다는 것이다. 전례 없는 접근 방식을 가진 파스토어의 역사 연구는 이후 다른 모든 방식을 대체했으며 지금도 독특한 연구 방법으로 여겨지고 있다.

*13세기 로마 가톨릭 교황청을 로마에서 아비뇽으로 옮겨 그곳에서 1309년부터 1377년까지 머무른 시기를 말한다.

파스토어와 마찬가지로 페르키 슈람과 에른스트 칸토로비치도 중세에 관심을 두긴 했지만 유사점은 여기까지다. 슈람(1894~1970)은 제1차 세계대전에 참전한 뒤 함부르크와 뮌헨, 하이델베르크 대학에서 역사와 미술사를 공부했다. 그는 일반적으로 미술사를 이전보다 더 치밀하고 흥미로우며 더 영향력 있는 학문으로 발전시킨 공로자로 인정받는데 그의 주저라고 할 『황제, 로마, 레노바티오Renovatio*』에서는 독일 황제가 권력을 장악하기 위해 어떻게 로마인의 상징 수법을 활용했는지를 보여준다. 제2차 세계대전에 자원입대한 슈람은 독일군 최고 작전참모부에서 역사참모 장교로 복무했다. 1963년에 출간된 『군사지도자로서의 히틀러』에서는 히틀러의 부정적인 측면과 긍정적인 측면을 강조하고 있다.[30] 알프레트 요들 장군과 가까웠던 슈람은 히틀러를 자주 보았고 전후 뉘른베르크 전범재판에서는 요들을 옹호하는 증언을 하기도 했다. 그는 교수직에서 해고되었다가 1940년대 후반에 복직되었으며 그가 최고 참모부에 대해 쓴 내부 보고서는 추천도서가 되었다.

에른스트 칸토로비치(1895~1963)는 슈람과 관심 분야가 비슷했고 접근 방식도 다르지 않았지만 유대인이었던 그의 운명은 크게 달랐다. 그는 제1차 세계대전에서 4년 동안 군 복무를 한 뒤 베를린 대학에서 철학을 공부했다. 극우파였던 칸토로비치는 스파르타쿠스단 봉기**를 진압하기 위해 의용군에 합류했고 이후 슈페판 게오르게(30장 참고)에 열광하는 미술가 및 지식인 집단인 '게오르게 일파Georgekreis'에 가담했다. 엘리트주의자들로서 문화적 보수파였던 게오르게 일파는 프리드리히 2세의 전기를 다룬 칸토로비치의 첫 번째 주요 저서에 큰 영향을 주었다. 이 책은 왕의 통치 기구나 상세한 통치 업적보다는 왕의 카리스마와 정신적 자질을 검증한

---

*쇄신을 뜻하는 라틴어.

**제1차 세계대전 기간과 그 직후에 독일에서 있었던 마르크스주의자 혁명운동.

내용이다.

이 당시는 1930년대로서 칸토로비치는 프랑크푸르트 대학에 교수로 임용되었는데도 강제로 밀려날 수밖에 없었다. 그는 카시러처럼 처음에는 옥스퍼드 대학으로 갔다가 다시 버클리 대학으로 갔다. 버클리 대학에서 칸토로비치는 두 가지 일로 유명해졌는데 하나는 조 매카시 상원의원이 요구한 충성 서약에 서명하기를 거부한 것이었고(칸토로비치는 버클리 대학을 그만두고 프린스턴고등연구소로 옮겨갔다), 또 하나는 그의 두 번째 걸작 『왕의 두 신체』를 출간한 것이었다. 이 책은 중세의 자부심에서 나온 근대 국가의 탄생을 설명하는 이 책에서 그는 왕이 두 가지 신체를 지녔다고 주장했다. 하나는 인간의 신체로 죽는 것이고 또 하나는 불멸의 신체로서 왕조에서 왕조로 '신비롭게' 전해진다는 것이다.[31]

이 위대한 세대의 네 번째 인물이라고 할 노르베르트 엘리아스(1897~1990)도 유대인이었다. 슈람이나 칸토로비치와 마찬가지로 엘리아스도 제1차 세계대전에 자원입대해 통신병으로 참전했다. 엘리아스는 독일 시오니즘 운동에 관심을 둔 것을 계기로 에리히 프롬, 레오 스트라우스, 레오 뢰벤탈, 게르숌 숄렘 등과 친교를 맺게 되었다.[32] 엘리아스는 하이델베르크 대학에서 카를 야스퍼스, 알프레트 베버와 함께 강의를 들었고 이후 프랑크푸르트 대학으로 옮겨 카를 만하임의 지도를 받았으며 프랑크푸르트 연구소와도 가까워졌다. 1933년 엘리아스는 자신의 논문이 나오기 전에 독일을 빠져나와야만 했다. 그는 먼저 파리로 간 다음 1935년 영국으로 건너가 그의 대표적인 저서인 『문명화 과정』을 쓰기 시작했다. 이 책은 1939년에 출간되었지만 다른 사건들 때문에 한참 뒤에야 빛을 보았는데 이에 대해서는 40장에서 언급할 것이다.[33]

황금기 세대 중에 가장 젊은 게르숌 숄렘(1897~1982)은 베를린에서 태어났고 베를린 대학에서 수학, 철학, 히브리어를 공부하며 마르틴 부버, 발터 벤야민, 고틀로프 프레게 등과 교류했다. 시오니즘에 동조했던 숄렘은

1923년에 팔레스타인으로 이주하고 얼마 뒤에 이스라엘 국립도서관의 히브리 및 유대 문헌과장이 되었다.[34] 카발라Kabbalah*와 신비주의에 심취한 숄렘은 유대교에는 신비스런 기원이 있으며 이런 요소를 모르면 유대교를 제대로 이해할 수 없다고 생각했다.[35] 그는 많은 유대인의 믿음과는 반대로 유대교의 궁극적인 형태는 마이모니데스**가 유대적 사고와 그리스적 사고의 마지막 화해를 시도한, 비교적 최근이라고 할 중세까지는 형성되지 않았다는 결론을 내리고 이 같은 유대교의 신앙을 이야기로 쓰려고 했다. 지금에 와서는 이런 시도가 신학 연구에 중요한 업적이 되었지만 바이마르 공화국 시절에 이런 주장에 귀를 기울이는 사람은 거의 아무도 없었다.

---

*히브리어로 '전승傳承'을 뜻하는 중세 유대교의 신비주의.

**유대 철학자·의사(1135~1204).

제33장

바이마르:
해결할 필요가 있는 문제

1929년 10월 28일 월가에서 악명 높은 주식시장 붕괴가 발생했다. 이 사태로 미국의 유럽에 대한 자금 대여가 중단되었다. 이 여파는 수개월 동안 지속되었으며 많은 사람의 우려에도 불구하고 연합군은 라인란트에서 철수했다. 튀링겐 주에서는 빌헬름 프리크가 나치 출신으로서는 최초로 주 정부 장관에 임명될 즈음이었고 이탈리아에서는 베니토 무솔리니가 줄기차게 베르사유 조약의 개정을 요구하고 있었다. 1931년 베를린에서는 예산 균형을 맞추기 위해 거국내각이 구성되었으며 일본은 금본위제도를 포기했다. 위기의식이 전 세계로 퍼져나갔다.

당시 73세였던 지그문트 프로이트는 좀더 개인적인 이유에서 비관적인 전망을 했다. 1924년 프로이트는 구강암으로 두 차례 수술을 받았다. 수술이 끝난 뒤 그는 음식을 씹거나 말하는 데 어려움을 겪었지만(의치는 말을 듣지 않았다) 암의 가장 큰 원인이라고 볼 수도 있는 담배를 끊는 일을 계속 거부했다.[1] 1929년 말 월가가 붕괴됐을 때 프로이트는 자신의 문화비판 중 가장 뜨거운 반응을 불러일으킨 저서를 내놓았다. 『토템과 터부』 『환상의 미래』 이 두 권의 책은 찬반이 뒤섞인 반응을 얻기는 했지만 『문화 속의 불만』*은 이에 비해 훨씬 더 시의적절한 작품이었다. 오스트리아에서는 기근이 발생했고 독일에서는 엄청난 인플레이션 현상과 함께 혁명 시도가 있었으며 미국에서는 자본주의가 무너진 듯 보였다. 많은 사람이 여전히 제1차 세계대전이 몰고 온 대대적인 파괴와 도덕적 타락에 관심을 기울이는 가운데 히틀러가 부상하고 있었다. 어디를 둘러봐도 프로이트가 붙인 저서의 제목은 사실과 딱 들어맞았다.[2]

『문화 속의 불만』에서 프로이트는 『토템과 터부』에서 탐구한 몇 가지 생각을 발전시켰는데, 무엇보다도 사회—문화—는 제어하기 어려운 개인의 성적 욕구와 공격적 욕구를 억제할 필요에서 발전된 것이라는 주장을 하고 있다. 그의 주장에 따르면 문화와 억압, 신경증은 문화가 발달할수록 그만큼 더 본능을 억제할 필요가 있기 때문에 서로 뒤얽힐 수밖에 없으며 그 직접적인 결과로서 신경증이 늘어난다는 것이다. 프로이트는 인간은 문화 속에서 불만이 늘어날 수밖에 없으며 바로 이 때문에 많은 사람이 음주나 마약, 종교로 도피하는 것이라고 말했다. 이런 전제에서 개인이 어떻게 적응하는가를 결정짓는 것은 개인의 '심적 구조'다. 예를 들어 "성적 의지가 유난히 강한 사람은 타인과의 정서적인 관계를 가장 우선시한다. 자부심이 강한 자기도취적인 사람은 내면의 정신적 과정에서 먼저 만족을 찾는다." 프로이트는 인간은 갈수록 서로를 차단하거나 소외된다고 주장했다. 그는 이 책의 요지가 손쉬운 만병통치약을 제공하려는 것이 아니라 정신분석학적 이해가 윤리에—인간의 공동 생활을 위한 규칙에—혜택을 줄 수 있음을 보여주려는 것이라고 말했다.

---

*한국에 번역된 제목은 『문명 속의 불만』이지만 원제가 Das Unbehagen in der Kultur이고 이 책에서 문화Kultur와 문명Zivilisation을 구분지어 서술하고 있다는 점을 고려해 『문화 속의 불만』이라 옮겼다.

이와 같은 프로이트의 희망은 실현되지 않았다. 우리가 이미 알고 있듯이, 어느 역사가가 표현한 대로 1930년대는 윤리적으로 "어둠의 계곡"이었다.[3] 이런 배경에서 비록 큰 차이가 있기는 해도 프로이트의 저서와 비슷하게 서구 자본주의 사회를 매우 불편하게 생각하는 책이 쏟아져 나온 것은 놀랍지 않다.

프로이트의 저서에 가장 근접한 책은 1933년 한때 정신분석학에서 프로이트의 황태자 소리를 듣다가 이후 경쟁자가 된 카를 융이 발표했다. 『영혼의 모색으로 본 현대인』에서 융이 제기한 주장은 영혼을 정신으로 대체하는 정신분석학은 일시적인 처방에 지나지 않는다는 것이었다.[4] 정신분석은 하나의 기술로서, 개인적인 토대에서 활용될 수 있을 뿐 예컨대 가톨릭 신앙처럼 한 번에 수백만 명의 사람에게 도움을 줄 수 있는 '조직화'는 불가능하다는 말이었다. 그러므로 인류학자 뤼시앵 레비브륄이 말한 '신비한 참여participation mystique'*가 현대인에 가까운 전반적인 삶의 차원을 보여준다는 것이다. 융은 현대에 와서 집단생활, 즉 호프만슈탈이 말한 '사회 전체 의식'의 결핍은 신경증이나 보편적인 불안의 주된 요인이 되었다고 말한다.

카렌 호르나이(1885~1952)는 15년 동안 바이마르 공화국 시대에 멜라니 클라인, 오토 페니헬, 프란츠 알렉산더, 카를 아브라함, 빌헬름 라이히 등과 더불어 베를린 정신분석연구소에서 정통 프로이트 정신분석학을 연구했다. 미국으로 건너간 호르나이는 시카고 연구소 부소장을 거쳐 뉴욕에서 '사회연구를 위한 뉴스쿨New School for Social Research'과 뉴욕 정신분석연구소에서 일하며 정신분석의 창안자를 비판하는 일에 능력을 발휘했다. 호르나이의 저서 『우리 시대의 신경증적 개성』은 프로이트나 융과 중복

*미개사회에서 원시부족이 사물에 상징을 부여하고 의지하며 대상과 독특하게 결합하는 본능적 심리.

되는 부분도 있지만 동시에 신경증을 야기한 자본주의 사회를 공격하기도 한다.

프로이트에 대한 호르나이의 주요 비판은 프로이트의 반反여성주의적 편견을 겨냥하고 있다(그녀의 초기 논문에는 「여성의 불안」 「질膣의 부인」이 있다).[5] 그녀는 또 마르크스주의자로서 프로이트가 지나치게 생물학적인 사고방식을 지녔으며 현대 인류학과 사회학을 "굉장히 무시했다"고 생각했다. 호르나이는 "어디에나 적용되는 보편적인 심리학 같은 것은 존재하지 않는다"는 노선을 취했다. 하지만 그녀가 볼 때 모든 신경증에 예외없이 나타나는 두 가지 흔적이 있었다. 하나는 '경직된 반응'이고 다른 하나는 '능력과 성취 사이의 불일치'였다. 호르나이는 오이디푸스 콤플렉스도 부정했다. 그녀는 '근본 불안'이라는 개념을 선호했으며 이것을 생물학이 아니라 사회에서 일어나는 힘의 갈등, 유아기부터 영향을 미치는 갈등에 적용했다. 그녀는 또 근본 불안을 "비난과 사기, 공격, 굴욕, 배신, 질투가 난무하는 세계에서 왜소함과 무시, 절망, 위험을 맛보는 특징"으로 보았고 이런 불안은 부모가 자녀에게 온정과 애정을 베풀지 않을 때 더 심각하다고 말했다. 이런 아이는 성취 능력에 방해를 받으며 삶에 대한 경직된 접근 방식 네 가지 중 하나를 지니고 성장한다는 것이다. 네 가지란 애정에 대한 신경증적 욕구, 힘에 대한 신경증적 욕구, 신경증적 칩거, 신경증적 굴복을 말한다.

호르나이의 이론 중 가장 많은 논란을 일으킨 것은 그녀가 신경증을 현대 미국인의 생활에 담긴 모순의 탓으로 돌린 점이다. 그녀는 미국에 다른 어느 나라보다 더한 경쟁과 성공을 둘러싼 고유의 갈등이 존재하는 한편(약자에게 결코 기회를 주지 않는), 다른 한편으로는 이웃과의 우호관계가 존재하며 이 사이에서 독특한 모순이 발생한다고 주장했다. 모순은 야심을 조장하는 문화("지위가 비슷한 사람과 어울려라")와 이 야심을 달성하는 개인의 능력 결핍 사이에도 존재한다. 이런 현대사회는 수많은 개인에게 물질적인 풍요에도 불구하고 자신이 "고립되어 있고 절망적"이라는 느낌을 조장한다는 것이 호르나이의 생각이었다.

헤겔에서 히틀러까지

1924년, 프란츠 카프카가 결핵으로 세상을 떠나던 해에 아돌프 히틀러(1889~1945)는 감옥에서 35회 생일을 맞았다. 1923년의 뮌헨 반란에 가담하여 반역죄로 5년의 징역형을 선고받은 히틀러는 오스트리아로 이송되는 대신 바이에른 주도 서쪽에 있는 란츠베르크 교도소에 수감 중이었다. 이 재판은 3주 이상 모든 독일 신문의 머리기사를 장식했고 히틀러는 전국적인 화제의 중심으로 떠올랐다. 수감 중에 히틀러는 『나의 투쟁』 1부를 썼는데 이는 그를 민족사회주의의 지도자로 자리매김하는 계기가 되었을 뿐 아니라 히틀러 신화의 기초를 다지는 데 도움이 되었다. 동시에 히틀러는 이 기회에 자신의 생각을 명쾌하게 정리할 수 있었다.

그가 어떤 특징을 지녔든 간에 히틀러는 자신을 군사기술적인 문제나 자연과학, 특히 역사에 능통한 사상가이자 예술가로 생각했다. 그는 먼저 제1차 세계대전과 이어지는 평화 시기에 변화를 겪었으며 또 독학으로 거듭난 인물이었다. 제2차 세계대전 중 좌담회 석상에서 드러났듯 총통의 생각은 젊은 시절 품었던 생각으로 그 기원을 추적할 수 있는 것이었다.

역사가 조지 모스는 제3제국의 지적 기원을 좀더 멀리 거슬러 올라간 시점에서 추적한 바 있는데 그는 주로 이 부분에 초점을 맞추고 있다.[6] 모스는 19세기 독일에서 어떻게 '민족적' 신비주의와 독일 정신이 결합해 성장했는지를 보여주고 있다. 이 현상은 부분적으로는 낭만주의 운동과 어리둥절할 정도로 빠르게 진행되는 산업화 속도에 대한 반응이었고 동시에 독일 통일의 한 측면이기도 했다. 이 같은 일련의 사고가 형성되는 데 도움을 준 사상가와 작가의 영향 외에—"독일인의 직관"을 세계의 새로운 창조력으로 강조한 파울 드 라가르데와 율리우스 랑벤 및 "선구적 엘리트가 이끄는 문화적 기반의 국가"를 공개적으로 옹호한 오이겐 디더리히스 같은 사람들—루트비히 볼트만 같은 이가 쓴 19세기 독일 책도 있었다. 볼트만은 이 책에서 르네상스의 형식을 검증하면서 '아리안족'에게 힘의 위상을 부여하고 북유럽인의 유형이 당시에도 얼마나 찬사를 받았는지를 보여주고 있다. 모스는 또 사회진화론이 사회 전반에 확산된 것을 강조하면서 많은 독일인이 파라과이와 멕시코의 '아리안' 식민지에서부터 바이에른의 나체촌에 이르기까지 유토피아를 건설하려는 시도를 묘사하고 있다. 이런 현상은 순민족적völkisch인 원칙을 실행하려는 시도였다는 것이다.[7]

히틀러는 자신의 저서에서 린츠에서의 학창 시절에 "역사의 의미를 이해하고 파악하는 법을 배웠다"고 주장한다. 여기서 그는 역사를 '배운다'는 것은 "훗날 역사적 사건의 효과를 일으킨 힘의 원인을 모색하고 발견하는 것을 의미한다"고 설명하고 있는데, 그는 이런 힘 중 하나가(그 자신이 소년 시절에 찾아냈다고 하는) 영국, 프랑스, 러시아가 독일을 포위하는 결과로 나타났다고 생각했으며 이후로도 이런 시각에서 결코 벗어나지 않았다. 히틀러가 볼 때 역사는 위인들의 작품이었다. 그가 생각하는 영웅은 카를 대제, 루돌프 폰 합스부르크, 프리드리히 대왕, 표트르 대제, 나폴레옹, 비스마르크 그리고 황제 빌헬름 1세로, 그는 계급투쟁의 역사를 우선시하는 마르크스와 엥겔스보다는 슈테판 게오르게나 라이너 마리아 릴케의 유형에 훨씬 더 가까운 인물이었다고 할 수 있다. 비록 결과가 언제나 위인에 달려 있다고는 해도 히틀러에게 역사는 종족 투쟁의 연표로서 "역사는 투쟁과 전쟁의 총체적인 결과이며 자비심이나 인도적인 정신이 깃들 여지 없이 전체에 맞서는 개인이 수행하는 것"이었다.

모스는 히틀러의 생물학적 사고가 토머스 맬서스, 찰스 다윈, 조제프 아르튀르 고비노, 윌리엄 맥두걸을 합성한 것이었다고 말한다. "인간은 투쟁을 거치면서 위대해졌다. (…) 인간이 달성한 목표가 무엇이든 그것은 인간의 독창성과 무자비에서 나온 것이다. (…) 모든 삶은 세 가지 명제와 깊은 관련을 맺는다. 투쟁은 모든 결과의 아버지이고 미덕은 피에서 나오는 것이며 기본적이고 결정적인 것은 지도력이다. (…) 살고 싶은 사람은 싸워야 하고 영구적인 투쟁이 삶의 법칙이라고 할 이 세계에서 싸우고 싶지 않은 사람은 존재의 권리가 없는 것이다."[8]

히틀러의 생물학주의biologism는 그의 역사관과 밀접한 관련이 있었다.[9] 그는 선사시대에 대해서는 아는 것이 거의 없었지만 곧잘 자신의 '본령'은 고대 그리스와 로마라고 말했으며 분명히 어느 정도는 고대 연구자로 자처했다. 플라톤에 대해서는 단편적인 것 이상의 지식을 갖고 있었다.[10] 히틀러는 어떤 면에서는 바로 이런 이유 때문에 동방의 종족(과거의 '이교도')이 열등하다고 보았다. 종교, 특히 가톨릭에 기초한 비극적인 숙명은 종교의 비과학적인 태도와 가난한 계층('약자')에 대한 유감스러운 관심에서 비롯된 것이었다. 히틀러가 볼 때 인류는, 문화의 창조자와 문화의 전파자, 문화의 파괴자 이 세 가지로 구분되며 문화 창조의 능력을 지닌 것은 오직 '아리안족' 뿐이었다. 문화의 멸망은 언제나 혼혈이라는 똑같은 원인에서 빚어지는 것이었다.[11] 이런 견해는 히틀러와 헤겔이 유사한 사고를 한 데 대한 설명이 된다. 헤겔은 유럽이 역사의 중심이고 러시아와 미국은 변방이라고 주장했다. 내륙 지방인 린츠는 이런 견해를 강화하는 배경이 되었다. "전 생애를 통틀어 히틀러는 내륙 지향의 독일인이라는 범주를 벗어나지 못했고 그의 상상력은 해양으로 뻗어나간 적이 없었다. (…) 히틀러는 고대 로마제국의 문화적 경계 안에 완전히 뿌리박혀 있었다." 어쩌면 이런 시각이 그를 영국과 미국, 러시아의 태도가 변방의 결의에서 나왔으리라고 평가절하하는 치명적인 오판으로 유도했는지도 모른다.

히틀러 숭배자들이 주장하듯이 그가 책을 많이 읽었다는 것은 의심스럽지만 건축과 미술, 전사戰史, 일반 역사, 기술 분야에 대한 지식이 어느 정도 있었고 음악과 생물학, 의학, 문명과 종교사에 대해서는 마음 편하게 접할 만큼 소양이 있었다. 히틀러는 때로 다양한 분야의 지식을 과시해 듣는 사람을 놀라게 하기도 했다. 예를 들어 히틀러의 주치의 중 한 사람은 그가 니코틴이 관상혈관에 미치는 영향을 완벽하게 꿰뚫고 있는 것을 알고는 놀란 적도 있었다. 하지만 그 지식의 대부분은 독학으로 습득한 것이어서 심각한 결과를 초래했다. 그는 어느 분야든 체계적이고 포괄적인 기초를 전수해줄 교사를 만난 적이 한 번도 없었다. 더욱이 그가 25세를 맞았을 때 제1차 세계대전이 발발해 교육의 단절기를 맞았다. 히틀러의 사고는 1914년에 발전을 멈췄으며 이후로 22장에서 언급한 범독일운동이라는 불완전한 사고의 틀로 제한되었다.

따라서 총통의 사고를 아주 수준 높게 평가하는 견해를 경계해야 할 것이다.[12] 베르너 마저가 히틀러의 심리 역사에서 조명하듯이 히틀러가 후기에 한 독서는 단순히 이미 확립된 견해를 확인하는 차원이 대부분이었다. 또한 그에게는 자신의 일관된 견해를 유지하기 위해서 사실을 곡해할 필요가 있었다. 그는 독일이 '600년 전에' 동방 진출을 포기했다고 몇 차례나 주장하기도 했다. 이 말은 과거에 있었던 독일의 실패와 관련된 것이었지만 독일의 미래에 필요한 생각이기도 했다. 사실 합스부르크와 호엔촐레른 두 왕조는 기초가 탄탄한 '동방 정책Ostpolitik'을 갖고 있었다. 예컨대 폴란드는 세 번이나 분할되었다.

문화적 비관주의, 보수적 혁명가, 반동적인 모더니즘

문화적 비관주의라는 튼튼한 기초 속에서 독일의 전통은 바이마르 시대에 아르투어 묄러 판 덴 브루크(1876~1925)로 인해 지속되었다. 프리츠 슈테른은 묄러 판 덴 브루크가 처음부터 아웃사이더의 입장에 있었다고 묘사하고 있다. 수수께끼 같은 이유로 김나지움에서 퇴학당한 브루크는 군 복무를 피해 외국을 떠돌았으며, 그런 생활 속에서 터득한 깨달음은 그를 "끊임없는 직업의 압박감으로부터 자유롭게 했다."[13] 그는 독일 현대 미술을 소재로 3부작을 쓰기 시작했지만 첫 권밖에 완성하지 못했다. 이어 연극에 대한 다른 책을 썼지만 결국 군대에 들어가지 않을 수 없었고 잠시 탈영병이라는 낙인이 찍히기도 했다.[14] 묄러 판 덴 브루크는 독일 표현주의의 초기에 활동한 몇몇 인물들, 누구보다도 에른스트 바를라흐와 친했고 적어도 처음에는 분명히 반유대주의자가 아니었다. 하지만 외국에 오래 체류하는 동안 그의 마음속에는 이상화된 독일의 이미지가 형성된 것으로 보인다. 묄러 판 덴 브루크가 쓴 여덟 권짜리 독일 역사서 『독일인』(1904~1910)은 그의 민족주의를 처음으로 드러낸 책이다. 그는 이 저서 이후로 『동시대인』(6권)에서 프랑스인의 회의주의, 영국인의 상식, 이탈리아인의 미를 하나로 보고 독일인의 '세계관'과 미국인의 의지, 러시아인의 노역을 다른 하나로 묶어 '젊은 국민'과 '늙은 국민'을 구분하면서 메타 역사meta history*로 결정적인 전환을 했다. 묄러 브루크가 자신의 이름을 묄러 판 덴 브루크로 바꾼 것도 이 무렵이었다.[15]

『동시대인』에서 브루크는 현대 정신을 정신적·예술적으로 해석하는 큰 인물이 없는 것을 애석하게 생각했으며("현대세계의 영웅" 월트 휘트먼은 제외하고) 독일이 "문명은 지나치게 발달한 반면 문화는 부족하다"고 주장했다. 특히 통일 이후 독일 문화가 쇠퇴한 것을 비난했던[16] 그는 도스토옙스키 전집 23권을 독일어로 편집 간행하는 업적을 남기기도 했다. 그는 독일의 지식인 정치권에서 적극적으로 영향력을 행사하는 '6월 클럽'에도 가입했는데, 이 회원들은 당시 신보수주의자로 불렸고 같은 목표를 지닌 기관지 『양심』을 발행했다. 라가르데가 말한 대로 자유주의는 적이었으

*역사 안에 들어 있는 이야기의 구조, 역사가의 해석으로서의 역사.

며—바이마르 시대에 더욱—특히 내향성과 교양, 이상주의의 적이었다.[17] 자유주의와는 어떤 형태의 사회적 조화도 가능하지 않다고 보았다.

브루크의 기념비적인 작품 『제3제국』(1922)은 이런 배경에서 나왔다. 이 책은, 다시 프리츠 슈테른의 묘사를 인용한다면 "학술적으로 민족사회주의 국가에 역사적 명칭을 부여한" 저서였으며 독일의 자유주의와 사회민주주의에 대한 공격, 또 브루크의 상상 말고는 어디에도 존재하지 않는 이상적인 유형에 대한 공격으로 뜨거운 논지를 펼치고 있다. 여기서 "그는 사회주의를 마르크스주의로 축소하고 마르크스주의는 마르크스로, 마르크스는 유대주의로 축소했다." 이런 관점은 당시까지 반유대주의자가 아니었던 브루크로서는 새로운 주제였다. 이제 그는 유대인을 "조국 없이" 뿌리 뽑힌, 집도 없는 민족이라고 비판했다. 그가 주로 전개한 주장은 "자유주의는 더 이상 공동체라고 할 수 없는 사회의 표현"이라는 것이었고 1914년 이전의 독일인은 "세계에서 가장 자유로운" 민족이었으며 자유주의는 이해심보다 열등한 이성의 동의어라는 것이었다.[18] 많은 나치스는(특히 히틀러는) 그를 포용하지 않았지만 괴벨스는 달랐다. 묄러 판 덴 브루크는 1925년 자살한 뒤 우파 진영의 영웅이 되었다.

그는 전혀 외롭지 않았다. 바이마르 공화국에서 그와 세계관을 공유한 사람들은 문화적 비관주의자, 보수 혁명가, 반동적 모더니스트 등 여러 이름으로 불렸다. 에른스트 윙거, 에드가르 융, 후기니체주의 및 후기실존주의 철학자인 루트비히 클라게스, 슈테판 게오르게, 오스발트 슈펭글러, 에른스트 톨러가 여기에 해당된다. 독일에 필요한 것은 정신혁명이었고 민주주의는 문화적으로 받아들일 수 없었다. 또 바이마르 공화국은 해결을 요하는 문제였고 '민족적' 공동체로 회귀하는 것이 이상적이라는 견해를 공유한 토마스 만도 마찬가지였다.

토마스 만과 오스발트 슈펭글러는 이미 앞에서 소개했다. 나머지 인물들 중에서는 에른스트 윙거가 돋보인다. 그는 102세까지 긴 수명을 누린 덕분에(1895년생인 윙거는 103회 생일을 6주 앞둔 1998년에 사망했다) 자신의 많은 과오를 수정할 수 있었다(마찬가지로 장수한 작가 한스 바우만이 훗날 말했듯이). 윙거는 독일을 빠져나가 프랑스 외인부대에 들어가 서부 전선에서 용감하게 전투를 치르며 열네 차례나 부상을 당했고 23세에 철십자 훈장과 푸르 르 메리트Pour le Merite* 훈장을 타기도 했다. 그는 사상 최연소 나이에 이 훈장을 받은 사람 중 한 명이었다. 전후 윙거는 곤충학자로서 교육을 받기도 했다. 이어 1922년에 발표한 『철의 폭풍 속에서』는 부상을 겁내지 않고 용감하게 싸운 전쟁 회상록으로서 전투 묘사는 매우 시적이고 열광적인 분위기를 자아낸다. 이 책은 오늘날 전쟁을 신비에 가까운 '내면의 사건'으로 승화시켰다는 점에서 종종 『서부 전선 이상 없다』와 대비되기도 한다. 다른 많은 사람과 마찬가지로—제1차 세계대전 이후 독일에서 혁명 세력을 진압할 목적으로 조직된 사병私兵 집단인 자유군단Freikorps처럼—윙거는 적어도 당시에는 독일이 강대국의 지위를 회복하길 바랐다. 그가 볼 때 바이마르 공화국은 '진정한' 독일에 대한 나약한 대안이었고 민주주의와 자유주의는 모든 고귀한 삶에 대한 양대 적이었다. 윙거의 경력은 제2차 세계대전 이전에 몇 차례 굴곡을 겪었다. 키스 불리번트가 관찰했듯이, 그는 바이마르 시대에 결코 나치가 아니었지만 활발한 보수 혁명가였던 것은 분명하다.[19]

보수 혁명가의 노선은 정치적일 뿐만 아니라 미학적이며 문화적이기도 했다. 이런 태도는 쿠르트 투콜스키나, 지하세계에서 벗어나지 못하는 범죄자를 다룬 악한소설picaresque** 『베를린 알렉산더 광장』의 저자이자 소설가인 알프레트 되블린, 발터 벤야민과는 대조되는 것이었다. 1892년 베를린에서 유대인 경매인이자 미술품 판매상의 아들로 태어난 벤야민

*독일 최고무공훈장.

**건달, 좀더 정확하게는 재미있는 무뢰한을 뜻하는 스페인어 '피카로picaro'에서 유래한 소설 양식의 개념.

(1892~1940)은 급진적 지식인이자 그 자신이 묘사한 대로 "문화적 시오니스트"였고(유럽 문화에서 유대인의 자유 가치를 옹호했다는 의미에서) 역사가, 철학자, 문예비평가, 기자로 생계를 이어갔다. 약간은 신비적인 경향도 있었던 벤야민은 제1차 세계대전 기간에 건강상의 이유로 스웨덴에 머물렀으며 이후에는 후고 폰 호프만슈탈, 베르톨트 브레히트, 프랑크푸르트 연구소 창설자들과 친교를 맺었다. 일련의 에세이와 저서에서—『괴테의 친화력』『독일비극의 기원』「지식 계급의 정치화 과정」 등—벤야민은 전통적인 예술 형식과 새로운 형식을 대조하면서 레이먼드 윌리엄스, 앤디 워홀, 마셜 매클루언 등의 사고를 전반적으로 예견하고 있다. 벤야민의 접근 방식은 새로운 예술 형식을 비난하려는 것이 아니라 이해하려는 태도였다.

보수주의자들이 볼 때, 앞장의 주제이기도 했던 바이마르 공화국의 특별한 문화가 지닌 주요 결점 중 하나는 이들이 세상의 소금으로 여기는 하층계급을 무시하거나 하찮게 본다는 점이었다. 이런 태도는 이 시대의 또 다른 특징인 '반反지성적인 지성'이라는 경향과 결합했다. 이런 경향은 다시 차례로 기존의 반유대주의와 더불어 유대 문화, 특히 유대인 학교Lehrhaus 운동과 유대인 연구Jewish studies가 부활하는 계기가 되었다.[20] 모든 보수주의자가 나치당을 받아들인 것은 결코 아니었지만(예컨대 에른스트 윙거) 문화 비관주의와 위협적인 혼란의 배경에서 나온 일반적인 여론의 기류는 나치스의 자신감이 자라는 데 기여했다.[21]

민족사회주의의 문화적·지적 토대

앞서 본 대로 바이마르 시대에는 합리주의자들과—과학자와 학자—독일과 독일 역사에 뭔가 특별한 것이 존재하며 "타고난 우월성"을 지닌 영웅이 있다고 확신하는 민족주의자 및 범게르만주의자 사이에 갈등이 계속 되고 있었다. 『서구의 몰락』에서 오스발트 슈펭글러는 독일이 프랑스나 미국, 영국과 다르다는 것을 강조했고 이런 견해는 히틀러의 마음을 끌었을 뿐만 아니라 권력을 향해 조금씩 접근하는 나치스에게 확고한 기반을 구축해주었다. 히틀러는 때때로 현대 예술과 예술가를 공격했으며 다른 나치 지도부와 마찬가지로 반反지성적인 기질을 갖고 있었다. 히틀러가 볼 때 역사상 위인은 대부분 행동가였지 사상가가 아니었다. 다만 이런 사고의 틀에서 예외적인 존재가 있었다. 지식인을 자처한 이 인물은 다른 나치 지도부에 비해 독일에서 더 아웃사이더적이었다.

알프레트 로젠베르크(1893~1946)는 집안 대대로 1918년까지 발트 지역의 러시아 영토에 속했던 에스토니아에서 살았다. 소년 시절 역사에 심취했던 로젠베르크는 1909년 가족 휴가 기간에 휴스턴 스튜어트 체임벌린의 『19세기의 토대』를 읽고 나서 역사에 더욱 흥미를 붙였다. 이후 로젠베르크는 에스토니아에서의 경험으로 인해 러시아인을 혐오한 것만큼이나 모든 면에서 유대인을 혐오할 이유를 찾았다. 1918년 휴전 이후 뮌헨으로 이주한 로젠베르크는 즉시 민족사회주의독일노동자당NSDAP에 입당했고 악의적인 반유대주의 팸플릿을 쓰기 시작했다. 그의 필력이나 러시아에 대한 지식, 러시아어 구사 능력은 그가 당의 동방 전문가로 자리매김하는 데 도움이 되었다. 그는 또 나치당 기관지인 『푈키셔 베오바흐터』(민중 감시인)의 편집자로 일했다. 1920년대를 거치면서 로젠베르크는 마르틴 보르만, 하인리히 힘러와 더불어 『나의 투쟁』을 넘어서는 나치 이데올로기가 필요하다고 생각했다. 그는 1930년대에 민족사회주의의 지적 토대를 제공하리라고 믿은 책 『20세기의 신화』를 출간했다.[22]

『20세기의 신화』는 내용이 산만하고 일관성 없는 책이다. 로마가톨릭을 독일 문명의 주된 위협으로 간주해 맹렬한 공격을 퍼붓고 있으며 분량도 700쪽이 넘는다. 3부의 제목은 '다가오는 제국'이며 다른 부분에서는 인종

위생과 교육, 종교, 끝으로 국제적인 문제를 다루고 있다. 로젠베르크는 예수가 유대인이 아니며 예수의 메시지는 유대인 바울이 왜곡한 것이라고 주장했다. 귀족과 인족에 대한 생각을 무시하고 원죄와 사후의 삶이라는 허위 교리를 날조하는가 하면 지옥을 아비규환의 장소로 묘사해 기독교 신앙을 낯익은 틀로 짜맞춘 것은 사도 바울이나 로마인의 왜곡이라는 것이다. 그는 이런 식의 신앙이 모두 '불건전한 것'이라고 생각했다.

그의 목표는—오늘날의 관점에서 보면 숨이 막힐 정도로 뻔뻔한—독일을 위한 대체 신앙을 창조하는 것이었다.[23] 로젠베르크는 '혈통의 종교'를 옹호했는데, 이것은 사실상 독일인이 '종족의 영혼Rassenseele'*을 지닌 지배민족master race이라는 의미였다. 로젠베르크는 또 나치의 학술적 인종주의자의 본보기인 H. F. K. 귄터의 작품을 인용하기도 했다. 귄터는 "이른바 북방 아리안족의 특성을 정의하는" 과학적 토대를 구축했다고 주장하는 인물이었다. 히틀러나 이전의 선배 역사가와 마찬가지로 로젠베르크도 인도, 그리스, 독일의 고대인들 간에 연결고리를 확보하기 위해 무척이나 애를 썼다. 또한 그는 민족사회주의독일노동자당이 독일의 과거에 뿌리를 둔 것으로 만들기 위해 렘브란트와 헤르더, 바그너, 프리드리히 대왕, 사자공公 하인리히를 멋대로 끌어들여 영웅적인 역사를 만들어내려고 했다. 로젠베르크가 볼 때, 인종은—혈통의 종교—그가 분열의 주요인으로 본 개인주의와 보편주의universalism 전체를 개인보다 상위에 두고, 개인은 전체와의 관계에서만 그 존재 이유와 의의를 가진다고 하는 입장*에 맞서 싸울 수 있는 유일한 힘이었다. 그는 미국인의 이상이라고 할 수 있는 '경제적 인간의 개인주의'는 인간을 어둠의 숙명으로 이끌기 위해 유대인이 지어낸 이야기로 보고 무시했다.

히틀러는 『20세기의 신화』에 대해 찬반이 뒤섞인 느낌을 받았던 것으로

---

*독일인은 개인보다 인족 전체로서 더 위대한 정신을 지녔다는 나치 이데올로기.

보인다. 그는 로젠베르크가 제출한 이 원고를 6개월 동안 붙들고 있었으며 여론조사에서 나치당이 대대적인 승리를 한 것으로 나온 1930년 9월 15일까지는 출판을 승인하지 않았다. 아마 히틀러는 로마가톨릭의 지지를 잃어도 상관없을 만큼 당의 지지도가 충분히 올라 출판 여건이 조성될 때까지 승인을 미룬 것으로 보인다. 히틀러는 당시 현실의 한계를 뛰어넘지 못할 때였다. 바티칸은 로젠베르크의 주장에 격분하여 1934년에 『20세기의 신화』를 금서 목록에 올렸다. 쾰른 교구의 대주교였던 슐테 추기경은 7명의 사제로 전담부를 구성한 뒤 이 책에 나오는 많은 착오를 밤낮없이 쉬지 않고 목록으로 작성하게 했고 이 결과를 게슈타포의 감시를 피해 다섯 개 도시에서 동시에 인쇄해 익명의 책자로 발간했다. 그럼에도 불구하고 로젠베르크는 히틀러의 호감을 샀고 전쟁이 발발하자 미술품 약탈 임무를 띤 로젠베르크 자신의 부대 '로젠베르크 출동사령부ERR, Einsatzstab Reichleiter Rosenberg'가 창설되었다.

비록 일관성 없고 자의적인 것이라고 해도 『20세기의 신화』가 독일 문명에 대해 잘못 판단한 나치스의 생각을 방치한 것은 의심할 여지가 없다.

"독일이 최고"라는 생각에 대한 열렬한 흠모

이 장은 외부에서 본 독일적 사고로 결론을 맺고자 한다. 이 같은 외부 견해는 나치스가 현실적으로 권력의 전면에 등장하기 직전인 바이마르 시대에 작성된 것이다. 이런 이유로 이 기록은 비평으로서 좀더 진지하게 취급되어야 마땅하다. 또 이것은 다른 비독일인이 쓴 이전의 기록, 예컨대 존 듀이나 조지 산타야나의 비평과 중복되는 부분도 있다.

이 기록이란 쥘리앵 방다(1867~1956)의 저서 『지식인의 배임』으로, 1927년에 초판이 발행되었다. 지식인, 또는 프랑스어로 '클레르clerc'라는 표현은 비단 독일인뿐 아니라 프랑스인도 겨냥하고 있다.* 이런 점에서 저자가 편협한 민족주의 경향을 보이지 않았다는 것이 이 책의 주장에 귀를 기울일 만한 이유가 된다. 방다는 한때 번창했던 파리 유대인 가문 출신으로 집안에서 경영하던 회사가 제1차 세계대전 중 파산했다. 50여 권의 책을 쓸 만큼 다작했던 방다는 알프레드 드레퓌스의 옹호자 가운데 한 사람이었으며 앙리 베르그송의 직관주의Intuitionism**에 단연코 반대하는 노선을 취하면서 자신을 프랑스적 전통에서 최고의 합리주의자로 여겼다. 이 책에서 방다가 주장하는 골자는, 19세기는 이전에 나온 어떤 것과도 균형이 맞지 않는 정치적 열망을 키웠다는 것이다. 그는 유산계급의 출현이 유산계급을 혐오하는 계급을 발달시켰다고 말했으며 민족주의 감정의 발호를 민주주의의 탓으로 돌렸다. 허버트 리드가 영어판 서문에서 말한 대로 "민족주의는 광범위하게 퍼져나갔고 여기서 나온 신비감 때문에 민족적 열정이 민족적 생활을 완전히 파괴하는 결과를 가져왔다." 특히 유대인의 민족주의가 강화됨으로써 이에 상응하는 반유대주의가 퍼져나갔다.[24] 방다는 19세기에 정치적 열정, 특히 민족적 열정이 "물질적 존재와 관련해서뿐만 아니라 민족의 군사력과 영토 확보, 경제적 부, 동시에 '도덕적' 존재와 관련해서 훨씬 더 강조되었다"고 주장했다. "이때까지 알려지지 않은 의식으로 모든 국민은 국민 자체에 대해 열광했고 다른 국민에 비해 언어, 예술, 문학, 철학, 문명, '문화'가 우월하다고 주장했다. 오늘날의 시각으로 볼 때, 애국심이란 어느 하나의 사고 형태가 다른 사고 형태에 맞서는 주장에 지나지 않는다."[25] 그는 1813년 독일에서 시작된 역사 속의 애국심이 지닌 새로운 경험은 "아무리 강조해도" 지나치지 않는다고 덧붙였다. 이 새로운 역

*원제는 'La Trahison des Clercs'로 '성직자의 배임'이 정확하지만 전체적으로는 영어(intelletual 또는 the learned)와 독일어(Intellektuelle)의 '지식인'이라는 번역이 내용에 더 부합한다.

**베르그송이 대표하는 사상으로 반성이나 개념 등 일체의 주지적 요소를 배제하고 존재의 파악은 직관과 체험에 의해서만 가능하다는 입장.

사란 세 가지 이념을 구현하는 것이었는데 반유대인 운동과 프롤레타리아에 대한 유산계급의 반대운동, 그리고 민주주의에 맞서 권위주의를 옹호하는 운동을 말했다.[26]

방다는 무엇보다도 지식인과 창조적인 사람들, 과학자, 철학자의 행동에서 변화를 추구했다. 그는 19세기 이전에는 레오나르도 다빈치, 괴테, 에라스무스, 칸트, 토마스 아퀴나스, 케플러, 데카르트, 로저 베이컨, 파스칼, 라이프니츠 같은 유형의 인간이 사심 없이 순수한 정신활동에 대한 애착을 보여주었고 "이런 존재 형태가 우월한 가치를 지녔다는 믿음을 만들어냈다"고 말했다. 하지만 지금은 많은 변화가 생겼다는 것이다. "오늘날 몸젠과 트라이치케, 오스트발트, 브륀티에르, 바레스, 르메트르, 페기, 모라스, 단눈치오, 키플링을 생각할 때 '지식인'이 정치적 열망을 엄청나게 행사한다는 것을 인정하지 않을 수 없다. 이들은 행동하려는 경향과 즉각적인 결과에 대한 갈망, 목표에 대한 외골수적인 집착, 반대파에 대한 경멸, 과잉 반응, 혐오, 혼란스러운 생각을 드러낸다."[27] 방다는 나머지 민중의 차원으로 눈을 돌리며 지식인은 그들 자신이나 이전의 선배들이 지지했던 것을 배반하고 있다고 생각했다. 그가 보기에 지식인의 행동 방식은 소크라테스나 예수가 아니라 폭도와 다름없었다.

방다는 이런 배임이 독일에서만 일어난 것이 아님을 보여주고 싶어했다. 실제로 프랑스인이었던 그는 주로 프랑스인에 초점을 맞췄고 자신의 주장을 프랑스와 독일에서부터 이탈리아, 영국, 미국으로까지 확대했다. 그는 독일 지식인이 제1차 세계대전에 대해, 특히 93인 선언에 대해 비난받아 마땅하다고 생각했다. "우리는 지난 50년 동안 독일의 스승들이 얼마나 조직적으로 모든 문명의 쇠퇴를 주장하면서도 그들 자신의 문명은 제외했는지, 또 니체와 바그너, 칸트와 괴테가 프랑스인에게 감동을 주었다는 것을 얼마나 강조했는지 잘 알고 있다."[28]

물론 방다는 같은 맥락에서 프랑스인도 맹렬히 비난하기는 하지만 "현대 지식인을 애국적 광신주의를 신봉하는 길로 이끈 사람들"은 독일 지식인이라고 생각했다. 또 그는 "이들의 마음속에 '독일이 최고'라는 생각에 대한 열기를 심어주고 비독일적인 모든 것을 경멸하게 한" 현상은 레싱과 슐레겔, 피히테와 더불어 시작되었다고 생각했다. "민족주의 경향의 지식인은 사실상 독일의 발명품"이라는 것이 방다의 판단이었다.[29]

물론 방다가 소설가와 극작가, 예술가를 똑같이 비난하기는 하지만 그는 특히 역사가에 대해서는 "지난 50년 동안의 독일 역사가와 지난 20년 동안의 프랑스 군주제 지지자"라는 독설을 퍼붓고 있다. "독일의 한 대표적 지식인은 '진정한 독일 역사가라면 독일의 위대성에 이바지할 이런 사실을 마땅히 지적해야 한다'고 외친다." 바로 이 학자는 "로마인의 이름으로 독일 역사가 된" 로마사를 썼다는 이유로 몸젠을 찬양했다(몸젠 자신도 자랑스러워했다). 방다가 볼 때 철학자들이라고 나을 것은 없었다. "피히테와 헤겔은 독일적인 세계의 승리를 인간 존재의 발전에 필요한 최고 목표로 삼았다."[30] 프랑스인은 이 부분에서 결코 경쟁자가 될 수 없었다. 아테네의 프랑스 학교 교장을 지낸 뉘마 드니 퓌스텔 드 쿨랑주는, 독일 역사가들은 "그들의 국가를 번영뿐만 아니라 야만성에 도취하도록 다그친다. 프랑스 도덕주의자들도 이에 뒤지지 않는다"고 말했다. 방다는 제1차 세계대전에서 독일이 무너진 것은 독일의 물질적 부강이 지식인의 민족주의가 유발한 자부심을 따라가지 못했기 때문이라고 느꼈다. 그는 또 독일인은 강대국을 지향하는 열기에 책임이 있다고 말했다. 지식인이 정치를 신격화했다는 것이 방다의 생각이었다.[31]

방다가 볼 때 이런 모든 점에서 가장 중요한 여파는—이 점이 핵심이기도 한데—불가피하게 민족주의적 목표를 마음에 품고 싸운 군대생활과 전쟁이 실용성보다는 도덕성에 집착했다는 사실이었다.[32] 지식인은 용기와 명예, 엄격한 태도를 부추겼고 심지어 니체의 경우는 무자비를 찬양하기도 했다("우월한 문화는 모두 무자비에 뿌리를 둔다"). 이런 열기에 편승해 "헤겔 이래로 독일의 모든 사람이" 그리고 "메스트르 이래로" 많은 프랑스인이 지지한 의지에 대한 숭배 열기가 모습을 드러냈다는 것이다.[33]

방다는 이 모든 것이 지배 계층에서 일어난 데 비해, 보편적인 것 또는 객관적인 것에 대한 욕망을 이해하려고 한 지식인의 열망은 니체와 소렐 이래로 비웃음을 받았다고 말했다. 그는 몇몇 프랑스 작가들의 주장을 지적하기도 했다. 이들은 순수하게 지적인 것에 관심을 가진 사람은 "군인보다 열등하다. (…) 문학은 전체적으로 본능과 무의식, 직관, 의지(독일적인 감각으로는 지성의 반대라고 할)를 분명히 보여주는 데 몰두했고 이것을 실용적인 정신의 이름으로 예찬했다. 그 이유는 개인으로서, 한 국민 또는 하나의 계급으로서 우리가 우리 이점을 보호하기 위해 알아야 할 것은 지성이 아니라 본능에서 나오는 것이기 때문이다"라고 주장했다는 것이다.[34] 방다는 이 모든 현상은 일종의(매우 독일적인) 지적 사디즘으로, '엄청난' 도덕의 몰락을 가져왔다고 보았다.[35]

그는 싸움이 끝났다며 다음과 같이 결론내렸다. "오늘날 (…) 인간은 민족적이다. 보통 사람들이 승리했다. (…) 과학자, 예술가, 철학자는 일용직 노동자 혹은 상인만큼이나 국민에 집착한다. 세계적인 가치를 만들어내는 사람은 국민을 위해 이 일을 한다. 에라스무스를 포함해 모든 유럽인은 루터를 추종했다." 이어 145쪽에서는(초판이 1927년에 나왔다는 것을 기억해야 한다) 이렇게 적고 있다. "이 같은 인류는 국가 간의 전쟁이든, 계급 간의 전쟁이든, 역사상 가장 거대하고 가장 완벽한 전쟁으로 치닫고 있다."[36]

이런 견해가 비단 방다만의 주장은 아니었다. 또 어쩌면 내가 이 책이 실제 이상으로 독일에 더 치중한 것처럼 보이게 했을 수도 있다.[37] 방다는 프랑스인을 다룰 때에도 독일인만큼이나 엄격한 잣대를 들이댔다. 바로 이 점에서 그의 주장이 다른 사람보다 민족주의적인 색채가 옅고 좀더 냉정하다는 사실이 확인된다. 그럼에도 불구하고 방다는 이 같은 '배임'이 독일에 기원을 두고 있으며 독일에서 다른 나라, 특히 프랑스로 전파되었다는 생각을 분명히 밝힌다. 그가 주장하는 몇몇 논지는—정치의 신격화, 의지의 찬양, 전쟁을 실용성이 아니라 도덕성의 수단으로 보는 이해 방식, 객관성의 경시—이후에 닥칠 불편한 현실에서 그대로 드러났다.

제5부

제국의 노래: 히틀러와 "투쟁의 정신무장"

제34장

나치의 미학: "갈색 전환"*

1933년 1월 30일 아돌프 히틀러는 독일의 수상이 되었다. 이로부터 6주 뒤인 3월 15일에는 최초의 예술가 블랙리스트가 발표되었다. 미국을 방문 중이었던 조지 그로스는 독일 시민권을 박탈당했다. 바우하우스가 폐교되었고, 막스 리베르만(당시 88세)과 케테 콜비츠(66세), 파울 클레, 막스 베크만, 오토 딕스, 오스카어 슐레머는 모조리 미술학교 교사직에서 해고되었다. 몇 주 뒤에는 현대 미술을 비방하는 최초의 전시회가—'공포의 방'이라 불리던—뉘른베르크에서 개최되었으며 이후 드레스덴과 데사우로 이어졌다. 오늘날 이런 사실과 일련의 사건들은 이와 비슷한 많은 일과 더불어 잘 알려져 있다. 하지만 지금까지도 여전히 충격적이다. 해고 사태가 발생하기 4일 전에 '국민계몽선전부Propaganda Ministry'가 창설되어 요제프 괴벨

*갈색 전환the brown shift. 나치의 제복이 갈색인 것을 비유해 모든 미학의 기준을 나치 이데올로기에 맞춘 정책을 뜻한다.

스가 장관에 취임했다.

하지만 이렇게 무자비한 행위가 갑자기 일어난 것은 아니었다. 히틀러는 계속해서 나치 정부가 들어서면 광범위한 적을 척결하는 '처리 방침'이 있을 것임을 분명히 했기 때문이다. 이 '적'은 대부분 미술가들이었다. 1930년 히틀러는 괴벨스에게 보낸 편지에서 당이 권력을 잡으면 미술에 관한 한 단순히 '토론회' 수준에 그치지 않을 것이라고 강조했다. 일찍이 1920년의 선언문에 들어간 당의 정강은 "국민 생활에 분열적 영향을 미치는 예술과 문학의 경향"에 맞서 '투쟁'할 것을 요구했다.[1]

일부 미술가는—많은 과학자와 철학자, 음악가와 마찬가지로—이 태풍이 어느 방향으로 불지 예의주시하면서 나치에 동조하려고 했지만 괴벨스는 이를 받아들이지 않았다. 한동안 괴벨스와 알프레트 로젠베르크는 문화, 지식 분야의 정책 입안 과정에서 권력다툼을 벌였지만 선전부 장관은 공식적인 미술문화국의 업무가 자신의 통제하에 들어오자마자 경쟁자를 밀어냈다. 선전부는 가공할 권력을 행사했고 모든 미술가는 정부의 후원을 받는 직능단체에 가입할 것을 강요받았다. 등록하지 않을 경우 미술전시회에 출품하는 것이 금지되었고 제작 의뢰를 받지도 못하게 했다. 괴벨스는 더욱이 공식적인 승인을 받지 못한 공개적인 전시회는 열지 못하도록 하는 규정을 만들었다. 1934년 9월에 열린 전당대회 연설에서 히틀러는 민족사회주의를 위협하는 두 가지 위험 요인을 강조했다. 그중 하나는 특별히 "입체파, 미래파, 다다이즘"으로 분류되는 "미술을 망치는 세력"이라고 할 만한 모더니스트였다.[2] 히틀러는 자신과 독일 국민이 원하는 것은 "뒤틀림 없고" "모호하지 않으며" "투명한" 독일 미술이라고 말했다. 히틀러는 또 미술은 "정치의 보조 역할"을 하는 것이 아니라고 주장했는데 이는 나치 정강 정책의 "기능적인 부분"이어야 한다는 의미였다. 1936년 5월 이후 선전부에 등록한 모든 미술가는 아리아 혈통임을 입증해야 했다. 같은 해 10월 베를린국립미술관은 현대미술관을 폐쇄하라는 명령을 받았으며, 11월에는 괴벨스가 모든 비공식적인 미술비평을 불법화했다. 이때부터 미술 행사에 관한 것은 오직 보고 형식만 허용되었다.

일부 미술가는 저항했지만—"유대인도 아니고 사회민주당원도 아닌" 에른스트 키르히너, 제1차 세계대전 때 서부 전선에서 독일군으로 참전했고 아들은 돌격대원SA이었던 막스 페히슈타인, 1920년 당시부터 나치당원이었던 에밀 놀데—아무 소용이 없었다. 작품으로 저항한 사람도 있었다. 오토 딕스는 1933년 「일곱 가지 대죄」에서 히틀러를 '질투'로 묘사했으며 막스 베크만은 「유혹하는 자」로 수상을 희화화했다. 많은 예술가는 망명하는 것 외에는 선택의 여지가 없다는 사실을 깨달았다. 쿠르트 슈비터스는 노르웨이로, 파울 클레는 네덜란드로, 라이오넬 파이닝거는 미국으로, 베크만은 네덜란드로, 루트비히 마이드너는 영국으로 도피했다.[3]

앞서 본 대로 함부르크의 바르부르크 연구소는 바우하우스보다 먼저 폐쇄되었으며 프랑크푸르트 연구소가 그 뒤를 이었다. 프랑크푸르트학파의 연구원들은 대부분 유대인이었을 뿐 아니라 누구나 아는 마르크스주의자였다. 프랑크푸르트학파의 역사를 연구한 마틴 제이에 따르면 소장인 막스 호르크하이머의 선견지명 덕분에 학파의 재산은 네덜란드로 반출될 수 있었다. 외국의 분소가 이미 제네바와 파리, 런던에 세워졌다(런던 분소는 런던경제대학에 세워졌다). 1933년 3월 히틀러가 권력을 장악한 직후 호르크하이머는 연구소가 "국가에 적대적인 경향"을 보인다는 이유로 폐쇄되기 수일 전에 재빨리 스위스 국경을 넘었다. 한때 6만 권의 장서를 갖추어 도서관이라 불렸던 빅토리아 거리의 건물은 몰수되었다. 국경을 빠져나가고는 며칠 뒤 호르크하이머는 파울 틸리히, 카를 만하임과 더불어 공식적으로 추방되었다. 호르크하이머와 그의 대리인인 프리드리히 폴로크는 제네바로 갔고 에리히 프롬 역시 제네바로 갔다. 앙리 베르그송과 레몽 아롱을 시작으로 프랑스 쪽에서 몇 차례 고용 제안이 들어왔다. 한편 테오도어 아도르노는 옥스퍼드 대학 머튼 칼리지로 가서 1934년부터 1937년까지 머물렀다. 폴로크와 호르크하이머는 런던과 뉴욕을 방문해서 이곳으로 이주할 가능성을 타진했다. 두 사람은 컬럼비아 대학에서 훨씬 더 나은 조건을 제시받았다. 이렇게 해서 1934년 중반 프랑크푸르트 사회연구소는 117번가 웨스트 429번지에 다시 세워졌다. 연구소는 이 자리에서 1950년까지 있었다.

빈학파의 이주는 다른 학자들에 비해서 충격이 덜한 편이었다. 미국의 실용적인 전통 덕분에 적지 않은 철학자가 논리실증주의자들에 대해 동정을 품었다. 빈학파의 몇몇 학자는 1920년대 후반 또는 1930년대 전반에 대서양을 건너 미국으로 가 강의를 하면서 생각이 비슷한 미국 학자들과 어울렸다. 이들은 각 분야에서 불변의 원리를 모색하는 철학자와 과학자들로 이뤄진 과학통합운동을 하는 그룹의 도움을 받았다. 이 국제적인 그룹은 유럽 전역과 북아메리카에서 학회를 열고 있었다. 그러던 중 1936년 영국 철학자 A. J. 에이어가 『언어, 진리, 논리』를 출간했는데, 이 책은 미국에서 여전히 인기를 끌던 논리실증주의를 명쾌하게 해설한 것으로 빈학파의 연구원들을 유난히 환영하는 분위기를 유도했다. 헤르베르트 파이글이 맨 처음 1931년 아이오와 대학으로 갔고 루돌프 카르납은 1936년 카를 헴펠, 올라프 헬머와 함께 시카고 대학으로 갔다. 이어 한스 라이헨바흐는 캘리포니아 대학 로스앤젤레스캠퍼스UCLA로 가서 자리를 잡았다. 이보다 조금 뒤 쿠르트 괴델은 프린스턴고등연구소에서 연구원 자리를 얻었고 아인슈타인과 에르빈 파노프스키도 합류했다.

1938년 5월 2일 히틀러는 유언장을 작성하면서 자신이 죽으면 자신의 시신을 뮌헨으로 옮기도록 지시했다. 뮌헨에 있는 펠트헤른할레Feldherrnhalle* 부근에 당당히 안장되기 위해서였다.• 히틀러는 학창 시절을

*뮌헨에 있는 군 기념관으로 1923년 나치 봉기 당시 히틀러는 이곳을 지나다가 체포되었다.
•이후 히틀러는 사망한 야전 사령관들의 묘소로 둘러싸인 '게르마니아'(베를린)의 지하실에 묻힐 계획을 세웠다.

보냈던 린츠보다 뮌헨에 더 애착을 가졌던 것이다.[4] 『나의 투쟁』에서 히틀러는 뮌헨을 가리켜 "독일 미술의 대도시"로 묘사하고 있으며, "뮌헨을 보지 않은 사람은 독일을 알 수 없다"는 말을 덧붙이고 있다. 히틀러와 미술가들의 불화가 절정에 달한 곳도 1937년 뮌헨이었다.

같은 해 7월 18일 히틀러는 아르노 브레커, 요제프 토라크, 아돌프 치클러 등 나치가 선호하는 미술가의 그림과 조각작품을 900점 가까이 보유한 하우스데어쿤스트Haus der Kust(예술의 집)를 개설했다.[5] 히틀러의 초상화도 있었고 헤르만 호이어의 「태초에 말씀이 있었다」라는 작품도 있었다. 이 작품은 나치당 초창기에 "동료들의 의견을 묻는" 모습을 담아 총통에게 향수를 불러일으키게 하는 그림이었다. 불확실한 비평은 불법화되고 오로지 보고서 형식만 허용되는 분위기를 의식한 어느 비평가는 보고서를 위장해서 다음과 같은 비평을 했다. "전시된 그림 하나하나는 (…) 현대적 삶의 스트레스와 문제점은 완전히 전무한 상태에서 완벽한 삶의 인상만 강조했다. 확연히 드러나는 특징 하나는 도시와 산업 현장을 묘사한 그림은 단 한 점도 없다는 것이다."

전시회 첫날, 히틀러는 90분에 걸친 연설을 하면서 '문화적 붕괴'는 저지되었고 활기찬 독일 고전의 전통이 되살아났다고 격려했다. 히틀러는 예술은 유행과 거리가 멀다고 강조했다. "해마다 새로운 형식이 튀어나옵니다. 한때 인상주의, 미래파, 입체파, 또 다다이즘이라는 것까지 나왔어요." 히틀러는 이건 아니라고 못을 박았다. 예술은 "시간이 아니라 국민의 토대 위에서 나오는 것입니다." 오로지 인종—혈통—이 전부였다. 독일인이라는 것은 무슨 의미인가? 히틀러는 '투명함'을 의미하는 것이라고 말했다. 국민을 위한 미술, 그리고 미술가는 "청색 초원이나 녹색 하늘, 유황색 구름 같은 것이 아니라" 국민이 보는 것을 표현해야 한다는 것이었다. "명백하게 눈병을 앓는 사람이 그린 한심한 불행"이 들어설 자리는 없었다.[6]

이어서 비록 위장된 방법이기는 했지만 일종의 비평이 나왔다. 바로 그

다음 날인 7월 19일 뮌헨 맞은편 구역에 있는 시립고고학연구소에서 악명 높은 '퇴폐 미술전Entartete Kunst'이 열린 것이다. 독일과 비독일 작가의 작품 112점을 포함해 놀데의 작품 27점, 딕스 8점, 슈미트로틀루프 61점, 클레 17점, 그리고 고갱과 피카소 등 다른 작가의 작품이 전시되었다. 여기에 전시된 그림과 조각작품은 독일 전국의 미술관에서 약탈한 것들이었는데, 사상 유례가 없을 정도로 악명 높은 전시회 중 하나로 손꼽힐 만했다. 전시 방법을 보고 총통 자신도 놀랄 정도였다. 키르히너의 「한낮의 농부」에는 '유대인이 본 독일 농부'라는 제목이 붙어 있었고, 성 토마스가 그리스도를 알아보는 장면을 묘사한 에른스트 바를라흐의 조각 「재결합」에는 '긴 잠옷을 입은 두 원숭이'라는 제목이 붙어 있었다.

히틀러가 현대미술을 완전히 근절시켰다고 생각했다면 그것은 오산이었다. '퇴폐 미술전'이 뮌헨에서 4개월 이상 열리는 동안 200만 명 이상의 관람객이 미술관을 찾았다. 이는 평상시 드물게 독일 미술관을 찾는 관람객 수에 비하면 어마어마한 숫자였다. 독일 미술관은 미술가들에게는 작은 위안거리가 되었을지 모르지만 이들 대다수는 퇴폐 미술전에 대해 가슴이 터질 듯한 느낌을 받았다. 놀데는 괴벨스에게 다시 편지를 보내 "나에 대한 모욕을 중지"해줄 것을 요구했고 베크만은 좀더 현실적인 길을 좇아 전시회가 열린 날 망명길에 올랐다.

1938년 5월에는 소급 적용된 퇴폐 미술법이 통과됨으로써 정부는 아무런 보상도 없이 미술관의 퇴폐 작품을 압류할 권한을 차지했다. 일부는 루체른의 피셔 갤러리에서 열린 특별 경매에서 헐값에 팔렸고 나치스의 공격이 무척 심해 팔리지 못한 작품은 1938년 3월 베를린에서 대대적으로 소각되었다.[7]

'퇴폐'에 대한 또 다른 의미를 규정한 이는 빅토르 클렘페러(1881~1960)였다. 클렘페러는 드레스덴 대학의 불문학 교수로 유대인이었지만 친구의 보호를 받아 제3제국 내내 독일에 머무른 인물이었다. 클렘페러는 나치스의 언어 사용을 세밀하게 설명했으며, 특히 표현주의(당시에는 금지된) 미술 잡지의 이름이었던 '폭풍Sturm'이 어떻게 군대 단위의 명칭에 전용되었는지를 보여주었다.* 친위대Schutzstaffel는 이내 약칭으로 불렸는데 SS와 SA 대원들은 더 이상 약칭이라는 느낌을 받지 않을 만큼 만족했다. 이를테면 공식 타자기에 비스듬한 형태로 SS 모양의 특별키가 장착되었기 때문이다.[8] 이밖에 많은 예가 있었는데 햇빛은 '히틀러 날씨'를 상징하는 것이 되었다.• 또 클렘페러는 대학의 물리학부에서 헤르츠라는 주파수 단위를 사용할 수 없다는 사실에 주목했다. 단지 헤르츠가 유대인 가문이라는 것이 이유였다. 또한 클렘페러는 이따금 나치스의 언어 사용에서 희망을 찾기도 했다. 독일군이 "용감하게" 싸우고 있다는 뉴스가 나오면 밀리고 있다는 뜻이었기 때문이다.[9]

'영웅주의의 기조'가 깔린 시

문화적인 틀에서나 사고 체계에서 볼 때 민족사회주의는 종종 평가된 것보다 훨씬 더 일관성을 지닌다. 이것이 문제였다. 공식적으로는 통제Gleichschaltung로 알려진, 정치적 획일화의 노력에서 나치스는 때때로 실제 이상으로 일관성을 내세우거나 일관된 결정을 내렸다. 히틀러의 생각은 일반 대중의 편견을 게르만적인 세계관의 틀로 찍어내어 많은 사람이 느끼는 소외를 제거하려는 것이었다.

문화가—어떤 문화든지—이런 방식으로 아주 오랫동안, 확실하게 미리 포장될 수 있는지는 지극히 의심스럽다. 나치 시대의 독일 문화에 관한 한,

*Sturm은 나치스의 돌격대SA, 친위대SS에서 중대에 상당하는 부대(100~200명)였으며 돌격대Sturmabteilung, SA 자체에도 Sturm이 붙었다.

•'카이저베터Kaiserwetter'(황제 날씨)는 맑은 날씨라는 뜻으로 요즘도 유머로 사용되고 있다.

단기간에는 이런 시도가 가능하다는 것을 보여주었다.[10] 극작가이자 시인이며 반유대주의 소설가였던 헤르만 부르테는 1940년 독일 시인 집회에서 행한 연설에서 히틀러는 본질적으로 시인 성향의 정치인이라고 주장했다. 그는 독일 국민의 에너지를 '독일적 존재 양식'으로 전환하고 확산하기 위해서는 문화적 창조정신에 담긴 히틀러의 시인적 자질을 활용해야 한다고 단언했다. 부르테는 히틀러가 괴테보다 뛰어나다고 생각했다. 히틀러가 독일 국민의 "유기적" 특성과 "원시적 독일인의 우수성"을 이해한다는 이유에서였다. 슈투트가르트의 출판업자인 아돌프 슈페만은 출판업자 모임의 강연에서 원치 않으면서도 지적 또는 상업적 가치가 있다는 생각으로 책을 출판하는 시대는 끝났다고 주장했다. 출판업자는 더 이상 "단순한 문화 거울"이 아니라 "작가의 종복에서 국가의 대리인으로 위치가 바뀌었으며. (…) 문학은 정치와 분리될 수 없다"는 말도 했다.[11] 1937년까지 나치스가 승인한 모든 도서의 50~75퍼센트는 농민소설, 역사소설, 자연 풍경을 담은 소설이었다.[12]

나치 영웅에 대해 연구한 제이 베어드에 따르면 특히 세 사람이 나치 미학에 중대한 공헌을 했다. 그중 두 사람은 문인이었는데 시인인 게르하르트 슈만과 작사가인 한스 바우만이었다(세 번째 인물인 카를 리터는 영화감독으로 뒤에 언급할 것이다).

베어드는 슈만이 "자칭 엘리트"로서 교육학 교수이자 독실한 기독교 신자의 아들이었다고 말한다. 슈만은 독일 소년운동에 가담했고 여행을 계속하면서 각지의 풍경과 고대의 성, 교회를 답사했다. 전원적인 훈련을 하기 위해 떠난 여행이었지만 당시 슈만은 "바이마르 시대의 피 흘리는 도시들" 속에 뛰어들어 "충격을 받고 시에 눈뜬" 인물이었다.[13] 1930년대 전반에 슈만은 첫 번째 시집 『제국의 노래』를 간행했다. 그의 시에는 독일에 만연한 "외국의 이데올로기"를 거부하고 국민을 지도하고 구원하는 강력한 "총통의 개성"을 열망하는 목소리가 담겨 있었다.

(…) 그가 올라갈 때 선택된 자의 후광이
그의 머리 둘레에 빛났다. 그가 내려갈 때
밤을 밝힐 횃불을 불렀다.

수백만이 말없이 그를 숭배했다. (…)[14]

슈만은 튀빙겐 대학에 다닐 때 낡고 귀족적이며 계급에 기초한 고전 학문을 강조하는 풍조를 익혔다. 하지만 이것은 산업화된 독일이 요구하는 바와는 동떨어진, 시대에 뒤떨어진 것이었다. 마침내 1930년 11월, 19세의 나이에 슈만은 민족사회주의독일노동자당에 입당했다. 히틀러가 취임했을 때 그는 당 소속 작가로 발탁되어 어느 정도 특권을 누렸다. 여기서 슈만은 예술에 적용된 나치 이데올로기를 주입받았다.[15] 바이마르 시대를 주도했던 이른바 아스팔트문학Asphaltliteraten*은 이미 쇠퇴했다. 슈만은 대신 "영웅주의의 기조"에 맞춰야 한다는 생각에 마음이 끌렸다.

다작하는 작가이자(그는 수많은 신문 잡지 기고문과 두 편의 희곡 외에도 19권의 시집을 냈다) 당 소속 작가로서 특수한 재능을 발휘한 슈만은 불과 24세에 제국음악원의 지도위원이 되었고 대대적인 행사에 사용할 노랫말을 썼다. 그가 쓴 시에는 「독일, 영원한 불꽃」 「제국의 순수성」 「히틀러」 같은 제목이 붙었다.

한 사람의 의지에 수많은 세력이
삶과 죽음을 오락가락하네. (…)

한 사람의 손을 잡으려고

---
*대도시 문화를 배경으로 삭막한 인간 정서를 다룬 문학.

형제애의 인사를 전하는
수많은 손길이 밀려드네. (…)
우레와 같은 온갖 찬양을 받으며
그의 목소리는 전 세계에 울려 퍼지네.

그리고 온 세상이 귀를 기울이네.

히틀러는 오스트리아 합병을 예찬한 슈만의 시를 무척 좋아한 나머지 이런 시는 반복해서 방송해야 한다고 주장하기도 했다.[16]

슈만은 제2차 세계대전 기간에 프랑스와 러시아 전투에 참전해 철십자 훈장을 받았다. 러시아 전선에서는 중상을 입고도 회복되자마자 다시 자원해서 전선으로 나갔으며 계속해서 시를 썼다. 그가 말하듯이 그가 쓴 시는 "시를 위장한 기도"였다. 슈만의 시 가운데 가장 유명한 「병사의 기도」는 오이겐 팝스트가 작곡하여 널리 불렸는데, 특히 공식 행사에는 빠짐없이 등장했다.

오, 신이여, 고할 것은 많지 않나이다.
다만 지금 우리의 기도를 들어주소서:
우리 영혼을 흔들림 없이 강하게 만들어주소서.
나머지는 우리 스스로 하겠나이다.[17]

'사망자를 세지 마라'

"히틀러유겐트의 음유시인"이라고 할 수 있는 한스 바우만(1914~1988)은 1933년에 19세였다. 바이에른 출신의 순진한 산골 소년 바우만은 제3제국에서 출세 가도를 달렸으며 나치 정권이 몰락했을 때에도 31세밖에 되지 않았다. 소년 시절 그는 "행복한 한스"로 알려졌으며 회고록에서는 자기 어머니를 "세상에서 가장 훌륭한 어머니"로 묘사하기도 했다. 제1차 세계대전에서 귀환한 아버지가 낡은 수류탄을 가지고 왔을 때 한스는 이것을 보고 "내 인생의 첫 친구"라고 불렀다.[18]

이러한 바우만의 전원적인 소년 시절은 바이마르 시대 독일의 인플레이션과 실업 사태로 얼룩졌고, 그가 불과 14세에 쓴 초기 시들은 「실업자」「네 층 위」라는 제목에서 보이듯 빈민가 셋방생활을 묘사하고 있다.

가톨릭 신자였던 바우만은 가톨릭 소년운동에 열심히 참여했으며 이것이 계기가 되어 그의 가장 유명한 시 「내일은 내 것」을 포함해 몇 편의 시를 쓰게 되었다. 「내일은 내 것」은 1972년, 영화 「카바레」에서 인기를 끌었다. 바우만은 이 노래로 단번에 유명해졌다. 그가 이 시를 쓴 것은 18세 때로, 암베르크의 예수회 학교 교사가 되고자 공부할 때였다. 담당 신부는 바우만의 노래를 무척 마음에 들어해 뮌헨에 있는 가톨릭 계열의 쾨젤 출판사에 그를 소개했고 이 출판사는 1933년에 바우만의 시집을 출간했다. 「내일은 내 것」은 히틀러유겐트가 채택하기 오래전부터 이미 가톨릭 소년 운동권에서 유명했다.

당시 바우만은 일찍이 히틀러가 구세주 같은 존재가 될 것임을 확신했고 이런 생각을 반영하는 노랫말을 150편 이상 썼다. 1930년대를 거치면서 이 노래는 특히 동부에 대해 공격적인 성향이 강해졌다. 전격전Blitzkrieg*이 벌어지는 동안 바우만은 놀랄 만큼 대담해졌다.

아무리 용감해도 떨리고

---

*신속한 기동과 기습으로 일거에 적진을 돌파하는 기동작전으로 독일군이 1939년의 폴란드를 침공할 때 처음 실시했다.

마음속에는 온갖 걱정거리가 가득하지만
또 두 손은 이제 잃었지만
슬픔을 억누르고 나는 깃발을 들리라.

바우만은 독일의 위대한 시대에 사는 것은 특권이라고 즐겨 말했으며, 몇 차례의 연설에서는 횔덜린의 시 구절을 인용하기도 했다.

전투는 우리의 것! 깃발을 높이 들자,
오 조국이여! 죽은 자를 세지 말자!
그대를 위해 아무리 많이 죽는다 해도
전혀 지나치지 않으리니.[19]

이후 바우만은 변했다. 그는 1941년에서 1942년 사이에 적들을 향한 히틀러의 분노에 대해 좀더 많은 자비를 베풀 것을 주장하면서 제2의 사상기로 옮아간 듯 보인다. 이런 경향은 그가 쓴 희곡 「알렉산더」에서 절정을 이뤘다. 이 작품이 베를린에서 공연되었을 때 구스타프 그륀트겐스가 주연을 맡았다. 공연 첫날 그륀트겐스가 25회나 커튼콜을 받을 정도로 대성공을 거둔 이 작품은 누가 보더라도 알렉산더 대왕과 히틀러 사이의 유사점을 분명히 알 수 있었다. 알렉산더는 "세속적인 것을 경멸하자"고 부르짖으면서도 한편으로는 "내가 승리를 거두는 것은 나에게 사랑이 있기 때문이다"라고 말하기도 한다. 바우만은 승리자들 사이에 자비가 있어야 한다고 강조했다. 아마 이 정도는 자신이 표현해도 제3제국에서 별탈이 없을 것으로 생각했는지도 모른다. 괴벨스는 이 연극을 보고 개막 이틀 뒤에 공연을 중단시켰다.

바우만의 이런 사상은 키예프에서 포병대 대위로 있던 형과 동부 전선에서 위문 공연을 하던 형수로부터 그곳에서 벌어진 잔혹 행위의 실상을 접하게 되면서 고조되었다. 바우만은 직접 동부 전선의 군대에 들어가 독일 병사들의 문화적 이해를 돕기 위한 작품을 연출했다. 때때로 러시아 작가의 작품을 무대에 올리기도 했으며 러시아인 관객의 입장도 허용되었다. 그중에는 심지어 레지스탕스도 있었다. 전쟁이 끝난 뒤 바우만은 아동작가로 세계적인 인기를 얻었다. 그의 작품은 10여 개 언어로 번역되어 서독과 이탈리아, 미국에서 각종 상을 휩쓸었다. 말년에 바우만은 "긴 생애를 누리는 것의 커다란 이점은 과오를 수정할 수 있다는 것이다"라는 말을 했다. 그는 1988년 칸딘스키가 오랫동안 머물던 무르나우에서 세상을 떠났다.

텔레비전이 나오기 전, 괴벨스(1897~1945)는 누구보다도 라디오의 위력을 잘 알았다. 물론 집중 통제에 대한 권한을 위임받기는 했지만 그가 이끄는 국민계몽선전부는 국립방송국의 모든 지분을 인수함으로써 다른 군소 방송사에 영향력을 행사했다. 또 전자제품 회사에 압력을 넣어 가격이 싼 라디오를 개발하게 했고 모든 가정에 라디오를 보급하는 한편 국민이 외국 방송을 청취할 수 없도록 했다.

히틀러는 미술가에 대한 간섭에 이어 영화 제작자들에게도 손을 뻗쳤다. 괴벨스가 국민계몽선전부 장관에 임명되고 나서 착수한 초기 사업 중 하나는 독일의 대표적인 영화 제작자들을 불러 모아 이들에게 세르게이 에이젠슈타인의 「전함 포템킨」을 보여준 것이었다. 1925년 러시아 혁명을 기념하기 위해 만들어진 이 걸작은 예술적으로 뛰어났을 뿐 아니라 국민 선전용으로도 손색이 없었다. 영화가 끝나고 불이 들어오자 괴벨스는 입을 열었다. "여러분, 이런 영화가 바로 제가 여러분에게 기대하는 것입니다." 선전부 장관은 노골적으로 선전 분위기를 드러내는 영화를 바라지 않았다. 괴벨스는 영리한 사람이었고 단순한 선전을 꾀할 만큼 어리석지 않았다. 영화가 제국의 영광을 빛내야 한다는 점에서는 논란의 여지가 없었다. 동시에 모든 영화는 상연할 때마다 정부의 지원을 받는 뉴스영화, 경

우에 따라서는 짤막한 다큐멘터리 영화가 들어가야 한다는 것이 괴벨스의 주장이었다.[20]

전쟁이 시작되었을 때 괴벨스의 뉴스영화는 40분까지 늘어날 수 있었다. 하지만 정작 뛰어난 효과를 발휘한 것은 다큐멘터리 영화였다. 기술적으로 향상된 이 영화들의 제작을 맡은 총책임자는 레니 리펜슈탈(1902~2003)이었다. 그녀는 바이마르 시대에 이름 없는 여배우였다가 감독과 편집자로 거듭난 인물이었다. 대표작은 히틀러가 직접 제작을 의뢰한 「의지의 승리」(1935)로 1934년 뉘른베르크 전당대회 모습을 담은 기록영화였다. 16명의 카메라 기사가 동원된 이 영화가 2년간의 편집 작업을 마치고 상연되었을 때 관객들은 넋을 잃을 정도였다. 끝없는 횃불 행진, 마이크에 대고 연달아 소리지르는 연사들, 현란한 연설에 빨려드는 갈색 셔츠와 검은색 셔츠의 거대한 집단, 우렁찬 목소리로 일제히 "만세!"를 외치는 그 모습은 마치 최면에 걸린 듯했다.

상당히 뛰어난 솜씨를 발휘한 「올림피아」는 괴벨스가 1936년 베를린 올림픽 경기를 위해 제작을 지시한 영화다. 근대 올림픽 경기가 베를린에서 제대로 모습을 갖춘 것은 나치스 덕분이었다. '성화 봉송'이라는 아이디어 역시 나치스가 처음 시행한 것으로, 횃불을 든 수많은 주자가 그리스에서 베를린까지 달려 올림픽 개막에 맞춰 경기장에 들어오도록 구상되었다.

이 영화를 만들기 위해 리펜슈탈은 80명의 촬영진을 동원했고 촬영에 사용된 필름만도 총 130만 피트(약 40만 미터)나 되었다. 마침내 2부, 6시간 분량으로 제작된 이 영화는 독일어, 영어, 프랑스어, 이탈리어로 녹음되었다. 리펜슈탈은 경기의 패자와 승자 모두 품위 있는 모습으로 연출했고 선수들의 멋진 근육을 강조했으며—특히 미국의 흑인 선수로 금메달을 4개나 딴 제시 오언스가 돋보였는데 히틀러는 그가 흑인이어서 몹시 불쾌해 했다—고공 다이빙을 촬영한 부분은 더할 나위 없이 아름다웠다. 하지만 나치 영화의 '영웅'은 리펜슈탈만이 아니었고 크리스티나 세더바움, 릴리안

하비, 차라 레안더도 각광을 받았다.[21]

전쟁이 시작되자 괴벨스는 자신의 권한을 발판으로 선전활동을 극대화했다. 카메라맨은 독일군이 폴란드로 진격할 때 슈투카* 폭격기 및 전차 사단과 동행 촬영했다. 이 다큐멘터리는 비단 후방의 국민만을 위해 제작한 것이 아니었다. 특별 편집본을 따로 만들어 덴마크와 네덜란드, 루마니아의 정부 관료들에게 "레지스탕스 활동의 무익함"을 강조하기 위해 보여주기도 했다.

슈투카의 노래

괴벨스는 승리는 그 자체로 선전이 되지만 패배는 "창조적인 천재를 요구한다"는 말을 자주 하곤 했다. 창조적인 천재라는 표현은 영화감독 카를 리터가 걸어온 길을 한마디로 요약하는 말이라 할 수 있다.[22] 제1차 세계대전에서 조종사로 활약한 리터(1888~1977)는 제3제국에서 두세 손가락 안에 꼽히는 영화감독이 되었다.

제1차 세계대전이 끝난 뒤 리터는 뮌헨에서 미술가의 길을 모색하던 중 처음으로 히틀러의 연설을 듣게 되었다. 제1차 세계대전의 참담한 패배로 좌절감을 맛본 리터는 히틀러가 호소하는 말에 공감 이상의 감동을 받았고 1925년 민족사회주의독일노동자당에 입당했다. 그는 포스터 디자인과 홍보활동을 하며 영화에서 할 일을 찾았다. 이어 1933년에는 독일의 대표적인 영화사 중 하나인 우파UFA(우파는 곧 독일 최대 영화사가 되었다)에서 「히틀러유겐트 퀙스」의 제작 책임을 맡았다. 최초의 본격적인 나치 영화라고 할 만한 작품이었다. 내용은 공산당원인 아버지에 대한 충성과 히틀

*급강하 폭격기Sturz-kampf-flugzeug를 줄여서 슈투카Stuka라고 한다.

러유겐트 활동에 점점 더 쏠리는 마음 사이에서 갈등하는 소년 퀙스에 대한 이야기다. 퀙스는 1920년대 말과 1930년대 초에 나치가 벌이곤 했던 거리 투쟁 중에 피살당한다.

리터는 계속해서 영화를 제작했다. 그의 영화는 스탈린그라드(현재는 볼고그라드) 전투가 발발할 때까지 영향력이 점점 더 커졌다. 「귀대 맹세를 한 휴가」에서는 제1차 세계대전에 참전한 젊은 미남 장교가 주인공으로 나오는데 그의 부대는 전선에서 기차를 타고 베를린으로 돌아왔다가 십중팔구 전사할 수밖에 없는 다른 전선으로 가게 되어 있다. 부대가 베를린에 도착했을 때 전선으로 갈 기차가 도착하려면 다섯 시간이 남아 있었다. 베를린 출신이 대부분이었던 부대원들은 부대 이탈이 금지되어 있었지만, 젊은 장교는 기차 시각까지 역으로 돌아오겠다는 약속을 받고 병사들에게 집에 다녀오도록 한다. 이어 영화는 집에 가는 병사들이 마주치는 여러 힘든 상황을 보여준다. 평화주의자와 공산주의자들은 병사들을 따라오며 욕설을 퍼붓고 부정한 아내들, 남편의 일을 떠맡은 아내들, 제멋대로 방치된 아이들, 병으로 고통받는 자들의 모습이 계속 이어진다. 부대원들은 단 두 명을 제외하고 제 시간에 역으로 돌아온다. 나머지 두 명도 다음 역에서 부대와 합류한다.

아마 리터의 영화 중 최고의 작품이라고 할 「푸르 르 메리테Pour le Mérite」는 제1차 세계대전에서 활약한 한 조종사의 일대기를 다루었으며 항공부와 합동으로 제작했다. 영국군의 격추왕을 격추시키고도 멀쩡한 그를 보고 독일 조종사들은 저녁을 먹으며 찬사를 보낸다. 다른 장면에서는 영국 조종사의 기총이 고장난 것을 알고 총격을 자제하는 독일 조종사의 모습을 보여준다. 이어서 장면은 바이마르 공화국에서 제대로 평가받지 못하는 매우 젊은 조종사들을 담는다. 이들의 재능과 전투 기록은 줄곧 무시당하다가 히틀러가 등장한 이후에야 비로소 빛을 본다.[23]

전격전 기간에 리터는 초점을 제2차 세계대전 자체에 맞췄다. 1941년에 나온 「슈투카」는 항공대의 전우애를 다룬 것으로 굉장한 인기를 끈 '슈투카의 노래'가 들어간 작품이다.[24] 이 영화는 아들을 전선에 내보낸 어머니들을 묘사하고 있는데 이들은 아들이 전사했는데도 "슬퍼하고 절망하는 대신" 오히려 "아들이 영웅적인 죽음을 맞이하는 특권을 누린 것에 자부심과 만족감"을 느낀다.[25] 슈투카의 노래는 다음과 같이 끝난다.

> 그 어떤 난관도 우리는 두렵지 않아, 절대 기죽지 않아,
> 적이 쓰러질 때까지는,
> 영국, 영국, 영국이 패망할 때까지는,
> 슈투카, 슈투카, 슈투카.

리터는 러시아군의 포로가 되었다가 탈출하여 독일로 돌아왔다. "탈나치화" 교육을 받은 이후 그는 아르헨티나로 망명했다.[26]

음악과 음악가에 대한 히틀러의 맹렬한 비난은—적어도 그 목적에서는—미술가와 출판업자에 대한 공격 못지않았지만 드러난 양상은 좀더 복잡했다. 모더니스트의 연주 곡목은 일찍이 1933년에 금지되었고 아널드 쇤베르크와 쿠르트 바일, 한스 아이슬러, 에른스트 토흐처럼 '퇴폐적인' 작곡가, 오토 클렘페러와 헤르만 셰르헨 같은 지휘자는 쫓겨났다. 1933년 6월에는 막스 폰 실링스, 빌헬름 푸르트벵글러를 비롯한 대표적인 음악가들로 위원회가 결성되었는데, 이 위원회의 임무는 수도에서 공연되는 프로그램을 지도하고 검열하는 것이었다.[27]

위원회는 리하르트 슈트라우스를 조심스럽게 다루었고 푸르트벵글러도 마찬가지였다. 슈트라우스는 유대인 작가인 슈테판 츠바이크와 합작을 했는데 슈트라우스는 츠바이크가 대본을 쓴 오페라 「침묵하는 부인」의 작곡을 중단하지 않고 계속했다. 결국 이 오페라는 초연 직후에 공연이 금지되

었고 슈트라우스는 "노령과 건강상의 이유로" 제국음악원RMK의 책임자 자리를 사임할 수밖에 없었다. 푸르트벵글러는 힌데미트에 대한 나치 정권의 대우에 항의하다가 제국음악원의 부원장 자리에서 물러날 것을 강요받았지만 정권은 더는 어떤 형태로도 그를 괴롭히지 않았다.[28]

괴벨스의 국민계몽선전부는 1936년까지는 자체 음악국이 없었지만 이후 압력의 강도를 높였다. 독일 음악에서 유대인과 연관된 것은 불과 2퍼센트에 지나지 않았지만 유대인 음악가들은 쇤베르크와 클렘페러, 쿠르트 바일, 한스 아이슬러의 경우처럼 대가가 많았고 이런 현실은 나치스에게 민족의 보물이라고 할 독일 음악의 전통을 훼손하려는 음모가 있다는 주장을 전파하게 하는 빌미를 제공했다. 유대인은 각종 음악 기관에서 추방되었고 대신 독일유대인문화연맹처럼 그들 자신의 재산으로 조직한 기구가 허용되었다. '수정의 밤' 사건 이후 유대인 음악출판사는 폐쇄되거나 '아리안화aryanize'*되었다.[29]

하지만 괴벨스는 갑작스럽게 해고하는 일에 있어서는 신중함을 보였다. 그는 처음에 해고된 유대인 독주자들을 아리안 대체 연주자로 채우려면 시간이 걸린다는 말을 들었기 때문에 대체 연주자가 준비될 때까지는 교체 주장을 늦췄다. 특히 베를린 필하모닉 오케스트라의 경우는 속도를 늦추지 않을 수 없었다. 이 오케스트라는 민영기관이었던 데다 단원들은 모든 유대계 공무원을 해고하고 미술관과 미술학교에 근무하는 유대인을 추방하도록 한 1933년 4월의 공무원법에도 해당되지 않았기 때문이다. 대신 괴벨스는 오케스트라가 재정 압박으로 파산 지경에 이르도록 조치를 취했다. 이어 그는 구원의 손길을 내밀며 궁극적으로는 모든 유대인과 정권의 적을 추방한다는 조건하에 재정 지원을 약속했다. 마침내 제국음악원은 에릭 레비가 제시한 다음의 통계에서 보듯 전국문화원RKK의 어떤 분과보

*나치즘에서, 관계·실업계 등으로부터 모든 비非아리아인(특히 유대인)을 내쫓은 정책.

다도 더 많은 음악가를 내쫓는 결과가 되었다.

전국문화원이 추방한 예술가 수

영화	1750	언론	420
연극	535	음악	2310
문필	1303	미술	1657

문화연맹은 나치스가 독일 내에 유대인 음악가를 위한 일거리가 엄청나게 많다는 주장을 할 수 있는 선전거리를 제공했다. 통계를 보면 이런 주장의 근거가 입증된다. 1934년부터 1938년까지 문화연맹은 오페라 공연 57회, 음악 연주회 358회를 개최했고 베를린과 프랑크푸르트, 쾰른, 함부르크, 뮌헨에서 공연에 참석한 인원은 18만 명이나 되었다. 「피델리오」 공연은 금지되었지만 그 밖에 "기준에 맞는" 작품은 허용되었다. 상황이 악화된 것은 지방에서부터였고 1938년 11월 9일 '수정의 밤'에서 절정에 달했다. 이후 음악회는 1941년 9월까지 허용되었지만 오페라는 자취를 감췄다.[30]

나치 정권은 당대의 작곡가들을 초대해 변함없이 사랑받고 있던 멘델스존의 「한여름 밤의 꿈」을 대체할 음악을 작곡하도록 의뢰했다. 슈베르트와 슈만은 유대인인 하이네의 시에 맞춰 음악을 작곡했기 때문에 이 같은 '잡종' 음악을 공연하는 것이 타당한지를 두고 시끄러운 논란이 일었다. 모차르트의 「코지 판 투테」와 「피가로의 결혼」 「돈 조반니」의 경우 기독교로 개종한 유대인 로렌초 다 폰테가 대본을 썼고 유대인 지휘자인 헤르만 레비가 독일어로 번역했기 때문에 나치문화원NSKG은 지그프리트 안하이서에게 '아리안화'된 새로운 번역을 하도록 위임했다. 1938년까지 안하이서의 번역본은 독일 내 85개 오페라 극장 가운데 76곳에서 채택되었다.[31] 이와 비슷한 과정을 거친 예는 몇 개 더 있었다.

유대인만 겨냥한 것은 아니었다. 바덴바덴에서 열리던 현대음악제는 중단되었고 실험적인 경향을 띠었던 베를린의 크롤오페라극장은 나치가 권력을 잡기 전 1931년에 폐쇄되었는데, 소요 사태가 폐쇄 이유 중 하나였다.• [32] 일찍이 1933년에 나치스는 현대 음악이 강화되는 흐름에 반발했고 '흑인 문화'의 퇴폐적인 예로 간주되는 재즈를 추방할 것을 요구했다.•• 검열은 1935~1936년의 올림픽 경기를 앞두고 독일 내의 외국인—특히 미국인—수가 평상시보다 훨씬 더 늘어났기 때문에 일시적으로 완화되었지만 이후 다시 강화되었다. 1938년 5월 뒤셀도르프에서 열린 '퇴폐 음악' 전시회는 아돌프 치글러의 아이디어였는데, 독일 음악에 파괴적인 영향을 준다고 간주되던 쇤베르크, 힌데미트, 베버른 같은 작곡가가 표적이 되었다. 또 전시장에는 별도로 6개의 부스를 마련해 관람객이 단추만 누르면 힌데미트와 바일, 에른스트 크레네크의 음악을 들을 수 있도록 했다.[33]

리하르트 슈트라우스의 불협화음 음악은 검열을 비껴갔지만 쇤베르크의 제자인 베베른과 베르크의 음악은 그렇지 못했다. 「룰루」는 1934년 베를린에서 공연되었지만 일대 소동을 일으키는 바람에 베르크의 다른 작품은 제3제국에서 무대에 오르지 못했다. 파울 힌데미트에 대한 나치스의 태도는 1933년 이전부터 적대적이었는데, 힌데미트의 모더니즘 음악 때문이 아니라 그가 베르톨트 브레히트와 가깝게 지내서였다. 하지만 힌데미트는 1927년부터 베를린 음악대학 작곡 교수로 재직하면서 비단 독일뿐 아니라 모든 작곡가에게 영향력을 행사하는 세계적인 인물로 부상했다. '아리아인'으로서 슈트라우스 이후로 독일에서 가장 뛰어난 작곡가였던 힌데미트는 1933년 11월 슈트라우스가 그를 제국음악원의 중앙위원으로 지명하면서 영향력이 더 커졌다. 1934년 2월 제국음악원 창설 기념 음악회가 열렸는데

•의사당 화재 사건 이후 크롤오페라극장의 건물은 의회가 사용했다.

••재즈는 독일에서 금지되었지만 스윙swing(재즈 음악 특유의 몸이 흔들리는 듯한 독특한 리듬감을 형용한 말)은 청취자를 끌어들이기 위해 선전 방송에서 허용되었다. 또 루츠 템플린이 운영하는 '선전 카바레'도 있었다. 이외에 괴벨스는 라디오의 심야 음악방송과 순회공연을 위해 소규모의 무용 오케스트라를 설립했다.

'제3제국 최초의 음악회'라는 이름이 붙은 이 행사에서는 슈트라우스와 한스 피츠너, 지그문트 폰 하우스에거, 힌데미트의 작품이 연주 곡목으로 들어갔고 힌데미트는 자신의 「관현악을 위한 콘서트」 공연에 베를린 필하모닉을 지휘했다. 이 곡은 원래 1930년에 보스턴 교향악단 창립 50주년을 기념해 작곡한 것이었다. 한 달 뒤 푸르트벵글러는 힌데미트의 신작 「화가 마티스」의 초연에서 같은 베를린 필하모닉을 지휘했다. 이 작품은 반응이 좋았고 비평가들은 힌데미트가 "과거의 묵은 때"를 말끔히 씻어냈다고 믿었다. 「화가 마티스」는 이내 독일 전역에서 공연되었다.

그러다가 맹렬한 공격이 시작되면서 힌데미트에 대해 유대인과 무조음악을 동일한 것으로 간주하는 "문화적 볼셰비즘"이라는 비난이 쏟아졌다. 때마침 터키 정부에서 이스탄불에 음악학교를 세우기 위해 힌데미트를 초청하자 그는 이 제안을 수락했다.[34]

제국음악원이 설립되고 초기 수개월 동안 독일 내 85개 오페라극장 가운데 49곳이 원로단원을 나치에 고분고분한 행정직과 연주자로 교체했다. 그럼에도 불구하고 에릭 레비는 공연이 1933년 이전의 수준을 유지했다고 보고한다.[35] 더욱이 독일 극장과 계약한 단원의 수는 다음 표에서 보듯 증가했다.

시즌	가수	합창단	오케스트라 단원
1932-1933	1859	2955	4889
1937-1938	2145	3238	5577

레비는 전쟁이 시작되었지만 오페라는 여전히 활발한 활동을 펼쳤고 많은 극장에서는 다채로운 공연작품을 무대에 올렸다고 말한다. 나치스는 바이로이트에 전폭적인 지원을 하면서 군수산업 노동자와 참전 용사들에게 값싼 입장권을 뿌렸다.[36] 독일 오페라단은 1942년까지 점령지에서도 활동

했다.

나치 정권에 지지를 표명한 현대음악 작곡가들은 눈에 띄는 대우를 받았다. 막스 폰 실링스의 오페라는 1933~1934년 시즌 때 117회의 공연을 했는데 두 시즌 전의 48회, 24회와 비교하면 엄청난 차이였다. 한스 피츠너도 이와 다를 바 없어서 그의 작품 공연은 1931~1932년에 46회에서 1933~1934년에는 130회로 증가했다.[37] 리하르트 바그너의 아들 지그프리트의 오페라는 사후에 르네상스를 누리기도 했다. 지그프리트는 1930년, 아버지보다 더 많은 오페라를 작곡하고 사망했다. 반면 외국 작곡가들의 현대적인 오페라는 어려움을 겪었다. 레비에 따르면 제3제국에서 공연된 독일의 새 오페라는 170편 정도 되었다. 전쟁이 시작되었는데도 독일 무대에 올라가는 새 오페라는 1943~1944년 시즌까지 줄어들지 않았다. 해마다 16~20편의 작품이 초연되었다. 사실상 바그너는 1930년대를 거치면서 인기가 하락했다. 공연 횟수도 1932~1933년 시즌에 1837회에서 1939~1940년 시즌에는 1154회로 줄었다. 반면 베르디와 푸치니는 인기가 높아졌다.[38]

제국음악원 자료에 따르면 1940년 당시 독일에는 181개의 상설 오케스트라가 있었다. 나치스가 정권을 잡은 이후, 유대인의 수난을 제외한다면 독일의 오케스트라 단원은 상황이 호전되었다고 볼 수 있었다. 연주 솜씨도 바이마르 시대만큼의 수준을 유지했는데 이는 뛰어난 지휘자들(푸르트벵글러, 에리히 클라이버, 브루노 발터, 카를 뵘, 오토 클렘페러, 한스 크나퍼츠부슈, 헤르만 셰르헨 등 일류 지휘자들이 있었는데 이들 중 상당수는 이후 독일을 떠날 수밖에 없었다)이 있었고 상업적인 음반사가 커나가고 있었기 때문이다. 음반사는 독일 오케스트라가 유럽 전체에서 가장 뛰어난 수준으로 도약하는 데 발판이 되었다.[39]

베를린 필하모닉 오케스트라는 새 정권이 들어서고 처음 몇 달 동안은 독주곡을 주면서까지 유대인 단원을 포용하려고 무던히 애를 썼다. 푸르트벵글러의 경우 적어도 처음에는 음악적 재능과 인종은 아무런 관련이 없다고 주장하며 난관을 돌파하려고 했다. 하지만 앞서 본 대로 이 오케스트라는 괴벨스의 조치로 파산 지경에 몰리자 굴복하지 않을 수 없었다. 그럼에도 오케스트라의 질적 수준은 그대로 유지되었으며 1930년대에는 외국에서 지휘자를 초빙하거나 유럽 전역으로 순회공연을 하기도 했다. 이 기간 내내 현대음악은 전체 연주 곡목의 3분의 1에 불과했다.[40]

극장의 갈색 전환

독일은—특히 베를린은—바이마르 공화국 시대에 극장의 정력적인 활동으로 명성이 자자했다. 나치 정권이 들어서자 베를린 극장가는 한동안 활력을 유지했지만 다른 지방에서는 빠른 속도로 퇴조했다. 괴테와 실러의 작품은 계속해서 공연되었다. 하지만 이를 제외하면 경가극이나 당시에 이미 기억에서 사라진 희곡작품이 주를 이뤘다. 종종 현대극도 공연되었는데 대개 농민생활을 다룬 것이었고 대사도 농민 방언을 사용했다.[41] 극장은 흔히 '갈색 전환'이라고 부르는 현상을 겪었다. 정치적인 모든 측면에는 돌격대의 셔츠 색깔에서 따온 갈색이 덧씌워졌다. 히틀러와 괴벨스 두 사람은 바이마르 시대에 독일 문화를 가장 악용한 곳이 극장이었다고 믿었다.

나치 정권에서 최초로 초연된 작품은 1927년 쾰른에서 공연된 한스 욘스트의 「토머스 페인」이었다. 미국의 독립을 열렬히 주장했던 페인은 "프랑스 공화파의 감옥에 갇혀 있는 동안 미국에서는 외면당한" 인물이었다. 하지만 1933년 5월에 변화의 물결이 일고 있다는 사실이 알려졌다. 5월 6일 프로이센 주의 수상이었던 괴링은 국립극장과 시립극장의 인사 관리를 단행했고 이틀 뒤 괴벨스는 베를린의 카이저호프 호텔에서 열린 연극제작자 특별회합에서 '독일 극장의 임무'를 주제로 연설을 했다. 괴벨스는 "한물간 예술 형식"은 새로운 민족 예술을 위해 추방되어야 하고 정치적, 애국적인 취지에서 "집권당의 철학에 부합해야 한다"고 주장하며 다음과 같이 말을 이었다.[42] "다음 10년 동안의 독일 예술은 영웅적인 색깔이 될 것입니다. 또 강철 같은 특징을 지닐 것입니다. 독일 예술은 낭만적이면서 감상적이지 않고 사실에 기초해야 합니다. 위대한 격정을 담은 민족적 특성을 지녀야 하고 의무와 구속력을 지녀야 합니다. 그렇지 않다면 아무것도 아닐 것입니다." 1933년 8월 21일 괴벨스는 그가 맡고 있는 국민계몽선전부 휘하에 전직 비평가인 라이너 슐로서 박사가 이끄는 독일연극연구소를 설치할 것이라고 발표했다. 이때 국민계몽선전부는 연극 종사자들에게 규칙을 따른다면 전국 총 248개 극장 가운데 신설 극장 12곳에 대한 지원을 약속함으로써 다소간의 희망을 안겨주었다.

나치스가 그들의 취향을 내세울 최초의 기회는 1934년 5월 27일부터 6월 3일까지 드레스덴에서 열린 제1회 민족사회주의 연극제였다. 국민계몽선전부(당시에는 프로미Promi라는 약칭으로 불렸던)의 발상이었던 이 연극제를 격찬한 히틀러는 마지막 몇 분 동안 참석하기로 마음먹었다. 이 무렵 괴벨스는 연극을 어느 정도 확고하게 통제했으며 특히 자신의 정책을 모범적으로 보여주기 위해 베를린의 3개 극장에 자신이 임명한 감독관이나 극장장을 지명했다. 괴벨스가 임명한 감독관은 국민무대(이전에 피스카토어와 가까웠던)의 베른하르트 솔름스 백작, 도이치 극장(라인하르트와 가까웠던)의 하인츠 힐페르트, 국민극장(이전에 라인하르트가 운영했던 대극장)의 발터 브뤼크만이었다. 드레스덴 연극제가 열리기 10일 전에 괴벨스는 통합극장법이 제정될 것이라고 발표했는데 이 법은 공립극장과 민영극장을 막론하고 나치스의 인종 및 예술적 목표를 따라야 한다는 규정이었다. 극장은 "민족적 책임을 의식하는" 오직 한 가지 의무밖에 없으며 이밖에 예술의 자유는 "어떤 형태로도 변하지 않을 것"이라는 내용이었다.[43] 이후 극장은 당국의 허가를 받아야 했다.

괴벨스가 “모더니스트 떠버리”라고 부른 것과 관련해 제기한 주장 중 하나는 모더니스트가 종종 독일 내의 분쟁을 보여주었고(예를 들어 하웁트만의 「직조공」) 이제 더 이상은 이들에게 관용을 베풀지 않겠다는 것이었다. 따라서 드레스덴 연극제의 프로그램에 들어간 것은 클라이스트, 실러, 입센/에카르트(페르귄트), 괴테, 셰익스피어의 작품이었다. 연극제의 작품은 사실 정권의 선전 정책을 관객에게 억지로 떠먹이지 않는 ‘안전한’ 공연이었다.

베를린 대극장은 건물 자체로는 거대했고 다양하게 활용된 역사를 지니고 있었다. 한때는 서커스 공연장으로도 쓰였으며 로베르트 코흐가 결핵을 주제로 국제학술회의를 개최한 현장이기도 하다. 또 1924년 레닌의 사망 소식을 들은 노동자들이 이곳에 모인 적도 있었다.[44] 막스 라인하르트의 취임과 더불어 시작된 전성기에는 무대 효과를 위해 반구형 돔으로 장식해 장관을 이뤘고 회전무대도 있었다. 라인하르트는 재정 압박 때문에 이미 괴벨스가 압력을 행사하기 전에 극장을 파는 것 말고는 다른 도리가 없었다.

나치스는 바로 이 극장의 규모에 매혹되었다. 나치스는 언제나, 세기 전환기에 빈에서 호프만슈탈이 ‘사회 전체의 의식儀式’이라고 정의한 것을 시도할 때마다 ‘대규모 감각’을 중시했다. 대극장의 공연작품은 늘 웅장했고 규모가 거대했으며 엄청난 합창단과 수백 명의 연주자와 무용수가 자아내는 효과가 뛰어났다. 닭 울음소리와 개 짖는 소리까지 실제로 연출했다. 이본 샤퍼는 이런 대규모 공연은 관객을 “신비로운 통일체”로 끌어올리고 하나로 묶는 데 목적이 있었다고 말한다. 하지만 1936년에서 1940년 사이에 국민극장으로 이름이 바뀐 대극장은 오페레타의 본무대가 되었다. 오페레타는 “오페라를 잘 모르는 사람에게 오페라를 이해하게 하는” 기능을 한다는 말이 있었다. 노동자의 만족은 “군사적 중요성의 과제”라는 믿음 속에서, 오페레타의 핵심 내용은 나치스가 회복시키겠다고 약속한 과거의 좋았

던 시절을 관객에게 되돌려주는 것이었다.[45]

이 시기에 상상력이 가장 뛰어나고 다재다능한 배우 겸 감독은 구스타프 그륀트겐스(1899~1963)였다. 그륀트겐스는 연기뿐만 아니라 노래나 춤에도 재능이 많았고 아내인 에리카 만과 에리카의 동생 클라우스(토마스 만의 자녀), 파멜라 베데킨트(프랑크 베데킨트의 딸)와 함께 전국을 돌아다니며 일했다. '4인의 비평'이라는 유명한 카바레를 운영하기도 했다.[46] 그륀트겐스는 결혼을 했지만 동성애자였다. 하지만 이 사실 때문에 괴링이 그를 겐다르멘마르크트의 극장감독으로 임명해 영향력 있는 인물들을 영입하도록 하는 데 방해를 받지는 않았다. 그륀트겐스는 기대에 부응하여 베르너 크라우스, 에밀 야닝스, 에미 조네만(당시 괴링이 구혼 중이던) 같은 배우들을 그의 곁으로 불러들였다. 그륀트겐스가 한 일 가운데 가장 중요한 것은 위르겐 펠링(1885~1968)을 고용한 것이었다. 펠링은 바이마르 시대의 유명인사로 나치스가 허용한 작가들의 작품 공연 연출을 맡았지만 한편으로는 나치스가 금지한 몇몇 희곡작품을 연출하기도 했다.

나치의 시각으로 볼 때 펠링은 결코 이상적인 연출가가 아니었다. 펠링은 뛰어난 능력 때문에 자신을 지킬 수 있었다. 바이마르 시대에 많은 모더니즘 작품에서 라인하르트와 오랫동안 호흡을 맞춰왔던 하인츠 힐페르트를 비롯한 이들은 비정치적인 범위에서 합법적인 연극을 공연하면서 질적 수준을 그럭저럭 유지했다. 이들이 그나마 수준을 유지할 수 있었던 것은 주로 독일 고전극과 셰익스피어 극 또는 나치에 순응한 작가, 이를테면 1932년 클라이스트 상을 수상한 오스트리아의 리하르트 빌링거 같은 작가의 작품을 공연했기 때문이다. 1937년 그륀트겐스가 펠링의 「리처드 3세」 공연을 허용했을 때 큰 소동이 일어났다. 글로스터 역을 맡은 베르너 크라우스는 한쪽 발을 안쪽으로 구부리고 절뚝거리며 걸었는데 "영락없이 괴벨스를 흉내낸" 모습이었다. 이에 못지않게 나치의 눈에 거슬렸던 것은 무대에 "나치 돌격대의 모습과 흡사한 갈색 셔츠에 승마용 구두를 착용한"

채 등장한 클래런스의 살인범이었다. 펠링은 이런 모든 충격을 완화시키기 위해, 글로스터가 왕이 되었을 때 "그를 수행하는 여덟 명의 배우에게 은빛 보석으로 장식된 검은 제복을 입혀 돋보이게 했다. 히틀러의 친위대를 닮은 이들의 모습은 난처한 상황을 무마할 수는 있었지만 충격적인 반응을 피할 수는 없었다."[47]

이 연극을 관람한 괴링은 펠링을 해고하고 싶었지만 그륀트겐스가 거부했다. 이번 한 번만은 제3제국의 원수가 양보했다. 하지만 펠링은 나치 연극의 연출을 계속 맡았다. 이제 연극에서도 같은 일이 벌어졌다. 교훈극이 의무화되었고 고전극은 나치 이데올로기를 뒷받침하기 위해 재해석되었다.[48]

제35장

제3제국의 학문: 객관성 같은 것은 없다

나치스가 정권을 잡고 처음 2년 동안 정치적인 이유에서든 인종적인 이유에서든, 전체 대학교수 5000명 중 약 32퍼센트에 해당되는 1500명의 학자가 해고되었다. 1938년 말까지 독일은—오스트리아를 포함해—대학교수의 39퍼센트를 잃었다. 가장 큰 타격을 받은 곳은 베를린 대학과 프랑크푸르트 대학이었고 하이델베르크 대학이 그 뒤를 바짝 쫓았다.[1] 제3제국의 초기 몇 년 동안은 학생 급진주의가 최악에 달했다. 스티븐 레미가 하이델베르크 연구서에서 보여준 대로 과격한 학생들은 종종 눈에 거슬리는 학부의 수업을 방해했고 다른 학생들은 그들을 수업에서 쫓아내도 묵묵히 따랐다. 레미는 1945년에 작성된 미국 정보부 보고서를 보면 제3제국 기간에 동료들을 밀고한 자로 하이델베르크 대학의 교수 15명이 지목됐다고 말한다. 물론 저항한 이도 있었지만 극소수였다. 막스 베버의 동생으로 사회주의자였던 알프레트 베버(1868~1958)는 자신의 연구소를 포함해 공공건물에 갈고리 십자가卍기를 게양하는 계획에 반발하다가 지역 신문에서 조롱당했고 얼마 안 있어 사직을 강요당했다.

히틀러가 실권을 잡기 전에 나치당에 입당한 학자는 노벨상 수상자인 화학자 필리프 레나르트를 비롯해 소수에 불과했지만 일단 나치가 정권을 잡은 뒤로는 "찬사가 시작되었다." 1933년 4월 독일대학협회는 "새 독일제국"을 지지하는 선언문을 발표했으며 11월에는 전체 정교수 약 2000명 중 700명이 "아돌프 히틀러와 민족사회주의 국가"를 지지하는 선언문에 서명했다. 이로써 나치당에 들어간 교수는 수백 명에 이르렀다.[2]

레미는 하이델베르크의 많은 학자가 나치스를 지지하는 성명을 발표했다고 말한다. 대부분이 바이마르 공화국을 "연약하고" "외국적"이며 "비독일적"이라 비난하면서 "독일의 과거와 급진적인 젊은 성향의 나치 '운동'이 지닌 일관된 통합정신의 (…) 민족 혁명"을 환영하는 논조였다. 사회학자 아르놀트 베르크슈트레서는 민족사회주의의 목표 중 하나가 "국가와 사회 사이에 진정한 통합"을 이루는 것이라고 주장하며 민주주의는 "1929년 같은 세계적 위기를 극복하기 위해 필요한 사회정치적 통합을" 이끌어내는 데 실패했다고 비난했다. 그는 이어 지금 중요한 것은 "국가와 무관한 영역의 존재를 허용하지 않는 것"이라고 말했다. 영국에서 열린 회의에 참석한 신학자 마르틴 디벨리우스는 영국인들 앞에 "독일 통합의 기적"과 "도덕 생활의 정화"가 나치 치하에서 반드시 실현될 것이라고 강조했다.[3]

법학자들은 신나치법의 법적 근거를 정당화하기 위해 애를 썼다. 일반적으로 이들의 견해는 "독일 관습법"의 중요성을 옹호하고 "법으로 보장하는 개인의 권리"[4]라는 개념을 부정하는 것이었다. (그 자신도 유대인이었던) 발터 옐리네크는 "계급과 지역, 종교적 차이를 극복하는" 신나치법을 찬양하면서 "개인은 (…) 오직 국가에 복종할 때에만 인간으로서의 모든 존엄성을 갖는다"고 말했다. 1934년 옐리네크는 히틀러에게 정치적 권력이 집중되는 것은 나쁜 일이 아니라고 주장하면서 다음과 같이 덧붙였다. "최고 권력의 자발적인 제한성은 지도자Führer라는 독일어에 담겨 있다는 사실을 잊으면 안 될 것이다. 이 말의 이념적 의미는 어떤 외국어로도 결코 옮길 수가 없다."[5]

이처럼 많은 저명한 학자가 해고됨으로써 더 젊고 비교적 고분고분한 학자를 위한 환경이 조성되었다. 극우 성향을 지닌 나머지 학자들 대부분은 사태가 이런 식으로 전개되는 것을 자신들에게 유리한 기회로 여겼다. 예를 들어 카를 브링크만 같은 사회학자는 강의를 시작하면서 "드디어 우리는 자유롭게 말할 수 있다"고 표현하기도 했다. 좀더 나이 든 축에 속하는 교수들은 모임을 만들어 민족사회주의 치하에서의 대학 형태에 관해 연구하기 시작했다. 이들 중에는 에른스트 크리크, 알프레트 보임러, 아돌프 라인, 한스 프라이어, 마르틴 하이데거가 있었다. 교육학 교수이자 1933년 프랑크푸르트 대학 총장이었던 크리크는 대학의 철저한 점검을 요구하면서 "계급적 구조의 평준화"와 "연구 및 교수활동의 모든 초점을 국가의 이념적 목표"에 맞출 것을 호소했다. 인종정치학 사무국장으로 "인종 의식의 고취"를 강조한 발터 그로스는 민족사회주의가 비정치적 연구 프로젝트의 돌파구인 내부 지원의 기회를 주지 않았다고 주장하는 학자가 많다며 우려를 표명했다.[6] 그로스는 또 생물학자들이 생리적 특징으로 유대인 혈통을 구분하는 데 실패했다는 것을 알았다. 이것은 문화적인 상투 수단으로 전환할 필요성이 있다는 의미였다.

이런 모든 수법은 대학을 길들이는 정책에 포함되었다. 가장 큰 관심 속에 많은 논란을 야기한 인물은 철학자 마르틴 하이데거(1889~1976)였다. 특히 한나 아렌트와의 관계나 그가 아렌트에게 취한 태도는 악명 높았다. 한나 아렌트(1906~1975)는 1924년 18세에 마르부르크 대학에 들어가 유럽에서 생존 철학자로서는 가장 유명하다는 하이데거의 지도를 받으며 철학을 공부했다. 하이데거의 대표적 저서인 『존재와 시간』이 완성 단계에 있었을 무렵으로, 이 책은 3년 후에 나오게 된다. 아렌트가 하이데거를 처음 만났을 때 하이데거는 35세였고 두 명의 어린 자녀를 둔 유부남이었다. 하이데거는 가톨릭 집안에서 태어나 신학자가 되기 위한 공부를 했지만 신학을 포기하고 결국 권위 있는 철학 교수가 되었다.

아렌트의 출신 배경은 하이데거와는 전혀 달랐다. 아렌트는 쾨니히스베르크의 기품 있고 세계주의적이며 독일 사회에 완전히 동화된 유대인 가문에서 태어났다. 하이데거와 아렌트의 사랑은 이제 유명한 일화가 되었다. 두 사람은 서로의 삶을 변화시킬 만큼 상대에게 영향을 미쳤지만 1933년 이들의 삶은 극적으로 다른 길을 가게 되었다. 하이데거는 프라이부르크 대학 총장이 되었는데 그가 교수 채용 시 유대인 추천을 거부하고 심지어 유대인에게 등을 돌린다는 소문이 아렌트의 귀에 들어왔다. 뿐만 아니라 하이데거가 총장 취임 연설에서 한 매우 반유대주의적이며 친히틀러적인 발언이 전 세계에 알려졌다. 당시 아렌트는 결혼한 상태였다(훗날 그녀는 남편을 사랑하지 않았다고 고백했다). 그녀는 아도르노, 마르쿠제, 프롬 같은 사람들과 함께 이주한 베를린에서 하이데거의 행동에 깊은 충격을 받았고 혼란에 빠졌다. 설상가상으로 공산주의자로 박해를 받다가 결국 망명길에 오른 베르톨트 브레히트가 독일을 떠날 때 주소록을 남겼는데, 거기에는 아렌트의 주소와 전화번호가 있었다. 그녀는 체포되어 8일간 옥살이를 하며 심문을 받았다. 아렌트는 석방되자마자 독일을 떠나 파리에 정착했다. 아렌트와 하이데거는 이후 17년 동안 만나지 못했다.

하이데거는 독일에서 매우 중요한 역할을 했다. 그는 철학자로서 제3제국에 힘을 실어주면서 그 이론적 발전을 도왔다. 이것은 역사적으로 나치의 사상뿐 아니라 당시 독일적인 사고 자체의 기초가 되었고, 그러한 연유로 괴벨스와 히틀러에게서 지원을 받았다. 하이데거는 또 학자 입장에서 대학의 재조직화에 주도적인 역할을 했으며, 그가 총장 재임 중 시행한 주요 '정책'은 모든 유대인을 대학 인력에서 축출하는 것이었다. 이 같은 하이데거의 노선 때문에 현상학의 창시자이자 하이데거의 스승이기도 했던 에드문트 후설과 유대인 아내를 둔 카를 야스퍼스는 대학에서 추방되었다.

훗날 아렌트는 "마르틴이 에드문트를 죽였다"는 글을 쓰기도 했다.

에른스트 크리크는 자신이 하이데거보다 더 중요한 민족사회주의 철학자라고 생각했지만 그의 철학자로서의 영향력은 제3제국에 국한되었다. 히틀러와 괴벨스 등 나치 지도부는 추상적인 이론보다 실용적인 문제에 관심이 더 많았으며 학자들을 "기회주의적인 엘리트 그룹"으로 간주했다. 1933년과 1934년에 크리크와 하이데거 등 친나치 학자들이 행한 강연이나 출판물의 공통 주제는 "교수 및 연구활동은 독일의 '민족공동체'에 봉사하는 내용이어야 한다"는 것으로서 "객관적인 진실" 같은 추상적인 개념이나 추상적인 지식이 아니라는 것이었다. 건축가이자 발터 그로피우스의 최대 적이었던 파울 슈미트헤너는 대학이 '정치적 대학'이어야 하고, 연구활동은 국가와 국민에게 봉사할 때에만 지원해야 한다고 공공연히 주장했다. 장관이자 폴란드 점령지에서 총독으로 있던 한스 프랑크는 "제3제국에서 지상명령이라고 할 행동 방식은 바로 총통이 당신의 행동을 알았을 때 승인할 바로 그런 행동을 하는 것"이라고 주장했다.[7]

학문의 '독일 정신'

1936년 여름 하이델베르크 대학은 개교 550주년 기념식을 열었는데 히틀러를 '민족적' 거물로 찬양하는 행사였다.[8] 하이델베르크 대학의 기념식은 정확하게 '독일적 학문'이 의미하는 바를 제3제국의 맥락에서 새롭게 정립하는 기회를 제공한 행사였다. 라인하르트 하이드리히는 이것을 "투쟁의 정신 무장"이라고 불렀다.

하이델베르크 대학에서는 이미 그 전년도에 이런 일에 착수했다. '아리안 물리학'으로 유명한 필리프 레나르트의 이름을 따서 물리학연구소의 이름을 바꾼 것이다. 레나르트가 주장한 이 말은 '독일 자연과학'은 '유대인

과학'과 다르며 상대성 이론처럼 "지나치게 이론적이지 않고 추상적·수학적인 구조에 의존하는 대신 실험과 관찰을 바탕으로 한다"는 의미였다. 기념식에서 행한 강연에서 한발 더 나아간 에른스트 크리크는 19세기에 과학은 "서로 연관이 없는 특수 분야의 '덩어리'로 조각나 궁극적으로 국민에게 아무런 기여도 못 했다"고 주장하기까지 했다.[9]

'아리안' 물리학자들은 여러 과학 간행물을 운영하는 한편 아리안 수학에 몰두해 그들만의 독일 수학을 만들어내며 영향력을 확대하려고 했지만 (모두가 이에 무조건 동조한 것은 아니다. 아리안파들이 주장하는 것을 무시하고 핵물리학을 연구한 발터 보테는 독일 최초의 입자가속기를 개발하는 길을 열었다). 영국의 과학 전문지 『네이처』로부터 공격을 받았다. 이 결과 1937년 말, 제3제국의 교육부 장관은 독일에서 『네이처』 지의 구독을 금지시켰다.[10]

하이델베르크 대학의 기념식은 히틀러의 축하 전문 외에도 새로운 지식 풍토에 대한 몇 가지 논의로 주목받았다. 교육부 장관인 베른하르트 루스트는 학자들의 학문은 그들 개인의 민족적·인종적 배경에서 형성될 수밖에 없으며 완전한 '객관적 과학'이라는 것은 존재하지 않는다고 주장했다. 객관적 과학이란 것은 '유대인 마르크스주의자'의 생각에 지나지 않는다는 논리였다. 또한 이런 사실을 깨닫는 것이 "독일 국민의 내면생활을 전환해" 과학과 국민 사이에 "유기적 통합"을 이루는 데 도움이 된다고 주장했다. 크리크도 이와 아주 비슷한 취지로 "문화과학 못지않게 자연과학에서 이룩한 가치 있는 모든 업적은 국민의 인종적 특성에 깊이 몰두했다는 사실이 분명히 드러났다"고 주장했다.[11]

이 모든 논의는 제2차 세계대전이 일어나기 전 독일의 군사·정치적 준비에 초점을 맞춘 상태에서 하이델베르크 대학의 많은 신설 연구소와 세미나에서 강조된 것들이다. 1938년 하이델베르크 대학 총장에 취임한 슈미트헤너는 자신을 "군인이자 정치가, 학자(즉 이 순서대로)"라고 묘사했다.

그는 '선구적 교수'를 자처하며 전사戰史 세미나를 개설했다. 사회학 및 경제학부는 지역개발연구Raumforschung에 초점을 맞췄는데, 이것은 "독일의 경제생활은 인종과 공간이라는 두 기둥에 의존한다"는 베르너 좀바르트의 이론을 발전시킨 것이었다. 고전학, 신학, 어문학 등 모든 분야가 이런 흐름으로부터 영향을 받았다. 인종은 언어의 '결정 요인'으로 간주되었으며 기독교적 메시지를 흡수하는 국민의 능력은 혈통과 토양, 인종의 기능과 유사한 것으로 보았다. 역사 강의는 예컨대 독일에서 합법적인 반유대인 행위를 마지막으로 금지한 1912년 3월의 '핵심적인 시점' 또는 전환점을 중심으로 이론 구조를 새로 짰다.[12]

스티븐 레미는 '독일 학문의 정신'을 다음과 같이 요약한다. 이것은 전 유럽에서 통용되는 교수 연구활동의 전통과 근본적으로 상반되는 방향이었다. (1) '객관성'을 거부했다. (2) 진리 탐구를 위해 무형의 진리라는 개념에 봉사하는 학문을 부인하고 대신 독일 학문은 '민족'을 위해 봉사해야 한다고 주장했다. (3) '초超특수화hyper-specialization'를 반대했다. (4) 인종이 핵심 개념이었으며, 유대인같이 '열등한' 인종의 학자들은 "자연세계를 정직하고 정확하게 조사할 능력이 없다"고 단정했다.[13]

생물학적 독단론: "우리 시대의 언어"

스티븐 레미가 하이델베르크 대학의 나치화를 재구성했다면 제임스 다우와 한요스트 릭스펠트는 민속학 분야의 나치화를 연구했다.[14]

독일에서는 헤르더와 그림 형제로 거슬러 올라가는 민속학Volkskunde에 큰 관심이 있었다. 실제로 1940년 토마스 만은 자신이 생각하는 독일 문화와 서구 문화 사이의 근본적인 차이에 대해 밝힌 적이 있다. "영국과 프랑스 작가들이 사회정치적 현실에 뿌리박은 예술을 창작한 데 비해 독일 작가들은 '신화시대의 순수한 인간성'에 몰두했다. 이런 주제는 어떤 역사적 시대의 상황보다 자연 자체에 기초한 것이었다."[15] 이와 같은 깊은 관심 속에 바이마르 공화국 시절에는 독일 민속 및 문화 풍토 연구소에서 여러 차례 국제회의가 열렸고 1926년에는 『민족과 인종』 제1호가 발행되었다. 민족 문화에 대해 사람들이 관심을 보인 이유는 이것이 유기적이고 전통적이며 산업노동자와 정확하게 대조되는 것이라는 사실 때문이었다. "그(산업노동자)는 생명이 없는 도구로 생명이 없는 물질을 만드는 일을 한다. 그의 작업 속도는 태양과 계절, 날씨가 아니라 밤이건 낮이건, 여름이건 겨울이건 자체의 속도로 움직이는 기계가 결정한다. 그의 노동은 생명과는 아무런 관련이 없이 밀리미터와 킬로그램으로 측정된다."

이런 관점에서는 오직 민족 문화만이 만족감을 안겨줄 수 있고 다른 것은 모두 "비독일적인 온실 속의 화초"가 될 수밖에 없었다.[16]

비록 나치스가 민속학자들의 일반적인 접근 방식을 도용하기는 했지만 민속학은 이 이상으로 광범위한 매력을 지닌 분야였다. 쿠르트 후버는 "지나친 인문주의로 오도된 독일인이 민족적 기질을 상실한 상황"에 직면해 민속 문화를 부활시킬 필요가 있다고 주장했다. 볼프강 에머리히는 "소작농은 직업적인 측면이 아니라 내적 성향"에서 접근해야 한다는 고트프리트 벤의 생각을 검증했다.[17] 또 다른 학자는 "독일 신화의 잔재는 부르주아지 문명에 은밀하게 저항하는 힘"이었다고 말했다. 조상 유산국Ancestral Inheritance Inc.의 설립자인 헤르만 비르트는 "구석기시대의 종교와 세계관의 지속"에 대해 굳은 믿음을 갖고 있었다. 이 모든 것은 "생물학적인 독단론"에 기초했다. 막스 힐데베르트 뵘은 사회학자 빌헬름 릴이 주장한 4S, 즉 "종족Stamm, 주거지Siedlung, 언어Sprache, 풍속Sitte"을 "우리 시대의 언어"라는 "혈통Blut, 토양Boden, 민족성Volkstum, 민족 질서Volksordnung"로 바꿔놓았다. 무엇보다 생존을 위한 '숙명적 투쟁'이라는 사회진화론적 신화에 품위를 부여했고 암흑과 비극의 시대(신들의 황혼)를 강조했으며 외국의 영향을 폄하했다.* 이런 시각에서 고급문화는 수입된 외국의 풍조를 쫓아다니는 "매춘부 같은" 특징을 띠는 것으로 간주되었다. 1928년 윌리엄 스테이플은 독일적인 특징을 경험하고 싶은 사람이라면 누구나 "독일의 숲에서 살아봐야 한다. 독일 처녀에게 구혼도 해보고 독일 농장과 수공업장에서 일도 해봐야 한다"고 말했다.[18]

헤르만 슈트로바흐의 기록에 따르면, 독일민속학연합회는 나치스 집권에 즈음해 즉시 "두드러진" 반응을 보였고 1933년 10월에 열린 학회에서는 '민족사회주의와 민속학' '민속학에 대한 사회 정책적 전담 기구'를 주제로 한 강연이 있었다. 그 이듬해에 열린 학회에서 민속학자들은 히틀러에게 전문을 보내 "우리 국민의 독일 정신을 강화하고 저변을 넓히기 위해" 매진하겠다고 다짐했다.[19]

크리스토프 닥셀뮐러는 동유럽과 서유럽 학자들의 협력에 힘입어 1898년 이후로 유대인 민속학이 발달해 함부르크와 빈에서 '유대인 과학'의 구심점 역할을 했다고 말한다. 베를린에는 유대교학 아카데미와 유대교학 교육연구소가 있었고 브레슬라우에는 유대교 신학 세미나가 있었다. 이들은 모두 폐쇄되었고 자산은—예컨대 소장 도서 같은—파괴되거나 이리저리 흩어져 망실되었다. 이 같은 폐쇄 조치는 유대인문제연구소 같은 몇몇 기관이 창립된 것과는 대조적인 것이었다. 그중 대표적인 것은 국민계몽선전부에서 '유대인 전문가'가 된 빌헬름 치글러가 주도한 연구소였다. 1941년 프랑크푸르트 암 마인에 설립된 알프레트 로젠베르크의 유대인문제연구소는 파리의 로스차일드 도서관과 이스라엘만국협회, 리프슈츠 서점을 강제로 합병했다.[20] 로젠베르크 연구소는 스스로를 유대인 문제의 '통일된 해결'을 위한 협동센터로 간주했다.•

---

*신들의 황혼the Twilights of the Gods은 북유럽 신화에 나오는 용어로 신들과 거인족 간의 최후 결전이 야기한 세계의 종말을 말한다.

•로젠베르크 연구소 도서관은 50만 권의 도서를 소장했다. 전부 약탈한 것이었다.

1934년 봄에 '민족과 조국 전국동맹'의 기관지인 『민족과 조국』이라는 잡지가 창간되었다. 이 잡지가 나올 무렵에는 정치적으로 협동하는 학회가 약 1만 개 있었고 조직은 조금씩 다르지만 전국동맹에 소속된 회원은 400만 명이었다. 전문 분야는 도외시한 채 "진정성과 독특한 개성, 가치를 지닌 동아리"로서 지역 문화에 열광한 이들은 추종자들에게 영향을 주면서 지역 단체를 이끄는 길을 모색했다. 각 지역 단체에서는 축제를 기획해 지역 특색을 보여주는 시가행진을 했다. 노동자는 어깨에 삽을 멨고 처녀는 쟁기를 모는 동작을 했으며 농부는 종자를 담은 가방을 둘러멨다. 전국동맹원의 직업이 농촌생활과 시골의 가치를 영광스럽게 한다는 것을 보여주려는 의도였다.

아나 외스터를레는 조상 유산국을 조사하고 이 단체가 민속학에 미치는 영향을 검증했다. 조상 유산국은 민요 연구에서 보인 실체와 종교민속학을 포함해 경쟁욕과 시기심으로 가득 찬 쓰레기 집단이었음이 드러났다. 사설 단체로서 민간 자금으로 발을 내디딘 조상 유산국은 지식역사협회라는 이름을 사용했다.[21] 초창기 회원 중 다수가 인도-게르만적 전통에서 교육받은 학자였고 이들의 주된 관심은 무엇보다 고대의 지식사였다. 예를 들어 헤르만 비르트는 "북방 인종을 부활시키고 문명의 저주에서 인간성을 해방시킨다"는 희망으로 "순수한 독일인의 정신성을 강화하는 데" 역점을 두었다.

이론의 여지 없이 조상 유산 찾기의 지도자라고 할 수 있는 힘러는, 비록 로젠베르크나 괴링과 종종 옥신각신하기는 했지만, 점차 조상의 유산이라는 수단으로 친위대SS를 학술 영역으로 끌어들였다.[22] 힘러가 특히 관심을 쏟은 것 중 하나는 독일인의 기원이었다. 그의 마음은 두 가지 방향으로 쏠렸는데, 그것은 독일인의 '북방' 조상을 추적하는 일과 중앙아시아의 이른바 아리안족에 대한 깊은 관심이었다. 힘러는 아리안족이 고대 종교와 신화의 열쇠를 쥐고 있으며 튜턴족의 '창시자'였다고 생각했다. 그는 어느 정도 유명한—동시에 어느 정도 기회주의적인—인류학자, 인종학자, 동방학자, 루네 문자 연구가, 언어학자, 문장紋章학자, 고고학자의 도움을 받아 핀란드와 아이슬란드, 메소포타미아, 카나리아 제도(힘러가 잃어버린 대륙인 아틀란티스의 남쪽 모서리라고 생각했던), 안데스 산맥(힘러의 생각에 여기서 아리안족이 문명을 세웠다고 본), 그리고 티베트 등지에서 여러 차례 많은 자금을 쏟아부으며 탐험을 하게 했다.[23] 탐험대는 청동기시대의 암면 조각과 구석기시대의 동굴을 연구하고 고대의 무덤을 발굴했으며 여러 형태의 천막과 동전, 해골, 바늘을 수집했다. 또 엄청난 사진을 찍고 민담과 방언을 기록하다가 티베트에서는 스파이로 의심받기도 했다.[24] 이들은 라싸의 "백색과 포도주색의 벽"으로 들어가기 전, 크리스마스 날에 모두 병에 걸렸다.[25] 가지고 갈 수 없는 것은 석고 모형을 떴고 전통적인 기독교 문화를 대체하기 위해 독일에 소개할 목적으로 고대 의식을 연구했다. 이들은 이와는 별개로 『게르마니엔Germanien』이라는 월간지를 발행하기도 했는데, 이들의 탐험활동이 어떤 결과를 얻었는지는 확인하기 어렵다. 제대로 완성된 프로젝트가 별로 없었기 때문이다. 또 전쟁 중에 역사를 이해하고 '독일적인 것'을 지속시키는 데 도움이 되는 물품을 '송달'한다는 명분을 취했기 때문에 힘러의 전반적인 계획과 연관된 프로젝트도 많지 않았다. 친위대는(때로는 게슈타포도) 일말의 가책 없이 가능한 한 많은 미술품과 문화재를 약탈했다. 이 과정은 리투아니아와 에스토니아에서 시작되어 폴란드와 프랑스까지 확대되었다. 힘러는 이 같은 약탈에 대한 '구실'의 일부로 '독일 민족의 강화를 위한 제국 위원'을 자처하고 나섰다.

나치의 과학 개념

2007년 『슈테른Stern』 지에서 실시한 여론조사를 보면 독일인 4명 중 1명은 나치 정권이 "나름대로 좋은 점도 있었다"고 믿는 것으로 드러났다. 이렇게 생각하는 이유 중 하나는 당시에 "어머니에 대한 높은 공경심"이 있었고 또 하나는 아우토반Autobahn(고속도로) 시스템을 건설했다는 것 때문이었다. 히틀러는 종종 독일 고속도로 건설의 창시자로 간주되지만 사실 이런 도로 건설을 처음 구상한 것은 바이마르 공화국 시절이었다. 마찬가지로 히틀러는 때로 과학에 열광한 인물로 여겨지지만 꼭 그렇다고만은 볼 수 없다. 베를린의 쿠머스도르프 베스트에서 군대의 탄도 미사일 프로그램을 지휘한(누구보다 두드러진) 물리학자 중 한 사람인 발터 도른베르거는 훗날 총통은 미사일 기술의 중요성을 설명해줘도 결코 이해하지 못했다고 말한 적이 있다. 알베르트 슈페어는 전범재판에서 히틀러가 기술에 대해 아주 이상한 편견을 갖고 있었다고 증언했다. 히틀러는 기관총을 반기지 않았는데 그 이유는 "기관총이 병사들을 겁쟁이로 만들고 근접전투를 불가능하게 한다"는 생각 때문이었다.[26] 1944년 공군 최고 지휘부에서 제트기를 전투기로 활용하려고 하자 히틀러는 제트기로 공중전을 하면 뇌에 위험한 영향을 줄 것이라고 주장하면서 Me-262기는 폭격기로만 사용할 것을 주문했다(히틀러는 궁극적으로 뉴욕을 폭격하기를 바랐다). 그는 핵물리학의 혁명적인 특징을 이해할 능력이 없었으며 독일의 원자탄 개발 계획을 불신했다. 원자탄은 그가 말하는 "유대인의 사이비 과학"에 기초한 것이라는 이유 때문이었다(그는 집권하기 전에 학생들의 과학 수업 이수 시간을 줄이겠다고 약속한 적이 있다). 히틀러는 한스 회르비거의 대빙하설에 열광하기도 했다. 이것은 우주가 얼음으로 형성되었다고 주장하는 이론이다. 히틀러는 과학의 '과정'이 인간이 자연을 정복할 수 있는 것과 같은 잘못된 생각을 심어준다고 보았다. 대신 히틀러 자신은 "자연법에 대한 직관적인 지식"을 믿는다고 말했다.[27]

1933년 봄, 히틀러가 수상이 된 이후 예술가들의 전철을 밟아 과학자들의 해고가 시작되었다. 대체로 과학은—특히 물리학, 화학, 수학, 지질학

같은 자연 과학은—정권의 영향을 받지 않는다고 생각할 것이다. 어쨌든 자연의 기본적인 구성 요소를 연구하는 것은 지식 분야로서 정치적인 상황과 무관하다는 사실에 일반적으로 동의했다. 하지만 나치 독일에서 무조건 승인될 수 있는 것은 아무것도 없었다. 일부 유대인 교수는, 제1차 세계대전 이전에 채용되었거나 참전 경력이 있는 경우, 또는 아버지나 아들 가운데 이런 경력이 있을 때에는 일단 예외로 취급되기도 했다. 하지만 이런 예외 조치는 따로 신청을 해야 했다. 1953년 구연산회로의 발견으로 노벨상을 수상한 핸스 크레브스는 회고록에서 갑자기 돌변한 상황에 대한 느낌을 기록하고 있다. 그가 근무하던 프라이부르크 병원의 실험실에서 평소에 히틀러에게 큰 관심을 보이지 않던 사람들이 "갑자기 나치 조직의 제복을 입고 나타났다"는 것이다.[28] 상황은 순식간에 극단적으로 변했다.

아인슈타인에 대한 박해는 일찍부터 시작되었다. 아인슈타인이 주로 공격을 받은 것은 1919년 11월, 일반상대성 이론을 실험으로 확인했다는 아서 에딩턴의 발표 이후 그가 국제적인 갈채를 받았기 때문이었다. 개중에는 아인슈타인을 지지하는 사람도 있었다. 1920년 런던 주재 독일대사는 개인적으로 독일 외무부에 경고를 보내며 "아인슈타인 교수는 이 시대의 일등급 문화자산입니다. (…) 우리는 진정한 문화 선전 정책을 수행할 수 있는 이런 사람을 독일에서 추방하면 안 됩니다"라고 호소했다. 하지만 2년 뒤, 발터 라테나우가 암살되고 나서 아인슈타인도 의도적인 희생자 목록에 이름이 올랐다는 외무부의 미확인 보고서가 누출되었다. 이 보고서에 아인슈타인은 "사악한 괴물"로 묘사되어 있었다.[29]

10년 뒤, 나치가 정권을 잡자 이런 흐름이 행동으로 나타나는 데는 오랜 시간이 걸리지 않았다. 1933년 1월에 아인슈타인은 베를린을 떠나 미국을 방문하고 있었다. 개인적으로 많은 문제가 있었음에도 아인슈타인은 나치가 지배하는 한 베를린 대학과 카이저빌헬름협회의 직책으로 돌아가지 않겠노라고 분명히 밝혔다.[30] 그러자 나치당국은 공산주의자가 무기를 숨겼다는 구실로 아인슈타인의 자택을 수색하고 은행 계좌를 동결하는 방식으로 응수했다. 인기를 끌던 상대성 이론에 대한 서적은 공개적으로 불태웠다. 이어 봄이 되자 나치 정권은 '국적國賊' 명단을 발표했다. 명단 맨 위에는 아인슈타인의 사진이 올랐고 사진 밑에는 "교수형 미집행"이라는 글귀가 적혀 있었다. 아인슈타인은 마침내 신설된 프린스턴고등연구소에서 일자리를 구했다. 이 소식이 알려지자 독일의 한 신문은 "아인슈타인에 대한 희소식—그는 돌아오지 않는다"란 제목을 단 기사를 실었다. 1933년 3월 28일 아인슈타인은 나치가 해고 조치하는 사태를 막기 위해 스스로 프로이센 과학아카데미 회원을 사퇴했다. 그리고 이전의 동료들 중 누구도—막스 폰 라우에와 막스 플랑크까지도—자신에 대한 처우에 반발하지 않았다는 사실을 알고 괴로워했다. 훗날 아인슈타인은 이렇게 썼다. "독일 지식인 집단의 행동은 폭도보다 나을 것이 없었다."[31]

독일을 떠난 유명 물리학자가 결코 아인슈타인만은 아니었다. 1933년 이전의 물리학계 인사 중 약 25퍼센트가 독일에서 자취를 감췄는데 여기에는 이론물리학자 절반과 양자물리학 및 핵물리학 분야에서 대표적이었던 인물들이 다수 포함되었다. 아인슈타인과 플랑크 외에 구스타프 헤르츠, 에르빈 슈뢰딩거, 빅토르 헤스, 페터 데바이가 있었다. 이들은 모두 노벨상 수상자였다. 이밖에 오토 슈테른, 펠릭스 블로흐, 막스 보른, 유진 위그너, 한스 베테, 데니스 가보르, 게오르크 폰 헤베시, 게르하르트 헤르츠베르크, 그리고 수학자 리하르트 쿠란트, 헤르만 바일과 아인슈타인이 역사상 가장 뛰어난 수학자라고 부른 에미 뇌터가 있었다. 대략 100명 정도의 세계적 학자가 1933년에서 1941년 사이에 미국으로 망명했다. 영국에서 레오 실라르드는 추방된 학자들에게 직업을 알선해주기 위해 학술지원회의를 설립하려고 분주하게 뛰어다녔다. 존 콘웰에 따르면 독일 물리학계는 절대적인 수에 있어서 위축되지 않았다. 쫓겨난 학자들을 대신할 인력이 많았기 때문이다. "하지만 과학자의 자질은 떨어졌으며 기초연구 분야는 침체되었다."[32]

막스 플랑크는 카이저빌헬름 물리화학연구소KWI의 소장 자리에서 쫓겨난 프리츠 하버에게 직장을 마련해주기 위해 애썼다. 훗날 플랑크 자신이 기록한 바에 따르면 그는 히틀러를 찾아가 "유대인이라고 다 같은 것은 아닙니다. 인류를 위해 가치 있는 사람이 있고 무가치한 사람이 있습니다"라고 말하며 구분할 필요가 있음을 강조했다. 히틀러는 플랑크를 나무라며 "그렇지 않아요. 유대인은 유대인이죠. 유대인은 누구나 거머리 같은 족속이에요"라고 말했다고 한다.

아인슈타인이나 하버에 비해 지명도가 크게 뒤지지 않는 과학자들에 대해서는 나치의 태도를 예측하기가 어려웠다. 카를 폰 프리슈(1886~1982)는 꿀벌이 벌집 앞에서 춤을 추며 다른 벌에게 먹이에 대한 정보를 전달하는 수단인 '꿀벌의 언어'를 발견한 최초의 동물학자였다. 프리슈의 실험은 대중의 상상력을 자극했고 그의 책은 인기를 끌며 베스트셀러가 되었다. 하지만 1933년에 제정된 공무원법에 따라 아리안 혈통을 증명할 것을 요구하는 나치에게는 이 같은 사실도 아무런 소용이 없었다. 프리슈의 외조모가 문제였다. 그가 인정한 대로 그의 외조모는 비아리안계일 가능성이 있었다. 이 때문에 뮌헨 대학 학생신문은 프리슈를 공격하는 운동을 벌였다. 그가 살아남은 것은 단지 1941년 독일에 노세마병Nosema*이 발생해 수십만 군체의 벌이 죽는 사태가 일어났기 때문이다. 노세마병은 과수 재배에 심각한 타격을 입혔는데, 이 무렵 독일은 식량을 자체 조달해야 하는 상황이었다. 나치 정부는 프리슈가 이 상황을 타개할 최고 적임자라고 결론 내렸다.

최근 연구에 따르면 1933년부터 전쟁이 발발하기까지 전체 생물학자

---

*꿀벌에 기생하는 꿀벌노세마와 누에에 기생하는 누에노세마, 그리고 토끼·쥐 및 기타 포유류에 기생하는 토끼노세마 등이 병원체로 알려져 있는 병이다.

의 13퍼센트가 추방되었으며 이 가운데 5분의 4는 인종상의 문제로 쫓겨났다. 직업을 잃고 추방된 생물학자의 4분의 3은 평균적으로 독일에 남은 동료 학자들보다 훨씬 더 두드러진 업적을 쌓은 인물들이었다. 이 같은 사태로 가장 심한 손실을 입은 분야는 세균분자유전학과 박테리아 파지Phage(박테리아를 먹고 사는 바이러스) 연구였다.

통계 중 희한한 사실이 있다. 의사가 다른 직업에 종사하는 사람보다 나치에 더 열광했다는 점이다. 독일 의사의 44.8퍼센트가 민족사회주의독일노동자당에 입당했다.[33] 바이마르 공화국에서 의사 대 환자 비율이 1 대 600으로 제한된 것은 이런 사실과 관련이 있다. 유대인 의사들이 추방되었을 때(1939년 당시 약 2600명) 비유대인 의사의 수요는 그 어느 때보다 늘어났다.

사실 이 부분에 대한 현대 역사 연구의 초점은 '인종학'에 전문 지식을 지닌 소수의 의료 인력에 대한 관심에서 독일 의사 전체가 '엄격한' 과학적 의미에서 신속하게 현대화되었는가 하는 좀더 광범위한 문제로 바뀌었다. 윤리적이고 사회화된 훈련을 포함해서 적절한 전문직의 소양을 갖추었는가에 초점을 맞추었다는 말이다. 확대된 사회보장제도 덕분에 바이마르 공화국에는 의사가 지나치게 많았고 그중 13퍼센트가 유대인이었다. 1933년 당시 의대생의 36퍼센트는 유대인이었다. 그러므로 인종법이 발효되었을 때 비유대인 의사와 의대생은 나치에게 감사해야 할 충분한 이유가 있었다. 이 상태에서 독일 의사가 다른 나라 의사보다 사회화가 부족했는지 하는 문제는 중요하지 않았다. 어쨌든 민족사회주의독일노동자당에 의사가 많았던 것은 분명한 사실이다.[34]

정신분석학이 공격을 받은 까닭은 '유대인의 과학'으로 여겨졌기 때문이다. 베를린정신분석학회는 유대인 회원을 깨끗이 정리했다. 학회장 자리는 괴링 원수의 사촌인 M. H. 괴링에게 넘어갔다. 신임 학회장은 제3제국에서 정신분석학의 기본 교재 중 하나는 『나의 투쟁』이라고 선언했다. 독일

심리치료학회는 비록 아들러 학설의 신봉자가 무시하지 못할 세력을 쥐고 있긴 했지만 심리치료를 위한 국제일반의학학회로 이름을 바꾸고 카를 융을 신임 회장으로 선출했다.[35] 이후 융은 자신의 능력을 총동원해서 유대인 동료들을 도왔다고 주장했다. 하지만 프로이트는 오래전부터 그를 반유대주의자로 의심하고 있었다. 융이 이론 연구에서 프로이트를 겨냥한 것은 사실이었으며 게다가 그는 정신분석학의 창시자가 지닌 "영혼 없는 유물론"은 부분적으로 프로이트의 유대인적 기질을 반영한 것이라고 주장했다. 율리우스 슈트라이허도 이런 주장에 동조했다.[36] 심리학의 나치화는 독일 대학의 심리학 정교수 15명 중 6명의 유대인을 쫓아냄으로써 완성되었다. 또 독일심리학회와 베를린 심리학연구소에서 인종 정화에 나서며 '반역'의 증거를 찾는다는 명분으로 연구소장의 자택을 수색하는 소동도 한몫했다(결국 아무런 증거도 찾아내지 못했지만 게슈탈트학파의 설립자 중 한 명이자 소장이었던 볼프강 쾰러는 끝내 사임하고 무척 고된 여생을 보냈다). 1933년 10월 라이프치히에서 열린 심리학회에서 정신분석학을 금지한 조치도 아주 노골적이었다. 점점 더 많은 정신분석학자들이 미국으로 갈 길을 찾았다.

미국 심리학자들은 프로이트의 이론을 특별히 선호하지는 않았다. 미국에서는 윌리엄 제임스와 실용주의의 영향이 더 강했다. 하지만 미국심리학협회는 추방된 외국 심리학자 위원회를 설립하고 1940년 2169명의 대표적인 학자(모두가 정신분석학자는 아니었다)와 접촉했다. 이 가운데 134명은 이미 미국에 들어와 있었으며 여기에 카렌 호르나이, 브루노 베텔하임, 엘제 프렌켈브룬스비크, 다비트 라파포르트도 끼여 있었다.

당시 82세였던 프로이트는 1938년 3월 독일이 오스트리아 합병을 선언했을 때 건강이 몹시 좋지 않았다. 몇몇 친구는 프로이트를 걱정했고 특히 런던의 어니스트 존스와 프랭클린 루스벨트 대통령은 프로이트의 안부에 계속해서 관심을 보였다. 파리 주재 미국대사인 윌리엄 불릿은 '프로이트의 상황'을 계속 주시하라는 지시를 받고 빈 총영사관의 직원을 시켜 프로이트에게 '우호적인 관심'을 보이도록 했다. 프로이트가 런던에 정착할 가능성을 타진하던 어니스트 존스는 프로이트가 이주를 달가워하지 않는다는 사실을 알게 되었다. 그는 외국에 나가야만 자녀들의 미래가 보장된다는 점을 강조하며 프로이트를 설득할 수 있었다.

프로이트가 출국하기 전, 미국에서는 그의 '경우'를 힘러만큼이나 고위층의 일로 간주했다. 프로이트의 궁극적인 안전이 보장된 것은 오로지 루스벨트 대통령의 집중적인 관심 덕분이었던 것으로 보인다. 나치스는 프로이트가 출국하기 전에 모든 부채를 청산할 것을 주장하며 그가 직접 나타날 때까지 단계적으로 출국 허가를 알렸다. 마침내 출국에 필요한 서류가 완성되었을 때 게슈타포는 문서를 하나 가지고 와서 서명을 강요했다. 프로이트가 적절한 대우를 받았다는 것을 인정하는 내용이었다. 프로이트는 이 문서에 서명을 한 뒤 "어느 누구에게나 게슈타포를 성심껏 추천할 수 있다"는 글을 덧붙였다.

1934년 제3제국 교육부 장관 베른하르트 루스트가 수학자인 다비트 힐베르트에게 괴팅겐 대학이—가우스와 리만, 펠릭스 클라인의 본거지이자 200년 동안 세계적인 수학의 중심지 역할을 했던—유대인 수학자를 추방한 뒤에 고통을 겪었는지 물었을 때 힐베르트는 유명한 대답을 했다. "고통을 겪었냐고요? 고통은 없었습니다, 장관님. 괴팅겐 대학은 더 이상 존재하지 않으니까요."[37]

히틀러의 박해가 분명해진 이후 벨기에와 영국, 덴마크, 프랑스, 네덜란드, 스웨덴, 스위스에는 긴급위원회가 설치되었는데, 특히 두 곳의 활동이 두드러졌다. 영국의 학술지원회의AAC는 영국 대학의 지도자들이 주축이 되어 설립되었으며 의장은 런던경제대학의 윌리엄 베버리지였다. 1938년 11월 학술지원회의의 회원은 36개국에 퍼져 있는 각 분야 학자들 524명이었고 그중 161명이 미국인이었다. 물론 수학자들만 도움을 받은 것은 아니었다. 일단의 독일 망명 학자들은 독일 재외학자 긴급협회를 결성했다. 이 협회는 회원들의 일자리 알선을 위해 노력했을 뿐만 아니라 학업적 위치에서 추방된 독일 학자 1500명의 상세 명단을 작성했다. 이 일은 다른 협회에도 긍정적인 효과를 미쳤음이 입증되었다. 긴급협회는 또 1933년 터키에서 아타튀르크가 국가를 서구화하는 정책의 일환으로 이스탄불 대학을 재조직하는 것을 기회로 활용했다. 독일 학자들이 초빙되었고(이중에는 앞서 본 대로 파울 힌데미트가 있었고 훗날 베를린 봉쇄 당시 서베를린 시장이 된 에른스트 로이터도 있었다) 1935년 이스탄불 로스쿨이 대학으로 승격되었을 때도 비슷한 조치가 이뤄졌다. 이 학자들은 본국이나 영국, 미국에서 연구 논문의 발표가 어려워지자 자체 학술지를 창간했다. 터키에서 발행된 독일 학술지는 18호를 마지막으로 폐간되었는데, 지금은 수집가들이 눈독을 들일 정도로 구하기가 어렵다. 게재된 연구 분야는 피부과학에서 산스크리트에 이르기까지 다양했다.[38]

히틀러의 박해로 인해 나온 정기 간행물 중에 방향이 전혀 달랐던 『수학 리뷰Mathematical Review』가 좀더 오래 갔다. 이 학술지는 첫 호가 발행되었을 때만 해도 거의 알려지지 않았는데, 1939년 당시 사람들은 다른 문제에 관심을 쏟고 있었다. 하지만 수학자들 사이에서 MS라고 불린 『수학 리뷰』의 등장은 은연중에 극적이고 중대한 의미를 지니고 있었다. 당시까지 수학 분야에서 가장 비중이 큰 간행물은 『수학과 그 한계 영역을 위한 중앙지』였다. 1931년 베를린의 슈프링거 출판사에서 창간한 이 학술지는 전 세계의 논문을 발췌해서 10여 개 언어로 발행했다. 하지만 1938년 이사를 맡고 있던 이탈리아의 유대인 수학자 툴리오 레비치비타가 해고되자 몇몇 자문위원이 사임했다. 『사이언스』 지에 실린 한 기고문은 이제 유대인의 논문은 『중앙지』에 발췌되지 않는다는 사실을 알렸고, 미국 수학자들은 사태를 불안하게 지켜보면서 이 간행물을 인수하는 것을 고려했다. 매각할 의사가 없던 슈프링거 사에서는 대신 편집국을 이원 체제로 운영하자는 제안을 했다. 하나는 미국과 영국, 영연방 국가, 소련을 위한 판으로, 다른 하나는 독일과 그 인근 국가를 위한 판을 발행하자는 것이었다. 이 같은 모욕적인 제안에 격분한 미국 수학자들은 투표를 해 자체 간행물을 창간하기로 결정했다.[39]

일찍이 1933년 4월에 록펠러재단에서는 해고된 학자들을 개별적으로 도울 수 있는 방법을 찾기 시작했다. 긴급위원회를 위한 기금은 마련되었지만 송금에 신중을 기할 필요가 있었다. 불황은 계속 심각한 상황으로 치닫고 있었고 일자리는 거의 찾기 힘들었다. 이 해 10월, 위원회 부의장인 에드워드 머로는 전체 2만7000명 가운데 2000명 이상의 학자가 240개 기관에서 해고된 것으로 집계했다. 이런 엄청난 숫자의 대규모 이주는 미국 학자들의 자리를 위협할 뿐만 아니라 반유대주의를 부추길 위험까지 있었다. 결국 긴급위원회는 "고통을 줄이기보다 학자들에게 직접 도움을 주는" 정책을 펼치기로 결정했다. 이렇게 해서 우선 공인된 업적을 쌓은 학자들에게 관심이 집중됐다. 수혜자 가운데 가장 유명한 인물은 괴팅겐 대학의 리하르트 쿠란트였다. 1939년 유럽에서 전쟁이 발발하기 전 미국에 초빙된 수학자는 51명이었고 1945년에는 약 150명에 이르렀다.[40] 이들 모두 나이와 성을 불문하고 일자리를 얻었다. 가스실에서 죽어간 600만 명에 비해 150명은 적은 숫자처럼 보이지만 다른 어떤 직업에 종사한 자들보다 수학자들이 많은 도움을 받은 것은 분명하다.[41]

하지만 독일 학문의 완벽한 그림을 그리기 위해서는 세 가지 분야를 살펴볼 필요가 있다. 야만적인 반유대주의에도 불구하고, 또 히틀러와 힘러, 루스트 같은 인물들이 보여준 과학적인 원칙과 방법에 대한 이해의 빈곤에도 불구하고 이 세 분야에서 독일 학문은 발전을 거듭했다. 독일인이 강점을 보인 분야는 비단 로켓 기술뿐만이 아니었다.

암을 극복하기 위해 심혈을 기울인 것도 나치 정권이 처음이었다. 앞서 본 대로 독일인은 콜타르 추출 기술—염료산업과 제약산업이 발달하게 되는 기본 과정—에서 앞서나갔다. 독일인은 또 새로 개발한 많은 기술을 암에 적용하는 방법을 알아냈다. 같은 이치로 엑스선을 발견한 독일인은 이미 1902년에 암, 특히 백혈병을 연구하는 방법에 주목했다.

이 결과 독일에서는 암 예방운동이 가장 먼저 일어났다. 금연운동을 벌인 것도 다른 어느 나라보다 독일이 먼저였다. "자동차를 점검하는 빈도로" 결장을 검진하라는 경고가 나온 곳도 독일이었다. 일찍이 1938년 독일 과학자들은 서로 다른 열두 가지 암과 석면의 상관관계를 밝혀냈다.[42] 1950년대에 흡연과 암의 관계를 연구한 영국인 리처드 돌(훗날 리처드 경)은 1930년대에 독일에서 공부했는데, 유대인을 '암'으로 묘사하고 나치 돌격대를 이 '종양'을 제거하는 엑스선으로 비유하는 데에 충격을 받았다.

독일 과학자들은 또한 암과 식품, 특히 식품 첨가물과의 상관관계를 최초로 연구한 그룹에 속했다. 이들은 천연식품, 무엇보다 통밀 빵(흰 빵은 "프랑스의 혁명적인 발명품"이라고 매도당했다)을 장려하는 데 앞장섰다.[43] 알코올이 암을 유발한다는 의심도 있었지만 나치스는 무엇보다 담배의 역할에 관심을 집중했다. 공공장소에서의 흡연은 금지되었고 담배 광고도 금지되었다. 열차에는 금연 칸이 마련되었다. 하지만 이런 현상은 히틀러 집권 이후 담배 소비가 해마다 증가했다는 사실 때문에 의미를 상실했다. 1940년의 담배 소비량은 1933년의 두 배에 달했다. 소비가 줄어든 것은 오직 1944년뿐인데 아마 배급제의 영향 때문으로 보인다.

"백색 유대인"

레나르트와 슈타르크 같은 인물의 행적을 빼면 독일이 어느 나라에도 뒤지지 않는다고 할 물리학에서도 생물학에서 벌어진 일과 똑같은 일이 반복되었다. 프리슈가 외조부모 중 한쪽이 비아리안계일 가능성 때문에 박해를 받았듯이 베르너 하이젠베르크도 비슷한 억압을 받았다. 이유는 그가 '유대인 물리학(상대성 이론)'이 분명히 틀렸거나 변질되었다는 점을 인정하기를 거부했기 때문이다. 하이젠베르크와 라우에, 플랑크, 그리고 발터 네른스트는 슈타르크가 주도한 히틀러에 대한 충성 맹세에 서명하기를 거부했다. 모두 노벨상 수상자였던 이들은 정치와 물리학은 아무런 관계가 없다고 주장했다.

그러던 중 1935년에 66세가 된 아르놀트 조머펠트는 30년 가까이 근무해온 뮌헨 대학의 교수직에서 물러날 준비를 하고 있었다(그는 다름 아닌 루트비히 볼츠만의 뒤를 이은 인물이었다). 당연히 하이젠베르크가 후임자였지만 그는 '백색 유대인'이라는 말을 들을 정도로 지나치게 '유대인 정신'에 사로잡혀 있다는 의심을 받았다. 하이젠베르크는 나치 신문의 공격을 받아 괴팅겐 과학아카데미의 지원을 받고 있었음에도 이 자리를 물려받지 못했다. 조머펠트의 후임은 훨씬 더 무능한 사람에게 돌아갔다. 하이젠베르크는 회고록에서 많은 친구와 동료가 훨씬 더 극심한 고통에 시달렸다고 말하면서 이 부분에 대한 언급은 회피했다.[44]

1930년대를 거치면서 물리학은 거의 종말론적인 중대 과제를 떠맡기 시작했다. 1933년 히틀러가 집권했을 때 미국에 체류 중이던 독일 물리학자는 아인슈타인뿐만이 아니었다. 오토 한(1879~1968)도 코넬 대학에서 강의를 하고 있었다.[45] 이 때문에 리제 마이트너(1878~1968)가 베를린에 남아 카이저빌헬름 화학연구소의 일을 맡고 있었다. 마이트너는 유대인이었지만 오스트리아 국적이었기 때문에 당시에는 인종법의 적용을 받지 않았다.[46] 마이트너는 조카인 오토 프리슈를 비롯해 전직 동료들이 해고되거나 중대한 결심을 해야 하는 처지에 놓인 상황을 지켜보았다. 그녀와 함께 종종 피아노를 연주하기도 했던 프리슈는 함부르크 대학에서 해고된 상태였다. 헝가리계 유대인이었던 레오 실라르드는 "평생 모은 돈을 구두 속에 숨긴 채" 영국으로 떠났다.[47] 실라르드는 그해 9월에 런던에 안전하게 도착했다. 사우샘프턴가 교차로에서 신호가 바뀌기를 기다리던 중에 그 유명한 연쇄반응*을 떠올린 사람이 바로 실라르드였다. 그는 반응이 계속되다가 폭발을 일으킬 것이라고 생각했다(실라르드는 이 아이디어의 특허를 내고 비밀을 유지하는 조건으로 영국 해군본부에 권리를 양도했다). 한편 로마에 기반을 둔 이탈리아의 물리학자 엔리코 페르미는 이런 사실을 모른 채 우라늄 원자의 핵분열을 실험했다. 그렇지만 프라이부르크에서 두 독일인 이다와 발터 노다크가 핵분열을 처음 확인했다.

1936년 막스 플랑크와 하이젠베르크, 라우에는 유대인 동료를 보호하기 위해 두드러진 활동을 펼치며 한과 마이트너를 노벨상 후보로 추천했다.• 하지만 1938년에 오스트리아 합병이 선언되자 마이트너와 한을 보호하려던 계획은 그만 물거품이 되고 말았다. 하버와 함께 질산염고정nitrate-fixation을 연구하던 카를 보슈가 어렵사리 마이트너의 여행 허가를 얻어내자 그녀는 달랑 가방 두 개와 한이 여비에 보태 쓰라고 준 다이아 반지를 끼고 네덜란드로 떠났다.[48]

물리학의 전성기는 전쟁 국면으로 치닫던 무렵 전쟁의 직접적인 여파 속에서 이 인물들이 이뤄낸 것이다. 오토 한은 베를린에서 중성자로 우라늄을 폭발시키면 계속 바륨이 생긴다는 사실을 발견했다. 그는 이 놀라운 결과를 예테보리에 망명 중인 마이트너와 편지를 교환하며 확인했다. 보어와 함께 코펜하겐에 망명 중이었던 조카 오토 프리슈가 크리스마스에 우연히 마이트너를 방문했다. 두 사람은 눈 덮인 숲에서 스키를 탔다. 마이트너는 조카에게 한이 보낸 편지에 대해 말했다. 스키를 타고 나무 사이를 헤

---

*하나의 반응이 다른 반응을 유도해 일으키고 그 반응이 또 다음 반응의 성인成因이 되는 것처럼 같은 반응이 반복하여 연쇄적으로 진행되는 반응을 말한다.

•1936년 카를 폰 오시에츠키가 노벨상을 수상한 이후로 노벨상이 허용된 독일인은 한 사람도 없었다.

치고 나아가는 두 사람의 머릿속은 바륨에 대한 생각으로 꽉 차 있었다. 이때까지 물리학자들은 원자핵이 폭발하면 원자가 너무 안정된 구조여서 기껏해야 소량의 입자만 떨어져나갈 것이라고 생각하고 있었다. 마이트너와 프리슈는 예테보리 숲의 쓰러진 나무에 걸터앉아 중성자로 입자가 떨어져나가는 대신 원자핵이 특정 상황에서는 두 부분으로 쪼개질 수도 있다는 생각을 했다.

두 사람은 이 문제를 생각하느라 추운 숲속에서 세 시간 동안이나 머물렀다. 결국 이들은 집으로 발길을 돌리기 전에 계산을 끝냈다. 우라늄 원자가 분열한다면 바륨(양성자 56)과 크립톤(36)이 발생해 결과는 56+36=92가 된다는 것이었다. 이 소식이 전 세계에 알려지자 사람들은 핵분열이 발생할 때 열의 형태로 에너지가 방출된다는 것을 알게 되었다. 만일 에너지가 중성자의 형태를 취한다면, 그리고 양이 충분하다면 연쇄반응으로 폭탄도 가능할 것이라는 데 생각이 미쳤다. 하지만 우라늄 235U235가 얼마나 필요한 것인가?[49]

이러한 예측에 담긴 안타까운 아이러니는 이 시점이 아직 1939년 초였다는 사실이다. 히틀러의 위협은 갈수록 거세지고 있었지만 세계는 군사기술적으로 아직 평화로운 상태였다. 한과 마이트너, 프리슈가 합작으로 얻어낸 결과는 『네이처』 지에 발표되었고 나치 독일뿐 아니라 소련, 일본, 영국, 프랑스, 이탈리아, 미국의 물리학자들이 이 사실을 알게 되었다. 이제 물리학자들이 당면한 문제는 연쇄반응이 어떤 형태를 취하는가 하는 문제였다. 최대의 자원을 보유하고 있을 뿐만 아니라 수많은 망명객의 본거지가 된 미국은 유럽에서 전쟁이 일어난 이후로 비非교전국 상태에 있었다. 어떻게 하면 미국을 행동에 옮기도록 할 수 있을까? 미국이 움직이게 된 계기는 영국 버밍엄 대학에서 연구하던 두 명의 독일 망명객 프리슈와 루돌프 파이얼스가 밤중에 어두운 시내 도로를 걷다가 떠올린 아이디어에서 비롯된 것이었다. 두 사람은 약 1킬로그램의 우라늄만 있으면 충분하다는 사실을 3쪽짜리 보고서로 알렸다(13~30톤의 우라늄이 있어야 한다는 이전의 계산과는 달리).[50] 버밍엄 대학에서 연구하던 프리슈와 파이얼스의 교수인 마크 올리펀트는 미국으로 건너가 폭탄 개발을 추진하도록 미국인들을 설득했다. 아인슈타인(실라르드가 선발한)이 보낸 편지 한 통으로 결심을 굳힌 루스벨트 대통령은 의회에 알리지 않은 상태에서 "이례적인 경우에 이용할 수 있는 특별 재원"으로 예산을 확보했다. 이렇게 해서 독일계 유대인 물리학자들은 전쟁을 끝낼 폭탄을 개발하는 데 완벽한 역할을 수행하게 되었다.[51]

정치적인 것의 개념

카를 슈미트(1888~1985)는 "20세기의 독창적인 정치이론가들 중에서도 두세 손가락 안에 꼽히는" 인물로 폭넓은 칭송을 받았다. 하지만 그는 공개 석상에서 드러낸 나치 찬양과 반유대주의, 그리고 1945년 이후 신념을 철회하는 데 "고집스럽게 거부"해서 마르틴 하이데거만큼이나 인기를 잃었다.

1888년 베스트팔렌 플레텐베르크에서 소상공인의 아들로 태어난 슈미트는 하이데거와 마찬가지로 시골의 가톨릭 가정에서 성장했다. 그는 대학에 다닐 때 풍자시를 쓰며 현대 문화의 모든 것에 반발한 것으로 유명했다. 1914년 당시 공무원으로 근무하던 슈미트는 1915년까지 사무직을 고수하며 자원입대하지 않았다. 훗날 그는 말을 타다 떨어진 추억담을 말하곤 했지만 이것은 전혀 확인할 수 없는 일화다. 현대 문화를 혐오했음에도 슈미트는 뮌헨 슈바빙 지역의 예술적인 분위기를 무척 즐겼고 표현주의 화가나 다다이즘 화가들과 어울리며 훗날 교황 비오 12세가 된 에우제니오 파첼리와 편지를 주고받기도 했다. 그는 법학 교육을 받고 막스 베버의 강의를 들었지만 제1차 세계대전의 여파로 뮌헨에서 혁명이 일어났을 때 보헤미안 생활과 교회를 포기하고 교직으로 전환했다.

이후 슈미트는 좀더 형식을 갖추고 체계적으로 민주주의를 비판하기 시작했다. 그는 인류 역사는 아담과 이브가 아니라 카인과 아벨에서 시작됐다고 주장했다. 그가 보기에 정치의 속성은 추상적인 생각보다 구체적인 권력투쟁에 있었다. 그는 갈등을 선호했다. 1932년 프로이센에서 반동적인 쿠데타가 발생했을 때 슈미트는 법정 변호사로서 쿠데타를 옹호해 괴링의 마음을 사로잡았고 이후 괴링은 슈미트의 후원자가 되었다.[52] 슈미트는 1933년 4월에서 5월로 넘어가는 시점에 나치당에 입당해 5월 10일에 있었던 악명 높은 분서 사태를 지원했다. 이 같은 활동은 국민들에게서 존경을 받기 위해 노력했던 히틀러에게 도움을 주었다.

슈미트는 1932년에 출간된 『정치적인 것의 개념』에서 하이데거와 니체를 혼합한 이론을 제시함으로써 자유주의와 극우파, 또 한편으로는 자유주의와 극좌파의 경쟁을 부추겼다. 슈미트의 핵심 논제는 정치적 정체성은 갈등으로, 강렬하고 숙명적인 갈등으로 얻어진다는 것이었다. 그는 '우리'와 '우리의'라는 경험(슈펭글러를 연상시키는)이 정치(다시 '전체'를 보여주는 행사로서)의 핵심이며 정치의 가장 투명하고 결정적인 과정은 '우리'가 신봉하는 투쟁으로 이뤄진다고 생각했다. 자유주의와 민주주의가 결코 이렇게 할 수 없는 이유는 자유민주주의의 결정적인 요소가 타협이기 때문이며 거기서 나오는 결과는 항상 변하기 때문이라는 것이다. 이런 이유로 슈미트는 자유민주주의 속에 사는 사람들은 그들이 진정 어떤 존재인지 결코 알지 못하며 자신들의 삶에 결코 완벽한 책임을 질 수 없다고 생각했다. 그는 정치적 해결이란 이성이 아니라 '혈통과 토양'으로만 이끌어낼 수 있다고 보았다. 뿐만 아니라 그는 정치적 목표를 보편적인 윤리 원칙을 요구하는 추상적인 이념에 두는 것은 위험하다고 생각했다. 이렇게 되면 언제나 사건이 이념적 목표를 뒤덮어버리기 때문에 아무런 성과도 거둘 수 없다는 것이었다.

슈미트는 1930년대에 끝없는 논란을 부른 인물이었으며 이것은 지금도 마찬가지다. 그는 1945년에 미군 포로가 되어 1년 이상 억류생활을 한 뒤로 다시는 대학에서 자리를 얻지 못했다. 하지만 에른스트 윙거나 알렉상드르 코제브, 발터 벤야민 같은 학자들, 그리고 프랑크푸르트학파의 많은 인물이 그를 방문하거나 높이 평가했다. 슈미트처럼 정치이론가이자 마르틴 하이데거의 친구였던 레오 스트라우스는 전후에 망명생활을 하던 미국에서 다시 슈미트에 초점을 맞췄다. 유대인인 스트라우스에 대해서는 39장에서 다시 언급할 것이다.[53]

"독일인의 정체성"에서 본 "과학적인 것"

괴츠 알리와 수자네 하임은 인구경제학demographic economics을 1930년대 후반에 독일에서 출현한 새로운 과학 및 학술적 특성이라고 주장하며 분류했다. 인구경제학은 나치에게서 나온 것이었다. 두 사람은 인구경제학이 도시계획 설계자, 지리학자, 경제학자, 인구학자 사이에서 새로 발달한 개념을 기반으로 하고 있으며 특히 동부와 동남부 유럽 지역에 적용되었다고 말한다. 여기서 사용된 개념은 낮은 생산성과 부족한 구매력을 설명하는 데 끌어들인 '시골의 인구 과잉'을 배경으로 했는데, 특히 폴란드에 적용되었다.[54]

인구경제학은 주로 경제합리화국RKW이 발달시킨 개념이었다. 경제합리화국은 전국에 걸쳐 활동한 단체다. 예를 들면 전쟁 계획을 지원하기 위해 킬 세계경제연구소에서 1600종 이상의 비밀 보고서를 받아 관리할 만큼 규모가 컸다. 히틀러와 힘러 등 나치 지도부에서 단순한 편견으로 시작한 정책을 돋보이게 해준 이들은 바로 지역 도시설계자, 통계학자, 농학자들이었다. 이들 대다수는 처음에 새 정권에 대해 냉담했지만 대량 해고 사태로 인해 고속 승진의 혜택을 본 사람들이었다.

폴란드는 일찍이 1935년에 쾨니히스베르크에 있는 동유럽 경제연구소의 테오도어 오버렌더 박사의 연구에서 '인구 과잉' 지역으로 선정되었다. 오버렌더•는 폴란드의 소규모 자작농지 시스템은 고질적인 생산 부족에 시달리고 있으며 "러시아의 형태로" 농업혁명을 할 시기가 무르익었다고 주장했다. 이런 분석은 이후 1939년에 사회역사가 베르너 콘체가 "중동부 유럽의 인구 구조의 위기"를 주장함으로써 더욱 확대되었다.[55] 인구과잉론은 결국 "이상적인 인구의 규모", 즉 한 지역의 경제자원에서 이끌어낼 수 있는 생산의 최대치를 위한 허용 규모라는 발상이 나오도록 만들었다.[56] 이 같은 근거를 활용해 학자들은 "폴란드인 두 명 중 한 명은 농업에 종사해 (…) 전혀 균형이 맞지 않는다"는 결론을 내리고 폴란드인의 적정 농업 인구를 450만 명에서 583만 명 사이로 잡았다. 이렇게 해서 독일의 영향권에 든 독일의 통제를 받는 지역에서 인구 감소가 지역의 효율성 증대에 기여할 것이라는 생각이 나타나기 시작했다. 동시에 추방 정책을 강화하면 '사회적 평화'가 정착될 것이라는 생각도 있었다.

두 번째 개념을 선두에서 주도한 사람은 '독일 민족의 강화를 위한 제국 사무관RFK'인 힘러였다. 힘러는 어떤 소수민족은 독일화할 수 있고 어떤 민족은 독일화할 수 없는지를 결정했다. 그는 폴란드 인구의 8분의 1은 독일화될 수 있다고 보고(힘러는 1942년 "캅카스와 크리미아 지역에 아직도 소수의 고트족이 있다"고 말한 적이 있다) 인구를 다음과 같이 구분했다.

a. 완전한 자격을 갖춘 독일인.

b. 독일 혈통이지만 완전한 자격을 갖추기 위해 교육을 받아야 할 사람.

•오버렌더는 훗날 아데나워 내각에서 연방장관을 역임했다.

따라서 독일 민족이지만 당장은 제국의 시민권과 권리를 행사할 수 없는 사람. 이 범주에 드는 사람을 독일화하기 위해서는 독일로 보내야 한다.

c. 지배받는 소수민족 중 가치가 있는 사람, "독일 민족으로서 독일을 포기한" 독일인 이탈자들.

d. 외국 민족으로서 독일 민족이 아닌 사람. 800만 명으로 추산되는 이들 중 100만 명은 미리 선발해서(무작위로) c그룹에 포함시킨다.

힘러는 또 다른 기준에서 네 그룹으로 구분했는데, 여기서 깜짝 놀랄 만한 것은 세 번째 그룹으로, 소수민족으로서 독일인과 혼인한 경우였다. 이들은 "독일적 질서에 순응할" 준비가 되었으며 그들 자신의 "자질을 기꺼이 높일 자세"를 갖추었음을 보여준 사람들로 분류되었기 때문이다. 바로 이것이 독일적인 정체성에 대한 독일인의(아니면 적어도 친위대의) 생각이었다.[57]

이런 분류 방식은 단순한 이론적인 차원을 넘어선 것이었다. 이 장기적인 계획은 폴란드 땅의 경계를 정해 오직 스스로 발전에 대한 의지가 있는 사람에게만 최고의 토지를 부여한다는 발상이었다. 동시에 동부 최고의 농지에서 일하는 독일인의 비율을 11퍼센트에서 58퍼센트로 끌어올리려는 계획이기도 했다.[58] 이들의 농장이 딸린 주택에 가장 먼저 전기를 가설할 예정이었고 인구학자들이 적정 규모로 본 대로 이들 마을의 인구는 400~500명 선에서 가장 효율적이고 조화로운 상태를 유지할 계획이었다. 이런 계획은 사실상 민족의 '재창조'나 다름없었다. 이렇게 모인 사람들은 사업장을 폐쇄당하거나 약탈당한 유대인의 자리에 폴란드의 소시민이 들어서게 하는 총독의 정책을 뒷받침하도록 고안된 설계였다. 폴란드를 "15년에서 20년 내로 순수한 독일 국가가 되도록 하는 것"이 목표였다.[59] 이 목표를 위해 폴란드 사회의 다른 측면으로서 게토ghetto*가 중점 연구 대상이 되었다. 최소한의 영양 공급과 비용에 맞춰 노동자 수와 가족의 수를 계산했다. 알리와 하임의 연구는 이런 계산을 끝없이 반복해서 결국 돌이킬 수 없는 대손실이 발생한다는 결론을 내렸음을 보여준다. 이후 게토의 가혹한 운명은 경제적인 이유, 아니면 인종상의 이유로 비밀에 부쳐졌다. 경제합리화국의 한 보고서가 보여주듯이 "영양 결핍의 조건은 결과에 대한 고려 없이 하향 조정하는 것이 허용되었다." 이와 똑같은 일이 불가리아와 루마니아, 유고슬라비아에서도 자행되었다.

몹시 병적이었을 뿐만 아니라 폭넓은 파급 범위에서 중대성이 입증된 이 경제학자들과 인구학자들의 계획은, 나치 지도부가 대량학살이 일반 대중의 도덕에 "크게 해롭지 않다"고 생각했음을 보여주었다.[60] 알리와 하임에 따르면 이 계획은 튀링겐 인종사무국의 책임자인 카를 아스텔 교수의 연구 프로젝트로 시작되었다. 이 프로젝트의 일환으로 정신병의 유행병적 측면에 대한 연구가 추진되었다. 또한 이 프로젝트는 경제적인 이유로 제거되어야 할 정신병자 6만5000명~7만 명을 추려내 명단을 작성케 했다. 프로젝트 명칭은 베를린 티어가르텐Tiergarten 4번지에 세워진 사무실 주소를 따서 T4 사업이라고 불렀다. T4 사업의 계산은 정신병자들을 지원하지 않을 때 제국의 비용이 얼마나 절감되는가를 보여주기 위한 것이었다. 이 사업의 일부로 히틀러의 주치의였던 테오 모렐은 문서 하나를 작성했는데, 여기서 그는 1920년대 중증 장애아를 둔 부모들에 대한 여론조사를 인용했다. 그 내용은 "순전히 가정假定적인" 질문에 대해 부모들이 답한 것으로, 장애 자녀의 생명을 끊을 때 고통 없이 삶을 끝낼 것이라는 데 동의하는지 여부를 묻는 질문이었다. 절대 다수의 부모가 '그렇다'고 답했고 일부는 자녀의 운명을 직접 결정하고 싶지는 않지만 의사가 결정하면 따르겠다는 의사를 내비쳤다. 의사가 직접 결단을 내리고 이후 자녀가 병으로 죽었다고

*예전에 유대인들이 모여 살도록 법으로 규정해놓은 거주 지역을 말한다.

말해주는 방법을 제안한 부모도 있었다. 알리와 하임은 이런 바탕에서 독일 정신병자들을 살해하는 계획을 결정한 것은 나치 지도부였다고(그리고 히틀러는 이 계획을 분명히 알고 있었다) 말한다.[61] 이 사업은 비밀리에 추진되었지만 환자 친족들의 반응을 떠보기 위해 비밀 누출이 허용되었다. 1941년 4월 23일 한 공식 보고서는 "해당 환자의 친족 중 80퍼센트는 동의했고 10퍼센트는 반대 의사를 표했으며 10퍼센트는 무관심했다"는 결론을 내렸다. 담당 관청 내에서는 반대 의견이 없었다. 알리와 하임은 "이 사업은 '유대인 문제의 최종 해결'을 기획한 자들에게는 기본적으로 중요한 과제였다"고 말한다. "이들은 사업의 위장 명칭이 의심을 받을 일은 없을 것이며 오히려 감사하는 마음으로 수용될 것으로 확신했다. 그리고 실제로는 사실을 부인하고 도덕적인 무관심을 가려주는 기회로 받아들여질 것이라고 믿었다."

그토록 많은 학자가 민족사회주의와 그 발상을 열광적으로 수용했다는 사실은 오늘날까지도 충격을 주고 있다. 원로 유대인 학자들이 해고되거나 추방되거나 망명을 떠난 이후 소장파 학자들이 좀더 일찍 승진 기회를 잡았다는 단순한 사실로는 설명할 수 없는 현상이다. 또 많은 원로 학자—마르틴 하이데거, 필리프 레나르트, 에른스트 크리크, 파울 슈미트헤너 등—가 똑같이 나치스를 열광적으로 지원하기도 했다. 이것은 또 다른 의미에서 사상 유례가 없는 피에 굶주린 '지식인의 배반traihison des Clercs'이었다고 할 수 있다.

제36장

신학자들의 여명기

아돌프 히틀러는 여섯 살 때 오스트리아 람바흐의 베네딕트 수도원에서 잠시 아동 성가대원으로 활동하기도 했다. 훗날 히틀러는 자신이 가장 좋아한 것은 "교회 축제의 장엄한 빛"이었다고 말했다. 1919년 30세가 된 히틀러가 전직 군인으로 뮌헨에 도착했을 때 그가 마음속에 줄곧 간직해왔던 이런 종교적인 심리는 가톨릭 신앙과는 거리가 멀었다. 이 당시 히틀러의 마음을 사로잡은 것은 파울 드 라가르데 같은 사람이 가다듬은 '민족적' 감정이었다. 22장에서 소개한 라가르데의 기독교 정신은 신앙을 서자 취급하는 것으로, 그는 가톨릭과 프로테스탄트 신앙은 주로 사도 바울이 주도한 성서의 '왜곡'이라고 단언했다. 라가르데는 사도 바울이 기독교를 '유대화'시켰다고 주장한 인물이다.[1]

히틀러가 빈에 머물던 시절, 빈에는 내용이 정제되지 않은 책들이 많이 유포되어 있었다. 그중에는 『그리스도 앞으로 다가가라! 바울을 멀리하라! 독일의 종교여!』라는 제목의 책도 있었다. 이 책에는 "사악한 바울과 그의 족속이 '예수의 최대 적'이며 '진정한 독일 교회가 문을 개방하기 전에' '하느님의 나라에 들어가는 것을 막아야 할' 세력이다"라는 주장이 나온다. 유대인 신분에서 오는 '예수의 곤란한 문제'는 다양한 방법으로 피해갔다. 예수를 아리아인으로 묘사하거나 테오도어 프리치의 경우, 갈릴리 사람은 사실 갈리아인으로 결국 독일인이라는 주장을 펴기도 했다(그는 이 사실이 문헌학상으로 밝혀졌다고 주장했다). 이 모든 것이 히틀러 자신의 기독교관이 되었다. 하지만 히틀러는 여기서 그치지 않고 예수의 모습에 자신을 투사하면서 유대인에 맞서 용감하게 박해받는 투사로 자처했다.

이 모든 사실에도 불구하고 히틀러는 이제 막 시작한 나치운동을 뿌리 깊은 기존 교회에 적대적인 방향으로 몰고 갈 생각은 없었다. 전직 과학자이자 희곡작가로서 어린 딸이 비극적 죽음을 당하는 아픔을 겪은 아르투어 딘터 박사는 '독일 민족의 교회'가 필요하다고 강조했다. 이런 교회가 "예수가 한 것만큼" 현대주의와 물질주의에 맞서고 유대인에 맞서야 한다는 주장이었다(그의 '루네 계명'은 십계명을 대신할 의도로 나왔다). 히틀러는 딘터를 불신하며 "자신보다 먼저 나치당에 입당해 당원 번호 5번을 갖고 있던" 그에게 자신은 '종교개혁'에 낭비할 시간이 없다는 편지를 보냈다. 그러면서 자신은 종교적인 문제를 "영원히" 가까이하지 않을 것이라고 말했다.[2]

신학의 르네상스

앞으로 살펴보겠지만 히틀러는 자신이 한 약속을 지키지 않았다. 나치스가 권력을 장악했을 때 정권과 종교는 불안한 관계를 유지했다. 어떤 면에서 나치스의 종교관은 지나치게 단순했다. 달리 표현하면 냉소적이었고 종교를 조종하려고 했다. 히틀러 자신은 '종교세계'에 대해 모호한 관념을 지녔던 것으로 보인다. 무엇보다 바로 이 무렵 그는 지적인 틀에서 보았을 때 독일이 종교 사상의 르네상스를 겪고 있다는 사실을 대체로 무시했다.[3] 1920년대에서 1930년대로 넘어가는 시점에 독일인이 물리학과 철학, 역사, 영화에서 '황금기'를 구가했듯이 신학에도 매우 천재적인 개인의 집단이 존재했다는 사실은 자주 간과되었다. 1986년에 앨리스터 맥그래스가 쓴 글에는 다음과 같은 구절이 나온다. 현대 독일 신학은 "고유한 우수성"에도 불구하고 제1차 세계대전 이후 "신학에서도 철의 장막 현상이 갑자기 유럽을 휩쓸며 영어권 세계의 신학적 영향을 배제하고 오로지 독일적인 신학만을 주장하는 배타적인 사고가 등장했다."[4]

신학 사상의 르네상스에 불을 지핀 것은 에른스트 트뢸치와 기센 대학의 교회사 교수인 아돌프 폰 하르나크였다. 하르나크가 쓴 『기독교의 본질』은 19세기를 거치며 더욱 강조된 모든 역사적 비평을 넘어서려는 시도에서 나온 책이었다.

에른스트 트뢸치(1865~1923)는 아마 최초의 종교사회주의자였을 것이다. 그의 주저인 『기독교 교회와 집단의 사회적 교리』는 종교적 현상, 특히 기독교의 사회학적 이해를 위한 시도였다. 그는 베르너 좀바르트와 마찬가지로 문화 비관주의의 영향을 받았으며 소외의 주요 원인으로 강력한 중앙집권국가를 꼽았다. 필요한 존재이기는 하지만, 중앙집권국가는 현대의 사회적 관계를 경제적인 틀로 규정하는 데 원인을 제공했으며, 국민을 만족시키려는 의도에서 간섭했지만 국민의 바람과는 무관한 결과를 가져왔다는 것이었다. 트뢸치는 종교를 사회학적으로 이해해 국가와 종교 사이에 조화를 꾀하는 데 도움이 되기를 바랐다. 많은 사람이 이런 조화로 현대세계의 삶에 적응할 수 있을 것이라고 보았기 때문이다.

트뢸치의 주요 논점은, 역사적 연구 이후 딜타이와 지멜의 견해를 옹호하며 기독교는 열성적인 기독교도의 시각에서만 바라볼 수는 없다는 주장에서 드러난다. 교회를 보는 다른 시각도 있으므로 종교가 살아남으려면 이 다른 시각도 함께 고려하고 서로 반박도 해야 한다는 말이었다.

트뢸치는 또 교회의 사회적 지위가 개혁에 대한 교회의 관점에 영향을 준다는 사실, 때로는 교회 구성원이 그 어느 때보다 정치적 계급과 중복되며, 엄밀히 말해 덜 급진적이라는 사실에 주목했다. 그는 가톨릭을 중심으로 많은 문제가 발생할 것을 예견했다. 국가 이전에, 즉 다른 형태의 법 이전에 자연법이 존재했다고 주장하는 교회와의 문제점이 드러날 것이라고 예견한 것이다. 트뢸치는 자신의 연구를 18세기에서 끝냈는데, 그가 이것을 다소 자기 비하적으로 제시한 이유는 19세기에 가톨릭과 프로테스탄트(특히 독일에서), 가톨릭과 세속주의, 가톨릭과 과학 사이에 길고도 엄청난 싸움이 있었기 때문이었다. 하지만 교회를 오로지 신학적인 통일체가 아니라 사회학적인 실체로 취급한 한 신학자의 무서운 힘은 새로운 것이었고 제1차 세계대전이 일어나기까지 큰 영향을 미쳤다.[5]

하르나크(1851~1930)는 복음서에 더 큰 관심을 기울였다. 그가 볼 때 복음서는 역사적 기록이라기보다 역사적 세부 사실과 상관없이 복음 선교를 목적으로 쓰인 것이었다. 또 예수가 제자들에게 남긴 인상을 묘사한 것으로 이 인상은 제자들이 후세에 전할 필요가 있다고 느낀 것이며 바로 이것이 복음서의 핵심이자 목표였다고 보았다. 이런 점에서 완전한 '예수 생애'의 기록은 가능성 없는 사실로 보였고 이런 해석은 엄청난 인기를 끌었다.[6] 이 책은 성서를 제외하고는 다른 어느 책보다 더 많은 외국어로 번역되었으며 파울 틸리히에 따르면 "라이프치히 기차역은 하르나크의 저서를 전 세계로 실어 나르는 화물열차로 북새통을 이뤘다"고 한다.[7]

트뢸치나 하르나크와 비슷한 연배였던 루돌프 슈타이너(1861~1925)는 아마 역사상 가장 불요불굴했던 인물 중 한 명일 것이다. 크로아티아에서 남부 오스트리아 철도회사 소속 전신기사의 아들로 태어난 슈타이너는 빈 공과대학에서 수학과 물리학, 화학을 공부했다. 그는 졸업도 하기 전에 일찍이 두각을 나타내서 신판 괴테전집의 편집자로 추천받았다. 이런 경력 덕분에 1896년 엘리자베트 푀르스터(니체의 여동생)로부터 오빠의 원고를 정리해달라는 부탁을 받은 젊은 슈타이너는 당시 긴장증catatonia으로 고생하던 철학자 니체를 만났다. 그는 니체에게서 깊은 인상을 받았다.

이후 슈타이너는 과학과 문학, 미술, 종교의 세계를 하나로 묶어 정신적인 통합을 이루는 일에 매달렸다. 그는 많은 간행물을 창간하고 여러 학교를 세웠으며 '괴테관Goetheanum' 두 곳을 세우기도 했다. 괴테관은 생각이 비슷한 사람끼리('전체의 의식'으로서) 정신생활에 대한 강의를 '경험'할 수 있는 논단 역할을 한 공간으로 슈타이너는 일종의 예배 의식을 만들어냈다.[8] 슈타이너는 '3중의 사회질서'라는 견해를 내세웠다. 여기서 그가 주장한 것은 사회의 정치적·경제적·문화적 측면은 각기 독립된 것이지만 똑같이 중요하다는 것이었다. 그는 이 때문에 히틀러에게서 공격받았다.[9]

기력이 다한 슈타이너는 64세에 숨을 거두었지만 주목할 만한 유산을 남겼다. 900개에 달하는 발도로프(슈타이너) 학교와 수많은 회사(은행을 포함해), 그리고 자선 기관이 슈타이너의 원칙—'더 수준 높은 생활', 다른 사람에 대한 도덕적 관심, 정신적 차원을 이해하는 시도가 우리의 목표라는—에 따라 운영되고 있다. 슈타이너의 원칙이 의미하는 것은 특히 그가 눈에 보이는 실체로서가 아니라 "무형의 정신적"인 것으로 이해한 예수의 재림이 오직 공동 생활을 통해서만 구체적으로 실현된다는 것이었다.[10]

카를 바르트(1886~1968)는 비록 슈타이너만큼 실용적인 개혁정신을 지니고 있지 않았지만 20세기에 가장 위대한 프로테스탄트 신학자로 널리 인정받고 있다. 아마 루터 이후로 가장 위대하다고 평가받는 인물일 것이다.[11] 바젤에서 성직자이자 신약학 및 초대교회사 교수였던 프리츠 바르트의 아들로 태어난 카를 바르트는 베른과 베를린, 튀빙겐, 마르부르크 대학에서 공부했다. 베를린 대학에서는 하르나크의 세미나에 참여했으며 그는 거기서 자유신학의 이념(주로 역사상의 예수를 연구하는)을 처음 접했다. 종내에 바르트는 자유신학에 반기를 들었다.[12] 그는 대학을 마친 뒤 스위

스로 돌아가 목사가 되었다.[13]

바르트는 제1차 세계대전 기간에 나온 93인 선언문을 보고 엄청난 충격을 받았다("이 명단에서 이때까지 내가 존경하던 스승들의 이름을 발견하고 나는 경악했다"). 그는 이 선언이 기독교 교리에 대한 배신이라고 생각했다.[14] 그는 곧 독일의 고등비평*이 새로운 학술적 기술에 많은 부분을 공로했다고는 하나 논점을 벗어났다고 믿게 되었다. 예수가 역사적인 인물이라는 관점으로 접근하는 것은 하느님의 계시로서의 예수를 가리는 것이었다. 인간은 더 이상 성서 편집자들이 의도한 대로 성서를 읽지 않았다.

전쟁이 한창일 때에도 바르트는 성서 원전을 재검토했으며 특히 1916년에는 바울의 로마서를 세심하게 검토하기 시작했다. 이 같은 노력은 바르트에게는 매우 중요한 의미를 지녔다. 1922년 바르트는 연구서인 『로마서』를 출간했는데, 로마서의 주요 메시지는 바울 자신이 말한 대로 하느님은 "자신을 믿지 않고 오직 하느님을 믿는" 사람들만 구원하다는 것이었다.[15] 이런 해석은 바르트의 핵심적이고 독창적인 관점, 즉 그가 '신의 신성Godness of God'이라고 부른 개념으로 이어졌다. 이 말은 하느님은 인간과는 '전혀 다른' 존재라는 의미였다.[16] 바르트가 다른 신학자나 많은 신자에게서 주목받게 된 것은 바로 이 같은 생각 때문이었다. 『로마서』를 출간하던 해에 바르트는 곧이어 소개할 루돌프 불트만을 포함해 다른 신학자들과 『시대 사이에Zwischen den Zeiten』라는 잡지를 발행하기 시작했다. 이 잡지는 이후 '신학의 위기'라고 알려진 시대 현상을 진단하는 주요 매체로서 역할했다(제1차 세계대전과 인간의 '죄악' 등 신과 아주 멀어진 현상은 어느 모로 보나 '위기'임이 분명했다). 『시대 사이에』는 1933년에 폐간될 때까지 강력한 영향을 미쳤다.[17]

바르트의 진전된 견해에 따르면 성서는 신의 계시가 아니라 계시에 대한

---

*성서 각 권에 대한 문학적·역사적 연구.

'인간적 기록'이었다. 신의 유일한 계시는 예수 그리스도에게서 나왔으며 이것은 인간이 신에 접근할 수 있다는 의미이거나 오직 예수에게서 배우고 예수를 따라갈 때 신의 부름에 즉시 응답할 수 있다는 의미였다. 인간은 스스로 이렇게 해야 한다는 뜻이기도 했다.[18] 본질적으로 인간에 대해 낙관적인 생각을 지녔던 바르트는 비록 인간이 개인적으로는 신과 멀어졌으나(그가 규정하는 죄악) 인간에게 "예수가 행한 일을 되돌릴 능력은 없다"고 말했다.

이것이 바르트 신학이 몰고 온 충격이었다. 1933년 나치스가 집권하던 시점에 바르트는 이미 유명 인사였다. 그는 1934년 이른바 바르멘 선언 Barmen Declaration*에서 표현된 나치스에 대한 교회의 반대 운동에 지도자의 일원으로—지도자가 아니고서야—등장했다.[19] 이에 앞서 4월에는 나치의 영향하에 '독일 민족의 복음주의 교회'가 세워지고 지도 노선이 발표되었는데, 반유대주의를 이 새로운 종파의 주 교리로 삼고 독일인과 유대인 간의 결혼을 금지하는 내용이 골자였다.[20] 이에 대응해 바르트는 독일만의 배타적인 교회를 세우는 데 반대해 이른바 '고백교회Bekennde Kirche'의 창설에 참여했다. 1934년 5월 고백교회의 지도자들은 바르멘에서 회합을 갖고 바르트의 초안을 기초로 한 선언문을 발표했다. 선언문에서 이들은 "인간의 삶에 예수 그리스도 외에 인간이 섬기는 다른 주인이 있을 수 있다"는 '허위 교리'를 거부했다. 히틀러에 대한 무조건적 충성맹세를 거부한 바르트는 결국 해고되었고 바젤로 돌아가 유대인을 옹호하는 발언을 계속했다.[21]

고백교회의 일원으로 카를 바르트에게 많은 영향을 받은 루돌프 불트만(1884~1976)도 신약성서는 하나님이 세상에 또 인간에게 인간의 몸을

---

*히틀러 정권의 교회에 대한 간섭에 대항해서 바르트 주도로 작성된 신학적 선언. 교회의 나치화와 교회에 대한 국가의 간섭에 반대했다.

한 예수 그리스도를 통해 주고자 한 희망의 증거라고 굳게 믿었다.[22] 이 때문에 불트만은 기독교가 신이 인간에게 부여한 신앙의 형식이라고 보았다. 비펠슈테데에서 목사의 아들로 태어난 불트만은 올덴부르크에서 성장했고 튀빙겐과 베를린, 마르부르크 대학에서 공부했다. 불트만은 브레슬라우와 기센 대학에서 강의를 하다가 1921년 정교수가 되어 마르부르크 대학으로 돌아갔고 여기서 1951년에 은퇴할 때까지 머물렀다.

1921년에 출간된 『공관복음 전승사』*는 고등비평에 대한 불트만의 집착이 엿보이긴 하지만 그동안 누적된 역사적 잔재를 일소함으로써 진정한 예수의 모습을 더 잘 알 수 있다는 믿음도 엿보인다. 불트만이 "복음 선교의 예수"라고 부른 예수는 그의 가르침에서 잘 드러나며 이것이 예수의 생애에 대한 역사적 세부 사실보다 더 중요하다는 것이다.[23] 불트만은 바르트 외에 친구이자 마르부르크 대학의 동료였던 마르틴 하이데거에게서 많은 영향을 받았다. 『존재와 시간』에서 잘 드러난 하이데거의 실존주의는 철학자들이 말하려고 했던 것, 즉 인간 존재에는 네 가지 주요 범주가 존재한다는 이론을 세속적, 철학적으로 주장한 것이다. 그 네 가지란 첫째, 인간은 자기 자신에 대한 관계를 갖는다는 것(우리가 어떤 사람과 '같은 의견' 또는 '다른 생각'이라고 말하는 의미의 관계)이고, 둘째, 인간은 미리 존재하는 실체라기보다는 하나의 가능성이라는 것, 셋째, 모든 사람의 경험은 고유하기 때문에 어떤 유형화를 허용하지 않는다는 것, 넷째, 인간은 세계 속에 존재하며 세계에 휘말린다는 것이다.[24] 불트만은 하이데거에게서 현대세계에 대한 우려를—특히 제1차 세계대전의 극심한 여파로—보았으며 그 자신이 업무상의 '도피', 돈벌이, 사회적 출세, 찰나적인 쾌락이라고 묘사한 현상을 관찰했다. 이런 것은 불트만에게 신을 상실한 세계의 모습이

*공관복음은 마태, 마가, 누가복음 등 세 복음서가 예수의 생애와 교훈을 전하는 관점이 공통된다는 이유에서 붙여진 명칭이다.

었다.[25]

그는 베스트셀러가 된 『요한복음』(1941)에서, 행간을 자세하게 읽으면 요한복음은 다른 세 복음서와 전혀 다른 점(지금은 일반적으로 받아들여지는)이 드러난다고 주장했다. 요한복음 안에는, 유대인의 종말론적 전통과 그노시스파Gnosticism*의 구원신화에서 파생된 잔재를 벗겨냈을 때 우리가 어떻게 살아야 하는지를 아는 데 도움이 될 일련의 신호가 들어 있다는 것이었다. 이런 생각은 이후 성서에 대한 불트만의 '신화 해체'로 유명해졌다. 불트만은 요한복음이 주로 비유대인 청중(다른 신학자들이 다른 복음서에서 주장하는 예루살렘의 유대인 기독교도가 아니라)을 상대로 쓰인 것이며, 복음서는 책으로 읽기보다 설교로 들려줌으로써 '전파하고' 신앙에 불을 붙이도록 작성된 것이라고 생각했다. 불트만은 또 부활이란 세상이 죽은 것처럼 보여도 언제나 신앙은 되살아날 수 있다는 사실을 보여주는 비유라고 생각했다. 독일에서 "역사적인 예수의 추적"을 거부한 것은 루돌프 불트만의 신학에서 절정에 달했다.[26] 불트만은 나치스를 받아들이기 위해 자신의 신념을 바꾼 적이 없었고 정치를 멀리하며 총통의 눈에 띄지 않도록 숨어 지냈다.

신학의 르네상스에서 세 번째 인물이라고 할 수 있는 파울 틸리히(1886~1965)는 1886년 동부 독일의 브란덴부르크에서 루터파 교회 목사의 아들로 태어났다. 제1차 세계대전 내내 독일군에서 군목으로 근무했던 틸리히는 이어 베를린과 마르부르크(그가 불트만과 하이데거를 만난), 드레스덴, 라이프치히 대학에서 신학을 가르쳤고 마침내 프랑크푸르트 대학으로 옮겨 오면서 프랑크푸르트학파의 일원이 되었다.[27]

1920년대가 지나고 틸리히는 종교와 정치의 상관관계를 검증한 『사회주

*헬레니즘 시대에 유행했던 종파의 하나로 기독교와 다양한 지역의 이교 교리가 혼합된 모습을 보였다.

의적 결정』을 출간하면서 점점 더 거침없이 말하는 사회주의자가 되었다. 불행히도 이 책은 1933년 출간되자마자 판매가 금지되었고 새로 들어선 나치 정권은 배포된 책을 압류해서 불태워 없앴다. 틸리히는 교수직에서 해고되었다(그의 이름은 1933년 4월 13일자로 직무가 정지된 대학 교직자 명단에서 막스 호르크하이머와 파울 클레, 알프레트 베버와 나란히 맨 앞에 올랐다). 유명한 사회주의자로서 뉴욕의 유니온 신학교 실용신학 교수이자 이주한 독일 목사의 아들이었던 라인홀트 니부어가 때마침 독일에 와 있었는데, 니부어와 학장이던 헨리 슬론 코핀은 틸리히를 신학교에 초빙했다. 틸리히는 곧바로 가족을 데리고 미국으로 이주했다.

악에 대한 철저한 규정

디트리히 본회퍼(1906~1945)는, 사실상 그의 가족 모두가 독일 전체에서 가장 용감한 사람들이었다고 할 수 있다. 제3제국에서는 반항할 기회가 없었다고 말하는 사람이나 진실한 독일인은 없었다고 말하는 이들은 본회퍼 앞에서 부끄러워해야 할 것이다.

본회퍼는 카를과 파울라(폰 하제) 본회퍼의 8남매 중 둘째로 쌍둥이 누이 자비네와 함께 브레슬라우에서 태어났다. 베를린 대학 교수였던 아버지 카를은 경험주의자로서 프로이트학파는 아니었지만 유명한 정신분석학자였다.[28] 그의 형 카를은 제1차 세계대전 중에 전사했고 누이 크리스텔은 한스 폰 도나니와 결혼해서 훗날 지휘자가 되는 크리스토프 폰 도나니와 함부르크 시장이 되는 클라우스 폰 도나니를 낳았다. 아버지가 정신분석학자였지만 디트리히 본회퍼는 교회에 마음이 끌려 튀빙겐과 베를린 대학에서 신학을 공부했다. 본회퍼는 불과 21세에 박사학위를 받았는데, 25세가 될 때까지 성직 임명을 기다려야 했다.[29] 임명을 기다리는 동안 본회퍼

는 뉴욕의 유니온 신학교에 머물며 아프리카계 미국인의 영가靈歌를 수집하는 귀중한 성과를 올렸다.[30]

1934년 독일로 돌아간 본회퍼는 2000명의 루터파 목사들과 함께 나치의 통제를 받는 국가교회에 반대하며 긴급목사동맹을 조직하는 일에 참여했다. 이 동맹은 바르트가 주도한 고백교회로 발전한 조직이었다. 제2차 세계대전이 발발하자 본회퍼는 레지스탕스 활동에 참여했으며, 특히 히틀러 암살을 목표로 하는 소규모의 '첩보대' 상급 장교 집단에 가담했다. 그는 유대인을 스위스로 도피시키기 위한 자금을 추적당한 뒤 1943년 4월에 체포되어 재판받았고 1945년 4월 9일, 벌거벗겨진 채로 교수형을 당했다. 그의 동생 클라우스, 본회퍼와 함께 레지스탕스 활동을 했던 매부 한스 폰 도나니와 뤼디거 슐라이허 역시 이후에 총살당했다.[31]

체포되기 전에 본회퍼는 대표적인 저서 『윤리학』을 썼다. 이 책은 시대의 상처를 보여주는 깊은 통찰로서 경건주의와 실존주의를 절충한 견해로 해석되기도 한다.[32] 본회퍼가 볼 때 삶의 과제는 예수 그리스도의 모범에 따라 책임지는 인간이 되는 것이지만 그는 '행동'이 중요하다는 사실을 한시도 잊지 않았다. 우리가 누구이고 우리가 바라보는 기독교인은 어떤 존재인지를 결정하는 선과 악의 측면에서 삶에 어떻게 '참여하는가'가 중요한 문제였다. 본회퍼는 실제로 중요한 것은 삶의 과정에서 발생하는 악에 어떻게 '대처하는가'에 대한 문제라고 생각했다. 도덕적인 선택은 오직 이 선택이 현실적이고 절박할 때 중요한 것이며 이 선택의 현실성과 절박성은 이 선택을 규정하는 속성으로서 "악에 대한 철저한 규정은 언제나 긴급하다"고 보았다. 그는 또 어떤 상황에서든지 선택해야 할 올바른 행동이 있다고 말했다. 인간은 이 행동을 두 가지 방법으로 파악할 수 있다. 즉 예수 그리스도라면 이 상황에서 어떻게 할 것인지와 우리의 절박한 관심이 다른 사람에 관계된 것인지 아니면 우리 자신에 관계된 것인지 물음을 제기함으로써 가능하다는 것이다. 이런 접근 방식에는 위험이 따른다. 단기적으로나 장기적으로 어떤 결과도 보장할 수 없지만 즉시 죄책감을 피하기 위해 자신의 행동을 정당화하고 잠재적으로 악의 편에 서기보다 일단 다른 사람의 측면에서 생각해야 한다는 말이다. 책임지는 행동을 한다는 것은 결과에 대한 생각을 하지 않고 악에 맞서는 행동을 의미한다.

알베르트 슈바이처(1875~1965)는 '단지' 신학자만은 아니었다. 슈바이처는 철학자이자 의사, 음악가였고 선교사이기도 했다. 그는 저술활동으로 괴테 상을 수상했으며 그간의 활동과 업적, 생애 전체의 경력을 인정받아 노벨평화상을 수상했다.

1875년 카이저스베르크에서 태어난 슈바이처는 알자스의 귄스바흐 마을에서 성장했다. 당시 알자스는 독일 땅이었다(이 마을은 제1차 세계대전 이후 프랑스령이 되었다). 슈바이처의 아버지는 목사였고 온 가족이 음악가였던 것으로 보인다. 슈바이처는 집에서 오르간 연주를 배웠다. 파리와 튀빙겐 대학에서 공부한 슈바이처는 칸트의 종교관에 대한 논문으로 박사학위를 받고 스트라스부르에 있는 교회의 목사가 되었다.[33] 1905년에 슈바이처는 의사를 구하는 파리 선교단의 초청에 응해 의학을 공부한 다음 마침내 서아프리카의 가봉으로 가서 그곳에 병원을 세웠다. 이후 슈바이처는 의학 선교사뿐 아니라 오르간 연주자로서도 명성을 얻었지만 신학자로 가장 유명했다. 그의 신학을 뒷받침하는 두 가지 요소는 『역사적 예수 연구』(라이마루스에서 브레데까지)와 '생의 외경'이라는 신학적, 철학적 명제였다. 그의 생명 사상이 주목받은 이유는 아마 그 자신이 주장한 것을 가장 잘 실천했기 때문일 것이다.[34]

『역사적 예수 연구』(1906)에서 슈바이처가 제기한 논제는 두 가지였다. 슈바이처는 예수의 기록에서 역사적 잔재를 솎아내려는 역사가들의 끈질긴 욕구에 종지부를 찍었다(적어도 얼마간은). 슈바이처는 이런 노력이 예수보다는 역사가에 대한 관심을 불러일으킨다고 생각했고 실제 예수, 역사적 예수는 임박한 종말의 형상임을 확신했다. 슈바이처의 관점은 후기 저서 『사도 바울의 신비』(1930)와 더불어 설득력을 지녔다. 이 책은 많은 성서적 관점을 바울의 공으로 돌리고 있는데, 지금도 많은 신학자와 성서 역사가들은 슈바이처의 주장에 동의하고 있다.

가봉이 프랑스령이었기 때문에 슈바이처는 제1차 세계대전 기간에 프랑스에서 억류생활을 하기도 했다. 그동안 유명해진 그는 억류에서 풀려난 뒤 랑바레네의 병원으로 돌아가기 전에 유럽 횡단여행을 하면서 더 유명해졌다. 선교 사업뿐 아니라 음악가로도 이름을 날리게 된 슈바이처는 이와 마찬가지로 신학에서도 관심의 폭을 넓혀 원자폭탄이 발명된 이후 반핵활동을 펼치기도 했다. 슈바이처는 1952년 '생의 외경'에 대한 활동으로 노벨평화상을 수상했다.[35]

마르틴 부버(1878~1965)는 빈에서 태어나고 리보프에서 성장했다. 그의 조부는 유명한 유대인 철학자로서 광산과 은행 투자에 성공한 인물이었다. 청년 시절에 종교적 위기를 겪은 부버는 칸트와 키르케고르, 니체의 영향을 받았다. 그는 빈 대학에서 철학과 미술사, 언어학, 독문학을 공부했고 라이프치히, 베를린, 취리히 대학으로 옮긴 뒤에는 계속 슈테판 게오르게와 빌헬름 분트, 게오르크 지멜, 페르디난트 퇴니에스, 빌헬름 딜타이의 영향을 받았다.[36] 그는 신앙을 되찾은 이후로 시오니스트 운동에 참여했고 1902년에는 시오니스트 활동의 주요 매체라고 할 『디 벨트Die Welt』 지의 편집장을 맡았다. 친구였던 테오도르 헤르츨과는 달리 부버는 정치적인 이익보다는 정신적인 가능성 때문에 성지 팔레스타인으로 돌아갈 필요가 있다고 생각했다. 이후로는 저술에 전념하면서 유대교 학원에서 계속 프란츠 로젠츠바이크와 협력했으며 성서를 독일어로 새로 번역하는 일에 매진했다.

부버의 대표작은 1923년에 출간된 『나와 너』라고 할 수 있는데, 여기서 그는 존재의 유형에는 대화형과 독백형 두 부류가 있다고 주장했다. 삶의 핵심적인 요소는 '존재의 전제'로서의 만남이다. 부버는 인간 사이의 관계가 삶의 핵심이며, 상호 관계, 교환, 만남이 경험의 중심을 이루는 가운데

이 만남에서 만족과 의미가 발견된다고 생각했고 현대사회가 독백에 기초해 더 많은 '나-그것Ich-Es'의 관계를 유발한다고 느꼈다. 그는 계속해서 '나와 너'의 관계가 어떻게 신과의 관계를 정립할지를 아는 데 도움을 준다고 주장했다. 이런 배경에서 그는 공동체 생활을 하는 하시디즘Hasidism*의 전통을 선호하게 되었다.

부버는 1930년 프랑크푸르트 대학에서 명예교수직을 얻었지만 히틀러가 집권했을 때 사임했다. 나치스가 교직을 금지시키자 그는 1938년 독일을 떠나 예루살렘으로 가서 히브리 대학의 교수가 되었다. 전쟁이 끝난 뒤 부버는 괴테 상과 에라스무스 상, 이스라엘 상을 수상했다.

나치의 기독교 형태

히틀러는 총통에 취임하고 얼마 동안 교회를 위로하는 일에 신중을 기했다. 그는 괴벨스에게 교회를 다스리는 최선의 방법은 "교회의 욕구를 억제시키고 국가사업에 무례하게 굴거나 간섭하지 못하게 옥죄는 것"이라고 털어놓았다.[37] 사실상 총통은 루터파 교회의 성직자를 "비중도 별로 없고 (…) 종교라고 할 수도 없으며, 로마 교황청처럼 비호해줄 세력도 없는 하찮은 무리"로 보고 멸시했다.[38]

하지만 이런 언급에서 분명하게 드러나듯이 가톨릭은 전혀 다른 문제였다. 히틀러는 가톨릭교회의 제도적 힘을 알고 있었다. 그는 교황 비오 11세가 1931년 무솔리니의 파시즘을 "국가에 대한 이단 신앙"으로 규탄했음에도 2년 뒤 바티칸과 체결한 콘코르다트concordat**에 서명했다. 바티칸 쪽에

*경건한 자를 뜻하는 히브리어 'hasid'에서 유래하는 말로 유대 종교 사상에 널리 나타난 「율법」의 내면성을 존중하는 경건주의 운동.

**로마 가톨릭 교회와 국가 간의 정교협약.

서 이 협약에 힘을 기울인 사람은 바티칸 외무장관이자 이후 비오 12세가 된 에우제니오 파첼리 추기경이었다. 파첼리는 1920년대에 뮌헨 주재 교황청 대사를 역임했고 베를린에 산 적도 있었다. 그는 새 정부를 외교적으로 승인해주는 대가로 독일 교구에 대한 자율성을 확보할 수 있었고 교육 분야에서 몇 가지 통제권을 행사할 수 있게 되었다.•

나치스는 교육 문제에 민첩하게 대응했다. 새로운 규정을 만들어 모든 학부모는 자녀를 종교기관에 등록하도록 했다. 7대 가톨릭 축일을 공휴일과 똑같이 승인해주었으며 교회를 떠난 나치 당원들에게는 교회로 돌아오도록 지시했다. 또한 1936년에는 독일군의 모든 현역 장병에게 가톨릭이든 개신교든 교적을 지니도록 하는 규정을 만들었다.[39]

하지만 돌이켜보건대 이 모든 조치는 전술상의 작전이었다고 볼 수 있다. 많은 사람이 나치즘의 진정한 기초는 "신은 죽었다"는 니체의 명제라고 생각했기 때문이다.[40] 하지만 좀더 최근에 와서 리처드 스타이그먼갤은 히틀러를 포함해 민족사회주의자들이 초기의 의도, 특히 대대적으로 선전했던 '비기독교적인' 사상을 도입하거나 재도입한다는 정책을 결코 완수하지 못했음을 보여주었다. 그 대신 종교 영역에서 나치스가 원래 추진했던 계획은 '적극적 기독교'라고 표현된 개념에 담겨 있었다. 적극적 기독교라는 개념에는 세 가지 이념, 즉 "유대인에 대한 정신적 투쟁, 새로운 사회 윤리의 보급, 가톨릭과 프로테스탄트 사이에 분열된 신앙고백을 연결하기 위한 혼합주의"가 내포되어 있었다.

다른 나치 지도부와 마찬가지로 히틀러는 예수가 유대인이 아니며 구약성서는 기독교 교리에서 폐기되어야 한다는 견해를 지니고 있었다.[41] 적극적 기독교의 두 번째 측면은 사회 윤리로서 "개인의 탐욕보다 공공의 욕구가 먼저"라는 구절에 구체화되어 있다. 그럴듯하게 들리는 이 말은 아마 경

• 말썽 많은 파첼리의 경력은 이 책의 주제를 벗어나므로 생략한다.

제를 관리 감독하기 위해 나치스가 도덕적, 윤리적인 모습으로 대중에게 접근하는 데 도움이 되었을 것이다. 나치스는 자신들의 주요 목표 중 하나가 독일에서 계급투쟁을 끝내고 유기적이고 조화로운 전체로서 '국민 공동체'를 창조하는, 더 정확히 말하면 재창조하는 것이라고 선전할 수 있었다.[42] 적극적 기독교의 마지막 측면은 '새로운 통합'을 창조하는 시도로서 어떤 면에서는 가장 중요하다고 볼 수 있다. 왜냐하면 나치 지도부 다수는 가톨릭과 프로테스탄트의 분열을 그들이 필요로 하는 국민 통합에 가장 큰 걸림돌로 보았기 때문이다. 힘러의 생각은 "강대국은 기독교와 기독교 조직을 이용해 어디서나 우리의 자각으로 민족의 부활을 이룩하려는 노력을 반대하고 있다. 우리는 이 세력에 맞서 우리 자신을 보호해야 한다"는 말 속에 가장 분명히 드러났다. 그러면서 힘러는 자신은 반성직자 노선이지만 반기독교도는 아니라고 덧붙였다.[43] '민족'을 승화시킨 공동체는 신비롭고 거의 신성한 단일체로서 종파의 분열을 극복하는 주요 장치였으며 동시에 경쟁관계에 있는 마르크스나 서구 유물론 경제학자들의 종교 분석을 극복하는 정치적 작전이기도 했다.[44] 신학이나 이교도 정신(힘러의 주장과 상관없이 많은 나치 지도부는 이런 생각이 우스꽝스럽다고 여겼다) 이상으로 적극적 기독교는—'민족'에게 도움을 주고 가족의 존엄성을 수호하며 건강을 유지하고 반유대주의를 실천하며 빈민을 구제하는 겨울철 구호 정책을 포함해—단순한 반성보다 '능동적인' 기독교를 강조했다. 실제로 이런 행동은 조용한 사색을 막기 위해 고안된 것으로 보였다. 또 이 같은 조치는 나치스가 그들을 반대하는 세력 가운데 기독교가 가장 강력한 힘을 발휘할 수 있는 것이라는 데 대해 진정으로 우려하고 있었다는 사실을 암시한다.

나치 신학자들

모든 신학자가 결코 바르트나 본회퍼처럼 용감한 것은 아니었다. 또 일부 신학자는 새 정권에 순응하며 그들의 신학마저도 나치에 맞췄다. 로베르트 에릭센은 이 당시 신학을 발전시킨 인물로 세 명을 거론하지만 지금의 시각으로 보면 이들은 기회주의자에 불과했다.

게르하르트 키텔(1888~1948)은 튀빙겐 대학의 신약학 교수였다. 나머지 두 명과 마찬가지로 1888년생이었던 키텔은 유명한 구약학자 루돌프 키텔의 아들이었다. 그는 1933년 5월에 나치당에 입당했는데, 그의 주요 신학적 업적은 기독교의 기원에서 유대인의 배경에 관한 것이었다. 키텔은 "만일 예수가 갈릴리 사람이라면" 예수의 혈통에는 비유대인의 피가 "몇 방울은" 섞였을 가능성이 있다고 주장했다.[45] 바이마르 공화국 시대를 거치면서 점점 더 반유대인 성향을 보이던 키텔은 1933년 튀빙겐 대학에서 행한 '유대인 문제'라는 제목의 공개 강연에서 이런 성향을 더 뚜렷이 드러냈다. 이 강연의 주제는 '독일에서 유대인을 어떻게 할 것인가?'였다. 키텔은 유대인의 근절이라는 극단적인 수법은 배제했는데 "이런 수법은 과거에도 안 통했고 현재도 불가능하다"는 편의적인 이유에서였다. 그는 시오니즘과 유대인 동화 정책에 반대했으며 디아스포라Diaspora*를 고려해 '방문객 지위'라는 방법을 선택했다. 이것은 이웃에 사는 사람들과 유대인을 강제로 분리하고 '혼혈' 결혼도 금지하는 것을 말한다.[46] 키텔의 주장에 담긴 신학적 근거는 기원전 500년부터 기원후 500년까지 유대인 사이에서 일어난 '변화'였다. 이후로 이 인종은 '타락'했다는 것이다. 디아스포라는 이웃 민족들에게 "끝없는 문제"를 일으켰고 그 결과 유대인은 항상 "세계 지배를

---

*이산離散을 의미하는 그리스어로 팔레스타인을 떠나서 세계 각지에 거주하는 '이산 유대인'과 그 공동체를 가리키는 말.

위해 노력하는" 민족이 되었다는 것이 키텔의 주장이었다. 키텔의 강의는 큰 소동을 일으키면서 마르틴 부버와 격렬한 논쟁을 야기했다. 신학적으로 키텔은 반유대주의에 대한 '정신적 근거'를 찾으려고 애썼다. 키텔은 1945년 징역형에 처해졌다.

파울 알트하우스(1888~1966)는 괴팅겐 대학에서 루터 학자로 유명했다. 그는 하느님이 자연과 역사로 인간에게 메시지를 전한다고 믿었고 원초계시Ur-Offenbarung 또는 자연계시라는 개념을 만들어냈다. 원초계시의 첫 번째 요소는 "신은 정치적 현상을 창조했고 또 승인한다"는 말로 요약할 수 있을 것이다.[47] 알트하우스에 따르면 신의 의지는 주어진 상황을 반영하는 것으로 신에 대한 복종은 "오랜 세월 전승되어온 전통처럼" 삶에 주어진 지위를 받아들이는 것을 의미한다. 두 번째 요소는 질서였는데, 질서의 기초는 '민족'이었다. 알트하우스는 '민족'은 신이 신비로운 과정을 거쳐 정한 것이라고 주장하며 "만일 우리가 우리 '민족'을 위해 살지 않는다면 우리에게 영원한 삶은 없을 것이다"라고 말했다.[48] 세 번째 요소는 루터가 말한 두 개의 영역으로 거슬러 올라가면 사랑으로 다스리는 신의 왕국과 칼로 다스리는 인간의 왕국이 있다는 것이었다. 이 모든 것은 위대한 독일의 '전환기'라고 할 민족사회주의의 '민족'운동으로 하나가 된다는 것이 알트하우스의 주장이었다. 그는 전쟁 말기에 에어랑겐 대학에서 쫓겨났지만 몇 달 뒤에 복직되었다.

에마누엘 히르슈(1888~1972)도 목사의 아들이었다. 알트하우스나 파울 틸리히와 함께 공부한 히르슈는 신학적으로는 그가 현대의 위기라고 본 현상에 더 많은 관심을 기울였다. 1920년에 출간된 저서 『독일의 운명』에서 우선적으로 드러난 히르슈의 철학은 인간이 신의 계시로 세계의 가치와 '내적 확실성'을 배운다는 것이었다. 히르슈가 분류한 두 가지 확실성은 합리주의의 실패와 국가의 진화였다. 이 같은 주장은 두드러져 보이기는 해도 독일의 역사적 흐름에서 특별히 새로운 생각은 아니었고 이전에는 결코 신학적으로 인정받지 못한 것이었다. 특히 히르슈는 "독일은 이제 새로운 형태의 권위주의를 만들어낼 수 있고 국가가 '민족'을 적절히 대표하는 한, 이 체제에서 국민은 자발적으로 국가에 복종할 것"이라고 주장했다. 또 그는 기독교가 "지도자와 추종자라는 독일적 개념"에 놀라울 정도로 잘 들어맞는다고 말했다.[49]

로베르트 에릭센이 관찰한 대로 키텔, 알트하우스, 히르슈는 고립된 활동을 한 것도 아니었고 기이한 인물도 아니었다. 이들은 아마 다른 많은 학자들처럼 나치의 만행에 침묵한 전형적인 지식인이었을 것이다.

이처럼 프로테스탄트 신학자들이 매끄러운 언변과 현란한 생각으로 나치의 만행을 합리화했음에도 불구하고 나치의 기독교에 대한 공격은 도를 더해갔다.[50] 종교 교육으로 시작된 학교 예배의 출석은 이후 개인의 재량에 맡겨졌고 종교는 졸업시험 과목에서 제외되었다. 이어 목사가 종교 수업을 담당하는 것이 금지되었다. 브라이언 모이나한의 조사에 따르면 1935년에 게슈타포는 설교 시간에 나치의 신이교도주의를 비방했다는 혐의로 프로테스탄트 목사 700명을 체포했다. 1937년 게슈타포는 고백교회 소속 성직자를 교직에 임명하는 것이 불법이라고 선언했다. 고백교회의 주요 인물이었던 마르틴 니묄러는 강제수용소에 끌려갔다. 그는 석방 제안이 들어왔을 때 나치가 협력을 요구할 것이라는 이유로 석방을 거부했다(작센하우젠 수용소의 위생병은 그를 보고 "철의 사나이" 같다고 표현했다).•[51]

• 니묄러가 썼다고 하는 유명한 시가 전해지고 있다. 물론 니묄러는 이 유명한 구절을 자신이 언제 사용했는지 기억이 나지 않는다고 말하곤 했다. 시의 내용은 다음과 같다. "독일에서 처음에는 공산주의자를 막았네, 나는 공산주의자가 아니므로 할 말이 없었지/ 다음에는 노동조합을 막았네, 나는 조합원이 아니므로 할 말이 없었지/ 이어 유대인을 막았네, 나는 유대인이 아니므로 할 말이 없었지/ 그런 다음 나를 막았네. (…) 이때는 나를 위해 말을 할 사람이 아무도 없었지." 니묄러는 1937년부터 1945년까지 작센하우젠 수용소와 다하우 수용소에서 억류생활을 했지만 살아남았다. 오토 한과 만난 이후로 니묄러는 핵무기 감축 운동을 시작했고 1961년에는 세계교회협의회WCC 의장이 되었다.

1936년에는 가톨릭 수도원과 수녀원에 대한 공격이 시작되었다. 불법적인 거래와 성적性的 규칙을 위반했다는 명분이었다. 이 해에는 또 이교도주의적인 분위기 속에서 뉘른베르크 군중대회가 열렸다. 여기서 불린 노래—또는 찬가—는 전통적인 기독교 신앙을 모방했다는 인상을 주었다.

총통, 나의 총통이여
깊은 고통에서 독일을 구하시고
일용할 양식을 주신 데 대해 감사드립니다.
우리를 버리지 마시고 함께하소서
믿음과 빛이 되시는 총통, 나의 총통이여.

군중대회는 나치가 배경이 된 독일의 신앙운동으로서 조직된 것이었는데 그 목표 중 하나는 의식과 축제를 '탈기독교화'하는 것이었다. 예를 들어 결혼식을 할 때 신랑 신부는 "어머니 대지와 아버지 하늘, 은혜로운 공기의 모든 힘"의 축복을 받았으며 북구의 전설에서 발췌한 글을 신랑 신부에게 읽어주었다. 크리스마스 축제는—크리스마스라는 말도 '율페스트Julfest'라는 말로 바뀌었다—12월 21일에 열리는 '동지제'로 바뀌었다. 십자가는 없어지지 않았다. 1937년에 학교 교실에서 십자가를 제거하려는 시도가 있었지만 이런 방침은 폐지되었다(기독교가 나치의 목표를 가로막는 유일한 세력이라는 히틀러의 생각이 반영된 것으로 보인다). 바티칸에서는 거의 매달 베를린에 공식적인 항의를 했지만 나치 정권은 이를 대수롭잖게 여겼다.

히틀러의 관점에서 본다면 아마 그의 최대 업적은 교회가 불러모을 수 있었던—이런 의도가 있었다면—반대의 목소리를 무력화한 데 있었다.

제37장

독일 전시戰時 과학의 성과, 실패, 오명

1939년 9월에 전쟁이 발발하자마자 하이델베르크 대학 총장인 파울 슈미트헤너는 대학이 "국방군의 무기 공장"이 될 것이라는 성명을 발표했다. 슈미트헤너의 이 수사적인 표현은 전쟁 기간 내내 학술 연구—단순히 자연과학에 그치지 않고—에 대한 재정 지원이 잘 이뤄졌다는 사실로 미루어 볼 때 권력 당국의 의도를 반영한 것이었다. 교육부 예산은 1935년에 1100만 제국마르크Reichsmark*에서 1942년에는 9700만 제국마르크로 엄청나게 증가했다. 마찬가지로 내무부 연구 예산도 1935년의 4300만 제국마르크에서 1942년에는 1억1100만 제국마르크로 인상되었다. 한편 카이저빌헬름협회의 기금은 1933년 560만 제국마르크에서 1944년에 1430만 제국마르크로 대폭 인상되었다.[1]

대학은 1939년 말에 일시적으로 휴교했지만 하이델베르크 대학 같은

*1924년부터 1948년까지 사용된 독일 화폐.

경우 그동안 폐강했던 '전선戰線 강좌Frontkurs'를 재개하고 적개심을 고취하는 연구를 해서 1940년 1월에 새로 문을 여는 것이 허용되었다. 어문학 세미나는 "국민의 지적, 정신적 저항력을 강화하는 방향으로" 재구성됐고 영국 관련 강좌는 왜 영국이 "최대의 적"인지를 설명하기 위한 내용으로 개정됐다. 정치와 역사 분야에서는 '생활공간으로서의 동아시아'나 '외국인의 경제학' '외국 언론의 속성'처럼 지정학과 전쟁, 인종 사이의 연결고리를 집중 조명하는 강좌가 도입되었다. 신학부에서도 '독일 경건주의 역사에서 전쟁과 종교' 같은 강좌를 빠짐없이 열었다.[2] 1940년 초, 킬 대학 총장이었던 파울 리터부쉬는 독일학술연구지원처DFG의 재정 지원을 받으며 67권으로 된 전쟁 관련 연구총서 프로젝트를 총지휘했다. 이중에는 『영국: 유대인 세계의 본거지 그리고 영국적 세계관의 체계로서 경제적 자유주의』라는 제목의 책도 있었다. 어떤 의미에서 이것은 제1차 세계대전 당시에 나왔던 논의의 재판으로, 영국인은 천박하고 혹평을 좋아하며 영국의 국민성은 착취 수단으로 돈벌이를 하는 것 이상의 직업을 모른다는 생각을 담고 있었다. 다른 주제로는 알자스 지방과 관련된 것이 있는데 이를테면 알자스는 프랑스령이었을 때보다 독일에 속했을 때 문화적으로 훨씬 더 번성했다는 주장이었다.

뮌헨의 백장미단Weisse Rose을 제외한다면 대학 내에서 저항은 많지 않았다. 규모가 아주 작았던 백장미단은—대학생 5명과 교수 1명으로 구성된 백장미단은 1942년과 1943년에 히틀러 타도를 호소하는 6종의 전단을 뿌렸다—결국 게슈타포에 적발되어 전원이 참수되었다. 6종의 전단 내용은 독일 밖으로 밀반출되어 이후 1943년에 연합군이 비행기로 살포하기도 했다. 하이델베르크 대학에서는 알프레트 베버와 그의 형수 마리아네 베버의 주도하에 30~70명(구성원은 다양했다)의 교수로 이뤄진 저항 집단이 있었다. 이들 중 다수는 해고되었지만 활동을 멈추지 않고 자주 만나 의견을 교환했다.[3] 일부는 급진적이라기보다 보수적이었는데, 이후 성격 규정이 약간은 애매한 레지스텐츠Resistenz라 불린 저항 모임을 결성해 활동했다. 성격이 애매하다는 것은 이들이 나치 이데올로기를 받아들이기를 거부하면서도 나치의 정책을 공개적으로 비판하지는 않았으며 어떤 점에서도 용감한 활동을 벌였다고는 말할 수 없기 때문이다. 이중 많은 회원의 활동은 훗날 레오 스트라우스가 "암시적인 글쓰기"라고 불린 형태로 국한되었다.[4]

1939년 3월 18일, 레오 실라르드가 경고했음에도 프랑스의 과학자인 졸리오퀴리 부부*는 자신들이 관찰한 결과를 『네이처』 지에 발표했다. 흡수된 중성자 중에 평균 2.42의 중성자로 핵분열이 일어난다는 주장이었다. 이 말은 연쇄반응이 유지될 만큼 충분한 양의 에너지가 방출된다는 의미였다. 독일에서는 당시 37세가 된 함부르크 대학의 화학자이자 중성자 전문가였던 파울 하르테크가 이 논문을 읽었다. 이 글이 무엇을 의미하는지 즉시 간파한 하르테크는 독일군 군수처의 무기 연구실에 접근해 우라늄 핵분열로 대량 파괴 무기를 제조할 가능성이 아주 높다고 말했다. 전후 존 콘웰이 전하는 이야기에 따르면 하르테크는 전쟁을 위해서라기보다 "그저 부족한 연구 기금을 마련하기 위한 탐구욕" 때문에 이 일을 추진했다고 말했다고 한다.[5] 사실이 어떻든 간에 결과는 마찬가지였다.

어쨌든 이때까지 베르너 하이젠베르크는 원자폭탄의 가능성에 대한 논의를 마친 상태였다. 베른하르트 루스트가 장관으로 있던 교육부 소속의 물리학자 아브람 에자우는 회의를 소집해서 우라늄 핵의 잠재적인 위력을 아는 괴팅겐 대학의 물리학자들을 중심으로 '우라늄 클럽'을 조직하도록 했다.[6] 이보다 더 중요한 두 번째 회의는 1939년 9월 베를린의 군수처 사무실에서 열렸다. 전쟁이 시작된 달에 열린 이 회의에는 베르너 하이젠베

---

*프랑스의 물리학자·화학자인 마리 퀴리의 딸 부부. 마리는 남편과 함께 방사능 연구를 하여 최초의 방사성 원소 폴로늄과 라듐을 발견하였고, 이 발견은 방사성 물질에 대한 학계의 관심을 불러일으켜 새 방사성 원소를 탐구하는 계기를 만들었다.

르크, 오토 한, 한스 가이거, 카를 프리드리히 폰 바이츠제커, 파울 하르테크 등 모든 전문가가 참석했다.[7] 우라늄 클럽은 전반적으로 원자력에 대해 논의하고 그것을 무기로 활용하는 방안에도 관심을 기울였다. 이 결과 베를린의 카이저빌헬름 물리학연구소에서 전쟁 관련 사업을 담당하게 되었다.

물론 과감한 조치로 보일 수도 있지만 사실 독일의 우라늄 연구팀은 100명을 넘지 못하는 규모로, 미국 로스앨러모스에 있는 맨해튼 프로젝트의 연구팀이 수만 명에 이르렀던 것에 비하면 초라하기 짝이 없었다. 한편 독일은 대량 공급이 가능한 우라늄 자원을 보유하고 있었지만—점령지 체코슬로바키아의 요아힘스탈 광산—정작 핵반응 연구에 이용할 입자가속기가 없었다.

독일의 폭탄 개발은—정확하게 말해 연구 개발의 속도는—커다란 논란거리였다(적어도 마이클 프레인의 희곡에서는). 독일 과학자들은 비록 후에는 플루토늄을 연구하긴 했지만 처음에는 동위원소 분리에 주목했다. 이 같은 접근 방식은 부분적으로 똑같이 논란을 일으킨 수수께끼 같은 두 인물 베르너 하이젠베르크와 프리츠 후터만스의 참여가 계기가 되었다. 하이젠베르크는 1940년 닐스 보어와의 만남으로 훗날 이름을 떨치게 됐다. 이 만남에서 두 사람은 교전 양측의 폭탄 제조 경쟁이 얼마나 진행되었는지에 대해 논의했다. 하이젠베르크는 보어에게 독일이 원자력을 개발하고 있음을 알렸고 자신이 개발 속도를 늦춰야 할지 여부를 논의했다. 후터만스는 1941년에 연쇄반응이 원소번호 94인 플루토늄을 이용해도 가능하다는 것을 확인한 탁월한 물리학자였다. 괴팅겐 대학에서 교육받았지만 사회주의 성향을 지녔던 후터만스는 스탈린의 숙청 작업에도 불구하고 우크라이나로 가서 활동했다. 여기서 독일 스파이 혐의로 체포된 그는 허위 자백을 하고 감옥에 갇히는 신세가 되었다.[8] 히틀러와 스탈린이 불가침 조약을 맺고 나서야 석방된 후터만스는 독일로 돌아간 뒤에도 여전히 좌파적 성향이라는 의심을 받았다. 이후 막스 폰 라우에의 도움으로 일자리를 얻은 그는 만프레트 폰 아르데네 같은 다른 물리학자 무리에 합류해 연쇄반응 연구에 매진했다. 1939년『네이처』지에 발표된 졸리오퀴리의 논문을 읽은 후터만스는 플루토늄이 연쇄반응을 일으킬 수 있다는 결론을 내리고 이 같은 연구 결과가 몰고 올 파장을 염려해 미국으로 망명을 떠나는 사람 편에 자신의 생각을 전하게 했다. 물론 후터만스는 연합군이 폭탄 개발에 어느 정도 진전을 이뤘는지는 알지 못했지만 그가 전달한 메시지는 두 가지 중요한 사실을 담고 있었다. 즉 개발을 "서둘러야 한다"는 것과 하이젠베르크가 개발 속도를 늦추고 있다는 것이었다.[9]

이 두 사람의 활동을 감안한다면 독일의 폭탄 개발 계획이—비록 다른 실패 요인이 있었다고 해도—성공하지 못한 것은 놀라운 일이 아니다. 노르웨이를 점령한 이후 독일은 베모르크에 있는 세계 유일의 중수공장을 이용하게 되었다. 하지만 남쪽으로 긴 운송로를 건설하는 중에 덴마크 레지스탕스가 나타나(영국 정보부의 요청으로) 금속 용기를 나르는 배를 침몰시켰다(침몰 작전에서 덴마크 대원 몇 명이 목숨을 잃었다).[10] 의문의 비행기 추락 사고로 사망한 프리츠 토트의 후임으로 군수장관에 취임한 슈페어는 하이젠베르크에게 자신은 그 어떤 것보다 큰 입자가속기를 보유할 수 있다고 말했다. 이 말을 들은 하이젠베르크는 독일은 경험이 부족하기 때문에 먼저 작은 것으로 활용 방법을 배워야 할 것이라고 대답했다.[11] 또한 점령지 파리에서도 보안 유지 문제로 입자가속기를 사용하지 못했다고 덧붙였다. 이런 일화는 하이젠베르크가 독일의 핵 개발 계획을 지연시켰다는 사실을 암시한다.[12] 마침내 슈페어는 독일이 1947년이 되기 전에는 원자폭탄을 보유할 수 없다는 결론을 내렸다. 정확히 말하면 전후에 이런 결론을 내렸다고 증언했다.[13] 원자폭탄이 크롬광석을 소비하는 속도를 감안하면 1946년 1월 이후에는 전쟁을 더 이상 수행할 수 없을 정도였다. 또한 필요한 양을 다 써버리면 로켓 개발 계획(히틀러가 훨씬 더 애착을 가졌던)

을 포기해야 했기 때문에 독일의 원자탄 개발 계획은 1942년 가을에 폐기되었다.[14]

전쟁과 관련해 독일의 혁신적인 계획이 모두 원자폭탄 개발처럼 성과가 없었던 것은 아니다. 비록 전쟁 수행에 실질적인 효과를 주기에는 아주 보잘것없는 숫자였지만 독일은 세계 최초로 실전 제트 전투기인 M-262를 보유했다. 또 뛰어난 선박기관사였던 헬무트 발터가 디젤 잠수함 기술을 개발했다. 재래식 잠수함이 고작 10노트의 속도를 낸 데 비해 이 잠수함은 수중에서 28노트의 속도를 낼 수 있었다.[15] 하지만 독일은 잠수함의 실전 배치에서 너무 늦었다. 독일은 자체 개발한 레이더를 보유하고 있었고 일시적으로나마 연합군을 앞선 듯 보였다. 또한 독일은 타자기처럼 생긴 암호생성기 에니그마Enigma를 개발했다. 좀더 발전된 모델의 에니그마는 159×10억×10억 가지의(159 다음에 0이 18개가 붙는) 암호문을 작성할 수 있었다. 에니그마가 역사에 기여한 공로는 아마 독일이 송신한 암호를 풀기 위해 영국이 개발한 암호해독기가 세계 최초의 컴퓨터라고 할 수 있을 콜로서스Colossus의 개발로 이어지도록 동기를 부여했다는 데 있을 것이다.

독일도 컴퓨터를 연구하거나 적어도 매우 발전된 형태의 계산기를 개발하는 데 관심을 쏟았다. 이와 관련된 연구에 매달린 사람은 기술자 콘라트 추제였다. 추제는 일찍이 1932년에 위치가 맞으면 걸리게 되어 있는 구멍 뚫린 종이와 바늘을 이용해 2진법—온/오프 또는 1/0—원리의 계산기를 개발했다. 이 계산기는 "항공기 산업에서 정적이고 공기역학적인 구조의 디자인에 필요한 엄청나게 많은 단순한 계산"을 순식간에 해치웠다.[16] 전기화학적 기억장치를 갖춘 추제의 기계는 금속의 압력과 연관된 연립방정식을 풀기 위해 항공기 산업에서 활용되었다. 하지만 암호 해독에 사용되지는 못했고 전쟁이 곧 끝났기 때문에 더 이상의 발전도 없었다.

로켓 기술의 발달을 빼놓을 수 없다. 1919년에 체결된 베르사유 조약으로 독일은 제1차 세계대전 이후 대형 포를 제작하는 것이 금지되었고, 잘 알려진 대로 스캐파플로Scapa Flow* 해역에서 독일군의 함대를 침몰시키도록 강요받았다. 또 독일군은 병력이 10만 명을 넘을 수 없었으며 전차와 잠수함 사용도 금지되었다. 대포도 구경이 105밀리미터를 넘지 않도록 제한됐다. 그럼에도 독일은 네덜란드와 일본에서 은밀하게 전함을 건조하면서 비밀리에 재무장을 시작했다. 독일이 로켓 개발 계획을 구체적으로 추진한 것도 이처럼 고도로 은밀한 환경에서였다. 개발을 주도한 인물은 베르너 폰 브라운이었고 최초로 로켓의 윤곽을 잡은 사람은 독일어를 쓰는 루마니아인 헤르만 오베르트였다. 1923년에 출간된 저서에서 오베르트는 우주 비행의 문제는 알코올과 액체산소를 사용해서 해결할 수 있을지도 모른다고 제안했다. 또 액체수소와 액체산소를 사용하면 다단계 로켓이 가능할 것이라는 말도 했다.[17] 자동차 제작업자인 프리츠 폰 오펠은 이런 가정을 기초로 로켓 추진을 위한 여러 차례의 실험에 필요한 지상 차량을 지원했다. 이 모든 경험의 노하우가 1933년 이후 독일군에 축적되었다. 실험은 북해 외딴곳에 있는 보르쿰의 섬에서 진행되었으며 이곳에서 A2로켓이 개발되었다. A2는 런던에 집중 포화를 퍼부어 제2차 세계대전을 끝내고자 했던 V1과 V2 로켓(V는 보복무기Vergeltungswaffen를 뜻한다)의 원형이었다. 원자폭탄 개발을 추진한 미국의 맨해튼 프로젝트를 제외하면 제2차 세계대전의 그 어떤 무기보다도 이 로켓을 개발하는 데 더 많은 비용이 투입되었다.

로켓 개발 기지는 1936년 괴링이 로켓 추진 항공기를 처음 계획했던 페네뮌데에 세워졌다. 이후에 무인 항공기라는 발상도 나왔다. 독일인들은 화물 1톤을 적재하고 256킬로미터의 궤도를 음속의 5배 속도로 비행할 수 있는(어떤 로켓도 음속 장벽을 뚫지 못하던 단계에서) 미사일 개발을 야심

*영국 스코틀랜드 북부에 있는 오크니 제도의 포모나Fomona, 호이Hoy 따위의 섬에 둘러싸인 수역. 북해와 대서양을 연락하는 요지로, 양차 세계대전 당시 영국 해군의 근거지였다.

차게 추진했다.[18] 과학자들이 초음속 비행의 구조를 재현하는 데 도움을 주기 위해 세 군데에 풍동wind tunnel*이 세워졌다.

히틀러는 무인 로켓에 대한 기대가 굉장히 컸다. 런던을 공포의 도가니로 몰아넣어 영국 정부가 전쟁을 포기하도록 만들겠다는 의도였다. 마침내 무인 로켓이 등장했다. 약 1만1000기가 영국을 향해 발사되었는데, 이 중 3500기가 런던과 영국 남부에 투하되어(나머지는 도중에 파괴되거나 경로를 이탈했다) 8700명의 목숨을 앗아갔고 부상자는 그 세 배에 이르렀다. 하지만 히틀러가 기대했던 '공포 효과'는 거두지 못했다. 1945년 118명의 독일 로켓 기술자들은 미군에 항복했고 이들의 기술을 미국의 우주 개발 계획에 활용하기 위해 미군은 은밀하게 종이클립 작전Operation Paperclip**의 일환으로 이들을 텍사스의 포트블리스에 집단 수용했다. 폰 브라운 외에 에른스트 슈툴링거의 전문 지식도 미국이 처음으로 인공위성을 발사하는 데 결정적인 역할을 했다. 이미 그전에 소련은 1957년 스푸트니크 1호를 지구 궤도에 안착시키는 데 성공함으로써 세계를 충격에 몰아넣었다.

독가스 개발도 있었다. 일찍이 1936년 이게파르벤에서 살충제를 개발하던 게르하르트 슈라더 박사는 타분Tabun이라는 물질을 발견했다. 타분은 인간의 신경계를 공격해서 신경전달물질을 파괴하고 근육을 마비시켜 질식사에 이르게 하는 물질이었다. 1년 뒤 슈라더 연구팀은 한층 더 강력한 효과를 발휘하는 '이소프로필-2-메틸포스폰산플루오리다아드isopropyl methylphosporofluoridate' 또는 '사린sarin'이라 불리는 물질을 찾아냈다. 사린에 노출되면 혼수상태에 빠지고 코피를 흘리며 기억력 상실 및 마비가 오고 온몸이 떨리는 등 여러 증상이 나타난다. 사린이라는 이름은 발견자인 게르하르트 슈라더Schrader와 암브로스Ambros, 뤼디거Rüdiger, 판 데어 린데

---

*공기역학적인 여러 문제를 실험적으로 조사하기 위해서 공기의 흐름을 인공적으로 만드는 장치.
**제2차 세계대전 종전 직전과 종전 후, 나치 독일의 과학자들을 미국으로 빼돌리기 위한 비밀 작전.

Van der Linde를 기리기 위해 붙여진 것이다. 타분과 사린 두 물질은 슐레지엔에 세워진 한 공장에서 생산되었는데, 연합군은 1945년 이곳에서 1만 2000톤의 타분을 발견했다. 독일군은 가공할 화학전으로 확대되는 것이 두려워 결코 이 화학물질을 사용하지 못했다(히틀러는 제1차 세계대전에서 독가스에 노출된 경험이 있었는데 아마 이때의 충격이 영향을 주었는지도 모른다).[19]

이게파르벤은 1930년대까지, 분명히 1939년까지는 유럽 최대의 기업이었고 제너럴모터스와 유에스스틸, 스탠더드오일 다음가는 세계 4위의 기업이었다. 이 회사는 19세기에 독일에서 승승장구하던 염료산업과 제약산업의 후광으로 계속 '대화학'의 선두 자리를 지켰다. 이는 나치 정권이 들어설 당시 독일이 합성연료 분야에서 세계를 주도했다는 의미였다. 합성연료는 화석연료에 비해 생산 비용이 10배나 더 들었지만 나치스에게 인기를 끌었다. 이들이 생산 공정을 직접 통제할 수 있었고 총생산량을 비밀에 부칠 수 있었기 때문이다. 또 이게파르벤이 대량생산한 합성고무에도 똑같은 이유가 적용되었다. 전쟁이 시작되었을 때 독일은 고무 생산 부족에 시달렸고 이 문제를 해결하기 위해 이게파르벤이 동원되었다. 이 회사가 고무 공장을 아우슈비츠에 세운 일은 유명하며, 이는 강제수용소 대지를 부지로 선정한 힘러의 결정과는 전혀 무관하다.

전쟁이 시작되고 수년 동안, 이게파르벤은 강제노동과 노예노동 방식을 활용해 합성연료와 고무, 질소, 메탄올, 암모니아, 탄화칼슘 등의 생산량을 1941년의 9퍼센트에서 4년 뒤에는 30퍼센트까지 끌어올렸다.[20] 이 때문에 이게파르벤의 이사 24명은 뉘른베르크 전범재판에서 재판을 받는 처지가 되었다. 이중 5명은 "노예제와 대량학살"을 자행했다는 이유로 6년에서 8년 사이의 징역형을 선고받았다.[21] 드와이트 아이젠하워 대통령은 이 회사를 없애려고 했지만 사실상 3대 모기업인 바이어, 바스프, 회히스트에 흡수되었다. 뉘른베르크 전범재판에서 1년 6개월의 징역을 선고받았던 프리드리히 예네는 회히스트 회장에 선출되었다. 1년 뒤, 역시 뉘른베르크 재판에서 약탈과 노예제를 자행한 이유로 유죄를 선고받았던 프리츠 테르메어는 바이어 사의 감사회 의장으로 선출되었다. 아우슈비츠 공장은 지금도 운영되고 있다.

화학자들이 담당했던 업무 중에는 가마 설계와 좀더 '효율적인' 가스의 발명, 조직적인 '사체' 처리 등, 대량살육의 기술을 연구하고 체계화하는 일도 포함되었다. 약 600만 명의 유대인이 강제수용소에서 죽어간 것으로 알려졌지만 아돌프 아이히만은 약 1100만 명의 유대인이 죽었다고 주장했다. 토프&존 에르푸르트 사에서 가마 기사로 일한 쿠르트 프뤼퍼가 여기서 중요한 역할을 했다.

가스실에서 죽어간 사람의 숫자는 지금도 우리를 경악케 하지만 결국 지금에 와서 보면 독일 천재의 오랜 전통을 가장 심각하게 배신한 것은 생물학자들의 활동이었다고 할 수 있다. 우테 다이히만 연구팀은 최근에 공개된 베를린과 포츠담의 문서에 기초해 약 350명의 박사 또는 의대 교수가 강제수용소의 실험에 참여했다는 것을 밝혀냈다.•

함부르크 대학의 하인리히 베르닝 교수는 소련군 전쟁포로를 기아실험에 동원해 이들이 굶어 죽을 때 어떤 현상이 일어나는지 세밀하게 관찰했다. 실용군사과학연구소에서는 다하우 수용소의 재소자들을 대상으로 냉각실험을 실시했다. 표면적인 이유는 동상에 걸린 사람의 회복과 인간이 추위에 잘 적응하는 방법을 연구한다는 것이었다. 약 8300명의 재소자가 이 '연구' 과정에서 죽어나갔다. 황십자Gelbkreuz(또는 머스터드 가스mustard gas)*에 관한 실험에서는 수많은 사람이 죽었기 때문에 실험이 끝나면 석방시켜준다는 약속을 했음에도 더 이상 '지원자'가 없을 정도였다. 이 '연구'를

•존 콘웰은 이 숫자가 독일 의학계 인력 300명당 1명에 해당된다고 말한다.

*독가스를 뜻하는 말로 특히 제1차 세계대전 때의 화학무기를 가리킨다.

수행한 아우구스트 히르트는 "유대인 두개골의 유형학"을 세운다는 명분하에 115명의 유대인 재소자를 살해하는 것이 허용되었다. 동성애자들에게는 이들의 행동 변화를 관찰할 목적으로 호르몬 주사가 투여되었다.[22]

비윤리적 연구를 자행하지 않은(심하게 하지 않은) 것으로 알려진 유명 과학자 중에는 1973년에 노벨의학생리학상을 수상한 콘라트 로렌츠(1903~1989)와 베를린의 악명 높은 카이저빌헬름 인류학및유전학연구소 회원이었던 한스 나히츠하임이 있었다. 전쟁 전에 가장 잘 알려져 있던 로렌츠의 업적으로는 동물의 행동과 인간의 행동을 비교 연구하는 행동생물학ethology의 기초를 세운 것을 들 수 있다. 로렌츠는 이 연구에서 그 자신이 '각인imprinting'*이라고 이름 붙인 행동모형을 발견했다. 또 로렌츠의 실험 가운데 가장 유명한 것으로는 새끼 거위가 일정한 발달 단계에서 무엇이든 처음 마주친 이미지에 고착된다는 사실을 발견한 것을 들 수 있다. 슈펭글러의 『서구의 몰락』을 읽은 로렌츠는 나치스에 대한 반감이 없었다.[23] 이런 배경에서 그는 동물을 길들이는 데 장애가 되는 요인으로 각인 현상을 떠올렸고 이것과 인간 문명 간의 유사관계에 초점을 맞췄다. 그는 이 두 가지에서 '퇴화'가 있었다고 생각했다. 1940년 당의 선동에 넘어간 로렌츠는 학부의 반대에도 불구하고 쾨니히스베르크 대학의 교수 겸 비교심리학 연구소장이 되었다. 이후 1943년까지 로렌츠의 연구는 나치 이데올로기를 강화하는 데 집중되었다. 그중 한 예를 들면 그는 국민을 '완전한 가치'를 지닌 계층vollwertig과 '열등한 가치'를 지닌 계층minderwertig으로 분류할 수 있다고 주장했다.[24]

강제수용소 재소자를 대상으로 실시된 실험 결과를 널리 알리기 위하여 회의가 열리기도 했다. 이중에는 다하우의 재소자 1200명을 세밀한 계획하에 모기에 노출시키는 실험도 있었고(양손을 묶어 모기가 있는 작은

---

*태어난 직후에 획득하는 행동 양식.

상자에 넣는 방법으로) 말라리아가 아프리카에 주둔한 독일군에게 위협이 된다는 이유로 그 영향을 연구하기 위해 모기의 분비선을 재소자의 몸에 직접 주입하기도 했다. 이런 실험은 베를린 대학의 기생충학 명예교수였던 클라우스 실링 박사의 지휘하에 실시되었다. 실링은 한때 국제연맹 말라리아위원회 의장을 역임한 인물이었다. 이 실험 결과 적어도 30명이 목숨을 잃었다.

카이저빌헬름 인류학및유전학연구소는 독일 수도에서 열린 제5차 국제유전학회의에 즈음해 1927년 베를린달렘에서 창립되었다. 이 연구소와 국제회의 둘 다 독일의 인간 유전 연구에 대하여 국제적인 인정을 받는 것이 목표였다. 여기에 소속된 과학자들이 제1차 세계대전 이후 다른 과학자들과 마찬가지로 외국 학자들에게 배척당하고 있었기 때문이다. 초대 연구소장은 독일의 대표적인 인류학자 오이겐 피셔가 맡았다. 피셔는 수많은 과학자를 끌어들였고 이들은 이후 악명을 떨쳤다.[25] 이들은 거의 모두가 나치스의 인종 정치적 목표를 지지했을 뿐만 아니라 정책 현장에도 참여해 뉘른베르크 인종법과 연관된 '인종 회원자격'에 관한 세부 지침을 입안했다.[26] 또 연구소의 박사들과 아우슈비츠의 요제프 멩겔레 사이에 폭넓은 협조 체제가 구축되었다. 연합군은 전쟁이 끝나자 이 연구소를 해체했다.

제3제국에서 과학이 담당했던 역할이 당연히 주목을 받아야 했음에도 그렇지 못했던 이유는 히틀러 독재의 특징인 다수지배polycratic 체제와 관련이 있었다. 특히 전쟁 기간에 심했다. 나치스 스스로 선전했듯이 고도로 통제된 정권과는 달리 너무나 많은 사람이 히틀러의 관심을 끌고 승인을 받으려 했다. 권력은 여러 기관으로 수도 없이 나뉘어 있었기 때문에 총통의 호감을 사기 위해 극심한 경쟁이 일어났으며 지휘 체계에 혼선이 일어 독일의 전쟁 수행에 지장을 주었다. V로켓 개발이 이 점을 잘 보여준다. 히틀러는 V로켓이 런던에 혼란을 초래할 것이라 확신했다. 하지만 실제로는 항공기 생산 시설과 생산 자재의 연결을 차단하는 것이 로켓의 주요 목표였다. 이것은 충분히 예견될 수 있는 것이었지만—실제로 예견되었다—총통에게 사실대로 말할 용기를 지닌 사람은 아무도 없었다. 이런 사실은 노르베르트 엘리아스가 고찰한 대로 외부의 공격보다 내부의 역학관계가 히틀러에게 주는 압박이 훨씬 더 심했다는 것을 의미했다.

제2차 세계대전에서 보여준 독일군의 전투력에 대한 트레버 듀푸이의 평가는 어떤 면에서 이런 정황을 뒷받침해준다. 듀푸이는 제1차 세계대전에서 양측 전투 병력의 전투 효율성을 비교했듯이 제2차 세계대전에서도 똑같은 분석을 시도했다. 히틀러 정권에 대한 혐오감이 심했던 듀푸이는 비록 내키지는 않지만 "독일군이 수적으로 훨씬 우세한 연합군과 싸워 이겼으며 결국에는 승리를 거두었다"는 결론을 내렸다.[27] 이 같은 분석에 사용된 78회의 전투 전체를 비교해보면 평균적으로 병사 한 명당 적군을 죽인 숫자는 다음과 같다.

		연합군	독일군	독일군의 우세율
공격	성공	1.47	3.02	2.05
	실패	1.20	2.28	1.90
방어	성공	1.60	2.24	1.40
	실패	1.37	2.29	1.67
평균		1.45	2.31	1.59

이처럼 독일군은 두드러진 우세를 보였고, 이 같은 흐름이 지속되었음에도 왜 독일이 패전했는가 하는 의문이 제기될 수 있다. 이에 대한 대답은 히틀러 정권이 다수지배 체제였다는 데서 일부 찾을 수 있다. 동시에 궁극적으로는 연합군의 병력 수와 군수물자가 훨씬 더 우월했다는 사실과도 관계가 있을 것이다. 어쩌면 승리를 원한다면 친구를 만들라는 말 속에 진실이 담겨 있는지도 모른다. 친구를 만드는 것은 나치스가 하지 못하는 일 중 하나였다.

제38장

망명,
열린 세계를 향하여

1933년 1월부터 1941년 12월까지 미국으로 망명한 독일인과 오스트리아인은 10만4098명이었다. 이중 7622명은 대학교수였고 미술가와 기자 등 문화계 및 기타 지식 분야의 전문직 종사자는 1500명이었다. 1933년부터 서서히 시작된 이 같은 이주 물결은 1938년 수정의 밤 사건 이후로 급증했지만 결코 홍수를 이룰 정도는 아니었다. 이 당시 독일을 떠나는 것은 많은 사람에게 힘든 일이었고, 반유대주의와 미국 내의 이주자에 대한 반감은 많은 이주자의 발길을 돌리게 만들었다.

또 다른 미술가와 교수들은 암스테르담이나 런던, 파리로 도피했다. 막스 에른스트, 오토 프로인틀리히, 게르트 볼하임은 프랑스 수도에서 독일미술가협회를 조직했으며 이후 이 협회는 자유미술가연맹으로 명칭을 바꿔 나치가 뮌헨에서 개최한 퇴폐 미술전Entartete Kunst에 맞서 대응 미술전counterexhibition을 열었다. 암스테르담에서는 막스 베크만, 오이겐 슈피로, 하인리히 캄펜동크, 그리고 바우하우스의 건축가 하요 로제가 강하게 결속된 그룹을 형성한 가운데 폴 시트로엥의 사립 미술학교가 이 그룹을 위해 핵심 역할을 했다. 런던에서는 존 하트필드, 쿠르트 슈비터스, 루트비히 마이드너, 오스카어 코코슈카 같은 미술가가 망명 지식인 사회에서 가장 유명했다. 200명 정도 되는 망명 미술가들은 망명미술가위원회와 신영국미술클럽, 왕립아카데미가 주축이 된 자유독일문화연맹에 편입되었다.

망명 독일 미술·과학아카데미는 히틀러에 대한 저항을 목표로 설립되었다. 토마스 만은 (미국에서) 문학 분과를 이끌었고 과학 분과는 (런던에서) 프로이트가 맡았다.[1]

독일 본국에서는 오토 딕스, 빌리 바우마이스터, 오스카어 슐레머 같은 미술가들이 그들 스스로 '내부 망명Inner Emigration'이라 부른 지하활동을 시작했다. 딕스는 콘스탄체 호수 주변으로 숨어들어 풍경화를 그리며 이것을 "망명과 다를 바 없는 생활"이라고 말했다. 카를 슈미트로틀루프와 에리히 헤켈은 도피할 기회를 엿보며 작은 시골 마을로 숨어들었다. 에른스트 키르히너는 자살을 택했다.

가장 중시되고 의미 있게 여겨진 것은 미국으로의 망명이었다. 이 결과 20세기 사상의 풍경은 극적인 변화를 보였다. 아마 역사상 유례가 없는 가장 거대한 변화였을 것이다(39장 참고).

미국으로 이주한 미술가, 음악가, 수학자 외에 철학자들도 1940년 미 국무부가 발안한 미국 이민법의 특별 원조 혜택을 받았다. 이 법은 "지적·문화적 업적이나 정치적 활동이 미국의 관심을 끄는" 위험에 처한 망명자가 이용할 수 있도록 '긴급 방문' 비자를 허용했다.[2] 극장 감독 막스 라인하르트와 작가 슈테판 츠바이크, 언어학자 로만 야콥슨 모두 긴급비자를 받아 미국으로 들어갔다.

지식 분야에서 중요한 활동을 한 망명자를 도우려는 이런 모든 기구 가운데 '독일 자유를 위한 미국 친구들'이 조직한 긴급구조위원회ERC만큼 독특하고 효과적인 활동을 펼친 곳도 없을 것이다. 이 '미국 친구들'은 추방된 독일 사회주의 지도자 파울 하겐을 주축으로 반나치 활동 자금을 마련하기 위해 미국에서 결성되었다. 1940년 6월 프랑스가 치욕적으로 "언제든지 항복할 의사가 있음"을 전달하며 독일과의 휴전 협정에 서명하고 독일이 모든 비프랑스인을 독일 당국에 인계할 것을 요구한 3일 뒤, 위원회 회원들은 점심식사를 하며 훨씬 더 위험해진 새로운 상황에서 위협받는 저항 인사들을 돕기 위해 무엇을 해야 할지 의논했다. 여기서 결론으로 나온 것이 긴급구조위원회였으며 즉시 3000달러의 기금이 모였다. 여기서 이들이 세운 목표는 위험에 처한 주요 지식인—학자, 작가, 미술가, 음악가—중 특별 비자를 받을 자격이 있는 인물의 명단을 준비하는 것이었다. 회원 가운데 배리언 프라이는 위협에 처한 지식인을 가능한 한 많이 찾아내 그들의 안전을 돕도록 프랑스에 파견되었다.

마른 몸에 안경을 쓴 하버드 출신의 프라이(1907~1967)는 1935년에 독일에 체류하며 나치의 잔인성이 어떤 것인지 직접 겪은 사람이었다. 프라이는 독일어와 프랑스어를 구사했으며 생존 작가나 화가의 작품들을 잘 알고 있었다. 프라이는 수중에 3000달러를 지닌 채 1940년 8월 마르세유에 도착했다. 명단을 적어 휴대하는 것이 무척 위험하다고 판단한 프라이는 200명의 명단을 암기해두고 있었다. 이 명단은 즉석에서 모은 것이었다. 토마스 만은 위험에 처한 독일 작가들의 명단을 제공했고, 프랑스 작가 명단은 자크 마리탱이, 체코 작가의 명단은 얀 마사리크가 주었다. 뉴욕에 있는 사회연구를 위한 뉴스쿨 총장이었던 앨빈 존슨이 교수 명단을, 뉴욕 현대미술관 관장이었던 앨프리드 바가 미술가 명단을 제출했다.

프라이는 곧 명단에 있는 인물 모두가 죽음의 위협에 직면한 것은 아니라는 사실을 알았다. 나치즘에 좀더 노골적이고 장기적으로 정치적 반대를 해온 사람들은 유대인들이었다. 동시에 매우 유명한 비유대인 '퇴폐' 미술가들이 그들의 명성 때문에 프랑스 비시 정권의 보호를 받고 있다면 이름이 훨씬 덜 알려진 미술가들은 실제 위험에 처해 있다는 사실도 분명해졌다.[3] 프라이는 긴급구조위원회의 방침을 바꿔 자신의 명단에 있든 없든 특별 비자법의 범위 안에 들어가는 사람에게는 가능한 한 많은 도움을 주기 시작했다. 프라이는 프랑스 지하 조직을 활용해 비밀리에 연락망을 짰다. 프랑스 지하 조직은 선정된 망명객들을 프랑스에서 포르투갈로 보냈고 망명객들은 특별 비자만 있으면 포르투갈에서 배편으로 미국에 건너갈 수 있었다. 프라이는 마르세유 북부에서 '안전가옥' 빌라 에어 벨을 찾아내 여기서 망명자들에게 가짜 서류를 마련해주고 안내원을 붙여주었다. 안내원은 망명자들이 험하고 외진 길을 통해 피레네 산맥을 넘어 자유를 찾게 도와주었다.[4] 이렇게 극적인 방법으로 도피한 인물 가운데 유명한 사람으로는 앙드레 브르통, 마르크 샤갈, 막스 에른스트, 리온 포이히트방거, 콘라트 하이덴(히틀러의 비판적 전기를 쓴), 하인리히 만, 알마 말러베르펠, 앙드레 마송, 프란츠 베르펠, 그리고 쿠바 화가인 윌프레도 람이 있다. 프라이가 도움을 준 인물은 약 2000명이나 되어 처음 그가 파견되었을 때 찾으려고 했던 수의 10배에 이르렀다.

뉴욕 뉴스쿨 총장 앨빈 존슨은 90명의 망명 학자를 자신의 대학으로 초빙해 망명대학을 열게 했고 이 교수단에는 한나 아렌트, 에리히 프롬, 오토 클렘페러, 클로드 레비스트로스, 에르빈 피스카토어, 빌헬름 라이히가 포함되었다. 라슬로 모호이너지는 시카고에 뉴바우하우스를 다시 열었고 다른 옛 동료들도 비슷한 활동을 전개해 뒤 노스캐롤라이나의 숲속 언덕에 세운 블랙마운틴칼리지*로 결실을 보았다. 빌럼 더코닝, 오시 자킨, 라이오넬 파이닝어, 아메데 오장팡도 한두 번 이 대학에서 교수로 지낸 적이 있다. 전쟁이 끝난 뒤 이 대학은 유명한 시인 유파의 본거지가 되었으며 1950년대까지 존속했다. 컬럼비아 대학의 프랑크푸르트 연구소와 뉴욕 대

*1933년 설립된 미술학교로, 실험적인 교육 방식과 저명한 작가들로 구성된 교수진으로 명성이 높았다. 1956년에 폐교되기 전까지 실험적인 문학인들의 교류 장소였을 뿐만 아니라 미국에 유럽의 전위적 예술을 전파하고 새로운 현대예술의 방향을 제시한 곳이었다.

학 미술학부의 에르빈 파노프스키 연구소도 망명 지식인 중심으로 출범했다.

일단 나치가 정권을 잡자 아널드 쇤베르크가 독일을 떠나야 한다는 데는 의심의 여지가 없었다. 쇤베르크는 유대교에서 기독교로 개종했지만 이것은 권력 당국에 별로 긍정적인 인상을 주지 못했다. 게다가 그는 1933년에 유대교로 되돌아갔다. 이 해에 쇤베르크는 '문화적 볼셰비키'로 블랙리스트에 올라 교수직에서 쫓겨났다. 파리로 간 그는 수중에 돈도 떨어져 궁지에 몰렸다. 이때 갑자기 보스턴에 있는 소규모 사립 음악학교에서 교수 초빙 제안이 들어왔다. 러시아 망명객으로 베를린 필하모닉에서 첼로 독주자로 일했던 조지프 말킨이 설립하고 교장으로 있는 학교였다. 쇤베르크는 이 제안을 수락하고 1933년 10월 미국에 도착했다. 보스턴에서 그가 처음 작곡한 작품은 학생 오케스트라를 위한 소품이었지만 이어 바이올린 협주곡 36번을 작곡했다. 이 작품은 쇤베르크의 본격적인 미국 데뷔작이었을 뿐만 아니라 그가 최초로 쓴 협주곡이기도 했다. 바이올리니스트로서는 고난도의 기교가 요구되긴 했지만 전통적인 형식을 갖춘 풍요롭고 격정적인 분위기로 가득 찬—쇤베르크의 입장에서는—작품이었다.[5]

1939년에서 1940년 사이에는 벨러 버르토크, 다리우스 미요, 이고리 스트라빈스키가 속속 미국에 들어왔다. 직업 특성상 여행을 자주하는 연주 대가들의 상당수가 이미 미국과 친숙했으며 미국 또한 이들이 낯익었다. 아르투어 루빈스타인, 프리츠 크라이슬러, 에프렘 짐발리스트, 미샤 엘만은 모두 1930년대 후반에 미국에 정착했다.

전시에 망명자의 본거지로서 뉴욕에 견줄 만한 도시는 로스앤젤레스밖에 없었다. 로스앤젤레스 인근에 모여 살던 대가들의 면면을 보면 감탄이 절로 나올 정도였다. 쇤베르크를 제외하더라도(그는 보스턴을 떠나 로스앤젤레스로 이주했다) 이 대가들 중에는 토마스 만, 베르톨트 브레히트, 리온 포이히트방거, 테오도어 아도르노, 막스 호르크하이머, 오토 클렘페러,

프리츠 랑, 아르투어 루빈스타인, 프란츠 베르펠, 알마 말러베르펠, 브루노 발터, 페테르 로레, 하인리히 만이 있었다. 이밖에 비독일인으로는 세르게이 라흐마니노프, 이고리 스트라빈스키, 만 레이, 장 르누아르가 있었다.[6]

"계획된 질서라는 새로운 유형"과 "가장 나쁜 자들이 사회의 정상에 오른다"는 말

성격이 대립되는 정권끼리 서로 대치하는 전쟁에서 사람들이 스스로 자제하기 위한 방법으로 일종의 재평가 기회를 갖는 것은 어찌 보면 당연한 일인지도 모른다. 과학자와 장군, 암호해독자들이 적보다 한발 앞서나가려고 기를 쓰는 가운데 한쪽에서는 파시즘과 공산주의, 자본주의, 자유주의, 사회주의, 민주주의 등 경쟁적인 이념의 강점을 비교하는 식으로 조금은 덜 시급한 문제에 관심을 기울였다. 이 결과 20세기에서 꽤나 보기 드문 우연의 일치가 일어났다. 과거 오스트리아-헝가리 제국에서 망명한 학자들이 전쟁 중에 출간한 네 권의 저서 모두 적대감이 종식된 이후 인간 정신이 나아가야 할 사회의 형태를 모색하고 있었기 때문이다. 내용의 차이가 무엇이든 추천할 만한 공통된 이유가 한 가지 있다면 다행히도 이 책들 모두 종이 배급제가 실시되었을 때 나온 것이어서 길이가 짧다는 것이다.

카를 만하임(1893~1947)의 『현대의 진단』은 1943년에 출간되었다. 만하임은 제1차 세계대전 기간에 부다페스트에서 죄르지 루카치를 중심으로 활동한 일요모임 회원이었는데, 이 모임에는 아놀드 하우저와 벨러 버르토크도 있었다. 만하임은 1919년 헝가리를 떠나 하이델베르크 대학에서 공부하며 독일의 전통적인 교양을 흡수하는 분위기에서 성장했고 마르부르크 대학에서 마르틴 하이데거의 강의를 듣기도 했다.[7] 만하임은 1919년부터 1933년까지 프랑크푸르트 대학의 사회학 교수를 역임하며 동료인 아도르노, 호르크하이머와 가깝게 지냈고 히틀러가 정권을 잡은 이후에는 런던으로 건너가 런던경제대학LSE과 이 대학의 교육연구소에서 강의를 했다.

만하임은 '계획사회planned society'가 옳다는 것을 조금도 의심하지 않았다.[8] 그는 주식시장이 붕괴되고 불경기가 만연하는 자본주의는 죽었다고 보았다. "우리는 이제 누구나 이 전쟁 이후에 자유방임주의laissez-faire의 사회질서로 돌아갈 길은 없으며 이 같은 전쟁이 새로운 유형의 계획된 질서로 가는 길을 예비하는 신호라는 것을 알고 있다." 스탈린주의와 파시즘에 똑같이 환멸을 느꼈던 만하임은 전쟁 이후의 새로운 사회가 계획된 형태, 그가 '위대한 사회'라고 형태로만 얻어질 수 있다고 보았다. 계획된 형태라 함은 전체주의적인 국가에서처럼 자유를 파괴하지 않고 심리학과 사회학, 특히 정신분석학에서 이룩한 최신 발전에 관심을 기울이는 것을 말한다. 만하임은 사회가 병들었다고 믿었다. 그의 책에 '진단'이라는 말이 들어간 것도 그런 이유 때문이었다. 그가 볼 때 위대한 사회는 개인의 자유를 파괴하지 않으면서도 사회가 어떻게 돌아가는지, 현대적이고 복잡한 기술사회가 농민사회와 어떻게 다른지를 보여주는 형태여야 했다. 그러므로 만하임은 당시 사회의 두 측면, 즉 한편으로는 젊은 세대와 교육, 다른 한편으로는 종교에 관심을 집중했다. 그는 히틀러유겐트가 보수 세력이 된 데 반해 젊은이들이 제대로 교육을 받는다면 당연히 진보적 성향을 갖게 될 거라고 믿었다. 학생들은 사회 내의 사회적 변화와 변화의 원인을 인식하는 풍토에서 성장해야 한다는 것이 그의 생각이었다. 또 그는 학생들이 노이로제의 발생 같은 심리학을 알아야 하고 사회 문제를 완화시키는 데 심리학이 어떤 역할을 해야 하는지도 알아야 한다고 보았다. 만하임은 이 책의 후반부에서 종교에 관심을 집중시키고 있는데, 그 이유는 서구 민주주의가 직면한 위기가 근본적으로는 가치관의 위기이며 과거의 계급질서가 와해되고 있지만 아직 어떤 체계적이거나 생산적인 질서로 대체되지 못했다고 생각해서였다. 물론 종교도 문제의 일부라고 보았지만 그는 종교가 아직은 교육과 더불어 가치를 주입시키는 최선의 방법이라고 믿었다. 하지만 조직화된 종교는 신학뿐만 아니라 사회학과 심리학을 보충해서 현대화될 필요가 있었다. 만하임은 전후 사회는 전전 사회보다 사회 자체에 대해 훨씬 더 많은 정보를 제공하는 형태가 될 것이라고 생각했다. 그는 사회주의가 중앙집권화하고 단순한 통제 구조로 퇴화하는 경향이 있다고 인정하기는 했지만 영국의 "비철학적이고 실용적인 시민들"은 독재를 용납하지 않을 것이라고 생각할 만큼 영국을 예찬한 인물이기도 했다.

조지프 슘페터(1883~1950)는 사회학이나 심리학에 관심을 둘 여유가 없는 인물이었다. 그가 볼 때 사회학과 심리학은 경제학에 예속될 수밖에 없었다. 전쟁 기간에 쓴 『자본주의, 사회주의, 민주주의』에서 슘페터는 존 메이너드 케인스와 마르크스에 단호하게 반대했고 어느 정도는 베버와도 견해를 달리했다. 그 이유를 찾기란 어렵지 않다.[9] 슘페터가 빈의 귀족계급을 위해 설립된 특수학교 테레지아눔Theresianum에서 교육받을 수 있었던 것은 별로 내세울 것이 없던 아버지가 사망한 뒤에 어머니가 장군과 재혼한 덕택이었다. 이 '신분 상승'의 결과로 슘페터는 언제나 강한 귀족적 자의식을 드러내곤 했다. 그는 대학에 다닐 때 승마 클럽에 자주 모습을 드러내며 자신은 위대한 사랑을 하고 위대한 승마인과 위대한 경제학자가 되는 세 가지 일에 야심이 있다는 말을 하고 다녔다. 이집트와 오스트리아를 여행하면서 많은 모험을 겪은 슘페터는 마침내 하버드 대학으로 가서 "예법을 익히며 망토를 입고 다니는 식으로 재빨리 대학 캠퍼스 인물로 변모했다." 그는 평생 '유능한 귀족'이라는 태도를 유지했다.

슘페터의 주요 논제는 자본주의 체제가 본질적으로 정적靜的인 구조라는 것이었다. 고객은 물론 고용주나 피고용자에게도 이 구조 자체는 이익이 없는 상태로 정착된다. 투자를 위한 부가 충분한 것도 아니다.[10] 노동자는 단순히 상품 생산과 판매의 대가를 기준으로 노동에 대한 몫을 받을 뿐이다. 이익은 일시적으로 생산비용을 절감하는 것처럼 경쟁자가 따라잡을 때까지 암암리에 잉여분을 재투자에 활용하는 등의 혁신적인 방법으로만 나올 수 있다. 여기서 두 가지 결론이 나온다. 첫째, 자본가 자신은 자본주의의 동기를 유발하는 힘이 아니다. 자극적인 동기는 좀더 저렴한 상품을 생산하는 수단으로서 새로운 기술이나 기계를 도입하는 기업가에게서 나온다. 슘페터는 기업가 정신이 교육을 통해서나 상속을 통해서 나올 수 있다고 생각하지 않았다. 그는 본질적으로 '부르주아지'의 활동력을 믿었다. 부르주아지는 이론이나 철학이 아니라 실용적인 자기 이익의 관점에서 행동하기 때문이다. 이런 생각은 마르크스의 분석과 완전히 대조된다.[11] 슘페터의 관점에서 두 번째 결론은 기업가가 창출한 이익이 일시적이라는 것이다. 어떤 혁신을 도입해도 경영과 무역 부문에서 경쟁자에게 추월당하고 새로운 안정 구조가 자리를 잡게 된다. 이것은 자본주의가 불가피하게 호경기와 불경기라는 주기적 특징을 갖는다는 것을 의미한다. 이로써 1930년대에 슘페터가 지녔던 관점은 케인스의 생각(경제는 불경기에서 빠져나오는 과정을 거쳐야 한다고 생각한)과 정반대였다고 할 수 있다. 슘페터는 불경기가 현실의 냉수욕과 같은 불가피한 과정이라고 생각했다. 전쟁이 시작되었을 때 슘페터는 자본주의가 살아남는다는 데 회의를 품었다. 그는 자본주의는 근본적으로 부르주아지의 활동으로서 점차 관료화되면서 해적이 아니라 "말쑥한 정장 차림을 한 남자들"의 세계가 될 것이라고 보았다. 바꿔 말하면 자본주의는 그 자체 내에 궁극적으로 실패할 수밖에 없는 요인을 지닌다는 의미였다. 경제적으로는 성공 요인이 있다 해도 사회학적으로는 성공이 아니라고 본 것이다.

만하임이 전후 세계에서 계획경제를 당연한 것으로 여겼고 슘페터가 이에 대해 미온적인 반응을 보였다면, 세 번째 오스트리아-헝가리 제국 출신 지식인인 프리드리히 폰 하이에크(1899~1992)는 만하임의 생각에 완전히 적대적이었다. 1899년생인 하이에크는 과학자 가문에서 태어났으며 비트겐슈타인과는 먼 친척이다. 빈 대학에서 두 개의 박사학위를 딴 하이에크는 1931년 런던경제대학의 경제학 교수가 되었고 1938년에 영국 시민권을 얻었다. 그는 스탈린주의와 파시즘을 똑같이 혐오했지만 러시아와 독일에 존재하는 중앙집권 체제와 전체주의적 경향이 영국은 물론 미국까지 확산되지 않을 것이라는 믿음이 다른 사람보다 약했다. 『노예의 길』(1944)에서 하이에크는 계획경제에 대한 반대 입장을 밝히면서 그가 "자율적인 사회질서"를 만드는 데 도움이 된다고 생각한 시장과 자유를 긴밀하게 연관시켰다. 그는 케인스의 경제 이론을 1944년 당시에는 아직 입증되지 않은 '실험'으로 간주했고 독자들에게 민주주의는 그 자체가 목적이 아니라 "본질적으로 세계 평화와 개인의 자유를 보호하기 위한 수단이자 공리적 장치"라는 점을 일깨웠다. 그는 시장이 완벽하지 않다는 것을 인정하면서도 동시에 법치 구조가 부분적으로 결점에 대한 반응으로서 시장으로 성장했음을 강조했다. 법의 지배와 시장은 서로 긴밀하게 연관된 것으로 계몽주의에서 이룩한 것이었다.[12] 만하임이 좀더 확대된 사회학적 지식의 중요성을 강조했다면 이에 대한 하이에크의 대답은 시장은 '맹목적으로' 아무도 예측하지 못하는 효과를 일으키며 흔히 말하는 "보이지 않는 손"이 부분적으로 시장의 핵심이자 시장의 자유에 기여한다는 것이었다. 따라서 하이에크가 볼 때 계획경제는 원칙적으로 틀렸을 뿐 아니라 비현실적인 것이었다.[13] 그는 이어 계획경제에서는 "가장 나쁜 자가 정상에 오른다"는 결론을 내리며 이에 대한 이유를 세 가지로 제시했다. 첫째, 교육을 많이 받은 사람일수록 항상 논의의 과정을 통해 볼 수 있는 능력이 있으며 집단에 합류하지도 않고 가치의 계급에 동의하지도 않는다. 둘째, 중앙집권적 성향이 있는 사람은 남을 잘 믿고 고분고분한 사람을 설득하는 것이 더 쉽다고 생각한다. 셋째, 집단에 속한 사람은 언제나 긍정적인 생각보다 부정적인 생각에—예를 들어 외국인이나 다른 계급에 대한 적대감—더 쉽게 동의한다. 하이에크는 독점 체제는 감시가 필요하며 그 반대편을 보호해야 한다는 것을 인정했지만 더 위협적인 독점 체제는 노동조합이나 사회주의에서 나온다고 보았다.

전쟁이 끝날 무렵 네 번째 오스트리아-헝가리 제국 출신 지식인인 칼 포퍼(1902~1994)가 『열린사회와 그 적들』(1945)을 발표했다. 1902년 빈에서 태어난 포퍼는 한때 사회주의에 빠졌지만 프로이트와 아들러에게서 더 큰 영향을 받았으며 빈 대학에서 아인슈타인의 강의를 듣기도 했다. 그는 1928년 철학으로 박사학위를 딴 다음 제1차 세계대전 이후 버려진 아이들과 생활하며 사회활동을 펼쳤고 교사로도 일했다. 그는 빈학파 회원들과의 교류에서 받은 자극으로 저술활동을 시작했다.[14] 첫 저서 『인식론의 두 가지 기본 문제』와 『탐구의 논리』가 큰 주목을 받아 포퍼는 1930년대에 영국의 초대를 받고 두 차례의 긴 순회강연을 했다.[15] 그러다가 1936년 모리츠 슐리크가 나치를 지지하는 학생에게 암살당하는 일이 발생했을 때, 유대인 혈통이었던 포퍼는 뉴질랜드에 있는 캔터베리 대학에서 교수로 초빙하자 이를 수락했다. 이후에 나온 포퍼의 두 저서 『역사주의의 빈곤』과 『열린사회와 그 적들』은 지구의 남반부에서 결실을 보았다. 『열린사회와 그 적들』에는 먼저 나온 저서에서 논의된 많은 문제가 다뤄지고 있다.[16]

이 책의 직접적인 동기가 된 것은 오스트리아 합병 뉴스였다. 장기적인 면에서 이 책은 포퍼가 처음 영국에 도착했을 때 느낀 '쾌감'으로부터 영감을 얻은 것이다. 영국은 그가 볼 때 "오랜 자유의 전통을 지닌 나라"로서 민족사회주의로부터 위협을 받고 있는 독일과 비교되었다. 포퍼에게 민족사회주의는 권력과 사상이 소수의 손에 집중되거나 심지어 왕이나 지도자 단 한 사람의 손에 집중되는 원시부족 또는 봉건질서처럼 완전히 닫힌 사회에 훨씬 더 가까운 체제였다. 포퍼는 빈학파의 논리실증주의자들과 마찬가지로 그 자신이 정치의 영역으로까지 확대시킨 과학적 방법에 깊은 영향을 받았다. 이것은 그에게 정치적 해결과 과학적 해결이 서로 다를 게 없음을 의미했다. 다시 말해 그 해결 방법은 "결코 일시적인 것 이상이 될 수 없고 언제나 개선의 여지가 있다"는 뜻이었다. 바로 이런 이유에서 포퍼는 역사주의의 빈곤이라는 말을 사용했다. 사회를 다스리는 '철칙'을 제공하는 역사를 연구해 깊은 교훈을 모색한다는 역사주의의 한계를 지적한 말이다. 포퍼는 역사라는 것은 존재하지 않으며 오직 역사적 해석만 있을 뿐이라고 생각했다.

이런 맥락에서 포퍼는 이 책에서 가장 중요한 구절이라고 할 수 있는 플라톤과 헤겔, 마르크스에 대한 공격으로 넘어간다(처음에 이 책의 제목은 '사이비 예언자들: 플라톤, 헤겔, 마르크스'였다). 포퍼는 플라톤이 역사상 가장 위대한 철학자일지는 모르지만 플라톤이 국가이익을 정의에 대한 해석을 포함해 모든 것에 우선시하는 과오를 범했다고 생각했다. 그는 플라톤을 폄하한 것 때문에 공격받았다. 하지만 그는 플라톤을 기회주의자 또는 헤겔의 선구자로 보았고 플라톤이 변증법이라는 도그마 때문에 결국 선을 최종 승리하는 개념과 동일시함으로써 "힘이 정의다"라는 결론을 내렸다고 생각했다. 그는 이런 결론이 단순히 변증법의 특징을 잘못 규정한 데 따른 것이라고 보았다. 실제로 포퍼는 변증법이 과학적인 방법에서와 같이 단순한 시행착오의 형태라고 말했으며 명제thesis가 반명제antithesis를 낳는다는 헤겔의 생각은 잘못된 것이라고 주장했다. 명제는 그에 대한 반대를 낳는 것만큼만 변화를 일으킨다는 것이었다.[17] 같은 맥락에서 그는 마르크스도 사회의 총체적인 변화를 주장한다는 점에서 사이비 예언자라고 보았다. 포퍼가 생각하기에 총체적인 변화가 옳지 않은 것은 단순히 비과학적이라는 이유에서였다. 그 변화를 검증할 수 없지 않은가. 그는 개별적인 변화를 더 강조했다. 각각의 새로운 요소가 도입되었을 때 앞서의 방식에 어떤 개선이 이뤄졌는지를 검증할 수 있기 때문이다. 포퍼는 예컨대 『공산당 선언』에서 가닥이 잡힌 강령은 대개 서구사회에서 실제로 성취되었다는 사실을 지적하며 마르크스주의의 목표에 반대하지는 않았다. 하지만 포퍼가 말하는 요지는 이런 과정이 폭력 없이 단계적으로 이뤄졌다는 사실이었다.

그는 국가의 존재 이유를 정의 수호에 두어 국가 기능을 강자가 약자를 괴롭히지 못하게 하는 선으로 최소화해야 한다는 믿음에서 하이에크와 견해를 같이한 반면, 계획체제에 시행착오라는 과학적 방법과 어긋나는 역사주의적이고 전체주의적인 접근 방법이 포함된다는 단순한 이유로 계획체제가 더 폐쇄된 사회로 나갈 것으로 믿었다는 점에서 만하임과는 생각이 달랐다. 이런 배경에서 포퍼는 민주주의만이 유일하게 성공 가능성이 있다고 생각했다. 민주주의만이 과학적인 시행착오의 방법을 구현하고 경험을 통해 정치에 변화를 주는 사회를 허용하며 유혈 사태 없이 정부를 변화시킬 수 있는 유일한 정부 형태이기 때문이다.

오스트리아-헝가리 제국의 망명자들이 쓴 이상의 책 네 권이 거의 동시에 나왔다는 것은 주목할 만하지만 어떻게 보면 놀랄 일은 아니다. 영역별로 신념과 이상을 둘러싼 싸움이라는 측면에서 전쟁이 있었기 때문이다. 이 망명자들은 전체주의와 독재 체제를 가까이서 직접 목격했고 독일과 일본이 패전한 이후에도 스탈린주의를 둘러싼 갈등은 계속될 것이라는 사실을 간파했다.

전자가 파동의 형태로서 원자핵의 궤도를 돈다는 이론으로 노벨상을 수상한 물리학자 에르빈 슈뢰딩거(1887~1961)는 열린 세계로 나아가는 과정에서 다른 길을 택했다. 노벨상을 수상하던 해에 나치스에 크게 실망하고 독일을 떠난 그는 옥스퍼드 대학 막달렌칼리지의 특별연구원이 되어 강의를 하다가 1943년에 아일랜드로 옮겨 일련의 강연을 했는데, 이는 열띤 호응을 얻었다. '삶이란 무엇인가?'라는 강연에서 슈뢰딩거는 물리학자라면 삶을 어떻게 규정할 것인지에 대해 자신의 생각을 밝혔다. 그는 이 당시 강연에서 물리학자의 관점으로 염색체를 보았으며 유전자는 "비주기적 결정체aperiodic crystal가 틀림없고 (…) 개별 단위가 모두 똑같지는 않은 형태를 보이는 가운데 규칙적 배열을 반복한다"는 것을 보여주었다. 또한 개별 원자의 행동은 통계적으로만 알 수 있으며 따라서 고도의 정확성을 수반하는 유전자의 행동은—그가 계산한—최소한의 원자 수를 가진 최소한의 규모에서 파악해야 한다고 설명했다. 슈뢰딩거는 유전자가 암호를 담은 길고 매우 안정적인 분자로 구성되는 것이 분명하다고 결론지었다. 1943년 당시의 생물학자들 대부분은 이 최신 물리학 이론을 무시했다. 하지만 프랜시스 크릭과 제임스 왓슨, 모리스 윌킨스 등은 강의에 기초한 슈뢰딩거의 책을 읽고 그 신선한 발상에 충격을 받았다.[18]

발터 벤야민(1892~1940)이 열린 세계로 선택한 길은 불행으로 끝났다. 1933년 독일에서 파리로 도피한 벤야민은 프랑크푸르트 연구소에서 일을 하며 영향력 있는 작품을 발표했다. 특히 『기술복제 시대의 예술작품』은 클라이브 제임스가 탁월하게 해체, 분석하기도 했다.[19] 벤야민은 이 논문에서 고대부터 현대에 이르기까지 예술은 종교에 기원을 두고 있으며 세속적인 작품이라 해도 그 자체로 신성神聖을 곁눈질하는 가능성이라고 할 아우라Aura*를 유지한다고 주장했다. 벤야민 이전에 호프만슈탈, 릴케, 호세 오르테가이가세트 등이 주장한 것처럼 이 말은 예술가와 비예술가 사이의 결정적인 차이를 암시했다. 하지만 기술복제 시대에 이르러 이런 전통과 예술가와 비예술가 간의 차이는 무너졌다. 벤야민은 이런 현상을 긍정적으로 평가했다. 대량생산 방식의 오락이 사회의 심리적 변화를 대대적으로 표현할 수 있다는 그의 견해는 포스트모더니즘 예술가들 사이에서 설득력을 지닌다는 것이 입증되었다. 하지만 벤야민은 생전에 자신의 생각이 어떻게 현실로 나타나는지를 보지 못했다. 나치스가 파리로 진격할 시점에 그는 배리언 프라이 등이 확보해놓은 도피로를 따라 피레네 산맥을 넘어 남쪽으로 향했다. 1943년 벤야민은 필요한 출국 서류를 모두 갖췄다고 생각

*벤야민이 이 논문에서 사용한 단어로, 다른 작품에서는 느낄 수 없는 어떤 예술작품의 고유한 특성 혹은 미적 아름다움'을 뜻한다.

했다. 그에게는 미국 긴급비자도 있었고 에스파냐 통과비자도 있었다. 하지만 프랑스 출국비자도 있어야 한다는 사실을 뒤늦게 알게 되었다. 심장병까지 앓고 있어 이미 지칠 대로 지친 그에게 이렇게 복잡한 망명 계획은 견딜 수 없는 것이었다. 결국 벤야민은 스스로 목숨을 끊고 말았다.

1933년 이후 에른스트 윙거(1895~1998)가 선택한 길은 어떻게 봐야 할까? 윙거는 1930년에 『민족사회주의와 유대인 문제』를 발표했다. 이 책에서 그는 유대인이 독일 통합을 위협하는 요인이라고 공격했으며 뒤이어 1932년에 나온 『노동자』에서는 "전사-노동자-학자"가 주축이 되어 움직이는 총체적으로 동원된 사회가 필요하다고 호소했다. 하지만 윙거는 1939년에 『대리석 절벽에서』를 발표하면서 히틀러 제국을 의심의 눈길로 보기 시작했다. 이 책에서는 비록 비유적인 방법이기는 해도 이런 의심의 기류가 몇몇 엿보이고 있다. 그는 제2차 세계대전까지도 육군대위로 참전했다. 하지만 1942년 장군들이 러시아에서 끔찍한 잔혹 행위가 일어났다는 사실을 시인한 것이 훗날 그가 명성을 쌓게 되는 계기가 되었다. 한때 윙거는 전쟁은 어느 쪽이나 똑같이 야만적이라고 생각하며 자위했지만 독일군이 훨씬 더 악랄하다는 것을 알게 되었다. 그는 운 좋게 파리에 주둔하게 되었고 여기서—부분적으로는 이것이 그 자신을 옹호할 발판이 되었다—파블로 피카소나 장 콕토 같은 사람들과 교류할 수 있었다. 이때의 경험은 윙거에게 이전의 관점에서 벗어나게 해주는 계기가 되었을 뿐만 아니라, 비록 실패로 그쳤지만 독일군 내의 반反나치 보수파들에게 1944년에 히틀러 암살 시도를(몇 차례의 시도 중 하나) 하도록 자극했던 것으로 보인다. 그럼에도 불구하고 윙거는 나치스에 대한 저항활동이 충분치 않았다는 이유로 전후 몇 년 동안 출판이 금지되었다.

고트프리트 벤(1886~1956)도 별로 좋은 대접을 받지 못했다. 1933년 이전에 윙거처럼 호전적인 기질은 보이지 않았던 벤은 뛰어난 시인이자 유명한 의사로 명성을 누렸다. 만펠트에서 태어난 벤은 마르부르크 대학에서 신학 공부를 마친 다음 베를린 대학으로 옮겨 의학 박사학위를 받았다. 제1차 세계대전 때는 벨기에에서 군의관으로 복무했는데, 이때 이미 그는 시체의 부패를 주제로 한 최초의 표현주의 시집 『시체공시소』를 펴낸 터였다. 제1차 세계대전이 끝난 뒤 벤은 바이마르 공화국에 염증을 느꼈으며 특히 바이마르의 자유로운 문화를 혐오했다. 그는 바이마르 공화국의 허무주의적인 분위기와 이런 풍토 속에서 보인 지식인의 역할을 비난했다. 1933년 이후에는 독일을 '재각성'시키려는 나치스의 시도에 동조해 라디오 방송을 통해 망명 작가들을 조롱하며—특히 토마스 만과 클라우스 만 부자父子를—"지적 자유는 반영웅적 이념"이라는 자신의 견해를 유난히 강조했다. 망명 작가는 "민족이라는 개념을 추상적으로 생각하기보다 직접 경험할 기회를 놓쳤다"는 것이 그의 주장이었다.[20]

하지만 나치에 쏠린 벤의 태도는 '장검의 밤 사건Nacht der langen Messer'*이 터지면서 변했다. 벤은 나치 정권에 등을 돌렸고 스스로 "귀족적인 내부 망명"이라고 부른 생활로 물러나 은거했다. 그는 언론의 공격을 받았고 전국작가회의에서 사임하도록 강요받았으며 출판이 금지되었다. 전후에 벤은 글도 다시 쓰고 의사로서의 활동도 재개했다. 처음에는 연합군이 그의 작품을 판매 금지시켰지만 1951년에 뷔히너 상을 수상하면서 사정이 바뀌었다. 벤은 자서전인 『이중생활』(1950)에서 클라우스 만이 프랑스에서 자신에게 보낸 편지를 소개하고 있다. 편지는—벤 자신도 인정했듯이—클라우스 만이 그보다 전전戰前 상황을 더 호의적으로 판단했다는 것을 보여준다. 하지만 이미 때는 늦었다. 클라우스 만은 1949년 5월에 자살했기 때문이다.[21]

*1934년 6월 30일 아돌프 히틀러가 돌격대 참모장 에른스트 룀과 돌격대 내 반反히틀러 세력을 숙청한 사건.

제6부

히틀러를 넘어서: 역전된 조건 하에서 지속된 독일 전통

제39장

"제4제국": 독일 사상이 미국에 끼친 영향

미국 철학자 앨런 블룸(1930~1992)은 제2차 세계대전이 끝난 직후인 1940년대 중반에 시카고 대학에 들어갔다. 이때 그는 "미국의 대학생활이 독일 사상으로 혁명적인 변화를 겪고" 있는 현상에 주목했다. 블룸은 당시 시카고 대학에는 마르크스를 숭배하는 풍조가 있었지만 가장 인기를 끈 두 명의 사상가는 사회학자 막스 베버와 심리학자 지그문트 프로이트였다고 말했다. 블룸은 이 둘 모두 프리드리히 니체의 영향을 크게 받았다고 생각했는데, 이 두 사람에 대해(이후 게오르크 지멜과 페르디난트 퇴니에스까지 더해) 그는 이렇게 주장했다. "우리에게 낯익은 언어는 대부분 프로이트와 베버에게서 나온 것이며 (…) 히틀러 이전의 위대한 고전적 전통의 일부라고 할 수 있다. (…) 평등국가와 복지국가는 이제 사회질서의 일부가 되었으며 여기서 남은 과제는 민주주의적 계획을 완성하는 것이다. 사회학이 사회를 개선한다면 심리치료는 개인의 행복을 추구한다."[1]

블룸은 우리가 눈으로 보고 있는 현상은 미국인이 깨닫지 못한 독일인의 충동적 정열pathos을 미국화한 것이라고 주장했다. 그는 미국인은 현재 자기 성찰을 위해 애쓰고 있지만 독일 사상이 미국에 미친 주된 영향은(어쩌면 더 나아가 나머지 서구 국가에까지도) 독일의 역사주의와 한 국가의 역사와 업적에 뿌리내린 문화를 선호하는 측면에서 보편성과 세계주의를 거부하는 현상이며, "우리의 지식세계는 독일 건축가들의 영향을 받은 물리학적 지평보다 독일 사상가들 때문에 더 급격하게 변했다"[2]고 말했다.

앙리 페이르(1901~1988)도 이런 생각에 동의했다. 예일 대학의 불문학 교수였던 페이르는 '문화적 망명'이란 주제로 1952년 펜실베이니아 대학에서 일련의 강연을 한 5명 중 한 명이었다. 나머지 네 사람은 사회과학 분야의 프란츠 노이만, 미술사 분야의 에르빈 파노프스키, 심리학 분야의 볼프강 쾰러, 신학 분야의 파울 틸리히였다. 미국 내 문학에 미친 망명 효과를 주제로 강연한 페이르는 망명 문인들이 이미 "『파르티잔 리뷰Partisan Review』와 『코멘터리Commentary』 같은 잡지를 중심으로 미국인의 현대 지식 생활에서 매우 활발한 요인 중 하나를 형성하고 있는 것"은 분명한 사실이라고 말했다. 특히 망명 문인들은 작품에 대한 수용력과 지적 가치에 대한 관심에서 많은 대학의 여러 분야를 변화시켰다고도 지적했다. 그는 그 배경으로 미국인의 실용주의, "독일인의 인내"와 독일인의 자료 수집 습관으로 강화된 사실적 경험주의에 대한 기호를 예로 들었으며 "독일 지역에서 이주해온 망명자들 덕분에 많은 분야의 미국 이론이 일찍이 접하지 못했던 대담한 방법으로 빠르게 발전할 수 있었다"고 덧붙였다. 페이르가 내린 결론은 다음과 같았다. "철학이 많은 대학의 교육과정에 밀려들어왔다. 심리학적 또는 사회학적 일반화가 젊은 대학생들을 매혹시켰다. 토크빌은 (…) '미국인은 영국인보다 일반화된 사고에 훨씬 더 집착한다'며 현명한 지적을 했다. 몇 가지 측면을 볼 때 오늘날 미국인의 지적 생활은 영국인보다 독일인에 더 가깝다." 그는 또 미국인의 지적 생활에 미친 영국인의 기여가 독일인의 기여에 비해 훨씬 더 뒤지는 것이 사실이라고 말했다.[3]

미국적 사고의 지방화 해체 경향

독일 망명자들이 미국인의 생활에 어떤 영향을 주었는지를 보여주는 가장 설득력 있는 방법은 지적인 기여를 한 이들, 즉 인구에 회자될 정도는 아니라 해도 적어도 자기 분야에서 이름만 거론해도 알 수 있을 만큼 유명한 지식인들의 명단을 제시하는 것이다. 테오도어 아도르노, 한나 아렌트, 루돌프 아른하임, 에리히 아우어바흐, 파울 바란, 한스 베테, 브루노 베텔하임, 아르놀트 브레히트, 베르톨트 브레히트, 마르셀 브로이어, 헤르만 블로흐, 샬로테와 카를 뷜러, 루돌프 카르납, 루이스 코저, 카를 도이치, 마를레네 디트리히, 알프레트 되플린, 피터 드러커, 알프레트 아이젠슈테트, 한스 아이슬러, 에릭 에릭슨, 오토 페니헬, 에른스트 프렝켈, 에리히 프롬, 한스 게르트, 펠릭스 길베르트, 쿠르트 괴델, 고트프리트 폰 하베를러, 에두아르드 하이만, 에른스트 헤르츠펠트, 율리우스 히르슈, 알베르트 히르슈만, 하요 홀보른, 막스 호르크하이머, 카렌 호르나이, 베르너 예거, 마리 야호다, 게오르게 칸토나, 발터 카우프만, 오토 키르히하이머, 볼프강 쾰러, 쿠르트 코프카, 에리히 코른골트, 지그프리트 크라카우어, 에른스트 크레네크, 에른스트 크리스, 폴 오스카 크리스텔러, 프리츠 랑, 폴 라자스펠드, 쿠르트 레빈, 페테르 로레, 레오 뢰벤탈, 에른스트 루비치, 하인리히 만, 클라우스 만, 토마스 만, 허버트 마르쿠제, 에른스트 마이어, 루트비히 폰 미제스, 오스카어 모르겐슈테른, 한스 모르겐타우, 오토 나탄, 프란츠 노이만, 에르빈 파노프스키, 볼프강 파노프스키, 에르빈 피스카토어, 칼 폴라니, 프리드리히 폴로크, 오토 프레민저, 프리츠 레들리히, 막스 라인하르트, 에리히 마리아 레마르크, 한스 로젠베르크, 아널드 쇤베르크, 조지프 슘페터, 알프레드 슈츠, 한스 시몬스, 레오 슈피처, 한스 슈타우딩거, 레오 스트라우스, 레오 실라르드, 에드바르트 텔러, 파울 틸리히, 에리크 푀겔린, 쿠르트 바일, 르네 웰레크, 막스 베르트하이머, 빌리 와일더, 카를 비

트포겔, 한스 차이젤, 하인리히 치머, 프레드 지네먼. 물론 이 명단이 다는 아니다.[4]

브레히트는 이들의 경험을 다음과 같이 묘사했다.

일곱 나라에서 쫓겨난
늙은 백치들의 공연을 보았네,
변화된 환경이 이들을
불구로 만들지 않도록 기도하면서.

하지만 뉴욕의 워싱턴하이츠에 '제4제국'으로 알려질 만큼 그토록 많은 독일인이 모여 사는 상황에서 어떻게 불구가 되지 않을 수 있었겠는가? 망명자들은 대개 1930년대의 대공황 시기에 도착한 사람들이었다. 전반적으로 실업자가 넘쳐나 고통받는 상황이었던 터라 새 이주민들에게 호의적인 분위기는 아니었다. 그렇지만 이들은 나름대로의 세계를 구축했다. 뉴욕 이스트 73번가의 도빌 레스토랑, 72번가의 에클레르 레스토랑, 로어 이스트 사이드의 루아얄 카페, 또는 베를린 출신의 영화감독 조 메이가 형편이 좋지 않아 운영한 할리우드의 푸른 다뉴브 클럽은 될 수 있는 대로 과거의 생활 방식에 가깝게 모국의 분위기를 살렸다.[5•]

유명해진 사람들(또는 앤서니 하일부트가 말한 미국식 사고의 "지방화를 해체한" 사람들)은 대부분 40대 이하였다. 이들은 유연한 사고를 했지만 이런 생존 방식이 언제나 쉬운 일은 아니었다. 한 역사가는 미국 학생들을 실망스러워했다. "미국 학생들은 준비가 안 되었다. 나는 이들 중 나

•앤서니 하일부트의 『낙원을 향한 망명: 1930년대부터 현재까지 미국에 망명한 독일 예술가와 지식인』(캘리포니아 대학 출판부, 1983년판과 새로운 후기가 추가된 1997년판)은 미국 내의 망명자에 대한 이야기를 다룬 흥미로운 책이다. 문장이 아름다울 뿐만 아니라 재미와 감동이 곁들여졌다.

에게 뭔가를 깨닫게 해주는 학생을 단 한 명도 보지 못했다.'[6] "미국인은 가장 친절하면서도 가장 멍청한 사람들이다"라는 말은 한두 사람의 입에서 나온 것이 아니었다.[7] 폴 라자스펠드는 독일인이 미국인의 '상업적 담화 commercial discourse'보다 더 정확하다고 보았다. 테오도어 아도르노와 그의 동료들은 미국의 대중문화가 무비판적이며 상업사회를 위한 선전의 잠재적 형태라고 보았다.[8]

정신분석의 황금시대

아마 미국으로 망명한 독일 지식인들이 전쟁의 직접적인 여파 속에서 끼친 가장 커다란 영향은 일반적으로 심리학, 특히 정신분석 분야에서 찾을 수 있을 것이다. 쿠르트 레빈(1890~1947) 같은 사회심리학자나 볼프강 쾰러(1887~1967), 쿠르트 코프카(1886~1941), 막스 베르트하이머(1880~1943) 같은 게슈탈트 심리학자는 모두 일정한 영향을 미쳤다. 레빈은 마거릿 미드와 루스 베네딕트 같은 학자에게 영향을 주었고 게슈탈트 심리학자들은 에드워드 톨먼 같은 행동학자와 에이브러햄 매슬로 같은 인본주의 심리학자humanistic psychologist에게 영향을 주었다.[9]

프로이트는 20세기 초에 미국을 방문한 이후 오히려 미국에 대해 비뚤어진 시각이 생겼다(그는 미국이 '틀렸다'고 생각했다). 그렇기는 해도 정신분석학은 새로운 독일 지식이 주입되지 않은 미국에서 인기를 끌었다. 양차 대전 사이에 정신분석학은 '아마추어 분석가'들이 일반화된 유럽과는 대조적으로 의학적인 토대를 구축했다. 아마 이런 흐름은 정신분석이 고급 이론이라는 생각과 관계가 있었는지도 모른다. 1940년에서 1960년 사이에 미국 정신분석협회의 회원은 다섯 배로 늘어나며 루이스 코저가 말한 대로 "정신분석학의 황금시대"를 이뤘다.[10] 코저는 이 같은 현상을 "미국의 좀더 낙관적인 풍토" 때문이라고 보았지만 이유가 무엇이든 간에 일부 망명 정신분석가의 통찰 방식은 고정된 표현으로 자리잡았다.

1902년 프랑크푸르트에서 태어난 에릭 에릭슨(1902~1994)은 덴마크 출신의 아버지에게 버림을 받고 유대인 계모의 손에서 자랐다. 학교에서는 '유대인'이라며 놀림을 받았고 동네의 유대교 회당synagogue에서는 금발의 덴마크인 같은 외모 때문에 유대인 혈통을 의심받았던 에릭슨은 어릴 때부터 자신의 정체성에 혼란을 느꼈다. 그의 작품은 이런 경험을 배경 삼은 것으로 보인다. 에릭슨은 빈의 한 학교에서 미술교사로 있다가 아나 프로이트가 활동하는 모임에 들어갔다. 아나 프로이트는 에릭슨의 정신분석을 해준 인물이었다. 히틀러가 오스트리아를 합병한 이후 미국으로 간 에릭슨은 정신분석가 한스 작스의 도움으로 순탄한 생활을 했다. 작스는 에릭슨에게 하버드 의과대학에 자리를 마련해주었으며 매사추세츠 병원에서 아동 정신분석가로 일하게 해주었다. 여기서 에릭슨은 마거릿 미드와 루스 베네딕트, 그레고리 베이트슨, 쿠르트 레빈을 만났다.[11] 인류학자 친구들은 그가 아동에 대해 범하기 쉬운 일부 일반화 방식은 모든 문화에 일괄적으로 적용할 수 없다는 점을 지적해주었다. 그는 이런 비판에 따라 사우스다코타에 있는 수 족族 보호구역을 찾아가 자녀 양육 현장을 관찰했다. 이 탐구 과정을 토대로 에릭슨은 캘리포니아 대학으로 옮긴 뒤에(예일 대학을 거쳐) 획기적인 저서 『아동과 사회』를 발표했다. 이 책에는 에릭슨이 만들어낸 '자아정체성ego identity'과 '정체성의 위기identity crisis' 같은 용어가 소개되어 있다.[12] 에릭슨은 나치즘이 독일 국민에게 호소력을 지녔던 원인을 독일 가정의 요람에서 찾으면서 미국인과 독일인을 비교하고 있다. 아버지와 아들이 '친구관계'를 형성하며 사회적 권위를 '구현한' 아내-어머니에게 연대하여 반발하는 미국과 달리 독일 가정에서는 아들이 아버지에게 등을 돌린다는 것이다. 에릭슨은 바로 이것이 미국인에게 직업이 중요한 이유이며 어머니의 지배를 극복하는 미국적인 방식이라고 말했다.[13]

브루노 베텔하임(1903~1990)은 다하우와 부헨발트 강제수용소에서 충격적인 경험을 한 이후 1939년에 미국에 들어왔다. 베텔하임은 빈 대학에서 카를 뷜러의 지도로 철학과 심리학을 전공했고 아나 프로이트의 영향을 받기도 했다. 그는 시카고 대학에 자리를 잡았고 이내 대학 내의 장애학교 교장이 되었다. 베텔하임의 저서 가운데 유명한 것으로는 『정보를 아는 사람』(1960), 『빈 요새』(1967), 『황홀감의 활용』(1976)이 있다. 베텔하임은 이 책들에서 장애아동의 치료법을 다루는 한편 반유대주의에 희생당한 유대인으로서 강제수용소의 경험을 활용하기도 한다.[14] 말하자면 이 책들에는 세부적인 임상 경험과 현대사, 사회비평이 혼합되어 있다고 할 수 있다. 베텔하임의 주요 논점은 현대의 대중사회가 인간 기질의 무의식적이고 비합리적인 측면을 제대로 고려하지 못한다는 것이었고 그 결과로 사람들은 극단적인 범죄를 저지르고 잔인성과 야만성을 보이며 때로는 건강상의 이유로—정신적이든 신체적이든—자살을 하기도 하고 다른 자해를 기도한다는 것이었다. 그는 정신병자를 위한 공간이 없는 미국 사회가 마치 나치 독일의 섬뜩한 메아리 같다고까지 생각했다.[15] 예를 들어 자폐아가 성인에 이를 수 없고 "자신의 교도관에게 제지를 당하듯이" 자폐아의 부모를 나치의 경호대에 비유하기도 했다.[16] 베텔하임은 『황홀감의 활용』에서 아이들의 고전 동화를 조사했는데, 그는 때로 동화가 아이들에게 성인들의 냉혹한 세계를 소개하고 무의식적인 측면을 갖고 있으며 이런 무의식적인 측면의 상징은 성장기 아이들의 문제를 이해하는 데 도움이 된다고 결론내렸다.[17]

에리히 프롬(1900~1980)은 아마 가장 광범위한 아마추어 독자층을(전문적으로 정신분석 훈련을 받지 않은) 확보했을 것이다. 1900년 프랑크푸르트 암 마인에서 태어난 프롬은 정통 유대인 가문의 엄격한 전통 속에서 성장했고 특히 게르숌 숄렘과 같이 공부했다. 프롬 자신은 랍비가 될 생각이었지만 프랑크푸르트 대학과 하이델베르크 대학에서 철학, 사회학, 심리학을 공부하며 숄렘이 '율법심리치료torapeutic' 요양원이라고 부른 곳에 관심이 끌렸다. 이곳은 정신분석가 프리다 라이히만이 율법Torah의 가르침과 프로이트식 치료법을 혼합한 방법으로 환자를 치료하는 병원이었다.[18] 프롬은 라이히만에게 배웠을 뿐만 아니라 그녀와 결혼까지 했다. 그는 앞장에서 본 대로 프랑크푸르트 사회연구소에 들어가 아도르노, 호르크하이머와 합류했으며 1938년, 연구소 동료 대부분과 함께 미국으로 갔다.

프롬의 가장 유명한 저서인 『자유로부터의 도피』는 1941년에 나왔는데, 이 작품 역시 마르크스와 프로이트를 접목시키려는 시도로 볼 수 있을 것이다. 인간 발달의 '구순기' '항문기' '남근기'라는 이론을 받아들임과 동시에 이 개념을 빌헬름 라이히와 오토 페니헬—프롬이 베를린에서 만난 마르크스주의 정신분석가들—이 세워놓은 '사회적 성격social character'이라는 개념과 결합시킨 프롬은 프로이트가 말한 것과는 반대로 성격은 부분적으로 계급 구조와 사회경제적 조건에 따라 결정된다고 주장했다.[19] 예를 들어 프롬은 시간 엄수와 저축 정신, 질서정연의 성향을 지닌 19세기 상인의 '저장지향형hoarding orientation'과 20세기의 '시장지향형marketing orientation'을 구분했다. '가학피학성sadomasochistic' 인격, 또는 '권위주의적' 개성이라는 말도 프롬이 처음 바이마르 시대의 독일에서 관찰한 것을 분류한 개념이다.[20] 이런 사람은 강자를 존중하고 약자를 멸시한다. 프롬은 이런 개념이 파시즘을 설명하는 데 도움이 될 것이라 생각했다. 프랑크푸르트 연구소 동료들은 권위주의적 개성이라는 주제를 좀더 사회학적인 맥락에서 다루었다.

이어 나온 『주체적인 인간』(1947)이나 특히 『건전한 사회』(1955)는—세부적인 임상 경험과 시대 관찰을 동시에 적용하는 방법으로, 베텔하임이 시도했고 1960년대 이후 서구에서 친숙한 문학적 형식이 된—현대 문화, 특히 현대의 탐욕과 경쟁심, 도덕성의 결핍, 공동체의 상실을 엄하게 질책하는 사회비판서가 되었다.[21] 이런 태도는 그 나름대로 독일의 문화 비관주의로의 회귀로 볼 수 있었다. 한나 아렌트나 허버트 마르쿠제와 더불어 프롬은 1960년대 학생들에게 등댓불 같은 존재로 받아들여졌다.

빌헬름 라이히(1897~1957)와 프리츠 펄스(1893~1970), 두 사람은 종종 1960년대에 시작되어 1970년대에 더욱 힘을 받아 1980년대까지 이어진 '성혁명'의 공동 주창자로 간주되기도 한다.[22] 이런 시각은 라이히의 경우에 거의 진실이라고 하기가 어렵다. 이 같은 평가는 주로 라이히가 '발명한' 전화박스 형태의 기구인 '오르곤 에너지 집적기orgone box' 때문에 나온 것이다. 라이히는 표면이 목재로 되어 있고 내벽을 금속으로 처리한 이 기구가 치료 효과를 지닌다고—사기적인 수법으로—주장했기 때문이다. 그는 진지한 프로이트 이론가로 출발했으며(펄스의 정신분석을 하기도 했다) 다른 학자들처럼 양차 대전 사이에 독일에서 마르크스와 프로이트의 이론을 접목하려고 했다. 1933년에 발표된 그의 저서 『파시즘의 집단 심리』는 아주 시의적절했기 때문에 이런 배경과 관심을 갖고는 독일에 머무를 수 없었다.[23] 라이히는 덴마크를 거쳐 미국으로 간 뒤 뉴욕 교외에 있는 포레스트 힐스에 정착했다. 여기서 그는 친공산주의 노선에서 맹렬한 반공주의로 급격한 심경 변화를 겪었으며 피해망상에 시달렸다(피해망상을 부르는 시대였다). 증상은 점점 더 심해졌고(비행접시를 봤다고 착각하며 이를 적으로 생각할 정도였다) 마침내 식약청이 오르곤 에너지 집적기를 출하하지 못하도록 경고를 보내자 그는 사기범으로 몰렸다. 라이히는 이 기구가 '오르곤 에너지(생명에 기본적인)'를 끌어모아 그것을 상자 안에서 몸에 집중적으로 쪼여준다고 주장했기 때문이다. 그는 1957년 3월에 징역형을 언도받았다.

프리츠 펄스는 막스 라인하르트와 함께 베를린에서 연극 연출을 공부한 뒤 게슈탈트 심리학에 관심을 쏟았다. 펄스는 게슈탈트 심리학이 "프로이트의 다음 단계"라고 생각했다. 1960년대에 에솔렌 인스티튜트Esalen Institute*가 생겨난 것이나 1970년대 후반에 에스트est**를 거쳐 "인간의 잠재능력" 운동으로 발전시킨 것은 펄스의 접근 방법이 이뤄낸 결과였다.

이 운동의 기본 발상은 주로 "옥외에 온수욕조나 나체촌, 마약, 금기의 타파와 같은 방법을 활용해 성과 감정을 해방함으로써" 사전에 차단되어 있던 정신 에너지를 풀어준다는 것이었다. 이 같은 방식은 후기프로이트 학파의 '교양' 형태로 볼 수도 있을 것이었다. 또 다른 망명자인 에릭 번의 『심리 게임』은 1964년에 베스트셀러가 된 작품으로 이와 비슷한 주제를 다루고 있다.

하이데거의 후계자들

미국에서 독일적 사고가 정신분석 다음으로 큰 영향을 미친 분야는 정치였다. 더 정확히 말한다면 실제 정치보다도 정치를 이론화한 정치학이었다고 할 수 있다.[24] 이 분야에서 첫손에 꼽을 사람은 한나 아렌트다. 하지만 리하르트 볼린은 자신의 저서 『하이데거의 후계자들』(2001)에서 전후에 얼마나 많은 하이데거의 제자들이 대서양 양안에서 영향을 미쳤는지를 강조하고 있다. 아렌트 외에 여기에 속하는 학자로는 허버트 마르쿠제, 레오 스트라우스, 카를 뢰비트, 한스 요나스, 파울 틸리히, 그리고 한스게오르크 가다머가 있다.[25]

앞에서 대략 설명한 대로 아렌트는 1941년에 파리를 거쳐 뉴욕에 도착했다. 아렌트는 『코멘터리』나 『파르티잔 리뷰』 같은 소규모 잡지사로 둘러싸인 환경에 정착한 다음 일시적으로 프린스턴, 캘리포니아, 시카고 대학의 강단생활을 거쳐 어쩌면 불가피한 이유로 사회연구를 위한 뉴스쿨의 교수가 되었다. 뉴스쿨은 1919년 잡지 『뉴리퍼블릭』과 관련된 일군의 학자가 설

*미국 캘리포니아 주에 있는 대안교육기관.

**자기 발견과 자기실현을 위한 체계적 방법. 에르하르트식 세미나 훈련Erhard Seminars Training의 약자.

립한 대학으로 초기에 이곳에서 강의한 교수진으로는 존 듀이와 소스타인 베블런이 있었다. 1933년에는 망명 학자들을 돕기 위해 망명대학이 설립되었는데, 뒤에 사회연구를 위한 뉴스쿨 대학원으로 바뀌었다.

아렌트는 1945년부터 1949년까지 저작활동에 매달렸고 1951년에 나온 『전체주의의 기원』은 미국 독자층에게 엄청난 충격을 준 동시에 그녀를 유명하게 만들었다. 이 책은 제2차 세계대전의 서막이라고 할 일련의 사건을 이해하기 위한 시도였고 무엇보다 어떻게 유대인 같은 소집단이 나치운동이나 세계대전, 죽음의 공장 같은 참혹한 역사의 기폭제가 되었는지를 추적하고 있다.[26] 아렌트는 공산주의와 파시즘을 동일선상에 올려놓고 두 이념 모두, 비록 계급차를 타파해 인류에게 영광스러운 미래를 제시한다는 의도가 있다고 해도 결국 계급의 세분화와 소외, 집 없는 상황을 불러왔다고 주장했으며, 대중사회의 핵심은 "인간 공동체의 고급화된 형식"을 만드는 대신 고립과 고독을 낳은 것이라고 말했다. 이런 고립과 고독이 테러의 공통된 기반이며 냉혹하고 융통성 없는 관료주의의 논리는 사형집행인의 성격으로 변질되었다는 것이 그녀의 주장이었다. 그녀는 또 영웅적 행위가 들어설 공간은 없으며 이런 상황이 인간의 영혼을 짓밟는 데 기여했다고 말했다. 『전체주의의 기원』에서 1930년대 독일에서 교육받은 중산층과 폭력적인 군중 사이에 유사점이 있었다는 것을 강조했었는데, 바로 그것이 이 같은 사건이 일어날 수밖에 없었던 주된 원인 중 하나라는 것이었다.[27]

『전체주의의 기원』은 문제의 해결보다는 문제 자체를 기술하고 진단하는 형식으로 쓰였다. 하지만 그다음 저서인 『인간의 조건』(1958)은 정치적 생활의 주요 측면을 구조와 행위에서 파악하며, 현대사회에서 이 두 가지 실체는 고도의 기술로 관리되는 정치적 상황 속에서 거의 실종되었다고 주장한다. 공공생활의 구조를 변화시키고 변화된 토대에서 행동하게 할 힘을 지닌 사람은 아무도 없다는 것이다. 이 같은 주장은 매우 중요한 메시지라는 사실이 입증되었다. 아렌트의 저서는 1960년대의 혁명적인 학생운동에 필수적인 교재가 되었으며 이른바 대안문화의 목표를 결집시키는 데 도움이 되었다.

어떤 면에서 아렌트는—아렌트가 브레히트의 정치는 몹시 싫어하면서도 그의 예술은 좋아했던 것처럼—감상주의자와는 거리가 무척 멀었고 자신의 명성이나 유대인으로서의 지위에 오점을 남기지 않고 토마스 만 이상으로 자신의 개성을 온전히 유지한 작가였다. 그녀는 홀로코스트의 희생자였음에도 이에 대해 결코 감상적인 태도를 보이지 않았고 내향성을 불신했다. 아렌트가 볼 때 인간사에서 정직과 진실을 보장하는 것은 오직 공적인 공간에서 이뤄지는 공적인 활동이었기 때문에 그녀에게는 이런 틀에서 규정된 정치적인 행동이 우선적인 가치를 지녔다(그녀는 유대인 망명자가 "행동하지 않았다"는 말을 자주 했다). 아렌트는 사생활에도 큰 목표가 있을 수 있지만 현대사회에서 사생활은 점점 더 사치가 되었다고 주장했으며,[28] 현대세계에서 진정한 투쟁은 계급 간에 일어나는 것이 아니라 점점 더 전권을 지닌 정부의 '전체주의적 허구세계'와 우리가 살고 있는 일상적인 실제세계 사이에 일어난다고 느꼈다.[29]

아렌트의 저서 『예루살렘의 아이히만』은 아우슈비츠의 '총지휘자'로서 아르헨티나에 숨어 있다가 이스라엘의 특수부대에 체포되어 이스라엘로 압송된 아돌프 아이히만의 재판(1962)을 다룬 작품이다. 여기서 아렌트는 법정에 선 아이히만과 홀로코스트에 대해, 그리고 박해에 저항하는 유대인의 행동에 대해 한 치의 물러섬도 없이 냉정한 시각을 보여준다. 이 책은 엄청난 논란을 불러일으켰지만 그녀는 악이 지극히 평범한 것으로서 허무주의적 종말을 보여준다는 자신의 견해를 굽히지 않았다.[30]

허버트 마르쿠제(1898~1979)는 당시에 이미 나이가 들긴 했지만 한때 프랑크푸르트학파의 이론가 중에서 가장 유명한 인물이었다. 1898년 유대인 중산층 가문에서 태어난 마르쿠제는 제1차 세계대전의 여파로 독일에서 혁명운동이 일어날 때까지는 정치에 가담한 적이 별로 없었고(그는 베클린 '노동자위원회'의 위원이었다) 이때의 활동도 오래가지 않았다. 프라이부르크 대학으로 가서 하이데거와 후설 밑에서 공부한 그는 하이데거와 나치스의 밀착관계가 드러나자 하이데거와 결별하고 프랑크푸르트 연구소로 가 호르크하이머와 아도르노, 프롬과 합류했다.[31]

1930년대 후반에 미국으로 간 마르쿠제는 보스턴 부근에 신설된 브랜다이스 대학에 자리를 얻었다. 전후에 마르쿠제는 현대세계에 대한 주요 비판가 중 한 사람이 되었다. 그가 본 세계는 점점 더 균일화되고 합의와 질서를 이룬 세계였으며 모든 것은 그가 '진보'의 폭력적 지시문으로 본 것을 벗어나지 않았다. 이런 발상에서 대중의 상상력을 자극한 마르쿠제의 저서 두 권이 나왔다. 하나는 1955년에 출간된 『에로스와 문명』이었다. 해방의 글을 쓰려는 의도에서 나온 이 책은 프로이트를 활용해 마르크스를 현대세계에 변형 적용하려고 한 작품이었다. 이 책은 무엇보다 반체제 집단이라고 할 히피들 사이에서 인기가 높았다.[32] 여기서 마르쿠제는 현대의 남녀는 그들의 욕구를 교화시킬 필요가 있다고 주장했고 이런 문제에 대해 아무 말도 하지 않았다. 또 그는 현대의 순응적인 사회는 삶의 미학적, 감성적 측면을 죽이고 있는데 이것은 억압적 형태를 띠며, 또한 사회는 경제적 원칙 못지않게 쾌락적 원칙에 기초를 둘 필요도 있다고 보았다.[33]

마르쿠제는 이런 견해를 '억압적 관용repressive tolerance'이라는 개념으로 유명한 『일차원적 인간』에서 더 분명히 밝히고 있다. 그는 억압적 관용의 상황에서는 현대사회의 관용과 해방이라는 어휘조차 사람들에게 해방의 기회를 차단하는 데 이용되고 있다고 말했다. 세계는, 특히 미국 사회는 합법적, 기술적 합리성으로 간주되는 한 가지 사고방식밖에 없다는 점에서 일차원적이며 이런 사고는 과학과 대학, 기업, 상업세계에서 영속화되었다. 이에 대한 마르쿠제의 해결 방안은 기술적 합리성이 우리에게 떠넘기는 현실을 "대대적으로 거부"하고 "부인"하는 것이었다. 마르쿠제는 이처럼 숨 막힐 듯한 세계는 상상력과 예술, "부정적 사고"로 대체할 필요가 있다고 말했다.

이런 생각을 하이데거의 다른 제자로서 아직 영향력을 발휘하고 있는 레오 스트라우스의 견해와 비교하면 마르쿠제의 주장은 덜 장황하고 직접적인 호소력을 지녔지만 결코 모든 사람의 구미에 맞는 것은 아니었다. 2004년에 앤 노턴은 카리스마 넘치는 스트라우스에 대해 인상적인 비판서를 썼다. 노턴은 스트라우스의 많은 추종자가 지닌 군사적 보수주의 때문에 조지 부시가 백악관을 장악했다고 보았다. 또 이 추종자들이 세계 정치를 언제나 옳은 미국과 일련의 "편의적인 적들" 사이의 우매한 싸움으로 지나치게 단순하게 몰고 간다고 비판했다.[34]

1899년 독일의 키르히하인에서 태어난 스트라우스(1899~1973)는 1938년에 미국으로 건너와 뉴스쿨 망명대학에 합류했다. 이 시점에 스트라우스는 스피노자와 마이모니데스, 특히 민족사회주의 학자로서 『정치적인 것의 개념』을 쓴 카를 슈미트에게 관심을 가졌다.[35] 스트라우스는 프랑크푸르트와 마르부르크, 베를린, 함부르크 대학에서 공부했고 에른스트 카시러의 후원을 받아 박사학위 논문을 썼다. 이후 스트라우스는 프라이부르크 대학에서 1년 동안 후설과 하이데거에게 배웠다. 그의 진부하고 소심한 사고는 "현대의 지배적인 경향에 대한 반감으로 특징지을 수 있고 (…) 그의 보수주의는 실증주의든 역사주의든 현대적인 사고의 흐름이 그가 소중한 가치라고 생각한 것에 대해 적대적—나아가 파괴적—이라는 확신에 근거한 것이었다."[36] 스트라우스는 이렇게 소중한 가치가 나치 독일의 교육받은 중산층을 구분해주는 질적 특징을 지녔다고 보았으며 현대적인 '유행'은 시간을 초월한 고대 그리스의 높은 가치를 훼손하고 "나치운동이 극단적인 결과를 안겨준 가치 허무주의의 수문을 열어놓았다"고 생각했다. 그는 또 과학과 신칸트주의, 현대의 행동과학은 모두 당대의 허무주의에 기여했고 이것이야말로 당장 돌파구를 찾지 않으면 안 되는 현대의 곤경이라고 확신했다. 그는 정치의 구원 능력을 의심했으며 단 한 번도 미국적 사고에 대한 글을 쓴 적이 없었는데,[37] 기술의 우위에 대한 의심과 이런 문제에 대한 독선적인 태도로 유명해진 가운데서도 그랬다.[38] 스트라우스는 "폭력적인 군중을 억제하는 유일한 수단이라고 할" 종교의 쇠퇴를 통탄하기도 했다. 아렌트에 따르면(두 사람 모두 하이데거에게 배우던 때) 스트라우스는 "반유대주의를 제외하고는 모든 점에서 파시즘과 생각이 같았다"고 한다.• 스트라우스의 제자 다수는 후에 큰 영향력을 갖게 됐다.[39]

이론가와 달리 현장 정치가 중에서 가장 화려한 경력을 보유한 인물은 의심할 바 없이 아널드 슈워제네거다. 1947년 오스트리아 그라츠 부근의 탈에서 태어난 슈워제네거는 1968년에 미국으로 왔다. 그는 이미 유럽 육체미 대회에서 우승한 경력으로 유명했다(오스트리아군에서 기본 훈련을 받던 중 육체미 대회에 참가하기 위해 무단이탈을 하기도 했다). 슈워제네거는 로스앤젤레스에서 배우 수업을 받으며 근육 단련 운동을 계속했고 배우로서 성공한 것은 영화 「코난」이 히트한 이후였다. 대표작은 공상과학물인 「터미네이터」 3부작이다. 슈워제네거는 2003년 10월에 캘리포니아 주지사에 당선되었지만 적어도 정치적 업적 면에서 볼 때는 미국에 온 독일 망명자 가운데 전통적인 의미에서 가장 큰 성공을 거두었다고 할 수 있는 헨리 키신저의 활약 때문에 빛이 가려졌다고 할 수 있다.

키신저의 본명은 하인츠 알프레트 키싱거로, 1923년 바이에른의 퓌르트에서 태어났으며 유대인인 그의 가족은 1938년에 뉴욕으로 갔다. 키신저는 대학에 다닐 때 방첩대CIC에서 독일어 통역 일을 했다. 전후 키신저는 하버드 대학에서 교수 과정을 밟으며 외교 정책 전문가가 되었고(특히 핵무기 분야에서) 넬슨 록펠러를 비롯한 유명 인사들의 보좌관으로 활동했다. 록펠러는 뉴욕 주지사로서 1960년과 1964년, 1968년에 공화당 대통

• 소문에 따르면 스트라우스가 아렌트에게 데이트 신청을 했는데, 아렌트는 "나치스와는 데이트하지 않는다"라고 대답했다고 한다.

령 후보에 도전한 인물이다. 1968년 리처드 닉슨이 대통령이 된 이후 키신저는 국가안보 보좌관을 거쳐 국무장관이 되었고 닉슨이 사임하고 제럴드 포드가 대통령직을 물려받을 때까지 장관으로 있었다.

키신저는 현실정치를 추구했으며 "권력지향적인 냉소가"로서 국무장관 재직 시에 많은 논란을 불러일으켰다. 그는 1969년부터 1977년까지 미국 외교 무대에서 절대 권력자로 군림했다. 베트남전 개입과 캄보디아에 대한 융단 폭격 결정, 1971년 인도-파키스탄 전쟁 개입, 칠레의 마르크스주의자 살바도르 아옌데가 합법적으로 대통령에 당선된 뒤 암살될 당시 미국 중앙정보국CIA의 개입이 실패한 것 등의 이유로 키신저는 엄청난 비난에 직면했다. 말년에는 몇몇 나라에서 키신저를 전범자로 기소하려는 시도가 이어지기도 했다. 한편 키신저는 1973년 제4차 중동전쟁의 종식과 베트남에서의 미군 철수를 위한 협상을 주도했고 닉슨과 함께 소련 및 중국과 해빙관계를 위한 데탕트détente 정책*을 추진하기도 했다. 이 공로로 그는 1973년 노벨평화상을 수상했다.[40]

훼손된 삶?

테오도어 아도르노(1903~1969)는 아마 미국에서 가장 오만한 동시에 가장 분노한 망명자였을 것이다. 브레히트는 아도르노가 "우쭐대며 정체를 알기 어렵고 근엄하면서 감성적"이라고 생각했다. 앤서니 하일부트는 "미국 문화를 업신여기는 아도르노의 태도는 거의 병적이다"라는 결론을 내렸다. 그럼에도 불구하고 아도르노는 무시할 수 없는 존재로 남아 있다.

*'긴장완화' 또는 '휴식'을 뜻하는 프랑스어로, 미국과 소련 사이의 긴장완화·협조관계를 일컫는다.

프랑크푸르트 연구소가 1940년대 초에 컬럼비아 대학에서 캘리포니아 대학으로 옮긴 것은 소장인 호르크하이머의 건강이 악화되었기 때문이다(그렇지만 호르크하이머는 자신과 연구소가 독일로 귀환한 1973년까지 살아 있었다). 미국 문화를 무시하는 아도르노의 태도를 더 강화해준 오락산업의 본거지라고 할 로스앤젤레스로 옮겨간 것은 아이러니한 결정이었다.[41] 물론 미국 사회와 문화에 대한 아도르노의 비판이 때로는 지나친 감이 없지 않았지만 그가 주장하는 많은 부분은 타당성을 지녔다. 아도르노의 비판은 그가 미국에 머무를 당시에 주장한 것과 독일로 귀환한 이후에 제기한 것의 두 방향으로 구분할 수 있을 것이다. 아도르노와 호르크하이머가 공동 저술한 『계몽의 변증법』(1944)에서 두 사람은 계몽주의가 가차 없이 전체주의로 이어졌고 "모든 것은 관리를 목적으로 간단하게 설명되었다"고 주장했다.[42] 두 사람은 자본주의 사회에서 무엇보다 문화생활은 해방 못지않게 감옥 같은 것이라 보았다. 또한 '양식'은—미술의 유행처럼—개인주의의 허위 형식이며 경험을 하찮게 여기고 이익을 극대화하면서 상업화할 필요에서 발생한 것이라고 말했다.

이 같은 견해는 좀더 영향력이 큰—하지만 훨씬 더 평범한—작품인 『권위주의적 인간』(1950)에서도 계속되었다. 이 책은 일찍이 1933년에 반유대주의를 조사하기 위해 버클리 여론연구소와 미국유대인협회American Jewish Committee의 공동 프로젝트로 추진된 것이다. 또 프랑크푸르트 연구소로서는 양적 접근 방식을 처음 활용한 것이었고 "타당한 경고로 보인" F 스케일F-Scale*의 결과이기도 했다. 반유대주의는 일반 미국인에게 흔히 나타나는 "자기 민족 중심적"이고 "인습적"인 태도에서 엿보인다는 것이 드러났고 여기서 노출된 역기능적인 개성의 가시적인 단면이자 온갖 권위에 대

*권위주의적인 개성의 인격 구조를 해명하기 위해 아도르노가 중심이 되어 만든 특징적 징후로, F는 파시즘Fascism을 의미하고 캘리포니아 F스케일이라고도 불린다.

해 불안하게 순종하는 태도의 일부임이 입증되었다." 이 책은 공산주의보다 파시즘이 전후 세계에서 미국이 직면한 주요 위협이고, 파시즘은 대서양 서안에서 "새로운 보금자리"를 찾고 있다고 주장했다. 따라서 부르주아지 미국과 미국의 대도시는 이제 "현대 문명의 어둠의 중심"이라는 결론을 내렸다. 이런 주장은 무엇보다 매카시의 기만적 선동이 활개치던 시대 배경에서 주목을 받기에 충분했다. 하지만 이 책은 이내 내용을 분석한 동료 사회학자들로부터 직접적인 공격을 받았다. 어쨌든 근거가 입증된 표현은 아니지만 '권위주의적 개성'이라는 말은 인기를 끌었다.

독일로 귀환한 이후 아도르노는 좀더 깊은 성찰을 담은 세 권의 저서를 발표했다. 1949년에 나온 『한 줌의 도덕: 훼손된 삶의 성찰』에서 아도르노는 자본주의와 시장이 어떻게 경험의 품격을 떨어뜨리는지를 또다시 검증했다. 자본주의 시장에서 언론은 거의 모든 사건에 똑같은 무게를 부여하고 정치인의 기사는, 이를테면 연속극의 등장인물이 죽는 것보다 더 중요하게 취급되지 않는다고 보았다.[43] 아도르노는 이런 현상을 때로 감상적인 음악이 관객과 시청자의 생각을 좌우하는 텔레비전과 영화로부터 영향을 받은 심리적 훼손의 형태라 보았다. 따라서 대중의 반응은 객관적인 상황이 아니라 작품을 조종하는 방식에 따라 달라지는 것이다. 이런 이유로 연출이나 공연은 계몽이나 교육의 형태가 아니라 강압의 형태이며 나아가 약자를 괴롭히는 형태로 볼 수 있다.[44]

어쨌든 미국으로 온 독일 망명자들이 볼 때 사회학의 구심점 역할을 한 것은 프랑크푸르트 연구소가 아니라 이미 분명해졌듯이 뉴욕에 있는 사회연구를 위한 뉴스쿨이었다. 이곳의 망명대학은 정치학과 사회학을 위한 대학원이 되었다. 뉴스쿨의 창립자 중 한 사람이었던 앨빈 존슨은 컬럼비아대학의 『새국제백과사전』과 『사회학백과사전』을 편집하는 과정에서 많은 독일 학자를 만났고 또 이들로부터 깊은 인상을 받았다. 존슨은 망명자를 위한 기금을 모금했으며 백과사전을 편찬하면서 누가 도움을 필요로 하는 지도 알게 되었다.

1933년에 망명이 시작되자 이 대학원은 곧 한때 유명한 독일 공무원이었고 프로이센 상공부에서 차관으로 재직했던 한스 슈타우딩거를 대학원장으로 영입했다. 또 두 개의 잡지 『사회연구』와 『사회학 잡지』를 창간했는데, 『사회학 잡지』는 제2차 세계대전이 발발할 때까지 발행되었다. 루이스 코저에 따르면 이곳의 학자들은 새로운 환경에 적응하는 데 큰 관심을 기울이지 않았다고 한다.[45] 뉴스쿨은 현상학이나 계량경제학같이 다양한 분야에서 선구적인 강좌를 개설했다. 대학원의 새로운 구성원들은—여기에는 한스 슈파이어와 전쟁 기간에 전쟁정보국 같은 정부 기관에 근무한 게르하르트 콜름이 포함되었다—전후 독일의 화폐개혁을 구상했고 이런 노력은 성공을 거둔 것으로 평가된다.

폴 라자스펠드(1901~1976)는 미국에 사회조사연구 방법을 도입하는 데 가장 큰 공로를 세운 인물이었다. 빈에서 태어나고 정신분석가 어머니를 둔 라자스펠드는 1933년 미국에 도착했다. 이후 오스트리아의 정치적 격변과 사회당의 불법화 조치에 따라 미국 체류 기간을 연장했으며 결국 미국에 영구 정착했다. 그의 첫 연구는 눈길을 끌었는데 미국 사회에 미치는 라디오 방송의 효과를 조사한 것이었다. 그는 이 과정에서 하버드 대학의 사회학자 해들리 캔트릴을 만났고 캔트릴은 그에게 프린스턴 대학의 라디오 연구실장 자리를 주선해주었다. 이 연구팀은 1939년에 컬럼비아 대학으로 옮겼으며 5년 뒤에는 오늘날 유명해진 응용사회연구소로 개편되었다.[46] 이 연구소는 새로운 연구 방법을 제도화해서 사람들이 투표할 때 어떻게 의사를 결정하는지, 사람들은 왜 투표를 하지 않는지, 또 어떤 사람은 물건을 구매하고 어떤 사람은 구매하지 않는지 등 "행동을 종합하는" 연구를 시도했다. 코저가 지적한 대로 종합적으로 볼 때 라자스펠드는 점차 미국 생활의 잠재적인 사회 구조를 파악해갔고 계급 구조와 무관하게 사람들이 어떻게 집단을 형성하는지에 대한 새로운 이해 방식을 제시했다. 여기서 드러난 요인은 시장조사와 정치적 초점집단focus group*에 중대한 영향을 주는 것들이었다.[47] 라자스펠드의 영향은 시모어 마틴 립셋, 앨빈 굴드너, 데이비드 리스먼, 로버트 머튼을 포함한 유명 미국 사회학자 세대에서 그 흔적이 드러난다.

산업 문명의 새로운 무대

미국에 도착한 이후 영향을 미친 전체 경제학자 가운데(프리츠 마흘루프, 고트프리트 폰 하베를러, 알렉산더 게르셴크론, 파울 바란, 칼 폴라니, 프리츠 레들리히 등) 우리에게 낯익은 이름은 소수에 지나지 않는다. 루트비히 폰 미제스는 1940년 미국에 도착했을 때 오스트리아 독일어로 쓴 작품으로 이름이 알려졌고 전국경제조사국National Bureau of Economic Research 객원연구원이 되었다가 이후 뉴욕 대학의 경영대학원 방문교수가 되었다. 미제스는 경기변동에 관심을 보이며 활동을 시작했는데 이것이 계기가 되어 엄격한 자유방임주의에 대한 신념이 굳어졌다. 제2차 세계대전 이후 케인스 경제학이 주도하던 시대에 미제스의 접근 방식은 1970년대까지 인기를 얻지 못했다. 하지만 하이에크와 밀턴 프리드먼이 그의 견해에 동조하면서 주목받기 시작했다.

1902년 괴를리츠에서 태어난 오스카어 모르겐슈테른(1902~1977)과 1915년 베를린에서 태어난 알베르트 히르슈만 두 사람은 히틀러가 지배하던 독일을 떠나자마자 이내 중요한 인물이 되었다. 모르겐슈테른은 랜드연구소와 원자력위원회, 백악관에서 자문위원으로 활동했다. 히르슈만(1915~2012)은 처음에 배리언 프라이의 주요 협력자로서 피레네 산맥을

*시장 조사나 여론 조사를 위해 각 계층을 대표하도록 뽑은 소수의 사람들로 이뤄진 그룹.

넘으려는 망명 지식인과 예술가들의 도피를 도왔고 이후에는 연방준비제도이사회FRB에서 근무했다.[48] 히르슈만은 몇 권의 저서를 출간하기도 했는데, 이 가운데 『개인의 행복과 공공의 행복』(1982)은 어떻게 이 두 가지 행복이 서로 관련되는지—또는 관련이 없는지—를 밝히는 독창적인 저서다. 하지만 히르슈만의 저서 중 가장 큰 영향을 미친 작품은 아마 그의 첫 저서인 『경제발전 전략』일 것이다. 여기서 히르슈만은 많은 경제이론가들이 천연자원이라든가 자본이나 기업가 정신 또는 창조적 소수 같은 한두 가지 요인을 경제 번영의 주요 결정 원인으로 지나치게 중시한다는 사실을 지적했다. 보통 한 가지 결정 요인을 선택하면 다른 요인은 무시하게 된다. 히르슈만은 이제 그런 접근 방식은 적절하지 않다는 것을 인정할 때가 되었다고 생각했다. 단일 요인의 해법으로는 아무것도 설명할 수 없다는 것이었다. 대신 경제발전은 "숨겨진 채 제대로 활용되지 못하고 흩어진" 자원과 능력을 발견하는 데 달려 있음을 인정해야 한다는 생각이었다.[49] 히르슈만은 오늘날 자주 인용되는 사회학자 중 한 사람이 되었다.

피터 드러커(1909~2005)는 무엇보다 소비자 행동에 관심을 둔 세 명의 독일어권 망명자 가운데(나머지 두 사람은 게오르게 칸토나와 프리츠 레들리히다) 가장 유명한 인물이다. 드러커는 뉴욕 대학의 경영학 교수가 되기 전에는 베닝턴칼리지에서 강의를 하기도 했다. 그는 경영학을 전문 분야로 삼고 합리적 연구의 초점을 소비자의 행동에 맞추는 일에 매달렸다. 그의 저서 『경제인의 종말』(1939), 『기업인의 미래』(1941), 『법인의 개념』(1946), 『경영: 과제, 책임, 실무』(1974)는 이런 관심을 반영하고 있다. 드러커의 주 목표는 19세기의 기업자본주의와 현대 후기산업사회의 경영자본주의 간의 차이를 강조해—제대로 이해되지 못할 때가 굉장히 흔하다—사람들이 현대세계에 적응하도록 돕는 것이었다. 루이스 코저는 베버가 '도구적 이성instrumental reason'*에 비관적이었다는 점을 제외하면 드러커를 "경영에서의 막스 베버"라고 부를 수 있을 거라고 말한 적이 있다. 드러커는 경영이 현대세계의 구원 수단이라고 여겼다.[50] 그는 또 흑인과 여성도 소비자라는 이유에서 경영이 관용을 베푼다고 생각했다. 1980년에 나온 『보이지 않는 혁명: 연금기금 사회주의는 어떻게 미국에 왔는가?』는 베스트셀러 대열에 합류해 미국의 방식이 자본주의와 사회주의를 거의 알지 못한 채 결합했다는 반가운 메시지를 전하고 있다. 드러커와 라자스펠드는 다른 다수의 문화 비관주의자들 가운데 독일 출신의 두 팽글로스 박사Doctor Pangloss**라고 할 수 있다.

미국에 온 독일 철학자 중에서는 루돌프 카르납(1891~1970)이 최고의 성공담을 보여준다. 앞서 언급한 대로 빈학파의 회원들은 미국에 가장 먼저 도착한 망명자들로, 형이상학적 담론을 끝내고 존 듀이나 윌러드 밴 콰인 같은 미국 실용주의학자들과 조화를 이루려고 했기 때문에 쉽게 정착했다.[51]

독일 서북부의 바르멘에서 태어난 카르납은 독실한 프로테스탄트 직조공 가문의 출신이었다.[52] 매우 어린 나이에 아버지를 여읜 그는 어머니에게서 배운 다음 프라이부르크 대학과 예나 대학에서 수학과 철학, 물리학을 공부했고, 예나 대학에서는 고틀로프 프레게의 지도를 받았다.[53] 그는 1917년에 군대에 징집되어 베를린에 주둔했는데, 이듬해 혁명이 일어나자 이런 변화를 반겼다. 카르납은 평생 사회주의자로서의 신념을 저버리지 않았으며 그를 비롯해 그와 비슷한 생각을 가진 사람들은 바이마르 공화국 시대가 활력적이라고 여겼다. 빈학파를 결성한 이들과 마찬가지로 카르납의 주목적은 "일체의 형이상학적 사변과 초월적 실체에 대한 모든 관심을 최종적으로 뒤집어엎고 이 모든 것을 프레게와 러셀의 상징 논리에 정통한

*지배와 억압을 정당화하거나 거기에 봉사하는 능력으로 규정된 이성.

**볼테르의 소설 『캉티드』에 나오는 세상은 최선으로 이뤄져 있다고 믿는 인물. 이 세상을 유토피아로 보는 이상주의자이며 '근거 없는 낙천주의자'로 해석된다.

현세 중심의 경험론으로 단호하게 대체하는 것"이었다.[54] 그는 또 자연과학과 정신과학Geisteswissenschaft, 사회학과 인문학을 근본적으로 구분하는 독일 고유의 사고에도 반대했다. 대신 그는 지식에는 순수하게 형식적인 것과 경험적인 것 오직 두 가지만 존재한다고 보았다. 이 같은 접근 방식에서 빈학파의 목표를 효과적으로 요약한 유명한 저서 『세계의 논리적 구조』가 나왔다. 카르납은 1926년 모리츠 슐리크의 도움으로 빈 대학에 자리를 얻었고 이후 두 사람은 함께 빈학파를 결성하는 일에 착수했다.[55]

앞서 본 대로 많은 회원이 유대인이었기 때문에 두 사람의 노력은 빠른 기간에 성공적인 결실을 맺었다. 하지만 나치스가 등장하자 이들은 외국으로 나갈 수밖에 없었다. 프라하의 독일 대학에서 몇 년 동안 머물렀던 시카고 대학의 찰스 모리스와 하버드 대학의 윌러드 밴 콰인이 카르납을 후원했다. 그는 시카고 대학에서 자리를 잡은 뒤 여기서 1952년까지 교수로 재직했다.

카르납은 미국에 머물면서 『확률의 논리적 기초』(1950)를 썼는데, 이 책은 넬슨 굿맨과 힐러리 퍼트남에게 큰 영향을 미쳤다. 1953년에는 친구이자 베를린 시절의 동료인 한스 라이헨바흐가 있던 캘리포니아 대학UCLA에서 교수로 초빙하자 이를 받아들였다.[56] 논리학과 언어학을 미국 철학으로 통합한 카르납과 라이헨바흐의 노력은 대부분 결실을 맺었다. 1971년 밴 콰인은 카르납을 가리켜 "1930년대 이후 철학의 지배적인 인물"로 묘사했다.[57]

파울 틸리히가 하이데거가 있는 독일을 떠나 뉴욕의 유니온 신학교로 간 이야기는 앞에서 간단히 짚어보았다. 영어를 제대로 배우는 데 시간이 걸린 데다 강한 독일어식 악센트가 계속 남아 있기는 했지만 일단 미국에 도착하자 틸리히는 많은 작품을 발표해 신학과 철학의 경계를 넘어 유명해졌다. 이중 가장 주목받은 작품은 『존재에 대한 용기』(1948)라고 할 수 있다.[58] 이전의 많은 마르크스주의자는 동유럽과 중국 공산주의에서 드러난 마르크스주의 자체에 실망하던 터였고, 제2차 세계대전 이후에 가시화된 세속적인 세계는 번영이 실현되었는데도 많은 사람에게는 의미가 없는 것으로 보였다. 틸리히는 "불안한 영혼"을 위한 "정신적 치료"를 제안했다.[59] 그는 개인적으로 비권위주의적이고 반권위주의적이기까지 한 미국의 기풍ethos을 매력적으로 보았다. 그가 『존재에 대한 용기』에서 제안한 신학은 이처럼 권위주의의 부재에서 일어난 종교적 실존주의의 형식을 취하고 있었다. 사람들은 그들이 바라보는 어느 곳에서나 신을 발견할 수 있으며 중요한 것은 이 '바라보는' 태도라는 것이었다. 1955년 유니온 신학교에서 은퇴한 틸리히는 하버드 대학 교수가 되었고 1962년에 다시 시카고 대학으로 옮겼다. 그는 그곳에서 생애 마지막 3년 동안을 신학교수로 재직하며 루이스 코저가 말하듯 '미국식 제도'를 확립했다.[60]

1929년에 빈에서 태어나 제2차 세계대전 이후 미국으로 이주한 페터 베르거는 파울 틸리히의 성공을 눈여겨봤다. 베르거는 세속사회학자들이 예측한 것과 달리 종교가 쇠퇴하고 있지 않다고 생각한 선두 그룹의 일원이었다. 그는 점점 더 세계화되는 세계에서 신앙의 경험은 변하고 있다고 신중한 주장을 펼쳤다. 신앙은 성장기에는 당연한 것으로 받아들여지지 않으며 갈수록 많은 사람은 개인적인 이유로 종교에 관심을 기울이게 된다는 것이었다. 그의 이런 앞선 통찰은 이후 '표현적 개인주의expressive individualism'로 알려지게 된다.

역사 속의 편견

제2차 세계대전 이전에 미국 대학에서 독일의 역사는 기초도 제대로 정립되어 있지 않았다.[61] 이런 여건은 미국으로 망명한 30여 명의 역사가에게 기회를 제공했으며, 여기서 언급할 만한 인물로는 하요 홀보른, 한스 로젠베르크, 펠릭스 길베르트, 파울 크리스텔러, 한스 바론, 에른스트 칸토로비치가 있다.[62] 이중 가장 중요한(코저에 따르면 동시에 가장 '인상적인') 인물은 예일 대학에서 다년 동안 교수로 지내며 망명 역사학자로서는 유일하게 미국역사학회 회장에 선출된 하요 홀보른(1902~1969)이라고 할 수 있다.[63]

앞서 살펴본 대로 역사학자는 독일에서 특수한 입장에 놓여 있었다. 독일인은 역사주의historicism라는 개념을 만들어낸 이들이었으며, 따라서 이는 누구보다 역사학자를 진지하게 취급했음을 뜻한다. 나치가 권력을 장악했을 당시 독일의 역사학 교수는 대부분 지벨이나 트라이치케, 드로이젠에게 배웠거나 이들의 전통 속에서 역사를 공부한 사람들이었으며(21장 참고), 모두가 "교수직을 프로이센과 독일의 정치 체제 확립에 필수적인 기둥으로 간주하던" 비스마르크와 빌헬름 시대의 제국에 다소간 향수를 품은 프로이센식 사고를 지니고 있었다.[64] 반면 망명 역사학자들 대부분은 미국으로 이주할 무렵 30대를 넘기지 않은 젊은 세대였고 베를린 대학의 역사가인 프리드리히 마이네케의 제자가 많았다. 마이네케는 전통적 성향을 지닌 한편(그는 1914년의 93인 선언에 서명했다) 바이마르 공화국에 동조했고(그가 그 자신을 심정적으로는 왕정 지지자이지만 이성적으로는 공화주의자라고 묘사한 말은 유명하다) 또 나치스에 확고하게 반대했다는 점에서 독특한 인물이었다. 하요 홀보른은 베를린 출신이었는데, 그의 아버지는 유명한 물리학자로서 정치적 수완이 뛰어나고 매우 자유주의적인 인물이었다. 이런 기질을 물려받은 홀보른은 마이네케 밑에서 공부하면서 그러한 영향을 더 깊이 받게 되었다. 마이네케는 홀보른이 평생 사상사에 관심을 갖도록 자극을 주었다. 홀보른의 첫 번째 저서는 루터의 절친한 친구였던 울리히 폰 후텐에 관한 것이었다. 홀보른은 이 책에서 종교개혁과 인문주의 역사는 유사한 동시에 분리된 지식운동이며, 비스마르크에서 절정에 오른 독일 사상의 보수적 흐름은 보수주의자들이 이구동성으로 주장하듯이 루터와 직접 관련 있는 것은 아니라고 주장했다. 그는 또한 독일의 역사

기술에는 우파적 편견이 담겨 있고 이것이 독일의 역사를 오해하는 원인을 제공했음을 암시했다. 홀보른은 베를린 대학에서 하이델베르크 대학으로 옮긴 다음 여기서 나치스가 역사 교육과 역사 이해에 간섭하는 데 저항했지만 성공하지는 못했다.

홀보른은 불과 30세의 나이에 예일 대학으로 갔다.[65] 그는 예일 대학에서 대표적인 저서 두 권을 집필하는 데 몰두했다. 그중 하나인 『유럽의 정치적 붕괴』(1951)는 1950년대와 1960년대에 미국 외교 정치에 큰 영향을 주었고, 다른 하나는 3부작으로 된 『현대 독일사』(1959~1969)로, 수년 동안 정평이 난 저술이었다. 여기서 홀보른은 독일 사상에서 이상주의(관념론)의 기반이 현대세계에서 어떻게 쓸모없는 것이 되었는지를 보여주었다. 전쟁 기간에 그는 전략정보국OSS에서 연구분석실장으로 근무하면서 나치의 정책을 세밀히 조사하고 전후 독일을 위한 계획을 수립하는 일을 맡았다.[66] 1946년에는 미 국무성 보좌관이 되었으며 독일 미군정청에 대한 책을 저술해 전후 정치 조직에 두드러진 영향을 미쳤다. 이후 홀보른은 미국과 서독 간에 비공식적인 조정관 역할을 했다. 그의 제자 중에는 레너드 크리거와 찰스 매클렐런드 같은 인물이 있다.[67]

어떤 면에서 가장 큰 성공을 거두고 또 성공적으로 적응한 망명 역사학자는 프리츠 슈테른(1926~)일 것이다. 슈테른은 1926년 브레스라우에서 태어났고 아버지는 의사이자 열광적인 교양시민계급Bildungsbürgertum의 일원이었다. 아버지의 친구 중에는 슈테른의 대부이기도 했던 프리츠 하버도 있었다. 슈테른 가족은 프리츠가 12세 되던 1938년 비교적 늦은 시기에 망명했다. 슈테른은 과학자가 되길 바라는 아버지의 뜻을 저버리고 역사학자의 길을 택했다. 컬럼비아 대학의 교수로 활동한 슈테른의 삶이나 아버지의 삶은 다수의 유명한 독일 망명자들과의 만남으로 점철되었다. 이중에는 만 형제와 베르펠 부부, 아인슈타인, 마르쿠제, 뉴스쿨의 막스 베르트하이머, 펠릭스 길베르트, 한스 요나스가 있었으며 슈테른이 직접 친교를 맺은 예술가와 학자 중에는 앨런 긴즈버그, 라이오넬 트릴링, 쿠르트 한, 랄프 다렌도르프, 하요 홀보른, 팀 가턴애시, 데이비드 란데스가 있었다. 피터 노빅과(머리말 참고) 제이 윈터도 슈테른의 제자였으며, 윈터의 『추억의 공간, 추모의 공간』은 탁월하고 감동적인 전쟁 탐구서로 꼽힌다.[68]

슈테른은 자신의 저술에서 제2차 세계대전으로 치닫던 시기의 독일 역사와 유럽 및 독일과의 관련에 초점을 맞춘 미국의 역사 기술, 두 가지 주제에 집중하고 있다. 슈테른이 다양하게 조명한 인물에는 라가르데, 랑벤, 묄러 판 덴 브루크가 있으며 이밖에 하버, 아인슈타인, 플랑크와 같은 과학자도 있다. 슈테른은 또 14년 동안 비스마르크와 블라이히뢰더의 관계를 세밀하게 연구하는 일에 몰두하기도 했다. 이 연구의 일환으로 슈테른은 통신문을 찾기 위해 독일(동독을 포함해)을 방문하는 과정에서 독일 정관계의 수뇌부 인사들에게 유명해졌다. 그가 내린 많은 결론은 이 책에 반영되어 있다.

슈테른은 저작활동 외에 몇몇 미–독 협력위원회와 학술 및 외교 기관에 근무하면서 정책 방향이나 심리적인 측면에서 신뢰받는 미–독 관계 전문가가 되었다. 슈테른은 역사가 논쟁과 프리츠 피셔 논쟁Fritz Fischer controversy,* 골드하겐의 『히틀러에 기꺼이 동조한 집행자들』,** 그리고 독일인의 자화상에서 문화의 역할 등 다수의 유명한 논쟁에 가담하기도 했다. 리처드 홀브룩이 1990년대 중반 빌 클린턴 대통령 집권 시기 독일 주재 미국대사로 임명되었을 때 슈테른은 보좌관이 되어 홀브룩을 수행해 독일로 갔다. 헨리 키신저와 독일 총리 헬무트 슈미트, 헬무트 콜, 빌리 브란트 등

---

*1959~1985년에 제1차 세계대전의 원인과 독일의 전쟁범죄의 본질을 둘러싸고 벌어진 논쟁. 특히 1961년 프리츠 피셔의 『세계열강을 향한 기도』가 출간된 후 절정을 이뤘다.

**미국의 유대인 학자인 대니얼 골드하겐의 저서로 유대인에 대한 증오와 배척, 반유대주의가 19세기 독일에서 팽배해 있었고, 독일인 전체가 반유대주의의 혐오감을 자발적으로 즐기며 드러냈다는 주장으로 핵심적인 사실을 누락시키고 객관적인 지적을 외면한 역사 왜곡이라는 전문가들의 평가가 있다.

과 친구이자 동료였던 슈테른은 독일 재통일의 의미를 진단하기 위해 영국 마거릿 대처 총리 관저에서 열린 악명 높은 회담에서 총리의 자문 역할을 하기도 했다. 슈테른은 대서양 양안 문제에 안 끼는 데가 없었으며 독일 외무장관인 요슈카 피셔로부터는 독일 해외 공관에서 과거 나치스 고위 간부들을 조사하는 역사위원회에 참여해달라는 부탁을 받았다.[69] 또 케네디 대통령 집권 시기에는 백악관에서 아서 슐레진저의 일을 돕기도 했다.

슈테른은 독일 이상주의가 모든 것의 기초가 되는 결정적인 요인이며 부분적으로는 이 때문에 "독일과 서구 사이의 균열이 역사가들에게 언제나 필연적으로 중요한 주제가 될 것"이라고 말한 하요 홀보른과 의견을 같이했다.[70]

슈테른은 독일인이자 미국인이라는 이중적 입장을 고수하는 데 성공했지만 그 자신이 한나 아렌트에게 했던 "유럽인의 오만"이라는 표현에는 결코 마음이 편치 못했다. 자신의 작품에서(이 책 『저먼 지니어스』가 상당 부분 의존하고 있는) 슈테른은 무엇보다 독일 엘리트 계층과 연관지어 볼 때 어떻게 '분위기'가 민족사회주의의 출현에 도움이 되었는지를 설명하는 데 많은 부분을 할애하고 있다. 하지만 끔찍한 잔혹 행위를 완전하게 설명하기란 결코 불가능하다는 것이 슈테른의 궁극적인 결론이었다.

어느 미국인 학자가 "미술사의 '모국어'는 독일어였다"는 말을 한 적이 있다.[71] 비록 이 말이 어느 정도 진실이고 또 전후 세계에서 가장 영향력 있는 미술사가가 미국의 에르빈 파노프스키와 영국의 언스트 곰브리치였다고 해도 망명자들이 들어올 때까지 영미 양국에 미술사가 없었다는 말은 결코 사실이 아니다. 물론 1813년 괴팅겐 대학에 독일 최초의 미술사 교수 자리가 생긴 것은 미국과 영국보다 훨씬 더 앞선 일이었다. 하지만 두 나라에는 적어도 1920년대 이후로 대학 내에 미술사 분야가 설치되었고 파노프스키 자신은 이 시기를 미술사학의 황금기라고 부르기도 했다.

현대미술관, 뉴욕 대학의 미술대학IFA, 프린스턴고등연구소IAS가 문을 연 것은 모두 망명자들이 도착한 것보다 훨씬 더 오래전 일이 아니었다. 세 곳 모두 기부금이 잘 걷혔으며, 미술사에 가장 큰 영향을 미친 곳은 의심할 여지 없이 미술대학이 있는 뉴욕 대학이었다. 미술대 학장 월터 쿡은 유명한 미술사가를 교수로 초빙했다. 이중에는 에르빈 파노프스키, 발터 프리트렌더, 막스 프리트란더, 리하르트 크라우트하이머, 루돌프 비트코버, 리하르트 에팅하우젠, 카를 레만, 에른스트 크리스, 루돌프 아른하임이 있었다. 쿡은 "히틀러는 내 최고의 친구다. 그가 나무를 흔들면 떨어진 사과는 내가 줍기 때문이다"라는 말을 즐겨 했다.[72]

파노프스키(1892~1968)는 미국에 낯익은 얼굴이었다. 그는 1931년부터 이따금 뉴욕 미술대학에서 강의를 했고 독일과 미국을 오가면서 뉴욕 대학과 함부르크 대학에서 학기를 번갈아 가며 강의를 했다. 나치스가 정권을 잡았을 때 미국에 잠시 체류하고 있던 파노프스키는 뉴욕 미술대학에서 강의를 계속하며 결국 프린스턴고등연구소에 합류했다.[73] 민족사회주의의 여파로 80명에서 100명 정도의 미술사가들이 미국에 망명하자 많은 대학에서 미술사 강좌를 개설하기 시작했다.[74]

팝아트의 기원

미술가로서는 요제프 알베르스, 한스 호프만, 조지 그로스가 화가와 교수직을 겸했는데, 특히 앞의 두 사람은 큰 영향을 미쳤다. 알베르스(1888~1976)는 블랙마운틴칼리지에서 가르쳤으며 그의 제자 중에는 로버트 라우션버그가 있었다. 유대인 아내를 둔 한스 호프만(1880~1966)은 미국 방문 중일 때 히틀러가 권력을 잡자 체류 기간을 연장해서 한때 예술학생연맹The Art Students League에서 가르치다가 자신의 학교를 설립했다.

어느 역사가로부터 당대에 가장 영향력 있는 미술 교사라는 평가를 들었던 호프만은 헬렌 프랑켄탈러, 앨런 캐프로, 루이즈 니벨슨, 래리 리버스를 제자로 길러냈다.[75] 호프만 자신은 추상표현주의파의 주요 멤버가 되었고 일찍이 1938년에 캔버스에 물감을 끼얹는 '액션 페인팅action painting'*을 창안한 것으로 알려져 있다. 이것은 잭슨 폴록보다 몇 년 더 빠른 것이었다. 미국에 도착했을 때 위 세 사람 가운데 가장 유명했다는 조지 그로스(1893~1959)는 가장 불행한—동시에 가장 성공적이지 못한—시기를 겪었다. 그로스도 예술학생연맹에서 가르치다가 자신의 학교를 열었지만 미국적 방식을 받아들이는 데 지나치게 열중했던 것으로 보인다. 그는 인기잡지의 삽화가로 일하다가 『에스콰이어』 지에 들어갔다.[76]

이들 세 명과 달리 리하르트 린드너, 한스 리히터, 막스 에른스트는 결코 미국에 머물 생각이 없었고 활동도 임시 체류를 위한 방편으로 제한했다. 그럼에도 불구하고 린드너(1901~1978)는 흔히 팝아트의 창시자 아니면 적어도 창시자 중 한 사람으로 평가된다. 린드너는 스스로를 미국 '관광객'으로 묘사했지만 뉴욕을 "어느 토박이보다 더" 좋게 볼 정도로 친밀감을 느꼈다. 현대 미국생활의 모든 일상용품이 그를 그토록 강하게 사로잡은 것도 바로 이 때문이었다.[77]

독일에서 망명한 사진작가, 삽화가, 만화가 중에는 로버트 카파, 알프레트 아이젠슈테트(유럽 전승 기념일에 한 선원이 낯선 여성을 포옹하는 장면을 담은 유명한 작품 「키스」를 찍은), 필리프 홀스먼, 로테 야코비, 안드레아스 파이닝어, 유명한 역사사진 전시관인 베트만기록보관소를 설립한 오토 베트만이 있었다. 이들은 표현주의자를 전문적으로 취급하면서 루이즈 니벨슨에게 첫 전시회를 열게 해준 카를 니렌도르프나 사무엘 쿠츠(호

---

*1940년대와 1950년대에 미국 화단을 지배했던 '추상표현주의'의 한 흐름으로 순간의 행위를 통해 나타난 우연성의 효과를 새로운 미의식으로 발전시켰다.

프만과 피카소), 쿠르트 발렌틴(리프쉬츠, 베크만, 헨리 무어), 후고 펄스(샤갈, 콜더) 같은 미술상이나 출판업자들과 망명자 사회를 형성했다. 쿠르트와 헬렌 볼프는 전쟁 이전에 뮌헨에서 카프카와 크라우스의 작품을 출판했고 전후에는 뉴욕 판테온 출판사에서 하인리히 만과 에르빈 파노프스키, 로베르트 무질, 프란츠 베르펠의 작품을 발행했다. 이들은 또 카를 융의 환자였던 폴과 메리 멜런 부부와 합동 작업을 하기도 했다. 이들이 세운 볼링엔 출판사는, 물론 동방이나 신비주의, 동양 종교에 대한 융의 관심 때문에 『역경易經』 같은 책을 출판하기도 했지만 당초에는 융의 이론을 미국에 소개하기 위한 목표로 설립된 것이었다. 쇼켄 북스나 뉴아메리칸 라이브러리도 처음에 전쟁포로를 위해 독일어로만 출판하던 오로라 출판사처럼 독일 망명자들이 설립했다. 브레히트의 아이디어에서 나온 이 출판사의 이름은 새로운 새벽과 동시에 차르의 궁전을 향해 발포한 배를 상징하는 것이었다.[78]

레닌의 책을 내던지다

음악과 뮤지컬은 1933년보다 훨씬 더 이전부터 대서양 양안을 오갔다. 미국의 재즈가 동쪽으로 건너가고 바그너의 음악이 서쪽으로 건너가 신대륙에서 끊임없이 재해석되었다.[79] 전전戰前 시기의 위대한 독일 무대예술가 셋 중에서—막스 라인하르트, 에르빈 피스카토어, 베르톨트 브레히트—라인하르트가 미국에서 가장 불운한 시절을 보냈다. 그의 브로드웨이 공연작들은 모조리 실패했고 유일한 영화인 「한여름 밤의 꿈」도 제임스 캐그니(바텀 역)와 미키 루니(퍽 역)의 연기가 돋보였다는 앤서니 하일부트의 호평이 무색할 정도로 흥행에 실패했다. 절박한 상황에 놓인 라인하르트는 로스앤젤레스에서 자신의 학교를 열었는데 여기서는 윌리엄 와일러와 윌리엄

디터를레가 연출을 맡아 가르치고 에리히 코른골트가 작곡을 가르쳤다.

에르빈 피스카토어(1893~1966)는 비록 처음에는 힘들었지만 훨씬 더 큰 성공을 거두었다. 처음 미국에 도착했을 때 피스카토어는 뉴스쿨에서 드라마 워크숍을 이끌었는데, 이곳은 그가 프레지던트시어터와 루프탑시어터 두 사업에 손을 대면서 폐쇄되었다. 이런 가운데서도 피스카토어에게서 해리 벨라폰테, 말런 브랜도, 토니 커티스, 벤 가자라, 월터 매소, 아서 밀러, 로드 슈타이거, 테네시 윌리엄스, 셸리 윈터스 같은 쟁쟁한 작가와 배우들이 배출되었다. 이른바 뉴드라마New Drama에서 피스카토어는 사르트르의 작품과 카프카의 『심판』, 한스 아이슬러의 음악을 무대에 올렸다.[80] 미국을 좋아하긴 했지만 피스카토어는 매카시의 반미활동위원회Un-American Activities Committee에 기가 질렸고 1951년 위원회에 소환된 이후 독일로 돌아갔다. 독일에서 그는 바티칸을 맹렬히 비판하는 롤프 호흐후트의 「신의 대리인」과 현대 미국의 생생한 비극이라고 할 하이나르 키프하르트의 「로버트 오펜하이머 사건」을 연출했다.

베르톨트 브레히트는 프라하와 빈, 취리히, 러시아, 덴마크에서 망명생활을 한 뒤 미국에 6년 동안 머물렀다. 비록 브레히트가 미국 문화, 특히 1920년대와 1930년대의 대중문화(재즈 같은)에 많은 관심을 기울이며 그 영향을 받았음에도 불구하고 그가 미국에서 보낸 시절이 특별히 행복하지 않았다는 것은 아이러니하다. 그래도 어쨌든 미국에 머물면서 만든 「코카서스의 백묵원」(1948)은 걸작이라고 할 만하다.[81] 브레히트의 자기과시적인 태도는 자기과시의 나라에서 별 의미가 없었고 대중문화에 대한 그의 관심도 별 논란거리가 못 되었다. 실제로 그것이 통설이었기 때문이다. 또 브레히트가 인기에 대한 숭배나 감상적인 태도를 몹시 싫어했다는 사실은—한나 아렌트처럼—그가 그 자신의 실패에 개의치 않았다고 해도 그의 태도가 성공이 보장되는 방식과는 거리가 멀었다는 것을 의미했다. 브레히트는 미국을 지상에서 가장 '활력적인 곳'으로 생각했지만 동시에 그가

볼 때 미국은 "궁극적인 자본주의의 공포"가 가장 첨예하게 드러나는 곳이기도 했다.[82]

브레히트는 사실 마르크스주의자 못지않게 무정부주의자이기도 했지만 동시에 그에게서 리얼리즘을 빼면 아무것도 남지 않는다. 그는 배를 타고 미국으로 가면서 자신이 현실을 받아들이는 데 방해가 될지도 모른다는 생각에 지니고 있던 레닌의 책을 바다로 던져버렸다. 그가 캘리포니아로 향한 것은 포이히트방거가 그곳에서 사는 것이 더 수월할 것이라고 설득했기 때문이다. 할리우드로 간 브레히트는 영화 「사형집행인 또한 죽는다」 한 편을 제작했는데 흥행에는 성공하지 못했다. 그는 할리우드에 동화될 생각은 결코 없었으며 그것이 가능하다고 믿지도 않다.[83] 미국인의 "예의와 너그러움"을 좋아하기는 했지만 품위 없는 태도까지 좋아한 것은 아니었다. 여건이 허락되자 브레히트는 곧 독일을 향해 대서양 동쪽으로 돌아갔다.

1938년 미국에 도착한 토마스 만은 생존한 세계 최고의 작가로 환대를 받았다. 그는 아인슈타인과 더불어 백악관 만찬에 초대되었으며 하버드 대학에서 명예박사학위를 받았다. 만은 이내 대중의 주목을 받는 인물이 되어 1941년 11월에는 BBC 방송에서(미국에서) 홀로코스트에 대한 첫 뉴스를 진행하는 영예를 얻기도 했다.[84]

미국을 흠모했던 만은 비록 그의 가족들이 실망의 원인을 제공하기는 했지만 무엇보다도 프랭클린 루스벨트 대통령의 지도력에 감탄했다. 그는 아내 카차와 6명의 자녀, 형 하인리히 부부와 함께 도착했다. 1948년에 발표한 『파우스트 박사』는 만의 대표작 중 하나로 일컬어지는 작품으로 쇤베르크를 모델로 하여 독일 작곡가의 일생을 다룬 내용이다.

하지만 쇤베르크가 이 작품에 반색을 표한 것은 아니었다. 주인공인 레버퀸은 작곡가로서 허무주의적 기질의 소유자였는데 파우스트식의 계약을 맺고 사창가를 드나들다 매독에 걸리고 애인들을 파멸시킨다. 레버퀸의 마음속에는 니체적 기질 이상의 것이 내포되어 있었으며 한 인물에 대한 묘사에는 히틀러일 수도 있고 히틀러가 아닐 수도 있는 몇 가지 암시가 들어 있었다. 순수예술은 프랑크푸르트학파나 12음계 기법이 그렇듯이 냉소적이고 철저한 검토에서 나온다. 동시에 모든 계층의 독일인을 사로잡은 구원의 공동체라고 할 진정한 예술가의 공동체에 대한 애착이 담겨 있기도 하다.

만은 끊임없는 미사여구와 그 자신이 미국 문화와 공공생활에 성찰이 결여되어 있다는 것에 마음이 상하면서도 언제나 진지한 작가이기를 고집했다. 특히 문제를 지나치게 단순한 시각으로 보는 미국인의 경향은 1945년 이후 냉전을 조장하는 동시에 심화시키는 위험한 태도라고 느꼈다. 그는 루스벨트 치하의 미국에서 시민권을 딴 것에 자부심을 느꼈지만 미국인의 "야만적인 유아증barbarous infantilism"에 질색을 했고 "세계를 이끄는 것이 아니라 사들이려고 한다"고 표현했듯이 미국의 결정을 끔찍하게 생각했다. 1952년 6월 만은 독일은 아니지만 독일어 사용 국가인 스위스를 향해 다시 유럽으로 돌아갔다. "미국은 수년 전, 만을 환대했던 것처럼 그가 떠나는 걸 기쁘게 받아들였다."

여건이 허락되자 망명 작가들 대부분이 다시 독일로 돌아간 데에는 여러 이유가 있었다. 언어 장벽을 뛰어넘는 일이 몹시 힘들기도 했고, 신대륙의 사회정치적, 지적 풍토가 유럽과는 판연히 달랐으며, 영화 제작의 경우 성공할 수 있는 자질이 부족하기도 했다. 지금까지 본 브레히트와 블로흐, 프랑크, 메링, 되블린, 만이 그랬고 레마르크와 추크마이어도 마찬가지였다. 이들 중 일부는 기껏 스위스로 가는 데 그쳤다. 독일어를 쓰는 나라이기는 하지만 그들이 떠나온 조국은 아니었다. 히틀러는 당대 모든 작가의 정신을 파괴했거나 아니면 적어도 알아볼 수 없을 만큼 일그러뜨렸다고 말할 수 있을 것이다. 이런 의미에서는 괴물이 승리했다. 앤서니 하일부트는 만이 미국을 떠나기 전 친구에게 보낸 편지의 한 구절을 인용하고 있다. "불쌍한 독일인들이여! 우리는 '유명해진' 상황에서도 근본적으로 고독한 존재라네. 우리 같은 처지에 놓인 사람이 또 누가 있겠는가."[85]

과학자는 달랐다. 망명자 가운데 19명이 노벨상을 수상했는데, 이는 망명자의 자질이 우수했다는 사실을 보여줄 뿐만 아니라 이들이 독일을 떠나도록 한—심지어는 떠나도록 부추기기까지 한—히틀러의 결정이 어처구니 없는 것이었음을 입증해준다. 부분적으로는 전시에 처칠의 비서로서 "연합군이 승리한 것은 우리가 확보한 독일 과학자가 그들의 독일 과학자보다 우수했기 때문이다"라고 말한 이언 제이컵스 경의 말이 옳다는 증거이기도 하다.

연쇄반응이 자동으로 계속되면 핵폭발이 가능하다는 발상을 한 레오 실라르드의 역할은 이미 소개한 바 있다. 미국으로 망명한 뒤 알베르트 아인슈타인, 한스 베테와 합류한 실라르드는 원자폭탄(이후로 핵폭탄)을 개발하지 않도록 미국 군부나 정계의 고위층을 설득했다. 또 다른 망명 물리학자인 볼프강 파울리는 원자폭탄 개발 계획에 관해서는 무엇이든 단호하게 참여를 거부했다. 반대로 다섯 번째 헝가리 출신의 망명자(하지만 독일어를 쓰는)인 에드워드 텔러는 이들과 생각이 전혀 달랐고 이후 유명한 '매파'가 되었다.

베테와 텔러는 미국에 도착할 때 절친한 친구였으며 부부 동반으로 등산을 다니거나 공동으로 집을 임대하기도 했다.[86] 하지만 핵폭탄 문제가 전반적으로 물리학자들을 갈라놓았듯이 두 사람도 이 지점에서 의견이 갈렸다. 로스앨러모스에서 원자폭탄을 제조하는 속도에 결정적인 아이디어를 제공한 존 (얀시) 폰 노이만은 텔러의 주장에 동조했고 빅토르 바이스코프는 베테와 생각이 같았다.[87] 1953년의 오펜하이머 사건*이 하나의 전기가 된 것이다. 미국 정부는 한때 미국원자폭탄연구소 소장이었던 로버트 오펜하이머가 원자폭탄 개발 계획에 반대했다는 증거를 보여주며 그

*제2차 세계대전 기간에 미국의 원자폭탄 제조에 지도적 역할을 한 오펜하이머가 전쟁이 끝나고 난 뒤인 1950년에 수소폭탄 제조에 반대했다가 모든 공직에서 쫓겨난 사건.

가 국가에 충성하지 않는다는 혐의(근거 없는 혐의)를 두고 좌파 친구를 보호하려 한다고 비난했다.[88] 이때 텔러는 오펜하이머에게 불리한 증거를 제출했다. 베테는 이에 대응해 보고서를 작성했는데—1982년에 가서야 기밀이 해제된—로스앨러모스의 수소폭탄 개발이 지연된 것은 오펜하이머의 정치적인 혐의보다는 텔러의 계산 착오에 원인이 있다고 주장하는 내용이었다.

베테는 대통령과학자문위원회로 들어갔고 여기서 1960년대까지 좀더 호전적인 텔러의 노선을 완화시키는 역할을 잘 수행했다. 2004년 피터 굿차일드가 펴낸 텔러의 전기는 제목이 『현실의 닥터 스트레인지러브Dr. Strangelove』*였다.[89] 미국에서 원자폭탄이나 핵폭탄의 찬반을 둘러싸고 빚어진 논란은 이상하리만치 망명 물리학자들과 깊은 관련이 있었다.

"둘만의 왕국"

다행히 모든 망명 물리학자가 분열한 것은 아니었다. 전후 시절에 알베르트 아인슈타인과 쿠르트 괴델은 두터운 교분을 쌓았고 두 사람 모두 프린스턴고등연구소의 연구원이었다.[90] 물론 아인슈타인이 훨씬 더 유명했지만 이 시기에 더 중요한 업적을 올린 사람은 괴델이었다(아인슈타인은 고등연구소를 찾는 방문객들에게 괴델과 함께 "집에 걸어가는 특권을 누리려고" 연구소에 들어왔다는 말을 하곤 했다). 괴델은 아인슈타인보다 더 젊었지만 건강이 좋지 않았고 얼마 안 있어 신경쇠약에 걸리게 된다. 그래도 한동안 두 사람은 함께 걸어다녔고 농담 삼아 당시 프린스턴 시절을 "둘만의 왕

*닥터 스트레인지러브는 1964년에 발표된 스탠리 큐브릭 감독의 영화에 나오는 광적인 핵 전략가를 말한다.

국"이었다고 묘사하기도 했다.[91]

상대성 이론에 대한 괴델의 새로운 사고는 우리가 시간에 대해 갖고 있는 일상적인 생각과는 전혀 다른 것이었다. 그는 마치 우리가 상식적으로 받아들이는 어떤 한계가 사실이 아닌 것처럼 생각했다. 시공간space-time이라는 개념을 도입한 사람은 아인슈타인이었는데, 그것은 시간과 공간이 하나의 통일된 실체로서 휘어지거나 뒤틀릴 수 있다는 생각이었다. 여기서 괴델이 상상한 것은(또는 수학적으로 푼 것은) 그 자신이 계산한 대로 우주가 회전한다면('괴델의 우주'라고 불리게 되는) 시공간은 물질의 분포에 따라 엄청나게 휘어지거나 곡선을 이룰 수 있기 때문에 우주선은 어떤 최소한의 속도로(그가 계산한) 우주를 통과하게 되고 시간여행이 가능하리라는 것이었다.[92]

시간여행이라는 발상은 자연히 사람들의 눈길을 끌었다. 하지만 괴델은 전혀 경솔한 사람이 아니었고 그의 목표는 아주 철학적인 것으로서 아인슈타인 이후의 세계에서 시간을 이해하려는 시도였다. 그가 주장하는 논점은 우주의 본질은 과거나 현재 같은 시간이 아니라 공간이라는 것이었다.[93] 이러한 생각은 개념상 이해하기가 결코 쉽지 않았기 때문에 괴델과 그의 새로운 이론은 오랫동안 외면당했다. 하지만 21세기로 전환되는 시점에 괴델의 발상이 '끈 이론string theory'*과 부분적으로 겹쳐진다는 사실이 알려지면서(괴델은 1978년에 사망했다) 괴델에 대한 관심이 점점 더 커지고 있다.

*만물의 최소 단위가 점 입자가 아니라 '진동하는 끈'이라는 물리 이론.

'교양'의 회귀와 미국화

―

이 장의 첫머리에서 살펴본 대로, 독일인이 미국인의 문화생활에 미친 영향에 대한 앨런 블룸의 언급에는 교양Bildung의 세계로 돌아가려는 안타까운 호소 이상의 목소리가 담겨 있다. 그들에게 교양은 균형 잡힌 인문주의 교육을 의미했고, 사상과 문학, 예술 등의 분야에서 최고로(동시에 최초로) 간주된 그리스와 로마의 고전으로 돌아가려는 정신을 가리키는 것이었다. 이런 언급은 블룸 자신이 독일 망명자인 레오 스트라우스에게 수학했다는 사실을 감안하면 놀라운 것이 아니다. 블룸은 미국인이 좀더 전통적인 교육 노선보다 프로이트적인 수단으로 성취감을 맛보려 한다고 주장했는데, 그는 이런 수단을 어떻게 계승할 것인지를 알지 못했기 때문에 비관주의로 빠지게 되었다.

블룸의 견해와 이에 기초한 그의 저서는 열광적인 반응을 이끌어냈다. 특히 그가 제기한 논점을 둘러싸고 극심하게 의견이 갈린 대학에서 더 심했다. 한쪽에서는 블룸이 말한 대로 인류가 당면한 중요한 문제는 변하지 않았으며 사회학자들이 "새로 발견한" 많은 생각은 사실상 아주 오래전 고대 그리스에 소개된 것이고(최고의 모델로서) 이후에 주로 헤겔과 칸트, 니체, 베버, 후설, 하이데거 같은 독일 사상가들이 주장하게 된 것이라고 생각했다. 또 다른 한쪽에서는 블룸의 근거 없는 비판이 보여주듯이 그의 생각은 시대에 뒤진 것이며 문화는 이제 어느 비평가가 지적한 대로 "일종의 민족 축제"로 여겨져야 한다고 생각했다.

이처럼 뜨거운 반응은 이후에도 결코 수그러들지 않고 계속되어 마침내 2002년 8월 뉴욕 주의 바드칼리지에서 학회가 열렸다. '망명, 과학, 교양'이라는 주제로 열린 이 학회에는 미국과 캐나다, 영국, 프랑스, 독일, 헝가리에서 많은 학자가 참가했다. 학회의 핵심은 에이브러햄 플렉스너의 『미국, 영국, 독일의 대학』이 간행되면서 1930년에 미국에 들어온 교양을 둘러싼 논쟁이었다. 참석자들은 교양이 미국에서 어떤 취급을 받았는지 알고자 했다. 록펠러 재단이 최초로 세운 자선 단체인 일반교육위원회General Education Board의 간사를 맡고 있던 플렉스너는 미국이나 영국을 막론하고 고등교육기관이 실제로는 중등학교 수준을 벗어나지 못하는 데 비해 "빌헬름 폰 훔볼트의 역사적인 노력으로 오직 독일만이 진정한 의미의 대학을 갖고 있다"고 주장했다.[94] 교양은 대학의 주된 목표였다.

바드 학회의 목표는 미국에 망명한 수많은 독일 학자가 독일의 교양 사상을 미국에 얼마나 소개했는지를 확인하기 위해 그들의 활동 경력, 출판물, 친교를 검증하는 것이었다. 학회에서 검토한 인물 중에는 토마스 만과 라슬로 모호이너지, 에르빈 파노프스키, 폴 라자스펠드, 에른스트 카시러, 테오도어 아도르노, 막스 호르크하이머, 지그프리트 크라카우어, 카를 만하임, 폴 오스카 크리스텔러가 포함되었는데 이중 상당수는 이번 장이나 앞장에서 거론된 인물들이다.

많은 망명 학자가 일단 미국에 발을 들여놓은 이후에는 교양에 집착하지 않았다는 사실이 학회에서 밝혀졌다. 망명 상황이 얼마나 힘들었는지, 미국의 풍토가 이들과 얼마나 달랐는지에 대해서는 아무도 말하지 못했다. 동시에 교양이라는 문화적 측면이 미국 생활에서 구현되기는 했지만 정착되는 과정에서, 특히 세 분야에서 미국화되었다는 주장이 제기되었다. 첫째, 미국으로 옮겨온 프랑크푸르트 연구소의 활동에 따른 비판사회학의 사고가 자료의 수치 처리number-crunching*라는 방법보다 더 신속하게 자리잡았다는 점이다. 이런 현상이 수치 처리 사회학자들을 위축시킨 것은 아니었지만 전후 미국의 비판사회학은 아도르노와 호르크하이머 등이 활약을 펼친 덕분에 꽃을 피웠다.

둘째, 경험적 전통에 대한 독일인의 도전이 있었다. 독일 철학자들은

*컴퓨터를 이용하여 매우 복잡하고 방대하며 반복적인 숫자 계산을 빠른 속도로 처리하는 것.

"자신들의 운명에 대한 통제의 범위를 넘어서는 인간 외적인 힘"이 존재한다고 이해했다. 이런 생각은 비단 헤겔과 니체 같은 철학자뿐만 아니라 인간은 현재 그대로의 세계에 '복종'해야 하며 인간은 세계를 통제하려고 하기보다 세계를 보호해야 한다는 태도를 보인 하이데거도 마찬가지였다. 이런 생각은 미국인의 물질주의적 사고와 정확히 일치한다고는 볼 수 없는 윤리적 시각이자 교양의 접근 방식에서 나온 태도였고 전후 수십 년이 흐르면서 점차 중요시되었다.

하지만 미국에서 가장 큰 반향을 불러일으켰을 뿐만 아니라 가장 미국화된 교양의 개념은 '자기완성self-realization'이라는 발상이었다. 자기완성은 미국인의 어휘에 포함되었고 프로이트주의Freudianism나 개인의 자기완성이라는 프로이트의 개념도 마찬가지였다. 정신분석이나 심리적 접근 방법은 개인과 관련된 것이었으며 개인주의적인 것이었다. 여기에 담긴 윤리적 내용은 건강한(정신적으로) 시민이 건강하지 않은 시민보다 더 우수한 시민이라는 원칙에 함축적으로 규정되어 있다. 이런 사고는 전통적인 교양이나 전통적인 자기완성이 지향하는 바와 달리, 윤리적 또는 정치적 의미에서 훌륭한 시민이 무엇을 의미하는지, 또 '문화, 윤리적 인격'이란 것이 무슨 뜻인지를 파고들지 않는다. 교양이 미국에 들어와 뭔가 결핍된 형태로 바뀐 이유는 바로 이 때문이다.

이와 관련된 문제는 결론 부분에서 다시 짚어볼 것이다. 지금으로서 알 수 있는 사실은 미국으로 망명한 지식인 가운데 상대적으로 몇몇 사람만이 영향력 면에서 자신의 격에 못 미치는 활동을 했으며 동시에 그들 자신도 망명 경험에서 많은 영향을(어떤 면에서는 패배한) 받았다는 것이다.

영국에서는 이와 좀 달랐다.

제40장

“국왕 폐하의 가장 충성스러운 적국 외국인”

미국으로 망명한 독일인이 13만 명인 데 비해 영국 망명자는 대략 5만 명 정도였다.[1] 비율로 볼 때 미국의 인구가 영국의 4배나 되고 국토 면적은 10배에 달한다는 사실을 감안하면 영국에 망명한 독일인은 비교적 많은 숫자였다. 두 나라에서 망명자들이 겪은 경험을 비교한다는 것은 쉽지 않은 일이다. 영국에 정착한 독일 망명자 중 많은 유명 인사를 인터뷰한 대니얼 스노맨은 이들에게서 두 가지 특징을 발견했다. 즉 독일 망명자들은 "음악에 깊은 관심을 지닌" 가정에서 어머니에게 배우면서 자랐고 아버지에게서 풍기는 교양을 매우 중시했다는 점이다.[2]•

이들이 도착한 나라는 독일 문화에 특별한 관심이 없었다. 교육 수준이 높은 영국인은 프랑스에 관심이 있었고 일부는 이탈리아로 관심을 돌렸다.

•『히틀러의 망명자』(2002)는 특히 풍부한 주석이 달려 있어 재미있게 읽을 수 있는 책이다. 필자는 상당 부분 스노맨의 설명에 의존했다.

1930년대 베를린과 함부르크에 체류한 바 있는 크리스토퍼 이셔우드는 독일에 대한 자신의 무관심 때문에 독일 친구들에게 공격을 받은 적도 있다며 "나는 프랑스로, 프루스트와 인상파 화가의 나라인 프랑스로 더 가고 싶었다"고 털어놓기도 했다. 물론 제1차 세계대전 이전에 에드워드 엘가와 도널드 토비 같은 작곡가는 영국에 앞서 먼저 독일에서 인정받을 필요가 있다고 여겼다. 하지만 전쟁 이후 영국에서는 독일 예술과 문화를 아주 싫어했다.

일찍이 미국으로 떠난 망명자들처럼 1930년대 초에 영국으로 망명한 사람들도 있었다. 카를 에베르트와 루돌프 빙도 초기 망명자에 속한다. 에베르트는 다름슈타트극장 감독이었고(괴링과의 수치스러운 만남 이후 사임했다) 빙은 베를린 샬로텐부르크오페라극장의 경영지배인이었다. 두 사람은 협력해서 글라인드본오페라극장이 순조롭게 출발하는 데 도움을 주었으며 1947년에 빙은 "스코틀랜드가 어디 있는지도 제대로 모르는"[3] 상황에서 에딘버러 페스티벌을 창설하는 일에 참여하기도 했다. 발터 그로피우스도 초기에 망명했다. 그로피우스는 1934년 영국건축학회에서 작품전을 열기 위해 영국을 방문해 많은 협력활동을 했고 특히 케임브리지 북쪽의 임핑턴 대학과 협력하면서 작품전에 초대되었다. 슈투트가르트에 있던 루돌프 라반의 라반학교는 1937년에 먼저 파리로 옮겼다가 다시 데번 주의 다팅턴으로 옮겼다. 이곳에는 레너드와 도러시 엘름허스트 부부가 운영하는 예술 공동체가 파문을 일으키고 있었고, 라반의 옛 제자인 안무가 쿠르트 요스가 이미 터를 잡고 있었다.[4] 헝가리 태생이지만 독일어를 사용하며 베를린에서 교육받은 알렉산더 코르다는 1926년 베를린을 떠나 할리우드로 향했다. 할리우드에 정착하는 데 성공하지 못한 코르다는 다시 런던으로 옮겨가 행운을 잡고 모든 시대를 통틀어 엄청난 성공을 거둔 영화 제작자 중 한 사람이 되었다. 또 다른 친독일 성향의 헝가리 출신 망명자 에머릭 프레스버거는 로버트 시오드맥, 빌리 와일더, 칼 마이어(「칼리가리 박사의 밀실」의 대본을 쓴) 곁에서 활동한—정말로 함께 활동하지 않았다면야—인물로 1933년 봄에 어쩔 수 없이 독일을 떠나야 했다. 코르다가 프레스버거를 야심적인 감독 마이클 파월에게 소개하면서 이들 사이에 지속적인 우정이 싹텄다. 장차 미술사가가 되는 언스트 곰브리치는 1935년 빈을 떠나 영국으로 가서 오스카어 코코슈카나 쿠르트 슈비터스 같은 화가들과 합류했다.

영국은 이주해온 망명자들로 정신을 못 차릴 정도는 아니었다. 히틀러가 정권을 잡은 첫해에 영국에 도착한 망명자 수는 2000명으로 프랑스(2만1000명)나 폴란드(8000명), 팔레스타인(1만 명)을 선택한 숫자에 비해 적었다. 하지만 1930년대가 저물어가면서 영국은—미국과 더불어—망명자들이 가장 선호하는 곳이 되었다. 특히 1938년 영국이 독일-오스트리아의 미성년자를 태운 배를 받아들이면서 망명자 수가 부쩍 늘어났다. 대니얼 스노맨은 당시 아동 수송Kindertransport이라고 알려진 이 일이 1938년 12월에 시작되어 이듬해 9월 전쟁이 발발할 때까지 계속되었다고 말한다. 이 기간에 1만 명의 미성년자가 영국에서 피난처를 찾았고 그중 4분의 3이 유대인이었다.

교수들을 돕기 위해 학술지원회의를 발족했는데(이후 과학 및 학습 보호를 위한 협회로 개편되었다) 이 기구는 레오 실라르드와 런던경제대학 학장인 윌리엄 베버리지, 그리고 런던경제대학의 동료인 라이어널 로빈스의 아이디어에서 나온 것이었다. 벌링턴가든의 왕립학회Royal Society* 위층에 사무실을 두었던 이 기구는 카를 만하임, 막스 보른, 핸스 크레브스, 루돌프 파이얼스와 같은 학자에게 도움을 주었다.[5] 74명에 이르는 망명자와 망명자의 자녀들은 1992년까지 왕립학회의 연구원이 되었으며, 더욱이 34

*정식명칭은 '자연과학 진흥을 위한 런던왕립학회'다. 영국에서 가장 오랜 역사를 지닌 자연과학 학회로, 아이작 뉴턴, 찰스 다윈, 아인슈타인, 마이클 패러데이 등 저명한 과학자들이 거쳐갔다.

명은 영국학사원British Academy의 연구원이 되었다. 이중 16명이 노벨상을 수상했고 18명은 작위를 받았다.[6]

전통적 분위기의 런던 이스트엔드 지역에 정착하지 않으려는 경향이 있었던 유대인 망명자들은 대신 스위스코티지 지역에 새로운 회당을 세웠다. 많은 망명자는 일단 고용이 되기만 하면 기꺼이 힘을 모아 망명한 이웃을 도우려고 했다. 이들은 1940년 봄 이주민이 한꺼번에 밀려들었을 당시 수천 명이 맨 섬the Isle of man에 집단 억류되는 곤경을 치렀다. 맥스 퍼루츠, 스티븐 허스트, 한스 시틀로프, 한스 켈러, 쿠르트 요스, 제바스티안 하프너, 쿠르트 슈비터스, 클라우스 모저도 이곳에 억류돼 있었다.[7] 그나마 위안이 된 것은 맨 섬에 인재가 많아 중국 경극에서부터 에트루리아어에 이르기까지 다양한 분야의 강좌를 이용할 수 있었다는 점이다. 망명자들은 농담 삼아 자신들이 "국왕 폐하의 가장 충성스러운 적국 외국인Enemy Aliens"[8]이라고 말했다.

망명자 중 일부는 몇 주 지나지 않아 풀려났고(예를 들면 클라우스 모저), 억류자들에게 가장 친절해 보이는 무대가 마련되었는가 하면(망명음악가평가위원회를 이끌던 랄프 본 윌리엄스가 직원으로 일한), 도예가 루시 리는 화재 감시를 위해 풀려났고 니콜라우스 페브스너는 폭격 피해를 조사하는 일을 도왔으며 한스 시틀로프는 치과기공사 훈련을 받았다. 하지만 모두가 하찮은 일만 한 것은 아니었다. 루돌프 파이얼스와 클라우스 푸크스, 요제프 로트블라트는 맨해튼 프로젝트에 참여하기 위해 미국으로 갔고 언스트 곰브리치, 마틴 에슬린, 게오르게 바이덴펠트는 BBC에서 방송 모니터링 일을 했다. 스티븐 허스트와 찰스 스펜서는 어학 능력을 발휘해 전쟁포로 심문을 도울 기회를 얻었다.[9]

전쟁 기간에 명성을 얻은 알렉스 코르다는 「사자는 날개가 있다」라는 영화를 제작했는데, 영국 공군의 무적 신화를 다룬 이 영화는 이미 선전포고가 있기 전에 제작에 들어간 작품이었다. 프레스버거는 「북위 49도선」을 만들었다.[10] 마틴 밀러는 히틀러를 흉내 내는 데 뛰어난 재주(이후 유명해진)를 보였고 오스트리아 망명자 극장인 '라테른들Laterndl'을 설립했다. 노팅힐 부근의 웨스트본 테라스에 들어선 라테른들은 카바레(당시 영국에서는 거의 알려지지 않은) 전문 극장이었다. 이밖에 푸른 다뉴브 클럽과 자유독일문화연맹도 설립되어 작가와 배우, 음악가, 과학자를 지원하는 기구 역할을 했다. 창립위원에는 슈테판 츠바이크(영국에서 결코 행복하지 못했던)와 베르톨트 피어텔, 프레트 울만, 오스카어 코코슈카도 포함되었다.[11]

많은 사람과 기관이 런던에서 피난을 오면서 옥스퍼드는 망명생활의 중심지가 되었다. 루돌프 빙은 옥스퍼드에서 살았으며 작곡가이자 쇤베르크의 제자인 에곤 벨레츠(옥스퍼드 대학에서 명예박사학위를 받았다), 시인 미하엘 함부르거, 철학자 에른스트 카시러, 르네상스 역사를 강의한 니콜라이 루빈슈타인도 마찬가지였다. 파울 바인틀링은 제2차 세계대전 기간에 옥스퍼드에 체류한 독일 교수들을 조사하며 50명 이상의 망명자를 추적했는데, 이중 상당수가 의학자였다. 전쟁 이전에도 베를린 대학과 옥스퍼드 대학 간에는 교류가 있었고 개인적으로 우호적인 친교를 나누기도 했다. 케임브리지 대학은 헤르만 발라슈코, 핸스 크레브스와 같은 과학자를 영입했다. 케임브리지는 또 런던에서 피난 온 런던경제대학이 자리잡은 곳으로 프리드리히 폰 하이에크가 이곳에서 활동하고 있었다. 하이에크는 당시 케임브리지 대학에 적을 두고 있었는데, 사람들은 그를 존 메이너드 케인스의 주요 경쟁자로 생각했다. 비록 생각은 달랐지만 두 사람은 절친한 친구였다. 전쟁이 끝난 뒤 런던경제대학은 클라우스 모저, 존 버그, 랠프 밀리밴드, 에른스트 겔너, 페터 바우어, 힐데 히멜스바이트(한스 아이젠크의 조수), 브람 오펜하임, 미하엘 찬더 같은 유명한 망명 학자들의 본거지가 되었다.

누구에게나 무시할 수 없는 문제는 있게 마련이다. 루트비히 마이드너와 쿠르트 슈비터스 같은 화가는 영국에서 제대로 인정받는다고 느껴본 적이 결코 없었음을 털어놓았으며 엘리아스 카네티는 영국이 아주 속물적이라는 생각을 지울 수 없었다(물론 C. V. 웨지우드는 카네티의 작품을 번역했고 아이리스 머독은 카네티의 뛰어난 재주를 찬양했지만).• 클라우스 모저는 대니얼 스노맨에게 자신의 부모가 바이마르 공화국 시절의 호화로운 베를린과는 전혀 다른 퍼트니의 연립주택에서 금욕적인 생활을 하면서 "예전의 기백을 결코 되찾지 못했다"고 말한 적이 있다.[12]

전황이 유리하게 전개되자 그 여파로 새로운 기회가 생겨났다. 음악가로서 온갖 직업을 전전하던 발터 괴르는 런던 필하모닉을 자신의 구상대로 편성하고 테너 가수 겸 지휘자인 리하르트 타우버에게 오케스트라를 맡아달라고 요청했다. 타우버는 런던 필하모닉을 크게 성공시켰다. 쿠르트 요스는 '뉴시어터'를 위해 「마술피리」를 새로 편곡해달라는 제안을 받았으며 1944년에 새로운 발레작품 「판도라」의 안무를 맡기도 했다.

언스트 곰브리치(1903~2001)의 성공담은 망명자들이 영국 문화생활(과학 및 음악과 더불어)에 미친 엄청난 영향 중 하나가 출판업이라는 사실을 뒷받침해준다. 곰브리치의 글쓰기 경력은 발터 노이라트가 빈에서 그에게 아동용 세계사 전집의 기획을 의뢰했던 1934~1935년부터 시작되었다. 이때의 경험으로 미술사를 출간하자는 아이디어가 떠올랐고 이런 의도는 1950년 『서양미술사』로 빛을 보았다. 이 무렵에는 저자와 출판사 모두 영국으로 이주해 있었다. 『서양미술사』는 50년이 지났는데도 여전히 출간되고 있으며—600만 부를 발행했다—아마 모든 시대를 통틀어 가장 큰 성공을 거둔 미술서일 것이다. 곰브리치는 옥스퍼드 대학의 슬레이드 교수Slade Professor of Art**가 되었고 이후에도 널리 알려진 저서 두 권을 출간했다. 하나는 미술의 심리를 다룬 『미술과 환상』이고, 다른 하나는 장식을 주제로

• 카네티는 1981년에 노벨문학상을 수상했다.

**케임브리지, 옥스퍼드, 런던 대학에 설치된, 역사적으로 가장 오래된 미술교수직으로 1869년 미술품 수집가이자 독지가인 펠릭스 슬레이드가 기증한 유산으로 설치되었다.

한 『질서의 감각』이다. 1959년 곰브리치는 바르부르크 연구소 소장이 되었으며, 1976년 작위를 받고 은퇴할 때까지 이 자리에 있었다.[13]

출판업에서 망명자들의 눈부신 활동을 입증해준 인물들은 이외에도 게오르게 바이덴펠트, 톰 마슐러, 발터 노이라트, 폴 햄린, 피터 오언, 안드레 도이치, 파울 엘렉, 로버트 맥스웰 등이 있다. 스탠리 언윈은 파이돈 출판사를 기술적으로 아리안화한 다음 모든 주식을 처분하고 회사를 영국으로 안전하게 이전시킨 데 대한 공로를 일부분 인정받았다. 파이돈 출판사는 영국 회사의 자회사가 되었다.

아마 출판업계에서 가장 성공적인 이야기는 게오르게 바이덴펠트에게서 찾을 수 있을 것이다. 전후에 바이덴펠트의 첫 번째 목표는 잡지를 발행하는 것이었는데, 그는 자신의 구상대로 『뉴요커』 『더 뉴 리퍼블릭』 『뉴스테이츠맨』을 결합한 형태의 잡지를 창간하고 『콘택트』라고 이름 붙였다. 바이덴펠트는 버트런드 러셀과 곰브리치, 베네데토 크로체와 기고 계약을 맺었다. 『콘택트』는 성공할 수도 있었지만 결과는 그렇지 못했다. 행운의 전환점은 바이덴펠트가 막스&스펜서 사의 사장 중 한 사람인 이스라엘 시프와 점심식사를 하는 자리에 찾아왔다. 점심식사를 마친 다음 시프는 바이덴펠트를 자신의 회사 소속인 마블 아치 서점으로 데려갔다. 그는 미국에서 간행된 아동 고전물이 "불티나게 팔리는" 모습을 보여주고는 바이덴펠트에게 똑같은 방법으로 마크&스펜서에 판권을 직접 팔라고 권유했다.

바이덴펠트는 즉시 『보물섬』 『검정말 이야기』 『그림 동화집』 같이 판권 계약이 끝난 도서 가운데 일련의 친숙한 동화책들을 제작했다. 이어 몇 군데 잡지사를 인수하고 1949년에는 바이덴펠트&니콜슨 사가 탄생했다. 이밖에 바이덴펠트가 성공을 거둔 출판물 중에 주목할 만한 것으로는 나보코프의 『롤리타』(많은 논란 끝에), 이자야 베를린의 『고슴도치와 여우』, 다비드 벤구리온, 골다 메이어, 아바 에반, 모세 다얀 등의 회고록이 있다. 또 이 출판사에서 나온 에른스트 놀테의 『파시즘의 세 얼굴』과 랄프 다렌도르프

프의 『독일의 민주주의』(41장 참고)도 당연히 빼놓을 수 없다. 2009년 9월 제네바에서 국제적인 명성을 얻은 건축가 노먼 포스터 경의 주최로 열린 바이덴펠트의 90회 생일 파티에는 300명의 유명 인사가 참석했다. 참석자 중에는 이스라엘 부총리, 10명의 대사, 여러 언론계와 출판계 인사들이 있었고, 바이덴펠트 자신의 표현을 빌리면 "어딘가 합스부르크가"적이었다.

출판업에서 바이덴펠트가 올린 업적만큼이나 인상적인 활동을 펼친 인물은 니콜라우스 페브스너였다. 페브스너는 1936년에 영국으로 건너가 가구 디자이너로 일했다. 전쟁 기간에 페브스너는 『건축 리뷰』의 편집 일을 대리로 맡아보았고 런던 대학의 버크벡 칼리지에서 시간강사로 일하며 유럽 건축에 대한 책을 출판했다. 1955년 페브스너는 BBC 방송에서 리스 강의Reith Lecture*를 담당하면서 '영국 미술의 영국적 특징'을 강의 주제로 골랐다. 하지만 이보다는 다른 두 프로젝트가 더 큰 관심을 불러일으켰다고 봐야 할 것이다. 하나는 앨런 레인과 대화를 나누다가 얻은 성과였다. 레인은 『펠리칸 미술사 총서』를 위한 펭귄 북스**를 기획했는데, 이 총서는 전 세계 미술의 발달 과정을 조사하는 대규모 전집이었다. 두 번째 프로젝트는 페브스너가 조사하고 직접 쓴 것으로 영국에서 가장 중요하고 아름다운 건축물을 다룬 시리즈였다.[14] 이 기획 시리즈는 비록 30년에 걸쳐 완성되었지만 지금도 기념비적인 업적으로 남아 있다. 노이라트 사는 헨리 무어, 바버라 헵워스, 벤 니컬슨 등을 중심으로 한 모임의 중심 역할을 했다.

이후의 업적은 역사가 에릭 홉스봄(1917~2012)에게서 엿볼 수 있다. 홉스봄은 빈에서 태어나 10대 초반에 베를린으로 이주했다. 홉스봄은 자본주의에 대한 대안인 동시에 자신이 거의 공감하지 않던 시오니즘에 대한 대안으로서 공산주의에 끌렸다. 영국으로 온 홉스봄은 버크벡칼리지에서

---

*BBC 초대 회장 존 리스의 업적을 기리기 위해 사회적인 쟁점이 되는 문제를 집중 탐구하는 프로그램.

**1935년에 A. 레인이 창간한 영국의 염가본 문고의 하나

인상적인 역사 교수가 되었고 엄청난 영향력을 발휘하게 되는 잡지 『과거와 현재』의 창간에 참여했다. 또 홉스봄은 하층민을 주제로 한 책 다수와(『원초적 반란』(1959), 『노동자들』(1964)) 큰 인기가 끌었던 4부작 『혁명의 시대』 『자본의 시대』 『산업의 시대』 『극단의 시대』를 저술했다.[15]

칼 포퍼와 프리드리히 폰 하이에크는 1940년대에 시작된 사회주의와 영웅주의에 대한 공격을 계속했다. 1959년 포퍼는 『과학 발견의 논리』를 출간했는데, 여기서 그는 과학자는 낯선 자로서 세계—자연—와 마주친다는 견해를 제시했다. 과학적 모험심이 나머지 세계와 구분되는 것은 오직 반증 가능성이 있는 지식이나 경험을 내포하는 데 있다는 것이다. 포퍼가 볼 때 바로 이 점이 과학을 종교나 형이상학과 구분시켜주는 요인이었다. 이 같은 요인이 '열린' 사회의 전형적인 특징이라는 것이다. 하이에크는 1950년에 영국을 떠나 시카고 대학으로 갔다. 바로 그 때문에—비록 이후에 독일어권 유럽 지역인 잘츠부르크 대학과 프라이부르크 대학으로 옮겨가기는 했지만—그를 쉽게 미국 망명자를 다룬 장에서 소개할 수 있었다. 냉전이 한창 진행 중이던 1960년에 하이에크는 『자유의 구조』를 출간했다. 그는 여기서 논의의 범위를 확대해 계획경제—이전의 저술에서 초점을 맞춘—를 넘어 윤리적인 부분까지 다루고 있다. 이제 하이에크는 인간의 가치는 지식이 진화하듯이 진화하며 정의의 진화된 규칙이 곧 자유라고 주장했다. 1960년대에 많은 인기를 끌었던 '사회정의'의 개념과 '위대한 사회'는 과거나 현재나 신화에 지나지 않는다는 것이다. 진화하고 있는 법은 "인류의 자연스런 역사의 일부"라는 것이 그의 주장이었다. 또 법은 사회와 같은 시기에 출현했으므로 따라서 법이 국가보다 먼저 출현했다고 주장했다. '사회정의'의 폐단은 자연스러운 과정에 대한 부당한(그리고 실행 불가능한) 간섭이라는 것이 하이에크의 생각이었다. 포퍼나 하이에크 모두 전통적인 독일적 경향에서 문화 비관주의자가 아니었으며 접근 방식으로 보았을 때 누구나 쉽게 알 수 있는 진화론자였다. 1974년 하이에크는 노벨경제학상을 수상했고 1984년에는 영국 명예훈장을 받았다. 포퍼는 1965년에 작위를 받았다.

이와는 달리 출판, 문학, 역사를 합친 사업은 알프레트 비너가 런던에 세운 홀로코스트 도서관Holocaust Library이었다. 베를린에서 태어난 비너는 제1차 세계대전에 참전해 철십자 훈장을 받았다. 항상 민족사회주의의 위협을 염두에 두었던 비너는 일찍이 1928년부터 나치활동을 기록으로 남기는 작업을 해오다가 1933년 도피할 수밖에 없는 처지가 되자 암스테르담을 거쳐 런던으로 향했다. 전후에 비너는 주요 홀로코스트 기록보관소 중 하나인 비너 도서관을 세웠다.[16]

레오 벡(1873~1956)도 비슷한 인물로서 어떤 면에서는 비너보다 더 인상적인 활동을 했다고 볼 수도 있다. 지금은 폴란드 땅이지만 당시에는 독일에 속한 리사에서 태어난 벡은 베를린 대학에서 빌헬름 딜타이에게 철학을 배우고 랍비가 되었다. 1905년 벡은 아돌프 폰 하르나크가 쓴 『기독교의 본질』에 대응해 『유대교의 본질』을 출간했는데, 유대인의 사상에 신칸트주의를 섞은 이 책의 성공으로 그는 독일의 유대인들에게 영웅적인 존재가 되었다.[17] 그는 제1차 세계대전에서 군 랍비로 활동했으며 이후에는 독일에 남아 유대인의 이해를 보호할 목적으로 설치된 여러 위원회와 조직에서 자신의 역량을 발휘해 유대인 사회의 수호자 같은 역할을 했다. 결국 1943년 벡은 테레지엔슈타트 강제수용소로 보내졌고 여기서 원로회의의 일원이 되어 1945년 5월에 소련군의 진주로 해방될 때까지 수용소에 갇혀 있었다. 전후 벡은 런던으로 가서 두 번째 저서인 『이스라엘 사람들』을 발표했는데 이 책의 출간으로 그의 위상은 더 높아졌다. 암울했던 재앙의 기간에 그가 맡았던 역할을 기리는 의미에서 1955년에는 독일어 사용 유대인의 역사와 문화 연구를 위한 레오 벡 연구소가 설립되었다. 벡은 연구소가 설립된 이듬해에 세상을 떠났다. 지금은 멜버른과 토론토에 레오 벡 센터가 있고, 런던과 예루살렘, 뉴욕에 레오 벡 연구소가 있다.

영국의 망명 기자들은 대부분 BBC 부근으로 몰려들었다. 출판업계에서는 데이비드 애스토어가 운영하는 『옵서버』가 제바스티안 하프너, 아서 케스틀러, 리하르트 뢰벤탈, 에른스트 (프리츠) 슈마허, 이자크 도이처의 책을 출판했다. BBC는 신문 잡지나 연극 외에 음악에도 영향을 미쳤다. 음악에서도 망명자의 위력은 과학이나 출판업, 사회정치 이론에서만큼이나 막강했다. 전후 시대, 1970년대까지 빈 출신의 망명자 3명은 방송사의 음악 프로그램 제작에 편향적일 정도로 많은 흔적을 남겼는데 바로 한스 켈러, 마틴 에슬린, 스티븐 허스트였다.

제1차 세계대전이 끝난 직후 빈에서 태어난 켈러는 오스트리아가 독일에 합병되자 오스트리아를 빠져나와 누이가 살고 있던 영국으로 갔다. 클로드 드뷔시와 조지 거슈인을 좋아하고 프로이트 심리학으로부터 깊은 영향을 받은 켈러는 음악비평가로 이름을 알리기 시작했으며 벤저민 브리튼의 활동 초기에 그의 팬이 되기도 했다. 1959년 BBC 방송의 음악책임자로 온 윌리엄 글록은 부임하자마자 켈러를 채용했다. 두 사람은 하이든과 모차르트를 좋아했지만(이 당시는 누구나 모차르트를 좋아하던 때가 아니었다) 현대 음악을 발전시키는 일에도 관심이 있었다.[18] 이들의 공로로 영국에서 음악 감상은 과거에 결코 보지 못했던 세련된 수준으로 올라갔다. 켈러의 전기를 쓴 작가는 켈러를 영국 방송계의 '음악적 양심'으로 묘사했다.[19]

BBC 방송의 드라마에서 이와 똑같은 업적을 남긴 사람은 에슬린이었다. 부다페스트에서 태어나 빈에서 성장한 에슬린은 교양 위주의 전형적인 독일식 교육을 받았다(11세에 라틴어를, 12세에 그리스어를 배우고 그 직후에 철학을 공부했다). 어머니가 죽은 뒤 아버지와 결혼한 계모는 에슬린에게 바그너를 알게 해주었고—바그너에 대한 열정까지도—인형극에 대한 관심도 키워주었다. 이때의 경험은 그가 하웁트만과 슈니츨러, 브레히트를 간접적으로나마 알게 되는 계기가 되었다. 에슬린은 이 작가들에 대한 책을 몇 권 써서 호평 받았고 이를 발판으로 BBC 방송국에 채용되어

1963년 드라마 책임자가 되었다.[20]

스티븐 허스트는 BBC 제2방송국장으로서 영국에서 막대한 영향력을 행사하는 문화기관의 책임을 맡았다. 영국을 좋아했던 허스트는 빈에서 보낸 학창 시절에 「진지함의 중요성」을 영어 원어로 무대에 올리기도 했다. 오스트리아 합병 직후 빈을 빠져나와 옥스퍼드 대학을 거쳐 BBC로 들어간 그는 케네스 클라크의 「문명」과 앨리스터 쿡의 「아메리카」가 방영되던 1960년대와 1970년대 초가 영국 텔레비전의 예술 및 문화의 '영웅시대'였다는 점에서 늘 자신이 행운아라고 생각했다.[21]

음악 분야에서는 1947년에 에딘버러 페스티벌을 출범시킨 루돌프 빙을 이미 언급했다(빙은 이후 뉴욕 메트로폴리탄 오페라극장의 감독으로 갔다). 같은 해인 1947년에 카를 랑클은 코번트가든 왕립오페라극장 감독에 임명되었다. 처음부터 랑클을 영입하려던 것은 아니었지만 먼저 의사를 타진한 유진 구슨스와 브루노 발터가 까다로운 요구 조건을 내세우는 바람에 랑클에게 기회가 온 것이었다. 비록 랑클은 경험도 없는 데다 이들만큼 유명하지는 않았지만 베를린에서 쇤베르크와 클렘페러에게 배운 적이 있었고 그라츠와 프라하에서 몇몇 직위에 오르기도 했던 인물이었다. 그는 1939년에 영국으로 망명한 다음 억류생활을 했다. 그가 자신의 기량을 회복하기까지는 시간이 좀 걸렸다. 전쟁 기간에 왕립오페라극장은 휴가를 받고 귀향한 병사들을 위한 무도장의 용도로 메카 카페 사Mecca Café Ltd.에 임대되었고, 이 기간에 발레단은 전국 순회공연을 하며 대성공을 거두었다. 랑클은 오페라극장을 탄탄하게 조직했으며 비록 그의 재임 기간에는 오페라가 대중의 인기도에서 발레를 능가하지는 못했어도 결국에는 발레보다 더 큰 인기를 끌게 되었다.

많은 사람이 볼 때, 오랜 세월 동안 영국 음악계에서 가장 두드러진 활동을 펼친 독일인은 '볼프 강Wolf Gang'이라는 이름으로 불리기 시작한 네 명의 음악가였다. 공식적으로는 '아마데우스 현악사중주단'이라 불린다. 이들의 첫 연주회는 모차르트의 협주곡 D단조, 작품 421번을 적절하게 선보인 1948년 1월 10일의 위그모어 홀 공연이었다. 사중주단 중에서 바이올린 주자인 노버트 브레이닌과 지그문트 니셀, 비올라를 연주하는 한스 시틀로프 이 셋은 영국 망명 중에 친해졌다. 이들은 연배도 비슷했고 모두 막스 로스탈의 제자였다. 이들에게 사중주단의 나머지 단원으로 첼리스트 마틴 로벳을 소개한 사람도 로스탈의 제자였다. '브레이닌 현악사중주단'이라는 이름으로 공연한 첫 연주회는 1947년 여름에 이모겐 홀스트의 초대로 다팅턴에서 열렸다.[22] 홀스트는 이 공연에 깊은 인상을 받았는데, 이것이 계기가 되어 단원들은 명칭에 모차르트의 중간 이름을 사용하기로 결정했다. 위그모어 홀에서 열린 첫 런던 연주회는 열광적인 반응을 불러일으켰고 BBC 방송을 비롯해 여기저기서 공연 요청이 쇄도했으며 독일에서도 순회 요청이 들어왔다. 이어 1950년에는 도이체 그라모폰과 계약을 하기에 이르렀다.

클라우스 모저(1922~)는 처음에 피아니스트가 되고 싶었지만 그의 바람은 이뤄지지 않았다. 1922년 베를린에서 태어난 모저는 1936년에 가족과 함께 영국 퍼트니로 이주했고 런던경제대학에 들어갔다. 맨 섬에서 억류생활을 마친 뒤 모저는 다시 런던경제대학으로 돌아와 사회통계학 교수가 되었다(1961~1970). 이어 해럴드 윌슨 총리는 그를 영국통계국 국장에 임명했는데, 이전에도 모저는 적국 외국인이라는 이유로 이 자리에 임명이 거부된 적이 있었다. 모든 적국 외국인 중에 가장 충성스러웠던 모저는 1973년 작위를 받았고 2001년에는 일대一代귀족a life peer이 되었다. 하지만 이것이 다가 아니었다. 한창 활동하던 시기에 모저는 왕립통계협회장이 되는가 하면 옥스퍼드 대학의 와드햄칼리지 학장 및 부총장보를 지냈으며 대영박물관 개발신탁회사 사장, 영국과학발전협회 회장을 역임하기도 했다. 또 왕립음악원 원장, BBC 음악자문위원회 위원, 런던 필하모닉 오케스트라 이사, 코번트가든 왕립오페라극장 회장도 지냈다. 모저는 사실상 혼자서 하나의 기관 역할을 했다고 볼 수 있다.

이에 못지않게 다재다능한 사람으로는 로널드 그리어슨이 있었다. 1921년 뉘른베르크에서 태어난 그리어슨은 본명이 롤프 한스 그리스만으로 파리의 파스퇴르 고등학교에서 교육을 받았다. 1936년에 그는 런던으로 옮겨 옥스퍼드 대학의 베일리얼칼리지에 들어갔다. 이어 억류생활을 마친 뒤 군에 입대해 주로 북아프리카의 전투에 참가하며 수훈 보고서에 이름을 올렸다. 전후 그리어슨은 독일감독위원단에 들어가 쾰른 시장직 사임을 내키지 않아 하는 콘라트 아데나워를 설득하는 민감한 과제를 떠맡았다. 이후 1940년대에 그리어슨은 당시 막 출범한 유엔에서 일했으며 1970년대에는 브뤼셀에 있는 유럽위원회에서 활동했다. S. G. 워버그의 사장과 제너럴일렉트릭 사의 회장을 역임한 그리어슨은 1984년 런던 중심가 템스 강변 남쪽에 위치한 복합예술단지인 사우스뱅크센터의 회장을 맡았다. 이곳에는 국립극장과 국립영화관, 로열 페스티벌 홀,* 헤이워드미술관 등 대표적인 예술기관의 건물들이 밀집해 있었다. 그리어슨은 현대 음악을 가장 논란이 많은 예술로서 자신이 감당하지 않으면 안 될 과제로 받아들였다. 사우스뱅크 센터는 정부로부터 '도전적인 음악'을 공연하는 과제를 위임받았지만 연주회장은 좌석의 반 이상이 비어 있을 때가 많았다. 그리어슨은 1990년에 작위를 받았다.[23]

영국에 정착한 독일 태생의 학자로 이름을 날린 인물 가운데 막스 보른, 조지 스타이너, 루돌프 비트코버, 에드가 윈드, 마리 야호다, 맥스 퍼루츠, 페터 풀처, 리하르트 볼하임도 빼놓을 수 없다. 그중에서 가장 유명한 인물은 『철학적 탐구』를 쓴 루트비히 비트겐슈타인일 것이다. 『논리철학 논고』에 이어 두 번째 걸작으로 평가받는 이 작품은 비트겐슈타인이 62세라는 비교적 젊은 나이에 암으로 사망한 지 2년이 지난 1953년에 출간되었

*1951년 설립된 왕립연주회장으로, 현재 런던 교향악 연주회 대부분이 이곳에서 열리고 있다.

다. 이 책에서 비트겐슈타인이 주장한 골자 중 하나는 그동안 해석되어온 많은 철학적 문제가 주로 언어의 오해에서 빚어진 것으로 사실상 잘못된 문제라는 것이었다. 비트겐슈타인이 볼 때 정신의 개념은 불필요한 것이며 인간은 '뇌'에 대한 생각에서 매우 신중할 필요가 있었다. 희망이나 실망을 느끼는 것은 사람이지 사람의 뇌가 아니라는 말이었다. 정신생활과 관련된 '내향적' '외향적'이라는 말도 비트겐슈타인에게는 비유에 지나지 않았다.

비트겐슈타인의 책은 부분적으로 1950년대 말과 1960년대에 발전한 프로이트 이론에 대한 공격이기도 했다. 프로이트는 가족과 함께 영국으로 이주한 뒤 얼마 지나지 않아 1939년 런던에서 사망했다. 아버지에게 교육을 받은 프로이트의 딸 아나 프로이트는 아버지가 세상을 떠난 뒤 햄스테드 전쟁 보육원을 차렸고 뒤에는 아동의 (전쟁고아를 포함해) 전시 스트레스의 영향을 조사하기 위해 다른 병원을 세웠다.[24] 아나 프로이트가 같은 독일어권 여성으로서 아동정신분석학자인 멜라니 클라인과 교류를 시작한 것도 이 무렵이었다.

1882년 빈에서 태어난 클라인(1882~1960)은 아이들에게 관심이 많았고 유대인이었으며 산도르 페렌치와 카를 아브라함에게 정신분석을 받은 적이 있었다.[25] 어니스트 존스가 그녀를 런던으로 초대했다. 클라인은 개인적으로는 만족스럽지 못한 생활을 했지만 장애아의 사고가 놀이로, 특히 장난감을 다루는 행동으로 형성될 수 있다는 것을 최초로 관찰한 인물이었다.[26] 이런 인식을 토대로 클라인은 대상관계 이론Object relation theory을 확립했다. 이 이론은, 자아는 세계와 마주치는 독특한 방법으로 형성되는데 이때의 확고부동한 태도가 많은 문제의 원인이 된다고 진단한다.

클라인과 아나 프로이트는 아동의 내면생활을 둘러싸고 오랜 기간 대립했다.[27] 아나는 아이들이 겪는 뚜렷한 발달 단계가 증상이 나타나는 데 영향을 준다고 보았다면 클라인은 전반적으로 정신생활을 조증과 울증 단계 사이의 반복 과정으로 보았다.[28] 두 사람은 결코 화해하지 않았기 때문에 영국정신분석학회는 지금까지 공식적으로 클라인식 훈련 과정과 아나 프로이트식 훈련 과정, 두 가지 독립된 분야로 나뉜 채 남아 있다.

노르베르트 엘리아스는 앞서 이미 소개한 바 있다. 엘리아스는 독일에 있을 때 에리히 프롬과 레오 스트라우스, 레오 뢰벤탈, 게르숌 숄렘이 활동하는 모임에 들어갔지만 그의 인생에 실제로 영향을 준 것은 프랑크푸르트 대학에서 카를 만하임의 조교로 일할 때였다. 1933년 나치스가 만하임 연구소를 폐쇄하자 노르베르트 엘리아스는 파리로 가서 그의 저서 중 가장 유명해질 『문명화 과정』을 쓰기 시작했다. 1935년에는 영국으로 이주해 런던경제대학에 있던 만하임을 만나 다시 그의 조교가 되었다. 엘리아스는 전쟁이 일어날 무렵에 자신의 대표작을 완성했지만 맨 섬에 갇히는 신세가 되었다. 그의 활동 경력에 큰 돌파구가 찾아온 것은 한참 뒤인 1969년에 『문명화 과정』의 재판이 발행된 이후였다.[29] 이 책은 유럽에서 발달한 여러 행동모형을 추적하고 있는데, 성적 행동이나 식사 예절, 신체 기능, 말의 형태, 주인과 하인 간의 관계를 주로 다루고 있다. 엘리아스는 여러 문서와 회고록, 그림을 자료로 활용하면서 궁정 예절은 어떻게 전파되었는지, 수치심과 반감은 어떤 발달 과정을 거쳐 전파되었는지, 또 자제력이 어떻게 민주주의의 요소로 찬양되기 시작했는지를 보여주었다. 한때 무시되었던 그의 접근 방식은 심리학과 사회학을 발전시킨 핵심적인 방법으로 환영받았고 리처드 세넷은 이 책을 "의심할 여지 없이 막스 베버 이래로 가장 중요한 역사사회학 중 하나"로 꼽았다.[30]

엘리아스와 마찬가지로 에른스트 겔너(1925~1995)도 런던경제대학과 케임브리지 대학에서 강의를 했다. 겔너가 성장한 곳은 카프카가 '3중 문화의 프라하'라고 부른 곳이었다. 그가 프라하에서 영어 학교를 다닌 것은 아버지의 선견지명 덕분이었다고 볼 수 있다. 1939년에 가족이 영국으로 이주했기 때문이다. 영국으로 간 겔너는 옥스퍼드 대학 베일리얼칼리지에서 장학금을 받았다. 겔러는 학업 중에 제1체코슬로바키아 기갑여단에서 복무하면서 됭케르크Dunkirk 포위작전에 참여했다. 베일리얼칼리지를 마친 겔너는 런던경제대학으로 옮겨 마침내 철학과 논리학, 과학방법론 교수가 되었다.

겔너의 이름을 널리 알린 저술은 『말과 사물』(1959)이었는데. 이 책은 비트겐슈타인과 길버트 라일, 그리고 그 자신이 방법론이 엉성하다고 생각한 다른 언어철학자들에 대한 재치 있는 비평이었다. 이 책을 보고 몹시 격분한 라일은 자신이 편집장으로 있던 『정신Mind』 지에 이 책의 서평을 싣는 것을 거부했다. 버트런드 러셀도 『런던 타임스』에 이 책에 대해 부정적인 기사를 썼고 이후로도 소동은 가라앉지 않았다. 다른 저서 『쟁기와 칼, 그리고 책』(1988)에서 겔너는 역사를 크게 채집·수렵의 시대와 농업생산 시대, 산업생산 시대 세 단계로 구분하고 각 단계는 생산과 강압, 인지라는 3대 인간 활동에 들어맞았다고 주장했다. 아마 『말과 사물』 이후로 겔너의 가장 중요한 저술은 『민족과 민족주의』(1983)일 것이다. 케임브리지 대학으로 옮긴 겔너는 1960년대에 사회인류학에 관심을 기울이며 서구사회와는 다른 사회를 연구하는 일에 매달렸다.[31] 겔너는 1993년에 은퇴한 뒤 프라하로 돌아가 조지 소로스가 신설 중앙유럽대학교Central European University의 사업 일부로 후원하던 민족주의연구소를 이끌었다. 산악인이자 맥주 애호가였던 겔너의 문체는 다음 문장에서 보듯 아무도 쉽게 흉내낼 수 없는 독특한 멋이 있었다. "J. O. 위즈덤 박사는 일단 나를 관찰하고는 헤겔 이후로는 철학이 없다고 생각하는 사람뿐 아니라 비트겐슈타인 이전에는 철학이 없었다고 생각하는 사람도 있다는 것을 알았다. 그리고 이 두 가지 생각이 모두 옳다는 가능성을 배제할 이유를 찾지 못했다."

물론 영국으로 망명한 화가 가운데 코코슈카와 슈비터스가 가장 유명하기는 했지만 어쩌면 망명가 중에서 가장 잘 알려진 당대의 화가는 전쟁이 발발했을 때 여덟 살밖에 안 되었던 프랑크 아우어바흐(1931~)일지도 모른다. 아우어바흐가 시도한 스컴블링Scumbling*과 육중한 느낌의 임패스토

Impasto**기법은 독일 표현주의 전통과 매우 가까운 것이었다. 베를린에서 태어난 아우어바흐는 1939년 부모가 손을 써서 영국으로 가게 되었지만 부모는 모두 강제수용소에서 사망했다.[32] 아우어바흐는 영국에서 번스코트 Bunce Court에 들어갔는데, 이 학교는 유대인으로서 퀘이커교도였던 아나 에싱거가 운영하는 곳이었다(학교 자체도 슈바벤 법원 구역 안에 있던 헤를링겐에서 옮겨왔다). 아우어바흐를 후원해준 사람은 이리스 오르고였다.

부모를 여읜 뒤 아우어바흐는 전후에 영국에 머무르면서 데이비드 밤버그에게 지도를 받았고 런던 시내의—적어도 런던 교외의—공장 풍경을 그리면서 이름이 알려졌다. 프랜시스 베이컨 이후 가장 탁월한 '영국적' 인재로 존경받던 아우어바흐는 1978년에 예술원the Arts Council 회고전을 열 기회를 얻었다. 2001년에는 왕립미술원Royal Academy에서 회고전을 열었다. 또 1986년에는 영국 대표로 베네치아 비엔날레에 참가해 지그마르 폴케와 공동으로 황금사자상을 수상하기도 했다.[33] 2003년에는 그가 작위를 거부했다는 보도가 나왔다.

비록 영국으로 망명한 독일인 중에는 토마스 만이나 알베르트 아인슈타인, 빌리 와일더, 마를레네 디트리히, 한나 아렌트, 허버트 마르쿠제처럼 세계적으로 명성을 날린 인물이 없었지만 이들은 미국 망명자들보다 영국에서 훨씬 더 행복했던 것으로 보인다. 독일로 돌아간 사람은 별로 없었다. 이들은 미국으로 간 사람들보다 영국 생활에 더 순조롭고 완벽하게 적응했으며 결국 BBC 방송이나 옥스퍼드 대학, 케임브리지 대학처럼 위상이 높은 영국의 전통적인 기관이나 코번트가든, 대영박물관 같은 주요 문화 시설에서 일했다. 이것은 유럽 국가인 영국이 이들에게 더 이해하기 쉬워서였을까? 아니면 어느 정도 싸울 기회가 주어졌거나 적응을 위한 싸움

---

*밑에 있는 물감이 들여다보이도록 하기 위해 불투명의 어두운 색 위에 불투명한 색을 불규칙적으로 바르는 기법.

**붓이나 나이프로 물감을 두텁게 칠해서 최대한 질감과 입체적인 효과를 내는 기법.

에 접근할 수 있었기 때문일까? 물론 미국에 거주하는 많은 독일인도 미국을 위해 전쟁에 많은 노력을 기울인 것은 의심할 여지 없는 사실이지만 미국에는 영국을 위해 싸운 독일인을 다룬 헬렌 프라이의 『국왕의 가장 충성스러운 적국 외국인』 같은 책이 없다. 억류생활이 어떤 면에서 보면, 비록 억류 기간이 불쾌했을지라도 공동의 체험을 했다는 점에서 정화의 기회가 아니었을까? 영국인의 관점에서 봤을 때 이 경험이 전적으로 무의미한 기간은 아니었고 억류가 끝났을 때 심리적으로 중요한 기회였다는 것을 알게 된 것은 아니었을까? 영국으로 간 많은 망명자는 1940년까지 억류생활을 했다. 영국인들과 공유한 이 암울했던 시절이 '회복'의 경험으로 작용해 이후 망명자들의 적응과 충성에 효과를 낸 것은 아니었을까?

사실을 확인할 길은 없다. 분명한 것은 대부분의 영국인이 생각하는 것 이상으로 독일 망명자들이 많은 영향을 미쳤다는 사실이다.

제41장

“분단된 하늘”: 하이데거에서 하버마스, 라칭거까지

1945년 5월, 유럽에서 총성이 멎은 뒤 독일은 황무지로 변했고 수많은 사람이 집을 잃어 난민이 되었다. 1945년 3월에 쾰른에 머물던 조지 오웰은 폐허가 된 시내를 걸으면서 "문명이 지속될지 심히 의심스러운 느낌이 들었다"고 썼다.[1] 1947년 8월에 베를린을 방문한 발터 그로피우스는 시가지가 '시체'보다 나을 것이 없다고 생각했다. 그는 미국이 프랑크푸르트 암 마인에 새 수도를 세우도록 건의했다.[2] "제3제국이 재기 불가능할 정도로 무너진 것을 기념하도록" 폐허의 잔재를 그대로 남겨두어야 한다고 생각하는 사람들도 있었다. 전례 없는 규모로 새 주택을 건설해야만 했다. 한 통계에 따르면 650만 채의 건물이 파괴되었다.[3] 볼프강 시벨부슈가 말한 대로 새로운 주택만 필요한 것이 아니라 새로운 시각이 필요했다. 독일의 건축가와 도시설계자들은 파괴된 것을 재창조하고 복구시켰는가, 또는 새롭게 출발했는가?

이들은 두 가지 모두를 시도했다. 이들은 몇몇 지역에서—뮌헨, 프라이부르크, 뮌스터—파괴되고 사라진 것을 재건했다. 또 다른 지역에서는—뒤셀도르프, 함부르크, 쾰른, 프랑크푸르트 암 마인—새로운 출발을 했다. 하지만 이밖의 모든 곳에서는 아주 아이러니하게도 "피폭 도시의 재건 계획 지휘부"를 위해 입안된 알베르트 슈페어의 설계를 활용했다.[4] 주택과 극장, 연주회장, 대학, 운동경기장을 비롯한 모든 것이 폐허의 잔재 위에 새로 세워졌다. 표현주의 색채를 띤 벤스베르크 읍사무소 건물(고트프리트 뵘, 1962~1967)과 베를린의 필하모닉 홀(한스 샤룬, 1956~1963)처럼 일부는 다른 건물보다 더 눈길을 끌었다.[5] 가장 주목할 만한 건물은 미스 반데어로에가 설계한 것으로 유리와 강철로 된 신국립미술관Neue Nationalgalerie이었는데, 소박한 구조의 건물 지하에 그림을 전시했다.[6]

폐허의 잔재와 재건의 분위기 속에서 베를린의 지적 생활은 전쟁 직후 망명자들이 돌아오면서 짤막한 부흥기를 누렸다. 지하로 숨었던 사람들은 이제 거리낌 없이 얼굴을 드러낼 수 있었고 연합군은 돌이나 벽돌을 다시 쌓는 것보다 재구축하기 더 쉬운 문화생활을 장려했다. 이런 현실에 대해 브레히트는 "히틀러의 아이디어에 따른 처칠의 판화"라는 함축적인 경구로 표현했다.[7]

뒤에 예술동맹으로 이름을 줄인 '독일의 민주적 부흥을 위한 예술동맹'은 소련군의 허가를 받고 이내 회원이 9000명으로—적어도—늘어났으며 완전히 파괴된 도시에서 문화에 대한 욕구를 불태웠다. 예술동맹은 처음에 토마스 만을 정신적 지도자로 거론했다. 하지만 만은 한 공개서한에서 사실상 "편안한" 상태로 물러나 앉아 전쟁을 지켜본 것이 아니냐는 공격을 받았다. 이에 따라 만은 모든 논의 대상에서 배제되었다. 그들은 대신 당시 80세를 넘긴 나이로 슐레지엔에 살고 있던 하웁트만과 교섭했다. 하웁트만은 명예회장을 맡는 것에 동의했다. 예술동맹은 일련의 연주회와 현대음악에 대한 강연을 여는 것으로 활동을 시작했으며 과학과 인문 분야를 발전시킬 기구를 발족시켰다. 하지만 이 기구가 소련의 입김을 받은 공산주

의 조직이라 생각했던 영국은 탐탁지 않게 여겼고, 결국 이 기구는 곧 폐쇄되고 말았다.[8]

신문과 라디오, 영화 분야의 모든 활동은 점령군의 허가를 받아야 했다. 이때 가장 흥미로운 일은 「칼리가리 박사의 밀실」「마부제 박사의 유언」「메트로폴리스」「푸른 천사」를 제작한 우파 사에서 예전에 막후 실력자로 활약한 에리히 포머를 귀환시키기로 결정한 것이었다. 1946년 7월에 독일로 돌아온 포머는 자신의 말마따나 "재림한 메시아처럼" 환영받았다. 베를린에는 포머를 위한 주택이 마련되었고 개인 시종도 붙여주었다. 할리우드에서는 포머가 떠나는 것을 놓고 목소리를 높여가며 반대했지만—독일 영화는 1933년까지 할리우드의 주요 경쟁 상대였다—결국 동의하지 않을 수 없었다. 양측은 그들의 주요 목표가 이제는 소련의 냉전 선전 정책과 맞서 싸우는 것이라는 사실을 받아들였다.[9]

이 같은 모든 노력은 1948년 7월 24일 소련이 베를린과 서독을 잇는 모든 육로와 철로를 폐쇄하면서 방해받았다. 이 사태는 공중보급로Luftbrücke*를 이용해야 하는 결과를 낳았다. 공중보급활동은 1949년 9월 30일까지 계속되었다.• 당시 점점 더 깊어지던 냉전은 1961년 여름에 베를린 장벽이 설치되면서 절정에 이르렀다. 전후 독일 문화에서 중요한 문제는 과거 극복Vergangenheitsbewältigung의 과정이었다. 당시 콘라트 아데나워 총리는 나치 고위 간부를 지낸 전적이 있더라도 냉전 와중에—1950년대와 1960년대에 '경제 기적'이라고 알려지게 될—정부 사업에 도움을 주거나 참여할 의사가 있다면 당국에 고용하는 정책을 실시했다. 하지만 아데나워의 이 같은 정책은 과거 극복 과정에 도움이 되지 않았다. 아마 이 부분에서 가장 수치스러웠던 일은 서독과 미국 정부가 아돌프 아이히만이 1952

*소련의 육로 차단으로 미군이 비행기로 서베를린 시민에게 생필품을 공급한 조치.

•미국의 주도로 공중보급이 성공한 것은 독일인 가운데 서베를린 시민이 일반적으로 다른 지역의 독일인보다 미국의 지원을 더 많이 받았음을 의미한다.

년부터 리카르도 클레멘트라는 가명으로 아르헨티나에 살고 있다는 것을 알면서도 그를 보호했다는 사실일 것이다. 양국 정부가 아이히만을 보호한 이유는 그가 뉘른베르크 인종법의 입안자이자 아데나워 정부에서 고위직에 있던 한스 글롭케에 대한 정보를 발설하지 않을까 염려했기 때문이다. 이스라엘 정부는 1962년까지 아이히만을 체포하지 않았다.

이런저런 이유로 냉전이라는 긴급 상황은 과거 청산 과정을 끊임없이 방해했다.

로버트 콘퀘스트는 뉘른베르크 전범재판에서 소련 대표 때문에 비나치 진영이 '히틀러 정신'에 대처하는 데 방해를 받았다는 사실을 지적한 바 있다. "전쟁을 일으킨 나라로서 나치 독일에 대해 판결하는 국가 중 하나가 똑같은 혐의로 6년 전에 국제연맹에서 제명된 적이 있다는 사실은 이례적인 것으로 보인다."[10]* 독일인들이 그들의 과거와 어쩔 수 없이 타협하려고 했음을 밝히려고 한 최초의 무삭제 도서는 일반의 예상보다 훨씬 더 빠르게 나왔다. 막스 바인라이히(1894~1969)의 『히틀러의 교수들: 유대인에 대한 독일 범죄에서 학술 부분』은 1946년 3월, 전쟁이 끝난 지 채 1년도 지나지 않아 나왔다. 바인라이히는 1893년 라트비아에서 태어나 베를린과 마르부르크 대학에서 독일 문헌학을 공부했다. 이디시어**로 박사학위를 딴 바인라이히는 훗날 유대인연구소 이보YIVO로 개편되는 빌나의 연구소 소장이 되었다. 폴란드가 분할될 당시 브뤼셀 회의에 참석 중이던 바인라이히는 어렵사리 미국으로 발길을 돌렸다. 미국에 도착한 그는 빌나가 나치와 소련 간의 폴란드 분할 협정으로 소련 통제권으로 들어간 것을 알고는 뉴욕에 이보를 재설립하는 일에 착수했다. 이때의 경험으로 바인라이히는 자연스럽게 히틀러 치하에서 나치와 대량학살 정책을 지지한 학자들에 초

*1939년 소련이 핀란드 침략 때문에 국제연맹에서 제명된 사실을 말한다.

**원래 중앙 및 동부 유럽에서 쓰이던 유대인 언어.

점을 맞췄다. 그는 자신의 저서에서 2000종의 전시戰時 출판물을 활용했으며 이중 많은 자료가 당시까지 기밀문서에 속했다. 그는 또 제3제국 시대의 간행물에서 발췌한 5000종의 기사를 분류하기도 했다. 그중에서 예컨대 나치 정책의 하나로 실시된 '대규모 실험'은 나치가 어떻게 게토를 과학적으로 연구했는지, 어떻게 '민족'과 '공간'이라는 개념을 중심으로 '인종학'과 살육공장의 과학적 측면을 발달시켰는지를 보여준다. 이중 상당 부분은 이 책 35장의 '나치의 학문'에서 논의된 문제다. 1989년 베를린 장벽이 붕괴된 이후 다수의 학자는 바인라이히가 처음 제기한 문제에 다른 자료를 추가하기도 했지만 논의의 장을 연 사람은 바인라이히였고 오늘날 그의 책은 이 분야의 고전으로 받아들여지고 있다.

지그프리트 크라카우어도 전쟁 기간에 뉴욕에 있었는데, 그는 여기서 바이마르 공화국 시절의 동료 아도르노와 재회했다. 앞서 31장에서 언급한 대로 1930년 획기적인 저서인 『고용자들』을 펴낸 이후 크라카우어는—유대인으로서—1933년 파리로 갔다가 다시 미국으로 건너가 현대미술관에 근무하면서 구겐하임과 록펠러 장학금의 지원을 받았다. 크라카우어는 이를 발판으로 획기적인 영화비평서 『칼리가리에서 히틀러까지: 독일 영화의 심리적 역사』(1947)를 발표했다. 이 책에서 그는 바이마르 시대의 영화, 역사, 정치 사이의 유사점을 분석하고 찾아내면서 이러한 요인이 부분적으로 히틀러의 출현에 대한 설명이 된다고 생각했다. 크라카우어와 바이마르 공화국의 영화 미학을 검증한 『귀신 들린 스크린』(1955)의 저자 로테 아이스너 두 사람은 바이마르 시대의 영화에 배경으로 깔린 위협적인 요소는 혼란이며(「칼리가리 박사의 밀실」에서 어지러운 무대 세트로 표현되는) 이 혼란 속에서 폭력적인 인물(칼리가리 박사)은 구원자로 등장한다고 주장했다.[11] 크라카우어는 또 「엠」「메트로폴리스」「푸른 천사」 같은 당대의 대표적인 영화를 분석하면서 논점을 확대해 "바이마르 시대의 스크린"이 "독일의 재앙"을 이해할 수 있는 토대라고 주장했다. 그는 특히 슬랩스틱 코미디가 권력을 놓고 경솔한 장난을 벌이는 데 대한 비유라고 보았으며 이런 위험 속에서 희극배우는 권력의 손아귀에서 벗어나려고 하다가 고립무원의 처지에 빠지는 것으로 파악했다. 배우는 자유로워지지만 위협적인 상황은 그대로 남아 있다는 것이다. 그의 책 역시 고전이 되었다. 물론 「칼리가리 박사의 밀실」의 초고 원본이 우연히 발견되고 최근 다른 학자들의 연구가 진행되면서, 크라카우어가 말하듯 영화가 전적으로 상상력과 직결되고 정치와의 직접적인 연관성에 대한 모색이라는 견해에 대해 의문이 제기되기는 했다.[12]

독일적 증후군

1961년 함부르크 대학의 역사가 프리츠 피셔(1908~1999)는 제1차 세계대전에서 독일이 겨냥한 목표를 분석하는 책을 출간했다. 피셔의 의견을 바탕으로 이 목표가 1912년의 악명 높은 '전시 내각'에서 설명되었다는 것은 29장에서 이미 언급한 바 있다. 이 자리에서 황제 빌헬름 2세와 군사 보좌관들은 "1914년 여름까지 본격적인 전쟁을 유발하고 그 사이에 전쟁 준비에 박차를 가하기로 결정했다." 피셔는 이뿐만 아니라—이 점이 지금 논의하는 맥락에서 이 책의 중요성을 의미하는데—두 차례 세계대전에서 독일이 일관된 목표를 갖고 있었음을 암시했다. 피셔의 이런 생각은 일부 동료 역사가가 볼 때 지나친 것이었다. 예를 들어 게르하르트 리터는 베트만 홀베크*와 히틀러, 1914년 이전과 1930년대의 독일 외교 정책, 비스마르크의 독일 제국과 히틀러의 제3제국 간의 비교 가능성에 대해 "분노를 표하며 일축"했다.[13] 피셔는 또한 익명의 사회·경제적 힘의 무대에서 배우 역할

*제1차 세계대전 당시 독일 총리.

을 강조함으로써 과거에 대한 독일 내부의 논란에 불을 지폈다. 당시까지 이런 논란은 주로 대서양을 건너 미국으로 간 망명자들이 관심을 보이던 문제였다.

독일 내에서는 생년월일이 문제로 대두됐다. 1929년 또는 이 직후에 태어난 사람은 '순백 세대Weisse Jahrgänge'의 일부로 흠이 없는 세대로 여겨졌다. 귄터 그라스(1927년생), 마르틴 발저(1927년생), 쿠르트 존트하이머(1928년생)는 좁은 의미에서 제3제국의 세대로 볼 수 있었다. 하지만 위르겐 하버마스, 랄프 다렌도르프, 한스 마그누스 엔첸스베르거(모두 1929년생)는 달랐다. 사회학자 헬무트 셸스키가 이 1929년생들을 '회의적인 세대'로 분류한 것은 일반적으로 타당한 판단으로 받아들여진다. 어쩌면 그들은 전통적인 의미에서 "깊이가 없고 추악한 정치세계"와 "순수한 문화 영역" 간에 경쟁을 벌인 독일인의 '큰 틈'을 극복한 최초의 세대였을지도 모른다.[14] 많은 사람의 마음속에 제3제국은—적어도 1933~1942년의 기간은—여전히 '좋은 시절'을 연상시키고 홀로코스트와 그것을 '발견한' 1942~1948년의 부정적이고 충격적이었던 시절과 분리된 상태로 남아 있다.[15]

이 무렵, 피셔가 제기한 문제와 주제 면에서 무관하지 않은 몇몇 연구가 나왔다. 그중 몇 가지를 거론한다면 빌헬름 뢰프케의 『독일의 의문』(1945), 레오나르드 크리거의 『자유에 대한 독일적 사고』(1957), 프란츠 노이만의 『민주주의 국가와 권위주의 국가』(1957), 볼프강 몸젠의 『막스 베버와 독일 정치』(1959), 헬무트 플레스너의 『뒤처진 국가』(1959), 프리드리히 A. 폰 하이에크의 『자유의 구조』(1960), 프리츠 슈테른의 『문화적 절망의 정치』(1961), 게르하르트 리터의 『독일문제』(1962), 헤르만 아이히의 『사랑받지 못한 독일인』(1963) 등을 꼽을 수 있다. 하지만 어느 연구보다 돋보인 저술은 죄르지 루카치의 『이성의 파괴』(1962)와 랄프 다렌도르프의 『독일의 사회와 민주주의』(1965)였다.

루카치의 『이성의 파괴』는 "철학에서의 히틀러로 향하는 길"을 분석하고 있으며 루트비히 굼플로비치와 휴스턴 스튜어트 체임벌린에서부터 빌헬름 딜타이, 페르디난트 퇴니에스, 막스 베버, 오스발트 슈펭글러, 그리고 막스 셸러, 마르틴 하이데거, 카를 야스퍼스, 카를 슈미트에 이르기까지 이후 잘 알려진 과정을 추적한 초기 연구서에 속한다. 루카치는 자본주의 발달에서 '뒤처진' 독일의 지위 및 19세기 후반과 20세기 전반에 독일 지식인 사이에 만연했던 역경과 비관주의를 일찍이 언급한 선두 학자 중 한 사람이었다. 루카치는 이런 현상의 원인을 우선 칸트의 관념론에서 찾았다. 칸트의 관념론은 무엇보다 훨씬 더 합리적이고 과학적인 마르크스주의가 여느 나라와는 다르게 계급투쟁이 진행된 독일에서 득세하는 것을 방지했다고 루카치는 말했다. 관념론은 활력론vitalism*의 형태로 절정에 오른 직관에 명성을 안겨주었다. 철학적으로 볼 때 독일은 질적으로 좀더 '농축된' 레싱과 하이네, 칸트, 헤겔, 포이어바흐에서 마르크스와 엥겔스에 이르는 노선보다 괴테, 쇼펜하우어, 바그너, 니체로 이어지는 노선(루카치는 니체에 대한 특유의 경멸을 자제했다)을 받아들였다는 것이 루카치의 생각이었다. 루카치는 제2차 세계대전 이후 미국에서 좀더 확고해진 불합리를 직시해야 한다고 주장했다. 마르크스레닌주의가 좀더 "고차원적인 지식의 단계"라는 그의 주장과 결합된 이런 생각은 스탈린의 무지한 공포정치가 알려진 당시에는 어딘가 설득력이 떨어졌다.

한편 다렌도르프(1929~2009)의 『독일 사회와 민주주의』는 논의의 강도는 더 약했지만 다른 저술에서 다뤄진 문제점들을 두루 고찰하고 이런 주제를 확인하거나 반박하기 위해 최신의 사회학적 연구물을 활용했다는 강점을 지니고 있었다.[16]

다렌도르프는 1929년 함부르크에서 바이마르 공화국 당시 사회민주당

*생명 현상의 발현은 비물질적인 생명력이라든지, 자연법칙으로는 파악할 수 없는 원리에 지배되고 있다는 이론으로 생기론이라고도 한다.

의원의 아들로 태어났다. 함부르크 대학에서 전통과 현대 정신을 접목한 교육을 받은 그는 철학과 사회학의 고전을 읽었다. 그는 1956년 런던경제대학에서 박사학위를 땄고 이후 학술세계와 실무정치 양 분야에서 경력을 쌓았다. 다렌도르프는 1969~1970년 독일 의회 의원이 되었으며 이후 브뤼셀에 있는 유럽위원회 위원에 임명되었다. 학장으로 런던경제대학에 복귀한 뒤 다렌도르프는 옥스퍼드 대학 성앤서니칼리지의 학장이 되었고 영국 시민권을 따고서는 영국 상원에 진출했다. 그는 2009년에 세상을 떠났다.

다렌도르프는 자신의 저서에서 스스로 독일의 의문이라고 부른 주제, 즉 "왜 독일에서는 자유민주주의 원칙을 받아들인 사람이 그렇게 적었는가?"라는 의문에 대한 대답을 시도하고 있다. 그는 다음과 같이 주장했다. "인간은 지식에 대한 실험적인 태도와 사회 각 세력 간의 경쟁, 자유로운 정치 제도가 결합된 곳에서만 자유로워질 수 있다고 생각하는 자유 개념을 갖고 있다. 이 같은 개념은 독일에서 결코 현실적인 세력을 얻지 못했다. 왜 얻지 못했는가? 바로 이것이 독일의 의문이다."

다렌도르프는 독일의 산업화와 비슷한(또는 별로 비슷하지 않은) 과정을 거친 다른 나라 사이의 중요한 차이를 조명하는 것으로 과제에 착수했다. 예를 들면 독일의 기업이 영국의 기업보다 대체로 규모가 훨씬 더 크며(자본 규모로 볼 때 세 배) 이런 현상이 가져온 하나의 결과로 "자유의 원칙을 발전시키는 대신 집어삼켰다"는 점에 주목한 그는 이런 사실을 토대로 "많은 사람이 믿는 것과는 반대로 산업혁명은 전혀 현대세계의 주요 동력이 아니었다"는 결론을 내렸다.[17] 독일의 산업 부문은 굉장히 규모가 커서 국가와 동맹관계를 형성했으며 "이런 구조에서 정치적으로 자신감에 찬 부르주아지가 들어설 공간은 없었다."[18]

다렌도르프는 처음 퇴니에스가 유행시킨 사조로 인간의 원초적인 '공동사회Gemeinschaft'가 인위적인 '이익사회Gesellschaft'에 위협을 받는다는 사고의 기원을 추적하고는 처음에 생각한 것은 과거에 존재했던 '즐거운 정신 공동체sweet community of minds'와는 다르다는 것을 알았다.[19] '통합을 향한 향수'라는 제목의 장에서 다렌도르프는 독일인이 갈등에 대해 일부 현대 국가와는 다른 태도를 품었으며 "갈등에 대한 다른 태도는 인간 조건에 대한 다른 해석을 암시한다"고 주장했다.[20]

대학을 다룬 장에서 다렌도르프는 과학과 정치의 유사점을 이끌어내고—이 두 분야는 제약이 없으며 어떤 단일 노선으로 강요할 수도 없고 강요해서도 안 된다—두 분야의 의외성이 본질의 일부라고 보았다. 이런 의외성의 핵심은 실험적인 태도였다. 다렌도르프는 실험적인 태도가 때로는 독일에서 보편적으로 학문을 포용하는 과학Wissenschaft의 사고와 타협을 보았으며 이런 학문 풍조에서 철학적 사변이 문제의 핵심이라고 느꼈다. 그는 궁극적으로 실험과학이 20세기로 전환하는 시점에 대학을 떠나 카이저빌헬름협회에 둥지를 튼 것이 독일적인 현상이라고 보았다. 대신 대학에서는 학문 연구의 '내적 자유'가 개가를 올림으로써 학자들이 안정된 분위기에서 활동하는 길을 열어주었지만 또 한편으로는 "실험과학이 반드시 홍보와 교류를 허용하는 정치적 자유를 요구한 것은 아니었다." 다렌도르프는 과학의 사고에는 실험적인 것과 독일적인 것 두 가지 관념이 존재한다고 결론내렸는데 바로 이 점이 결정적인 의미를 지닌다고 보았다. "갈등에 따른 지식은 갈등으로 세워진 정부와 일치한다. (…) 어느 때고 생생한 정신의 갈등은 과학이라는 시장에 지식에서 나온 최고의 상품을 공급해준다."[21] 한편 "사변과 이해의 두 가지 의미에서 (독일적인) 지식은 논쟁을 요구하지 않는다." 다렌도르프는 이런 결과가 진리에 대한 독일 특유의 사고에서 나온 것이라고 말했다. 진리에 대한 사고는 일련의 실험적인 결과 이후에도 공론장에서 배제되지 않으며 대신 "적어도 선택받은 소수"(전문가)에게 '일정한 지식'으로 나아가는 길을 열어준다는 것이다.

정치 분야에서 다렌도르프는 카리스마적 리더십에 대한 막스 베버의 생각에 관심을 기울였는데—독일에서 인기를 끌었다—이 역시 경쟁이나 갈등보다 조화의 과정으로 보았다.[22] 그는 또 독일에서 '지적 상류층'이 '경제적 상류층'보다 존중받으며 제3제국 시절에 '내부 망명'을 체험한 사람들도 바로 이 계층이었다는 사실에 주목했다. 한편으로는 공적인 발언이나 행동보다 반대 의사를 내면화시킨 경우라고 할 수 있을 것이다.[23]

다렌도르프는 1871년에 약 50퍼센트를 보이던 총선 투표율이 1961년에 약 88퍼센트까지 꾸준히 올라갔다는 점에서 독일인이 비정치적이라는 말은 사실이 아니라고 보았다. 최근 조사를 보면 대학생 5분의 2 가까이는 "정치에 대한 책임감"을 느끼고 있음을 알 수 있다. 다렌도르프는 나머지 5분의 3이 더 흥미로운 대상이라고 여겼다. 조사 결과에 따르면 이들은 사회 문제에 좀더 열의를 지닌 동료들과는 전혀 다른 생활을 하고 있었고 가족과의 관계나 사생활에 더 비중을 두며 공공의 미덕에는 무관심한 태도를 보이는 것으로 나타났다. 이런 결과를 토대로 다렌도르프는 1960년대 초에 다음과 같은 결론을 내렸다. "독일인의 정치적 사회화는 불완전하다. (…) 민주주의 제도는 수용했지만 독일인은 여전히 이 제도와 거리를 둔 외곽에서 무관심한 태도를 보이고 있다. (…) 독일인이 비정치적이라는 것은 정치 문제가 이들에게 중요하지 않기 때문이고 독일인이 권위주의적이라는 것은 이들이 사방이 막힌 벽에서 '자유'를 이끌어내는 일을 선호하지 않기 때문이다."[24]

그가 볼 때는 이 모든 것이 독일적 증후군을 구성하는 요인이었다. 더욱이 그는 나치스에 대한 투표 성향이 돌변한 사태를(1928년 총선에서 2.6퍼센트의 지지를 받은 나치당은 1933년에는 43.9퍼센트의 지지를 받았다) 언급하며 자신의 분석을 정당화했다. 이 같은 증상은 '중앙의 극단주의'라는 폭발적인 혼합 성향을 낳았다. 나치스에 도전하는 반대 세력의 등장이 실패한 것과 맞물린 이런 흐름은 히틀러의 부상에 대한 설명이 됨과 동시에 독일의 의문에 대한 진단이기도 했다. 다렌도르프는 독일에 제대로 된 진보 지도층이 존재했다면 나치스의 상승세는 멈췄을 것이라고 말했다.

그는 많은 대학을 예로 들며 현대적인 학문과 과학, 사적인 세계와 공적인 세계 사이의 구분이라는 발달 과정에서 대학의 역할을 강조했다. 독일 현대사에서 교수의 역할은 1969년에 나온 프리츠 링거의 저서 『독일 고관의 몰락: 독일 학문사회, 1880~1933』의 뚜렷한 주제이기도 하다.[25]

독일 태생인 링거(1934~2006)는 1947년에 미국으로 이주해 1956년 애머스트 대학을 졸업했다. 1961년 하버드 대학에서 박사학위를 받고 피츠버그 대학의 교수가 되었다. 링거가 주장한 내용은 훨씬 더 짧은 저작인 프레데릭 릴게의 『학문의 남용: 독일 대학의 실패』(1948)에서 부분적으로 다뤄졌던 것이다. 버클리 대학 교수였던 릴게는 빌헬름 훔볼트와 다른 지식인들, 예컨대 셸링과 피히테, F. A. 볼프, 슐라이어마허의 영향을 받은 독일 인문주의의 개화가 그 지속 기간이 무척 짧았고, 독일 학문의 이상주의와 강점은 일찍이 1837년에 괴팅겐 교수들이 해고된 '괴팅겐 7교수 사건 Göttinger Sieben'* 이후에 다양하게 펼쳐지기 시작했다고 주장했다. 괴팅겐의 7교수는 '국가의 양심'을 자처하며 하노버 공국의 헌법을 폐지하고 개정하려는 국왕에 저항한 인물들이다. 릴게는 과학의 발전과 실험실의 도입, 실험실로 대표되는 점진적인 전문화 현상이 인문학의 독창적인 사고에 제동을 걸었으며 자연과학 분야의 과학자들은 곧 관념론과 관념론자를 경멸하는 경향을 보였다고 생각했다. 이런 풍조는 과학이 철학으로부터 고립되는 결과로 이어졌고 이 현상은 "19세기 나머지 시기에 독일의 지적 생활에서 강력한 불협화음으로 남았다." 과학의 고립 현상은 정부가 모든 면에서 과학의 가치를 군사적인 측면에서 고려한 1870~1871년 이후 더욱 두드러졌다.[26] 릴게는 결국 연구가 단순한 하나의 직업으로 변했고 성찰의 태도는

*괴팅겐 대학에서 1837년에 하노버의 국왕 에른스트 아우구스트 1세의 헌법 개혁에 이의를 주장한 7명의 교수가 파면당한 사건.

어려워졌으며 학문은 고되고 단조로운 일로 바뀌었다고 생각했다. 이런 분위기에서 학문은 소규모의 배타적인 전문가가 주장하는 것 이상의 목소리를 낼 수 없었다. 릴게는 이런 흐름이 파울 데 라가르데와 율리우스 랑벤, 오스발트 슈펭글러 같은 사람들의 사고가 유행하게 된 하나의 이유였다고 믿었다. 이들은 확실성까지는 아니라 해도 일관성에 대한 사람들의 욕구에 부응하는 논리 정연하고 커다란 사상 체계의 틀을 갖춘 데다 대학 바깥에서 활동한 인물들이었다.[27] 과학의 성공적인 등장과 더불어 교양의 전통은 잊히고 말았다.

릴게의 짤막한 책은 간결하고 함축성을 지녔지만 논의가 다소 단편적이어서 상당 부분 외면당했다. 똑같은 주제를 다룬 프리츠 링거의 저서는 전반적으로 더 설득력을 지녔다. 『지식인의 배임』에 나오는 쥘리앵 방다의 주장과(33장 참고) 릴게, 다렌도르프의 논거에 기초해 링거는 프로이센의 비귀족 관료층이 "다른 유럽 국가에서는 유례를 찾아볼 수 없을 정도로 극단성을 대표한다"는 사실을 강조하면서 논지를 펼쳤다. 링거는 프로이센에서 "배움은 정신적 '수양'을 의미한다"는 맥락에서 혈통 귀족에게 학문은 '명예로운 대체물' 기능을 할 수 있는 이상이었다고 말했다.[28] 행정을 담당하는 계층과 전문직 계층은 19세기에 "일종의 지적, 정신적 귀족정치를 만들어내기 위해" 단결했다. 여기에는 독특한 엘리트 계층을 규정하는 의미에서 전문화된 지식뿐만 아니라 '일반적인 수양'도 포함되었다.[29]

하지만 링거의 주요 주제는 이 엘리트 계층의 비중이—사회적으로나 지적으로—1890년 이후 퇴조하기 시작했으며 히틀러가 등장하기 직전인 1920년대에 위기에 처했다는 것이었다. 링거의 표현에 따라 관료와 전문직이 결합한 사회를 지칭하는 '고관mandarin' 계층은 새로운 금융 및 기업 집단에 밀려났고 이 결과 독일에서는 임대업자와 전문직 종사자, 교수, 장인, 하층 관료 간에 일선에서 밀려나 환멸을 느끼는 동맹체가 형성되었다. 이런 현상은 통계를 보면 가장 극명히 드러난다. 1913년에 고관들은 비숙련 노동자에 비해 일곱 배의 소득을 올렸지만 1922년에 접어들면 두 배로 줄어든다.[30] 링거는 고관 전통과 계몽주의에서 경건주의, 교양의 개념("고관 전통에서 가장 중요한 단일 원리"), 훔볼트식 대학의 인문주의, 이상주의, 역사적 전통, 학문과 과학의 의미상의 차이를 두루 추적하고 있으며 이 모든 것은 대학 교육이 "제한된 공리적 영향보다 정신적인 귀족화"를 의도했음을 보여주었다.[31]

교양을 갖춘 엘리트 계층은 점차 수세적인 위치로 밀려나기 시작하면서 한층 더 보수화되었다. 이들은 특히 제1차 세계대전이 임박하자 "영국 문화에 균형을 취할 수 있는 대안이 필요하다고 느끼면서" 독일의 문화적 전통을 수호하는 일에 더욱 관심을 기울였다.[32] 이들은 국가의 위대함은 문화적 창조성에서 나온다고 생각했고 "물질적 번영도 이런 목표에 방해가 되며 개인의 완벽한 자기개발을 위한 전제 조건이 되지 못한다면 의미가 없다"고 믿었다.[33] 고관들의 관심은 공화국 정점에서 행사되는 강력한 대통령의 지위에 있었다. 이들은 제1차 세계대전이 끝난 이후로도—실제로는 이후로 더 유난히—물질주의의 '천박함'에 반대하고 정치에 관심을 기울이며 "문화적 역량과 지식, 정신에 기초한 자연스러운 귀족정치"를 지향하는 독일로 돌아갈 지도자를 찾았기 때문이다.[34]

이 같은 힘이 결집된 결과 독일 대학은 특히 1920년대에 "새로운 정권에 반대하는 우파의 아성이 되었다." 무엇보다 반현대주의와 반유대주의가 힘을 결집시켰다.[35] 1920년대에는 전문화와 경험주의를 공격하고 학문에서 통합을 모색하는 복고적인 풍조가 일어났다. 이런 사고 형태는 마르크스주의나 사회주의가 아니라 '독일적인 사회주의'였으며 본질적으로는 '민족'이나 '제국'과 같은 모호하고 새로운 개념과 결탁한 '반동의 형이상학'이었다. 이런 가치 체계에서 중요한 요인은 "공동체에 대한 자발적인 복종"이었다. 링거는 독일의 대학교수들은 "독일 정신과 독일 정신의 대표자들이 사회의 통제력을 상실한" 비극에 휘말려든 것으로 느꼈다고 말했다.[36] 이 같은 독일 정신과 정치의 구분이 어떻게 발생했는지에 대해 아는 사람은 아무도 없었다. 이런 구분으로 고관들 사이에는 일종의 자기 연민이 생겨났고 이런 자조감은 종종 히스테리라든가 혐오감으로 발전했다. 링거는 프랑스나 다른 나라의 지식인은 이런 문제에 대해 고민하지 않았지만 독일에서는 전반적인 불안감이 극대화되었다고 생각했다. 여기서 파생된 문제점 중 하나는 너무나 많은 고관이—예컨대 셸러, 마이네케, 슈프랑거—위대한 전통에서 혜택을 보고 이를 표현할 수 있는 사람은 소수의 엘리트 계층뿐이라고 느꼈다는 점이다. 카를 야스퍼스가 말한 대로 "모든 가치 기준은 지극히 평범한 대중의 생각을 수용하려고 애쓰는 과정에서 희생되었다."[37] 전반적으로 합치되는 의미를 찾기 위해 지식을 끌어모으려는 이 같은 노력은 '통합운동'으로 불리게 되었다.[38]

그 결과 바이마르 공화국의 적어도 몇몇 분야에서는 지식인에 대한 반감이라는 불안한 풍조가 나타났다. 링거는 이것이 나치스에게 이득이 되는 환경이었다고 단언한다. 고관들은 경제적인 싸움과 전체 국민의 마음을 얻는 싸움에서 패했기 때문에 나치스에 제대로 저항하지 못했다. 독일 이상주의는 물질주의와 실증주의, 전문화의 맹공격으로 약화되었고 오로지 기술적인 사고가 "지식과 수양의 연결고리를 끊어버렸다." 링거는 '히틀러 집단'이 어떤 형태로든 벌어진 현상을 완성(가속화)했을 뿐이라고 결론내렸다.

노르베르트 엘리아스는 1969년을 중심으로 수십 년에 걸친 역사를 추적한 일련의 저술에서 독일 특유의 갈등은 도전에 응할 수 있는 사회satisfaktionsfähige Gesellschaft와 관계된 것이라고 주장했다. 이 사회는 번역하기가 어렵지만 결투라든가 '만족'에 대한 강력한 요구 및 선선한 자기희생에 중요한 가치를 부여하는 명예 지향적 사회를 말한다. 엘리아스는 이런 사회의 효과가 광범위한 중간계층을 비인간적으로 만들고 교양시민계급에 적대하게 하며 인문주의 성향에서 민족주의 성향으로 전환시키는 현상으로 나타났다고 말한다. 여기서 나온 계층이 바이마르 공화국에서 불법 군사 조직인 자유군단Freikorps을 만들었고 제1차 세계대전 때 장교의 주축을 이뤘다. 1920년대의 안정을 해치는 데 일조한 지속적인 폭력 소요를 일으킨 세력도 이들이었다.

엘리아스가 보기에 이런 사회의 장기적인 효과는 다양하게 나타났다. 이런 계층의 존재 자체와 이들이 맡은 역할은 긍정적인 자기 인식을 지닌 독일 중간계층의 존속을 어렵게 만들었으며 도덕성보다 명예를 유지하는 일에 더 큰 관심을 둠으로써 독일에서 양심의 형성은 이웃 국가들보다 약해질 수밖에 없었다. 또 이상과 정체성 사이의 괴리는 더욱 자기연민의 경향으로 이끌었고 링거와 다른 학자들이 지적한 대로 다른 유럽인들보다 독일인 사이에서 더 두드러졌다. 부분적으로는 이런 이유 때문에 독일인은 다른 때라면 생각할 수 없을 정도로 나치스의 비현실적인 계획과 정책에 더 관용적인 태도를 보였다.[39]

앞에서 본 대로 테오도어 아도르노는 독일 못지않게 미국 사회의 결점에 큰 관심을 보였다. 물론 그는 독일로 귀환한 이후 정치적 사고에 큰 영향력을 행사하기는 했다. 아도르노와 카를 뢰비트, 프란츠 노이만, 아르놀트 베르크슈트레서 같은 사람은 귀국자remigré라는 말로 구분되었다.[40] 하지만 전쟁 이전부터 두각을 나타낸 지식인들 중에서도 여전히 살아남아 철학과 인문학, 독일과 현대적 조건에 대한 사회비평의 광범위한 영역에서 활동한 사람들이 있었다.

유대인 아내를 둔 카를 야스퍼스(1883~1969)는 나치스 치하에서 편안한 생활을 누릴 수 없었다. 1937년 9월 자리에서 쫓겨난 그는 옥스퍼드와 파리, 바젤로 이주하는 계획을 세웠지만 모두 실패로 돌아갔고 1943년에는 출판 행위 일체를 금지당했다. 전쟁이 끝나자 사정이 나아졌다. 야스퍼스는 나치스와의 관계에서 오염되지 않은 사람들을 분류한 연합군의 '백색 리스트'에서 눈에 띄게 돋보이는 인물이었다. 그는 하이델베르크 대학(여전히 나치스가 '들끓는다'는 이유로 "한때 유명했지만 지금은 악명 높은")의 재개교를 위한 교수단의 일원으로 참여했고 이제는 단순히 철학에 머무르지 않고 정치 분야까지 포괄해서 창조적인 저술활동을 하기 시작했다.[41] 자유로운 인문학 교육이 독일 전역에 민주주의적 사고를 전파하는 최선의 수단이라고 주장하면서 시민의 도덕성에 중요한 가치를 부여했던 그는 나치에 동조한 경력을 지닌 교수들의 복직을 완강하게 반대했으며, 당시 그의 저술과 라디오 방송은 엄청난 영향력을 발휘했다.[42]

야스퍼스는 부분적으로 정치적 자유에 대한 영국과 프랑스의 고전적인 견해를 차용했다.[43] 그는 이론적으로는 그러한 자유가 자신의 조국 독일로 수입되는 것을 보고 싶어했다. 하지만 1948년 바젤 대학의 교수직을 수락하면서 스위스 국적을 취득했을 때 "15년 만에 처음으로 숨을 쉴 수 있을 것 같은 느낌을 받았다"고 말한 것을 보면 그런 자유가 실현되리라는 데에 큰 기대를 하지 않았음이 분명하다.[44] 이 해에는 또 『계시에 직면한 철학적 신앙』을 출간했는데, 그는 복잡하지만 중요한 이 저술에서 신앙에서 나오는 '증거'는(말하자면 계시는) 언제나 역설적이고 불확실해 보인다고 주장했다. 따라서 독단론은 종교적인 신앙에서 설득력이 없으며, 종교가 해야 할 말에 추가로 중요한 도움을 줄 수 있는 것은 비판적인 철학의 형태라고 생각했다. 야스퍼스는 신학을 현재 상황과 관련시켜 갱신하는 것이 철학의 주요 목표 중 하나라고 보았다. 이런 견해 때문에 그는 카를 바르트, 루돌프 불트만과 유난히 대치하게 되었다.[45] 그는 또 교육받은 부르주아지 엘리트 계층의 역할에 대한 마르크스의 관점으로 복귀하기도 했다. 마르크스는 이 엘리트 계층이 정치를 희생시킨 대가로 문화를 피난처로 삼는다고 비난한 바 있다. 야스퍼스는 교육받은 부르주아지 엘리트의 역할이 약화된 사회는 언제나 "고질적으로 불안정"할 것이며 이들이 정치적 통일체에서 맡는 기본적인 역할은 민주주의 문화를 유지하는 일이라고 주장했다.

야스퍼스의 옛 친구였던 마르틴 하이데거는 전쟁이 끝난 뒤에 훨씬 더 가혹한 세월을 보냈다. 1946년 연합군은 하이데거를 교직에서 추방했고(이 사태는 1949년까지 계속되었다) 하이데거의 두 아들은 소련에서 억류생활을 했다.[46] 그나마 위안이 있었다면 한나 아렌트가 1950년과 1952년에 다시 그를 찾아온 일이었다. 아렌트는 마침내 마음속으로 하이데거를 용서했고 1967년 이후로는 1976년 하이데거가 사망할 때까지 해마다 그를 방문했다.[47]

하이데거가 전후에 철학에서 펼친 활동은 인문주의와 사상의 본질, 기술시대의 문제, 이 세 가지 주제로 분류할 수 있다.[48] 또한 그를 노골적으로 비판했던 테오도어 아도르노와 지극히 공개적인 교류를 한 것도 빼놓을 수 없을 것이다.

1946년에 발표한 에세이 『인문주의에 대하여』에서 하이데거는 여전히 '존재'와 '시적 상태'라는 명칭을 고집하며 '이성'과 '현대 정신'에 대하여 집요하고 완고하게 비판했다. 이런 태도는 전후 서구에서 출현한 사고 경향, 특히 "공포와 재앙을 수반하는" 현대세계에 많은 사람이 환멸을 느끼던 미국의 분위기에 딱 들어맞는 것이었다. 하이데거의 견해는 대체로 사르트르나 자크 데리다와 같은 프랑스 추종자들 때문에 널리 전파되었고,[49] 이런 접근 방식은 전후 포스트모더니즘 발달의 주축을 이뤘다.

바이에른 미술아카데미는 1950년대 초에 하이데거를 강연에 초빙했는데, 1953년의 강연이 유명해졌다. 강연 주제는 '기술에 대한 문제'였는데 강연장은 베르너 하이젠베르크, 에른스트 윙거, 호세 오르테가이가세트 등 뮌헨의 지식인들로 만원을 이뤘다. 뤼디거 자프란스키는 기립박수를 받은 이 강연이 아마 전후에 하이데거가 이룬 최대 성과였을 것이라고 말한다. 다시 자프란스키의 말을 인용하면, 이 강연을 한 시점에 기술사회의 위협에 대한 전반적인 불안감이 조성돼 있었다고 한다. 독일에 국한된 현상은 아니었지만 독일에서 유난히 심했다.[50] 같은 해에 나온 알프레트 베버의 『제3 또는 제4의 인간』은 로봇으로 움직이는 미래세계의 공포에 대한 전망이었고 프리드리히 게오르크 윙거(에른스트 윙거의 동생)는 『기술의 완성』

을 발표했다. 이 저서에서 윙거는 기술시대가 이미 인류를 변화시켰으며 인간은 기술적으로 되돌릴 수 없을 만큼 지구 탐험에 빠져 궁극적으로는 이 기술이 인류를 파멸시킬 것이라고 주장했다. 바로 뒤이어 귄터 안더스는 『용도 폐기된 인간』을 발표했는데, 안더스도 여기서 기술을 신중히 억제해야만 하며 그렇지 않으면 기술이 인간을 파멸시킬 거라고 주장했다.

하이데거는 기술사회를 악순환의 고리로 보았다. 기술은 더 나은 기술을 낳고 자연에 '도전'하며 인간은 기술의 틀에 갇혀 살게 될 것이다. 기술에 갇혀 살면서 인간은 자유의 요소를 상실할 것이다. 걷잡을 수 없이 번지고 상존하는 기술로 말미암아 존재 본연의 경험을 상실할 것이라고 하이데거는 말한다. 인간은 자연을 그대로 '존재'할 수 없게 만들며 존재의 경험에 순응하고 복종하는 능력이 약화될 것이다. "사물에 대한 해방"은 기술사회에서 결코 이용할 수 없게 될 것이다. 세계에 대한 시적 경험은 기술에 압도되고 밀려날 것이라는 게 하이데거의 생각이었다.

미국에서는 이런 생각이 하이데거의 주장으로 더욱 강화되었다. 미국은 종종 독일적 사고의 대상이었던 적이 있다. 하이네에게 미국은 낭만주의를 혐오하는 총체적인 상징이었다. 때로 독일의 바이런이라고 불리기도 했던 니콜라우스 레나우는 대서양을 건너 미국을 방문한 뒤 외국에서 수입한 정치와 문화로 흉하게 일그러진 나라로 미국을 묘사했다. 니체는 미국이 유럽에 '정신적 공허Geistlosigkeit'를 퍼뜨릴 거라 예상했지만 묄러 판 덴 브루크와 슈펭글러는 미국에 별 관심을 두지 않았다. 어쨌든 에른스트 윙거는 제1차 세계대전에 모든 나라를 휩쓸리게 하는 미국의 능력에는 감탄했다.[51] 하이데거가 볼 때 미국은 이 시대의 위기를 상징했으며 "그것도 모든 시대를 통틀어 가장 심각한 위기"였다. 미국은 인간의 소외를 가장 심각하게 보여주는 나라, '진정한 본질'을 가장 극심하게 상실한 나라, 정신적인 재각성에 최대의 장애가 되는 나라, 모든 것을 가장 낮은 수준의 공통분모로 축소하고 모든 경험을 판에 박힌 일로 환원하는 나라였고 모든 것을 상투적이고 단조로운 일로 바꾸어놓았다. 하이데거는 미국인이 "인간과 존재의 대면을 전혀 인식하지 못한다"고 말했다.[52] 그는 또 최초의 탐사용 로켓이 발사된 이후 자신의 저서에 "인간의 시적인 주거라는 의미에서 더 이상 지구에 '지상'과 '하늘나라'는 존재하지 않는다"고 썼다. 기술시대는 인간의 숙명이었고 미국은 이 '재앙'의 본거지였다.[53]

하이데거는 전쟁 이전에도 미국에 대한 글을 썼는데, 그가 주장하는 골자는 바뀐 것이 아니라 다만 개정되었을 뿐이었다. 그리고 바로 이 문제가 부분적으로는 테오도어 아도르노가 1960년대 중반에 소책자 형태로 발표한 『진정한 본질의 은어』에서 하이데거를 공격한 주요 관점이었다. 아도르노의 비타협적인 태도에는 좀더 폭넓은 맥락이 있다는 사실을 지적해야 할 것이다. 1950년대에 전개된 냉전 기류는 의심할 여지 없이 과거 나치스에게는 유리한 환경이었다. 아데나워 총리는 "정치적으로 흠잡을 데 없는" 대상과 "별로 흠잡을 데 없는" 대상의 구분을 없애는 일에 열심이었다. 1951년에는 나치와 '타협했던' 사람이 공직에 진출하는 것을 허가하는 법안이 통과되었고 1952년에 충성법이 제정되면서 나치 치하에서 박해받았던 사람들이 이제는 공산주의자 혐의를 지녔다는 이유로 공직에서 추방되는 일이 일어났다. 아도르노와 호르크하이머는 다시 반유대주의의 공격 대상이 되었다.

『진정한 본질의 은어』는 아도르노가 하이데거의 저술에 나타난 본질에 대한 사고가—시골의 암시, '민족'에 대한 강조, 현대 정신을 인위적인 것으로 혐오하는 시각—허위이며 "자기 우상화를 제외하고는 (…) 내용이 전혀 없는 신성불가침의 횡설수설"의 형태라고 느꼈다는 점에서 중요한 의미가 있었다.[54] 아도르노는 사람들이 '진정한 본질'과 같은 말을 할 때는 실제로 말하는 것 이상으로 어딘가 '드높은' 의미가 있는 것처럼 들리도록 하며 하이데거가 특히 이런 행위에 책임이 있다고 말했다.[55]

하이데거는 아도르노의 비판에 결코 대응하지 않았다. 아도르노의 날카로운 지적은 공감을 얻었지만 장기적인 차원에서 볼 때 하이데거의 명성에는 거의 영향을 미치지 못했다. 이런 현상은 리하르트 볼린이 '하이데거의 제자들'이라고 부른 사람들과 더 관련이 있었다. 이들 중 한나 아렌트와 한스 요나스, 허버트 마르쿠제, 레오 스트라우스 등에 대해서는 이미 언급했다. 이들은 모두 망명 이후 미국에 거주했다. 나머지는 1952년에 독일로 돌아간 카를 뢰비트와 결코 독일을 떠난 적이 없던 한스게오르크 가다머 두 사람이 있다.

뢰비트(1897~1973)는 독일로 돌아간 뒤 하이델베르크 대학의 교수가 되었고 무엇보다도 매우 독창적인 세 권의 저술로 이름을 날렸다. 세 저서란 독일 철학의 단절을 설명한 『헤겔에서 니체까지』, 현대 철학과 이것의 신학적인 선구자와의 관계를 다룬 『역사의 의미』, 그리고 사회학의 출현을 기술한 『막스 베버와 카를 마르크스』를 말한다. 뢰비트가 자신의 저술에서 일관되게 주장한 것은 20세기의 참사慘事는 교육받은 엘리트 계층이 괴테와 헤겔의 고전주의에 등을 돌린 19세기 중반에 처음 토대가 형성되었다는 것이다. "이들은 갈수록 '시간의 초월'이라든가 시간적인 존재라는 인간의 유한성을 초월하는 가치에 짜증을 냈다. 자연과 천상의 세계는 가치와 의미의 시금석으로서의 기능을 상실했고 대신 '인간'이 가치의 기준이 되었다." 그가 볼 때 유럽이 허무주의로 빠진 것은 "인간 의지의 주체적인 권리"에 "아무런 제약을 두지 않은 것"에서 절정을 이뤘다. 니체가 말한 "권력에의 의지"를 "부도덕의 과잉"으로 본 뢰비트는 마르크스와 니체 대신 하이데거를 선호했으며 하이데거의 금욕도 "숙명에 대한 묵종"으로 보고 옹호했다.[56]

뢰비트는 하이데거 이전에 후설에게 배웠고 후설의 지도하에 자아가 형성될 때의 공통주관성intersubjectivity*을 연구했다. 그는 학위 논문에서 그

*모든 사람의 주관에 의해 공통적으로 의식되는 특징을 말하며 간주관성間主觀性이라고도 한다.

자신이 '공동세계co-world'라고 부른 인간의 친밀한 세계에 따라 자아가 기본적으로 형성되고 모양을 갖춘다고 주장했다. 그가 하이데거를 해석한 바에 따르면 "인간 존재는 '합리적인 동물'이 아니라 황홀한 '존재의 양치기'다. 세계를 통제하려고 하는 과학적인 사고는 이 같은 본래의 황홀감에서 퇴조하는 현상이다."[57]

한스게오르크 가다머(1900~2002)의 활동 경력과 생각은 여느 하이데거의 제자들과는 전혀 달랐다. 마르부르크에서 약리학 교수의 아들로 태어난 가다머는 브레슬라우에서 공부하고 제1차 세계대전이 끝난 뒤 마르부르크로 돌아갔다. 마르부르크 대학에서 처음에 그를 가르친 스승은 파울 나토르프와 니콜라이 하르트만이었다. 하지만 가장 많은 영향을 미친 사람은 하이데거였으며 그는 한때 하이데거의 조수로 일하기도 했다.[58] 훗날 가다머는 "나는 언제나 하이데거가 내 어깨 너머로 쳐다본다는 끔찍한 느낌을 받았다"고 술회했다.[59]

1930년대와 1940년대를 거치면서 가다머는 처음에 나치스에 순응하는 태도를 보였고 한때는 공산주의에 관심을 기울이기도 했다. 하지만 그는 결코 민족사회주의독일노동자당에 입당한 적이 없었고 훗날 "지나치게 순응적인 태도"를 보였다는 비판을 받기는 했지만 계속 자중하는 태도를 유지했던 것으로 보인다. 전쟁이 끝날 무렵 가다머는 라이프치히 대학에 자리를 잡았고 미국 점령군에게 나치즘에 오염되지 않았다는 인정을 받아 총장에까지 올랐다. 하지만 이후 그는 동독의 공산주의가 생리에 맞지 않아 동독을 떠났고, 1949년에 하이델베르크 대학에 카를 야스퍼스의 후임으로 들어갔다. 하이델베르크 대학에 재직하는 동안 가다머는 하이데거의 교수자격 복권을 돕기도 했다. 1953년에는 헬무트 쿤과 더불어 매우 영향력 높았던 잡지 『철학 논평』을 창간했다. 자신의 직업 영역 바깥에서는 이름이 거의 알려지지 않았던 가다머는 마침내 1960년에 『진리와 방법』을 발표하면서 이름을 널리 알렸다. 이 저서로 가다머는 20세기의 매우 중요한

사상가 중 한 사람으로 굳건한 지위를 차지했다.[60]

『진리와 방법』에서 가다머가 처음에 제기한 논점 중 하나는 1936년에 하이데거가 '예술작품의 기원'이라는 제목으로 행한 일련의 강의(1950년까지 출간되지 않았다)와 관련된 것이었다. 여기서 하이데거는 진리의 '사건', 진리의 '탈은폐unconcealment'라는 개념을 소개했는데, 이것은 보통 진술된 것과 세계 사이에 일종의 연관성이 있다고 보고 진리를 '정확한 것'으로 받아들이는 생각과 대조되는 시각이었다. 예술작품은 일관성이 있고 이 일관성 내에서 '하나의' 진리는 폭로에 바탕을 두고 드러난다. 하지만 이 폭로는 해석에 불과한 것으로서 결코 전체가 객관적이거나 진정한 객관성을 지녔다고 볼 수 없는 것이다. 예술작품을 대하는 우리는 무엇이든 우리가 진리라고 이해하려고 선택한 대상 속에서 부분을 대하는 것이다. 여기서 칸트의 영향이 분명하게 드러난다.

가다머는『진리와 방법』에서 칸트의 생각을 더 진전시켰다. 그는 인간이 진리의 사건에 관여하는 것은 언제나 인간의 편견에 토대를 두며 인간이 마음속에 간직하고 허용하거나 결정하는 '예상 가능한 구조' 때문이라고 말했다. 진리의 사건에 대한 인간의 이해는 '완벽함에 대한 예상'과 더불어 일정한 방향으로 파악하려는 경향이 있다. 또 다른 신칸트학파의 관념으로서 "이해되는 것은 이해할 수 있는 무언가로 이뤄진다는 생각, 즉 일관된 내용으로 이뤄진 것은 결국 전체적으로 의미가 충만한 것"이라는 추정이 내포된 생각이라는 말이다.[61] 가다머는 동시에 역사도 인간의 이해에 있어서 부분적인 역할을 한다고 말한다. 인간은 인간의 특수한 역사에 단단히 매몰되어 있고 그 여파에서 빠져나갈 수 없다. 따라서 이해는 이것이 단순한 주관성이 아니라는 확신을 위해 다른 이해가 필요하다. 새로운 의미는 어떤 '내부 영역'에 접근하는 방법이 아니라 지평융합Horizontverschmelzung* 으로 출현하는 것이다.[62]

그러므로 가다머는 정신과학Geisteswissenschaft은 자연과학의 방법론적 기반으로는 결코 성취할 수 없으며 오히려 잘못된 방향으로 나아가게 된다는 결론을 내렸다. 나아가 가다머는 자연과학이 방법론으로 지나치게 많은 것을 요구하며 이해는 최종 완성이 없이 계속 진행 중인 과정이라고까지 생각했다. 이 같은 생각은 가다머를 후기의 비트겐슈타인이나 토머스 쿤과 같은 틀에서 특징짓는 태도라고 할 수 있었다. 결국 가다머는 이해가 '대화'와 같은 것이라고 말하는 이해의 유형에 도달했다. 이해는 언어에서 발생하는 것이며, 각각의 언어가 사고 주체를 대화 또는 협상에 대한 이해로 이끈다고 본 것이다.

가다머가 마지막으로 살펴본 것은 문화에 대한 탐구로서 특히 '미의 타당성'에 대한 것이었다. 여기서 가다머는 "예술을 연극과 상징, 축제"로 간주했다.[63] 그는 예술의 의미나 역할 또는 예술의 기능은 현대세계에서 종종 길을 잃을 때가 있으며 연극—사심이 없는 즐거움의 활동으로서의—은 종종 기능이 간과되기도 한다고 생각했다.[64] 예술의 상징적인 역할은 "세계와 이 세계 속에 처한 인간의 위치가 무궁무진할 정도로 풍요로운 단 하나의 총체성으로 드러나는 공간"을 인간에게 열어주는 것이었다. 여기서 인간은 일상적인 시간의 밖에 '거주'할 수 있다. 인간이 예술에서 얻는 사심 없는 기쁨은 일상적인 시간에서 벗어나 '자율적인 시간'으로 들어가는 데 도움이 된다. 축제와 마찬가지로 성공적인 예술작품의 최종 요건은 인간을 일상적인 시간에서 벗어나게 해주는 것이며 인간에게 "진정한 공동체의 가능성"으로 가는 길을 열어주는 것이다.[65]

가다머는 자크 데리다와 위르겐 하버마스를 상대로 한두 차례의 유명한 논쟁을 벌인 바 있다. 논쟁의 초점은 인간이 역사를 초월할 수 있는가, 역사가 어떻게 현대사회의 비판에 영향을 주는가, 그리고 이런 비판이 진정

---

*지평이란 "하나의 점에서 볼 수 있는 모든 것을 포괄하는 가시권"을 말한다. 그렇지만 지평은 닫힌 것이 아니라 역사적으로 형성된 것인 까닭에 과거와 미래로 열려 있다. '지평융합'이란 사람들이 현재의 지평에서 전승을 이해해가는 과정의 결과로서 생겨나는 것이다.

객관적일 수 있는가(따라서 그 비판이 어떤 타당성을 가질 수 있는가)였다. 데리다와의 논쟁에서는 결론이 나지 않았지만 나머지 논쟁의 결과로 가다머는 하버마스와 절친한 친구가 되었으며 하버마스가 하이델베르크 대학에 교수로 임용될 때 도움을 주기도 했다.

성찰의 업적

하버마스(1929~)는 가다머보다 정치에 훨씬 더 관심이 많았고 자신의 조국에 대해서도 더 비판적이었다. 1929년 구머스바흐에서 태어난 하버마스는 쾰른 상공회의소 의장의 아들이었고 할아버지는 목사였다.[66] 뉘른베르크 전범재판은 10대 시절의 하버마스에게 큰 영향을 주었다. 그가 조국에 유난히 비판적이었던 것은 무엇보다도 독일 학자들 때문이었다. 그는 1949년부터 1954년까지 괴팅겐 대학에서 철학을 공부했는데, 교수들 대부분이 강의를 하면서 1933~1945년의 사건을 고려하지 않는 것을 보고 깜짝 놀랐다. 자연스럽게 하버마스의 첫 저술은 하이데거에 대한 비판과 하이데거가 히틀러의 생각을 제지하는 데 실패한 것에 초점이 맞춰졌다. 마르크스주의에 관심을 기울였던 하버마스는 루카치의 『역사와 계급의식』, 호르크하이머와 아도르노의 공저인 『계몽의 변증법』을 접하게 되었다. 이것이 계기가 되어 당시 비판이론의 산실이었던 프랑크푸르트학파와의 첫 만남이 이뤄졌고 결국 그 자신도 이 학파의 일원이 되었다. 하버마스는 하이델베르크 대학에서 강의를 하다가 1964년에 프랑크푸르트 대학의 철학 및 사회학 교수직을 얻었다. 1971년에는 뮌헨 부근의 슈타른베르크에 있는 막스 플랑크 연구소로 들어갔다. 이 연구소에 재임하던 중 하버마스는 학생 저항운동 이론가로서 국제적인 명성을 쌓았다.

하버마스의 저술활동은 엄청난 것이었다. 정치학, 철학, 사회진화론, 현대 생활에서 종교와 사회학의 역할, 프로이트 이론, 시민생활에서 아동심리학의 역할에 이르기까지 다양하고 광범위했다. 하지만 가장 혁신적이고 지속적인 하버마스의 기여를 꼽는다면 비판이론critical theory과 의사소통행위communicative action 분야의 업적이라고 할 수 있다.

하버마스에게 비판이론의 목표는 의사소통행위의 이해를 가능케 하는 것이었다. 이는 사회의 서로 다른 측면을 종종 무의식적이고 의도하지 않은 방법으로 상호 연결시켜주는 방법으로 문화적 진화를 가능하게 해주는 핵심적인 발상이라고 할 수 있다.[67] 하버마스는 『이론과 실천』에서 마르크스주의를 시대에 뒤처지게 만든 역사 발달의 4단계를 관찰함으로써 주장을 전개해나갔다. 여기서 가장 중요한 단계는 자유방임주의적 자본주의에서 보듯이 국가가 더 이상 경제와 분리되지 않으면서도 통제와 권한 부여에서는 결정적인 역할을 하는 상태다. 이 단계는 국가의 기능이 이제는 조심스러운 비판적 관심을 요구한다는 것을 의미한다. 두 번째 결정적인 관찰은, 진보된 사회에서 새로 출현하는 삶의 기준은 마르크스가 예측하지 못한 방법으로 억압의 기준을 변화시켰지만 여전히 그 억압을 당하는 사람들은 이 변화를 인식하지 못한다는 것이다. 새로운 제약은 경제적인 것이라기보다 심리적이고 윤리적인 것이며, 하버마스의 의사소통행위 이론이 적용되는 것은 무엇보다 바로 이 영역이다.[68] 더욱 특이한 것은 하버마스가 자본주의 사회에서 복지국가의 출현은 진정한 인간의 해방을 훨씬 더 어렵게 만든다고 본 점이다. 인간이 생각하는 과학과 기술의 조건은 대부분 인간이 그것을 모르는 상태에서 이뤄진다는 것이 하버마스의 판단이었다.

하버마스는 프로이트와 마르크스의 접목을 시도한다는 점에서 프랑크푸르트학파의 전통을 유지한다. 하버마스의 경우는 정신분석이라는 프로이트의 방법을 단순히 선호하는 방법이 아니라 광범위한 사회에서 그가 보고자 하는 것에 대한 하나의 메타포로 생각했다. 이런 사회에서는 깊은 성찰이 수반되면서 숨겨진 많은 제약이 개인에게 영향을 주고(보통 무의식적으로)

자기 통찰과 해방으로 이끈다는 사실이 드러난다. 하버마스가 생각한 이 같은 성찰에 대한 성찰이 『인식과 관심』의 주제다. 그는 인간이 이런 방법으로만 "현대 기술의 이점을 손상시키지 않고도 개인의 자율성을 존중하며 조화와 상호 의존 속에서 함께 사는 길"을 발견할 수 있다고 말한다.[69] 하버마스는 많은 포스트모더니스트와는 달리 결코 반反과학적인 태도를 보인 적이 없었다. 그가 볼 때 인간은 "개인주의의 만연에 직면해서 도덕공동체를 유지하는" 길을 발견하지 않으면 안 됐다.[70] 그리고 이런 길은 사람들이 서로 효과적인 의사소통을 할 수 있는가의 여부에 달려 있었다.

하버마스는 현대사회가 결정적인 측면에서 과거의 시대와 다르다고 믿었다. 특히 이성의 개념은 과학의 출현으로 왜곡되었다. 계몽주의 철학자들의 의제는 한 시대의 지배적인 전제를 평가하고 지적하는 비판을 발달시키는 것이었다. 경험적인 토대에서 더욱 확장된 자유로 이끌면서 이런 비판은 인간의 자기 인식을 확장하는 성찰 형식에 도달했다. 하지만 과학은—이 부분에서 하버마스는 베버와 같은 견해를 가졌다—자연을 통제하고 조종하는 형태의 이성이라고 할 도구적 이성을 제공했다.[71] 한편 하버마스는 전통적인 학문을 성찰의 능력을 강화하는 방법으로 인간의 해방을 목표로 하는 활동으로 규정했다. 바로 여기서 인간에게 성찰의 획득을 더욱 중요하게 인식시켜주는 문화과학이 등장하게 된 것이다.[72]

위안이 없는 삶

그러므로 오늘날 인간은 마르크스가 소개한 것과는 전혀 다른, 그리고 더욱 만연한 형태로 '허위의식false consciousness'*을 갖고 있다. 말하자면 인간은 온통 왜곡된 형태의 현실 속에서 살고 있거나 하버마스가 말한 대로 "체계적으로 왜곡된 의사소통"의 구조 속에 살고 있다. 사실상 이것이 현재 일반적으로 인정된 상황이다. 이런 구조에서 모든 사람이 알고 있는 사실은 어느 면에서 사실과 가치는 "주어진 그대로를 무비판적으로 받아들일 수는 없다는 것"이며 여기서 액면 그대로 받아들일 수 있는 것은 하나도 없다는 말이 나오는 것이다. 또 후기자본주의는 마케팅과 홍보로 넘쳐나기 때문에 인간은 대중매체 속에서 말과 의미가 다른 의사소통 구조에 둘러싸여 있다. 물론 완전히 다른 것은 아니지만 굳이 말로 표현하지는 않아도 늘 우리 주위에 존재하는 이 구조 자체의 의제에서 벗어날 수는 없다.[73]

하버마스는 '이상적인 언어공동체ideal speech community'가 해결책이라고 주장한다. 이런 공동체에서 정치는 '전문가'의 손아귀에서 벗어나 상호 관심을 바탕으로 합의를 도출할 수 있는 '공적 영역'을 만든다.[74] 이런 공동체를 위한 자연스러운 터전은 대학일 수도 있지만(비록 하버마스는 의식향상집단consciousness raising group이라고 간주하기도 하지만) 아직까지 이 같은 구조의 영역은 출현하지 않았다고 말하는 게 옳을 것이다. 하버마스는 현대의 대학은 비판적인 성찰의 터전이라기보다는 오히려 교육기관이라는 18세기적 사고로 회귀했다고 말한다.

게다가 세계에서 일어나는 모든 과학적 발달 과정은 고통이나 슬픔, 고독, 책임감, 종교에 대한 전통적인 관심 같은 것에 대한 인간의 이해를 증진시키는 데 별 역할을 하지 못했다는 것이 하버마스의 견해였다. 믿음의 토대를 무너뜨리면서도 과학은 이에 따른 대체물을 공급하는 데 아무런 역할을 하지 못했으며 인간은 "위안이 없는 삶을 묵묵히 따를 수밖에 없다"는 것이었다.

---

* 인간의 의식은 물질적 존재 조건에 의해 생산, 반영되는데, 이때 왜곡된 형태로 반영된 의식.

1968년이라는 '휴지부'

하버마스는 2006년에 콘라트 야라우슈가 『복귀: 독일의 변화Die Umkehr: Deutsche Wandlungen 1945~1995』라는 제목으로 출간한 인상적인 연구서에서 매우 주목받는 인물로 등장한다. 영어로는 『히틀러 이후: 독일의 교화After Hitler: Recivilising Germans 1945~1995』라는 제목으로 출간되었는데,[75] 원서와 영어판 제목이 달라 논란이 빚어지기도 했다.

채플힐에 있는 노스캐롤라이나 대학의 유럽문명 교수이자 독일 포츠담에 있는 현대사연구소 소장인 야라우슈는 제2차 세계대전 이후 독일 역사에 결정적인 의미를 지니는 시기를 3단계로 일목요연하게 분류했다. 첫째는 전쟁 직후의 시기로서, 여기서는 독일의 비무장과 군국주의 추방, 나치 기관의 해체와 나치 선전의 금지, 전쟁의 잠재력을 제거하기 위한 경제 분산 같은 조치가 있었다.[76] 야라우슈는 이런 조치의 내용을 추적함과 동시에(8만 명의 나치 간부가 체포되었고, 7만 명의 나치 활동가가 해고되었으며, 3000개의 독일 회사가 해체되었다), 독일 국민이 점차 유대인 학살에 "부분적으로는 적극적으로 부분적으로는 소극적으로" 가담했음을 인정했다는 사실을 확인했고, 민족주의의 퇴조("가치 기준으로서의 국가의 붕괴")와 '탈민족국가postnation nation'라는 발상의 기원을 검증했다.[77] 그는 또 독일에서는 민족사회주의보다 '급진적 민족주의'가 더 뿌리 깊게 자리잡았으며 이 시기에 사람들이 고통스럽게 겪은 궁핍은 ("모든 뚱보가 자취를 감추었던" 시절) 자기 연민의 감정을 유발했다는 사실을 확인했다. "새롭게 자각한 희생자라는 역할"은 "이전의 공격적인 민족주의"를 방어적인 "잔존 민족 감정"으로 바꾸는 데 도움이 되었다. "비록 독일인의 정체성은 나치스 범죄 때문에 심각하게 손상되었지만 정체성 자체는 완전히 사라지지 않았으며 '숙명의 공동체'라는 특징으로 전환되었다."[78]

야라우슈는 1950년대 내내 지속된 경제성장(케인스식 정책 덕분에 연평균 성장률은 8.2퍼센트에 달했다) 역시 관찰했다. 하지만 경제 부흥은 아데나워 집정 기간의 "상대적 안정화"가 끝난 이후라고 할 1960년대에 가서야 빛을 보았다. 미군 점령 기간의 장기화에 따른 미국적 가치관과 행동 방식이 등장했고 "몇몇 정보 교류 정책"으로 현대 시민사회로 나가는 돌파구가 열렸다.[79]

그는 1968년을—폴란드와 베를린, 뉴욕, 파리에서 대학생들의 봉기가 있었고 소련군이 체코슬로바키아를 침공했으며 베트남전의 종식을 논의하기 시작한 해—"좀더 진전된 이해를 위해 문화적 접근(정치적 접근과 반대되는)을 요구하는" 쉼표로 규정했다. 이 시기에 "감정의 새로운 구조"가 발생했다고 주장한 얀베르너 뮐러도 같은 의견이었으며 디르크 판 라아크는 한술 더 떠 1960년대는 1920년대 못지않게 변화를 기다리는 인내가 한계점에 이른 때라고 단언했다.[80] 이 당시 변화의 원동력은 전후에 성장한 젊은 세대로서 이들은 부모들이 나치즘에 집단적으로 동조한 과거 규명에 부모 세대보다 더 적극적—훨씬 더 적극적—이었다. 따라서 독일의 특수한 환경은 이처럼 세대 분열을 더 첨예하게 만들었고 중대한 문화적 결과를 낳았다. 무엇보다 야라우슈는 "비판적인 공적 영역"과 "정부 정책의 승인에 대한 당대의 비판을 선호하는" 새로운 직업 풍토가 생겼다는 것을 확인했으며 1960년대 들어 매우 광범위한 사회적 자기 결정을 옹호하는 비판적 담론이 등장했다고 말한다. 하버마스는 『공공영역의 구조 변화』에서 공론의 장은 "시민적 자유에 대한 결정적인 전제 조건"이라고 말한 바 있다. 야라우슈는 이런 구조가 다른 서구 국가에서는 해묵은 뉴스일지 모르지만 독일에는 여전히 낡은 권위주의적 사고가 만연해 있었고 정치에 참여하는 것을 꺼리는 사람이 많았다고 말한다. 하지만 1968년에 여러 사건이 발생하고 비판적 공론의 장이 등장함으로써 적어도 교육받은 중간계층 사이에서는 민주주의적 가치와 행동이 내면에 자리잡게 되었다. 이 같은 생각에 동의한 하버마스가 '68세대'의 운동을 "최초로 성공한 독일 혁명"이라고 부른 반면 엘리아스는 이 운동을 "세대 간에 얽힌 사슬"을 최초로 끊은 사건이자 "서구를 '따라잡으려는' 독일인의 마지막 노력"으로 묘사했다(많은 독일 노년층이 일찍이 나치의 과오에 정면으로 대응했고 이를 폭로하려는 노력이 있었음을 주장하면서 이 같은 판단에 동의하지 않는다는 점도 지적해야 할 것이다. 이에 대한 근거로 종종 인용되는 책으로는 1946년에 출간된 오이겐 코곤의 『친위대 국가: 독일 강제수용소의 체제』가 있다).[81]

야라우슈는 저항이 소비자본주의의 '내적 공허'로 집중되었으며 '억압적 관용repressive tolerance'이라는 개념을 다룬 허버트 마르쿠제의 『일차원적 인간』이 핵심 문헌이 되었다고 말한다.[82] 때로 매우 치열했던 대치 국면은 1977년 '독일의 가을'*에서 절정에 달했고 이 여파가 진정되는 데 족히 10년은 걸렸다. 당시 세계의 이목을 끌었던 경제인연합회장의 피살 사건과 공중 납치된 비행기의 모가디슈 공항 구출 작전, 1976년 5월 8일 울리케 마인호프와 1977년 10월 18일 안드레아스 바더의 '의문스러운 자살' 등은 이 시기에 집중적으로 발생했다. 야라우슈는 대결 전략은 실패했고 요슈카 피셔를 포함해 대결주의자 대부분은 "법치국가로 돌아가는 노선을 택했다"고 말한다. 그렇다고 독일 사회가 근본적으로 변했다는 사실을 숨길 수는 없었다. 비록 독일의 권력 구조가 1968년의 사건으로 변한 것은 아니지만 이후 10년 동안 "가치관에 반反권위주의적 변화가 일어난 것"은 부인할 수 없다. 또 독일인의 정체성도 부정적인 개념에서—귄터 그라스와 하인리히 뵐, 롤프 호흐후트, 페테르 바이스의 작품에서 보여주듯(42장 참고)—좀더 폭넓은 국제주의로 바뀌기 시작했다(더 정확하게 말하면 비非민족주의라고 할 수 있다. 여기에 속한 세대가 더 이상 독일인임을 부끄러워한 것은 아니었지만 반드시 외견상 국제적인 특징을 보인 것은 아니었다).[83]

---

*적군파의 테러가 정점에 이른 1977년 9월과 10월을 중심으로 테러 집단과 공권력의 대결이 극단적으로 치닫던 시기를 일컫는 말.

어쨌든 클라우스 쇤호펜이 말한 대로 "숨 쉴 공기가 더 많아졌다."

야라우슈의 분석은 독일인의 자화상이 이웃 국가 대부분이 독일인을 평가한 것과 비교해 다르다는 것을 강조했다는 점에서 중요하다고 할 수 있다. 물론 이런 생각이 전체적인 상황을 말해주는 것은 아니다. 한 연구자에 따르면 독일에서는 "믿기 어려울 만한 규모의 역사적 문맹" 현상이 있었다. 1977년에 『아돌프 히틀러에 대해 들은 이야기』라는 제목으로 나온 연구서를 보면 아이들은 히틀러를 스위스인, 네덜란드인, 이탈리아인 등으로 다양하게 묘사하고 있다. 히틀러가 교수였다거나 동독 공산당 지도자였다는 말도 나왔고 17세기에—또는 19세기에—생존했던 인물이라는 대답도 있었다. 1978년에 초연된 롤프 호흐후트의 「변호인」은 계속 자신의 전쟁범죄를 부인하는 실존 변호사를 다루고 있다.[84] 이 당시는 헬무트 콜 총리가 나치 범죄에 아무런 역할을 맡지 않아도 되는 세대를 묘사하기 위해 "늦게 태어난 축복"이라는 표현을 할 때였다.• 물론 이 말이 진실의 일단을 가리키기는 하지만 이미 역사적 문맹이 드러난 상황에서 전체적인 진실을 나타내기에는 부족한 것도 사실이다.[85]

야라우슈가 지적한 세 번째 시기는 1990년 10월 3일에 있었던 독일 통일의 날을 중심으로 일어난 변화를 말한다. 물론 그는 1980년대 동독에서 전개된 사고방식의 변화에도 관심을 기울였다. 이 변화는 "민주주의적 애국심의 중간 과정"이 신학자 리하르트 슈뢰더가 "견디기 힘든 조국"이라고 말한 상황 속에서 이제는 가능할 것인지를 조사하기 위한 전제로 받아들여졌다. 야라우슈는 그 당시에도 "새롭게 출현하는 (독일) 시민사회의 구조에 지속적인 약점"이 있었다고 보았다.[86] 하지만 그는 이 모든 것에도 불구하고 동독에서 비판적인 소수가 세력을 점점 더 키워가고 있었음을 알

• "늦게 태어난 것에 축복을"이라는 구절은 본래 귄터 그라스가 처음 사용한 표현으로 이내 대중에게 쉽게 전파되었다.

았다. 또 "사생활에 파묻힌" 다차dacha 문화*도 있었다. 이것은 의도적인 이중생활 문화로서 "공적으로는 체제에 순응하면서 사생활 영역에서는 저항하는 정신을 의미했다." 어떤 점에서 이것은 나치 시대의 '내부 망명'과 불안하다는 공통점을 지니기도 했지만 야라우슈는 이것이 정권 내부에 대한 불만을 다른 방향으로 돌리는 기능을 했기 때문에 동독의 국가 체제 안정에 도움이 되었다고 말한다.[87] 그럼에도 불구하고 '협상 사회negotiation society'에 대한 생각은 소규모로 확립되었다.

'정상 상태'의 독일

롤프 호흐후트가 "독일 시계가 통일을 알렸다"고 말한(귄터 그라스와 마거릿 대처같은 일부 사람은 "공격적인 독일 민족주의로 회귀하지 않을까" 두려워하기도 했다) 독일 재통일의 시점에 일어난 가장 중요한 심리적, 지적 변화는 "홀로코스트로 촉발된 탈민족적 자기 이해를 위한" 모색과 독일은 이제—그리고 언제까지나—'정상적'이라는 인식의 외연을 넓히기 위한 모색이었다.[88]

이런 흐름은 어떤 현상을 수반했는가? 1990년대 초반 구동독 지역에서 일어난 변화는 비록 일시적으로는 "마음의 장벽이 그대로 남아 있었지만" 숨 막힐 정도로 급격한 것이었다. '오시Ossie'와 '베시Wessie'** 사이에는 커다란 차별이 새로 생겼고 슈타지Stasi***에 협력한 광범위한 사례가 폭로되면서 동독인의 마음에는 지울 수 없는 상처가 생겼다. 이후 2000년대 후반에

*다차는 러시아의 시골주택으로서 주말농장에서 전원생활을 하는 문화를 말한다.

**동독 출신을 가리키는 오시와 서독 출신을 가리키는 베시는 독일 통일 이후 동서독 출신 간의 심리적 장벽을 가리키는 자조적인 표현으로 각각 상대에 대한 경멸의 의미가 담겨 있다.

***구동독 국가안전요원.

는 과거 동독 주민들 사이에서 동독 시절에 대한 향수를 뜻하는 오스탈기 Ostalgie 현상이 생겨나기도 했다. 특히 한때 낯익었던 상품이나 브랜드, 가령 플로레나 비누나 코네트 식품에 대한 향수가 있었고, 마르틴 블룸이 말한 대로 젊은 세대 사이에서는 동독 시절의 녹색 신호등을 상징하는 짹짹거리는 보행자 모형에 대한 숭배 열기가 생길 정도였다. 이런 제품은 평소처럼 소비하는 것이 아니라 거실에 포장도 풀지 않은 상태로 보관되었고, 이른바 서구 소비문화의 우월성에 대한 도전의 상징물로 여겨졌다.[89] 좀더 공식적인 차원에서는 아이젠휘텐슈타트에 있는 '동독 일상문화 기록보관소 Dok'가 독일민주주의공화국(동독)의 물질문화를 주제로 한 전시회를 번갈아 열었다.

이런 논쟁을 둘러싸고 두드러진 활동을 한 인물로는 카를 하인츠 보러, 한스 위르겐 지버베르크, 보토 슈트라우스, 마르틴 발저 네 사람을 꼽을 수 있다. 빌레펠트 대학의 독문학 교수이자 기자이며 '유럽 사상을 위한 독일 신문'인 『메르쿠르Merkur』 지의 편집인이었던 보러는 두 개로 "쪼개진 국가"가 "함께 기억하고" 공동 추억의 토대를 세우기 위해 재통일은 필요했다고 주장했다. 보러는 재통일이 두 독일만이 아니라 과거와 화해할 수 있게 해주었으며 그 결과 독일의 '영혼'은 평화를 찾고 문화 현상으로서 국가를 재정립할 수 있게 되었다는 글을 남겼다.[90] 이제야 비로소 현대적인 독일 국가가 탄생할 수 있게 되었다는 말이다.[91]

영화 「독일 영화, 히틀러」(1977), 그리고 "불합리와 음악, 낭만주의를 독일인의 정체성과 지식의 핵심으로 다룬" 「파르시팔」(1982)로 잘 알려진 지버베르크도 많은 책을 썼다. 그는 자신의 저서에서 독일인의 정체성은 제2차 세계대전 이후 핵심이 사라졌으며 그 빈자리는 외국 문화, 주로 미국 문화로 채워졌다고 주장했다.[92] 그의 주장은 『지난 전쟁 이후 독일 예술의 행운과 불행』(1990)에서 가장 극명하게 펼쳐진다. 동독 출신인 지버베르크는 재통일을 조명하면서 독일의 정체성과 미학을 검증했다.[93] 이 책은 비관적인 반反자본주의라는 독일의 전통과 반反미국적인 소비자 중심주의의 형태를 재점검할 것을 주장하면서 의식적으로 독일 예외론을 포용했다. 예술과 미학은 인간 존재의 원초적인 영역이며 "나머지 모든 영역은 이차적이다"라는 주장도 했다. 이런 맥락에서 나치 시대에 가장 비극적인 희생자는 유대인이 아니라 예술 자체였다. 그가 보기에 히틀러는 현대화의 절정이자 계몽주의의 어두운 측면이 구현된 존재였다. 또 지버베르크는 베버가 개념을 정립한 도구적 이성은 세계에 추함과 비인간적 행위를 떠넘겼고 무엇보다 "본Bonn의 금전 민주주의"에서 구현된 천박한 문화를 남겼다고 주장하기도 했다. 지버베르크가 볼 때 독일은 '진정한 유럽'의 지도에서 독특한 의미를 지닌 지역이었고 "재발견해야만 할 새로운 깊이를 지닌 고향"이었다.[94]

보토 슈트라우스(1944~)도 주로 희곡을 쓴 작가이긴 하지만 1993년에 『부풀린 염소의 노래』라는 수필집을 출간하면서 논란을 일으킴과 동시에 갈채를 받기도 했다. '염소의 노래'는 본래 그리스어로 비극tragedy을 뜻하는 말이며 지버베르크처럼, 사실상 니체처럼 슈트라우스도 도구적 이성보다는 원초적인 예술의 힘에 대한 동경을 강조하고 있다.[95] 그는 "독일인의 삶에서 점증하는 불안정과 불쾌감은 전반적인 삶이 부자연스러운 한계에 도달했다는 감정에서 온 것이며, 과거 서독이 지녔던 아무 생각도 없이 우쭐대는 소모적 물질주의로는 더 이상 안 된다"는 생각을 내비쳤다. 슈트라우스는 자신이 독일의 문화유산에서 가장 소중하다고 생각한 부분이 상실된 것을 애석하게 생각했다. 그것은 경제적 공리주의와 물질주의에 대한 비판으로서의 비합리주의였다. "우리는 미래의 비극이 어떤 모습을 할 것인지 전혀 알지 못한다. 우리 귀에 들리는 것이라고는 오직 수수께끼가 점점 더 커지는 소리뿐이다."[96]

2002년 5월, 당시 독일 외무장관이었던 요슈카 피셔는 『프랑크푸르터 알게마이네 차이퉁』에 기고문을 하나 썼는데, 독일인의 의식에 비친 '정상상태'에 대한 의미를 파고드는 것이었다. 피셔는 독일인에게는 '정상상태'에 대한 중요한 의미가 두 가지 있다는 생각을 소개했다. 한 가지 의미는 독일인과 유대인에 관한 것으로 자신은 이 부분에서 정상상태로 돌아가고 싶다고 말했다. 그는, 많은 사람이 깨닫지 못하지만 독일 이주민의 3분의 1이 1945년 이후 이주해온 사람들로 이뤄진 상태라는 사실을 지적했다. 여기에는 300만 명의 터키 이슬람교도와 1990년대에 이미 독일에서 살고 있던 주로 노년층의 유대인 약 2만8000명과 합류한 15만 명의 소련 유대인이 포함된다. 2000년 이후 독일은 국적취득 자격 요건에서 '혈통과 토양'이라는 기준을 폐기했으며 시민권은 부모 중 한쪽이 독일에서 8년 이상 거주한 경우 태어난 아이에게까지 확대되었다. 피셔는 이런 사실은 모두 독일이 점점 '외래문화'에 순응하고 있음을 가리킨다고 말했다.

동시에 피셔는 보수파가 과거 나치스 치하에서 '선을 그으려는' 노력이 반영된, "적극적인 독일의 민족적 정체성으로 복귀하려는" 정상상태 개념에 저항했다. 피셔와 마찬가지로 하버마스도 이런 흐름에 반대했다.[97]

하지만 일부 독일인은 정상상태로 복귀하려는 과정에 장애물이 있다고 생각했다(독일인의 7할은 제2차 세계대전 이후에 태어났다). 1998년 소설가 마르틴 발저는 독일서적상협회에서 주는 정평 있는 평화상을 수상했다. 논란을 빚은 수상 소감 연설에서 발저는 "대중매체에서 끊임없이 독일의 수치라는 이미지를 재생산하고 있을 때" 자신은 "눈을 돌리기" 시작했다고 말하면서 1990년대 들어 홀로코스트의 역사를 지속적으로 강조하는 현상에 의문을 표했다.[98] 발저는 베를린에 들어서는 신新홀로코스트 기념관을 "현재의 목적을 위해 우리의 수치를 도구화하는 것"으로 여겨 설립을 반대했고 자신은 독일의 범죄를 "결코 회피하지 않겠지만" 개인의 양심은 "구원을 주는 개성"으로서 "지속적인 공공의 집착"보다 더 중요하고 가치 있는 것이라고 주장했다. 물론 이날 발저의 연설을 들은 사람 중 다수는 그의 발언에 공감을 표했지만(게르하르트 슈뢰더와 요슈카 피셔가 고개를 끄덕이는 장면이 포착되었고 연설이 끝난 뒤 발저는 기립박수를 받았다) 한 사람, 독일유대인회의 의장 이그나츠 부비스는 슈뢰더 정부가 마지못해 홀로코스트 기념관 건설을 묵인한 것과 같은 맥락에서 발저도 반유대주의자라고 공격했다. 철학자 헤르만 뤼베는 서독이 안정을 발판으로 민주주의 기능을 갖춘 국가로 발전하게 된 이면에는 과거 연방공화국 초기의 역사에 대한 집단적이고 개방적인 침묵kommunikatives Beschweigen이 있었기 때문이라고 말하면서 발저의 발언에 대해 비슷한 지적을 했다.[99] 이런 논란은 그치지 않았다(논쟁이라고 하기에는 분위기가 굉장히 험악했다). 2007년 홀로코스트 역사 전문가 자울 프리트렌더는 평화상 수상 기념식에서 인터뷰를 하면서 1998년 발저의 발언은 홀로코스트에 대한 관심을 끝내려는 독일인의 성향이 반복해서 드러난 전형적인 현상이라고 주장했다.

카를하인츠 슈토크하우젠은 2001년 9월 16일 함부르크에서 가진 기자회견에서 놀라운 발언을 해 거센 논란을 불러일으켰다. 미국의 9.11 사건을 "역사상 최대의 가능성을 안겨준 예술작품"으로 묘사하면서 "한 번의 연주회를 위해 10년 동안 끊임없이, 지극히 광적으로 연습하고 죽은 (…) 음악을 뛰어넘는 성과를 이룩한" 행위이며 "이 사건은 전 세계적으로 인간이 상상할 수 있는 범위에서 가장 위대한 예술작품"이라고 말했기 때문이다.[100] 이 발언 이후 슈토크하우젠의 연주회는 취소되었고 그를 정신병원에 보내라는 요구가 빗발쳤다. 하지만 클라우스 셰르페가 지적한 대로 독일 문학사에는 미국의 대재앙을 다룬 소설이 많다. 그중에는 현대화의 상징으로 뉴욕이 파괴되는 이야기도 나온다(막스 다우텐다이와 베른하르트 켈러만, 게르하르트 하웁트만의 작품에서).

독일서적상협회의 평화상을 수상한 바 있는 하버마스는 9.11 테러가 일어난 지 한 달쯤 지난 2001년 10월에 종교적 근본주의와 나치즘 사이에 유사점이 있음을 지적했다. 그는 사람들이 '우리와 다른 사람들'이나 '야만인'을 탓할 게 아니라 그들 모두 현대화의 '열매'이며 계몽주의의 어두운 면을 드러낸 것이라는 사실을 깨달아야 한다고 생각했다. 이 같은 인식은 '정상상태'를 달성하려는 독일인으로서, 또 잔혹한 전쟁범죄와 관련해 다른 사람들도 자신들과 보조를 맞췄을지도 모른다고 생각하는 독일인으로서의 생각이라면 암울한 방향이다. 또 어떤 방식으로든 이런 추정을 모두가 받아들인 것도 아니었다. 하지만 하버마스는 "근본적이고 독단적인 신념의 영구적 해체"를 염원한다는 점에서 분명히 옳았다.[101]

끝으로, 다른 모습을 한 독일이 출현하고 있으며 독일의 전후 역사에서 새로운 단계가 진행 중이라는 점을 지적한 두 개의 연구가 있다. 머리말에서 언급한 대로 독일인이 어떻게 민족사회주의의 유산을 극복했는지—또는 극복에 실패했는지—를 이해하기 위해 '세대별' 모형을 제시한 더크 모지스의 연구를 우선 꼽을 수 있다. 모지스가 볼 때, 1920년대 후반에 태어나 1945년에 막 성년에 이른 '45세대'는 민족사회주의로 사회화되었고 그 이전의 독일에 대해서는 아는 것이 거의 없었다. 게다가 너무 어렸기 때문에 어떤 형태로든 대량학살에 대한 책임감을 느끼지 못했다. 그럼에도 불구하고 이들은 적어도 1968년까지는 독일이 연방 민주주의 형태로 발돋움하고 안정을 찾는 과정에서 도움을 주었다고 스스로 판단하면서 '침묵하는 다수'를 형성했다. 여기에는 대량학살에 책임이 있는 부모 세대를 보호하려는 의식도 포함된다. 이것이 바로 정신분석가인 알렉산더와 마르가레테 미처리히가 『애도 능력의 부재』(1967)라는 연구서에서 독일의 45세대가 과거사와 관련해 '심리적 부동자세' 속에 얼어붙었다고 지적한 이유다. 모지스는 45세대를 '비독일계 독일인'과 '독일계 독일인'으로 구분하면서, 비독일계는 독일이 속히 미국, 영국, 프랑스의 유형인 서구 민주주의 국가가 되기를 바란 반면 독일계는 1933년 이전의 전통적인 독일의 특징을 가능하면 많이 유지하기를 바란다고 말했다. 그는 이런 분열이 제2차 세계대전 전후 기간 내내 독일에서 일종의 '문화전쟁'의 형태를 띠었으며 "서구화로 가는 긴 노정"을 지체시켰다고 지적했다. 68세대는 독일계 독일인이나 비독일계 독일인을 막론하고 45세대를 단호하게 공격했다. 이러한 현상 역시 문화전쟁의 일부를 형성했다. 하지만 모지스조차 연구서 말미에서—이것이 요점이다—"홀로코스트 이후의 제4세대 독일인은" 마침내 국가기관을 신뢰하기 시작했고, 대량학살의 기억은 "21세기의 젊은이들에게서 그 본질적인 의미가 점점 더 퇴색하고 있다"는 사실에 주목했다. 그는 학살된 유럽 유대인을 위한 베를린 기념관이 "오명이나 상흔으로서보다는 관광객을 끌어들이는 수익 사업으로서, 무관심의 대상 또는 사실상 아이들의 놀이터"로 인식되고 있다고 보았다. 이와 비슷한 관점은 2008년 7월에 가서야 겨우 출간된(역시 머리말에서 언급한) 포츠담 군사연구소의 『독일의 전시사회, 1939~1945』에 대한 맥스 헤이스팅스의 언급에서도 엿보인다. 헤이스팅스는 이 연구소의 필진 전체가 전후에 태어난 세대로서 떨쳐버릴 수 없는 진실, 즉 유대인에게 어떤 일이 일어났는지 "거의 모든 독일인이 알고 있다는" 사실을 마침내 직시하고 말할 수 있게 되었을 뿐만 아니라 "유대인이 그 같은 운명을 당할 만했다"고 믿는다는 점을 주목했다. 또 헤이스팅스가 말한 대로 이 연구서는 다른 사람들로서는 거의 감당할 수 없을 만큼 엄격한 잣대로 부모 세대를 평가하려드는 새로운 세대의 작품이었다.

모지스와 헤이스팅스의 주장이 옳다면, 독일의 제4세대가 '심리적 부동자세'를 탈피해 사실 자체를 돌아볼 자세와 능력을 갖췄다면, 이것이 전시 독일의 전체적인 진실이 이제는 허용되었다는 사실과 어떤 관련이 있을까?

성직자, 교수, 교황

2005년 4월 19일 요제프 알로이스 라칭거(1927~)는 요한 바오로 2세의 뒤를 이어 78세의 나이로 교황에 선출되었다. 1927년 바이에른의 마르크틀 암 인에서 태어난 라칭거는 독일인 교황으로서는 아홉 번째이고 네덜란드계 독일인이었던 아드리아누스 6세(1522~1523) 이후로는 처음이었다.

아버지는 경찰관이었지만 요제프와 형 게오르크는 아주 어렸을 때부터 성직자를 꿈꿨다. 1939년 요제프 라칭거는 트라운슈타인 신학교에 입학했고 거의 동시에 14세 소년 모두에게 의무화된 히틀러유겐트에 가입했다.[102] 하지만 라칭거의 집안은 히틀러에 적대적이었고, 특히 다운증후군을 앓던 요제프의 사촌이 1941년에 나치스의 우생학 실험에 동원되어 살해되자 반히틀러 성향이 더 강해졌다. 1943년 요제프는 대공포부대에 배치되었다. 건강이 좋지 않아 전시 근무에서는 제외되었다. 그는 1945년 전쟁이 끝나자 부대를 이탈해 집으로 돌아갔는데 이때 미군 부대가 라칭거 집안의 주택을 지역 사령부로 사용하고 있었다. 그는 몇 개월간 전쟁포로로 억류생활을 한 뒤 석방되어 형과 함께 신학교에 복학했다.

라칭거 형제는 1951년에 성직자에 임명되었다. 이때부터 요제프 라칭거의 화려한 학자생활이 시작되었다. 그는 프라이징 대학 교수를 시작으로 본 대학와 튀빙겐 대학의 교수가 되었다. 튀빙겐 대학에서는 한스 큉의 동료였고 에드바르트 실레벡스와 카를 라너 같은 대표적인 신학자와는 대립했다.[103] 제2차 바티칸 공회 기간에(1962~1965) 라칭거는 개혁 성향을 지닌 쾰른 교구 추기경 요제프 프링스의 신학 보좌관으로 근무했다. 이후 1969년에는 유명한 신학 저널 『콤무니오』(현재는 17개 언어로 출간되고 있다)의 창간에 참여했다. 1977년에 라칭거는 뮌헨과 프라이징 교구의 대주교(이후 추기경)가 되었으며 4년 뒤에는 요한 바오로 2세가 그를 신앙교리회의 대표로 임명했다. 이곳은 과거에 종교재판을 담당했던 종교재판소로 알려진 기관이었다.

라칭거는 많은 책을 저술했다. 비록 여러 쟁점에 대해 보수주의자와 전통주의자의 관점을 보이기는 했지만 종교와 세속의 영역을 넘나들며 당대의 철학자, 사회비평가, 교수들과 전면적인 논쟁을 벌이는 것을 마다하지 않았다. 그의 저술에는 고대 그리스 사상과 니체, 하이데거의 사상을 다룬 것이 다수 있으며, 좀더 최근의 예로는 장 리오타르, 레오 스트라우스, 알

래스데어 매킨타이어(인디애나 주에 있는 노트르담 대학의 철학 연구교수), 니컬러스 보일(케임브리지 대학의 독문학 및 지식사 교수이며, 4장에서 보일이 쓴 괴테와 괴테 시대에 대한 두 권짜리 유명한 전기를 언급했다), 위르겐 하버마스의 저술을 다룬 것도 있다. 하버마스와 라칭거는 2007년에 공동 저술로 『세속화의 변증법』을 출간하기도 했다.

신학적, 철학적으로 라칭거의 높은 위상은 독일 전통에서는 주목할 만한 것으로 그는 칸트와 딜타이, 막스 베버, 디트리히 본회퍼가 제시한 신학적 의미를 두루 탐구하고 있다. 그의 저술은 우리가 알고 있는 것, 다시 말해 부분적인 관점을 절대화시키는 위험과의 싸움이라고 할 수 있다. 특히 세계를 향유하기보다 세계를 통제하는 데 익숙한 과학적 이성이라고 할, 베버가 말한 '도구적 이성'과의 싸움이었다.[104] 라칭거는 토마스 아퀴나스뿐만 아니라 아우구스티누스를 꾸준히 연구한 학자로서 1968년의 소용돌이에 휘말리기도 했다. 다른 사람들과 마찬가지로 라칭거가 보기에도 68사태는 진정한 포스트모던 사회의 출현을 알린 것이었으며, 문화를 모든 세계관이 동등한 타당성으로 대접받는 '축제'로 보는 상대주의의 등장이기도 했다.[105]

라칭거는 근대사의 핵심적인 사건은 계몽주의이며, 계몽주의는 유럽과 같은 기독교적 환경에서 발생했다—발생할 수밖에 없었다—고 말한다. 계몽주의 철학자들이 많은 기여를 한 이성의 발달은 그 자체가 계시의 한 측면이기 때문에 이 세계는 신앙과 이성의 구분이 존속되는 한, 결코 전체를 향유할 수는 없다. 이 같은 구분이 인간의 본질적인 곤경을 의미하기 때문이다. 라칭거는 삼위일체의 신비는 진선미의 결합이라는 현대적인—동시에 고대적인—삼위일체의 현실을 파악하는 데 도움이 되기 위해 존재한다고 믿었다. 그는 진선미의 결합이 영원하고 시간을 초월한 가치가 존재한다는 것을 보여주려 했고, 이것이 진리라는 것을 우리에게 깨우쳐주는 신의 방식은 희망의 현상으로 신이 우리에게 내리는 선물이라고도 말했다. 니체는 신이 인간을 가지고 우롱하는 최후의 농담이 바로 희망이라고 말했지만 라칭거는 희망은 인간 모두의 마음속에 새겨진 '신의 기억 장치' 중 하나라고 주장했다.

그는 오직 기독교만이—가톨릭—신앙과 이성을 적절히 혼합할 수 있다고, 오직 기독교만이 이 이분법의 인식에 책임을 다할 수 있고 또 기독교만이 기독교 사상의 핵심 요소인 "예수를 만나게 해주는" 전통—예배의 전통뿐 아니라 지적 전통까지—을 세웠기 때문이라는 것이다.[106]

라칭거가 볼 때 기독교 체계는 완벽한 구조다. 반면 포스트모던한 세계는 이 지배적인 담론이 원칙적으로 과오이며 종종 실제로 위험하다고 단언하는 혼란을 드러내고 있다고 보았다. 또 라칭거는 현 세계의 '진화론적 풍조'는 인간의 유일한 선택이 기독교와 허무주의만을 대상으로 하고 있다는 의미라고 주장한다. 허무주의자들에 대한 그의 대답은 먼저 이들이 "무언가 주어질 필요가 있다"[107]는 점을 깨달아야 한다는 것이다. 여기서 그는 그 증거이자 비유로서 결혼을 예로 든다. 인간은 사랑이 필요하다고 느끼지만 에로틱한 사랑을 통제하지 못하며, 더불어 사랑에 빠지는 상대에 대한 통제력도 발휘하지 못한다. 인간은 이런 사랑을 청천벽력으로 경험하는데, 라칭거가 볼 때 이런 사랑은 신의 선물이다. 하지만 에로틱한 사랑은 시들 수밖에 없으며 교회와 교회 공동체, 교회의 전통으로 도움을 받을 때 에로틱한 사랑은 뭔가 다른 특징으로 변한다. "사전에 내 의사를 묻지 않고 발생하는 에로틱한 차원의 사랑은 무조건적인 자기희생이라는 아가페적 차원으로만 충족될 수 있다."[108] 라칭거가 볼 때 자기희생의 아가페적 현상은 인간의 신성화에 도움을 주고 인간에게 '영적 기사도 정신'을 제공한다. "오늘날 우리는 종종 젊은 세대의 모습에서 뚜렷한 고통과 체념을 본다. (…) 이런 슬픔의 가장 깊은 뿌리는 웅대한 희망이 부족하고 위대한 사랑에 도달할 가능성이 없다는 데 있다." 로저 코언이 말했듯 어떤 면에서 교황 요한 바오로 2세는 유럽의 물리적 분열을 극복했다. 그렇다면 "교황 베네딕토 16세는 유럽 대륙의 역사적 상처를 극복하게 될 것이라고 말할 수 있을 것이다."*[109]

*『저먼 지니어스』는 2010년에 출간되었고, 베네딕토 16세는 2013년 고령 및 건강상의 이유로 자진 사임하였다. 퇴임 후 그는 명예교황에 추대되었다.

제42장

독일 카페:
"일찍이 보지 못한 독일"

1967년 독일의 두 정신분석학자인 알렉산더와 마르가레테 미처리히는 『애도 능력의 부재』를 출간했다. 이 책은 제3제국의 몰락과 뒤이어 홀로코스트의 끔찍한 만행이 폭로된 이후 독일의 집단적인 반응을 장기적인 측면에서 연구한 것이다. 두 사람은 독일이 여전히 '심리적 부동자세'에 사로잡혀 있다고 결론내림으로써 논란을 불러일으켰다. 이 말은 지나친 만행을 "고의로 망각하는" 정서적으로 얼어붙은 상태에 대한 지적이었다. 독일인이 히틀러와 그의 이데올로기를 "자기도취적으로 지지함으로써" 발생한 집단 범죄는 그 죄질과 수치감이 어마어마한 것이어서 "지속적인 생존을 위해 필요한 자기평가"가 불가능할 정도라는 것이 두 사람의 주장이었다. 둘은 이어서 독일인에게는 자신이 희생자라는 관점, 특히 "파시즘과 민주주의 사이에서" 성년이 된 '45세대', 그리고 헬무트 셸스키의 책에서 회의적인 세대라고 불린 계층의 관점이 필요했다고 결론내렸다.[1] 미처리히 부부는 또 심리적 부동자세의 문제는 1950년대와 1960년대 들어서까지 집요하게 계속

되었다고 주장했다.[2]

이들의 연구는 그 자체로 중요한 것이었다(이 연구가 제2차 세계대전 이후 독일의 지적 생활에 대한 다른 연구와 합치된다는 것은 이미 언급했다). 여기서 나온 결론은 우리가 제2차 세계대전 이후 독일 문학의 틀을 이해하는 데에도 도움이 된다. 이 같은 문학적 틀은 현대세계에서 독일의 지적, 도덕적 생활의 측면을 가장 분명하게 표현하는 예술 형식이라고 할 수 있다.

여기서 알게 된 사실은 전통적이면서 동시에 아주 낯익은 두 가지 관심이 주축이 된 새로운 요소를 파악해야 한다는 점이다. 우선 영국 문학의 주축이 '우아한 오락(키스 불리번트의 표현)'이라는 말로 가장 잘 설명된다면 독일 문학은 미국에서처럼 당대의 정치사회적 변화 과정과 매우 밀접한 관계가 있었다. 그것은 정확하게 말하면 사회참여engagé의 형태였거나 사회참여를 지향하는 태도였다. 이런 형태는 '도덕군자prig'라는 용어를 사용한 헨리 시지윅의 망령을 떠올리게 하지만 현재 우리가 아는 바와 같이 이 용어를 독일 문학에 적용할 수는 없다. 둘째, 독일 현대문학은 이미 몇 차례 드러났듯이 사실주의와 '내향성' 간의 낯익은 충돌 현상으로 특징지을(괴롭힘을 당할?) 수 있다는 것이다. 내향성Innerlichkeit이 문학의 진정한 영역이고 합리적 사고 과정에서 나온 지식이라는 주장과는 반대로 내향성이 시인과 소설가의 '직관적인 지식'으로서 중요하다는 끈질긴 주장은 나머지 모든 것, 무엇보다 사실주의(독일어로 통속문학Trivialiteratur)를 속된 것이라고 여기도록 만든다.[3]

1945년 이후 한동안 독일 전역에 만연한 물질적 폐허Trümmer가 작가의 상상력을 지배했다. 물론 이에 대한 표현이라고 할 폐허문학Trümmerliteratur이 지속적으로 많은 작품을 생산한 것은 아니었다. 이런 사실과 무관하게 1945년 이후 독일의 문학적 삶에서 급격한 단절도 없었고 폭발적인 혁신운동이나 성공적인 휴지기가 없었다고 말한다면 오히려 이상한 것이 아닐까?

제1차 세계대전 이후 위대한 작품이 탄생하는 데 여러 해가 걸렸다(31장 참고)는 점을 기억한다면 어떤 분수령을 기대한 사람이 있었을지도 모른다. 이런 현상이 제2차 세계대전 이후에는 훨씬 더 오래 지체되었다. 1960년대에 조심스럽게 시도된 문학적 재구축을 위한 노력은, 1947년에 결성되어 젊은 세대의 독일 작가를 대표한다고 여겨진 이른바 47그룹Gruppe 47* 의 업적마저도 과대평가되었다는 사실을 보여주었다.

실제로 영시점Stunde Null** 같은 것은 없었다. 어수선하게 흐트러진 진실은 에른스트 윙거나 고트프리트 벤 같은 작가가 1945년 이후에도 여전히 살아서 모더니즘 운동이 "인간의 본성을 고려하지 않았기" 때문에 허위이며 계몽주의가 인간에게 부과된 "잘못된 구속복"이기 때문에 거부했다는 것이었다. 이들은 여전히 '내면세계'에 초점을 맞추었고 이런 현상은 독일 현대사에서 계속 이어졌다. 그렇다고 내향성이 변화에 영향을 미친 유일한 요인은 아니었다. 다른 많은 작가는 새로운 환경에 대한 각자의 반응을 작품으로 형상화하려 했으며, 그럼으로써 전쟁의 직접적인 여파에 둘러싸인 자신을 직시했다. 전쟁에 참전했거나 전쟁포로였던 이들은 무엇보다 미국의 강박관념 때문에 집단 죄의식을 형성하는 데 방해를 받았다. 어떤 면에서 미국의 이 같은 태도는 또 다른 구속복이었다.

또 미처리히 부부가 보여준 대로 독일은—동서독 모두—과거의 정체성에서 힘겹게 '벗어나려' 했고 이제는 승전국인 소련이나 미국의 노선에 동조했다(일본이 그랬듯이). 양 독일은 재건이라는 "아무 생각 없는 노동"에 착수했다. 이것은 서독에서 콘라트 아데나워의 '경제 기적'을 창출했고, 동독에서는 "소련의 위성국 중에 가장 성공적인 경제"를 일궈냈다.[4]

*1947년부터 1967년까지 지속된 독일어권 작가들의 문학 집단. 주된 활동은 회합에서 각자의 작품을 낭독하고 그에 관해 상호 비평을 하는 것과 그때까지 잘 알려지지 않은 신인 작가들을 지원하는 것이었다.

**1945년 5월 8일 나치 정권이 항복한 날 자정을 가리키는 말. 정신적으로나 물질적으로 모든 것이 파괴되어 완전히 새로 시작한다는 의미가 담긴 표현으로 이때부터 전후 시대가 시작된다.

이렇게 혼란스러운 환경에서 세 명의 작가가 두각을 드러냈다. 이들은 특별히 젊지 않았지만(모두 '45세대'로 회의적인 세대의 일원이었다), 전후 세계에서 즉각 독일의 과거와 맞서 싸운 제1세대라고 할 수 있었다.

우선 하인리히 뵐(1917~1985)이 경고와 저항의 목소리가 담긴 작품을 발표했다. 쾰른에서 태어나고 전쟁에 참전해 네 차례나 부상을 입었던 뵐은 나치 시대의 도덕적 몰락에 매우 민감한 반응을 보였다(그는 히틀러유겐트에 가입하는 데도 저항했다). 뵐은 혼란한 상황과 잔인한 역사, 암시장, 기아, 전쟁 난민을 묘사하는 데 많은 노력을 기울였다. 「방랑자여, 그대 스파르타로 가거든」(1950)에서는 중상을 입은 소년 병사가 야전병원 응급 수술실로 실려가는데, 이 야전병원은 그가 바로 6개월 전 입대하기 전에 다니던 학교 건물을 사용하고 있었다. 폐허 한가운데에 있는 수술실에서 소년 병사는 자신이 칠판에 휘갈겨 써놓은 그리스 풍자시를 발견한다. 독자는 여기서 소년 병사의 죽음만 접하는 것이 아니라 교양의 세계도 죽었음을 알게 된다.[5]

뵐이 동시대 독일인에게 전한 주된 경고는 "풍요가 망각을 불러올지도 모른다"는 것이었다. 『9시 반의 당구』(1959), 『어느 어릿광대의 견해』(1963) 등의 작품에서 뵐은 "평소처럼 하라"는 아데나워 정부의 원칙이 가정 내에서 어떻게 젊은 세대와 노년 세대를 도덕적 충돌로 몰고 가는지 파헤치고 있다. 이런 갈등은 이후 1970년대에 많이 등장한 이른바 아버지 소설Vaterroman에서 다시 부각된 주제였다.

뵐의 작가적 역량은 『카타리나 블룸의 잃어버린 명예 또는 폭력은 어떻게 일어나고 어디로 향하는가』(1974)에서 절정을 이뤘다. 이 작품에서 뵐은 정부보안기관의 작전을 옹호하는 악셀 슈프링거 언론사를 공격했다. 학생과 좌파들이 1970년대 독일을 얼룩지게 했던 테러리스트를 지지하는 "정신적인 노선을 준비하고 있다"고 보고 이를 적대시했다는 이유에서였다.[6] 분명히 뵐의 작품은 자본주의의 병리에 대한 깊은 숙고로 볼 수 있었고,

이 때문에 동유럽에서 항상 인기를 끌었다. 1972년에 노벨문학상을 수상한 뵐은 알렉산더 솔제니친이 소련에서 추방되었을 때 안식처를 마련해주기도 했다. 스티브 크로쇼는 『카타리나 블룸의 잃어버린 명예 또는 폭력은 어떻게 일어나고 어디로 향하는가』와 이 소설을 원작으로 한 영화가 전환점이 되었다고 말한다. 이 작품 이후로 과거에 대한 침묵의 관행이 사라지고 많은 나치스가 여전히 힘 있는 자리에 있다는 현실이 마침내 극복되었다는 것이다(이 작품은 이미 1974년에 나와 미처리히가 제기한 문제를 새롭게 부각시켰다). 크로쇼는 브라운슈바이크에 있는 게오르크에카르트 교과서연구소를 방문했을 때, 그는 "엄청나게 많은" 교과서가 진실을 외면하려는 방식이 "놀랍다"고 생각했다. 더불어 크로쇼는 1961년 아이히만 재판 이후로 이러한 기류의 변화가 좀더 빨리 이루어졌다고 말했다.

앞에서 말한 세 명의 작가 중 두 번째로 언급할 이는 귄터 그라스(1927~2015)다. 그는 1999년에 노벨문학상을 수상했고 『양철북』(1959)으로 가장 잘 알려졌다. 이 작품은 때로 『고양이와 쥐』(1961), 『개의 시절(1963)』과 더불어 '단치히 3부작'으로 일컬어지기도 한다. 세 작품 모두 단치히 주변에서 나치즘이 발호하게 된 배경을 다루고 있기 때문이다. 겉으로 보기에 『양철북』은 세 살 때 성장을 멈추기로 결심하고 오직 양철북 하나만을 들고 삶을 배회하는 오스카어 마체라트의 일생을 추적하고 있다. 무엇이 됐든 오스카어의 마음을 사로잡는 것은 아무것도 없으며 몹시 우스꽝스러울 뿐만 아니라 끔찍하기까지 한 히틀러 제국의 부조리함도 그의 마음을 움직이지 못한다. 오스카어는 정신병원에서 회고록을 작성하며 생을 마감한다.[7] 하지만 이 줄거리 이면에는 그라스 자신이 교양소설의 독선적인(융통성 없는) 전통이라고 본 것에 대한 풍자가 깔려 있다. 이 소설은 그라스의 매우 세련된 언어로 된 서술이 주를 이루는 가운데 이 서술로 드러나는 어린아이의 대조적인 관점이 풍자 효과를 일으킨다. 이 풍자는 전후 독일이 처한 곤경에 대한 비유로 작용하는데, 고도로 발달한 기술이 수준 이하의 도덕성과 대조를 이루는 것이다. 어느 대목에서는 오직 양파 요리만을 내놓는 최신 유행의 식당이 묘사된다. 사람들은 양파 요리를 즐김으로써 "눈물을 흘리지 않는 20세기에" 눈물을 흘리는 경험을 할지도 모른다. 이런 "수준 이하의" 도덕성은 이후 그라스의 마음을 계속 사로잡았다.[8]

뵐과 그라스 두 사람은 전후 독일에서 스스로를 도덕의 수호자로 여겼다.[9] 두 사람은 정치적 평화운동에도 가담했지만 2006년 그라스가 과거에 무장 친위대원Waffen-SS이었다는 사실이 알려지면서 그라스의 역할은 빛이 바랬다.[10] 철모르는 10대 소년이 단순하게 "자신의 의무를 다한" 경우라는 시각을 누구나 받아들이지는 않았다.

그라스를 비판한 사람 가운데에는 지금 말하는 3대 작가 중 한 명인 마르틴 발저(1927~)도 있었다. 발저 또한 군대에 갔다 왔고 전쟁 기간에는 나치당에 입당한 경력이 있었다. 발저는 다른 두 사람보다 신랄한 표현을 쓰는 훨씬 더 재기 넘치는 작가였지만 독일 바깥에서는 잘 알려지지 않았다. 발저의 주요 주제는 중간계층의 피고용자들이 겪는 극심한 생존 경쟁의 문제였으며(『중간기』(1960), 『일각수』(1966)) 이후에는 점차 분단국가가 몰고 온 삶의 심리적 여파를 파헤쳤다(단편 「팽이와 늑대」(1987)에서). 발저는 공공연히 과거를 돌아보려고 하지는 않았다. 독일이 현재 당면한 문제만으로도 아주 벅찼기 때문이다. 영어권에서 가장 유명한 발저의 작품은 「달아나는 말」(1978)이다.[11]

상복이 어울리는 오이디푸스

당시 제3제국의 문제점은 뵐과 그라스가 파고들기 시작하면서 마침내 1960년대와 1970년대에 세간의 이목을 끌었다. 하지만 두 사람의 업적은 훨씬 더 광범위한 것이었다. 키스 불리번트의 말을 인용한다면 "마침내 초월적인 세계는 사라졌고, 당대와 관련해 현실이 배제된 가운데 거대한 삶의 문제를 비유적으로 신비롭게 취급하는 태도가 사라졌다."[12]

하지만 이 무렵 이들은 이미 젊은 나이가 아니었기 때문에 1960년대 학생들의 급진주의에 가담하지는 않았다. 말하자면 막스 프리슈나 페터 슈나이더, 페테르 바이스 같은 사람들만큼 적극적이지는 않았다. 좀더 젊은 그 작가들은 1970년대 초에 정부기관의 변함없는 권위주의적 속성을 유발시킨(따라서 드러내게 한) 테러리즘(바더마인호프)에도 많은 영향을 받았다. 슈나이더의 『렌츠』(1973)와 프리슈의 『슈틸러』(1964)는 특히 앞장에서 언급한 1968년 무렵 민주주의적 가치가 내면화되기 전의 권위주의적인 토대를 파헤쳤다. 이런 흐름은 1970년대 후반, 검찰총장과 고위직 은행가, 경제인연합회장 모두가 피살되면서 '독일의 가을'로 알려지게 된 사건에서 절정에 달했다. 작가와 정부 사이의 갈등은 테러가 난무하면서 골이 더 깊어졌다. 작가들은 시민권을 제한하는 정부를 비난했고, 정치인들은 작가가 "정신적으로 무정부주의를 조장한다"는 주장을 되풀이했다.

그렇다고 독일 문학을 싸잡아 이처럼 "과거를 받아들이려고 애쓰는" 틀에 꿰어 맞출 수는 없다. 문학평론가 한스 마그누스 엔첸스베르거와 발터 옌스 두 사람은 1970년부터 매우 광범위한 의미에서 독일 작가들의 정치적인 인식을 위해(시민권, 독일 내의 미군 핵미사일, 세속화) 좀더 큰 틀을 마련하며 관심을 끌었다. 이 같은 '신사실주의'의 중요한 양상으로는 언어의 강조(언어사실주의Sprachrealismus)와 다큐멘터리 서술(구체사실주의), 다른 나라와 마찬가지로 독일에서도 출현한 여성운동 따위를 들 수 있다. 아마 이중에서 가장 중요한 이름을 꼽자면 잉에보르크 바흐만(1926~1973)과 엘프리데 옐리네크(1946~)일 것이다. 두 사람 모두 오스트리아 태생이면서 가톨릭 신자였다. 옐리네크는 특히 『피아노 치는 여자』(1983)와 『욕망』(1989)에서 여자들을 똑같이 낡은 수법으로 섹스 대상으로만 취급하는 현대 영화와 언론의 세계를 폭로하고 있다.[13] 옐리네크의 문체는 독자, 특히 남성 독자를 대하는 방식에서 포르노가 어떻게 여성에게 타격을 주는지를 묘사하기 위해 의도적으로 감정 노출을 절제하고 있다.[14]

일종의 오이디푸스식 반란 속에서 과거 아버지 세대가 나치 시대에 대해 져야 할 부담을 직시한 아버지 소설은 1970년대 후반에 독일 문학에서 뚜렷한 하위 장르를 형성했다. 이 장르의 (지체된) 등장은 미처리히 부부가 내린 결론을 다소 강화된 감이 없지 않다.[15]

동독의 작가와 독자의 동맹

동부에 있는 또 하나의 독일이라고 할 독일민주주의공화국은 자체 궤도를 유지하면서 학교에서 종교 교육을 폐지하고 검열의 강화와 완화를 반복하며 문학적 주제에 제한을 가했다. 이후 작가와 독자 사이에는 암묵적인 동맹관계가 형성되어 당국에서 허용할 만한 범위에서 일련의 암호와 비유, 언외의 의미subtext를 창작하고 이것을 이해하는 법을 익히는 풍토가 생겨났다. 그 결과 동독은 독자의 나라Leserland로 알려지게 되었다.[16] 처음에는 낙관적인 분위기가 형성되어 아나 제거스 같은 작가는 제3제국에 대한 실행 가능한 대안으로서 완전히 새로운 사회주의 국가의 비전을 제시했고, 심지어 이 모델을 괴테와 실러의 바이마르 공화국에 비교하기까지 했다.[17] 이런 낙관주의는 오래가지 못했다. 1950년대 후반에 부헨발트 강제수용소를 다뤄 베스트셀러가 된 브루노 아피츠의 『벌거벗고 이리떼 속으로』(1958)나 헤르만 칸트의 『강당』(1965), 울리히 플렌츠도르프의 『젊은 베르테르의 새로운 슬픔』(1972), 그리고 크리스타 볼프의 몇몇 작품, 특히 『카산드라』(1983)에서 작가들은 미학적으로 무엇을 상실하고 있는지를 생각했다. 너무도 많은 공산주의 국가가 중앙권력화되었다. 여기서 뒤늦긴 했지만 직접적인 비판이 아닌 한, 시적 허용artistic license*이 인정받는 분위기가 형성되

었다.[18]

여성 작가가 동독에서 빛을 보리란 것은 충분히 예상된 일이었다. 출산휴가나 탁아소 같은 제도를 법으로 정착시키면서 정부가 성 평등(어쨌든 공식적으로는)에 노력을 집중했기 때문이다. 하지만 간과하지 말아야 할 것은, 동독은 남자들 대부분이 보수적 전통주의자였던 과거 프로이센의 많은 지역을 차지하고 있었다는 사실이다. 이런 배경은 다른 어느 곳보다 뿌리 깊은 성 역할을 둘러싸고 갈등을 일으키는 요인이 되었다. 이 같은 요인은 결과적으로 다른 곳이었다면 아마 찾아보기 어려웠을 크리스타 볼프(1929~2011) 같은 작가가 나오는 토대가 되었다. 『크리스타 T.의 추상』(1968)은 크리스타 T.가 일종의 교양세계인 무미건조한 공산주의 세계에서 허용된 것 이상으로 완벽한 자기실현을 추구하다가 좌절하는 이야기를 절제된 필치로 그린 소설로, 볼프 문학의 중심축이 되는 작품이다. 볼프 자신과 절친했던 친구의 불치병은 동독에 대한 비유가 되었다.[19] 그녀의 작품 중에서 가장 많은 논란을 불러일으켰다고 할 『남아 있는 것』은 1979년에 완성되었지만 1990년까지 발표되지 않았다. 이 작품은 슈타지에게 감시당하는 삶에 적응하는 작가 자신의 반半자전적인 이야기다. 하지만 볼프는 이 작품을 '전환기' 이후에(독일 통일 이후) 발표했다는 이유로 동독 체제에 순응한 게 아니냐는 비난을 받았다.[20]

마틴 스웨일즈가 지적한 대로 동독과 서독의 심리적, 문화적 차이를 독특하게 표현한 작품은 많다. 우베 욘존의 『두 견해』(1965)와 페터 슈나이더의 『장벽을 뛰어넘는 사람』(1982), 토르스텐 베커의 『시민사회』(1985)도 여기에 속한다.[21] 영국에 정착한 욘존은 자신의 작품에서 다른 어느 곳보다 독일에서 더 큰 공감을 얻은 특징이나 주장(메시지)이 가장 완전하고 유일

---

*본래는 문학에서 문법상 틀린 표현이라도 시적인 효과를 위해 허용하는 것으로 여기서는 제한적이고 상대적인 창작의 자유를 말한다.

한 진실일 수밖에 없다는 것을 보여주었다.

잘 알려진 대로 동서독의 매우 중요한 차이점 중 하나는 표현의 자유였다. "볼프 비어만이 너무도 많은 불편한 진실을 말했다"는 이유로 동독이 비어만의 시민권을 박탈한 1976년의 사건은 동독 당국이 제 발등을 찍은 일이기도 했다. 비어만은 이 같은 진실을 시와 노래로 고발했으며 그와 더불어 노래를 만들어 부른 다른 이들은 1970년대 후반과 1980년대에 정치적 이슈에 민감한 장벽 양쪽의 젊은 세대에게 큰 영향을 미쳤다. 비어만을 추방한 사건은 문인들이 서독으로 이주하는 사태를 낳았고 이후 '하임법Lex Heym'이 통과되는 결과로 이어졌다. 이 법은 국가에 위해가 "될 수 있는" 모든 자료를 불법화시키는 내용이었다. 이 법은 슈테판 하임이 1979년 서독에서 1950년대 스탈린 독재 시대에 자행된 부패를 공격하는 소설『콜린』을 발표한 이후에 제정되었다.[22] 다른 작가들도 압박의 끈을 계속 조였다. 페터 한트케의『진실한 감정의 시간』(1975)과 크리스토프 메켈의『숨은 그림 찾기: 내 아버지에 대하여』(1980), 폴커 브라운의『힌체쿤체 소설』(1985)과 같은 작품의 대표적인 주제는 정치적 자유의 제한과 위축된 심리의 상관관계였다.

이런 사태는 마치 동독 내부에서의 비판이 널리 확산되지는 않았더라도 적어도 적극적이었을 거라는 사실을 보여준다. 그렇다고 해도 그토록 많은 작가가 정당화시켜주지 않았다면 동독 정권은 훨씬 더 빨리 무너졌을 것이라는 귄터 쿠너르트의 주장을 막지는 못했다. 페터 슈나이더 역시 이 같은 쿠너르트의 견해에 동의했다. 지금에 와서는 믿겨지지 않지만 1989년 이후 한 명 이상의 동독 작가가 연방 자본주의 국가에 대한 '유토피아적 대안'이 종말을 고한 것을 애석해하는 글을 계속 썼다는 것은 놀라운 일이다. 1990년 한 인터뷰에서 "위대한 이데올로기가 단순히 점점 더 의심스러워졌을 뿐 아니라 중요성도 떨어졌고 도덕적 가치나 행위에 대한 안내자 역할도 더 이상 하지 못했다"고 말한 크리스타 볼프의 주장도 적잖이 거론되었다.[23] 엔첸스베르거는 "근본적인 경험"과 "여유로운 일요일"을 상실한 이들의 아픔을 지적하며 이런 견해를 무자비하게 조롱했다.[24]

독일인이 당한 고통의 크기

여기서 전후 독일 문학을 한두 가지 틀에 억지로 끼워맞추면 안 된다는 사실을 새삼 기억해야 할 것이다(동독 배우 코리나 하르포우흐는 "우리에게는 가을과 겨울만 있었던 것이 아니라 봄과 여름도 있었다"는 말을 했다).[25] 이 부분에서 오스트리아의 토마스 베른하르트와 펠릭스 미테러, 게르하르트 로트, 그리고 스위스의 페터 빅셀처럼 일종의 성난 작가들이 있었다는 사실을 언급해야 할 것이다. 베른하르트는 독일이 통일을 이룬 1989년에 사망했지만 그 이전에(비슷한 성향의 다른 작가와 마찬가지로) 자신의 조국을 "야비한 곳", 과거를 결코 표현하지 못한 채 차갑고 고립된 "부도덕의 썩은 웅덩이"라고 맹렬히 비난하는 작품을 다수 발표했다. 『지하실: 박탈』(1979) 『추위: 고립』(1981) 『소멸: 몰락』(1986)과 같은 작품의 제목만으로도 베른하르트가 어떤 평가를 받았을지 알 수 있다.[26]

20세기가 끝날 무렵 뵐과 그라스, 발저와 비슷한 세 명의 작가가 등장했다. 베른하르트 슐링크(1944~)의 작품 가운데 가장 유명한 『책 읽어주는 남자』(1995)는 1950년대를 배경으로 어린 10대 소년과 한나라는 전차안내원의 연애를 다룬 이야기다. 소년은 나중에 대학에서 법학을 공부하게 되지만 한나는 나이도 많고 제대로 교육도 받지 못한 여자다. 독자는 소설을 한참 읽고 난 뒤에야 한나에게 강제수용소에서 경비원으로 일했던 숨은 과거가 있다는 것을 알게 된다. 이 사실이 밝혀질 때쯤이면 독자는 한나를 동정어린 시선으로 바라보게 된다. 하지만 슐링크가 주안점을 둔 것은 한나가 자신의 범죄 행위를 자백한다는 것과 전쟁이 끝난 직후 독일에서는 가벼운 잘못을 저지른 사람이 훨씬 더 중대한 과실을 범한 사람보다 책임을 시인하는 일이 쉽다는 것이었다. 그가 볼 때는 중대한 과오와 가벼운 잘못을 구분하는 것이 과거를 극복하는 중요한 요인이었다. 미처리히는 이런 관점을 바탕으로 전범이 저지른 과오가 클수록 심리적 부동자세에 빠질 가능성이 더 크다는 주장을 제기한다. 이 작품에서 한나는 일부 실존 인물을 모델로 한 것이었다. 하지만 톰 바우어는 런던의 『선데이 타임스』에 기고한 글에서 한나라는 인물을 분석하며 제3제국에는 이런 존재가(한나는 문맹으로 묘사된다) 있을 수 없었다는 것을 보여주려고 했다.[27]

W. G. 제발트(1944~2001)의 마지막 작품이자 가장 잘 알려진 『아우스터리츠』(2001)는 1939년 프라하에서 웨일스로 보내진 어린아이가 훗날 자신의 과거를 추적하는 여행을 다루고 있다. 한 장면에서 한 문장이 10쪽까지 이어지기도 하는 이 이야기에서 주인공은 강제수용소를 찾아간다. 그는 강제수용소의 흔적을 직접 확인하는데, 여기서 독일의 상처를 잔잔한 언어로 묘사하는 기법은 괴테를 연상케 한다. 이런 주제는 1943년에 연합군이 함부르크를 맹폭격한 참상을 다룬 『공중전과 문학』(1999)에서도 반복된다. 또 이런 이야기는 외르크 프리드리히(1959~)가 공중폭격에 따른 사망자 수가 균형이 맞지 않는 사실을 다룬 600쪽짜리 저서 『화재』(2002)에서 더 강렬한 필치로 파헤친 주제이기도 하다. 무엇보다 함부르크와 드레스덴에 이틀 밤 동안 가해진 폭격으로 발생한 8만 명이라는 사망자 숫자는 전쟁 기간 내내 영국 전체에서 공중폭격으로 발생한 사망자 수보다 더 많은 것이었다. 전체적으로 독일인은 공습으로 60만 명이 사망했으며 이는 같은 이유로 사망한 영국인의 10배가 넘는 숫자다. 프리드리히는 나치스의 범죄를 부인하려 한 것도 아니었으며 "위험할 정도로 온건한" 태도를 유지한 것도 아니었다. 그는 1984년에 나온 『냉정한 사면』에서 서독 정부가 수립되는 과정에서 전후 시대에 나치즘의 "잔재가 청산되지 않은" 현실을 분명하게 보여주는 한편 연합군의 공습에 따른 대량살육이 연합군의 군사적

승리에 도움이 되지 않았다는 사실에도 주목했다.[28]

같은 해에 귄터 그라스는 『게걸음으로 가다』를 발표했다. 이 작품은 여객선 빌헬름 구스틀로프호의 침몰로 빚어진 독일의 고통에 대한 기억과 의문을 다시 한번 다루고 있다. 1945년 소련 잠수함의 어뢰 공격으로 빌헬름 구스틀로프호의 승객 9000명이 희생되었다. 이 사건은 역사상 최대 규모의 선박 사고로 타이태닉호 침몰 사건에 비해 희생자의 수가 여섯 배나 되었다.[29]

스티브 크로쇼가 지적한 대로 이런 주제를 다룬 작가는 역사의 그림에서 불편한 진실을 '수정'하려고 한 것이 아니었다. 물론 독일인과 유대인이 당한 고통은 같지 않았다. "하지만 (…) 두 가지 고통 모두가 사실이다. 독일이 변하지 않았다고 보는 시각도 있다. 실제로 독일은 게걸음으로 가는 국가다. 그렇지만 미래를 향해, 과거에는 보지 못했던 독일이라는 국가를 만들어가기 위해 독일 스스로 생각하는 것보다 빠른 속도로 움직이는 나라다."[30]

『프랑크푸르터 알게마이네 존탁스차이퉁』의 문예란 편집자 폴커 바이더만(1969~)은 최근 독일 문학사에서 권위를 인정받는 인물이 되었다. 2008년에 바이더만은 1933년 5월 10일 학생들의 선동으로 촉발된 분서 사태를 다룬 『분서된 책』을 발표했다. 당시 나치스는 94명의 독일 작가와 37명의 외국 작가의 작품을 불태웠다. 바이더만은 독자의 잊힌 기억을 되살리기 위해 그중 생존한 몇몇 독일 작가를 발굴하기도 했다. 그는 이에 앞서 2년 전에 『광년』을 발표했다. 여기서 그는 최근 작가 중 평가할 만한 인물들을 분류했는데, 그중에는 『33개의 행복한 순간』(1995)의 저자 잉고 슐체, 『우리와 같은 영웅』(1995)을 쓴 토마스 브루시히, 그리고 대중문화와 고도의 진지성을 갖춘 문화를 접목시키려고 한 토마스 마이네케가 있다.

바이더만은 또 로스토크 태생의 발터 켐포브스키(1929~2007)에 대해서도 많은 지면을 할애하며 관심을 기울였다. 켐포브스키는 소련이 미국과의 군사전략 협정을 위반한 사실을 보여주는 문서를 밀반출했다는 혐의로 1948년 체포되어 25년 동안의 중노동형을 선고받은 인물이다. 8년의 유형 생활 끝에 석방된 켐포브스키는 1970년대에 대중소설을 쓰기도 했으며, 8000권의 일기와 30만 장의 사진이 담긴 자료를 수집해 평범한 사람들이 겪은 이야기를 토대로 독일 비극의 연대기를 정리하는 작업에 착수했다. 그는 또 영웅담과는 전혀 관계가 없는 독일 역사를 되돌아보는 일련의 소설을 쓰기도 했다. 아마 이런 이유로 그는 빠른 시간에 인정받지는 못했지만 2007년에 사망하면서 명성이 높아지기 시작했다.[31]

아우슈비츠 이후의 시, 침묵, 사적인 특징

1949년 테오도어 아도르노는 "아우슈비츠 이후 시를 쓰는 것은 야만적이다"라는 유명한 말을 남겼다. 하지만 어떤 의미에서 볼 때 독일에서는 전쟁 이전보다 전후에 더 시를 쓸 필요가 있었다. 범죄와 애도, 수치의 본질은 공적인 동시에 사적인 문제라고 할 수 있다. 사적인 범위에서 드러난 이런 표현은 전후 독일 시의 특징을 띠면서 독일이라는 이름으로 자행된 행위에 대한 분노가 담겨 있다.

일찍이 볼프강 바이라우흐는 그 자신이 벌채Kahlschlag라고 부른 것에 대한 필요성을 강조했다. '산림의 개간', 언어의 정화를 뜻하는 이 말은 과거의 폐허에 대한 처리를 의미하며 신선하게 정화된 동시에 풍요로운 언어를 발명할 필요성을 강조한다. 바로 이것이 독일 시가 아우슈비츠 이후 진정한 의미에서 최초로 성공을 거둔 배경이다. 두드러지게 단순한 귄터 아이히의 「재고조사」(1948)는 "존재의 과감한 현상 파악"으로 주목할 만하다. 여기서는 운율과 리듬, 비유를 배제하면서 의도적으로 평범한 언어가 정화의 형식으로 사용된다. 시의 가구가 배제된 시라고 할 수 있다.[32]

고트프리트 벤의 『정시집Statische Gedichte』은 1950년대에 대중에게 알려졌다. 나치스는 벤의 작품 발표를 금지했지만 그는 몰래 시를 계속 써서 개인적으로 유포했다. 「작별」이라고 이름 붙인 대표적인 작품에서 벤은 일찍이 1930년대에 "나의 말과 천상에서 오는 나의 빛"을 저버렸으며 구원은 불가능하다고 고백하면서 "남은 것은 오직 두 가지, 공허와 조립된 자아"뿐이라고 말했다. 니컬러스 보일이 간단히 정리하듯, "만일 자아가 과거의 경험 또는 주어진 세계와 상호 관계 없이 오직 조립된 구조물이라면 괴테부터 라스커쉴러에 이르는 업적과 달리 시가 들어설 공간은 없다."[33] 벤은 1951년에 발표한 에세이 『시의 여러 문제』에서 예술은 고유의 법칙에 따라야 하며 특히 시는 정치와 거리를 두기 위해 사적인 요소, 사생활적인 공간을 지향해야 한다는 자신의 견해를 드러냈다. 그는 시가 고유의 법칙과 밀접한 관계가 있으며 이런 상태를 유지할 때 시는 구원의 가능성을 제공한다고 말했다.[34] 이 같은 헤르메스주의hermeticism*는 파울 첼란과 잉에보르크 바흐만, 로제 아우스렌더 같은 작가에게 영향을 준 것으로 입증되었다.[35]

첼란(1920~1970)의 작품 중에서 가장 잘 알려진 「죽음의 푸가Todesfuge」는 전쟁이 끝난 해에 완성되었으며 홀로코스트의 전모를 드러내는 시였다. "새벽의 검은 우유"로 시작되어 "죽음은 독일의 장인"이라는 구절에서 절정에 이르는 이 시는 죽음의 수용소에 대한 기억으로서, 제목은 전쟁의 기억을 괴롭히게 될 위험한 애매성ambiguity을 반영(그리고 예견)하고 있다. 푸가는 음악의 한 형식으로 예술작품이지만 동시에 비상飛翔이자 회피이고 심리적 질병이며 도피(일 수도 있)다.[36] 첼란의 문체는 점점 더 간결해졌고 그 자신은 이것을 '스트레토Engführung'**라고 불렀다. 이후에도 그는 계속해서 진실이 담긴 시는 자연스러운 "침묵의 경향"을 반영하며 이런 형식이 아

*중세의 연금술적, 마술적 사조와 연관된 신비주의적 자연관.

**푸가 따위에서, 어떤 성부의 주제 가락이 끝나기 전에 다른 성부를 겹쳐 나타내 긴박감을 자아내는 기법.

우슈비츠 이후의 시로 이해될 수 있을 거라고 주장했다. 유대인이었던 첼란은 1970년에 자살했다.

모든 시인이 이 같은 침묵의 경향을 공유한 것은 아니었다. 『늑대들의 변명』(1957)에서 한스 마그누스 엔첸스베르거는 브레히트(그 전해에 죽은)의 자연스러운 계승자이자 한 편의 시는 일상용품Gebrauchsgegenstand이 되어야 한다는 브레히트의 신념을 수용한 일파를 이끌기도 했다. 엔첸스베르거의 작품은 분노와 공격성으로 특징지어지며, 벤과 첼란의 목표와는 정반대로 독자에게 커다란 정치적 각성을 유발시켰다.[37]

일그러진 현실

철의 장막 너머에 있는 동독에서는 한때 '트랙터 시'(아도르노는 "소년이 트랙터와 마주친다"고 풍자했다)라는 조롱의 표현을 할 만큼 시를 위한 환경이 고무적인 것으로 보였다. 당시는 범상치 않은 재능을 지닌 시인 J. R. 베허가 1949년에 문화부장관이 되었을 때였다.[38] 하지만 베허는 곧 해임되었다. 브레히트는 이 기회를 놓치지 않고 일련의 간결한 묘사로("연기" "바퀴 교체" "나쁜 아침") 동독 생활의 불쾌한 진실을 쏟아냈다. 1956년에 브레히트가 사망한 뒤 귄터 쿠너르트는 관료주의를 비판하면서 이 공백을 메우기 위해 최선을 다했다. 그는 이런 활동을 하면서 지금은 라이프치히 J. R. 베허 문학연구소라 불리는 곳에서 젊은 시인들이 배출되도록 노력했다.[39] 폴커 브라운은 과거는 물론 현재에도 이 유파에서 가장 우수한 인물로 평가되며, 매우 정제된 그의 작품은 동독 특유의 개인적 불편과 국가적으로 공인된 유토피아적 주장을 병렬시키는 기법을 활용하고 있다. 브라운은 자라 키르슈, 볼프 비어만과 서독행에 합류했다.[40]

적어도 이론적인 측면에서 볼 때 동독의 관료사회는 이런 목소리를 격려했다. 에리히 호네커가 1971년에 "금기는 없다"는 악명 높은 연설을 했을 때는 특히 더했다. 그렇다고 동독 특유의 긴장감을 오랫동안 숨길 수는 없었다. 비어만은 앞서 언급한 대로 1976년에 추방되었다. 비어만의 추방은 많은 사람에게 충격을 주었고 귄터 쿠너르트, 라이너 쿤체, 자라 키르슈 등이 모두 비어만의 뒤를 따라 서독행을 택했다.[41]

이 사건 이후로는 자유가 상승하는 길만 남았다. 1980년대 글라스노스트glasnost*로 알려진 자유화 조치가 부분적인 역할을 하기도 했지만 사회주의 치하에서 '태어나' 동독을 유토피아 사회라고는 거의 기대할 수 없었던 새로운 세대의 시인들이 맡은 역할도 무시할 수 없다. 하인츠 체호프스키, 에른스트 모리츠 아른트, 라이너 에르프 같은 작가는 동독이 보여주는 것은 단순히 일그러진 현실이라고 생각했으며 또 이런 생각을 서슴없이 밝혔다. 볼프강 에머리히는 한술 더 떠 동독의 '주요 유산'은 서정시가 될 것이라는 주장을 하기까지 했다. 이 말은 스탈린주의자들이 러시아의 '시적 풍요'를 파괴할 수는 없었다고 주장한 안나 아흐마토바를 연상시킨다.

어쨌든 동서독의 시인들은 1980년대에 매우 긴밀하게 유대하면서 사회주의에 등을 돌렸고(동독에서는 "작별을 고하다Abschied nehmen" 또는 "사라지는 세계를 떠나다"라는 표현으로 알려진) 동시에 가차 없는 기술지향 사회에 대한 독일인의 전통적인 불안을 보여주었다. 여기서도 엔첸스베르거는 「타이태닉호의 침몰」(1978)이라는 긴 서사시narrative poem로 탁월한 기량을 드러냈다. 요아힘 카이저는 사실상 독일 문학은 통일이 필요 없었다는 시각을 드러냈다. "독일 문학의 공동체적 연대감은 무너진 적이 없다. (…) 다만 위태로워졌을 뿐이다."[42]

1989년이라는 전환점과(페터 슈나이더가 1945년과 "지적으로 견줄 수

*'개방'또는 '공개'를 뜻하는 러시아어로, 미하일 고르바초프가 소련 공산당 서기장에 취임한 1985년 이후 실행된 개방정책을 말한다.

있다"고 생각한) 이 직후에 폭발한 시적 열기 속에서 폴커 브라운의 「사망기사」는 1990년대의 패러다임을 제시했다. 이 작품은 동독의 유토피아적 꿈이 죽은 것을 비탄하고 있지만 이에 못지않게 고통받은 사람들의 삶을 강조한다고 봐야 할 것이다. 「사망기사」는 「재고조사」에 대한 일종의 주석이라고 볼 수도 있다.

재통일로 바바라 쾰러와 드루스 그륀바인처럼 대개 베를린에 거주하는 젊은 시인들이 배출된 것을 주목할 필요도 있다. 그륀바인은 비록 「자기磁器: 내 도시의 몰락에 관한 시」(2005)로 엇갈린 비평을 받았지만 「아침의 사각지대」(1988)는 열광적인 반응을 이끌어냈다.[43]

이 장의 앞머리에서 소개한 말—미처리히의 결론—을 염두에 둘 때 이렇게 간략하게 독일의 전후 문학을 짚어본 것만으로도 과거에 대한 애도가 독일 작가들이 탐구한 문제라는 것을 알 수 있다. 이런 태도가 반드시 모든 사람을 달래주기 위한 방법은 아니었지만 외부의 시각으로 현대 독일인을 이해하려고 할 때 우리가 먼저 주목해야 할 대상은 상상력이 풍부한 독일 작가들이다. 현대 독일 문학은 '우아한 오락' 그 이상이었다.

오락이 아닌 문화로서의 연극

연극의 영역에서—오페라와 무용을 포함해—브레히트와 피스카토어, 라인하르트, 라반, 요스의 이름은 제2차 세계대전으로 가는 길목과 전쟁 기간 내내 세계를 선도했다. 전쟁이 끝난 직후 피스카토어가 관심을 쏟은 새로운 연극 형식은 유럽 전역, 특히 영국에서 큰 반향을 불러일으켰다. 예컨대 데이비드 헤어의 작품에서 그 자취를 엿볼 수 있다. 이 같은 '기록극documentary theater'으로 유명한 작품은 롤프 호흐후트의 「대리인」(1963)을 꼽을 수 있는데, 홀로코스트를 저지하기 위해 한 일이 거의 아무것도 없는 교황 비오 12세의 불행한 역할을 정면에서 질책하는 내용이다. 이어 발표된 「변호인」(1979)은 바덴뷔르템베르크 주의 총리 한스 필빙거에 대한 증오심이 쌓여 강제로 물러나게 하는 줄거리다.

바이마르 공화국 시절에 브레히트와 대등한 활동을 펼쳤던 피스카토어가 미국에서는 브레히트보다 더 큰 성공을 거둔 데 비해, 독일에서 날카로운 비평으로 두드러진 활약을 한 사람은 브레히트였다. 그가 극작가로서, 그리고 1949년부터 1956년에 세상을 떠날 때까지 극단 '베를리너 앙상블'의 연출가로서 보여준 혁신적인 연출 기법은 유럽 전역을 뒤흔들 만큼 큰 파장을 일으켰다. 그는 종종 꾸밈없이 소박한 무대장치로 그가 주장한 소외Verfremdung의 개념을 강화시킴으로써 연극의 정수를 표현하고자 했다. 소외 효과는 낯익은 것을 낯설게 하고 관객에게 소외를 경험하게 해주며 관객을 단순히 수동적인 구경꾼에서 벗어나게 하는 연출 기법이다.

하지만 브레히트의 기법이 이 시절의 유일한 전통은 아니었다. 이에 대한 대안으로 가장 유명한 것은 '평범한 사람들'의 연극이라고 할 수 있다. 민중극Volksstück(레싱의 정의에 따르면 '대중의 연극')으로 알려진 이 연극은 전후 독일에서 노동계급의 삶에 초점을 맞추었으며, 대표적인 연출가로는 마르틴 슈페르, 라이너 베르너 파스빈더, 보토 슈트라우스가 있다.[44] 또 뷔히너와 베데킨트, 막스 라인하르트, 프리츠 랑의 전통도 무시할 수 없다. 이들의 실험활동과 기괴한 광경을 묘사하는 양식은 독일 바깥에서는 거의 생각할 수 없는 것이었다.[45] 이 가운데 뛰어난 것으로는 타의 추종을 불허하는 페테르 바이스의 작품을 들 수 있는데, 정신병원에서 일어나는 이야기를 바탕으로 프랑스 혁명 중의 사건을 묘사한 「사드 후작의 연출로 샤랑통 정신병원 환자 극단이 공연한 장 폴 마라의 박해와 살해」(1964)가 그것이다. 보통 간단히 「마라/사드」로 불린다. 이런 장르는 1990년 베를린의 도이치 극장에서 공연된 하이너 뮐러의 일곱 시간 반짜리 연극 「햄릿기계」로 계승되었다.

이후 독일어 연극은 자랑스러운 두 명의 혁신적인 극작가를 배출했다. 이들은 평론가인 마르셀 라이히라니츠키와 헬무트 하이센뷔텔이 처음으로 주목한 작가로서 후기표현주의적인 경향과 모더니즘의 영향을 보여준다는 것 외에는 달리 설명하기가 어렵다. 그중 한 사람인 스위스의 프리드리히 뒤렌마트(1921~1990)는 「노부인의 방문」(1955)으로 가장 잘 알려져 있다. 마이클 패터슨과 마이클 헉슬리의 말에 따르면 전후 독일 연극으로서는 가장 널리 공연된 작품이다. 백만장자이며 여러 차례 성형수술을 한 주인공은 어린 시절 자신을 배신한 소년—이제는 노인이 된—에게 복수를 하기 위해 고향을 찾는다. 두 사람 모두 어렸을 때, 소년은 주인공을 유혹해 아이를 낳게 하고도 자신의 아이가 아니라고 부인한 적이 있었기 때문이다.

1990년 뒤렌마트가 죽은 뒤 페터 한트케(1942~)가 그의 역할을 물려받았다. 한트케는 이미 1960년대에 뚜렷한 줄거리나 성격 묘사, 대화도 없는 빈 무대의 연극을 시도한 「관객모독」과 「자기 질책」 같은 '언어극Sprechstücke'으로 이름을 떨친 작가였다. 언어에 대한 한트케의 의구심은 독일 연극을 철학에—예컨대 비트겐슈타인—접목시키는 시도로 이어졌고 「서로를 모르는 우리의 시간」(1992)에서 최종적인 (당시까지) 형식을 발견했다. 이 연극은 어느 마을의 광장을 배경으로 1시간 45분 동안 20여 명의 배우가 무대를 누비면서 400개에 가까운 배역을 연기하지만 대사는 없다.[46] 연출가인 페터 슈타인도 독특한 기법으로 파문을 일으킨 인물이었다.

뒤렌마트의 「노부인의 방문」이 제2차 세계대전 이후 가장 많이 공연된 독일어 연극이라면 쿠르트 요스의 「녹색 테이블」은 가장 많이 공연된 무용극으로서 "현대 무용을 다룬 어떤 작품보다 많은 무용단이 무대에 올린"[47] 작품으로 돋보였다. 요스가 1970년에 사망한 뒤 그의 제자인 피나 바우슈(1940~2009)는 자타가 탄츠테아터Tanztheater(무용극)라고 부른 장르를 발전시켰다. 뮌헨의 루돌프 라반, 슈투트가르트의 존 크랭코, 베를린의 마리 비그만의 전통에 기초한 탄츠테아터는 내레이션과 표현주의적 기법, 그리고 순수한 관능성을 혼합한 형식이다.[48] 1971년 부퍼탈 극장이 바우슈에게 "무용수를 위한 활동"을 맡아달라는 제안을 했는데 이 일이 돌파구가 되어 그는 이후 현대의 고전이 된 작품들을 속속 내놓았다. 이중 최고라고 할 수 있는 작품은 「카페 뮐러」로, 여기서는 무대를 거의 가득 채운 의자를 빠른 속도로 옮겨놓는 가운데 오직 척척 호흡이 맞는 유능한 무용단만이 무리 없이 작품을 공연할 수 있다는 것을 보여준다.

다시 패터슨과 헉슬리가 지적한 대로, 이 같은 현상은 대체로 연극이 '오락'보다는 '문화'를 표현한다는 사실을 강조한다. 독일어로 '쇼비즈니스show-business'에 해당되는 말은 없다. 비록 특수하게 희극 분야에서 쓰이는 일부 연극—통속극Boulevardtheater—이 없는 것은 아니지만 독일 연극에는 브로드웨이 같은 역할도 없다. 독일 관객은 대체로 유럽적 유산을 반영하는 진지하고 고급문화다운 연극을 기대한다. 이런 기대를 충족시키려면 다른 어느 나라보다 훨씬 더 많은 보조금이 필요하다. 패터슨과 헉슬리가 제시한 통계에 따르면 21세기 전환기에 독일 정부와 지자체에서 연극에 지원한 보조금 액수는 미국 정부가 모든 예술 부문에 지원한 공공지원 예산의 일곱 배에 이르며, 베를린오페라극장 단 한 곳에서 받는 지원금 액수는 영국예술협의회에서 영국 전체 극장에 지원하는 보조금과 거의 맞먹는다. 독일 극장은 대개 자체 건물을 갖고 있고 내부 장식은 그 어느 곳보다 정교하며 공연작품도 비할 데 없이 야심차다. 이는 독일의 문화생활에서 연극이 차지하는 역할을 다른 어느 나라보다 중요하게 인식한 결과라고 할 수 있다.

앞장에서 언급한 대로, 비록 한 걸음 떨어져서 간접적으로 표현하기는 했지만 1980년대 동독에서 극장은 정치에 대한 토론장이었다.[49] 사실상 1980년대 동독에서 정치적 토론의 장을 제공한 곳은 교회와 극장밖에 없었다.

"독일 영화의 제2전성기"

소설과 시의 경우처럼 영화에서도 '폐허'의 풍경이 초기의 주제(로베르트 로셀리니의 「독일 영년」(1947))였지만 이런 장르의 영화는 번성하지 못했다. 가장 성공을 거둔 작품은 볼프강 슈타우테의 「살인자는 우리 중에 있다」(1946)로, 이 영화의 줄거리는 엄청난 충격을 받은 의사가 전쟁의 상처를 받아들이면서도 예전의 지휘관을 재판에 회부하여 처벌하는 내용이다.

동독에서는 당이 데파DEFA*를 앞세워 영화 제작을 통제했고, 사실상 영화 제작에 대한 전권을 행사했다(나치 시대의 우파UFA와 별로 다르지 않았다). 물론 다른 장르로 '에스에데SED'**의 이미지를 선전하기 위한 반파시즘 영화와 사회주의 교리 영화가 있었다. 하지만 초기에는 그들 나름대로 자본주의적인 영화도 있었으며 아동 영화에 (세뇌 형식과 비슷한) 많은 제작비를 투입하기도 했다. 포츠담바벨스베르크에 있던 예전의 우파 스튜디오는 이제 데파에서 사용했다. 가장 기억에 남을 만한 반反나치 영화로는한 보병 병사가 아우슈비츠로 가게 되는 유대인 여자와 사랑에 빠지는 「다윗의 별」(1959)이 있다.

이어 바이마르 공화국 시절의 '프롤레타리아 영화'로 회귀를 시도한 현대영화Gegenwartsfilm가 있었다. 츨라탄 두도프의 「일용할 양식」(1949)과 같은 작품에서는 동독의 현실적인 생존 조건을 보여주려고 했지만 이런 시도는 여러 사건, 특히 1956년에 일어난 헝가리 봉기에 파묻히고 말았다. 헝가리 봉기 이후로 엄격한 검열 제도가 도입되었고 이 같은 상황이 지속되다가 1961년 동서 경계선이 폐쇄되면서 시사적인 주제가 다시 허용되었다. 크리스타 볼프의 소설을 원작으로 한 콘라트 볼프의 「분단된 하늘」(1964)

*독일 영화주식회사.
**독일사회주의 통일당.

은 동독의 관점에서 독일 분단을 바라보는 영화다. 여기에 자극을 받은 온건비판 노선의 젊은 감독들은 세대 간 갈등이나 합법적인 테두리에서 자행되는 부패 사건을 다루는 실험적인 영화를 만들었다. 이 같은 상대적인 자유도 1965년 에스에데 제11차 전국위원회 이후 다시 끝나고 말았다. 영화 제작은 반년 가까이 중단되었다.[50] 당시 빛을 보지 못했던 이른바 금지영화Verbotsfilm는 새로운 젊은 세대가 나이 든 세대에 비판적이었다는 생생한 증거였다. 앞서 언급했듯이 1971년 에리히 호네커의 악명 높은 연설이 있고 나서 상황은 다시 변했다. 이 연설에서 호네커는 예술에 대한 금기 조항을 비난했다. 이 조치의 직접적인 여파로 나온 하이너 카로프의 「파울과 파울라의 전설」(1972)은 울리히 플렌츠도르프의 소설을 원작으로 한 작품이었는데 대성공을 거두었다. 이 영화는 동독 체제 내에서 개인적인 행복을 추구하는 어느 부부의 삶을 추적하는 이야기로 작품 전개 과정에서 성생활은 행복과 현대적인 삶을 성취하는 수단으로 소개된다. 역시 소설을 원작으로 한 프랑크 바이어의 「거짓말쟁이 야콥」(1974)은 전쟁 기간 중 한 유대인의 삶을 보여준다. 이 유대인은 친구들에게 라디오가 있는 것처럼 거짓 행세하면서 '뉴스'를 만들어내 그들이 낙심하지 않도록 한다. 이 작품은 데파에서 제작된 영화로는 유일하게 아카데미상 후보에 올랐다.[51]

서독에서도 똑같이 전쟁 직후의 폐허를 다룬 영화가 만들어지긴 했지만 서독 영화는 보통 독일어로 녹음된 미국 영화의 범람으로 인해 기를 펴지 못했다. 미국 영화를 제외하면 이 시기를 특징짓는 것은 쓰라린 기억을 외면한 안전 위주의 현실 도피적인 향토영화Heimatfilm였다.

독일로 밀려들어온 미국 영화의 영향에 대해서는 두 가지 견해가 있었다. 하나는 미국 영화가 독일 문화를 통속적으로 만든다는 것이었고, 다른 하나는 독일인이 나치 과거와 단절하는 수단으로 미국 문화를 기꺼이 수용해야 한다는 것이었다.[52]

사실 이 당시 독일(서독) 영화산업은 취약했고 1961년 베를린 영화제에서 독일 연방 영화는 어떤 상도 수상하지 못했다. 이런 상황은 일부 효과를 거둔 것으로 보인다. 이로부터 불과 1년 뒤 오버하우젠 단편영화제에서 26명의 젊은 감독이 뉴저먼시네마Das neue Kino*를 위한 선언문에 서명하는 사건이 발생했기 때문이다. 오버하우젠 선언으로 알려진 이 사건으로 인해 젊은 감독들이 제작한 새로운 독일 영화에 보조금을 지원하는 후원 기구가 창설되었다. 하지만 대부분의 르네상스가 그렇듯이 실제로 독일 영화의 부흥이 이뤄진 것은 1960년대 후반과 1970년대 들어서였다. 이런 사정은 바로 이 시기에 천재적인 '스타'들이 성년이 된 사실과 관계있다.

1968년 베르너 헤어초크(1942~)는 첫 번째 본격적인 영화인 「삶의 기호」를 발표했다. 이 영화는 괴팍한 외톨이와 사회에서 추방당한 자에 초점을 맞추면서도 통렬한 유머가 뒷받침된 일련의 작품 중 첫 번째였다. 헤어초크는 자신의 영화가 시네마베리테cinéma verité**의 '회계사의 진실'보다 '황홀한 진실'을 보여준다고 말한다. 헤어초크의 영화는 고독과 내면의 심리 상태, '내면의 풍경'(카스파르 다비트 프리드리히는 그가 매우 좋아하는 예술가였다)을 탐험한다. 그는 "관광은 죄악"이며, 20세기는 "재앙을 몰고 온 실수"라고 말한다. 비록 그가 '집단적인 꿈'을 동경해 로스앤젤레스에 살면서도 또 그 도시를 좋아하면서도 기술문명에 대해 가졌던 혐오감은 하이데거의 관점을 떠올리게 한다.[53]

이와 거의 동시에 라이너 베르너 파스빈더(1945~1982)도 고독과 고립의 내면세계를 실험하면서 갱 영화 3부작을 만들었다(영화 「사랑은 죽음보다 차갑다」는 한나 쉬굴라를 세계적인 배우로 만들었다). 헤어초크와 파스빈더의 뒤를 이은 빔 벤더스(1945~)는 1970년대에 겁에 질린 외톨이가 뿌리 없이 방황하는 로드무비로 유명했다. 가장 주목받은 작품은 「도시의 여

---

*1960년부터 1970년에 걸쳐 통일독일 이전의 서독 영화계에 나타난 새로운 영화 경향.

**'영화진실'이란 뜻의 용어로, 1960년대에 프랑스에서 전개됐던 일련의 기록영화 제작 방식을 가리킨다.

름」이다.[54]

파스빈더와 알렉산더 클루게, 마르가레테 폰 트로타, 폴커 슐뢴도르프, 라인하르트 하우프 같은 감독은 민족사회주의의 죄악을 결코 외면한 것은 아니었지만 마르틴 발저와 마찬가지로 이주노동자(파스빈더의 「불안은 영혼을 잠식한다」(1974)) 문제와 테러리즘(공동 제작 영화 「가을의 독일」과 라인하르트 하우프의 「머릿속에 들어간 칼」, 두 작품 모두 1978년) 같은 20세기 후반의 문제를 주제로 더 선호했다. 독일 분단 문제는 이들 감독 세대에게는 대부분 건드려지지 않은 채로 남았다. 물론 한스 위르겐 지버베르크가 나치즘을 정면으로 파헤친 4부작 영화 「히틀러, 독일 영화」(1977)가 있기는 했다.[55]

1980년대 들어 영화산업에 대한 정부의 지원은 점차 줄어들었지만 대신 재능 있는 감독들이 줄을 이었다. 이 무렵에 발표된 에드가르 라이츠의 「고향」(1984)은 샤바흐의 훈스뤼크라는 가상의 마을에서 벌어지는 삶의 연대기를 11부로 제작한 작품으로 독일과 외국의 텔레비전에서 방영되어 큰 호응을 얻었다. 빔 벤더스의 「베를린 천사의 시」(1987)도 빼놓을 수 없다. 페터 한트케가 시나리오 일부를 쓰고 칸 영화제에서 특별사을 수상한 이 영화는 베를린을 떠돌며 모든 사람의 고민을 듣는 두 천사—아이들에게만 보이는—의 이야기를 들려준다. 1980년대는 또 몇몇 우수한 다큐멘터리 영화가 나온 시대였다. 그중 주목할 만한 작품은 하르트무트 비톰스키의 「폴크스바겐의 제국」이라고 할 수 있으며 이때 신진 여성 감독들에 의해 많은 영화가 제작되었다. 가장 뛰어난 기량을 보인 사람은 마가레테 폰 트로타였다.

1989년 베를린 장벽 붕괴에 자극을 받아 많은 영화가 제작되었다. 가장 예상치 못한 장르는 통일을 주제로 한 희극영화였다. 크리스토프 슐링엔지프의 「독일 전기톱 살인사건」(1990)이 첫 테이프를 끊은 데 이어 '히틀러 일기Hitler-Tagebücher'*의 실패를 풍자한 헬무트 디틀의 「슈통크」(1992)가 나왔다. 「전기톱 살인사건」은 소비문화에 대한 끔찍한 패러디로서 미친 베시 가족이 오시**를 찾아다니며 전기톱과 도끼를 사용해 이들을 소시지로 만드는 줄거리다. 「굿바이 레닌」(2003)은 동독에서 거의 정상적인 생활을 하던 크리스티아네가 심장발작으로 고생을 하다 1989년 10월 최초의 대대적인 반정부 시위가 있던 날 혼수상태에 빠지는 이야기를 보여준다. 크리스티아네는 수개월 동안 의식을 회복하지 못하다가 동독이 역사에서 사라지는 바로 그날 깨어난다. 그녀가 조금만 충격을 받아도 목숨을 잃을 것이라는 의사의 경고에 크리스티아네의 자식들은 어쩔 수 없이 동독이 계속 존속하는 것처럼—즐거운 표정으로—가장한다. 그동안 치워버린 옛날 가구를 다시 들여놓고 몇 가지 변화를 '설명'하는 '방송' 내용을 꾸며서 들려준다(정부가 자본주의적 제국주의의 난민으로서 베시***가 동독으로 도피하는 것을 관대하게 허용했다는 식으로). 플로리안 헹켈이 각본과 감독을 맡은 「타인의 삶」은 2007년 아카데미 최우수 외국영화상을 수상한 작품으로 슈타지 요원이 자신이 소속한 정부에 대해 점차 동질성을 상실하는 과정을 그리고 있다. 이 요원은 자신이 감시하는 사람들을 도와주려고 한다. 하지만 동독 정부가 자행하는 다양한 수준의 부패가 비극을 낳는 것을 막기 위해 그가 할 수 있는 일은 아무것도 없으며 결국 자신이 무심코 쳐놓은 덫 때문에 감시를 받던 여자가 자살하는 비극으로 끝난다.

독일 텔레비전 문화에서는 세 가지 두드러진 특징이 드러난다. 우선 유럽 최대의 텔레비전 방송국인 독일 제2텔레비전ZDF의 인기가 아주 높았다는 점을 들 수 있다. 둘째, 독일 텔레비전 문화는 국제적으로 음악이나 그림, 무용, 영화보다 영향력이 훨씬 더 약하다는 점이었다. 셋째—아마 이

*1983년 4월 독일잡지사 '슈테른'이 히틀러 일기라고 알려진 기록을 발췌해서 발표했는데 결과적으로 위조물로 알려져 큰 손해를 본 사건.

**구서독 사람들이 구동독 지역에 사는 사람들을 부르는 호칭.

***구동독 사람들이 구서독 사람을 가리켜 하는 말.

점이 가장 흥미로울 것이다—독일에서는 다른 어느 나라보다 텔레비전의 영향에 대한 논란이 많다는 점이다. 헬무트 슈미트는 총리 재직 시절에 케이블 텔레비전을 "핵무기보다 더 위험하다"고 낙인찍었다. 귄터 안더스와 한스 마그누스 엔첸스베르거, 위르겐 하버마스 같은 몇몇 전문 비평가는 텔레비전이 문화적 '블랙홀'이라는 점에 의견을 같이했다.

음악에서 다름슈타트의 뚜렷한 위상

우리가 결코 잊어서는 안 될 사실은 제3제국에서 음악은 그림이나 철학 같은 다른 활동과 달리 고난을 겪지 않았다는 점이다. 많은 우여곡절을 겪기는 했지만 전후 독일은 폐허 속에서도 여전히—믿을 수 없을 정도로—약 150개의 오페라극장과 오케스트라, 음악 교육에 있어 어디에도 비할 바 없이 탁월한 음악학교conservatory를 자랑했다. 또 조금도 훼손되지 않은 음악학의 전통에서 월등한 수준과 독창성을 갖춘 학술적인 음악이 형성되었으며, 다른 어떤 나라보다 더 전문화된 수많은 음악 간행물이 있었다.[56]

서독에서는 일단 '경제 기적'이 가시화되면서 작곡과 뮤지컬 제작이 예전의 위상을 되찾았다. 1948년 리하르트 슈트라우스는 "나는 너무 오래 살았다"고 말했지만 이 말은 사실이 아니었다. 이듬해 슈트라우스는 자신의 작품 중에서도 좀처럼 인기가 식지 않는 「마지막 4개의 노래」를 작곡했기 때문이다.[57] 1947년부터 1954년까지 빌헬름 푸르트벵글러가 이끌다가 천재 피아니스트 소리를 듣던 헤르베르트 폰 카라얀이 이어서 지휘한 베를린 필하모닉은 괴벨스 이전의 탁월한 면모를 되찾았으며, 도이치 그라모폰 음반사도 새로운 활력을 보여주었다.[58] 카라얀은 나치 전력으로 곤욕을 치렀다(카라얀은 1935년 이후로 쭉 나치당원이었다). 1942년 카라얀이 두 번째 결혼을 했을 때 아내의 혈통 4분의 1이 유대인이라는 사실이 드러났다.

그런데도 당에서 그녀를 독일의 '명예 아리안족' 5인의 한 사람으로 만들어 준 사실을 봐도 카라얀이 나치 치하에서 특혜를 받았음을 알 수 있다. 아이작 스턴과 이츠하크 펄먼은 카라얀의 나치 전력을 들어 그와의 협연을 거부했다. 1946년에 소련 점령군은 카라얀의 지휘를 금지시켰다.

이 같은 압박이 카라얀에게 영향을 주었을까? 그는 융에게 정신분석의 도움을 받으려고 할 정도였음에도 불구하고 1948년에는 런던 필하모닉 오케스트라의 창단에 참여했다. 1955년에는 푸르트벵글러의 뒤를 이어 베를린 필하모닉의 종신 지휘자에 임명되었고 2년 뒤에는 빈 국립오페라극장의 예술감독이 되었다.[59] 카라얀은 또 잘츠부르크 페스티벌과 깊은 관계를 맺었고 이후 30년 동안 '경제 기적의 귀재'로서 몇몇 예술가를 발굴했다(안네조피 무터, 오자와 세이지). 그는 또한 모든 시대를 통틀어 가장 잘 팔리는 음반을 낸 고전 음악가이기도 했다. 그의 음반은 무려 2억 장이나 팔렸다.

나치스가 쇤베르크와 그의 제자 안톤 폰 베베른 개인은 물론 그들의 작품까지 반대한 사실을 고려하면 이들의 기법이 1950년대에 새로운 정통 음악이 된 것은 거의 필연적인 일이었다. 이들의 기법이 연례적인 여름 작곡 강좌로 장려된 것은 다름슈타트가 처음이었다. 세 명의 뛰어난 작곡가 베른트 알로이스 치머만(1918~1970)과 한스 베르너 헨체(1926~), 카를하인츠 슈토크하우젠(1928~2007)은 모두 다름슈타트에서 공부했고 1950년대에 음악계에 등장했다. 제3제국의 음악에 대한 저서로 잘 알려진 평론가 에릭 레비는 치머만의 오페라 「병사들」을 "베르크의 「룰루」 이후로 가장 의미심장한 오페라"라고 묘사했다.[60]

헨체는 쇤베르크를 열광적으로 좋아했지만 계속 혁신적인 음악을 접하기 위해 이탈리아로 갔다. 영미 시인 W. H. 오든이 대본을 쓰고 카라얀의 지휘로 초연된 헨체의 오페라 두 편 「젊은 연인을 위한 엘레지」(1961)와 「바쿠스의 무녀」(1966)는 즉시 음악과 연극의 성공적인 결합이라는 평을 들었다. 이후 헨체는 1960년대 후반의 학생 혁명운동에 가담했으며 그의 작곡

기풍은 카스트로가 통치하는 쿠바의 음악을 넘나들고 쿠르트 바일의 세계로 회귀하는 등 더욱 단호하고 날카로운 면을 보여주었다.[61]

전후의 급진음악개혁파 중 세 번째라고 할 슈토크하우젠은 그중에서도 가장 급진적이었다. 슈토크하우젠이 미국 음악가 존 케이지가 창안한 음악의 불확정성indeterminacy, 또는 우연성chance을 실험하며 전자음악을 개척한 이야기는 유명하며 1970년대에 그는 적어도 록 음악가들 사이에서 우상이 되었다.[62] 1980년대 들어 슈토크하우젠의 영향력은 쇠퇴했고, 그의 명성도 1977년 이후 그가 바그너식으로 일주일간 하루에 한 곡씩 발표하는 7개의 종교 오페라에 관심을 쏟은 사실 때문에 힘을 얻지 못했다. 총 29시간이 걸리고 총체적으로 '빛'이라고 알려진 이 오페라는 2007년 슈토크하우젠이 사망할 때까지도 전체가 무대에 오르지는 못했다. 실내 오케스트라가 오페라극장 상공에서 헬리콥터를 타고 연주하게 되어 있는 대목에서 공간적인 어려움이 있었기 때문이다. 음악을 공부하려는 학생들은 오늘날 에도 여전히 독일로 모여들고 있다.

회화의 과거 극복

과거 나치 독일에 가장 잘 적응한 예술 형식은 회화와 조각이었다. 첫 번째로 거론할 만한 인물은 볼스라는 이름으로 더 잘 알려진 알프레트 오토 볼프강 슐체(1913~1951)다. 베를린에서 태어난 볼스는 바이올린을 배웠지만 바우하우스에서 모호이너지에게 배우는 것을 더 좋아했다. 볼스는 1933년 바르셀로나로 이주한 다음(그는 여기서 징집을 거부했다) 파리로 가서 1939년에 억류될 때까지 사진가로 생계를 꾸려나가다가 그림을 그리기 시작했다. 전쟁 기간에는 극도로 빈궁한 생활을 하며 고초를 겪었지만 장 폴 사르트르와 친교를 맺으며 그의 도움을 받기도 했다. 하지만 사르트르의 후원에도 불구하고 볼스는 지나친 음주로 인해 38세의 나이에 요절했다. 공식적으로는 점묘법tachism이라 불리는 볼스의 기법은 그 자신과 주변의 동포가 당한 상처를 숨김없이 보여준다. 어느 비평가가 말한 대로 그의 그림은 "진홍색과 검은색의 분출"이며 동물 시체와 곪은 상처, 이 상처를 먹고 사는 벌레의 삶 같은 형태를 연상시킨다. 볼스의 그림에서 구원은 찾아볼 수 없다.[63]

전쟁 직후에 일반적으로 나타난 현상은 추상미술의 부활이었다. 이런 현상은 클레와 칸딘스키 같은 미술가의 명예회복으로 촉발되었지만 독일 미술가를 무시하도록 강요하는 바람직하지 못한 부작용을 수반했다. 이에 자극받은 일단의 화가들은 1957년 뒤셀도르프에서 그룹을 결성해 오토 피네의 화랑에서 일련의 전시회를 열기 시작했다. 뒤셀도르프가 이런 운동을 이끄는 가운데 게르하르트 리히터, 지그마르 폴케 같은 동독 화가들은 1950년대 후반과 1960년대 초반에 뒤셀도르프로 이주해 키치와 팝아트를 혼합한 형식으로 미술 창작을 시도했다. 이런 형식은 풍자적으로 자본주의 리얼리즘Capitalist Realism*이라 불렸다(리히터의 장인은 나치 치하에서 리히터의 이모를 포함해 여성의 불임 조치를 대대적으로 감시한 전력이 있다).

이브 클라인과 "예술은 현실에 대한 관점이라기보다 아이디어"라는 클라인의 원칙에 더 많은 영향을 받은 피네 주변의 화가들은 그룹 명칭을 '제로Zero'라고 지었다.[64] 이들의 목적은 "현실을 지워버리는 것"이었으며 형식을 부인하고 단순한 에너지 외에 물리적 형태를 갖지 않는 이미지—종종 모노크롬이나 백색의 탐험으로 표현되는—를 만들어내 주목을 받았다. 여기서 결정적인 역할을 한 작품은 1963년에 발표한 피네의 「빌렌도르프의 비너스」와 거리 전체를 흰색으로 칠한 귄터 위커의 「훈스뤼크 거리」다.

*사회주의 리얼리즘에 대립되는 개념으로 부르주아지의 삶과 의식을 반영하는 표현.

제로 그룹은 민간 주도의 중요한 운동을 수반하며 커나갔다. 이 운동은 20세기 후반의 미술계에 더욱 성공적인 토양 중 하나로 자리매김했다. 여기서 나온 것이 바로 카셀 도큐멘타Kassel Documenta*로, 현대 미술에서 중요한 위치를 차지하는 공간 중 하나로 발전했다.

요제프 보이스의 시간과의 대화

그렇지만 이 모든 운동은 전후 독일 미술과 분명한 차이를 보여준(그리고 누구보다 뛰어났던) 요제프 보이스의 출현으로 빛이 가려졌다. 1921년 크레펠트에서 태어난 보이스는 자신의 예술적 목표가 새로운 시각언어를 발견하는 것이라는 신념을 끝까지 고수했다. 이런 시각언어는 전쟁의 상처를 직시하면서도 동시에 그동안 일어난 모든 일을 무시하지 않으면서 성공을 향한 길을 발견하는 것을 의미했다.

보이스는 예술작품은 "영원한 시간과 역사적 시간, 그리고 개인적인 시간" 속에 존재한다고 믿었다.[65] 제2차 세계대전 때 공군기 조종사로 복무하던 그는 소련군에게 격추된 뒤 자신을 포로로 잡은 현지인들에게 동상 치료를 받았다. 보이스는 이때 동상 치료제로 사용된 펠트와 지방을 좀더 일반적인 다른 재료에 섞어 자신의 작품에 사용했다.[66] 그는 그림을 보는 사람들이 이 물질은 작가에게 어떤 의미가 있는지, 미학적 경험을 의식하는 차원에서 알아야 한다고 생각했다. 예술가는 하나의 과거를 지닌 사람이며 민족적 과거의 일부라는 생각에서였다. 보이스의 유명한 「전차 정거장」은 민족의 과거가 담긴 그의 경험이 녹아 있는 작품으로(그는 소년 시절

*독일 중북부의 도시 카셀에서 열리는 세계 최대 규모의 현대미술전시회로 5년에 한 번씩 개최된다.

에 중요한 기념관 부근의 정거장을 이용한 적이 있다) 전차 궤도는 그림을 보는 이들에게 나치 독일 시절에 철로가 이용되었다는 사실을 상기시킨다. 하지만 보이스가 만든 전차 궤도는 약간 휘어져 있어 이후의 과정에서 성공과 도약도 있었다는 사실을 암시한다. 그는 자신의 조각작품을 감상하는 이들이 현대적인 미를 경험하는 동시에 과거의 사건을 되새겨야 한다고 말한다. 바로 이것이 보이스가 시도하는 시간과의 대화다.[67]

좀더 젊은 세대는—마르쿠스 뤼페르츠, 게오르크 바젤리츠, A. R. 펭크—비록 보이스의 작품에서 드러나는 고급문화적 경향에 반발하긴 했지만 그에게서 큰 영향을 받았다. 그중 주목할 만한 인물로는 외르크 이멘도르프와 안젤름 키퍼가 있다. 키퍼가 사용한 재료에는 모래와 짚, 불에 탄 목재도 있었다. 이 재료들은 종종 풍경 위에 떠 있는 하나의 단순한 이미지 밑에 좀더 밀집되고 손상되며 혼란한 여러 이미지를 겹쳐놓는 효과를 자아냈다. 키퍼는 수치의 수준을 표현하기 위해 이런 방식을 사용했다.[68] 뭉크의 영향을 받은 바젤리츠는 기념비적 이미지의 화가로서 바젤리츠의 말에 따르면 이런 이미지는, 물론 그도 작품에서 자신의 경험—장벽 붕괴와 1968년의 봉기—을 구현하기는 하지만, 색채의 '공격적인 불협화음'을 창조하는 시도였다. 펭크의 봉선화棒線畫, stick figure*는 동굴벽화와 그래피티graffiti**를 혼합한 방식으로 선정성, 관능성, 성행위의 남용과 병리를 표현하는 기법인데, 그는 이것이 나치스의 최대 범죄라고 보았다.[69]

최근 세대라고 할 만한 라이너 페팅, 헬무트 미덴도르프, 이리 게오르크 도쿠필의 작품에서는 일체의 고급문화적 장식이 사라지고 "지극히 열광적인 형태로" 록 문화에 대한 성향이 나타난다. 따라서 작가와 묘사된 주제 사이에는 아이러니한 거리감(모두 포스트모던 경향이라고 할 수 있는)

*머리 부분은 원, 사지와 체구는 직선으로 나타낸 인체나 동물의 그림.

**주로 전철이나 건축물의 벽면, 교각 등에 스프레이 페인트로 거대한 그림 등을 그리는 것을 가리키는 말.

이 존재한다.[70] 이 가운데 1970년대에 제작된 이멘도르프의 연작 「카페 도이치란트」는 우상처럼 숭배되는 작품이다. 독일 정치사에서 중요한 사건은 디스코텍과 마약중독자, 의상도착cross-dressing* 카바레, 심지어 비행기 조종석에서 일어나는 것으로 묘사된다. 이릿 로고프의 말을 빌리면 그림은 "소란스러운 일상사"가 되었다(이런 점 역시 이전에는 보지 못했던 독일의 모습이다).[71]

문화적으로나 지적인 측면에서 장벽 붕괴 이후 가장 큰 변화는 동독 정권이 사라진 것이었다. 하지만 동독인들은 여전히 회화와 영화, 문학 분야에서 두각을 나타내고 있다. 드레스덴에는 오페라극장과 예술가 구역이 남아 있고 라이프치히에는 '바움볼스피너라이Baumwollspinnerei'**가 있으며 라이프치히, 드레스덴, 베를린에서는 수준 높은 합창단이 활동하고 있다. 하지만 독일이 분단된 시절에 동독 지역의 인프라 구조가 얼마나 노후했는지를 아는 사람은 동독 바깥에 거의 없었다. 코메콘COMECON*** 내의 무역은 거의 사라지다시피 했고 건설을 위한 기반이라고는 아무것도 없었다. 마이센 도자기 공장의 기술은 남아 있었지만 통일 이후 이곳의 기계는 모두 폐기되어야만 했다. 심지어 동독의 포도농장에서는 새로운 모종을 필요로 했을 정도였다. 드레스덴의 카메라 회사 펜타콘은 공산당 시절 세계 시장 지분의 10퍼센트를 점유하고 1990년에 종업원이 5000명이나 되었지만 불과 1년 사이에 200명밖에 남지 않았다.[72] 구동독 시절 베를린브란덴부르크 자연과학·인문학아카데미는 회원 수 2만4000명을 자랑했지만(물론 다수가 실업자 은폐 수단으로 이곳에 '대기'하는 형태였다고 해도) 이제는 회원 200명에 연구원 175명의 규모로 줄어들었다.[73]

---

*성적 쾌감을 위해 이성의 옷을 입는 행위.

**1884년에 설립된 유럽에서 두 번째로 큰 방직공장으로, 2001년 소규모 예술 관련 투자가들이 공장을 매입해 예술가들과 디자이너 등을 위한 창의적인 공간으로 탈바꿈했다.

***공산권경제상호원조협의회, 1949년 설립되어 1991년에 해체되었다.

예전 동독 학술 프로젝트 중에서 마르크스·엥겔스 저작의 결정판definitive edition*을 출간하는 사업은 베를린브란덴부르크 아카데미에서 담당했으며, 괴테의 언어를 분석하고 괴테사전을 편찬하는 프로젝트도 이곳에서 했다. 동독의 학술적 역량은 주로 수학과 컴퓨터과학, 분자생물학, 약리학, 에너지, 인문학, 그리고 동양 및 고대 언어(이 분야에서는 만프레드 비어비슈가 잘 알려져 있다) 분야에서 발휘되었다. 하지만 이제 그 대부분이 무너졌으며 거의 모든 학술지의 발행이 중단된 상태다(반면 독일 전체 출판물은 연간 1.9퍼센트씩 증가해왔다).

과학 분야에서는, 뵐(1972)과 그라스(1999)가 노벨문학상을 수상하고 빌리 브란트가 1971년에 노벨평화상을 수상한 것 외에 1945년 이후로 노벨상을 수상한 독일 태생의 물리학자, 화학자, 의사는 25명이나 된다. 과학 분야의 이러한 눈부신 업적은 대부분 막스플랑크협회가 바탕이 되었다고 할 수 있다. 막스플랑크연구소는 독일 전국에 76개가 있고 네덜란드에 하나, 이탈리아에 둘, 플로리다에 하나, 브라질 마나우스에는 부설연구소가 있다. 현재 주력 연구 분야는 난류 연구, 초전도체, 양자 광학, 양자 아인슈타인 중력, 진화생물학 중심으로 이뤄지고 있다. 베를린달렘에 있는 〈막스플랑크 과학사연구소〉는 지식의 본질에 관한 독일인의 전통적인 관심으로 회귀하고 있으며, 실험실 과학사와 기계론적 세계관의 융성 및 쇠퇴에 대한 연구 프로젝트, 그리고 지식과 신앙 사이의 연관성에 대한 조사를 시행하고 있다.

1999년부터 2004년까지 막스플랑크연구소는 과학활동의 연속성과 불연속성에 초점을 맞추고 나치스 시절에 카이저빌헬름연구소가 맡은 역할을 조사했다. 조사 범위에는 과학이 정권의 '정당화'를 위해 이용되었는지, 전문가들은 인종 위생이나 전사 연구, 동부 연구Ostforschung, 생존권 연구

*더 이상 수정·보완·증보할 여지가 없는 완벽한 책.

Lebensraumforshcung에 관해 언제 무엇을 알고 있었는지까지 포함되었다. 아직 상세한 연구 결과는 발표되지 않았다.[74] 현재 몇몇 대학에서는 과학 수업을 영어로 실시하고 있다. 영어가 과학의 언어라는 이유에서다.

베를린은 유럽 최대의 현대 건축 밀집 지역으로 변모했다. 1945년 이후 처음으로 세워진 빌딩에 대해서는 이미 언급했다. 역시 앞서 언급한 한스 샤룬은 1960년대 들어서도 계속해서 진가를 발휘했다.[75] 슈투트가르트의 추펜하우젠에 있는 샤룬의 쌍둥이 아파트 단지는(1954~1959), 그 지역에서 로미오와 줄리엣으로 불리고 있으며 이런저런 면에서 프랭크 게리가 세계적으로 유행시킨 배치 방식에 의존하고 있다.[76] 샤룬에게서 많은 영향을 받은 귄터 베니슈는 프리츠 아우어, 프라이 오토와 함께 유명한 뮌헨 올림픽 경기장을 설계했다(1965~1972). 육상 경기장과 올림픽 체육관, 올림픽 수영장 위로 날아오르는 듯한 형상을 이룬 '텐트형 지붕'은 널리 영향을 미쳐 바베이도스 공항에서도 그 흔적을 찾아볼 수 있다. 1980년대에는 서독 전역에 많은 미술관이 세워졌으며 그중에서도 프랑크푸르트에 있는 미술관과 오스트리아의 한스 홀라인이 설계한 프랑크푸르트 현대미술관(1985, 1987~1991)이 주목받고 있다.[77]

독일 통일은 건축 분야에 전례 없는 기회를 제공했다. 처음에는 동베를린에 있는 베를린 중심가를 재건축하는 것이 주목표였다. 초기에 완공되거나 보수된 건물로는 노먼 포스터가 설계한 것으로 유리로 된 둥근 지붕이 덮인 구제국의회 의사당, 국립문서보관소, DG은행(프랑크 게리), 자유대학 도서관(노먼 포스터), 홀로코스트 기념관(페터 아이젠만)이 있으며, 이밖에 1995년 이후 전체를 새로 지은 포츠담 광장이 있다.

어떤 면에서 가장 효과적인 동시에 가장 아름다운 건축 프로젝트는(조각품이라고 해야 할까?), 이 역시 예전에는 보지 못했던 독일의 면모라고 할 수 있는데, 군터 뎀니히의 '슈톨퍼슈타이네Stolpersteine'*다. 살해된 유대인이 살던 집 앞 보도블록 사이에 조금 튀어나오도록 끼워 넣은 이 장식 조각은 쾰른에서 처음 시작되었다. 보도블록의 작은 돌멩이 틈에 박힌 놋쇠판에는 "이곳에 모리츠 로젠탈이 살았다. 1883년 출생, 1941년 추방, 1942년 2월 28일 우치Łódź에서 사망"이란 내용이 적혀 있다. 뎀니히가 처음에 설치하려던 조각은 불법이라며 저지당했지만 이해를 받으면서 1999년에 공식적으로 허용되었다. 현재는 쾰른과 인근 다른 도시에 이 장식 조각이 설치되어 있다.[78]

1999년 역사가이자 철학자이며 런던과 필라델피아, 프라이부르크 대학에서 공부하고 함부르크 대학의 영문학 교수를 지낸 디트리히 슈바니츠는 『교양』이란 책을 출간했다. 저자 자신이 독일 교육의 위기라고 본 것을 들려주기 위해 쓴 이 책은 필수적인 교양 '안내서'라고 할 수 있다. 여기서 슈바니츠는 학생들이 문화에 익숙해지고 왜 이들이 셰익스피어와 괴테, 반 고흐를 알아야 하는지를 이해시키기 위해, 또 역사와 대화하고 이런 주제로 이끌어주는 '거대한 유럽의 담론'을 파악하기 위해 '규범'이 되는 작품을 새롭게 강조하고 있다. 슈바니츠는 적어도 독일에서는 초중고 생활과 대학 생활 사이에 단절이 생겼다고 보았으며, 교양이 이 둘 사이를 연결해주는 최선의 방법이라고 생각했다. 그가 교양에 게임의 속물적인 측면이 있다고 단언한 것은 자신의 주장을 다소 약화시킨 감이 없지 않지만, 교양과 거리가 먼 현대세계에 이런 아이디어를 '팔기' 위해서는 이처럼 그럴듯한 구실을 붙일 필요가 있다고 생각했는지도 모른다. 슈바니츠는 훔볼트와 하르덴베르크, 헤르더, 헤겔을 활발하게 거론하며 시계를 과거의 전통으로 되돌리는 시도를 하고 있다. 『교양』이 21판이나 발행되었다는 점에서 그의 시도는 부분적으로 성공을 거두었다고 볼 수 있다.[79]

지금까지 우리는 나치즘 이래 독일 문화의 '회귀 현상'과 전후 독일 시의 놀라운 깊이와 다양성, 국가적으로 진지하게 취급된 연극, 무용가에 대

*'장애물'이라는 의미.

한 드높은 자부심, 음악 작곡과 공연, 학술 분야에서의 지배적인 수준, 제2의 영화 르네상스, 오락보다 예술을 선호했던 독일 문화, 보편적인 대중문화, 그중에서도 특히 텔레비전의 유해 효과에 대한 냉정한 논란 등을 살펴보았다. 여기서 우리는 고급문화는 교육받은 중간계층의 문화이며, 독일의 전체적인 사고와 개념은 다른 어느 나라보다도 그 자신에 깊은 뿌리가 있다는 것, 그리고 이것은 많은 역사적 굴곡을 겪고 난 지금도 변함없다는 것을 확인할 수 있다.

결론

독일 천재:
눈부신 빛, 신격화, 내향성의 위험

"전형적인 독일인의 가장 유명하고 순수한 특징이자 독일인이 자기평가로서 가장 의기양양하게 내세우는 것은 내향성이다."

토마스 만

1939년 1월 영국 시인 W. H. 오든은 미국에 도착했다. 그의 말에 따르면 "지혜로 먹고 사는 것"이 더 쉬워서 미국으로 이주했다고 한다. 20세기에 매우 유명한 동성애자 중 한 사람이었던 오든은 당시 결혼한 상태였다. 그는 1936년 토마스 만의 딸인 에리카 만과 결혼했는데, 에리카에게 영국 여권을 주어 나치의 박해에서 빠져나오게 하려는 것이 목적이었다(오든은 "골치 아플 게 뭐요?"라고 물었다). 미국에서 여러 명의 만 가족을 만난 오든은 클라우스 만이 발행하는 잡지 『판단Decision』의 편집고문을 맡았고, 캘리포니아로 가 토마스와 카차 만 부부를 방문했으며 이들 부부가 캐럴라인 뉴턴에게 집을 빌려 사는 로드아일랜드를 찾아가기도 했다. 뉴턴은 미국 동해안에 사는 부호로서 지그문트 프로이트와 카렌 호르나이 두 사람에게 정신분석을 받은 적도 있었다. 오든은 게슈탈트 심리학의 창시자 중

한 사람인 볼프강 쾰러를 만나보고는 쾰러를 "엄청난 노이로제를 안고 사는 대단한 인물"로 묘사했다. 여러 가지 면에서 독특한 인물이었던 오든은 시대를 막론하고 학식이 있는 많은 영국인이나 미국인이 보여준 기질과는 달리 오래전부터 독일 문화에 매혹되었고 독일인의 세계 또는 친독일적인 세계에 빠져들었다. 그는 1929년에 독일에서 수개월을 보낸 적이 있었다. 이 기간에 한때 친구였던 크리스토퍼 이셔우드와 함께 지내며 공동으로 희곡을 썼다. 오든은 (빈약한) 독일어로 시를 몇 편 쓰기도 했고 장시 「연설자들」을 쓰기 시작했으며, 이 작품을 베를린의 잡지에 기고할 때는 "매춘부에게 돈을 써가며 매춘업에 발을 들여놓기도 했다." 그는 비록 이러한 환락가에서도 독일인들이 여러 면에서 자신이 살아온 시대를 규정했다는 사실을 깨달았다. 오든은 「금요일의 아이」라는 시를 써서 디트리히 본회퍼에게 헌정하기도 했으며, 1939년 지그문트 프로이트가 사망한 뒤에 쓴 시에서는 프로이트가 미친 영향의 본질과 범위를 강조했다.

그토록 오랜 세월 적들 사이에서 살아온 이에게;
만일 그가 종종 잘못을 범했고 때로 모순을 보였다면
그는 더 이상 인물은 아니리라
하지만 지금 전체적인 세상의 여론을 보라.

어떤 세상에서 우리는 서로 다른 삶을 사는 것인지. (…)

2년 뒤인 1941년 오든은 프란츠 카프카를 묘사하며 "단테와 셰익스피어, 괴테가 그 시대와 맺었던 것과 똑같은 관계를 우리 시대와 맺는 데 가장 근접한 예술가"라고 평했다.[1]

그는 나치즘이 안겨준 끔찍한 공포에도 아랑곳없이 여전히 독일 문화와 독일적 사고에 관심을 기울였다.[2] 뉴욕 요크빌에 있는 독일 영화관을 자주 찾았고 브레히트와 공동 작업을 했으며 한나 아렌트와는 가까운 친구로 지냈다. 미국으로 망명한 또 다른 독일 정신분석가 브루노 베텔하임에게 매혹되기도 했다. 그는 또 어린 시절 자신이 자폐증에 걸렸었다는 사실과 시인이라는 직업이 서로 연관이 있음을 믿으면서 자폐증을 언급했다.

1959년 빈 교외에 있는 키르히슈테텐에 집을 한 채 구입한 오든은 점점 더 괴테에게 마음이 끌렸다(자신을 "대서양의 작은 괴테"라고 불렀다). 그는 "사랑에 대한 산문 명상"이라는 일련의 글을 쓰고는 괴테의 자서전 제목을 따 「시와 진실」이라고 불렀고 얼마 뒤에는 이 독일 천재의 이탈리아 여행기를 번역하는 일을 떠맡았다. 오든은 한스 베르너 헨체와 함께 흔히 헨체의 걸작이라고 일컬어지는 오페라 「바쿠스의 무녀」를 공동 제작하기도 했다. 그의 장례식은 키르히슈테텐에 있는 교회에서 치러졌다. 장례식에 사용된 음악은 「신들의 황혼」에 나오는 지그프리트의 장송곡이었다.

오든은 독일 문화, 독일 사상과 밀접한 삶을 살았다. 물론 모든 것이 20세기 전반에 일어난 일이기는 하지만 바로 이런 점에서 오든은 흔치 않거나 독특한 존재였다. 하지만 여기서 분명히 알아야 할 것은 자신이 선택한 길을 따라간 그의 삶에 잘못이 없었다는 점이다. 오든 자신이 본 것처럼 우리가 서로 다른 삶을 사는 세상의 흐름은 우리가 생각하는 것 이상으로 독일적이기 때문이다.

시장경제와 자연도태를 제외하고, 현대의 사상은 대체로 시대 순으로 나열할 때 이마누엘 칸트, 게오르크 빌헬름 프리드리히 헤겔, 카를 마르크스, 루돌프 클라우지우스, 프리드리히 니체, 막스 플랑크, 지그문트 프로이트, 알베르트 아인슈타인, 막스 베버, 그리고 두 차례의 세계대전에서 형성된 것이다. 그레고어 멘델이 창시한 또 다른 독일 사상도 21세기로 접어들면서 그 기반이 더 강력해지고 있다. 멘델의 법칙은 유전자가 일정한 폭력 유형에서부터 우울증과 난혼에 이르기까지 모든 행동 양식을 지배한다는 것이다. 하지만 이 같은 모든 사상이 다른 독일 천재들이 제시한 모든 그림과 그대로 일치하는 것은 아니다.

카를 마르크스는 같은 독일어권 인물인 아돌프 히틀러와 마찬가지로 아마 최근에 끝난 20세기 역사와 현대세계의 형성에 다른 어떤 인물보다도 직접적인 영향을 미쳤다고 봐야 할 것이다. 마르크스가 없었다면 레닌도 없었을 것이고 스탈린이나 마오쩌둥도 없었을 것이다. 이들의 시대를 흉하게 일그러뜨린 다른 어떤 독재자도 없었을 것이다. 마르크스가 없었다면 러시아 혁명도 없었을 것이다. 제2차 세계대전이 일어나지 않았다면(또는 막스 플랑크나 아인슈타인이 없었다면) 냉전이나 독일의 분단이 어찌 있었겠는가? 또 탈식민지화가 실제대로 일어나고 이스라엘이 지금의 땅에 건설되는 일이 있었겠는가? 아랍 문제가 지금 상태에 이를 수 있었겠는가? 또 9.11 테러가 일어났을까? 마르크스주의보다 파급력이 더 큰 사상은 없다.

마르크스의 전기 『자본론』을 쓴 영국 작가 프랜시스 휜은 마지막 문장에서 "마르크스는 21세기에도 여전히 영향력이 가장 큰 사상가가 될 수 있을 것"이라고 단언하고 있다. 휜은 보통 우파 인사로 간주되는 사람이나 대기업 경영자 중에서 마르크스는 물론 심지어 로자 룩셈부르크의 사상으로 돌아온 인물들의 주장을 인용하고 있다. 그 내용은 단순히 독점이나 세계화, 불평등같이 마르크스가 제기한 문제도 아니고, 정치적 부패에 대한 마르크스의 지적이 150년이 지났는데도 여전히 들어맞는다는 차원이 아니라 우리가 마르크스의 견해를 대부분 알지 못하면서도 그것을 의심하지 않는다는 사실이다. 우리는 은연중에 경제는 인간 발전의 원동력이라는 말을 받아들인다. 우리는 은연중에 사회적 존재가 의식을 결정하며 각 국가는 상호의존적이라는 말을 받아들인다. 또 우리는 은연중에 특히 환경 문제에서 자본주의가 자연을 파괴한다는 말을 받아들인다. 2008년 주식시장의 붕괴와 신용 규제 이후 『자본론』의 판매 부수는 특히 독일에서 현저히 증가했다.

휜이 제기하는 요점이나 그가 인용한 사람들의 주장은 이런 문제가 베를린 장벽이 붕괴된 이후에, 그리고 자본주의에 대한 사회주의적 '대안'이 무너진 뒤에 눈에 띄게 늘어났다는 것이다. 두 개의 독일이 존재한 역사가, 또 이들이 서로 자극한 경쟁 심리가 외견상 자본주의를 이에 대한 대안이나 다른 가능성보다 더 건전하게 만든 것은 아닐까? 어느 쪽이든 독일인과 독일은 논란의 중심에 있다.

현대사회의 가장 중요한 인물들

지그문트 프로이트의 영향은 카를 마르크스만큼 혼란을 초래한 것은 아니지만 결코 비중이 떨어지는 것도 아니었다. 프로이트의 유산을 평가하는 데에는 두 가지 관점이 존재한다. 하나는 프로이트 한 사람이 정신분석학으로 인간의 전 생애에 영향을 주는 특수한 방법을 개발했다고 보는 관점이다. 다른 관점은 프로이트와 함께 그의 동시대인인 니체와 막스 베버를 묶어서 보는 방식이다. 여기서는 이 두 가지 관점을 모두 살펴보고자 한다. 이것이 독일 사상가 집단의 완전한 성과를 이해하기 위한 유일한 방법이기 때문이다.

미국 비평가인 앨프리드 케이진은 프로이트 탄생 100주년을 기념해 쓴 에세이에서 "프로이트는 자신에 대해 들어보지도 못한 사람들에게까지 영향을 미쳤다"고 주장했다.[3] 케이진은 20세기 중반의 미국에서 "신앙이 없는 사람들에게는 프로이트 학설이 인생의 철학과 같은 기능을 한다"고 생각했다.[4] 케이진은 "오늘날 매일 매시간" 사람들은 우울증을 앓거나 '프로이트 이론'의 근거에 대해 아무런 의문을 품지 않고 이혼하면서 프로이트라는 이름을 잊지 못한다고 생각했다. 그는 또 문학과 회화(토마스 만, T. S. 엘리엇, 어니스트 헤밍웨이, 윌리엄 포크너, 파블로 피카소, 파울 클레,

표현주의, 초현실주의, 추상미술)은 "개인의 열정은 사회적으로 수용된 도덕성보다 사람의 삶에 더 큰 힘으로 작용한다"는 프로이트의 이론으로 새로운 힘을 얻었으며, 프로이트 이론의 "가장 아름다운 효과"는 "인격 발달에 가장 중요한 영향을 미치는 단일 요인"으로서 아동기의 점진적인 의식 발달이라고 보았다.[5] 케이진은 개인의 행복에 대한 강조는—정신분석 요법의 목표—현대사회의 가장 혁명적인 힘이며 자기실현의 현대적 형태라고 생각했다.

필립 리프의 『심리치료의 승리』에서 따온 프랭크 퓨레디의 말을 빌리면, 프로이트 유산의 또 다른 측면은 우리가 현재 '치료사회therapeutic society'에 살고 있다는 것이다. 퓨레디가 지적한 대로 치료사회에서는 "내향성의 현상inward turn이 존재한다. (…) 자기성찰의 행동으로 자기이해를 하려는 개인의 모색은 현대사회의 유산 중 하나다. (…) 자아는 내면적이고 정서적인 생활의 경험으로 의미를 획득한다."[6] 특히 더 이상 종교적인 신앙이 없는 사람들 사이에는 내면 어딘가의 또 다른 자아에 대한 믿음이 폭넓게 존재한다. 본질적으로 치료에 대한 믿음은 이 자아를 동반한다. 대안으로서(더 바람직하고 더 고차원적인) 이 내면적 자아와 접촉할 수 있을 때에만 인간은 행복과 만족, 성취감을 맛볼 수 있다. '영혼'이 세속화된 것이다.

프로이트에 대해서 누구나 이렇게 낙관적인 평가를 하는 것은 아니다. 리처드 라피에르는 그가 말하는 '프로이트적 윤리'가 현대사회의 불만과 잘못된 경로에 대해 상당 부분 책임이 있다고 생각했다. "프로이트적인 개념으로 볼 때, 인간은 자신의 삶과 자유, 행복을 추구할 권리를 갖고 아무런 얽매임 없는 상태에서 태어난 것이 아니다. 인간은 생물학적 충동이라는 족쇄를 차고 있기 때문에 결코 자유롭다고 말할 수 없으며 이런 상황은 주변 사회와 지속적이고 고통스러운 갈등 관계로 인간을 내몬다."[7] 라피에르는 프로이트 이론이 '성적으로 관대한 가정'과 '진보적인 학교' '범죄의 용납' '정치의 구체적인 실현'(요즘은 단일 쟁점 또는 정체성의 정치라고 부르는)

에 책임이 있는데도 프로이트 이론은 이중 어떤 것에 대해서도 관심을 두지 않는다고 생각했다.

정신분석학자인 크리스토퍼 라슈는 훨씬 더 비판적이었다. 라슈는 인간은 현재 자기도취 문화에 빠져 있으며, 경제적 인간(마르크스주의적 인간)은 심리적 인간으로 대체되었다고 노골적으로 주장했다. 그는 또 인간은 '치료적 감성'의 시대로 들어섰다고 말했다. 그러면서 치료는 "단호한 개인주의와 종교의 후계자로서의 위치"를 구축했다고 주장했다. 이 같은 새로운 나르시시즘은 사람들이 정치적인 변화보다 개인의 변화에 더 관심이 있으며, 인카운터그룹encounter group*과 다른 방식의 인식 훈련은 내면적인 사생활의 중요성을 없애버렸다는 것을 의미한다. 사적인 영역은 '친밀성의 이데올로기'에서 공적인 것으로 변했다. 이런 요인은 사람들의 개인주의 성향과 창조적인 능력을 약화시키면서 훨씬 더 유행을 의식하는 성향으로 만드는 데 기여했다. 라슈는 이로 인해 지속적인 우정과 애정, 성공적인 결혼생활을 성취하기가 훨씬 더 힘들어졌으며, 결국 자기주장이 강한 사람들은 전체적인 주기가 반복될 때 자기 자신으로 되돌아온다고 보았다. 라슈는 현대인은 자기인식에 '갇히게' 된다고 결론을 내렸다. 인간은 "자발적인 감정의 측면에서 잃어버린 순수성"을 동경한다. "타인에게 미치는 효과를 염두에 두지 않고서는 감정을 표현하지 못하는 인간은 자신의 표현이 지닌 진정성이 타인에게 제대로 전달될지를 의심하기 때문에 자신의 행위에 대한 타인의 반응으로부터 마음이 편안할 수 없다."[8]

우리 사회에 '치료적 감성'이 놀라울 정도로 침투해 있다는 증거는 적지 않다. 캘리포니아의 브라우니단the Brownies**은 8세 아동을 위한 스트레스 치료소를 갖추고 있고, 영국 리버풀의 한 초등학교에서는 스트레스에 시달

*인간관계의 개선을 위한 감수성 훈련 집단. 대면 집단, 참만남 집단으로 번역하기도 한다.

**7~10세, 또는 11세까지의 소녀들로 구성되는 걸스카우트단.

리는 아이들에게 아로마요법을 실시하고 있다. 1993년에 영국 신문들은 1년에 '상담'이란 말을 400회나 사용했다. 이 숫자는 2000년 들어 7250회로 늘어났다. 영국에서는 매달 120만 건의 상담 수업이 실시된다. 심지어 캔터베리 대주교가 최근 서구 국가에서는 치료가 "기독교를 대신"하고 있으며, "구세주 그리스도"가 "상담사 그리스도"로 변하고 있다고 주장할 정도가 되었다.[9]

이 모든 것을 상당 부분 프로이트의 탓으로 돌릴 수도 있지만 그렇다고 순전히 그의 탓만은 아니다. 프로이트는 또 동시대 독일어 사용자인 프리드리히 니체나 막스 베버의 맥락에서 이해하지 않으면 안 되기 때문이다.

현대 사상으로 들어가는 '입구'

니체의 경구 중 가장 유명한 것은—어떤 사람은 가장 악명 높다고 말할지도 모르지만—"신은 죽었다"라는 말이다. 니체가 이룩한 매우 중요한 업적 중 하나는—막스 베버도 그렇지만—엄청난 인구의 대도시를 지닌 세계, 대량 수송, 대중매체 등 현대 정신의 결과를 파헤치기 위해 무서우리만큼 세밀하게 보면서 거기서 나온 감정의 함축된 의미를 "철저하게 대조하며 생각했다"는 점이다. 현대세계에서 과거의 확실성은 효력을 상실했고, 많은 사람이 종교가 제공하는 평안과 위로는 사라졌다고 여겼다. 니체가 볼 때 현대사회에서 과학이 획득한 권위는 비개인적이고 인상적인 것 못지않게 무미건조하고 공허한 것이었다. 마르틴 하이데거가 니체를 "현대 정신의 정점"이라고 부른 것은 바로 이런 의미에서였다. 다시 말해 니체는 과거에 사라진 것의 상실을 누구보다 더 민감하게 느꼈고 그 같은 상실을 더 선명한 색깔로 묘사했다.

일반적인 관점에서 니체의 영향에 앞서는 것은 고대 그리스와 칸트의 영향밖에 없다. 어쩌면 이런 평가도 니체에게는 공정하지 못한 것으로 보일지 모른다. 제2차 세계대전까지 니체의 영향은 기본적으로 문학적이고 예술적인 것이었다. 로베르트 무질은 니체의 사상을 "20세기에 일어난 매우 위대한 사건 중 하나"로 여겼다.[10]

아나토리 루나차르스키와 막심 고리키는 예술과 상관없이 러시아에서 '니체적 마르크스주의'를 구축하려고 시도했는데, 나치즘이 등장하고 니체의 본질(니체의 마지막 본령은 반유대주의자였다) 일부를 전용(그리고 왜곡)할 때까지 지속하지는 못했다. 하지만 20세기가 진행되면서 니체의 실체는 더 분명해졌다. 스티븐 애시하임은 독일 내의 니체 유산에 대한 연구에서 이탈리아와 '앵글로색슨인'(영국과 미국), 에스파냐, 오스트리아-헝가리, 일본, 그리고 가톨릭교와 유대교에 남아 있는 니체의 영향을 상술한 책을 목록으로 제시하고 있다. 카를 야스퍼스는 니체를 "아마 과거의 위대한 철학자 가운데 마지막 인물일 것"이라고 보았고, 에른스트 벨러는 서구 지성사를 다음과 같이 두 시기로 구분했다. "하나는 로고스의 지배 및 헤겔에서 절정에 이른 '너 자신을 알라Know thyself'는 경고로 특징지어지는 시기다. 나머지 하나는 이성의 자기 과신과 모든 경계의 해체, 모든 권위의 붕괴로 특징지을 수 있으며 키르케고르 및 니체와 더불어 시작된 시기다." 벨러는 니체가 마르크스와 더불어 "현대 사상으로 들어가는 입구에 서 있다"고 말했다.[11]

하이데거가 볼 때 니체의 철학은 "서구 형이상학의 완성"에 해당된다. 권력에의 의지와 마찬가지로 니체는 존재의 해석으로 "철학의 가장 극단적인 가능성을 실현시켰다."[12] 현대 철학자 가운데 니체의 영향은 미셸 푸코, 질 들뢰즈, 리처드 로티(오늘날을 '후기 니체시대'로 규정한), 알렉산더 네하마스, 오이게네 핑크, 자크 데리다의 저술에서 가장 민감하게 반영되어 있다. 베른트 마그누스와 캐슬린 히긴스가 말한 대로 "니체의 영향은 인간의 문화에서 피할 수 없게 되었다."[13]

여기서 문화란 '현대성modernity'을 말한다. 니체는 현대성을 이해하고 설명하려는 탐구를 하면서 사실상 "절대적 진리, 보편적 가치, 완전한 자유"를 찾기란 불가능하다고 말한다.[14] 그는 현대사회에서 인간의 깊은 의미가 담긴 심리적, 철학적 조건은 인간이 과거의 전통적 확실성을 믿고 싶어한다는 것이라고 말한다. 하지만 인간에게는 그럴 만한 능력이 없다. 과거의 믿음을 파괴하면서 그 자리에 아무것도 채워넣지 못한 과학 발견의 건너편에서 덫에 빠졌기 때문이다. 진보는, 철학의 진보는 교착 상태에 빠졌다. "이것이 우리 시대의 특징이 보여주는 파괴적인 원칙이다."[15]

니체는 세계에 대한 어떤 도덕성이나 방향의 부재를 가진 이 조건을 허무주의nihilism라고 불렀다. 허무주의는 (적어도) 세 가지 중대한 결과를 낳았다. 갖가지 사건에 대한 의미는 없으며 인간은 무엇을 성취하거나 성취할 수 있다는 믿음을 상실했다. 역사에 일관된 틀은 존재하지 않는다. 인간 모두가 동의하거나 열망할 수 있는 보편성도 전혀 존재하지 않는다. 인간세계는 어떤 '진실'(무의미하고 가변적인 일상용품이 되어 힘에 대한 감정 강화를 유일한 목표로 삼는)보다 주로 인간 내면의 심리적 욕구에서 비롯된 것이다. 니체는 인간의 주된 심리적 욕구는 바로 저 유명한 '권력에의 의지'라고 생각했으며 그 스스로 다른 모든 근거가 사라진 상황에서 모든 판단을 위한 유일한 토대는 미학적 토대뿐이라고 보았다.

미학적 판단을 할 때조차 인간에게는 '깊거나' 보편적인 감각으로 합의에 이를 토대가 없다. 따라서 더 이상의 의미를 위한 토대는 존재하지 않기 때문에 독창성이나 창조력 또는 미를 판단할 유일한 기준은 이런 것들의 '현재성nowness'뿐이다. 하지만 이때에도 현재성은 직접적인 쓸모가 없을 것이다. 그것이 새롭다는 사실 외에는 다른 의미가 없기 때문이다. 이런 상황은 인습적인 예술작품이나 역사 발전, 유행만큼이나 인간 자신의 변화에 적용된다. 인간의 개인적 발전에서 다른 방향은 있을 수 없다. 오직 무의미한 변화, 그것도 변화를 위한 변화만이 있을 뿐이다.

이런 태도는 말할 것도 없이 과거부터 존재했던 인간의 조건에 대한 아마 가장 절망적인 분석일 것이다. 그리고 니체의 의도도 그런 것이었다(니체는 유명한 글에서 "나는 지금까지 존재한 인간 중에 분명히 가장 끔찍한 존재일 것이다"라고 말하며 이렇게 덧붙였다. "그렇다고 이것이 내가 가장 유익한 존재가 될 가능성을 막는 것은 아니다"). 니체는 자신이—인간이—철학과 심리학에서 상전벽해가 일어나는 시대, '새로운 인간'이 태어나고 있는 역사의 유일무이한 시대에 살고 있으며, 여기서 빠져나갈 길은 없다고 생각했다. 이렇게 으스스한 메시지가 20세기에 울려 퍼졌고, 이것을 약간이나마 진정시켜준 것은 오직 막스 베버밖에 없었다.

니체의 경구 중에서 가장 유명한 말이 "신은 죽었다"라면, 베버의 경우는 인간이 탈마법화Entzauberung의 세계, 즉 환상이 깨진 세계에 살고 있다는 말이 가장 유명했다. 베버는 현대적인 삶에 관해 두 가지 대표적인 주장을 했다. 하나는 로런스 스캐프가 해석한 대로 자본주의와 기술문명, 경제적 합리주의, 도구주의instrumentalism*의 제도화로 불만을 유발했다는 것이다. 바꿔 말하면 인간의 주요 목적은 미학적, 감성적인 방법으로 세계를 향유하기보다 추상적이고 지적인 태도로 세계를 통제하는 것이라는 말이다. 현대적인 조건은 베버가 한 표현으로, 인간이 "시기적으로 부적절하고 근심을 안겨주는" 지식과 종교적인 신앙을 품거나 기독교와 마르크스주의, 헤겔 철학과 같이 폐쇄적인 철학 시스템을 받아들일 때처럼 '지성의 희생'을 경험하는 지식 사이에서 선택을 해야 한다는 것이다.[16] 인간은 계산으로 모든 것을 지배할 수 있고—오늘날 숫자의 낭만주의가 존재한다—과학이 삶을 보호해준다고 믿는다. 하지만 과학은 "이렇게 보호된 삶이 누릴 가치가 있는지 없는지에 대한 대답"은 해주지 않는다.[17] '통일된 자아'라는

---

*사상이나 관념은 환경 지배의 도구로서의 유용성에 따라 가치가 정해진다고 하는 존 듀이의 학설.

개념은 현대세계에 대한 인간의 이해를 넘어서는 것이다.[18]

베버가 제기한 다른 하나의 주장은 현대 정신이 "가슴 안에서 솟구치는" 이상과 가치를 창조하도록 인간에게 맡겨진 '내적 자아'에 대한 집착을 고조시킨다는 것이다. "인간은 아무리 완벽하다고 해도 연구 결과로 세계의 '의미'를 읽어낼 수는 없다. 그 대신 인간 자신의 의미를 창조하는 위치에 있어야 한다. (…) 따라서 인간에게 가장 강력한 동기를 부여하는 최고의 이상은 영원히 다른 이상과의 투쟁 속에서만 해결 가능하다. 이 다른 이상도 인간적인 이상만큼이나 우리에게는 신성한 것이다."[19] 베버는 인류가 오직 서구에서만 '보편적'인 방법으로 인간 자신을 이해하는 생각을 발전시켰다고 말했다. 달리 말하면 모든 시대, 모든 인간에게 적용되는 원칙을 발전시켰다는 말이다. 이것이 과학의 핵심 목표라고 할 수 있는데, 다른 문화권의 사람들은 이런 목표를 갖고 있지 않다. 그들은 세계 속에서 자신이 처한 위치와 역사의 특수한 시점에 보이는 모습 그대로 기꺼이 그들 자신을 설명하려고 한다. 왜 서구인들은 이 같은 목표에 이토록 관심을 기울이는가? 이것은 결국 인간을 공허하고 냉혹한 존재라는 운명으로 내모는 것이 아닌가? 베버는 이 결과 많은—대부분의—사람에게 삶의 유일한 의미는 쾌락과 오락, 자기만족, 금전의 추구가 되었다고 말한다. 베버는 미국에서 종교적이거나 윤리적 의미가 없는 자본주의는 스포츠 같은 특징을 낳았다고 말했다. 이런 특징이 구원에 대한 모색을 대신한다는 것이다. 인간은 지식의 과잉으로 무거운 짐을 안고 살아가지만, 이 지식은 무엇을 위해 어떻게 살아가야 하는지에 대해서는 말해주지 않는다.

베버는 많은 사람이 너무 힘들게, 너무 오래 일한다는 사실이 현대 문화를 허물어뜨리는 최종 요인이라고 보았다. 그 결과 사람들은 현재적인 조건을 파악할 시간이—일과를 마친 뒤에 생각하는 시간이—없고 "다음에는 무엇이 올 것인가?"[20]라는 물음을 제기하면서 이 세계에 대한 최선의 경험은 무엇인지 생각을 정리할 시간이 없다.

베버와 니체 사이에는 명백하게 중복되는 부분이 많다. 두 사람 모두 현대세계에 드리워진 공포에 대해 핵심적인 지적을 한다. 또 두 사람에게는 상대가 하는 말을 더 자세하게 진술하는 면이 있지만 베버는 거의 동시대에 살았던 니체보다 비관적인 경향이 조금 덜하다. 베버의 저술이 현대세계를 적어도 포기할 수 있는 것으로 암시한다면 니체는 대체로 할 수 있는 일이 하나도 없다고 생각했다. 있는 그대로의 세계에 '복종한다'든가 세계를 통제하기보다 '보호한다'는 하이데거의 개념은 베버의 도전에 이어 나온 발상이다. 마르쿠제의 '위대한 거절great refusal'이라는 개념도 마찬가지다.

하지만 여기서 분명히 짚고 넘어가야 할 것은 우리가 실제로 얼마만큼 후기 니체의 허무주의와 후기 베버의 허무주의 세계에 살고 있는가 하는 점이다. 예를 들어 현대 순수예술의 영역에서 유일한 평가 기준은 현재성이다. 현재성의 세계에서는 대규모 경매가 모든 게임의 법칙을 좌우하고 많은 사람에게는 예술품 수집이 구원의 형태가 되었다. 순전히 현재성이 결정적인 기준이 되는 패션의 세계는 현대세계가 보여주는 또 다른 허무주의적 측면이다. 이 모든 영역에서 두드러진 역할을 하는 것은 돈이다.

하지만 어떤 의미에서 이런 요인들은 지엽적인 것이다. 세계에 대한 도덕적 목표를 알지 못하기 때문에 자신들이 가하는 잔인함에도 이의를 달지 않는 허무주의자들이 자행하는 20세기의 끔찍한 야만성에 대해 우리는 어느 정도까지 의문을 제기할 수 있을까? 한나 아렌트는 테러가 전체주의에 뿌리를 두고 있으며 그중에서도 허무주의는 가장 커다란 테러라고 할 수 있다고 말했다.

더욱이 파시즘과 스탈린주의, 마오이즘Maoism*의 허무주의적 테러와 상관없이 니체와 베버가 분류한 냉혹하고 허무하고 절망적인 상황으로 인간

---

*중국 공산당 지도자인 마오쩌둥이 마르크스 레닌주의를 중국의 현실에 맞게 창조적으로 계승하고 발전시킨 독자적인 혁명 사상.

의 삶에 영향을 준—아직도 영향을 주고 있는—또 다른 방식이 존재한다. 이런 상황은 우리가 다시 프로이트로 관심을 돌리게 만든다. 대다수의 사람은 니체나 베버의 저술을 결코 읽어본 적이 없다고 봐야 할 것이다. 하지만 프로이트에 대해 전혀 들어보지 못한 사람도 프로이트의 영향을 받는다는 앨프리드 케이진의 말처럼 니체나 베버를 읽어보지 못한 사람에게도 그와 똑같은 원리가 적용된다고 봐야 한다.

2008년 늦여름과 초가을에 엄청난 경제적 지진이 일어났음에도 우리는 여전히 전례 없는 번영을 누리면서 안락한 생활을 하고 있다. 적어도 서구에 사는 사람들 대부분은 그렇다. 발전된 사회에서는 복지국가가 가장 열악한 생활을 하는 사람에게도 절대 빈곤이라는 굴욕을 완화시켜주는 장치 역할을 한다. 하지만 모두가 아는 대로 우리는 흉포한 범죄와 마약 남용, 아동 학대의 환경에 둘러싸여 있고, 고등학교에서는 무차별 살인이 일어나고 있으며 암흑가에서는 피의 복수가 계속되고 있다. 공해상의 해적 행위와 조직적인 매춘, 성적 학대도 빼놓을 수 없다. 감옥과 정신병원에 갇히는 사람이 점점 더 늘어나고 반달리즘vandalism*이 만연한 사회, 알코올 중독이 걷잡을 수 없이 늘어나는 사회에 우리는 살고 있다. 이 모든 현상이 현대적인 삶의 허무주의적 존재 상황에 대한 반응이라고(시작에 불과한) 해도 지나친 말은 아닐 것이다. 비록 니체나 베버에 대해 읽은 것이 전혀 없다고 해도 그들 스스로 이 독일어권 철학자들이 분류한 공허하고 냉혹하며 절망적인 사회에 빠졌음을 느끼고 경험하며 깨닫는 사람들의 반응이라는 말이다. 이들의 반응이 일관되지 못한 것도 조건의 일부다. 이런 지적은 왜 프로이트가 그토록 강력한 영향을 미쳤는지를 설명하는 데 도움이 된다. 최근에 와서 프로이트는 계속 공격을 받고 있으며, 이런 공격은 그가 증거를 날조하고 초기의 '치료' 사례를 허위로 제시해 그의 이론이 전

---

*인간에 의한 신성파괴 또는 문화유적의 파괴를 의미한다.

반적으로 잘못되었다는 이유로 정당화되고 있다. 하지만 지금 논의하는 맥락에서 볼 때, 이런 지적은 그를 오해한 데서 빚어진 것이다. 프로이트는 니체나 베버와 마찬가지로 동시대에 현대적 삶의 곤경에 대해 진단하면서 이 곤경에 대한 해결책을 발견하거나 만들어냈고 때로는 우연히 마주치기도 했다. 정신분석과 '대화요법' 같은 치료를 단순히 노이로제나 다른 형태의 정신병을 치료하는 수단으로 이해할 때 오해를 갖게 마련이다(그리고 일반적으로 이런 이유에서 정신질환을 잘못 판단하곤 한다. 니체가 사망하던 해에 발표된 『꿈의 해석』에서 프로이트가 마련한 것은 사람들이 자신의 삶을 재구축하도록 그들의 개인적인 역사를 활용하게 하는 방법이었다. 그들을 둘러싸고 있는 현대세계의 분열이나 순전한 허무와 관계를 맺게 해주는—하지만 극단적이고 가설적이며 추상적이고 임상적으로 의문의 여지가 있는—방법이었다. 치료가 인간생활의 상당 부분을 차지하고 있다는 사실은 인간이(아주 어린 사람도) 니체가 말한 허무주의적 세계에 살고 있다는 것을 대변한다.

현대 역사의 11인물

—

반복해서 말하지만 칸트와 훔볼트, 마르크스, 클라우지우스, 멘델, 니체, 플랑크, 프로이트, 아인슈타인, 베버, 히틀러 같은 인물은 현대 사상에 좋든 나쁘든 지속적인 영향을 미쳤다. 어느 나라건 이들과 견주어 내세울 만한 선발 집단이 있었을까? 내 생각으로는 없다. 하지만 독일 천재는 단순히 숫자의 문제가 아니다. 머리말에서는 몇 쪽에 걸쳐 많은 사람이 찾아낸—아직도 찾고 있는—매혹적이면서도 강박적인 의문을 파헤쳤다. 즉 독일 역사가 존더베크라는 특수한 과정을 거쳤고, 이 과정은 '필연적으로' 나치즘의 과잉 분출과 홀로코스트라는 테러로 귀결될 수밖에 없는 운명이었는가에 대한 의문이다. 내가 알기로 정치사와 문화사 사이에 체계적인 연관성이 있는가에 대해 학술적인 방법으로, 종합적인 의미에서 연구한 사람은 아무도 없다. 하지만 이 책의 설정 목표와 같이 현대 독일 문화를 독일의 문화Kultur보다 프랑스, 영국, 미국의 문화culture라는 의미로 볼 때, 그리고 문화사를 최근의 상황까지 포함해 볼 때—히틀러와 상관없이 홀로코스트 이전과 이후 두 방향에서 볼 때—독일 특유의 몇 가지 문화적 특징이 존재한다는 결론을 내릴 수 있다. 이런 특징은 '필연적으로' 재앙으로 이어질 것이 아니라면 적어도 독일에서 일어난 일이 왜 일어났는가를 설명하는 데 도움이 되는 것으로 이해될 수 있다.

물론 어떤 것도 완벽한 설명이 될 수는 없다. 다만 여기서 제기하는 초점은 하나의 집단으로서 놀라우리만치 탁월한 수준을 보여준 동시에 충격적인 종말을 고한 독일 현대문화에는 서로 맞물린 뚜렷한 다섯 가지 요인이 있다는 것이다.

교육받은 중간계층

종래의 지식, 특히 마르크스 이후의 인습적인 지식은 사회를 귀족, 중간계층, 프롤레타리아 또는 노동계급의 3등급이나 3계급으로 구분할 때 이해하기가 가장 쉽다는 것이다. 하지만 여기서 분명히 해두어야 할 것은 교육받은 중간계층은 나머지 중간계층과 공통점이 거의 없으며, 독일 역사에서 분명히 독립된 실체로 간주된다는 것이다. 사실 교육받은 중간계층은 생산수단이 귀족이나 노동계급과 다르다는 고전적인 마르크스의 의미에서만 중간계층이다. 하지만 교육받은 중간계층은—학문과 예술, 인문학, 과학계, 법조계, 의료계, 종교계에 살고 있는—예를 들면 노조의 노동자나 상점 주인, 소매상 또는 기업가나 자본가와 공통점이 거의 없다. 동기 부여나 추구하는 방향이 다르며 실제로 일상적인 관심과 행위도 다르다. 이런 차이는 19세기에 더욱 두드러졌는데, 독일이 교육받은 중간계층을 자랑한 최초의 국가이며 이런 요인이 독일이 강대국으로 출현하게 된 중요한 토대라는 과거의 사실에서 분명히 알 수 있다.

몇몇 통계를 보면 이런 사실이 두드러진다. 프로이센은 1820년대부터 7세에서 14세 사이의 아동에게 공교육을 의무화했으며(영국 아동은 1880년까지 학교에 의무적으로 갈 필요가 없었다) 1890년대에 가서는 인구 비율로 볼 때 대학생 수가 영국의 2.5배나 되었다.[21] 22장에서 19세기 후반의 실상을 보았듯이 독일군의 문맹률은 이탈리아군이나 오스트리아-헝가리군보다 훨씬 낮았다. 이탈리아군에서 문맹자가 1000명당 330명, 오스트리아-헝가리군은 1000명당 68명이었던 데 비해 독일군은 1000명에 1명뿐이었다. 또 다른 장에서 확인한 대로 독일에서는 1785년에 정기간행물이 1225종으로 프랑스의 260종과는 큰 차이를 보였다. 1900년에 독일은 4221종의 신문을 발행한 데 비해 프랑스 신문은 약 3000종이 발행되었다(러시아는 125종).[22] 19세기 전반 영국에 대학이 4개밖에 없었을 때 독일에는 50개가 넘는 대학이 있었다. 세 권짜리 서구 교육사를 저술한 제임스 보엔은 독일이 19세기 전반에 자국어로 된 학술지를 가장 많이 발행하면서 과학학회의 설립을 주도했고 독일어가 주도적인 과학 언어가 되었다는 사실을 지적한다.[23] 1900년에 독일의 문맹률은 0.1퍼센트였고 영국은 1퍼센트, 프랑스는 4퍼센트였다. 1913년에는 연간 독일에서 발행되는 도서가(연간 신간 도서가 3만1051종) 세계 어느 나라보다 더 많았다.[24]

도움이 될지 모르겠지만 독일인은 몇몇 상투적인 통계에서 여전히 앞서나가고 있다. 물론 이렇게 생각하지 않는 독일인도 많다. 2006년의 한 보고서에 따르면 중북부 유럽인의 뇌 크기는 남부 유럽인의 것보다 더 크다(1320세제곱센티미터 대 1312세제곱센티미터). 이런 뇌 크기는 그대로 높은 지능으로 이어져 독일과 네덜란드의 평균 지능지수가 107로 가장 높았

고, 다음이 오스트리아와 스위스로 101, 영국은(조사가 이뤄진 지역) 100, 프랑스는 94였다.[25]

외국 학자들을 끌어들일 만큼(특히 미국에서 온 유학생이 많았다) 학문의 비약적인 발전을 이룩한 토대는 교육받은 중간계층이었다. 높은 수준의 학문은 독일 관료사회를 좀더 효율적이고 창조적인 체제로 만들었고, 19세기 후반에 획기적인 과학 업적을 이루는 바탕이 되었으며 독일을 경제국가로 변모시켜 이 토대 위에서 수많은 현대의 번영—비단 독일뿐만은 아니었지만—을 이룩하게 했다. 독일에서 발생한 역사적 사실의 중심에는 교육받은 중간계층의 번성과 몰락이 있으며 이들은 지금도 중요한 변수라고 할 수 있다.

현대적인 학문의 발달, 교양 개념, 그리고 연구에 기초한 대학 개혁은 19세기 초 독일에서 도덕적 진보의 형태로 나타났다. 교육은 단순히 지식의 습득에 그치는 게 아니라 한 개인이 비판적인 판단력을 갖출 수 있게 되고 독창적이고도 창조적인 기여를 하도록 하는 성격 발달의 과정으로 간주되었다. 또한 교육은 권리와 의무 그 본분을 다함으로써 사회에서 각자 맡은 역할에 대해서 배우는 과정이었다. 교양으로서의 교육에는 교육받은 중간계층에게 세속적인 완성이나 구원의 형태인 '생성'의 과정이 포함되었다. 이 같은 과정이 회의론과 진화론 사이의 세계에 깃들어 있는 삶의 핵심이었다.

교육받은 중간계층은 이전에 성직자가 담당했던 역할을 맡아 이를 확대시켰으며 1775년부터 1871년에 이르는 세기에 독일에서 가장 중요하고 혁신적인 자원으로 남았다. 세기말로 가면서 이런 상황은 변하기 시작했고 이미 언급한 대로 좀더 복잡한 양상을 띠었다.

'내향성'

예를 들어 독일인이 프랑스나 영국, 미국 같은 다른 나라 국민보다 더 '내향적'이었다는 것(어쩌면 지금도?)은 분명해 보인다(물론 거트루드 히멜파브가 지적하듯이 영국의 계몽주의가 "경건한 신앙에서 번성한 것"은 사실이지만). 대부분의 독일인은 확실히 이 결론부의 앞머리에서 인용한 토마스 만의 말처럼 내향성에서 그들 자신의 특징을 파악한 것처럼 보인다.[26]

루터주의와 경건주의의 결합은 이 같은 논의의 출발점이라고 할 수 있다. 두 가지 모두 독실한 신앙심을 밖으로 드러내기보다 내면적인 신념과 관계된 것이기 때문이다. 또 다른 요인으로는 독일 학문의 중심이—독일 대학—신학적인 세계관이 심각한 위협을 받고 다윈의 생물학이 아직 이해되지 못하던 시기, 회의론의 출현과 자연선택을 바탕으로 한 진화론의 등장 사이에 궤도에 오른 것을 꼽을 수 있다. 물론 이런 상황이 독일에만 적용되는 것은 아니지만 몇 가지 이유에서 다른 나라보다 독일에서 훨씬 더 뚜렷한 현상이었다. 많은 사람은 신에 대한 전통적인 관념이 위협받았을 때 분명히 삶의 다른 목표, 다른 신학이 있을 것이라고 확신하게 되었다. 그리고 2장과 5장에서 본 대로, 독일인은 목적론적 생물학의 진화적인 형태를 수용했고 동시에 칸트의 관념론과 피히테, 헤겔, 자연철학, 마르크스주의, 쇼펜하우어 등 사변철학의 거대한 체계가 만들어졌다. 회의론과 진화론 사이의 시대는 사변철학이 형성된 위대한 시기였고, 많은 사람은 칸트가 내면을 바라보고 마음의 새로운 구조를 관찰하는 새로운 방법을 창안했다고 생각했다.

독서혁명은 이런 흐름과 상호 작용을 했다. 독서는 춤과 노래처럼 그 이전에 인기를 끌었던 그 어떤 문화적 행위보다 훨씬 더 사적인—따라서 내면적인—행위였다. 문자해독률이 높아 독일인이 다른 어떤 나라 국민보다 더 많은 독서를 했다는 것을 감안하면 독서혁명도 독일인의 내향성을 강화시킨 한 요인이었다.

낭만주의와 음악 역시 내향성의 다른 측면이었다. '내면의 목소리'를 듣는 것은 낭만주의의 주요 목표 중 하나였는데 이런 목표는 '내면적인' 동양 종교에서 차용한 것으로서 동양 종교에서는 내면세계에서 창조력을 얻는 예술가가 가장 진보된 유형의 인간으로 간주된다. 칸트가 말하는 본능과 직관, 쇼펜하우어와 니체의 의지, 프로이트와 융의 '무의식'은 모두 내면적인 실체, 내면적인 개념이다. 해방되기를 기다리며 내면에 잠겨 있는 '제2의 자아' 역시 마찬가지다.

셸링은 음악이—독일인의 뛰어난 예술 형식으로서 음악이—모든 예술 가운데 '가장 내면적인' 형태라고 생각했다. 슈베르트와 슈만, 후고 볼프 등 몇 가지 예만 보더라도 독일 시와 독일 음악 사이에는 장기적이고 지속적인 연합관계가 형성되어왔음을 알 수 있다. 19세기로 전환되는 시기에 E. T. A. 호프만은 음악이 "현상적인 것을 넘어 분리된 영역"으로 들어가는 입구를 제공한다고 생각했다. 6장에서 본 대로 교향곡은 철학적 측면으로 간주되었다. 말로 다 표현할 수 없는 내면을 파고드는 교향곡의 능력 때문이었다.

앞서 본 대로 빌헬름 폰 훔볼트가 생각하기에 교양은 내면의 자유로 향하는 진정한 경로로서 인문학을 통한 교육이었다. 독일 계몽주의자들의 주요 목표는 "인간의 내면생활을 풍요롭게 해주는 것"을 이상으로 삼는 국가라고 할 교양국가Bildungsstaat였다. 수잰 마천드는 문헌학적 전문 지식을 추구한 F. A. 볼프가 "1800년 이후 독일 대학의 내면화 경향에 기여했다"고 말하며, 이것은 "학문의 중요한 혁신"이었다고 지적했다. 칸딘스키와 프란츠 마르크는 추상화가 태동했을 때 그들이 추구하는 것은 "내면의 본질에 대한 인상", 즉 "무형의 내부 감각"의 제공임을 분명히 했다. 에리카 카터는 "1968년 이후의 내면 정신"은 68혁명이 가져온 변화로 형성되었으며, 이 변화는 다른 어느 나라보다도 독일에서 더욱 심리적인 특징을 보였다고 지적했다.[27] 얀베르너 뮐러의 표현에 따르면 마르틴 발저는 "내면 정신의 독일적인 형태"를 보여준 전형적인 인물이었다. 이런 형태는 발저가 '시와 내향성'이 "단순한 의견의 비순수한 세계"에서 벗어나는 도피로를 제공한다는 유명한 말을 했을 때 "순수한 사적 자아, 때 묻지 않은 내향성Innerlicjhkeit과 피상적이고 위선적이기까지 한 공적 영역"의 명확한 대조를 보여주었다. 비순수한 의견의 세계는 대개 '오락산업'의 일부로서 독선의 형태로 이어진다.[28] 정신분석, 회화와 영화의 표현주의, 겉모습에서 드러나는 소외 개념, 독일 특유의 소설 형식인 교양소설에서 묘사되는 주인공의 내면 여행, '영웅 대 상인'이라는 이분법, 이 모든 것은 독일인의 내향성과 독일인의 생활 방식, 전통적인 독일적 가치관을 강조하는 요소들이다. 카를 야스퍼스와 귄터 그라스 두 사람은 헤르더가 말한 "더 위대하고 더 깊은 다른 모습의 독일", 다시 말해 문화민족Kulturnation을 언급한 적이 있다.[29] 마르틴 발저는 독일인은 "종교적이고 내향적인 경건 사상" 때문에 "영국인처럼 정치적으로 행동하는 것"을 어렵게 생각한다고 주장했다.[30] 카를 하인츠 보러는 통일의 가장 시급한 과제는 "정신적, 지적 가능성"으로서의 독일을 회복하는 것이라고 생각했다.[31] 얀베르너 뮐러에 따르면 1968년의 사건조차 "마르크스주의와 정신분석학"이 혼합된 것이었다.[32]

모든 일이 다 그렇듯이 내향성에는 결과가 따른다. 카를 하인츠 보러는 "권력을 보호하는 내향성"이라는 표현을 써가며 "프로테스탄트적인 내향성은 결과적으로 지역적 편협성을 낳았다"고 조롱했다. 이런 편협성은 "극렬 민족주의를 보일 가능성이 있고" 이에 따르는 '후진성'의 민족적 특징을 무시하는 결과로 이어졌다는 것이다.[33] 아마 내향성의 가장 운명적인 결과는 교양의 개념 자체였는지도 모른다. 거트루드 히멀파브는 애덤 스미스의 '보이지 않는 손'과 헤겔의 이성의 간계cunning of reason* 사이의 유사성을 언급한 몇 안 되는 역사가 중의 한 사람이다. 하지만 보이지 않는 손이 조정 가능한 미래를 끌어안을 가능성을 주는 데 비해 독일의 '이성'은 교양에 붙박여 있었다. 그리고 이 교양은 멀리 2500년 전의 고대 그리스 국가를 이상화하고 궁극적으로 문화 비관주의라는 질병을 일으켰다. 우리가 아무리 수준 높은 학문과 전인적인 인간형의 이상에 감탄한다 해도 결국 독일에서 더 강력한 힘을 발휘하는 것은 교양의 그림자였다.

우리가 다른 사람에게 갖는 고정관념은 대체로 치밀하지 못하게 마련이고 지나칠 정도로 단순할 때가 많다. 고정관념은 문제를 해결해주기보다 복잡하게 꼬이게 한다. 독일인의 경우 "그들 자신에 대한" 그들의 고정관념도 문제의 일부였다.

교양

교양은 여러 가지로 교육받은 내향성의 기본적인 업적이라고 할 수 있으며 실제로 자연스러운 최종산물로 여겨진다. 돌이켜보면, 괴테는 신이 존재하지 않을 때 삶의 목표는 과거보다 더 나은 인간이 되는 것이라고 말했다(괴테가 1788년 여름, 신앙심을 잃고 난 뒤에 한 말이다). "인간 정신의 궁극적인 의미는 인간의 내면에서 더 높은 인간을 발전시키는 것이다." 칸트는 인간이 동물과 다른 점을 인간이 스스로 목표를 설정하고 "인간의 본성에 들어 있는 야성 그대로의 잠재력을 다듬는 것"이라고 생각했다. 그는 내부에서 목표의식을 만들어내면서 "인간은 자신과 주변의 것을 '확대한다'"고 보았다. 이것이 내향성이자 교양이고 모든 것을 통합한 공동체라고 할 수 있다.

윌리엄 브루퍼드는 19세기 전반에 걸쳐 나타나고 20세기까지 이어지는

---

*헤겔 철학에서, 반이성적인 정열이 세계사를 진행하는 힘이 되지만 사실은 세계 이성이 자신의 목적을 실현하기 위하여 이를 이용하고 있음에 불과하다는 것을 이르는 말.

소설 속—아달베르트 슈티프터, 니체, 토마스 만의『마의 산』—교양 사상을 추적한 적이 있다. 카를 만하임은 1900년대 중반에 교양을 "일관된 삶의 좌표를 추구하는 경향이며 문화, 윤리적 인격으로서의 개인의 발달"로 묘사했다. 만하임은 사회학이 교양의 이해에 도움을 줄 수 있다고 생각했다. 프리츠 링거는 교양을 "고관사회의 전통에서 단일 신조로서는 가장 중요한 것"으로 묘사했다. 또 크리스타 볼프는『크리스타 T.에 대한 추상』에서 공산주의 동독에서 교양이 갖는 의미와 가능성을 모색했다. 미국에서는 앨런 블룸의『미국 정신의 종말』이 본질적으로 이 같은 독일 이데올로기로 돌아가자는 호소였다고 할 수 있다. 교양은 교육받은 중간계층에 적합하다. 교양은 후기 기독교 세계에서 교육을 삶의 핵심적인 측면인 동시에 가장 중요한 목표로 만들었다. 당연히 교육받은 중간계층이 이런 목표에 접근할 특권을 지니고 있다. 교양은 이들을 정의하고 다른 계층과 구별해준다. 1968년에 독일에서는 "모두를 위한 교양"이라는 운동이 벌어지기도 했다.

여기서 독일 특유의 현상으로서 목사의 아들이라는 독특한 역할을 다시 기억할 필요가 있다. 주목해야 할 것은 현대에 이르기까지 독일 사상가 대부분은 목사의 아들이거나 손자였다는 사실이다. 사무엘 푸펜도르프, 고트홀트 레싱, J. M. R. 렌츠, 크리스토프 빌란트, 프리드리히 셸링, 프리드리히와 아우구스트 빌헬름 슐레겔, 프리드리히 슐라이어마허, 요한 헤르더, 카를 싱켈, 요한 크리스티안 라일, 루돌프 클라우지우스, 베른하르트 리만, 테오도어 몸젠, 야코프 부르크하르트, 구스타프 페히너, 하인리히 슐리만, 율리우스 랑벤, 빌헬름 분트, 프리드리히 니체, 빌헬름 딜타이, 페르디난트 퇴니에스, 막스 셸러, 카를 바르트, 루돌프 불트만, 파울 틸리히, 알베르트 슈바이처, 에마누엘 히르슈, 마르틴 니묄러, 고트프리트 벤, 카를 구스타프 융, 위르겐 하버마스(현 총리인 앙겔라 메르켈도 목사의 딸이라는 사실을 간과하면 안 된다). 이상 거론한 인물들은 내면적인 성향을 지녔을 뿐만 아니라 그들 자신의 신앙을 버렸음에도 아버지의 영향에서 자유로울 수 없었다. 많은 경우에는 구원과 인격완성의 세속화가 이들이 물려받은 유산과 이룩한 업적의 일부였다. 구원의 비유를 잃어버린다는 것은 쉬운 일이 아니었다. 독일교수 중에는 오늘날에도 목사의 분위기를 간직한 사람이 많다.

교양의 영향이 전부 좋은 것은 아니었다. 프리츠 링거는 독일에서 인문주의자의 고전적인 사고는 정치적 보수주의와 사회적 속물근성에 '얽매이는' 결과를 낳았다고 결론지었다.[34] 이것은 의미심장한 결과가 될 수밖에 없었다.

연구, 철학박사, 학문, 그리고 현대성

연구는 독일인의 발명품이 아니다. 일찍이 12세기에 링컨 교구의 대주교이자 옥스퍼드 대학의 명예총장이었던 로버트 그로스테스트는 지식 향상의 방법으로 실험이라는 발상을 한 인물이었다. 하지만 18세기 후반과 19세기 전반에 독일 대학이 이룩한 중요하고 의미심장한 업적은 연구의 '제도화'로서 베를린 대학과 이후 베를린 대학을 본보기로 삼아 세워진 독일 대학에서는 이런 제도적 바탕에서 연구를 장려했다. 특히 박사학위는 독일의 아이디어라고 할 수 있었다. 생각해보면 박사는 관념론과 마르크스주의, 프로이트 이론 이후 현대사회에 가장 많은 영향을 끼친 독일의 개혁이었지만, 그 진가는 제대로 인식되지 못하고 있는 형편이다.

훌륭한 교육을 받은 청년 지식인을 보유한다는 것이 지나친 요구일 수 있지만 이들은 보통 20대 후반의 나이에 돈이 목적이 아니라 자신의 연구 주제에 대한 애정 때문에 다시 어떤 특정한 분야를 3년 이상 더 탐구한다. 또 이름 앞에 '박사'라는 칭호가 붙음으로써 일반 사회와 다소간 (우월한)

차이를 드러내고 교수 사회의 일원으로 인정받는 현상은 우리 시대에 보기 드문 영향을 미쳤다. 이런 박사 문화는 상대적으로 아주 적은 비용을 들이면서도 그 이전, 예컨대 1780년 이전에 상상할 수 있었던 것보다 훨씬 더 상세한 지식을 제공한다는 것을 의미한다.

연구의 제도화institutionalization는 세계를 대상으로 전혀 새로운 활동을 가능하게 함으로써 대부분 천재가 아닌 사람들도 이 세계를 익히 알게 되었다. 현대 민주주의는 각각 자체의 천재를 확보한 광고활동, 마케팅, 영화 연출, 스포츠, 저널리즘 등 완전히 새로운 산업으로 특징지어졌다. 이중에서 연구 분야가 가장 우선적이면서도 중요시된 까닭은 다른 모든 부문이 연구를 바탕으로 이뤄지기 때문이었다.

연구의 제도화가 갖는 세 번째 측면은 세계의 차별화와 세분화에서 연구가 담당하는 기능이다. 박사학위의 직접적인 효과는 과학에서 새로운 분야가 확산되었을 뿐만 아니라 인문과학이나 사회과학에서도 새로운 분야가 늘어났다는 사실에서 알 수 있다(물론 과학 분야의 확산이 강세를 보이기는 했지만). 세계의 분화와 과학자의 전문화는 유난히 독일의 작가, 철학자, 예술가에게 부담을 지운 현대성의 문제라고 할 수 있다.

제도화의 네 번째 효과는 연구가 이제는 이 세계에서 권위에 대한 경쟁 상대의 형태가 되었다는 점이다. 경쟁이라 함은 전통과 종교, 정치적 경험에 대한 것을 말한다. 거의 모든 정부의 정책이나 대기업 및 무역회사의 실무는 먼저 면밀한 연구활동이 이뤄지고 난 다음에야 비로소 추진하는 실정이 되었고, 더욱이 다수의 사람들이 다른 어떤 것보다 이런 형태의 권위를 편하게 느꼈다. 연구방법이 철저했다면 여기서 나온 결과는 이성적인 기준과 도덕적 기준을 모두 충족시키는 경향이 있기 때문이다. 이런 권위가 특정 개인과 무관하다는 사실은 강점과 약점을 동시에 갖는다. 이 방식이 더 공정한 대신 소외를 부를 수도 있기 때문이다.

사실 오늘날 연구는 인간생활에서 아주 큰 비중을 차지하기 때문에—

1세기가 넘었다고는 할 수 없어도 수십 년 동안—현대성 자체를 규정하는 도시화, 산업화, 대중매체의 발달과 더불어 제자리를 찾을 수밖에 없다.

구원의 공동체에 대한 동경

이 주제는 독일의 철학, 문학, 사회학, 역사, 예술, 정치에 두루 퍼져 있는 문제다. 공동체에 대한 열망은 '전체'에 대한 유사한 동경과 중복되거나 이와 결합한 측면도 있다.

칸트는 유기적 실체로서 전체와 부분의 관계에 집착했다. 괴테는 합창대에서 부르는 노래를 시민정신을 위한 적절한 훈련으로 이해한 적이 있다. 호프만슈탈은 연극의 궁극적인 경험은 '전체의 의식儀式'이라고 믿었다. 한나 아렌트는 대중사회의 핵심—동시에 비극—은 "인간 공동체의 보다 높은 형식"을 창조하는 게 아니라 고립과 고독을 만드는 데 있다고 말했다. 그녀는 여기서 나온 고립과 고독이 테러와 냉혹한 기질의 공동바탕을 이루며 융통성 없는 관료사회를 만들고 나아가 사형집행인의 성격으로 변질되게 한다고 주장했다. 막스 베버가 볼 때 현대세계에는 '공동체의 감정' 외에 구원은 없었다.[35] 바그너는 종합예술Gesamtkunstwerk을 만들고 싶어했고 프리드리히 마이네케는 다시 '독일 정신'에 전념케 하는 '괴테식 공동체'의 형성을 옹호했다. 게슈탈트 심리학은 "자연스럽게 발생하는" 전체의 인식을 기반으로 세워진 전체적인 체계였다. 페르디난트 퇴니에스와 베르너 좀바르트는 공동체에 관한 책을 저술하고 공동체의 구원 가능성을 타진했으며,[36] 역사가인 에른스트 칸토로비치는 그 스스로 특별히 구원의 공동체라고 부르는 개념을 규정했다. 또 나치스에게는 '운명의 공동체'라는 개념이 있었다. 괴벨스는 제3제국에서 라디오의 목적은 공동체를 강화하는 것이라고 주장했고, 히틀러는 '폴크스바겐 공동체'이라는 말을 쓰면서 새로운 고속도로가 국민에게 신기술의 업적을 누리는 자유를 공유하게 해줄 것이라고 주장했다. 구원의 공동체는 토마스 만의 『파우스트 박사』에 나오는 독특한 특징이기도 하다. 마르틴 발저는 "소외되지 않고 어느 정도 공통의 기반이 깔린 주체성"이라는 이상을 강조한다.[37] 양심은 개인적인 문제일 수밖에 없으므로 발저가 "새로 통합된 민족공동체는 그 자체와 화해할 수 있다"고 생각한 것은 바로 이런 이유 때문이었다.[38]

독일 학자들은 다른 어느 나라보다 그들 자신이 속한 구원공동체의 일부였다. 독일의 많은 사상가는 목사의 아들이었을 뿐 아니라—목사가 지역 공동체의 중심 역할을 하던 19세기의 배경에서 성장한—독일 학자가 학업기간 동안 대학 서너 군데를 옮겨 다니는 것은(다른 나라와 대조되는 특징으로서) 관행이었고 독일 특유의 체제 속에서 형성된 특전이기도 했다. 이런 관행은 자연스럽게 대학공동체와 학자들의 구원공동체라는 감각을 수반하며 교육받은 중간계층의 통합정신이 독일에서 훨씬 강하게 뿌리내리는 결과를 낳았다. '미의 타당성'을 탐구한 가다머는 예술제가 "우리를 단조로운 시간에서 벗어나게 해주고" 나아가 우리에게 "공동체의 진정한 가능성"을 열어준다고 생각했다. 하버마스가 볼 때 현대 생활의 핵심적인 문제는 어떻게 하면 우리가 "개인주의의 만연에 직면하여 도덕공동체를 유지하는" 방법을 찾는가였다.

이상 5가지 요소는 그 자체로 모두 중요한 것들이다. 이런 현상이 독일 특유의 것이 아니라고 해도 독일에서 오랜 기간, 더 진지하게 발달했다는 것은 사실이다. 하지만 지금까지 우리는 이런 현상을 개별적으로만 생각했을 뿐이다. 니체와 베버, 프로이트와 연관하여 서로 맞물린 역동적인 체계로 생각할 때 이 같은 요인은 더욱 두드러지고 더 분명하게 드러난다.

회의론이 등장하고 사람들이 신앙심을 상실하면서 두 가지 현상이 일어난 것은 놀라운 일이 아니다. 첫째, 새롭게 부상한 교육받은 중간계층(더 세속적인)이 예전에 성직자가 담당했던 역할을 맡게 된 것이다. 이런 변화가 독일에서 매우 쉽게 이뤄진 데는 새로운 사상가 다수가 목사의 아들이었다는 사실과 관계가 있다. 변화를 완벽하게 대변한 것은 바로 이들이었다. 이 현상은 거의 때를 같이하여 일어난 독서혁명의 도움을 받기도 했다. 베네딕트 앤더슨이 보여준 대로 독서혁명은 이상적인 공동체의 현상이 형성되는 데 도움이 되었다. 교육받은 중간계층은 그들 자신을 최초로 집단으로 생각한 것처럼 보인다. 이와 동시에 두 번째는 이들 집단이 종교적 사고를 다른 무엇으로 대체하려고 시도한 것은 당연했다는 점을 들 수 있다. 여기서 다시 두 가지 현상이 발생했다. 하나는 빙켈만 덕분에 그리스 고전의 세계가 세 번째 부활한 것이며, 또 하나는 칸트를 비롯한 사변 철학자들이 등장해 눈부신 업적을 세운 것이다. 회의론과 진화론 사이의 시대에 신학 자리에 사변 철학이 들어선 것은 자연스러운 상황이었다. 이런 전개 과정이 성공을 거두면서 대체로 독일 문화와 지적 생활이 되살아났고 본질적으로 구원의 세속적인 형태라고 할 수 있는 교양과 수양으로서의 교육 개념으로 확대된 것이다. 또 진실에 접근하는 방법으로서 내향성에 이어졌다. 이런 내향성의 추구는 단순히 관념철학뿐 아니라 낭만주의와 음악 속에서 구현되었다. 이 모든 현상을 내향성의 성장으로 특징지어도 될 것이다.

이처럼 내향성의 융성과 더불어 교육받은 중간계층의 주요 업적으로는 근대적인 학문체계, 특히 연구의 제도화를 꼽을 수 있다. 근대화로 넘어가는 과정에서 이 같은 현상이 갖는 중요성은 앞에서 언급했지만, 독일의 교육받은 중간계층에게 연구가 중요한 의미를 가진 데에는 또 다른 과정이 있었다. 연구가 초기 전문 학술 분야의 도구가 되기 시작한 것이다. 무엇보다 고전학, 문헌학, 역사 같은 인문학에 필수적인 방법이 되었다. 하지만 1830년대와 1840년대에 들어오면 특히 근대 (세포)생물학과 더불어 물리학에서(에너지 보존의 법칙) 연구는 점차 자연과학에 적용되기 시작했다. 이런 변화는 무척 중요한 것이었다.

인문학 연구 풍토가 1809년에서 1810년 사이에 베를린 대학에서 제도화된 데 반해 독일에서 대기업이나 산업체의 실험실이 활용되기 시작한 것은, 18장에서 본 대로 1850년대 후반과 1860년대의 일이었다. 우선 이런 변화는 예를 들어 고전학, 역사, 문학 같은 전통적인 학문이 쇠퇴하는 계기가 되었다. 자연과학의 융성과 더불어 인문학에서는 서로 반목하는 현상이 벌어졌고 다른 한편으로는 학문 간 분화현상이 생겨났다. 이런 현상은 물론 다른 나라에서도(영국 같은) 일어났지만 유독 독일에서 정도가 심해 문화Kultur와 문명Zivilisation, 학문Wissenschaft과 교양Bildung 같이 서로 다른 용어는 분화를 한 덩어리로 묶어 표현하는 계기가 되었다. 이 같은 현상은 과학 연구가 대학의 테두리를 벗어나 독립적인 카이저빌헬름협회로 이관된 19세기 후반에 더 악화되었다. 학문의 분화와 이에 따른 인문학의 지위 상실은 그 자체로 학문에 영향을 끼쳤다.

이제 하인리히 폰 트라이치케, 요한 구스타프 드로이젠, 파울 드 라가르데, 율리우스 랑벤, 막스 노르다우의 작품과 더불어 본격적인 민족주의적 문화비관주의의 시대가 시작되었다. 이런 분위기는 베르너 좀바르트의 『영웅 대 상인』, 오스발트 슈펭글러의 『서구의 몰락』이 간행되면서 절정에 달했다. 전통적인 학자들에게 이런 한탄은 지나치게 현실 위주의 묘사로 비쳤다. 그들의 세계는 몰락하고 과학이 연구 중심의 사고와 실천을 무단으로 도용하고 있었다. 1871년 독일이 통일국가가 될 무렵, 앞서 17~20장과 25장에서 본 대로 과학은 수많은 첨단기술 제품을 생산하며 순항하고 있었다. 전통적인 학문 분야는 변두리로 밀려난 듯했다. 문화 비관주의와 그것이 나타나게 된 이유는 이후로 지금까지 줄곧 독일의 작가와 교수들이 입에 올리는 화제가 되었다. 이런 현상은 19세기 후반에 확대된 반유대주의는 말할 것도 없고 독일 사상에서 두드러진 보수적 경향을 설명하는 데도 도움이 될 것이다.

회의론의 출현이 몰고 온 여파로—이 여파는 경건주의 전통과 더불어 유난히 독일에 들어맞는다—구원공동체라는 발상이 확대되었다. 기독교의 필수적 요소인 내세에 대한 믿음이 무너지면서 등장한 자연 윤리가 현세 사람들에게 위안이 되었다. 신이 떠난 자리에서 공동체는 타인과 더불어 살아가는 토대로서 아마 탐험을 위해 남겨진 유일한 윤리적 공간이었을 것이다. 독일은—300개의 군소 독립국가로 이뤄진 경건주의의 나라이자 영토국가에 앞서 문화국가Kulturnation로서—이 같은 사고의 본고장이었다.[39] 구원의 측면에서 볼 때 공동체의 힘은 근대 내내 독일의 학문과 문화, 정치에서 발견된다.

구원의 공동체와 문화 비관주의는 당연히 서로 맞물려 있었다. 보통 구원공동체는 문화 비관주의를 위한 구제책으로 간주되었다. 대체로 문화 비관주의자들은 좀더 이상적인 초기 공동체의 형태로 돌아가는 길을 모색했다(현대 정신이 지배하기 전에 공동체적 삶의 황금시대가 존재했다는 생각은 2009년 칸 국제영화제에서 황금종려상을 수상한 미하엘 하네케의 영화 「하얀 리본」에서 야만적으로 묘사되었다).

문화 비관주의에 대한 독일 문헌은, 비록 매우 중요한 종합명제Synthese의 전통을 유형화하기는 했지만 이 시절의 유일한 학술적 분석은 아니었다. 피히테, 헤겔, 마르크스, 쇼펜하우어, 그리고 부분적으로는 니체의 사변적인 체계와 대조적으로 딜타이, 지멜, 셸러의 철학은 훨씬 더 겸손했고 더 상식적이었으며 문화에 대해 오히려 신선하고 유익한 관점을 지녔다. 하지만 과학이 일군 진보에 직면해서 특히 제1차 세계대전 이전의 40~50년 동안 지배적이었던 현실은 독일의 교육받은 중간계층이, 다시 말해 전통적인 교육을 받은 중간계층이라고 할 '교양계급'이 두 가지 결정적인 차질로 고통을 받았다는 것이다. 이 같은 차질은 1920년대 바이마르 공화국 시절에 악화된 현실에서 비롯된 것이었다. 첫째, 이들은 지위와 영향력을 상실했고 자신들의 전통적인 지적 관심이 격하되는 것을 느꼈으며 새롭게 형성된 대도시 공간에서 하찮은 존재로 전락한 기분을 맛보았다. 엄청난 인플레이션 속에서 경제적인 이익도 심각하게 훼손되었다. 둘째, 특히 독일에서 전통적인 교육을 받은 교양계급은 과학적인 교육을 받은 중간계급으로부터 자신이 소외되고—밀려나고—있다고 생각했다. 이런 사실이 결정적으로 중요한 의미를 갖는 까닭은 만일의 경우 나치스가 세력을 얻는다고 가정할 때 독일에 어떤 형태건 저항을 위한 권한과 책임을 지닌 자리에 교육받은 비판적 집단이 없다는 것을 의미했기 때문이다.

T. S. 엘리엇이 『문화의 정의에 대한 노트』라는 짧은 저서에서 문화의 가장 중요한 목적은 정치에 대한 영향력에 있다고 말한 것은 타당한 지적이라고 할 수 있다. 엘리엇은 어느 사회건 문화 엘리트는 권력 실세에 대한 최선의 비판을 제기하는 해독제 역할을 하기 때문에 권력 엘리트에게는 문화 엘리트가 필요하다고 말했으며 이런 비판은 사회의 진보를 이끌고 사회가 침체되고 부패하는 것을 막아준다고 했다. 그가 볼 때 모든 문화 속에서 '좀더 진화한' 더 높은 수준의 문화는 폭넓은 지식과 회의론을 활용해(회의적인 태도에 요구되는 적절한 지식이 없다면 우리는 회의적인 시각을 유지할 수 없다) 낮은 수준의 문화에 긍정적 영향을 미친다. 엘리엇은 바로 이것을 위해 지식과 교육이 필요하다고 보았다. 지금에 와서 보면 독일에서는 이 같은 과정이 일어나지 않았음을 알 수 있다.

분명히 바이마르 공화국 시대에 내포된 의미와 맥락은 이런 사실과 관계가 있다고 봐야 할 것이다. 1914년에 나온 93인 선언은 독일 문화의 이상을 수호하기 위해 전쟁을 해야 한다는 선포였다. 그러다가 이후 슈펭글러는 1918년에, 묄러 판 덴 브루크는 1922년에 각자 그들 나름의 문화 비관주의를 지속하며 전쟁은 아무런 해결책도 못 된다고 강조했다. 1923~1924

년의 인플레이션은 이런 우려를 확인시켜주는 것으로 보였다. 반면에 떠들썩하면서도 모호한 문화—카바레, 무엇보다 영화의 새로운 예술 형식에서 표현주의, 초현실주의, 브레히트, 쇤베르크, 리하르트 슈트라우스의 체제 전복적인 세계, 파울리의 배타원리가 보여주는 미끄러짐의 세계, 하이젠베르크의 불확정성의 원리, 괴델의 불완전성의 정리—는 전통적 사고를 무너뜨렸고 고전을 애호하는 교양계급을 더욱더 멀찍이 변두리로 밀어냈다. 막스 베버가 이런 새로운 과학은 어떻게 살아가야 하는가에 대해 아무런 대답도 주지 못한다고 말해도 소용이 없었다. '패배의 문화'라는 표현을 사용한 연구에서 볼프강 시벨부슈는 독일의 전후사회에서 너무도 많은 사람이 대재앙(패전)의 시발점을 제국의 설립에서 찾고 있다는 것을 보여준다. 이들이 원하는 것은 전쟁 이전의 세계가 아니라 1871년 이전의 세계로 돌아가는 것이었다. 이들이 볼 때 교양계급이 창조한 세계, "정신적 실체"의 보편적인 세계는 물질주의와 중상주의, 독일이 "영혼을 상실하게 된"[40] 원인을 제공한 과학으로 무너졌다.

이것이 한나 아렌트가 1920년대와 1930년대 독일에서 교육받은 엘리트와 폭도 사이에 일시적인 동맹이 맺어졌다고 주장했던 말 속에 담긴 중요한 맥락이었다. 아렌트는 또 제1차 세계대전은 그 자체로 "새로운 세계질서의 진정한 아버지"였고, "끊임없는 살인적 횡포"는 계급을 해체시켜 '대중'으로 변화시킨 "거대한 평형장치"라고 강조했다.[41] 그녀는 이런 사회가 '운명의 공동체'를 만들어냈다고 느꼈다. 이런 공동체에서 추구하는 목표는 "영웅적이거나 범죄적"인 성격을 띠게 되어 있고 이 같은 공간에서 폭도와 교육받은 엘리트는 모두 그들의 "좌절과 분노, 맹목적 혐오, 일종의 정치적 표현주의"를 발산하게 된다.[42] 아렌트는 이 집단적인 고통이 "전체주의 이전의 분위기"였다고 말했다. 이 분위기 속에서 최종 목적지는 존경심의 죽음이었다. 이때 진실과 허위의 차이는 "객관적인 특징을 상실하고 단순히 힘과 노련한 솜씨의 차원으로 변한다."[43] 이런 견해에는 쥘리앵 방다와 니얼 퍼거슨도 동의한다. 방다는 야만적인 민족주의가 지식인의 주도로 독일에서 발화되었다고 생각했다. 『세계 전쟁』(2006)에서 퍼거슨은 "사람들에게 나치즘에 대한 예방접종을 하는 것과 거리가 먼 대학 교육은 이들이 오히려 나치즘을 끌어안게 만들었다"고 썼다.[44]

이 같은 예방의 결핍이 반드시 1933~1945년의 공포로 이어졌다고 볼 수는 없다. 하지만 우리가 이제 말할 수 있는 것은 이 시절과 그 직전의 시기에 발생한 결정적인 실패가 바로 교육받은 중간계층에게서 가장 먼저 그리고 가장 뚜렷하게 발견된다는 사실이다. 정확한 이유는 이들만이 회의론을 발동시켜 폭압적인 행동을 방지하는 데 필요한 교육을 받았기 때문이다. 한참 시간이 흐른 뒤 한나 아렌트는 교육받은 사람만이 개인적 삶을 영위할 수 있고, 엘리엇이 주장한 교육의 원대한 목표라고 할 회의론에 적합하다고 말했다. 우리가 결코 잊어서는 안 될 것은 이런 교육의 목표가 교육받은 계층이 건전한 회의론을 발전시키는 데 필요한 충분한 사적 공간을 제공한다는 점이다. 사적인 삶이 없는 대중은 이내 폭도로 변할 수 있고 이런 상황에서 중요한 문제는, 또는 중요해 보이는 문제는 거리에서 일어나게 마련이다.

이것은 다 지나간 과거의 일이 아니다. 지금 단지 독일 교양계급의 배신이 70여 년 전에 일어났다는 사실만을 지적하는 것이 아니라 이런 배신이 다시는 일어날 수 없다는 사실을 강조하고 싶은 것이다. 어떤 근거로 이렇게 확신하느냐고? 비록 외부세계에서는 대체로 이해하지 못하지만—이렇게 보인다는 것이 놀랍다—독일은 일단 민주주의 혁명을 겪은 뒤로 그 궤도를 탄탄하게 유지하고 있기 때문이다.

1945년에 독일은 1848년과 1871년에 그랬던 것처럼 다시 한번 위로부터 혁명적인 변화를 겪었다. 다만 이번에는 단지 위로부터의 변화뿐 아니라 외부로부터의 변화라는 차이가 있었다. 점령군은 전후 독일에 정치적,

법적 틀을 강요했다. 이것이 핵심인데도 독일 외부에서는 여전히 이 핵심을 파악하지 못하고 있다(독일인은 왜 외부에서 이같이 의미 있는 진실을 이해하지 못하는지 모른다). 이런 측면에서 1968년의 사회혁명이 다른 어느 곳보다도 서독에 더 큰 사건으로 다가왔다는 것은 충분히 이해된다.

콘라트 H. 야라우슈는 이런 변화를 연대순으로 기록하면서 충분한 '휴지기'가 있었다고 묘사한다.[45] 야라우슈는 전후 독일에서 민주주의 제도가 성공적으로 정착했음에도 권위주의적 사고의 틀은 "계속 유지되는 경향"이 있었고 1960년대 가서야 비로소 "현대화의 결핍"(랄프 다렌도르프의 표현)이 극복되었다고 주장한다. 여기서 핵심적인 요인은 "1968년의 세대 간 반목"이었다. 이 당시 젊은 세대는 아버지 세대가 제3제국의 테러에 가담한 과거('갈색의 과거')에 대해 침묵하고 그 죄악을 정면으로 직시할 능력이 없다는 이유로 아버지 세대에게서 등을 돌렸다. 그리고 1968년에 가서야 독일인은 '대응 엘리트 세력'을 발전시키고 자치정부와 '민주적 대응세력'을 요구하면서 비로소 민주주의적 가치를 내면화하기 시작했다는 것이다.[46] 얀베르너 뮐러가 1968년의 사태를 "마르크스주의와 정신분석학"의 결합으로 묘사한 것은 이런 분석에 동의한다는 의미였다.[47]

이 같은 변화의 본질에 대해서는 앞서 41장에서 분석했다. 여기서는 다만 두 가지 핵심적인 사실만 추가하면 될 것이다. 하나는 향후 독일이 말하자면 수세대 동안 프랑스와 영국, 미국에서 상식화된 실체로서 비판적이고 회의론적인 공공 영역을 갖게 되었다는 점이다. 이 같은 실체가 마침내 독일에도 정착된 것이다. 또 하나는 삶의 질과 문화, 특히 환경에 대한 관심이 일기 시작했다는 점을 들 수 있다. 이런 현상은 시간이 흐르면서 녹색당이 생기는 바탕이 되었고 서독의 정치 생활에 상전벽해와 같은 변화를 불러왔다.[48] 독일인은 내향성을 강조하는 전통에서 등을 돌렸다. 아마 나쁜 현상이라고 볼 수만은 없을 것이다. 하인리히 빙클러의 표현을 빌리면 이 나라는 "서쪽으로 가는 긴 노정"을 완료한 것이다. 머리말과 41장에서 언급한 더크 모지스와 포츠담 군사연구소의 연구는 앞의 분석이 맞으며 이 같은 과정이 성숙 단계에 있다는 사실을 암시한다. 전후의 제4세대는 독일의 끔찍한 과거사에 적응했고, 제3제국의 "거의 모든 사람들"이 당시 무슨 일이 일어나고 있는지 알고 있었다는 사실을 직시할 용기도 갖추었음을 보여준다.

히틀러 같은 인물이 어떻게 등장했는지 안다고까지 말할 수는 없어도 범죄에 대한 인식이 널리 퍼져 있었다는 것을 고백하는 것은 분명 의미심장한 진전이다.

2006년 6월, 『디 벨트』 지의 런던 통신원이었던 토마스 킬링거는 런던 『데일리 텔레그래프』 지에 기고문을 써서 많은 독자의 주목을 받은 적이 있다. 킬링거는 "행복하게 사라진" 독일에 대해 끊임없이 "지껄이는 것"은 이제 더 이상 재미가 없다고 말하면서 이렇게 덧붙였다. "나치스가 지배했던 독일이 오늘날의 독일과 혼동된다면 흥미를 끌지 못할 것이다. (…) 내 마음속에는 당시와 현재 사이에 뚜렷한 차단 장치가 존재한다. 나치스의 卍자를 가슴에 품고 버림받은 사람과 지난 10년 동안 우리를 끔찍하게 괴롭힌 자유를 포함해서 "모든 사람을 위한 자유와 정의"를 품고 우리가 다시 세운 나라 사이에는 분명한 차이가 있다는 말이다. 반대로 너무도 많은 영국인에게는 시간이 지나면서 과거의 적국이 마음속에 얼어붙어 1945년이 마치 호박 속의 곤충처럼 캡슐에 싸여 있다. (…) 독일은 엄청난 변화를 겪었는데도 말이다."[49] 여기에 덧붙이고 싶은 말이 있다. 독일인과 장시간 대화를 할 때면 이들 대부분은 얼마쯤 지나 그들 자신에 대해 아직도 온전히 편한 마음을 갖지 못한다. 그러면서도 최근에 발간된 마지막 황제의 전기에는 좋은 반응을 보였다. 독일인은 영국인보다 더 많은 변화를 겪고 있으며 영국인이 생각하는 것 이상으로 변하고 있다. 물론 독일은 변할 것이 더 많고 변화의 필요가 더 크다고 말할 사람도 있을지 모르겠다. 하지만 독일은 영국인이 독일인을 바라보는 것만큼, 또는 영국인(또 보다 약한 강도로 프랑스와 미국의 시각과 비교해서) 스스로 생각하는 것만큼 제3제국과 제2차 세계대전에 대한 논의가 요란하지 않다.

독일 이데올로기와 인간성의 미래

독일 천재는 여전히 건재하고 있다. 독일 천재를 돌아보는 이 기록은 몇 가지 점에서 흥미로운 여행인 동시에 가끔은 비현실적이라는 느낌이 들기도 한다. 1933년부터 1989년까지의 길고 긴 시간에도 불구하고 현대 독일 예술가들은 다른 나라의 최고 수준 예술가에 필적하는 활동을 벌이고 있다. 독일 영화 제작자들은 심지어 영어권 국가에서 다시 각광을 받고 있다(예컨대 오스카상을 수상한 「굿바이 레닌」「타인의 삶」). 독일 소설가들은 영어가 지배하는 현실을 잘 극복하고 있다(W. G. 제발트, 베른하르트 슐링크, 다니엘 켈만, 여전히 활동 중인 귄터 그라스*). 언급할 만한 인물들은 또 있다. 한스 니센이 이끄는 고고학 팀은 적어도 걸프전이 일어나기 전까지는 메소포타미아 고대문명 탐사에서 눈부신 성과를 보였고, 신생 라이프치히화파畫派는 구상미술의 전통을 이어가고 있다. 독일 과학계는 아직 1933년 이전의 뛰어난 수준을 회복했다고 할 수는 없지만, 독일 과학자들은 영국과 미국의 과학자들이 수상한 것을 합친 숫자보다 더 많은 노벨상을 수상했다. 노벨상 수상의 흐름은 계속 이어져 1995년, 1998년, 2000년, 2001년, 2005년에 노벨상을 수상했고 2008년에는 두 분야에서 수상했다. 독일은 유럽 내의 특허 등록 건수에서 선두를 유지하고 있으며, 이는 그 뒤를 쫓고 있는 경쟁국 프랑스의 거의 3배에 가까운 수치이다. 2008년 자료를 보면 물리학에서 주도적인 활동을 펼친 국가 순위에서 오스트리아

*귄터 그라스는 2015년 4월 13일에 사망했다.

와 독일은 스위스(1위)와 덴마크, 미국에 이어 각각 5위와 6위를 차지해 프랑스와 영국, 러시아를 앞질렀다.[50] 공학기술 분야에서는 2008년 전 세계 상위 20개 연구소 중 비非미국계는 오직 세 곳뿐으로 막스플랑크협회가 15위, 취리히 연방공대ETH가 16위, 그리고 덴마크 공대가 20위를 차지했다(프랑스와 영국에 소재한 연구소는 순위에 들지 못했다).[51]

이런 변화에도 불구하고 2008년 봄 독일에서는 또 다른 역사적 논란이 일어났다. 이번에는 군사적 무공을 위해 철십자 훈장 제도를 재도입하는 문제를 둘러싼 논쟁이었다. 철십자 훈장은 오랜 역사와 화려한 전통이 있었고 나폴레옹 전쟁 당시 부유층은 군비 지원을 위해 금을 기부한 보답으로 이 훈장을 달고 다니기도 했다. 하지만 베를린 정부는 아직도 이 훈장이 나치스와 밀접한 관련이 있다고 보았기 때문에 재도입 방안은 취소되었다.

앞으로 얼마나 더 오랫동안 이런 태도를 지속해야 한단 말인가? 이 책에서 지적하고자 한 것처럼 우리가 독일의 신세를 진 것은 너무나 많다. 철십자 훈장을 둘러싼 논쟁에서 드러났듯이 독일 역사에는 단순히 1933~1945년의 기간 이상으로 많은 것이 포함된다. 따라서 이제는 늘 똑같이 반복되는 논란에 종지부를 찍고 무척이나 고집스러웠던 20세기 철학자 중 한 사람인 마르틴 하이데거에게서 무엇을 배울 수 있을지 생각해야 할 때이다. 맞다, 하이데거는 나치였다. 그가 비겁한 태도로 유대인 애인인 한나 아렌트를 배신한 것도 사실이다. 아렌트의 말마따나 어떤 의미에서 하이데거가 유대인 동료인 에드문트 후설을 '살해'한 것도 맞다. 하지만 21세기가 본 궤도에 오르면서 두 가지 중요한 분야에서(적어도) 독일의 철학적 전통이—프랑스 학자인 루이 뒤몽이 독일 이데올로기라고 부른—다시 집중적인 조명을 받았고 그로부터 우리가 배울 것이 많다는 사실도 드러나고 있다. 독일 밖에서는 관념론자의 기질—칸트를 제외한다고 해도 피히테와 헤겔, 후설, 하이데거는 분명한—을 이해하기 힘들고 모호하다고 생각하는 사람이 많다. 경험론적 전통에서는 낯설고 편치 않은 언어를 사용

("존재" "진실성" "해방감" 등) 하는 것도 생소하게 느낀다. 이런 언어는 "독일인은 더 깊이 잠수하지만 더 많은 진흙을 묻히고 나온다"고 조롱한 위컴스테드의 말을 연상시킨다. 동시에 기술문명과 기술의 진보에 대한 독일의 이데올로기적 반감은 경험론적인 영어권 사람들의 정서에 비춰볼 때, 몹시 비현실적이고 애처로우며 지나치게 이론적으로 보일 수도 있다. 불가피한 '진보'에 대한 추상적인 반대라는 느낌이 들기도 한다.

하지만 제2차 세계대전 이후로 독일의 철학적 천재로서 가장 흥미로운 활동을 하고 있는 위르겐 하버마스가 보여준 것처럼 오늘날 전개되고 있는 생명공학 세계의 현실은 하이데거의 주장에 일리가 있다는 것을 암시한다. 하이데거는 정체가 의심스럽고 자기본위적이었으며 나치에 연루되었던 과거를 사죄하지도 않았지만 기술문명이 몰고 올 위협적 상황을 예리하게 내다보고 일관된 주장을 펼쳤다. 더욱이 그는 오늘날 우리가 어디로 향하고 있는지 심각하게 고민해야 할 때 생각할 필요가 있는 말을 했다.

하버마스는 저서 『인간 본성의 미래』(2003)에서 현대 정신을 되돌아보면서 인간이 인간 자신에게 가하는 '훼손된 삶(아도르노의 표현)'의 새로운 형태를 예견하고 있다. 그는 최근 생명공학의 발달은 태아기의 유전자 조작을 허용하거나 허용할 자세를 보이고 있다고 강조하면서 부모가 원치 않는 자녀의 특성(주요 장애, '소극적 우생학')을 피할 가능성뿐만 아니라 자녀가 갖기를 원하는 특성(눈동자 색깔, 머리카락 색깔, 성, 높은 지능, 음악적 재능 등), 즉 '적극적 우생학'까지 선택할 기회를 주려 한다고 지적했다. 하버마스는 자신이 일종의 루비콘 강이라고 부르는, 혈통의 교잡현상이 일어나 자유에 대한 인간의 이해에 심각한 영향을 줄지도 모른다고 경고했다. 그는 이런 상황에서 요구되는 것은 기술·과학·정신의학적인 해결이 아니라 철학적 해결방안임을 강조했다.[52]

앞으로 한 세대의 자녀는 다른 세대(아버지 세대)로부터 되돌릴 수 없는 특성을 부여받게 될 것이다. 하버마스는 이렇게 주어진 특성이 이 아이의 개성을 이해하는 데—헤겔식으로 표현하자면—이 아이의 존재 감각에 어떤 의미가 있는지 묻는다. 그가 볼 때 이런 새로운 기술은 '성장한' 것과 '제조된' 것, 우연과 선택 사이의 경계를 흐릿하게 만들 것이다. 이 모든 것은 인간 존재, 그리고 우리가 우리를 누구로 인식하는가 하는 문제에 매우 본질적인 요소들이다. 하버마스는 만일 이런 과정을 계속 방치한다면 미래의 세대는 존재라기보다 사물이 될 위험이 있다고 본다. 모든 새로운 세대는 부분적으로 부모 세대의 선택을 받는 상황이 올 것이고 그만큼 자유가 줄어들 것이다. 그가 말한 대로, 다시 하이데거식 표현을 한다면 "성공적인 자기 모습"을 가질 윤리는 타협의 대상이 될 것이다. "도덕적인 기반에서 필수적이고 법적인 보장을 받아야 할 주체"로서 한 개인의 신성불가침성은 하버마스가 볼 때 결코 '양도'할 수 없는 것이다.

하버마스는 이렇게 되면 인간의 본질적인 '존재 감각'에 위협이 될 뿐만 아니라 나아가 개성적인 자질로서 스스로를 동등한 자유와 자율을 지닌 존재로 보는 능력에 위협이 된다고 생각했다. 인간은 어디서나 똑같다는 '인류학적 보편성'의 사고에 위협이 된다는 말이다.[53] 그가 보기에 '종種의 진화'는 자연 현상이다. 이 과정에 간섭하는 것은 적어도 인류 역사에 새로운 획을 긋는 것으로 분명히 그 역사는 훨씬 열악할 것이다.[54] 진화는 아무리 부모의 의도가 좋더라도 브리콜라주bricolage*의 문제가 되어서는 안 된다는 것이 하버마스의 주장이었다.

하버마스가 우려하는 것은 이런 간섭이 코페르니쿠스와 다윈 이후로 제3의 '중심이탈'에 못지않은 결과를 초래하리라는 것이다. 이렇게 되면 '나'라는 개인의 감각과 '우리'라는 공동체에 대한 이해는 돌이킬 수 없게 변할 것이고, 인간이 공유하는 도덕적 삶은 한 치 앞을 내다볼 수 없는 결과를

*'도구를 닥치는 대로 써서 만든다'는 의미로 프랑스의 인류학자 클로드 레비스트로스가 『야생의 사고』에서 신화적 사고의 특징을 제시하기 위해 이용한 비유. 바로 그 자리에 있는 소재를 임기응변으로 사용하여 문화를 만드는 것을 가리킨다.

초래할 것이다.[55] 사람들은 더 이상 "그들 자신이 목적"이라는 생각을 하지 않을 것이고 "그들 자신의 육체"가 무엇으로도 대체될 수 없다는 생각을 하지 않을 것이며 거기서 완벽한 안정을 느끼지도 못할 것이다. 또 수치나 자부심 같은 감정으로 동등한 관계를 누리지도 못하고, 인간의 삶을 똑같은 방식으로 평가하지도 못하며, 서로에게 대등한 존경심을 갖지도 못할 것이다. 하버마스가 더욱 심각하게 우려하는 것은 사전에 유전자가 입력된 사람들에게 정체성 확립의 우선적인 조건이 변하리라는 것이었다. "도덕공동체의 정회원 지위를 받아들이는 데 필수라고 할 주체적인 자격"에 돌이킬 수 없는 영향을 미치게 될 것을 염려한다는 말이다.[56] "'내면의 본성'에 대한 기술적 간섭은 자연의 경계를 이탈하는 것과 같다."[57]

하버마스는 여기서 자신이 과민반응을 보이는 것은 아닌지 생각해본다. 유전자에 대한 간섭은 이미 어느 정도 존재한다. 중국에서는 1자녀 정책 때문에 지나친 남아 편중 현상이 생겼고, 마을 전체에 젊은 남자의 결혼 상대가 없는 곳도 많다. 이런 현상은 사회적 문제를 야기하지만, 우리가 아는 한 임상적·정신병적인 전염병은 아니다. 그는 이 같은 현상을 특수하고 이례적인 경우로 본다. 모든 개인이 선택으로 태어난 곳이지만 정체성에 관한 특정한 간섭이 있다고는 볼 수 없기 때문이다.

하버마스는 '존재'에 대한 인간의 태도는 복잡한 철학적 문제라는 점을 강조하며 시체와 죽은 태아에 대한 인간의 윤리적 행동을 지적한다. 우리는 이렇게 죽은 생명을 처리할 때 존엄성을 주장한다. 이들은 단순한 이물異物이 아니며 한때는 제조된 것이 아닌 성장한 존재였기 때문이다. 따라서 이들은 사물로 볼 수 없다.

인간이 신체를 갖는 것이 아니라 인간 자신이 신체라는 것이 하버마스의 결론이다. 이런 하이데거 철학 특유의 구별은 매우 중요하다. 우리는 현재 인간 본성을 이해하는 문제에서 본격적인 변화의 길목에 들어섰으며 우리가 앞으로 나아가려고 선택한 길은(우리가 '진보'라는 관념 때문에 아무리 맹목적이라고 해도 불가피한 것은 아무것도 없기 때문에) 철학적인 문제이지 과학적·정신의학적·기술적 문제는 아니다.

물론 이 모든 문제에 대하여 아이러니한 차원의 문제는 여전히 존재한다. 제3제국에서 악명 높은 우생학 정책이 실시된 것을 감안하면 하버마스는 향후 사전 유전자 프로그램의 위험성을 간파한 독일인으로서 구원의 메시지를 전한다고 볼 수 있다. 이런 맥락에서 그는 2001년 독일연방공화국 대통령을 지낸 요하네스 라우가 한 말을 인용했다. "여러분이 일단 인간의 삶을 도구화하기 시작하면, 일단 살 가치가 있는 생명과 살 가치가 없는 생명을 구분하기 시작하면 여러분은 멈출 곳이 없는 길을 가게 될 것입니다."[58]

우리에게 절박하게 다가온 철학적인 문제는 비단 사전 유전자 프로그램만이 아니다. 지구온난화가 지구를 초토화하기 시작해 극지방의 빙원이 줄어들고 열대우림지대와 내해가 사라질 때, 테러 집단이 핵 전멸로 위협하고 인종 학살과 기근이 아프리카를 황폐하게 만들며 인도와 중국에서 지하수가 고갈되기 시작할 때, 인간의 기술로 세계를 개발하고 통제하려는 시도를 멈춰야 한다고 말하는 하이데거의 심각한 충고는(단순히 융통성 없는 '고집'이 아니라) 그만큼 더 진실하게 들리지 않는가? 이 같은 실태는 우리가 가지고 있는 모든 것을 파괴하게 될 자만심의 형태가 아니겠는가? 대신 인간은 세계를 받아들이고 자연이 제공하는 즐거움에 순종하며—간섭하지 말고—시인들이 찬미하듯이 자연을 그대로 즐기는 법을 배워야 하지 않겠는가? 우리 인간의 기본자세는 가장 우선적으로 세계를 보호하는 것이어야 하지 않겠는가?

하이데거는 그가 나치즘의 보충 에너지로 본 것 때문에 큰 과오를 범했다는 논란에 휘말렸다. 과학과 자본주의가 가져다 준 의심할 바 없는 진보에도 불구하고 과학과 자본주의는 거기서 야기된 심각한 결과를 치유할 능력이 없는 것으로 보인다. 한나 아렌트는 인간이 성숙해져야 한다고 조언했다. 그녀가 하이데거를 용서하고 그와의 관계를 회복한 것은 아렌트 자신의 성숙을 보여준 것이라고 할 수 있다. 우리도 똑같은 행동을 취하고 과거를 용서하는 이런 예에서 교훈을 얻을 수 있지 않겠는가?

이런 점에서 독일 자체는 볼 때, 독일은 언제까지 과거로부터 자유롭지 못한 상태로 있어야 한단 말인가? 어쩌면 이 나라는 히틀러의 출현에 대해 납득할 수 있는 설명을 할 때까지는 앞으로 나가지 못할 것이라는 노르베르트 엘리아스의 말이 맞을지도 모른다. 하지만 하이데거는 선견지명이 있었고 칸트에서 시작해 피히테, 헤겔, 쇼펜하우어, 니체, 가다머에 이르기까지 유명한 사상가의 계보에 속한다. 현대 정신에 대해 회의적인(여기서도 다시 '회의론'이라고 할 수 있다) 태도를 견지했고, 지금도 이런 태도를 고수하고 있는 하버마스도 마찬가지다. 하버마스의 태도는 인간의 본성에는—삶 자체—자부심과 수치, 독립성, 일관성, 자신과 타인에 대한 존중, 도덕성, 인간의 '내면적인 환경', 자율성, 직관, 혐오가 똑같이 들어 있다는 사실을 상기시켜준다. 돈과 시장, 이윤 추구, 기술에 대한 강한 집착도 마찬가지다. 독일은 현대성의 틀에서 단순히 '뒤처진' 국가만은 아니다. 동시에 독일은 현대성에 대해 주저하는 국가이며 바로 이 주저하는 태도에 교훈이 들어 있는지도 모른다. 과학과 자본주의가—시장이—우리의 환경과 우리의 세계 자체가 파괴되는 것을 막지 못한다면, 실제로 현재의 황폐한 환경 속에서 과학과 자본주의가 기본적인 구성 요소라면 우리 내부의 변화만이, 의지의 변화만이 희망을 줄 것이다. 이 같은 난관에서 빠져나가는 방법은 기술이나 과학이 아니라 철학의 문제라고 독일인들은 말하고 있는 것이다.

1933~1945년에 일어난 사태를 단순히 역사의 고리 속에서 방충 처리가 된 별도의 사건, 별도의 재앙으로 만들어 독일의 과거사를 종결짓는 때가 와서는 안 될 것이다. 게르하르트 슈뢰더가 "우리는 과거사에서 쉽게 빠져나올 수 없다. 그렇게 되기를 바라서도 안 될 것이다"라고 말한 것은 옳다.[59]

독일은 그들의 과거사를 묻어두고 떠나기를 바라서도 안 되고 그런 방법을 찾아서도 안 된다. 하지만 보이스가 보여주듯이, 군터 뎀니히와 그의 '기념 조각'이 보여주듯이, 또 하버마스와 라칭거가 보여주듯이 독일인이 이런 생각에 사로잡혀 독일인이 과거의 사슬에 영원히 얽매여 있을 필요도 없다. 스티브 크로쇼가 말한 대로 모두 히틀러와 "한 탯줄로 연결된" 것은 아니다. 독일의 과거에는 제3제국에서 발생한 사건보다 훨씬 많은 내용이 담겨 있으며 이 책에서 제시하려고 한 것처럼 아직도 우리에게 가르쳐 줄 것이 많다.

독일이 겪은 고난은 쉽게 설명할 수 있는 것이 아니다. 이 책에서 언급한 내용이 모든 사람의 마음에 드는 것도 아닐 것이다. 히틀러를 넘어서는 것은 어렵다고 생각하는 모든 사람에게 이 책을 바친다.

—

과소평가된 35명의 독일인

다음에 나열한 인물들이 결코 유명하지 않다는 의미는 아니다. 사실 많은 전문가가 볼 때 이중에는 당대에—또는 시대를 막론하고—매우 뛰어난 활동을 펼친 인물도 있다. 이 부록에서 강조하고자 하는 것은 이 책의 주요 논지 중 하나를 생생하게 부각시키려는 것이다. 말하자면 두 차례의 세계대전이 과거에 대한 우리의 인식을 방해하기 때문에 일반적으로 독일인의 이름은 그에 걸맞은 수준으로 알려져 있지 않다는 것이다. 이들이 좀더 널리 인정받을 가치가 있다는 것을 강조하고 싶다.

●빌헬름 폰 훔볼트(1767~1835)

본문에서 거듭 분명히 말하듯이(특히 10장과 결론에서) 빌헬름 폰 훔볼트는 현대적인 대학의 모습과 연구의 제도화를 위해 초석을 마련한 인물이다. 현대 학문의 형태도 상당 부분 훔볼트의 공로이며 현대 과학의 발전에도 간접적인 업적을 남겼다. 이제는 훔볼트가 현대 정신의 매우 중요한 창시자 중 한 사람이라는 것을 인정해야 한다.

●알렉산더 폰 훔볼트(1769~1859)

알렉산더 폰 훔볼트는 한때 세계적으로 가장 유명한 과학자였다. 그의 이름을 딴 지명만 해도 10여 곳에 이른다(달에도 그의 이름이 있다). 1859년 『뉴욕 타임스』 지 1면은 훔볼트의 사망기사로 채워졌다. 동시에 알렉산더 폰 훔볼트는 스티븐 제이 굴드가 말한 대로 "기억 속에 가장 깊이 묻힌" 과학자가 되었다. 그의 탐험, 과학의 새로운 탐구 분야 개척, 수많은 젊은 과학자들에 대한 적극적인 격려는 훔볼트를 19세기에 발견의 영웅적 시대를 장식한 위대한 인물로 돋보이게 한다. 이제 억울하게 망각된 훔볼트의 명예를 되돌려 놓을 때이다.

●카스파르 다비트 프리드리히(1774~1840)

프리드리히는 매우 이론적인 화가였다는 독일적인 악습의 일면을 지닌 반면에 기술적으로 뛰어난 화가였고 초현실주의나 미국의 대풍경화가 같은 다수의 현대적인 운동에 전조前兆를 보인 인물이었다. 프리드리히는 예컨대 J. M. W. 터너나 존 컨스터블, 살바도르 달리 만큼 이름이 알려질 자격이 있다.

●카를 프리드리히 가우스(1777~1855)

가우스는 물론 수학자나 과학자들에게 잘 알려져 있지만 그의 광범위한 업적과 수리적인 상상력 창안은 가우스가 아인슈타인의 선도자라는 사실을 분명히 보여준다. 이것은 실제로 가우스가 아르키메데스, 유클리드, 코페르니쿠스, 뉴턴과 나란히 수학 천재들의 고귀한 신전에 들어가야 한다는 의미이다.

●카를 프리드리히 싱켈(1781~1841)

싱켈은 모든 면에서 크리스토퍼 렌, 폴 내시, 제임스 배리, 조르주외젠 오스만 만큼이나 성공적인 활동을 펼친 화가이자 디자이너이며 종종 "건축가 중의 건축가"라는 평을 들을 만큼 마땅히 건축가로서도 널리 알려질 만한 인물이다. 싱켈이 없는 베를린은 생각할 수 없다.

●루트비히 포이어바흐(1804~1872)

포이어바흐는 카를 마르크스나 리하르트 바그너같이 다양한 인물들에게 중대한 영향을 미쳤다는 점만으로도 더욱 유명해질 자격이 있다. 동시에 그의 기독교 활동과, 신은 인간을 창조했을 뿐만 아니라 인간이 신을 만들었다는 깨달음을 보면 인류의 지식 역사에서 이를테면 스피노자나 비코의 반열에 오를 만큼 중요한 인물이라고 할 수 있다.

●얀 에반겔리스타 푸르키네(1787~1869), 카를 에른스트 폰 베어(1792~1876), 프리드리히 뵐러(1800~1882), 유스투스 폰 리비히(1803~1873), 마티아스 야코프 슐라이덴(1804~1881), 테오도어 슈반(1810~1882), 루돌프 피르호(1821~1902), 아우구스트 케쿨레(1829~1896), 로베르트 코흐(1843~1910), 파울 에를리히(1854~1915)

위에 거론한 이름들은 아마 서구 지성사에서 가장 거대한 블랙홀을 형성한다고 볼 수 있을 것이다. 비록 이들은 전문가들에게는 잘 알려져 있지만 이들 중 누구도 일반 대중에게 보편적인 지명도를 갖고 있지 않다. 이를테면 프로이트나 멘델, 아인슈타인처럼 분명하게 다가오지 않는 것이다. 일반 대중의 기억에는 개인적으로든 집단적으로든 이들의 업적이 알려져 있지 않다. 하지만 이들은 모두 자연에 대한 인간의 이해나 인간과 자연의 관계, 생명을 구성하는 물질과 구조, 생명 자체의 과정, 질병에 대한 이해나 질병 치료, 통제에 중요한 영향을 미친 인물들이다. 이들의 업적이 없었다면 현대인의 생활은 생각할 수 없고 견딜 수도 없었을 것이다.

●프리드리히 엥겔스(1820~1895)

카를 마르크스의 이름을 아는 사람이라면 엥겔스의 이름도 들어보았을 것이다. 하지만 휴대용 컴퓨터로 지금 이 문장을 작성할 때 마이크로소프트의 맞춤법 프로그램은 마르크스를 인식하기 때문에 그의 이름 밑에 빨간 줄을 긋지 않지만 엥겔스의 이름은 다르다. 마르크스주의라는 말은 있어도 엥겔스주의라는 것은 없다. 『공산당 선언』의 공동저자이며 『자본론』의 2권과 3권을 편집한 엥겔스의 영향력은 어마어마하며, 엥겔스 자신의 저서도 더 잘 알려질 필요가 있다. 엥겔스의 저작들은 마르크스의 것보다 더 폭넓고 더 깊이 있으며 더 재미있다. "유럽에서 가장 학식이 높은 인물"로서 엥겔스가 이룩한 업적은 적어도 그가 놀라운 선견지명을 가졌다는 점에서 지금보다 훨씬 더 광범위한 인정을 받아야 한다.

●루돌프 클라우지우스(1822~1888), **루트비히 볼츠만**(1844~1906), **하인리히 헤르츠**(1857~1894), **헤르만 폰 헬름홀츠**(1821~1894), **빌헬름 뢴트겐**(1845~1923)

이 인물들 역시 또 다른 지적 블랙홀을 이루고 있다고 할 수 있지만 20세기의 위대한 모험 중 하나라고 할 이론물리학의 전통은 19세기 독일에서 활동한 이들에게 기원을 두고 있다. 이론물리학은 본문에서 본 대로 매우 국제적인 활동과 연관된 분야로 독일이 주도했다.

19세기에 형성된 이 두 분야의 과학적 블랙홀은—물리학과 생물학에서—훨씬 더 유명한 케플러, 코페르니쿠스, 갈릴레오, 뉴턴이 이전에 과학적 돌파구를 연 것보다 인간의 생명에 더 직접적인 영향을 주었다.

●빌헬름 딜타이(1833~1911)

독일인, 특히 독일 철학자의 흔한 특징 중 하나는 이론적이고 추상적인 사람들로서 이들이 매우 중요하고 모든 것을 포괄하는 체계를 좋아한다는 점이다. 딜타이는 이런 평가가 거짓임을 입증한 인물이다. 딜타이는 상식을 받아들이는 것이 어디까지 가능한지 보여주었다.

●후고 볼프(1860~1903)

많은 전문가는 아주 단순하게 볼프를 "모든 시대에 가장 위대한 노래 작곡가"로서 독일 예술가곡을 최고 수준으로 끌어올린 인물로 간주한다. 반골 기질을 가진 보헤미안이자 불평분자였던 볼프의 작곡생활은 정열적인 활동을 벌인 3년 동안의 세월에 집중되어 있으며, 이 기간에 괴테와 켈러 등 시인들의 작품에 200여 곡의 노래를 작곡해 붙이고 정신병원에서 삶을 마쳤다. 볼프는 그의 예술과 삶에 담긴 서사적 차원의 현대적인 비극을 아는 할리우드 영화감독이 발견해줄 날을 기다리고 있다.

●게오르크 지멜(1858~1918)

당시 악취가 진동하던 민족주의 역사가들(트라이치케, 지벨, 드로이젠)에게서 배웠지만 동시에 좀더 개방적인 태도를 지닌 헬름홀츠의 영향을 받기도 했던 지멜은 자신의 조국보다는 외국에서 더 높은 평가를 받았다. 이는 분명히 그가 반유대주의 성향의 대학 풍토 속에서 활동했기 때문일 것이다. 지멜은 현대성으로 촉발된 새로운 도덕적 조건을 간파한 1세대 인물들 중 한 명이다. 새로운 조건이란 자유가 늘어남과 동시에 책임도 커진 수수께끼를 말한다. 지멜은 현대인의 삶이 "신경을 더욱 피곤하게" 하면서 "지적 기능은 더욱 떨어뜨릴 것"이라고 예견한 최초의 인물이었다.

●로베르트 무질(1880~1942)

『특성 없는 사나이』가 토마스 만이나 헤르만 헤세의 어떤 작품보다도 뛰어나고 20세기 전반기에 다른 분야의 발전에 가장 놀라운 반응을 보인 작품이라고 보는 사람도 몇 있다. 만약 우리가 우리 자신에 대해 알 수 있는 모든 것이 과학자가 들려주는 것이라면, 또 윤리나 가치가 의미가 없다면 우리 인간은 어떻게 살아야 하는가? 무질은 현대인의 삶에 담긴 핵심적인 난관을 놀라운 필치로 노출시킨다.

●막스 셸러(1874~1928), **루돌프 불트만**(1884~1976), **카를 바르트**(1886~1968), **디트리히 본회퍼**(1906~1945)

20세기 초에 일어난 독일의 신학 르네상스는 좀더 잘 이해할 필요가 있는 세 번째 지식의 블랙홀이다. 니체가 표현한 "신의 죽음"과 막스 베버가 묘사한 세계의 '탈마법화'의 여파 속에서 여기서 언급하는 나머지 독일 신학자, 철학자들은 그런 '위기의 조건'에 대해 어느 누구보다 더 설득력 있고 더 일관된 반응을 보였다. 20세기 후반에 두 명의 교황, 요한 바오로 2세(카롤 보이티와)와 베네딕토 16세(요제프 라칭거)가 이들의 사상을 이해했다는 사실은 이 (프로테스탄트) 사상가들이 이미 가톨릭교회 내부에서 아니면 가톨릭교회 밖에서 얼마나 순조롭게 동화되었는지 보여준다.

●리온 포이히트방거(1884~1958)

전쟁포로로서 두 차례나 탈출경력이 있는 것만 보더라도 독특한 존재임이 분명하고 또 매우 용감한 인물이었다고 할 수 있다. 히틀러와 이게파르벤 사의 고유한 특징을 포착하고 맹비난한 그의 걸작 『성공』은 이런 용기로 일관하고 있다. 다행히도 포이히트방거는 미국으로 도피했다. 만일 그가 탈출하지 못하고 독일에 그대로 주저앉았다면 아마 지금보다 더 유명해졌을지도 모른다.

●카를 야스퍼스(1883~1969)

야스퍼스의 '기축시대Achsenzeit'*라는 용어는 전 세계에서 거의 동시에 발생한 현대 정신의 기원(이사야, 공자, 석가, 플라톤)을 뜻하는 말이다. 그는 예컨대 존 듀이나 윌리엄 제임스 또는 그 밖의 인물들처럼 인간의 역사를 어느 모로 보나 기본적인 방법으로 설명함으로써 자신을 역사적 신시사이저synthesizer** 역할을 한 매우 위대한 인물 중 한 사람으로 만들었다.

●하인리히 드레저(1860~1924), **아르투어 아이헨그륀**(1867~1949), **펠릭스 호프만**(1868~1946)

발명된 지 1세기가 넘는 아스피린은 오늘날 연간 4만 톤 이상이 생산되고 있다. 아스피린의 위력을 단적으로 드러내 주는 수치다. 일찍이 편두통이나 류마티스 관절염, 열병, 인플루엔자의 진통제로서 효험을 보여주었을 뿐 아니라 지난 20세기 수십 년 동안 다양한 가축의 질병 치료제로 사용된 이 약은 항혈전제로 효능이 뛰어나고 협심증, 심근경색, 뇌졸중 예방에도 효과적이다. 이처럼 뛰어난 아스피린의 효과는 드레저와 아인헨그륀, 호프만의 이름에 어떤 명예를 부여해도 충분치 않다는 반증이다. 이들은 분명 매우 과대평가된 독일어권 학자 중에서도 그 선두에 서 있는 카를 융보다 인류에게 더 많은 도움을 주었다고 할 수 있다.

---

*야스퍼스가 분류한 기원전 800~기원전 200년 사이의 기간을 말하는 것으로 이 시대에 중국과 인도, 동방에 혁명적 사상이 일어났다고 지적한다.

**전기신호를 사용하여 다른 악기의 소리를 흉내 내거나 새로운 소리를 만들어내는 악기.

이틀에 걸친 출판 마무리 작업에서 첫날은 양장본을 위해, 둘째 날은 보급판을 위해 쪽수 표시를 했다. 별도의 언급이 없는 한 보급판 쪽수이다. 마찬가지로 별도의 표시가 없는 한 번역은 직접 독일어를 옮긴 것이다. 번역자의 이름을 확인하기 위해 모든 노력을 기울였으며 아마 독자에게 불가피하게 남아 있는 어려운 의미를 제대로 이해했다는 소리를 들으면 저자는 고마워할지도 모를 일이다. 주석과 참고문헌에서 계속 언급되는『과학자 전기傳記사전』은 본래 미국 제諸학회 평의원회American Council of Learned Societies의 후원으로 찰스 스크리브너의 아들 찰스 길리스피가 주 편집자로 참여하여 1970년부터 1980년까지 16권으로 발행한 것이다. 찾아보기는 제16권에서 볼 수 있다. 몇몇 추가내용은 1990년까지 증보가 완료되었다. 2008년에 디트로이트에서 8권으로 나온『새 과학자 전기사전』도 미국 제학회 평의원회의 후원을 받아 노리타 쾨르트거가 주 편집자로 참여한 가운데 역시 찰스 스크리브너의 아들이 편집을 맡아 발행했다. 하지만 이 사전은 처음 나온 것이니만큼 포괄적이지 못하다. 참고문헌에서 로마자로 표기된 권수는 본래의 사전 표기이며 아라비아 숫자는 새 사전의 표기이다. 어떤 과학자가 최근의 설명에 포함되지 않았는지는 독자 스스로 알 수 있을 것이다. 빠진 내용을 보고 놀랄 수도 있을 것이다.

머리말 :

눈을 멀게 한 빛 : 히틀러, 홀로코스트 그리고 '사라지지 않는 과거'

1. 이것은 영국의 신문에서 여러 차례 논의된 문제이며 이중 많은 부분은 John Ramsden의 *Don't Mention the War*에 나와 있다.(London: Little, Brown, 2006), p.393.

2. Ramsden, *Don't Mention the War*, p.392.

3. 같은 책, p.413.

4. 같은 책, p.394.

5. 같은 책, p.411.

6. 같은 책, p.412.

7. 같은 책, p.364.

8. *Times Higher Education Supplement*, February 2, 2007, p.6.

9. 같은 책.

10. *Daily Telegraph*, May 8, 2005, p.18.

11. 같은 책.

12. Ramsden, *Don't Mention*, p.402.

13. 같은 책, p.417.

14. *International Herald Tribune*, April 22, 2005.

15. D. D. Gutenplan, *The Holocaust on Trial: History, Justice and the David Irving Libel Case*(London: Granta, 2001).

16. Peter Novick, *The Holocaust and Collective Memory*(London: Bloomsbury, 2000), p.2.

17. Novick, *Holocaust*, p.69.

18. 같은 책, p.105.

19. 같은 책, p.65.

20. 같은 책, p.144.

21. 같은 책, p.164.

22. 같은 책, p.202.

23. 같은 책, p.232.

24. Norman G. Finkelstein, *The Holocaust Industry: Reflections on the Exploitation of Jewish Suffering*(London: Versa, 2000), 여러 곳.

25. Charles Maier, *The Unmasterable Past: History, Holocaust and German National Identity*(Cambridge, Mass.: Harvard University Press, 1988), p.55.

26. 같은 책, p.56.

27. Richard J. Evans, *In Hitler's Shadow: West German Historians and the Attempt to Escape from the Nazi Past*(London: Tauris, 1989), p.13.

28. Mary Fulbrook, *German National Identity after the Holocaust*(Cambridge, U.K.: Polity, 1999), p.36.

29. Maier, *Unmasterable Past*, p.101.

30. 같은 책, p.54.

31. Wulf Kansteiner, *In Pursuit of German Memory: History, Television and Politics after Auschwitz*(Athens, Ohio: Ohio University Press, 2006), pp.54-56.

32. London *Daily Mail*, February 15, 2007, p.43.

33. Steve Crawshaw, *An Easier Fatherland: Germany and the Twenty-First Century*(London: Continuum, 2004), p.199.

34. Peter Watson, "Battle over Hitler's Loot," London Observer Magazine, July 21, 1996, pp.28ff.

35. Pierre Pean, *A French Youth: Francois Mitterrand*, 1934-1947(Paris: Fayard, 1994).

36. Henry Rousso, *The Vichy Syndrome: History and Memory in France Since 1944*(Cambridge, Mass.: Harvard University Press, 1991), 여러 곳.

37. Michael R. Marrus and Robert O. Paxton, *Vichy France and the Jews*(New York: Basic Books, 1981).

38. 비시 정부가 최종적 해결에 대해 무엇을 알았는지는 Marrus and Paxton, *Vichy France*, pp.341ff를 참고하라.

39. 예컨대 Lee Yanowitch, "France to Boost Efforts to Restore Nazi-looted Property to Jews," *Jewish News Weekly*, December 4, 1998을 참고.

40. *Times* (London), October 13, 2007, p.52.

41. Richard J. Evans, *Rereading German History: From Unification to Reunification*, 1800-1996(London: Routledge, 1997), pp.149ff.

42. Daniel Jonah Goldhagen, *Hitler's Willing Executioners*(New York: Random House, 1996), p.77.

43. 같은 책, p.465.

44. Evans, *Rereading German History*, pp.155ff.

45. Fritz Stern, *The Politics of Cultural Despair: A Study in the Rise of the German Ideology*(Berkeley and Los Angeles: University of California Press, 1961/1974), p.202. 1899년부터 1939년까지 독일과 유럽 4개국의 인기 신문에 나타난 반유대인 행위와 태도를 비교해 보면 1933년 이전에는 독일인이 반유대인 정서가 매우 약한 국민이었음이 드러난다. William I. Brustein, *Roots of Hate:Anti-Semitism in Europe before the Holocaust*(Cambridge: Cambridge University Press, 2003), 제6장. 이 시점까지 독일에는 민족 분류를 위한 인구조사가 없었다. in Claudia Koonz, *The Nazi Conscience*(Cambridge, Mass.: Belknap Press of Harvard University Press, 2003), p.9. 프리츠 슈테른도 바이마르 공화국 시절에 문화비관주의에 대한 주저 『제3제국』으로 나치스의 분위기를 살리는 데 일조한 아르투어 묄러 판 덴 브루크가 제1차 세계대전 이전에 펴낸 다수의 저서에서는 반유대주의의 기류가 보이지 않았다고 말한다(제33장 참고).

46. Norman G. Finkelstein and Ruth Bettina Birn, *A Nation on Trial: The Goldenhagen Thesis and Historical Truth*(New York: Holt), 1998.

47. Fritz Stern, Einstein's German World(Princeton, N.J.: Princeton University Press, 1999), pp.276-278.

48. Finkelstein and Birn, *Nation on Trial*, p.139.

49. Richard J. Evans, *Rereading German History*, p.164. 골드하겐도 단순히 반유대주의가 어떤 의미인지에 대해서는 언급을 회피한다. 클라이브 제임스는 그의 에세이에서 오스트리아의 유대인 극작가인 아르투어 슈니츨러에 대해 이렇게 지적하고 있다. "만일 그가 (빈의) 웅장한 응접실에서 반유대주의 기류를 느꼈다면 그가 출입할 수 있는 호화 응접실은 거의 없었을 것이다." Clive James, *Cultural Amnesia:Notes in the Margin of My* Time(London: Picador, 2007), pp.684-705.

50. Stern, *Einstein's German World*, p.287.

51. Crawshaw, *Easier Fatherland*, p.144.

52. Kansteiner, *In Pursuit*, pp.104, 109, 116, 210. A. Dirk Moses, *German*

Intellectuals and the Nazi Past(Cambridge: Cambridge University Press, 2007), 특히 pp.55-73을 참조하라. Alexander and Margarete Mitscherlich, *Die Unfähigkeit zu trauern: Grundlagen kollektiven Verhaltens*(Munich: Piper, 1967). Ralf Blank(외), *German Wartime Society 1939–1945: Politicization, Disintegration, and the Struggle for Survival*, Derry Cook-Radmore 역(Oxford: Clarendon Press, 2008). Max Hastings, "Germans Confront the Nazi Past," *New York Review of Books*, 2009. 2. 26-3. 11, pp.16-18.

53. Evans, *In Hitler's Shadow*, p.12. Evans의 *Preussische Geschichte*, Willy Andrews 편(Wiesbaden, 1833), vol. 1, p.16에 나오는 레오폴트 폰 랑케, "Die grosse Machte". 이 인용에 대해서는 베르너 페니히에게 감사를 표한다.

54. Maier, *Unmasterable Past*, p.103.

55. Evans, *In Hitler's Shadow*, p.13.

56. David Blackbourn and Geoffrey Eley, *The Peculiarities of German History: Bourgeois Society and Politics in Nineteenth-Century Germany* (Oxford: Oxford University Press, 1984), 여러 곳. Maier, *Unmasterable Past*, p.107. 베르사유 궁에서 독일 제국의 선포가 있기 3주 전인 1871년 2월에 당시 영국 야당 지도자였던 Benjamin Disraeli는 하원 연설에서 독일 통일이 "프랑스 혁명보다 정치적 파장이 큰 사건"이 될 것이며 유럽에서 힘의 균형은 "완전히 무너져서 이에 대적할 새로운 세력은 보이지 않는다"고 말했다. Walter Dussman, "Das Zeitalter Bismarcks," in *Handbuch der deutschen Geschichte*(Frankfurt am Main: Akademische Verlagsgesellschaft Athenaion, 1968), vol. 2, part 2, p.129. Richard Munch도 미국, 영국, 프랑스, 독일의 계몽주의의 발달을 비교하며 많은 차이가 있음에도 합리주의, 행동주의, 개인주의, 보편주의 4가지가 근대정신의 결정적인 요인이라는 결론을 내렸다. 참고, Walter Dussman *Die Kultur der Moderne*, 2 vols.(Frankfurt am Main: Suhrkamp, 1986). 이 인용에 대하여 베르너 페니히에게 감사한다.

57. Evans, *In Hitler's Shadow*, p.17.

58. 같은 책, p.141.

59. Maier, *Unmasterable Past*, p.161.

60. 같은 책, p.168.

61. Crawshaw, *Easier Fatherland*, p.202

62. Nicholas Boyle, *Goethe: The Poet and the Age, vol. 1, The Poetry of Desire (1749–1790)*(Oxford: Clarendon Press, 1991), p.4.

63. Wolf Lepenies, *The Seduction of Culture in German History*(Princeton, N.J., Oxford:Princeton University Press, 2006), p.4.

64. 같은 책, 독일을 뚜렷하게 구분짓는 것은 학문Wissenschaft, 예술Kunst, 문화Kultur, 생활양식Lebensart, 그리고 문명Zivilisation이다.

65. 같은 책, p.6.

66. 같은 책, p.5.

67. Fritz Stern, *Five Germanies I Have Known*(New York: Farrar, Straus and Giroux, 2006), p.16도 참고.

68. Lepenies, *Seduction of Culture*, p.24도 참고.

69. Gordon Craig, *The Germans*(New York: Meridian, 1991; reprint, originally Putnam, 1982), pp.214-218.

70. Lepenies, *Seduction of Culture*, pp.17–19, 28.

71. 같은 책, pp.27-29.

72. 같은 책, p.73.

73. T. S, Eliot, *Notes Towards a Definition of Culture*(London: Faber&Faber, 1948/1962), p.31.

74. Fritz Stern, *Einstein's German World*, p.3.

75. Keith Bullivant, *Realism Today: Aspects of the Contemporary West German Novel*(Leamington Spa/Hamburg/New York: Oswald Wolff, 1987), p.158. György Lukács, *German Realists in the Nineteenth Century*, Jeremy Gaines and Paul Keast trans., Rodney Livingstone 편집 및 서문과 주석(London: Libris, 1993), p.168.

제1부 독일적 삶의 대전환

—

제1장 독일 정신의 출현

1. James Gaines, *Evening in the Palace of Reason*(London: HarperCollins, 2005), p.5.

2. Jan Chiapusso, *Bach's World*(Bloomington: Indiana University Press, 1968), p.37. Albert Schweitzer, *J. S. Bach*, Ernest Newman 역, 2 vols. (London: Breitkopf&Kartel, 1911).

3. Gaines, *Evening*, p.7.

4. Robert Eitner, "Johann Gottfried Walter," *Monatshefte fur Musikgeschichte 4*, no. 8 (1872):165–167. Gaines, *Evening*, p.8에서 인용.

5. Gaines, *Evening*, p.9.

6. 같은 책, 뒷표지.

7. Karl Hermann Bitter, *Johann Sebastian Bach,* 2 vols. 제2판(Berlin: W. Baensch, 1881), vol. 2, p.181.

8. Gaines, *Evening*, p.237.

9. Boyle, *Goethe*, vol. 1, p.9.

10. Steven Ozment, *A Mighty Fortress*(New York: HarperCollins, 2004), p.125.

11. Pufendorf의 저서 다수는 영어로 번역이 되었다. Ian Hunter, *Rival Enlightenments: Civil and Metaphysical Philosophy in Early Modern Germany*(Cambridge: Cambridge University Press, 2001), pp.xvii과 148–196 참고.

12. Ozment, *Mighty Fortress*, p.126.

13. 같은 책, p.27.

14. Richard L. Gawthrop, *Pietism and the Making of Eighteenth-century Prussia*(Cambridge:Cambridge University Press, 1993), pp.1–2.

15. 같은 책, p.9.

16. 같은 책, p.10.

17. 경건파의 개종 이야기와 청교도주의와의 연관성에 대해서는 Gisele Mettele, "Constructions of the Religious Self: Moravian Conversion and Transatlantic Communication," *Journal for Moravian History* 2(2007) 참고. 필자 개인의 서신 교류에 대해서는 Gawthrop, *Pietism*, p.12 참고.

18. Johannes Wallmann, *Philipp Jakob Spener und die Anfange des Pietismus*(Tubingen: J. C. B. Mohr [Paul Siebeck], 1970), p.300. Martin Brecht, "Philipp Jakob Spener, sein Programmund dessen Auswirkungen," in *Der Pietismus vom siebzehnten bis zum frühen achtzehnten Jahrhundert*, vol. 1 of *Geschichte des Pietismus: im Auftrag der Historisches Kommission zur Erforschung des Pietismus*, Martin Brecht 편(Gottingen: Vandenhoeck&Ruprecht, 1993), p.315. 이 책은 경건주의에 대한 권위 있는 4권짜리 역사서이다.

19. Martin Brecht, "August Hermann Francke und der Hallische Pietismus," in Brecht, *Pietismus*, vol. 1, pp.440-539.

20. Gawthrop, *Pietism*, p.94.

21. 같은 책, pp.143-44. 프랑케 관계기관은 지금도 할레 대학에 남아 있으며 재통일 이후 다시 활성화되었다. 이 정보에 대해 베르너 페니히에게 감사한다.

22. 같은 책, p.145.

23. Wallmann, *Philip Jakob Spener*, pp.89-90, 94-95.

24. Wolf Oschlies, *Die Arbeits- und Berufspädagogik August Hermann Franckes (1663–1727): Schule und Leben im Menschenbild des Hauptvertreters des halleschen Pietismus*(Witten: Luther Verlag, 1969), p.107. Gawthrop, *Pietism*, p.160.

25. Gawthrop, *Pietism*, p.183.

26. Martin Brecht, "Der Hallische Pietismus in der Mitte des 18. Jahrhunderts–eine Ausstrahlungund sein Niedergang," in Brecht, *Pietismus*, vol. 2, pp.319-357. Gawthrop, *Pietism*, p.198.

27. Gawthrop, *Pietism*, p.213.

28. 같은 책, p.221.

29. Hartmut Rudolph, *Das evangelische Militarkirchenwesen in Preussen: Die Entwicklung seiner Verfassung und Organisation vom Absolutismus bis zum Vorabend des ersten Weltkrieges*(Göttingen: Vandenhoeck&Ruprecht, 1973), p.22. Gawthrop, *Pietism,* p.225.

30. Gawthrop, *Pietism,* p.228.

31. Terry Pinkard, *German Philosophy 1760–1860: The Legacy of Idealism*(Cambridge: Cambridge University Press, 2002), p.5.

32. Gawthrop, *Pietism*, p.241.

33. 같은 책, p.268.

34. Charles E. McClelland, *State, Society, and University in Germany, 1700–1914*(Cambridge: Cambridge University Press, 1980), p.28.

35. 같은 책, p.199.

36. G. von Selle, *Die Matrikel der Georg-August-Universität zu Göttingen, 1734–1837,* 2 vols. (Hildesheim and Leipzig: A. Lax, 1937), vol. 1, p.14.

37. McClelland, *State, Society,* p.37.

38. Thomas Howard, *Protestant Theology and the Making of the Modern German University*(Oxford: Oxford University Press, 2006), p.110.

39. Emil F. Rossler, *Die Grundung der Universität Gottingen: Entwurfe, Berichte, und Briefe der Zeitgenossen*(Gottingen: Vandenhoeck&Ruprecht, 1855), p.36. McClelland, *State, Society,* p.42.

40. McClelland, *State, Society,* p.45.

41. Howard, *Protestant Theology,* pp.116–117.

42. 같은 책, p.119.

43. 같은 책, p.87.

44. 같은 책, p.55.

45. William Clark, *Academic Charisma and the Origins of the Research University*(Chicago: University of Chicago Press, 2006), p.174.

46. 같은 책, p.8.

47. 같은 책, p.237.

48. 같은 책, p.60.

49. McClelland, *State, Society*, p.96.

50. Clark, *Academic Charisma*, p.19.

51. Thomas Ahnert, *Religion and the Origins of the German Enlightenment: Faith and the Reform of Learning in the Thought of Christian Thomasius*(Rochester, N.Y.: University of Rochester Press, 2006). Hunter, *Rival Enlightenments, and Howard, Protestant Theology*, p.26도 참고.

52. Clark, *Academic Charisma*, p.211.

53. T. C. W. Blanning, *The Power of Culture and the Culture of Power: Old Regime Europe, 1660–1789*(Oxford: Oxford University Press, 2002), p.242.

54. W. H. Bruford, *Culture and Society in Classical Weimar, 1775–1806*(Cambridge: Cambridge University Press, 1962), p.1.

55. Blanning, *Power of Culture*, p.133.

56. 같은 책., Jurgen Habermas, *The Structural Transformation of the Public Sphere: An Inquiry into a Category of Bourgeois Society*, Thomas Burger 역, Frederick Lawrence 자문(Cambridge, U.K.: Polity Press, 1989), p.72.

57. Pinkard, *German Philosophy*, p.7.

58. Blanning, *Power of Culture*, p.144. p.145의 표도 참고.

59. 같은 책, p.150.

60. 같은 책, p.159. Habermas, *Structural Transformation*, pp.25–28.

61. 라이프니츠가 어떻게 라틴어를 독일어로 전환했는지에 대한 주석은 Christian Mercer, *Leibniz's Metaphysics: Its Origin and Development*(Cambridge: Cambridge University Press, 2001), p.278, 주석 46 참고. G. W. Leibniz, *Discourse on Metaphysics and Other Essays*, David Garber and Roger Ariew 편집 및 번역(London: Hackett, 1991) 참고; *Protogaea*, Claudine Cohen and Andre Wakefield 편집 및 번역(Chicago: University of Chicago Press, 2008)도 참고.

62. Eric Blackall, *The Emergence of German as a Literary Language, 1700–1775*(Cambridge: Cambridge University Press, 1959), p.69.

63. 토마지우스에 대한 실러의 견해에 대해서는 1799년 5월 29일 실러가 괴테에게 보낸 편지를 참고하라—S. Seidel 편, *Briefe der Jahre 1798–1805*, vol. 2 of *Der Briefwechsel zwischen Schiller und Goethe*(Munich: Beck, 1985). Ahnert, *Religion and the Origins of the German Enlightenment, and Blanning*과 *Power of Culture*, p.201도 참고.

64. Blanning, *Power of Culture*, p.239.

65. 같은 책, p.201.

66. Benedict Anderson, *Imagined Communities: Reflections on the Origin and Spread of Nationalism*(London: Verso, 1983), p.41. Habermas, *Structural Transformation*, pp.18-19.

67. Anderson, *Imagined Communities*, p.49.

68. 같은 책, p.82.

69. Blanning, *Power of Culture*, p.161.

70. 같은 책, p.162.

71. 같은 책, p.176.

72. 같은 책, p.180.

73. 같은 책, p.243.

74. 프리드리히의 정부 이론에 대해서는 Reinhold Koser, *Geschichte Friedrichs des Grossen*. 3 vols. (Berlin, 1925) 참고; 1981년 베를린 박람회의 카탈로그 *Preussen: Versuch einer Bilanz*. 5 vols. (Reinbek bei Hamburg: Rowohlt, 1981)도 참고; Theodor Schieder, *Frederick the Great*, Sabina Berkeley and H. M. Scott 편집 및 번역(Harlow, U.K., and New York: Addison Wesley Longmann, 2000) 참고. 이 편지는 일반적으로 프리드리히 대왕과 그가 통치하던 프로이센의 학문에 대한 가장 최근의 주요 자료로 간주된다. 또 Blanning, *Power of Culture*, p.131도 참고.

75. Blanning, *Power of Culture*, p.132. 이 도서관은 프리드리히 빌헬름 1세의 명령으로 훗날 경매되었다.

76. Schieder, *Frederick the Great*, p.37

77. G. p. Gooch, *Frederick the Great*(New York: Dorset Press, 1990), p.140.

78. Schieder, *Frederick the Great*, p.257도 참고.

79. 같은 책, 제 9장, "Philosopher-King"은 프리드리히의 많은 저서를 언급한다, pp.233-267. 왕의 많은 지적 활동은 또 Friedrich Meinecke의 *Machiavellism*에서도 검증된다. 영어 번역은 Manchester University Press, 1957, pp.275-310.

80. Blanning, *Power of Culture*, p.219.

81. 같은 책, p.222.

82. 같은 책, p.228.

83. Schieder, *Frederick the Great*, pp.43-44. Blanning, *Power of Culture*, p.141.

제2장 '교양', 그리고 완전성에 대한 타고난 충동

1. John Redwood, *Reason, Ridicule, and Religion, 1660–1750*(London, Thames&Hudson, 1976), p.150; Karen Armstrong, *A History of God from Abraham to the Present: The 4000-Year Quest for God*(London: Heinemann, 1993), p.330; Richard Popkin, *The Third Force in Seventeenth-Century Thought*(Leiden: Brill, 1992), pp.102-103.

2. Peter Hanns Reill, *The German Enlightenment and the Rise of Historicism*(Los Angeles: University of California Press, 1975), p.31.

3. Moses Mendelssohn, *Über die Empfindungen*(Berlin: Bey Christian Friedrich Voss, 1755), p.52. Reill, *German Enlightenment*, p.43도 참고.

4. 반세기 뒤 괴팅겐 대학의 교수에 취임한 1세대 역사학자 중의 한 사람인 요한 크리스토프 가테러는 계속 중국인을 조롱했다. "그들은 실제보다 훨씬 오래된 것으로 보이고 싶어한다. 마치 공을 갖고 노는 어린애들처럼 수백만 년을 가지고 논다." Reill, *German Enlightenment*, p.78도 참고.

5. Johann Salomo Semler, *Beanwortung der Fragment eines Lebens Beschreibungen Berühmter Gelehrten*(Leipzig, 1766), vol. 2, p.290. Hartmut Lehmann, *Der Pietismus*, in Etienne Francois and Hagen Schulze 편,

Deutsche Erinnerungsorte(Munich: Beck, 2001), vol. 2, pp.571–584.

6. Reill, *German Enlightenment*, p.82.

7. Johann David Michaelis, "Schreiben an Herrn Professor Schlotzer die Zeitrechnung von der Sundflut bis auf Salomo betreffend," *in Zerstreute kleine Schriften* 2 vols. (Jena, in der akademischen Buchhandlung, 1794), vol. 1, pp.262ff.

8. Reill, *German Enlightenment*, pp.78–79.

9. August Ludwig von Schlözer, *Allgemeine nördische Geschichte: Forsetzungen der Algemeinen Welt-Historie durch eine Geselschaft von Gelehrten in Teutschland und Engeland ausgefertiget* Part 31. (Halle, 1771), p.263.

10. Reill, *German Enlightenment*, p.220.

11. 같은 책, p.90.

12. 같은 책.

13. Johann David Michaelis, *Mosaisches Recht*, 6 vols. (Frankfurt, 1770–1775), pp.88ff.

14. August Ludwig von Schlözer, *Allgemeine nördische Geschichte: Vorsetzungen der Allgemeinen Welt-Historie durch eine Geselschaft von Gelehrten in Teutschland und England ausgefertiget*. Part 31. (Halle, 1771). p. 263.

15. August Ludwig von Schlozer, *Verstellung der Universal-Historie* 2 vols. (Gottingen, 1772–1773), vol. 2, p.273.

16. Ursula Franke, *Kunst als Erkenntnis: Die Rolle d. Sinnlichkeit in d. Ästhetik d. Alexander Gottlieb Baumgarten(Wiesbaden: Steiner, 1972)*. Reill, *German Enlightenment*, p.56도 참고.

17. H. R. Schweizer 편, *Theoretische Asthetik: Die grundlegenden Abschnitte der "Aesthetica"*(Hamburg: Felix Meiner Verlag, 1983). 이 같은 편집구성은 프랑크푸르트 원본(1750–1758)에서 발췌한 것이다.

18. Reill, *German Enlightenment*, p.61.

19. 같은 책, p.202.

20. 같은 책, p.62.

21. 같은 책, p.65. 훗날 하이데거는 철학적인 사색은 오직 그리스어와 독일어로만 가능하다고 주장했다.

22. 같은 책.

23. Isaak Iselin, *Über die Geschichte der Menschhei,* 2 vols. (Basel, 1779), vol. 1, pp.7-8.

24. Reill, *German Enlightenment,* p.217.

25. 같은 책, p.219.

26. 같은 책, p.214.

27. Walter Hofer, *Geschichtschreibung und Weltanschauung: Betrachtungen zum Werk Friedrich Meineckes*(Munich: Oldenborg, 1950), pp.370ff. 영어로 된 질풍노도의 표준 작품은 「Roy Pascal」이다. *The German Sturm und Drang*(Manchester: Manchester University Press, 1953).

28. Reill, *German Enlightenment,* p.98.

29. Ernst Mayr, *The Growth of Biological Thought*(Cambridge, Mass.: Belknap Press of Harvard University Press, 1982), p.36.

30. Reill, *German Enlightenment,* p.126.

31. 같은 책, p.50.

32. 같은 책, p.104.

33. 이 정보에 대해서는 베르너 페니히에게 감사한다.

34. Reill, *German Enlightenment,* p.156.

35. 같은 책, p.157.

36. 같은 책, p.187.

37. 같은 책, p.158.

38. 같은 책, p.106.

39. 같은 책, p.130.

40. Timothy Lenoir, *The Strategy of Life: Teleology and Mechanics in Nineteenth-Century German Biology*(Chicago: University of Chicago Press,

1989), pp.17–18. Johann Blumenbach의 *The Institutions of Physiology*는 John Elliotson이 1817년에 영어로 번역했고 Bensley for E. Cox에서 간행되었으며 HRH Prince Augustus Frederick, Duke of Sussex에게 헌정되었다.

41. Lenoir, *Strategy of Life*, p.19.

42. 같은 책, p.20.

43. 같은 책.

44. 같은 책, p.26.

45. 같은 책, pp.36–37.

46. 같은 책.

47. 같은 책, p.43.

48. 같은 책, p.48.

49. 같은 책, p.50.

50. 같은 책, p.197.

51. 같은 책, p.202.

52. 같은 책, p.310.

53. 같은 책, p.343.

54. 같은 책, p.391.

55. Peter Hanns Reill, "History and the Life Sciences in the Early Nineteenth Century," George G. Iggers and James M. Powell 편, *Leopold von Ranke and the Shaping of the Historical Discipline*(Syracuse, N.Y.: Syracuse University Press, 1990), 제2장, pp.21ff.

56. Wilhelm von Humboldt, *Gesammelte Schriften, Preussischen Akademie des Wissenschaften*, Albert Leitzman 편(Berlin, 1903–06) vol. 1, p.262.

57. Lenoir, *Strategy of Life*, p.27.

58. 이 문제에서 그는 동생인 알렉산더의 영향을 많이 받았다. Ilse Jahn, *Dem Leben auf der Spur: Die biologischen Forschungen Alexander von Humboldts*(Leipzig, Jena, Berlin: Urania–Verlag, 1969), pp.40ff참고.

59. 주로 Paul Sweet의 *Wilhelm von Humboldt,* 2 vols. (Ohio State University Press, 1980)를, 이 경우에는 vol. 2, pp.394ff를 참고했지만 Wilhelm von

Humboldt, "Essai sur les langes du nouveau continent"도 참고했다. 그리고 *Gesammelte Schriften*, vol. 3, pp.300-341; Clemens Menze, *Humboldts Lehre*(Ratingen bei Dusseldorf: Henn, 1965) 역시 참고했다.

60. Friedrich Schiller, *Die Briefwechsel zwischen Friedrich Schiller und Wilhelm von Humboldt*, Siegfried Seidel 편(Berlin: Aufbau, 1962), 2 vols; Clemens Menze, *Wilhelm von Humboldt und Christian Gottlob Heyne*(Ratingen bei Düsseldorf: Henn, 1966); Aleida Assmann, *Arbeit amnationalen Gedächtnis: Eine kurze Geschichte der deutschen Bildungsidee*(Frankfurt am Main: Campus, 1993). 이 부분을 참고하도록 강조한 데 대해 Gisele Mettele 박사에게 감사한다.

61. Pinkard, *German Philosophy*, p.7.

62. Thomas Albert Howard, *Protestant Theology and the Making of the Modern German University*(Oxford: Oxford University Press, 2006), p.7; Blanning, *Power of Culture*, p.205.

제2부 세 번째 르네상스. 회의론과 진화론 사이의 시기

\-

제3장 빙켈만, 볼프, 레싱: 그리스 정신의 세 번째 부흥과 근대 학문의 기원들

1. 부르크하르트가 바젤에서 보낸 시절에 대해서는 Lionel Gossman, *Basel in the Age of Burckhardt: A Study in Unseasonable Ideas*(Chicago: University of Chicago Press, 2000) 참고.

2. Peter Burke, *Introduction to Jacob Burckhardt: The Civilisation of the Renaissance in Italy, trans. S. G. C. Middlemore*(London: Penguin, 1990), p.12.

3. 부르크하르트의 문화사 개념에 대해서는 Felix Gilbert, *History: Politics or Culture? Reflections on Ranke and Burckhardt*(Princeton, N.J.: Princeton University Press, 1990), 특히 4장과 5장을 참고.

4. Christopher Charles Parslow, *Rediscovering Antiquity: Karl Weber*

and the Excavation of Herculaneum, Pompeii and Stabiae(Cambridge: Cambridge University Press, 1995), pp.85, 177, 215-232.

5. E. M. Butler, *The Tyranny of Greece over Germany: A Study of the Influence Exercised by Greek Art and Poetry over the Great German Writers of the Eighteenth, Nineteenth, and Twentieth Centuries*(Boston: Beacon Press, 1958), p.12.

6. Henry Hatfield, *Aesthetic Paganism in German Literature: From Winckelmann to the Death of Goethe*(Cambridge, Mass.: Harvard University Press, 1964), p.6.

7. Butler, *Tyranny of Greece*, p.14.

8. Hatfield, *Aesthetic Paganism*, pp.6-7.

9. Suzanne L. Marchand, *Down from Olympus: Archaeology and Philhellenism in Germany, 1750–1970*(Princeton, N.J.: Princeton University Press, 1996).

10. Parslow, *Rediscovering Antiquity*, p.27.

11. C. W. Ceram, Gods, *Graves and Scholars: The Story of Archaeology*, E. B. Garside and Sophie Wilkins 역(London: V. Gollancz, 1971), p.4. 원본은 Gotter, *Graber und Gelehrte*(Hamburg: Rowohlt, 1949)로 발행되었다.

12. Parslow, *Rediscovering Antiquity*, p.104. 또 Wolfgang Leppmann, *Winckelmann*(London: Gollancz, 1971), p.170도 참고.

13. Butler, *Tyranny of Greece*, p.26.

14. Hatfield, *Aesthetic Paganism*, p.39. 일반적인 배경에 대해서는 Josef Chytry, *The Aesthetic State: A Quest in Modern German Thought*(Berkeley and London: University of California Press, 1989)를 참고.

15. J. Eiselein 편, *Johann Winckelmanns sämtliche Werke*(Donauoschingen, 1825-9), vol. 6, pp.297-299.

16. 그가 벨베데레의 아폴로Apollo Belvedere에 대해 언급한 것은 Hans Zeller, *Winckelmanns Beschreibung des Apollo im Belvedere*(Zurich: Atlantis, 1955) 참고.

17. Hatfield, *Aesthetic Paganism*, p.8.

18. 같은 책, pp.19–20.

19. 같은 책, p.6.

20. 같은 책, p.10.

21. 같은 책, p.6.

22. 같은 책, p.20.

23. Butler, *Tyranny of Greece*, p.5.

24. Horst Rudiger 편, *Winckelmanns Tod: Die Originalberichte*(Wiesbaden: Insel–Verlag, 1959).

25. Hatfield, *Aesthetic Paganism*, p.1.

26. 같은 책, pp.334–335.

27. 괴테의 계승자들은 "누구나 자기 나름대로 그리스인이 되어야 한다"는 괴테의 가르침을 아주 진지하게 받아들인 것으로 보인다. *Aesthetic Paganism*, p.5.

28. H. B. Garland, *Lessing: The Founder of Modern German Literature*(London: Macmillan, 1963), p.4.

29. Gustav Sichelschmidt, *Lessing: Der Mann und sein Werk*(Dusseldorf: Droste, 1989); Peter Putz, *Die Leistung der Form: Lessings Dramen*(Frankfurt am Main: Suhrkamp, 1986).

30. Victor Lange, *The Classical Age of German Literature, 1740–1815*(London: Edward Arnold, 1982).

31. Gerhard Kaiser, *Klopstock: Religion und Dichtung*(Gutersloh: Guter–sloher Verlagshaus Gerd Mohn, 1963), pp.133–160(천재론에 대해서) 그리고 204ff.

32. 독일을 위한 클롭슈토크의 문학적 야심에 대해서는 Robert M. Browning, *German Poetry in the Age of Enlightenment: From Brockes to Klopstock*(University Park: Pennsylvania State University Press, 1978), pp.230–231 참고. 또 Adolphe Bossert, *Goethe, ses precurseurs et ses contemporains: Klopstock, Lessing, Herder, Wieland, Lavater; la jeunesse de Goethe*(Paris: Hachette, 1891)도 참고.

33. Garland, *Lessing*, p.12.

34. Sichelschmidt, *Lessing*, 5-8장.

35. Garland, *Lessing*, p.83.

36. 같은 책, p.69.

37. 같은 책, p.32.

38. 같은 책, p.159.

39. 같은 책, p.142.

40. 같은 책, pp.180-181.

41. Putz, *Leistung der Form*, pp.242f.

42. Garland, *Lessing*, p.180.

43. 같은 책, p.57.

44. 같은 책, p.198.

45. Alex Potts, *Flesh and the Ideal: Winckelmann and the Origins of Art History*(New Haven, Conn., and London: Yale University Press, 1994), p.26.

46. 상대적으로 작지만 영향력이 큰 독일의 지식사회는 볼프가 보낸 일련의 서신으로 알 수 있다: Wiegfried Reiter 편, *Friedrich August Wolf: Ein Leben in Briefen* 3 vols. (Stuttgart: Metzler, 1935).

47. Marchand, *Down from Olympus*, p.19.

48. 같은 책, p.20.

49. 같은 책, p.21.

50. Potts, *Flesh and the Ideal*, p.25.

51. 같은 책, p.27.

52. 같은 책, p.28.

53. 같은 책.

54. Marchand, *Down from Olympus*, p.31.

55. Potts, *Flesh and the Ideal*, p.22.

제4장 종이 시대 최고의 창작물

1. Peter Hall, *Cities in Civilisation: Culture, Innovation, and Urban Order*(London: Weidenfeld & Nicolson, 1998), p.69.
2. 같은 책, p.72.
3. Bruford, *Culture and Society*, p.59.
4. Boyle, *Goethe*, vol. 1, pp.236-237.
5. Bruford, *Culture and Society*, p.57.
6. Boyle, *Goethe*, vol. 1, p.244.
7. Bruford, *Culture and Society*, p.18.
8. Regine Schindler-Hurlimann, *Wielands Menschenbild: Eine Interpretation des Agathon*(Zurich: Atlantis, 1963).
9. Bruford, *Culture and Society*, p.42.
10. Jan Colin, *Philologie und Roman: Zu Wielands erzählerischer Rekonstruktion griechischer Antike im "Aristipp"*(Göttingen: Vanden-hoeck&Ruprecht, 1998).
11. Bruford, *Culture and Society*, p.45.
12. Nicholas Boyle, *Goethe: Poet and the Age*, vol. 2, *Revolution and Renunciation(1790–1803)*(Oxford: Clarendon Press, 2000).
13. Bruford, *Culture and Society*, pp.62-63.
14. 같은 책, p.11.
15. Boyle, *Goethe*, vol. 1, p.170.
16. 『젊은 베르테르의 슬픔』과 실러의 『군도』 (1781)의 비교에 대해서는 Boyle, *Goethe*, vol. 1, pp.176f참고. 그는 마치 두 작품이 질풍노도의 숭배 대상과 같다고 말한다. 나폴레옹의 비평에 대해서는 Gustav Seibt, *Goethe und Napoleon: Eine historische Begegnung*(Munich: Beck, 2008) 참고.
17. Bruford, *Culture and Society*, pp.13, 18.
18. Boyle, *Goethe*, vol. 1, p.267.
19. Dietrich Fischer-Dieskau, *Goethe als Intendent: Theaterleidenschaften*

im klassichen Weimar(Munich: Deutscher Taschenbuch Verlag, 2006).

20. Boyle, *Goethe*, vol. 1, p.104. Habermas, *Structural Transformation*, p.38.

21. Bruford, *Culture and Society*, p.97.

22. 같은 책, p.10.

23. Boyle, *Goethe*, vol. 1, pp.592, 145.

24. 같은 책, p.156.

25. 같은 책, p.164.

26. 같은 책, p.259.

27. 같은 책, p.420.

28. 같은 책, p.443.

29. 같은 책, pp.170-171.

30. 같은 책, p.180.

31. 같은 책, p.515.

32. 영어판 괴테 작품에 대해서는 Derek Glass, *Goethe in English: A Bibliography of the Translations in the Twentieth Century*, Matthew Bell and Martin H. Jones 편(Leeds: Maney Publishing, for the English Goethe Society and the Modern Humanities Research Association, 2005) 참고. 또 Nicholas Boyle and John Guthrie 편, *Goethe and the English-speaking World: Essays from the Cambridge Symposium for His 250th Anniversary*(Rochester, N.Y.: Camden House, 2002)도 참고.

33. Henry Hatfield, *Aesthetic Paganism and German Literature: From Winckelmann to the Death of Goethe*(Cambridge, Mass.: Harvard University Press, 1964), p.x.

34. Bruford, *Culture and Society*, p.30.

35. 같은 책, p.50.

36. Boyle, *Goethe*, vol. 1, 605.

37. Bruford, *Culture and Society*, p.47.

38. Johann Wolfgang von Goethe, *Faust*(Oxford: Oxford University Press, 1998), Introduction by David Luke, p.ix.

39. David Hawke, *The Faust Myth: Religion and the Rise of Representation*(Basingstoke: Palgrave/Macmillan, 2007); John Gearey, *Goethe's Faust: The Making of Part 1*(New Haven, Conn., and London: Yale University Press, 1981).

40. Goethe, *Faust*, p.xiv.

41. 같은 책, p.xxxv.

42. 같은 책, p.vii.

43. Boyle, *Goethe*, vol. 1, p.346.

44. Max Kommerell, *Der Dichter als Führer in der deutschen Klassik: Klopstock, Herder, Goethe, Schiller, Jean Paul, Hölderlin*. 제3판 (Frankfurt am Main: Klostermann, 1982); F. M. Barnard, *Herder's Social and Political Thought: From Enlightenment to Nationalism*(Oxford: Clarendon Press, 1965), p.xix.

45. Barnard, *Herder's Social and Political Thought*, p.16.

46. 같은 책, p.55.

47. 원숭이와 인간의 차이에 대한 헤르더의 견해에 대해서는 H. B. Nisbet, *Herder and the Philosophy and History of Science*(Cambridge: Modern Humanities Research Association, 1970), pp.250f를 참고.

48. Barnard, *Herder's Social and Political Thought*, p.57.

49. 같은 책, p.59.

50. 같은 책, p.63.

51. 같은 책, p.75.

52. 같은 책, p.93.

53. 진화에 대한 헤르더의 견해에 대해서는 Nisbet, *Herder and the Philosophy*, pp.210ff를 참고.

54. Barnard, *Herder's Social and Political Thought*, p.120.

55. 같은 책, p.124.

56. 같은 책, p.147.

57. Johannes von Müller, *Briefwechsel mit Johann Gottfried Herder und*

Caroline v. Herder, 1782–1808, K. E. Hoffmann 편(Schaffhausen: Meier, 1962), 65, III, p.109.

58. S. D. Martinson 편, *A Companion to the Works of Friedrich Schiller*(Rochester, N.Y.: Camden House, 2000), p.3.

59. Bernt von Heiseler, *Schiller*, John Bednall 번역 및 주석(London: Eyre&Spottiswood, 1962), pp.52ff. for the first performances. 또 Peter-Andre Alt, *Schiller: Leben—Werk—Zeit* 2 vols. (Munich: C. H. Beck, 2000), pp.276ff 도 참고.

60. Heiseler, *Schiller*, p.126.

61. 같은 책, p.3.

62. 같은 책, p.141.

63. 같은 책, p.9.

64. Rudiger Safranski, *Friedrich Schiller, oder, Die Erfindung des deutschen Idealismus*(Munich: Hanser, 2004).

65. Martinson, *Companion*, p.11.

66. Frederick Beiser, *Schiller as Philosopher: A Re-examination*(Oxford: Oxford University Press, 2005), p.37.

67. Martinson, *Companion*, p.43.

68. 같은 책, p.54.

69. 같은 책, p.77.

70. 같은 책, p.84.

71. 같은 책, p.207.

72. 같은 책, p.220.

제5장 정신의 구조를 밝힌 새로운 빛

1. Willibald Klinke, *Kant for Everyman*(London: Routledge&Kegan Paul, 1951), p.43.

2. 초기에 칸트가 관념론에 대해 반대한 것에 대해서는 *Nova dilucidato*, vol. 1, pp.411–412 참고. 이 부분은 베를린에 있는 프로이센(이후 독일) 왕립과학아카데미에서 편집하고 George Reiner 그리고 이어 Walter de Gruyter가 펴낸 『칸트전집Kant's Gesammelte Schriften』에서도 찾을 수 있을 것이다.

3. 멘델스존의 "철학적 집착philosophical preoccupations"에 대해서는 Alexander Altmann, *Moses Mendelssohn: A Biographical Study*(London and Portland, Oregon: The Littman Library of Jewish Civilisation, 1998), pp.313ff 참고. 멘델스존은 Frederick C. Beiser, *The Fate of Reason: German Philosophy from Kant to Fichte*(Cambridge, Mass.: Harvard University Press, 1987), pp.92ff에 나오는 철학의 역사에 좀더 깊은 뿌리를 두고 있다.

4. Klinke, *Kant*, p.254.

5. 같은 책, p.202.

6. Lewis White Beck, *Early German Philosophy: Kant and His Predecessors*(Cambridge, Mass.: Belknap Press of Harvard University Press, 1969), p.327.

7. Altmann, *Moses Mendelssohn*. 같은 저자의 *Moses Mendelssohns Fruhschriften zur Metaphysik*(Tubingen,: Mohr/Siebeck, 1969)도 참고; 그리고 David Sorkin, *Moses Mendelssohn and the Religious Enlightenment*(London: Peter Halban, 1996), p.xl를 참고.

8. Karl Ameriks 편, *The Cambridge Companion to German Idealism*(Cambridge: Cambridge University Press, 2000), p.1.

9. 같은 책, p.2.

10. 같은 책.

11. *Geschichte der Universitat Jena, 1548/58–1958*(Jena: G. Fischer, 1958).

12. Ameriks, *Cambridge Companion*, p.4.

13. 같은 책.

14. Bertrand Russell, *History of Western Philosophy*(London: Routledge, 2005), p.640.

15. Klinke, *Kant*, p.78.

16. 같은 책, p.81.

17. 같은 책, p.83. Andrew Ward, *Kant: The Three Critiques*(Cambridge, U.K.: Polity Press, 2006)도 참고.

18. Karl Ameriks, *Kant's Theory of Mind: An Analysis of the Paralogisms of Pure Reason*(Oxford: Clarendon Press, 1982).

19. Klinke, *Kant*, p.87.

20. "관념성ideality"의 어려운 발상에 대해서는 다음을 참고. Ameriks, *Kant's Theory*, pp.280ff, Dieter Henrich, *Between Kant and Hegel: Lectures on German Idealism*, David S. Pacini 편(Cambridge, Mass.: Harvard University Press, 2003).

21. Klinke, *Kant*, p.82.

22. Paul Guyer 편, *The Cambridge Companion to Kant*(Cambridge: Cambridge University Press, 1992).

23. Klinke, *Kant*, p.91.

24. 같은 책, p.97.

25. 같은 책, p.114.

26. 같은 책.

27. Falk Wunderlich, *Kant und Bewusstseinstheorien des 18. Jahrhunderts*(Berlin: de Gruyter, 2005).

28. Klinke, *Kant*, p.128.

29. Ernst Cassirer, *Kant's Life and Thought*(New Haven, Conn., and London: Yale University Press, 1981), pp.271–273.

30. Cassirer, *Kant's Life*, p.288.

31. 같은 책, p.303.

32. 같은 책, p.320.

33. 같은 책, p.323.

34. Manfred Frank, *The Philosophical Foundations of Early German Romanticism*, Elizabeth Millan-Zaibert 역(Albany: State University of New York Press, 2004).

35. Cassirer, *Kant's Life*, p.333.

36. Pinkard, *German Philosophy*, p.88.

37. 같은 책, p.89.

38. Henrich, 앞에 언급한 책, pp.96ff.

39. Pinkard, *German Philosophy*, p.95.

40. Henrich, *Between Kant and Hegel*, p.113ff, 127ff.

41. Pinkard, *German Philosophy*, p.103.

42. 같은 책, p.105.

43. Russell, *History*, pp.650-651. 또 Robert Hanna, *Kant and the Foundations of Analytic Philosophy*(Oxford: Clarendon Press, 2001)도 참고.

44. 연대순으로 등장한 피히테의 사고에 대해서는 Walter E. Wright가 쓴 *The Science of Knowing: J. G. Fichte's 1804 Lectures on the Wissenschaftslehre*의 서문을 참조하라. Walter E. Wright 역(Albany, N.Y.: State University of New York Press, 2005) 참고.

45. Pinkard, *German Philosophy*, p.106.

46. Dieter Henrich, "Die Anfange der Theorie Subjekts," in *Zwischenbetrachtungen im Prozess der Aufklärung*, Axel Honneth 외 편(Frankfurt: Surhkamp, 1989), pp.106ff; 또 영어로 된 "Schulz and Post-Kantian Scepticism," Henrich, *Between Kant and Hegel*. 제10장, Beiser, *Fate of Reason*, pp.226ff(라인홀트에 대해서) 그리고 266ff(슐체에 대해서) 참고.

47. 피히테의 저작은 1845-1846년에 J. H. Fichte가 편집하고 베를린 Veit사에서 간행한 *J. G. Fichtes sammtliche Werke*에 종합적으로 나와 있다.

48. Pinkard, *German Philosophy*, p.109.

49. Henrich, *Between Kant and Hegel*, pp.206ff., 피히테의 상상력 이론에 대해서도 논하고 있다.

50. Pinkard, *German Philosophy*, p.123.

51. 이 문제는 전문 역사학자들이 상당 부분 검증한 것이다. 참고문헌에 대해서는 *Introductions to the Wissenschaftslehre and Other Writings, 1797-1800*, Daniel Breazeale 편·역(Indianapolis, Ind.: Hackett, 1994), pp.xlvff. 참고.

52. J. G. Fichte, *Foundations of Transcendental Philosophy*, Daniel Breazeale 편·역(Ithaca, N.Y.: Cornell University Press, 1992).

제6장 음악 분야에서의 르네상스: 철학으로서의 교향곡

1. Wolfgang Victor Ruttkowski, *Das literarische Chanson in Deutschland* (Bern/Munich: Francke, 1966).
2. Harold C. Schonberg, *Lives of the Great Composers*(London: Davis-Poynter/Macdonald Futura, 1970/1980), p.616.
3. 같은 책, p.618.
4. 같은 책, p.620.
5. 1800년대 초에 피아노의 인기 때문에 다른 악기의 활발한 보급이 위협을 받은 것으로 보인다. David Gramit, *Cultivating Music: The Aspirations, Interests, and Limits of German Musical Culture, 1770–1848*(Berkeley: University of California Press, 2002), p.136 참고.
6. Schonberg, *Lives of the Great Composers*, p.622.
7. 같은 책, p.624.
8. 알체스테 직전의 글루크의 음악적 비교에 대해서는 Jack M. Stein, *Poem and Music in the German Lied from Gluck to Hugo Wolf*(Cambridge, Mass.: Harvard University Press, 1971), pp.29-32 참고. 또 Hans Joachim Moser, *Christoph Willibald Gluck: Die Lestung, der Mann, der Vermächtnis*(Stuttgart: Cetta, 1940), p.323도 참고.
9. Schonberg, *Lives of the Great Composers*, p.624.
10. 같은 책, p.625-626.
11. 후기의 하이든에 대해서는 Hans-Hubert Schonzler 편, *Of German Music* (London: Oswald Wolff, 1976), p.92와 Sieghard Brandenburg 편, *Haydn, Mozart&Beethoven: Studies in the Music of the Classical Period; Essays in Honour of Alan Tyson*(Oxford: Clarendon Press, 1998)을 참고.

12. Peter Gay, *Mozart*(London: Weidenfeld&Nicolson, 1999), pp.109f. Robert W. Gutman, *Mozart: A Cultural Biography*(London: Secker&Warburg, 2000), pp.668ff도 참고했다.

13. Schonberg, *Lives of the Great Composers*, p.628.

14. 글루크와 모차르트의 비교에 대해서는 Adolf Goldschmitt, *Mozart: Genius und Mensch*(Hamburg: C. Wegner, 1955), pp.288ff을, 글루크가 모차르트에게 미친 영향에 대해서는 Gutman, *Mozart*, p.571을 참고.

15. Alfons Rosenberg, *Die Zauberflöte: Geschichte und Deutung von Mozarts Oper*(Munich: Prestel, 1964). Hugo Zelzer는 1791년 9월 30일의 첫날밤부터 1792년 11월까지 100회 이상 공연되었고 바이마르에서는 이 작품이 괴테의 감독 하에 공연되었다고 말한다. "German Opera from Mozart to Weber," Schönzeler 편, *Of German Music*, p.127. 모차르트 오페라의 수용 분위기에 대해서는 Cliff Eissen, *New Mozart Documents: A Supplement to O. E. Deutsch's Documentary Biography*(London: Macmillan, 1991) 참고.

16. Schonberg, *Lives of the Great Composers*, p.630.

17. 같은 책, p.631.

18. David Wyn Jones, *The Symphony in Beethoven's Vienna*(Cambridge: Cambridge University Press, 2006), p.264.

19. Esteban Buch, *Beethoven's Ninth: A Political History*, trans. Richard Miller(Chicago: University of Chicago Press, 2003). 또 Celia Applegate and Pamela Potter 편, *Music and German National Identity*(Chicago: University of Chicago Press, 2002), p.8도 참고.

20. Schonberg, *Lives of the Great Composers*, p.632.

21. 슈베르트의 영향에 대해서는 Scott Messing, *Schubert in the European Imagination*. 2 vols. (Rochester, N.Y.: University of Rochester Press, 2007) 참고. 슈베르트의 죽음에 대한 반응은 vol. 1, pp.199f를 참고.

22. Charles Fisk, "What Schubert's Last Sonata Might Hold," in Jenefer Robinson 편, *Music and Meaning*(Ithaca, N.Y.: Cornell University Press, 1997), pp.179ff. 또 Lorraine Byrne, *Schubert's Goethe Settings*(Aldershot:

Ashgate, 2003)와 Hermann Abert, *Goethe und die Musik*(Stuttgart: J. Engelharns Nachfolger, 1922)도 참고.

23. 그의 견해 일부는 *Königliche kaiserliche privilegierte Prager Zeitung*, no. 293, 1815. 10. 20일자에 정리되어 있다.

24. Mark Evan Bonds, *Music as Thought: Listening to the Symphony in the Age of Beethoven*(Princeton, N.J.: Princeton University Press, 2006), p.xiii. 또 Wyn Jones, *Symphony*, pp.11-13도 참고. 음악의 등급에 대해서는 Gramit, *Cultivating*, pp.23-24와 Robinson 편, *Music*을 참고.

25. Bonds, *Music as Thought*, p.1.

26. 같은 책, pp.7, 17.

27. 교향곡으로 벌어들인 베토벤의 수입에 대해서는 Ludwig van Beethoven, *Briefwechsel: Gesamtausgabe*, Sieghard Brandenburg 편, 7 vols. (Munich: G. Henle, 1996), vol. 1, pp.317ff를 참고. 연주회의 발전에 대해서는 Gramit, *Cultivating*, pp.25, 138을 참고.

28. Bonds, *Music as Thought*, p.16. 독일 음악의 '깊이'와 그 자체로 '존더베크'로서 '지적' 소유로 구분한 범위에 대해서는 Applegate and Potter 편, *Music and German*, pp.40-42, 51-55를 참고.

29. Applegate and Potter 편, *Music and German*, pp.51-52. Bonds, *Music as Thought*, p.22.

30. 그 이상의 감각적인 분석에 대해서는 Franz Hadamowsky, *Wien, Theatergeschichte von den Anfangen bis zum Ende des Ersten Weltkriegs* (Vienna: Wancura, 1994), pp.308-310을 참고.

31. *E. T. A. Hoffmann's Musical Writings: Kreisleriana, the Poet and the Composer, Music Criticism*, David Charlton 편, Martyn Clark 역(Cambridge: Cambridge University Press, 1989).

32. Bonds, *Music as Thought*, pp.35-40.

33. 다시 음악 애호가의 사회로 집중되는 다른 관점에 대해서는 Carl Ferdinand Pohl, *Denkschrift aus Anlass des hundertjahrigen Bestehens der Tonkunstler-Societat: Im Jahre 1862 reorganisiert als "Haydn," Witwen-und Waisen-*

Versorgungs-Verein der Tonkunstler in Wien(Vienna, 1871), pp.67–69를 참고.

34. Applegate and Potter 편, *Music*, p.6. 민족주의와의 연관성에 대해서는 p.18을, 음악의 독일 정신에 대해서는 p.2를 참고. 또 Bonds, *Music as Thought*, p.46도 참고했다.

35. Bonds, *Music as Thought*, p.51.

36. Abert, *Goethe und die Musik*, 그리고 Ruttkowksi, *Literarische Chanson*.

37. 콘서트홀의 등장에 대한 묘사는 Eduard Hanslick, *Geschichte des Concertwesens in Wien*. 2 vols. (Vienna, 1897), vol. 1, pp.289f를 참고

38. Applegate and Potter 편, *Music*, pp.2, 9.

39. Bonds, *Music as Thought*, p.87.

40. 베토벤 자신은 이 같은 견해에 상당 부분 동의하지 않았다. Wyn Jones, *Symphony*, pp.155ff 참고.

41. Bonds, *Music as Thought*, p.106.

제7장 우주, 쐐기문자, 클라우제비츠

1. Mott T. Greene, *Geology in the Nineteenth Century: Changing Views of a Changing World*(Ithaca, N.Y.: Cornell University Press, 1982), p.36.

2. Abraham Gottlob Werner, *Kurze Klassifikation und Beschreibung der verschiedenen Gebirgsarten*. Alexander Ospovat 번역 및 서문(New York: Hafner, 1971). 원본은 1789년에 간행되었다.

3. Rachael Laudan, *From Mineralogy to Geology: The Foundations of a Science: 1650–1830*(Chicago:University of Chicago Press, 1987), pp.48ff. 베르너의 색채론에 대해서는 Patrick Syme, *Werner's Nomenclature of Colours* (Edinburgh: W. Blackwood, 1821)를 참고.

4. Laudan, *Mineralogy*, p.49.

5. 같은 책, p.113ff.

6. 같은 책, p.40.

7. Ospovat, 앞에서 인용한 책.

8. Laudan, *Mineralogy*, p.100.

9. 같은 책, p.105.

10. 같은 책, p.111.

11. Marcus du Sautoy, *The Music of the Primes*(London: HarperCollins, 2003/2004), p.20.

12. Ludwig Schlesinger, "Uber Gauss Jugendarbeiten zum arithmetisch–geometrischen Mittel," *Jahresbericht d. Deutschen Mathematiker- Vereinigung* 20, no.11–12(November–December 1911): pp.396–403 참고.

13. Robert Jordan, "Die verlorene Ceres," *Neueste Nachrichten*, Brunswick, May 1, 1927. "Determinatio attractionis, quam in punctum quoduis positionis datae exerceret planeta, si ejus massa per totam orbitam, ratione temporis, que singulae partes describuntur, uniformiter esset dispertita." Comment, Gottingen, IV, 1816–1818, pp.21–48.

14. Du Sautoy, *Music of the Primes*, p.109. G. Waldo Dunnington, *Carl Friedrich Gauss: Titan of Science*(New York: Hafner, 1955), pp.174ff.

15. Morris Kline, *Mathematics for Non-Mathematicians*(New York: Dover, 1967), p.456.

16. Dunnington, *Carl Friedrich Gauss*, pp.147–162. 또 Catherine Goldstein 외 편, *The Shaping of Arithmetic: After C. F. Gauss's Disquistiones arithmeticae*(Berlin: Springer, 2007) 참고.

17. Dunnington, *Carl Friedrich Gauss*, pp.139ff.

18. Du Sautoy, *Music of the Primes*, p.74.

19. 동종요법의 변형된 형태에 대한 논의는 Margery G. Blackie, *The Patient Not the Cure: The Challenge of Homeopathy*(London: Macdonald&Jane's, 1976), pp.3ff를 참고. 또 Thomas Lindsay Bradford, *The Life and Letters of Dr. Samuel Hahnemann*(Philadelphia: Boericke&Tafel, 1895)도 참고.

20. Martin Gumpert, *Hahnemann: The Adventurous Career of a Medical Rebel*(New York: L. B. Fischer, 1945), p.6.

21. 같은 책, p.22. Bradford, *Life and Letters*, pp.24-26. 하네만의 동시대인에 대해서는 Blackie, *Patient*, pp.25ff를 참고.

22. Bradford, *Life and Letters*, p.35. Blackie, *Patient*, p.16.

23. Gumpert, *Hahnemann*, p.68.

24. 같은 책, p.70.

25. Bradford, *Life and Letters*, p.72.

26. 최근의 전기傳記에서는 훔볼트를 다음과 같이 묘사한다. "19세기 아메리카에 그토록 엄청난 영향을 끼친 사람은 없다고 말할 수 있다." Aaron Sachs, *The Humboldt Current: A European Explorer and His American Disciples*(New York: Oxford University Press, 2007).

27. Herbert Scurla, *Alexander von Humboldt: Eine Biographie*(Düsseldorf: Claasen, 1982), pp.188-191. 또 Hermann Klencke, *Lives of the Brothers Humboldt: Alexander and William*, Juliette Bauer 역(London: Ingram, Cooke&Co., 1852).

28. Scurla, *Alexander von Humboldt*, pp.51-57.

29. 같은 책, p.102ff.

30. Gerard Helferich, *Humboldt's Cosmos*(New York: Gotham, 2004), p.21. 훔볼트 자신은 '제2의 콜럼버스'라고 불렸다. Scurla, *Alexander von Humboldt*, p.415.

31. *Dictionary of Scientific Biography*, VI, p.550.

32. Scurla, *Alexander von Humboldt*, pp.138f.

33. 같은 책, p.178. Aaron Sachs에 따르면, 훔볼트는 J. N. Reynolds, Clarence King, George Wallace Melville, John Muir 등 4대 아메리카 탐험가에게 영감을 주었다. Sachs, *Humboldt Current*, 여러 곳.

34. 훔볼트의 『우주』와 『국민교육』에 대해서는 Nicolaas A. Rupke, *Alexander von Humboldt: A Metabiography* (Frankfurt and Berlin: Peter Lang, 2005), pp.38-43 참고.

35. Helferich, *Humboldt's Cosmos*, p.23.

36. Scurla, *Alexander von Humboldt*, pp.206-207.

37. 알렉산더 폰 훔볼트의 광범위한 활약에 대한 논의는 Rupke, *Alexander von Humboldt*, pp.162-218 참고.

38. C. W. Ceram, *Gods, Graves and Scholars*(London: Book Club Associ-ates, 1967), p.228.

39. 같은 책.

40. Arthur John Booth, *The Discovery and Decipherment of the Trilingual Cuneiform Inscriptions*(London: Longmans, Green and Co., 1902), p.173. 그로테펜트 자신의 설명은 A. H. L. *Heere, Historical Works*, vol. 2 (Oxford, 1833), p.337에 영어로 번역되어 있다. 또 Denise Schmandt-Besserat, *Before Writing*, vol. 1, *From Counting to Cuneiform*(Austin: University of Texas Press, 1992)도 참고.

41. Ceram, *Gods, Graves*, p.230.

42. 같은 책, p.231.

43. 같은 책, p.233.

44. Hugh Smith, *On Clausewitz: A Study of Military and Political Ideas* (Basingstoke: Palgrave/Macmillan, 2005), p.viii. Peter Paret은 이중 상당 부분이 상식적이라고 말한다. Peter Paret, *Understanding War: Essays on Clausewitz and the History of Military Power*(Princeton, N.J.: Princeton University Press, 1992), p.117.

45. Paret은 핵무기의 등장으로 클라우제비츠의 말이 그 자신의 시대보다 더 중시되는 문제가 발생했다고 말한다. Paret, *Understanding War*, p.96.

46. Smith, *On Clausewitz*, p.ix.

47. 같은 책, p.3.

48. Wilhelm von Schramm, *Clausewitz: Leben und Werk*(Esslingen am Neckar: Bechtle, 1981), pp.140ff.

49. Schramm, *Clausewitz*, pp.363ff.

50. 클라우제비츠는 육군대학 학장으로 있으면서 작전참모에 관심을 쏟았다. Major von Roder, *Fur Euch, meine Kinder!*(Berlin, 1861).

51. Smith, *On Clausewitz*, p.25. Carl von Clausewitz, "Bemerkungen über

die reine und angewandte Strategie des Herrn von Bulow," *Neue Bellona* 9, no. 3 (1805): 271.

52. Schramm, *Clausewitz*, p.557ff. Smith, *On Clausewitz*, p.25.

53. Smith, *On Clausewitz*, p.27.

54. 같은 책.

55. 같은 책, p.44.

56. 나폴레옹의 전쟁 역사관에 대해서는 Hans Delbruck, "General von Clausewitz", *Historische und Politische Aufsatze*(Berlin: Walther&Apolant, 1887)를 참고.

57. Schramm, *Clausewitz*, pp.135-158, 220-255. 그리고 Michael Eliot Howard, *Clausewitz*(Oxford and New York: Oxford University Press, 1983)도 참고.

58. Smith, *On Clausewitz*, pp.65-66.

59. Schramm, *Clausewitz*, p.181. Smith, *On Clausewitz*, p.130.

60. Smith, *On Clausewitz*, p.134.

61. 같은 책, p.237.

62. 같은 책, p.238.

63. 같은 책, p.239.

제8장 태초의 언어, 내면의 소리 그리고 낭만파의 노래

1. Kai Hammermeister, *The German Aesthetic Tradition*(Cambridge: Cambridge University Press, 2002), pp.62-86. 또 Friedrich von Schlegel, *The Aesthetic and Miscellaneous Works*, E. J. Millington 역(London: Bell, 1875)도 참고. 독일의 동양학자로서 19세기에 최초로 옥스퍼드 대학의 비교언어학 교수가 된 프리드리히 막스 뮐러는 이렇게 말했다. "고대 인류역사와 관련해 19세기에 가장 중요한 발견으로 무엇을 꼽을 것이냐고 묻는다면 나는 간단하게 산스크리트의 디야우스 피타르Dyaus Pitar, 그리스어의 제우스, 라틴어의 주피터, 고대 북방의 티르Tyr라고 대

답할 것이다."

2. Manfred Frank, *The Philosophical Foundations of Early German Romanticism*, Elizabeth Millan-Zaibert 역(Albany: State University of New York Press, 2004). 또 Gerald N. Izenberg, *Romanticism, Revolution, and the Origins of Modern Selfhood, 1787–1802*(Princeton, N.J.: Princeton University Press, 1992)도 참고.

3. Raymond Schwab, *The Oriental Renaissance: Europe's Rediscovery of India and the East 1680–1880*(New York: Columbia University Press, 1984), p.11.

4. Isaiah Berlin, *The Sense of Reality*(London: Chatto&Windus, 1996), p.168.

5. Isaiah Berlin, *Freedom and Its Betrayal*(London: Chatto&Windus, 2002), p.60.

6. Nicholas Halmi, *The Genealogy of the Romantic Symbol*(Oxford: Oxford University Press, 2007), pp.51-53, 63-65, 144-147.

7. Berlin, *Sense of Reality*, p.179.

8. Izenberg, *Romanticism*, 특히 1부와 2부. Izenberg는 정치와 심리, 아이러니의 연관성에 대해 독자적인 설명을 하고 있다. Kathleen M. Wheeler 편, *German Aesthetic and Literary Criticism: The Romantic Ironists and Goethe*(Cambridge: Cambridge University Press, 1984)도 참고. 이 책은 잘 알려지지 않은 낭만파 시인들, 노발리스, 루트비히 티크, 카를 졸거, 장 파울 리히터도 다루고 있다.

9. Butler, *Tyranny of Greece*, p.6.

10. Berlin, *Freedom and Its Betrayal*, p.89.

11. 같은 책, p.91.

12. 같은 책, p.96.

13. Manfred Schroter 편, "Schelling's Erster Entwurf", *Schellings Werke*, 12 vols (Munich:C. H. Beck, 1927-1959), vol. 2, p.63.

14. 예를 들면 Karl Japsers, *Schelling: Grosse und Verhangnis*(Munich: Piper, 1955), p.154ff를 참고.

15. Berlin, *Freedom and Its Betrayal*, p.98.

16. 같은 책.

17. Manfred Frank, *Das Problem "Zeit" in der deutschen Romantik*(Munich: Winkler, 1972), pp.22-44, 54-55. 또 "On the Language and Wisdom of the Indians"가 포함된 *The Aesthetic and Miscellaneous Works of Friedrich von Schlegel*, E. J. Millington 역(London: Henry G. Bohn, 1849)도 유용한 자료이다.

18. Berlin, *Freedom and Its Betrayal*, p.110.

19. 같은 책, p.111.

20. 같은 책, p.184-185.

21. Izenberg, *Romanticism*, p.18ff.

22. Robert J. Richards, *The Romantic Conception of Life: Science and Philosophy in the Age of Goethe*(Chicago: University of Chicago Press, 2002), p.18.

23. 같은 책, p.22.

24. Carmen Kahn-Wallerstein, *Schellings Frauen: Caroline und Pauline*(Bern: Francke, 1959)

25. Richards, *Romantic Conception*, p.102.

26. 같은 책, p.8.

27. 같은 책, p.10.

28. 같은 책, p.12.

29. Friedrich Schelling, *System des transcendentalism Idealismus*(1800), M. Schroter, *Schellings Werke*, vol. 2, p.249.

30. Richards, *Romantic Conception*, p.144.

31. Johann Christian Reil, *Rhapsodien uber die Anwendung der psychischen Curmethode auf Geisteszerruttungen*(Halle: Curtschen Buchhandlung, 1803). 또 Henrik Steffens, *Johann Christian Reil: Ein Denkschrift*(Halle: Curtschen Buchhandlung, 1815)도 참고.

32. Richards, *Romantic Conception*, p.267ff.

33. 같은 책, pp.305-306.

34. Karl J. Fink, *Goethe's History of Science*(Cambridge: Cambridge University Press, 1991), p.9.

35. David Simpson 편, *German Aesthetic and Literary Criticism: Kant, Fichte, Schelling, Schopenhauer, Hegel*(Cambridge: Cambridge University Press, 1984).

36. Fink, *Goethe's History*, p.17.

37. 같은 책, p.22.

38. Werner Heisenberg, "Die Goethesche und Newtonesche Farbenlehre im Lichte der Modern Physik," *Geist der Zeit* 19(1941): 261-275; Jurgen Blasius, "Zur Wissenschaftstheorie Goethes," *Zeitschrift fur philsophisches Forschung* 33(1979): 371-388.

39. Fink, *Goethe's History*, pp.33-34.

40. 같은 책, p.44.

41. 같은 책, p.45.

42. Rupprecht Matthaei 외 편, "J. W. Goethe, 'Verhaltnis zur Philosophie,' " in *Die Schriften zur Naturwissenschaft*. 11 vols. in 2 parts. (Weimar: Bohlau, 1947), part 1, vol. 4, p.210.

제9장 브란덴부르크 문, 철십자 훈장, 독일의 라파엘로들

1. 이런 평가는 오래전에 기한이 지난 (뛰어난) 멩스의 전작 카탈로그가 1999년에 간행된 사실과 무관하게 적용된다. Steffi Roettgen, *Anton Raphael Mengs 1728–1779*, 2 vols. (Munich: Hirmir, 1999) 참고. 이 작업으로 멩스의 종교화 작품 수가 드러났다.

2. Thomas Pelzel, *Anton Raphael Mengs and Neoclassicism*(New York: Garland Publishing, 1979), p.1.

3. 같은 책, p.15.

4. Johann Kirsch, *Die romischen Titelkirchen im Altertum*. Studien zur

Geschichte und Kultur des Altertums, IX. (Paderborn: F. Schoningh, 1918), pp.58ff.

5. Pelzel, *Anton Raphael Mengs*, p.66.

6. 같은 책, p.72.

7. 같은 책, p.86.

8. Carl Justi, *Winckelmann und seine Zeitgenossen*. 3 vols. (Leipzig: F. C. W. Vogel, 1923), vol. 2, p.382. 또 Roettgen, *Anton Raphael Mengs*도 참고.

9. Pelzel, *Anton Raphael Mengs*, p.109.

10. 같은 책, p.111.

11. 같은 책, p.126.

12. G. L. Bianconi, *Elogio storico del Cavaliere Antonio Raffaele Mengs* (Milan, 1780), p.195. 그가 에스파냐에서 보낸 시절에 대해서는 Dieter Honisch, *Anton Raphael Mengs und die Bildform des Fruhklassizismus*(Recklinghausen: Aurel Bongers, 1965), pp.38ff를 참고.

13. Pelzel, *Anton Raphael Mengs*, p.197.

14. Jean Locquin, *La peinture d' histoire en France de 1747 à 1785*(Paris, 1912), p.104. Pelzel, *Anton Raphael Mengs*에서 재인용. 또 Hugh Honour 편, *The Age of Neoclassicism*, 빅토리아앨버트 미술관에서 있었던 유럽예술원council of Europe의 열네 번째 전시회 카탈로그, London, 1972. 9. 9-11. 19(London: Arts Council of Great Britain, 1972)도 참고.

15. Pelzel, *Anton Raphael Mengs*, p.215.

16. Honour, *Age of Neoclassicism*, p.xxii.

17. 같은 책, p.xxiii.

18. 같은 책, p.liii.

19. 같은 책, p.lxi.

20. Merlies Lammert, *David Gilly, Ein Baumeister des deutschen Klassizismus*(Berlin: Akademie Verlag, 1964), pp.60ff.

21. Honour, *Age of Neoclassicism*, p.lxii.

22. 같은 책.

23. Michael Snodin 편, *Karl Friedrich Schinkel: A Universal Man*, 빅토리아앨버트 미술관에서의 전시회, 1991. 7. 31-10. 27(New Haven, Conn.: Yale University Press in association with the Victoria and Albert Museum, 1991).

24. Gottfried Riemann and Christa Hesse, *Karl Friedrich Schinkel: Architekturzeichnungen*(Berlin: Henschel, 1991). 또 Helmut Borsch-Supan and Lucius Grisebach, *Karl Friedrich Schinkel: Architektur, Malerei, Kunstgewerbe*. Exhibition, Berlin, 1981. (Berlin: Nicolai, 1981)도 참고.

25. Louis Schreider, *Das Buch des Eisernen Kreuzes: Die Ordens Sammlung* (Berlin, 1971).

26. Gordon Williams, *The Iron Cross: A History, 1813-1957*(Poole: Blandford Press, 1984), p.12. 윌리엄은 싱켈의 디자인이 황제 자신을 가리켰다고 말한다.

27. Snodin 편, *Karl Friedrich Schinkel*, 특히 Gottfried Riemann과 Alex Potts의 에세이. 또 Riemann und Hesse, *Karl Friedrich Schinkel*도 참고. 이 짤막한 책은 싱켈의 그림과 그림 설명, 지도, 꼼꼼하게 그린 실내장식등 아름다운 그림으로 꾸며져 있다.

28. Reinhard Wegner 편, *Karl Friedrich Schinkel, Die Reise nach Frankreich und England in Jahre* 1826(Munich: Deutscher-Kunstverlag, 1990). 여기에는 원본의 복제가 포함되어 있다.

29. Rand Carter, *Karl Friedrich Schinkel: The Last Great Architect*(Chicago: Exedra Books, 1981).

30. Erik Forssman, "Hohere Baukunst", *Karl Friedrich Schinkel: Bauwerke und Baugedanken*(Munich: Schnell&Steiner, 1981), pp.211-233.

31. Oswald Hederer, *Leo von Klenze: Persönlichkeit und Werk*(Munich: Georg D. W. Callwey, 1964). 바이에른에 있는 그의 작품에 대해서는 pp.172-180를 참고. 클렌체는 뛰어난 화가이기도 했다. Norbert Lieb and Florian Hufnagl, *Leo von Klenze: Gemälde und Zeichnungen*(Munich: D. W. Callwey, 1979) 참고.

32. 그림 자체에 대해서는 Klaus Gallwitz 편, *Die Nazarener in Rom: Ein deutscher Kunstlerbund der Romantik*(Munich: Prestel, 1981) 참고. 전시회는

로마에서 열렸고 아주 인기가 없는 (오늘날) 화가들의 그림이 뛰어난 수준을 지녔음을 쉽게 알 수 있다.

33. Mitchell Benjamin Frank, "Overbeck as the Monk–Artist", *German Romantic Painting Redefined: Nazarene Tradition and the Narratives of Romanticism*(Aldershot: Ashgate, 2000), pp.49ff. 이 화가들의 그림에 대해서는 pp.26–27 참고. 또 Fritz Schmalenbach, "Das Overbecksche Familienbild", *Studien über Malerei und Malereigeschichte*(Berlin: Gebr. Mann, 1972), pp.77–81도 참고.

34. Margaret Howitt, *Friedrich Overbeck: Sein Leben und Schaffen*. 2 vols. (Bern: Herbert Long, 1971), vol. 1, p.82. 원본은 헤르더가 1886년에 프라이부르크에서 출간했다.

35. Pelzel, *Anton Raphael Mengs*, p.21.

36. 같은 책, p.26.

37. 같은 책, p.29.

38. Frank, *German Romantic Painting*, p.26. 또 Gallwitz 편, *Nazarener in Rom*도 참고.

39. 우연히 그리고 매우 다행스럽게도 이들은 한때 멩스의 석고상 작업에 도움을 준 옛날의 장인을 찾아냈다. 이 노老장인은 이들에게 지금은 거의 잊힌 기본적인 기술을 가르쳐 주었다. Frank, *German Romantic Painting*, p.26.

40. Frank, *German Romantic Painting*, p.140.

41. Pelzel, *Anton Raphael Mengs*, p.40.

42. Frank, *German Romantic Painting*, p.143.

43. Pelzel, *Anton Raphael Mengs*, p.56.

44. 같은 책, p.61.

45. Julius Schnorr von Carolsfeld, *Die Bibel in Bildern*(Leipzig: G. Wigand, 1860).

46. Hans Joachim Kluge, *Caspar David Friedrich: Entwurfe fur Grabmaler und Denkmäler*(Munich: Deutscher Verlag fur Kunstwissenschaft, 1993), pp.11–14.

47. 같은 책, pp.17ff.

48. 예를 들면 뉴욕 메트로폴리탄 미술관, 시카고 미술관에서에서 개최된 전시회(1990-1991) The Romantic Vision of Caspar David Friedrich: Paintings and Drawings from the U.S.S.R에서 뉴욕의 Harry N. Abrams가 배포한 전시회 목록을 참고.

49. 프리드리히의 상징주의에 대한 논의는 Joseph Leo Koerner, *Caspar David Friedrich and the Subject of Landscape*(London: Reaktion Books, 1990), pp.122f를 참고. 또 Hubertus Gassner 편, *Caspar David Friedrich: Die Erfindung der Romantik*(Munich: Hirmer, 2006)과 Werner Hofmann, *Caspar David Friedrich: Naturwirklichkeit und Kunstwahrheit*(Munich: C. H. Beck, 2000)도 참고.

50. Hans-Georg Gadamer는 공동체에 대한 프리드리히의 강조는 공동체의 해체 현상이 일어났다는 것을 확인해주는 것이라고 생각했다. Koerner, *Caspar David Friedrich*, p.130 및 이 책 제41장 참고.

제3부 교육받은 중간계층의 출현: 근대적 번영의 동력과 주체

–

제10장 훔볼트의 선물: 연구 개념의 발명과 프로이센의(프로테스탄트적) 학문 개념

1. R. Steven Turner, "The Prussian Universities and the Research Imperative, 1806-1848"(박사학위 논문, Princeton University, 1972), p.1.

2. 같은 책, p.3.

3. 같은 책, p.4.

4. 같은 책, p.8.

5. Johann Friedrich Wilhelm Koch 편, *Die preussischen Universitäten: Eine Sammlung der Verordnungen, welche die Verfassung und Verwaltung dieser Anstalten betreffen*. 2 vols. (Berlin, 1839-1840), vol. 2, pp.531-532.

6. 같은 책, p.181.

7. William Clark, *Academic Charisma and the Origins of the Research University*(Chicago: University of Chicago Press, 2006), p.211.

8. Turner, "Prussian Universities," p.223.

9. 같은 책, p.229.

10. R. Kopke, "Zum Andenken an Dr John Schulze," *Zeitschrift fur das Gymnasialwesen* 23(1869): 245-256.

11. Turner, "Prussian Universities," pp.247-248.

12. Clark, *Academic Charisma*, p.218, 학식과 연구의 구분을 위하여.

13. Turner, "Prussian Universities," p.252.

14. Conrad Varrentrapp, *Johannes Schulze und das hohere preussische Unterrichtwesen in seiner zeit*(Leipzig, 1889), pp.447-448.

15. Maximilian Lenz, *Die Geschichte der königlichen Friedrich-Wilhelms-Universitat zu* Berlin. 4 vols. (Halle, 1910-1919), vol. 2, pp.470-472.

16. Clark, *Academic Charisma*, p.237.

17. Turner, "Prussian Universities," p.270.

18. 같은 글, p.279.

19. Wilhelm von Humboldt, "Ueber die innere und aussere Organisation der hoheren wissenschaftlichen Anstalten in Berlin(1810년에 쓴 미완성 회고록. 1896년에 최초로 공개되었다)" Ernst Anrich 편, *Die Idee der deutschen Universität*(Darmstadt, 1964), pp.377-378. Turner, "Prussian Universities," note 3에서 재인용.

20. Clark, *Academic Charisma*, p.178-181. Turner, "Prussian Universities," p.285.

21. Eduard Fueter, *Die Geschichte der neueren Historiographie*(Munich, 1936), pp.415ff.

22. Clark, *Academic Charisma*, p.158.

23. Turner, "Prussian Universities," pp.293-294.

24. Conrad Bursian, *Geschichte der klassischen Philologie in Deutschland*. 2 vols. (Munich: R. Oldenbourg, 1883), vol. 1, pp.526-527. Johnson reprint

(New York, 1965).

25. Turner, "Prussian Universities," p.303.

26. Clark, *Academic Charisma*, p.287.

27. Turner, "Prussian Universities," p.325.

28. Anrich, *Idee der deutschen Universitat*, p.377.

29. F. W. J. Schelling, *On University Studies*, E. S. Morgan 역(Athens, Ohio: Ohio University Press, 1966), pp.26–27.

30. Turner, "Prussian Universities," p.373.

31. L. Wiese, *Das hohere Schulwesen in Preussen: Historische-statistische Darstellung*. 4 vols. (Berlin, 1864–1902), vol. 1, pp.420f.

32. 역사가 막스 렌츠에 따르면, 베를린 대학의 수요가 적은 학부에서 수학과 물리학을 공부하는 학생은 1810년에 6퍼센트에서 1860년에는 16퍼센트로 늘어났다. 같은 기간에 화학을 공부하는 학생은 1퍼센트에서 15퍼센트로 늘어났다. 동시에 고전문헌학의 비율은 22퍼센트에서 37퍼센트로 늘어났다. Wiese, *Das hohere Schulwesen*, vol. 1, pp.24.

33. Turner, "Prussian Universities," p.391.

34. Dietrich Gerhard and William Norvin 편, *Die Briefe Barthold George Niebuhrs*. 2 vols. (Berlin: de Gruyter, 1926), vol. 2, p.222.

35. Luise Neumann, *Franz Neumann: Erinnerungsblätter von seiner Tochter* (Leipzig: J. C. B. Mohr [p. Siebeck], 1904), p.360.

36. Turner, "Prussian Universities," p.403.

37. 같은 책, p.404.

38. 예컨대 Justus Liebig, "Der Zustand der Chemie in Preussen", *Annalen der Chemie und Pharmacie* 34(1884): 123ff를 참고. Turner, "Prussian Universities," pp.408, 419에서 재인용.

39. Helmut Schelsky, *Einsamkeit und Freiheit: Idee und Gestalt der deutschen Universität und ihrer Reformen*(Reinbeck bei Hamburg: Rowohlt, 1963), pp.131ff.

40. Varrentrapp, *Johannes Schulze*, pp.350ff.

41. Lenz, *Geschichte*, vol. 3, p.530.

42. Clark, *Academic Charisma*, pp.246ff. Turner, "Prussian Universities," p.453.

43. F. A. W. Diesterweg, *Ueber das Verderben auf den deutschen Universitäten*(Essen, 1836), pp.1f.

제11장 소외 개념의 진화

1. Malcolm Pasley 편, *Germany: A Companion to German Studies*(London: Methuen, 1972), p.393.

2. Schelling's *The Grounding of Positive Philosophy*, Bruce Matthews 편·역(Albany: State University of New York Press), 2007, p.200 참고.

3. 같은 책, p.36. 또 Friedrich Schelling, *Ideas for a Philosophy of Nature*, Errol E. Harris and Peter Heath 역, Robert Stern 서문(Cambridge: Cambridge University Press, 1988)도 참고.

4. 좀더 상세하고 훌륭한 번역은 *Georg Wilhelm Friedrich Hegel: Lectures on the Philosophy of Spirit; 1827–1828*, Robert R. Williams 번역 및 서문(Oxford: Oxford University Press, 2007), pp.18ff, 165ff를 참고.

5. Pasley 편, *Germany*, pp.397-398. 또 Thomas Soren Hoffmann, *George Wilhelm Friedrich Hegel: Eine Propadeutik*(Wiesbaden: Morix, 2004), pp.51ff를, 헤겔의 체계구축에 대해서는 p. 278을 참고.

6. Pasley 편, *Germany*, p.398. 헤겔의 언어에 대한 논의는 John McCumber, *The Company of Words: Hegel, Language and Systematic Philosophy*(Evanston, Ill.: Northwestern University Prerss, 1993), 특히 제3부, pp.215ff와 Klaus Grotsch 편, *Georg Wilhelm Friedrich Hegel: Gesammelte Werke; in Verbindung mit der Deutschen Forschungsgemeinschaft herausgegeben von der Nordrhein-Westfalischen Akademie der Wissenschaften: Volume 10: Nurnberger Gymnasialkurse und Gymnasialreden (1808–1816)*(Hamburg:

Meiner, 2006)를 참고.

7. Pasley 편, *Germany*, p.399.

8. 같은 책, p.401.

9. McCumber, *Company of Words*, p.328. McCumber는 이것이 순환적이고 자기지시적인 주장이라고 생각했다.

10. Hoffmann, *Georg Wilhelm Friedrich Hegel*, p.197ff.

11. 물론 이렇게 다른 형태에는 윤리적이고 경제적인 함의가 있다. Albena Neschen, *Ethik und Ökonomiein in Hegels Philosophie und in modernen wirtschaftsethischen Entwurfen*(Hamburg: Meiner, 2008) 참고.

12. Pasley 편, *Germany*, p.406.

13. David T. McLellan, *The Young Hegelians and Marx*(London: Macmillan, 1969), p.2.

14. Wilhelm Lang, "Ferdinand Bauer und David Friedrich Strauss," *Preussische Jahrbucher* 160(1915): 474-504.

15. Heston Harris, *David Friedrich Strauss and His Theology*(Cambridge: Cambridge University Press, 1973), pp.41ff. 슈트라우스가 신학교에서 해고된 것은 pp.58ff를 참고.

16. C. A. Eschenmayer, *Der Ischariothismus unserer Tage*(Tubingen: Ludwig Friedrich Fues, 1835). 또 Jorg F. Sandberger, *David Friedrich Strauss als theologischer Hegelianer: Mit unveröffentlichten Briefen*(Göttingen: Vandenhoeck&Ruprecht, 1972)와 David F. Strauss, *The Old Faith and the New: A Confession* (London: Asher, 1873)를 참고. Mathide Blind가 번역한 6판부터 올바른 번역이다.

17. McLellan, *Young Hegelians*, p.88. Ludwig Feuerbach, *Das Wesen des Christentums*. 2 vols. (Berlin: Akademi-Verlage, 1956). 원본은 Otto Wigand가 라이프치히에서 1841년에 출간했다. 신비주의에 대한 분석은 제10장을 참고.

18. Pasley 편, *Germany*, p.407.

19. Josef Winiger, *Ludwig Feuerbach: Denker der Menschlichkeit; Biographie*(Berlin: Aufbau Taschenbuch, 2004). Winiger는 Feuerbach를 "철학

의 루터"로 묘사한다. 또 Marx W. Wartofsky, *Feuerbach*(Cambridge and New York: Cambridge University Press, 1977)도 참고.

20. McLellan, *Young Hegelians*, pp.107, 110.

21. 마르크스의 다른 영향에 대해서는 William Lea McBride, *The Philosophy of Marx*(London: Hutchinson: 1977), pp.21-48를 참고.

22. McBride, *Philosophy of Marx*, p.38. McLellan, *Young Hegelians*, p.145.

23. McLellan, *Young Hegelians*, p.157.

24. Bruze Mazlish, *The Meaning of Karl Marx*(Oxford and New York: Oxford University Press, 1984), p.13.

25. 같은 책, p.23.

26. 같은 책, pp.37-38.

27. 같은 책, p.45.

28. 같은 책, p.48.

29. 같은 책, p.54.

30. Heinz Frederick Peters, *Red Jenny: A Life with Karl Marx*(London: Allen&Unwin, 1986).

31. Mazlish, *Meaning of Karl Marx*, pp.59-60. 어느 단계에서는 똑같이 다채로운 경제학자인 프리드리히 리스트의 논문에 대한 계획이 있었다. 뷔르템부르크 출신으로 다소 열렬히 정치적 개혁을 옹호하다 감옥에 갇힌 리스트는 미국으로 강제 이주당했으며 훗날 미국 영사가 되어 라이프치히로 돌아갔다. 리스트의 이론은 케인스의 색깔을 지녔지만(그는 경제 분야에서 정부의 부분적인 간섭을 옹호했다) 국민경제는 언제나 전체적인 관점에서 봐야 하기 때문에 다수의 이해가 우선시되어야 한다고 주장하여 주로 '국민경제학자'로 알려졌다.

32. 같은 책, p.61.

33. 같은 책, p.63.

34. Bertell Ollmann, *Alienation: Marx's Conception of Man in Capitalist Society*(Cambridge: Cambridge University Press, 1971). 인간본성에 대한 마르크스의 개념에 대해서는 제2장을 참고.

35. Mazlish, *Meaning of Karl Marx*, p.80.

36. 같은 책, p.84.

37. Ollmann, *Alienation*. 소외이론과 노동가치설은 제3장, pp.168ff를 참고.

38. Mazlish, *Meaning of Karl Marx*, p.90.

39. 같은 책, p.94.

40. Ollmann, *Alienation*, p.215.

41. Mazlish, *Meaning of Karl Marx*, p.99.

42. Mark Cowling, ed., *The Communist Manifesto: New Interpretations* (Edinburgh: Edinburgh University Press, 1998).

43. Mazlish, *Meaning of Karl Marx*, p.104.

44. 같은 책, p.105.

45. 이 책의 역사에 대해서는 Francis Wheen, *Marx's "Das Kapital": A Biography*(London: Atlantic Books, 2006)을 참고.

46. Ollmann, *Alienation*, p.168.

47. Mazlish, *Meaning of Karl Marx*, p.111.

48. 같은 책, p.113.

49. 같은 책, p.115.

50. 같은 책, p.150.

51. J. D. Hunley, *The Life and Thought of Friedrich Engels*(New Haven, Conn.: Yale University Press, 1991), p.1.

52. 두 사람이 서로 끌린 것에 대해서는 Terrell Carver가 자신의 저서인 *Marx and Engels: The Intellectual Relationship*(London: Wheatsheaf Books, 1983)에서 자세하게 언급하고 있다.

53. Hans Peter Bleuel, *Friedrich Engels: Bürger und Revolutionar; Die zeitgerechte Biographie eines grossen Deutschen*(Bern: Scherz, 1981).

54. Hunley, *Life and Thought*, pp.10, 14.

55. 엥겔스는 자신의 관심 분야에서 외롭지 않았다. Michael Levin, *The Condition of England Question: Carlyle, Mill, Engels*(Basingstoke: Macmillan, 1981) 참고.

56. Tristram Hunt, *The Frock-Coated Communist: The Revolutionary Life of*

Friedrich Engels(London: Allen Lane, 2009), p.243. Hunley, *Life and Thought*, p.17.

57. 같은 책, p.24.

58. Carver, *Marx and Engels*, p.144.

59. Hunley, *Life and Thought*, p.40.

60. Gerard Bekerman, *Marx and Engels: A Conceptual Concordance*, Terrell Carver 역(Oxford: Blackwell, 1983).

61. Hunley, *Life and Thought*, p.108.

62. 같은 책, p.123.

63. Tristram Hunt, *The Frock-Coated Communist*, pp.280-281. Franz Neubauer, *Marx-Engels Bibliographie*(Boppard am Rhein: Boldt, 1979). Carver는 이들의 관계가 끝까지 "냉정을 잃지 않는" 형태였지만 마르크스의 죽음 이후 엥겔스는 "엄밀하게 말해(완전하지는 않아도) 간단할 수도 있는 문제에 대해 모호한 체계를 세웠다"고 말한다. 이 문제에 대해서는 그가 쓴 *Marx and Engels*의 "제2 바이올린(보조 역할)?"이라는 제목이 붙은 첫 장을 참고.

제12장 독일의 역사주의: "관념사의 독특한 현상"

1. George G. Iggers, *Leopold von Ranke and the Shaping of the Historical Discipline*(Syracuse, N.Y.: Syracuse University Press, 1990), pp.38-39.

2. 같은 책, p.40.

3. 같은 책, p.42.

4. 같은 책, p.57.

5. Hermann Klencke, *Lives of the Brothers Humboldt, Alexander and William*, Klencke의 독일어판에 대한 Gustav Schlesier의 편·역본(London: Ingra, Cook&Co., 1852).

6. Iggers, *Leopold von Ranke*, p.61.

7. 마이네케의 견해는 *Staat und Personlichkeit*(Berlin: E. S. Mittler&Sohn,

1933)에 정리되어 있으며 여기에는 트뢸치, 슈타인, 훔볼트, 드로이젠에 대한 장이 들어 있다(이 책 제21장 참고). 또 *Machiavellism: The Doctrine of Raison d'Etat and Its Place in Modern History*, Douglas Scott 역(London: Routledge&Kegan Paul, 1957)도 참고. 이 책은 독일 역사에서 마키아벨리즘과 이상주의, 역사주의의 연관성에 대해 고찰한다. pp.343ff. *Cosmopolitanism and the National State*, Robert B. Kimber 역(Princeton, N.J.: Princeton University Press, 1970), 마이네케는 훔볼트와 슐레겔, 피히테를 고찰한다. *Historicism: The Rise of a New Historical Outlook*(London: Routledge&Kegan Paul, 1972), 마이네케는 어떻게 독일의 운동이 유럽(영국, 프랑스, 이탈리아)의 계몽주의에서 일어났는가를 탐구했다.

8. 인과관계의 생각에 대해서는 Walther Hofer, *Geschichtschreibung und Weltanchauung: Betrachtungen zum Werk Friedrich Meineckes*(Munich: R. Oldenbourg, 1950), pp.232ff를 참고,

9. G. P. Gooch, *History and Historians in the Nineteenth Century*(London: Longmans, Green & Co., 1913), p.12.

10. Thorkild Hansen, *Arabia Felix: The Danish Expedition of 1761–1767*, James, Kathleen McFarlane 역(London: Collins, 1964), p.34.

11. Gooch, *History and Historians*, p.23.

12. James M. McGlathery 편, *The Brothers Grimm and Folklore*(Illinois University Press, 1988), 특히 pp.66ff, 91ff, 164ff, 205ff. 사비니와의 연관성은 다채로운 그림이 들어간 Gabriele Seitz, *Die Bruder Grimm: Leben-Werk-Zeit*(Munich: Winkler, 1984), p.37ff를 참고.

13. Gooch, *History and Historians*, pp.55–57.

14. 그림 동화와 신화는 많은 판본이 있다. 필자는 Josef Scharl의 삽화가 들어간 『전집』(London: Routledge&Kegan Paul, 1948)을 사용했다. 텍스트 중간 중간에는 이야기의 분위기를 살리는 삽화와 그림이 들어 있다.

15. Gooch, *History and Historians*, pp.67–68.

16. 같은 책, p.102. 또 Wolfgang J. Mommsen 편, *Leopold von Ranke und die moderne Geschichtswissenshaft*(Stuttgart: Klett–Cotta, 1988)도 참고. 이 책은 Peter Burke와 Rudolf Vierhaus, Thomas Nipperdey의 에세이와 더불어 랑케와

헤겔, 랑케와 다윈의 연관성을 탐구하고 있다. 또 Theodore H. von Laue, *Leopold Ranke: The Formative Years*(Princeton, N.J.: Princeton University Press, 1950)도 참고.

17. Gooch, *History and Historians*, p.79.

18. Hanno Helbling, *Leopold von Ranke und der historisches Stil*(Zurich: J. Weiss, 1953).

19. Gooch, *History and Historians*, p.88.

20. Helbling, *Leopold von Ranke*, p.70ff.

21. Gooch, *History and Historians*, p.102.

22. 랑케의 정치관에 대한 논의는 Laue, *Leopold Ranke*, pp.139ff를, 열강에 대한 그의 에세이는 pp.181ff를 참고.

23. Iggers, *Leopold von Ranke*, p.10.

24. 랑케의 유산에 대해서는 Hans Heinz Krill, *Die Rankerenaissance: Max Lenz und Erich Marcks: Ein Beitrag zum historisch-politischen Denken in Deutschland, 1880–1935*(Berlin: de Gruyter, 1962)를 참고. 또 Friedrich Meinecke, *Ausgewählter Briefwechsel*, Ludwig Dehio, Peter Classen 편, (Stuttgart: K. F. Koehler, 1962)도 참고. 부르크하르트와 비스마르크를 제외하면 어떤 사람보다 더 방대한 마이네케의 서신에 랑케에 대한 언급이 많은 것은 랑케의 영향을 보여준다.

25. Iggers, *Leopold von Ranke*, pp.18-21.

제13장 생물학의 영웅시대

1. John Buckingham, *Chasing the Molecule*(Stroud: Sutton, 2004), p.1.

2. 케쿨레의 위대한 업적은 기념식 당일까지도 의심을 받을 정도였다. 아래 참고. 또 Susanna Rudofsky and John H. Wotiz, "Psychiatrists and the Dream Accounts of August Kekule," *Ambix* 25 (1988): 31-38도 참고.

3. Buckingham, *Chasing the Molecule*, p.2.

4. 같은 책, p.29.

5. Jacob Volhard, *Justus von Liebig*. 2 vols. (Leipzig: J. A. Barth, 1909).

6. 베르셀리우스에 대해서는 Eran M. Melhado and Tore Frangsmyr 편, *Enlightenment Science in the Romantic Era: The Chemistry of Berzelius and the Cultural Setting*(Cambridge: Cambridge University Press, 1992) 참고. Alan J. Rocke가 쓴 제5장은 유기화학의 발달과정에서 베르셀리우스의 역할에 관해 다루었고, John Hadley Brooke가 쓴 제8장은 이원론과 유기화학의 등장을 고찰했다.

7. 이성질 현상은 Melhado, Frangsmyr, *Enlightenment Science*, pp.171ff 참고.

8. August Wilhelm Hofmann, *The Life-Work of Liebig: Faraday Lecture for 1875*(Madison: University of Wisconsin Press, 1876). Buckingham, *Chasing the Molecule*, p.107에서 재인용.

9. Buckingham, *Chasing the Molecule*, p.109.

10. 같은 책, p.112.

11. 같은 책, p.115.

12. 같은 책, p.118. 벤젠의 많은 화합물—특히 바닐라와 시나몬—은 사실상 고대 이래 유쾌한 향이 나는 기름과 향신료로 알려졌다. 폰 리비히는 동인도의 산물인 안식향gum benzoin에서 추출한 벤조산benzoic acid에서 '벤젠'이라는 이름을 따왔다고 한다.

13. E. Mitscherlich, "Uber das Benzol und die Sauren der Oel- und Talgarten", *Liebig's Annalen* 9 (1834): 39-56.

14. Buckingham, *Chasing the Molecule*, p.122.

15. Edouard Grimaux, Charles Gerhardt Jr., *Charles Gerhardt: Sa Vie, son oeuvre, sa correspondence*(Paris: Masson, 1900), p.ii.

16. C. A. Russell, *A History of Valency*(Leicester: Leicester University Press, 1971), p.83.

17. Richard Anschutz, *August Kekule*, 2 vols. (Berlin: Verlag Chemie, 1929), vol. 1, p.38.

18. Buckingham, *Chasing the Molecule*, p.185.

19. 같은 책, p.187.

20. Robert Schwarz, *Aus Justus Liebigs und Friedrich Wohlers Briefwechsel in den Jahren 1829–1873*(Weinheim: Verlag Chemie, 1958), p.272.

21. 콜베에 대해서는 Alan J. Rocke, *The Quiet Revolution: Hermann Kolbe and the Science of Organic Chemistry*(Los Angeles and Berkeley: University of California Press, 1993) 참고. 콜베와 케쿨레의 관계는 pp.258ff를 참고; 콜베와 호프만의 '충돌'은 pp.353ff 참고. 또 Buckingham, *Chasing the Molecule*, p.213도 참고.

22. 예컨대 Hertha von Dechend, *Justus von Liebig: In eigenen Zeugnissen und solchen seiner Zeitgenossen*(Weinheim: Verlag Chemie, 1943), pp.44ff를 참고.

23. *New Dictionary of Scientific Biography*, 4, pp.310–313.

24. 같은 책.

25. Henry Harris, *The Birth of the Cell*(New Haven, Conn.: Yale University Press, 1999).

26. Harris, *Birth of the Cell*, p.76.

27. Lorenz Oken, *Die Zeugung*(Bamburg and Wurzburg: Goebhardt, 1805). Harris, *Birth of the Cell*, p.61에서 재인용.

28. Henry J. John, *Jan Evangelista Purkyně: Czech Scientist and Patriot, 1787–1869*(Philadelphia: The American Philosophical Society, 1959). 제6장은 괴테와 푸르키네에 관한 내용이고 생리학에 대한 푸르키네의 기고가 부록으로 들어 있다.

29. Harris, *Birth of the Cell*, p.88.

30. F. Bauer, *Illustrations of Orchidaceous Plants*(London: Ridgeway, 1830–1838).

31. Harris, *Birth of the Cell*, p.81.

32. J. E. Purkinje, *Bericht über die Versammlung deutscher Naturforscher und Aerzte in Prag in September 1837*(Prague: Opera Selecta, 1948), p.109.

33. Harris, *Birth of the Cell*, p.94.

34. *New Dictionary of Scientific Biography*, 6, pp.356–360.

35. Harris, *Birth of the Cell*, p.174.

36. 같은 책, p.175.

37. Theodor Schwann, *Mikroskopische Untersuchungen über die Uebereinstimmung in der Struktur und dem Wachstum der Thiere und Planzen*(Berlin: Sanderschen Buchhandlung, 1839). Harris, *Birth of the Cell*, p.100에서 재인용.

38. Harris, *Birth of the Cell*, p.4.

39. F. Unger, *Flora* 45, (1832) p.713.

40. *Dictionary of Scientific Biography*, XIII, pp.542-543.

41. 같은 책, p.601.

42. Vitezslav, *Gregor Mendel: The First Geneticist*(Oxford: Oxford University Press, 1996).

43. Harris, *Birth of the Cell*, p.119.

44. *Nachrichten uber Leben und Schriften des Herrn Geheimraths Dr. Karl Ernst von Baer, mitgetheilt von ihm Selbst*(St. Petersburg: H. Schmitzdorff, 1866), pp.322ff.

45. Harris, *Birth of the Cell*, pp.122-127.

제14장 "독일의 비참한 후진성"에서 벗어나기

1. Hagen Schulze, *The Course of German Nationalism: From Frederick the Great to Bismarck, 1763–1865*(Cambridge: Cambridge University Press, 1991), pp.43-45.

2. '국가국민'과 '문화국민'에 대한 논의와 존더베크의 사고에 대해서는 Hagen Schulze, *Staat und Nation in der europäischen Geschichte*(Munich: C. H. Beck, 1994), pp.108-125를 참고.

3. 예를 들어 Ernst Cassirer, "Holderlin und der deutsche Idealismus", Alfred Kelletat 편, *Hölderlin: Beiträge zu zeinem Verstandnis in unserm*

Jahrhundert(Tübingen: J. C. B. Mohr [Paul Siebeck], 1961), pp.79-118를 참고.

4. 그의 종교 관련성은 다음을 참고. Wolfgang Schadewelt, "Hölderlins Weg zu den Gottern", Kelletat 편, *Hölderlin*, pp.333-341; Mark Ogden, *The Problem of Christ in the Work of Friedrich Holderlin*(London: Modern Humanities Research Association, Institute of German Studies, University of London, 1991); Max Kommerell, *Der Dichter als Führer in der deutschen Klassik: Klopstock, Herder, Goethe, Schiller, Jean Paul, Holderlin*(Frankfurt am Main: Klostermann, 1982).

5. 하이데거는 누구보다도 "민족"에 대한 횔덜린의 접근 방식에 이끌렸다. Kommerell, *Dichter als Führer*, pp.461ff를 참고.

6. 동반자살로 이끈 사건에 대한 상세한 내용은 Joachim Maass, *Kleist: A Biography, trans. Ralph Manheim*(London: Secker&Warburg, 1983), pp.262-282를 참고. 또 Lukács, *German Realists*, p.17도 참고.

7. Gerhard Schutz, *Kleist: Eine Biographie*(Munich: C. H. Beck, 2007), pp.391-395. Heinrich von Kleist, *Five Plays*, Martin Greenberg 번역 및 서문 (New Haven, Conn., and London: Yale University Press, 1988).

8. 그릴파르처의 정치 관련 문제는 Bruce Thompson, "Grillparzer's Political Villains", Robert Pichl 외 편, *Grillparzer und die europaische Tradition* (Vienna: Hora, 1987), pp.101-112를 참고.

9. Raoul Auernheimer, *Franz Grillparzer: Der Dichter Osterreichs*(Vienna: Ullstein, 1948), pp.48-61.

10. Franz Grillparzer, *Selbstbiographie*, Arno Dusini 편(Salzburg and Vienna: Residenz, 1994). 예술 및 철학에 대한 논평이나 감상을 흥미롭게 혼합해 놓았다.

11. Hermann Glaser 편, *The German Mind of the Nineteenth Century: A Literary and Historical Anthology*(New York: Continuum, 1981), p.212.

12. Robert Pichl, "Tendenzen der neueren Grillparzer Forschung", Pichl 외 편, *Grillparzer*, pp.145ff.

13. Marcel Reich-Ranicki는 그가 분류한 독일 작품 평가목록에서 『녹색의 하인

리히』를 네 번째에 올려놓고 있다(Reclam, *Ditzingen*, 2003).

14. 특히 사랑의 요소가 느리고 부드럽게 등장한다. Gerhard Neumann, *Archäologie der passion zum Liebenskonzept in Stifters "Der Nachsommer"*, Michael Minden 외 편, *Stifter and Modernist Symposium* (London: Institute of German Studies, 2006), pp.60-79; 또 Lily Hohenstein, *Adalbert Stifter: Lebensgeschichte eines Uberwinders*(Bonn: Athenaum, 1952), p.226ff 참고.

15. 특히 Michael Minden, "Der grune Heinrich and the Legacy of Wilhelm Meister", John L. Flood 외 편, *Gottfried Keller: 1819–1890*(Stuttgart: Hans-Dieter Heinz Akademischer Verlag, 1991), pp.29-40를 참고; Wolfgang Matz, *Adalbert Stifter, oder, Diese furchterliche Wendung der Dinge: Biographie*(Munich: Deutscher Taschenbuch Verlag, 2005)와 Lukács, *German Realists*, p.199도 참고.

16. Todd Kontje, *The German Bildungsroman: History of a National Genre* (Columbia, S.C.: Camden House, 1993), pp.26-27.

17. Ritchie Robinson, *Heine*(London: Weidenfeld&Nicolson[Peter Halban], 1988), p.vii. Lukács, *German Realists*, p.106.

18. Robinson, *Heine*, p.7. Kerstin Decker, *Heinrich Heine: Narr des Glucks; eine Biografie*(Berlin: Propylaen, 2007)도 참고.

19. Robinson, *Heine*, pp.10-11.

20. Edda Ziegler, *Heinrich Heine: Leben, Werk, Wirkung*(Zurich: Artemis& Winkler, 1993). Robinson, *Heine*, p.13; 그리고 Lukács, *German Realists*, p.103 도 참고.

21. 이 시기에 그가 쓴 시에 대해서는 S. S. Prawer, *Heine: The Tragic Satirist* (Cambridge: Cambridge University Press, 1961), pp.141ff.; Marcel Reich-Ranicki, *Der Fall Heine*(Stuttgart: Deutsche Verlags-Anstalt, 1997); 그리고 Robinson, *Heine*, p.20를 참고.

22. Robinson, *Heine*, p.22.

23. 같은 책, p.27.

24. 같은 책, p.81.

25. 이에 대한 논의는 하이네의 편지를 인용하는 Reich–Ranicki, *Der Fall Heine*, pp.86ff를 참고.

26. Robinson, *Heine*, p.87.

27. 같은 책, p.93.

28. 마지막 시는 Prawer, *Heine*, pp.222f. Lukács, *German Realists*, p.155도 참고.

29. Jan–Christoph Hauschild, *Georg Buchner: Studien und neue Quellen zu Leben, Werk und Wirkung*(Konigstein: Athenaeum, 1985), pp.35ff, 47f.

30. Raymond Erickson, *Schubert's Vienna*(New Haven, Conn., London: Yale University Press, 1997), pp.5f.

31. 같은 책, p.290.

32. Gerbert Frodl 외 편, *Wiener Biedermeier: Malerei zwischen Wiener Kongress und Revolution*(Munich: Prestel, 1992), pp.35–43.

33. Erickson, *Schubert's Vienna*, pp.40ff. Hans Ottomeyer 외 편, *Biedermeier: The Invention of Simplicity; An Exhibition at the Milwaukee Art Museum, the Albertina in Vienna, Deutsche Historische Museum in Berlin*, 2006. 비더마이어의 재발견과 비더마이어 가구의 미학에 관한 내용이 포함된 장. 현재 겉으로 보기에는 가장 결정적인 작품일 것이다. Schonberg, *Lives of the Great Composers*, p.101. 또 George Marek, *Schubert*(London: Robert Hale, 1986), pp.110–111도 참고. Marek는 이런 저녁 행사가 대체로 '과음의 시간'이었다고 말한다. 그래도 많은 이들이 참석했고, 어떤 때는 공주 한 명, 백작부인 두 명, 남작부인 세 명, 주교가 참석한 경우도 있었다.

34. 「사육제」에 대해서는 Ronald J. Taylor, *Robert Schumann: His Life and Work*(London: Granada, 1982), pp.113–116, 127–128를 참고. 또 John Daviero, *Crossing Paths: Schubert, Schumann, and Brahms*(Oxford: Oxford University Press, 2002); 또 Alice M. Hanson, *Musical Life in Biedermeier Vienna* (Cambridge: Cambridge University Press, 1985)도 참고.

35. Taylor, *Robert Schumann*, pp.320–321; Schonberg, *Lives of the Great Composers*, p.148.

36. Clive Brown, *A Portrait of Mendelssohn*(New Haven, Conn., and

London: Yale University Press, 2003), pp.74ff.

37. 같은 책, pp.430-432.

38. Celia Applegate, *Bach in Berlin: Nation and Culture in Mendelssohn's Revival of the St. Matthew Passion*(Ithaca, N.Y.: Cornell University Press, 2005).

39. Eva Kolinsky and Wilfried van der Will, *The Cambridge Companion to Modern German Culture*(Cambridge: Cambridge University Press, 1998), p.155. 또 예를 들어 Gunter Wiegelmann 외, *Volkskunde*(Berlin: E. Schmidt, 1977); Dieter Harmening 외 편, *Volkskultur und Geschichte: Festgabe fur Josef Düninger zum 65. Geburtstag*(Berlin: E. Schmidt, 1970)도 참고.

40. Kolinsky, Wilfried van der Will, 같은 책.

41. 예컨대 정기간행물 *Germanistik: Internationales Referatenorgan mit bibliographischen Hinweisen*(Tübingen: Niemeyer) 참고. 1854년에 제작된 경찰지침서에는 블랙리스트에 오른 6300명의 명단이 있었으며 후기헤겔학파인 Arnold Ruge와 David Strauss도 명단에 포함되었다.

제15장 프랑스, 영국, 미국의 '독일 열풍'

1. Maria Fairweather, *Madame de Stael*(London: Constable, 2005), p.1.

2. 같은 책, p.4.

3. 같은 책, p.303.

4. 같은 책, p.307.

5. 같은 책, p.375.

6. 같은 책, p.379.

7. Rosemary Ashton, *The German Idea*(Cambridge: Cambridge University Press, 1980), p.12. 또 Hertha Marquardt, *Henry Crabb Robinson und seine deutschen Freunde: Brucke zwischen England und Deutschland im Zeitalter der Romantik*, 2 vols. (Göttingen: Vandenhoeck&Ruprecht, 1964-1967)

와 Jurgen Kedenburg, *Teleologisches Geschichtsbild und theokratische Staatsauffassung im Werke Thomas Carlyles*(Heidelberg: Carl Winter, 1960)를 참고.

8. Elizabeth M. Vida, *Romantic Affinities: German Authors and Carlyle; A Study in the History of Ideas*(Toronto: University of Toronto Press, 1993). Derek Hudson이 편집하고 서문을 쓴 Crabb Robinson의 일기 발췌본은 1967년 옥스퍼드 대학 출판부에서 발행되었다.

9. Ashton, *German Idea*, p.4.

10. 같은 책, p.51. 콜리지는 처음에 『파우스트』의 공로를 확신하지 못했는데 이 작품이 어떻게 수용될 것인지 염려한 그의 태도가 전적으로 틀렸다고 할 수는 없다. 영국에서는 처음에 이 작품에 대해 강한 반발기류가 있었다. 사람들은 『파우스트』의 부도덕성에 반발했고 특히 신과 거래한다는 발상에 충격을 받았다.

11. Sartor Resartus와 Frederick the Great에 관한 장을 참고, "That unutter-able horror of a Prussian book", K. J. Fielding 외 편, *Carlyle Past and Present*(London: Vision Books, 1976), pp.51-60, 177-197.

12. F. W. Stokoe는 *German Influence in the English Romantic Period, 1788-1818*(Cambridge: Cambridge University Press, 1926)에서 Scott과 Shelley, Byron까지 영향을 확대한다. 그는 1789년에서 1805년 사이에 "독일 작품을 번역하고, 적용하고 창시한" 도서목록을 출판했다. 여기에 포함된 도서는 167종이다.

13. Fairweather, *Madame de Stael*, p.176.

14. Ashton, *German Idea*, p.24.

15. W. H. G. Armytage, *The German Influence on English Education* (London: Routledge & Kegan Paul, 1969), p.6.

16. 같은 책, p.23.

17. 같은 책, p.32.

18. 같은 책, p.42.

19. 같은 책, p.52.

20. 같은 책, p.54.

21. 같은 책, pp.34, 45.

22. Hans–Joachim Netzer, *Albert von Sachsen-Coburg und Gotha: Ein deutscher Prinz in England*(Munich: C. H. Beck, 1988), p.238. Stanley Weintraub, *Albert: Uncrowned King*(London: John Murray, 1997), p.222. E. J. Feuchtwanger, *Albert and Victoria: The Rise and Fall of the House of Saxe-Coburg-Gotha*(London: Continuum, 2006).

23. Hermione Hobhouse, *Prince Albert: His Life and Work*(London: Hamish Hamilton, 1983), p. viii. 기준이 되는 저술은(비록 지금은 구시대적이지만) The–odore Martin, *The Life of HRH the Prince Consort*. 5 vols. (London: Smith, Elder, 1880)이다. 발모럴 성과 정치 문제에 대해서는 vol. 5, pp.376ff를 참고.

24. Hobhouse, *Prince Albert*, p.64.

25. Franz Bosbach and John R. Davis 편, *Windsor-Coburg: Geteilter Nachlass—emeinsames Erbe; eine Dynastie und ihre Sammlungen*(Munich: K. G. Saur, 2007), pp.49ff, 61ff, 115ff.

26. John R. Davis, *The Great Exhibition*(Stroud: Sutton, 1999), p.155.

27. 같은 책, p.114. 또 Elisabeth Darby, *The Cult of the Prince Consort*(New Haven, Conn., and London: Yale University Press, 1983)도 참고.

28. Ulrich von Eyck, *The Prince Consort*(London: Chatto&Windus, 1959), p.68.

29. 같은 책, p.86.

30. Hobhouse, *Prince Albert*, p.256.

31. Albert Bernhardt Faust, *The German Element in the United States*(New York: Steuben Society of America, 1927), vol. 1, p.5.

32. 같은 책, p.33.

33. 같은 책, p.477.

34. 같은 책, p.567.

35. Faust, *German Element*, vol. 2, pp.202–203.

36. James Morgan Hart, *German Universities: A Narrative of Personal Experience*(New York: Putnam, 1878).

37. Faust, *German Element*, vol. 2, p.212.

38. Carl Diehl, *Americans and German Scholarship, 1770–1870*(New Haven, Conn., and London: Yale University Press, 1978), pp.53, 61. J. Conrad, *Das Universitatsstudium in Deutschland*(Jena, 1884), p.25. Diehl, *Americans*, pp.63–64에서 재인용.

39. Diehl, *Americans*, p.116.

40. 같은 책, p.141. Jerry Brown, *The Rise of Biblical Criticism* (Middletown, Conn.: Wesleyan Univesity Press, 1969)도 참고.

41. Hans W. Gatzke, *Germany and the United States: A "Special Relationship?"*(Cambridge, Mass.: Harvard University Press, 1980), p.30.

42. Faust, *German Element*, vol.1, p.438.

43. 같은 책, vol. 2, p.261.

44. 같은 책, p.369.

45. 같은 책, p.401.

제16장 바그너의 또 다른 반지 — 포이어바흐, 쇼펜하우어, 니체

1. Bryan Magee, *Wagner and Philosophy*(London: Penguin, 2000/2001), p.1. 이 장章은 매기의 탁월한 저서에 많이 의존했다.

2. 같은 책, p.3.

3. Joachim Köhler, *Richard Wagner: The Last of the Titans*, Stewart Spencer 역(New Haven, Conn., London: Yale University Press, 2004), p.140.

4. 바그너의 헤겔철학에 대해서는 Paul Lawrence Rose, *Wagner: Race and Revolution*(London: Faber&Faber, 1992), pp.28–31, 62와 Magee, *Wagner and Philosophy*, p.35를 참고.

5. Köhler, *Richard Wagner*, pp.270–271.

6. Magee, *Wagner and Philosophy*, p.14.

7. Köhler, *Richard Wagner*, p.261.

8. Marx W. Wartofsky, *Feuerbach*(Cambridge: Cambridge University Press, 1977), p.322.

9. Magee, *Wagner and Philosophy*, p.52.

10. 포이어바흐가 어떤 점에서 프로이트의 전조를 보인 방식에 대해서는 S. Rawidowicz, *Ludwig Feuerbachs Philosophie: Ursprung und Schicksal*(Berlin: de Gruyter, 1964)를 참고.

11. Magee, *Wagner and Philosophy*, pp.72-73.

12. 같은 책, p.76.

13. 같은 책, p.93.

14. Köhler, *Richard Wagner*, pp.418-419.

15. Magee, *Wagner and Philosophy*, pp.145-146.

16. Rudiger Safranski, *Schopenhauer und die wilden Jahre der Philosophie* (Munich: Carl Hanser, 1977), pp.484ff. 이에 대한 배경으로 필자는 Dale Jacquette 편, *Schopenhauer, Philosophy, and the Arts*(Cambridge: Cambridge University Press, 1996)를 참고했다.

17. Magee, *Wagner and Philosophy*, p.162.

18. 같은 책, p.164.

19. Lawrence Ferrara, "Schopenhauer on Music as the Embodiment of Will", Jacquette 편, *Schopenhauer*, pp.185ff.

20. Magee, *Wagner and Philosophy*, pp.166-167.

21. 같은 책, p.168.

22. Köhler, *Richard Wagner*, pp.421-425.

23. Arthur Schopenhauer, *Parerga and Paralipomena: Short Philosophical Essays*, E. J. F. Payne 역(Oxford: Clarendon Press, 1974), vol. 2, p.287. Magee, *Wagner and Philosophy*, p.171.

24. Magee, *Wagner and Philosophy*, p.193.

25. Rudolph Sabor, *Richard Wagner: Der Ring des Nibelungen; A Companion Volume*(London: Phaidon, 1997).

26. Ferrara, "Schopenhauer on Music," p.186.

27. Magee, *Wagner and Philosophy*, p.209.

28. Köhler, *Richard Wagner*, p.537. Magee, *Wagner and Philosophy*, p.209.

29. Magee, *Wagner and Philosophy*, p.231.

30. 요아힘 쾰러는 자신이 쓴 바그너 전기에서 「파르시팔」에 35쪽을 할애하고 있으며 여기에는 코지마의 경쟁자를 둘러싼 상세한 이야기가 포함된다. pp.588-623.

31. Magee, *Wagner and Philosophy*, p.289.

32. 니체는 또 뛰어난 문장가이기도 했다. Heinz Schlaffer, *Das entfesselte Wort: Nietzsches Stil und seine Folgen*(Munich: Hanser, 2007) 참고.

33. Martin Ruehl, "Politeia 1871: Nietzsche contra Wagner on the Greek State", Ingo Gildenhard 외 편, *Out of Arcadia: Classics and Politics in Germany in the Age of Burckhardt, Nietzsche, and Wilamowitz*(London: Institute of Classical Studies, School of Advanced Study, University of London, 2003), p.72.

34. Joachim Köhler, *Nietzsche and Wagner: A Lesson in Subjugation*, Ronald Taylor 역(New Haven, Conn., and London: Yale University Press, 1998), p.55. 또 George Liebert, *Nietzsche and Music*, David Pellauer and Graham Parkes 역(Chicago: University of Chicago Press, 2004)도 참고. 심지어 바그너는 속옷을 살 때도 니체의 도움을 구할 정도였다.

35. Rudiger Safranski, *Nietzsche: A Philosophical Biography*, Shelley Frisch 역(London: Granta, 2002), p.63.

36. Joachim Köhler, *Zarathustra's Secret: The Interior Life of Friedrich Nietzsche*, Ronald Taylor 역(New Haven, Conn., and London: Yale University Press, 2002), p.93.

37. Magee, *Wagner and Philosophy*, pp.299-300.

38. 같은 책, p.306.

39. 같은 책, p.309.

40. 같은 책, p.313.

41. "Schopenhauer as Educator," Lydia Goehr, "Schopenhauer and the Musicians: An Inquiry into the Sounds of Silence and the Limits of

Philosophising about Music", Jacquette 편, *Schopenhauer*, p.216에서 재인용.

42. Magee, *Wagner and Philosophy*, p.316.

43. Thomas H. Brobjer, *Nietzsche's Philosophical Context: An Intellectual Biography*(Urbana: University of Illinois Press, 2008).

44. Safranski, *Nietzsche*, pp.184-185.

45. "그대의 진실한 존재는 그대 안의 깊은 곳에 묻혀 있지 않다네. 오히려 그대보다 말할 수 없을 정도로 높은 곳에, 적어도 그대가 그대의 자아라고 생각하는 것보다 높은 곳에 있다네." Safranski, *Nietzsche*, p.260.

46. Franz, *Graf zu Solms-Laubach, Nietzsche and Early German and Austrian Sociology*(Berlin: de Gruyter, 2007). Magee, *Wagner and Philosophy*, p.319.

47. Magee, *Wagner and Philosophy*, p.334.

48. Köhler, *Nietzsche and Wagner*, pp.141ff.

49. Magee, *Wagner and Philosophy*, pp.336-337.

제17장 물리학의 시대: 헬름홀츠, 클라우지우스, 볼츠만, 리만

이 장의 제목은 Iwan Rhys Morus, *When Physics Became King*(London: University of Chicago Press, 2005)에서 따온 것이다.

1. *Dictionary of Scientific Biography*, IX, p.235-240.

2. Ken Caneva, *Robert Mayer and the Conservation of Energy*(Princeton, N.J.: Princeton University Press, 1993).

3. P. M. Harman, *Energy, Force and Matter: The Conceptual Development of Nineteenth-Century Physics*(Cambridge: Cambridge University Press, 1982), p.144. J. C. Poggendorff, *Annalen der Physik und Chemie*(Leipzig: J. A. Barth, 1824).

4. 같은 책, p.145.

5. Morus, *When Physics Became King*, p.77.

6. Thomas S. Kuhn, *The Essential Tension: Selected Studies in Scientific

Tradition and Change(Chicago: University of Chicago Press, 1977), pp.97-98.

7. Harman, *Energy*, p.1.

8. Morus, *When Physics Became King*, p.47.

9. 같은 책.

10. 같은 책, p.48.

11. Mary Jo Nye, *Before Big Science: The Pursuit of Modern Chemistry and Physics, 1800–1940*(New York: Twayne, 1996), pp.3, 10-11.

12. Morus, *When Physics Became King*, p.63.

13. 같은 책, p.55.

14. Marcel Du Sautoy, *The Music of the Primes: Why an Unsolved Problem in Mathematics Matters*(London: Harper Perennial, 2004), p.95.

15. Christa Jungnickel and Russell McCormmach, *The Intellectual Mastery of Nature*(Chicago: University of Chicago Press, 1986), vol. 1, p.164. Morus, *When Physics*, p.147에서 재인용. Yehuda Elkana, *The Discovery of the Conservation of Energy*(London: Hutchinson, 1974)도 참고.

16. Morus, *When Physics Became King*, p.45.

17. 같은 책, p.42.

18. Harman, *Energy*, p.146.

19. Rudolf Clausius, "Über die Art der Bewegung, welche wir Warme nennen", *Annalen der Physik und Chemie* 173, no. 3 (1857): 353-380. Harman, *Energy*, p.147-148에서 재인용.

20. *Dictionary of Scientific Biography*, III, p.303-310.

21. Morus, *When Physics Became King*, p.53. 카르노와 클라우지우스의 연관성은 George Birtwhistle, *The Principle of Thermodynamics*(Cambridge: Cambridge University Press, 1931), pp.25-38를 참고.

22. Harman, *Energy*, p.148.

23. 같은 책, p.149.

24. 같은 책, p.150.

25. Lewis Campbell and William Garnett, *The Life of James Clerk Maxwell*

(London: Macmillan, 1882), p.143.

26. Morus, *When Physics Became King*, p.65.

27. 같은 책, p.68.

28. 더 이상의 배경에 대해서는 Ted Porter, *The Rise of Statistical Thinking, 1820–1900*(Princeton, N.J.: Princeton University Press, 1983)를 참고.

29. 영어로 된 설명은 Brian McGuinness 편, *Ludwig Boltzmann: Theoretical Physics and Philosophical Problems; Selected Writings*(Dordrecht, The Netherlands, and Boston: D. Reidel, 1974), pp.83-87, 217-219를 참고. 또 열평형 상태에 대한 그의 생각은 Engelbert Broda, *Ludwig Boltzmann: Mensch, Physiker, Philosoph*(Vienna: Franz Deuticke), 1955, pp.57-66, 74ff를 참고.

30. Carlo Cercignani, *Ludwig Boltzmann: The Man Who Trusted Atoms* (Oxford: Oxford University Press, 1998), 특히 엔트로피의 통계적 해석에 대해서는 pp.120ff를 참고. 이 책에는 Karl Przibram이 그린 볼츠만에 대한 재미있는 만화가 들어 있다.

31. Carl Boyer, *A History of Mathematics*, 2판. Uta C. Merzbach이 개정(New York: Wiley, 1991), p.496.

32. 같은 책, p.497.

33. 같은 책, p.507.

34. 클라인과 리만, 디리클레, 바이어슈트라스의 관계에 대해서는 아주 읽기 편한 Constance Reid의 전기, *Hilbert*(London/Berlin: George Allen and Unwin/Springer-Verlag, 1970), pp.65ff를 참고.

35. Boyer, *History*, p.545.

36. 같은 책, p.555.

37. Du Sautoy, *Music of the Primes*, p.79.

38. 디리클레, 데데킨트, 아인슈타인, 후설, 네른스트, 푸앵카레, 바이어슈트라스를 언급한 클라인과 다비트 힐베르트의 서신교환에 대해서는 Gunther Frei, *Der Briefwechsel David Hilbert–elix Klein (1886–1918)*(Göttingen: Vandenhoeck&Ruprecht, 1985)를 참고.

39. Reid, *Hilbert*, pp.45-46.

40. Boyer, *History*, p.550.

제18장 실험실의 융성: 지멘스, 호프만, 바이어, 차이스

1. Werner von Siemens, *Inventor and Entrepreneur: Recollections of Werner von Siemens*(London/Munich: Lund Humphries/Prestel), 1966, p.23.
2. 같은 책, p.42.
3. 할스케에 대한 세부 내용은 Georg Siemens, *History of the House of Siemens*, A. F. Rodger 역(Freiburg/Munich: Karl Alber, 1957), vol. 1, pp.19f.; Wilfried Feldenkirchen, *Werner von Siemens: Erfinder und internationaler Unternehmer*(Munich: Piper, 1996)를 참고.
4. Siemens, *Inventor*, p.71.
5. 같은 책, p.229.
6. 이후의 발전에 대해서는 Siemens, *Inventor*, vol. 1, pp.300ff., vol. 2, 여러 곳을 참고.
7. Diarmuid Jeffreys, *Aspirin: The Remarkable Story of a Wonder Drug* (London: Bloomsbury, 2004), pp.56-57.
8. 같은 책, p.43.
9. Rudolf Benedikt, *The Chemistry of the Coal-Tar Colours*, E. Knecht 역 (London: George Bell, 1886), pp.1-2.
10. Jeffreys, *Aspirin*, p.45.
11. John Joseph Beer, *The Emergence of the German Dye Industry*(Urbana: University of Illinois Press, 1959), p.3.
12. 같은 책, p.10.
13. aniline, toluidine, rosaniline의 화학적 조성/구조에 대해서는 Benedikt, *Chemistry*, pp.76ff를 참고.
14. Beer, *Emergence*, pp.28-29.
15. 같은 책, p.44.

16. 같은 책, p.53.

17. 같은 책, p.57.

18. 같은 책, p.61.

19. 같은 책, p.90.

20. 염료와 채색 잉크, 감미료, 의약, 사진 처리용 화학약품 간의 연관성에 대해서는 Thomas Beacall 외, *Dyestuffs and Coal-Tar Products*(London: Crosby Lockwood, 1916)를 참고.

21. Beer, *Emergence*, p.97.

22. 같은 책, p.88.

23. 같은 책, p.100.

24. 같은 책, p.115.

25. 같은 책, p.120.

26. 예를 들어 Josiah E. DuBois와 Edward Johnson이 함께 쓴 *Generals in Grey Suits: The Directors of the International "I.G. Farben" Cartel, Their Conspiracy and Trial at Nuremberg*(London: Bodley Head, 1953)를 참고.

27. Erik Verg 외, *Milestones*(Leverkusen: Bayer AG, 1988). Jefferys, *Aspirin*, p.58에서 인용.

28. Jeffreys, *Aspirin*, p.62.

29. 같은 책, p.63.

30. 같은 책, p.64.

31. 같은 책, p.65.

32. 같은 책, p.71.

33. 같은 책, p.72.

34. "Pharmakologisches über Aspirin-Acetylsalicylsaure," *Archiv fur die gesammte Physiologie*, 1999. Jeffreys, *Aspirin*, p.73에서 재인용. 저자나 쪽수에 대한 표시는 없다.

35. Jeffreys, *Aspirin*, p.73.

36. 다이어무이드 제프리스는 그가 '아스피린 시대'라고 부른 것, 제1차 세계대전 이후 미국에 바이어 사의 자산이 퍼진 것에 대해 저서의 한 장章을 할애하고 있다. 그

는 또 이게파르벤의 스캔들에서 바이어 사가 맡은 역할도 추적하고 있다. Samuel Hopkins Adams가 쓰고 Isabel Leighton이 편집을 맡은 *The Aspirin Age, 1919–1941*(London: Bodley Head, 1950)에서 저자는 마치 세계대전 사이에 세계에 기운을 북돋워 주기 위해 아스피린 공급이 필요한 듯이—아이러니하게도—생각하면서 시대를 구분하고 있다.

37. Edith Hellmuth and Wolfgang Mühlfriedel, *Zeiss 1846–1905*, vol. 1 of *Carl Zeiss: Die Geschichte eines Unternehmens*(Weimar/Cologne/Vienna: Böhlau, 1996), esp. pp.59–113, "Die wissenschaftliche Grundlegung der modernen Mikroskopfertigung."

38. 영어로 된—훨씬 오래된—서술에 대해서는 Felix Auerbach, *The Zeiss Works and the Carl Zeiss Stiftung in Jena*, S. F. Paul, F. J. Cheshire 역(London: Marshall, Brookes&Chalkley, 1927)를 참고. 이 책에는 가장 중요한 차이스 사의 발명품 목록이 들어 있다.

39. *The Great Age of the Miscroscope*는 영국망원경협회에서 창립 150주년을 기념하기 위해 제작한 목록이다. 이 협회는 최초로 과학 도구에 초점을 맞춰 설립되었다. 이 목록에는 주로 영국 제품이 실려 있지만 프랑스와 독일 제품도 있다.

40. 망원경은 실험실의 상징인 동시에 과학의 상징이기도 하다. *Tales from the Laboratory*(Munich: Iudicium, 2005)에서 편자인 Rüdiger Görner는 독일 문학에 미친 과학의 영향을 다룬 일련의 에세이들을 소개하고 있다. 특히 19세기 독일에서 실험실 과학이 주목할 만한 발전을 이루면서 과학과 인문학의 차이가 굳어진 현상을 소개한 Dieter Wuttke의 에세이 "From the Laboratory of a Cultural Historian"를 참고. 뒤에서 보겠지만 이 같은 현상은 독일에 비극적인 결과를 가져왔다.

제19장 금속의 대가들: 크루프, 벤츠, 디젤, 라테나우

1. Peter Batty, *The House of Krupp*(London: Secker&Warburg, 1966), p.46.

2. Wilhem Berdrow, *Alfred Krupp*. 3 vols. (Berlin: Von Reimar Hobbing, 1927).

3. 같은 책, p.89ff. Batty, *House of Krupp*, p.49.

4. Batty, *House of Krupp*, p.59.

5. 같은 책, p.61.

6. 같은 책, p.64.

7. 이 군비경쟁의 내용에 대해서는 Jonathan A. Grant, *Rulers, Guns and Money: The Global Arms Race in the Age of Imperialism*(Cambridge, Mass.: Harvard University Press, 2007)을 참고. Grant는 크루프와 러시아, 오토만제국, 불가리아, 루마니아, 남아메리카, 일본, 세르비아, 그리스 등과의 거래를 체계적으로 파악하고 있다.

8. 예컨대 Grant, *Rulers*, p.28. Batty, *House of Krupp*, p.71에서 인용한 Krupp Archive, Essen: WA 7f/886, "Notic Beziehungen zur Turkei"를 참고.

9. Willi A. Boelcke 편, *Krupp und die Hohenzollern in Dokumenten* (Frankfurt am Main: Akademische Verlagsgesellschaft Athenaion, 1970), 크루프와 비스마르크의 서신 교환에 대하여.

10. Batty, *House of Krupp*, p.72.

11. 같은 책, p.77.

12. Volker R. Berghahn, *Der Tirptiz-Plan: Genesis und Verfall einer innenpolitischen Krisenstrategie unter Wilhelm II*(Düsseldorf: Droste, 1971), pp.227ff. 또 Gary E. Weir, *Building the Kaiser's Navy: The Imperial Navy Office and German Industry in the Von Tirpitz Era*(Shrewsbury: Airlite, 1992), 여러 곳 참고.

13. Batty, *House of Krupp*, p.82.

14. 같은 책, p.83.

15. Peter Gay, *Schnitzler's Century: The Making of Middle Class Culture, 1815–1914*(London: Allen Lane, Penguin Press, 2001), p.7.

16. Batty, *House of Krupp*, p.93.

17. 같은 책, p.95.

18. '언덕 별장'의 모습에 대해서는 Bernt Engelmann, *Krupp: Legenden und Wirklichkeit*(Munich: Schneckluth, 1969), pp.208–209를 참고. 이 책은 다소 불

손하다.

19. St. John C. Nixon, *The Antique Automobile*(London: Cassell, 1956), p.25. David Scott-Moncrieff와 St. John Nixon, 그리고 Clarence Paget, *Three-Pointed Star: The Story of Mercedes-Benz Cars and Their Racing Successes*(London: Cassell, 1955), pp.3-19.

20. Nixon, *Antique Automobile*, p.29.

21. 같은 책, p.33.

22. Scott-Moncrieff, *Three-Pointed Star*, pp.20-56.

23. Nixon, *Antique Automobile*, p.35.

24. Scott-Moncrieff, *Three-Pointed Star*, pp.120-149.

25. 물론 다임러벤츠의 후기 역사는 논란의 여지가 없지 않다. Neil Gregor, *Daimler-Benz in the Third Reich*(New Haven, Conn., London: Yale University Press, 1998) 참고. 마이바흐에 대해서는 Scott-Moncrieff, *Three-Pointed Star*, pp.59ff를 참고.

26. 독일 기사들과 그들의 사회적 지위에 대한 논의는 Donald E. Thomas Jr., *Diesel: Technology and Society in Industrial Germany*(Tuscaloosa: University of Alabama Press, 1987), pp.38ff를 참고.

27. Eugen Diesel, *Diesel: Der Mensch, das Werk, das Schicksal*(Hamburg: Hanseatische Verlagsanstalt, 1934), p.88.

28. Thomas, *Diesel*, pp.68ff.

29. Hartmut Pogge von Strandmann 편, *Walther Rathenau, Industrialist, Banker, Intellectual and Politician: Notes and Diaries, 1907-1922*(Oxford: Clarendon Press, 1985), p.1.

30. 같은 책, p.4.

31. Christian Schölzel, *Walther Rathenau: Eine Biographie*(Paderborn: Ferdinand Schoningh, 2004), p.28.

32. Pogge von Strandmann, *Walther Rathenau*, p.14.

33. Schölzel, *Walther Rathenau*, pp.213ff.

34. 같은 책, pp.81ff.

35. Pogge von Strandmann, *Walther Rathenau*, pp.16, 88, 그리고 좀더 일반적으로는 1911–1914년 사이의 일기 내용 참고.

36. 라테나우의 경제정책에 대한 세부 내용은 *Walther Rathenaugesamtausgabe*, Hans Dieter Hellige, Ernst Schulin 편, 6 vols. (Munich: G. Muller, 1977–2006)을 참고.

37. Pogge von Strandmann, *Walther Rathenau*, p.18. James Joll은 정치적 지식인에 대한 세 편의 에세이 중 하나에서 독일의 내부 모순은 라테나우 자신의 기질에 반영되었다고 말한다. *Intellectuals in Politics: Three Biographical Essays* (London: Weidenfeld&Nicolson, 1960), p.70.

제20장 질병의 역학: 피르호, 코흐, 멘델, 프로이트

1. *New Dictionary of Scientific Biography*, 7, pp.157–161.
2. 같은 책.
3. 같은 책.
4. 피르호의 이 부분에 대해서는 예컨대 루돌프 피르호의, *Das Graberfeld von Koban in Lande der Osseten Kaukasus: Eine vergleichend-archäologische Studie*(Berlin: A. Asher, 1883)를 참고.
5. 피르호와 코흐의 관계에 대해서는 Frank Ryan, *Tuberculosis: The Greatest Story Never Told*(Bromsgrove: Swift Publishing, 1992), pp.9ff와 Bernhard Möllers, *Robert Koch: Personlichkeit und Lebenswerk, 1843–1910*(Hanover: Schmorl&von Seefeld, 1950), 4장, pp.93–120를 참고.
6. *Dictionary of Scientific Biography*, VII, p.420–435.
7. 헨레에 대한 것은 Ragnhild Munch, *Robert Koch und sein Nachlass in Berlin*(Berlin: de Gruyter, 2003), p.7와 Möllers, *Robert Koch*, pp.23–39를 참고.
8. 탄저병의 배경에 대해서는 Norbert Gualde, *Resistance: The Human Struggle against Infection*, Steven Randall 역(Washington, D.C.: Dana, 2006), p.193 주석 4를 참고.

9. Möllers, *Robert Koch*, pp.512-517.

10. Johanna Bleker, "To Benefit the Poor and Advance Medical Science: Hospitals and Hospital Care in Germany, 1820-1870", Manfred Berg and Geoffrey Cocks 편, *Medicine and Modernity: Public Health and Medical Care in Nineteenth-and Twentieth-Century Germany*(Washington, D.C.: German Historical Institute/Cambridge University Press, 1997), pp.17-33. 그리고 Möllers, *Robert Koch*, pp.527-534를 참고.

11. *Dictionary of Scientific Biography*, VII, p.423.

12. Ryan, *Tuberculosis*, pp.9-13.

13. Munch, *Robert Koch*, pp.41-46 콜레라 탐험대에 대해서는 또 Möllers, *Robert Koch*, pp.139-147도 참고.

14. Thomas Dormandy, *The White Death: A History of Tuberculosis*(London: Hambledon, 1999), p.132; 그들의 글에 대해서는 Munch, *Robert Koch*, pp.374, 378를 참고.

15. Dormandy, *White Death*, pp.139-144.

16. *Dictionary of Scientific Biography*, XIV, pp.183-184. 또 1978년의 추가 내용, pp.521-524를 참고.

17. Möllers, *Robert Koch*, pp.657-684.

18. 예를 들어 Vera Pohland, "From Positive-Stigma to Negative-Stigma: A Shift of the Literary and Medical Representation of Consumption in German Culture", Rudolf Kaser Vera Pohland 편, *Disease and Medicine in Modern German Cultures*(Ithaca, N.Y.: Center for International Studies, Cornell University, 1990)를 참고.

19. 샤우딘에 대한 주석은 Dormandy, *White Death*, pp.199n, 265n을 참고.

20. Martha Marquardt, *Paul Ehrlich*(London: Heinemann, 1949), p.160.

21. Robin Morantz Henig, *A Monk and Two Peas: The Story of Gregor Mendel and the Discovery of Genetics*(London: Weidenfeld&Nicolson, 2000), pp.173ff.

22. 멘델이 발견한 내용에 대해서는 Peter J. Bowler, *The Mendelian Revolu-*

tion: The Emergence of Hereditarian Concepts in Modern Science and Society(London: Athlone Press, 1989), pp.93ff를, 클라첼에 대해서는 Henig, *Monk and Two Peas*, pp.33-36를 참고.

23. 멘델이 빈에서 건강이 쇠약해 겪은 고충에 대해서는 Henig, *Monk and Two Peas*, pp.46-57를 참고.

24. Bowler, *Mendelian Revolution*, p.100.

25. 같은 책, p.279.

26. 같은 책, p.280.

27. 예컨대 Eileen Magnello, "The Reception of Mendelism by the Biometricians and the Early Mendelians(1899-909)", Milo Keynes, A. W. F. Edwards, Robert Peel 편, *A Century of Mendelism in Human Genetics: Proceedings of a Symposium Organised by the Galton Institute and Held at the Royal Society of Medicine, London 2001*(London/Boca Raton:CRC Press, 2004), pp.19-32를 참고.

28. Bowler, *Mendelian Revolution*, p.282.

29. Guy Claxton, *The Wayward Mind: An Intimate History of the Unconscious*(London: Little, Brown, 2005), 여러 곳.

30. William H. Johnston, *The Austrian Mind: An Intellectual and Social History, 1848–1938*(Berkeley: University of California Press, 1972), p.236.

31. Giovanni Costigan, *Sigmund Freud: A Short Biography*(London: Robert Hale, 1967), p.42.

32. 같은 책, pp.68ff.

33. Hugo A. Meynell, *Freud, Marx and Morals*(Totowa, N.J.: Barnes&Noble Books, 1981).

제21장 역사의 남용

1. Fritz Stern, *The Failure of Illiberalism*(London: Allen&Unwin, 1972), p.xxxvii.
2. Gordon A. Craig, *Germany: 1866–1945*(Oxford and New York: Oxford University Press, 1978/1981), pp.39ff. 또 Friedrich C. Sell, *Die Tragodie des deutschen Liberalismus*(Baden–Baden: Nomos, 1981)도 참고.
3. 예를 들어 Giles Macdonagh, *The Last Kaiser*(London: Weidenfeld &Nicolson, 2000/Phoenix, 2001), p.3을 참고.
4. Craig, *Germany*, p.56.
5. Theodor Mommsen, *A History of Rome under the Emperors*, Sebastian 과 Pail Hensel의 강의 노트에 기초했다. 1882–1886, 독일어 판본 Barbara and Alexandre Demandt; 영어 번역 Clare Krojzl, 편집 및 새 장章 추가 Thomas Wiedemann(London: Routledge, 1996).
6. Antoine Guilland, *Modern Germany and Her Historians*(Westport, Conn., Greenwood Press, 1970), p.156.
7. 같은 책, p.147.
8. 같은 책, p.153.
9. Mommsen, *History of Rome*, p.297.
10. Guilland, *Modern Germany*, p.161.
11. Hellmut Seier, *Die Staatsidee Heinrich von Sybels in den Wandlungen der Reichsgrundungszeit 1826/71*(Lubeck: Matthiesen, 1961).
12. Guilland, *Modern Germany*, p.185.
13. 같은 책, p.199.
14. 같은 책, p.219.
15. 다른 정치사가에 대해서는 Wilfried Nippel, *Johann Gustav Droysen: Ein Leben zwischen Wissenschaft und Politik*(Munich: C. H. Beck, 2008)을 참고.

16. Seier, *Staatsidee Heinrich von Sybels*, pp.73ff.

17. Andreas Dorpalen, *Heinrich von Treitschke*(New Haven, Conn.: Yale University Press, 1957), pp.29–48.

18. 같은 책, pp.226ff.

19. Charles E. McClelland, *The German Historians and England: A Study in Nineteenth-Century Views*(Cambridge: Cambridge Univesity Press, 1971), pp.168ff. Guilland, *Modern Germany*, p.272. 또 Paul M. Kennedy, *The Rise of the Anglo-German Antagonism*(London: Allen&Unwin, 1980)도 참고.

20. Walter Bussmann, *Treitschke: Sein Welt-und Geschichtsbild*(Gottingen: Musterschmidt, 1952). Guilland, *Modern Germany*, pp.273, 284. Hermann Baumgarten, *Treitschkes deutsche Geschichte*.(Strassburg: K. J. Trubner, 1883).

21. Lord Acton, "German Schools of History," *English Historical Review*, 1886.

22. Guilland, *Modern Germany*, p.309.

23. Ernst Curtius, *Olympia, mit Ausgewählten von Pindar, Pausanius, Lukian*(Berlin: Atlantis Verlag, 1935), 특히 pp.67–80, 또 Martin Hurlimann의 뛰어난 사진도 참고.

24. Richard Stoneman, *Land of Lost Gods*(London: Hutchinson, 1987), p.262.

25. 같은 책.

26. Heinrich Schliemann, *Selbstbiographie: Bis zu seinem Tode vervollständigt*, Sophie Schliemann 편(Wiesbaden: F. A. Brockhaus, 1955), pp.54ff, 69ff, 86ff.

27. Stoneman, *Land of Lost Gods*, p.270.

28. Susan Heuck Allen, *Finding the Walls of Troy: Frank Calvert and Heinrich Schliemann at Hisarlik*(Berkeley: University of California Press, 1999), 특히 pp.72ff. 캘버트의 '사기행각'에 대해서는 pp.85ff 참고.

29. Stoneman, *Land of Lost Gods*, p.276.

30. 슐리만과 되르프펠트에 대해서는 Hermann von Joachim 편, *Heinrich Schliemann: Grundlagen und Ergebnisse moderner Archaologie 100 Jahre*

nach Schliemanns Tod(Berlin: Akademie-Verlag, 1992), pp.153-160를 참고. 이 책은 슐리만의 사후 100년이 지나서 그의 업적—그의 요구도—을 고려하기 위해 소집된 회의 진행과정을 담고 있다. 에른스트 마이어의 *Heinrich Schliemann: Kaufmann und Forscher*(Gottingen: Musterschmidt, 1969)는 슐리만과 옥스퍼드 대학의 막스 뮐러, 루돌프 피르호, 그리고 빌헬름 되르프펠트 등 수많은 문헌학자들과의 관계를 추적하고 있다.

31. Stoneman, *Land of Lost Gods*, p.283.

32. 같은 책, p.291.

제22장 민족주의의 병리학

1. Volker R. Berghahn, *Militarism: The History of an International Debate; 1861–1979*(New York: Berg, 1981), p.9.

2. Paul Kennedy, *The Rise and Fall of the Great Powers*(London: Unwin Hyman, 1988), p.184.

3. 같은 책, p.184.

4. Nicholas Stargardt, *The German Idea of Militarism: Radical and Socialist Critics 1866–1914*(Cambridge: Cambridge University Press, 1994), pp.91ff.

5. Kennedy, *Rise and Fall of the Great Powers*, pp.149-154.

6. 같은 책, p.211.

7. Leon Poliakov, *The Aryan Myth: A History of Racist and Nationalistic Ideas in Europe*(New York: Barnes&Noble Books, 1971/1974), p.303.

8. 같은 책, p.211.

9. Stargardt, *The German Idea of Militarism*, 저자는 1907-1914년 동안의 '평화주의의 물결'에 대해서도 설명한다. 이 물결은 늘 일방적이지는 않았다.

10. 1914년의 군국주의는 뒤에서 살펴보겠지만 여기서는 Jeffrey Verhey, *The Spirit of 1914: Militarism, Myth and Mobilisation in Germany*(Cambridge:

Cambridge University Press, 2000)를 참고.

11. Michael B. Gross, *The War against Catholicism*(Ann Arbor: University of Michigan Press, 2004), p.240. Christoph Weber, *Kirchliche Politik zwischen Rom, Berlin und Trier 1876 bis 1888: Die Beilegung d. preuss. Kulturkampfes* (Mainz: Matthias-Grünewald-Verlag, 1970).

12. Erich Schmidt-Volkmar, *Der Kulturkampf in Deutschland, 1871–1890* (Göttingen: Musterschmidt, 1962), pp.23-46. Gross, *War against Catholicism*, p.241.

13. Schmidt-Volkmar, *Kulturkampf*, pp.106-112.

14. Gross, *War against Catholicism*, p.41.

15. 같은 책, p.43. Schmidt-Volkmar, *Kulturkampf*, pp.106ff.

16. Gross, *War against Catholicism*, p.56.

17. 같은 책, p.133.

18. 같은 책, p.69.

19. 같은 책, p.93.

20. 같은 책, p.109.

21. 같은 책, p.158-160.

22. 같은 책, p.116

23. 같은 책, p.213.

24. Schmidt-Volkmar, *Kulturkampf*, pp.138ff.

25. Gross, *War against Catholicism*, p.243.

26. 같은 책, p.254.

27. Weber, *Kirchliche Politik*, pp.76-83.

28. Gross, *War against Catholicism*, p.255.

29. Alfred Kelly, *The Descent of Darwin: The Popularisation of Darwinism in Germany, 1860–1914*(Chapel Hill: University of North Carolina Press, 1981), p.5.

30. 같은 책, p.5.

31. 같은 책, pp.21-23.

32. 같은 책, p.40.

33. 같은 책, p.127.

34. Robert J. Evans, "In Search of German Social Darwinism: The History and Historiography of a Concept", Berg and Cocks 편, *Medicine and Modernity*, pp.55-79.

35. Kelly, *Descent of Darwin*, p.105.

36. Arthur Hermann, *The Idea of Decline in Western History*(New York: The Free Press, 1997), p.111.

37. 개관에 대해서는 Daniel Pick, *Faces of Degeneration: A European Disorder, c. 1848–1918*(Cambridge: Cambridge University Press, 1989), esp. chap.4, pp.97-106를 참고.

38. 같은 책, pp.176-221.

39. Kelly, *Descent of Darwin*, p.126.

40. Poliakov, *Aryan Myth*, p.71.

41. 같은 책, pp.101-105.

42. Kelly, *Descent of Darwin*, p.191.

43. 같은 책, p.242.

44. 같은 책, p.273.

45. Amos Elon, *The Pity of It All: A Portrait of Jews in Germany, 1743–1933*(London: Allen Lane, Penguin Press, 2003), p.274.

46. Stern, *The Failure of Illiberalism*, p.106.

47. Kelly, *Descent of Darwin*, p.128.

48. 같은 책, p.143.

49. 같은 책, pp.165-167.

50. Pick, *Faces of Degeneration*, p.135.

51. 같은 책.

52. Kelly, *Descent of Darwin*, p.139.

53. Robert W. Lougee, *Paul de Lagarde, 1827–1891: A Study of Radical Conservatism in Germany*(Cambridge, Mass.: Harvard University Press,

1962), pp.117ff.

54. Ulrich Sieg, *Deutschlands Prophet: Paul de Lagarde und die Ursprünge des modernen Antisemitismus*(Munich: Hanser, 2007), pp.203-227.

55. 같은 책, pp.292-325.

56. Lougee, *Paul de Lagarde*, pp.227-231.

57. Hermann, *Idea of Decline*, p.54.

58. Stern, *The Failure of Illiberalism*, p.4. Lougee, 앞에서 인용한 책, pp.253-254.

59. Geoffrey G. Field, *Evangelist of Race: The Germanic Vision of Houston Stewart Chamberlain*(New York: Columbia University Press, 1981).

60. Hermann, *Idea of Decline*, p.73.

61. 체임벌린은 아돌프 폰 하르나크, 루트비히 볼츠만, 크리스티안 에렌펠스 같은 많은 지도급 인사와 서신을 교환했다. *Houston Stewart Chamberlain: Briefe und Briefwechsel mit Kaiser Wilhelm II*(Munich: Brudmann, 1928) 참고. 또 Paul Pretzsch 편, *Cosima Wagner und Houston Stewart Chamberlain im Briefwechsel 1888–1908*(Leipzig: p.Reclam jun., 1934)도 참고.

62. Hermann, *Idea of Decline*, p.75.

63. Stern, *The Politics of Cultural Despair*, pp.xx–xxi.

64. 같은 책, p.xxvii.

65. Norbert Elias, *The Germans: Power Struggles and the Development of Habitus in the Nineteenth and Twentieth Centuries*, Michael Schröter 편, Eric Dunning and Stephen Mennell 역(Cambridge, U.K.: Polity Press, 1996), pp.ix, 155.

제23장 돈, 대중, 대도시: "최초의 일관된 사회학 유파"

1. Keith Bullivant, *Realism Today: Aspects of the Contemporary West German Novel*(Leamington Spa, Hamburg, New York: Berg, 1987), pp.8-12.

Lukács, *German Realists*, p.323. Hans P. Rickman, *Wilhelm Dilthey: Pioneer of the Human Studies*(London: Paul Elek, 1979), p.12.

2. 같은 책, p.24.

3. 같은 책, p.38.

4. Hellmut Diwald, *Wilhelm Dilthey: Erkenntnistheorie und Philosophie der Geschichte*(Göttingen: Musterschmidt, 1963), pp.130ff.

5. Rickman, *Wilhelm Dilthey*, p.57.

6. Ilse N. Bulhof, *Wilhelm Dilthey: A Hermeneutic Approach to the Study of History and Culture*(The Hague: Nijhoff, 1980), p.55, 3장.

7. Rickman, *Wilhelm Dilthey*, p.70.

8. Diwald, 앞에서 인용한 책, pp.153-169.

9. 이 같은 진행 과정은 Carlo Antoni, *Vom Historismus zur Soziologie* (Stuttgart: K. F. Koehler, 1950)에서 언급되고 있다. 또 딜타이를 시작으로 베버와 마이네케도 포함된다.

10. Rickman, *Wilhelm Dilthey*, pp.150-153.

11. 같은 책, p.155.

12. Lewis Coser, *Masters of Sociological Thought: Ideas in Social and Historical Context*(New York: Harcourt, Brace, Jovanovich, 1977).

13. David Frisby, *Georg Simmel*(London: Ellis Horwood Limited, Tavistock Publications, 1984), p.23.

14. 같은 책, pp.25-26.

15. 같은 책, p.13.

16. 같은 책, p.53.

17. 같은 책, p.71.

18. Margarete Susman, *Die geistige Gestalt George Simmels*(Tubingen: Mohr, 1959), 이 책은 지멜의 정신적인 측면에 집중한다. 또 Roy Pascal, *From Naturalism to Expressionism: German Literature and Society 1880–1928* (London: Weidenfeld&Nicolson, 1973), p.157도 참고.

19. Hermann von Helmholtz, 1853, "On Goethe's Scientific Researches,"

lecture delivered before the German Society of Konigsberg, E. Atkinson 역, 재판된 Hermann von Helmholtz의 *Science and Culture: Popular and Philosophical Essays*, David Cahan 편(Chicago: Chicago University Press, 1995).

20. Frisby, *Georg Simmel*, p.84.

21. 같은 책, p.93.

22. 같은 책, p.99.

23. 같은 책, p.106.

24. Fritz Ringer, *Max Weber: An Intellectual Biography*(Chicago and London: University of Chicago Press), pp.36, 40.

25. Frisby, *Georg Simmel*, pp.131, 132, 148.

26. Ferdinand Tonnies, *Community and Civil Society*, Jose Harris(vus), Jose Harris and Margaret Hollis 역(Cambridge: Cambridge University Press, 2001), p.viii.

27. Tönnies, *Community and Civil Society*, p.xii.

28. 같은 책, p.xiv.

29. 같은 책, p.xv.

30. 같은 책, p.xvii.

31. 같은 책, p.xxi.

32. Reiner Grundmann and Nico Stehr, "Why Is Werner Sombart Not Part of the Core of Classical Sociology?" *Journal of Classical Sociology* 1, no. 2 (2001): 257-287.

33. Werner Sombart, *Luxury and Capitalism*, trans. W. R. Dittmar, Philip Siegelman 서문(Ann Arbor: University of Michigan Press, 1967). 서문에서 Philip Siegelman은 베버와 좀바르트가 애덤 스미스와 리카르도, 헤겔의 가장 재능 있는 후계자라고 말한다.

34. Friedrich Lenger, *Werner Sombart, 1863–1941: Eine Biographie*(Munich: C.H. Beck, 1995), pp.115-123. 또 Bernhard vom Brocke 편, *Sombarts "Moderner Kapitalismus": Materialien zur Kritik und Rezeption*(Munich: Deutscher

Taschenbuch Verlag, 1987)도 참고.

35. Grundmann and Stehr, "Why Is Werner Sombart Not Part," p.261.

36. 언젠가 그는 "경건주의는 유대주의이다"라고 말했다. Sombart, *Luxury and Capitalism*에 대한 Siegelman의 서문 p.xiii 참고.

37. Jeffrey Herf, *Reactionary Modernism: Technology, Culture, and Politics in Weimar and the Third Reich*(Cambridge: Cambridge University Press, 1984).

38. Grundmann and Stehr, "Why Is Werner Sombart Not Part," p.269. 또 독일 사상가들이 다른 흔적을 보여 프랑스와 영국, 미국 사상가들과 비교한 것은 Ernst Nolte, *Geschichtsdenken im 20. Jahrhundert: Von Max Weber bis Hans Jonas*(Berlin: Propylaen, 1991)를 참고.

39. Peter Watson, *A Terrible Beauty: The People and Ideas That Shaped the Modern Mind*(London: Weidenfeld&Nicolson, 2000), pp.45ff.

40. M. Rainer Lepsius and Wolfgang J. Mommsen 편, *Briefe Max Weber* (Tubingen: Mohr [Paul Siebeck], 1990-2008). 이 편지들은 베버가 좀바르트, 퇴니에스, 지멜 등과 폭넓은 서신 교류를 했음을 분명히 보여준다.

41. Harvey Goldmann, *Max Weber and Thomas Mann: Calling and the Shaping of the Self*(Los Angeles and Berkeley: University of California Press, 1988). 유용한 비교 연구다.

42. Reinhard Bendix, *Max Weber: An Intellectual Portrait*(London: Heinemann, 1960), 베버의 개념을 비판적으로 검토하기 위해 중국, 인도, 파키스탄에서 시험했다.

43. Hartmut Lehmann and Guenther Roth 편, *Weber's Protestant Ethic: Origin, Evidence, Context*(Cambridge: Cambridge University Press, 1993). 특히 토마스 니퍼다이의 에세이, "Max Weber, Protestantism and the Debate around 1900," pp.73-82를 참고.

44. Fritz Ringer, *Max Weber: An Intellectual Biography*(Chicago and London: University of Chicago Press, 2004). 적절한 원인에 대해서는 p.84, 권위의 유형에 대해서는 p.183, 과학적 전문화에 대해서는 p.233를 참고.

45. Keith Bullivant and Bernhard Spies, "'Die Wiederkehr des immergleich Schlechten?' Cultural Crises in the Work of German Writers in the Twentieth Century," in Ferdinand van Ingen and Gerd Labroisse 편, *Literaturszene Bundesrepublik—in Blick von Draussen*(Amsterdam: Rodopi, 1988), pp.59-78.

제24장 불협화음, 그리고 음악에서 가장 많이 거론된 인물

1. Jan Swafford, *Johannes Brahms: A Biography*(London: Macmillan, 1998), p.570.

2. Schonberg, *Lives of the Great Composers*, p.251.

3. 같은 책, p.252.

4. Swafford의 전기에 나오는 화려한 초상화를 참고. 앞에 인용한 책, p.49.

5. Schonberg, *Lives of the Great Composers*, p.254.

6. Christine Jacobsen 편, *Johannes Brahms: Leben und Werk*(Wiesbaden: Breitkopf&Hartel, 1983), pp.36ff.

7. Schonberg, *Lives of the Great Composers*, p.257.

8. Swafford, *Johannes Brahms*, p.297. 또 Daniel Beller-McKenna, *Brahms and the German Spirit*(Cambridge, Mass.: Harvard University Press, 2004), pp.65ff를 참고.

9. Beller-McKenna, *Brahms and the German Spirit*, 브람스의 교향곡과 베토벤의 정신 속에서 막 시작된 민족주의에 대하여.

10. 같은 책, p.12.

11. Schonberg, *Lives of the Great Composers*, p.263.

12. 같은 책, p.264.

13. 그의 삶의 방식에 대해서는 Frank Walker, *Hugo Wolf: A Biography*(London: Dent, 1968), pp.55ff를 참고.

14. Walker, *Hugo Wolf*, 10장 참고, 이 책은 여러 쪽에 걸쳐 뫼리케와 아이헨도

르프의 작품을 탐구하고 있다. 또 Dietrich Fischer-Dieskau, *Hugo Wolf: Leben und Werk*(Berlin: Henschel, 2003), pp.399, 445도 참고.

15. Susan Youens, *Hugo Wolf: The Vocal Music*(Princeton, N.J., Oxford: Princeton University Press, 1992), p.75.

16. 그가 오페라 제작에 실패한 것에 대해서는 Fischer-Dieskau, *Hugo Wolf*, pp.358-364를 참고.

17. Walker, *Hugo Wolf*, pp.443. 마지막 질환에 대해서. Schonberg, *Lives of the Great Composers*, p.269.

18. Schonberg, *Lives of the Great Composers*, p.274.

19. Hans Fantel, *Johann Strauss, Father and Son, and Their Era*(Newton Abbot: David&Charles, 1971), pp.32ff.

20. Joseph Wechsberg, *The Waltz Emperors: The Life and Times and Music of the Strauss Family*(London: Weidenfeld&Nicolson), 1973, p.95.

21. Fantel, *Johann Strauss*, pp.72ff.

22. Wechsberg, *Waltz Emperors*, p.166.

23. Schonberg, *Lives of the Great Composers*, pp.278-279.

24. 같은 책, pp.379-380.

25. Franzpeter Messmer, *Richard Strauss: Biographie eines Klangzauberers*(Zürich: M&T Verlag, 1994), pp.243ff.

26. 같은 책, pp.171ff.

27. Schonberg, *Lives of the Great Composers*, p.384.

28. Charles Dowell Youmans, *Richard Strauss's Orchestral Music and the German Intellectual Tradition: The Philosophical Roots of Musical Modernism*(Bloomington: Indiana University Press, 2005). Youmans은 「군트람」을 슈트라우스 사상의 전환점으로 위치시켰고, 그 영향은 막스 슈티르너와 니체에게 미쳤다. pp.86ff 참고.

29. Messmer, *Richard Strauss*, p.313.

30. George R. Marek, *Richard Strauss: The Life of a Non-Hero*(London: Gollancz, 1967), p.183.

31. Messmer, *Richard Strauss*, pp.324ff.

32. Youmans, *Richard Strauss's Orchestral Music*, pp.136ff.

33. Schonberg, *Lives of the Great Composers*, p.392.

34. Dika Newlin, *Bruckner, Mahler, Schoenberg*(London: Boyars, 1979), pp.25ff.

35. 같은 책, p.35.

36. 같은 책, p.119. 말러에게서 문학적 영향을 받았다.

37. 같은 책, p.133.

38. Alex Ross, *The Rest Is Noise: Listening to the Twentieth Century*(New York: Farrar, Straus and Giroux, 2007), pp.19, 21. Schonberg, *Lives of the Great Composers*, p.403.

39. William R. Everdell, *The First Moderns*(Chicago, London: University of Chicago Press, 1997), p.275.

40. James K. Wright, *Schoenberg, Wittgenstein and the Vienna Circle*(Bern: Peter Lang, 2007), pp.67ff.

41. Michael Cherlin, *Schoenberg's Musical Imagination*(Cambridge: Cambridge University Press, 2007), pp.44ff.

42. Ross, *The Rest Is Noise*, p.18.

43. Ethan Haimo, *Schoenberg's Transformation of Musical Language* (Cambridge: Cambridge University Press, 2006), p.245.

44. 바르셀로나에서의 '깊은 배경'에 대해서는 Newlin, *Bruckner, Mahler, Schoenberg*, p.214를 참고. Ross, *The Rest Is Noise*, p.49도 참고.

45. Newlin, *Bruckner, Mahler, Schoenberg*, pp.234ff.

46. Carl Schorske, *Fin-de-siecle Vienna: Politics and Culture*(London: Weidenfeld&Nicolson, 1980), p.360.

47. Ross, *The Rest Is Noise*, p.52.

제25장 방사선과 상대성, 양자의 발견

1. Elon, *Pity of It All*, p.276.

2. Helge Kragh, *Quantum Generations*(Princeton, N.J., and London: Princeton University Press, 1999), p.13.

3. 같은 책, p.3.

4. Bruce J. Hunt, *The Maxwellians*(Ithaca, N.Y., and London: Cornell University Press, 1991), 특히 8장을 참고.

5. *New Dictionary of Scientific Biography*, vol. 3, pp.291-294를 참고.

6. Rollo Appleyard, *Pioneers of Electrical Communication*(London: Macmillan, 1930), p.114. Hunt, *The Maxwellians*, pp.180-182, 198-199.

7. Appleyard, *Pioneers*, 사진은 p.119, 차이에 대해서는 p.121.

8. *New Dictionary of Scientific Biography*, 3, pp.291-294.

9. *Physicists' Biographies*, p.2. http://phisicist.info/

10. Appleyard, *Pioneers*, p.131.

11. Kragh, *Quantum Generations*, p.28.

12. 같은 책, p.29.

13. Emilio Segre, *From X-rays to Quarks: Modern Physicists and Their Discoveries*(San Francisco: W. H. Freeman, 1980), pp.22-23.

14. *Dictionary of Scientific Biography*, XI, p.529-521.

15. Kragh, *Quantum Generations*, p.30.

16. Watson, *Modern Mind/Terrible Beauty*, p.20.

17. *New Dictionary of Scientific Biography*, 6, pp.111-115. 플랑크 전반에 대해서는 J. L. Heilbron, *The Dilemmas of an Upright Man: Max Planck as a Spokesman for German Science*(Berkeley, London: University of California Press, 1986)를 참고.

18. Heilbron, *Dilemmas of an Upright Man*, pp.6-8.

19. Kragh, *Quantum Generations*, p.21.

20. 같은 책, p.22.

21. Segre, *From X-rays to Quarks*, pp.66–68.

22. 플랑크와 루벤스의 관계에 대해서는 Max Planck, *Scientific Autobiography, and Other Papers, with a Memorial Address on Max Planck by Max von Laue*, Frank Gaynor 역(London: Williams and Norgate, 1950), pp.39–40를 참고.

23. Kragh, *Quantum Generations*, p.23.

24. Heilbron, *Dilemmas of an Upright Man*, p.23. 물론 플랑크는 1900년에 아들에게 자신의 업적이 물리학 최대의 발견이 될 것이라고 말하기는 했다. p.55ff.

25. Kragh, *Quantum Generations*, p.94.

26. Albrecht Folsing, *Albert Einstein: A Biography*, Ewald Osers 역(London: Viking, 1997), pp.32ff.

27. 같은 책, pp.155ff.

28. Kragh, *Quantum Generations*, p.95.

29. 당시 흥분한 분위기에 대해서는 Albert Einstein, *The Collected Papers of Albert Einstein*, vol. 5. *The Swiss Years*, Anna Beck 역, Don Howard 자문, (Princeton, N.J., and Chichester: Princeton University Press, 1995)를 참고. 여기에는 1905년 무렵의 아인슈타인의 편지가 들어 있다. John S. Rigden은 *Einstein 1905: The Standard of Greatness*(London: Harvard University Press, 2005)에서 바로 이 해에 집중하고 있다.

30. Folsing, *Albert Einstein*, p.165. 또 Albert Einstein, *A Stubbornly Persistent Illusion: The Essential Scientific Works of Albert Einstein*, Stephen Hawking 편집 및 논평(Philadelphia and London: Running Press, 2007)도 참고.

31. Everdell, *First Moderns*, p.30.

32. Kragh, *Quantum Generations*, p.32.

33. *Dictionary of Scientific Biography*, IV, p.123–127.

34. Kragh, *Quantum Generations*, p.38.

35. Joseph W. Dauben, *Georg Cantor: His Mathematics and the Philosophy of the Infinite*(Cambridge, Mass.: Harvard University Press, 1979), 6장, p.125.

36. Kragh, 앞에 인용한 책, p.39.

37. *New Dictionary of Scientific Biography*, 2, pp.29–36.

38. Kragh, *Quantum Generations*, p.41.

39. Michael Dummet, *Frege: Philosophy of Mathematics*(London: Duck-worth, 1991), pp.141f.

40. Kragh, *Quantum Generations*, p.46.

41. 클라인은 독일의—그리고 세계적으로—수학 분야에 뛰어난 역할을 했으며 이런 사실은 Lewis Pyenson, *Neohumanism and the Persistence of Pure Mathematics in Wilhelmine Germany*(Philadelphia: American Philosophical Society, 1983)에서 자세히 다루고 있다. 이 책은 수학과 교양을 결부시킨다. Constance Reid는 *Hilbert*, p.19에서 클라인과 힐베르트의 서신교환을 '신경과민'으로 묘사한다. 이 시기의 괴팅겐에 대해서는 pp.48ff를 참고. 또 Gunther Frei 편, *Der Briefwechsel David Hilbert–elix Klein (1886–1918)*(Göttingen: Vandenhoeck&Ruprecht, 1985)도 참고.

42. Reid, *Hilbert*, pp.74ff. Jeremy Gray, *The Hilbert Challenge*(Oxford: Oxford University Press, 2000)는 이 사건과 반응을 파고든 책이다.

제26장 빈의 감수성과 관능미

1. Peter Gay, *Schnitzler's Century*, pp.64–65. Clive James, *Cultural Amnesia: Notes in the Margin of My Time*(London: Picador, 2007), p.699.

2. Christian Brandstatter 편, *Vienna 1900 and the Heroes of Modernism* (London: Thames & Hudson, 2006), pp.335–342.

3. E. E. Yates, Schnitzler, *Hofmannsthal, and the Austrian Theatre*(New Haven, Conn., and London: Yale University Press, 1992), pp.1–5.

4. Friedrich Rothe, *Karl Kraus: Die Biographie*(Munich: Piper, 2003), pp.171–216. Edward Timms, *Karl Kraus, Apocalyptic Satirist: The Post-War Crisis and the Rise of the Swastika*(New Haven, Conn., and London: Yale University Press, 2005). "독일 지배의 꿈"에 대해서는 앞장을 참고.

5. Arthur Schnitzler, *The Road into the Open=Der Weg ins Freie*, Roger

Byers 역(Berkeley and Oxford: University of California Press, 1992). James, *Cultural Amnesia*, pp.702, 764-776.

6. Watson, *Modern Mind/Terrible Beauty*, p.29.

7. Ulrich Weinzierl, *Hofmannsthal: Skizzen zu seinem Bild*(Vienna: Zsolnay, 2005), pp.147ff.

8. Benjamin Bennet, *Hugo von Hofmannsthal: The Theatre of Consciousness*(Cambridge: Cambridge University Press, 1988), pp.272ff.

9. Franz Clemens Brentano, *The Origin of Our Knowledge of Right and Wronged*, Oskar Kraus, Roderick M. Chisholm and Elizabeth H. 역, Schneewind, Roderick M. Chisholm 영어판 편집(London: Routledge&Kegan Paul, 1969), p.75.

10. *Stanford Encyclopaedia of Philosophy*, Center for the Study of Language and Information, Stanford University, Calif., 94305, http://plato.stanford.edu/, 빌헬름 분트에 대한 기재, p.15 of 17.

11. Dermot Moran, *Edmund Husserl: Founder of Phenomenology* (Cambridge: Polity Press 2005), pp.94-129.

12. Archives Husserl a Louvain, *Geschichte des Husserl-Archivs/Husserl-Archive Leuven = History of the Husserl-Archives*(Dordrecht: Springer, 2007).

13. David S. Luft, *Eros and Inwardness in Vienna: Weininger, Musil, Dorderer*(Chicago and London: University of Chicago Press, 2003), p.49.

14. Ross, *The Rest Is Noise*, p.38.

15. Harry Oosterhuis, *Stepchildren of Nature: Krafft-Ebing, Psychiatry and the Making of Sexual Identity*(Chicago and London: University of Chicago Press, 2000), pp.25-36.

16. Watson, *Modern Mind/Terrible Beauty*, p.34.

17. 한스 그로스(1847-1915)는 현대적인 범죄수사를 창안한 인물로서 범죄수사는 대도시의 성장과 더불어 생긴 새로운 분야였다. 최초로 발자국이나 혈흔을 체계적으로 검사하고 엑스선을 수사와 연계시키며 지하세계의 은어를 연구한 인물이 바로 그로스였다. Ronald Martin Howe, *Criminal Investigation: A Practical Textbook*

for Magistrates, Police Officers and Lawyers, adapted from the System der Kriminalistic of Dr. Hans Gross by John Adam, J. Collyer Adam(London: Sweet&Maxwell, 1949) 참고. 혈흔은 p.84, 지문은 p.125, 발자국은 p.207를 참고.

18. Brandstatter 편, *Vienna 1900*, pp.239-260.

19. Werner Oechslin, *Otto Wagner, Adolf Loos, and the Road to Modern Architecture*, Lynette Widder 역(Cambridge: Cambridge University Press, 2002), p.112.

20. Brandstatter 편, *Vienna 1900*, pp.293-407.

21. Burckhardt Rukschcio, *Adolf Loos: Leben und Werk*(Salzburg: Residenz, 1987).

22. 클림트 그룹에 대해서는 Brandstatter 편, *Vienna 1900*, pp.93-109, 111-119 참조. Serge Lemoine and Marie-Amelie zu Salm-Salm 편, *Vienna 1900: Klimt, Schiele, Moser, Kokoschka*(Aldershot: Lund Humphries, 2005), p.37 링슈트라세의 뛰어난 풍경 참고.

23. Lemoine and Salm-Salm 편, *Vienna 1900*, p.41. 또 Tobias G. Natter and Gerbert Frodl 편, *Klimt's Women*(New Haven, Conn., London: Yale University Press [Cologne: DuMont], 2000), pp.25-31도 참고.

24. Johnston, *Austrian Mind*, p.357.

25. Watson, *Modern Mind/Terrible Beauty*, p.36.

26. John T. Blackmore, *Ernst Mach: His Work, Life, and Influence*(Berkeley: University of California Press, 1972).

27. Brigitte Hammann, *Hitler's Vienna*(Oxford: Oxford University Press, 1999), p.25.

28. 같은 책, p.80.

29. 같은 책, p.237.

30. Schorske, *Fin-de-siecle Vienna*, pp.184-246.

31. Heinrich Schnee, *Karl Lueger: Leben und Wirken eines grossen Sozial- und Kommunal Poltikers: Umrisse einer politischen Biographie*(Berlin: Duncker&Humblot, 1960), pp.91ff.

32. Hammann, *Hitler's Vienna*, p.326.

제27장 뮌헨/슈바빙: 독일의 '몽마르트'

1. Ronald Hayman, *Thomas Mann: A Biography*(London: Bloomsbury, 1996), p.163.
2. Maria Makela, *The Munich Secession: Art and Artists in Turn-of-the-Century Munich*(Princeton, N.J., and London: Princeton University Press, 1990), p.3.
3. Paul Raabe, *The Era of German Expressionism*, J. M. Ritchie 역(Wood-stock, N.Y.: Overlook Press, 1965/1974), p.79.
4. Christian Lenz, *The Neue Pinakothek Munich*(Munich: Beck [London: Scala], 2003), pp.8-11.
5. Makela, *Munich Secession*, p.13. 또 Rainer Metzger, *Munich: Its Golden Age of Art and Culture*, 1890-1920, Christian Branstatter 그림 및 편집(London: Thames&Hudson, 2009)도 참고.
6. 같은 책, p.15.
7. 같은 책, p.74.
8. 같은 책, p.81.
9. 같은 책.
10. Barbara C. Gilbert 편, *Max Liebermann: From Realism to Impressionism* (Los Angeles: Skirball Cultural Center, Seattle: University of Washington Press , 2005), pp.167ff. 리베르만의 예술에서 환상을 깨트렸다.
11. 그의 베를린 시절에 대해서는 Sigrid Achenbach and Matthis Eberle, *Max Liebermann in seiner Zeit*, 전시회 카탈로그(Munich: Prestel, 1979), pp.72ff.를 참고.
12. Wolfgang Venzmer, *Adolf Holzel: Leben und Werk; Monographie mit Verzeichnis der Olbilder, Glasfenster und ausgewahklter Pastelle*(Stuttgart:

Deutsche Verlags-Anstalt, 1982). 다하우의 휠첼에 대해서는 pp.16-19를 참고.

13. Makela, *Munich Secession*, p.105.

14. Heinrich Voss, *Franz von Stuck 1863–1928: Werkkatalog d. Gemälde: Mit e. Einf. in seinen Symbolismus*(Munich: Prestel, 1973). '죄'를 주제로 한 논의는 pp.20-30을 참고.

15. Makela, *Munich Secession*, p.112.

16. Winfried Nerdinger 편, *Richard Riemerschmid: Vom Jugendstil zum Werkbund; Werke und Dokumentation*(Munich: Prestel, 1982), pp.13ff.

17. 같은 책, pp.34-38.

18. Makela, *Munich Secession*, p.125.

19. Alan Windsor, *Peter Behrens: Architect and Designer*(London: Architectural Press, 1981), pp.77ff.

20. Frederic J. Schwartz, *The Werkbund: Design Theory and Mass Culture before the First World War*(New Haven, Conn., London: Yale University Press, 1996). 미술, 공예, 소외에 대한 논의는 pp.44-60을 참고.

21. Tilmann Buddensieg, *Industriekultur: Peter Behrens und die AEG, 1907–1914*(Berlin: Mann, 1981).

22. 그는 "콧수염을 기르며" 평생 불만에 찬 삶을 살았다. 언제나 작가라기보다는 순회 세일즈맨처럼 보였다. Klaus Harpprecht, *Thomas Mann: Eine Biographie* (Reinbeck: Rowohlt, 1995), p.58ff.

23. Nigel Hamilton, *The Brothers Mann: The Lives of Heinrich and Thomas Mann, 1871–1950 and 1875–1955*(London: Secker&Warburg, 1978), p.49.

24. Willi Jasper, *Der Bruder: Heinrich Mann; Eine Biographie*(Munich: Hanser, 1992), pp.51-60.

25. Hayman, *Thomas Mann*, p.73.

26. Hans Wysling 편, *Letters of Heinrich and Thomas Mann*, Don Reneau 역, Richard and Carla Winston 보조 번역(Berkeley and London: University of California Press, 1998). James, *Cultural Amnesia*, p.429.

27. Hayman, *Thomas Mann*, p.62.

28. Karin Verena Gunnemann, *Heinrich Mann's Novels and Essays: The Artist as Political Educator*(Rochester, N.Y., and Woodbridge: Camden House, 2002), pp.51ff.

29. Robert Eben Sackett, *Popular Entertainment, Class, and Politics in Munich, 1900–1923*(Cambridge, Mass.: Harvard University Press, 1982), p.11. 또 Peg Weiss, *Kandinsky in Munich: The Formative Jugendstil Years*(Princeton, N.J.: Princeton University Press, 1979), pp.19ff도 참고.

30. Friedrich Rothe, *Frank Wedekinds Dramen: Jugendstil und Lebensphilosophie*(Stuttgart: Metzler, 1968). 쇼펜하우어와 니체에 대해서는 pp.68-92를 참고.

31. Peter Jelavich, *Munich and Theatrical Modernism: Politics, Playwriting, and Performance, 1890–1914*(Cambridge, Mass., and London: Harvard University Press, 1985), pp.167-185. 사형집행인 복장을 한 무용수에 대해서는 p.170를 참고.

32. Eugen Roth, *Simplicissimus: Ein Rückblick auf die satirische Zeitschrift*(Hanover: Fackeltrager–Verlag, 1954).

33. Jelavich, *Munich and Theatrical Modernism*, pp.74ff, 101ff.

34. Johannes Eichner, *Kandinsky und Gabriele Münter: Von Ursprungen moderner Kunst*(Munich: F. Bruckmann, 1957). 뮌터에 대해서는 pp.26-35를 참고.

35. Hartwig Fischer and Sean Rainbird 편, *The Path to Abstraction*(London: Tate Publishing, 2006), p.209.

36. Vivian Endicott Barnett and Armin Zweite 편, *Kandinsky: Watercolours and Drawings*(Munich: Prestel, 1992), pp.9ff. 또 Reinhard Zimmermann, *Die Kunsttheorie von Wassily Kandinsky*(Berlin: Gebr. Mann, 2002)도 참고.

37. Mark Roskill, Klee, *Kandinsky and the Thought of Their Time: A Critical Perspective*(Urbana: University of Illinois Press, 1992), pp.54ff.

38. Marc와 Jawlensky 등에 대해서는 Armin Zweite 편, *The Blue Rider in the Lenbachhaus Munchen: Masterpieces by Franz Marc, Vassily Kandinsky,*

Gabriel Munter, Alexei Jawlensky, August Macke, Paul Klee(Munich: Prestel, 1989), pp.29, 194를 참고.

39. W. Kandinsky, *Uber das Geistige in der Kunst*, Bern: Benteli, 1952.

40. Esther da Costa Meyer and Fred Wasserman 편, *Schoenberg, Kandinsky, and the Blue Rider*(New York: Jewish Museum; London: Scala, 2003) 참고. 추상미술과 해방의식을 지닌 불화의 직접적인 연관성에 대해서는 pp.79-94를 참고. 또 베데킨트와 추상미술, 토마스 만과 성적 특징의 직접적인 연관성은 Gerald N. Izenberg, *Modernism and Masculinity: Mann, Wedekind, Kandinsky through World War I*(Chicago and London: University of Chicago Press, 2000), 제2장과 3장을 참고.

제28장 참견하기 좋아하는 베를린

1. David Clay Large, *Berlin*(New York: Basic Books, 2000), p.1.

2. 같은 책, p.2.

3. Gordon A. Craig, *Theodor Fontane: Literature and History in the Bismarck Reich*(Oxford: Oxford University Press, 1999). 비스마르크에 대한 폰타네 자신의 견해에 대해서는 pp.96ff를 참고.

4. 같은 책, p.109. Large, *Berlin*, p.7.

5. Large, *Berlin*, p.9.

6. Ulrike Laufer and Hans Ottmeyer, *Grunderzeit 1848–871: Industrie& Lebenstraume zwischen Vormärz und Kaiserreich*(Dresden: Sandstein, 2008), 은행에 대해서는 pp.95ff를 참고.

7. Large, *Berlin*, p.14.

8. Fritz Stern, *Gold and Iron: Bismarck, Bleichroder, and the Building of the German Empire*(New York: Knopf, 1977), pp.106ff.

9. Large, *Berlin*, pp.18-19.

10. 같은 책, p.20.

11. Godela Weiss-Sussex and Ulrike Zitzlsperger 편, *Berlin: Kultur und Metropole in den zwanziger und seit den neunziger Jahren*(Munich: Iudicium, 2007). 베를린 '신화'에 대한 검증은 pp.183-194를, 베를린의 시각적인 기억은 pp.155-167를 참고.

12. Heinz Ohff, *Theodor Fontane: Leben und Werk*(Munich: Piper, 1995), pp.363-368.

13. Large, *Berlin*, pp.24-26.

14. Ohff, *Theodor Fontane*, p.368.

15. Large, *Berlin*, pp.49-50.

16. Christian von *Krockow, Kaiser Wilhelm II und seine Zeit: Biographie einer Epoche*(Berlin: Siedler, 1999), pp.92-114, 163-184. 또 Christopher Clark, Kaiser Wilhelm(Harlow: Longman, 2000)도 참고.

17. Large, *Berlin*, pp.59-60.

18. John C. G. Rohl, *Wilhelm II: Der Aufbau der personlichen Monarchie 1888–1900*(Munich: C. H. Beck, 2001), pp.221-231.

19. Annika Mombauer and Wilhem Deist 편, *The Kaiser: New Research on Wilhelm II's Role in Imperial Germany*(Cambridge: Cambridge University Press, 2003).

20. Large, *Berlin*, p.63.

21. Hans Daiber, *Gerhart Hauptmann oder der letze Klassiker*(Vienna-Munich-Zurich: Fritz Molden, 1971), pp.47-59.

22. Margaret Sinden, *Gerhart Hauptmann: The Prose Plays*(Toronto: University of Toronto Press, 1957), pp.149ff. '보통 사람들'을 위한 연극 참고.

23. Eberhard Hilscher, *Gerhart Hauptmann*(Berlin: Verlag der Nation, 1969), pp.131-154.

24. 브람스에게 보낸 하웁트만의 편지는 Martin Machatzke 편, *Gerhart Hauptmann: Tagebucher, 1897 bis 1905*(Frankfurt am Main: Propylaen, 1987), pp.545f., 594f를 참고.

25. Rohl, *Wilhelm II*, pp.1008-1016. Large, *Berlin*, p.64.

26. Helene Thimig-Reinhardt, *Wie Max Reinhardt lebte*(Percha am Stamberger는 R. S. Schulz, 1973 참고), pp.77-87.

27. Oliver M. Sayler, *Max Reinhardt and His Theatre*(New York: Brentano's, 1924), p.92.

28. Franz Herre, *Kaiser Wilhelm II: Monarch zwischen den Zeiten*(Cologne: Kiepenheuer&Witsch, 1993).

29. Large, *Berlin*, p.65.

30. 슈트라우스와 뷜로의 관계는 Willi Schuh and Franz Trenner, *Correspondence: Hans von Bulow and Richard Strauss, trans. Anthony Gishford*(London: Boosey&Hawkes, 1955), p.68를 참고. 입센의 연극을 오페라로 바꾸는 계획(실현되지 못한)이 포함되었다.

31. Gisold Lammel, *Adolph Menzel und seine Kreise*(Dresden: Verlag der Kunst, 1993), 특히 pp.152-153에 나오는 그림 참고.

32. Large, *Berlin*, p.69.

33. 같은 책, p.73.

34. 같은 책, p.71.

35. Georg Bruhl, *Die Cassirers: Streiter fur den Impressionismus*(Leipzig: Edition Leipzig, 1991). 파울에 대해서는 pp.105ff.를 참고.

36. Peter Paret, *The Berlin Secession: Modernism and Its Enemies in Imperial Germany*(Cambridge, Mass.: Belknap Press of Harvard University Press, 1980), p.39.

37. Nell Roslund Walden, *Herwarth Walden: Ein Lebensbild*(Berlin: F. Kupferberg, 1963), pp.45f.

38. Magdalena M. Moeller, *Die "Brücke": Meisterwerke aus dem Brücke-Museum Berlin*(Munich: Hirmer, 2000), pp.1-40. 또 Carol S. Eliel, *The Apocalyptic Landscapes of Ludwig Meidner*(Munich: Prestel, 1989)도 참고.

39. Wilhelm von Bode, *Mein Leben*(Berlin: H. Reckendorf, 1930).

40. 보데의 학술적인 사례는 Wilhelm von Bode, *Rembrandt und seine Zeitgenossen: Charakterbilder der grossen Meister der hollandischen und*

vlamischen Malerschule im siebzehnten Jahrhundert(Leipzig: E. A. Seemann, 1923)를 참고.

41. Bernhard Maaz 편, *Nationalgalerie Berlin: Das 19 Jahrhundert; Bestandskatalog der Skulpturen*(Leipzig: Seemann, 2006), pp.20f.

42. Large, *Berlin*, p.77.

43. 같은 책, p.81.

제29장 영웅과 상인 사이의 대전

1. Maureen Healy, *Vienna and the Fall of the Habsburg Empire*(Cambridge: Cambridge University Press, 2004), p.2.

2. Matthew Stibbe, *German Anglophobia and the Great War, 1914–1918* (Cambridge: Cambridge University Press, 2001), p.49. Elias, *The Germans*, p.181.

3. Roger Chickering, *Imperial Germany and the Great War, 1914–1918* (Cambridge: Cambridge University Press, 1998), p.134.

4. Stibbe, *German Anglophobia*, p.50.

5. 같은 책, p.51.

6. 같은 책, p.52.

7. 같은 책, p.54.

8. Hans Heinz Krill, *Die Rankerenaissance: Max Lenz und Erich Marcks; Ein Beitrag zum historisch-politischen Denken in Deutschland, 1880–1935* (Berlin: de Gruyter, 1962), pp.6-12, 렌츠에 대해서는 pp.67-69, 그의 민족에 대한 생각은 pp.174-187을 참조; 마르크스에 대해서는 pp.42ff; 제1차 세계대전의 선전 역할에 대해서는 pp.211ff를 참고.

9. 마이네케에 대해서는 Stefan Meinecke, *Friedrich Meinecke: Persönlichkeit und politisches Denken bis zum Ende des ersten Weltkrieges*(Berlin: de Gruyter, 1995) 참고; 또 Stibbe, *German Anglophobia*, p.63도 참고.

10. Arden Bucholz 편·역, *Delbruck's Modern Military History*(Lincoln, Neb., and London: University of Nebraska Press, 1997).

11. Anton Mirko Koktanek, *Oswald Spengler in seiner Zeit*(Munich: Beck, 1968), p.183. H. Stuart Hughes, *Oswald Spengler: A Critical Estimate*(New York: Scribners, 1952), p.57도 참고.

12. Detlef Felken, *Oswald Spengler: Konservativer Denker zwischen Kaiserreich und Diktatur*(Munich: Beck, 1988), pp.68-76.

13. Marchand, *Down from Olympus*, p.240.

14. Stibbe, *German Anglophobia*, p.74.

15. 같은 책, p.75.

16. 같은 책, p.78.

17. Volker Beghahn, *Perspectives on History*(the newsmagazine of the American Historical Association, September 10, 2007): http://www.historians.org/perspectives/issues/2000/0003/0003mem/cfm.

18. 같은 책.

19. Fritz Stern, *Failure of Illiberalism*, p.152. 10년 뒤 재평가의 문제에 대해서는 Fritz Fischer, *World Power or Decline: The Controversy over Germany's Aims in the First World War*, Lancelot L. Farrar, Robert Kimber, Rita Kimber 역(New York: W. W. Norton, 1974)을 참고. "반역죄"는 p.viii에서 언급된다.

20. Martha Hanna, *The Mobilization of Intellect: French Scholars and Writers during the Great War*(Cambridge, Mass.: Harvard University Press, 1996), p.8.

21. Hanna, *Mobilization of Intellect*, p.12.

22. Stuart Wallace, *War and the Image of Germany: British Academics, 1914–1918*(Edinburgh: John Donald, 1988), p.7.

23. 같은 책, p.38. Ariel Roshwald and Richard Stites 편, *European Culture and the Great War: The Arts, Entertainment, and Propaganda*(Cambridge: Cambridge University Press, 2002), p.44.

24. Hanna, *Mobilization of Intellect*, p.22.

25. Marchand, *Down from Olympus*, pp.245–246.

26. 같은 책, p.258.

27. John Dewey, *German Philosophy and Politics*(New York: Henry Holt, 1915), p.35.

28. 같은 책, p.14.

29. 같은 책, p.17.

30. 같은 책, pp.30–31.

31. 같은 책, p.45.

32. 같은 책, p.37.

33. 같은 책, pp.62–63.

34. 같은 책, p.73.

35. 같은 책, p.100.

36. George Santayana, *Egotism in German Philosophy*(London: J. M. Dent, 1916), p.xiii.

37. 같은 책, p.xviii.

38. 같은 책, p.170.

39. 같은 책, p.62.

40. 같은 책, p.89.

41. 같은 책, p.103.

42. 같은 책, p.130.

43. 같은 책, p.168.

44. Trevor Dupuy, *A Genius for War*(London: Macdonald and Jane's, 1977), p.5. 하지만 David Stone은 *Fighting for the Fatherland: The Story of the German Soldier from 1648 to the Present Day*(London: Conway, 2006)에서 전쟁 말기에 독일군은 프랑스군의 경우보다 훨씬 더 큰 폭으로 부대원을 신병으로 대체할 수 있었다고 주장한다. "1918년 3월 중순경 독일군 약 200개 사단은 이미 독일에 역사적 전과를 올릴 수 있는 최후의 일격을 가할 준비를 마쳤다"(p.284). 그러다가 "배후의 공격"을 받게 되었다(아래 참고).

45. Dupuy, *Genius for War*, p.177.

46. Alexander Watson, *Enduring the Great War: Combat, Morale and Collapse in the German and British Armies, 1914–1918*(Cambridge: Cambridge University Press, 2008), p.240.

47. Dupuy, *Genius for War*, p.7.

48. 같은 책, pp.9-10.

49. David Charles, *Between Genius and Genocide: The Tragedy of Fritz Haber, Father of Chemical Warfare*(London: Jonathan Cape, 2005), pp.156-157.

제30장 고아를 위한 기도: 패전국의 문화

1. Watson, *Modern Mind/Terrible Beauty*, p.152. (이 장章의 제목은 볼프강 시벨부슈로부터 따왔다) *The Culture of Defeat: On National Trauma, Mourning and Recovery*(London: Granta, 2003)

2. Patrick Bridgwater, *The German Poets of the First World War*(London: Croom, Helm, 1985), Foreword. Roshwald and Stites 편, *European Culture*, p.32.

3. Karl Ludwig Schneider, *Der bildhafte Ausdruck in den Dichtungen Georg Heyms, Georg Trakls und Ernst Stadlers: Studien zum lyrischen Sprachstil des deutschen Expressionismus*(Heidelberg: C. Winter, 1961); Eduard Lachmann, *Kreuz und Abend: Eine Interpretation der Dichtungen Georg Trakls*(Salzburg: O. Müller, 1954).

4. Bridgwater, *German Poets*, p.16.

5. 같은 책, p.191.

6. 같은 책, p.169.

7. Jeremy Adler 편, *August Stramm: Alles ist Gedicht; Briefe, Gedichte, Bilder, Dokumente*(Zürich: Arche, 1990), 시에 대해서는 pp.95ff를, 전쟁에 대한 편지는 9ff 권두사진을 참고.

8. Francis Sharp는 "국적과 사용언어를 불문하고 20세기의 대량살육전에서 그토록 차분한 시적 언어를 사용한" 시인들은 거의 없다고 말한다. Francis Sharp, *The Poet's Madness: A Reading of Georg Trakl*(Ithaca, N.Y.: Cornell University Press, 1981), pp.188.

9. Bridgwater, *German Poets*, p.171.

10. 같은 책, p.44.

11. 같은 책, p.172.

12. 같은 책.

13. Roshwald and Stites 편, *European Culture*, 영화는 pp.38-39를, 톨러에 대해서는 p.50, 크라우스에 대해서는 pp.150-151를 참고.

14. Deirdre Bair, *Jung: A Biography*(London: Little, Brown, 2004), pp.207, 257.

15. 같은 책, pp.316-21. William McGuire, *The Freud/Jung Letters: The Correspondence between Sigmund Freud and C. G. Jung*, Ralph Manheim and R. F. C. Hull 역(London: Hogarth Press: Routledge&Kegan Paul, 1974).

16. Paul Lerner, "Rationalising the Therapeutic Arsenal: German Neuropsychiatry in World War I", Berg, Cocks 편, *Medicine and Modernity*, pp.121-128.

17. David R. Oldroyd, *Thinking about the Earth*(London: Athlone Press, 1996), p.250.

18. Roger M. McCoy, *Ending in Ice: The Revolutionary Idea and Tragic Expedition of Alfred Wegener*(Oxford: Oxford University Press, 2006), p.31.

19. Joachim Schulte 외 편, *Ludwig Wittgenstein: Philosophische Untersuchungen: Kritischgenetische Edition*(Frankfurt am Main: Surhkamp, 2001). 서문이 인상적이다.

20. Gordon Baker, *Wittgenstein, Frege and the Vienna Circle*(Oxford: Basil Blackwell, 1988), pp.51ff, 101ff.

21. Pasquale Frascella, *Understanding Wittgenstein's Tractatus*(London: Routledge, 2007), 제2, 4, 6장.

22. Baker, *Wittgenstein*, p.101ff.

23. Simon Glendinning, *The Idea of Continental Philosophy*(Edinburgh: Edinburgh University Press, 2006), pp.282ff.

24. Herman, *The Idea of Decline*, p.228.

25. Watson, *Modern Mind/Terrible Beauty*, pp.171-172.

26. Detlef Felken, *Oswald Spengler: Konservativer Denker zwischen Kaiserreich und Diktatur*(Munich: Beck, 1988), pp.58ff.

27. Watson, *Modern Mind/Terrible Beauty*, p.173.

28. 같은 책.

29. Walter Lacquer, *New York Times Book Review*, May 15, 1983, p.1.

30. Hayman, *Thomas Mann*, p.289.

31. Lacquer, *New York Times Book Review*, p.2.

32. 같은 책.

33. 같은 책.

34. Eugen Egger, *Hugo Ball: Ein Weg aus dem Chaos*(Otten: Otto Walter, 1951), pp.41ff.

35. Tom Sandqvist, *Dada East: The Romanians of Cabaret Voltaire*(Cambridge, Mass.: MIT Press, 2006), pp.90ff., 또 Dominique Noguez, *Lenine dada: Essai*(Paris: Robert Laffont, 1989)도 참고.

36. Peter Schifferli 편, *Dada: Die Geburt des Dada; Dichtung und Chronik der Gründer/Mit Photos und Dokumenten. [In Zusammenarbeit mit] Hans Arp, Richard Huelsenbeck [und] Tristan Zara*(Zürich: Im Verlag der Arche, 1957). Leah Dickerman, with essays by Brigid Doherty 외, *Dada: Zurich, Berlin, Hannover, Cologne, New York,* Paris(Washington, D.C.: National Gallery of Art in Association with Distributed Art Publishers, 2005).

37. Eric Robertson, *Arp: Painter, Poet, Sculptor*(London: Yale University Press, 2006), pp.36ff.

38. Dorothea Dietrich, *The Collages of Kurt Schwitters: Tradition and Innovation*(Cambridge: Cambridge University Press, 1993), pp.37ff., Kate

Traumann Steinitz, *Kurt Schwitters: Erinnerungen aus den Jahen, 1918–1930* (Zurich: Arche, 1963).

39. Walter Mehring, *Berlin Dada: Eine Chronik mit Photos und Dokumenten*(Zurich: Arche, 1959).

40. Uwe M. Schneede, *George Grosz: His Life and Work*, trans. Susanne Flatauer(London: Gordon Fraser, 1979), pp.14–15.

41. Matthias Eberle, *World War I and the Weimar Artists: Dix, Grosz, Beckmann, Schlemmer*(New Haven, Conn., and London: Yale University Press, 1985), pp.1–21.

42. Wolfgang Schivelbusch, *The Culture of Defeat: On National Trauma, Mourning and Recovery*, Jefferson Chase 역(London: Granta, 2003), p.247.

43. Norbert Elias, *The Germans: Power Struggles and the Development of Habitus in the Nineteenth and Twentieth Centuries*, Michael Schroter 편, Eric Dunning and Stephen Mennell 역(Cambridge: Polity Press, 1996), p.7.

제31장 바이마르: 전례 없는 정신적 조심성

1. Otto Freundlich, *Before the Deluge: A Portrait of Berlin in the 1920s* (London: Harper, 1995), p.175. 1920년대 베를린의 뛰어난 사진은 Rainer Metzger, *Berlin in the Twenties: Art and Culture 1918–1933*(London: Thames&Hudson, 2007), 여러 곳을 참고. Elias, *The Germans*, pp.214ff.

2. 예컨대 Hans–Jürgen Buderer, *Neue Sachlichkeit: Bilder auf der Suche nach der Wirklichkeit; Figurative Malerei der zwanziger Jahre*(Munich: Prestel, 1994); 또 Barbel Schrader, *The Golden Twenties: Art and Literature in the Weimar Republic*, Katherine Vanovitch 역(New Haven, Conn., and London: Yale University Press, 1988)을 참고.

3. Ian Roberts, *German Expressionist Cinema: The World of Light and Shadow*(London: Wallflower, 2008), p.25, 여기서는 비네 감독에 대한 새로운 형

태의 기록 연구archival research를 제공한다.

4. S. S. Prawer, *Caligari's Children: The Film as Tale of Terror*(Oxford and New York: Oxford University Press, 1980), pp.8ff.

5. 그로피우스에 대해서는 Kathleen James-Chakraborty 편, *Bauhaus Culture: From Weimar to the Cold War*(Minneapolis, Minn., and London: University of Minnesota Press, 2006), pp.26ff를 참고.

6. Lutz Schöbe and Wolfgang Thoner, *Stiftung Bauhaus Dessau: Die Sammlung*(Ostfildern-Ruit: Hatje, 1995), pp.29f.

7. 같은 책, pp.32-33.

8. Lee Congden, *Exile and Social Thought: Hungarian Exiles in Germany and Austria, 1919–1933*(Princeton, N.J.: Princeton University Press, 1991), p.181.

9. Dick Geary, *Karl Krautsky*(Manchester: Manchester University Press, 1987), p.58.

10. Rolf Wiggershaus, *Die Frankfurter Schule: Geschichte, theoretische Entwicklung, politische Bedeutung*(Munich: Hanser, 1986), pp.36ff.

11. Wiggershaus, *Die Frankfurter Schule*, pp.55에서 123까지는 주요 인물들의 초상이 담겨 있다.

12. Robert E. Norton, *Secret Germany: Stefan George and His Circle*(Ithaca, N.Y., London: Cornell University Press, 2002), p.688. 또 Thomas Karlauf, *Stefan George: die Entdeckung des Charisma; Biographie*(Munich: Karl Blessing, 2007)를 참고.

13. Judith Ryan, *Rilke, Modernism and Poetic Tradition*(Cambridge: Cambridge University Press, 1999), p.111.

14. 릴케가 프로이트의 덕을 입은 것은 Adrian Stevens, Fred Wagner 편, *Rilke und die Moderne: Londoner Symposion*(Munich: Iudicium, 2000), pp.49ff를 참고.

15. Joseph Mileck, *Hermann Hesse: Biography and Bibliography*(Berkeley and London: University of California Press, 1977), vol. 1, p.4.

16. Karl Corino, *Robert Musil: Eine Biographie*(Reinbeck bei Hamburg: Rowohlt, 2003), pp.993ff. 전반적인 배경은 David S. Luft, *Eros and Inwardness in Vienna: Weininger, Musil, Doderer*(Chicago and London: University of Chicago Press, 2003), pp.115-125를 참고.

17. 카프카와 무질의 연관성에 대해서는 Reiner Stach, *Kafka: The Decisive Years*, Shelley Frisch 역(New York: Harcourt, 2005), pp.401-412를 참고.

18. Wolfgang Jeske, *Lion Feuchtwanger, oder, Der arge Weg der Erkenntnis: Eine Biographie*(Stuttgart: Metzler, 1984), pp.238ff.

19. Christine Barker, R. W. Last, *Erich Maria Remarque*(London: Oswald Wolff, 1979), p.13.

20. Hilton Tims, *Erich Maria Remarque: The Last Romantic*(London: Constable, 2003), p.53.

21. Barker, Last, *Erich Maria Remarque*, p.60.

22. John Willett, *The New Sobriety: 1917–1933; Art and Politics in the Weimar Period*(London: Thames&Hudson, 1978), p.193.

23. Barker, Last, *Erich Maria Remarque*, pp.151-152. James, *Cultural Amnesia*, pp.55 and 400.

24. Andreas Jacob, *Grundbegriffe der Musiktheorie Arnold Schönbergs*(Hildesheim: Olms, 2005), vol. 1, p.374. 케슬러에 대해서는 Harry Kessler, *Berlin in Lights: The Diaries of Harry Kessler*(New York: Grove, 2000)을 참고.

25. Freundlich, *Before the Deluge*, p.180.

26. Ross, *The Rest Is Noise*, pp.206-207.

27. John Jarman, *The Music of Alban Berg*(London and Boston: Faber, 1979), pp.15ff., 80ff. 당시 독일의 더 상세한 음악문화에 대해서는 Kathryn Bailey, *The Life of Webern*(Cambridge: Cambridge University Press, 1998), pp.116ff를 참고.

28. Ross, *The Rest Is Noise*, p.207.

29. 당시 미국의 다른 영향에 대해서는 Elizabeth Harvey, "Culture and Society in Weimar Gremany: The Impact of Modernism and Mass Culture", Mary

Fulbrook 편, *Twentieth-Century Germany: Politics, Culture and Society 1918–1990*(London: Arnold, 2001), p.62를 참고.

30. Hans Mayer, *Brecht*(Frankfurt am Main: Suhrkamp, 1996), pp.323ff.

31. Walter Lacquer, *Weimar, A Cultural History, 1918–1933*(London: Weidenfeld&Nicolson, 1974), p.153.

32. John Fuegi, *Brecht&Co.: Biographie*(Hamburg: Europaische Verlagsanstalt, 1997), pp.271ff.

33. Ross, *The Rest Is Noise*, p.192.

34. Foster Hirsch, *Kurt Weill on Stage: From Berlin to Broadway*(New York: Knopf, 2002), p.12. 또 Jurgen Schebera, *Kurt Weill 1900–1950: Eine Biographie in Texten, Bildern und Dokumenten*(Mainz: Schott, 1990), pp.77ff.를 참고.

35. Keith Bullivant 편, *Culture and Society in the Weimar Republic* (Manchester: Manchester University Press, 1997), pp.50ff., 브레히트와 『베를린 알렉산더 광장』에서 드러난 알프레트 되블린의 차이에 대해 참고.

36. Thomas J. Saunders, *Hollywood in Berlin: American Cinema and Weimar Germany*(Berkeley and London: University of California Press, 1994) 참고. 여기서 저자는 1920년대에 독일이 영화 제작에서 미국을 추월할 만반의 태세를 갖추었다고 주장한다.

37. Dietrich Scheunemann 편, *Expressionist Film: New Perspectives* (Rochester, N.Y.: Camden House, 2003), p.25.

38. 같은 책, p.38.

39. Harvey, "Culture and Society," pp.68ff.

40. Patrick McGilligan, *Fritz Lang: The Nature of the Beast*(London: Faber, 1997), p.148.

41. Charlotte Chandler, *Nobody's Perfect: Billy Wilder; A Personal Biography* (New York and London: Simon&Schuster, 2002), p.60.

42. Luzi Korngold, *Erich Wolfgang Korngold: ein Lebensbild*(Vienna: Elisabeth Lafite, 1967), pp.62ff.

43. Carl Zuckmayer, *A Part of Myself*, trans. Richard and Clara Winston (London: Secker & Warburg, 1970), p.32.

44. Marlene Dietrich, *ABC meines Lebens*(Berlin: Blanvalet, 1963). 특히 할리우드와 빌리 와일더의 출연작을 참고.

45. Guido Knopp, *Hitler's Women—and Marlene, Angus McGeochdur* (Stroud: Sutton, 2003), p.266.

제32장 바이마르: 20세기 물리학, 철학, 역사의 황금기

1. John Cornwell, *Hitler's Scientists*(London: Viking, 2003; Penguin, 2004), p.111.

2. 같은 책, p.114.

3. Charles P. Enz, *No Time to Be Brief: A Scientific Biography of Wolfgang Pauli*(Oxford: Oxford University Press, 2002), pp.84ff.

4. David C. Cassidy, *Uncertainty: The Life and Science of Werner Heisenberg*(New York: W. H. Freeman, 1992), pp.127f.

5. Leo Corry, *David Hilbert and the Axiomatisation of Physics (1898–918): From Grundlagen der Geometrie to Grundagen der Physik*(Dordrecht: Kluwer, 2004).

6. Nancy Thorndike Greenspan, *The End of the Certain World*(New York: Wiley, 2005).

7. 아인슈타인은 두 종류의 과학이론이 존재한다고 생각했다. 하나는 중력과 가속도 사이의 등가성 같은 '원칙적인' 이론이다. 여기서 현실은 기본적 원칙으로 "전개된다." 또 하나는 양자론처럼 '구조상의' 이론으로 여기서는 여전히 발견을 기다리는 기본적인 원칙이 존재한다. 아인슈타인의 철학적인 견해에 대한 관심은 최근에 와서 더욱 커졌다. Amanda Gefter, "Power of the Mind," *New Scientist* 2529(December 10, 2005): 54-55를 참고.

8. Cornwell, *Hitler's Scientists*, p.104.

9. Walter Isaacson, *Einstein: His Life and Universe*(New York and London: Simon&Schuster, 2007).

10. Cornwell, *Hitler's Scientists*, p.110.

11. Glyn Jones, *The Jet Pioneers: The Birth of Jet-Powered Flight*(London: Methuen, 1989), pp.41–49.

12. 같은 책, pp.142ff.

13. Corry, *David Hilbert*.

14. John W. Dawson Jr., *Logical Dilemmas: The Life and Work of Kurt Godel*(Wellesley, Mass.: A.K. Peters, 1997), p.55.

15. Watson, *Modern Mind/Terrible Beauty*, p.271뿐만 아니라, Roger Penrose가 지적한 대로, 괴델의 "열린 체계의 수학적 직관은 근본적으로 기존의 물리학적 구조와 양립할 수 없다."

16. Michael Stöltzner, Thomas Uebel 편, *Wiener Kreis: Texte zur wissenschaftlichen Weltauffassung von Rudolf Carnap, Otto Neurath, Moritz Schlick, Philipp Frank, Hans Hahn, Karl Menger, Edgar Zilsel und Gustav Bergmann*(Hamburg: Meiner, 2006). 머리말 pp.ix–iv 참고, 카르납은 315ff를, 괴델은 362ff를 참고.

17. Ben Rogers, *A. J. Ayer*(London: Chatto&Windus, 1999), p.86.

18. 같은 책.

19. 같은 책, p.87.

20. Paul Arthur Schilpp, *The Philosophy of Rudolf Carnap*(La Salle, Ill.: Open Court; London: Cambridge University Press, 1963), 특히 pp.183f, 385ff, 545f. A. W. Carus, *Carnap and Twentieth-Century Thought: Explication and Enlightenment*(Cambridge: Cambridge University Press, 2007), pp.91–108, 185–207도 참고.

21. Rudiger Safranski, *Ein Meister aus Deutschland: Heidegger und seine Zeit*(Munich: Hanser, 1994), pp.145ff을 참고.

22. Michael Grossheim, *Von Georg Simmel zu Martin Heidegger: Philosophie zwischen Leben und Existenz*(Bonn and Berlin: Bouvier, 1991),

pp.14-18.

23. Michael E. Zimmerman, *Heidegger's Confrontation with Modernity: Technology, Politics, and Art*(Bloomington: Indiana University Press, 1990).

24. Max Scheler, *The Nature of Sympathy*, trans. Peter Heath, W. Stark 서문(London: Routledge & Kegan Paul, 1954), pp.96-102.

25. 같은 책.

26. 카시러를 맥락짓기 위해서는 Michael Friedman의 *A Parting of the Ways: Carnap, Cassirer, and Heidegger*(Chicago: Open Court, 2000), pp.1-10, 129-144를 참고하라.

27. 이 해에 카시러는 스위스 다보스에서 열린 마르틴 하이데거와의 유명한 논쟁에 참여했다. 이 논쟁에서 이들은 칸트에 대해 다투었고 1년 정도 지나 하이데거는 『존재와 시간』을 발표했다. Safranski, *Meister aus Deutschland*, pp.183-188.

28. Ernst Cassirer, *Philosophie der symbolischen Formen, Text und Anmerkungen bearbeitet von Claus Ronsenkarnz*(Hamburg: Felix Meiner, 2001), pp.43ff., 193.

29. Silvia Ferretti, *Cassirer, Panofsky and Warburg: Symbol, Art, and History, Richard Pierce*(New Haven, Conn., and London: Yale University Press, 1989), pp.122ff.

30. Percy Ernst Schramm, *Hitler, the Man and the Military Leader*, Donald S. Detwiler 편·역 및 서문(London: Allen Lane, Penguin Press, 1972), p.9.

31. Alain Boureau, *Kantorowicz: Stories of a Historian*, trans. Stephen G. Nichols and Gabrielle M. Spiegel, Martin Jay 서문(Baltimore: Johns Hopkins University Press, 2001), p.2.

32. Norbert Elias, *The Germans*.

33. 최근에 엘리아스의 학술활동에 대한 관심이 폭발적으로 늘어났다. Richard Kilminster, *Norbert Elias: Post-Philosophical Sociology*(New York and Abingdon: Routledge, 2007) 참고. 이 책은 엘리아스와 바이마르 문화에 대해서는 1개 항을(pp.10-14), 엘리아스와 만하임에 대해서는 한 장章을, 또 한 장을 『문명화 과정』에 대해 할애하고 있다. 또 Stephen Menell, *Norbert Elias: Civilisation and*

the Human Self-Image(Oxford: Basil Blackwell, 1989), "Sports and Violence" "Civilisation and De-civilisation" "Involvement and Detachment"의 장을 참고.

34. Peter Schafer, Gary Smith, *Gershom Scholem: Zwischen den Disziplinen*(Frankfurt am Main: Suhrkamp, 1995).

35. Susan A. Handelman, *Fragments of Redemption: Jewish Thought and Literary Theory in Benjamin, Scholem, and Levinas*(Bloomington: Indiana University Press, 1991), pp.109ff.

제33장 바이마르: 해결할 필요가 있는 문제

1. Peter Gay, *Freud: A Life for Our Times*(London: MAX, 2006), p.546.

2. Watson, *Modern Mind/Terrible Beauty*, p.273.

3. Paul-Laurent Assoun, *Freud and Nietzsche*, Richard L. Collier Jr. 역(London: Athlone Press, 2000), pp.70-82, 137-156.

4. Renos K. Papadopoulos 외, *Jung in Modern Perspective*(Hounslow, Middsex: Wildwood, 1984), p.203.

5. Bernard J. Paris, *Karen Horney: A Psychoanalyst's Search for Self-understanding*(New Haven, Conn., and London: Yale University Press, 1994), pp.92ff.

6. George L. Mosse, *The Crisis of German Ideology: Intellectual Origins of the Third Reich*(New York: H. Fertig, 1998).

7. 니체와 다윈에 대해서는 John Richardson, *Nietzsche's New Darwinism*(Oxford: Oxford University Press, 2004), pp.78ff., 81f., 95f., 146f를 참고. Gregory Moore, *Nietzsche, Biology, and Metaphor*(Cambridge: Cambridge University Press, 2002), 니체와 "신경과민의 시대the nervous age"에 대해서는 pp.115ff를 참고.

8. 히틀러와 니체에 대해서는 Jacob Golomb, Robert S. Wistrich 편, *Nietzsche, Godfather of Fascism? On the Uses and Abuses of Philosophy*(Princeton, N.J.,

and Oxford: Princeton University Press, 2002), pp.90-106을 참고.

9. Moore, *Nietzsche, Biology*, "권력의 병리학"에 관한 장을 참고.

10. 조국의 신화에 대해서는 Charles R. Bambach, *Heidegger's Roots: Nietzsche, National Socialism, and the Greeks*(Ithaca, N.Y., and London: Cornell University Press, 2003), pp.12ff를, 하이데거의 중부유럽 개념은 112ff를 참고.

11. Frank-Lothar Kroll, *Utopie als Ideologie: Geschichtsdenken und politisches Handeln im Dritten Reich*(Paderborn: Schöningh, 1998), pp.72-77.

12. Roger Griffin, *Modernism and Fascism: The Sense of a Beginning under Mussolini and Hitler*(Basingstoke: Palgrave, 2007).

13. Fritz Stern, *The Politics of Cultural Despair*(Berkeley and London: University of California Press, 1961/1974), p.184.

14. 같은 책, p.189.

15. 같은 책, pp.191-192.

16. 같은 책, pp.194-196.

17. 같은 책, p.220.

18. 같은 책, pp.257-259.

19. Anthony Phelan 편, *The Weimar Dilemma: Intellectuals in the Weimar Republic*(Manchester: University of Manchester Press, 1985), 특히 Keith Bullivant, "The Conservative Revolution," pp.47-70. 또 Jeffrey Herf, *Reactionary Modernism: Technology, Culture and Politics in Weimar and the Third Reich*(Cambridge: Cambridge University Press, 1984), p.109와 Elias, *The Germans*, p.212를 참고.

20. Watson, *Modern Mind/Terrible Beauty*, p.300.

21. Bernd Widdig, *Culture and Inflation in West Germany*(Berkeley and London: University of California Press, 2001), p.140.

22. Ernst Reinhard Piper, *Alfred Rosenberg: Hitlers Chefideologe*(Munich: Karl Blessing, 2005), pp.179ff. 『20세기의 신화』에 대하여.

23. 같은 책, pp.212-231. Cecil Robert, *The Myth of the Master Race: Alfred*

Rosenberg and Nazi Idology(London: Batsford, 1972)도 참조.

24. Julien Benda, *The Treason of the Learned*, trans. Richard Aldington (Boston: Beacon, 1955), p.xxi.

25. 같은 책, pp.13-14.

26. 같은 책, p.18.

27. 같은 책, pp.30-32.

28. 같은 책, p.41.

29. 같은 책, p.42.

30. 같은 책, pp.55-59.

31. 같은 책, p.86.

32. 같은 책, p.104.

33. 같은 책, p.116.

34. 같은 책, pp.117-120.

35. 같은 책, p.141,

36. 같은 책, pp.145-147.

37. 당시 반응에 대해서는 Robert J. Niess, *Julien Benda*(Ann Arbor: University of Michigan Press, 1956), pp.168ff를 참고.

제5부 제국의 노래: 히틀러와 "투쟁의 정신무장"

—

제34장 나치의 미학: "갈색 전환"

1. Frederic Spotts, *Hitler and the Power of Aesthetics*(London: Hutchinson, 2002), pp.11-15.

2. 같은 책, pp.152, 156.

3. Ernst Barlach의 장기적인 투쟁에 대해서는 Peter Paret, *An Artist against the Third Reich: Ernst Barlach, 1933-1938*(Cambridge: Cambridge University Press, 2003), pp.77-108, 110ff를 참고.

4. 린츠를 예술과 건축으로 재단장하려던 히틀러의 생각은 Hanns Christian Lohr, *Das braune Haus der Kunst: Hitler und der "Sonderauftrag Linz"; Visionen, Verbrechen, Verluste*(Berlin: Akademie-Verlag, 2005), pp.1-18을 참고.

5. Peter Adam, *The Arts of the Third Reich*(London: Thames&Hudson, 1992), pp.129ff., "The Visualisation of National Socialist Ideology." 또 Berthold Hinz, *Art in the Third Reich*, Robert, Rita Kimber 역(Oxford: Basil Blackwell, 1980).

6. Paret, *Artist against the Third Reich*, pp.109-138, 여기서는 특히 "비독일적인 예술"을 논하고 있다.

7. 퇴폐미술전은 뮌헨에서 막을 내린 뒤 베를린과 독일의 여러 도시로 옮겨갔다. 퇴폐미술전은 일회성 행사였지만 독일 미술관의 전시회는 1945년까지 해마다 열렸다. Rudolf Herz, *Hoffmann&Hitler: Fotographie als Medium des Führers-Mythos*(Munich: Klinkhardt&Biermann, 1994), pp.170ff., 260ff. 총통을 어떻게 시각적으로 꾸몄는지에 대한 탁월한 연구다.

8. Victor Klemperer, *The Language of the Third Reich: A Philologist's Notebook*, trans. Martin Brady(New York: Continuum, 2000/2006), p.63.

9. 같은 책, p.72.

10. 건축에서는 여전히 그리스적 이상이 지배적이었다. Alex Scobie, *Hitler's State Architecture: The Impact of Classical Antiquity*(University Park and London: Pennsylvania State University Press for the College Art Association, 1990), 히틀러와 고대 유물에 대해서는 pp.1ff를, 슈페어의 "폐허 가치"의 이론에 대해서는 93ff를 참고.

11. Jay Baird, *To Die for Germany: Heroes in the Nazi Pantheon*(Bloomington and Indianapolis: University of Indiana Press, 1992), p.161.

12. 출판 통제에 대해서는 Oron J. Hale, *The Captive Press in the Third Reich*(Princeton, N.J.: Princeton University Press, 1964), pp.67ff., 76-93를 참고.

13. Baird, *To Die for Germany*, p.132.

14. 같은 책, p.133.

15. 같은 책, p.137.

16. Jay W. Baird, *Hitler's War Poets: Literature and Politics in the Third Reich*(Cambridge: Cambridge University Press, 2008)를 참고.

17. Baird, *To Die for Germany*, p.154.

18. 같은 책, p.157.

19. 같은 책, p.167.

20. Mary—Elizabeth O'Brien, *Nazi Cinema as Enchantment: The Politics of Entertainment in the Third Reich*(Rochester, N.Y.: Camden House, 2005), pp.118ff., 160ff. 1936년 겨울, 독일방송위원회는 앞으로 프로그램은 주로 "기쁨을 창조하고 공동체를 견고하게 하는" 형태로 나갈 것이라고 공표했다. 이 계획의 일환으로 "농업 뉴스"와 함께 독일농민에 대한 프로그램이 "농민과 시골풍경"이라는 제목으로 방송되었다.

21. Antje Ascheid, *Hitler's Heroines: Stardom and Womanhood in Nazi Cinema*(Philadelphia: Temple University Press, 2003), 2, 3, 4장 참고.

22. Baird, *To Die for Germany*, p.200.

23. 같은 책, pp.186-192.

24. Karl—Heinz Schoeps, *Literature and Film in the Third Reich*(Rochester, N.Y.: Camden House, 2004). 매우 유용한 참고문헌이다.

25. Baird, *To Die for Germany*, p.197.

26. 독일 밖에서 영화에 대한 나치의 영향은 Roel Vande Winkel, David Welch 편, *Cinema and the Swastika: The International Expansion of Third Reich Cinema*(Basingstoke: Palgrave Macmillan, 2007)를 참고. 이 책은 멀리 브라질과 크로아티아, 그리스, 노르웨이, 미국까지 나치의 영향을 추적하고 있다. pp.306ff. 1933—1940년 기간의 독일—미국 영화의 관계에 대한 논의는 Sabina Hake, *Popular Cinema of the Third Reich*(Austin: University of Texas Press, 2001), pp.128-148를 참고.

27. Erik Levi, *Music in the Third Reich*(London: Macmillan, 1994), p.71.

28. Michael H. Kater, *The Twisted Muse: Musicians and Their Music in the Third Reich*(New York and Oxford: Oxford University Press, 1997), pp.14-21.

29. Levi, *Music in the Third Reich*, p.40.

30. 독일 음악에는 인종주의적 요소가 들어 있는데, 이것은 북방에 기원을 두고 있다. 예컨대 베토벤의 음악에서 드러나듯이 북방민족만이 영웅적인 미덕의 능력이 있음을 보여주려는 목적으로 쓰인 '학술적' 작품이 몇 편 더 있다. 1939년에 발표한 논문에서 Karl Blessinger는 독일 음악은 멘델스존과 마이어베어, 말러 등 세 단계에 걸쳐 쇠퇴했다고 주장했다. 이들에게 어떤 공통점이 있는지 추정하기란 어렵지 않다. Levi, *Music in the Third Reich*, pp.53-56.

31. Levi, *Music in the Third Reich*, p.70.

32. Michael H. Kater, *Composers of the Nazi Era: Eight Portraits*(New York and Oxford: Oxford University Press, 2000), pp.197-198.

33. Kater, *Composers of the Nazi Era*, 힌데미트에 대해서는 제2장을, 칼 오르프에 대해서는 p.111, 한스 피츠너에 대해서는 p.144를 참고.

34. Kater, *The Twisted Muse*, pp.22-39. Levi, *Music in the Third Reich*, p.118.

35. Levi, *Music in the Third Reich*, p.179.

36. 같은 책, p.181.

37. Kater, *The Twisted Muse*, pp.41-42.

38. Brigitte Hammann, *Winifred Wagner: A Life at the Heart of Hitler's Bayreuth*, Alan Bance 역(London: Granta, 2005).

39. Kater, *The Twisted Muse*, pp.188ff. 푸르트벵글러의 분투에 대해서는 Fred K. Prieberg, *Trial of Strength: Wilhelm Furtwangler and the Third Reich*, trans. Christopher Dolan(London: Quartet, 1991), 제2장과 3장을 참고.

40. Levi, *Music in the Third Reich*, p.203. 또 Misha Aster, *Das "Reichsorchester": Die Berliner Philharmoniker und der Nationalsocialismus* (Munich: Siedler, 2007)도 참고.

41. Glen W. Gadberry 편, *Theatre in the Third Reich: The Pre-war Years* (New York: Greenwood, 1995), p.2.

42. 같은 책, pp.6-9.

43. 같은 책, p.124.

44 같은 책, p.103.

45. 같은 책, p.115.

46. 같은 책, p.81.

47. 나치스도 여성 의류에 대해 할 말은 있었다. Irene Guenther, *Nazi Chic?: Fashioning Women in the Third Reich*(Oxford: Berg, 2004), 특히 독일 의류산업의 '정화'에 대해서는 제5장 참고.

48. Armin Strohmeyr, *Verlorene Generation: Dreissig vergessene Dichterinnen und Dichter des "anderen Deutschland"*(Zurich: Atrium, 2008), 풍자가, 노래제작자, 사회주의자, 역사학자의 "잃어버린 세대"를 참고.

제35장 제3제국의 학문: 객관성 같은 것은 없다

1. Steven P. Remy, *The Heidelberg Myth: The Nazification and De-Nazification of a German University*(Cambridge, Mass.: Harvard University Press, 2002), p.16.

2. 같은 책, p.22.

3. 같은 책, p.24.

4. 같은 책, p.43.

5. 같은 책, p.26.

6. Claudia Koonz, *The Nazi Conscience*(Cambridge, Mass.: Belknap Press of Harvard University Press, 2003), p.196.

7. Remy, *Heidelberg Myth*, p.33. Elias, *The Germans*, p.383.

8. Remy, *Heidelberg Myth*, p.50.

9. Philip Lenard, "The Limits of Science", George L. Mosse 편, *Nazi Culture: Intellectual, Cultural and Social Life in the Third Reich*, Salvator Attanasia 외 번역(Madison: University of Wisconsin Press, 1966), pp.201-205.

10. Remy, *Heidelberg Myth*, p.56.

11. 같은 책, p.60.

12. Koonz, *Nazi Conscience*, p.205.

13. Remy, *Heidelberg Myth*, p.84.

14. James R. Dow and Hannjost Lixfeld 편, *The Nazification of an Academic Discipline: Folklore in the Third Reich*(Bloomington: Indiana University Press, 1994).

15. George S. Williams, *The Longing for Myth in Germany: Religious and Aesthetic Culture from Romanticism to Nietzsche*(Chicago: University of Chicago Press, 2004), p.1.

16. Dow and Lixfeld 편, *Nazification*, p.21.

17. Fritz Joachim Raddatz, *Gottfried Benn, Leben, niederer Wahn: Eine Biographie*(Berlin: Propylaen, 2001), pp.48ff.

18. Dow and Lixfeld 편, *Nazification*, pp.42-46.

19. 같은 책, pp.57-59.

20. 같은 책, p.80.

21. 같은 책, pp.189ff, 198.

22. Peter Padfield, *Himmler: Reichsfuhrer-SS*(London: Macmillan, 1990), pp.166ff.

23. Christopher Hale, *Himmler's Crusade: The True Story of the 1938 Nazi Expedition into Tibet*(London: Bantam Press, 2003), pp.207ff.

24. 같은 책, p.211.

25. 같은 책, p.233.

26. Cornwell, *Hitler's Scientists*, p.25.

27. 같은 책, pp.30-32.

28. 같은 책, pp.130-131.

29. Albert Einstein, *The Born-Einstein Letters: Friendship, Politics, and Physics in Uncertain Times; Correspondence between Albert Einstein and Max and Hedwig Born from 1916 to 1955 with Commentaries by Max Born*, trans. Irene Born(Basingstoke: Macmillan, 2005), pp.113ff.

30. Roger Highfield and Paul Carter, *The Private Lives of Albert Einstein* (London: Faber&Faber, 1993), pp.240-241, 잘 알려지지 않은 아인슈타인의 더욱 개인적인 난관에 대하여.

31. Cornwell, *Hitler's Scientists*, p.130. 아인슈타인의 비인습적인 견해에 대해서는 Dennis P. Ryan 편, *Einstein and the Humanities*(New York and London: Greenwood Press, 1987), 상대성 이론의 도덕적 의미, 상대성 이론에 대한 시적 반응, 상대성 이론과 심리학에 대한 장을 참고.

32. Cornwell, *Hitler's Scientists*, p.140.

33. Michael H. Kater, *Doctors under Hitler*(Chapel Hill: Universty of North Carolina Press, 1989), pp.19ff., 63ff.

34. 같은 책, pp.177ff. 또 Charles McClelland, "Modern German Doctors: A Failure of Professionalisation?", Berg and Cocks 편, *Medicine and Modernity*, pp.81-97.

35. Geoffrey Cocks, *Psychotherapy in the Third Reich: The Göring Institute*(New York and Oxford: Oxford University Press, 1985), pp.53-60. 또 Laurence A. Rickels, *Nazi Psychoanalysis*(Minneapolis and London: University of Minnesota Press, 2002)도 참고.

36. Cocks, *Psychotherapy*, p.87.

37. Jarrell C. Jackman and Carla M. Borden, *The Muses Flee Hitler: Cultural Transfer and Adaptation, 1930–1945*(Washington, D.C.: Smithsonian Institution Press, 1983), pp.205ff.

38. 같은 책, p.25.

39. 같은 책.

40. David Simms, "The Führer Factor in German Equations," Sanford L. Segal의 리뷰, *Mathematicians under the Nazis*(Princeton, N.J.: Princeton University Press, 2003), *Times Higher Education Supplement*, September 17, 2004, p.28.

41. Sanford L. Segal은 *Mathematicians under the Nazis*에서 레지스탕스 활동에 참여한 수학자는 없었고 사실상 나치스는 수학에 거의 관심이 없었다. Otto Blumenthal은 『수학 연감』의 편집자로서 1939년까지 자리를 지켰지만 1944년에 테레지엔슈타트에서 사망했다고 한다. 유대인 아들을 보호해야 했던 Heinrich Behnke는 "다변복소함수론several complex variables" 학파를 세우게 되었고 이 학파는 전

후 Friedrich Hirzenbruch가 이끄는 독일 수학의 부활을 자극했다. 또 Jackman, Borden 편, *Muses Flee Hitler*, pp.221ff도 참고.

42. Cornwell, *Hitler's Scientists*, p.168.

43. 같은 책, p.170.

44. Werner Heisenberg, *Physics and Beyond: Encounters and Conversations*, Arnold J. Pomeranz 역(New York: Harper&Row, 1971), p.166.

45. Otto Hahn, *A Scientific Autobiography*, Willy Ley 편·역(London: McGibbon&Kee, 1967), p.85.

46. Otto Hahn, *My Life*, Ernst Kaiser and Eithne Wilkins 역(London: Macdonald, 1970), p.149.

47. Otto Frisch, *What Little I Remember*(Cambridge: Cambridge University Press, 1979), pp.120ff.

48. Cornwell, *Hitler's Scientists*, pp.208-210.

49. Watson, *Modern Mind/Terrible Beauty*, pp.392-393.

50. 같은 책.

51. Rudolf Peierls, *Atomic Histories*(Woodbury, N.Y.: American Institute of Physics, 1997), pp.187-194.

52. Koonz, *Nazi Conscience*, p.58.

53. 같은 책., Clemens Kauffmann, *Leo Strauss zur Einfuhrung*(Hamburg: Junius, 1997)도 참고.

54. Gotz Aly, Susanne Heim, *Architects of Annihilation: Auschwitz and the Logic of Destruction*(London: Weidenfeld&Nicolson, 1991), p.58.

55. 같은 책, p.54.

56. 같은 책, p.61.

57. 같은 책, p.86.

58. 같은 책, p.95.

59. 같은 책, p.179.

60. 같은 책, p.166.

61. Ulf Schmidt, *Karl Brandt: The Nazi Doctor; Medicine and Power in the*

Third Reich(London: Hambledon Continuum, 2007), pp.125ff.

제36장 신학자들의 여명기

1. Brian Moynahan, *The Faith*(London: Aurum, 2002), p.675 참고.
2. 같은 책.
3. 1320 F. X. J. Homer, "The Führer's Faith: Hitler's Sacred Cosmos," in F. X. J. Homer, Larry D. Wilcox 편, *Germany and Europe in the Era of Two World Wars: Essays in Honour of Oron James Hale*(Charlottesville: University Press of Virginia, 1986), pp.61-78.
4. Alistair McGrath, *The Making of Modern German Christology: From the Enlightenment to Pannenberg*(Oxford: Blackwell, 1986), p.5.
5. Wilhelm Pauck, *Harnack and Troeltsch: Two Historical Theologians* (New York: Oxford University Press, 1968), p.117. 하르나크의 장례식에서 트뢸치가 낭독한 추도사 참고.
6. McGrath, *Making of Modern German Christology*, p.61.
7. Franz L. Neumann 외, *The Cultural Migration: The European Scholar in America*(Philadelphia: University of Pennsylvania Press, 1953), p.140.
8. Johannes Hemleben, *Rudolf Steiner und Ernst Haeckel*(Stuttgart: Verlag Freies Geistesleben, 1965), pp.38ff. Geoffrey Ahern, *Sun at Midnight: The Rudolf Steiner Movement and the Western Esoteric Tradition*(Wellingborough: Aquarian Press, 1984), p.87ff.
9. Ahern, *Sun at Midnight*, p.64.
10. 1922년 빈 회의의 내용을 참고. Guenther Wachsmuth, *The Life and Works of Rudolf Steiner: From the Turn of the Century to His Death*(New York: Whittier, 1955), p.445.
11. Bruce L. McCormack, *Karl Barth's Critically Dialectical Theology: Its Genesis and Development, 1909-1936*(Oxford: Clarendon Press, 1995),

pp.38ff., "세기 전환기의 신학적 상황"에 대한 묘사를 참고.

12. Martin Rumscheidt, *Revelation and Theology: An Analysis of the Barth-Harnack Correspondence of 1923*(Cambridge: Cambridge University Press, 1972), pp.31-34, 75-78.

13. Eberhard Busch, *Karl Barth: His Life from Letters and Autobiographical Texts*, John Bowden 역(London: SCM Press, 1976), pp.38ff.

14. McGrath, *Making of Modern German Christology*, p.94.

15. Busch, *Karl Barth*, pp.92f., 117f.

16. Zdravko Kujundzija, *Boston Collaborative Encyclopaedia of Western Theology*, entry on Barth, p.16. http://people.bu.edu.wwildman/bce

17. Busch, *Karl Barth*, pp.120f. McCormack, *Karl Barth's Critically Dialectical Theology*, pp.209ff.

18. McCormack, *Karl Barth's Critically Dialectical Theology*, p.371. Kimlyn J. Bender, *Karl Barth's Christological Ecclesiology*(Aldershot: Ashgate, 2005), pp.95f.

19. Busch, *Karl Barth*, p.245.

20. Kujundzija, *Boston Collaborative Encyclopaedia*, p.17.

21. McCormack, *Karl Barth's Critically Dialectical Theology*, p.449.

22. Martin Evang, *Rudolf Bultmann in seiner Fruhzeit*(Tübingen: Mohr [Paul Siebeck], 1988), pp.211f. Bernd Jaspert 편, *Karl Barth-udolf Bultmann Letters, 1922-1966*, Geoffrey W. Bromley 역(Edinburgh: T&T Clark, 1982).

23. John MacQuarrie, *The Scope of Demythologising: Bultmann and His Critics*(London: SCM Press, 1960), pp.65ff., 151ff.

24. David L. Edwards, "Rudolf Bultmann: Scholar of Faith," *Christian Century*, September 1-8, 1976, pp.728-730. McGrath, *Making of Modern German Christology*, p.135.

25. MacQuarrie, *Scope of Demythologising*, pp.186ff.

26. Busch, *Karl Barth*, p.141.

27. 틸리히와 에리히 프롬, 시드니 후크 등과의 관계, 그리고 "정신적 진공"에 대한

그의 심리학 및 사회학적 비교에 대해서는 Raymond F. Bulman, *A Blueprint for Humanity: Paul Tillich's Theology of Culture*(Lewisburg: Bucknell University Press, 1981), 특히 pp.128ff를 참고.

28. Sabine Leibholz-Bonhoeffer, *The Bonhoeffers: Portrait of a Family* (London: Sidgwick&Jackson, 1971), p.17.

29. 바르트의 덕을 입은 것은 Ronald Gregor Smith, *World Comes of Age: A Symposium on Dietrich Bonhoeffer*(London: Collins, 1967), pp.93ff를 참고.

30. Eberhard Bethge, *Dietrich Bonhoeffer: Theologe. Christ. Zeitgenosse* (Munich: Kaiser, 1967), pp.183f.

31. 같은 책, p.1036.

32. 같은 책, pp.803-811. *Eberhard Bethge, Bonhoeffer: Exile and Martyr* (London: Collins, 1975)도 참고.

33. James Brabazon, *Albert Schweitzer: A Biography*(Syracuse, N.Y.: Syracuse University Press, 2000), pp.64ff.

34. 같은 책, pp.110ff.

35. 같은 책, pp.443ff.

36. Maurice Friedman, *Encounter on the Narrow Ridge: A Life of Martin Buber*(New York: Paragon House, 1991).

37. Moynahan, *Faith*, p.678.

38. Ernst Christian Helmreich, *The German Churches under Hitler: Background, Struggle, and Epilogue*(Detroit: Wayne State University Press, 1979), p.123. J. S. Conway, *The Nazi Persecution of the Churches, 1933–1945* (London: Weidenfeld&Nicolson, 1968), p.2.

39. Richard Steigmann-Gall, *The Holy Reich*(Cambridge: Cambridge University Press, 2003), p.1.

40. 같은 책, p.6.

41. 같은 책, p.37.

42. 같은 책, p.42.

43. 같은 책, p.234.

44. 같은 책, p.111.

45. Robert p. Ericksen, *Theologians under Hitler*(New Haven, Conn., and London: Yale University Press, 1985), p.52.

46. 같은 책, p.56.

47. Paul Althaus, *Die Ethik Martin Luthers*(Gutersloh: Gutersloher Verlagshaus G. Mohn, 1965).

48. Ericksen, *Theologians under Hitler*, p.103.

49. Emanuel Hirsch, *Das Wesen des reformatorischen Christentums*(Berlin: de Gruyter, 1963), pp.105ff. Ericksen, *Theologians*, pp.155-165.

50. Moynahan, *Faith*, p.680.

51. James Bentley, *Martin Niemoller*(Oxford: Oxford University Press, 1984), pp.81f, 143ff.

제37장 독일 전시戰時 과학의 성과, 실패, 오명

1. Remy, *Heidelberg Myth*, pp.85-86.

2. 같은 책, pp.95-96.

3. 알프레트 베버는 예컨대 1935년에 423쪽에 이르는 *Kulturgeschichte als Kultursoziologie*(Munich: Piper)를 출간했다.

4. Fritz Ernst는 부르고뉴의 저돌공猪突公 샤를(1433-1477)에 대한 기사를 썼는데, 여기에는 다음과 같은 구절이 있다. "그에게 부족한 것은 균형 감각이었다. (…) 그는 온통 증오와 야심에 불타 있었고 이 때문에 지속적인 힘을 발휘하지 못했다. 그는 (…) 기본적인 군사적 과오에도 불구하고 훌륭한 야전사령관의 자질을 갖추게 되었지만 내면의 자유는 가질 수 없었다." Remy, *Heidelberg Myth*, p.113.

5. Remy, *Heidelberg Myth*, pp.222-223.

6. 같은 책, p.231.

7. Cassidy, *Uncertainty*, p.420.

8. 같은 책, p.435. 또 후터만스에 대해서는 Rainer Karlsch, *Hitlers Bombe: Die*

geheime Geschichte der deutschen Kernwaffenversuche(Munich: Deutsche Verlags-Anstalt, 2005), pp.72를 참고.

9. Paul Lawrence Rose, *Heisenberg and the Nazi Atomic Bomb Project: A Study in German Culture*(Berkeley, London: University of California Press, 1998).

10. Karlsch, *Hitlers Bombe*, pp.54f., 107f.

11. Eduard Schonleben, *Fritz Todt, der Mensch, der Ingenieur, der National-sozialist: Ein Bericht über Leben und Werk*(Oldenburg: G. Stalling, 1943), pp.108ff.

12. Cornwell, *Hitler's Scientists*, p.317.

13. Cassidy, *Uncertainty*, pp.397ff., "독일물리학"에 관한 장, 또 Karlsch, *Hitlers Bombe*, pp.266-270도 참고. Karlsch는 독일이 실제로 베를린 교외의 Gottow에 원자로를 건설했으며 1945년 3월 뤼겐스 섬에서 실험장치를 테스트했다고 주장한다.

14. 비록 슈페어가 독일의 원자폭탄 계획을 취소하기는 했지만 연합군은 그 사실을 몰랐다. 1944년에 감행된 상륙작전 디데이에 맨해튼 프로젝트의 총사령관인 Leslie Groves 장군은 독일군이 "아군에 맞서 예측할 수 없는 방사능 방어 작전을 펼치지 않을까" 염려했다. 이런 염려는 구체적으로 반영되지 않았다. 네덜란드의 망명과학자 Samuel Goudsmit의 지휘 하에 선발대를 따라간 특수임무대 Alsos는 독일의 과학 발전 수준을 조사하고 이내 독일의 원자폭탄 개발이 연합군에 한참 뒤처져 있다는 사실을 간파했다. 베를린에 있던 연구소가 슈바벤의 알프스에 있는 Haigerloch로 옮겨갔지만 사실을 확인하는 건 어렵지 않았다. 또 Alsos는 Walter Gerlach와 Kurt Diebner, Karl Wirtz 등 세 명의 독일 핵물리학자가 확보한 우라늄과 중수를 Haigerloch로 옮기면서 수도 베를린에 잔여분을 남긴 것을 알아냈다. 그런데 베를린에서 연합군에게는 실망스러웠지만 스탈린에게는 즐거운 일이 일어났다. 1945년 4월 24일 소련의 내무인민위원회NKVD가 잔여분의 우라늄과 중수를 찾아냈기 때문이다. Cornwell, *Hitler's Scientists*, p.334.

15. 같은 책, p.253.

16. 같은 책, p.289.

17. 오베르트의 아이디어에 대한 자세한 내용은 Erik Bergaust, *Satellite*(London: Lutterworth Press, 1957), p.28를 참고.

18. Cornwell, *Hitler's Scientists,* p.256.

19. Steven Rose 편, *C. B. W. Chemical and Biological Warfare: London Conference on C. B. W.*(London and Toronto: Harrap, 1968), 여러 곳.

20. 필자는 Diarmuid Jeffreys, *Hell's Cartel: I.G. Farben and the Making of Hitler's War Machine*(London: Bloomsbury, 2008) 제10장과 12장을 참고했다. 또 이게파르벤 사의 인체에 대한 의약실험에 대해서는 Stephan H. Lindner, *Inside IG Farben: Hoechst during the Third Reich*, Helen Schoop 역(Cambridge: Cambridge University Press, 2008), chap.4.4, pp.307ff를 참고했다.

21. Jeffreys, *Hell's Cartel*, pp.321ff.

22. 다수의 재소자들은 눈에 염료 주사를 맞거나 독이 얼마나 빨리 퍼지는지 알아낼 목적으로 독이 든 탄환을 맞기도 했다. Ute Deichman, *Biologists under Hitler*, Thomas Dunlap 역(Cambridge, Mass.: Harvard University Press, 1996).

23. Franz M. Wuketits, *Konrad Lorenz: Leben und Werk eines grossen Naturforschers*(Munich: Piper, 1990), pp.108ff.

24. 1976년에 나온 로렌츠의 전기에서 Alex Nisbett가 제시한 이 일화는 그의 주제에 훨씬 더 잘 어울린다. Alex Nisbett, *Konrad Lorenz*(London: Dent&Sons, 1976), pp.78-79. 1988년에 Lorenz가 펴낸 *The Waning of Humaneness*, Robert Warren Kickert 역(London: Unwin Hyman)는 뚜렷하게 모순되는 흔적을 찾을 수 없다. 이 책은 본래 1983년에 독일어로 출간된 것이다.

25. 1927년 처음 독일에서 출간된 교과서 Human Heredity에서 Fischer는 1개 항 전체를 "인류의 인종 간의 차이"에 대해 썼다. Fritz Lenz는 "인류의 대표적 인종 간의 심리적 차이"에 대해 썼다.

26. 제3제국의 단종斷種과 안락사를 둘러싼 의학적, 법적, 도덕적 문제에 대한 탁월한 견해와 매우 유용한 참고문헌에 대해서는 Gisela Bock, "Sterilisation and 'Medical' Massacres in National Socialist Germany: Ethics, Politics and the Law", Berg, Cocks 편, *Medicine and Modernity*, pp.149-172를 참고.

27. Dupuy, *Genius for War*, p.253.

제38장 망명, 열린 세계를 향하여

1. 구성원들에 대해서는 예컨대 다음 문헌을 참고. Donald Peterson Kent, *The Refugee Intellectual*(New York: Columbia University Press, 1953), pp.11-16; Jean-Michel Palmier, *Weimar in Exile: The Anti-Fascist Emigration in Europe and America*, David Fernbach 역(London: Verso, 2006), pp. 11-15, Volkmar von Zuhlsdorff, *Hitler's Exiles: The German Cultural Resistance in America and Europe*, trans. Martin H. Bott(London: Continuum, 2004).
2. 현재 독일 망명자를 다룬 문헌은 많이 있으며 이중 상당 부분은 이 책 제39장과 40장에서 장기적으로 미국과 영국에 문화적, 지적 영향을 미친 것으로 소개한 문헌과 겹친다. 필자의 주요 참고문헌은 여기서 제시했다. 또 추천할 만한 문헌은 Steffen Pross, *In London treffen wir uns wieder*(Berlin: Eichborn, 2000)로 독일어로 된 가장 훌륭한 자료이며 오직 이 용도에 적합한 문헌이다. Charmian Brinson 외 편, *"England? Aber wo liegt es?": Deutsche und osterreichische Emigranten in Grossbritannien*(Munich: Iudicium, 1996)도 유용한 자료이다. Reinhold Brinkmann, Christoph Wolff 편, *Driven into Paradise: The Musical Migration from Nazi Germany to the United States*(Berkeley and London: University of California Press, 1999)에는 pp.223ff에서 Korngold를, p.279에서 블랙마운틴칼리지를 다루는 탁월한 장章이 포함돼 있다. Tom Ambrose, *Hitler's Loss: What Britain and America Gained from Europe's Cultural Exiles*(London: Peter Owen in association with the European Jewish Publication Society, 2001)도 있다. Jeremy Seabrook의 *The Refugee and the Fortress: Britain and the Flight from Tyranny*(London: Palgrave Macmillan, 2008)는 최근에 망명학자지원위원회의 활동을 기리고 있다.
3. Varian Fry, *Surrender on Demand*(Boulder, Colo.: Johnson Books, 1997); and Andy Marino, *American Pimpernel: The Man Who Saved the Artists on Hitler's Death List*(London: Hutchinson, 1999).
4. Rosemary Sullivan, *Villa Air-Bel: The Second World War, Escape, and a House in France*(London: John Murray, 2006), pp.83ff. and 251ff.

5. Watson, *Modern Mind/Terrible Beauty*, p.356.

6. 같은 책, p.357. 역사가 Lawrence Wechsler는 할리우드 체제에 대한 '대안'을 준비할 정도로 앞서 나갔다. 영화배우의 본고장을 보여주는 좀더 보수적인 체제에 반대해 지식인과 철학자의 주소를 제시한 것이다.

7. Colin Loader, *The Intellectual Development of Karl Mannheim: Culture, Politics, and Planning*(Cambridge: Cambridge University Press, 1985), p.19. 만하임은 또 『국제 사회학 및 사회개조 총서』의 편집을 맡았는데, George Routledge가 간행한 이 방대한 총서의 필진에는 시카고 대학의 정치학 교수 Harold Lasswell과 E. F. Schumacher, Raymond Firth, Erich Fromm, 그리고 Edward Shils 등이 포함되었다.

8. Loader, *Intellectual Development*, p.162.

9. Thomas K. McCraw, *Prophet of Innovation: Joseph Schumpeter and Creative Destruction*(Cambridge, Mass.: Belknap Press of Harvard University Press, 2007), p.248.

10. Yuichi Shionoya, *Schumpeter and the Idea of Social Science: A Metatheoretical Study*(Cambridge: Cambridge University Press, 1997), p.124.

11. McCraw, *Prophet of Innovation*, p.255.

12. Stephen F. Frowen 편, *Hayek: Economist and Social Philosopher; A Critical Retrospect*, Basingstoke: Macmillan, 1997, pp.63ff, 237ff.

13. Andrew Gamble, *Hayek: The Iron Cage of Liberty*(Cambridge: Polity Press, 1996), pp.59ff.

14. Malachi Haim Hacohen, *Karl Popper, the Formative Years, 1902–1945: Politics and Philosophy in Interwar Vienna*(Cambridge: Cambridge University Press, 2000), pp.186ff.

15. Anthony O'Hear 편, *Karl Popper: Philosophy and Problems*(Cambridge: Cambridge University Press, 1995), pp.45ff, 75ff.

16. Hacohen, *Karl Popper*, pp.383ff.

17. O'Hear 편, *Karl Popper*, p.225.

18. Watson, *Modern Mind/Terrible Beauty*, pp.374–375.

19. James, *Cultural Amnesia*, pp.48ff.

20. Martin Mauthner, *German Writers in French Exile*(London and Portland, Ore.: Valentine Mitchell, in association with the European Jewish Publication Society, 2007), p.58. 클라이브 제임스가 발터 벤야민을 묵살한 것에 대해서는 그의 *Cultural Amnesia*, pp.47-55를 참고.

21. Mauthner, *German Writers*, p.60.

제6부 히틀러를 넘어서: 역전된 조건 하에서 지속된 독일 전통

—

제39장 "제4제국" : 미국에 끼친 독일 사상의 효과

1. Allan Bloom, *The Closing of the American Mind*(London: Penguin, 1987), pp.148-149.

2. 같은 책, p.152.

3. Franz L. Neumann 외, *The Cultural Migration: The European Scholar in America*(Philadelphia: Pennsylvania University Press, 1953), pp.34-35.

4. 문화과학 분야에서 유명한 독일 망명자/이주자에 대한 일반적인 문헌 일부는 제38장 주석 2에서 제시했다. 여기에 추가할 만한 것으로는 Jean Michel Palmier, *Weimar in Exile: The Antifascist Emigration in Europe and America*, David Fernbach 역(London: Verso, 2006)으로 이 책은 600쪽이 넘는 매우 탄탄하고 체계적인 연구서이며 언론, 출판, 문학, 연극, 학술, 전시의 할리우드에 관한 항목이 들어있다. Erhard Bahr 및 Carolyn, *Literary Exiles&Refugees in Los Angeles: Papers Presented at a Clark Library Seminar, 14 April 1984* (Los Angeles: William Andrews Clark Memorial Library, 1988)에는 2개 항에 걸쳐 이 부분을 다루고 있는데 하나는 바이마르 시대의 망명이고 또 하나는 영국인 재외거주자에 관한 것이다. Hartmut Lehmann and James J. Sheehan 편, *An Interrupted Past: German-speaking Refugee Historians in the United States after 1933*(Washington, D.C. Cambridge: German Historical Institute and Cambridge University Press,

1991)에는 OSS(전략사무국)에서 활동한 독일 역사가에 관한 장과 하요 홀보른과 에른스트 칸토로비치, 테오도어 몸젠을 다룬 장이 들어 있다. Mitchell G. Ash, Alfons Sollner 편, *Forced Migration and Scientific Change: Emigre German-speaking Scientists and Scholars after 1933*(Washington, D.C., Cambridge: German Historical Institute and Cambridge University Press, 1996)은 내용이 매우 상세하다. Joachim Radkau, *Die deutsche Emigration in den USA*(Dusseldorf: Bertelsmann Universitatsverlag, 1971). Helge Pross, *Die deutsche akademische Emigration nach den Vereinigten Staaten 1933–1941*(Berlin: Dunker&Humblot, 1955)도 있다.

5. Anthony Heilbut, *Exiled in Paradise: German Refugee Artists and Intellectuals in America, from the 1930s to the Present*(Berkeley: University of California Press, 1983 and 1997, with a new postscript), pp.44, 46, 51, 65.

6. 같은 책, p.77.

7. 같은 책, p.130.

8. 같은 책.

9. Lewis A. Coser, *Refugee Scholars in America: Their Impact and Their Experiences*(New Haven, Conn., and London: Yale Univesity Press, 1984), p.35.

10. 같은 책, p.47.

11. Lawrence J. Friedman, *Identity's Architect: A Biography of Erik H. Erikson*(London: Free Association Books, 1999), p.157.

12. 같은 책, pp.149ff.

13. 같은 책, p.156.

14. Nina Sutton, *The Other Side of Madness*, trans. David Sharp and the author(London: Duckworth, 1995), pp.120ff. 또 Bruno Bettelheim, *Recollections and Reflections*(London: Thames&Hudson, 1990).

15. Sutton, *Other Side of Madness*, p.269.

16. Heilbut, *Exiled in Paradise*, p.209.

17. Sutton, *Other Side of Madness*, pp.268f.

18. Coser, *Refugee Scholars*, p.70.

19. Lawrence Wilde, *Erich Fromm and the Quest for Solidarity*(New York: Palgrave Macmillan, 2004), pp.19-36.

20. Coser, *Refugee Scholars*, p.72.

21. Daniel Burston, *The Legacy of Erich Fromm*(Cambridge, Mass., and London: Harvard University Press, 1991), pp.133ff. "정상상태의 병리학" 참고.

22. Paul Robinson, *The Freudian Left: Wilhelm Reich, Geza Roheim, Herbert Marcuse*(Ithaca, N.Y., and London: Cornell University Press, 1990), "프로이트식 극단주의"에 대한 제1장.

23. David Seelow, *Radical Modernism and Sexuality: Freud, Reich, D. H. Lawrence and Beyond*(New York and Basingstoke: Palgrave Macmillan, 2005), pp.47ff.

24. Ash, Sollner 편, *Forced Migration*, p.269.

25. 한스 요나스에 대해서는 Hans Jonas, *Technik, Medizin und Ethik: zur Praxis des Prinzips Verantwortnung*(Frankfurt am Main: Insel, 1987), pp.90f.를 참고. 근대사회에서의 연구의 역할. 또 기술시대의 책임에 대해서는 David J. Levy, *Hans Jonas: The Integrity of Thinking*(Columbia, Mo., and London: University of Missouri Press, 2002), p.77를 참고. Lowith에 대한 것은 *Karl Lowith, My Life in Germany before and after 1933: A Report*(London: Athlone Press, 1994), pp.111-119에서 그의 일본 체류시절을 참고.

26. Andrew Jamieson and Ron Eyerman, *Seeds of the Sixties*(Berkeley and London: University of California Press, 1994), p.47.

27. 같은 책, p.50.

28. Heilbut, *Exiled in Paradise*, pp.403-404.

29. 같은 책, p.412.

30. Elisabeth Young-Bruehl, *Why Arendt Matters*(New Haven, Conn., and London: Yale University Press, 2006), p.73, 9.11 이후 아렌트의 중요한 의미 참고.

31. Richard Wolin and John Abromeit, *Heideggerian Marxism/Herbert Marcuse*(Lincoln: University of Nebraska Press, 2005), pp.176ff.

32. Timothy J. Lukes, *The Flight into Inwardness: An Exposition and Critique of Herbert Marcuse's Theory of Liberative Aesthetics*(Selinsgrove, Pa.: Susquehanna University Press, 1985), p.46.

33. Jamieson and Eyerman, *Seeds of the Sixties*, pp.124-125. 또 Robert Pippin 외 편, *Marcuse: Critical Theory&the Promise of Utopia*(London: Macmillan Education, 1988), pp.143ff. 169ff도 참고.

34. Anne Norton, *Leo Strauss and the Politics of American Empire*(New Haven, Conn., and London: Yale University Press, 2004).

35. Heinrich Meier, *Carl Schmitt&Leo Strauss: The Hidden Dialogue*, J. Harvey Lomax 역(Chicago and London: University of Chicago Press, 1995).

36. Daniel Tanguay, *Leo Strauss: An Intellectual Biography*(New Haven, Conn., and London: Yale University Press, 2007), pp.99ff. 또 Mark Blitz, *Leo }Strauss, the Straussians and the American Regime*(New York: Rowman&Littlefield, 1999)도 참고.

37. Mark Lilla, "The Closing of the Straussian Mind," *New York Review of Books*, November 4, 2004, pp.55-59.

38. Coser, *Refugee Scholars*, p.205.

39. Jan-Werner Müller, *A Dangerous Mind: Carl Schmitt in Post-War European Thought*(New Haven, Conn., and London: Yale University Press, 2003), pp.194-206.

40. 키신저의 후기 활동은 아마 불가피한 것이겠지만 그다지 주목을 받지 못했다. 그는 여러 개의 자문회사를 경영하고 회고록을 썼는데 이 모두가 성공한 것은 아니었다. 예를 들어 그는 홀링거인터내셔널Hollinger Internationalhe의 임원을 역임하기도 했는데 이 회사의 최고경영자인 Conrad Black은 2007년 사기죄로 6년 형을 언도받았다. 키신저도 포함된 이사회에서 회사를 제대로 관리감독하지 못해 Black이 그런 범죄를 저지를 수 있었다는 것이 일반적인 평가이다.

41. Stefan Muller-Doohm, *Adorno: A Biography*, trans. Rodney Livingstone(Cambridge: Polity Press, 2005), pp.267-277. 아도르노 자신은 지식의 형태로서 전기를 "경멸했다." Coser, *Refugee Scholars*, p.160 참고.

42. Detlev Clausen, *Theodor W. Adorno: One Last Genius*, trans. Rodney Livingstone(Cambridge, Mass., and London: Belknap Press of Harvard University Press, 2008), p.222. 호르크하이머와의 토론 참고.

43. 같은 책, pp.135-144.

44. Muller-Doohm, *Adorno*, pp.336ff, 374ff.

45. Coser, *Refugee Scholars*, p.107.

46. 같은 책, p.114.

47. Paul Lazarsfeld, William H. Sewell, Harold L. Wilensky, *The Uses of Sociology*(London: Weidenfeld&Nicolson, 1968).

48. Coser, *Refugee Scholars*, p.164.

49. 같은 책, p.166.

50. Peter Drucker, *Post-capitalist Society*(Oxford: Butterworth-Heinemann, 1993), pp.17ff.

51. Coser, *Refugee Scholars*, p.298.

52. 같은 책, p.299.

53. Michael Friedman and Richard Creath 편, *The Cambridge Companion to Carnap*(Cambridge: Cambridge University Press, 2007), pp.65-80.

54. A. W. Carus, *Carnap and Twentieth-century Thought: Explication and Enlightenment*(Cambridge: Cambridge University Press, 2007), pp.139ff.

55. Friedman and Creath 편, *Cambridge Companion to Carnap*, pp.176-199.

56. Carus, *Carnap*, pp.209ff.

57. Coser, *Refugee Scholars*, p.304.

58. Ash and Sollner 편, *Forced Migration*, p.285.

59. Raymond Bulman, *A Blueprint for Humanity: Paul Tillich's Theology of Culture*(Lewisburg, Pa.: Bucknell University Press, 1981), pp.112ff. 존재론적인 이성 대 기술적 이성 참고.

60. Coser, *Refugee Scholars*, p.318. Jürgen Haffer, *Ornithology, Evolution, and Philosophy: The Life and Science of Ernst Mayr 1904–2005*(Berlin:

Springer, 2008), 에른스트 마이어의 생애와 작품을 참고. Kempten에서 태어나 Greifswald와 Berlin에서 교육을 받은 마이어는 무엇보다 진화의 영향 분야에서 영향력이 큰 생물철학자이자 하버드 대학 교수였다. Jared Diamond는 그의 제자였다.

61. Ash and Sollner 편, *Forced Migration*, p.155.

62. 이 인물들 전체는 Lehmann and Sheehan 편, *Interrupted Past*를 참고. 또 Ash and Sollner 편, *Forced Migration*, pp.75, 87도 참고.

63. Hann Schissler, "Explaining History: Hans Rosenberg," pp.180ff., Robert E. Lerner, "Ernst Kantorowicz and Theodor E. Mommsen," pp.188ff., in Ash and Sollner 편, *Forced Migration*.

64. Coser, *Refugee Scholars*, p.279.

65. Lehman and Sheehan 편, *Interrupted Past*, p.176.

66. OSS에서 활동한 독일 역사학자에 대해서는 Barry M. Katz, "German Historians in the Office of Strategic Services," in Ash and Sollner 편, *Forced Migration*, pp.136ff를 참고.

67. 그의 제자 중에는 레오나르드 크리거도 포함된다. 게르하르트 리터는 "두 세계대전 사이에 활동한 독일 역사학자로서 하요 홀보른, 디트리히 게르하르트, 한스 로젠베르크"를 주목했다. *German Historical Institute Bulletin* 39 (Fall 2006): 23ff. 또 Otto P.Pflanze, "The Americanisation of Hajo Holborn," in Ash and Sollern 편, *Forced Migration*, pp.170ff도 참고.

68. Coser, *Refugee Scholars*, p.279.

69. Fritz Stern, *Dreams and Delusions*(New Haven, Conn., and London: Yale University Press, 1987), p.327.

70. Coser, *Refugee Scholars*, p.269.

71. 같은 책, p.255.

72. Erwin Panofsky, *Meaning in the Visual Arts*(New York: Overlook Press, 1974), p.332.

73. Michael Ann Holly, *Panofsky and the Foundations of Art History*(Ithaca, N.Y., and London: Cornell University Press, 1984), pp.21ff.

74. 같은 책, pp.158ff.

75. Hans Hofmann(서문은 Sam Hunter가 썼다), *Hans Hofmann*, (New York: Harry N. Abrams, 1979), p.10fn.

76. Heilbut, *Exiled in Paradise*, p.137.

77. 같은 책, p.141.

78. 같은 책, p.222.

79. Joseph Horowitz, *Wagner Nights: An American History*(Berkeley: University of California Press, 1994), Joseph Horowitz, *Artists in Exile: How Refugees from Twentieth-century War and Revolution Transformed the American Performing Arts*(New York: HarperCollins, 2008), p.xvi에서 재인용.

80. C. D. Innes, *Erwin Piscator's Political Theatre: The Development of Modern German Drama*(Cambridge: Cambridge University Press, 1972), p.69. 또 브레히트와 피스카토어의 비교에 대해서는 George Buehler, *Berthold Brecht, Erwin Piscator: Ein Vergleich ihrer theoretischen Schriften*(Bonn: Bouvier, 1978), pp.126-131를 참고.

81. John Fuegi, *Brecht&Co.: Biographie*(Hamburg: Europaische Verlagsanstalt, 1997), pp.636-643.

82. Heilbut, *Exiled in Paradise*, p.176. 또 Ronald Speirs 편, *Brecht's Poetry of Political Exile*(Cambridge: Cambridge University Press, 2000).

83. Fuegi, *Brecht&Co.*, pp.610-611.

84. Heilbut, *Exiled in Paradise*, p.299.

85. 전체는 Heilbut, *Exiled in Paradise*, p.321 참고.

86. Peter Goodchild, *Edward Teller: The Real Dr. Strangelove*(London: Weidenfeld&Nicolson, 2004), p.26. 독일 과학자의 상대적인 공로에 대한 이언 제이컵스의 인용은 Andrew Roberts', *The Storm of War*(London: Allen Lane, 2009), p.573에 제시된 것이다.

87. Edward Teller, *A Twentieth-century Journey in Science and Politics*, with Judith L. Shoolery(Cambridge, Mass.: Perseus Publishing, 2001), pp.177-178, 처음의 다툼 참고. 또 Edward Teller, *Better a Shield than a Sword: Perspectives on Defense and Technology*(New York: Free Press; London:

Collier Macmillan, 1987), pp.115ff., 물리학의 비밀 유지가 시작된 것을 참고.

88. Silvan S. Schweber, *In the Shadow of the Bomb: Bethe, Oppenheimer, and the Moral Responsibility of the Scientist*(Princeton, N.J., and Chichester: Princeton University Press, 2000), pp.107-114. 또 Kati Marton, *The Great Escape: Nine Jews Who Fled Hitler and Changed the World*(New York and London: Simon&Schuster, 2007), pp.184-187도 참고.

89. Goodchild, *Edward Teller*. Neumann and Oskar Morgenstern were experts on game theory, considered important for a grounding in strategy. John von Neumann and Oskar Morgenstern, *Theory of Games and Economic Behaviours*(Princeton, N.J.: Princeton University Press, 1953), pp.46ff. and 587ff. 참고. Neumann도 컴퓨터 개발에 힘을 보탰다.

90. John W. Dawson, *Logical Dilemmas: The Life and Work of Kurt Gode*l (Wellesley, Mass.: A. K. Peters, 1997), pp.176-178.

91. Palle Yourgrau, *A World without Time: The Forgotten Legacy of Godel and Einstein*(New York: Basic Books, 2005), pp.94-95.

92. 같은 책, p.6.

93. 같은 책, p.115.

94. David Ketter and Herbert Lauer 편, *Exile, Science, and Bildung*(New York: Palgrave, 2005), pp.2-3.

제40장 "국왕 폐하의 가장 충성스러운 적국 외국인"

1. 주석에 나온 독일 망명자에 대한 전반적인 문헌은 제38장 주석 2와 39장 주석 4에 제시했다. 추가로 영국에 대한 자료에는 Gerhard Hirschfeld 편, *Exile in Great Britain: Refugees from Hitler's Germany*(Leamington Spa: Berg for the German Historical Institute, London, 1984)가 포함된다, 이 책은 주로 정치적, 산업적인 효과에 초점을 맞춘다. William Abbey 외 편, *Between Two Languages: German-speaking Exiles in Great Britain, 1933–1945*(Stuttgart: Hans-Dieter

Heinz, 1995)에는 나치스에 대해 영국에 경고하려고 한 독일인에 대한 흥미로운 항목과 영어로 집필한 독일 작가 및 극작가에 대한 항목이 들어 있다. Panikos Panayi 외, *Germans in Britain since 1500*(London: Hambledon Press, 1996), gives a longer-term perspective.

2. Daniel Snowman, *The Hitler Emigres*(London: Chatto&Windus, 2002), pp.12-13.

3. Rudolf Bing, *5,000 Nights at the Opera*(London: Hamish Hamilton, 1972), p.86.

4. For Dartington, William Glock, *Notes in Advance*(Oxford: Oxford University Press, 1991), pp.57-77. 또 John Hodgson, *Mastering Movement: The Life and Work of Rudolf Laban*(London: Methuen, 2001)도 참고.

5. Rudolf Ernst Peierls, *Atomic Histories*(Woodbury, N.Y.: AIP Press, 1997), pp.187ff, 그 자신의 역할 참고.

6. Snowman, *Hitler Emigres*, p.104.

7. Georgina Ferry, *Max Perutz and the Secret of Life*(London: Chatto& Windus, 2007), pp.63-65.

8. Helen Fry, *The King's Most Loyal Enemy Aliens: Germans Who Fought for Britain in the Second World War*(Stroud: Sutton, 2007).

9. Snowman, *Hitler Emigres*, p.135.

10. Charles Drazin, *Korda: Britain's Only Movie Mogul*(London: Sidgwick& Jackson, 2002), pp.221-229.

11. Snowman, *Hitler Emigres*, p.135.

12. 같은 책, pp.169-170.

13. Richard Woodfield 편, *Reflections on the History of Art: Views and Reviews*(Oxford: Phaidon, 1987), p.231. Norbert Lynton(1927년 베를린 Loewenstein 출생)는 곰브리치 때문에 어느 정도 빛이 가려졌다. 그는 문화예술위원회 전시 책임자가 되었는데, 많은 저서에서 Kenneth Armitage와 Victor Pasmore, William Scottand 등에 대한 연구를 비롯해 현대 영국미술을 별로 홍보하지 않았다.

14. Snowman, *Hitler Emigres*, p.276. Neuraths에 대해서는 Times (London),

2009. 4. 18., pp. 44-45를 참고.

15. E. J. Hobsbawm, *Interesting Times: A Twentieth-century Life*(London: Allen Lane, 2002), p.335.

16. Ben Barkow, *Alfred Wiener and the Making of the Holocaust Library* (London: Valentine Mitchell, 1997). 아이디어의 구상에 대해서는 pp.51, 104를 참고.

17. Christhard Hoffmann 편, *Preserving the Legacy of Germany Jewry: A History of the Leo Baeck Institute, 1955–2005*(Tubingen: Mohr Siebeck, 2005).

18. Glock, *Notes in Advance*, pp.78-86.

19. Alison Garnham, *Hans Keller and the BBC: The Musical Conscience of British Broadcasting, 1959–1979*(Aldershot: Ashgate, 2003), pp.63ff.

20. 예컨대 셰익스피어, 입센, 괴테, 실러, 베케트에 초점을 맞춘 Martin Esslin, *The Field of Drama: How the Signs of Drama Create Meaning on Stage and Screen*(London: Methuen, 1987)을 참고.

21. Snowman, 앞에서 인용한 책, pp.404, 408.

22. Muriel Nissel, *Married to the Amadeus: Life with a String Quartet* (London: Giles de la Mare, 1998), p.7.

23. Ronald Grierson, *A Truant Disposition*(Faversham, Kent: Westgate, 1992).

24. Elisabeth Young-Bruehl, *Anna Freud: A Biography*(London: Macmillan, 1989), pp.246-257. Uwe Henrik Peters, *Anna Freud: Ein Leben fur das Kind*(Munich: Verlegt bei Kindler, 1979), pp.238-251.

25. Young-Bruehl, *Anna Freud*, pp.24-29.

26. 같은 책, pp.163-184.

27. Phyllis Grosskurth, *Melanie Klein: Her World and Her Work*(London: Hodder&Stoughton, 1986). Pearl King, Riccardo Steiner, *The Freud-Klein Controversies, 1941–1945*(London: Tavistock/Routledge, 1991)에는 다른 유명한 정신분석가인 Michael Balint와 Edward Glover, Susan Isaacs, John Bowlby 등과 의견 차이를 드러낸 여러 차례의 만남에 대한 긴 기록이 담겨 있다.

28. Julia Kristeva, *Melanie Klein*, Ross Guberman 역(New York: Columbia

University Press, 2001), p.73.

29. Richard Kilminster, *Norbert Elias: Post-philosophical Sociology*(Abingdon and New York: Routledge, 2007), pp.72ff.

30. Norbert Elias, *The Germans*.

31. Siniša Malesevi and Mark Haugaard, *Ernest Gellner and Contemporary Social Thought*(Cambridge: Cambridge University Press, 2007), pp.125-139 and 168-186.

32. 그는 아동수송선을 탔는데 1938년 9월 이전에 배로 수송된 아이는 8000명에서 1만 명에 이른다. Mark Harris and Deborah Oppenheimer, *Into the Arms of Strangers: Stories of the Kindertransport*(London: Bloomsbury, 2000), 직접 경험한 설명과 생생한 사진 참고.

33. Catherine Lampert, *Norman Rosenthal, and Isabel Carlisle, Frank Auerbach: Paintings and Drawings, 1954–2001*(London: Royal Academy of Arts, 2001), p.111. 또 Robert Hughes, *Frank Auerbach*(London: Thames&Hudson, 1990)도 참고.

제41장 "분단된 하늘" : 하이데거에서 하버마스, 라칭거까지

1. Steve Crawshaw, *An Easier Fatherland: Germany in the Twenty-first Century*(London: Continuum, 2004), p.25.

2. 같은 책, p.15.

3. Wolfgang Schivelbusch, *In a Cold Crater*(Berkeley and London: University of California Press, 1998), p.2.

4. Eva Kolinsky and Wilfried van der Will 편, *The Cambridge Companion to Modern German Culture*(Cambridge: Cambridge University Press, 1998), p.297.

5. J. Christoph Burkle, *Hans Scharoun und die Moderne: Ideen, Projekte, Theaterbau*(Frankfurt am Main: Campus, 1986), pp.141ff.

6. Kolinsky and van der Will 편, *Cambrdige Companion to Modern German Culture*, p.299.

7. Schivelbusch, *In a Cold Crater*, p.2.

8. 같은 책, p.86.

9. 같은 책, pp.143-144.

10. Gina Thomas 편, *The Unresolved Past: A Debate in German History; A Conference Sponsored by the Wheatland Foundation, Chaired and Introduced by Ralph Dahrendorf*(London: Weidenfeld & Nicolson in association with the Wheatland Foundation, 1990), p.49.

11. Siegfried Kracauer, *From Caligari to Hitler: A Psychological History of the German Film*(Princeton, N.J.: Princeton University Press, 1947).

12. 또 아도르노에게 헌정된 지그프리트 크라카우어, *The Mass Ornament: Weimar Essays*, Y. Levin 번역 및 서문(Cambridge, Mass.: Harvard University Press, 1995)도 참고. 게다가 대표 에세이와 그 밖의 것들에는 "베스트셀러와 그 독자" "신흥 부르주아지에 대한 예술 형식으로서의 전기" "아이디어 전달 집단" "호텔 로비"같이 모두 선견지명이 있는 글이 담겨 있다. 현대 정신에 대한 크라카우어의 견해는 David Frisby, *Fragments of Modernity: Theories of Modernity in the Work of Simmel, Kracauer, and Benjamin*(Cambridge: Polity Press, 1985)를 참고.

13. Blackbourn, Eley, *The Peculiarities of German History*, pp.29-30.

14. Jan-Werner Muller, *Another Country: German Intellectuals, Unification and National Identity*(New Haven, Conn., and London: Yale University Press, 2000), p.8.

15. 같은 책, p.33.

16. Georg Lukács, *The Destruction of Reason*, Peter Palmer 역(London: Merlin Press, 1980), 활력론에 대해서는 pp.403ff., '대안의 길'에 대해서는 p.755ff를 참고. Ralph Dahrendorf, *Science and Democracy in Germany*(London: Weidenfeld&Nicolson, 1967/1968).

17. Dahrendorf, *Science and Democracy*, p.46.

18. 같은 책, p.64.

19. 같은 책, p.131.

20. 같은 책, p.147.

21. 같은 책, pp.157-158.

22. 같은 책, p.202.

23. Dahrendorf, *Science and Democracy*, pp.287-288. 다렌도르프는 또 독일인과 미국인의 심리적인 차이에 관심을 보였다. 한 조사에서 미국인과 독일인을 상대로 외로움을 느끼는지, 만약 느낀다면 그것이 어떤 의미인지를 물었다. 미국인은 외로움을 '약함' '질병' '슬픔' '깊이 없음' '비겁'과 연관시킨 데 비해 독일인은 '큰 것' '강함' '용기' '건강' '깊이'와 연관지었다. 다렌도르프는 독일인이 내면생활의 힘에 대한 개인적 미덕을 높이 평가한다고 보았다. 반면에 미국과 비교해 정도는 덜하지만 영국에서도 반대로 나타났다. 여기서는 공공의 미덕과 공공 의견, 사회적 갈등에 더 큰 관심을 보였다. 이것이 외로움을 나쁘고 슬프게 보는 이유였다.

24. 같은 책, pp.342-343.

25. Fritz K. Ringer, *The Decline of the German Mandarins: The German Academic Community, 1890–1933*(Cambridge, Mass.: Harvard University Press, 1969).

26. Frederic Lilge, *The Abuse of Learning: The Failure of the German University*(New York: Macmillan, 1948), p.69.

27. Ringer, *Decline of the German Mandarins*, p.114.

28. 같은 책, p.20.

29. 같은 책, pp.34-35.

30. 같은 책, p.60.

31. 같은 책, pp.104-105.

32. 같은 책, pp.126 and 140.

33. 같은 책, p.146.

34. 같은 책, p.212.

35. 같은 책, p.224.

36. 같은 책, p.247.

37. 같은 책, p.254.

38. 같은 책, p.423.

39. 엘리아스는 나아가 '처칠의 발언'을 자기 식으로 다듬어서 독일인에게 한 연설에서 "피와 흙과 눈물과 땀"이라는 말을 만들어내기도 했다. 여기서 엘리아스는 독일인의 갈등이 '도전에 응할 수 있는 사회'의 방식이 아니라 민주적 방식으로 정착되어야 한다는 다렌도르프의 견해를 반복했다. 이 연설은 Elias, *The Germans*, p.409를 참고. 또 Ringer, *Decline of the German Mandarins*, p.444도 참고.

40. Alfons Sollner, "Normative Westernisation? The Impact of Remigres on the Formation of Political Thought in Germany," in Jan-Werner Muller 편, *German Ideologies since 1945: Studies in the Political Thought and Culture of the Bonn Republic*(New York and Basingstoke: Palgrave Macmillan, 2003), pp.40ff.

41. 대학, 특히 하이델베르크 대학의 재개교에 대해서는 James A. Mumper, "The Re-opening of Heidelberg University, 1945-46: Major Earl L. Crum and the Ambiguities of American Post-war Policy", Homer, Wilcox 편, *Germany and Europe*, pp.238-239를 참고.

42. Edward N. Zalta 책임편집, *Stanford Encyclopaedia of Philosophy*, Karl Jaspers에 대해서는 18장의 p.5를 참조. http://plato.stanford.edu/

43. Karl Jaspers, *Nachlass zur philosophischen Logik*, Hans Saner, Marc Hanggi 편(Munich: Piper, 1991).

44. *Suzanne Kirkbright, Karl Jaspers: A Biography; Navigations in Truth* (New Haven, Conn., and London: Yale University Press, 2004), p.209.

45. 같은 책, pp.203ff.

46. Charles B. Guignon, *The Cambridge Companion to Heidegger* (Cambridge: Cambridge University Press, 2006), pp.70-96.

47. Rudiger Safranski, *Ein Meister aus Deutschland: Heidegger und seine Zeit*(Munich: Hanser, 1994), pp.332ff.

48. Tom Rockmore, On Heidegger's Nazism and Philosophy(London: Harvester Wheatsheaf, 1992), p.282, 하이데거 철학에 미친 나치즘의 영향 참고.

49. Richard Wolin, *Heidegger's Children*(Princeton, N.J.: Princeton

University Press, 2001), p. xii. Rockmore, *On Heidegger's Nazism*, pp.244ff. 이 외에 John Macquarrie, *An Existential Theology: A Comparison of Heidegger and Bultmann*(London: SCM Press, 1955), pp.16, 18, 84도 참고.

50. Rockmore, *On Heidegger's Nazism*, p.204, 나치즘과 기술사회에 대해서는 Guignon 편, *Cambridge Companion to Heidegger*, pp.345-372 참고.

51. James W. Ceasar, *Reconstructing America: The Symbol of America in Modern Thought*(New Haven, Conn., and London: Yale University Press, 1997), 7장.

52. 같은 책, p.187-192.

53. 같은 책, p.195.

54. Martin Jay, "Taking on the Stigma of Authenticity: Adorno's Critique of Genuineness," *New German Critique* 97, vol. 33, no. 1 (Winter 2006): 15-30.

55. Safranski, *Meister aus Deutschland*, p.24; and p.407ff. 다보스에서 있었던 하이데거와 카시러의 논쟁 참고, 또 Michael Friedman, *Parting of the Ways*, pp.129-144도 참고.

56. Wolin, *Heidegger's Children*, p.72.

57. 같은 책, p.81.

58. 같은 책, p.95.

59. Jean Grondin, *Hans-Georg Gadamer: A Biography*, Joel Weinsheimer 역(New Haven, Conn., London: Yale University Press, 2003).

60. 같은 책, pp.283ff.

61. Jess Malpas, *Stanford Encyclopaedia of Philosophy*, entry on Gadamer, p.7/16. http://plato. stanford.edu/

62. Safranski, *Meister aus Deutschland*, p.289.

63. Robert Bernasconi 편, *Hans-Georg Gadamer: The Relevance of the Beautiful*, Nicholas Walker 역(Cambridge: Cambridge University Press, 1986), pp.123-130.

64. Timothy Clark, *The Poetics of Singularity: The Counter-Culturalist Turn in Heidegger, Derrida, Blanchot, and the Later Gadamer*(Edinburgh:

Edinburgh University Press, 2005), pp.61ff.

65. Malpas, *Stanford Encyclopaedia*, p.12/16.

66. Robert Wuthnow, *Cultural Analysis: The Work of Peter L. Berger, Mary Douglas, Michel Foucault, and Jurgen Habermas*(Boston, Mass., and London: Routledge, 1984), p.16.

67. Deborah Cook, *Adorno, Habermas, and the Search for a Rational Society*(London: Routledge, 2004), pp.112-123.

68. Wuthnow, *Cultural Analysis*, p.181.

69. 같은 책, pp.197-198.

70. 같은 책, p.190.

71. Cook, *Adorno, Habermas*, pp.66ff.

72. Wuthnow, *Cultural Analysis*, p.195.

73. 같은 책, pp.224-225.

74. Nick Crossley, John Michael Roberts, *After Habermas: New Perspectives on the Public Sphere*(Oxford: Blackwell: Sociological Review, 2004), pp.131-155. 여기서는 인터넷을 공적 공간으로 간주하고 "초국가적 민주주의"에 대한 전망을 담고 있다.

75. Konrad H. Jarausch, *After Hitler: Recivilising Germans, 1945–1995* (Oxford: Oxford University Press, 2006).

76. 같은 책, p.16.

77. 같은 책, p.48.

78. 같은 책, p.63.

79. 같은 책, p.16.

80. Muller 편, *German Ideologies*, p.122. Jarausch, *After Hitler*, p.100.

81. Muller, *German Ideologies*, p.147.

82. Jarausch, *After Hitler*, p.167.

83. Rolf Hochhuth, *Tater und Denker: Profile und Probleme von Caser bis Junger*(Stuttgart: Deutsche Verlags-Anstalt, 1987), pp.41f.

84. Crawshaw, *Easier Fatherland*, p.42.

85. 같은 책, p.49.

86. Jarausch, *After Hitler*, p.186.

87. 같은 책, p.197.

88. Rainer Taeni, *Rolf Hochhuth*(Munich: Beck, 1977). Jarausch, *After Hitler*, p.225.

89. Ruth A. Starkman 편, *Transformations of the New Germany*(New York and Basingstoke: Palgrave Macmillan, 2006), p.133.

90. Muller, *German Ideologies*, p.192.

91. 같은 책, p.194.

92. Starkman 편, *Transformations*, p.37.

93. Hans Jurgen Syberberg, *Die freudlose Gesellschaft: Notizen aus dem letzten Jahr*(Munich and Vienna: Hanser, 1981).

94. Starkman 편, *Transformations*, pp.40-45.

95. Denis Calandra, *New German Dramatists: A Study of Peter Handke, Franz Xaver Kroetz, Rainer Werner Fassbinder, Heiner Muller, Thomas Brasch, Thomas Bernhard, and Botho Strauss*(London: Macmillan, 1983), pp.150-161.

96. Starkman 편, *Transformations*, p.48.

97. 같은 책, p.234.

98. 비록 마르틴 발저의 *Leben und Schreiben: Tagebücher*(Reinbek bei Hamburg, Rowohlt, 2005-2007)는 1973년에 끝나는데, 여기에는 일기에 시와 그림이 곁들여 있다. 발저는 피카소 같은 화가가 되는 꿈에 실패한 자로 보인다.

99. Muller, *German Ideologies*, p.58.

100. Starkman 편, *Transformations*, p.60.

101. 같은 책, p.61.

102. Friedman, *Parting of the Ways*, pp.21ff.

103. 같은 책, pp.41ff.

104. 필자는 Tracey *Rowland, Ratzinger's Theology*(Oxford: Oxford University Press, 2008), p.5를 참고했다.

105. Joseph Ratzinger(Pope Benedict XVI), *Christianity and the Crisis of Cultures*, Brian McNeill 역(San Fransisco: Ignatius Press, 2006), pp.25ff.

106. 같은 책, pp.47-53.

107. Rowland, *Ratzinger's Theology*, p.69. Ratzinger, *Christianity*, pp.61-64.

108. Rowland, *Ratzinger's Theology*, p.69.

109. 같은 책, p.72.

제42장 독일 카페: "일찍이 보지 못한 독일"

1. A. Dirk Moses, *German Intellectuals and the Nazi Past*(Cambridge: Cambridge University Press, 2007), pp.58-61.

2. Alexander and Margarete Mitscherlich, *Die Unfahigkeit zu trauern: Grundlagen kollektiven Vehaltens*(Munich: Piper, 1967).

3. Keith Bullivant, *The Future of German Literature*(Oxford/Providence, R.I.: Berg, 1994), p.37.

4. Nicholas Boyle, *German Literature: A Very Short Introduction*(Oxford: Oxford University Press, 2008), p.143.

5. Lothar Huber and Robert C. Conrad (editors), *Heinrich Böll on Page and Screen: The London Symposium*(London: Institute of German Studies, University of London, 1997), pp.17ff.

6. 같은 책, pp.65ff.

7. Michael Jurgs, *Bürger Grass: Biographie eines deutschen Dichters* (Munich: C. Bertelsmann, 2002), pp.138ff., 오스카를 보는 초기의 시각 참고.

8. Crawshaw, *Easier Fatherland*, p.28.

9. 같은 책, p.87.

10. Jurgs, *Burger Grass*, pp.144f.

11. 영어판: Martin Walser, *Runaway Horse*, trans. Leila Vennewitz(London: Secker and Warburg, 1980). Martin Walser, *The Inner Man*, trans. Leila

Vennewitz(London: Deutsch, 1986)도 참고.

12. Bullivant, *Future of German Literature*, p.30.

13. Hans Holler, *Ingeborg Bachmann: Briefe einer Freundschaft*(Munich: Piper, 2004).

14. Ingeborg Bachmann, *Darkness Stolen: The Collected Poems*, trans. and intro. Peter Filkins(Brookline, Mass.: Zephyr Press, 2006), p.xx. Elfriede Jelinek, *Oh Wildnis, Oh Schutz vor ihr*(Hamburg: Rowohlt, 1985).

15. Bullivant, *Realism Today*, p.222.

16. Fulbrook 편, *German National Identity*, p.258.

17. Christa Wolf, *Das dicht besetzte Leben: Briefe, Gesprache und Essays*, Angela Drescher 편(Berlin: Aufbau Taschenbuch Verlag, 2003).

18. Sara Kirsch, *Säamtliche Gedichte*(Munich: Deutsche Verlagsanstalt, 2005).

19. Magenau, *Christa Wolf*, pp.192ff. Rob Burns 편, *German Cultural Studies*(Oxford: Oxford University Press, 1995), p.177, Jörg Magenau, *Christa Wolf: Eine Biographie*(Berlin: Kindler, 2002), pp.328ff와 비교.

20. Burns 편, *German Cultural Studies*, p.189.

21. Bernd Neumann, *Uwe Johnson, mit zwolf Portrats von Diether Ritzert*(Hamburg: Europaische Verlagsanstalt, 1994), pp.269ff. 1960년대 욘존을 참고.

22. Crawshaw, *Easier Fatherland*, p.199.

23. Bullivant, *Future*, p.98.

24. 같은 책, p.91.

25. Crawshaw, *Easier Fatherland*, p.100.

26. Gitta Honegger, *Thomas Bernhard: The Making of an Austrian*(New Haven, Conn., and London: Yale University Press, 2001), pp.128ff.

27. Tom Bower, "My Clash with Death-Camp Hanna," *Sunday Times*(London), February 15, 2009.

28. Crawshaw, *Easier Fatherland*, p.200.

29. Gunther Grass, *Peeling the Onion*, trans. Michael Henry Heim(London:

Harvill Secker, 2007).

30. Crawshaw, *Easier Fatherland*, p.205.

31. Volker Weidermann, *Das Buch der verbrannten Bucher*(Cologne: Kiepenheuer&Witsch, 2008), pp.300ff.

32. Burns 편, *German Cultural Studies*, p.192.

33. Boyle, *German Literature*, p.145.

34. Mark William Roche, *Gottfried Benn's Static Poetry: Aesthetic and Intellectual-Historical Interpretations*(Chapel Hill and London: University of North Carolina Press, 1991).

35. Ingeborg Bachmann, *Briefe einer Freundschaft*, Hans Holler 편. Hans Werner Henze 서문(Munich: Piper, 2004). 일부는 영어로 된 편지. Henze는 영어가 '추하다'고 생각했지만 런던의 술은 좋아했다, p.335. 버스 정류장에서 악사들의 '신호'에 대한 멋진 파격(이것이 맞나?) 참고.

36. Paul Celan, *Poems*, Michael Hamburger 번역 및 서문(Manchester: Carcanet New Press, 1980). 2개 국어판; 「죽음의 푸가」는 51쪽 참고.

37. Hans Magnus Enzensberger, *Selected Poems*, trans. author and Michael Hamburger(Newcastle upon Tyne: Bloodaxe Books, 1994).

38. Johannes R. Becher, *Macht der Poesie: Poetische Konfession*(Berlin: Aufbau, 1951), 냉전의 심화 속에서 시에 대한 그의 견해 참고.

39. Gunter Kunert, *Erwachsenenspiele: Erinnerungen*(Munich: Hanser, 1997).

40. Volker Braun, *Lustgarten, Preussen: Ausgewahlte Gedichte*(Frankfurt am Main: Suhrkamp, 1996). Wolf Biermann, *Preussischer Ikarus: Lieder, Balladen, Gedichte, Prosa*(Cologne: Kie-penheuer&Witsch, 1978). Sarah Kirsch, *Sämtliche Gedichte*(Munich: Deutsche Verlagsanstalt, 2005), 「고양이의 삶」은 p.249, 「뿌리 상실」은 p.405을 참고.

41. Bullivant, *Future*, p.167.

42. J. Kaiser, "Die deutsche Literature war nicht serrissen," *Suddeutsche Zeitung*, 1990. 10. 2-3일자, Bullivant, *Future of German Literature*, p.172에서

재인용.

43. Volker Weidermann, *Lichtjahre: Eine kurze Geschichte der deutschen Literatur von 1945 bis heute*(Cologne: Kiepenheuer&Witsch, 2006), p.245.

44. 37세에 죽음을 맞음으로써 생겨난 파스빈더의 '전설'에 대해서는 David Barnett, *Rainer Werner Fassbinder and the German Theatre*(Cambridge: Cambridge University Press, 2005), pp.1ff를 참고.

45. Bullivant, *Future*, p.218.

46. Kolinsky, van der Will 편, *Cambridge Companion to Modern German Culture*, p.223.

47. Susan Manning, *Ecstasy and the Demon: Feminism and Nationalism in the Dances of Mary Wigman*(Berkeley and London: University of California Press, 1993).

48. *Theater heute*, December 1989, p.6.

49. Kolinsky and van der Will 편, *Cambridge Companion to Modern German Culture*, p.311.

50. 같은 책, p.312.

51. Burns 편, *German Cultural Studies*, p.317.

52. Ian Buruma, "Herzog and His Heroes," *New York Review of Books*, July 19, 2007, pp.24-26.

53. Alexander Graf, *The Cinema of Wim Wenders: The Celluloid Highway* (London: Wallflower Press, 2002), pp.48-54.

54. Kolinsky and van der Will 편, *Cambridge Companion to Modern German Culture*, pp.311-312.

55. 같은 책, p.233.

56. Ross, *The Rest Is Noise*, p.10.

57. Werner Oehlmann, *Das Berliner Philharmonische Orchester*(Kassel/Basel/Tours/London: Barenreiter-Verlag, 1974), pp.117ff. and 127ff.

58. Roger Vaughan, *Herbert von Karajan: A Biographical Portrait*(London: Weidenfeld&Nicolson, 1986), p.116.

59. Kolinsky and van der Will 편, *Cambridge Companion to Modern German Culture*, p.252.

60. Hans Werner Henze, *Music and Politics: Collected Writings, 1953–1981, Peter Labany*(London: Faber, 1982), p.196, '혁명적인 음악의 임무' 참고.

61. Michael Kurtz, *Stockhausen: A Biography, trans. Richard Toop*(London: Faber, 1992), pp.110ff.

62. 같은 책, pp.210ff.

63. Werner Haftmann, *Wols Aufzeichungen: Aquarelle, Aphorismen, Zeichnungen*(Cologne: M. Du Mont Schauberg, 1963), pp.10, 32, 장폴 사르트르의 주석 참고.

64. Nicolas Charlet, *Yves Klein*, trans. Michael Taylor(Paris: Adam Biro/Vilo International, 2000), pp.18ff.

65. Alain Borer, *The Essential Joseph Beuys*, ed. Lothar Schirmer(London: Thames&Hudson, 1996).

66. 보이스의 작품 소재에 대한 논의는 Richard Demarco, "Three Pots for the Poorhouse" in *Joseph Beuys: The Revolution Is Us*, Tate Gallery 소장품 신탁관리사에서 발행한 1993-1994 리버풀 전시회 카탈로그, *Liverpool*, 1993을 참고.

67. Götz Adriani, Winfried Konnertz, and Karin Thomas, *Joseph Beuys* (Cologne: Dumont Buchverlag, 1994). 결정적인 사진 참고.

68. Günther Gereken, "Holz-(schnitt)-wege," 1980-1981에 그로닝겐미술관에 전시된 *Anselm Kiefer*, Groningen 참고.

69. A. R. Penck, "Auf Penck zuruckblickend(1978)," 1978년 예술박물관에 전시된 *A. R. Penck—Y. Zeichnungen bis 1975*, Basle 참고.

70. Rainer Fetting, Holzbilder(wood paintings), Marlborough Gallery에서의 전시회, New York, 1984.

71. Kolinsky, van der Will 편, *Cambridge Companion to Modern German Culture*, p.280.

72. Crawshaw, *Easier Fatherland*, p.92.

73. Personal interview, Wolf-Hagen Krauth, Prussian Academy of Sciences,

Berlin, April 9, 2008.

74. 제3제국에서 카이저빌헬름협회의 역사. http://www.mpiwg-berlin.mpg.de/KWG/projects_e.htm

75. Peter Blundell-Jones, *Hans Scharoun*(London: Phaidon, 1995), pp.94-102.

76. Christine Hoh-Slodczyk 외, *Hans Scharoun: Architekt in Deutschland, 1893–1972*(Munich: Beck, 1992), pp.98-101.

77. J. Christoph Burkle, *Hans Scharoun und die Moderne: Ideen, Projekte, Theaterbau*(Frankfurt am Main: Campus, 1986), 사진과 설계도 참고.

78. Dietrich Schwanitz, *Bildung: Alles, was man wissen muss*(Munich: Wilhelm Goldmann Verlag, 2002).

결론

독일 천재: 눈부신 빛, 신격화, 내향성의 위험

이 장 앞머리의 인용문은 Thomas Mann, *Betrachtungen eines Unpolitischen* (Berlin: G. Fischer, 1918/1922). W. D. Morris 역, *Reflections of a Non-Political Man*(New York: F. Ungar, 1983)에서 발췌했다. 이 인용문은 W. H. Bruford, *The German Tradition of Self-Cultivation: Bildung from Humboldt to Thomas Mann*(Cambridge: Cambridge University Press, 1975), p.vii에서도 볼 수 있다.

1. W. H. Auden, *Collected Shorter Poems, 1930–1944*(London: Faber, 1950), pp.171-175.

2. R. P. T. Davenport-Hines, *Auden*(London: Heinemann, 1995), p.157.

3. Benjamin Nelson 편, *Freud and the 20th Century*(London: George Allen&Unwin, 1958), p.13.

4. 같은 책, p.14.

5. 같은 책, p.17.

6. Frank Furedi, *Therapy Culture: Cultivating Vulnerability in an*

Uncertain Age(London: Routledge, 2004). 혹은 Dennis Hayes, "Happiness Drives Education from the Classroom," *Times Higher Education Supplement*, September 14, 2007, p.22도 참고.

7. Richard Lapierre, *The Freudian Ethic*(London: George Allen&Unwin, 1960), p.60.

8. Watson, *Modern Mind/Terrible Beauty*, p.601.

9. 예를 들어 Alexandra Blair, "Expulsion of Under-Fives Triples in a Year," *Times* (London), 2007. 4. 20, p.17; Alexandra Frean, "Emphasis on Emotions Creates 'Can't Do' Students," *Times* (London), 2008. 6. 12, p.13을 참고.

10. 필자는 Bernd Magnus and Kathleen M. Higgins 편, *The Cambridge Companion to Nietzsche*(Cambridge: Cambridge University Press, 1996), p.282를 참고했다.

11. 같은 책, p.309-310.

12. 같은 책, p.314.

13. 같은 책, p.2.

14. 같은 책, p.4.

15. 같은 책, p.225.

16. Lawrence Scaff, *Fleeing the Iron Cage*(Berkeley and London: University of California Press, 1989), p.226.

17. 같은 책, p.230.

18. Magnus and Higgins 편, *Cambridge Companion to Nietzsche*, p.80.

19. 같은 책, p.82.

20. 같은 책, p.172.

21. Barbara Tuchman, *The Proud Tower*(London: Folio Society, 1995), p.284.

22. Hew Strachan, *The Outbreak of the First World War*(Oxford: Oxford University Press, 2004), p.183.

23. James Bowen, *A History of Western Education*. 3 vols. (London: Methuen, 1981), vol. 1, pp.321, 345.

24. *Times* (London), 2006. 3. 23., p.9.

25. Gertrude Himmelfarb, *The Roads to Modernity: The British, French, and American Enlightenments*(New York: Vintage, 2005), p.51.

26. 이 장 앞의 주석을 참고.

27. Erica Carter, "Culture, History and National Identity in the Two Germanies, 1945-1999", Fulbrooke, *Twentieth-Century Germany*, p.266.

28. Müller, *Another Country*, pp.172-173.

29. 같은 책, p.71.

30. 같은 책, p.161.

31. 같은 책, p.189.

32. Müller, *German Ideologies since 1945*, p.131.

33. Müller, *Another Country*, pp.179, 196.

34. Ringer, *Decline of the German Mandarins*, p.29.

35. Scaff, *Fleeing the Iron Cage*, p.96.

36. Müller, *Another Country*, 앞에 인용한 책, p.23.

37. 같은 책, p.155.

38. 같은 책, p.175.

39. Wuthnow, 앞에 인용한 책, p.189.

40. Schivelbusch, *Culture of Defeat*, p.231.

41. Hannah Arendt, *Burden of Our Time*, p.320-321.

42. 같은 책, p.324.

43. 같은 책, p.326.

44. Niall Ferguson, *The War of the World: History's Age of Hatred*(London: Allen Lane, 2006), p.243.

45. Jarausch, *After Hitler*, p.100.

46. 같은 책, pp.139f.

47. Müller, *Another Country*, p.131.

48. Burns, *German Cultural Studies*, pp.253, 257.

49. *Daily Telegraph*(London), June 11, 2006, p.24.

50. *Times Higher Education Supplement*, March 27, 2008, p.19.

51. *Times Higher Education Supplement*, May 22, 2008, p.19.

52. Jrgen Habermas, *The Future of Human Nature*(Cambridge: Polity Press, 2003), p.38.

53. 같은 책, p.39.

54. 같은 책, p.48.

55. 같은 책, p.56.

56. 같은 책, pp.79-81.

57. 같은 책, p.87.

58. 이런 정치에 대한 기억은 2008년 5월, Eglfing-Haar 강제 수용소에서 900명의 아동을 학살한 살인범과 관련된 Hans-Joachim Sewering 박사가 국제 의학계에서 무척이나 명예로운 독일 정부의 Günter-Budelmann 메달을 수상했을 때 다시 강화되었다. Johannes Rau는 "인간은 진화와 동반자가 되었다" *Frankfurter Allgemeine Zeitung*(2001. 5. 19)에서 이렇게 말했다.

59. Crawshaw, *Easier Fatherland*, p.219.

감사의 말

—

미국의 역사가인 바버라 터크먼은 제1차 세계대전을 향해 치닫던 (또는 곤두박질치던) 시기의 유럽에 대해 쓴 탁월한 저서 『자만의 탑』에서 재미있는 일화 하나를 소개하고 있다. 초현실주의 화가 막스 에른스트의 아버지이자 그 자신도 화가였던 필리프 에른스트는 집 정원을 그리면서 그림의 구도를 망치는 나무 한 그루를 빼고 그렸다. 그런 다음 평소 사실주의에 대한 반감에서 나온 "회한을 극복한" 그는 나무를 아예 베어버렸다.

인상적인 이야기다. 누군가 비평을 해야 한다면, 틀에 박힌 독일인, 이를테면 정확하고 지나치게 규칙을 따지며 무미건조하고 까다로운 성격을 지닌 독일인의 덫에 빠지는 결과가 될는지도 모른다. 여러분이 지금 읽고 있는 이 책의 요점 중의 하나는 (차례 앞에서 제시한 인용문처럼) 고정관념에서 벗어나자는 것이지만 동시에 사람들이 자신에 대해 갖고 있는 고정관념이 그들의 이웃이나 경쟁자, 적이 그들에게 갖고 있는 고정관념만큼이나 잘못된—또 위험한—길로 이끈다는 것을 보여주려는 목적도 있다.

물론 이것이 바흐의 죽음 이후 지난 250년 동안에 걸친 독일의 사상사를 추적하고자 하는 이 책의 유일한 요점은 결코 아니다. 이렇게 긴 역사에서 전문가가 될 수 있는 사람은 아무도 없을 것이다. 아울러 연구를 진행하는 과정에서 나는 너무나 많은 사람의 도움을 받았고 그분들의 도움을 이 자리에서 밝히고 싶다. 그중에는 내 원고 전체 또는 일부를 읽어주고 좀더 나은 의견을 제시해주신 분들도 있다. 다음에 소개하는 이름은 모두 내가 깊은 감사를 표해야 하는 분들이며 일부 남아 있는 착오나 누락, 실수의 책임은 그들과 아무 관련이 없음을 밝혀둔다.

가장 먼저 감사를 드리고 싶은 분은 이 프로젝트를 격려하고 수없이 독일 방문을 허용해준 게오르게 바이덴펠트 경이다. 이어 오랜 친구이자 현재 플로리다대학교 현대독일학 교수인 키스 불리번트에게 감사를 드린다. 그는 1970년에 워릭 대학교에서 R. H. 토머스와 함께 최초로 독일학과를 개설하기도 했다. 독일학은 이제 영어권에서 자리를 잡은 분야라고 할 수 있다. 또 감사를 드리고 싶은 분들은 다음과 같다. 찰스 올딩턴, 로즈매리 애쉬튼, 폴커 베르크한, 톰 바우어, 네빌 콘래드, 클라우디아 암트호르크로프트, 랄프 다렌도르프, 베른트 에베르트, 한스 마그누스 엔첸스베르거, 요아힘 페스트, 코린 플리크, 게르트루돌프 플리크, 앤드류 고든, 롤란트 골, 카린 그라프, 로널드 그리어슨, 다비드 헨, 요하네스 야코프, 요아힘 카이저, 마리온 카체미, 볼프하겐 크라우트, 마르틴 크레머, 미하엘 크뤼거, 만프레트 란슈타인, 제리 리빙, 로버트 제랄드 리빙스턴, 귄터 로테스, 콘스턴스 로웬탈, 잉게 메르클, 크리스토프 마우흐, 기젤라 메텔레, 리하르트 마이어, 페터 니체, 앤드류 넌버그, 자비네 판슈타일라이트, 리하르트 페니히, 베르너 페니히, 엘리자베스 파이로트, 다리우스 라히미, 잉에보르크 라이힐레, 루디거 자프란스키, 아네마리 슐라이히, 앙겔라 슈나이더, 요헨 슈나이더, 키르스텐 슈로더, 하겐 슐체, 베른트 슈스터, 베른트 제어바흐, 쿠르트빅토르 셀게, 프리츠 슈테른, 루치아 슈토크, 로빈 슈트라우스, 한스 슈트룹, 미하엘 슈튀르머, 패트리샤 서트클립, 클라레 웅거, 프리츠 웅거, 데이비드 윌킨슨.

이 책 말미에 여러 쪽에 걸쳐 참고문헌을 소개했다. 하지만 이밖에 큰 도움이 된 책을 여기서 밝혀야겠다. 모두 해당 분야에서 고전이 된 문헌들이다. 저자 또는 편자를 알파벳순으로 열거하면 다음과 같다.

T. C. W. 블래닝, 『힘의 문화와 문화의 힘: 구체제의 유럽, 1660~1789』(옥스퍼드대출판부, 2002); 존 콘웰, 『히틀러의 과학자들: 과학, 전쟁과 악마와의 계약』(펭귄, 2003); 스티브 크로쇼, 『더 편한 조국: 독일과 21세기』(컨티넘, 2004); 에바 콜린스키·빌프리트 반 데어 빌 엮음, 『현대 독일 문화를 위한 케임브리지 안내서』(케임브리지대출판부, 1998); 티모시 르누아르, 『삶의 전략: 19세기 독일생물학의 목적론과 기계론』(시카고대출판부, 1982); 브라이언 매기, 『바그너와 철학』(펭귄, 2000); 수잰 마천드, 『올림푸스로부터의 추락: 독일의 고고학과 그리스 애호, 1750~970』(프린스턴대출판부, 1996); 페터 한스 라일, 『독일 계몽주의와 역사주의의 등장』(버클리대출판부, 1975); 로버트 리처즈, 『삶의 낭만적 개념: 괴테 시대의 과학과 철학』(시카고대출판부, 2002). 그리고 런던 소재 독일문화원Goethe Institute과 런던 주재 독일대사관의 문화언론부, 런던 도서관, 빈 도서관, 런던과 워싱턴 D.C의 독일역사연구소 직원들에게도 감사를 드리고 싶다.

이 책의 몇몇 구절은 이전에 발간된 나의 책과 중복되는 것도 있으며, 이 부분은 적절히 주석으로 밝혀두었다. 또 전체적으로 번역하기가 까다로운 몇몇 독일어는 원문 그대로 사용했다.

옮긴이의 말

바로크 시대를 상징하는 바흐에서 현재까지 지난 250년 동안 독일 천재들의 활동, 또는 지식의 역사를 추적하는 것이 본서 『저먼 지니어스』의 내용이다. 저자인 피터 왓슨은 오늘날 독일을 바라보는 외부의 잘못된 시선, 고정관념을 구체적으로 지적하며 이 같은 독일에 대한 편견과 무지가 역사적 진실에 대한 왜곡일 뿐 아니라 위험하다고까지 말한다. 바로크 시대의 종말과 바흐의 죽음에서 히틀러가 등장하던 1933년까지 독일은 서구열강의 열등국가에서 문화적, 지적인 영향력이 매우 큰 강대국으로 발돋움했다. 단적인 예로 1933년 이전의 놀라운 위업은 외국인은 물론 독일인 자신도 거의 인식하지 못한 것으로 히틀러 시대가 얼마나 잔인한 유산으로 남았는지 대변해준다. "최초로 성공한 독일혁명"(하버마스)이라는 평가를 듣는 68운동을 외면한다든가 "제3제국에 대한 기억은 나치 시대와 시간적으로 멀어지면서 더욱 강렬해졌다"는 지적, 히틀러 이전의 찬란한 역사는 망각하고 나치 집권 12년의 기간으로 제한된 기억(영국처럼)이라는 평가에서 보듯 그 유산은 끈질기다. 홀로코스트에 대한 인식이 정확하지 않거나 거의 논의가 금기시된 성역으로 남아 홀로코스트 문제가 계속 확산일로에 있는 현재의 실태는 이 같은 유산의 반증이다.

피터 왓슨은 바로 히틀러 이전의 그 찬란했던 독일의 창조적인 업적은 어디서 왔으며 어떻게 가능했는가, 히틀러의 등장 이후 그것은 어떤 과정을 거쳐 무너졌으며 어떻게 회복되었는가를 방대한 문헌을 동원해 파헤치고 있다. 수많은 역사서와 관련 자료를 검증하면서 저자는 독일 특유의 창조적인 정신을 발휘한 천재들의 활약에서 단서를 포착한다. 고도의 정신적 몰입을 요구하는 지적, 문화적 역사 속에서 왓슨은 천재의 여러 기원을 추적한다. "시장경제와 자연도태를 제외하면 현대의 사상은 대체로 보아 시대순으로 나열할 때 칸트, 헤겔, 마르크스, 클라우지우스, 니체, 막스 플랑크, 프로이트, 아인슈타인, 막스 베버, 그리고 두 차례의 세계대전에서 형성된 것이다"라는 것이 그의 주장이다. 이런 평가는 역사에 면면이 이어져 온 천재들의 활동에서 독일 정신사의 핵심을 짚었다는 점에서 이제까지의 독일 역사서와는 다른 독특한 관점을 제공한다. 뿐만 아니라 이 책은 저자의 고유한 관점과 폭넓은 문헌 고증을 통한 객관적 설득력을 갖고 있다. 동시에 다른 인기 역사도서의 왜곡된 내용을 지적하면서 메타역사를 쓴다는 것이 얼마나 많은 '단순화의 위험'을 안고 있는지를 보여준다. 천재의 활동을 중심으로 독일의 창조적인 역사를 진단한다는 점에서 본서의 제목『저먼 지니어스』는『독일 정신』으로 불러도 무방할 것이다.

지금 여기서 말하는 역사란 주로 독일 사상을 말하는 것이다. 레오폴트 폰 랑케에서 프리드리히 마이네케에 이르기까지 위대한 독일 역사가들은 모두 독일 민족국가를 실현하고 유지하는 것이 19세기의 화두였다고 주장한다. 하지만 이런 주장은 전체적인 진실을 말해주지 않는다. 정치적 담론과 무관하게 전개된 문화적 역사가 뚜렷한 자취를 남겼기 때문이다. 권위 있는 독일 역사서를 쓴 토마스 니퍼다이가 지적한 "음악과 대학, 과학이 19

세기에 독일을 인정받게 한 3대 업적"이라는 말을 음미할 필요가 있다. 우리는 바로 이 사실을 주목해야 한다. 독일이 서구의 열등국가에서 강대국으로 올라선 배경에는 바로 문화적 창조력이 있었기 때문이다. 지적인 측면에서 프랑스나 영국, 네덜란드, 나아가 미국보다도 더 큰 영향력을 발휘하게 된 놀라운 변화가 바로 본서 『저먼 지니어스』의 주제라고 할 수 있다.

본서에는 위대한 천재들의 발견, 업적, 작품, 이론, 결정적인 전환점이 시대별로 두루 소개되고 있다. 대개 작가와 음악가, 화가, 연극영화연출가를 중심으로 한 예술가, 하드 사이언스라고 불리는 분야의 자연과학자, 기업가, 역사학자, 수학자, 군인 등이 중심이다. 방대한 문헌의 고증을 거쳐 시대를 앞지르거나 빛낸 천재들뿐만 아니라 "먼지 덮인 서고에 묻힌 채 망각된 인물들에게 생명을 불어넣고 있다"는 추천사처럼 기존에 알려지지 않았거나 역사의 뒤안길로 사라진 인물들을 새로운 시각으로 생생하게 조명한다. 여기에는 안타깝게 잊혔거나 놀라운 업적을 세웠으면서도 인정을 받지 못한 인물이 포함된다. 예컨대 영웅적인 탐험활동을 펼쳤는데도 현대인의 기억에서 사라진 알렉산더 폰 훔볼트, "미술사의 모국어는 독일어였다"는 평가에서 추적한 추상표현주의의 선구자 한스 호프만과 리하르트 린드너, 수준 높은 예술가곡을 창작한 작곡가 후고 볼프, 토마스 만과 헤르만 헤세 못지않게 중요한 소설가 로베르트 무질은 역사에서 망각되거나 과소평가되었다. 또 나치즘 치하에서 발전한 신학의 천재들, 카를 바르트, 루돌프 불트만, 디트리히 본회퍼, 알베르트 슈바이처, 마르틴 부버만의 문화, 종교사적 의미 등은 2005년 교황에 오른 라칭거에 이르기까지 기존의 관점에 구애받지 않는 피터 왓슨의 노력을 보여준다.

뿐만 아니라 『저먼 지니어스』는 천재들이 부각시킨 문제, 천재를 잉태한 정신, 독일만의 독특한 시대적 이념, 사회적 사건을 중심으로 논지를 전개한다는 점에서 흥미를 더해준다. 독일 정신사에서 부각된 대표적인 문제,

동시에 저자가 집중적으로 파고드는 이념이나 사건 중 언급할 만한 것은 다음과 같다.

1. '문화'와 '문명'의 인식 차이

전통적으로 비정치적이라는 평가를 받는 독일인에게 중시된 것은 문화였다. 독일인이 생각하는 문화Kultur는 다른 나라 사람들이 생각한 문화와는 달랐다. 노르베르트 엘리아스의 설명을 인용하면, 독일에서 '문화'는 비정치적이고 어쩌면 반정치적이기까지 한 편견이다. "문명Zivilisation은 실제로 유용한 무언가를 의미하지만 이것은 오직 인간의 외적인 모습과 인간 존재의 표면으로 이뤄진 2등급의 가치만을 의미한다. 독일인들이 그들 자신을 해석하고 그들 자신의 업적과 존재에 담긴 자부심을 가장 잘 드러내는 말은 문화이다." 독일에서 '문화'의 호소력은 일상 정치에 대한 경멸을 수반하며 "독일 정신에 깊이 뿌리박힌 비정치적 본질"에 대한 믿음을 기초로 하고 있다. 요컨대 적어도 제2차 세계대전까지 독일 엘리트 계층에서 말하는 문화란 독일 외의 서구사회에서는 전통적으로 문학과 연극, 그림, 음악, 오페라, 신학, 철학 같이 '고급문화'라고 부르는 것이었다. 문화에 대한 이런 독특한 인식은 제1차 세계대전 당시에 나온 지식인들의 '93인 선언'에서 단적으로 드러났다. 이들은 독일과 전쟁을 벌이는 외국이 독일의 군국주의를 상대로 한 것이 아니라 독일의 문화를 말살하려 한다는 인식을 드러냈기 때문이다.

2. 내향성(내면성)

문화국가 또는 문화민족Kulturnation으로서 자부심을 갖는 독일인의 심리는 19세기 후반 이후 단순하게 '문명화'된 서구사회보다 우월하다는 인식을 키웠다. 정치에 무관심한 독일인은 전쟁을 벌일 때도 늘 괴테와 베토벤, 칸트의 나라라는 생각을 멈추지 않았다. 제국체제의 위험성 같은 것에는 관심이 없었다. 현실의 위험이 다가올 때면 독일 소설가와 시인의 대다수는 정치에 맞서는 대신 눈을 돌리고 현실세계가 그들에게 복잡할 때면 늘 피난처가 되었던 내면의 세계Innerlichkeit로 물러났다. 토마스 만이 말한 "전형적인 독일인의 가장 유명하고 순수한 특징, 독일인이 자기평가로서 가장 의기양양하게 내세우는 것은 독일인의 내향성이다"라는 주장도 있거니와 이런 내향성이 어쩌면 히틀러가 출현하게 된 배경이었는지도 모른다. 물론 이런 내향성은 19세기 이후 전통적인 기반이 무너지면서 새로운 양상으로 변했다.

3. 독일 관념론(이상주의)

회의론과 진화론 사이의 시대는 사변철학이 형성되는 위대한 시기였고, 누구보다 칸트를 중심으로 내면을 바라보고 마음의 새로운 구조를 관찰하는 새로운 방법을 창안했다. 관념론은 내향성을 강조한다. "이상이 현실을 지배한다"는 인식에서 독일 이상주의라고도 불리는 독일 관념론은 칸트 이후 19세기 중반까지 독일 철학의 주류가 된 사상으로 피히테, 셸링, 헤겔로 대표된다. "독일인은 물질을 정복하는 과정에서 목표를 달성할수록 이상적인 사명을 더 충족하려 했다"는 존 듀이의 지적에서 보듯이 현실 밖의 형이상학적인 세계로 빠져들었다. 프로테스탄트 신앙과 경건주의의 토대에서 자라난 관념론은 자아중심주의이며 신비론과 유물론의 대립이라는 결과를 초래했다. 이 점에서 칸트의 관념론은 과학적이고 합리적인 마르크스주의가 독일에서 득세하지 못하게 된 배경을 제공했다는 루카치의 견해는 음미할 만하다. 이 같은 전통에서 뒤이어 등장한 과학과 실험실로 대표되는 전문화 현상은 관념론을 경멸했고 인문학적 사고에 제동을 걸어 19세기 이후 지적 생활에 강력한 불협화음을 야기했다. 과학의 성공적인 등장과 더불어 교양의 전통은 잊혀졌다. 독일 현대사에 결정적인 영향을 준 문화 비관주의는 교양의 전통과 깊은 관계가 있다. 내면성을 지향하는 인문학 정신과 교양, 무한한 것을 동경하는 낭만주의, 무형의 정신세계를 추구하는 음악(특히 교향곡)은 모두 독일 이상주의의 전통에서 배태된 것이다. '30년 전쟁'으로 거슬러 올라가는 '뒤처진 독일'이라는 사정은 관념론과 불가분의 관계를 이루며 19세기의 변화를 맞이했다. 프리츠 슈테른은 독일 이상주의가 독일 역사의 기반이라고 주장한다.

4. 회의론과 진화론 사이

독일 학문의 중심이라고 할 대학은 회의론과 진화론 사이의 시기에 궤도에 올랐다. 이 시기는 신학적인 세계관이 심각한 위협을 받던 시대와 다윈의 진화론이 등장한 시대의 사이에 위치해 있다. 괴테가 과학 연구를 한 것도 회의론과 진화론 사이의 시기였다. 사변철학도 유럽이 회의론과 진화론 사이에 있던 시대의 지적인 틀에서 형성된 것이다.

이 같은 시대적 공간은 회의론의 여파로 신이 떠난 자리에 문화적 민족으로서 유일한 삶의 탐험 공간이 될 구원공동체를 필요로 했다. 기독교 정신이 퇴조할 때 빈 지적 공간을 메운 것이 철학이었다. 한편 "창조정신이 가고자 하는 대로 내버려 두어야 한다"는 훔볼트의 생각은 지금의 시각으로 보면 예외적이랄 수는 없지만 회의론과 진화론 사이의 시기에 나온 것으로는 진취적인 동시에 과격하고 위험한 발상이었다.

5. 역사주의

흔히 독일의 마이네케, 트뢸치 등 독일 역사학파의 역사적인 것에 대한 견해를 가리키는 독일 역사주의는 관념사에 등장한 독특한 현상이다. 프랑스 혁명의 여파와 나폴레옹의 점령을 경험한 독일인들은 관심을 역사로 돌렸다. 역사주의가 정치와 독일인의 자기인식에 미친 두드러진 효과는 교육을 받은 교양시민계급의 사회정치관과 밀접하게 결합했다. 자유의 개념에도 영향을 미쳐 독일 역사가들은 프로이센이 개인의 자유를 넘어 "전체로 통합되는 사회"라고 생각했다. 이것이 훔볼트식 교양을 애호하는 '독일인의 자유관'이었다. 이런 현상은 독일과 서구사회의 틈이 벌어지는 문화적 배경이 되었다. 칼 포퍼는 '역사주의의 빈곤'이라는 말을 사용했다. 사회의 '철칙'을 제공하는 역사를 연구하여 깊은 교훈을 모색한다는 역사주의의 한계를 지적한 말이다. 포퍼는 역사라는 것은 존재하지 않으며 오직 역사적 해석만 있을 뿐이라고 생각했다. 앨런 블룸은 한 국가의 역사와 업적에 뿌리내린 문화를 선호하는 측면에서 역사주의는 보편성과 세계주의를 거부하는 현상이라고 보았다. 역사편찬을 독립된 학문의 지위로 끌어올린 곳도 독일이었다. 하요 홀보른은 독일의 역사 기술에는 우파적 편견이 담겨 있고 이것이 독일의 역사를 오해하는 원인을 제공했다고 주장했다. 그는 교양국가라는 개념도 역사주의적 성향을 지닌 계몽주의자의 결정적인 공로로 보았다.

독일에서 역사학자는 특수한 위치를 차지했으며, 역사주의라는 말을 만든 이들도 독일인이었다. 현대 독일의 역사학은 지벨, 트라이치케, 드로이젠 등 민족주의적 전통의 학자들과(역겨운 냄새를 풍기는) 마이네케의 제자를 중심으로 전쟁 기간에 망명한 역사학자 간의 대립에서 전환점을 맞은 것으로 볼 수 있다.

6. 존더베크

존더베크Sonderweg(특수 노선)는 독일 또는 독일어권 국가에서 걸어온 근대화의 특수한 과정을 일컫는 말로서 많은 논란을 빚은 개념이다. 존더베크의 기원을 로마교황청과 대립한 마르틴 루터, 독일 전역을 초토화시킨 30년전쟁까지 거슬러 올라가 보는 견해도 있고, 연이은 시민혁명의 실패로 시민계급이 봉건화되어 '야만성의 늪'에 빠지게 된 과정으로 보는 시각도 있다. 카를 람프레히트의 『독일사』에서는 독일 역사의 특수 노선을 정치적이 아니라 문화적인 형태에서 찾고 있다. 이렇게 독일만의 특수한 과정이

'필연적'으로 나치즘의 과잉분출과 홀로코스트라는 테러로 귀결될 수밖에 없는 운명이었는가가 존더베크를 둘러싼 논란의 핵심이다. 물론 존더베크의 실체를 부인하는 견해도 있다. 모든 나라마다 고유한 실정에 적응한 근대화의 보편적인 과정만 있을 뿐이라는 주장이다. 다만 독일 특유의 몇 가지 문화적 특징이 존재한다는 것은 분명한 사실이며 이런 특징은 '필연적'으로 재앙으로 이어질 것이 아니라면 적어도 독일에서 일어난 일이 왜 일어났는가를 설명하는 데 도움이 되는 현상으로 이해될 수 있는 것들이다. 왜 독일에는 자유로운 경쟁, 자유로운 제도를 기반으로 한 자유가 없었는가는 다렌도르프가 『독일 사회와 민주주의』에서 제기하는 물음이자 히틀러 출현의 배경과 관련해 떠오르는 독일의 의문이다.

7. 68운동

독일의 68운동을 "세대 간에 얽힌 사슬"을 최초로 끊은 사건이자 "서구를 따라잡으려는 독일인의 마지막 노력"이라 보는 시각도 있다. 68운동의 배경에는 전후 냉전이라는 새로운 상황이 전제되어 있었다. 제2차 세계대전의 종식과 동시에 어쩌면 종전 이전부터 미국의 세계전략이 소련 중심의 공산권을 최대의 적으로 돌렸다는 것은 잘 알려진 사실이다. 이 전후 현실이 독일의 '과거 극복'을 방해했다. 이 연장선상에서 콘라트 아데나워 정권은 나치 간부를 고용했고 유대인 대량학살을 의미하는 '최종 해결책'의 집행자인 아이히만의 은신처를 알면서도 체포를 지연시키는 미국의 정책에 암묵적으로 동조했다. 나치 과거에 침묵하는 '45세대'와 달리 어두운 역사를 직시할 것을 강하게 요구하며 부모 세대를 비판하는 전후 세대의 새로운 인식이 68운동의 핵심이다. 독일의 특수한 환경은 이처럼 세대분열을 더 첨예하게 만들었고 중대한 문화적 결과를 낳았다. 허버트 마르쿠제의 『일차원적 인간』에 나오는 '억압적 관용'이라는 개념이 화두가 된 당시에 치열하게 대치했던 신구 세대는 '독일의 가을' 사건에서 절정에 달했고, 독일의 권력구조가 1968년의 사건으로 변한 것은 아니었지만 이후 10년 동안 "가치관의 반反권위주의적 변화가 일어난 것"은 부인할 수 없다. 문제는 당시 미국학생들의 연좌시위나 파리의 혁명적인 학생운동은 익히 알려졌지만 대대적인 사회변화를 몰고 온 독일의 68운동은 외부에 잘 알려지지 않았다는 점이다.

8. 마르크스와 프로이트의 접목

왓슨은 프랑크푸르트학파의 지적 활동이 독일 정신 특유의 마르크스주의와 정신분석학의 접목에서 출발했다고 본다. 에리히 프롬이 『자유로부터의 도피』에서 말하는 '저장지향형hoarding orientation'과 '시장지향형marketing orientation'의 구분도 마르크스주의 정신분석가인 빌헬름 라이히, 오토 페니헬이 세운 '사회적 성격'을 프로이트의 개념과 결합시킨 것이다. 허버트 마르쿠제의 『에로스와 문명』은 해방의 글을 쓰려는 의도에서 프로이트를 활용해 마르크스를 현대세계에 변형 적용하려고 한 작품이다. '비판이론'과 '의사소통행위 이론'으로 유명한 하버마스도 프로이트와 마르크스의 접목을 시도하는 프랑크푸르트학파의 전통을 잇고 있다. 다만 학문을 인간의 해방을 목표로 하는 활동으로 규정한 하버마스의 경우에는 정신분석이라는 프로이트의 이론을 단순히 선호하는 방법으로서가 아니라 좀더 광범위한 사회에서 그가 보고자 하는 것에 대한 하나의 메타포로 생각했다. 이 같은 접목의 시도는 "체계적으로 왜곡된 의사소통"의 구조로 둘러싸인 세계, 세계를 향유하기보다 세계를 통제하는 데 익숙한 과학적 이성이라고 할, 막스 베버가 말한 '도구적 이성'과의 싸움을 위해 시도한 것으로 볼 수 있다. 얀베르너 뮐러는 '68운동'마저 마르크스주의와 정신분석학의 결합으로 보았다.

9. 교양의 전통

미국일반교육위원회의 플렉스너가 "오직 독일만이 진정한 의미의 대학을 갖고 있다"라고 주장했을 때 대학은 교양Bildung을 주된 목표로 삼는 독일 대학을 말한다. 흔히 사용되는 교양소설, 교양시민, 교양국가라는 말에서 알 수 있는 교양의 의미는 자기실현이다. 독일 대학의 전통을 확립한 인물로 평가받는 빌헬름 폰 훔볼트는 교양의 의미를 정확하게 알고 있었다. 교육으로 인간 정신을 해방한다는 그의 믿음은 교양을 (내면의) 자유와 '자발적인 시민정신'을 기르는 진정한 통로로 생각했다. 교양이 개인의 '자기 형성 과정'이라는 믿음은 인류평등주의인 동시에 엘리트주의였다. 훔볼트가 볼 때 교양의—진정한 (내면의) 자유로서—세 가지 요소는 무목적성(비공리非功利적인 의미에서), 내향성, 학술성이었다. 베를린 대학의 설립 이후 19세기부터 전개된 독일의 학문 발전, 인문주의 교육, 내향성의 정신사에는 이 같은 교양의 전통이 깔려 있었다. 괴테의 『빌헬름 마이스터』 이래 독일 특유의 교양소설은 완전성을 지향하는 내면의 추구였다. 케임브리지 대학의 윌리엄 브루퍼드가 교양소설을 정의한 대목을 보면, "복잡한 근대사회에서 보편적인 가치관이 없이 살아가는 젊은이가 자신의 견해를 습득하는 과정과, 무엇보다 세계관과 종교관, 삶에 대한 보편적인 철학을 형성해 가는 과정"이 묘사되어 있고 그 형식은 미래뿐 아니라 내면으로 다가가는 여행이라고 말할 수 있다. 피터 왓슨이 강조하듯이 근현대사의 고비마다 큰 역할을 담당한(또는 하지 못한) 교육받은 '중간계층'의 바탕에는 교양의 전통이 있었다. '생성Werden'의 개념을 함축하는 교양은 역사를 "인간의 노력으로 추진되는 지속적인 발전 과정"으로 본 라이프니츠와 헤르더의 세계관과 밀접한 관련을 맺는다. 또 교양을 임무로 보기도 한다. 이런 시각은 괴테에서 훔볼트, 피히테에 이르기까지 다수의 독일 지식인의 철학을 지배한 것이었다. 또 실러는 교양의 열망을 "근대 역사에서 가장 중요한 요소"로 보기도 했다. 연구의 제도화, 세미나 형식은 이 같은 전통 아래 독일

대학에서 확립되었다. 오늘날 세계적으로 보편화된 박사학위 제도 역시 독일인의 아이디어였다.

10. 역사가 논쟁과 홀로코스트

1986~1987년에 홀로코스트와 서독의 역사적 정체성을 둘러싸고 일련의 논쟁이 벌어졌는데 이를 역사가 논쟁Historikerstreit이라고 부른다. 이 논쟁 이전에 나치 과거에 대한 의도적 망각 또는 침묵의 행태를 보이는 아버지 세대에 대해 전후 세대가 혹독한 비판과 공격을 가한 70~80년대의 격동기가 있었다. 역사가 논쟁은 미국(특히 유대인)을 중심으로 아이히만 재판 이후 홀로코스트가 확대재생산된 현상과 맞물린 측면이 강하다. 피터 왓슨이 다각도로 분석하고 다양한 자료를 검증한 결과 홀로코스트는 제2차 세계대전 직후에는 끔찍한 하나의 '일과성' 역사로 간주되었고 현재처럼 반복해서 부각되지 않았다. 오늘날 홀로코스트는 거의 신성불가침한 문제로 간주되며 독일과 오스트리아에서는 홀로코스트를 부인하거나 그것이 과장되었다는 말을 하면 법적 처벌을 받는다. 여기서 "기억해야 할 의무와 망각할 권리"라는 발상이 이스라엘 작가 아모스 오즈에 의해 제기된다. 물론 독일인으로서는 건드릴 수 없는 민감한 문제다. 매우 험악하게 전개된 역사가 논쟁에서 제기된 쟁점은 나치의 강제수용소가 소련의 굴라크의 복제판으로 나치 이전에 20세기의 대량학살이 있었고 유대인보다 아리아인이 더 많이 희생되었으며 반유대주의는 독일 외에 유럽에 널리 퍼져 있었다는 것이 골자였다.

알렉산더와 마르가레테 미처리히의 『애도 능력의 부재』는 독일인의 심리적 부동자세를 지적한 책으로 역사가 논쟁, 프리츠 피셔 논쟁에 한 단초를 제공했다. 이 책은 제3제국의 몰락과 뒤이어 홀로코스트의 끔찍한 만행이 폭로된 이후 장기적인 측면에서 독일의 집단적인 반응을 연구한 것이다. 한편 미국보다 독일에서 큰 인기를 모았던 골드하겐의 『히틀러에 기꺼이 동조한 집행자들』이 결정적인 불을 지폈다. 이 책은 19세기 독일에는 반유대주의가 만연해 있었고 독일인 전체가 반유대주의의 혐오감을 자발적으로 즐기며 드러냈다는 주장을 담고 있는데, 왓슨은 이 책이 핵심적인 사실을 누락시키고 객관적인 지적을 외면한 역사 왜곡이라는 사실을 조목조목 지적하는 동시에 왜곡된 역사 기술, 메타역사가 얼마나 위험한가를 호소한다.

11. 망명자의 역사

피터 왓슨은 대니얼 스노맨의 『히틀러의 망명자』를 중심으로 전쟁 기간의 망명자의 역사에 상당한 관심을 기울이고 있다. 1939년까지 망명하거나 집단 처형장으로 끌려간 작가와 예술가, 음악가, 과학자의 수는 6만 명에 이른다. 아마 세계의 현대사는 이들 독일의 망명자들이 없었다면 전혀 다르게 전개되었을 것이다. 전시에 처칠의 비서로 일한 이언 제이컵스 경이 "연합군이 승리한 것은 우리가 확보한 독일 과학자가 나치의 독일 과학자보다 우수했기 때문이다"라고 한 말을 음미할 필요가 있다. 아인슈타인을 비롯한 세계 최고 수준의 물리학자들의 활약, 영국 시민권을 획득한 하이에크로부터 촉발된 (신)자유주의 논쟁, 바우하우스의 조형예술, 프랑크푸르트학파의 비판이론, 할리우드 생활을 접고 돌아간 브레히트의 서사극, 표현주의 예술, 할리우드와 경쟁하며 세계를 주도했던 독일 영화가 제3제국 시대에 몰락했다가 다시 뉴저먼시네마로 부활한 배경은 모두 망명문화와 직간접적인 관련을 맺고 있다. 미국에서 망명생활을 한 토마스 만은 "독일 문학 전체가 미국에 정착했다"고 할 정도였다. 물론 망명 작가들 대부분은 전후에 독일어권으로 되돌아갔다. 객관적 진실을 거부하고 '민족'을 기준으로 학문을 규정한 나치즘이 몰락한 과정, 결국 히틀러가 틀렸다는 역사적 사실을 가장 극명하게 입증하는 것이 바로 망명자의 역사라고 볼 수 있다.

물론 이밖에도 수많은 역사적 전환점과 쟁점, 사회현상, 이념이 언급된다. 독일의 과거에는 제3제국에서 발생한 사건보다 훨씬 더 많은 내용이 담겨 있으며 여전히 세계인류에게 가르쳐줄 것이 많다. 독일 역사에는 단순히 1933~1945년의 기간 이상으로 많은 것이 포함된다. 돈과 시장, 이윤 추구, 기술에 대한 강한 집착, 국익 중심의 변종 파시즘으로 몸살을 앓는 현대 정신에 대해 독일 문화는 교훈을 준다. 독일은 근대정신의 틀에서 단순히 '뒤처진' 국가만은 아니었다. 동시에 지금까지 과학과 합리주의로 대표되는 서구의 근대정신에 대해 독일은 주저하는 국가이며 바로 이 주저하는 태도에 교훈이 들어 있는지도 모른다. 과학과 자본주의가—시장이—우리의 환경과 우리의 세계 자체가 파괴되는 것을 막지 못한다면, 그리고 실제로 현재의 황폐한 환경 속에서 과학과 자본주의가 기본적인 구성 요소라면 우리 내부의 변화만이, 의지의 변화만이 희망을 줄 것이라는 것이 독일 문화가 우리에게 던지는 메시지이다. 이 같은 난관에서 빠져나가는 방법은 기술이나 과학이 아니라 철학의 문제라고 독일인들은 말하고 있는 것이다. 사전 유전자 프로그램과 첨단 디지털 문명이 인간의 존재 자체를 의문시하게 하고 '인류학적 보편성'을 위협하는 오늘날, 한때 나치즘에 연루되었던 하이데거의 말은 여전히 유력한 교훈을 준다. "지구 온난화가 지구를 초토화하기 시작하고 극지방의 빙원이 줄어들며 열대우림지대와 내해가 사라질 때, 테러 집단이 핵 전멸로 위협하고 인종 학살과 기근이 아프리카를 황폐하게 만들며 인도와 중국에서 지하수가 고갈되기 시작할 때, 인간의 기술로 세계를 개발하고 통제하려는 시도를 멈춰야 한다"고 말한 하이데거의 충고에 우리는 깊이 공감할 수 있기 때문이다.

독일의 과거에 아돌프 히틀러만 있었던 것은 아니다. 카를 마르크스는 아마 최근에 끝난 20세기 역사와 현대세계의 형성에 그 누구보다도 직접적인 영향을 미쳤다고 봐야 할 것이다. 마르크스가 없었다면 레닌도 없었을 것이고 스탈린이나 마오쩌둥도 없었을 것이다. 이들의 시대를 흉하게 일그러트린 다른 어떤 독재자도 없었을 것이다. 러시아혁명도 없었을 것이다. 제2차 세계대전이 일어나지 않았다면 냉전이나 독일의 분단도 이스라엘의 건국도 없었을 것이고 탈식민지화가 실제대로 일어나지 않았을 것이다. 물론 중동 문제도 수 없었을 것이다. 지그문트 프로이트의 영향은 카를 마르크스만큼 혼란을 초래하지는 않았지만 마르크스보다 결코 비중이 떨어지는 것은 아니다. 미국 비평가 앨프리드 케이진이 "프로이트는 자신에 대해 들어보지도 못한 사람들에게까지 영향을 미쳤다"고 한 말을 되새길 필요가 있다. 오늘날 우리 사회에 상담과 '치료적 감성'이 만연해 있다거나 서구국가에서는 치료가 "기독교를 대신하고 있다"는 지적, 그리고 오늘날 프로이트가 공격을 받고 있는 현상은 프로이트 그 자신의 탓으로 돌릴 수 있다. 하지만 이것은 동시에 프로이트에 대한 오해로서 프로이트를 니체와 막스 베버의 맥락에서 이해해야 한다는 증거이기도 하다.

"독일의 문제가 독일만의 문제인 경우는 드물다"는 말에서 알 수 있듯이 독일의 현대사는 세계사와 맞물려 있고 그 뿌리는 독일의 전통으로 거슬러 올라간다. 비극적인 독일의 현대사는 교양의 전통, 내향적인 독일 정서, 비정치적인 이상주의, 다른 서구국가와 차별화된 '존더베크'(실체유무를 불문하고), 교양이 무너진 자리에 들어선 "도전에 응할 수 있는 사회"라는 독일 특유의 도덕적 붕괴의 연속선상에 있다. 제3제국의 잔인하고 끈질긴 유산을 극복해가며 재통일에 이르기까지 보여준 전후의 역사 역시 이 전통과 무관하지 않다. 이런 점에서 독일 정신의 뿌리를 일관되게 천재들의 역사로 추적하는 본서의 시도는 신선한 관점을 제공한다고 할 수 있다. 기존의 독일 역사서에서 드러나는 오류와 메타역사의 '단순화의 위험'에 대한 인식도 빼놓을 수 없다. 일례로 홀로코스트에 대한 평가는 물론이거니와 19세기 초부터 제2차 세계대전이 끝날 때까지 전쟁의 횟수와 양상을 비교한 연구에서 독일이 특별히 군국주의적이지 않았다는 자료는 고정관념의 위험성이라는 측면에서 충격을 준다. 나치 시대의 과거 극복을 둘러싼 독일의 고통스러운 현대사는 단순히 독일인의 문제일 뿐 아니라 전후 미국의 세계전략에서 접근해야 한다는 사실도 다시 깨달을 수 있다.

물론 방대한 문헌을 참고했다고 해도 저자 자신이 말하듯이 250년 동안의 긴 역사에 대해 전문가는 있을 수 없고 또 외국인으로서 바깥에서 바라본 관점의 한계가 있을 것이다. 간혹 제기되듯이 독일인의 교양이나 고전, 낭만주의에 대한 상이한 평가, 역사주의와 이상주의를 바라보는 외부의 시각이라는 한계도 있을 수 있다. 이런 한계는 동시에 독일인이 보지 못했던 냉정한 시각을 제공하는 가능성을 의미할 수도 있다. 다만 전례 없이 엄청난 참고문헌의 양과 고증의 깊이에서 독자를 설득하는 힘을 갖춘 것은 사실이다. 이런 점에서 본서는 독일의 정신사에 큰 족적을 남긴 천재와 이 역사를 연구한 학자들의 두툼한 인명사전이라고 볼 수도 있다. 동시에 철학과 대학문화, 문학과 예술, 자연과학의 혁명적 발상, 신기술의 발전 등 비정치적인 분야를 파고드는 깊고 폭넓은 정신사의 추적은 좌우 이데올로기의 균형을 허물어뜨리지 않는다. 또 '독일 정신'을 분석하는 치밀성, 역사가 논쟁에서의 냉정한 자세, 홀로코스트에서의 객관적 사실, 독일의 역사학자와 영미권 등 외국의 역사가에 대한 공정한 균형감각, 68운동을 중심으로 파헤치는 독일의 과거사 극복과정에 대한 기술이 돋보인다. 『저먼 지니어스』는 외국인의 시각으로 거리를 두면서도 세밀하게 추적하려는 객관적 태도로 천재의 활동을 중심 삼아 독일 정신을 탐험하고 있으며 역사 기술의 폭과 깊이에 있어 근래 보기 드문 대작이라고 할 수 있다.

ㄱ

ㄴ

ㄷ

ㄹ

ㅁ

ㅂ

ㅅ

ㅇ

ㅈ

ㅊ

ㅋ

ㅌ

ㅎ

저먼 지니어스

1판 1쇄 2015년 10월 22일
1판 3쇄 2023년 1월 16일

지은이 피터 왓슨
옮긴이 박병화
펴낸이 강성민
편집장 이은혜
편집 박은아
마케팅 정민호 이숙재 김도윤 한민아 정진아 이민경 정유선 김수인
브랜딩 함유지 함근아 김희숙 고보미 박민재 박진희 정승민
제작 강신은 김동욱 임현식
독자모니터링 황치영

펴낸곳 (주)글항아리 | 출판등록 2009년 1월 19일 제406-2009-000002호

주소 10881 경기도 파주시 회동길 210
전자우편 bookpot@hanmail.net
전화번호 031-955-2670(편집부) 031-955-2696(마케팅)
팩스 031-955-8855

ISBN 978-89-6735-256-1 03920

잘못된 책은 구입하신 서점에서 교환해드립니다.
기타 교환 문의 031-955-2661, 3580

www.geulhangari.com